大同年鉴

DATONG YEARBOOK

中共大同市委党史研究室
（大同市地方志研究室）编

2022

方志出版社
Publishing House of Local Records

图书在版编目（CIP）数据

大同年鉴. 2022 / 中共大同市委党史研究室（大同市地方志研究室）编. —北京 ：方志出版社，2022.12

ISBN 978-7-5144-5446-8

Ⅰ. ①大… Ⅱ. ①中… Ⅲ. ①大同－2022－年鉴 Ⅳ. ①Z522.53

中国版本图书馆CIP数据核字（2022）第252626号

大同年鉴（2022）

编　　者：中共大同市委党史研究室（大同市地方志研究室）
责任编辑：顾　洁
责任校对：刘玉霞
责任印制：梅中英
出 版 者：方志出版社
地　　址：北京市朝阳区潘家园东里9号（国家方志馆4层）
邮　　编：100021
网　　址：http://www.zgfzcb.cn
发　　行：方志出版社图书营销中心（010-67110500）
印　　刷：山西海德印务有限公司
开　　本：889毫米×1194毫米　1/16
印　　张：38.75
字　　数：1309千字
版　　次：2022年12月第1版
印　　次：2022年12月第1次印刷
定　　价：298.00元

《大同年鉴》编纂委员会

《大同年鉴》编纂人员

大同市行政区划图

审图号：同S（2021）001号

山西省测绘地理信息院编制　2021年9月

大同市交通旅游图

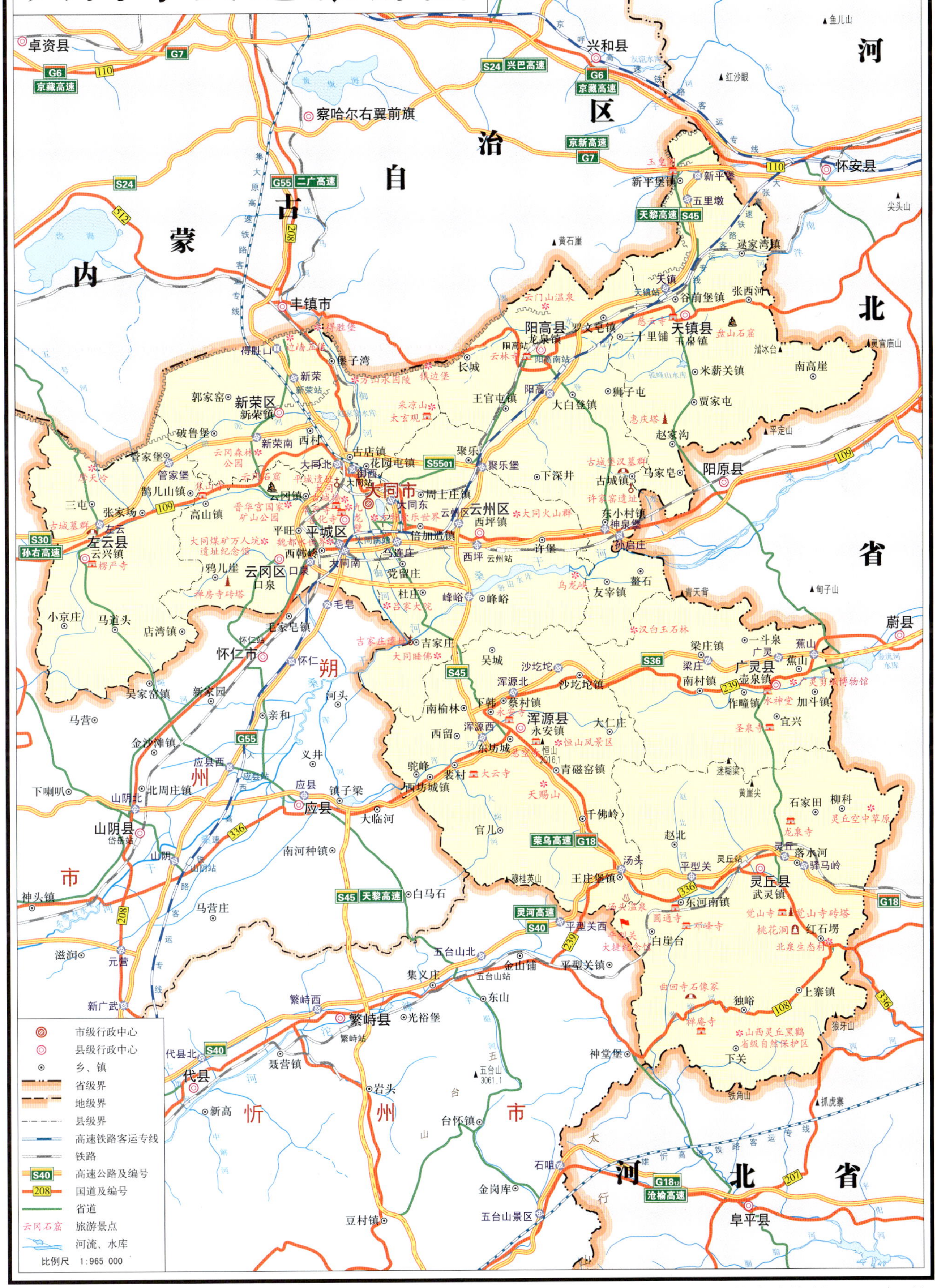

审图号：同S（2021）002号

山西省测绘地理信息院编制 2021年9月

2021 数字大同

SHUZI DATONG

▲ 大同体育中心

- 土地面积：1.4万平方千米
- 年末常住人口：309.9万人
- 地区生产总值：1686.0亿元
- 第一产业增加值：102.2亿元
- 第二产业增加值：716.2亿元
- 全年生产原煤：14992.4万吨
- 第三产业增加值：867.7亿元
- 人均地区生产总值：54391元
- 社会消费品零售总额：760.9亿元

（武 涛 摄）

■ 地方一般公共预算收入：166.7亿元

■ 地方一般公共预算支出：373.2亿元

■ 金融机构本外币存款余额：3874.8亿元

■ 金融机构本外币贷款余额：1988.3亿元

■ 常住居民人均可支配收入：27323元

■ 城镇常住居民人均可支配收入：36685元

■ 城镇常住居民人均消费性支出：17786元

■ 农村常住居民人均可支配收入：12909元

■ 农村常住居民人均消费性支出：10799元

（市统计局 提供）

城市荣誉

CHENGSHI RONGYU

▲ 大同新貌

- 国家历史文化名城
- 中国优秀旅游城市
- 中国雕塑之都
- 中国大古都
- 中国特色魅力城市200强
- 全国性交通枢纽城市
- 最具生态竞争力城市
- 最具旅游文化发展潜力城市
- 国家园林城市
- 国家新能源示范城市
- 影响世界的中国文化旅游名城
- 中国十佳运动休闲城市
- 中国避暑旅游城市

（武 涛 摄）

- 全国围棋之乡
- 中国康养城市
- 中国美丽城市
- 全国十佳生态文明城市
- 最佳全域旅游目的地
- 中国十佳冰雪旅游城市
- 中国最具潜力避暑旅游城市
- 最具投资潜力旅游目的地城市
- 全国美丽山水城市
- 最美中国榜上榜城市
- 国家级旅游改革创新先行区
- 丝绸之路十佳特色旅游城市
- 全国双拥模范城市

▲ 2021年6月29日，大同市庆祝中国共产党成立100周年文艺晚会在大同大剧院举行　（张燕伟 摄）

▲ 2021年3月3日，读者在市新华书店图书展台前阅读《论中国共产党历史》　（于 宏 摄）

▲ 2021年6月30日，市民观看大同市庆祝中国共产党成立100周年书画作品展　（于 宏 摄）

▲ 2021年6月10日，大同市庆祝中国共产党成立100周年群众文化活动暨群众歌咏活动在大同古城永泰广场举行

（张燕伟 摄）

▲ 2021年6月28日，“颂歌献给党 启航新征程”——大同市庆祝中国共产党成立100周年群众歌咏大会在市体育馆举行

（张燕伟 摄）

▲ 2021年9月27日，中国共产党大同市第十六次代表大会在大同大剧院开幕 （李冬宾 摄）

▲ 2021年9月29日，中国共产党大同市第十六次代表大会在大同大剧院闭幕 （张湛滨 摄）

▲ 2021年11月2日，全市领导干部大会在市行政中心召开　　（张燕伟　摄）

▲ 2021年12月30日，中共大同市委十六届二次全体会议暨市委经济工作会议在市行政中心召开　　（李冬宾　摄）

▲ 2021年5月8日，大同市云州区坊城新村黄花加工厂的工人在加工黄花（张燕伟 摄）

▲ 2021年8月19日，大同市云州区大力发展特色种植。图为种植户在采摘万寿菊（张湛滨 摄）

▲ 云州区坊城新村新貌（2021年）

▲ 2021年9月26日，大同市浑源县黄芪加工企业的工人在整理黄芪
（杨立盟 摄）

▲ 2021年10月9日，大同市广灵县山西东方亮生命科技股份有限公司小米加工车间的工人们在加工小米 （李 毅 摄）

（韩建军 摄）

▲ 大同五大场馆（2021年）　　（安晋华　摄）

▲ 大同明堂公园（2021年）　　（张湛滨　摄）

▲ 大同代王府（2021年）　　（张湛滨　摄）

编辑说明

一、《大同年鉴》由中共大同市委、大同市人民政府主办，中共大同市委党史研究室（大同市地方志研究室）组织编纂出版，是全面了解大同的一部地方综合性资料文献。《大同年鉴》逐年记载大同市自然、政治、经济、文化、社会、生态等方面情况的现状及新成就、新进展和新经验，为全市科学发展提供决策依据和借鉴，为广大读者了解和研究大同提供信息和资料。《大同年鉴》创办于1987年，《大同年鉴（2022）》是第27卷。

二、《大同年鉴（2022）》坚持以马克思列宁主义、毛泽东思想、邓小平理论、“三个代表”重要思想、科学发展观、习近平新时代中国特色社会主义思想为指导，坚持辩证唯物主义和历史唯物主义的立场、观点、方法，求真求实，为大同的改革开放和社会主义现代化建设服务。

三、《大同年鉴（2022）》记述时限为2021年1月1日至2021年12月31日。

四、《大同年鉴（2022）》框架在保持历年相对稳定的基础上作了适当增加和调整。“中国共产党大同市委员会”类目增设“党史学习教育”分目；“农业”类目增设“农村建设”“大同好粮”“耕地质量保护”“农业生态与资源”分目，“黄花产业”分目改为“大同黄花”；“工业 建筑业”类目改为“工业”类目，把“建筑业”分目归入“城乡建设”类目中，增设“新能源产业”“民营经济”“企业主体培育”“大数据产业”分目；“商贸服务业”类目的“房地产业”分目归入“城乡建设”类目；“旅游业”类目增设“旅游活动”“旅游景区品牌建设”“旅游线路建设”分目；“新冠病毒疫情防控”类目降为分目归入“卫生健康”类目中；“脱贫攻坚”类目改为“乡村振兴”类目。

五、《大同年鉴（2022）》采用分类编辑法记述，全书分三个层次编排，即类目、分目、条目，个别分目设次分目。全书共设特载、大事记、市情概览、中国共产党大同市委员会、大同市人民代表大会、大同市人民政府、中国人民政治协商会议大同市委员会、大同市纪委监委、民主党派工商联、群众团体、法治、军事、经济管理、农业、工业、商贸服务业、旅游业、经贸合作、开发园区、交通运输、金融、城乡建设、生态保护、科学技术、教育、文化、新闻出版 广电影视、卫生健康、体育、乡村振兴、社会生活、人物、县区概览、附录34个类目，总字数1309千字。

六、《大同年鉴（2022）》全书条目标题统一用黑体字加【 】表示，书前有中文目录，书后有索引，特意增设书口要目，便于读者查找。索引采用主题词索引法编纂，主题词按首字汉语拼音音序排列。

七、《大同年鉴（2022）》所载信息由市辖各部门、机关企事业单位提供，《大同年鉴》编辑部编辑。除个别行业外，全书统计数据小数点后，统一保留一位小数。所用“统计资料”由大同市统计局提供，正文中数据由各部门提供，因统计口径不同等原因，故统计表中同类项的数据互有差异，有关部门所用个别数据与“统计资料”中的数据不尽一致，引用时以大同市统计局数据为准。除个别计量单位遵从习俗外，其余所涉计量单位均使用法定计量单位。数字用法、标点符号用法分别采用国家标准《出版物上数字用法》（GB/T 15835—2011）、《标点符号用法》（GB/T 15834—2011），计量单位采用国家技术监督局1993年12月发布的《量和单位》系列国家标准。

目　录

特　载

大事记

市情概览

中国共产党大同市委员会

目录

大同市人民代表大会

大同市人民政府

中国人民政治协商会议大同市委员会

大同市纪委监委

民主党派 工商联

群众团体

法 治

军　事

经济管理

农 业

目录

工　业

商贸服务业

旅游业

经贸合作

开发园区

交通运输

金　融

城乡建设

生态保护

科学技术

教 育

文　化

新闻出版 广电影视

卫生健康

体　育

乡村振兴

目录

社会生活

人 物

县区概览

目录

附　录

索　引

小黄花迈向高质量发展大产业

黄花作为大同市的特色优势产业，在打赢脱贫攻坚战、巩固脱贫攻坚成果和全面推动乡村振兴中发挥着重要作用。近年来，市委、市政府按照区域化布局、规模化扩张、产业化运作、标准化生产、品牌化营销的发展路径，全力打造黄花大产业。特别是 2020 年 5 月 11 日，习近平总书记在大同视察时，希望把黄花产业保护好、发展好，做成大产业，做成全国知名品牌，让黄花成为乡亲们的“致富花”。这为大同黄花产业发展指明了方向，擘画了蓝图。全市上下牢记嘱托、笃行实干，抓质效、促增收、强赋能、创品牌，全力推动大同黄花特色产业提质升级，向高质量发展迈进。

制定标准　精耕细作　标准化生产引领绿色发展

为实现黄花产业绿色高质量发展，市委、市政府注重顶层设计，强化规划引领，在夯实产业基础上发力，努力将大同黄花打造成国家优质高端黄花产业发展样板、国家现代农业样板和农产品向大健康产品升级样板“三个样板”。大同市先后编制了《大同市黄花菜产业发展规划》《大同市黄花菜科技与文化发展规划》，出台了《扶持黄花产业发展十条政策》，连续 3 年出台《大同市黄花产业高质量发展专项行动》，市财政每年拿出 1 亿元支持黄花产业发展，用实化举措和真金白银推动黄花产业高质量发展。

“我们黄花基地施的全是黄花专用有机肥，除草、杀虫严格按照绿色防控技术进行，确保黄花质量。保护好、发展好黄花产业是总书记的嘱托，我们必须保证精耕细作，不能有丝毫马虎。”云州区西坪镇唐家堡村党支部书记师伟说。

标准化种植是保障黄花品质的基础。在黄花产业发展过程中，大同市注重标准制定，在全国率先制定了《黄花菜种苗生产技术规程》《大同黄花生产技术规程》，积极推广以蓄水保墒、抗旱抗逆、节水灌溉、水肥一体化、增施专用肥、病虫害绿色防控等为主的黄花标准化种植技术，着力提高黄花产量和品质。2021 年，全市黄花总产量达到 14 万吨，比 2018 年增长 127%。同时，在黄花加工上突出标准化，制定了《大同黄花干制品质量分级标准》《大同干黄花地方质量标准》《大同冻干黄花粉企业标准》等，黄花精深加工产品的有关标准也在陆续制定推出。全市黄花种植面积 26.5 万亩，黄花绿色食品有效认证面积 9 万亩。

“2021 年，我们区出台了推进黄花产业高质量发展的 10 条措施，每一条都有很强的针对性，更加坚定了我们做大做强黄花产业的信心和动力。”云州区西坪镇瓜园村党支部书记李成说。2021 年以来，云州区进一步加大黄花产业扶持力度，特别是在加强黄花田间管理、规范提升村社乡社一体合作社、打造黄花绿色标准化示范基地等方面出台扶持政策，为黄花标准化生产注入了强劲动能。

云州区周士庄镇黄花专业合作社联合社负责人王倾告说，他们合作社采取“基地 + 农民专业合作社 + 农户”模式，统一购置黄花苗、统一种植、统一管理、统一加工，做到黄花生产全过程标准化，确保黄花提质增效。各县区通过“合作社 + 农户”等形式共创办乡村一体黄花专业合作社 141 家。云州区成为国家黄花种植和加工标准化示范区、国家级和省级出口食品农产品质量安全示范区、全国绿色食品原材料（黄花）标准化生产示范基地。

多元布局　双管齐下　市场化营销提升品牌效应

“这两年，大同黄花的名气真是大了，尤其是 2020 年总书记视察以后，大同黄花的热度更是噌噌上窜。我微信朋友圈里大多是全国各地的黄花经销商，大家都对大同黄花特别看好。”大同花倾城农业发展有限公司负责人杨旗说，随着这两年大同黄花知名度的不断提升，大同黄花的价格也高了，销量也越来越好了。

市黄花产业发展服务中心主任安一平坦言：“大同黄花种植历史悠久，品质优良，但过去在市场营销、品牌打造上缺乏力度，一直落后于其他黄花种植地区。但这两年大同黄花在规模化、产业化、标准化发展的同时，更加注重品牌化营销，大同黄花也叫得越来越响了。”

强化品牌建设才能实现效益最大化。市委、市政府近年来将大同黄花品牌建设放在突出位置，把“大同黄花”作为“大同好粮”的拳头产品进行打造，成立了大同黄花协会和大同黄花产业联盟，以“品牌化、电商化、数字化”为支撑，围绕黄花产业进行多元化布局，线上线下双管齐下，强化市场营销，打造优质品牌。

线上，创建大同黄花网，加强与京东、乐村淘、农芯乐等企业合作，依托京东物流体系，推广线上下单、京东配送到家的销售模式，全面助力大同黄花产品走向全国市场。2020 年，大同市先后组织参与了央视“秦晋之好”“星光行动·大同好粮助农专场”、央视电影频道“大同黄花晋京城”以及京东“京源助农”4 场大型直播活动，现场销售 1300 余万元，带动销售上亿元，累计网上直接观看 8000 余万人次，间接宣传 2 亿余人次，有效提升了“大同黄花”的品牌知名度和影响力。

线下，大同市在北京、上海、广州、成都、太原等城市设立了多家黄花直营店，特别是在上海国际食品产业园山西一条街设立大同黄花专营店，签订了包括大同黄花在内的 2 亿元“大同好粮”订单。同时，每年积极组织黄花企业参加全国农博会、中国国际有机食品博览会、全国优质农产品区域公用品牌博览会、中国国际农产品交易会等各类展会，并先后获得多个奖项，为开拓黄花全国市场起到了积极推动作用。

全国农副产品百强区域公用品牌、全国乡村产业高质量发展“十大典型”、国家知识产权局地理标志运用促进工程项目……“大同黄花”已然成为大同市一张靓丽的城市“名片”。

科技支撑 龙头舞动 产业链延伸壮大产业集群

加快黄花产品的开发是延伸产业链条的必由之路，也是提升黄花产业附加值的根本途径。健脑安神、降脂养血、清热解毒、通气催乳……借助着黄花的这些特有功效，大同市不断在黄花精、特、优上“深挖细究”做文章，鼓励黄花加工企业在精深加工上下功夫，促进黄花全产业链开发、全价值链提升，不断壮大产业集群。

按照“市场运作、产业带动、科技支撑、人才保障”的发展模式，市委、市政府深化与中国农大、中国农科院、山西农大、省农科院等科研院校的合作，依托大同黄花产业发展研究院，强化关键技术攻关，重点研发黄花杀青、贮藏工艺改进、速冻保鲜、提取物药用等技术，在政策、人才、技术、资本、市场等方面开展黄花菜科技产业全链条合作，进一步提升黄花产业科技化水平。开发出菜品、饮品、食品、功能产品、化妆品五大系列 100 余种黄花产品。2021 年全市黄花全产业链产值达 30 亿元。

“2021 年，我们投入 200 余万元，重点研发了黄花五谷代餐粉和萱果坊黄花饮料，还有两个黄花饮料正在研发中，从市场反馈来看还是不错的。”大同市隆福祥农业科技有限公司总经理陶嘉城说，企业已开发出黄花风味小菜、黄花味素、黄花鲜露、黄花五谷代餐粉、黄花果蔬复合饮品等黄花系列产品，正向着全类目产品开发方向发展。“近两个月来，企业已经在全市范围内开了 6 家黄花直营店，还有 2 家店正在装修中。直营店销售效果非常好，每家店面单日销售额达 1.5 万元。”陶嘉城高兴地说。

随着产业链条的延伸，一批批黄花加工龙头企业开始向高质量发展阶段迈进，一系列高品质的黄花精深加工产品纷纷面世，大大提升了黄花产业发展水平和市场竞争力。全市共培育黄花龙头企业 15 家，黄花生产加工经营主体已达 175 家，研制开发了不同系列的黄花产品：黄花菜品、冰鲜黄花、黄花系列饮料、黄花真空冷冻、黄花提纯、黄花洁颜面膜……

大威皇食品有限公司在过去两年间共消化本地鲜黄花近 90 万公斤，解决了 450 余人就业，惠及 500 余户黄花种植户。“当前，南有鲜花饼，北有黄花饼已经逐渐在全国叫响，我们大威皇的黄花饼和黄花月饼也开始走向全国。2021 年，我们又增加了两条最先进的生产线。”大威皇董事长郑祝伟说。

黄花火了，乡亲们也吃上了香喷喷的旅游饭。大同市充分挖掘黄花“观为名花”的旅游潜质，打造“黄花+”模式，持续投入近 1 亿元打造“火山黄花田园综合体”和“火山下的忘忧村”，建成火山天路、忘忧大道、忘忧农场、旅游小镇等精品旅游景点 23 个，开发休闲观光、体验品尝等项目，开展黄花丰收节系列活动，带动旅游收入 2 亿余元。方兴未艾的黄花休闲旅游培育了发展新业态，持续推动农文旅融合发展，实现乡村振兴“全面开花”。

产业发展是乡村振兴的基石。如今，大同黄花已经驶向规模化、产业化、品牌化、效益化高质量发展的快车道，小黄花正在成为乡亲们的“致富花”、乡村振兴的“助推器”。

（摘自《大同日报》2022 年 1 月 4 日第一版）

大力发展县域经济 全面推进乡村振兴

2021 年 12 月 30 日，市委十六届二次全会暨市委经济工作会议召开，对大同市 2022 年经济工作做了全面部署，提出要大力发展县域经济，一县一策谋发展，量力而行建园区，创新思路抓产业；要聚力推动农业稳产增收，大力发展特色种养业、农产品加工业，大力开展乡村建设行动，夯实高质量发展基础。

因地制宜谋发展 一县一策创亮点

近年来，大同市各县区准确把握新形势、新要求，加强统筹谋划，明确工作路径，全面查找短板不足，潜心研究强县富民、改革发展、城乡贯通的思路举措，充分挖掘县域经济发展潜力，释放县域经济发展活力，构建了各具特色、竞相发展的县域经济新格局。

高质量发展基础在县域，潜力在县域，很多优势也在县域。市委十六届二次全会暨市委经济工作会议对大同市县域发展形势进行了认真分析研判，明确指出要一县一策谋发展，各县区要结合自身实际谋划发展路径，宜工则工、宜农则农、宜商则商、宜旅则旅。市委全会暨市委经济工作会议提出要综合考量县区的产业结构和县情特征，坚持综合考核和专项考核相结合，拿出符合县区实际的考核意见，考核工作要体现差异化、个性化，而且还建议量力而行建园区，因地制宜，结合当地生态、农业等优势，发展农产品加工业。这些想法非常切合实际，为我们发展县域经济开阔了思路，拓展了空间。

创新思路抓产业　引领高质量发展

当前，大同市正处在全面巩固拓展脱贫攻坚成果同乡村振兴有效衔接的关键期，乡村振兴能否实现良好开局，关键在于产业振兴。近年来，大同市大力实施“特”“优”战略，以黄花、黄芪、小米为主的“大同好粮”特色产业发展迅速，为全市脱贫攻坚和乡村振兴提供了坚实的产业支撑。

大同市农业领域专家学者也普遍认为，大同现在虽然是全国最大的黄花、正北芪产地，品质也是全国最好的。但是这两个产业我们没有行业标准，没有龙头企业，没有强大的经纪人队伍和销售渠道，对产品价格没有话语权，好东西卖不出好价钱。市委全会暨市委经济工作会议分析了大同市特色产业发展面临的问题，认为黄花、黄芪要走向全国，就必须由全国性的头部企业来运作和策划，结合本地和全国的消费，找到契合点，打进全国市场。并提出要强化营销意识、标准意识，瞄准全国市场开展深度加工，提高附加值，掌握定价权，占据高端价值链，把黄花和黄芪打造成大产业。要加快走中高端品质发展之路，三位一体推进大同黄花、浑源黄芪标准制定、产地认证和品牌创建，实现标准化生产、产业化开发和品牌化营销，推动“小黄花”做成“大产业”，“好东西”卖出“好价钱”。

“今后，我们要紧紧围绕农业稳产增收，继续实施好‘特’‘优’战略，用好省级赋予大同的‘农牧交错带示范区、有机旱作农业示范区和省级北肉平台’三块金字招牌，以有机旱作为方向，以拳头产品为内核，切实提升农业综合效益，今年特色农业全产业链产值要力争达到200亿元，五年内特色产业发展出雏形，十年内建成在全国有影响力的特色农业产业集群。”市农业农村局局长张颖龙对会议提出的目标任务非常振奋。

按照市委的整体部署安排，大同市特色产业发展方向也进一步明晰：以云州国家级现代农业园及灵丘杂粮、云州黄花、广灵食用菌、平城乳业、浑源黄芪、阳高蔬菜6个省级产业园和平城、云州2个示范区为引领，加快布局发展黄花、畜牧、设施蔬菜、有机旱作（杂粮）、中药材、食用菌、杏果、农文旅融合等八大特色优势产业。

2022年，大同市将坚持用工业思维抓农业，让“大同好粮”提高附加值，实现工业化，占领大市场，年内农产品加工业产值增长15%以上；充分发挥车河国际有机农业论坛的扶持和带动作用，年内再发展有机旱作农业50万亩，新建高标准农田19万亩，确保全市粮食播种面积稳定在420万亩以上，粮食产量达到12.5亿公斤以上；扶持发展设施蔬菜，总面积稳定在9万亩，产量达到50万吨，产值达到13亿元；依托大同高寒作物研究所的科研优势，稳步实施种业提升工程；按照“稳猪强牛保羊促禽增草”的发展思路，充分发挥阳高正大、浑源双胞胎、天镇大伟嘉、云州骏腾等龙头企业示范带动作用，每年动态扶持十大畜牧标杆企业，改造提升100个标准化牧场，推动畜牧大市向畜牧强市转变；依托“北肉”平台，建设国家骨干冷链物流基地，推动北肉冷链进出口加工产业园达产达效，形成年产肉制品20万吨、产值超百亿元的规模；积极引进1—2个标准化、规模化屠宰加工企业，提高畜产品就地加工转化率，推动畜牧产业迈上新台阶。

脱贫成果巩固好　乡村建设促振兴

“在巩固拓展脱贫攻坚成果、有效衔接乡村振兴的关键时期，我们要牢牢守住不发生规模性返贫底线，继续保持帮扶政策总体稳定，确保政策不留空白、工作不留空档，扶上马送一程。要以乡村振兴战略为引领，用乡村振兴来巩固拓展脱贫攻坚成果，以更良好的状态、更有力的举措接续推进乡村振兴。”市乡村振兴局局长谢志海在认真学习领会市委十六届二次全会暨市委经济工作会议精神后表示，下一步要紧盯先行示范、整体推进、重点帮扶“三类县”，强化分类指导，突出产业扶持，确保三类人员稳增收、能就业、不返贫。

乡村振兴，生态宜居是关键。近年来，市委、市政府积极践行“绿水青山就是金山银山”发展理念，大力整治农村人居环境，引领乡村振兴大踏步迈进。大同市继续开展乡村建设行动，大力推进农村厕所革命、污水治理、垃圾治理等环境整治工程，集中连片创建100个美丽宜居乡村；大力推进长城旅游公路沿线美丽乡村建设，培育长城人家、恒山人家、桑干人家等乡村旅游新业态，促进农文旅融合发展；大力推进农村土地征收、集体经营性建设用地入市、宅基地制度三项改革，加快“三变”进程，推进“三治”融合，走出农村善治之路。

（摘自《大同日报》2022年1月13日第一版）

大同谱写全方位高质量发展新篇章

党的十八大以来，大同市砥砺前行、奋发进取，在高质量发展上不断取得新突破，各项事业取得重大成就。

这十年，经济实力显著增强，转型发展突破前行。全市地区生产总值从2012年的874.3亿元增长至2021年的1686.0亿元，经济总量大幅增长；新能源、数字经济、装备制造、文化旅游、新材料、通用航空等战略性新兴产业占比大幅提升。

这十年，城乡面貌深刻变化，环境质量持续领先。城乡空间布局进一步优化，中心城区辐射带动能力全面提升，农村人居环境持续改善。坚持绿色发展，践行“绿水青山就是金山银山”理念，“大同蓝”“大同绿”“大同清”成为新名片。

这十年，改革开放纵深推进，政府效能大幅提升。能源革命综合改革、国资国企改革、开发区改革、放管服改革取得重大进展，形成制度性成果150余项，搭建起“四梁八柱”的改革主体框架，政府执行力显著增强。

这十年，脱贫攻坚战取得全面胜利，民生保障更加牢固。公共服务体系日益完善，教育、医疗、养老、安全等更有保障、更可持续。

为者常成，行者常至。站在新的历史起点，大同市抓住战略机遇，统筹发展，突出“经济转型、乡村振兴、生态文明、对外开放、城市更新、民生保障”六大任务，苦干实干，久久为功，在蹚出转型发展新路上不懈探索，努力谱写大同全方位高质量发展新篇章。

聚焦经济转型和乡村振兴，壮大高质量发展动能

加快产业转型是大同高质量发展的关键所在。按照“传统产业内涵集约、战略性新兴产业集群规模”的发展方向，大同坚持“建链、延链、补链、强链”的“链”式思维，坚定不移推进煤炭绿色智能开采和清洁高效利用，集中力量培育壮大战略性新兴产业，着力建设煤炭电力产业1个千亿级，装备制造、现代医药2个300亿到500亿级，新能源、大数据、文化旅游3个百亿级，新材料、通用航空、节能环保、现代物流4个准百亿级产业集群，基本形成“1+9”千百亿级产业集群格局，成为经济发展的骨干支撑，资源型经济转型实现重大突破，经济增长方式由“输煤炭”向“输算力”，“一煤独大”向“多业鼎立”加快转变，基本形成具有大同特色的现代产业体系。

数字经济产业是大同转型发展的有力抓手。有8家数据企业落地大同，数据产业完成投资超过100亿元，投运机架数达7.5万架、在用服务器25.3万台，分别占全省的64.3%、68.5%，年用电量突破15亿千瓦时，平均PUE（能耗水平）1.17。到“十四五”末，数据产业总投资将达400亿元以上，服务器规模突破200万台，年用电量100亿度以上。

乡村振兴是大同高质量发展的基础。巩固拓展脱贫攻坚成果，坚决守住不发生规模性返贫的底线；全面实施农业“特”“优”战略，坚持以绿色、有机、低碳理念引领农业，用市场化、工业化、标准化思路发展农业，用好农牧交错带示范区、有机旱作农业示范区和晋北肉类平台三块“金字招牌”，推动黄花、畜牧、设施蔬菜、杂粮、黄芪、食用菌、杏果、农文旅融合“八大特色主导产业”形成规模，全产业链产值达350亿元。计划用5年时间，将北肉平台冷链食品加工产业园打造成为中国北方最大的预制菜产业园，形成百亿级产业集群。

统筹绿色发展和文旅融合，积蓄高质量发展后劲

生态环境是大同的发展优势，大同坚定不移走生态优先、绿色发展之路。大同市区空气优良天数由2013年的233天增加到2021年的315天，增加35.2%，$PM_{2.5}$浓度由2013年的每立方米46微克下降到2021年的每立方米28微克，下降40%。2021年，环境空气质量综合指数和优良天数比例排名山西省第一，“大同蓝”实现了质的提升。同时，积极探索“双碳”目标实现路径，推进生态产业化和产业生态化，风电、光伏、氢能、储能和地热能等绿电绿能开发利用达到一定规模。深度构建“生态+”经济发展模式，实现从“生态可为”到“生态有为”的历史跨越。坚持山水林田湖草沙系统治理，全面落实“河长制”“林长制”，强化采煤沉陷区矿山生态治理，努力建设“一带两屏六区多廊”生态安全格局，森林覆盖率每年至少提升0.5个百分点。

大同是首批24座国家历史文化名城之一，素有“文化古都、清凉夏都、美食之都”的美誉。大同历史文化底蕴深厚，自然人文景观交相辉映，旅游资源十分丰富，拥有云冈、恒山、古城、长城四大旅游品牌，开发前景和发展潜力巨大。同时，大同气候独特，夏季凉爽宜人，夏天平均气温20摄氏度，是全国著名的避暑胜地、康养休闲之地。近年来，云冈文化旅游节、古都灯会影响力持续扩大，大同的知名度美誉度持续提升，文旅产业呈现强劲发展势头。

同时，大同持续拓展对内对外开放合作成果，高标准建设晋北城镇圈，强力抓好土地空间规划、交通枢纽建设、开放通道延伸、跨境产业合作工程，把大同建设成为文化交流活跃、先进要素聚集、各类人才向往、企业竞相入驻的“开放城”“枢纽城”“中心城”“人口集聚城”，努力建设内陆地区对外开放的新高地。

深化产城融合和共同富裕，共享高质量发展成果

古城是大同人民的精神家园，新区是大同未来发展的活力之源。按照“规划先行、政府引导、市场运作、社会参与”的思路，大同坚持古城与新区各有侧重、协调发展，让古城更有韵味、新区更有品位。聚焦“传承历史文脉、留住市井气息、丰富古城业态”目标，古城保护修复三年计划基本完成、五年计划全面完善，让古都大同再现恢宏历史风貌。树牢“以产兴城、以城促产、产城融合”理念，高品位加快御东新区建设，持续提升公共服务水平，建设更多的“城市客厅”“会展中心”“中央商务区”，大力发展楼宇经济、总部经济、研发经济等新业态，努力建设集商务、科创、会展、休闲等功能于一体的现代活力新区。

深入践行以人民为中心的发展思想，以共享引领共建，以共建促进共享。就业是最大的民生，大同以产业结构调整引领就业结构优化，持续发展壮大数据服务产业，力争通过五年努力增加3万个就业岗位，以此引导社会力量不断创建创优增收致富的环境和平台，以“人人奋斗”实现“人人享有”，在高质量发展中促进共同富裕；持续加大教育、医疗、社保等民生投入，织密扎牢民生兜底保障网络，推动优质均衡的公共服务体系基本建成，全覆盖可持续的社会保障体系更加完善；切实抓好全国市域社会治理现代化试点城市建设，着力构建全民共建共治共享的社会治理格局。

（摘自《人民日报》2022年10月14日第15版）

特载

大事记

1月

1日

●大同市实行建筑业企业农民工工资保证金差异化缴存，守法诚信企业实行保证金预存减免政策，违法失信企业增加预存比例。

●大同市与全省同步举行开发区2021年第一期“三个一批”活动。此次全市开发区“三个一批”项目涉及装备制造、新能源、新材料、信创、生物医药、农产品精深加工等新兴产业，现场签约11个项目，总投资159亿元；投产22个项目，总投资60.2亿元；开工32个项目，总投资54.6亿元。

●大同市公安局新型网络犯罪侦查支队（新型网络犯罪研究中心）成立。

●大同富乔垃圾焚烧发电有限公司二期500吨/日生活垃圾发电项目完工。

●大同市调整城镇职工大额医疗保险（大病保险）筹资标准，每人每年由120元调整为156元。

●大同市按照《关于2021年调整全省工伤保险待遇的通知》的相关规定，提高全市工伤职工伤残津贴、生活护理费和因工死亡职工供养亲属抚恤金标准，月人均分别增加161元、114元、66.2元。

2日

●“中国体彩杯”大同市精英滑雪公开赛暨大同市滑雪队选拔赛在万龙白登山滑雪场内举行，全市94名青少年滑雪爱好者参加。

11日至12日

●中国共产党大同市第十五届委员会第十次全体会议暨市委经济工作会议召开。会议由市委常委会主持。省委常委、市委书记张吉福讲话。会议听取和讨论张吉福受市委常委会委托所作的工作报告，审议通过《中共大同市委关于制定国民经济和社会发展第十四个五年规划和二〇三五年远景目标的建议》，表决通过中国共产党大同市第十五届委员会第十次全体会议决议。

14日

●世界首个煤电 CO_2 捕集及资源化利用全产业链生产线示范工程在山西大唐国际云冈热电有限责任公司整体开车试生产。

15日

●市委常委会会议召开，张吉福主持会议。会议审议并原则通过《关于成立市委市县乡换届工作领导组的通知》《关于认真做好县乡领导班子换届工作的通知》。

●市政府第58次常务会召开，市委副书记、市长武宏文主持会议。会议研究部署经济运行、粮食保障、项目建设、安全生产、疫情防控等各项工作。审议《关于修改和废止部分政府规章的决定（草案）》及5件规章的修正案草案、《关于深化拓展支持民营经济发展的若干措施》。

●天龙救援队大同支队组织的大同地区2020壹基金温暖包发放活动结束，全市225名孤儿与事实孤儿受益。

20日

●铁路部门实行新的列车运行图。运行图调整后，大同南站新增至郑州和上海线路。

21日

●大同市首张增值税专用电子发票在平城区税务局开出。

22日

●大同市慈善总会启动2021年度“慈善情暖万家”活动，首批为灵丘县、浑源县送去价值17万元的慰问品。

23日至31日

●碳中和愿景下能源转型路径研讨会暨第二届清华大学·大同能源转型国际论坛在大同未来能源馆举行。论坛以线上直播形式，举办光伏+生态效益、每人一千瓦、碳中和愿景下城市与能源企业协同转型、大同市绿色能源供应体系研讨、美国能源转型现状与政策前瞻、法国能源转型、芬兰能源转型、瑞典能源转型、乌大张2030年碳达峰方案编制研讨等11场专题论坛和11场零碳欧洲2050报告会。

25日

●山西高温地热资源开发利用科研示范基地揭牌暨试验电站启动仪式在天镇县举行。该试验电站项目一期占地约3.3公顷，设计有勘查井场区、发电机组场区、水处理区等。其中，1号试验机组装机容量300千瓦，2号试验机组装机容量280千瓦。

27日

●中国自主研发的首台氢燃料混合动力机车在中车大同电力机车有限公司下线。

28日

●市图书馆（市少儿图书馆）长

城文献资料研究中心对外开放。该中心收集《中国长城志》《长城百科全书》《山西省长城资源调查报告》《山西古关隘》《雁门长城》《大同长城》等长城图书323种、945册；《万里长城》《中国长城博物馆》《山西长城》《大同长城》等期刊13种、485册；长城邮票、明信片等25种、48件。

是月

●第五届美丽乡村国际微电影艺术节在青岛市举行，市司法局选送的法治微电影《一亩三分地》获法治单元“最佳作品”奖。

●大同市印发《大同市中小学教师减负清单》，从督查检查评比考核、精简文件会议报表、社会事务进校园、借调借用中小学教师等方面作出明确规定，列出减负事项20条。

●大同市报送的《亲呀个呆》《樱花又开放》《西口口的女女儿好大的脚》《咱也是一棵忘忧草》及《婆媳之间》5件作品获2020年山西省群众文艺作品（文本类）奖。

●山西惠谷嘉旭生物科技有限公司年产1万吨纳米生物基生物降解塑料项目在大同市投产。

●中车大同电力机车有限公司研制的CR240E型电传动矿用自卸车通过鞍钢矿业工业性试验评审，获得产品技术质量认定证书。

●中国铁道学会公布2020年度“中国铁道学会科学技术奖”获奖项目，中车大同电力机车有限公司“30吨轴重大功率交流传动电力机车关键技术研究及应用”和“高速列车车顶高压电气系统绝缘优化及运维技术应用研究”两个项目获一等奖。

●云冈区通过国家发改委关于“十四五”期间采煤沉陷区综合治理和独立工矿区改造提升工程实施方案的评审论证，云冈独立工矿区被纳入“十四五”期间资源型地区转型发展中央预算内投资支持范围。

●省文物局公布全省首批革命文物名录，大同市的中共大同工委旧址、大同革命烈士纪念塔、大同和平解放谈判旧址、舒宏烈士墓、平型关战役遗址、白求恩特种外科医院旧址等24个文物保护单位、可移动珍贵文物12件入选。

●晋能控股煤业集团“彩亮创新工作室”被中华全国总工会命名为第三批“全国示范性劳模和工匠人才创新工作室”。

●“2021中国国际生态文化旅游品牌推介与旅居地融资大会”在昆明举行，大同市广灵县被授予“中国最佳康养度假旅游名县”称号。

●大同市广灵县入列省级县域医疗卫生一体化改革示范县。

●山西省科技厅公布《关于公布2020年山西省省级科技企业孵化器认定结果的通知》，上海漕河泾大同国际创新创业园入选省级科技企业孵化器。

●中央文明办公布2021—2023年创建周期全国文明城市提名城市名单，大同市位列地级提名城市名单。

2月

5日

●市委常委会会议召开，张吉福主持会议。会议审议《市委常委班子对照检查材料》《中共大同市委常委会2021年工作要点》《十一届省委第八轮巡视大同市问题清单、整改清单、责任清单》等。

●大同市第十五届人大常委会举行第三十六次会议，决定任命张强为大同市人民政府副市长、代理大同市人民政府市长。

11日至17日

●“春节黄金周”期间，大同市消费品市场9家被监测企业实现销售额1805.4万元，比上年同期上涨7.8%，客流量达16.7万人次。

16日

●广灵大号和浑源耍故事等社火活动亮相中央广播电视台科教频道新春特别节目《书本里的年味儿》。

19日

●云冈研究院成立大会在大同举行。

21日至23日

●政协第十四届山西省大同市委员会第五次会议在大同大剧院举行。市政协主席郜向华向大会作政协常委会工作报告，市政协副主席杨素卿向大会作提案工作情况报告。会议补选李继忠、董建中、方旭为政协第十四届山西省大同市委员会副主席。会议通过政协第十四届山西省大同市委员会第五次会议关于常务委员会工作报告的决议、政协第十四届山西省大同市委员会提案委员会关于十四届五次会议提案审查情况的报告，通过政协第十四届山西省大同市委员会第五次会议政治决议。

22日

●全市党史学习教育部署会召开。张吉福出席会议并讲话，张强主持会议。

22日至24日

●大同市第十五届人民代表大会第六次会议在大同大剧院举行。代市长张强代表大同市人民政府向大会作工作报告。会议审查大同市国民经济和社会发展第十四个五年规划和二〇三五年远景目标纲要（草案）；审查关于大同市2020年国民经济和社会发展计划执行情况与2021年国民经济和社会发展计划（草案）的报告；审查关于大同市2020年全市和市本级预算执行情况与2021年全市和市本级预算（草案）的报告。常务副市长任希杰作市政府2020年民生实事项目完成情况的报告和2021年民生实事候选项目的说明。会议选举谷明为大同市第十五届人民代表大会常务委员会主任；张强为大同市人民政府市长；王凤瑞、王明生为大同市第十五届人民代表大会常务委员会副主任；郑黎明为大同市人民检察院检察长，提请山西省人大常委会批准；10项民生实事入选2021年市政府民生实事项目。会议表决通过关于大同市人民政府工作报告的决议、关于大同市国民经济和社会发展第十四个五年规划和二〇三五年远景目标纲要的决议、关于大同市2020年国民经济和社会发展计划执行情况与2021年国民经济和社会发展计划的决议、关于大同市2020年全市和市本级预算执行情况与2021年全市和市本级预算的决议、关于大同市人民代表大会常务委员会工作报告的决议、关于大同市中级人民法院工作报告的决议、关于大同市人民检察院工作报告的决议。

25 日

●市委常委会会议召开，张吉福主持会议。会议审议通过《中共大同市委关于开展党史学习教育的实施方案》《中共大同市委关于成立党史学习教育领导小组的通知》《中共大同市委庆祝中国共产党成立 100 周年活动方案》。

●大同市与北京京东世纪贸易有限公司举行战略合作框架协议签约仪式，按照协议双方重点在现代物流、农牧业、智能城市、云计算服务、跨境电商、产教融合等领域加强合作。

●全国脱贫攻坚总结表彰大会在北京举行。大同市 6 名个人和 5 个集体受到党中央、国务院表彰。

26 日

●大同市数字政府服务中心揭牌。

●全省首条 10 千伏燕庄泵站 1 号线无线通信光差保护装置调试完成。

是月

●国家文物局公布第一批国家级长城重要点段名单，大同市左云县明长城宁鲁堡—八台子段、灵丘县牛邦口长城被列为第一批国家级长城重要点段。

●全国工商联认定并公布 2019—2020 年度全国“四好”商会名单，大同市五金机电商会、大同市国际同商总会、大同市浙江商会、大同市山东商会、大同市河北商会、大同市河南商会、大同市内蒙古商会、大同市温州商会、大同市四川商会被授予全国“四好”商会称号。

●晋能控股煤业集团塔山煤矿公司新型九臂掘锚一体机试用成功。

3 月

1 日

●大同市城乡居民“两病”（高血压、糖尿病）门诊用药保障机制起付标准由 60 元 / 年降低为 30 元 / 年。

5 日

●市委常委会会议召开，张吉福主持会议。审议通过《中共大同市委关于一体推进不敢腐、不能腐、不想腐的工作意见》《关于完善党内政治文化建设的实施方案》。

●全市政法队伍教育整顿领导小组第一次会议召开，省委常委、市委书记、全市政法队伍教育整顿领导小组组长张吉福主持会议并讲话。会议传达学习全国、全省政法队伍教育整顿有关会议精神，审议《大同市政法队伍教育整顿实施方案》，安排部署相关工作。

9 日

●张强与多弗国际控股集团董事长胡兴荣一行举行工作会谈，双方围绕通航、文旅等产业寻找合作契合点，希望通过深化合作，助推大同新兴产业多点开花，实现高质量转型发展。

10 日

●张强与华电山西能源有限公司执行董事徐建伟一行举行工作会谈，围绕风电、光伏、储能等产业探讨交流，希望进一步深化合作，拓展发展空间，共同推动新能源产业发展。

11 日

●张强与驴迹科技集团董事长臧伟仲一行举行工作会谈，双方围绕做优做强文旅产业展开交流，希望通过项目合作叠加优势，共探文旅发展新业态，共推文旅产业实现高质量发展。

12 日

●张强与中电科太极计算机股份有限公司副总裁、基础事业集团总经理仲恺一行举行工作会谈，双方相互交流推动数字产业发展、智慧城市建设等合作事宜，寻求发展合作的切入点。

15 日

●山西华瑞建材石膏板生产线在大同市云冈经济技术开发区投产。

16 日

●市政府第 60 次常务会议召开，张强主持会议。会议研究部署全市乡村振兴、农业农村现代化等工作。会议审议并原则通过《大同市关于全面推进乡村振兴加快农业农村现代化的实施方案》《大同市关于巩固拓展脱贫攻坚成果有效衔接乡村振兴的实施方案》《大同市加快推进农业高质量高速度发展实施方案》，以及黄花产业高质量发展、乡村建设、种业创新发展 3 个专项行动方案。

●中央广播电视台节目《跟着书本去旅行》“大同寻珍”特辑首集《北魏古都》播出。“大同寻珍”特辑分为 5 集，分别是《北魏古都》《云冈石窟里的帝王相》《云冈石窟里的多元文明》《悬空寺》《社火年味》，于 16 日至 22 日每晚在中央广播电视台科教频道、央视频、央视网等平台播出。

17 日

●市委常委会会议召开，张吉福主持会议。会议审议通过《大同市关于推进乡村振兴加快农业农村现代化的实施方案》《大同市加快推进农业高质量高速度发展的实施方案》《大同市关于巩固拓展脱贫攻坚成果有效衔接乡村振兴的实施方案》《大同市 2021 年黄花产业高质量发展专项行动》《大同市 2021 年乡村建设专项行动》《大同市 2021 年现代种业创新发展专项行动》。

●国家文物局副局长宋新潮率调研组到大同调研石窟寺保护工作。

●张强与腾讯公司副总裁王寒冰一行举行工作会谈，双方围绕工业互联网、智慧城市、智慧文旅项目落地等事宜相互交流。

●由市打击侵权假冒工作领导小组、市消协主办，市市场监管局、市公安局协办的集中销毁罚没物品活动在大同富乔垃圾焚烧发电有限公司渣料场举行。此次销毁采取碾压后焚烧和粉碎破坏后无害化处理的方式。涉及食品、药品、化妆品、防疫物资、服装鞋帽、电子产品、农资产品、工业产品八大类。其中，各种酒类 3150 瓶、各类食品 2988 件、防疫物资 962 件、化妆品 32532 件、药械 16622 件、其他商品 3580 件。

20 日

●大同经济技术开发区与山西电信签署 5G 战略合作协议，按照协议山西电信参与大同经济技术开发区新型智慧园区、数字产业、新基建、工业互联网等领域建设。

●大同市平城区第十四小学校集团校 U12 足球队在太原举行的全国“2034 杯”首届小学生足球大赛山西赛区决赛中，以 3 比 0 的优势夺得冠军。

21 日

●张强与秦淮数据集团创始人、全球 CEO 居静一行举行工作会谈，双方围绕数据新基建、高端服务器生产制造等项目相互交流，希望通过进一步拓展合作空间，共同推动大同数字产业发展，实现合作共赢。

●市体育总会应急救援志愿者服务队成立。

22 日

●张强与传智教育董事长黎活明一行举行工作会谈，双方围绕快速推进数字化职业教育学校项目相互探讨，希望通过进一步协调对接，推动项目尽快落地大同。

●大同市与全省同步举行开发区 2021 年第二期“三个一批”活动。此次全市开发区“三个一批”项目涉及生物医药、装备制造、氢能应用、航空、农业、储能、电商物流等领域。

●由中关村全科盟大同研究院引进的 10 万吨秸秆综合利用项目在大同经济技术开发区第二医药园区奠基开工。

●山西大同大学马克思主义学院“思想政治理论课实践教学基地”开放使用，服务于该校学生思想政治理论课实践活动。

23 日

●集（集宁）大（大同）原（原平）高铁大同段沿线征地拆迁工作全面展开，沿线涉及大同市新荣区、云州区、大同经济技术开发区、平城区的 9 个乡（镇）、25 个村。

25 日

●张强与北京市跨区域产业协作中心主任房晓一行举行工作会谈。双方围绕大数据应用、装备制造、生物医药和大健康等产业沟通交流，寻找合作契合点。

27 日

●首期长城文化沙龙《我眼中的长城》在市图书馆举行。

●山西省在上海国际食品产业园举办“山西特优农产品精品街”启动仪式和合作签约活动。大同市 22 家“大同好粮”“大同黄花”特优农产品生产企业的 150 余个产品入驻精品街“大同好粮”店铺。山西宜发同诚农业发展有限公司与上海晶粮实业（集团）股份有限公司签订合作协议。

27 日至 28 日

●全省群众文化活动大同市乒乓球海选比赛（第一站）暨“名仕杯”“魅力国球”大同市乒乓球联赛（第三站）在平城区少体校举行。樊京杰、郭善富、李仙帅、李建忠分获该站甲、乙、丙、公开组第一名。

29 日

●中北大学一行到大同，与大同市对接推进高速交通项目落地相关事宜，张吉福、张强出席对接会并与中北大学党委书记沈兴全围绕加强校地合作，整合优化资源，推动产学研深入融合等相互交流。

●原创舞蹈诗剧《天下大同》在山西大剧院首演，全剧 90 分钟，分《西阴之花》《追梦驼铃》《丝画平城》《协和万邦》《万里茶道》《汇通天下》《永恒丝路》七章。

●由山西省考古学会和《山西晚报》联合举办的“首届山西考古新发现论坛”在太原召开。论坛上，平城区七里村北魏墓地入选“2020 年山西考古新发现”。

30 日

●市委常委会会议召开，张吉福主持会议。会议审议通过《大同市贯彻落实山西省污染防治攻坚战收官专项督察反馈意见的整改方案》《中共大同市委网络安全和信息化委员会 2021 年工作要点》《大同市贯彻落实〈新时代公民道德建设实施纲要〉的实施方案》等。

●全省城镇污水处理厂运行管理现场推进会在大同市召开。

●经海关总署批复，同意增设大同国际陆港保税物流中心（B 型）国内地区代码、海关统计经济区划代码，标志着大同国际陆港保税物流中心（B 型）以独立的经济区划被纳入海关统计，入驻大同国际陆港保税物流中心（B 型）的进出口企业可更加便利地享受各项优惠政策。

30 日至 31 日

●省政协副主席谢红带队，省政协调研组到大同调研督办“加快构建大同市生物医药产业创新链的建议”提案。

30 日至 4 月 1 日

●商务部副部长兼国际贸易谈判副代表王受文率商务部调研组到大同，调研指导开发区工作。

是月

●大同富乔垃圾焚烧发电有限公司二期每日 500 吨扩容项目投产发电。

●由迈点研究院独家发布的“2020 年主题公园型景区品牌 100 强榜单”出炉，大同方特欢乐世界位列其中。

●市第四人民医院院长、博士生导师、省学术技术带头人、神经病学专家尉杰忠，入选省医学科技创新人才强医计划的领军人才，是山西省地市级医院唯一入选的领军人才。

●农业农村部发布全国乡村产业高质量发展“十大典型”，大同市云州区黄花产业发展案例入选“十大典型”。

●大同市平城区柳航里社区、阳高县龙泉镇花苑村、左云县云兴镇西街社区、新荣区西村乡镇河堡村、天镇县逯家湾镇李二口村被司法部、民政部命名为第八批“全国民主法治示范村（社区）”。

●大同墨西科技有限责任公司与中国电子科技集团公司第三十三研究所通过联合研究石墨烯电磁屏蔽涂料及其工程应用技术，在国内首次把石墨烯电磁屏蔽涂料应用于屏蔽工程，并完成石墨烯电磁屏蔽涂料屏蔽防护样板间施工，经测试屏蔽效能达 40 分贝，可实现电磁波阻隔率 99.9%。

●小康杂志社联合多个国家权威部门和专业机构，发布“2021 中国特色美食百佳县市”排行榜，大同市平城区以总评分 94.78 分位列第 6 名。

●教育部公布《2020 年度国家级和省级一流本科专业建设点名单》，大同大学化学专业和汉语言文学专业获批国家级一流专业建设点。

●平城区人民法院在平城区文瀛湖街道春和园小区设立首个社区便民服务室。

4 月

1 日

●大同市与全省统一城乡居民基本医疗保险门诊慢性病病种及准入

（退出）标准，同时把城乡居民医保门诊慢病病种规范为45个。此次优化规范的城乡居民医保门诊慢性病病种包括恶性肿瘤门诊治疗、器官移植抗排异治疗、血友病、尿毒症透析、重性精神疾病、肺源性心脏病、真性红细胞增多症等45个。

●副省长张复明率调研组到大同，实地调研2022年山西省第十六届运动会大同赛区筹备情况，听取相关汇报并安排部署下一阶段工作。

●“春满古都·又见平城”2021群众文化系列活动启动，活动持续至5月5日，活动分盛世春晖、华彩国风、春光普照、耀古烁今4个区域，在华严广场、纯阳宫广场、鼓楼东街、鼓楼西街、县楼南街、县楼北街和云路街等处，结合21组灯组，开展各具特色的文艺演出、民俗展示等活动。

7日

●全市首个供电服务智慧“无人营业厅”亮相国网大同供电公司迎宾街营业厅。

7日至9日

●在成都中国西部国际博览城举行的第104届全国糖酒商品交易会上，“大同好粮”区域公共品牌18家代表企业的150余个产品参展，现场达成合作意向320余个，合作金额2600余万元，其中现场签约200余万元。

10日至24日

●山西省广场舞大赛大同市“枫林逸景杯”选拔赛在万城中心广场举行，86支舞蹈团队、1500余人参与选拔赛。市文化馆公益舞蹈队和市健身球队获一等奖，广灵县秀韵舞蹈队、朝霞舞蹈队、市体育舞蹈代表队获二等奖，山橡社区艺术团舞蹈队、云州区文化馆凤凰飞舞队5支团队获三等奖。

12日

●副省长韦韬到大同，调研城市建设、交通运输等工作。

13日

●张强与国家开发银行山西省分行行长郭振兴一行举行工作会谈，双方围绕京同一体化、古城保护修复等项目展开对接交流，达成共识。

●张强与清华大学电机工程与应用电子技术系教授、太原理工大学副校长孙宏斌一行座谈，对接交流能源互联网项目推进事宜。

●由中国文物保护技术协会与大同大学云冈学学院联合举办的全国石窟寺科技保护与艺术价值培训班在大同市开班。

●市委常委会会议召开，张吉福主持会议。会议审议通过《中共大同市委全面深化改革委员会2021年标志性牵引性重大改革和重点改革任务》等。

16日

●以“幸福守望、杏韵花开”为主题的2021阳高杏花节暨长城文化旅游季系列活动在该县龙泉镇守口堡村开幕。此届杏花节分舞长城、闹传统、寻杏韵、醉幸福四大板块，有闪耀守口、房车露营、汉服表演、祈福仪式、杏福笑脸、打卡圣地、吃货小院等15项文娱活动。

18日

●市体育局与正德文体中心签订战略合作框架协议，共同打造智慧社区全民健身中心。

●张强与上海中能企业发展（集团）有限公司董事长虞建明一行举行工作会谈，双方围绕生物基化工产业城、科技产业城等项目建设细化目标、分解任务、解决问题，企地合作携手推进项目尽快落地开工，实现合作共赢。

20日

●大同长城文化旅游季·天镇李二口长城文化节在天镇县李二口长城民俗文化村举行。

●张强与京东集团副总裁郑宇一行举行项目对接座谈会。双方围绕智能城市等“6+1”项目落地大同开展对接，希望项目快速落地建设。

20日至21日

●省政协副主席张瑞鹏带队，省政协调研组到大同调研物流产业发展情况。

22日

●由中车大同电力机车有限公司研制的新八轴技术提升电力机车完成型式试验，企业新产品研发取得新进展。

23日

●“书香大同·文化古城”2021年全民阅读推广活动暨版权宣传周和“绿书签行动”启动仪式在市图书馆举行。

●2021全市群众文化活动农民八段锦大赛在云州区西坪镇唐家堡村举行，来自新荣区、阳高县、云州区、云冈区等10支代表队的近100名农民体育爱好者参加比赛。云冈区一队、新荣区新荣镇代表队、阳高县龙泉镇代表队获一等奖，云冈区二队等3支代表队获二等奖，云州区西坪镇一队等4支代表队获三等奖。

24日

●新时代曲艺小剧场著作权保护暨中国曲协深化改革基层试点工作研讨会在大同云海曲艺社召开。

26日

●市委常委会会议召开，张吉福主持会议。会议审议市委常委班子巡视整改专题民主生活会对照检查材料及《中共大同市委党史学习教育领导小组关于扎实开展“我为群众办实事”实践活动的行动方案》《大同市禁牧休牧条例（草案）》《大同市人大常委会农村自建房领域立法计划》等。

●市政府第61次常务会议召开，张强主持会议。会议研究部署全市安全生产、经济运行、生态环境保护等工作。会议审议并原则通过《大同市人民政府全面推行“证照分离”改革全覆盖工作方案》《关于进一步加强安全生产监管能力建设的工作措施》《大同市国企改革三年行动计划（2020—2022）》《大同市城市区域声环境功能区划分方案》《大同市新发展阶段“人人持证、技能社会”建设助力转型发展提质增效工作方案》《大同市全域旅游公路发展规划》《大同市现代综合枢纽建设规划》《关于贯彻落实习近平总书记视察云冈石窟重要指示加强云冈文化遗产保护和创建云冈学的实施方案（草案）》等。

●大同市古城内西南片区道路工程启动，建设改造该片区11条小街小巷。

27日

●省政协副主席李思进率省政协调研组到大同，开展“加快会展业发展，助力我省服务贸易”专题调研。

●市公安局巡特警支队安检排爆

大队成功排除两枚战争遗留爆炸物。

28日

●“中国梦·劳动美——永远跟党走，奋进新征程”第三届“劳动者之歌”全市职工书画展在大同潘家园举行。展出书画作品340幅，作品内容集中讲述大同故事，包括脱贫攻坚、疫情防控、复工复产等。

29日

●全国中小学生研学实践教育营地大同研学基地暨魏碑研学基地挂牌仪式在大同魏碑研究院举行。

30日

●“中国梦·劳动美”第二届“大同工匠”命名大会在市工人文化活动中心举行，张利军、徐亮、祁卫东等22名劳动一线的工匠人才被授予“大同工匠”称号。

●大同市召开纪念五四运动表彰大会，表彰“五四红旗团委（团支部）”“优秀共青团干部”“优秀共青团员”“新时代青年先锋”。

是月

●晋能控股集团山西科学技术研究院有限公司同大科技研究院矿山机电研究所研制的煤矿危险气体巡检机器人完成工业性试验并应用于塔山煤矿，这是国内首台常态化开展井下危险作业的煤矿巡检机器人。

●首届MAX户外跑步机马拉松接力赛大同站比赛在大同大学举行，大同市大同跑团、云冈跑团、黎明脚步3支代表队的12名运动员参赛。大同跑团以3小时19分28秒获得冠军，大同黎明脚步以3小时56分36秒获得亚军，云冈跑团以3小时59分15秒获得季军。

●由市餐饮饭店业协会牵头发起的烹饪研究院成立。

5月

1日

●《大同市水污染防治条例》（简称《条例》）施行。《条例》共五章、三十九条，明确提出生态环境主管部门统一监督管理所辖行政区域内水污染防治工作。

●2021中国·大同第二届海棠文化艺术节在市文化艺术中心广场举行。

●国家组织药品集中带量采购（第四批）中选结果在大同市落地，此轮集中采购是国家医保局组织的四批药品集中采购中采购金额最大的一次。中选产品平均降幅52%（最高降幅超90%），包含45个品种，药品品种涉及高血压、糖尿病、消化道疾病、精神类疾病、恶性肿瘤等治疗领域，其中包括氨溴索注射液、丙泊酚中/长链脂肪乳注射液、布洛芬注射液等一线注射剂品牌。

1日至3日

●大同首届儿童智慧未来教育博览会在市雕塑博物馆举行。

2日至6日

●2021“赛诺杯”女子青少年足球邀请赛在大同市外国语学校足球场举行，来自张家口市、大同大学、大同市少体校、大同外国语学校、山西体育职业学院的5支女子足球队参赛。大同大学代表队获得冠军，山西体育职业学院代表队、大同外国语学校代表队分获亚军、季军。

8日

●云冈文化保护法庭在云冈石窟景区揭牌。

●2021世界红十字日纪念活动暨云冈石窟红十字救护站揭牌。

●大同智慧农业服务平台开通，该平台开辟农业资讯、农人风采、大同好粮、春耕进行时、农技课堂、乡村振兴6个专栏。

9日

●全省高素质农民培训持证工作推进会在大同召开，省委副书记蓝佛安出席并讲话，省委常委、市委书记张吉福致辞，副省长贺天才主持会议。

11日

●由云冈研究院和新疆维吾尔自治区克孜尔石窟研究所共同主办的“丝路精魂——古代龟兹石窟壁画摄影艺术展”在云冈美术馆举行。展出壁画展品总数约60幅，分人物篇、飞天篇、菱格篇三大板块。展览持续至8月31日。

●由云冈研究院策划推出的“中国与世界：习近平总书记视察云冈石窟一周年”系列特展在云冈石窟博物馆开展，该展览持续至10月11日。

12日

●全省2021年防灾减灾宣传周启动仪式在市党群服务中心南广场举行。同日，2021年山西省（大同）防灾减灾宣传周书法美术摄影展在市党群服务中心开幕，展览集中展出全省防灾救灾主题摄影、书法、绘画作品270幅，以及记录汶川地震山西志愿者到灾区抢险救灾的新闻作品和报道大同市“大阳”地震的新闻作品。

12日至13日

●省委常委、组织部部长、省政法队伍教育整顿领导小组副组长陈安丽率督导组到大同市调研督导政法队伍教育整顿和集中治理重复信访、化解信访积案专项工作。

13日

●市委常委会会议召开，张吉福主持会议。会议审议通过《大同市2021年重点工作任务分解方案》《关于贯彻落实习近平总书记视察云冈石窟重要指示 加强云冈文化遗产保护和创建云冈学的实施方案》《大同市创建全国文明城市三年行动计划（2021—2023）》《大同市2021年创建全国文明城市工作方案》《大同市贯彻落实〈山西省国企改革三年行动实施方案（2020—2022）〉的实施意见》《大同市人大常委会海绵城市建设相关法规立法计划（2021—2023）》等。

●2021数据中心高质量发展大会在北京国家会议中心举行，会上发布DC-Tech数据中心低碳、绿色、算力、算效等级评估结果，位于大同市的秦淮数据集团环首都·太行山能源信息技术产业基地被评为国家级“碳中和数据中心引领者”。

14日至16日

●全市教育系统“唱响新时代 奋进新征程”歌曲展演暨2021年全市中学生田径运动会在大同市示范性综合实践基地体育场举行。来自各县（区）、市直各中学及各中职、中专学校的42个代表队1200名运动健儿参赛。大同一职中获男、女田径项目14项单项第一，获大同市中学生田径运动会（中专组）男子团体第一名和女子团体第一名，同时获大同市中学生田径运动会（中专组）团体总分第一。大同二职中获男子跳高、男子三级跳远、女子铅球3个项目金牌。

16日

●“平安大同大讲堂”第一期讲座在市文瀛湖行政中心报告厅举行。

17日

●张吉福与东华软件股份公司邀请到大同对接合作事宜的多家企业代表举行工作会谈，相互交流推进数字产业领域合作、促进互利共赢发展等事宜。

●大同市人民政府与北京能源集团有限责任公司签订绿色能源项目开发协议。

●“2021年4月国家AAAA级旅游景区品牌500强榜单”公布，大同市上榜的有大同城墙、华严寺、悬空寺景区、恒山风景名胜区4家景区。

20日至23日

●“大同助老”在天津召开的第五届世界智能大会上展出398智慧养老云平台和398贴心保。

21日

●张强与京东集团副总裁、京东科技集团基础设施研发部负责人符庆明一行举行工作会谈，双方相互交流推进智慧城市建设，加速IDC数据中心项目进展等事宜。

●大同公园第二届牡丹芍药花会开展，展出牡丹、芍药品种20余个、3000余株。

21日至23日

●第十二届中博会大同分会场大同特色商品展销活动在大同古城西城墙关城、瓮城举行，设中部博览会各省农产品、大同市特色农产品、“大同好粮”产品、大同市非物质文化遗产4个区域、1.5万平方米。展销活动期间，销售商品105万余元，签订订单110万余元。

22日

●第十二届中国中部投资贸易博览会海内外晋商晋才助力山西转型发展大会上，大同市的秦淮数据集团零碳数基·桃花源项目、上海中能公司生物基新材料产业集群和精密铜导体项目、华润电力阳高县600兆瓦风光储清洁能源项目3个项目成功签约，投资总额418亿元，主要涉及大数据、生物基新材料、清洁能源等产业领域。

●由大同市歌舞剧院组织创排，山西大学音乐学院、山西华晋舞剧团、山西省歌舞剧院参与演出的原创舞蹈诗剧《天下大同》在国家大剧院演出。

23日

●第十二届中国中部投资贸易博览会大同分会场“游山西·读历史”文化旅游体验活动在云冈石窟景区举行。

●大同市卫生学校附属医院签约暨挂牌仪式在大同守佳消化病医院举行。

●“山西省文化遗产保护院士科技创新中心”揭牌仪式在云冈研究院举行。

23日至24日

●省委书记楼阳生到大同市阳高县、大同经济技术开发区，调研大数据产业发展、开发区建设、通航产业发展等。

24日

●高速飞车山西省实验室揭牌暨大同（阳高）试验线工程开工奠基仪式在大同市举行。省委书记楼阳生，中国航天科工集团党组书记、董事长袁洁共同为实验室揭牌，并为试验线工程培土奠基。

●张强与华舰体育控股集团有限公司董事长王振宇一行举行工作会谈，双方重点围绕北岳机场运营及体教融合、场馆运营、赛事举办等领域举行合作交流。

24日至25日

●全国政协副主席、农工党中央常务副主席何维率领调研组到大同市开展“深入推进绿色转型，确保如期实现碳达峰碳中和”专题调研。

25日

●市委常委会会议召开，张吉福主持会议。会议审议通过《中共大同市委党建工作领导小组2021年工作要点》《中共大同市委关于落实全面从严治党主体责任2021年任务安排》《大同市“我为群众办实事”重点项目清单》等。

●新荣区拒门堡红色革命纪念馆被授予山西省关心下一代党史国史教育基地。

25日至26日

●全国优抚对象年度确认工作培训班在大同市举办。

27日

●全市统一战线庆祝中国共产党成立100周年书画摄影展在和阳美术馆开幕，展出书画作品450余幅。展期持续至5月31日。

27日至29日

●平城区第二届中小学生田径运动会在平城中学举行。比赛分小学组、中学组、教师组3个组别，设短、中、长跑，跳高、跳远、铅球、垒球等22个项目。来自平城区所属学校的42支代表队661名运动员参加比赛。

28日

●大同市乡村振兴局在文瀛湖行政中心主楼挂牌成立。大同市扶贫开发办公室重组为大同市乡村振兴局。

●“邮票上的党史”红色珍邮文化展在市党群服务中心举行。展出与党的发展历程相关的重大历史题材邮票及实物95框、邮票图样300余枚。

●大同市无人机协会成立大会暨第一届会员大会在大同市高级技工学校举行。

●大同市为获得2020年认定的17家省级“专精特新”企业、5家省级“专精特新”“小巨人”企业和4家国家级“专精特新”“小巨人”企业授牌表彰。

●心血管健康联盟、苏州工业园区心血管健康研究院、心衰中心总部发布2021年度第七批次心衰中心及第五批次基层版心衰中心通过认证单位名单，大同市第五人民医院通过国家心衰中心认证，成为此次全国38家标准版心衰中心单位之一。

30日

●“童心向党 共唱中国梦”庆祝中国共产党成立100周年暨“六一”国际儿童节青少年文艺会演在大同红色记忆馆举行。

31日

●全市职工职业技能培训班在大同工匠学院举行，此次培训分为机械制造、建筑、创业培训三大类。参训范围是年龄在18~55周岁的全市各企事业单位在职职工、农民工、退伍军人及城镇失业人员。

●张强与北京世纪飞歌国际文化传媒有限公司创始人、CEO何瑞斌一行举行工作会谈。双方围绕推进文旅合作、产业赋能升级、运营市场开发等事宜开展交流与探讨。

●快手网红助力“大同黄花”公益直播活动在云州区电子商务公共服务中心举行，来自晋冀蒙三省（自治区）的网红团队140余人为“大同黄花”加油。4个小时的直播中，销售产品2.1万单，销售金额38万余元。

是月

●大同大学获批为山西省首批高水平应用型本科高校。

●中车大同电力机车有限公司、大同新成新材料股份有限公司分别获得第三届山西省质量奖和山西省质量奖提名奖。

●大同市综合格斗运动协会成立。

●全市食品安全集中整治百日行动中，派出检查人员12556人次，检查企业和单位10055家，发现食品安全隐患1698项，整改1357项。查处行政违法案件326件，办结312件；案值187.6万元，罚没款193.8万元；移送司法机关食品领域违法犯罪案件22起，采取强制措施31人，移送起诉20人，涉案价值4169万元。

●文化和旅游部联合国家发展改革委推出乡村旅游学习体验线路300条，“大同古堡山峦田园之旅”线路位列其中。

●市科技局认定大同黄花众创空间、市优创乐学科技有限公司众创空间、市互联网＋服务产业园、通航众创空间、博诚青年创业孵化基地、大同汇智科技创新中心、浑源县电子商务管理有限责任公司创客空间、冷锋众创、红宇文化科技创新基地、山西锦林科技众创空间10家众创空间为市级众创空间。

●大同市黄花产业发展成果新闻发布会上，山西农业大学副校长、大同黄花产业发展研究院院长邢国明和中国农业大学教授李景明发布25项大同黄花理论研究、技术研发、产品创新方面阶段性成果。

●市政协“委员书屋”在市图书馆三楼揭牌。

●国网大同供电公司电缆运检中心自主研发的电缆隧道综合在线监控系统投入使用，标志着110千伏北和线电缆通道运维工作迈入数字化智能时代。

6月

1日

●阳高县城开往大同市区的城际快速公交108路、109路开通。

●云冈研究院主办的云冈学专家研讨会举行，研讨会从“中国与世界”的角度探讨云冈学。

●为宣传《中国反对拐卖人口行动计划（2021—2030）》和“团圆”行动，市反拐联席会议办公室、市公安局刑侦支队开展以“关爱儿童、反对拐卖”为主题的反拐宣传活动。

●市农业农村局联合新荣区农业农村局在新荣区堡子湾村组织开展《中华人民共和国乡村振兴促进法》进村宣传和“美好生活·民法典相伴”主题宣传活动，活动发放《中华人民共和国乡村振兴促进法》和《中华人民共和国民法典》等宣传资料1000余份，接受群众咨询80余次。

4日

●“丝绸之路周——石窟寺探秘”云冈石窟站在云冈石窟官方微博直播，广大网友在云冈研究院讲解员王国华的带领下走进云冈石窟，体会“凝集皇家力量，镌就北朝辉煌”的雄浑气势。

4日至5日

●由中国残联党组书记、理事长周长奎带队的中国残联专题调研组到大同，围绕开展巩固脱贫攻坚成果暨党史学习教育“我为群众办实事”工作，调研大同市残联工作。

5日

●全国人大财经委副主任委员陈武带队的全国人大常委会执法检查组到大同，检查调研大同市贯彻执行《中华人民共和国企业破产法》情况，并与市有关部门负责人交流座谈。

●浑源县生态环境综合治理PPP项目——神溪国家湿地公园项目开工建设，此项目位于北岳恒山脚下，总投资3.7亿元，湿地总面积316公顷。

7日

●市委常委会会议召开，张吉福主持会议。会议审议并原则通过《关于系统预防化解信访突出问题创新信访工作体制机制的实施意见》《山西京沪同产业发展有限公司合作共建产业园协议书》《零碳数基·桃花源项目投资战略合作协议》。

10日

●大同市在平城区永泰门广场举行“颂歌献给党 启航新征程”庆祝中国共产党成立100周年群众文化活动暨群众歌咏活动启动仪式。启动仪式以主会场和分会场同步启动方式举行，市四套班子领导在主会场与现场21支合唱队成员一起唱响《没有共产党 就没有新中国》，在云冈区口泉植物园、新荣区得胜堡、云州区有机黄花标准化种植基地、阳高县大泉山纪念馆、天镇县李二口长城、浑源县恒山风景名胜区、灵丘县平型关大捷纪念馆、广灵县中国广灵剪纸博物馆、左云县三屯党史教育基地暨党史主题公园等各分会场同步启动活动。

●张强与隆基绿能科技股份有限公司总裁李振国一行举行工作会谈，双方围绕隆基单晶电池及组件制造项目在建设推进过程中存在的问题对接交流。

●全省脱贫攻坚普查办公室工作会暨普查资料整理工作培训班在大同市举行。

●大同国际陆港保税物流中心首单出口业务通关。

11日

●大同市人民政府与上海中能集团、山西京沪同产业公司合作共建生物基新材料（中国）产业园签约仪式举行。此次签约项目总投资规模500亿元以上，引入生物基新材料制造、智能制造、特种钢基新材料制造等产业。

●坐落于广灵县南山镇南山区的雁北地区第一个农村党小组成立地榆沟村的雁北星火——党史教育展览馆开馆。

12日

●《美丽中华行》栏目“游山西·读历史”系列节目“大同篇”——《云中古韵 天下大同》在香港卫视播出。

13 日

●市直属机关事务管理局、市第三人民医院、市示范性综合实践基地、云冈区实验中学、云州区初级示范中学 5 家单位被国家机关事务管理局、国家发改委、财政部联合授予国家级“节约型公共机构示范单位”称号，市第一人民医院被授予国家级“公共机构能效领跑者”称号。

16 日

●张强与中国银行山西省分行行长臧新军一行举行工作会谈，围绕金融支持项目合作开展交流，并见证双方签订关于金融支持大同“十四五”时期经济社会发展的战略合作协议。

17 日

● 张强会见交通银行山西省分行党委书记、行长李祝民一行，双方相互交流加强政银企合作、优化金融生态环境、共同推动高质量转型发展等事宜。

●张强与国家工业信息安全发展研究中心人工智能所副所长刘永东一行举行工作会谈，双方围绕大同市数据标注基地建设交流探讨，并在推动基地落地方面达成共识。

18 日

●大同市举行 2021 应对暴力恐怖事件实战拉动演练。参与此次应对暴力恐怖事件实战拉动演练活动的相关部门和成员单位有市公安局反恐、巡特警、交警、刑侦，以及卫生健康、供排水、供电、供热、供气、供油、移动、联通、电信等部门 700 余人，车辆 100 余辆。

●山西大同大学与市第一人民医院联合成立的性激素研究所和肿瘤研究所揭牌。

●张强与传智教育董事长黎活明一行举行工作会谈，双方围绕职业教育合作事宜交流对接。

19 日至 20 日

●第二届先进炭材料（山西）学术论坛在大同大学举行。论坛由中国科学院炭材料重点实验室、炭材料山西省重点实验室以及碳纤维制备技术国家工程实验室主办，石墨烯林业应用国家林草局重点实验室、山西省新型碳素功能材料工程研究中心、山西省碳素产业技术创新战略联盟、山西省石墨烯功能材料工程技术研究中心承办。论坛以“资深学者 + 青年教师 / 学生”的学术报告形式相互交流。

20 日

● “翰墨春秋 百年辉煌”庆祝中国共产党成立 100 周年书画展在市潘家园美术馆启幕。参加此次展览的书法作品有 151 件、绘画作品有 74 件，以行、草、隶、篆、楷等字体回顾党的历史、展现时代精神，以国画、工笔画等描绘大同山川景色及群众生产生活。

22 日

●全省党校（行政学院）系统庆祝中国共产党成立 100 周年理论研讨会在太原召开，大同市党校（行政学院）系统在此次研讨会上有 13 篇理论研讨文章获奖，其中一等奖 4 个、二等奖 4 个、三等奖 2 个、优秀奖 3 个。大同市县级党校的获奖论文实现历史性突破，其中浑源县委党校姚振华撰写的论文《感恩共产党，奋进新时代》获一等奖，天镇县委党校张晓峰撰写的论文《百年风华，“晋”新时代》获三等奖，云冈区委党校乔开源撰写的论文《玉宇澄清万里埃》获优秀奖 。

23 日

●左云县委、县政府邀请全国各地左云籍企业家、大同各大商会代表、左云境内企业及项目方代表等 200 余人，举行招商引资推进大会，为左云发展出主意、谋良策。同时，出台 10 条招商引资优惠政策，并聘请 57 位优秀企业家为首批招商引资顾问，调动社会各界参与左云发展。

24 日

●全国中小学生研学实践教育营地大同研学基地增加两个新成员，分别为北岳机场研学基地和未来能源馆研学基地。

●平城区第二届小学生“与诗文同行”古诗文大赛决赛在大同大学附属小学举行。平城区第 18 小学获团体赛冠军，平城区第 23 小学、第 31 小学、第 47 小学获团体赛亚军，平城区实验小学、第 8 小学等学校获团体赛季军；平城区第 18 小学吴昊霖获个人赛一等奖。

25 日

●大同市教育系统首个“青年之家”“青年志愿者之家”活动阵地在北岳中学揭牌成立。

●由市民爆物品安全事故应急指挥部及省民爆集团大同有限公司联合举办的 2021 安全事故应急救援预案演练在该公司总库区举行。演练检验大同市民爆行业应对突发事故的快速反应能力、应急处理能力和协调作战能力。

27 日

●以弘扬“三牛”（为民服务孺子牛、创新发展拓荒牛、艰苦奋斗老黄牛）精神、促进乡村振兴为主旨的 2021 科创中国·“劳模九村 +”合作会议在“全国文明村”大同市云冈区口泉乡杨家窑村举办。会议宣布“劳模九村 +”合作会议成员整体加入科创中国·乡村振兴联合体。

28 日

●全市“两优一先”表彰大会召开。会议表彰来自全市各行业各领域、在工作中取得优异成绩的 130 名共产党员、130 名党务工作者和 130 个基层党组织，分别被授予“全市优秀共产党员”“全市优秀党务工作者”“全市先进基层党组织”称号。

●张强与金划算集团股份有限公司董事长田发波一行举行工作会谈，双方相互交流推进金划算大同数字经济产业园项目落地等事宜。

●张强会见工商银行山西省分行党委书记、行长杨志忠一行，双方交流金融创新助力大同转型发展、支持地方重点项目建设等事宜。

30 日

●市委常委会会议召开，张吉福主持会议。会议审议并原则通过《大同市维护社会稳定领导责任制实施细则》《关于深化省校合作共建“12 大基地”的实施方案》《关于做好全市村（社区）“两委”换届工作的通知》，研究中国共产党大同市第十六次代表大会筹备事宜。

●翰墨书香颂党恩——大同市庆祝中国共产党成立 100 周年书画作品展在和阳美术馆开展。展出书法和绘画作品 190 幅。展览持续至 7 月 30 日。

● “百年大同·影像展”在市雕塑博物馆开展。展览以时间为主线，以大同的百年发展历程为主题，展出摄影作品 800 余幅、老物件 100 余件。展览持续至 8 月中旬。

●平城区新时代文明实践中心揭牌暨志愿服务队授旗仪式举行，标志着该区新时代文明实践中心（所、站）三级体系全部建设完成。

是月

● 2021 山西省优秀网络视听作品评选结果公布，大同市《呼唤》《天职》《阳高红》3 部作品分获一、二、三等奖。

●大同市困难残疾人生活补贴和重度残疾人护理补贴两项补贴资格认定申请实现“跨省通办”，包括省内跨市通办、跨县通办、跨乡镇（街道）通办。

7月

1 日

● 由新华社、中国教育电视台联合推出大型融媒创新直播节目《风华正青春》走进灵丘县平型关大捷纪念馆，通过近 7 分钟的直播带领全国观众回顾平型关大捷光辉历史，追忆往昔峥嵘岁月。

●由云冈研究院与大同大学联合推出的“百年华诞，翰墨寄情”庆祝中国共产党成立 100 周年书法美术摄影展在和阳美术馆开展。展出作品包括书法、绘画、雕塑、摄影四大类 230 余件。展览持续至 7 月 20 日。

4 日

● “致敬百年路 银发心向党”大同市离退休干部庆祝中国共产党成立 100 周年文艺演出在大同大剧院举行。节目有大合唱《我爱你中国》、女高音独唱《英雄赞歌》、小合唱《地道战》、配乐诗朗诵《信念永恒》、舞蹈《再唱山歌给党听》、男高音独唱《把一切献给党》、京剧《打虎上山》、话剧《热泉》片段、歌舞《祥和中国》等节目。

5 日

●平城区创建国家全域旅游示范区通过省文化和旅游厅初审验收。

●大同市中小学生研学劳动实践基地浑源县政通农业示范区基地挂牌成立。

7 日至 8 日

●省委书记、省人大常委会主任林武到大同市云州区、新荣区、阳高县和大同经济技术开发区调研。

8 日

●中共大同市委十五届十一次全体会议召开。全会决定，中国共产党大同市第十六次代表大会于 2021 年 9 月召开。会议审议通过《中国共产党大同市第十五届委员会第十一次全体会议关于召开中国共产党大同市第十六次代表大会的决议》。

9 日

●大同市开通长城历史文化全域旅游线路，涵盖天镇县李二口长城、阳高县守口堡、新荣区得胜堡、左云县摩天岭长城、大同古城等地；红色历史文化全域旅游线路，涵盖灵丘县平型关大捷遗址、阳高县大泉山红色教育基地、大同红色记忆馆等地；美丽乡村休闲全域旅游线路，有云州区有机黄花种植基地、浑源县古城、灵丘县花塔等地；古都文化全域旅游线路，有大同古城墙、文庙、关帝庙、九龙壁等地；古建文化全域旅游线路，包含云冈石窟、华严寺、九龙壁、悬空寺等景区景点；民族融合历史全域旅游线路，有云冈石窟、方山永固陵、大同市博物馆等地；史前人类进化史全域旅游线路，有桑干河国家湿地公园、壶流河湿地、许家窑古人类遗址等地；地质构造运动史全域旅游线路，有北岳恒山、大同火山群国家地质公园、大同土林、晋华宫矿国家矿山公园 8 条全域旅游精品线路。

10 日

●国网时代华电大同 300 兆瓦 / 600 兆瓦时储能项目在华电大同第一热电厂开工。

● “传承红色基因 · 书写爱党情怀”——大同市第二届“勤学杯”百校千人大中小学师生书法展在市雕塑博物馆开展。展出作品软笔 520 余幅、硬笔 387 幅。展览持续至 7 月 20 日。

●张吉福、张强与宁德时代新能源科技股份有限公司董事长曾毓群、国网综合能源服务集团有限公司董事长任伟理一行座谈，双方围绕拓展新能源产业领域合作相互交流。

12 日

● 2021 大同黄花丰收活动月启动仪式在云州区坊城新村黄花产业园举行。活动持续至 8 月 15 日。活动月期间，举行“大同黄花进北京，鲜花献奥运”直播、黄花产业发展论坛、忘忧音乐节农文旅活动、黄花订货会活动等。

●大同市人民政府与山西大同大学共建的大同乡村振兴研究院成立揭牌。

●大同市教育行政部门组织全市 45 所民办中小学校签订《大同市民办学校规范办学承诺书》。承诺内容包括：规范招生行为，严格执行上级教育主管部门制定的招生政策，维护招生秩序，严肃招生纪律，保障教育公平；规范教学行为，按照山西省颁布的课程方案开齐开足课程，合理安排教学进度，落实“双减”任务，深化“五项管理”，做好“十项举措”，提升教育教学水平；规范教师行为，加强教师队伍政治建设，引导教师学习践行新时代师德规范，严格落实《新时代中小学教师职业行为十项准则》，坚决纠正在职教师有偿补课、体罚学生、乱订教辅资料等违反师德师风的行为；规范收费行为，严格执行教育收费公示制度，不得收取未经公示的收费项目。

13 日

●市政府第 64 次常务会议召开，张强主持会议。会议审议并原则通过《大同市推进社区居家养老服务三年行动计划（2021—2023）》。

●由省政协副主席李晓波带队的专题调研组到大同，调研组一行通过实地查看、查阅资料、听取讲解等方式，考察调研健全公共文化服务体系工作。

13 日至 14 日

●甘肃省人大常委会副主任吴明明带队的立法调研组到大同，考察调研文物保护立法情况。

●由省政协副主席、农工党省委会主委李思进带队的省政协调研组到大同，围绕乡村振兴和晋北农村小杂粮生产销售、落实“我为群众办实事”重点项目工作开展调研。

15 日

●2021 全国健身气功“助力乡村振兴”志愿服务活动暨全国千村健身气功交流展示系列活动（大同云州站）在云州区举行，大同市 1000 名健身气功爱好者在唐家堡有机黄花标准化种植基地练习健身气功·八段锦。此次活动持续到 9 月。

15 日至 17 日

●“奔跑吧·少年”2021 年山西省公路自行车冠军赛暨山西省第十六届运动会公路自行车资格赛在左云举行。来自全省 6 支代表队近 200 名运动员参赛。大同市代表队男子团体总分和女子团体总分均排第一，女子奖牌榜位居第一，收获 3 金 1 银 2 铜。

16 日

●大同市与全省同步举行开发区 2021 年第三次“三个一批”活动暨“承诺制＋标准地＋全代办”改革推进会。此次全市开发区“三个一批”活动签约项目 43 个，开工项目 29 个，投产项目 18 个，涵盖高端装备制造、生物科技、现代医药及大健康、大数据、通用航空、节能环保等战略性新兴产业和绿色生态产业。

17 日

●2021 大同第二届乡村艺术节暨文旅消费季首场活动——艺术大赛启动仪式在灵丘旅游集散中心举行。

●“雕塑之夜”2021 第四届中国青少年雕塑大展在市雕塑博物馆展出。展出入围作品 456 件，并评出最佳作品、最佳创意作品、最佳造型作品、最佳制作作品共 30 件，评委提名作品 30 件。展览持续到 8 月 15 日。

●2021“巾帼她力量”世界夫人大赛山西赛区比赛在大同市举行。活动分山西、广东、辽宁等赛区，山西赛区内容有初赛、公益活动与决赛。其中，初赛围绕“巾帼她力量”创建全国文明城市女性风采展示录展开，从平凡岗位建功、创新创业榜样、教育先锋、环保先锋、文化传承人等不同维度呈现励志女性的故事和形象；公益活动有女性课堂、女企业家论坛、“文明大同”公益行动等；决赛通过形象展示、美丽宣言、综合知识测评、才艺展示等环节，决出冠、亚、季军，并代表华北赛区参加全国总决赛。此次比赛持续至 10 月。

19 日至 23 日

●全省“花开满园”职工职业技能培训班在大同市举行，来自全省 210 名企业技术职工在大同工匠学院参加钳工职业技能培训。此次培训设置新时代创新型技能领军人才成长基因、周建民操作法、钳工职业技能大赛优秀操作技法、数控设备维修技术等课程。

20 日

●以“构筑绒毛行业体系 促进乡村产业振兴”为主题的第二十八届全国绒毛会议在大同召开。会上，中国畜产品流通协会负责人作“十三五”中国绒毛行业发展报告，并对协会制定的《分梳山羊绒品质交易技术指南》标准发起单位和个人颁发证书。会议期间举办“中国（大同）绒纺产业发展对接会”与“第六届中国绒毛产业发展峰会”。

●张吉福与到大同洽谈对接的中植企业集团董事局主席兼首席执行官解直锟等企业高层开展工作会谈。

●中组部党员教育中心调研组到大同市开展专题调研。调研组一行到云州区唐家堡村、市党群服务中心、左云县清风林党性教育中心，对党员教育、“党课开讲啦”活动开展等情况调研。

21 日

●张强与浙江横店教育科技有限公司总经理杨松一行举行工作会谈，双方围绕文旅、教育、康养等领域务实合作开展沟通交流。

21 日至 23 日

●以“传承红色基因 争做时代新人”为主题的全市青少年夏令营活动举行。此次夏令营参观地点主要为大同市党史国史教育基地，参观路线为平型关大捷纪念馆—大泉山红色教育基地—拒门堡红色教育基地—清风林教育基地—大同红色记忆馆。

●全国农业农村绿色发展前沿技术培训班在大同市举办。来自全国 25 个省市农业农村部门、科研院所和相关企业代表 400 余人参加培训。农业农村部、科研院所专家和涉农行业企业代表围绕“三农”工作重大政策举措、前沿学术成果、先进技术转化等方面开展研讨交流。

22 日至 27 日

●2021 中国古都大同精品房博会在市和阳美术馆举行，30 余个楼盘及家居建材、二手房中介等品牌亮相展会。此次房博会成交金额 1000 万余元，登记意向客户有 1000 余组，意向金额近 10 亿元。

23 日

●市委常委会会议召开，张吉福主持会议。会议审议并原则通过《中共大同市委关于贯彻落实林武书记调研大同讲话指示精神的任务分解方案》《大同市革命文物保护利用工程行动方案》等。

●大同市人民政府与中国人寿保险股份有限公司山西省分公司、中国人寿财产保险股份有限公司山西省分公司、广发银行股份有限公司太原分行、中国人寿养老保险股份有限公司山西省中心签署《战略合作框架协议》。

●“清凉古都 消夏大同”大同市首届全域旅游季启动暨精品线路发车仪式在和阳门外广场举行。活动为期三个月，以“清凉古都 消夏大同”为主题，开展“五大征集评选”，通过绘画、美文、影像、视频、文创 5 种形式发掘展示大同魅力；组织“八大宣传推介”，引导游客赏美景、品文化，吃美食、看大戏，观长城、访红色，游乡村、玩全域；打造“八条精品旅游线路”，把 10 个县（区）、54 个景点景区串珠成链；开通长城文化、红色旅游、乡村振兴“三条旅游直通车”；举办展演、会展、体验、赛事和演艺等 22 项文化活动。

27 日

●“赢在大同”医药产业创新合作高峰论坛在大同市举行。论坛期间，大同市与上海现代制药股份有限公司、华北制药股份有限公司、上海工业生物技术研发中心、山东则正医药技术有限公司及深圳市远邦进出口有限公司 5 家企业签订战略合作协议。

●东京奥运会跆拳道混合团体表演赛决出胜负，由大同小伙唐皓和队友一起组队的中国队击败伊朗队夺得冠军。

●大同经济技术开发区（国家级）

现代服务产业园一站式质量服务站揭牌。

●张强与吉林诚众汽车零部件股份有限公司董事长杨铭一行举行工作会谈，双方围绕汽车零部件及石墨烯项目相互交流。

27日至28日

●以“巾帼创新意·巧手绘百年”为主题的山西省妇女手工创业创新大赛暨“三晋巧姐”好品展在大同市雕塑博物馆举行。活动征集省内“非遗”文化传承人、手工艺创业者、女大学生创业者的135个参赛项目，1623件参展作品。最终评选出33个参赛项目进入总决赛，110余件手工精品实地展出。最终，高平市凤林刺绣厂、山西省新绛县绛州澄泥砚研制所、山西禹珈豪丝业股份有限公司获得此次大赛金奖。

29日

●“中华文化大讲堂：国史新论系列《今注本二十四史·北史》讲论会”在大同市举行。

●中宣部在北京召开第五届中国出版政府奖表彰会，表彰获荣誉奖、图书奖、期刊奖等123种出版物、50家先进出版单位和69名优秀出版人物。其中，由云冈研究院和青岛出版集团联合编纂的《云冈石窟全集》（20卷）获图书奖。

30日

●“琵琶声声颂党恩”大同市琵琶学会第四届音乐会在大同大剧院举行。

31日至8月1日

●“艺术乡村 相约花塔”大同市第二届乡村艺术节暨文旅消费季在灵丘县独峪乡花塔村举行。

●大同市开展首次森林和草原火灾风险普查培训班。

●大同市举办种质资源普查培训。

是月

●大同市与秦淮数据集团及传智教育集团分别签订战略合作协议，启动实施零碳数基·桃花源和传智职业技术学院两个重大项目。

●省委党史研究院、市委党史研究室确定大同艺校为山西省党史学习教育联系示范点。

●“新时代创享新童谣”评选活动公布，大同市儿童文学作家袁秀兰创作的新童谣作品《金豆豆银豆豆》获得成人组一等奖。

●以“龙脉相传，青春中华”为主题的全国台联2021年台胞青年千人夏令营山西分营晋台青年创业交流研习营参访团到大同市参观访问。

●共青团山西省委、省少工委共同推出“山西青少年红色研学打卡导图”，面向全省青少年推荐省内100个适合青少年的红色研学打卡地，分布在全省11市，其中大同红色研学打卡地有8处，分别是平型关大捷纪念馆、大同市革命烈士陵园、广灵县玉福山烈士陵园、白求恩特种外科医院旧址、平型关烈士陵园、大同和平解放谈判旧址、雁北星火党史教育展览馆和大同煤矿“万人坑”遗址纪念馆。

●全省第四批国防教育基地名单公布，灵丘县白求恩特种外科医院旧址位列其中。

●在中国心脏联盟基层居家心肺预防与康复专业委员会成立大会上，大同市三医院心肺康复中心被命名“全国心血管疾病管理能力评估与提升工程（CDQI）远程居家心脏康复示范中心”。

●山西省高等教育“1331工程”提质增效建设计划项目专家评审认定结果公示，此次山西大同大学获得资助的5个项目分别是：汉语言文学和化学两个国家级一流专业建设项目获批立德树人提质增效建设计划项目；服务碳基新材料产业创新学科集群建设项目获批重点学科提质增效建设计划项目；石墨烯开发应用协同创新中心建设项目获批协同创新中心提质增效建设计划项目；智能采矿装备产业技术创新研究院（产业学院）建设项目获批产业技术创新研究院（战略联盟）提质增效建设计划项目。

●省科协认定一批山西省科普教育基地（2021—2025），大同市有6家单位上榜。分别为：市综合检验检测中心综合检测科普教育基地、大同桑干河国家湿地公园自然科普教育基地、大同火山群国家地质公园科普教育基地、市气象局气象科普教育基地、大同煤矿集团晋华宫矿井下探秘游科普教育基地、广灵县梵贝教育青少年科普教育基地。

●国家文物局公布2021年度“弘扬中华优秀传统文化、培育社会主义核心价值观”主题展览推介结果，云冈研究院“圣地重新——云冈百年复兴展”入选重点推介项目，市博物馆“西京风华——辽金元民族融合文化展”入选推介项目。

●省民政厅在全省15个县（市、区）开展乡镇（街道）社工站项目试点工作，大同市平城区作为省试点县（区），在开源街道民和社区、迎宾街道迎宾路社区、清远街道大齿社区、振华街道永宁社区设立社工站并挂牌。

8月

1日

●大同市调整和完善异地就医有关规定，不办理异地转诊手续也可进行医保报销，但报销比例相比备案人员会下降。此次调整和完善异地就医的适用范围为参加大同市城镇职工基本医疗保险和城乡居民基本医疗保险的全体参保人员。异地就医人员包括异地长期居住人员和市域外临时外出就医人员。

2日

●张强与安麓（北京）酒店管理有限公司副总裁张江一行举行工作会谈，双方围绕优势互补、项目合作、共赢发展开展交流。

3日

●市委常委会会议召开，张吉福主持会议。会议审议并原则通过《大同省域副中心城市规划》《关于中共大同市第十六次代表大会代表选举工作的通知》等。

4日至5日

●副省长于英杰到大同调研科技创新工作。

9日

●张强到上海中能集团生物基新材料产业园项目中心专题调研，并召开座谈会。

10日至24日

●“亲情中华 云游三晋”网上

秋令营——山西大同营举行。其间，营员们以互联网为平台，通过每日的故事学习、任务打卡、在线直播课等方式打卡作业、参与互动。

12日

●张强与光伏专家、行业投资人佟兴雪等到大同考察的企业家座谈，双方交流建设大同新能源产业园区项目、持续深化合作等事宜。

16日

●市委常委会会议召开，张吉福主持会议。会议审议通过《关于完善国有金融资本管理的实施方案》《关于加强新时代民营经济统战工作的实施方案》《大同市出席中共山西省第十二次代表大会代表选举工作方案》。

17日至26日

●大同市新能源电动出租车推介会在各备选车型经销商店内举办。此次推介会经市交通运输局审核通过的备选车型10款（8种充电车型、2种换电车型），包括比亚迪全新秦EV、广汽埃安AIONS炫530、东风日产启辰D60EV等。

18日

● 团省委书记张钧到大同调研全市共青团工作，并与参加平城区“青春兴晋”大学生返家乡暑期社会实践活动的青年学生代表座谈。

18日至19日

●省委副书记、省长蓝佛安到大同调研产业转型、乡村振兴、养老服务等工作。

20日

●市政府第65次常务会议召开，张强主持会议。会议审议并原则通过《大同市推进服务业提质增效2021年行动方案》。

●市不动产登记中心服务窗口入驻市住房公积金业务大厅。

23日

●影片《锦衣卫之护国密探》在大同市开机。该电影由李克龙监制，张建康担任导演，潘元甲、帕丽等人主演，讲述明朝仁宗朱高炽与庆王爷之间生死决战的故事。

23日至25日

●以十一届省政协副主席朱先奇为组长的省委政协工作专项督查组到大同，专项督导检查大同市贯彻落实中央及省委政协工作会议精神情况，以及人民政协工作。

25日

●市委常委会会议召开，张吉福主持会议。会议审议并原则通过《大同市推进服务业提质增效2021年行动方案》《中共大同市委全面依法治市委员会2021年工作要点》《大同市党政主要负责人履行推进法治建设第一责任人职责2021年度工作清单》《中国共产党大同市第十六次代表大会秘书处工作机构及负责人建议名单》等。

25日至27日

●由省政协副主席王立伟带队的“农村饮水安全”专题调研组到大同，重点围绕推进农村规模化集中供水和管网延伸工程、健全完善农村饮水安全工程运行管理机制和水价形成机制以及水源地保护等开展调研，并召开座谈会。

27日

●大同首届“创翼·古都”创业大赛颁奖仪式在平城区开源一号文化园区举行，12个优秀项目分获创新组、创业组一、二、三等奖，8个项目获“创业之星”，4个项目获“创意之星”。

28日

●阳高县长城学会举行成立大会，并召开第一届会员大会。会议汇报筹备工作情况，并通过《阳高县长城学会章程》。选举产生阳高县长城学会第一届领导机构，同时产生7位常务理事。景万明当选会长，张向云、刘东红当选副会长，孙安世为秘书长。郭海被聘为阳高县长城学会名誉会长。张进才、贺瑞华、余跃海、李世春为学会顾问。

31日

●大同市首单跨境电商B2B直接出口业务通关。

是月

● 平城区开源街道民和社区成立全市首家社区经济组织——民和社区服务有限公司。

● 山西省第六批省级文物保护单位名单公布，大同市16处文物入列其中。

●省政府印发《关于2020年度山西省科学技术奖励的决定》，晋能控股集团有23个项目获奖。其中，《随钻钻孔电磁波层析成像超前探水设备及方法研究》等4个项目获一等奖，《特厚煤层综放孤岛工作面巷道强矿压控制技术研究》等8个项目获二等奖，《复杂地质条件下构造控水机理与水源识别技术研究与应用》等11个项目获三等奖。

●山西大同大学与阳高县大泉山展览馆签订合作协议，共建红色教育和国情教育基地。

●全市药品安全风险隐患排查“百日行动”结束，排查出“两品一械”安全风险隐患72条，整改64条；立案59起，结案53起；查获货值金额8.9万元的违法产品，罚没款33万元。

●中央文明办发布7月“中国好人榜”，阳高县狮子屯乡燕窝村农民李萍上榜“助人为乐好人”。

●大同云冈机场与大同海关签署业务合作备忘录及口岸病媒生物联控协作机制。

●由中国化工学会启动2021中国化工学会科学技术奖评选公布，山西大同大学化学与化工学院报送的科研成果首次获得该奖项。

●全国创建“青少年维权岗”活动领导小组发布通知，市第二高级职业中学、市公安局巡特警支队女子大队、市劳动保障监察综合行政执法队、市文化市场综合行政执法队、云冈区平旺乡平安办5家单位被命名2019—2020年度全国“青少年维权岗”。

●省农业农村厅发布2021年度农业产业化省级示范联合体名单，大同市上榜企业分别是旱地农作产业化联合体，牵头企业是山西东方物华农业科技集团有限公司；山西北岳神耆农业产业化联合体，牵头企业是山西北岳神耆生物科技有限公司；浑源县金昌粮贸农业产业化联合体，牵头企业是浑源县金昌粮贸有限公司。

●大同市被中国围棋协会授予“全国围棋之乡”称号。

●大同市获省农村“厕所革命”整村推进专项奖补资金853.7万元。

9月

1日

●大同市执行人社部、财政部印发的《企业职工基本养老保险遗属待遇暂行办法》。

●市美术馆开馆。馆内展陈展览包括开馆美术展、“清凉古都 消夏大同”艺术作品展两个板块的6项展览。开馆系列展内容有《时代肖像——忻东旺艺术作品展》《武大明“大同风情”油画作品展》《“中国家风”版画作品展》《大同市优秀美术作品展》；“清凉古都 消夏大同”艺术作品展内容有《“清凉古都 消夏大同”绘画摄影作品展》与《“清凉古都 消夏大同”文创作品展》。展期持续至10月31日。

●长城一号旅游公路天镇至左云段全线（北线）贯通，燕庄公路铁路立交桥竣工通车。

●大同市推行二手车交易转移登记“跨省通办”。

●全市专职消防员和消防文员统一换装。

2日至3日

●大同市举行首届消防行业职业技能大赛。全市各代表队参赛人员、裁判员及工作人员60余人参加比赛。此次职业技能大赛的参赛选手由国家综合性消防救援队伍、政府（企业）专职消防队、社会救援力量和消防安全从业者等组成，比赛设置灭火战斗、应急救援、消防装备维护、消防设施操作、消防通信5大类目。

2日至7日

●由大同市歌舞剧院创作演出的歌舞剧《北魏长歌》在央视网、国家民委网站连续展播。

●2021中国国际服务贸易交易会在北京举办，大同市天艺昌铜器和青红剪纸两家文化企业在山西主题展区开展展销活动，此次展会上展出包括传统工艺、纪念衍生、文化创意在内的3大品类上百款产品。

3日

●大同市与乌拉圭阿特兰蒂达市在太原签订建立友好城市关系意向书。

5日

●全市720台农机作业监管设备数据全部接入中国农服平台。

6日

●2021晋北肉类平台境内外集采集供大会在华远国际陆港（大同）集团中国北方肉类交易中心举行。此次大会包括开幕式、集采集供签约仪式、首届中国肉类经贸峰会暨供应链大会（开放式论坛）、畜禽智慧仓储冷链物流专家研讨会（特邀嘉宾封闭论坛）、品鉴会等环节。开幕式上，河南伊赛等6家肉制品加工企业，北京德鑫汇丰、太原六味斋等12家肉类采销企业，分别与华远国际陆港（大同）达成10万平方米入园合作和6万吨进口肉采购订单、5亿元销售订单。

7日

●张强与人社部事业单位人事管理司副司长韩智力及金划算集团股份有限公司董事长田发波一行举行工作会谈，并见证大同经济技术开发区与金划算集团股份有限公司签署大同数字经济产业园项目合作协议。

8日

●大同市新增云州区杜庄乡落阵营村新星书苑和广灵县雁北星火党史教育展览馆两处“党史学习教育联系示范点”。

9日

●张强与由山西转型综改示范区长三角经济合作联办主任、成果转化股权投资基金董事长邹连星带队到大同的企业家考察团一行举行工作会谈，双方交流对接有关医疗、“双碳”等合作项目有关事宜。

●“99公益日”活动结束，全市有3.6万人次加入爱心队伍，筹集到公益捐款374337.3元，获得腾讯公益配捐3.7万余元。

●左云经济技术开发区引进江苏省盐城市宇峰药品开发有限公司生物医药及生物医用材料产业化项目，总投资额3亿元。

9日至10日

●国务委员王勇到山西太原、大同等地，实地查看城市防洪防涝调蓄闸坝、缓洪池和煤炭、化工、燃气、文保等企业单位，到井下作业面、生产车间和地铁施工现场，调研检查安全生产和防灾减灾工作。

10日

●“土家姑娘织锦绣——中国土家族西兰卡普交流展”在市博物馆一层临展厅开展。展览持续至10月18日。

●灵丘县红石塄乡下车河村、独峪乡花塔村、红石塄乡边台村、红石塄乡下沿河村，左云县管家堡乡黑土口村入选“2021山西美丽休闲乡村”。

12日至13日

●第十届中国创新创业大赛山西赛区决赛暨颁奖仪式在阳泉智创城举行。大同航源众诚动力科技有限公司的微型涡喷发动机项目和大同宇林德石墨新材料股份有限责任公司的国产煤系针状焦试制石墨电极的工艺研发项目获得一等奖。

14日

●在2021全省“文化和自然遗产日”主题活动中，大同市烙画艺人王祥的葫芦烙画作品《大同“三宝”》《穿越千年 游云冈石窟》获“华夏古文明，山西好手艺”山西传统工艺主题展金奖。

●大同市华夏江鸿控股集团与凯悦酒店集团签署大同古城凯悦臻选酒店合作协议，标志着山西首家凯悦臻选酒店落户大同古城。

●国家能源局公布全国整县（市、区）屋顶分布式光伏开发试点名单，大同市云冈区、灵丘县名列其中。

15日

●由中国信通院、工信部新闻宣传中心和开放数据中心委员会（ODCC）共同主办的2021开放数据中心峰会上，位于灵丘县的秦淮数据·环首都太行山能源信息技术产业基地包揽数据中心绿色等级评估AAAAA、服务能力等级评估AAAAA和可靠性等级评估AAAAA三项最高等级奖项。

●大同市东郊、西郊污水处理厂新建项目开工。

●大同市开展以“加快检验检测发展 促进产业优化升级”为主题的第十一届全国检验检测机构开放日活动。此次活动，邀请市人大代表、政协委员、新闻媒体、企业、消费者代表等20余人参观大同市综合检验中心的食品药品检测中心和农产品质量检测中心。

●第十三届中韩媒体高层对话以线上线下相结合的形式在北京举办。在活动的中韩“双城遇见”城市文旅形象展示环节，分别播放中国大同市和韩国安东市的城市形象片。其中，大同城市宣传片时长4分53秒，以中韩双语播放，全片从历史底蕴、名胜古迹、“非遗”文化、美食休闲、转型发展等角度，推介大同这座历史文化名城。

16日

●“永远跟党走”2021全省群众文化活动农民工歌手大赛大同市选拔赛在市图书馆举行，全市30位农民工参赛。浑源县的郭艳芳以一曲《春大的芭蕾》获得一等奖。

●全国群众体育先进单位先进个人、全国体育系统先进集体先进工作者表彰大会在陕西举行,大同市体育局、灵丘县卫生健康和体育局、阳高县体育运动管理中心、市体育总会、市老年人体育协会、市体育运动学校6家单位被评为“2017—2020年度全国群众体育先进单位”；市体育系统的孙波、李斌、石瑞平、张佳川、张海洋5人被评为“2017—2020年度全国群众体育先进个人”。

16日至19日

●第十七届中国国际中小企业博览会在广州中国进出口商品交易会展馆举行，以大同黄花加工、销售为主的大同三利农产品公司受邀参展。

17日

●2021大同市危险化学品事故应急演练在晋能控股煤业集团广发化学工业有限公司举行。

17日至18日

●全省装配式建筑推进现场会在大同市召开，分析总结全省装配式建筑推进情况，开展经验交流，安排部署相关工作。副省长韦韬出席会议并讲话。

18日

●全省城乡建设历史文化保护传承电视电话会议在大同市召开。副省长韦韬出席会议并讲话。

20日

●国家医疗保障信息平台在大同市上线。

21日

●第十四届全运会群众赛事地掷球比赛中，大同市广灵县的运动员代表山西以9比0战胜广东队，获得地掷球比赛塑质球团体赛冠军。

22日

●第十四届全运会群众赛事中国式摔跤项目比赛中，大同市参赛运动员王迪获得女子56公斤级冠军。

23日

●以“庆丰收 感党恩 促振兴”为主题的2021中国农民丰收节大同庆祝活动暨阳高农品展销会在阳高县长城乡镇边堡村举行。展销会持续至10月8日，汇集“阳高杏脯”“富硒西红柿”“长城羊肉”等当地一批绿色、有机农产品和各县（区）特优农产品，并通过线上电商平台助农销售，线下组织农产品展销等形式拓宽销售渠道。

●第十二届“中国统计开放日”全省媒体基层行活动在大同举办。

23日至26日

●第七届中国（山西）特色农产品交易博览会在山西省农产品国际交易中心（晋中国家农高区）举办。该届农交会大同展区面积520平方米，展区展示五大内容：全市乡村振兴成果、“大同好粮”“大同黄花”区域公用品牌建设、雁门关农牧交错带示范区建设成果、有机旱作农业发展成果、农产品精深加工产业集群发展成果。博览会项目签约仪式上，大同市新荣区与上海力田实业集团有限公司签订总投资30亿元的素心谷生态康养农文旅综合体项目。

23日至27日

●第十七届中国（深圳）国际文化产业博览交易会在深圳国际会展中心举行，大同市展出的“大同结艺”文创产品与36家企业达成初步合作意向。

24日

●张强与京东集团副总裁郑宇一行举行工作会谈，双方围绕新型智能城市等项目落地建设对接交流。

●“逆战——2021”全市卫生应急实战演练举行。

25日

●大同文史资料数字馆开馆，该馆位于古城内青龙阁前街，总面积392平方米，馆内设有2个图书电子阅览室、2个激光数字影像室、1个多功能室，图书电子阅览室可供市民、游客查阅。

26日

●全省防止返贫动态监测帮扶暨巩固脱贫成果问题排查整改现场推进会在大同召开。

●2021大同市抗震救灾综合演练在大同冀东水泥有限责任公司举行，此次演练模拟破拆搜救、直升机转运重伤人员、架桥道路抢修等53项应急救援内容。

27日至29日

●中国共产党大同市第十六次代表大会在大同大剧院举行。张吉福代表中国共产党大同市第十五届委员会向大会做题为《牢记嘱托担使命 转型发展蹚新路 奋力开启全方位推进高质量发展大同新征程》的报告。大会通过《中国共产党大同市第十六次代表大会关于中共大同市第十五届委员会报告的决议》《中国共产党大同市第十六次代表大会关于中共大同市纪律检查委员会工作报告的决议》。

28日

●第三届山西省质量奖颁奖授牌仪式在太原举行，中车大同电力机车有限公司获山西省质量奖。

28日至10月8日

●2021“中国梦·劳动美”第二届职工篮球赛暨全省群众文化活动大同市篮球赛在市体育中心体育馆举行。参赛代表队有32支，塔山矿代表队获得公开组冠军，市消防救援支队获得市直机关组冠军，云冈区总工会代表队获得县（区）组冠军。

29日

●中国共产党大同市第十六届委员会举行第一次全体会议。会议以无记名投票的方式选举为中国共产党大同市第十六届委员会常务委员会委员，他们是：张吉福、张强、艾凌宇、王铁梅、崔巍、梁晓旭、周鹏、任希杰、龚孟建、刘孟斌、王建江。张吉福当选为市委书记，张强、艾凌宇当选为市委副书记。会议通过中国共产党大同市第十六届纪律检查委员会第一次全体会议选举结果报告，通过《中共大同市委全会工作规则》。

●十六届市委常委会召开第一次会议，张吉福主持会议。会议审议并原则通过《十六届市委常委会工作规则》《十六届市委书记专题会议工作规则》《中共大同市委关于进一步加强市委常委会自身建设的意见》《关于市委常委分工的通知》。

是月

●市医疗保障局、市财政局、国家税务总局大同市税务局联合印发《关于做好2021年城乡居民基本医疗保障工作的通知》明确提出，全市城乡居民基本医疗保险人均财政补助标准提高30元，达每人每年580元。

●工信部公示第二批建议支持的国家级“专精特新”“小巨人”企业名单，大同市金盛豪达炭业有限责任公司和山西华青环保股份有限公司2家企业位列其中。

●国家机关事务局、国家发改委、水利部联合发布公共机构水效领跑者（2021—2023）名单，市第一人民医院名列其中。

●水利部公布全国第四批节水型社会建设达标县（区）名单，大同市平城区、阳高县位列其中。

●大同市出台《大同市非法集资举报奖励办法》。

●大同市住房公积金业务办理增添“线上购房提取公积金”业务，市缴存职工在平城区、云冈区、新荣区购房后，可登录“大同市住房公积金管理中心”微信公众号，按照相应流程操作办理提取业务。

●大同市首批24个省级户外劳动者爱心驿站投入使用。

●大同市出台《全市推进社区居家养老服务三年行动计划（2021—2023）》。

●大同市云冈区口泉乡杨家窑村、云州区西坪镇坊城新村和左云县管家堡乡黑土口村入选第二批全国乡村治理示范村。

●晋能控股电力集团清洁能源公司天镇旭升光伏电站“阳光大道”工程建成投用。

●广汽埃安AIONS炫530、比亚迪全新秦EV、吉利帝豪EVPro3款车型入选为市区巡游出租车新增和更新车型，出租车经营者可在此范围内自主选择。

●全市药品安全风险隐患排查“百日行动”结束，行动中，排查出“两品一械”（药品、化妆品、医疗器械）安全风险隐患72条，整改64条，立案61起，结案53起，货值金额18.1万元，罚没款49.4万元。

●由晋能控股电力集团塔山发电公司与哈尔滨广瀚动力传动公司共同研制的全球第二例、国产首台套行星变频调速装置在塔山发电600兆瓦等级燃煤发电机组给水泵成功投用。

●《大同市农业机械购置补贴实施方案（2021—2023）》出台，支持引导农民购置先进适用农业机械，根据农业生产实际需要和补贴资金规模，大同市选取15大类、38小类、127个品目作为农机购置补贴机具种类范围。

10月

1日

●大同市提高最低工资标准，最低工资标准档次由现行的4档调整为3档。平城区、云冈区被划分为一类，新荣区、云州区、左云县为二类，浑源县、阳高县、广灵县、天镇县、灵丘县为三类。全日制用工调整为一类1880元、二类1760元、三类1630元；全日制小时最低工资标准依次为一类10.8元、二类10.1元、三类9.4元；非全日制用工小时最低工资标准依次为一类19.8元、二类18.5元、三类17.2元。

●大同市失业保险金由每月1360元上调至每月1598元，增加238元。

●《大同市禁牧休牧条例》颁布施行。

1日至21日

●大同市册田水库开闸为北京官厅水库补水，输水3500万立方米，用于保障北京用水需求。

2日至7日

●大同市开展高素质农民技能提升植保无人机技术培训。

5日

●原创舞台情景剧《家园》在大同大剧院上演。

8日

●国庆长假期间，大同市7家重点监测景区接待游客26.9万人次，实现门票收入2308.2万元。

8日至10日

●第二届大同古长城公路自行车公开赛在长城一号公路举行，全市100名自行车运动员参加比赛，全程120千米。男子组的侯群以总成绩2小时34分获得冠军，女子组的姜雨彤以总成绩2小时45分获得冠军。

9日

●圣戈班（中国）投资有限公司与山西华瑞建材有限公司签订战略合作协议。

12日

●中国科学院学部科学与技术前沿论坛123期暨国家自然科学基金委员会工程与材料科学部战略研究文物保护与科技创新院士论坛在大同市举行。复旦大学高分子科学系教授杨玉良，中国地质科学院岩溶地质研究所教授袁道先，国防科技大学空天科学学院教授、深圳大学特聘教授于起峰等中科院院士分别作《中国传统纸质文物保护相关的科学与技术问题》《石质文物保护的水问题》《应县木塔变形监测相关摄像测量技术》等报告。

13日

●副省长、唐河沙河河长于英杰到大同市灵丘县，实地察看唐河水库防汛备汛情况、沙河综合治理工程，安排部署唐河沙河应对极端天气防汛保障、流域保护与综合治理等工作。

●张强与北京八仙影视文化传媒有限公司董事长潘长顺、山西城投公司董事长张耀东等到大同企业家一行会谈，双方围绕影视基地等项目建设相互交流讨论。

●张强与联通山西分公司总经理李占伟一行举行工作会谈，围绕5G基站建设及场景示范应用合作开展交流。

●张强与中国重汽集团有限公司副总经理刘正涛一行举行工作会谈，双方关于推动装备制造产业实现高质量发展相互交流。

14 日

●第六届成龙国际动作电影周“剧本游戏·大挑战”活动在大同代王府举行。

●2021 山西省“敬老月”宣传活动首站在大同华严广场举行。

●2021 世界标准日宣传活动举行，市餐饮饭店业协会发布《大同市餐饮业用餐规范》等 5 项团体标准。

●“永远跟党走”2021 全省群众文化活动乡土文化能人技艺大赛决赛在大同大剧院举行。

14 日至 16 日

●第六届成龙国际动作电影周在大同举行。《侠女》《少林寺》《新龙门客栈》《黄飞鸿 2》《卧虎藏龙》《英雄》《一代宗师》《师父》《英雄本色》《战狼 2》被评为“华语十大经典动作电影”，《醉拳》《警察故事》获评委会特别推荐，《猛龙过江》《长津湖》获组委会特别推荐。

15 日

●市委常委会会议召开，张吉福主持会议。会议审议通过《大同市“十四五”转型综改试验重大改革规划》《关于落实中国共产党大同市第十六次代表大会报告目标任务的责任分解方案》《中共大同市委关于贯彻执行民主集中制的若干规定（试行）》《关于成立大同城市战略研究院 推动京同合作战略的实施意见》。

●大同市云州区水系连通及水美乡村建设项目开工。

●京东物流（大同）客户服务中心揭牌。

15 日至 17 日

●2021 太原国际通用航空博览会在太原市举行。此次博览会大同市展区面积 190 平方米，设 2 个展厅，有 5 家单位参展，分别为山西通用航空职业技术学院、山西华晋航空科技有限公司、大同航源众诚动力科技有限公司、大同市晋浩航空科技有限公司、大同寰通航空运动俱乐部。

15 日至 19 日

●第 130 届中国进出口商品交易会在广州举行，大同市组织 4 家企业线下参展、6 家企业线上参展。现场签订合同 110 万元，意向成交 186 万元。

16 日

●第 17 届“倡棋杯”中国职业围棋锦标赛结束，大同籍棋手丁浩九段获得冠军。

16 日至 22 日

●2021 第二届世界面食产业发展峰会特色食品展在大同市举行。其间举行大同特色美食、山西花馍、特色面食表演。特色食品周在万达广场设中华面食展示、大同特色美食、山西花馍展示、特色面食表演 4 个展区。

18 日

●“云冈杯”第二届全国魏碑书法双年展启动仪式暨全国魏碑书法名家作品特邀展开幕式在北京举行。

●中国青年报·中青在线与市委网信办共同出品的微综艺《中国吸引力·世界大同篇》上线。

19 日

●大同市价格认定监测中心驻平城区人民法院价格争议纠纷调解室成立。

20 日

●市政府第 67 次常务会议召开，张强主持会议。会议审议并原则通过《大同市关于贯彻落实〈山西省黄河流域生态保护和高质量发展规划工作方案（2021—2025）〉》《大同市推进外贸高质量发展行动方案（2021—2025）》《关于加快推进大同市跨境电子商务发展实施意见（试行）》《大同市加快推进数字经济发展的实施方案和若干意见》《大同市农村自建房质量管理条例（草案）》《大同市长城保护条例（草案）》《大同市企业资金链应急周转保障资金管理办法（修订稿）》等。

●张强与山西银行董事长高计亮一行举行工作会谈，双方围绕深化合作相互交流。

●张强与华为云中国区副总裁刘少华一行举行工作会谈，双方围绕项目对接、拓展合作空间相互交流。

20 日至 22 日

●第五届乌克兰国际轨道交通博览会在乌克兰首都基辅举行。博览会上，中车大同电力机车有限公司为乌克兰国家铁路制造的“哥萨克”号电力机车展出。

21 日

●2021 安全事故应急救援预案演练在市同联民用爆破器材专营有限公司总库区举行。

21 日至 22 日

●2021 第二届世界面食产业发展峰会在大同市举行，峰会期间举办“中国面食博物馆”启动仪式、世界中餐业联合会面食产业委员会成立大会、2021 世界中餐业联合会国际女企业家委员会工作年会、2021 青年名厨面点大赛、2021 第二届世界面食产业发展峰会主论坛等活动，宣读《中华面食大同宣言》，发布《2021 中国面食产业发展报告——全国面食发展数字消费洞察》、大同美食产业发展报告、《国际晋菜经典面点“大同刀削面”制作工艺规范》。世界中餐业联合会与大同市签署战略合作协议，启动共同筹建“中国面食博物馆”项目。山西省烹饪餐饮饭店行业协会授予大同市“山西美食之都”称号。华中师范大学教授姚伟钧作《面食文化的交融与发展》的主旨演讲。

22 日

●中共大同市委党校新校区揭牌。

●中华慈善总会“中慈爱心图书室”落户平城区第 18 小学，并为该校捐赠 3700 册图书，价值 10 万余元。

23 日

●大同市正式启用电子驾驶证。

●由人民网主办的 2021 乡村振兴大会在山东淄博市举行。“大同黄花”被评为“2021 乡村振兴示范案例”和“人民优选（乡村振兴）十大产业示范基地”。

24 日

●2021“曾竹韶雕塑艺术奖学金”作品展在市雕塑博物馆开幕。此次展览持续至 11 月 28 日。

●市肺结节研究会在大同友谊医院成立。

25 日

●89 座智慧公交电子站牌在全市范围内启动安装。

28 日

●大同市电子社保卡申领功能上线。

28 日至 30 日

●世界大同·天下一家中国华服季暨民族融合体验行大型网络传播工程系列活动——中国大同华服季国潮

盛典在中国雕塑博物馆举行。

29 日

●中车大同电力机车有限公司研制的首台氢燃料电池混合动力机车在内蒙古自治区锦白铁路大板东站投入运行。

●“文心入画——上饶市博物馆藏历代名砚精品展”在市博物馆开展。此次展览分“砚必宋唐”“犷元彰明”“清新隽秀”“民以实用”“推陈出新”5 个单元，涵盖唐、宋、元、明、清、民国、现代 99 方名砚。展览持续至 12 月 21 日。

30 日

●大同市与全省同步举行开发区 2021 年第四次“三个一批”活动暨进一步优化营商环境工作推进会。此次“三个一批”活动，大同市实施项目 71 个，总投资 129.6 亿元。其中，签约项目 21 个，开工项目 33 个，投产项目 17 个，涵盖现代服务业、装备制造业、基础设施、新能源、新材料、现代医药、节能环保及其他传统产业项目。

31 日

●云冈机场新增“重庆－大同－大连”航班。

是月

●灵丘县成为全省首批 5 个县城绿色低碳建设试点县之一。

●山西省科协公布“科创中国”山西试点城市（园区）名单，广灵经济技术开发区入选全省 18 个试点城市（园区）之一。

●“2021 全国文化遗产旅游百强案例”在 2021 中国—东盟博览会旅游展期间发布，山西省有 4 个项目入列，其中市博物馆“一馆品历史·九馆悟千年”主题旅游项目入选博物馆主题旅游案例。

●中央文明办发布 2021 年 8 月“中国好人榜”，晋能控股装备制造集团金鼎公司员工王亮儿登上见义勇为类“中国好人榜”。

●大同市 5 家民营企业入选“2021 山西省民营企业 100 强”榜单，分别是山西同德兴华特钢有限公司、大同泰瑞集团建设有限公司、凯德世家股份有限公司、同药集团有限公司、大同华岳集团。其中，山西同德兴华特钢有限公司和大同泰瑞集团建设有限公司进入全省 50 强企业。

●大同市平城区开源街道民和社区、平城区新华街道卫星里社区和灵丘县武灵镇存孝社区入选 2021 全国示范性老年友好型社区名单。

●大同市有 10 人被授予省级“百佳高素质农民”称号，分别是：大同市森海食用菌种植专业合作社马亮、左云县宏丰康农牧专业合作社赵有平、云州区吉家庄乡瓮城口村陈纪新、新荣区堡子湾乡马家窑村康建永、天镇县天基蔬菜扶贫专业合作社吴燕军、广灵县巧娘宫手工编织专业合作社刘金萍、云冈区优美葡萄产销农民专业合作社刘文昌、灵丘县新泰畜牧养殖专业合作社刘锦林、阳高县古城镇下娘城村邵宏利、浑源县沙圪坨镇沙圪坨村刘仲鹏。

●省科技厅发布关于 2021 第五批入库科技型中小企业公告，大同市有 86 家企业入库国家科技型中小企业。

●云州区被授予“山西省科普示范区”称号。

●在第十一届中国陶瓷产品设计大赛上，大同大学美术学院杨仲文、刘飞、罗晓娇创作的《云中梵音》，张志兰创作的《文房四宝》获金奖；由刘飞、王建斌、周佳敏创作的《乐动云冈》，何守臣创作的《鲸鱼茶海》，杨俊芳创作的《桑干河畔山水茶叶瓷罐》获银奖。

●天镇县博诚蔬菜有限责任公司总经理温军被共青团中央评为“2021 全国向上向善好青年”。

●2021 省级专精特新“小巨人”企业认定名单公布，大同市的广盛原中医药有限公司、大同市同华矿机制造有限公司、大同北方天力增压技术有限公司、大同市中科唯实矿山科技有限公司、山西国润制药有限公司 5 家企业入选。其中，大同市中科唯实矿山科技有限公司被工信部授予国家级专精特新“小巨人”企业。

11 月

1 日至 16 日

●全市累计快件进出港数量 1569 万余件，创历史最高纪录。

2 日

●大同市召开全市领导干部大会。省委常委、组织部部长陈安丽宣布省委决定并讲话。省委决定，卢东亮任大同市委委员、常委、书记，张吉福不再担任大同市委书记、常委、委员职务。张吉福主持会议并讲话，卢东亮、张强讲话。

3 日

●市法院系统生态环境资源保护与宣传基地在左云县张家场乡“清风林”挂牌启用。

4 日

●大同市 2021 航空口岸综合应急演练在云冈机场 T1 航站楼举行。

4 日至 5 日

●中央电视台科教频道《地理·中国》栏目以《探奇北岳》为题，分上、下两期探索北岳恒山的自然景观和人文历史，每期节目时长近 30 分钟。

5 日至 10 日

●第四届中国国际进口博览会在国家会展中心（上海）举办。大同市组织 114 家单位 316 名专业观众报名参会。博览会期间，大同市在上海浙江泰隆银行会议厅举行大同各开发区（上海）商务座谈会，并挂牌成立大同市长三角商务信息联络点。座谈会上，大同经济技术开发区、云冈经济技术开发区、左云经济技术开发区、新荣经济技术开发区分别推介发言。40 余家外省企业与大同市各开发区开展项目对接，并签约项目 4 项，分别是拜肯生物科技（上海）股份有限公司、山西素心谷康养旅游开发有限公司与新荣区政府签约；山西素心谷康养旅游开发有限公司、上海交大设计学院芳香植物研发中心与新荣区政府签约；吉的堡教育集团（台商）与平城区政府签约；深圳市跨境电子商务协会与大同经济技术开发区签订电商快递产业园框架协议。

7 日

●省委常委、副省长、市委书记卢东亮，市委副书记、市长张强带队到广灵县、平城区督导检查农村清洁取暖和冬季供热、供气等工作。

8 日

●卢东亮、张强等市领导集体到

云州区有机黄花标准化种植基地、西坪镇坊城新村和云冈研究院，调研督导习近平总书记视察山西重要讲话重要指示精神贯彻落实情况。

●市委常委会会议召开，卢东亮主持会议。会议审议通过《中共大同市委大同市人民政府关于落实省第十二次党代会报告目标任务责任分工》等。

●省农业农村厅公布2021省级示范家庭农场名单，大同市新荣区农旺家庭农场、利果家庭农场、裴生耀家庭农场，左云县曙光畜牧家庭农场，云冈区荣济达家庭农场，云州区佳禾家庭农场，天镇县金富种养结合家庭农场，灵丘县王壮家庭农场、子怡家庭农场、玖雪家庭农场，广灵县景田家庭农场、乐悠养殖家庭农场、银月养殖家庭农场，浑源县郭福家庭农场、益民李云家庭农场15个家庭农场被评为省级示范家庭农场。

9日至10日

●省委常委、省政府党组副书记张吉福到大同，调研清洁取暖工作。

10日

●“山水灵丘 艺术乡村”大同美术家作品展暨文旅消费惠民活动在市美术馆举行。灵丘县被命名“山西省美术家协会油画艺术委员会创作基地”和“大同市油画学会写生创作基地”。此次活动展出100余幅油画、国画和水彩画作品。活动持续至12月25日。

10日至11日

●省委副书记商黎光到大同，重点调研党的建设和产业富民工作。

11日

●卢东亮、张强一行到晋能控股集团，调研检查安全生产和煤炭保供工作。

●“沧桑长城 形胜大同”大同长城摄影展在市美术馆开展，展出长城各点段及军堡摄影作品200幅。此次展览持续至12月25日。

●市义工志愿者协会成立。

●大同市首单澳大利亚货物通关。

12日

●“华联农业杯”大同长城八景评选颁奖仪式在市博物馆举行。得胜开元、守口杏韵、摩岭四绝、云冈梵境、李二“错”墙、红色平型、新平闻边、镇川台墩被授予“大同长城八景”称号。

14日

●市委常委会会议召开，卢东亮主持会议。会议审议通过《大同市高质量发展综合绩效评价办法》《大同市创建全国禁毒示范城市工作方案》《关于激发市场主体发展活力 促进民营经济持续健康发展的实施意见》等。

●卢东亮带队到大同古城调研古城保护与修复工作。

18日

●副省长于英杰到大同，调研督导超高速低真空管道磁浮交通系统全尺寸试验线（高速飞车）项目，并主持召开四季度项目建设调度会。

●大同市两级法院开展“全国法院执行案款集中发放日”活动，发放执行案款1528.6万元。

22日

●市委常委会会议召开，卢东亮主持会议。会议审议《大同市推进外贸高质量发展行动方案（2021—2025）》。

●由工行山西省分行携手云冈研究院推出的“人文山西·云冈联名信用卡”在大同市举行首发仪式。

26日

●卢东亮到平城区宣讲党的十九届六中全会精神，调研县域经济、社会治理、民生改善、城市管理等工作。

27日

●平城街西延跨铁路桥转体系统完成施工。

●2021中国体育文化博览会、中国体育旅游博览会在广州举行。在精品项目推介会上，大同长城一号旅游公路户外运动线路被评为“2021中国体育旅游十佳精品线路”。

28日

●大同冀东水泥有限责任公司400万吨精品砂石骨料线项目建成投产，项目占地约5.5公顷，生产线涵盖破碎、筛分、制砂3个车间。

30日

●卢东亮与国药集团党委书记、董事长刘敬桢，通过视频会议方式举行工作会谈，相互交流合作事宜。

●市农业标准化技术委员会成立。

●“图之万形”——梁力强云冈佛教美术作品展在市美术馆开展，展出作品90余幅。此次展览持续至下年1月6日。

是月

●由省科技厅授予云冈研究院的“石窟寺保护与传承山西省重点实验室”揭牌。

●大同市出台《大同市中小学校学生体质健康管理实施细则》，作出中小学生体质健康管理最新规定。

●大同市出台《大同市中小学校学生睡眠管理实施细则》，根据不同年龄段学生身心发展特点，明确学生睡眠时间要求。

●在省科协开展的全省科普惠农中心服务站星级评定中，大同市有6个科普惠农中心服务站被评为星级服务站。其中，广灵县梁庄乡马铃薯研究会惠农中心服务站和云州区经纬庄园科普惠农中心服务站被评为五星级科普惠农中心服务站。

●2022年度省级非物质文化遗产资金补助项目名单公布。大同市的平城区贺老人羊杂馆的贺老人羊杂、灵丘县田师傅食品厂的灵丘黄烧饼制作技艺、市唐情结飞天创意商贸有限责任公司的大同结艺入选传统工艺美术类项目，广灵县文化馆的广灵秧歌入选传统戏剧类项目，灵丘县文化馆的红石塄秧歌入选长城黄河类项目补助项目。

●秦淮数据集团的环首都·太行山能源信息技术产业基地项目入选2021省定省管重点工程（第一批）项目。

●根据《山西省红色文化遗址保护利用条例》有关规定，省人民政府核定并公布191处山西省第一批省级红色文化遗址名录，其中大同市首批入列省级红色遗址的有灵丘县白求恩特种外科医院旧址、灵丘县平型关大捷纪念馆、灵丘县平型关烈士陵园、灵丘县八路军359旅旅部石矾旧址、大同市革命烈士陵园、浑源县革命烈士陵园、广灵县烈士陵园、左云县烈士陵园8处遗址。

●中车大同电力机车有限公司自主研制的矿山“巨无霸”——CR330E矿用自卸车在中煤平朔东露天矿完成组装调试，投入工业性试验。

●市非物质文化遗产保护协会在

市图书馆成立。

●2021 山西省校园足球赛（高校组）女子一级联赛在太原师范学院举行，大同大学女子足球队获得冠军。

●省科协认定大同市广灵县立景农业科技有限公司科普示范基地、大同三利农产品有限责任公司黄花种植加工科普示范基地和天镇县江林蔬菜种苗繁育科普示范基地为2021山西省农村科普示范基地。

●山西省企业联合会、山西省企业家协会第七届会员代表大会暨2021山西企业100强发布会召开，会上发布“2021山西企业100强排行榜”系列榜单，晋能控股集团以46599091万元营业收入位列榜首。

●浑源县、灵丘县入列全省农村三级寄递物流体系建设试点县。

●华为中国大学生ICT大赛2021实践赛——山西省赛区决赛落幕。山西大同大学计算机与网络工程学院3支队伍分获云赛道一等奖（山西省第一名）、网络赛道二等奖、云赛道三等奖。

●工业和信息化部公示2021年度国家小型微型企业创业创新示范基地名单，全国有168家基地入选，大同云中购众创基地名列其中。

●大同市成为全省首个人工智能教育示范区。

●陕汽大同专用汽车有限公司自主研发设计的新型融雪撒布机试制完成。

●2021年中国美丽休闲乡村名单和2010—2017年中国美丽休闲乡村监测合格名单发布，大同市天镇县新平堡镇新平堡村和灵丘县红石塄乡上北泉村入选监测合格名单。

●大同方特欢乐世界与善化寺入选10月国家AAAA级旅游景区品牌500强榜单。

●华电大同云冈区整区屋顶分布式光伏项目开工。

●2021年全市农村公益电影放映落下帷幕，全市100余支放映队完成1914个村镇、27068场公益电影放映，观影总人数达100余万人次。

●第三批全国中小学中华优秀传统文化传承学校认定结果名单确定，全省有60所学校上榜，大同市云州区西坪中心小学、云冈区口泉六小、浑源三中、大同一职中、北师大大同附中、市实验小学6所学校名列其中。

●太重集团（大同）起重机有限公司高端起重机产业基地项目一期工程竣工投产。

12月

1日

●市政府第68次常务会议召开，张强主持会议。会议审议并原则通过《“十四五”生态环境保护规划》《“十四五”“两山七河一流域”生态保护和生态文明建设、生态经济发展规划》《“十四五”应急管理体系与安全能力建设规划》《加强文物保护利用改革工作方案（草案）》《大同市质量奖管理办法（送审稿）》《推动电子商务高质量发展行动方案（2021—2025）》《农村“颐养工程”实施意见（送审稿）》《市级储备粮管理办法》等。

●《市场监管领域重大违法行为举报奖励暂行办法》施行。重点对食品、药品、特种设备、工业产品质量安全4个涉及人民群众生命健康安全领域的重大违法行为“亮剑”。明确3个等级举报奖励，每起案件的举报奖励金额最高为100万元。

2日

●大同市新开通的“京大快线”大同至北京定制客运线路在大同汽车客运东站投入运营。

3日

●市打击侵权假冒工作领导小组、市市场监督管理局、市公安局在大同富乔垃圾焚烧处理厂，集中销毁货值110余万元的侵权假冒商品。

4日

●市委常委会会议召开，卢东亮主持会议。会议审议《大同市农村“颐养工程”实施意见》《大同市关于贯彻落实〈山西省黄河流域生态保护和高质量发展规划〉工作方案（2021—2025）》《关于夯实筑牢农村基层党组织战斗堡垒 防范和整治“村霸”问题的实施方案》《学习贯彻党的十九届六中全会及省市党代会精神宣讲方案》。

●羽毛球世界冠军李俊慧受邀到大同，与大同市200名羽毛球运动爱好者相互交流。

6日至7日

●以“全域有机农业与县域乡村振兴”为主题的第八届中国·大同车河国际有机农业论坛在大同举行。论坛期间，与会专家学者、有机农业的实践者围绕“有机农业技术新进展”“有机社区与有机乡村社会建设”“有机旱作农业与全域有机农业”等专题开展探讨交流。同时，论坛还举办乡村文创艺术作品展、有机农业产品展等活动。

7日

●省高级人民法院党组书记、代院长冯军，省高级人民法院党组成员、政治部主任杨霄一行到浑源县大仁庄乡净石村看望慰问省高级人民法院驻村工作队，调研乡村振兴、产业发展等工作，并召开座谈会。

8日至9日

●卢东亮率队到北京走访相关企业，并与企业负责人和高层进行沟通交流，洽谈投资意向，商讨合作事宜。

9日

●市文艺评论家协会成立。

10日

●大同市“新时代青年经济人物”和大同市“创新驱动标杆企业”揭晓。获得大同市十大“新时代青年经济人物”的分别是：熊福明、谢佳、王永熙、罗智超、王林涛、吕君、潘烨、刘华、吴泽霖、史丹阳；获得大同市十大“创新驱动标杆企业”的分别是：大同市佳信利升工程咨询有限公司、山西上捷电梯有限公司、大同华岳集团、大同市蓝博沐文化传媒有限责任公司、大同市牧同乳业有限公司、大同市永成畜牧有限责任公司、山西全晶新能源有限公司、山西巴拉特润滑油科技有限公司、于氏广丰堂中医馆、天津恒嘉利国际贸易有限公司灵丘分公司。

●张强与山西银保监局党委书记、局长尹江鳌举行工作会谈，双方围绕更好促进金融服务实体经济、防范化解重大金融风险、加强务实合作等相互交流。

●市总工会工匠学院餐饮服务分院成立。

11 日

● 2021 外语课程思政优秀教学案例交流活动全国总决赛在线上举行，大同大学外国语学院教师潘红英获全国竞赛特等奖。

12 日

●市委常委会扩大会议召开，卢东亮主持会议。会议审议《大同市"十四五"应急管理体系与安全能力建设规划》《大同市加强文物保护利用改革工作方案》。

13 日

●大同市思想政治工作研究会成立大会举行。会议审议通过《大同市思想政治工作研究会章程》，选举产生市思想政治工作研究会理事。在召开的第一次理事会上，选举产生市思想政治工作研究会会长、常务副会长、副会长、秘书长、常务理事。市委常委、宣传部部长、天镇县委书记王建江当选为会长。

14 日至 17 日

●第十九届中国国际农产品交易会在深圳国际会展中心举行。大同市有 41 家企业参展，参展"大同好粮"系列产品有 300 个。此次参展企业带去包括黄芪、枸杞、连翘、沙棘、黄花菜、杏脯、杂粮、白酒、苦荞、黄芪、牛羊肉等药茶、黄花、饮品酿品、杂粮、功能食品、北肉六大类产品展示。

15 日

●"奔跑吧·少年"2021 山西省射击锦标赛在大同市结束，大同代表队夺得男子甲组 10 米气步枪、男子乙组 10 米气步枪、女子乙组 10 米气步枪冠军。

●大同市最美志愿服务"关爱老人黄手环行动"进社区、进万家大型公益项目在凯德世家社区文化活动中心举行。

16 日至 19 日

● 2021 中国（海南）国际热带农产品冬季交易会在海口市海南国际会展中心举行。此次展会，市供销社组织全市黄花、黄小米、黄芪、苦荞、小杂粮等名优土特产品参展。18 日，云州区供销社联盟单位山西冰华食品科技有限公司与广州纯元健康科技（广东）有限公司举行战略合作签约仪式，当场签订价值 85 万元的黄花系列产品购货协议。交易会期间，销售黄花价值 9800 余元、广灵东方亮小米价值 8300 余元、浑源道地黄芪价值 1.2 万余元，苦荞、莜面、绿豆等小杂粮价值 7100 余元。

17 日

●大同市开源街御河桥工程获"2020—2021 年度国家优质工程奖"。

18 日

● 市委常委会扩大会议召开，卢东亮主持会议。会议审议《大同市"十四五"工业战略性新兴产业发展规划》等 4 个专项规划和《大同市加快推进数字经济发展的实施方案和若干政策》《关于推进农村社会治安综合治理巩固全市脱贫攻坚成果衔接乡村振兴 创建"平安乡村"行动的工作方案》。

●卢东亮到左云县调研推动黄河流域生态保护和高质量发展、开发区建设、安全生产等工作。

19 日

●大同市首张不动产登记电子证照在市不动产登记中心大厅颁发，标志着大同市不动产登记进入数字化证照时代。

20 日

● "影动大同 魅力冰雪"首届冰雪文化摄影作品展开展，展出以滑雪群众为主角的摄影作品 100 件。其中，樊丽勇拍摄的组图《古城大同的迎冬奥时刻》获一等奖，刘晓东的摄影组图《大众冰雪乐》、孙泉的摄影作品《雪虎》获二等奖，宁晓曼、陈雷拍摄的组图《冰清玉"杰"》，杨连禾的摄影作品《五星红旗迎风飘扬》，方海鹰的摄影作品《雪上飞》获三等奖。此次摄影展持续至下年 3 月。

●大同市青年人才驿站在转型汇智创新城揭牌。

21 日

●卢东亮到浑源县调研重点项目、产业发展情况。

●山西省 2021 年度慢阻肺高危人群早期筛查与综合干预项目在大同启动，并率先在大同市浑源县、阳高县、广灵县、灵丘县和云冈区 5 个县（区）开展。

22 日

●卢东亮以《感悟百年党史汲取奋进力量 不负伟大时代放飞青春梦想》为题在山西大同大学向师生宣讲党的十九届六中全会和省第十二次党代会精神。

●张强与中再资本不动事业部总经理、董事戢达非一行举行工作会谈，双方围绕文化旅游产业领域深化合作、协同创新、共赢发展交换意见。

●市消协授予大同中钰酒业有限责任公司、浑源县恒山酿酒厂有限公司等全市首批 23 家酒类生产经营企业"百姓放心酒示范单位"称号。

●全市 7 个县（区）的 10 所"希望小屋"全部落地建成。

●省文旅厅确定 13 家国家 AAAA 级旅游景区名单公布，大同市灵丘县平型关大捷景区、天镇县李二口长城景区入列国家 AAAA 级旅游景区。

22 日至 29 日

●第三届全省职业技能大赛大同赛区赛事举行。来自全省各市、各行业的 14 支代表队 215 名参赛队员参加管道与制暖、瓷砖贴面、砌筑、餐厅服务、酒店接待 5 个项目比赛。大同市选手石保林在瓷砖与贴面项目中获个人奖第二名。

23 日

● 2021 年市政府 10 项民生实事全部完成。分别是：市区内规划建设 10 座停车场（充电桩），全市施划 7000 个临时停车位；建设 30 所普惠性幼儿园；环境提质升级基础设施相对较差的 500 个村落实施；建设 24 个标准化便民市场；精细化管理迎宾街、御河西路、魏都大道、永泰南路、南环路易堵路段的 20 个岗区；市区内新建整治 20 条街巷，实施 2000 处城市道路井位、收水口病害整治和 100 处城市便道、盲道破损修复工程；设立环卫工人休息室 100 处；实施 50 个社区全民健身惠民工程；"人人持证、技能社会"全民技能提升 4 万人；建设 10 所数字化校园示范校。

●平城区举行 2021 现代服务业专题招商引资推介会暨项目签约仪

式。会上，签约源茂街万达广场、清远小院、大同古城钓鱼台文化酒店和大数据智慧服务基地 4 个项目，签约总额 2.6 亿元。

24 日

●中国医药战略大会分论坛第二届中国医药市场营销创新论坛在大同市举行。

●张强与伟光汇通集团投资发展中心副总经理刘志成一行举行工作会谈，共同研究合作方案，探讨拓展合作空间等事宜。

24 日至 26 日

●中国国际农产品交易会产销对接暨脱贫地区农业品牌推介活动在广州中国进出口商品交易会展馆举行。大同市 41 家“大同好粮”“大同黄花”品牌产品生产企业携 200 余种特优农产品参加展销。大同市围绕“大同好粮”“大同黄花”布展区域公共品牌建设、雁门关农牧交错带示范区建设、有机旱作农业发展、农产品精深加工产业集群发展 4 大类展区。

25 日至 26 日

●2021（第十四届）中国医药战略大会在大同举行。大会举行系列专题论坛、研讨、座谈等，发布《中国健康产业蓝皮书（2021 版）》《大同市医药健康产业发展白皮书（2021）》，揭晓“2021 年中国创新力医药企业榜单”。

26 日

●市委常委会会议召开，卢东亮主持会议。会议审议《2020 年度市本级预算执行和其他财政收支情况审计查出问题的整改报告》《关于贯彻落实〈关于加强党的领导全面提升基层治理体系和治理能力现代化建设水平的实施方案〉的任务分工方案》《中共大同市委关于加强新一届市委班子建设的决定》。

28 日

●张强与中国农业发展银行山西省分行党委书记、行长钱德辉一行举行工作会谈，双方围绕发挥政策性银行战略支撑作用，支持大同重大项目建设交换意见。

●市医康养联动服务体系启动暨 398 康复医院开业。

●全国妇联在北京发布第七次全国维护妇女儿童权益先进集体、先进个人名单，灵丘县人民检察院被评为“全国维护妇女儿童权益先进集体”。

30 日

●中共大同市委十六届二次全体会议暨市委经济工作会议召开。全会由市委常委会主持。全会听取和讨论省委常委、市委书记卢东亮受市委常委会委托作的工作报告，确立“奋斗两个五年，跨入第一方阵”的总体目标。

●西安隆基清洁能源有限公司新荣 600 兆瓦光伏 +30 兆瓦时储能光伏平价上网项目并网发电。

31 日

●“青铜之路——宁夏固原春秋战国时期北方青铜文化特展”在市博物馆展出。展览从兵器、生产生活用具、装饰品、车马具 4 个方面展示春秋战国时期以陇山（六盘山）为中心的黄土高原长城沿线地区青铜文化的特色。此次展览持续至下年 3 月 6 日。

●第八届全国地方志优秀成果（年鉴类）评审结果公布，由中共大同市委党史研究室（大同市地方志研究室）组织编纂的《大同年鉴（2020）》被确定为市级综合年鉴一等年鉴。

是月

●2021 山西省绿色家庭名单公布，大同市张连印家庭、宋天利家庭、郑吉家庭、王晓丽家庭、孙强家庭、高红叶家庭、王瑾瑶家庭、刘彩芬家庭 8 户家庭上榜。

●第三届山西石窟考古田野工作坊石窟测绘专题研讨会在云冈研究院召开，围绕“测绘”这个中心问题，组织线上线下主题发言和专家对谈。

●晋能控股集团 21 项科技成果获 2021 中国煤炭工业协会科学技术奖。

●省工业和信息化厅公布 2021 省级智能制造标杆项目名单，大同市上榜的 3 个企业项目分别是：中国重汽集团大同齿轮有限公司 AMT 系列斜齿双中间轴全同步器变速箱及发动机齿轮智能制造技术改造项目、广灵金隅水泥有限公司智能制造标杆项目、天镇县博诚蔬菜有限责任公司博诚智能制造数字化车间。大同市有 4 家企业被确定为 2021 省级智能制造示范企业，分别是：山西晋投玄武岩开发有限公司、山西悦凌空调有限公司、山西云冈纸业有限公司、大同冀东水泥有限责任公司。

●山西万鼎工程勘测设计有限公司携手新荣区职业技术学校成立无人机综合应用验证基地，并向学校捐赠价值 30 万元的无人机及设备。

●平城区环境卫生服务中心环卫技师孙秀兰获首届“山西省优秀人才突出贡献奖”。

●省文旅厅评定的 8 家省级旅游度假区名单公布，大同市灵丘县唐河大峡谷旅游度假区和天镇县神泉古域旅游度假区入列其中。

●中华全国工商业联合会发布全国“五好”县级工商联名单，大同市的平城区工商业联合会、新荣区工商业联合会、云冈区工商业联合会、云州区工商业联合会、阳高县工商业联合会、天镇县工商业联合会、广灵县工商业联合会和左云县工商业联合会被评为 2020—2021 年度全国“五好”县级工商联。

（编辑部）

市情概览

自然环境

【位置】 大同市地处山西省北部，位于北纬39°54′~40°44′，东经112°06′~114°33′。北以外长城为界，与内蒙古自治区乌兰察布市兴和县、丰镇市、凉城县毗邻，西、南与山西省朔州市右玉县、怀仁市、应县及忻州市繁峙县相连，东与河北省张家口市怀安县、阳原县、蔚县及保定市涞源县、阜平县连接。（编辑部）

【面积】 大同市东西宽136.9千米，南北长189千米，总面积1.4万平方千米。大同市区面积3578平方千米。（编辑部）

【地质】 大同市处于华北地台的山西台背斜与阴山隆起交接部位。北为北口隆地，西南为大同—静乐凹陷，东南为桑干河新断陷。该区域在多期地壳构造变动中形成一系列构造形迹，新生代喜马拉雅期，以断陷、堆积、火山活动较为活跃阶段。东部为世界地质奇观大同火山群，与云南腾冲构成南、北两大火山群。（编辑部）

【地貌】 大同市山地面积5285.9平方千米，占总面积37.4%；丘陵面积3318平方千米，占总面积23.5%；台地面积1700.9平方千米，占总面积12.1%；平川面积3136平方千米，占总面积22.2%；盆地面积238.9平方千米，占总面积1.7%；河沟面积432.9平方千米，占总面积3.1%。

大同西北部山脉属阴山山脉和吕梁山脉，主要有白登山、双山、二郎山、云门山、采凉山等；东南部山脉属太行山脉，主要有恒山、太白山、六棱山等。全市一般海拔在1000米~1500米，最高处为阳高县境内六棱山黄羊尖（海拔2420米），最低处为灵丘县境内花塔村冉河出口处（海拔558米）。桑干河自西南向东北横贯全市，形成周围高、中间低、两山夹一川的槽型盆地。除桑干河外，境内主要河流有御河、十里河、淤泥河、口泉河、南洋河、壶流河、唐河、大沙河等。（编辑部）

【气候】 2021年，大同市主要气候特点：降水偏多但时空分布不均，气温偏高，日照偏少，无霜期偏长，大风天气偏多。农业气象条件：春播适时，作物关键期水分供应充足。

降水　全年全市年平均降水量439.8毫米，较常年同期偏多13%，比上年同期略偏多2%；降水时空分布不均，各县（区）年降水量介于353.7毫米（平城区）~558.8毫米（灵丘县），与常年同期相比，平城区和阳高县均偏少4%，云州区持平，其余县（区）偏多7%~35%。春、秋季偏多，夏、冬季偏少；1月、4月、5月、8月、12月偏少，其余月份偏多。

气温　全年全市年平均气温8.1℃，较常年同期偏高1.1℃，比上年偏高0.6℃；各县（区）年平均气温7℃（左云县）~9℃（灵丘县），同比偏高0.1℃~1.6℃。冬、春、秋季气温偏高，夏季气温持平；5月、8月和10月偏低，4月和6月持平，其余月份偏高。年极端最高气温35.2℃（7月10日出现在广灵县），年极端最低气温-31.1℃（1月7日出现在平城区）。

日照　全年全市年平均日照时数2626小时，较常年同期偏少85小时，比上年偏少605小时；各县（区）年日照时数2371小时（灵丘县）~2701小时（平城区）。

大风　全年大风天气偏多。各县（区）年大风日数11天~38天，灵丘县最少，浑源县最多，平均大风日数24.6天，较常年同期偏多7.7天，比上年偏多3.8天。

雾　全年全市4站次以上大范围大雾天气出现过7次，分别是：2月28日，3月12日至13日和18日至19日，8月20日和24日，9月27日，11月6日至7日。

霜冻 无霜期　全年全市终霜冻偏早，初霜冻偏晚，无霜期偏长。终霜冻日平均出现在5月4日，较常年同期偏早9天，其中阳高县和左云县出现在5月2日，其余地区出现在5月5日，与常年同期相比，各地偏早5天~19天。平均初霜冻日出现在10月11日，较常年同期偏晚16天，其中左云县出现在10月10日，其余地区均出现在10月11日，与常年同期相比，各地偏晚13天~22天。（赵晓光）

【土地资源】 大同市地处黄土高原东部边缘和太行山脉交接地带，地势高亢，境内受燕山运动影响，地貌类型复杂多样，山地、丘陵、盆地、平川兼备，自西北向东南呈“T”字形。全市土地总面积140.6万公顷。其中，未利用地46.9万公顷，农用地83.1万公顷，建设用地10.6万公顷。全市耕地面积37.5万公顷，划定基本农田面积31万公顷。（夏　捷）

【水资源】 2021年，大同市水资源总量12.2亿立方米，其中可利用量8.2亿立方米。当地水资源量9.5亿立方米（不含入境水量），其中可利用量6.3亿立方米，人均278立方米，比全省平均值低60立方米，占全国平均值14%，市区人均占有水资源量81立方米，是全国110个严重缺水城市之一。全年全市用水总量6.3亿立方米。 （吉小宝）

【矿产资源】 大同市矿产资源丰富。以煤炭为主的矿产资源采掘业是全市的支柱产业。截至2021年底，全市发现能源、金属、非金属、水汽4大类矿产91种，其中查明资源储量并编入《山西省矿产资源储量简表》的矿产有30种，分别是煤、铁、锰、铜、铅、锌、镁、钼、金、银、硫铁矿、普通萤石、冶金用白云岩、耐火黏土、磷、长石、陶瓷土、水泥用灰岩、水泥配料用砂岩、砖瓦用黏土、水泥配料用黏土、膨润土、建筑用玄武岩、饰面用辉绿岩、饰面用花岗岩、饰面用大理岩、珍珠岩、石墨、沸石、石棉等。大同市有各类矿山234座。其中，煤矿58座（大型煤矿21座，中型煤矿37座），黑色金属矿山40座，有色金属矿山6座，饰面用辉绿岩矿山25座，石灰岩矿山26座，砖瓦黏土砂矿山36座，其他矿山43座。 （夏 捷）

【森林资源】 2021年，大同市国有森林资源资产由8个国有林场（4个市属国有林场和4个县属国有林场）和11个国有苗圃组成，分布在全市9个县（区），总面积84315公顷。其中，国有林场面积83890公顷，国有苗圃面积425公顷。 （夏 捷）

历史溯源

【人文大同】 大同历史悠久，境内桑干河支流、御河纵贯南北。古称平城、云州、云中，辽代改称大同，曾是北魏京都，辽金陪都，明清重镇，处在内外长城之间，是北方的边陲重地，是胡汉文化交融的地方，具有多民族交融形成的独特文化。早在战国时期，赵武灵王就是在大同摈弃汉人笨重的战车长袍，推广轻便的胡服骑射，从而成就一代霸业。西汉时，刘邦率军抗击匈奴，在平城白登山被困七天七夜，后来用陈平的计策，贿赂匈奴单于的妻子阏氏，才得以突围。白登战争失利使西汉政府改变对匈奴的策略，与匈奴结下和亲之约，也就有后来传为佳话的昭君出塞。北魏登国元年（386），鲜卑族首领拓跋珪在盛乐（今内蒙古和林格尔）建立北魏。天兴元年（398）七月，北魏迁都于平城（今大同市内），经历六帝七世，直到太和十八年（494）魏孝文帝迁都洛阳为止，平城作为北魏的都城近百年之久。北魏在平城“营宫室、建宗庙、立社稷”，经过近百年的苦心经营，平城成为当时北方的政治、军事、经济和文化中心。辽金时西京大同再度兴盛于北方，成为中原与北方少数民族交往的中转站，联系各民族的纽带，大同再度辉煌。辽重熙十三年（1044），辽兴宗把云州升为西京府。云州又被列入五京，成为辽国京师的陪都。清宁八年（1062），辽人仿照鲜卑族人立五帝丈六金像的做法，“奉安诸帝石像、铜像”，在云州建筑规模宏大、祖佛一体的华严寺。明朝时大同改变都城文化风貌。朱元璋率明军攻克元大都，结束元朝在全国的统治，元军残部退回蒙古，但仍对明朝北部边境构成严重威胁。明王朝因此格外重视北部边境的防御，在北方设立9个防务重镇，称为九边，大同成为九大军事重镇之一，其中大同镇的战略位置尤为重要，当时全国十二分之一的军队驻守在这里，明成祖和明英宗都曾到此御驾亲征，有“大同士马甲天下”的美誉。洪武五年（1372）朱元璋派大将徐达督率军民，在辽、金、元时期土城的基础上，把大同扩建成新的砖城。清顺治二年（1645）五月，清廷派恭顺侯吴惟华攻下大同，大同归清。光绪二十六年（1900），大同义和团和全国一样风起云涌，有四五百人，设4个团，杀洋人，烧教堂。七月下旬被官府暴力扑灭，马正太等8名首领被杀。八国联军侵入北京后，慈禧携同光绪西逃，1900年8月30日到大同，驻跸4日，沿途狂奔乱逃，军令不行，所过州、县“十室九空”，给大同人民带来奇祸。辛亥革命武昌起义后，大同人民于1911年11月30日午夜举义，攻下总兵府，成立军政府，后清军围城，太原革命军派续桐溪率忻代宁公团北上增援，与清军对峙。直到12月11日达成协议，革命军南撤。1937年9月25日凌晨，震惊中外的平型关战役发生在大同灵丘县白崖台乡的乔沟，八路军一一五师将士在林彪和聂荣臻率领下，全歼侵华日军坂垣师团辎重部队1000余人，缴获大批武器和军用物资。杨成武率领独立团在灵丘驿马岭阻击歼灭日军增援部队300余人。该战既是八路军挺进华北抗日前线的首战告捷，也是抗战以来中国军队出击日军的第一个辉煌胜利。

大同境内名胜古迹遗存众多：五岳中的北岳恒山，是塞外高原通向冀中平原之咽喉要冲，是佛教、道教、儒教三教同修的圣地，主峰天峰岭海拔2016.1米，被称为“人天北柱”“绝塞名山”。境内有全国“文物之最”6处。（1）北魏风韵的世界文化遗产“云冈石窟”，位于大同市西16千米的武周山麓，依山开凿，东西绵延1000米，现存洞窟53个，石雕造像5万余尊。其中，尤为珍贵的是第十六至二十窟，世称“昙曜五窟”，是北魏名僧昙曜奉文成帝旨意开凿的，距今1500余年。昙曜五窟中的五尊大佛，是北魏几代帝王的真实写照，脸上、脚上的黑痣也相吻合。《魏书》记载：“是年诏有司为石像，令如帝身。既成，颜上足下，各有黑石，冥同帝体上下黑子。”（2）华严寺大雄宝殿，建筑面积之宏伟，殿顶鸱吻之高大，均为全国佛寺之最；华严寺天宫楼雕塑艺术，堪称辽金时期“海内孤品”。（3）善化寺是国内现存最完整的辽金寺院。（4）九龙壁建于明朝洪武年间（1368—1398），是明初代王朱桂府的照壁，是国内建筑最早、规模最大、保存最好的龙壁。（5）悬空寺是中国唯一的高空绝壁建筑，也是中国罕见的佛、道、儒三教合一的寺庙。（6）雁塔为国内建筑罕见的城墙上八角七级空心砖质瞭望塔。

大同市有市级以上非物质文化遗

产保护项目103项。其中，国家级保护项目有雁北耍孩儿、灵丘罗罗腔、恒山道乐、晋北鼓吹、广灵染色剪纸、左云楞严寺寺庙音乐、北路梆子、大同铜器制作技艺8项。

大同是中国首批历史文化名城，中国首批13个较大的市之一、中国优秀旅游城市、中国雕塑之都、中国大古都之一、中国特色魅力城市200强、全国性交通枢纽城市、最具生态竞争力城市、最具旅游文化发展潜力城市、国家园林城市、国家新能源示范城市、影响世界的中国文化旅游名城、中国十佳运动休闲城市、中国避暑旅游城市、全国双拥模范城市、丝绸之路十佳特色旅游城市、国家级旅游改革创新先行区、最美中国榜上榜城市、美丽山水城市、最具投资潜力旅游目的地城市、中国最具投资潜力避暑旅游城市、全国十佳冰雪旅游城市。

（编辑部）

【建置沿革】 夏 大同区域的部落称熏鬻，商时称鬼方，西周称北戎。

春秋 大同地区为北狄所居。北狄系指以狩猎为生的游牧部落林胡、楼烦。大同至内蒙古河套一带，春秋时为林胡活动之地。（唐）尧帝封羲和氏子为北岳长老，其二子和叔来宅。《山海经》中古大同为古平国。商汤封同姓于此地，代子立国。

战国 大同地区为代国，后并入赵地。据《史记·赵世家》载，赵襄子北登夏屋，请代王使厨人操铜枓击杀代王，遂兴兵平代地。又载："（武灵王）二十六年（前300），复攻中山，攘地北至燕、代，西至云中、九原。"《史记·匈奴传》载："赵武灵王亦变俗胡服，习骑射，北破林胡、楼烦，筑长城。自代并阴山下，至高阙为塞，而置云中、雁门、代郡。"雁门郡（今朔州市右玉县南），因雁门山而得名。代郡（今河北省蔚县东北），因代国而得名。其地为雁门郡，东属代郡。当时城邑有：平邑（今许堡村）、新城（又名小平城，在今朔州西南）、延陵（今天镇新平）、平舒（今广灵平城）、武州塞（今左云古城）、平城（今大同城北御河西岸，以祈福思安而得名）。

秦 秦王政十八年（前229），秦攻赵，次年破赵，公子嘉率其宗族数百人逃到代郡，自立为代王。秦王政二十五年（前222），秦派王贲攻代，虏代王嘉，赵亡。秦王政二十六年（前221），秦始皇统一中国，废分封制，立郡县，全国设36郡，今大同境内为雁门郡、代郡之地。其时见于记载的城邑有：平城、代、善无、延陵、平舒、武周塞、新城、班氏、马邑等。

西汉 沿袭秦郡县制，其地仍为雁门郡、代郡之地。雁门郡属并州刺史部，治所善无，辖14县：善无、沃阳、繁畤、中陵、阴馆、楼烦、武州、汪陶、剧阳、崞、埒、马邑、强阴、平城，平城为东部都尉治。代郡属幽州刺史部，治所桑干，辖18县，在今大同境内者10县：道人、高柳、班氏、示氏、平舒、延陵、灵丘、且如、平邑、参合。

东汉 各州置州牧，后改州牧为刺史。大同地区为雁门、代郡之地。雁门郡属并州刺史部，治阴馆，属县14，今大同市境内有4县：繁峙、武州、崞、平城。代郡属幽州刺史部，治高柳，属县11，在今大同市境内有6县：高柳、道人、班氏、示氏、北平邑、平舒。建武中，卢芳之乱，沿边八部并废，徙雁门、代郡之民于常山关、居庸关东。东汉建武二十七年（51），复置郡，自善无移雁门郡治阴馆，县仍属。代郡治高柳。"建安中省云中、定襄五郡，立新兴郡于太原界，郡为一县隶之，而别置平城县于勾注陉南，往属焉。"汉末天下大乱，陉北之地弃为荒徼。建安二十年（215），曹操讨伐乌桓，平定代地。安集北边郡县之民，在今代县东五里置平城县，属冀州新兴郡。

三国 三国魏黄初元年（220），复置并州，平城属并州雁门郡。无论属冀州新兴郡平城，还是并州雁门郡平城，均为同名异地，非今大同。大同地区为乌桓、鲜卑所据。

西晋 大同北部为鲜卑族领地，南部为雁门郡地，其时郡迁至广武，属县有：广武、崞、汪陶、平城、葰人、繁峙、原平、马邑。西晋永嘉四年（310），晋并州牧刘琨，以拓跋猗卢有救援之功，上书晋怀帝，请封鲜卑拓跋猗卢为代公。西晋建兴元年（313），拓跋猗卢定盛乐为北都，修秦汉故平城为南都，平城复还故治，属代国。

北魏 天兴元年（398）拓跋珪自盛乐迁都平城，改号皇帝，并置司州、代尹，治代都平城。徙六州二十二郡守宰、豪杰、吏民三千家于代郡。"营宫室，建宗庙，立社稷"，进行一系列大规模的首都建设。次月"诏有司正封畿，制郊甸"，划定京畿范围："东至代郡，西及善无，南极阴馆，北尽参合。"郊甸范围："东至上谷军都关，西至河（黄河），南至中山隘门塞，北至五原，地方千里。"又设四方四维，置八部帅统兵镇守。平城由宫城、京城（都城）和郭城组成。北魏延和元年（432），改司州为万年尹。皇兴三年（469），在城西立平齐郡，旋废。北魏曾在平城南郊置鼓城县，属代郡，不久废。北魏太和十八年（494），迁都洛阳后，置恒州，治平城，管辖6郡、14县。代郡治平城，领平城、太平（今大同西15千米）、武周（今旧高山村）、永固（今大同北镇川堡）。孝昌二年（526），六镇之变，平城陷废。北魏末分东魏、西魏。

北齐 天保元年（550），东魏被北齐所代，大同为北恒州、北朔州地，属县未有大的变化。天保七年，改北恒州为恒安镇（今大同），又名东州城，隶属恒州太平县，徙豪杰三千家以实之。翌年废镇，仍为北恒州。

北周 天保八年，西魏为北周所代替。北周建德六年（577），灭齐后，州县并废，复置恒安镇，改朔州置北朔州总管府。改太平县为云中县（这是大同称云中之始）。灵丘属蔚州，为灵丘郡治。

隋 开皇元年（581），改诸州为郡，大同为马邑郡、雁门郡之地。马邑郡治善阳，辖善阳、神武、云内、开阳。雁门郡治雁门，辖雁门、繁畤、崞县、五台、灵丘。恒安镇隶属马邑郡云内县。开皇五年，置代州总管府。

唐 初依隋实行州县制。唐武德四年（621），平刘武周，复于故恒安镇置北恒州。武德六年，于雁门郡之灵丘别置蔚州。武德七年，北恒州废。贞观元年（627），分天下13道，云、蔚、朔等州属河东道。云州治云中，辖县云中。蔚州治兴唐，辖兴唐、飞狐、灵丘。朔州治善无，辖善阳、马邑。唐末，以浑源川为名，置浑源州；以雁门山、龙首山南北呼应为名，置应州。贞观十四年，于故云内县置定襄县，兼云州治。龙朔三年（663），置云中都护府。永淳元年（682），为东突厥默啜所破，州县俱废，移百姓于朔州。开元十八年（730），复置县，改定襄为云中县。废北恒州为东州城，复置云州。天宝元年（742），改云州为云中郡。乾元元年（758），改云中郡为云州。会昌三年（843），以云、蔚诸州为大同道，罢属河东，置都团练使，治云州。咸通十年（869），置大同军节度。中和二年（882），改大同节度为雁门节度。中和四年，云州复隶河东道。唐至德以后，中原运兵刺史皆管军戎，大同防御使由云州刺史领管，辖云、蔚、朔三州。

五代　其地为后唐所占，区划未有大的变动。云中县，为云州治，隶属河东道。李克用与契丹耶律阿保机相会于云州东城，易袍马为兄弟，因取“怀想仁人”之义，改名怀仁县；后唐同光二年（924），析蔚州兴唐县设置广陵县（今广灵县）。同光三年，复以云州为大同军节度。

辽　后晋天福二年（937），辽进占云州。初为大同军节度，辽重熙十三年（1044），改云州为西京，设西京道大同府，重熙十七年，析云中，置大同县，为辽之陪都。辽西京道所辖：大同府，治所大同。统2个州、7个县：弘州、德州，大同县、云中、天成、长青、奉义、怀仁、怀安县。蔚州，治蔚州，统灵仙、定安、飞狐、灵丘、广陵。应州，治金城，统金城、浑源、河阳。朔州，治善阳，统善阳、武州、宁远、马邑、神武。

北宋　大同地区为路、州、县三级制，全国设15路。北宋宣和五年（1123），预置云中府路，治云中府，统云中及武、应、朔、蔚、奉圣、归化、儒、妫8州，与云州合称“山后九州”。为宋金联盟攻辽的预置版图。后金失约，除武、应、朔、蔚诸州于宣和五年，一度归宋，旋为金人所取外，西京仅在雍熙三年（986），云州观察使杨业攻占云州3个月，再未进入宋之版图。

金　辽保大二年（1122），金宗翰攻占大同府，仍以大同为西京，改西京道为西京路，府治、县治未变。西京路辖2个府、7个节镇、8个刺郡、39个县，9个镇。皇统元年（1141），以西京路隶属元帅府，旧置兵马都部署司。金天德二年（1150），改置西京路总管府，后更置留守司。置转运使及中都西京路提刑司。大同府辖大同、云中、宣宁、怀安、天成、白登、怀仁7个县。省奉义县为镇，入大同。

元　初大同仍称西京。蒙古成吉思汗七年（1212），置警巡院。至元二年（1265），省云中县入大同。元划为省、路、府（州）县四级制，至元二十五年，改西京道大同府为大同路，隶属中书省河东山西道宣慰使司，管辖一领事八州。一领事是录事司，设在大同。属县有大同、白登、宣宁、平地、怀仁5个县；八州为弘、浑源、应、朔、武、丰、东胜、云内。上都路管辖今大同和河北部分地区。顺宁府治所蔚州，领灵仙、飞狐、定安、灵丘、广灵。元改天城为天城县，隶属宣德府。后隶属兴和路。大德四年（1300），在西京黄花岭立屯田。大德六年，立万户府。

明　洪武二年（1369），左副将军常遇春攻取大同。明行政区划为省、府、州、县四级制，洪武七年，改大同路为大同府，隶属山西行中书省。洪武九年，改为承宣布政使司。大同府治大同县，辖浑源、应、朔、蔚四州，大同、怀仁、马邑、山阴、广灵、灵丘、广昌7个县。宣宁县并入大同县。明军事上实行卫所制，洪武四年，置大同都卫治白羊城。洪武八年，改为山西行都指挥使司。洪武二十五年，徙治大同。初领卫二十六，管辖范围：东至北京居庸关，西起黄河转弯处偏关，北临丰州滩，南抵雁门关，东西延绵千余千米，南北亦有数百千米。其范围之大，实属九边之首。后领卫十四，有大同前卫、后卫、左卫、阳和、天成、威远、平鲁、云川、玉林、镇鲁、高山、宣德、东胜。洪武二十九年，置分守冀北道，驻大同，嘉靖中移驻朔州。永乐六年（1408），置巡抚都御史。永乐七年，置大同镇，设镇守总兵官，为镇之最高指挥官。成化七年（1471），设巡抚。正德八年（1513），设总制，辖13个卫所，823个堡寨，307座墩台。大同分4个道，辖9个路，驻军最多135778员，战马51654匹。时有“大同士马甲天下”之称。

清　清大同府治大同县，初因明治，领州四县七，隶属山西布政司，后改为山西省。顺治十三年（1656），裁宣大总督，置山西总督，驻大同。康熙四年（1665），裁总督，并入雁门道。雍正四年（1726），于右玉林卫置朔平府，并废除明代卫所，改天镇卫为天镇县，阳高卫为阳高县，左云川卫为左云县，右玉林卫为右玉县，平虏卫为平鲁县。大同府治所大同县，辖浑源、应州，大同、怀仁、山阴、阳高、天镇、广灵、灵丘二州七县和丰镇厅。清末，大同县辖580个村，城东194个村，城南177个村，城西91个村，城北118个村。朔平府治所右玉县，辖右玉、左云、平鲁、朔州、马邑。

民国　民国元年（1912），大同废府留县，大同县属北路观察使。民国2年5月，置雁门道，治大同，辖雁北13个县、忻县地区13个县，共26个县。后晋北镇守使在大同驻扎。民国16年，废道后，大同为县，直属山西省，县辖5个行政区，9个街，585个村。

抗日战争时期，大同地区行政区划为三种。日伪行政区划：1937年9月13日，日本关东军侵占大同城。大同县划为2个街、22个联合村。国民党行政区划：1937年9月至1939年12月为山西省第一行政区和第二行政区。第一行政区治所五台，属县十七，在大同地区有灵丘、广灵、浑源、应县、山阴、怀仁、大同、阳高、天镇9个县。第二行政区治所岢岚，属县十三，在大同地区有朔县、平鲁、左云、右玉4个县。1945年8月，大同被国民党阎锡山政府所统治，恢复原县建制，仍属山西省，辖5个区，86个治村。成立卫戍司令部和城防司令部，建立雁北“第二战区长官司令部大同领导组”，管辖雁北各县，分第十、十一两个专署。第十区辖大同、怀仁、阳高、天镇、浑源、广灵、灵丘7个县；第十一区辖右玉、山阴、应县、左云、平鲁、偏关6个县。行政督察员兼保安司令。1947年军政分家，改为“山西省政府大同行政公署”，大同县辖4个区、30个街、70个治村。“雁北专员公署”“雁北城防司令部”驻在大同城内。到1948年雁北13个县政府流亡大同，大同城内集中国民党行政组织机关22个、党务机关7个、特务机关11个。

共产党领导下的行政区划：东雁北为1937年年底属晋东北十八县政治主任公署，1938年6月改为晋东北行政督察专员公署，1940年2月成立第二专员公署，属县有灵丘、繁峙、广灵、浑源、应山县。归晋察冀北岳区管辖。西雁北（大同以西）为1937年冬属晋西北根据地，1940年建立晋西北民主政权。1941年8月属晋西北行政公署，1943年11月，改为晋绥边区行政公署，归晋绥边区管辖。中国共产党领导下的根据地，改东雁北二专署为第五专署，属县有灵丘、繁峙、浑源、应县、代县、山阴、大同、阳高、怀仁。1946年5月，第五专署改为冀晋区第一专署，1949年2月，撤销晋绥边区，西雁北划为晋西北区，设置晋西北行政公署雁北分署。（编辑部）

行政区划

【概况】 1949年5月1日，大同和平解放，成立大同市，隶属察哈尔省直辖，大同市分5个区。1949年10月，东、西雁北合并，划归察哈尔省，设雁北专署，属县有：灵丘、广灵、浑源、应县、山阴、大同、怀仁、朔县、平鲁、右玉、左云。1952年，察哈尔省撤销，大同市与雁北13县重归山西省，1952年12月，大同市辖一、二、三区和口泉矿区。1954年7月，大同县与怀仁县合并为大仁县。1958年6月，大同市隶属雁北专区。1959年1月23日，雁北与忻县合并为晋北专区，大同市隶属晋北专区。雁北合并为6个县：阳高、浑源、灵丘、左云、山阴、朔县。1961年7月24日，晋北专区撤销，大同市复归雁北专区领导，辖城区、口泉区、古城区、怀仁区。同年11月复归山西省直辖。1962年，雁北恢复13个县设置，1964年11月撤销古城区、怀仁区，恢复大同县、怀仁县，市辖两区、两县。1965年7月把大同、怀仁二县划归雁北专区。1966年2月把城区、口泉区所辖农业区划出，成立郊区，大同市辖3个区。1970年4月，大同市划归雁北领导，9月建立矿区，10月成立南郊区、北郊区和口泉镇。1971年，北郊区改为新荣区。1972年3月复归省辖市，辖城区、矿区、南郊区、新荣区4个区，17个街道，287个居委会，22个乡，5个镇，252个生产大队，1125个生产队，351个自然村。1989年1月，朔州市成立，雁北管辖的平鲁、朔县、山阴划归朔州市。1993年7月10日，雁北地区撤销，地市合并，怀仁、应县、右玉三县划归朔州市，把天镇、阳高、广灵、灵丘、浑源、左云、大同七县划归大同市，实行市管县。大同市辖城区、矿区、南郊区、新荣区四区七县。下辖182个乡（镇），2645个村，40个街道，638个居委会，全市总面积14155平方千米，总户数726171户，总人口276.7万人。2001年，市县（区）乡（镇）、村（居委会）撤并，全市四区七县，有66个乡，33个镇，38个街道，1950个村，305个社区。2017年，大同市辖四区七县，分别是城区、矿区、南郊区、新荣区、天镇县、阳高县、广灵县、灵丘县、浑源县、左云县、大同县。全市辖66个乡，33个镇，40个街道，334个社区，1955个村。2018年，大同市区划调整后，全市辖四区六县，分别是平城区、云冈区、新荣区、云州区、左云县、阳高县、天镇县、浑源县、广灵县、灵丘县。2019年，全市辖66个乡，33个镇，40个街道，358个社区，1823个村。2020年，全市辖四区六县，66个乡，33个镇，40个街道，367个社区，1426个村。（编辑部）

【区划调整】 2021年，大同市辖四区六县，分别是平城区、云冈区、新荣区、云州区、左云县、阳高县、天镇县、浑源县、广灵县、灵丘县。截至2021年底，全市有乡（镇）87个（乡50个，镇37个），街道39个，社区395个，建制村1426个。（编辑部）

2021年大同市行政区划统计表

表3-1

县 区	乡、镇、街道名称	社区、村
平城区	18个街道：古城街道、新旺街道、水泊寺街道、马军营街道、白登山街道、文瀛湖街道、小南头街道、永泰街道、清远街道、武定街道、鹿苑街道、振华街道、迎宾街道、新华街道、卧虎湾街道、御河街道、开源街道、大庆路街道	155个社区 48个村
云冈区	2个镇4个乡21个街道：高山镇、云冈镇、口泉乡、平旺乡、西韩岭乡、鸦儿崖乡、西花园街道、老平旺街道、新泉街道、口泉街道、民胜街道、新平旺街道、和旺街道、新胜街道、新文街道、平泉路街道、玉泉街道、和瑞街道、平喜街道、和顺街道、平德街道、玉龙街道、云燕街道、云武街道、清泉德街道、平盛路街道、平源街道	152个社区 94个村
新荣区	3个镇4个乡：新荣镇、古店镇、花园屯镇、破鲁堡乡、郭家窑乡、西村乡、堡子湾乡	5个社区 112个村
云州区	3个镇6个乡：西坪镇、倍加造镇、周士庄镇、党留庄乡、杜庄乡、吉家庄乡、峰峪乡、许堡乡、聚乐乡	12个社区 128个村

续表 3-1

县 区	乡、镇、街道名称	社区、村
阳高县	7 个镇 4 个乡：龙泉镇、罗文皂镇、大白登镇、王官屯镇、古城镇、东小村镇、友宰镇、狮子屯乡、长城乡、下深井乡、鳌石乡	15 个社区 197 个村
天镇县	5 个镇 6 个乡：玉泉镇、谷前堡镇、米薪关镇、逯家湾镇、新平堡镇、卅里铺乡、贾家屯乡、赵家沟乡、南高崖乡、张西河乡、马家皂乡	16 个社区 172 个村
广灵县	5 个镇 3 个乡：壶泉镇、南村镇、加斗镇、作疃镇、梁庄镇、一斗泉乡、蕉山乡、宜兴乡	9 个社区 132 个村
灵丘县	3 个镇 8 个乡：武灵镇、东河南镇、上寨镇、独峪乡、柳科乡、白崖台乡、落水河乡、赵北乡、石家田乡、红石塄乡、下关乡	13 个社区 186 个村
浑源县	6 个镇 10 个乡：永安镇、青磁窑镇、王庄堡镇、蔡村镇、西坊城镇、沙圪坨镇、下韩村乡、吴城乡、南榆林乡、大仁庄乡、官儿乡、西留村乡、驼峰乡、东坊城乡、裴村乡、千佛岭乡	11 个社区 213 个村
左云县	3 个镇 5 个乡：云兴镇、店湾镇、鹊儿山镇、张家场乡、马道头乡、小京庄乡、三屯乡、管家堡乡	7 个社区 145 个村

说明：大同经济技术开发区管辖 2 个村

人口 方言

【人口】 截至 2021 年底，大同市常住人口 309.9 万人，比上年末减少 0.2 万人。其中，城镇常住人口 227.4 万人，占常住人口比重 73.4%，比上年末提高 0.7 个百分点。全年全市出生人口 2 万人，人口出生率 6.5‰；死亡人口 2.2 万人，死亡率 7‰；自然增长率 –0.5‰。（市统计局）

2021 年大同市常住人口数及其构成统计表

表 3–2

指 标（万人）	年底数比重（%）	比重 100.00
全市常住人口	309.9	100.0
其中：城镇	227.4	73.4
乡村	82.5	26.6
其中：男性	157.2	50.7
女性	152.7	49.3

【方言】 大同市及天镇县、阳高县、左云县方言属晋语大包片，浑源县、广灵县方言属晋语五台片，大包片、五台片方言均有入声。东北部的灵丘县属北方官话，无入声。

大同市方言语音特点为平翘舌音不分，如“四”与“十”、“资”与“支”同音。无鼻音韵尾，前后鼻音不分，韵尾为喉擦音，比如“根”与“更”、“音”与“英”同音。部分古入声字舒化，舒入两读字增加，如“活动”的“活”为入声，“大活人”的“活”为舒声。有丰富的儿化韵，如“您”说“您儿”，“他”说“他儿”。

大同市方言词汇特点为有大量的特色词缀，如“圪垯蛋”（普通话意思是块），“忽眨”（普通话意思是眨），“日脏”（普通话意思是脏），“蹦跶”（普通话意思是蹦）等。叠音词丰富，如“绿莹莹、粉呐呐、红外外”等。有丰富的四字格俗成语，如“白皮泛脸、灰眉处眼”等。有分音词，比如：“摆”说成“不来”，“圈”说成“圐圙”等。

大同市方言非常经济简洁，表现在语法上以简便为特点，如“他去了没？”（普通话意思是“他去了还是没去呢？”），“吃顿儿饭叫我”（普通话意思是“吃饭的时候叫我”），“你拿去哇”（普通话意思是“你去拿回来吧”），等等。（蒋文华）

民族 宗教

【民族】 2021 年，大同市有少数民族 36 个，约 1.6 万人，有 4 个回族聚居村：平城区田村、云州区三条涧村、云州区马家会村、天镇县袁家皂村，有清真食品经营单位 21 家。11 月 17 日，平城区御河街道田村少数民族活动中心的民族团结活动室揭牌。（赵 冬）

【宗教】 2021 年，大同市有佛教协会、道教协会、伊斯兰教协会、天主教爱国会、基督教三自爱国运动委员会五大市级宗教团体。全市有信教群众 12.87 万人，有正式登记、依法开放的宗教活动场所 339 处。其中，佛教场所 154 处、道教场所 29 处、伊斯兰教场所 3 处、天主教场所 11 处、基督教场所 142 处。全市有宗教教职人员 813 人。其中，佛教 321 人、道教 56 人、伊斯兰教 9 人、天主教 19 人、基督教长老以上 72 人（牧师 6 人，副牧师 5 人，长老 61 人），传道员 336 人。（张立权）

国民经济和社会发展

【概况】 2021 年，大同市地区生产总值 1686.1 亿元，按不变价格计算，比上年增长 7.5%。其中，第一产业增加值 102.2 亿元，增长 9.7%，占地区生产总值的比重 6%；第二产业增加值 716.2 亿元，增长 7.6%，占地区生产总值的比重 42.5%；第三产业增加值 867.7 亿元，增长 7.1%，占地区生产总值的比重 51.5%。人均地区生产总值 54391 元，按全年平均汇率计算为8431美元。

全年全市居民消费价格比上年上涨1.1%。其中，食品烟酒类价格上涨0.7%；衣着类下降0.2%；居住类上涨0.8%；教育文化及娱乐类上涨2.3%；医疗保健类下降0.4%；生活用品及服务类下降0.5%；交通通信类上涨4.8%；其他用品及服务类下降1.9%。全年全市商品零售价格比上年上涨3.2%。

全年全市城镇新增就业5.2万人。转移农村劳动力2.5万人。城镇登记失业率2.3%。

全年全市常住居民人均可支配收入27323元，比上年增长9.3%。按常住地分，城镇常住居民人均可支配收入36685元，增长8.1%，人均消费支出17786元，增长13%；农村常住居民人均可支配收入12909元，增长11.2%，人均消费支出10799元，增长21%。（市统计局）

【农业】 2021年，大同市农作物种植面积32.9万公顷，比上年增加0.9万公顷。其中，粮食种植面积28万公顷，比上年增加0.2万公顷。全市油料作物种植面积1.5万公顷，比上年增加0.2万公顷；蔬菜面积2.3万公顷，比上年增加0.4万公顷；饲草作物种植面积0.5万公顷，比上年增加0.1万公顷。

全年全市粮食总产量125.5万吨，比上年增加1.8万吨。全年谷物产量113.9万吨，比上年增加1万吨。其中，玉米产量94万吨，比上年增加1.6万吨。

全年全市造林面积3.5万公顷。其中，人工造林2.2万公顷。

全年全市猪牛羊禽肉产量13.3万吨，比上年增长48.8%。其中，猪肉产量9.5万吨，增长56.1%；牛肉产量1.5万吨，增长44.6%；羊肉产量1.7万吨，增长29.3%；禽肉产量0.6万吨，增长21.2%。禽蛋产量6.3万吨，增长1%。牛奶产量33.2万吨，增长17%。年末生猪存栏69.7万头，比上年末增长37.9%；全年生猪出栏120.6万头，比上年增长56.7%。

全年全市机械耕地面积27.26万公顷，机械播种面积21.69万公顷，机械收获面积13.15万公顷。全年全市农业机械总动力（不包括农用运输车动力）120.9万千瓦。（市统计局）

【工业 建筑业】 2021年，大同市全部工业增加值631.8亿元，按不变价格计算，比上年增长7.5%。规模以上工业增加值比上年增长9%。

在规模以上工业中，分经济类型看，国有控股企业增加值增长9%，股份制企业增长9.4%，地方企业增长9.3%，私营企业增长12.6%。

分门类看，采矿业增长11.7%，制造业增长9.2%，电力、热力、燃气及水生产和供应业增长0.4%。分煤与非煤看，煤炭工业增加值增长12.4%，非煤工业增加值增长5.3%。

在规模以上工业中，有色金属工业增长13.2%，医药制造业增长29.2%，装备制造业增长7%，高端装备制造业增长37%，生物产业增长29.3%，高技术产业增长28.8%，战略性新兴产业增长4.8%。

全年全市规模以上工业企业实现营业收入2529.6亿元，比上年增长82.4%；实现利润总额48亿元，增长15.9%；实现利税总额165.3亿元，增长52.6%。规模以上工业企业每百元营业收入中的成本84元，营业收入利润率1.9%。

全年全市建筑业增加值84.5亿元，按不变价格计算，比上年增长7.8%。全市资质以上建筑业企业总产值279.6亿元，比上年增长18.9%。房屋建筑施工面积1126.1万平方米，增长3.8%；房屋竣工面积513.1万平方米，增长49.6%。（市统计局）

2021年大同市规模以上工业主要产品产量统计表

表3–3

产品名称	单位	产量	比上年增长（%）
原煤	万吨	14992.4	12.8
洗煤	万吨	8971.5	5.2
发电量	亿千瓦小时	527.4	9.1
其中：火电	亿千瓦小时	427.3	5.7
风力发电	亿千瓦小时	62.6	47.0
太阳能发电	亿千瓦小时	37.4	2.1
合成橡胶	万吨	2.4	4.2
水泥	万吨	447.9	–5.5
粗钢	万吨	135.0	–0.1
化学原料药	万吨	3.5	14.8
精甲醇	万吨	33.8	–30.7
活性炭	万吨	14.2	–4.3
石墨及碳素制品	万吨	11.7	30.4
机车	台	58.0	5.5
矿山专用设备	万吨	16.0	50.5

2021 年大同市规模以上工业增加值统计表

表 3–4

指 标	比上年增长（%）
规模以上工业	9.0
其中：国有控股	9.0
其中：轻工业	36.2
重工业	7.3
其中：中央企业	6.1
地方企业	9.3
其中：能源工业	9.7
材料与化学工业	–10.7
消费品工业	38.7
装备制造业	7.0
其他工业	13.6
其中：非煤工业	5.3
其中：高技术产业	28.8
其中：战略性新兴产业	4.8

【能源】 2021 年，大同市一次能源生产折标准煤 0.8 亿吨，比上年增长 11.2%；二次能源生产折标准煤 0.7 亿吨，增长 5%。

全年外输电力 359.6 亿千瓦时，比上年增长 12.9%，外输电量占发电量比重 65.9%。全社会用电量 186 亿千瓦时，比上年增长 8.3%。其中，农林牧渔业用电量 3.5 亿千瓦时，增长 13.2%；工业和建筑业用电量 129.3 亿千瓦时，增长 3.6%；服务业用电量 32.3 亿千瓦时，增长 30.3%；居民生活用电量 20.9 亿千瓦时，增长 9.7%。

（市统计局）

【固定资产投资】 2021 年，大同市固定资产投资 732 亿元，比上年增长 9.2%。其中，民间投资 480.3 亿元，增长 18.1%。分产业看，第一产业投资 45.4 亿元，增长 48.6%；第二产业投资 220.3 亿元，下降 9.2%；第三产业投资 466.4 亿元，增长 17.5%。

全年全市固定资产投资施工项目 1002 个，其中全部建成投产项目 483 个（不含房地产）。新增固定资产 394.4 亿元。

全年全市房地产开发投资 266.2 亿元，比上年增长 44.5%。其中，住宅投资 209 亿元，增长 44.8%；商业营业用房投资 22.8 亿元，增长 24.4%。

（市统计局）

2021 年大同市分行业固定资产投资统计表

表 3–5

行 业	投资额（万元）	比上年增长（%）
总 计	732.0	9.2
农林牧渔业	46.0	47.7
采矿业	22.7	–7.5
制造业	93.3	–8.7
电力、燃气及水的生产和供应业	104.2	–10.0
交通运输、仓储和邮政业	15.3	16.7
批发和零售业	13.4	177.6
住宿和餐饮业	6.6	64.6
房地产业	287.8	42.9
租赁和商务服务业	7.3	–21.6
水利、环境和公共设施管理业	57.2	–22.6
教 育	9.2	–61.2
卫生、社会保障和社会福利业	7.9	85.9
文化、体育和娱乐业	9.2	20.6
公共管理和社会组织	2.2	–30.1

2021 年大同市房地产开发和销售统计表

表 3–6

指 标	单 位	绝对数	比上年增长（%）
投资完成额	亿元	266.2	44.5
其中：住宅	亿元	209.0	44.8
商品房施工面积	万平方米	2446.6	8.6
其中：住宅	万平方米	1808.2	8.8
商品房新开工面积	万平方米	502.0	–47.4
其中：住宅	万平方米	352.7	–52.9
商品房竣工面积	万平方米	450.1	153.8
其中：住宅	万平方米	363.6	219.5
商品房销售面积	万平方米	307.4	25.6
其中：住宅	万平方米	298.9	27.2

【国内贸易】 2021 年，大同市社会消费品零售总额 760.9 亿元，比上年增长 16.1%。按经营地统计，城镇消费品零售额 609.3 亿元，增长 15.8%；乡村消费品零售额 151.6 亿元，增长 17.3%。按消费形态统计，商品零售额 694.9 亿元，增长 14.4%；餐饮收入额 66 亿元，增长 37.6%。

全年全市限额以上单位消费品零售额 174.1 亿元，比上年增长 26.9%。在限额以上批发零售业中，粮油、食品类增长 34.1%；日用品类增长 53.8%；烟酒类增长 37.9%；汽车类增长 21.2%；服装、鞋帽、针纺织品类增长 45.4%；石油及制品类增长 15.8%；中西药品类增长 13.1%。（市统计局）

2021 年大同市社会消费品零售总额统计表

表 3–7

指 标	绝对数（亿元）	比上年增长（%）
社会消费品零售总额	760.9	16.1
分地域：城镇	609.3	15.8
乡村	151.6	17.3
分行业：批发业	694.9	14.4
零售业	66.0	37.6
住宿业	4.9	–8.4
餐饮业	46.6	–6.3

2021 年大同市限额以上批发零售业零售额统计表

表 3–8

指 标	绝对数（亿元）	比上年增长（%）
汽车类	62.8	21.2
石油及制品类	34.7	15.8
文化办公用品类	1.7	20.3
家用电器和音像器材类	6.4	21.0
中西药品类	6.3	13.1
日用品类	1.2	53.8
粮油、食品类	10.2	34.1
饮料类	1.4	26.3
烟酒类	3.7	37.9
服装、鞋帽、针纺织品类	6.4	45.4
化妆品类	0.8	11.7
金银珠宝类	5.5	32.7

【交通 邮电】 2021年，大同市公路通车里程12715千米，其中高速公路560千米。全市公路密度90.2千米每百平方千米。全市民航客运量88.5万人次，比上年增长18.8%；货邮量1602.7吨，下降2%。民用航空航线20条，通航城市29个。年末全市民用车辆保有量85.3万辆，比上年增长4.7%。其中，新注册汽车4.9万辆，下降14.4%；个人汽车72.4万辆，增长4.9%。年末载客汽车保有量68.5万辆，比上年增长6%。其中，个人载客汽车65万辆，增长5.7%。年末轿车保有量45.2万辆，比上年增长4.9%。其中，个人轿车43.6万辆，比上年增长4.6%。

全年全市邮政行业业务总量12.6亿元，比上年增长40.3%。全市邮政局所147个，邮路总长度4388千米。订销报纸4093.3万份，订销杂志133.9万份，国内函件22.5万件。快递业务量7450.6万件，同比增长65.8%。电信业务总量31.4亿元，年末全市固定及移动电话用户432.4万户。其中，固定电话用户16.2万户；移动电话用户416.2万户。在移动电话用户中，4G用户270.2万户，5G用户146.0万户。全市互联网宽带接入用户105.7万户，比上年增长15%。 （市统计局）

【对外经济】2021年，大同海关进出口总额69.7亿元，比上年增长74.9%。其中，出口额46.2亿元，增长39%；进口额23.5亿元，增长255.2%。

全年全市新设立外商投资企业11家。实际利用外资9080万美元，比上年增长84.3%。 （市统计局）

【财政 金融】 2021年，大同市一般公共预算收入166.7亿元，比上年增长23.5%。其中，税收收入117.7亿元，增长17.8%。一般公共预算支出373.2亿元，比上年下降4.1%。其中，用于民生的支出300.3亿元，占一般预算支出的比重80.5%。在民生支出中，文化旅游体育与传媒支出增长2.4%；节能环保支出增长16.6%；城乡社区支出增长17%；住房保障支出增长42.7%。

年末全市金融机构本外币各项存款余额3874.8亿元，比年初增加374.7亿元，比年初增长10.7%。年末全市金融机构本外币各项贷款余额1988.3亿元，比年初增加155.5亿元，比年初增长8.5%。

年末全市有注册保险机构43家。全年全市保费收入78.6亿元，比上年增长6.7%。其中，寿险业务保费收入55.4亿元，增长10.2%；健康险和意外伤害险业务保费收入11亿元，增长9.5%；财产险业务保费收入23.2亿元，下降0.8%。全年全市累计支付各类保险赔款及给付25亿元，增长6.1%。其中，寿险业务给付7.4亿元，下降7.9%；健康险和意外伤害险业务赔款及给付4.8亿元，增长87.7%；财产险业务赔款15.7亿元，增长16.2%。 （市统计局）

2021年大同市进出口总额统计表

表3-9

指标	绝对数（亿元）	比上年增长（%）
进出口总额	69.7	74.9
出口额	46.2	39.0
其中：一般贸易	28.3	-4.6
其中：机电产品	20.3	141.3
高新技术产品	16.0	552.7
其中：国有企业	21.5	17.1
外商投资企业	0.4	-22.7
进口额	23.5	255.2
其中：一般贸易	5.3	25.0
其中：机电产品	19.8	280.3
高新技术产品	15.0	885.4
其中：国有企业	1.0	-41.5
外商投资企业	0.9	-37.0

2021年大同市金融机构本外币各项存贷款统计表

表3-10

指标	单位	年末数	比年初增长（%）
各项存款余额	亿元	3874.8	10.7
其中：住户存款	亿元	2763.7	10.6
各项贷款余额	亿元	1988.3	8.5
其中：住户贷款	亿元	414.6	11.5

2021 年大同市各类教育事业发展统计表

表 3–11

指 标	学校数（所）	招生数（人）	在校生（人）	毕业生（人）
普通高校	4	14754	55231	14595
中等职业教育	33	8175	20471	4984
普通高中	49	18845	55131	18715
普通初中	121	30570	92297	30847
普通小学	325	28698	184427	32163
特殊教育学校	6	98	590	87
学前教育	580	19395	69592	25938

【文化 卫生 体育】 2021 年，大同市有文化艺术馆 11 个，公共图书馆 11 个，博物馆 17 个，档案馆 11 个。全市有广播电视台 10 个，中波发射台 1 座，微波站 11 座，有线电视网 10 个。广播人口覆盖率 99%，电视人口覆盖率 99.5%，有线电视用户 31.3 万户。

全年全市有卫生机构（含诊所、村卫生室）3148 个，床位 23084 张。其中，有医院 132 个、卫生院 143 个、社区卫生服务中心（站）130 个、疾病预防控制中心 12 个、妇幼保健院 11 个。截至 2021 年底，全市卫生机构有卫生技术人员 24189 人。其中，执业医师和执业助理医师 10243 人、注册护士 10175 人。

全年全市有大中型体育场馆 23 个。在 10 个省级赛事中全市运动员共获 27 枚金牌。全年全市承办山西省跳水冠军赛、山西省青少年体操冠军赛等赛事。组织中国大同冰雪节、大同古长城公路自行车公开赛、大同市全民健身运动会等活动。（市统计局）

【科学技术 教育】 2021 年，大同市专利授权量 2251 件，其中发明专利 236 件。全市有效发明专利累计 1073 件。省级以上重点实验室 3 家，工程技术研究中心 8 家。省级科技企业孵化器 5 家，国家备案众创空间 3 家，省级众创空间 17 家，高新技术企业总数 75 家。

全市有气象台（站）8 个。开展“121”电话天气自动答询的台站 1 个。开展人工影响天气业务的单位 8 个。人工增雨累计收益面积 1.4 万平方千米，增雨量 1 亿立方米。全年全市降水量 438 毫米，年平均气温 8.1 摄氏度，无霜期 159 天。

全市普通高等学校 4 所，中等职业教育学校 33 所，普通高中 49 所，普通初中 121 所，普通小学 325 所，特殊教育 6 所，学前教育 580 所。

（市统计局）

【环境保护】 2021 年，大同市耕地保有量 36.5 万公顷。水库蓄水量 1.3 亿立方米。全年全市二级以上优良天数 315 天。空气质量综合指数 3.8。全省排名第一。

全年全市集中供热率 98.2%；天然气气化率 98.9%；市本级污水处理率 93%；中水回用率 22%；市区城市生活垃圾无害化处理率 100%。建成区城市供水普及率 99.7%，水质合格率 100%。

全年全市建成区新增绿化面积 125.7 万平方米。城市建成区绿化覆盖率、绿地率、人均公园绿地分别为 43.2%、39.7% 和 16.5 平方米 / 人。

（市统计局）

【社会保障】 截至 2021 年底，大同市基本养老保险参保人数 199.7 万人。其中，职工基本养老保险参保人数 87.8 万人；城乡居民基本养老保险参保人数 111.9 万人。基本医疗保险参保人数 279.1 万人。其中，职工基本医疗保险参保人数 84.3 万人；城乡居民基本医疗保险参保人数 194.8 万人。失业保险参保人数 48.8 万人，工伤保险参保人数 42.8 万人，生育保险参保人数 48.5 万人。

全年全市纳入城市最低生活保障救济人数 3.8 万人，发放城市最低保障资金 1.9 亿元；纳入农村“五保”供养人数 1.4 万人。年末提供住宿的社会服务机构 82 个，床位 13730 张，收养救助 5588 人。全市建立各种社区服务设施 1632 个，其中综合服务中心 157 个。全年销售社会福利彩票 2 亿元，筹集社会福利资金 6315.7 万元。（市统计局）

中国共产党大同市委员会

综　述

【概况】 2021年，中共大同市委始终把学习贯彻习近平新时代中国特色社会主义思想作为首要政治任务，坚持常委会"第一议题"制度和重大议题学习对标制度，跟进学习习近平总书记最新重要讲话重要指示，组织专题学习研讨，制定落实举措，形成工作闭环。开展"重走习近平总书记视察路"活动，举办市管干部学习贯彻习近平新时代中国特色社会主义思想读书班、政治建设暨习近平法治思想专题培训班，组织"基层大宣讲"，激发全市干部群众感恩奋进力量。推动习近平总书记视察山西重要讲话重要指示精神落实，召开工作推进会和专题座谈会，对县区和部门开展专项督查，召开县区委书记恳谈会2次，确保重要讲话重要指示精神落地生根。牢记习近平总书记嘱托的黄花产业发展、文物保护研究和巩固脱贫成果三件大事，用心用力推动落实。实施黄花产业高质量发展专项行动，全市黄花基地面积26.5万亩，产量14.1万吨，培育黄花加工企业34家，开发系列产品100余种，全产业链年产值30.3亿元。"大同黄花"被农业农村部确定为全国百强农产品区域公用品牌、全国乡村产业高质量发展"十大典型"之一，入选国家知识产权局地理标志运用促进工程项目。云冈研究院升格挂牌，在大同大学创设云冈学学院，与北京大学、山西大学、太原理工大学共建云冈研究中心和教学研究基地，创办全国性学术期刊《云冈学》，建设云冈国际文化交流中心，举办云冈石窟可持续发展与传承研讨会、第四届中国大同北魏云冈文化论坛等学术活动。编制云冈历史文化长廊总体规划，启动云冈大景区建设。落实"四个不摘"，统筹政策、规划、队伍、产业"四个衔接"，建立动态监测和帮扶机制，脱贫劳动力返岗复工9.4万人，市级领导每人帮扶一个易地搬迁安置区，3406个扶贫项目资产全部确权，脱贫攻坚成果巩固拓展与乡村振兴实现有效衔接。学习贯彻习近平总书记在中国共产党成立100周年大会上的重要讲话和在庆祝活动期间的一系列重要讲话精神，举办庆祝中国共产党成立100周年文艺演出、群众歌咏大会、主题节目展演、书画展、红色经典诵读大赛等系列活动，表彰全市"两优一先"，为1.7万名老党员颁发"光荣在党50年"纪念章。开展党史学习教育。实施"1+7+N"工作安排，完善"两图一清单"，组织13次专题研讨，市委常委带头到联系点讲党课，全市累计开展主题宣讲1.4万余场。"我为群众办实事"实践活动深得民心，206个重点项目（案件）办结190项，各县区、部门单位2093个重点实事项目办结1988项。完成三级党委换届。召开市第十六次党代会，选举产生新一届市委和市纪委班子。完成县乡党委换届，一大批优秀干部走上领导岗位。推进政法队伍教育整顿。查处违法违纪干警486人，建立相关制度机制1100余项，累计为群众办实事3.4万件。

（董智慧）

【转型发展】 2021年，中共大同市委强化经济监测预警，定期研判经济形势，采取务实举措，做好"六稳""六保"工作，全年地区生产总值增长7.7%，规模以上工业增加值增长9%左右，固定资产投资增长9%左右，社会消费品零售总额增长15.6%左右，一般公共预算收入增长22%。推动传统产业转型升级，开展"去产能、提效能、增动能"三大行动，推进煤炭清洁高效利用，全市煤炭先进产能占比90.7%。发展新兴产业和未来产业，初步形成以煤炭为基础，以装备制造、新能源、现代医药、大数据、新材料、通用航空、文化旅游为突破的产业发展格局。全市非煤工业占比35.9%，规模以上工业企业372家，战略性新兴产业占比13.2%，高技术制造业占比4.6%，产业结构由"一煤独大"向多业支撑转变，三次产业结构调整为4.0∶40.2∶55.8。坚持以"项目论英雄"为导向，落实市县领导包联项目责任制，滚动推进开发区"三个一批"，全市签约一批项目128个，总投资812.9亿元，开工107个，签约项目开工率83.6%；开工一批项目144个，总投资447.8亿元，完成投资52.1亿元，投产项目60个，开工投产率41.7%；投产一批项目97个，总投资173.1亿元，投产达效率98.3%。签约中能生物基、零碳数基·桃花源、国网时代储能、京东"6+1"等一批"六新"项目，秦淮大数据项目四期建成投用，中联大数据一期项目机房及配套发电机组全部建成，京东华北（灵丘）智能算力数据中心基地等项目开工建设，国药集团青霉素绿色产业链升级项目、北肉冷链食品加工产业园项目（一期）等项目竣工投产。实施科技创新突破提升行动，推进创新平台建设，完善中科院工程热物理所大同分所新型科研机构管理机制，推动中国科学院煤炭清洁燃烧与气化工程实验室建设。二氧化碳捕集利用完成中试、国内首台氢燃料电池机车在中车公司下线、大同磁悬浮低真空高速飞车项目落地开工。推进大同盆地重点地区高温地热资源详查项目。发挥中关村智造大街大同公共服务平台、大同企业离岸创新孵化基地等创新平台作用，对接首都重点实验室271家，共享首都先进科技研发设备，服务企业创新发展。全市高新技术企业102家，科技型中小企业111家，规模以上工业企业研发机构实现全覆盖。推动“个转企、小升规、规升巨”，培育省级“专精特新”中小企业19家、省级“小巨人”企业5家、国家级“小巨人”企业1家，2家企业进入工信部建议支持的国家级专精特新“小巨人”企业公示名单。全市新增市场主体37868户，“小升规”企业92家。开展清理拖欠民营企业中小企业账款工作，清偿欠款1640.5万元，推动解决争议11354.5万元。

（董智慧）

【乡村振兴】 2021年，中共大同市委坚持四级书记抓乡村振兴，成立市、县两级乡村振兴局，召开市委农村工作会议作出部署。全市粮食产量13.7亿公斤，同比增长10.4%。建设高标准农田25.1万亩，发展有机旱作农业50万亩。实施“特”“优”战略，打造肉制品、乳品、饮品、果蔬、药茶等农产品精深加工十大产业集群，完成产值74.8亿元，农产品加工业销售收入122.3亿元。加快大同国际陆港北肉冷链进出口加工产业园建设，举办“2021晋北肉类平台境内外集采集供大会”，推动“北肉”平台29个实体工程建设。培育新型农业经营主体，创建国家级示范社17家、省市两级示范社45家和示范家庭农场50家。开展高素质农民技能提升培训，完成培训3.5万人。实施乡村建设行动，完成500个村环境提质升级工程。

（董智慧）

【改革开放】 2021年，中共大同市委推进能源革命综合改革试点工作，实施44项重点任务和7个重大引领示范项目，云冈区、灵丘县获批屋顶光伏整县推进试点。推进国资国企改革，正常生产经营企业公司制改革全部完成，“僵尸企业”处置工作完成。深化开发区事权下放、财税分成、土地审批3项改革，推进“承诺制＋标准地＋全代办”，实现“拿地即可开工”，大同经济技术开发区获批国家级绿色产业示范基地。县区事业单位改革、乡镇街道改革等改革任务完成。加快融通开放步伐，深度融入京津冀协同发展，加速京晋（大同）协作发展新区建设，与京能、首农、中关村、京东等大集团建立合作关系。推进对外开放平台、国家跨境电商综合试验区建设，建成4个跨境电商产业园区，入驻企业57家；保税物流中心（B型）通过验收；云冈机场作为航空口岸对外开放经国务院批复同意，通过省级验收。推动大同国际陆港平台发展，入驻各类企业47家，完成进出口贸易额25亿元，完成保税区进出口业务420万元。优化营商环境，深化“一枚印章管审批”“一门集中、一网通办”“一件事一次办”集成服务改革，办理时限平均压缩2/3。创新招商引资体制机制，全年签约项目110个，总投资998亿元，新开工项目计划投资额完成270亿元，固定资产到位资金108亿元、开工率76%。搭建对接平台，举办中博会·大同云冈数字碳中和峰会、跨国公司山西行大同考察对接等活动。

（董智慧）

【生态文明】 2021年，中共大同市委推动清洁取暖改造，完成24万户“煤改电”任务。全部淘汰35蒸吨以下130台燃煤锅炉，依法取缔“散乱污”企业45家。推进“公转铁”，淘汰国三及以下营运类柴油货车，新增城市公交、出租、环卫等车辆全部采用新能源车。全市二级以上优良天数312天，空气质量优良率86.2%；$PM_{2.5}$平均浓度28微克/立方米，同比下降9.7%；空气质量综合指数3.8，空气质量综合指数、优良天数排名全省第一。统筹实施治“五河”、连“五库”、延“两线”工程，加快桑干河、御河、十里河流域综合治理。推进污水处理厂新建提标扩容，强化工业集聚区和重点涉水企业的监测监管，加大沿河企业、农村生活污水治理，城市黑臭水体全部消除。全市8个国考断面水质优良比例50%，劣Ⅴ类断面全部退出，两项指标全部达到省考核要求。开展国土“三化”行动，完成京津风沙源治理工程12.6万亩、草种繁育基地建设600亩、草原修复项目3万亩、草原有害生物防治12万亩。推进矿山治理和生态修复，完成矿山生态修复6.8万亩。全市完成营造林52.5万亩，森林覆盖率20.6%，建成区新增绿化面积125.7万平方米，绿化覆盖率、绿地率、人均公园绿地面积分别达43.2%、39.7%和16.5平方米。建成大宗固废综合利用基地项目17个。实施全面禁塑，绿色低碳生活渐成风尚。

（董智慧）

【民生事务】 2021年，中共大同市委抓好重点群体就业，零就业家庭全部动态清零。全市城镇新增就业4.9万人，农村劳动力转移就业2.4万人，失业人员再就业2.4万人，就业困难再就业0.7万人。扩宽就业岗位，加快布局发展数据呼叫、数据标注、数据清洗等数据服务产业，落地京东声谷、上海润讯云中声谷等项目；开发公益岗位，兜底安置就业困难人员3305人。开展职业技能培训10.1万人，新增技能人才6.9万人。完成32所普惠性幼儿园建设任务，新增普惠性学位4500个，学前教育普惠率95%，保持全省第一。深化义务教育学区制管理改革，成立13个义务教育学区制发展共同体，建设22所乡村寄宿制学校。落实“双减”政策，线下学科类校外培训机构压减率、资金监管率均为100%。推进国家产教融合型城市试点，山西通航职业技术学院招生运行，大同职业学院、大同互联网职业技术学院、大同影视艺术学院3所高校通过省教育厅答辩并上报教育部。与北京市教委签订合作协议，建设职业教育基地；对接21世纪学校、传智教育集团、希望集团等家培训机构，建设产教融合实用型人才培训基地。抓好常态化疫情防控，应对多轮新冠疫情冲击，迁址新建市传染病医院，全市3岁以上人群累计接种疫苗257.5万人次，占总人口82.9%，初步建立起新冠病毒免疫屏障。推进市县医联体建设，三级医院实现城市核心区域全覆盖，推动区域内资源有效共享、区域间医疗服务质量均衡提升，形成分级诊疗就医格局。统筹推进中医药强市建设，全市136所基层卫生服务机构设置中医药临床科室，建成3个全国基层名中医工作室。统筹抓好基本医疗保险、大病保险、失业工伤保险、最低生活保障等制度落实，加大残疾人等特殊群体的关爱和保护力度。全民参保计划实现法定人群全覆盖。取消灵活就业人员参保户籍限制，基本养老保险覆盖率超过95%，推进工伤保险、失业保险法定人群全覆盖。企业退休人员基本养老金月增加154元，市本级惠及退休人员15.9万人。推动社会保险数据共享，实现社保经办服务模式转型升级，提升缴费便利度。实施"以产兴城、开放协调、生态固本、功能集聚、魅力提升"五大战略，制定城市建设导图，推进城市更新行动，改造老旧小区73.9万平方米，改造城镇棚户区住房2333套，完成城镇保障性安居工程投资14.1亿元。优化城市发展空间，加快北环路、平城街西延跨铁路桥梁等工程建设。推进古城历史街区保护修复工程，开工建设东马市角、太平街等27条古城道路。开展"两下两进两拆"专项行动，完善城市基础设施，新建和改造城市水、气、热管网103千米。推进拆违治乱、垃圾治理、污水治理、卫生乡村、清洁能源利用专项行动，提升城乡公共设施水平和公共服务能力。（董智慧）

【文化强市】 2021年，市委理论学习中心组率先垂范，开展集体学习21次。围绕学习贯彻中国共产党成立100周年大会上的重要讲话精神、十九届六中全会精神、省第十二次党代会精神、市第十六次党代会精神等，全市开展专题宣讲7363场，受众56.2万余人次。市委常委会每季度听取意识形态工作汇报，10次专题研究意识形态工作，分析形势，研究对策，督促推进。建立健全意识形态和网络意识形态安全工作制度，实行专项考核、专项督查。开展2021"清源""固边""净网""护苗""秋风"五大专项行动，强化学校意识形态阵地管理，整治非法宗教活动、遏制宗教渗透蔓延。繁荣文化事业。市、县、乡村四级联动，开展"党在我心中"2021年群众文化活动。创作推出舞蹈诗剧《天下大同》、歌舞剧《北魏长歌》等文艺作品进京到省展演。举办第六届成龙国际动作电影周。加强文化交流，举办第十二届中博会大同分会场"游山西·读历史"文化旅游体验活动，举办第四届中国青少年雕塑展等展览，"走出去"在浙江、上海举办"云冈艺术大展"，在洛阳举办"中国三大石窟艺术联展"。深化文明创建。入围2021—2023创建周期全国文明城市提名城市，开展文明城市创建"十大提升行动"，获评全国文明乡（镇）1个、全国文明村3个、全国文明单位7家、全国文明家庭1家。深化新时代文明实践中心建设，全市建成新时代文明实践中心10个，实践所126个，实践站1810个，覆盖率100%。深化志愿服务工作，新时代文明实践志愿者8.1万余名，全市三级志愿服务队伍1539支。推进文旅融合发展。坚持以云冈石窟、大同古城、北岳恒山、长城国家文化公园"四大核心景区"为引领，推进"1+4+2+N"文旅产业提升工程，实施文化旅游项目12个。李二口长城遗址保护利用项目、大同市长城博物馆建设项目入选国家"十四五"时期文化保护传承利用工程项目储备库。打响"清凉古都·消夏大同"全域旅游品牌，打造8条精品旅游线路，开通3条旅游直通车，举办22项文化活动，全域旅游示范区建设迈出坚实步伐。全市累计接待国内游客3646.5万人次，同比增长9.5%，旅游总收入369.9亿元，同比增长27.2%。（董智慧）

【依法治理】 2021年，中共大同市委加强和改进党对人大工作的领导，召开市委人大工作会议，支持人大围绕大局依法履职，保障"一府一委两院"置于人大监督之下。推动人大把服务高质量发展作为立法工作的重中之重，深化"小切口、有特色"立法，制定地方性法规3件，修改1件，废止3件。支持人大常委会加强自身建设，引导人大代表正确履职用权。加强人民政协工作领导，召开市委政协工作会议，支持保障人民政协依法履职，制定实施政协协商工作计划，加强专门协商机构建设。改进提案工作，支持政协征集提案310件，立案245件，提案回复率100%。推进政协协商与基层协商衔接，建立10个市级、82个县（区）级委员界别工作室。支持民主党派履行参政党职能，加强各民主党派自身建设。搭建民营企业服务平台，举办政金企对接会助力民营小微企业高质量发展。依法加强宗教事务管理。加强党外知识分子和新的社会阶层人士统战工作，做好外事、侨务、港澳、对台等工作。推进依法行政，加快法治政府建设，组建全面依法治市决策咨询专家团，推动完成57件市政府重大决策和规范性文件合法性审查。建立法治建设"督考一体"工作机制，推开党政主要负责人年终述法工作。清理制约"放管服效"改革、影响优化营商环境的法规制度。压实"谁执法谁普法"普法责任，实施法治惠民实事项目14项，培养农村（社区）"法律明白人"5736人，创建"全国民主法治示范村（社区）"5个。落实党管武装责任，推动军民融合发展，巩固全国双拥模范城创建成果。（董智慧）

【从严治党】 2021年，市委书记坚定履行第一责任人职责，常委会其他成员认真履行一岗双责。市委常委会先后召开25次会议研究全面从严治党工作，健全党委反腐败领导小组职能职责和运行机制，修订落实主体责任和监督责任意见，建立《市管干部履职尽责责任清单》，定期听取市人大常委会、市政府、市政协、市人民法院、市人民检察院党组工作汇报。把从严治党主体责任落实情况纳入政治监督，督促各级党组织扛起政治责任，全市问责党员领导干部87人，其中"一把手"48人。实施基层组织凝聚力、组织力、战斗力提升工程，分类推进农村"争旗提档"、社区"创星升级"、机关"五型机关"创建、国企"五星联创"、"两新"组织"三亮三比三争"，创新开展驻村干部"双带双引"，常态化整顿软弱涣散党组织102个。聚焦抓党建促乡村振兴，持续抓好驻村干部选派轮换工作，向674个村选派驻村干部1955名，投入财政资金扶持试点项目80

个，推动全市建制村集体经济全部达10万元以上。深化全国城市基层党建示范市建设，在城市社区网格上建立党支部或党小组634个。举办全市新任县（区）长及“墩苗”干部任职培训班、换届后乡镇（街道）党政正职专题培训班，市委主要领导亲自授课。常态化实施村干部学历提升工程，依托大同开放大学招生103名，实现“一村一名大学生”目标。落实省委《激励干部“不忘初心、牢记使命”担当作为二十条举措》，市委常委会提拔重用、晋升职级担当尽责、实绩突出的优秀干部274人。从优化从政环境着手，推行容错机制，释放“为担当者担当、为负责者负责”鲜明信号，引导干部敢闯敢干、奋发有为。强化干部能力提升，市委党校举办读书班2期、中青班2期、青年干部培训班1期，培训县处级、科级干部340余人。注重干部梯队培养，选派35名优秀年轻干部到县乡基层“墩苗”任职，选派8名干部到省政府驻上海办事处实践锻炼，选派21名干部人才援疆挂职，择优选拔4名选调生担任县区直部门正职，20名选调生进入乡镇（街道）领导班子。保持惩治腐败高压态势，国资国企、地方金融、粮食购销、供销合作社等重点领域反腐败斗争取得重大战果。全市立案2190件、党纪政务处分2006人，留置50人，移送司法机关44人。驰而不息纠治“四风”，全市查处形式主义、官僚主义问题36件53人，查处享乐奢靡问题121件160人。整治群众身边腐败和不正之风，全市纪检监察机关查处962件1275人，党纪政务处分831人。加强深化“放管服”改革的监督检查，查处行政审批和政务服务方面问题17件25人，党纪政务处分22人。深化以案促改、以案促治、以案促教，发出纪检监察建议书184份，推动制定完善各类制度规定323项。常态化开展警示教育，召开全市换届纪律警示教育大会，拍摄警示教育片《偏航》，接受警示教育6.5万余人次。开展巡视巡察整改“回头看”，配合省委巡视开展全市供销系统机动式巡察、涉粮问题专项巡察。启动十六届市委第一轮巡察工作。（董智慧）

市委重要会议

【市委常委会会议】 2021年，中共大同市委召开常委会会议44次，其中节选常委会会议34次。

1月9日，市委常委会会议召开，省委常委、市委书记张吉福主持会议。会议传达学习中共中央政治局常务委员会会议精神、习近平总书记在全国政协新年茶话会上的重要讲话精神和关于文物保护工作的重要论述，传达学习省委书记楼阳生在市委书记省直工（党）委书记抓基层党建工作述职评议会、市委书记抓脱贫攻坚工作述职评议会、省委常委班子上年度民主生活会上的讲话精神及批示精神，研究全市贯彻落实意见。听取全市考古工作情况汇报、上年全市信访工作情况汇报，听取并审议中共大同市委十五届十次全会暨市委经济工作会议筹备相关事宜，讨论拟提请市委十五届十次全会暨市委经济工作会议审议文件。会议决定1月11日至12日召开中共大同市委十五届十次全体会议暨市委经济工作会议。会议还研究其他事项。

1月15日，市委常委会会议召开，张吉福主持会议。会议传达学习习近平总书记在省部级主要领导干部学习贯彻党的十九届五中全会精神专题研讨班开班式上的重要讲话精神和对政法工作作出的重要指示精神，传达学习省委书记楼阳生批示精神，听取市人大常委会、市政府、市政协、市中级人民法院、市人民检察院党组上年度工作汇报，审议并原则通过《关于成立市委市县乡换届工作领导组的通知》《关于认真做好县乡领导班子换届工作的通知》。

1月31日，市委常委会会议召开，张吉福主持会议。会议传达学习中央政治局会议精神、习近平总书记在中共中央政治局第二十七次集体学习时的重要讲话精神和在《求是》杂志上发表的重要文章——《正确认识和把握中长期经济社会发展重大问题》，传达中央、省委政法工作会议精神及全国、全省安全生产电视电话会议精神，传达学习省委书记楼阳生在省委常委扩大会上的讲话精神及批示精神，听取全市上年经济运行情况、安全生产工作、生态环境保护工作、扫黑除恶专项斗争和全市社会稳定形势分析研判情况汇报，审议并原则通过《大同市人大常委会2021年立法计划（草案）》。会议还研究其他事项。

2月5日，市委常委会会议召开，张吉福主持会议。会议传达学习习近平总书记在《求是》杂志发表的重要文章——《全面加强知识产权保护工作 激发创新活力推动构建新发展格局》和同党外人士共迎新春时的重要讲话精神，传达学习习近平总书记在十九届中央纪委五次全会上的重要讲话精神和省纪委十一届七次全会精神，传达全国、全省宣传部部长会议精神，听取春节期间相关工作的总体安排及市两会筹备情况汇报，审议《市委常委班子对照检查材料》《中共大同市委常委会2021年工作要点》《十一届省委第八轮巡视大同市问题清单、整改清单、责任清单》等。会议还研究其他事项。

2月19日，市委常委会会议召开，张吉福主持会议。会议传达学习习近平总书记在贵州考察调研时的重要讲话精神和在《求是》杂志上发表的重要文章《在河北省阜平县考察扶贫开发工作时的讲话》，传达学习《关于2020年中央政治局贯彻执行中央八项规定情况的报告》《关于持续解决形式主义问题深化拓展基层减负工作情况的报告》，传达学习李克强总理在山西考察时的重要讲话精神、省委书记楼阳生批示和讲话精神，传达全国、全省统战部部长会议精神和全省深化“13710”工作制度推进会会议精神，听取全市“13710”工作情况汇报，研究市两会有关事宜。会议还研究其他事项。

2月25日，市委常委会会议召开，张吉福主持会议。会议传达学习习近平总书记在全国脱贫攻坚总结表彰大会、党史学习教育动员大会、中央全面深化改革委员会第十八次会议上的重要讲话精神，传达全国党史和文献部门主要负责人会议精神，传达省委书记楼阳生在全省党史学习教育部署会上的讲话精神及批示精神，审议通过《中共大同市委关于开展党史学习教育的实施方案》《中共大同市委关于成立党史学习教育领导小组的通知》《中共大同市委庆祝中国共产党成立100周年活动方案》。

3月5日，市委常委会会议召开，张吉福主持会议。会议传达学习中共中央政治局会议精神，学习习近平总书记在中共中央政治局第二十八次集体学习、在中央党校（国家行政学院）中青年干部培训班开班式上的重要讲话精神和在《求是》杂志上发表的重要文章——《坚定不移走中国特色社会主义法治道路 为全面建设社会主义现代化国家提供有力法治保障》，传达省委党史专题学习会精神及省委书记楼阳生讲话精神，审议通过《中共大同市委关于一体推进不敢腐、不能腐、不想腐的工作意见》《关于完善党内政治文化建设的实施方案》。会议还研究其他事项。

3月17日，市委常委会会议召开，张吉福主持会议。会议学习习近平总书记在《求是》杂志上发表的重要文章——《努力成为世界主要科学中心和创新高地》、省委书记楼阳生在省委党史学习教育第二次专题学习暨省委中心组学习会和在省自然资源厅调研时的讲话精神，听取全省开发区2021年第二期"三个一批"活动大同市工作情况、"12345"政府服务热线"接诉即办"全年考核情况汇报，审议通过《大同市关于推进乡村振兴加快农业农村现代化的实施方案》《大同市加快推进农业高质量高速度发展的实施方案》《大同市关于巩固拓展脱贫攻坚成果有效衔接乡村振兴的实施方案》《大同市2021年黄花产业高质量发展专项行动》《大同市2021年乡村建设专项行动》《大同市2021年现代种业创新发展专项行动》。会议还研究其他事项。

3月30日，市委常委会会议召开，张吉福主持会议。会议传达学习习近平总书记在福建考察时的重要讲话精神，传达学习省委书记楼阳生在全省开发区2021年第二次"三个一批"活动、全省"人人持证、技能社会"建设推进会议、全省事业单位重塑性改革总结大会和在太原调研时的讲话精神及批示精神，听取全市乡镇（街道）行政区划调整工作、全市网信工作情况汇报，审议通过《大同市贯彻落实山西省污染防治攻坚战收官专项督察反馈意见的整改方案》《中共大同市委网络安全和信息化委员会2021年工作要点》《大同市贯彻落实〈新时代公民道德建设实施纲要〉的实施方案》等。会议还研究其他事项。

4月16日，市委常委会会议召开，张吉福主持会议。会议传达学习中共中央政治局会议精神，传达学习习近平总书记在参加首都义务植树活动时的重要讲话精神及对革命文物工作、深化东西部协作和定点帮扶工作、打击治理电信网络诈骗犯罪工作、职业教育工作作出的重要指示精神，传达学习省委书记楼阳生讲话精神和省委深改委第二十九次会议精神，听取全市第一季度安全生产工作、中央生态环保督察组反馈问题整改情况和全市第一季度生态环境保护工作、全市政法队伍教育整顿情况汇报，审议通过《中共大同市委全面深化改革委员会2021年标志性牵引性重大改革和重点改革任务》等。会议还研究其他事项。

4月26日，市委常委会会议召开，张吉福主持会议。会议传达学习习近平总书记在《求是》杂志发表的重要文章《在庆祝中国共产党成立95周年大会上的讲话》和出席领导人气候峰会、在清华大学考察时的重要讲话精神；传达学习省委书记楼阳生讲话精神；听取关于全市贯彻落实习近平总书记视察山西重要讲话重要指示情况的督查汇报、省委第三巡视组巡视大同市反馈问题整改进展情况、上年度省考核全市有关工作情况、全市党史学习教育工作及第一季度党风廉政建设和反腐败工作、信访工作情况的汇报，研究部署下一步工作；审议市委常委班子巡视整改专题民主生活会对照检查材料及《中共大同市委党史学习教育领导小组关于扎实开展"我为群众办实事"实践活动的行动方案》《大同市禁牧休牧条例（草案）》《大同市人大常委会农村自建房领域立法计划》等。

5月13日，市委常委会会议召开，张吉福主持会议。会议传达学习中共中央政治局会议精神，传达学习习近平总书记在中共中央政治局第二十九次集体学习时的重要讲话精神及关于文物保护工作的重要论述、关于社会稳定工作的重要指示精神，传达省委书记楼阳生讲话精神，听取第一季度省考高质量发展综合绩效指标进展情况、第一季度社会稳定形势分析研判情况汇报，审议通过《大同市2021年重点工作任务分解方案》《关于贯彻落实习近平总书记视察云冈石窟重要指示 加强云冈文化遗产保护和创建云冈学的实施方案》《大同市创建全国文明城市三年行动计划（2021—2023）》《大同市2021年创建全国文明城市工作方案》《大同市贯彻落实〈山西省国企改革三年行动实施方案（2020—2022）〉的实施意见》《大同市人大常委会海绵城市建设相关法规立法计划（2021—2023）》等。

5月25日，市委常委会会议召开，张吉福主持会议。会议传达学习习近平总书记在推进南水北调后续工程高质量发展座谈会和中央全面深化改革委员会第十九次会议上的重要讲话精神，传达学习省委书记楼阳生讲话精神，听取中共大同市委全面依法治市委员会工作情况、全市"12345"政府服务热线"接诉即办"第一季度考核排名情况的汇报，审议通过《中共大同市委党建工作领导小组2021年工作要点》《中共大同市委关于落实全面从严治党主体责任2021年任务安排》《大同市"我为群众办实事"重点项目清单》等。会议还研究其他事项。

6月7日，市委常委会会议召开，张吉福主持会议。会议传达学习中共中央政治局会议精神和习近平总书记在中共中央政治局第三十次集体学习、在两院院士大会中国科协第十次全国代表大会上的重要讲话精神和在《求是》杂志发表的重要文章《学好"四史"，永葆初心、永担使命》，传达学习省委书记林武讲话精神，审议并原则通过《关于系统预防化解信访突出问题创新信访工作体制机制的实施意见》《山西京沪同产业发展有限公司合作共建产业园协议书》《零碳数基·桃花源项目投资战略合作协议》。

6月17日，市委常委会会议召开，张吉福主持会议。会议传达学习习近平总书记在青海考察时的重要讲话精神和在《求是》杂志上发表的重要文章——《以史为镜、以史明志，知史爱党、知史爱国》，传达习近平总书记对湖北十堰市张湾区艳湖社区集贸市场燃气爆炸事故的重要指示精神，传达省委书记林武就代县大红才铁矿透水事故作出的批示指示精神和在全省安全生产专题电视电话会、全省进一步加强安全生产工作部署会上的讲话精神，研究全市贯彻落实意见，审议并原则通过《大同市强化“四个不摘”政策落实实施方案》《全市“两优一先”表彰对象名单》《大同市文明单位创建管理办法》《大同市精神文明创建先进典型表彰名单（2019—2020）》《长城国家文化公园（大同段）建设工作推进方案》等。

6月30日，市委常委会会议召开，张吉福主持会议。会议传达学习习近平总书记在参观“‘不忘初心、牢记使命’中国共产党历史展览”、在中共中央政治局第三十一次集体学习和在庆祝中国共产党成立100周年“七一勋章”颁授仪式上的重要讲话精神，传达学习省委书记林武讲话精神，听取市委党史学习教育领导小组关于开展“我为群众办实事”实践活动工作情况汇报，审议并原则通过《大同市维护社会稳定领导责任制实施细则》《关于深化省校合作共建“12大基地”的实施方案》《关于做好全市村（社区）“两委”换届工作的通知》，研究中国共产党大同市第十六次代表大会筹备事宜。会议还研究其他事项。

7月23日，市委常委会会议召开，张吉福主持会议。会议传达贯彻习近平总书记关于防汛救灾工作的重要指示精神，传达学习习近平总书记在中央政治局常委会会议听取中国共产党成立100周年庆祝活动总结报告、中央全面深化改革委员会第二十次会议上的重要讲话精神和在《求是》杂志上发表的重要文章《学史明理、学史增信、学史崇德、学史力行》，传达学习习近平总书记关于革命文物保护工作的重要指示精神，传达中央审计委员会第四次会议精神，研究全市贯彻落实意见；听取全市上半年经济运行、推进2021—2023年冬季清洁取暖改造工作的情况汇报，研究部署下一步工作；审议并原则通过《中共大同市委关于贯彻落实林武书记调研大同讲话指示精神的任务分解方案》《大同市革命文物保护利用工程行动方案》等。会议还研究其他事项。

8月3日，市委常委会会议召开，张吉福主持会议。会议传达学习习近平总书记在中共中央政治局会议、中共中央政治局第三十二次集体学习、中共中央党外人士座谈会、在西藏考察时的重要讲话精神和关于防汛救灾工作重要指示精神，传达省委书记林武讲话精神，研究全市贯彻落实意见；学习《关于坚决遏制“两高”项目盲目发展的通知》，听取全市贯彻落实省委书记林武在大同调研期间关于节能降耗指示要求工作情况、上半年省考高质量发展综合绩效指标进展情况、安全生产、教育工作、党风廉政建设、社会稳定、意识形态形势分析的汇报，研究部署下一步工作；审议并原则通过《大同省域副中心城市规划》《关于中共大同市第十六次代表大会代表选举工作的通知》等。会议还研究其他事项。

8月16日，市委常委会会议召开，张吉福主持会议。会议学习习近平总书记在《求是》杂志发表的重要文章《总结党的历史经验，加强党的政治建设》，研究全市贯彻落实意见；传达学习《中华人民共和国乡村振兴促进法》和省委、省政府乡村振兴第四督导组进驻大同对接见面会会议精神，听取全市乡村振兴工作进展情况汇报，研究下一步工作；学习中共中央、国务院《关于完善国有金融资本管理的指导意见》和省委、省政府《关于完善国有金融资本管理的实施意见》、中共中央办公厅《关于加强新时代民营经济统战工作的意见》和《山西省贯彻落实〈关于加强新时代民营经济统战工作的意见〉的实施方案》，审议通过《关于完善国有金融资本管理的实施方案》《关于加强新时代民营经济统战工作的实施方案》《大同市出席中共山西省第十二次代表大会代表选举工作方案》。

8月25日，市委常委会召开会议，张吉福主持会议。会议传达学习习近平总书记在中央财经委员会第十次会议上的重要讲话精神，传达学习省委书记林武讲话精神，研究全市贯彻落实意见；传达全省服务业提质增效推进大会精神，审议并原则通过《大同市推进服务业提质增效2021年行动方案》《中共大同市委全面依法治市委员会2021年工作要点》《大同市党政主要负责人履行推进法治建设第一责任人职责2021年度工作清单》《中国共产党大同市第十六次代表大会秘书处工作机构及负责人建议名单》等。

8月31日，市委常委会召开会议，张吉福主持会议。会议传达学习习近平总书记在中央民族工作会议、中央全面深化改革委员会第二十一次会议和在河北承德考察时的重要讲话精神，传达学习省委书记林武在晋城市调研时的讲话精神，研究全市贯彻落实意见；听取上半年“12345”市民服务热线“接诉即办”工作情况、房屋产权登记确权颁证清零行动工作进展情况汇报，研究部署下一阶段工作；审议大同市出席省第十二次党代会代表候选人推荐人选、市第十六次党代会代表候选人预备人选和《大同市2020年度县处级担当作为干部名单》。会议还研究其他事项。

9月9日，市委常委会会议召开，张吉福主持会议。会议传达学习中共中央政治局会议精神、习近平总书记在中央党校（国家行政学院）中青年干部培训班开班式上的重要讲话精神，传达国务院第八次大督查第四督查组在晋督查工作衔接会会议精神、省推进碳达峰碳中和工作领导小组第二次会议精神，研究全市贯彻落实意见；审议大同市出席省第十二次党代会代表候选人初步人选。

9月15日，市委常委会会议召开，张吉福主持会议。会议学习习近平总书记关于巡视工作的重要论述、习近平总书记关于国家粮食安全的重要讲话和重要指示批示精神及有关文件精神，听取市粮食购销领域腐败问题专项整治工作情况汇报；学习省委书记林武在全省民营企业家座谈会上的讲话精神，研究全市贯彻落实意见；研究中国共产党大同市第十六次代表大会报告、中共大同市纪律检查委员会向中国共产党大同市第十六次代表大会的工作报告。

9月22日，市委常委会会议召开，张吉福主持会议。会议传达学习习近平总书记在陕西榆林考察时的重要讲话精神，传达学习省委书记林武在省委理论学习中心组（扩大）党史学习教育专题读书班上的讲话精神，传达全省抓党建促乡村振兴暨干部驻村帮扶工作电视电话会和全省村（社区）“两委”换届工作推进会精神，研究全市贯彻落实意见；研究中国共产党大同市第十六次代表大会相关事宜。

9月29日，十六届市委常委会第一次会议召开，张吉福主持会议。会议观看习近平总书记视察山西视频资料，重温习近平总书记视察山西重要讲话重要指示精神，学习习近平总书记关于加强党委领导班子建设的重要论述，学习《党委会的工作方法》《中央政治局关于改进工作作风、密切联系群众的八项规定》，审议并原则通过《十六届市委常委会工作规则》《十六届市委书记专题会议工作规则》《中共大同市委关于进一步加强市委常委会自身建设的意见》《关于市委常委分工的通知》。会议还研究其他事项。

10月15日，市委常委会会议召开，张吉福主持会议。会议传达学习习近平总书记在中央人才工作会议、中共中央政治局第三十三次集体学习、纪念辛亥革命110周年大会上的重要讲话精神和《习近平关于网络强国论述摘编》，传达全省防汛救灾和灾后恢复重建工作会议精神，传达学习《林武书记关于贯彻落实习近平总书记重要批示精神 做好当前能源保供工作的重要讲话要求》和省委常委会有关“三保”工作的会议精神，研究全市贯彻落实意见；听取关于贯彻落实林武书记调研大同讲话指示精神任务进展情况汇报；研究中共大同市委关于省委第八轮巡视反馈问题整改工作情况报告和全市粮食工作情况报告；研究讨论省第十二次党代会工作报告（征求意见稿）和省纪委向省第十二次党代会的工作报告（征求意见稿）；审议通过《大同市“十四五”转型综改试验重大改革规划》《关于落实中国共产党大同市第十六次代表大会报告目标任务的责任分解方案》《中共大同市委关于贯彻执行民主集中制的若干规定（试行）》《关于成立大同城市战略研究院 推动京同合作战略的实施意见》。会议还研究其他事项。

10月28日，市委常委会会议召开，张吉福主持会议。会议传达学习习近平总书记在中央人大工作会议、中共中央政治局第三十四次集体学习、推动黄河流域生态保护和高质量发展座谈会上的重要讲话精神，传达省委书记林武在晋中市调研并主持召开全省巩固脱贫成果 推进乡村振兴座谈会上讲话精神，研究全市贯彻落实意见；审议通过《中共大同市委关于向“时代楷模”张连印同志学习的决定》。

11月8日，市委常委会会议召开，省委常委、副省长、市委书记卢东亮主持会议。会议重温习近平总书记视察山西重要讲话重要指示精神，学习习近平总书记关于加强党委领导班子建设的重要论述、在参观国家“十三五”科技创新成就展时的重要讲话精神、在第四届中国国际进口博览会开幕式上发表的主旨演讲，学习《中共中央关于加强党的政治建设的意见》等，学习省委书记林武在大同调研时的讲话和指示精神及全省重要会议精神，研究全市贯彻落实意见；听取全市“煤改电”工作进展、党史学习教育工作情况汇报，安排部署下一步工作；审议通过《中共大同市委大同市人民政府关于落实省第十二次党代会报告目标任务责任分工》等。

11月14日，市委常委会会议召开，卢东亮主持会议。会议学习习近平总书记关于高质量发展的重要论述，研究经济运行、安全生产、生态环境、社会稳定、党风廉政、意识形态等工作，听取全市禁毒工作、巩固脱贫攻坚成果问题排查整改工作情况汇报，审议通过《大同市高质量发展综合绩效评价办法》《大同市创建全国禁毒示范城市工作方案》《关于激发市场主体发展活力 促进民营经济持续健康发展的实施意见》等。会议还研究其他事项。

11月22日，市委常委会会议召开，卢东亮主持会议。会议传达学习中共中央政治局会议精神和习近平总书记在第三次“一带一路”建设座谈会上的重要讲话精神，传达学习中央、省委有关文件精神，传达学习全省国有企业领导干部警示教育大会精神，研究部署全市贯彻落实工作。会议审议《大同市推进外贸高质量发展行动方案（2021—2025）》。会议还研究其他事项。

12月4日，市委常委会会议召开，省委常委、市委书记卢东亮主持会议。会议传达学习中央全面深化改革委员会第二十二次会议精神和习近平总书记对老龄工作的重要指示精神，传达学习全国老龄工作会议精神、全省深入推动黄河流域生态保护和高质量发展工作部署会议精神，研究部署全市贯彻落实工作。会议听取1月至10月“12345”市民热线“接诉即办”工作情况汇报，审议《大同市农村“颐养工程”实施意见》《大同市关于贯彻落实〈山西省黄河流域生态保护和高质量发展规划〉工作方案（2021—2025）》《关于夯实筑牢农村基层党组织战斗堡垒 防范和整治“村霸”问题的实施方案》《学习贯彻党的十九届六中全会及省市党代会精神宣讲方案》。会议还研究其他事项。

12月12日，市委常委会会议召开，卢东亮主持会议。会议传达学习中央经济工作会议精神、中共中央政治局会议精神，传达学习习近平总书记在中共中央党外人士座谈会、全国宗教工作会议、中共中央政治局第三十五次集体学习时的重要讲话精神和关于文物保护工作的重要论述，传达学习省委常委会扩大会议精神，研究部署全市贯彻落实工作。会议听取全市安全生产情况、农村冬季取暖情况和督查情况、群团组织工作情况汇报，审议《大同市“十四五”应急管理体系与安全能力建设规划》《大同市加强文物保护利用改革工作方案》。会议还研究其他事项。

12月18日，市委常委会会议召开，卢东亮主持会议。会议传达学习省委十二届二次全会暨省委经济工作会议精神、全省安全生产电视电话会议精神，研究部署全市贯彻落实工作。会议听取关于贯彻落实省委书记林武调研大同讲话指示精神任务进展情况汇报，审议《大同市“十四五”工业战略性新兴产业发展规划》等4个专项规划和《大同市加快推进数字经济发展的实施方案和若干政策》《关于推进农村社会治安综合治理巩固全市脱贫攻坚成果衔接乡村振兴创建“平安乡村”行动的工作方案》，研究市人大、政府、政协换届事宜。会议还研究其他事项。

12月26日，市委常委会会议召开，卢东亮主持会议。会议传达学习习近平总书记在中国文联第十一次全国代表大会、中国作协第十次全国代表大会开幕式、中央全面深化改革委员会第二十三次会议上的重要讲话精神和关于党内法规工作、老干部工作的重要指示精神，学习新修订的《中华人民共和国审计法》和中办、国办有关文件，传达学习省供销社第八次代表大会精神，研究部署全市贯彻落实工作。会议听取市委审计委员会办公室2021年度工作情况汇报，审议《2020年度市本级预算执行和其他财政收支情况审计查出问题的整改报告》《关于贯彻落实〈关于加强党的领导全面提升基层治理体系和治理能力现代化建设水平的实施方案〉的任务分工方案》《中共大同市委关于加强新一届市委班子建设的决定》，研究中共大同市委十六届二次全会暨市委经济工作会议相关事宜。会议还研究其他事项。（董智慧）

【市委常委会（扩大）会议】 2021年，中共大同市委召开常委会（扩大）会议9次，其中节选常委会（扩大）会议8次。

1月24日，市委常委会（扩大）会议召开，省委常委、市委书记张吉福主持会议并讲话。市委副书记、市长武宏文，市委副书记、灵丘县委书记张强，市人大常委会主任赵向东，市政协主席郜向华等市四套班子领导出席会议。会议专题传达学习省十三届人大四次会议和省政协十二届四次会议精神，研究部署全市贯彻落实工作。会议以视频形式开到县一级。

3月12日，市委常委会（扩大）会议召开，张吉福主持会议并讲话。市委副书记、市长张强，市委副书记艾凌宇，市人大常委会主任谷明，市政协主席郜向华等市四套班子领导参加会议。全市参加全国两会的人大代表、政协委员参加会议。会议传达学习全国两会精神和省委常委扩大会议精神，安排部署全市贯彻落实工作。

5月13日，市委常委（扩大）会议暨政法队伍教育整顿领导小组第八次会议召开，省委常委、市委书记、市政法队伍教育整顿领导小组组长张吉福出席会议并讲话，省政法队伍教育整顿第二驻点指导组组长贾桂梓出席，张强主持，艾凌宇传达全国政法队伍教育整顿中央第三督导组下沉大同市座谈会精神，省政法队伍教育整顿第二驻点指导组副组长贾东光、张焕明，谷明、郜向华等市四套班子领导出席会议。会议以视频形式开到县一级。市政法队伍教育整顿领导小组及其办公室组成人员、各专项组负责人在主会场参加会议。会议学习贯彻习近平总书记关于政法队伍建设的重要指示精神，落实全国政法队伍教育整顿中央第三督导组的工作建议和要求，提高政治站位、压实工作责任，抓好查纠整改环节各项工作。

5月25日，市委常委会（扩大）会议召开，张吉福主持会议并讲话。张强、谷明、郜向华等市四套班子领导出席会议。会议专题传达学习省委书记楼阳生在大同调研时的指示、批示精神和在高速飞车山西省实验室揭牌暨大同（阳高）试验线工程开工奠基仪式上的讲话精神，研究部署全市贯彻落实意见。

6月2日，市委常委会（扩大）会议召开，张吉福主持会议并讲话，张强、艾凌宇、谷明、郜向华等市四套班子领导参加会议。会议传达全省领导干部会议精神，安排部署全市贯彻落实工作。会议以视频形式开到县一级。

7月6日，市委常委会（扩大）会议暨中心组学习会召开，张吉福主持会议并讲话，张强、艾凌宇、谷明、郜向华等市四套班子领导参加会议。会议学习习近平总书记在庆祝中国共产党成立100周年大会上的重要讲话精神，安排部署抓好学习宣传贯彻工作。

8月20日，市委常委会（扩大）会议召开，张吉福主持会议并讲话，张强、艾凌宇、谷明、郜向华等市四套班子领导参加会议。会议传达学习省委书记林武在五台山调研并主持召开全省加强宗教工作座谈会时的讲话精神，传达学习省委副书记、省长蓝佛安在大同调研时的指示精神，安排部署全市贯彻落实工作。

11月14日，市委常委会（扩大）会议暨市委理论中心组集中学习会召开，省委常委、副省长、市委书记卢东亮主持会议。会议传达学习党的十九届六中全会精神和省委常委会扩大会议精神，安排部署全市贯彻落实工作；学习贯彻省第十二次党代会精神，专题研讨省党代会报告中全方位推动高质量发展的“关键”和“核心”。（董智慧）

【“创新生态争一流 转型发展蹚新路”动员大会】 2021年1月6日，“创新生态争一流 转型发展蹚新路”动员大会召开。省委常委、市委书记张吉福，市委副书记、市长武宏文出席会议并讲话，市委副书记、灵丘县委书记张强，市人大常委会主任赵向东，市政协主席郜向华等出席，市委常委、常务副市长任希杰主持会议。中国工程院院士吴光辉、大同大学党委书记弓永华出席会议，中国工程热物理研究所大同分所所长吕清刚、中国重汽集团大同齿轮有限公司董事长文中、同药集团有限公司董事长闫亚梅作大会发言。会议以视频形式开到县一级。市委常委、副市长及市直各部门有关负责人，相关企业、创新平台负责人在主会场参加会议。会议对开展“创新生态争一流 转型发展蹚新路”行动作具体安排部署。围绕创新引领转型目标，实施28项工程，率先在六个基本形成上取得重大突破。（1）一流创新生态要率先基本形成。（2）战略性新兴产业集群要率先基本形成。（3）绿色能源供应体系要率先基本形成。（4）生态文明制度体系要率先基本形成。（5）法治化国际化便利化营商环境要率先基本形成。（6）更加健全完善民生保障体系要率先基本形成。（董智慧）

【全市党外人士座谈会】 2021年1月8日，大同市党外人士座谈会召开。省委常委、市委书记张吉福主持会议并讲话，市领导王铁梅、任希杰、杨素卿、刘若亮参加座谈会。会议就中共大同市委关于制定国民经济和社会发展第十四个五年规划和二〇三五年远景目标的建议、2021年经济工作听取各民主党派市委会、市工商联负责人和无党派人士代表的意见建议。任希杰通报上年经济工作有关情况，介绍关于2021年工作的有关考虑，介绍中共大同市委关于制定国民经济和社会发展第十四个五年规划、二〇三五年远景目标的建议的考虑和文件起草有关情况。座谈会上，市政协副主席、民革市委会主委杨素卿，市政协副主席、市工商联主席刘若亮，民盟市委会主委张海兵，民建市委会主委侯文，民进市委会专职副主委王肖倞，农工党市委会主委张宝成，九三学社市委会专职副主委刘志忠，市侨联主席张玉蓉先后发言。大家一致赞同中共大同市委关于当前经济形势的分析判断和2021年经济工作、"十四五"规划和二〇三五年远景目标建议的总体考虑，并就乡村振兴、古城保护修复、新能源产业发展、区域医疗中心建设、生态环境保护、轨道交通、水资源保护利用、青年企业家培养等提出意见和建议。

12月26日，大同市召开党外人士座谈会，省委常委、市委书记卢东亮主持会议并讲话，市领导周鹏、龚孟建、王明厚、杨素卿、刘若亮参加座谈会。龚孟建通报2021年大同市经济工作有关情况，介绍下年工作的有关考虑。杨素卿、刘若亮、张海兵、侯文、王正忠、张宝成、刘志忠、张玉蓉等各民主党派市委会、市工商联负责人和无党派人士代表先后发言。大家完全赞同中共大同市委对大同市经济形势的分析判断和下年工作的谋划考虑，并围绕优化营商环境、支持民营企业发展壮大、能源绿色低碳转型、高铁经济发展、区域医疗资源整合、水资源保护利用、就业与民生保障等提出意见建议。（董智慧）

【"十四五"规划征求意见座谈会】 2021年1月9日，大同市"十四五"规划征求意见座谈会召开，省委常委、市委书记张吉福主持会议并讲话。会议就市委关于制定大同市"十四五"规划和二〇三五年远景目标的《建议》听取市离退休老干部及企事业单位代表的意见和建议。市委副书记、灵丘县委书记张强，市委常委、组织部部长崔巍，市委常委、常务副市长任希杰，副市长荆虎参加会议。任希杰通报上年经济工作有关情况，介绍2021年工作总体考虑，并说明市委关于制定国民经济和社会发展第十四个五年规划、二〇三五年远景目标建议起草情况。安大钧、孙辅智、王兴祥、张富文、马维平5位老领导结合"十四五"时期国家、省、市发展战略方向和大同发展实际，围绕产业发展、城市建设、生态环保、文化事业、民生改善等方面提出意见和建议。12位企事业单位代表围绕全市"十四五"发展提出针对性意见建议。（董智慧）

【市委十五届十次全体会议暨市委经济工作会议】 2021年1月11日至12日，中国共产党大同市第十五届委员会第十次全体会议暨市委经济工作会议召开。会议由市委常委会主持。省委常委、市委书记张吉福讲话，市委副书记、市长武宏文作经济工作具体部署。市委委员、市委候补委员出席会议。不是市委委员、候补委员的现职市级领导，市人大常委会、市政协秘书长，市委、市政府副秘书长，市纪委副书记，市委组织部、市委宣传部、市委统战部副部长，市委政法委副书记，县（区）长，党群机关、政府组成部门、市直事业单位主要负责人，驻大同行政事业单位、驻大同国省属企业、市属企业主要负责人，市人大、市政协各专门委员会和工作机构主要负责人，省级以上开发区主要负责人，在大同党的十九大基层代表，部分市第十五次党代会基层代表列席会议。会议听取和讨论张吉福受市委常委会委托所作的工作报告，审议通过《中共大同市委关于制定国民经济和社会发展第十四个五年规划和二〇三五年远景目标的建议》（简称《建议》），表决通过中国共产党大同市第十五届委员会第十次全体会议决议。张吉福就《建议（审议稿）》向全会作说明，部署全年经济工作。会议要求重点抓好10个方面工作。（1）打造一流创新生态，培育壮大核心竞争力。（2）围绕延链补链强链，谋好现代产业新布局。（3）统筹规划建设管理，全力打造省域副中心。（4）聚焦扩大内需发力，多措并举融入双循环。（5）坚定深化改革开放，塑造体制机制新优势。（6）巩固脱贫攻坚成果，走出乡村振兴特色路。（7）忠实践行"两山理论"，绘就晋北生态好风光。（8）坚持人民至上理念，织牢民生保障幸福网。（9）聚力建设文化强市，熔铸转型发展软实力。（10）深入推进"三零"创建，推进市域社会治理现代化。（董智慧）

【市委新闻发布会】 2021年1月15日，首场中共大同市委新闻发布会举行，介绍和解读市委十五届十次全会暨市委经济工作会议精神。市委常委、宣传部部长、统战部部长、市委新闻发言人王铁梅介绍市委十五届十次全会暨市委经济工作会议的基本情况、重要意义、主要特点、重要成果和《中共大同市委关于制定国民经济和社会发展第十四个五年规划和二〇三五年远景目标的建议》的总体框架及2021年全市经济工作的安排部署。发布会上，市发改委、市统计局负责人就上年大同市主要工作成绩及"十四五"转型出雏形的具体目标，"十四五"时期大同市推动实现高质量、高速度转型发展的有关情况等相关内容，从不同角度解读全会精神。中央、省、市20余家新闻媒体的30余名记者到会采访报道。（董智慧）

【全市"三零"单位创建工作推进会暨市委平安大同建设领导小组会议】 2021年3月5日，全市"三零"单位创建工作推进会暨市委平安大同建设领导小组会议召开。省委常委、市委书记张吉福出席会议并讲话，市委副书记、市长张强主持会议，市委副书记艾凌宇，市领导尉连生、赵宇、李继忠，市人民检察院检察长郑黎明分别在主会场和分会场参加会议。会议以电视电话会议形式召开，各县（区）设分会场。市委平安大同建设领导小组成员单位、市安全生产委员会成员单位、部分驻大同单位主要负责人在主会场参加会议。会议要求，（1）始终把维护政治安全摆在第一位。（2）始终把防范暴恐极端事件放在第一条。（3）始终把风险隐患除在第一环。（4）始终把违法犯罪惩在第一时。（5）始终把安全生产和公共安全抓在第一步。（6）始终把化解信访积案落在第一线。会议通报全市社会稳定形势分析研判情况，各县（区）委书记分别作表态发言。（董智慧）

【市委农村工作会议】 2021年3月18日，市委农村工作会议召开。省委常委、市委书记张吉福出席并讲话。市委副书记、市长张强出席并讲话，市委副书记艾凌宇主持，市人大常委会主任谷明、市政协主席郜向华等市领导出席。市委常委、市政府党组成员龚孟建安排全年"三农"重点工作。会议以视频形式召开。市委农村工作领导小组、市脱贫攻坚领导小组成员单位主要负责人，各县（区）委书记、县（区）长、分管农业农村和扶贫工作的副县（区）长，市县相关单位负责人及部分企业、协会、农民代表等在主会场参加会议。各县(区)设分会场。会议安排部署加大支农惠农力度、推动全市农业高质量高速度发展工作。（1）支持产业基地建设，夯实农业产业化基础；（2）支持培育农产品加工产业集群，延伸产业链条；（3）支持引进市场主体，推动农业高质量发展；（4）支持市场营销体系建设，提升农产品经济效益；（5）支持乡村建设行动，改善农村生产生活条件；（6）支持脱贫攻坚向乡村振兴有效衔接，确保脱贫人口持续稳定增收；（7）支持创新驱动，提速科技兴农步伐；（8）支持农业农村优先发展，推动各类生产要素向农村集聚。会上，部分县（区）和市农业农村局主要负责人作交流发言。（董智慧）

【市委审计委员会第六次会议】 2021年4月16日，市委审计委员会第六次会议召开，省委常委、市委书记张吉福主持会议，市委副书记、市长张强等参加会议。市委审计委员会委员参加会议，市直有关部门负责人列席会议。会议传达全国、全省审计工作会议精神，听取全市上年审计工作情况汇报，安排部署2021年全市审计重点工作。会议审议通过《2021年度全市统一组织审计项目计划（草案）》。（董智慧）

【全市"两优一先"表彰大会】 2021年6月28日，全市"两优一先"表彰大会召开。省委常委、市委书记张吉福出席并讲话，市委副书记、市长张强主持，市委副书记、政法委书记艾凌宇宣读《中共大同市委关于表彰全市优秀共产党员、优秀党务工作者和先进基层党组织的决定》，市人大常委会主任谷明、市政协主席郜向华等出席。会上，来自全市各行业各领域、在工作中取得优异成绩的130名共产党员、130名党务工作者和130个基层党组织，分别被授予"全市优秀共产党员""全市优秀党务工作者""全市先进基层党组织"称号。会议以电视电话会议形式召开。市委常委，市直各部门、驻大同单位主要负责人及全市"两优一先"受表彰人员代表在主会场参加会议。各县(区)设分会场。（董智慧）

▲2021年3月18日，市委农村工作会议召开 （张燕伟 摄）

【庆祝中国共产党成立100周年座谈会】 2021年7月1日，大同市举行庆祝中国共产党成立100周年座谈会。省委常委、市委书记张吉福主持会议并讲话，市委副书记、市长张强，市委副书记、政法委书记艾凌宇，市人大常委会主任谷明，市政协主席郜向华等市四套班子领导出席。会上，市级老干部代表孙辅智、王兴祥、李忍、毋俊梅、马维平等从自身经历与感受出发，回顾党的辉煌历程，畅谈大同的新变化、新成就。米小飞、陈海滨、武梦迪等全省、全市"两优一先"代表，市委党史研究室负责人也分别发言，从不同角度谈学习习近平总书记重要讲话精神的认识体会。市级老干部代表，全省、全市"两优一先"代表，市直机关工委、市委教育工委、市国资委党委、市委军民融合办、市委非公和社会组织工委系统党员代表，党的十九大基层代表，省、市党代会基层代表，省驻大同新闻媒体负责人，各民主党派、工商联、无党派人士代表参加座谈会。（董智慧）

【市委十五届十一次全体会议】 2021年7月8日，中共大同市委十五届十一次全体会议召开。全会决定，中国共产党大同市第十六次代表大会于2021年9月召开。会议由市委常委会主持，省委常委、市委书记张吉福讲话。出席全会的市委委员35人，候补委员7人，符合有关规定。会议审议通过《中国共产党大同市第十五届委员会第十一次全体会议关于召开中国共产党大同市第十六次代表大会的决议》。市委常委、组织部部长崔巍就有关事项向全会作说明。不是市委委员、候补委员的有关市级领导和县（区）委书记、县（区）长列席会议。（董智慧）

【党外干部座谈会】 2021年8月20日，大同市召开党外干部座谈会。

省委常委、市委书记张吉福出席会议并讲话，市委常委、统战部部长姚鸿波主持。会上，党外干部代表张利强、王文廷、武建伟、贾杰、安玉坤、钟灵臣、姜树德立足自身工作岗位，围绕服务全市大局、搞好合作共事、强化自身建设等方面汇报履职情况，并就如何发挥党外干部优势作用、加强党外干部队伍建设、重视基层党外干部培养锻炼等方面工作提出具有针对性的意见建议。张吉福听取发言，并就有关问题与代表交流。（董智慧）

【市委十五届十二次全体会议】 2021年9月22日，中共大同市委十五届十二次全体会议召开。会议由市委常委会主持。出席全会的市委委员36人、候补委员5人，符合有关规定。会议审议并原则通过中共大同市第十五届委员会工作报告（审议稿）和市纪律检查委员会工作报告（审议稿）；审议通过中共大同市第十六届委员会委员、候补委员和市纪律检查委员会委员候选人预备人选名单，审议通过大同市出席省第十二次党代会代表候选人预备人选名单；审议通过中共大同市第十六次代表大会主席团、主席团常务委员会委员、秘书长、大会执行主席、代表资格审查委员会建议名单；审议通过全市党费收缴、使用和管理情况的报告。全会决定，中国共产党大同市第十六次代表大会于9月26日召开预备会议，9月27日大会开幕，9月29日闭幕，会期三天。不是市委委员、候补委员的有关市级领导、有关方面负责人、县（区）委书记和县（区）长列席会议。

（董智慧）

【全市民营企业家座谈会】 2021年9月23日，全市民营企业家座谈会召开。省委常委、市委书记张吉福出席会议并讲话，市委常委、统战部部长姚鸿波主持会议并通报大同市促进民营经济高质量发展情况，市委常委、市委秘书长周鹏说明中国共产党大同市第十六次代表大会报告的起草情况，市领导任希杰、马安全、荆虎、赵学斌、翟永清、刘若亮出席。市直有关单位主要负责人、市级商会代表、民营企业家代表等参加座谈会。座谈会上，同药集团有限公司董事长闫亚梅、大同华岳集团董事长昝宝石、山西同德兴华特钢有限公司董事长王雨、山西省古建筑集团工程有限公司董事长王国华、华夏江鸿控股集团董事长夏华江、大同泰瑞集团股份有限公司总裁张明忠、凯德世家股份有限公司董事长郭永钢、大同市同华矿机制造有限责任公司董事长高润、太重集团（大同）起重机有限公司副总经理崔红韦、山西云中声谷智慧服务科技有限公司执行董事田志琴、山西东恒新能源有限公司董事长李怀东等发言，结合所在行业领域和企业发展实际，围绕产业转型、文旅融合、绿色发展、校企合作、人才引育、营商环境、普惠金融等提出意见建议。（董智慧）

【中国共产党大同市第十六次代表大会】 2021年9月27日至29日，中国共产党大同市第十六次代表大会在大同大剧院举行。张吉福代表中国共产党大同市第十五届委员会向大会做题为《牢记嘱托担使命 转型发展蹚新路 奋力开启全方位推进高质量发展大同新征程》报告。来自全市各条战线的460余名党代表参加会议。省换届风气第二巡回督查组组长张文斌及督查组成员到会指导。大会主席团常务委员会委员、大会执行主席张吉福、张强、艾凌宇、姚鸿波、王铁梅、崔巍、梁晓旭、周鹏、任希杰、龚孟建、刘孟斌在主席台前排就座。大会主席团其他成员在主席台就座。市第十六次党代会代表480人，出席大会的代表462人，符合规定人数。会议选举产生中国共产党大同市第十六届委员会委员51名、候补委员10名，中国共产党大同市第十六届纪律检查委员会委员31名，选举产生大同市出席省第十二次党代会代表。大会通过《中国共产党大同市第十六次代表大会关于中共大同市第十五届委员会报告的决议》《中国共产党大同市第十六次代表大会关于中共大同市纪律检查委员会工作报告的决议》。（董智慧）

【中国共产党大同市第十六届委员会第一次全体会议】 2021年9月29日，中国共产党大同市第十六届委员会举行第一次全体会议。张吉福受中国共产党大同市第十六次代表大会主席团委托主持会议。省换届风气第二巡回督查组组长张文斌及督查组成员到会指导。会议应到市委委员51名、候补委员10名，实到市委委员47名、候补委员10名，符合规定人数。会议通过《中国共产党大同市第十六届委员会第一次全体会议选举办法》，通过监票人，指定计票人。会议以无记名投票的方式选举产生中国共产党大同市第十六届委员会常务委员会委员，他们是：张吉福、张强、艾凌宇、王铁梅、崔巍、梁晓旭、周鹏、任希杰、龚孟建、刘孟斌、王建江。张吉福当选为市委书记，张强、艾凌宇当选为市委副书记。会议还通过中国共产党大同市第十六届纪律检查委员会第一次全体会议选举结果报告，通过《中共大同市委全会工作规则》。

（董智慧）

【全市领导干部大会】 2021年11月2日，大同市召开全市领导干部大会。省委常委、组织部部长陈安丽宣布省委决定并讲话。省委决定，卢东亮任大同市委委员、常委、书记，张吉福不再担任大同市委书记、常委、委员职务。张吉福主持会议并讲话，卢东亮，市委副书记、市长张强讲话。现职市级领导干部，正市级和近三年退下来的副市级老干部，市委委员、候补委员，各县（区）党政正职，市直单位、市属事业单位主要负责人，各民主党派、工商联主要负责人，驻大同行政、企事业单位和市属企业主要负责人参加会议。（董智慧）

【市委财经委员会第十五次会议】 2021年12月20日，市委财经委员会第十五次会议召开，省委常委、市委书记、市委财经委员会主任卢东亮主持会议，市委副书记、市长、市委财经委员会副主任张强等出席会议。会议听取大同市下年经济社会发展主要预期指标、财政收支计划建议及相关领域重点工作举措情况汇报，听取各县（区）、各开发区重点工作谋划情况汇报。市委财经委员会委员出席会议，市直有关部门、各县（区）、大

同经开区、各县区开发区（示范区）主要负责人列席会议。（董智慧）

【市委十六届二次全体会议暨市委经济工作会议】 2021年12月30日，中共大同市委十六届二次全体会议暨市委经济工作会议召开。出席这次全会的有，市委委员48人、市委候补委员9人。不是市委委员、候补委员的现职市级领导、有关方面负责人、在大同党的十九大基层代表、部分市第十六次党代会基层代表列席会议。全会由市委常委会主持。全会总结2021年工作，部署下年工作。全会听取和讨论省委常委、市委书记卢东亮受市委常委会委托作的工作报告，确立“奋斗两个五年，跨入第一方阵”的总体目标。市委副书记、市长张强就下年经济工作作出具体安排。全会提出下年经济工作的九个方面重点任务。（1）强化投资的引擎作用。（2）发挥好工业的强支撑作用。（3）深入挖掘服务业增长潜力。（4）高起点推动晋北城镇圈建设。（5）做强开发区承载平台。（6）全面激活国企活力。（7）加速培育市场主体。（8）创优营商环境。（9）大力发展县域经济。全会在具体安排下年经济工作时指出，要突出八个方面工作重点。聚力推动工业保稳争优，改造提升传统优势产业，发展壮大战略性新兴产业，深化能源革命综合改革试点，强化高质量发展支撑。聚力推动服务业提质增效，发展文旅康养产业、商贸物流业、数字经济新业态，壮大高质量发展主体。聚力推动农业稳产增收，大力发展特色种养业、农产品加工业，大力开展乡村建设行动，夯实高质量发展基础。聚力推动市场主体培育，加强分类培育，强化政策支持，优化营商环境，增强高质量发展后劲。聚力推动新型城镇化，优化城市空间格局，加快城市品质升级，全面提升古城价值，集聚高质量发展动能。聚力推动改革开放，深化国资国企改革，强化开放平台建设，建设开发区升级版，激发高质量发展活力。聚力推动生态环境保护，建设生态长廊，加大污染治理，推进“双碳”战略，厚植高质量发展底色。聚力推动民生改善，优先解决就业，提升公共服务，抓好安全工作，让人民群众共享高质量发展成果。

（董智慧）

党史学习教育

【概况】 2021年，大同市召开党史学习教育专题部署会、工作推进会、经验交流会，成立市委党史学习教育领导小组和办公室，抽调50名工作人员组建工作专班，逐级建立组织领导和联络督导机制，市委常委会及领导小组开展党史学习教育专题研究11次，听取汇报工作并跟进指导。制定《全市党史学习教育实施方案》（简称《实施方案》），推出24项举措，形成“1+7+N”工作安排（1个总《实施方案》，县处级以上领导干部、基层支部党员、“两新”组织、流动党员、农村党员、离退休党员、青少年7类人员重点安排，宣传报道、主题宣讲、巡回指导、“我为群众办实事”实践活动等“N”个专项工作方案）。抽调80名工作人员组建16个巡回指导组，集中动员部署，统一学习培训，到167个单位（县区）开展巡回指导工作。各县（区）组建巡回指导组66个，在县（区）一级开展巡回指导。市委中心组成员到大泉山、平型关、红色记忆馆开展研学之旅，在现场学习中感悟红色力量、赓续精神血脉。制定“我为群众办实事”重点项目、信访、环保“三个清单”，确定重点项目（案件）212个。（冯克勤）

【学习领悟】 2021年，大同市组织党员干部学习党的百年奋斗历程、重大成就和历史经验，领悟“两个确立”的决定性意义，学习领会党的创新理论最新成果，引导党员加深党的历史理解和把握，领悟马克思主义为什么行、中国共产党为什么能、中国特色社会主义为什么好，感悟习近平新时代中国特色社会主义思想蕴含的真理力量和实践伟力。市级领导干部率先垂范，各级领导干部带头领学，制定深化县处级领导干部“读原著、学原文、悟原理”工作方案，各级党委（党组）理论学习中心组，围绕学习习近平总书记党史学习教育动员大会、中国共产党成立100周年大会上等重要讲话精神，围绕指定学习资料，分专题开展学习研讨。各级党委（党组）中心组均完成12次以上党史专题学习。举办全市市管干部、青年干部春秋两期读书班（学制2个月），推动形成“头雁效应”。“七一”期间，市级29位领导带头讲党课37场，各级党组织书记、县处级以上领导干部在分管领域、基层联系点讲党课1.2万余场，受众24万人次。组织党员通过“学习强国”“好干部在线”“三晋先锋”等APP在线学习；组织党史知识应知应会测试、“党在我心中”全市职工党史知识竞赛、“八一”青年党史知识竞赛等活动；在“大同微宣讲”、看大同、“大同市图书馆”公众号推出《党课开讲了》《党史故事100讲》等一批微党课、微网课，在新时代文明实践中心、市图书馆“学习书屋”等场所专门开辟党史学习教育专区；针对薄弱环节，出台《关于进一步深化党史学习教育分类指导的工作方案》《关于进一步深化非公经济组织和社会组织党史学习教育的工作安排》等6个指导性文件，重点抓好“四类”党员（农村党员、离退休党员、“两新”组织党员、流动党员）学习，依托社区党群服务中心、新时代文明实践中心、“家庭党校”、社区宣讲现场学习，采取邮寄书籍、结对帮扶“送学上门”，采取电话、微信督学促学，运用“学习强国”“三晋先锋”等线上平台云端共学，提升学习的针对性、实效性、覆盖面。

（冯克勤）

【党史学习教育宣传】 2021年，大同市媒体统一步调、全线动员，“报网视端微”协同发力、联动宣传，普及“四史”，在《大同日报》《大同晚报》开设13个专栏，策划“中国共产党一百年大事记”“学习贯彻习近平总书记在中国共产党成立100周年大会上重要讲话精神”等专版报道，累计刊发相关报道1480篇；大同广播电视台开设专题节目，播送广播、电视节目650余期（条）；大同新闻网、《大同日报》微信、微博等新媒体推送相关内容1000余篇。组织“我的入党故事”“党在我心中”等主题征文活动，择优刊发62篇，配音制作50余篇优秀征文在各类媒体展播。市、县两级组建宣讲团，到各地开展“百人百讲百年大党故事”“听党话、感党恩、跟党走”、学习贯彻习近平总书记在中国共产党成立100周年大会上的重要讲话精神、学习贯彻党的十九届六中全会精神等主题宣讲活动；用好四级宣讲体系，各级党组织书记带头到基层开展互动式、点对点、面对面宣讲；开展老干部“回机关”、老支书“回村社”等宣讲活动；社会各界各行业组织“红色讲解员讲百年党史”“话脱贫、感党恩”等百姓宣讲活动；打造公交38路“红色宣讲专线”流动课堂，“书香平城”文化大讲堂党史宣讲走进各行各业，推动党史学习教育家喻户晓、深入人心。全市开展各类党史宣讲1.4万余场，受众120余万人次。以“永远跟党走”为主题，分阶段组织开展形式多样的群众性主题宣教活动。开展百年大党正青春系列活动，组织“春满古都·又见平城”2021群众文化系列活动，利用融媒体宣传展播、专题晚会、宣传画册集中宣传。围绕庆祝中国共产党成立100周年，举办“两优一先”表彰大会、新党员入党宣誓仪式、老党员老干部座谈会，以及歌咏大会、文艺晚会、长征经典音乐会、书画作品展、书法美术摄影展、电影文献资料主题展等群众性活动，营造“党的生日、人民的庆典”氛围。（冯克勤）

【红色教育】 2021年，大同市有全国爱国主义教育基地2处、省级爱国主义教育基地11处，有平型关大捷纪念馆、红色记忆博物馆、大泉山红色教育基地等红色资源，这些都是党史学习教育的资源“富矿”。市委出台《大同市加强文物保护利用改革工作方案》，按照“有址可循、有物可看、有史可叙，有情可抒”要求，梳理、排查、挖掘红色资源，突出保护和利用，推进实施灵丘县抗日政府及兵工厂旧址、平型关大捷遗址等革命文物保护维修项目，完善教育场地设施，丰富实地教学手段，打造党史学习教育第二课堂。灵丘县白求恩特种外科医院旧址等8处红色文化遗址入选山西省第一批省级红色文化遗址名录。围绕庆祝中国共产党成立100周年主题开展“百年行动”系列活动，开辟“四个一”学习教育资源（一批优秀文艺作品、一批精品栏目、一批红色教育基地、一批红色宣讲员）。利用平型关大捷纪念馆、红色记忆馆、烈士陵园等红色资源，组织红色研学之旅、现场教学、主题党日、“清明祭英烈”等活动，新建雁北星火党史教育展览馆，开辟全域旅游红色文化线路，开展“节日里的党史教育”活动，引导人们牢记历史、不忘过去，缅怀先烈。灵丘县平型关大捷纪念馆、阳高县大泉山纪念馆、大同红色记忆馆等地，成为党员干部群众的“网红打卡地”。全市13家省级以上爱国主义教育基地，累计接待参观学习党员干部群众185万人次。依托大同红色资源和红色文化，组织开展党史专题研究与创作，编纂出版《百年征程话大同》《时代风华——大同奋进“十三五”勇蹚转型路纪实》等研究成果。拓展党史宣传教育阵地，通过“情景再现＋解说＋实拍镜头”的手法，制作《百年先锋——中共大同历史人物志》微视频12部、《百年记忆——讲述大同革命遗址的故事》微视频6部。选送《煤矿战线的一面红旗——马六孩》《基层党员的好榜样——李培斌》2部上报省委党史研究院，参与中央党史和文献研究院主办的庆祝中国共产党成立100周年党史故事短视频网上展播的作品征集活动，选送《大同地方党组织的组建者——王振翼》参与第二届“追寻先烈足迹”短视频征集活动。（冯克勤）

【专题组织生活会】 2021年7月至8月初，大同市9731个党支部按要求召开党史学习教育专题组织生活会。市委班子成员以普通党员身份参加所在党支部专题组织生活会。围绕“学党史、悟思想、办实事、开新局”主题，市委班子领导带头开展自我批评和批评，从坚定理想信念、增强历史自觉、弘扬优良作风、发挥党员先锋模范作用、立足岗位履职尽责、为民办实事等方面，剖析自己存在的差距和不足，明确改进措施。针对专题组织生活会上查摆存在的问题，各级党组织梳理分析研究，查找问题根源，制定整改方案，党员干部作出整改承诺。（冯克勤）

【民生实事落实】 2021年大同市开展“我为群众办实事”实践活动，制定出台专项行动方案，实施转型升级、乡村振兴提质等“九大行动”，确定206个重点项目（案件），办结190项，办结率92.2%。各县（区）、部门、单位按照市委步伐，察民情、访民意，拉清单、上项目，累计确定2093个重点实事项目，办结1988项，办结率95%。

推动华为、京东、东华科技等企业在大同落地，秦淮数据集团、中联数据公司等大型数据中心项目投入运营。创建大同黄花国家现代农业产业园和大同国家农业科技示范园区，初步构建黄花、黄芪、北肉等农产品精深加工产业集群。开展农村人居环境整治百日攻坚专项行动，改善农村面貌。推进“人人持证、技能社会”建设，培训4万余人次，2万余农民实现就业。实施提质兴医工程、改造老旧小区、推进社区助老服务站城区全覆盖、推进普惠性幼儿园建设、解决群众反映强烈的“停车难”“幼教难”等问题。通过提速“并联审批”“一网通办”“跨省通办”各类行政审批时限平均压缩30%以上，审批效率提高40%，网办率超过90%。各县（区）各部门推行便民服务行动，市、县两级“12345”政务服务热线高效运行，营商环境各项指标位居全省前列。通过党员先锋岗和责任区、新时代文明实践中心（站、所）等载体，党员报到亮身份、支部结对共建，参与疫情防控、网格化服务管理、城市文明创建等重点工作。通过捐款捐物、走访慰问、义务劳动、便民服务、文艺会演等形式，因地制宜开展志愿服务。市委出台《大同市革命文物保护利用工程行动方案》，实施革命烈士陵园纪念塔、中共西大同县委旧址等红色资源保护维修，开辟全域旅游红色文化线路。长城一号旅游公路等项目竣工，串联辐射天镇县、左云县的20余个景区景点，拉动老区经济发展，带动沿线农村人口增收。（冯克勤）

组织工作

【概况】 截至2021年底，全市有党员226021人。其中，正式党员219312人，预备党员6709人；女党员50627人，少数民族1078人，大专及以上学历115399人。全市有党组织10347个。其中，党委419个，党总支567个，党支部9361个。

（冯建华）

【党史学习教育】 2021年，大同市委组织部对表学史明理、学史增信、学史崇德、学史力行的要求，立足职责职能，创新方式方法，引导各级党组织和党员干部学党史、悟思想、办实事、开新局。丰富形式“学”。围绕学习贯彻习近平总书记在庆祝中国共产党成立100周年大会上的重要讲话，开展“党课开讲啦”活动，举办党史学习教育专题培训班，依托市党群服务中心开设“四史”回望、“山西党史”“大同党史”等特色课程，并组织新党员代表举行入党宣誓活动。选树标杆“带”。开展“学习身边榜样”活动，做好“两优一先”推荐表彰和“光荣在党50年”纪念章颁发工作，表彰全市“两优一先”对象各130名，17名优秀党员、15名优秀党务工作者、27个先进基层党组织受到省委表彰，时静被表彰为全国优秀党务工作者，新荣区西村乡党委被表彰为全国先进基层党组织。组织召开老党员老干部和“两优一先”代表座谈会，畅谈学党史、学“七一”讲话的感悟。制作反映“时代楷模”张连印典型事迹的电教片《初心磊落》，引导党员干部见贤思齐。服务群众“干”。结合“我为群众办实事”实践活动，统筹开展“党旗在基层一线高高飘扬”活动，通过制定“我为群众办实事”方案及重点项目、信访、环保“三个清单”，采取领导“包办”、部门“联办”、急事“即办”的方式，引导党员干部以实际行动弘扬伟大建党精神、传承红色基因、凝聚奋进力量。市委组织部完成牵头的“实施困难党员帮扶行动”“深化乡镇街道改革推进基层整合审批服务执法力量”“深入群众开展党史宣讲活动”3个项目。

（冯建华）

【干部教育培训】 2021年，大同市委组织部坚持把习近平总书记视察山西重要讲话重要指示作为干部教育培训的重中之重，结合学习贯彻党的十九届五中、六中全会精神和省第十二次党代会精神、市第十六次党代会精神，综合运用领导领学、专家讲学、专题研学、干部自学等方式，举办2期读书班、2期中青班、1期青年干部培训班，培训县处级、科级干部340余人。在习近平总书记视察山西一周年之际，专门组织党员干部重温重要讲话重要指示，进一步感悟思想伟力。结合巩固政法队伍教育整顿成果，联合市委政法委，举办第4期政治建设暨习近平法治思想专题培训班，集中培训全市政法系统县处级以上领导干部。坚持学思用贯通、知信行统一，组织举办全市新任县（区）长及“墩苗”干部任职培训班、换届后乡镇（街道）党政正职专题培训班，市委、市政府主要领导和有关部门负责人亲自登台授课，传授工作方法要领，培训干部270余人次。围绕全方位推动高质量发展，先后在西南财经大学、新加坡国立大学苏州研究院、市委党校举办全市数字经济发展与投融资专题研修班、全市市管企业经营管理人员能力提升专题研修班、全市文物保护专题培训班，培训干部200余人。抓干部在线学习、新时代基层干部主题培训行动计划等工作，引导干部提高推动高质量发展的专业能力。

（冯建华）

▲2021年6月29日，市委组织部党史学习教育专题党课在市委党校举行

（朱俊霞 摄）

【领导班子建设】 2021年，大同市委组织部把县乡换届工作作为领导班子建设的重中之重，鲜明“重政治、重实绩、重基层、重公认”的用人导向，严把政治关、廉洁关、能力关、业绩关，优先使用在疫情防控、脱贫攻坚、转型发展等重大任务中表现突出的干部，于4月15日前完成10个县（区）换届。完成市委领导班子换届工作，十六届市委委员、候补委员和市纪委委员候选人全部满票当选。（冯建华）

【干部队伍建设】 2021年，大同市委组织部把年度目标责任考核和领导干部实绩考核衔接起来，评选市级担当作为干部267名。结合事业需求和岗位需要，统筹用好职务职级两条晋升通道，提拔重用担当尽责、实绩突出的优秀干部。选派35名优秀年轻干部到县乡基层“墩苗”任职，召开“墩苗”干部座谈会，跟踪了解履职情况。组织“墩苗”干部参加中博会参与招商引资，组织选调生重走“习近平总书记视察大同路”，在云州区、阳高县分别建立省级、市级选调生基层实践锻炼基地，加强思想淬炼和实践锻炼。

（冯建华）

【干部管理监督】 2021年，大同市委组织部实施换届风气监督，全部完成省委第八轮选人用人专项检查反馈的具体问题整改工作，结合政法队伍教育整顿工作对4家单位开展专项巡查，完成政法队伍交流轮岗工作，开展干部人事档案任前审核专项整治。强化日常监督。统筹抓“一报告

两评议”、干部任前联审、领导干部个人有关事项报告审查、信访举报核查等工作，发现问题严肃处理。做好公务员考录、培训、考核、登记等工作，推进涉改参公单位重新认定工作，加强公务员队伍的全过程管理。

（冯建华）

【基层组织建设】 2021年，大同市委组织部坚持压责任、育队伍、创载体、提效能，加强各领域党组织建设。推行“周例会、月调度、季观摩、年评比”工作机制，按照统筹谋划、台账管理、指导督办、销号落实、跟踪问效、述职考评工作流程，加强基层党建工作闭环管理，强化责任压力传导。实施农村带头人队伍优化提升行动，完成村（社区）“两委”换届工作，选派优秀年轻机关事业单位干部到村任职，常态化推进村干部学历提升工程，全覆盖选派“两新”组织党建工作指导员，加强基层党组织带头人队伍建设。建载体抓规范。分类搭建农村“争旗提档”，社区“创星升级”，“五型机关”创建，国企“五型联创”“两新”组织“三亮三比三争”，学校“双培养”等活动载体，提升各领域党组织标准化、规范化建设水平。重引领提效能。强化党建引领发展作用，聚焦抓党建促乡村振兴，抓好驻村干部选派轮换工作，利用乡镇事业编制招录本科大学生到村工作，扶持壮大农村集体经济，强化乡村振兴的组织保障；聚焦党建引领基层治理，深化“全国城市基层党建示范市”建设，制定《大同市社区工作者管理办法（试行）》《关于项目化推进城市基层党建工作的实施意见（试行）》，推动建立网格党支部或党小组，推进多层次、融合式区域化党建。（冯建华）

【党管人才】 2021年，大同市委组织部深入实施“人才强市”战略。制定出台《大同市关于深化省校合作共建“12大基地”实施方案》，与53所省内外高校签署合作协议87个，吸引全省科技博士服务团3名成员到大同挂职，810名高校师生到大同研学。召开博士研究生座谈会，举办全市高层次人才研究班暨人才工作者培训班、“人到山西好风光”人才宣传周活动、北京大学和清华大学专场招聘会、“聚焦‘六新’服务奉献”人才服务活动，充实大同市专家人才、在外优秀人才和优秀大学生“三大人才数据库”，开通“凤凰人才在线服务”平台，反映大同市建设转型汇智创新城服务人才发展的稿件《聚焦转型发展，打造英才汇聚、才智涌流的人才之家》，获第五届全国人才工作创新案例优秀奖。（冯建华）

【新任县（区）长及“墩苗”干部任职培训班】 2021年3月13日至14日，全市新任县（区）长及“墩苗”干部任职培训班在市委党校集中培训。省委常委、市委书记张吉福，市委副书记、市长张强分别为参训学员作专题辅导。市委常委、组织部部长，市委党校校长、市行政学院院长崔巍主持开班仪式，并作结业总结。在开班第一课上，张吉福以《如何做一名合格的县（区）长》为题，从定位、明责、履职三个方面阐述相关内容。张强在专题辅导中以《担当历史重任 不负组织重托 在转型出雏型的新征程上建功立业》为题，分析和讲解县（区）发展现状入手，围绕政府工作方向和重点任务、做好政府工作的工作方法和基本要求等内容。市委常委、市纪委书记、市监委主任梁晓旭，市委常委、常务副市长任希杰，市人大常委会副主任王明生，副市长马安全，市政协副主席、平城区委书记李继忠等分别围绕党风廉政建设、招商引资及开发区建设、产业转型升级与区域经济发展、如何做好城乡建设、县（区）工作实务等作专题辅导。（冯建华）

【乡（镇）领导班子换届】 2021年3月28日，大同市9个县（区）、87个乡（镇）领导班子完成换届工作，890名优秀干部选入乡（镇）领导班子。乡（镇）领导班子换届期间，市、县、乡三级举办各类换届政策纪律培训班68期，培训人员6300余人次。坚持开门搞换届，各县（区）运用传统线下手段和线上新媒体技术，发放资料7000余份，新闻报道100余次，推动换届政策下乡进村入户，让基层干部群众了解换届、关心换届、支持换届。省委常委、市委书记张吉福多次到各县（区）与四套班子成员、优秀乡（镇）党委书记317名领导干部开展“一对一”谈心谈话；各县（区）委书记与205名乡（镇）党政正职、456名重点岗位干部，各县（区）委组织部班子成员与1371名乡科级干部分别开展专题谈心谈话；96名乡（镇）党委书记与923名乡（镇）领导干部、1904名村“两委”主干开展谈心谈话，掌握干部思想动态、了解民意基础，作为人事安排重要依据。县乡党政领导班子成员到乡村基层，召开座谈会87场，走访群众2728人次，收集意见建议418条，听取群众诉求。在换届工作中，大同市坚持事业为上、以事择人。重点选配407名在脱贫攻坚、疫情防控等急难险重任务中扛硬活、打硬仗的干部进入乡（镇）领导班子。选拔306名35岁以下优秀年轻干部进入乡（镇）领导班子，占比34.5%，实现每个乡（镇）均有一名30岁以下年轻干部；面向基层选拔136名乡（镇）在编在岗事业编制人员、优秀村党组织书记、到村任职过的选调生、第一书记和驻村工作队员等优秀人才进入乡（镇）领导班子。全市选拔35岁以下的乡（镇）党政正职30名，占乡（镇）党政正职总数17.3%，其中在全市范围内择优选拔8名30岁左右女干部充实到乡（镇）长岗位。换届后，乡（镇）党政正职和领导班子成员平均年龄分别为40.6岁、38.8岁，均比换届前下降4.9岁，其中45岁及以下干部分别占比79.3%、78.9%。全市乡（镇）党政正职全部达到大专及以上学历，其中研究生学历、大学本科学历、大专学历分别占总数的16.1%、77.6%和6.3%，890名乡（镇）领导班子成员中，大专以上占比98.5%。紧扣乡村经济和社会发展需要，选拔具有农林水利、村镇规划、生态环境等专业背景的干部117名，全额配备熟悉党务工作的专职副书记和组织委员各87人。

（冯建华）

【全市村（社区）“两委”换届工作会议】 2021年7月19日，全市村（社区）“两委”换届工作会议召开。省委常委、市委书记张吉福出席会议并讲话，市委副书记、政法委书记艾凌宇安排防范风险工作，市委常委、组织部部长崔巍主持会议并说明换届有关政策程序，市委常委、市纪委书记、市监委主任梁晓旭安排严肃换届纪律工作，副市长荆虎，市政协副主席、平城区委书记李继忠出席会议。会议以电视电话会议形式召开，各县（区）设分会场。市直有关单位主要负责人，市村（社区）“两委”换届工作领导小组成员及内设机构负责人，各县（区）委书记、纪委书记（监委主任）、组织部部长及有关单位负责人在主会场参加会议。会议要求，（1）突出党的全面领导，自觉以习近平总书记重要指示精神统领和指导村（社区）“两委”换届工作。（2）做到选优配强，鲜明树立德才兼备、任人唯贤的选人用人导向。（3）坚持依法依规，落实条例法规，严把时序安排，严格程序要求。（4）严明换届纪律，坚持教育在先、警示在先、预防在先。（5）防范各类风险，强化忧患意识和底线思维。（冯建华）

【全市高层次人才研修班暨人才工作者培训班】 2021年11月16日至17日，为引导人才深入了解国情、省情、市情，鼓励人才筑牢信念之基、砥砺报国之志，做传承伟大精神的表率、做真抓实干的表率、做修身律己的表率，大同市举办全市高层次人才研修班暨人才工作者培训班。首批到大同工作的省科技博士服务团成员、近年来引进的优秀博士研究生、部分市委联系专家、“三晋英才”中的优秀代表，以及各县（区）、市直各单位人才工作者76人参加培训。研修培训内容以学习贯彻习近平总书记在中央人才工作会议上的重要讲话精神、党的十九届六中全会精神、省第十二次党代会精神等为主，所有参训人员到云州区西坪镇唐家堡村、坊城新村和云冈研究院等地现场教学。（冯建华）

宣传工作

【概况】 2021年，中共大同市委宣传部（简称“市委宣传部”）组织歌舞剧《北魏长歌》参加第六届全国少数民族文艺会演并获优秀剧目奖；舞蹈诗剧《天下大同》入选庆祝中国共产党成立100周年进京展演剧目并在国家大剧院演出；制定《文旅演艺常态化演出工作方案》，推进以《天下大同》为龙头的文艺精品市场化常态化演出。排演晋剧《八九雁来》、北路梆子《忘忧草》庆祝中国共产党成立100周年戏剧，完成长篇报告文学《火山黄花季》书稿。举办第六届成龙国际动作电影周，向全世界展示大同城市魅力。立项一批“云冈学”专项课题。山西大同大学获批国家、省级项目38项，校本级设置课题103项；建立2个省级科研基地，山西大同大学获批“北魏文化研究山西省文物局科研基地”，云冈研究院获批“石质文物保护与研究山西省文物局科研基地”；申报一批文物保护项目，云冈研究院向国家文物局申报项目20个，总投资约7亿元，批准立项15个；开展一系列学术研讨，云冈研究院和山西大同大学组织召开“云冈石窟可持续发展与传承研讨会”“北魏平城与民族融合学术研讨会”“第四届北魏文化暨云冈文化论坛”等全国性学术活动10项，形成一大批研究成果。出版中国首部云冈舞教学书《云冈舞教程》及北魏历史文化名人传记丛书。举办庆祝中国共产党成立100周年文艺晚会。推出《百年征程话大同》《大同奋进“十三五”勇蹚转型路纪实》等图书。制作《中共大同历史人物志》《寻找红色革命遗址》系列党史微视频。策划“永远跟党走”群众性主题宣传活动，其间举办“颂歌献给党 启航新征程”群众歌咏大会、“从胜利走向胜利”主题节目展演、“翰墨书香颂党恩”书画展等活动，组织红色经典诵读大赛、“党在我心中”主题征文大赛等赛事，推出“百年大党正青春”党史故事宣讲、“党课开讲啦”融媒体展播等节目。打造8条精品旅游线路，开通3条旅游直通车，举办22项文化活动。在北京举办“云冈杯”第二届全国魏碑书法双年展启动仪式暨全国魏碑书法名家作品特邀展开幕式，推进北魏文化园魏碑书法博物馆、古城魏碑楹联牌匾历史街区、碑廊公园建设。组织庆祝中国共产党成立100周年舞台艺术精品创作，推出一批“四史”题材文艺作品。组织“春满古都·又见平城”2021群众文化系列活动。举办“两优一先”表彰大会、新党员入党宣誓仪式、老党员老干部座谈会，以及歌咏大会、文艺晚会、长征经典音乐会、书画作品展、书法美术摄影展、电影文献资料主题展、山西省广场舞大赛大同市选拔赛、网络摄影大赛大同市选拔赛、乡村村晚大比拼、戏曲票友大赛大同市选拔赛、农民工歌手大赛大同市选拔赛、旗袍秀大赛大同市选拔赛、锣鼓大赛大同市选拔赛、乡土文化能人技艺大赛大同市选拔赛等群众性活动。截至2021年底，全市农村公益电影放映累计放映25801场。2021年，农村寄宿制学校电影放映1309场，送戏下乡1665场。（冯克勤）

【讲师团】 2021年，中共大同市委讲师团（简称“市委讲师团”）开展党史学习教育、基层理论宣讲，组织理论学习中心组（扩大）围绕习近平总书记在党史学习教育动员大会重要讲话、中国共产党新民主主义革命时期历史、社会主义革命和建设时期历史、改革开放新时期历史、学习党的十八大以来的历史开展7次党史专题研讨。组织开展党史学习教育专题理论考试。全市党政机关、事业单位、市属企业1400余名党员干部参加考试。参与组织“百年大党正青春”宣传活动，以“历史、故事、人物”为主线，讲述党史上铭载史册的重大事件、重要会议、重大决策、重点人物故事等。市委讲师团编印《党史学习教育宣讲提纲》《习近平总书记在中国共产党成立100周年大会上的重要讲话精神宣讲提纲》《党的十九届六中全会精神宣讲提纲》《省市党代会精神宣讲提纲》，印发给各县（区）、各市直单位，以及市委宣讲团成员、市委党史学习教育各巡回指导组负责人、大同市新时代强音宣讲团成员代表。制定市委中心组学习计划，按照计划组织中心组学习，全年组织学习22次。编印学习资料，为各级中心组学习提供参考。全年编印18期《大同市委中心组学习资料汇编》提供给中心组成员。全年与市直机关工委共同举办两期市直机关基层党支部书记轮训班，与市委宣传部联合举办学习贯彻党的十九届六中全会精神理论骨干线上培训班。接管“学习强国”管理工作，两次组织管理组人员和供稿人员到山西学习平台学习。截至2021年底，市委宣传部通讯站上传图文类新闻1000余条；视频类新闻300余条；审核区（县）投稿390余条。山西省学习强国平台审核通过率约85%。（柴常娥）

【理论武装】 2021年，市委宣传部科学制定《中共大同市委中心组2021年理论学习计划》，健全学习机制及督导机制，提升各级党委（党组）中心组学习制度化规范化水平。完善市委中心组学习成员联系基层宣讲制度，创建党委（党组）理论学习中心组联系示范点10个。（冯克勤）

【意识形态工作】 2021年，市委宣传部牵头制定大同市关于《山西省党委（党组）意识形态工作责任制实施细则》的落实方案，建立健全意识形态和网络意识形态安全工作制度10项，开展专项考核、专项督查，每季度向市委常委会汇报意识形态工作，按要求向省委专题汇报意识形态工作，专项督查各级党委（党组）意识形态工作，推动意识形态工作责任落实。（冯克勤）

【理论研究】 2021年，市委宣传部申报省社科联2021年度重点课题10项，完成省社科联上年度重点课题结题工作12项。完成上年度“山西省社科联百部（篇）工程”评奖活动在大同市初审工作，全市社科学者申评作品24篇，获二等奖1项、三等奖4项。承办“山西省2021年度哲学社会科学普及周”开幕式，围绕“学党史、跟党走、蹚新路”主题，组织专家学者撰写理论文章。（冯克勤）

【理论宣讲】 2021年，市委宣传部宣传宣讲习近平新时代中国特色社会主义思想，组织党史学习教育、习近平总书记在中国共产党成立100周年大会上的重要讲话精神、“百年大党正青春”等主题宣讲活动，集中宣讲27场。完善市、县、乡、村四级宣讲体系，选树市委中心组成员基层理论宣讲联系点20个。39名市委中心组成员均确定基层理论宣讲联系点，“七一”期间在各自联系点作专题党课报告。（冯克勤）

【新闻报道】 2021年，市委宣传部围绕推动高质量发展、文化强市、乡村振兴三大重点，建立贯通驻山西中央媒体和省驻大同媒体、网上网下重大主题宣传联动机制，策划推出人民网“转型蹚新路 大同在行动”系列报道，市级媒体推出“奋斗百年路 启航新征程”“走进乡村看小康”等专栏21个，在省级及以上主流媒体发稿9538篇。开展“世界大同说”网络传播行动、“四海同心向党行、共为天下谋大同”全国百场快闪等活动，推出“新马可波罗游记——外国‘网红’解码青春中国、天下大同”网络传播活动，与国际在线合作搭建“世界你好、我是大同”多语种传播平台。（冯克勤）

【精神文明建设】 2021年，市委宣传部出台《大同市文明公约》《大同市文明行为条例》《大同市贯彻落实〈新时代公民道德建设实施纲要〉实施方案》。按照试点先行、融合推进、全覆盖“三步走”方略，大同市新时代文明实践中心实现全覆盖。推进文明城市创建“十大提升行动”，入围2021—2023创建周期全国文明城市提名城市。按照“一年补短夯基、两年重点攻坚、三年冲刺夺牌”思路，推进全国文明城市创建工作。（冯克勤）

【新时代文明实践中心试点建设】 截至2021年底，大同市建成新时代文明实践中心10个（覆盖率100%），建成新时代文明实践所126个（覆盖率100%），建成新时代文明实践站1810个（覆盖率99.3%），长期在城市社区、乡（镇）农村开展志愿服务活动的新时代文明实践志愿者有8.1万余名。（冯克勤）

【未成年人思想道德建设】 2021年，市委宣传部部署“扣好人生第一粒扣子”主题教育活动，推荐宣传160名同学为“新时代大同好少年”先进典型，推荐4名同学被省文明办评选为“新时代山西好少年”。评选出社区（村）“家长学校”440个。选树市级家庭教育示范基地309个。其中，城市家庭教育指导服务中心76个，农村家庭教育指导服务站点233个。（冯克勤）

【全民国防教育活动】 2021年，市委宣传部组织以“铭记党史，强我国防”为主题的第21个全民国防教育日群众性宣传活动，刊播全国征兵公益宣传片，组织高校和高中生军训。依托大同市爱国主义教育基地和国防教育基地开展红色研学活动，强化全民国防观念，全年全市13家省级以上爱国主义教育基地，累计接待参观学习党员干部群众185万人次。组织开展“老兵永远跟党走”系列活动。（冯克勤）

【电影行业监管】 2021年，市委宣传部加强全市电影行业监督管理工作，印发《关于切实加强当前电影院疫情防控工作的通知》，安排各影院做好中秋节、国庆节期间全市影院疫情防控及安全放映等工作，组织各影院申报国家电影事业发展专项资金。全年开展电影院安全放映检查7次检查影院21家次，累计派出检查人次30人次，重点检查疫情防控措施、安全放映、电影放映内容等情况，总体检查情况良好。（冯克勤）

【“扫黄打非”工作】 2021年，市委宣传部组织召开“扫黄打非”工作会议，开展“清源2021”“固边2021”“净网2021”“护苗2021”“秋风2021”五大专项行动，召开网上“扫黄打非”联席会议4次。举办2021大同市“扫黄打非”暨市场执法业务培训班，市、县两级执法队执法骨干160余人参加培训。获全国“扫黄打非”进基层示范点1个（云冈区峰子涧村），全省“扫黄打非”进基层示范点5个（平城区万城社区、平城区新泉社区、云冈区茶坊村、云州区坊城新村、左云县黑土口村）。组织开展以“护助少年儿童健康成长 远离有害出版物及信息”为主题的“绿书签行动”启动仪式，发放宣传资料及系列绿书签1000余份，录制少年儿童《好书推荐》视频。建成护苗工作站25家，聘任2021—2022年度大同市

"扫黄打非"护苗小卫士86人。全年全市查办"扫黄打非"案件11起。其中，全国督办案件1起，传播印刷邪教宣传品案件2起，网上传播政治类谣言、淫秽色情信息案件5起，侵权案件2起，销售非法出版物1起。（冯克勤）

【大同入选全国文明城市提名城市】 2021年1月，中央文明办公布2021—2023年创建周期全国文明城市提名城市名单，大同市入围地级提名城市名单。创建全国文明城市工作中，大同市持续开展创建文明城市十大提升行动，从市民素质、城乡共建、基础设施、市容市貌、诚信建设、经营秩序、文明交通、志愿服务、移风易俗、未成年人思想道德建设等方面提质。市四套班子领导带头认领重点点位710个，成立由市委督查室、市政府督查室牵头，市城管执法队和市创城办联合组成的明察暗访组10个，对1120余个重点点位开展阶段性明察暗访，压实责任。抽调45名工作人员成立实地组、资料组、宣传组、问卷组，各自分工负责。建立信息反馈制度、资料报送制度、实地察看制度、工作例会制度、问题督办制度及新闻宣传和跟踪采访等制度，构建一天一督查、一周一例会、一月一推进工作模式。市示范性综合实践基地被中央文明委评为"2020年度全国未成年人思想道德建设工作先进单位"。截至2021年底，全市志愿者总数22.2万余人，全国志愿服务信息系统实名认证志愿者总数20.1万余人，开展项目总数652个，项目总时长16.5万余小时。（冯克勤）

【"北魏历史文化名人传记丛书"首发暨研讨会】 2021年5月8日，"世界大同·民族融合"——"北魏历史文化名人传记丛书"首发暨研讨会举行。中国作协书记处书记邱华栋，省作协党组书记、主席杜学文，市委常委、宣传部部长王铁梅，市政协副主席、平城区委书记李继忠出席首发式活动。此次活动由市委宣传部、平城区委、区政府主办。该丛书由大同市11位中青年作家撰写，用文学语言塑造11位曾在北魏政治、经济、文化方面作出贡献的人物，客观、真实地反映北魏独特的历史文化底蕴，诠释北魏文化基本精神，是一部通俗的北魏史。首发仪式结束后，在云冈书城举行签名售书活动。当日下午，举行"北魏历史文化名人传记丛书"研讨会，专家们围绕该套丛书的文学价值与历史价值等发言探讨，作者代表围绕各自作品畅谈创作体会，读者代表在会上畅谈阅读心得。（冯克勤）

【宣传思想工作领导小组全体会议】 2021年5月18日，市委宣传思想工作领导小组全体会议召开，市委常委、宣传部部长王铁梅出席并讲话。市委宣传思想工作领导小组成员单位及宣传思想文化系统相关单位负责人、市委宣传部班子成员及相关科室负责人、各县（区）委宣传部部长参加会议。会议总体评价5年来全市宣传思想文化工作，听取下一步工作思路和建议。会议指出，要立足本职工作，把宣传文化工作项目化、品牌化、数字化、制度化；要抓好文化强市建设战略任务，挖掘全市文化资源，构建"龙头带动、两翼支撑、廊道贯通、整体推进"空间布局；要打造大同文化符号，深化新时代文明实践中心、所、站建设，落实好意识形态责任制，加强舆情研判和网络内容建设，防范化解意识形态领域重大风险；要壮大主流思想舆论，策划专题、设置议题，讲好大同故事，传播好大同声音；要抓好干部队伍、理论队伍、文化文艺队伍、"非遗"传承人队伍建设，强化专业素养，培养一支高素质宣传队伍。（冯克勤）

【全市意识形态工作专题培训会】 2021年5月28日，全市意识形态工作专题培训会举行。市委常委、宣传部部长王铁梅出席并讲话。会上，省委党校原副校长、巡视员高建生以《加强新时代党的意识形态工作》为题，围绕认识新时代加强意识形态工作的重要性、贯彻意识形态工作责任制的要求、做好新时代意识形态工作的任务3个方面分析讲解。（冯克勤）

【全市新闻发布专题培训】 2021年6月9日至11日，全市新闻发布专题培训举行，全市从事相关工作的250人参加培训。此次培训由市委宣传部、市委网信办和市委、市政府新闻中心举办，授课老师主讲《信息公开与新闻发布实务》《新闻稿写作能力训练》，以及《互联网时代如何表达》《微博微信写作能力训练》等课程培训与相关模拟演练。（冯克勤）

【《今注本二十四史·北史》讲论会】 2021年7月29日，"中华文化大讲堂：国史新论系列《今注本二十四史·北史》讲论会"在大同市举行。讲论会由中华文化促进会主办，山西中华文化促进会、大同市委宣传部承办。市委常委、宣传部部长王铁梅出席并致辞。中华文化促进会主席《今注本二十四史》出品人王石，中华文化促进会副主席、山西中华文化促进会主席姜新文，中华文化促进会副主席张玉文，《今注本二十四史·北史》主编、中国历史研究院研究员靳宝，中央文史研究馆馆员葛剑雄，中国社会科学院古代史研究所研究员、《今注本二十四史》执行总编纂孙晓等参加。会上，王石以中华文化促进会的名义向大同市委、市政府赠送《今注本二十四史·北史》，王铁梅代表大同市委、市政府向中华文化促进会赠送"北魏历史文化名人传记丛书"。赠书仪式后，孙晓、靳宝和葛剑雄分别围绕"钩深可以致远，循旧才能布新——谈《今注本二十四史》的编纂与出版""'二十四史'视野下的《北史》""鲜卑的华化与民族融合"开展主旨演讲，并与大同市文史学者交流。（冯克勤）

【大同城市宣传片在中韩媒体高层对话上播出】 2021年9月15日，第十三届中韩媒体高层对话以线上线下相结合的形式在北京举办。市委宣传部、市委网信办相关负责人代表大同参加此次活动，并与韩国安东市以"双城遇见"的形式开展线上互动推介。此届活动由中国国务院新闻办公室和韩国文化体育观光部指导，中国外文局和21世纪韩中交流协会共同主办，中韩相关部门、近30家主流媒体负责人和相关领域专家围绕媒体在抗疫合作中的责任与担当、深化人文交流等议题开展探讨交流。在活动的中韩“双城遇见”城市文旅形象展示环节，分别播放中国大同市和韩国安东市的城市形象片。其中，大同城市宣传片时长4分53秒，以中韩双语播放，全片从历史底蕴、名胜古迹、“非遗”文化、美食休闲、转型发展等方面，推介大同这座历史文化名城的独特魅力。视频有大同古城墙、九龙壁、恒山庙群、华严寺、法华寺、善化寺、云冈石窟、悬空寺、火山群、土林、平型关、镇川堡长城等景区景点，有大同张氏折纸、魏碑书法、广灵染色剪纸、煤矸石雕、铜火锅、大同凉粉、刀削面等大同特色名片。

（冯克勤）

【学雷锋志愿服务先进典型评选活动】 2021年7月30日至11月初，为培育和践行社会主义核心价值观，弘扬奉献、友爱、互助、进步的志愿精神，推动大同市学雷锋志愿服务制度化、常态化，大同市开展2021年度学雷锋志愿服务先进典型评选活动。学雷锋志愿服务先进典型宣传推选活动期间，按照“从严把关、确保质量、优中选优”原则，经过宣传、民政、生态环境、农业农村、文旅、国资委、乡村振兴、工会、共青团、妇联、文联、残联、红十字会等组委会成员单位审核推选，决定授予施凤慧等163人“最美志愿者”称号，授予大同市行政事业单位档案中心党员志愿服务工作队等22个团体“最佳志愿服务组织”称号，授予中国·大同“净水鸟”环保公益活动项目等24个项目“最佳志愿服务项目”称号，授予平城区新旺街道御锦源社区等12个社区“最美志愿服务社区”称号，授予胡月琴等60人“志愿服务先进工作者”称号，授予杨芬芬等74人“新冠疫情防控最美志愿者”称号。

（冯克勤）

【党的十九届六中全会精神理论骨干线上培训班】 2021年11月24日至29日，市委宣传部、市委讲师团联合举办学习贯彻党的十九届六中全会精神理论骨干线上培训班。来自各县（区）宣传系统及大同市新时代强音宣讲团的40名工作人员，通过线上学习、线下讨论等方式，深化学习交流。此次培训由北京中宣教育研究院组织的专家视频授课，中国社科院大学马克思主义学院副院长秦国伟、中央党校（国家行政学院）党建教研部教授曹鹏飞、青年学者陈培永、教育部高等学校社会科学发展研究中心主任王炳林等专家学者，围绕党的十九届六中全会的核心要义，开展中国特色社会主义进入新时代以来党的历史性成就和发生的历史性变革、人类文明新形态与中国式现代化新道路、从百年党史看马克思主义中国化的飞跃、习近平新时代中国特色社会主义思想回答的时代课题等专题教学。

（冯克勤）

【市思想政治工作研究会成立大会】 2021年12月13日，大同市思想政治工作研究会成立大会。市委常委、宣传部部长、天镇县委书记王建江出席成立大会。会议审议通过《大同市思想政治工作研究会章程》，选举产生市思想政治工作研究会理事。在随后召开的第一次理事会上，选举产生市思想政治工作研究会会长、常务副会长、副会长、秘书长、常务理事。王建江当选为会长。市党政机关、企业、学校、农村团体会员单位代表近100人参加会议。

（冯克勤）

统战工作

【概况】 2021年，市委统战部定期与各民主党派协商重点工作，指导各民主党派建立健全各项工作制度，组织起草《大同市政党协商计划（2021）》，召开4次座谈会，听取“十四五”规划制定、经济工作人事协商、《政府工作报告》起草等方面工作党外人士意见和建议。加强党外代表人士队伍建设和民主党派组织建设。更新全市党外干部情况，整理87名大同市党外处级干部名册、123名大同市党外正科级领导干部名册；完成市十五届政协委员提名工作，协商确定政协委员345名。为6个民主党派提供调研经费30万元，用于支持各民主党派开展调研。市两会期间，各民主党派上报集体提案12件，大会发言16件，个人提案、议案119件；县区两会期间报送提案、议案161件，上报社情民意信息162件，被全国政协采纳7件，省政协采纳9件，市政协采纳15件。推动左云县成立大同市首家县（区）无党派人士和党外知识分子学习实践小组；为大同欧美同学会·留学人员联谊会理事、德国留学归国人员、京东便利名酒汇负责人彭岩玮颁发“海归之家”牌匾，截至2021年底，大同市有“海归之家”3个。2021年，大同市五金机电商会、大同市国际同商总会、大同市浙江商会等9家商协会被全国工商联授予“2019—2020年度全国‘四好’商会”称号；大同泰瑞集团股份有限公司等8家企业被授予“全省‘千企帮千村——精准到户’扶贫行动先进民营企业”称号。

（市委统战部）

【民族宗教工作】 2021年，市委统战部落实少数民族发展资金110万元，推进少数民族发展项目开展；加强宗教团体建设，完成市伊斯兰教协会、市道教协会换届工作；开展爱国主义教育，召开5次宗教团体联席会议。

（市委统战部）

【首期民主党派大讲堂】 2021年4月27日，大同市首期民主党派大讲堂举行，由市委统战部主办，各民主党派市委会轮流承办。市政协副主席、九三学社市委主委杨硕平，市政协副主席、民革市委主委杨素卿出席。首期大讲堂由民革市委会承办，特邀山西宝翰律师事务所主任、山西省律师协会副会长王宝林作专题讲座。王宝林分析《中华人民共和国民法典》基本结构和内容，并结合社会热点问题解读《中华人民共和国民法典》若干新制度。各民主党派市委主委、驻会副主委及成员120余人聆听讲座。

（市委统战部）

【民营经济工作】 2021年，市委统战部强化民营经济领域统战工作政策举措，制定印发全市《关于加强新时代民营经济统战工作的实施意见》，结合“我为群众办实事”实践活动，完善市、县（区）级四套班子成员联系重点民营企业制度，31 位市级领导与 62 家民营企业联系对接，帮助企业破解发展难题。搭建民营企业服务平台。举办助力民营小微企业高质量发展政金企对接会，11 家金融机构与 12 家优质民营企业达成合作意向，授信金额 20695 万元。联合市就业和人才服务中心举办 4 场招聘会，303 家民营企业参与，提供岗位 10791 个，达成就业意向 3970 人。（市委统战部）

【统战同心活动】 2021 年是中国共产党成立 100 周年，以“熠熠党心跃百年，翰墨光影颂华章”为主题，5 月 27 日，市委统战部举办书画摄影展，征集书画摄影作品 600 余幅，遴选优秀作品 450 余幅；6 月 3 日，以“百年同行践初心，携手同心铸华章”为主题举办歌咏会，全市统战系统 16 支队伍参与演出；8 月 16 日，以“同心跟党走，共创新伟业”为主题开展征文活动，全市统战各领域征集并上报省委统战部主题文章 15 篇、诗词 4 篇，情景剧 1 篇。（市委统战部）

【统战公益活动】 2021 年，市委统战部引导各民主党派开展系列消费扶贫活动 11 次，法律、健康讲座 3 场，义诊 7 次，“献爱心、促扶贫”演出 2 次，捐助财物 25.4 万元。各民主党派开展下乡活动 32 次，帮助解决各种难题 35 件，捐赠各类帮扶资金 33.2 万元，受惠群众 3.7 万人次；动员新的社会阶层人士开展法律下乡、送法上门活动，举办财会法律知识专题讲座。开展“助力高考”“助力中考”爱心公益活动，组织 20 余家单位 120 余人参与，免费提供矿泉水近 200 件、帐篷 25 顶、学习用具 60 余套。

（市委统战部）

【全市新的社会阶层代表人士能力素质提升班】 2021 年 5 月，市委统战部在西安交通大学举办全市新的社会阶层代表人士能力素质提升班暨青年一代民营企业家理想信念教育专题培训班。全市新的社会阶层代表、青年企业家代表 80 余人参加此次培训。此次培训邀请专家学者授课，设置中国共产党百年光辉历史、《中国共产党统一战线工作条例》、企业管理营销等与学员政治思想、工作实际密切相关的课程，并组织学员参观八路军西安办事处纪念馆、西安市高新区规划展览馆。培训期间，学员们结合各自工作实际，围绕如何更好地发挥作用开展交流讨论。（市委统战部）

【全市统战系统专题辅导报告会】 2021 年 5 月，全市统战系统专题辅导报告会举行，学习新修订的《中国共产党统一战线工作条例》（简称《条例》）。报告会上，山西社会主义学院教师光雅芹为统战干部及统战成员作专题辅导报告。光雅芹结合党的统一战线光辉历程，从新时代统一战线是什么、为什么、干什么、怎么干四个维度，诠释内涵要义、解读中央精神，系统阐述《条例》在明确新时代统战工作的指导思想、主要任务、基本原则及规范各领域职责任务等方面的新规定、新部署、新要求。市委统战部、各民主党派市委会、市工商联、市侨联机关全体干部及各民主党派成员代表 100 余人聆听报告。

（市委统战部）

【全市统一战线书画摄影展】 2021 年 5 月 27 日至 31 日，全市统一战线庆祝中国共产党成立 100 周年书画摄影展在和阳美术馆举行。此次书画摄影展由市委统战部主办，各民主党派、市工商联、市侨联、市级五大宗教团体和党外知识分子、市新的社会阶层人士联谊会等 15 家单位协办。展览作品以庆祝中国共产党成立 100 周年为主题，征集书画作品 600 余幅，遴选出优秀作品 450 余幅。（市委统战部）

【宗教政策法规宣传活动】 2021 年 8 月，市委统战部联合市民族宗教事务服务中心、平城区委统战部，在纯阳宫广场组织开展宗教政策法规宣传活动。在活动现场，工作人员通过设立宣传展板、悬挂宣传条幅、发放宣传资料等方式，向过往群众及宗教教职人员宣传党和国家宗教政策及宗教相关知识，回应群众关心的问题，宣传《中国共产党统一战线工作条例》、党和国家宗教政策、宗教活动场所及其法人登记、宗教教职人员管理办法等内容。（市委统战部）

巡察工作

【概况】 2021 年，中共大同市委巡察工作办公室（简称“市委巡察办”）对表对标中央和省委深化政治巡视巡察要求，从坚守政治站位、制定工作规划、规范制度建设、强化业务培训、开展指导督导、推动整改落实、加强作风建设等方面，概况总结十五届市委巡察工作主要做法和取得主要经验。截至 2021 年底，规划实施常规巡察 8 轮，联动开展涉黑涉恶腐败问题专项巡察、脱贫攻坚领域专项巡察、供销系统机动式巡察、部分农村（社区）提级巡察等，实现 214 个市管党组织巡察全覆盖；发现问题 3981 个，问题线索 858 件，立案审查 238 人，党纪政务处分 237 人。（高思雁）

【机动式巡察】 2021 年，市委巡察办采取省、市、县三级上下联动方式，实施供销系统机动式巡察，聚焦全市供销系统体制机制改革、专项资金分配使用等方面情况开展检视，同步联动了解上报省委巡视组交办协查的 3 个问题情况，市委巡察组发现共性问题 19 个，问题线索 9 件；10 个县（区）委巡察组发现共性问题 117 个，问题线索 32 件。（高思雁）

【专项巡察】 2021 年，市委巡察办开展市委涉粮问题专项巡察，聚焦粮食储备、购销领域存在的腐败问题和不正之风，制定《涉粮问题专项巡察指导工作意见》，加强与省委涉粮问题专项巡视组工作座谈，市委 9 个巡察组采取提级加交叉方式，专项巡察 9 个县（区）涉粮问题，发现共性问题 112 个，问题线索 63 件。

（高思雁）

【巡察整改“回头看”】 2021 年，市委巡察办根据工作需要，市委派出 5 个专项检查组，对 20 个市直单位党组织开展巡视巡察整改专项检查，检视整改任务完成情况，传导落实整改政治责任，督促抓好整改落实，发挥政治巡察标本兼治战略作用。十五届市委巡察反馈问题整改完成率

91.1%，问题线索处置率100%，同步推动建立健全制度1309项。（高思雁）

【县（区）巡察工作分析通报】 2021年，市委巡察办印发《关于县区巡察工作有关情况的通报》，统计分析各县（区）委上一届巡察工作整体情况和上年度巡察工作指标完成情况，从巡察发现问题线索数量、给予党纪政务处分人数、同级纪委监委给予党纪政务处分人数中巡察移交占比、县（区）巡察机构空编率5个方面打分排名，整体反映各县（区）委巡察工作质效。（高思雁）

【巡察指导督导】 2021年，省"示范＋实训"市级巡察指导督导组指导督导十六届市委第一轮常规巡察。市委巡察办、巡察组学习领会省委指导督导专题培训，对组"手把手""点对点"指导内容，健全完善巡前专题、专项检查、组内指导"三个培训"，规范完善巡前通报、组办会商、贯通融合"三个机制"，修订完善《市委巡察机构与组织部门、宣传部门、政法部门、审计机关、信访部门协作联动工作机制》等6项制度。市委巡察办选派办组力量，配合省委巡视办开展"示范＋统筹"对县巡察指导督导工作，跟进指导督导十六届浑源县委第一轮常规巡察工作，落实"抓流程、促规范、提质效"要求，传导中央、省委巡视工作政策要求、做法经验，压实试点县（区）党委巡察主体责任。（高思雁）

【巡察业务培训】 2021年，市委巡察办强化市县专职巡察干部业务培训的针对性与实效性，组织开展全国巡察办主任提级培训班8个情景教学视频学习、市县巡察专职干部巡视指导督导"四堂课"（指理想信念课、斗争精神课、能力提升课、作风建设课）培训、以视频方式参加全省巡察组组长培训班等各类集中专题培训25次，结合自身职责开展学习研讨34次，检视查找出清单问题216个，并开展针对性整改。（高思雁）

【巡察宣传】 2021年，市委巡察办坚持把信息宣传作为推动巡视巡察上下联动与群众监督、舆论监督贯通融合的有效方式，围绕落实政治监督、规范使用巡察方法、指导督导、贯通协作等工作主要方面，学习宣传习近平总书记关于巡视巡察工作重要论述和党中央决策部署，总结实践做法经验，强化对外宣传推广、重视互相学习借鉴，反映市委巡察工作取得的新进展、新成效。全年，市县巡察机构在《晋巡参考》刊发稿件8篇次，在《大同信息》刊发稿件7篇次，在中央省市纪委监委网站刊发稿件12篇次。（高思雁）

【十六届市委第一轮巡察工作动员部署会】 2021年11月30日，十六届市委第一轮巡察工作动员部署会召开，市委常委、市委巡察工作领导小组副组长崔巍主持会议，市委常委、市委巡察工作领导小组组长梁晓旭出席会议并作动员部署讲话。会议传达全省第二批"示范＋实训"市级巡察指导督导动员会精神，宣布市委第一轮巡察组组长授权任职及任务分工决定和巡察工作方案。此轮巡察，从2021年11月下旬至下年1月下旬，市委派出6个巡察组常规巡察市科学技术局、市民政局等13个单位党组织。巡察期间，省委巡视工作领导小组派出第一巡察指导督导组，全程指导督导大同市巡察工作。（高思雁）

网信工作

【概况】 2021年，中共大同市委网络安全和信息化委员会办公室（简称"市委网信办"）建立省、市两级网络应急指挥联动工作机制，强化应急指挥运行效能，增强应急处突能力。完善宣传、网信、涉事县（区）和部门线上线下重大舆情快速应对处置机制，建立全市网络意识形态领域形势研判联席会议制度，建立每周舆情研判、每月网络舆情工作通气、重大网络舆情联动处置会商、涉事部门双向预警和信息共享5项机制。完善网上重大主题宣传策划、议题设置、工作协调、专题研究等工作机制，制定《市委网信办网络传播工作机制》，规范正能量稿件推送制度。完善工作机制，鼓励网民参与网络违法和不良信息监督举报，制定《互联网违法不良信息联合处置机制》《互联网违法和不良信息举报受理和处置机制》。市委网信办在贯彻落实上级网信部门相关工作要求基础上，梳理统计全市部署在互联网上用于收集、存储、处理重要数据和个人信息的业务系统情况。（市委网信办）

【网络主题宣传活动】 2021年，市委网信办为宣传习近平总书记视察山西重要讲话重要指示精神，挖掘民族融合历史内涵，实施世界大同说网络传播工程，在云冈石窟举办"世界大同·天下一家"全球在线云会议；在大同古城举办中国华服季民族融合国潮体验行动，全国数万青年到古城打卡参与；联动百所高校开展"四海同心向党行，共为世界谋大同"百场快闪；举办"世界大同网络春晚"，讲述大同梦、中国梦、世界梦；与国际在线合作搭建"你好·我是大同"多语种传播平台；联动国内多城市推出"新马可波罗游记"——外国青年网红体验青春中国、天下大同活动和海外融媒看大同活动；在抖音和新浪微博上开设"世界大同说"话题等。全年活动全网阅读量超过10亿次。（市委网信办）

【网络舆情应急处置】 2021年，市委网信办组建舆情应对处置工作专班，坚持每天昼夜值班，关注网上信息，开展舆情信息收集报送工作，提升网络舆情发现力、研判力和处置力量。妥善处置"山东涉疫奶枣流入大同""大同一人核酸检测阳性后复查为阴性""三甲医院医生自爆收回扣50万"等舆情事件。（市委网信办）

【互联网企业党建工作】 2021年，市委网信办适应把握互联网企业发展的规律特点，创新开展互联网企业党建工作，增强党建工作活力，发挥党建引领和行业组织自律功能。探索凝练"建队伍、抓精神、育示范"工作模式，纵向强化网信队伍建设，横向主抓行业党员学习，多方式开展全市互联网行业党组织书记和党员教育。指导1家互联网企业党支部被评为2021全省“两新”组织“双强六好”优秀基层党组织；市互联网行业党委被评为2020年大同市“两新”组织两大示范行业之一；市委网信办被省委网信办选为全省唯一市级经验介绍单位，在全省互联网行业党建培训班授课交流。（市委网信办）

【网络安全保障监测】 2021年，市委网信办强化全市网络安全工作统筹协调机制作用，定期研判风险，完成主要节日网络安全保障工作。利用互联网态势感知系统监测平台，网络安全预警监测全市50个党政机关及事业单位外网网站。（市委网信办）

【网络安全宣传活动】 2021年，市委网信办制定《2021国家网络安全宣传周大同活动实施方案》，组织召集各县（区）各相关单位召开2021网络安全宣传周协调部署会，安排部署宣传周期间校园日、电信日、法治日、金融日、青少年日、个人信息保护日等主题日活动的组织实施，要求各县（区）制定属地活动实施方案。10月11日至15日，以“网络安全为人民，网络安全靠人民”为主题的2021国家网络安全宣传周大同综合日活动举行。此次活动由市委网信办主办，市总工会、团市委、市妇联、市公安局、市教育局等协办。宣传周期间，相关单位在全市开设校园日、电信日、法治日、金融日、青少年日和个人信息保护日等主题日活动，从各个领域宣传网络安全知识，提高市民网络安全意识和防护技能。（市委网信办）

【《中国吸引力·世界大同篇》上线】 2021年10月18日，中国青年报·中青在线与市委网信办共同出品的微综艺《中国吸引力·世界大同篇》正式上线。节目中，青年演员张馨予在青年主持人王家琦的带领下，沿着建筑学家梁思成夫妇当年到大同的考察线路，感受这座千年古都的文化魅力。在古城墙上，领略云冈乐舞的灵动韵味和融合内涵；在梁思成纪念馆，漫谈梁思成先生“古今兼顾、新旧两利”的城市规划理念在大同的实施；在华严寺，感受千年古刹承载着的中华文明，以及其中凝聚的中国工匠的闪光智慧；在大同明堂公园，寻访北魏历史文化遗迹。（市委网信办）

政策研究

【概况】 2021年，市委政研室组织编印《大同政研》6期，送达全市党政机关，并与全国200余家城市党刊交流。全年向省委改革办报送大同改革信息40期，其中《大同深化人才机制改革》《大同市以绿色金融改革推动高质量发展》等信息被省委改革办采用。（市委政研室）

【调查研究】 2021年，市委政研室组织完成《关于全市黄花产业发展情况的调研报告》《大同市推进“省校合作智库基地”建设调研报告》《长城板块（大同段）文化旅游开发情况调研报告》《关于对建立健全生态产品价值实现机制的几点思考》《我市居家社区养老服务调研报告》等10篇研究报告。（市委政研室）

【智库建设】 2021年，市委政研室按照省市有关部署，发挥自身优势，指导县（区）和市直部门与高校洽谈合作。全年全市与同济大学、湖南大学、武汉理工大学、山西农业大学等省内外高校新建智库合作基地29个。（市委政研室）

【改革责任体系建设】 2021年，市委政研室贯彻落实中央和省委关于全面深化改革各项决策部署，推进37项121小项标志性牵引性重大改革和重点改革任务落地见效。起草《大同市2021年标志性牵引性重大改革和重点改革任务》，向16位市领导和34家市直牵头部门征求意见，并经市委常委会议审议通过后印发。按照“1+1+N”（一个改革方案抓总、党政“一把手”亲自抓重大改革任务、分管领导具体抓细化任务）的抓改革责任体系，开展综合调度12次，通报4次。按照省委改革办《关于组织开展市县转型综改牵引性集成改革试点申报工作的通知》要求，审核10个县（区）和大同经济技术开发区报送的改革试点资料，并经过实地调研，确定大同经济技术开发区、浑源县为大同市转型综改牵引性集成改革试点县（区）上报省委改革办。围绕改革督察工作，到市国资委、市商务局、市水务局、市工信局等部门以及大同经济技术开发区、云冈区等地开展实地督导，并向各单位反馈督察意见。向省委改革办推送大同经济技术开发区标准地改革经验，与市商务局联合开展针对跨境电商调研活动，并参与大同海关与太原海关组织的全国海关支持跨境电商座谈会等。印发《关于大同市2021年度全面深化改革专项考核实施方案的通知》，明确全市改革工作共性任务6项和县（区）个性改革任务22项。与市考核办同步对34个市级全面深化改革牵头部门实行台账化管理和按月督促评价。（市委政研室）

【转型综改规划编制】 2021年，市委政研室按照高质量发展总体思路，跟进中央、省、市最新要求，安排、梳理科技攻关“揭榜挂帅”、数字大同建设、推进基层治理现代化、低碳试点等重点改革工作，编制《大同市“十四五”转型综改重大改革规划》（简称《规划》）。10月15日，《规划》提交市委常委会会议讨论通过。为压实综改工作的相关责任，制定完成《“十四五”转型综改规划任务分解表》及《2021年大同市转型综改工作要点》，从创新生态、人才培养、产业升级、数字经济、国企改革、营商环境、乡村振兴、生态保护等方面细化转型综改工作，形成时间表、路线图、责任书，并督查和日常调度各单位任务完成情况。（市委政研室）

史志研究

【概况】 2021年，中共大同市委党史研究室（大同市地方志研究室）发挥党史方志部门资政辅治职能和研究资源优势，服务全市党史学习教育，开展学习教育、志愿服务、党史宣讲工作。全年开展志愿服务活动6次，开展党史宣讲“进社区、进校园、进农村”活动4次。该研究室把大同艺校、云州区落阵营新星书苑、广灵县榆沟村雁北星火党史教育展览馆作为基层联系点，全年向联系点捐赠史志书籍65种、115册。制作系列微视频《百年先锋——中共大同历史人物志》10部，通过"情景再现+解说+实拍镜头"的手法，真实还原王振翼、李光汉、舒宏等党史人物英雄事迹。制作系列微视频《百年记忆——讲述大同革命遗址的故事》6部，选取大同范围内有代表性的红色革命遗址，用镜头追踪发生在此的重大历史事件，挖掘其中的精神内涵，为开展"四史"教育提供生动教材。编撰完成《大同抗战口述史料汇编》，该书把抗日战争时期的亲历者或知情者零散的口述资料经过整合、整理，由"共产党八路军敌后抗战回忆篇""平型关大捷访谈篇""大同煤矿'万人坑'幸存劳工回忆篇"及"其他口述史料篇"4个部分组成。编印《大同市情概览》，该书主要介绍大同市的基本情况，分"综述提要""2020年大同国民经济和社会发展状况""县区概述""大同市县区乡镇（街道）名录"和"2020年大同市县区基本情况表"5个部分、4万字。编印《大同市全面建成小康社会大事记（1978—2020）》，全书7.5万字。与市文物局、市退役军人事务管理局开展全市红色文化遗址认定工作，确定红色文化遗址建议名单69处（市级3处、县级66处）。开展全市红色遗址纪念设施核查工作，对6处内容有错误或需调整的纪念设施给予修改意见并找到依据，对认定不准确的4处和漏报的1处纪念设施提出意见。（史志室）

【史志资料征集】 2021年，中共大同市委党史研究室（大同市地方志研究室）为挖掘大同史志资源，促进红色资源开发利用，开展史志资料征集工作。根据《中共山西省委党史研究院 山西省档案馆关于征集〈革命年代山西外援干部调研工程〉丛书市、县外援干部资料的通知》，开展大同市外援干部相关资料征集工作，派专人到大同市档案馆等地查阅大同地区和原雁北地区革命年代档案，搜集"南下干部"档案资料20余份。根据省委党史研究院《关于征集革命战争年代山西红色卫生事业资料的函》文件要求，把文件转发至各县（区），并开展收集大同市革命战争年代红色卫生事业资料工作。（史志室）

【志书编修】 2021年，中共大同市委党史研究室（大同市地方志研究室）收集、整理、修改《大同市志（1986—1992）》相关资料及稿件，督促、指导供稿不理想的单位，服务相关单位完善稿件资料。截至2021年底，《大同市志（1986—1992）》编修涉及单位120家，交初稿单位90家，占应交稿单位的75%，收集初稿及相关资料约315万字。指导《广灵扶贫志》《大同工会志（1993—2018）》《大同保险志》《上北泉村志》等编修，截至2021年底，《广灵扶贫志》《大同工会志（1993—2018）》出版发行。指导市纪检委、市生态环境局、平城区公安局的专志编修筹备工作。（史志室）

【年鉴编纂】 2021年12月，中共大同市委党史研究室（大同市地方志研究室）编纂的《大同年鉴（2021）》由方志出版社出版。该卷年鉴设35个类目，下设228个分目、2154个条目，收录137幅图片、100张表格。卷首专题图片设"同心战'疫'""全国扶贫职业技能大赛""全国魏碑书法双年展""大同黄花产业发展""脱贫攻坚""扶贫视点"，卷末附"机构设置和负责人名录""文献选登""地方性法规选登""统计资料"。该卷年鉴"大同市人民政府"类目中"机关事务服务"分目归入"中国共产党大同市委员会"类目；"大同市人民政府"类目中"应急管理"分目归入"社会生活"类目；"工业 建筑业"类目增设"工业发展要事"分目；"农业"类目增设"黄花产业""药茶产业""农业发展要事"分目；"经贸合作"类目中的"开发园区"分目提升为类目，增设"平城现代农业产业示范区""云州现代农业产业示范区""广灵经济技术开发区"分目；"交通运输"类目中"铁路"分目增设"大同南站"次分目；"科学技术"类目中的"防震减灾"分目归入"社会生活"类目中的"应急管理"分目；增设"新冠病毒疫情防控"类目；"脱贫攻坚"类目增设"全国扶贫职业技能大赛"分目。全书127.9万字。

大同区（县）年鉴出版工作：《大同市平城区年鉴（2021）》《大同市云冈区年鉴（2021）》《大同市新荣区年鉴（2021）》《大同市云州区年鉴（2021）》《左云年鉴（2021）》《天镇年鉴（2021）》《阳高年鉴（2021）》《浑源年鉴（2021）》《广灵年鉴（2021）》《灵丘年鉴（2021）》共10册由中国文史出版社出版，约500万字。（史志室）

【《大同今古》编印】 2021年，中共大同市委党史研究室（大同市地方志研究室）围绕庆祝中国共产党成立100周年主题，调整《大同今古》刊物部分栏目，开设"百年先锋""百年记忆"等专栏，宣传百年来关于党的光辉事迹和重要历史人物，激发读者爱党爱国情怀，发挥党史方志"育人"作用。全年发行《大同今古》6期，刊登稿件130余篇，约60万字，其中"百年先锋""百年记忆"栏目刊登稿件20余篇。（史志室）

【方志馆建设】 2021年，中共大同市委党史研究室（大同市地方志研究室）为弥补市方志馆馆藏部分空缺，与全国其他省、市、县开展党史、志书、年鉴和地情书籍的征集交换工作，全年征集交换回各类史志书籍资料760余册（套），登录、分类、贴签征集交换回的各类史志、年鉴和地情书籍，并全部上架，方便读者查阅。截至2021年底，市方志馆存量史志书籍1.3万册，年接待服务读者阅读查询约1万人。（史志室）

【红色文化传播】 2021年，为扩大史志传播，推动红色文化传承，中共大同市委党史研究室（大同市地方志研究室）借助广播、报纸、刊物等媒体平台开展党史宣传。与大同广播电视台新闻综合广播联合推出"红色记忆"专题栏目37期，通过电台给市民宣讲大同红色故事，重温大同红色记忆；与《大同日报》合办"寻访红色印记"栏目，刊发大同红色遗址、党史事件及党史人物的文章，全年在《大同日报》上登载文章35篇，在《大同晚报》上登载19篇，在融媒体登载24篇；与《今日大同》合办"红色文化遗址"栏目，宣传大同的红色

文化遗址，向《今日大同》供稿约40篇。（史志室）

【《中共大同执政实录（2020）》出版】 2021年6月，中共大同市委党史研究室（大同市地方志研究室）编著的《中共大同执政实录（2020）》，由中共党史出版社出版发行。该书采用分类编排法编辑，设关注大同、单位工作概况、特载、重要会议、重要文献、党风廉政建设和反腐败斗争、“不忘初心、牢记使命”主题教育、“改革创新、奋发有为”大讨论、扫黑除恶专项斗争、脱贫攻坚、能源革命、党政机构改革、论坛、人物、人事变动、大事记和附录17个栏目，所收内文资料记录时限范围是2019年1月1日至12月31日，全书200万字。（史志室）

【《时代风华——大同奋进“十三五”勇蹚转型路纪实》画册编印】 2021年11月，由中共大同市委宣传部、中共大同市委党史研究室（大同市地方志研究室）编著的《时代风华——大同奋进“十三五”勇蹚转型路纪实》完成编印。该画册分开局起势、转型综改、美丽大同、富裕大同、幸福大同、脱贫攻坚、文化强市、民主法治、从严治党、勇蹚新路10个篇章，各篇章分若干专题，全书8万余字，图片300余幅，以图系文的形式总结大同市“十三五”时期的政治、经济、文化、社会、生态建设等方面的成就。（史志室）

【《百年征程话大同》出版】 2021年11月1日，中共大同市委党史研究室（大同市地方志研究室）编著的《百年征程话大同》由中共党史出版社出版，约40万字，选取102篇百年来发生在大同和原雁北重大事件或重要人物，全文反映党在大同的奋斗历程、曲折探索和革命精神。书后附雁北地区、大同市历届党代会简介及雁北地区、大同市、朔州市中共党组织沿革表，方便读者查阅。（史志室）

【“史志大同”微信公众号开通】 2021年11月8日，中共大同市委党史研究室（大同市地方志研究室）为适应史志信息化工作需要，开通“史志大同”微信公众号，设“要闻动态”“党史春秋”“方志天地”3个栏目。截至2021年底，“史志大同”微信公众号推送文章38篇。其中，“要闻动态”栏目推送文章15篇，“党史春秋”栏目推送文章16篇，“方志天地”栏目推送文章7篇。（雷建宇）

【《中共大同执政实录（2022）》《大同年鉴（2022）》编纂工作部署培训会】 2021年12月15日，《中共大同执政实录（2022）》《大同年鉴（2022）》编纂工作部署培训会在市文瀛湖行政办公楼多功能2厅召开。市委宣传部副部长赵建军、市委党史研究室（市地方志研究室）主任李吉出席会议并讲话，市委党史研究室（市地方志研究室）副主任贾保权主持会议。市委党史研究室主要领导、编纂人员，10个县（区）史志研究室主任、业务骨干及市直各部门史志撰稿人员120余人参加培训。会上，市委党史研究室（市地方志研究室）业务科室负责人王树鑫、冯晋慧分别讲解《中共大同执政实录》编写工作的重要性、栏目设置、具体要求、编稿中应注意的问题，以及《大同年鉴》的框架分类名称、框架设置、条目如何选取编写、年鉴的质量要求等内容，并要求各单位把握好时间节点，按照会议要求报送稿件资料。会议期间，还举行《大同年鉴（2021）》发行仪式，市委党史研究室（市地方志研究室）主要领导向各县（区）史志研究室代表赠送《大同年鉴（2021）》书籍。（张小霞）

【《大同年鉴（2020）》获全国一等年鉴】 2021年12月31日，第八届全国地方志优秀成果（年鉴类）评审结果公布，由中共大同市委党史研究室（大同市地方志研究室）编纂的《大同年鉴（2020）》被评为市级综合年鉴一等年鉴。该评选活动由中国地方志指导小组和中国地方志学会组织开展，对全国各地选送的年鉴，按省、市、县级综合年鉴和专业年鉴、军事年鉴分类评比。评选表彰省、市、县三级综合年鉴和专业年鉴、军事年鉴446部，被确定为市级一等综合年鉴有44部。《大同年鉴（2020）》设33个类目、224个分目、2208个条目，收录139幅图片、114张表格，120余万字，全书系统地记载2019年度大同市自然、政治、经济、文化、社会等各个领域的现状及新成就、新进展和新经验。该卷年鉴卷首专题图片设“第二届全国青年运动会单板滑雪平行项目比赛”“第五届成龙国际动作电影周”“大同航空应急救援展暨首届中国·大同航空应急救援高峰论坛”“‘美丽中国’2019大同国际马拉松赛”“大同迈入‘高铁时代’”“脱贫攻坚”“2019中国（大同）古都灯会”。正文在保持年鉴基础类目的同时，取消“冶金工业”分目，增设“应急管理”“通用航空产业园”“‘氢都’大同新能源产业城”“云冈经济技术开发区”“新荣经济技术开发区”“左云经济技术开发区”“黄花产业发展”“渔业”等分目及次分目，突出其地方特色和时代特征。（张小霞）

机构编制

【概况】 2021年，市委编办严格控制机构编制使用。开展条条干预问题自查自纠工作，加强对各部门机构编制管理情况的日常监督检查。贯彻落实中央精神，开展机构编制核查工作。科学合理完成年度申报计划用编工作。机构编制统计分析工作做到底数清、数据准。制定出台《大同市市直事业单位编制周转池管理办法（试行）》，盘活编制资源，缓解“供需矛盾”。优化事业单位登记管理服务。“强服务、强责任、强监管”，推动年报工作便捷化、信息公示常态化、核查规范化。全年公示市直事业单位法人年度报告363家，公示率达100%；推进“三减一加”改革，提高工作效率，登记事业单位307个，给予暂缓登记7个，规范事业单位登记管理；集中开展事业单位登记管理清理规范工作，重点清理“僵尸”单位。（陈文慧）

【党政机构改革成果巩固】 2021年，中共大同市委机构编制委员会办公室（简称“市委编办”）完善体制机制，强化市委议事协调机构职能作用，规范市直部门基层党组织办事机构设置，在市政协办公室设立党建办公室，负责机关和直属单位的党群工作。理顺部门职责，优化职能配置。对照省纪委等省直部门体制机制调整情况，按时跟进，调整规范大同市对应单位机构编制事项。整合市本级行政复议工作职责，集中由市司法局承担，优化行政复议内设机构设置，明确职责。调整全市森林公安机关编制种类，明确森林公安机关管理体制由公安系统统一管理。调整优化市委卫生健康工作委员会、市人大等11个部门的机构编制事项。结合省直有关部门“三定”调整情况，筹划落实大同市相关部门“三定”规定的调整工作，完成市人社局“三定”规定调整工作。优化配置编制资源，强化机构编制保障。为解决市政协专委会“一人委”的问题，为市政协研究室核增1名行政编制；为保障全市扫黑除恶专项斗争工作常态化运行，为市委政法委设立扫黑除恶专项斗争工作科，核增2名行政编制；落实中央“双减”政策要求，为市教育局设立校外教育培训监管科，核增3名行政编制；为大同市加快构建综合交通发展格局，优化交通运输管理体制机制，为市交通局机关设立铁路安全监督科（民航协调科），核增2名行政编制；为助力大同市跨境电子商务综合试验区建设和管理，为市商务局机关设立跨境电商科，增加2名行政编制。（陈文慧）

【事业单位改革】 2021年，市委编办完成市级事业单位改革扫尾工作。按照事业单位重塑性改革重点任务清单要求，市直纳入事业机构限额管理的处级事业单位有60个，其中印发处级事业单位“三定”方案规定51个。完成事业单位重塑性改革评估工作。按照省委编办要求，印发《全市事业单位重塑性改革评估工作实施方案》，围绕改革任务及巩固改革成效等方面，制定8条二级评估指标和27条三级评估指标，以各单位自评和实地评估相结合的方式组织开展评估，抽取市交通运输局等10个部门采取实地评估，了解改革进展情况及存在的问题，提出整改意见。完成县（区）事业单位改革。加强组织领导，印发《关于深化县（区）事业单位改革有关事项的通知》《深化县（区）事业单位改革重点任务清单》《深化县（区）事业单位改革有关问题政策口径》，明确改革重点任务、职责分工和工作目标要求等事宜。在制定县（区）事业单位“三定”规定和机构职能编制框架意见中，明确党组织的地位和作用，强化党组织对重大问题、重要事项的政治把关作用。按照县（区）事业机构实行限额管理和编制总量控制的要求，从严管控县（区）事业单位机构编制，缩减单位和编制存量规模。各县（区）分别建立完善事业单位编制周转池制度。优化整合划转县级部门相关行政执法职责，在9个领域行政部门加挂综合行政执法队牌子，实行“局队合一”的综合行政执法体制。跨县（区）统筹调整配置教职工编制资源，解决各县（区）中小学教师配置不均衡的问题。深化综合行政执法改革。组建市级领域综合行政执法队伍10个。其中，完成市级市场监管、生态环境、文化市场、交通运输、农业5个领域综合行政执法改革工作；按序推动城市管理、应急管理、自然资源、卫生、劳动监察5个领域综合行政执法改革工作。

（陈文慧）

【开发区机构编制管理】 2021年，市委编办清理整合规范开发区管理机构。调整市经济技术开发区管委会（国家级开发区）为省政府派出机构，委托市委、市政府管理；调整全市6个省级开发区管委会为市政府派出机构，委托所在县（区）党委政府管理。规范国家、省级开发区党工委分别由市委、县（区）委派出，与管委会实行合署办公、一套机构。按照“一区多园”管理模式，把大同市南郊塔山工业园区开发建设管理中心整合到云冈经济技术开发区管委会，为云冈经济技术开发区管委会所属园区服务中心。优化开发区管理机构职能。剥离社会事务管理职能，按“社会事务由所在市、县政府负责管理”的要求，市经济技术开发区不再保留街道办事处、建制村和学校及其他社会事务职能，所承担的职能和机构编制交由市、县（区）政府负责。加大简政放权力度，把市本级666项经济管理权限下放市经济技术开发区，实行清单管理。全市各级开发区按要求设置行政审批局和综合执法局。探索把建设、招商、运营、园区服务等事项通过政府购买服务、委托外包等方式交由市场承担的办法，加大管理机构存量调整力度，按照“撤多建一”或“撤一建一”方式，建立开发区管理机构动态调整机制。

（陈文慧）

【乡镇（街道）机构改革】 截至2021年底，大同市乡镇（街道）改革重点任务全部完成，实现机构设置统一规范、县乡职责关系逐步理顺、各类资源力量下沉，初步建立起科学规范、运行高效、权责一致的乡镇（街道）机构职能体系。（1）解决区域内党建工作推进不平衡、基层党组织软弱涣散、工作碎片化等问题。（2）统筹使用各类编制资源，充实乡镇（街道）工作力量，优化干部队伍结构，整合强化工作力量。（3）提升综合行政执法效能，编制执法事项清单，确定法定行政执法事项，逐步健全完善制度机制，提升行政执法能力，规范行政执法行为。（4）审批服务便民化，通过审批事项集中办理，服务事项预约办理，一个窗口“全科”受理，实现无差别受理、同标准办理，为企业和群众提供便捷的办理渠道。（5）完善“全科网格”建设，打造“全科网格”平台。（6）建立“一村（社区）一法律顾问”制度，建立健全法律服务长效机制。

（陈文慧）

【机构编制法治化建设】 2021年，市委编办完善领导干部学法用法制度和机制，把领导干部带头学法作为组织学习的重点。组织学习宪法等党内法规和法律法规，制作宣传展板，组织参加培训，通过学习增强党员干部的法治思维，加强干部队伍法治化建设。学习贯彻《中国共产党机构编制工作条例》以及配套法规制度，并开展学习贯彻情况自查工作。配合省委编办完成《中共山西省委机构编制管理规定》的修订工作。（陈文慧）

【权责清单制度建设】 2021年，市委编办完成市级权责清单梳理调整公布制定工作。联合市司法局、市审批局，参照省直和其他10个市权责清单情况，完成审核确认工作，调整市人防办、应急局等7部门部分权责清单事项。按照全省深化事业单位改革精神，完成市市场监督、生态、农业、交通、文化、城管6个领域的行政执法权限清单制定公布工作。指导县（区）完善县级权责清单梳理调整工作及制定村级组织履行职责事项清单。指导解决各县（区）在完善权责清单梳理调整工作中遇到的问题，督促各县（区）工作拖沓进展缓慢情况。给各县（区）印发通知，明确要求各县（区）担起责任，结合中央和省委强化基层基础、增强基层治理能力等部署要求，发挥乡镇（街道）主体作用和积极性，会同乡镇（街道）开展调研，共同制定清单。（陈文慧）

市直机关党建

【概况】 2021年，中国共产党大同市直属机关工作委员会（简称“市直属机关工委”）以党建带群建，以群建促党建，党建群建并举，提升机关精神文明建设。发挥群团组织作用，举办“党在我心中”“庆祝中国共产党成立100周年”主题征文、市直机关妇女“学党史、听党话、跟党走”主题实践、女性魅力课堂、“99公益日”募捐、省“三八红旗”评选表彰推荐、“劳模进机关”宣讲等活动，共有机关干部职工8000余人次参与。全年管辖直属党委（总支、支部）88个。其中，党委48个，总支23个，支部17个。管辖党员17638名。

（市直属机关工委）

【政治思想建设】 2021年，市直属机关工委发挥机关党建围绕中心、建设队伍的中心作用，增强“四个意识”、坚定“四个自信”、做到“两个维护”。推进开展党史学习教育；发挥机关工委督查室职能，督查市直各单位党组（党委）、机关基层党组织、党员领导干部落实机关党建工作责任制、机关党建重点工作和重要制度情况。开展学习宣讲。以党史学习教育为抓手，要求机关党组织始终把学习习近平新时代中国特色社会主义思想，党的十九届六中全会精神，习近平总书记视察山西重要讲话重要指示、中国共产党成立100周年大会上的重要讲话和省市党代会精神作为首要任务，跟进学习习近平总书记重要讲话、重要文章、重要指示批示等。举办市直机关党史学习教育专题宣讲报告会、学习贯彻习近平总书记在中国共产党成立100周年大会上的重要讲话精神市直机关报告会等。组织市直各党组织开展各类宣讲。加强理论学习中心组建设。市直属机关工委印发《关于加强市直机关党委（党组）理论学习中心组规范化制度化建设的通知》《市直机关党委（党组）理论学习中心组考评办法》等，培训机关理论学习中心组85名学习秘书。在工委系统全覆盖执行市直机关中心组学习列席旁听制度。指导督促市直各基层党组织在党员活动室或利用近边红色资源组织新党员入党宣誓和老党员重温入党誓词活动。联系市直机关实际，按时分析研判机关意识形态并开展专项督查，聘请省委党校专家举行意识形态工作培训。为市直机关发放《学习贯彻习近平总书记在中国共产党成立100周年大会上的重要讲话精神宣传资料汇编》《党的十九届六中全会〈决议〉学习辅导百问》等各种学习资料5735套。

（市直属机关工委）

【基层组织建设】 2021年，市直属机关工委开展机关党建品牌创建活动。按照“推动后进赶先进、中间争先进、先进更前进”的思路，遴选17家市直机关党组织创建机关党建品牌。指导市行政审批局、市信访局、市住房公积金3家窗口单位党组织开展佩戴党徽、设立党员先锋岗活动。规范基层组织建设。指导所属基层党组织开展好年度专题民主生活会、组织生活会、民主评议党员、“三会一课”、支部主题党日等工作。全年下拨党费226.55万元用于支持市直各基层党组织规范化建设。整治机关党建“两张皮”“灯下黑”等问题。督促整改市直基层党组织47个，整顿软弱涣散党支部2个。定期执行党建工作提醒、党组织换届提醒督促制度，审批指导43个基层党组织完成换届和补选工作。指导市直88家基层党组织与社区（村）开展结对共建。开展机关党建理论研究，优秀成果上报省直工委。加强机关党员教育管理工作。强化党员教育培训和实践锻炼，全年培训发展党员328名。组织开展贯彻落实《全国党员教育培训工作规划（2019—2023）》情况中期检查评估。印发《关于在部分市直单位先期开展排查整顿发展党员工作的方案》，指导市审计局、市检察院、市法院、市司法局开展排查整顿工作。

（市直属机关工委）

【党风廉政建设】 2021年，市直属机关工委修订《大同市直机关党建工作“四级四岗”责任清单》，落实《党委（党组）落实全面从严治党主体责任规定》《关于建立党委（党组）书记党支部工作联系点制度》等规定，开展市直机关党组织书记抓基层党建工作述职评议工作，夯实市直机关各级党委（党组）书记抓机关党建的主体责任。强化纪工委作用，发挥“探头”和“前哨”作用，从细微处发现问题。移送处置在监督检查中发现的党员涉嫌弄虚作假的问题线索；在轮训中加入党风廉政建设内容，强化党风党纪教育；监督检查市直机关2020年以来下拨的党费使用情况。抓实被市委巡察市直部门党建工作突出问题整改，“回头看”有关整改情况，推动机关从严治党向纵深发展。

（市直属机关工委）

党校工作

【概况】 2021年，大同市党校（行政学院）坚持把习近平新时代中国特色社会主义思想作为理论教育的中心内容，在主体班次单设教学单元重点培训教育，引导和促使学员学习领会习近平新时代中国特色社会主义思想的科学内涵、精神实质和核心要义。加强学员学习研究马克思主义经典著作，在主体班次单设马克思主义基本理论单元，开设一系列相关课程，引导学员读原著、学原文、悟原理，系统掌握马克思主义基本原理和立场观点方法。开展理想信念教育、作风教育、使命教育、纪律教育，形成党性教育课程体系。创新“六个一”教学模式，安排学习中央、省市委关于廉洁从政各项规定的教学内容，组织观看警示教育片。专门组织学员到大别山、井冈山、西柏坡、右玉、贾家庄等现场教学点延伸培训，突出学员的理想信念、政治纪律、党性党风和反腐倡廉教育。为持续推动党性教育走深走实走心，在入学教育阶段要求学员制定党性锻炼计划，在校期间不断开展党性分析，毕业前提交党性分析报告，引导学员增强廉洁从政意识，提高拒腐防变能力。健全完善《关于加强学员学风建设的意见》《学员党性分析实施办法》《学员遵守政治纪律承诺书》《学员廉洁自律承诺制度》等学员管理制度。全年共举办各类培训班次 27 期，培训各级各类干部 2053 人次。其中，举办主体班 5 期，培训学员 344 人次；承办专题培训班 7 期，培训学员 524 人次；承办各类对外培训班次 14 期，培训轮训干部 1129 人次；举办研修班 1 期，培训管理人员和教学骨干 56 人次。（朱俊霞）

【教学改革】 2021 年，大同市党校（行政学院）优化教学布局，开设习近平新时代中国特色社会主义经济思想、法治思想、生态文明思想等系列专题，单设习近平总书记在庆祝中国共产党成立 100 周年大会上重要讲话精神单元，并设置相关专题。根据形势任务要求，重点开设习近平总书记视察山西重要讲话重要指示精神、省委书记林武调研大同讲话和指示精神、省委全方位推动高质量发展、乡村振兴等一批体现省市特色的教学课程，并把党的十九届六中全会、省第十二次党代会、市第十六次党代会精神列入教学内容中。结合大同转型发展实际，在主体班次开设市情与经济社会发展、新时代与大同发展专题教学内容，每期主体班还专门邀请市领导、市有关部门负责人作大同市经济社会发展问题专题形势任务报告。创新教学方式。在加强和改进讲授式、研讨式、现场体验式教学的基础上，推进教学方式创新。重点围绕案例教学、学员论坛开展探索、改进和创新。提高教学针对性。市管干部读书班教学以引导学员运用所学理论研究重大现实问题、指导工作实践为主；中青年、青年干部培训班的教学系统安排理论教育、党性教育、能力培养和相关知识的学习；专题研讨班的教学主要围绕党中央重大战略部署、省市委中心工作确定相关专题，开展集中研讨。每个班次结合大同全方位高质量发展实际，通过专题辅导、师生论坛、主题班会、实践调研等，加强全市经济社会发展理论和现实问题的学习研讨。强化教学管理。要求教师课前，在组织试讲的基础上，专门由教务部门审核教师的教案、课件；课堂上，要求教师用学术阐释党的理论和中央重大决策部署，从专家视角理论分析重大理论和现实问题。规范学员管理。严格培训规定，健全管理制度，改进管理方式，提高管理效果，并修改完善《中共大同市委党校学员手册》。

（朱俊霞）

【队伍建设】 2021 年，大同市党校（行政学院）调整配强中层干部，增强干部队伍活力。11 月，召开年轻干部座谈会，贯彻习近平总书记在中央党校中青年干部培训班开班式上的重要讲话精神。12 月，针对中层干部岗位空缺较为严重的实际情况，该校（院）主要领导及有关部门和市委组织部请示沟通，按照“三定”方案核定的职数，调整 27 名中层干部。该校（院）委推进人才强校战略，加强教师队伍建设，提升师资队伍水平。选派教师参加中央党校教学科研骨干研修班、全省党校（行政学院）系统师资培训班、全省社会主义学院师资培训班、全市理论骨干培训班、市委组织部专题培训班等；组织教师参加市委组织的学习活动及干部大讲堂专家讲座；举办全市党校系统第 6 期教学与管理能力提升研修班；选派 35 周岁以下的年轻教师到行政科室锻炼。

（朱俊霞）

【科研咨政】 2021 年，大同市党校（行政学院）有 17 项省级课题结项。其中，2021 年山西省社会主义学院招标课题 5 项，山西省党建研究会 2021 年度重点指导性课题 4 项，全省党校（行政学院）系统课题结项 4 项，2021 年度山西省哲学社会科学规划课题 2 项，2020—2021 年度山西省社会科学界联合会课题 2 项。6 项省级课题立项。其中，山西省社会主义学院招标课题 5 项，山西省社会经济统计科研课题 1 项。全年在各级刊物上发表文章 55 篇。其中，中文核心期刊 1 篇，省级 6 篇，市级 48 篇。在全省党校（行政学院）系统庆祝中国共产党成立 100 周年理论研讨活动中，有 3 篇论文获一等奖，4 篇论文获二等奖，1 篇论文获三等奖，获一、二等奖数量在全省市级党校中排名第一。聚焦全市政治经济社会发展的重点、难点、焦点、热点问题开展研究，反映重要思想理论动态。全年向市委、市政府及有关部门报送《决策参考》5 期。

（朱俊霞）

【党校系统论文获奖】 2021 年 6 月 22 日，全省党校（行政学院）系统庆祝中国共产党成立 100 周年理论研讨会在太原召开，大同市党校（行政学院）系统在此次研讨会上有 13 篇理论研讨文章获奖，其中一等奖 4 个、二等奖 4 个、三等奖 2 个、优秀奖 3 个。此次全省党校（行政学院）系统庆祝中国共产党成立 100 周年理论研讨会收到论文 476 篇，其中大同市党校（行政学院）系统推荐 16 篇，获奖率 81%；市委党校（行政学院）获一、二等奖数量在全省市级党校中排名第一；浑源县委党校姚振华撰写的论文《感恩共产党，奋进新时代》获一等奖，天镇县委党校张晓峰撰写的论文《百年风华，“晋”新时代》获三等奖，云冈区委党校乔开源撰写的论文《玉宇澄清万里埃》获优秀奖。（朱俊霞）

【秋季主体班】 2021 年 9 月 9 日，市委党校 2021 年秋季主体班开学。市委常委、组织部部长、市委党校校长崔巍出席开学典礼并做动员讲话。市委党校 2021 年秋季主体班包括第 7 期市管干部学习贯彻习近平新时代中国特色社会主义思想读书班、第 34 期中青年干部培训班、第 3 期青年干部培训班，194 名学员，学制 2 个月。学员们学习习近平新时代中国特色社会主义思想、习近平总书记在庆祝中国共产党成立 100 周年大会上的重要讲话精神专题辅导、马克思主义基本理论、党性教育、能力提升、新时代与大同发展等课程。（朱俊霞）

【市委党校新校区揭牌】 2021 年 10 月 22 日，中共大同市委党校新校区揭牌。省委常委、市委书记张吉福，市委副书记、市长张强，市委副书记、政法委书记艾凌宇，市人大常委会主任谷明，市政协主席郜向华等市四套班子领导出席揭牌仪式。市委党校新校区位于御东北环路北侧片区，建筑面积60305平方米，绿地面积约7万平方米，由教学会议中心、图书信息中心、体育活动中心、学员楼组成。市法检两长，各县（区）委书记、县（区）长，市直各单位、市管国有企业主要负责人，市委党史学习教育各巡回指导组组长，市委组织部部务会成员，各县（区）委党校负责人以及云冈研究院、山西通航职业技术学院主要负责人300余人参加揭牌仪式。（朱俊霞）

老干部工作

【概况】 2021年，市委老干部局坚持以适应新阶段、抢抓新机遇、贯彻新理念、融入新格局为导向，以“让党和政府放心、让老同志满意”为工作出发点和落脚点，提升老干部工作信息化、精准化、规范化水平，围绕庆祝中国共产党成立100周年、党史学习教育等任务，开展“致敬百年路·银发心向党”“转型出雏形·银辉添新彩”主题活动。组织引导全市离退休党员干部通过“三会一课”、主题党日、专题党课等，强化理论武装、坚定理想信念。全市召开各类党史学习教育座谈会、研讨会40余次，参与人数510余人次；运用“离退休干部工作”“山西老干部”“大同老干部”等公众号，组织引导老干部开展线上教学，扩大党史学习教育覆盖面，全市9800余名老干部参与党史学习教育线上知识竞赛答题；邀请党史研究专家、离退休干部先进典型、“参战”老党员讲述党史故事、传承红色基因，组织老干部参加中央、省、市宣讲团党史学习教育报告会4场；利用当地红色资源，组织退休党员干部2700余人次到阳高大泉山红色教育基地、平型关大捷纪念馆、市党群服务中心、大同红色记忆馆等实地学习，探寻红色足迹，重温红色记忆。（申　辉）

【离退休干部党组织规范化建设】 2021年，市委老干部局联合市委组织部印发《大同市创建离退休干部“示范党支部”实施方案》，制定《离退休干部“示范党支部”评估细则》，举办全市离退休干部党组织书记示范培训班，发挥支部书记“领头雁”作用，推动示范创建工作落地见效；以专项考评确保创建质量，按照“成熟一个、验收一个、优中选优”原则，由专项考评组逐一对示范党组织申报对象实地考察验收，确定第一批示范党支部授牌对象38个；以示范创建聚人心成合力，鼓励引导老干部发挥政治优势、经验优势，助力乡村振兴、基层治理，全市有109名离退休干部党员担任农村（社区）党支部书记、党建指导员。（申　辉）

【老干部服务项目建设】 2021年，市委老干部局推动信息化建设，采集录入46562名离退休干部20余项关键信息建立数据库。各县（区）、市直各单位在掌握离休干部基本情况和个性化需求信息基础上，建立离休干部“一人一策”服务台账。按照中组部有关要求，给符合条件的68名离休干部提高医疗待遇标准；提高市直离休干部及离休干部遗属春节慰问标准。完善制度体系，定位精准化特困帮扶，开展亲情化结对走访，开辟特色化就医渠道，确保离休干部“一人一策”落实到位。全年专项帮扶市直离退休干部及离休干部遗属101名；走访市直离休干部416名，完善“一人一策”台账。推进市老年大学暨老干部活动中心项目建设，主体工程及外立面装修完工。（申　辉）

【庆祝中国共产党成立100周年系列活动】 2021年，市委老干部局围绕庆祝中国共产党成立100周年，以“致敬百年路·银发心向党”为主题，开展“银耀古城”系列活动。在大同大剧院和大同市和阳美术馆，举办“致敬百年路·银发心向党”大同市离退休干部庆祝中国共产党成立100周年文艺演出和书画摄影展，全市参演参展老干部3000余人次，展出书画摄影剪纸作品420件。以征文、微视频征集、趣味运动会等形式开展系列活动，收到征文、微视频作品189件，通过编印文集、线上展播等形式，引导鼓励老干部讲述党的历史，歌颂伟大成就，描绘百年风华，感受盛世气象。（申　辉）

【老干部助力转型发展活动】 2021年，市委老干部局围绕“转型出雏形·银辉添新彩”主题，打造“银辉焕彩”老干部发挥作用品牌，开展红色宣讲进校园、“美丽大同”我点赞、“三零创建”我参与、银发专家在行动4项活动，引导老干部做助力大同高质量发展的“红鼓手”“红帮手”“红旗手”。活动期间，老干部走进校园为青少年学子宣讲红色故事、光荣传统和优良作风，开展红色宣讲64场，2万余名中小学生聆听宣讲报告；全市组建“守护绿色生态”老干部志愿服务队100支，开展“绿色生态我宣传”“绿色环保我参与”“守护绿色我行动”“绿水青山我点赞”等志愿活动50余次，在册老干部志愿者1500人；以离退休干部法律援助站、矛盾调解中心等为依托，成立“三零创建”志愿服务队，提供法律政策咨询，化解基层潜在矛盾；在农业、政法、卫健、教育等重点领域组织遴选有专长的老专家，建立近300人的人才库，开展健康服务、农技帮扶、科技传帮带等60余次。（申　辉）

【“翰墨春秋 百年辉煌”书画展】 2021年6月20日，“翰墨春秋 百年辉煌”庆祝中国共产党成立100周年书画展在潘家园美术馆举行，此次书画展由市委老干局、市老年书画家协会主办，展期一个月，参加展览的书法作品有151件、绘画作品有74件，以行、草、隶、篆、楷等字体回顾党的历史，展现时代精神，以国画、工笔画等描绘大同山川盛景及群众生产生活。（申　辉）

【离退休干部庆祝中国共产党成立100周年文艺演出】 2021年7月4日，由市委组织部、市委老干部局主办的“致敬百年路 银发心向党”大同市离退休干部庆祝中国共产党成立100周年文艺演出在大同大剧院举行。省委常委、市委书记张吉福，市委副书记、市长张强，市委副书记、政法委书记

▲ 2021 年 7 月 4 日，“致敬百年路 银发心向党”大同市离退休干部庆祝中国共产党成立 100 周年文艺演出在大同大剧院举行（申 辉 摄）

艾凌宇，市政协主席部向华，市委常委、宣传部部长王铁梅，市委常委、组织部部长崔巍，市委常委、市委秘书长周鹏，市人大常委会副主任刘美出席。市级老干部孙辅智、王兴祥等参加演出。此次文艺演出以庆祝中国共产党成立 100 周年为主题，演出节目有大合唱《我爱你中国》、女高音独唱《英雄赞歌》、小合唱《地道战》、配乐诗朗诵《信念永恒》、舞蹈《再唱山歌给党听》、男高音独唱《把一切献给党》、京剧《打虎上山》、话剧《热泉》片段、歌舞《祥和中国》等节目。（申 辉）

【离退休干部庆祝中国共产党成立100 周年书画摄影展】 2021 年 7 月 7 日，“致敬百年路 银发心向党”大同市离退休干部庆祝中国共产党成立 100 周年书画摄影展在和阳美术馆举行。此次展览由市委组织部、市委老干部局主办，征集作品 610 余件，并筛选出 342 件作品入展，包括书法、绘画、摄影和剪纸。参展作品表达全市离退休干部听党话、跟党走的共同心声，展现老干部文化底蕴、艺术修养和“老有所学、老有所为、老有所乐”风采。（申 辉）

保密工作

【概况】 2021 年，中共大同市委把中央、省市关于保密工作的方针、政策、党的保密纪律和保密法律法规列入各级党委（党组）中心组学习内容，保密工作纳入党委的重要议事日程。3 月下旬，市委中心组组织学习传达《丁薛祥在全国保密工作会议上的讲话》、省保委印发的《领导干部保密责任守则》和《关于部分机关、单位泄密和严重违规案例的通知》等文件精神。市委常委集中观看保密警示教育片《网络密战》，提高市委主要领导的保密意识。（姜 森）

【保密培训教育】 2021 年，大同市国家保密局加强全市领导干部和涉密人员保密“两识”教育，把保密宣传教育和普法规划列入年度工作要点，组织各级党政机关保密工作负责人到国家保密学院培训；邀请保密专家学者，针对全市业务工作薄弱环节开展全市机关单位保密全员培训。5 月，大同市国家保密局组织开办全市保密工作专题培训会，给全市各单位涉密人员 240 余人开展保密专题培训。大同市国家保密局为各级党政机关、企事业单位提供“量身定制”保密培训服务，为平城区、开发区、市委办、市国安办、市交通局、市纪检委、市市场监管局、市公安局、市经济建设投资公司等 17 家单位开展保密教育培训。为市公安局警校组织的各类人员轮训提供 5 次保密业务授课。全年全市累计保密培训人数 2370 人。（姜 森）

【保密法治宣传】 2021 年，大同市国家保密局开通短信“一信通”平台，重点针对机关重要工作人员，投放保密常识、警句，从日常工作入手，指导保密工作，提高全市保密工作水平，全年向 5000 余人次发送保密短信达 2 万余条。运用“大同保密”微信公众号，扩大全市保密法治宣教覆盖面，全年发布保密工作动态、保密法规、保密“两识”等信息 15 期。（姜 森）

【定密管理】 2021 年，大同市国家保密局推进定密管理规范化建设，完善落实定密工作责任制，印发《关于统计报送年度定密工作基础数据的通知》，推动定密责任人和国家秘密事项范围报备常态化管理。落实《工作秘密管理暂行办法》，加强指导和监督，推动机关、单位把工作秘密和敏感事项管理纳入保密自查自评内容。推进集中解密工作。制定印发《关于开展国家秘密集中解密工作的通知》，指导全市各单位细化解密工作流程，梳理清查密件，开展集中解密工作。（姜 森）

【涉密人员管理】 2021 年，大同市国家保密局印发《关于对全市涉密人员等情况进行保密普查的通知》，完善涉密人员、涉密岗位、保密要害部门部位、自动化办公设备数据库，实现全市保密动态管理。涉密人员落实保密承诺及审查制度，加强在岗和离岗离职管理。严格因公（私）出国（境）备案审查和离退涉密人员撤备审批管理。（姜 森）

【涉密载体管理】 2021 年，大同市国家保密局印发《大同市国家秘密载体销毁管理办法》，要求全市各单位加强和规范国家秘密载体销毁管理工作。为各单位专兼职保密干部定制《保密工作人员证件》，建立“专人专证”年检制度，健全密件回溯管理机制。市保密技术服务中心严格涉密载体回收管理，落实专人专车回收、涉密文件销毁不过夜等销毁制度。（姜 森）

【保密要害部门部位管理】 2021 年，大同市国家保密局联合市公安局、市教育局、市招办年检全市 18 个国家统一考试试卷保密室，利用室内环境检测设备查找漏洞，并颁发保密室合格证。开展重点保密要害部门、部位和办公环境安全保密检测，检查市委办、市委组织部、市纪委，以及市委常委、县（区）常委的办公场所和会议室环境保密10余次。（姜 森）

【保密科技建设】 2021年，大同市国家保密局加强涉密信息系统业务指导和管理，印发《关于进一步加强全省网络保密管理的通知》，指导开展涉密网络风险控制评估和审查工作。建成保密监管“一体化”平台，实现多渠道多节点全覆盖保密技术监管，具备省市互通、资源共享、一地报警两地联动的联防联控条件。

（姜 森）

【专题保密培训】 2021年5月，市国家保密局组织全市各单位保密业务人员到湖南大学国家保密学院开展“建党百年”专题保密培训。此次培训内容从保密管理形势和应对策略入手，重点学习信息公开保密审查、涉密载体与涉密人员管理、定密与解密管理、保密技术与防范常识等内容。培训班还开展“红色保密之旅”，参加培训人员“探访红色故地、追忆峥嵘岁月”重温保密记忆，聆听感人故事，感受党史启迪。培训结束后，参训学员参加保密知识测试，全体人员通过实训考试。（姜 森）

机关事务服务

【概况】 2021年9月，根据省委编办《关于大同市直属机关事务管理局更名的通知》，经报市委批准，大同市直属机关事务管理局更名为大同市机关事务管理局。公务接待工作适应新形势、新任务、新要求，强化主动服务、提前服务，体现人性化、个性化，在接待手册、餐签等接待相关用品方面推陈出新，反映大同人文历史。全年接待宾客964批次，9978人次。全年完成文瀛湖办公楼报告厅、多功能一号、二号会议室提档升级工作。通过升级改造，利用平板电脑可控制线路，实现智能化管控。全年保障各类会议2144场，其中视频会议248场，大型会议有全市两会、市委十五届十次全会暨经济工作会议、中共大同市第十六次代表大会等。（张泽川）

【办公用房管理】 2021年，大同市机关事务管理局开展机关不动产登记工作。经过与各单位反复对接核实，掌握的办公场所有207处，包括学校、医院类单位60处。多次与市不动产登记中心召开协调会，核实土地信息并查阅档案资料，与市税务局协调解决不动产办理中的税费问题，登记（变更）党政机关和事业单位不动产权属27处，省出台《解决不动产历史问题有关意见》后，除市法院、市检察院、市人防、市工会、市环保5处因上划资产和涉密等原因不能登记外，完成市不动产登记中心、市司法局、市市场监督局、市行政审批局、市档案馆等9处机关办公楼的产权登记或变更，并完成13处拆除土地或房产的证件注销。以全市事业单位改革为契机，调整涉改事业单位办公用房193家，并掌握管理全市事业单位办公用房信息。完成处级事业单位牌匾制作安装19家。解决平城区、市场监督局办公场所紧张问题，经请示市政府同意后，把市政府旧址调整给平城区委、区政府使用，把原招商服务中心办公楼调整给市场监督管理局系统使用，涉及1500余人、1万余平方米。完成市档案馆、市行政复议局、市公共法律服务中心、市慈善总会、市经济发展投资公司、市开发建设集团等26家单位办公用房调整、协调和搬迁工作。开展协会、商会等28家占用机关办公用房清理整顿工作，其中清理占用办公用房的协会、商会7家。大同市机关事务管理局落实市政府招商引企优惠政策，为上海中能、秦淮数据、太原重工配租周转房109套；为云冈研究院、市博物馆、市文旅局配租30套；安排引进人才77套、企业管理人员240套、企业职工住房92套、山西大同大学102套。解决异地机关干部职工住房困难，经市政府同意，把汇智城2栋楼作为异地到大同任职的党政机关处级领导周转住房，有20套房屋作为新入职党政机关职工和选调职工的周转住房，入住处级领导2人，机关职工9人。（张泽川）

【公务用车管理】 2021年，大同市机关事务管理局把全市公务用车信息、车况、数据全部录入平台系统，形成全市公务用车信息化管理“一张网”。该系统融入用车申请、审核、调度、派车、归队登记、服务评价、车辆监控，车辆运行费用核算，车辆管理费用，手机APP，数据分析等为一体的平台管理模式，实现用车规范化、行驶痕迹化、监管无缝化。因个别车辆老化等原因，市县（区）应录入1200台，实际录入930台。全年市级公务用车平台累计接收任务大约4000件，有效派车3876件。（张泽川）

【机关节能减排】 2021年，大同市机关事务管理局根据省机关事务管理局《“十四五”公共机构节约能源资源工作规划》《公共机构节能条例》等有关规定，制定并印发《大同市公共机构节能“十四五”规划》。开展各县（区）及市直相关单位节约能源资源和反食品浪费工作情况的评估调研。现场调研指导各县（区）及市直相关单位在能源资源利用、生活垃圾分类、制止餐饮浪费等方面工作，推进公共机构节能工作向高质量发展。通过评估市公安局、市检察院、市法院、市司法局、市人社局、市生态环境局等独立办公的19家重点用能单位，年度节能工作目标责任考核调研和反食品浪费工作开展情况，并印发《市直公共机构厉行节约反对食品浪费检查情况的通报》。市直属机关事务管理局、市三医院、市示范性综合实践基地、云冈区实验中学、云州区初级示范中学5家单位被国家机关事务管理局、国家发改委、财政部联合授予国家级“节约型公共机构示范单位”称号，市一医院被授予国家级“公共机构能效领跑者”称号。（张泽川）

【机关固定资产管理】 2021年，大同市机关事务管理局修改完善出台《大同市市级机关行政资产管理办法（试行）》《大同市机关事务管理局局属内部固定资产管理细则（试行）》等相应的规章制度，制定固定资产采购申请单、新增固定资产审批单等，实现固定资产管理制度化、规范化管理。（张泽川）

【机关疫情防控】 2021年，大同市市直机关后勤保障中心按照国家、省市相关疫情防控有关要求，实施各集中办公区人员行程码、健康码、核酸检测报告检查和体温检测，并提醒其遵守疫情防控有关规定；牵头各集中办公区范围内疫情防控工作，制定《大同市市直机关后勤保障中心新型冠状病毒肺炎防控预案》2份、《大同市市直机关后勤保障中心核酸检测工作应急预案》1份，制作并张贴疫情防控海报300余份；根据疫情情况加强消毒、消杀频次，指导一线作业人员落实作业消杀标准，文瀛湖办公区全年累计消毒1600余次，累计酒精擦拭出入口门把手及手扶电梯1500余次。（牛耀锋）

【物业管理】 2021年，大同市市直机关后勤保障中心责成专人每日日常巡查文瀛湖办公区楼内及院内1个小时以上，检查楼内及院内卫生、园林绿化、花卉租摆、地库车辆停放、高压电配电室、空调机房等重点部位，全年文瀛湖办公区修复、更换地砖150余块，维修墙面、墙砖50余处，维修台阶40余处，维修门窗家具150余次；完成市场监督管理局搬迁修缮服务保障及协调工作，并为办公楼内房间更换锁芯260个，维修更换科创园楼内部分消防门把手断裂锁芯；协调市机关事务管理局修缮市委原址办公区、市招商服务中心办公区部分老化亟须维修的设施，完成科创园、招商服务中心、市委原址办公区避雷设施检测后的维修整改。每周消杀巡检文瀛湖办公区，全年消杀餐厅、厨房、配电室、配电箱、消防管道、暖气管道等鼠患重点区域50余次；为防治各种爬虫飞虫，滞留喷洒办公楼外围及周边绿化带16次，主楼南平台滞留喷洒9次，东西辅楼14次，会议中心3次；对1、2号餐厅做超低容量空间喷洒及滞留喷洒，防治蚊蝇及蟑螂。加强主楼北门大厅、会议室、走廊等位置的花木养护、调换力度，全年布置更换70余棵绿植，养护108次，喷洒药物和施肥55次；在文瀛湖办公区及二标段新栽补栽绿植600余株、草花1.6万株，铺设花带草坪花坛1.9万平方米，喷、滴灌改造314842平方米，整理杂草枯地715平方米，楼顶人工草皮修整、更换1700平方米。完成中国共产党成立100周年氛围营造工作，在南北广场各设立花坛1座，北广场悬挂道旗、更换宣传喷绘布，南广场、院内、公共活动走廊悬挂中国共产党成立100周年灯箱、党旗等。（牛耀锋）

【消防安全】 2021年，大同市市直机关后勤保障中心统计并制作各集中办公区的消防灭火器点位分布图，在6月、10月开展安全自查，年检未年检和到期的灭火器，全年检灭火器1969具；举办消防安全知识培训并举行消防演练，加强各服务单位相关工作人员安全意识，提高应急自救能力；督促消防维保人员加强办公楼内消防管道巡查力度，每日检查办公楼喷淋、消火栓、报警、气体灭火器、防火卷帘等消防系统，全年累计更换安装隐形喷头盖67个，整改消火栓箱内自救卷盘270处，检修防火卷帘故障29处，处理线路故障37处，处理主机故障39处，巡检报警阀室、消防水泵房600余次，烟感报警检测到火警并扑灭2次；为确保办公区消防安全，在文瀛湖办公楼各层及消防通道设置微型消防站60套。（牛耀锋）

【网络管理】 2021年，大同市市直机关后勤保障中心从预防、防御、检测、响应4个阶段实施终端安全工作，专门组织运维团队开展文瀛湖办公楼终端网络安全检查，利用态势感知设备和网络安全设备，定位终端并发现风险隐患，全年安排运维公司开展机房网络设备巡检233次，网络安全设备日常巡检118次、巡检项目230项，机房保洁100次，提供桌面运维服务96次，开展技术服务152次，更换备机备件7次，排除故障14次，向文瀛湖办公楼驻楼单位发出《网络安全告知函》110份，确保局域网100余个信息点终端设备运行正常。针对网络风暴和环路问题召集技术人员开展分析、测试，把网络广播风暴及环路问题控制在故障交换机端口，全年文瀛湖办公楼未发生大规模网络广播风暴及环路现象，网络基础设施运行稳定。全年开展机房监控设备定期巡检118次、故障处理120次、系统设备维护102次、机房设备保养25次，确保安防视频监控系统视频完好率98.3%。安排运维公司每月一次对一卡通系统、车辆管理系统前台应用服务器、后台数据库服务器开展漏洞扫描、渗透测试、安全加固、木马与病毒的查杀，做好数据备份；清理规整一卡通终端设备周边安全隐患，绘制一卡通刷卡机设备位置示意图；完成车辆管理系统的升级改造校准，全年反查机的准确率保持在98.1%以上，余位显示屏地下两层的误差车位数低于15个。为文瀛湖办公区地库行车通道视觉盲区增加50路400万像素高清枪型摄像机，主楼、东西辅楼弱电井视觉盲区增加88路弱电井专用视频摄像机，人防通道盲区增加27路400万像素高清半球摄像机，主楼楼顶、21层、22层视觉盲区增加13路400万像素高清预警摄像机，并增建4台2400万像素全景摄像机。为配电机房新增1台EA66200主机、25千伏安模块2块，更换和新增UPS电池80节，使配电机房的负载容量增加到300千伏安，AB双路供电改造互联网机房及综合机房设备。（牛耀锋）

【公车服务】 2021年，大同市市直机关后勤保障中心完善106台公务车辆的车辆管理档案，把车辆基本信息、车辆保险、检车日期、驾驶员基本信息编订成册，按照“安全第一、预防为主、综合治理”的原则，排查整改所有车辆安全隐患；制定《市直机关后勤保障中心公务用车燃油、维修、伙食补助费用报销流程》等规章制度，并指定专人负责申请使用公务用车有关事项，解决派车效率不高问题，全年公务用车有效保障任务6235次。8月10日，开展公务用车保障服务满意度调查活动，请各用车单位根据出行质量、驾驶员素养、公车状况等内容对公务用车服务提出意见，收到意见建议12条，满意率100%。（牛耀锋）

大同市人民代表大会

综 述

【概况】2021年，大同市人民代表大会常务委员会（简称“市人大常委会”）召开人民代表大会1次、市人大常委会会议9次、主任会议14次；制定地方性法规6件，修改1件，废止4件；听取、审议市人民政府、市中级人民法院、市人民检察院专项报告22项，开展专题询问1次，满意度测评5次，开展执法检查和视察调研56次，决定重大事项6项，任免国家工作人员102人次，完成市十五届人大四次会议确定的各项工作任务。

（贾鸿铸）

【市人大组织构成】2021年，大同市第十五届人民代表大会第六次会议实有代表343名。其中，平城区75名，云冈区80名，新荣区16名，云州区21名，阳高县32名，天镇县21名，浑源县37名，灵丘县24名，广灵县20名，左云县17名。市人大及其常委会工作机构有：法制委员会、监察和司法委员会、财政经济委员会、社会建设委员会、教科文卫工作委员会、农村工作委员会、城乡建设环境保护工作委员会、人事代表工作委员会、民族宗教外事工作委员会、法制工作委员会、办公室、研究室。（贾鸿铸）

人大重要会议

【市十五届人民代表大会第六次会议】2021年2月22日至24日，市第十五届人民代表大会第六次会议在大同大剧院举行，出席会议代表应到343人，实到289人，符合法定人数。

会议听取、审议代市长张强作的《政府工作报告》和赵向东、白永旺、郑黎明分别作的大同市人大常委会、大同市中级人民法院、大同市人民检察院的工作报告。会议审查《大同市国民经济和社会发展第十四个五年规划和二〇三五年远景目标纲要（草案）》，审查《关于大同市2020年国民经济和社会发展计划执行情况与2021年国民经济和社会发展计划报告（草案）》《关于大同市2020年全市和市本级预算执行情况与2021年全市和市本级预算报告（草案）》。大会收到代表提出的议事原案2件，经议案审查委员会审查后报大会主席团决定，立为议案1件，会后交由市人大及其常委会有关工作机构办理。收到代表提出的各个方面工作建议、批评和意见121件，依照规定分别交由有关机关和组织办理，并在法定时间内答复代表。选出10件列为重点建议，由市政府及其有关部门重点办理。会议通过关于接受市人大常委会主任辞职请求的决定、关于接受个别市人大常委会副主任辞职请求的决定、选举办法、市政府民生实事项目票决办法。会议选举谷明为大同市第十五届人大常委会主任，张强为大同市人民政府市长，王凤瑞、王明生为大同市第十五届人大常委会副主任，郑黎明为大同市人民检察院检察长，由山西省人民检察院提请山西省人大常委会批准，10项民生实事入选2021年市政府民生实事项目。会议表决通过《关于大同市人民政府工作报告的决议》《关于大同市国民经济和社会发展第十四个五年规划和二〇三五年远景目标纲要的决议》《关于大同市2020年国民经济和社会发展计划执行情况与2021年国民经济和社会发展计划的决议》《关于大同市2020年全市和市本级预算执行情况与2021年全市和市本级预算的决议》《关于大同市人民代表大会常务委员会工作报告的决议》《关于大同市中级人民法院工作报告的决议》《关于大同市人民检察院工作报告的决议》。（贾鸿铸）

大同市第十五届人民代表大会第六次会议代表提出的重点建议一览表

表5-1

原建议号	提建议代表	建议题目	承办单位	分管副市长
002	鲁学虎	关于加强农村专业合作社规范化管理的建议	市农业农村局 市金融办 市市场监管局	任希杰 龚孟建 马安全
007	张月英	关于加强我市网络诈骗信息内容管理的建议	市公安局	史水鸿

续表 5–1

原建议号	提建议代表	建议题目	承办单位	分管副市长
024	姜美琴	关于在各县区设置电动汽车充电桩的建议	市发改委	任希杰
052	张建华	关于对我市学校教师随学生比例均衡配置的建议	市教育局	马安全
063	李日斌	关于规范城市二次供水管理保障居民安全不间断供水的建议	市住建局 市发改委 市供排水集团	任希杰 翟永清
069	王　巨 解宏元 郭秀清 张静美 李建生	关于适时修改《大同市物业管理条例》的建议	市财政局 市住建局	任希杰 翟永清
075	刘志忠	关于构建大水网，解决广灵发展用水的建议	市水务局	龚孟建
083	王瑞霞	关于大同市御河生态园广场、健步道等上下台阶光面石板采用磨砂面问题的建议	市城市管理局	翟永清
113	刘金锁 李军山	关于对住宅小区电动自行车集中管理的建议	市住建局	翟永清
121	李　纬	关于加快推进 208 109 国道改线工程的建议	市交通局	郝献民

【市十五届人大常委会会议】 2021 年，市十五届人大常委会召开常委会会议 9 次。

第 36 次会议。2 月 5 日，市十五届人大常委会第 36 次会议在市人大常委会会议厅举行。市人大常委会主任赵向东，副主任赵志坚、刘美、张忠义、王淑琴、苏智、赵宇，秘书长薛利云和委员 37 人出席会议。市委常委、常务副市长任希杰，市监察委员会、市中级人民法院、市人民检察院负责人列席会议。会议听取市人大常委会主任会议关于提请审议接受武宏文辞去大同市人民政府市长职务请求的决定（草案）说明、关于提请审议人事任职议案的说明及拟任职人员情况介绍；拟任职人选张强与常委会组成人员见面并作供职发言。会议表决通过大同市人民代表大会常务委员会关于召开大同市第十五届人民代表大会第六次会议的决定，决定于 2 月 22 日召开。会议表决通过关于接受武宏文辞去大同市人民政府市长职务请求的决定，表决通过人事任命名单，任命张强为大同市人民政府副市长；表决通过关于张强代理大同市人民政府市长的决定。

第 37 次会议。2 月 20 日，市十五届人大常委会第 37 次会议在市人大常委会会议厅举行。赵向东、赵志坚、刘美、张忠义、王淑琴、苏智、薛利云和委员 35 人出席会议。市人大常委会党组书记谷明，任希杰，市中级人民法院、市人民检察院负责人列席会议。会议听取和审议市人民政府关于 2020 年国民经济和社会发展计划执行情况与 2021 年国民经济和社会发展计划（草案）、关于大同市 2020 年全市和市本级预算执行情况 2021 年全市和市本级预算（草案）、关于大同市第十五届人民代表大会第五次会议代表所提建议、批评和意见办理情况的报告；听取和审议市人大常委会代表资格审查委员会关于个别代表变动情况的代表资格审查报告；听取和审议市人大常委会关于大同市第十五届人民代表大会第五次会议主席团交付代表议案办理情况的报告；听取和审议市中级人民法院关于大同市第十五届人民代表大会第五次会议代表所提建议、批评和意见办理情况的报告；听取和审议市人大常委会主任会议关于提请审议接受段运生辞去大同市人民检察院检察长职务请求的决定（草案）的说明、关于提请审议市人大常委会和市人民检察院人事任免职务议案的说明及拟任职人员情况介绍；市人大常委会和市人民检察院拟任职人员与常委会组成人员见面，市人民检察院拟任职人员作供职发言。审议市十五届人大六次会议筹备组关于大同市第十五届人大六次会议筹备工作情况的报告。会议表决通过大同市人大常委会工作报告（稿）、大同市人大常委会 2021 年工作要点及立法计划和监督计划、关于大同市第十五届人民代表大会第五次会议主席团交付代表议案办理情况的报告；表决通过市人大常委会代表资格审查委员会关于个别代表变动情况的代表资格审查报告；表决通过大同市第十五届人民代表大会第六次会议建议议程（草案）、主席团和秘书长建议名单（草案）、议案审查委员会组成人员名单（草案）、列席人员名单（草案）、旁听人员名单（草案）；表决通过市人大常委会关于接受段运生辞去大同市人民检察院检察长职务请求的决定。会议还表决通过市人大常委会和市人民检察院有关人事任免名单，任命郑黎明为大同市人民检察院副检察长，表决通过关于郑黎明代理大同市人民检察院检察长的决定。

第 38 次会议。4 月 28 日，市十五届人大常委会第 38 次会议在市人大常委会会议厅举行。市人大常委会主任谷明，副主任刘美、张忠义、王淑琴、苏智、赵宇、王凤瑞、王明生，秘书长薛利云和委员 35 人出席会议。市政府副市长郝献民，市人民检察院、市监委、市中级人民法院负责人列席会议。会议听取和审议市人大法制委员会关于《大同市禁牧休牧条例（草案）》审议结果的报告；听取和审议市人民政府关于废止《大同市建筑工程质量管理条例》的说明、关于废止《大同市城市房地产交易管理条例》的说明、关于废止《大同市经济技术开发区条例》的说明；听取和审议市人民政府关于全市贯彻实施《中华人民共和国中小企业促进法》和《山西省促进中小企业发展条例》情况的报告、关于全市贯彻实施《大同市学校校园和周边环境保护条例》情况的报告、关于2020年度全市环境状况和环境保护目标完成情况的报告；听取和审议市人大常委会关于接受王伟、杜福辞职请求决定（草案）的说明；听取和审议市人大常委会、市人民政府、市监察委员会、市中级人民法院、市人民检察院提请审议的有关人事事项，拟任职人员分别与常委会组成人员见面，并作供职发言。审议《大同市禁牧休牧条例（草案）》，审议关于废止《大同市建筑工程质量管理条例》的决定（草案）、关于废止《大同市城市房地产交易管理条例》的决定（草案）、关于废止《大同市经济技术开发区条例》的决定（草案）；审议关于全市贯彻实施《中华人民共和国中小企业促进法》和《山西省促进中小企业发展条例》情况的执法检查报告、关于全市贯彻实施《大同市学校校园和周边环境保护条例》情况的执法检查报告。会议表决通过《大同市禁牧休牧条例》，表决通过《大同市人民代表大会常务委员会关于废止〈大同市建筑工程质量管理条例〉的决定》《大同市人民代表大会常务委员会关于废止〈大同市城市房地产交易管理条例〉的决定》《大同市人民代表大会常务委员会关于废止〈大同市经济技术开发区条例〉的决定》；表决通过《大同市人民代表大会常务委员会关于接受王伟、杜福辞职请求的决定》；满意度表决市人民政府关于全市贯彻实施《中华人民共和国中小企业促进法》和《山西省促进中小企业发展条例》情况的报告、关于全市贯彻实施《大同市学校校园和周边环境保护条例》情况的报告、关于2020年度全市环境状况和环境目标完成情况的报告，表决结果均为满意。表决通过人事任免职事项。

第39次会议。6月10日，市十五届人大常委会第39次会议在市人大常委会会议厅举行。谷明、刘美、张忠义、王淑琴、苏智、王凤瑞、王明生、薛利云和委员33人出席会议。市委常委、副市长龚孟建，市人民检察院、市监察委员会、市中级人民法院负责人列席会议。会议听取市人大常委会主任会议提请审议关于补选谷明、张强为山西省第十三届人民代表大会代表议案的说明，表决通过选举办法，补选谷明、张强为山西省第十三届人民代表大会代表。

第40次会议。6月29日，市十五届人大常委会第40会议在市人大常委会会议厅举行。谷明、刘美、张忠义、王淑琴、苏智、王凤瑞、王明生、薛利云和委员33人出席会议。任希杰，市中级人民法院、市监委、市人民检察院负责人列席会议。会议听取和审议市人民政府关于大同市2020年市本级财政决算（草案）的报告、关于大同市2020年度市本级预算执行和其他财政收支的审计工作报告以及市人大财政经济委员会关于2020年市本级财政决算（草案）的审查报告；听取和审议市人民政府关于全市贯彻实施《中华人民共和国反家庭暴力法》和《山西省家庭暴力预防和处置办法》情况的报告、关于全市科普工作情况的报告；听取和审议市中级人民法院关于民事审判工作情况的报告；听取和审议市人民政府提请审议关于人事任免职议案的说明，市人民政府拟任职人员与常委会组成人员见面，并作供职发言。审议市人大常委会执法检查组关于检查《中华人民共和国反家庭暴力法》和《山西省家庭暴力预防和处置办法》实施情况的报告，审议市人大常委会调研组关于全市科普工作情况的调研报告、关于全市法院民事审判工作的调研报告、关于全市装备制造业发展情况的调研报告、关于大同市高标准农田建设情况的调研报告。会议表决通过大同市人大常委会关于批准大同市2020年市本级财政决算的决议；满意度表决市人民政府关于大同市2020年度市本级预算执行和其他财政收支的审计工作报告、关于全市贯彻实施《中华人民共和国反家庭暴力法》和《山西省家庭暴力预防和处置办法》情况的报告、关于全市科普工作情况的报告以及市中级人民法院关于民事审判工作情况的报告，表决结果均为满意。表决通过人事任免职事项。

第41次会议。8月26日，市十五届人大常委会第41次会议在市人大常委会会议厅举行。谷明、刘美、张忠义、王淑琴、苏智、王凤瑞、王明生、薛利云和委员34人出席会议。任希杰，市中级人民法院、市人民检察院、市监察委员会负责人等列席会议。会议听取市人民政府关于《大同市泉域水资源保护条例（草案）》的说明和市人大常委会农工委关于《大同市泉域水资源保护条例（草案）》研究意见的报告；听取市人民政府关于《大同市城市绿化条例（修订草案）》的说明和市人大常委会城建环保工委关于《大同市城市绿化条例（修订草案）》研究意见的报告；听取市人民政府关于大同市2021年上半年国民经济和社会发展计划执行情况的报告、关于大同市2021年上半年预算执行情况的报告、关于贯彻实施《中华人民共和国固体废物污染环境防治法》和《山西省固体废物污染环境防治条例》情况的报告、关于全市传统村落保护情况的报告、关于全市交通运输建设情况的报告；听取市人大常委会主任会议提请审议关于人事任免职议案的说明和拟任职人员情况介绍，市人大常委会拟任职人员与常委会组成人员见面；听取市人民政府提请审议关于人事任免职议案的说明，市人民政府拟任职人员与常委会组成人员见面，并作供职发言；听取市中级人民法院提请审议关于人事任免职议案的说明和拟任职人员情况介绍，市中级人民法院拟任职人员与常委会组成人员见面，拟任副院长人员作供职发言；听取市人民检察院提请审议关于人事任免职议案的说明和拟任职人员情况介绍，市人民检察院拟任职人员与常委会组成人员见面，拟任副检察长人员作供职发言。会议满意度表决市人民政府关于贯彻实施《中华人民共和国固体废物污染环境防治法》和《山西省固体废物污染环境防治条例》情况的报告、关于全市传统村落保护工作情况的报告、关于全市交通运输建设情况的报告，表决结果均为满意；

表决通过人事任免职事项。

第 42 次会议。10 月 21 日，市十五届人大常委会第 42 次会议在市人大常委会会议厅举行。谷明、赵宇、刘美、张忠义、王淑琴、苏智、王凤瑞、王明生、薛利云和委员 33 人出席会议。市人民政府副市长翟永清，市人民检察院、市监察委员会、市中级人民法院负责人，市政府有关部门负责人，各县（区）人大常委会负责人等列席会议。会议听取市人民政府关于《大同市长城保护条例（草案）》的说明、市人民政府关于《大同市农村自建房屋质量管理条例（草案）》的说明、市人民政府关于 2021 年市本级及经济技术开发区财政预算调整方案（草案）议案的说明、市人大财政经济委员会关于 2021 年市本级及经济技术开发区财政预算调整方案（草案）的审查报告、市人民政府关于全市 2020 年度国有自然资源资产管理情况的专项报告、市人民政府关于贯彻实施《中华人民共和国种子法》和《山西省农作物种子条例》情况的报告、市人民政府关于全市非物质文化遗产保护工作情况的报告、市人民政府关于全市医疗保障工作情况的报告。听取市人民政府、市监察委员会、市中级人民法院、市人民检察院提请审议关于人事任免职议案的说明，拟任职人员与常委会组成人员见面，相关拟任职人员作供职发言。会议表决通过大同市人大常委会关于批准 2021 年市本级及经济技术开发区财政预算调整方案的决议；满意度表决市人民政府关于 2020 年度国有资产管理情况的综合报告、关于 2020 年度国有自然资源资产管理情况专项报告、关于贯彻实施《中华人民共和国种子法》和《山西省农作物种子条例》情况的报告、关于全市非物质文化遗产保护工作情况的报告、关于全市医疗保障工作情况的报告，表决结果均为满意；表决通过人事任免职事项。

第 43 次会议。11 月 30 日，市十五届人大常委会第 43 次会议在市人大常委会会议厅举行。谷明、赵宇、刘美、张忠义、王淑琴、苏智、王凤瑞、王明生、薛利云和委员 34 人出席会议。会议传达学习党的十九届六中全会精神、中央人大工作会议精神；听取其他有关事项的说明；表决通过其他有关事项。

第 44 次会议。12 月 27 日，市十五届人大常委会第 44 次会议在市人大常委会会议厅举行。谷明、赵宇、刘美、张忠义、王淑琴、苏智、王凤瑞、王明生、薛利云和委员 34 人出席会议。市委常委、常务副市长任希杰，副市长赵学斌，市监察委员会、市中级人民法院、市人民检察院负责人等列席会议。会议听取市人大法制委员会关于《大同市泉域水资源保护条例（草案）》审议结果的报告、关于《大同市城市绿化条例（修订草案）》审议结果的报告、关于《大同市农村自建房屋质量管理条例（草案）》审议结果的报告，市人大财政经济委员会关于 2021 年市本级财政预算调整方案（草案）的审查报告，市人民政府关于《关于全市开展第八个五年法治宣传教育的决议（草案）》的说明、关于 2021 年市本级财政预算调整方案（草案）的说明、关于 2020 年度市本级预算执行和其他财政收支情况审计查出问题的整改工作报告、关于 2021 年代表票决的民生实事项目完成情况的报告、关于全市“六新”突破工作情况的报告、关于全市“七五”普法工作情况的报告、关于全市城市更新工作情况的报告、关于全市中医药工作情况的报告。会议表决通过《大同市泉域水资源保护条例》《大同市城市绿化条例》《大同市农村自建房屋质量管理条例》《大同市人大常委会关于全市开展第八个五年法治宣传教育的决议》《大同市人大常委会关于批准 2021 年市本级财政预算调整方案的决议》，满意度表决市人民政府关于 2020 年度市本级预算执行和其他财政收支情况审计查出问题的整改工作报告、关于 2021 年代表票决的民生实事项目完成情况的报告、关于全市“六新”突破工作情况的报告、关于全市“七五”普法工作情况的报告、关于全市城市更新工作情况的报告、关于全市中医药工作情况的报告，表决结果均为满意。（贾鸿铸）

人事任免

【市人大常委会工作机构人员任免】 2021 年，大同市十五届人大常委会第 37 次会议根据主任会议提名，任命吴生江为大同市人大财政经济委员会副主任委员；免去李宏伟的大同市人大财政经济委员会副主任职务。第 38 次会议根据主任会议的提名，免去任雪峰的大同市人大常委会副秘书长职务。第 41 次会议根据主任会议提名，任命赵军、梁宝怀为大同市人大常委会副秘书长，白雪峰为大同市人大常委会农业工作委员会主任，免去李彬的大同市人大常委会农村工作委员会主任职务，李莹山的大同市人大社会建设委员会副主任委员职务。

（贾鸿铸）

【市政府部门机构人员任免】 2021 年，大同市十五届人大常委会第 36 次会议根据主任会议提名，表决通过关于接受武宏文辞去大同市人民政府市长职务请求的决定，报请大同市第十五届人民代表大会第六次会议备案；决定任命张强为大同市人民政府副市长，代理大同市人民政府市长。第 38 次会议根据市长张强提名，决定任命龚孟建、赵学斌为大同市人民政府副市长。庞君为大同市人民政府秘书长，王宏栓为大同市发展和改革委员会（市粮食和物资储备局）主任（局长）、曹旭为大同市工业和信息化局（市大数据应用局、市民营经济发展促进局）局长，杜福为大同市市场监督管理局局长，李志刚为大同市政府金融工作办公室主任，王伟为大同市审计局局长。决定免去董建中的大同市人民政府秘书长职务，王明生的大同市发展和改革委员会（市粮食和物资储备局）主任（局长）职务，王宏栓的大同市工业和信息化局（市大数据应用局、市民营经济发展促进局）局长职务，张宏东的大同市卫生健康委员会主任职务，王一明的大同市政府金融工作办公室主任职务，曹旭的大同市市场监督管理局局长职务，于雅丽的大同市审计局局长职务。第 40 次会议根据张强提名，决定任命张军为大同市人力资源和社会保障局局长，戴陶为大同市科学技术局局长，孟德昌为大同市文化和旅游局局长，唐胜为大同市司法局局长，秦尚松为大同市商务局局长，郭立东为大同市信访局局长。决定免去张军的大同市体育局局长职务，戴陶的大同市文化和旅游局局长职务，张炜的大同市人力资源和社会保障局局长职务，王成舜的大同市科学技术局局长职务，魏兴平的大同市司法局局长职务，高淑霞的大同市商务局局长职务，宋世义的大同市信访局局长职务。第41次会议根据张强提名，决定任命谢志海为大同市乡村振兴局局长，李春雨为大同市体育局局长。决定免去靳文军的大同市统计局局长职务。第42次会议根据市长张强提名，决定免去郝献民的大同市人民政府副市长职务。（贾鸿铸）

【法院检察院人员任免】 2021年，大同市十五届人大常委会第37次会议根据主任会议提名，表决通过关于接受段运生辞去大同市人民检察院检察长职务请求的决定，报请大同市第十五届人民代表大会第六次会议备案；任命郑黎明为大同市人民检察院副检察长，代理大同市人民检察院检察长。第38次会议根据市中级人民法院院长白永旺提名，免去刘保平的大同市中级人民法院民事审判第五庭庭长、审判委员会委员、审判员职务，袁建录的大同市中级人民法院审判委员会委员、审判员职务，屈胜肖的大同市中级人民法院民事审判第二庭庭长、审判委员会委员、审判员职务，候慧文的大同市中级人民法院民事审判第四庭庭长、审判委员会委员、审判员职务，韩志民的大同市中级人民法院刑事审判第二庭庭长、审判委员会委员、审判员职务。根据市人民检察院检察长郑黎明提名，批准任命：何芮彬为大同市平城区人民检察院检察长，雷学军为大同市云冈区人民检察院检察长，池春雷为大同市新荣区人民检察院检察长，段华为大同市云州区人民检察院检察长，赵培荣为大同市阳高县人民检察院检察长，曹志勇为大同市天镇县人民检察院检察长，王东为大同市浑源县人民检察院检察长，宫云涵为大同市灵丘县人民检察院检察长，李庆国为大同市广灵县人民检察院检察长，杨剑为大同市左云县人民检察院检察长。第41次会议根据白永旺提名，任命刘义德为大同市中级人民法院副院长、审判委员会委员、审判员，张怡红为大同市中级人民法院副院长，邵晋栋为大同市中级人民法院副院长、审判委员会委员、审判员，王琴为大同市中级人民法院民事审判第二庭庭长，柴涛为大同市中级人民法院民事审判第四庭庭长。免去苑春光的大同市中级人民法院副院长职务，王永生的大同市中级人民法院副院长、审判委员会委员、审判员职务，王琴的大同市中级人民法院行政审判庭庭长职务，柴涛的大同市中级人民法院民事审判第三庭庭长职务，韩卫祥的大同市中级人民法院审判员职务。根据郑黎明提名，任命魏元桂、候学辉、苑曙光为大同市人民检察院副检察长。免去常向前的大同市人民检察院副检察长职务，李勇的大同市人民检察院副检察长、检察委员会委员、检察员职务，贾世新的大同市人民检察院检察委员会委员、检察员职务，王猛的大同市人民检察院检察员职务。第42次会议根据白永旺提名，任命力军、张昕为大同市中级人民法院审判委员会委员、审判员，张录为大同市中级人民法院审判员，谭丽峰为大同市中级人民法院立案庭副庭长，贺旭东为大同市中级人民法院刑事审判第二庭副庭长，苗建萍为大同市中级人民法院民事审判第一庭副庭长，王正刚为大同市中级人民法院民事审判第二庭副庭长，齐立波为大同市中级人民法院民事审判第三庭副庭长，石俊丰为大同市中级人民法院行政审判庭副庭长。免去贺旭东的大同市中级人民法院刑事审判第一庭副庭长职务，苗建萍的大同市中级人民法院民事审判第二庭副庭长职务，齐立波的大同市中级人民法院民事审判第二庭副庭长职务，石俊丰的大同市中级人民法院民事审判第三庭副庭长职务，谭丽峰的大同市中级人民法院行政审判庭副庭长职务，王正刚的大同市中级人民法院未成年人案件综合审判副庭长职务。根据郑黎明提名，任命魏元桂、苑曙光、李继禹为大同市人民检察院检察委员会委员、检察员，韩伟民为大同市人民检察院检察委员会委员。免去张宽的大同市人民检察院检察委员会委员、检察员职务。（贾鸿铸）

【市监察委员会人员任免】 2021年，大同市十五届人大常委会第38次会议根据市监察委员会主任梁晓旭提名，任命续亚楠、白永刚、袁腾虎为大同市监察委员会委员；免去方旭的大同市监察委员会副主任职务，赵存斌、项鹏飞、佘儒的大同市监察委员会委员职务。第42次会议根据梁晓旭提名，任命李文清、刘生斌为大同市监察委员会副主任，李永、耿然为大同市监察委员会委员。免去白玉玲的大同市监察委员会副主任职务，曹辉、刘生斌的大同市监察委员会委员职务。（贾鸿铸）

执法监督

【市人大常委会开展《大同市学校校园和周边环境保护条例》执法检查】 2021年3月18日至24日，市人大常委会副主任张忠义带领部分常委会委员、市人大代表和教科文卫工委、市教育局相关人员围绕《大同市学校校园和周边环境保护条例》（简称《条例》）贯彻实施情况开展执法检查。检查组到大同二中、大同三中集团校、大同市第一高级职业中学校、大同一中集团校北校、大同师范高等专科学校，以及平城区第十四小学、广灵县第一小学、云冈区实验中学、浑源县第三中学等14所学校实地检查。听取市教育局及相关县（区）政府关于《条例》贯彻实施情况汇报，重点了解学校内部管理情况和周边的治安管理、交通管理、环境卫生、噪声污染、违规经营场所、违建物遮光等综合治理情况，并与相关学校负责人、教师代表座谈，交流影响学校校园及周边环境安全的主要矛盾和突出问题。（贾鸿铸）

【市人大常委会开展《山西省人民代表大会常务委员会关于禁止野外用火的决定》执法检查】 2021年3月23日至25日，市人大常委会副主任刘美带领部分常委会委员、市人大代表和社会建设委、市应急管理局、市规划和自然资源局相关人员，围绕《山西省人民代表大会常务委员会关于禁止野外用火的决定》（简称《决定》）贯彻实施情况开展执法检查。检查组到浑源县恒山林场、东坊城乡李峪防火检查站和灵丘县锅帽山林区、唐河水库防火检查站，以及广灵县壶泉镇千佛山林区、作疃镇邱滩防火检查站、白羊峪林区实地检查。听取各县政府及有关部门《决定》贯彻实施情况的汇报，重点了解各县《决定》宣传教育、防火用火安全责任落实、禁止野外用火责任制建立、火灾监测预警、违法行为的监管、处罚及整改等情况，并就如何平稳度过清明节前林草火灾易发高发期与林业局、规划和自然资源局相关负责人交流。（贾鸿铸）

【市人大常委会调研全市法院民事审判工作】 2021年5月10日、27日、28日，市人大常委会副主任苏智带领市人大监察司法委委员、部分市人大代表及法律专家，专题调研全市法院民事审判工作情况。调研组一行到云冈区、天镇县、平城区法院实地调研，查阅相关资料，在云冈区法院现场观摩庭审情况。并召开座谈会，听取市县（区）法院关于民事审判工作情况的汇报，并与各法院领导班子成员、民事审判员和法官交流座谈。（贾鸿铸）

【市人大常委会开展“一法一办法一条例”执法检查】 2021年6月7日至10日，为贯彻落实《中华人民共和国反家庭暴力法》《山西省家庭暴力预防和处置办法》《大同市预防和制止家庭暴力条例》（简称“一法一办法一条例”），预防和制止家庭暴力，保护家庭成员的合法权益，建立平等、和睦、文明的家庭关系，促进家庭和谐、社会稳定。市人大常委会副主任刘美带领部分常委会委员、市人大代表和社会建设委、市妇联相关人员，执法检查“一法一办法一条例”贯彻实施情况。检查组到浑源县公安局、永安镇派出所、广灵县公安局、壶泉派出所、广灵县人民法院、云冈区人民法院、平盛路派出所、云冈区司法局及瑞街司法所等地，采取查阅资料、实地察看、听取汇报、召开座谈会等方式，了解各县（区）政府及有关部门贯彻执行“一法一办法一条例”的情况，掌握执法中存在的困难和问题。在各县（区）召开的座谈会上，妇联、公安局、民政局、检察院、法院、司法局等相关单位的负责人分别围绕各自职能汇报“一法一办法一条例”实施的情况。（贾鸿铸）

【市人大常委会信访重点项目现场督办】 2021年7月9日，市人大常委会副主任刘美参加“阳光信访大篷车”走基层办实事云冈行活动，现场督办建立信访“流动大篷车”打造多元化解矛盾平台重点项目。活动中，刘美向过往市民发放国务院《信访条例》及防范非法集资等各类信访宣传资料，为群众提供免费信访咨询服务。在活动现场，和旺街道居民孟华夫妇反映华杰里拆迁安置补偿问题，刘美在“信访大篷车”内接待他们，并询问包案领导相关拆迁安置补偿问题的调查处理意见。在听取汇报后，刘美提出如何化解孟华夫妇信访事项指导性意见，并现场答复孟华夫妇。

（贾鸿铸）

【市人大常委会调研全市检察建议工作】 2021年7月8日至16日，市人大常委会副主任苏智带领监察和司法委员会委员及部分市人大代表，调研全市检察建议工作开展情况。市人民检察院检察长郑黎明等一同参加调研。调研组到云冈区、左云县和阳高县检察院实地查看并召开座谈会，市及相关县（区）检察院检察长汇报检察建议工作开展情况，县（区）有关被建议单位交流检察建议落实的主要做法。（贾鸿铸）

【市人大常委会督查民生实事项目】 2021年7月19日，市人大常委会副主任张忠义带领部分市人大常委会委员和教科文卫工委相关人员，专项督查2021年市政府民生实事项目——建设32所普惠性幼儿园和10所数字化校园示范校项目。张忠义一行到云冈区韩岭神童幼儿园、平城区特蕾新七彩童谣翰林幼儿园、平城中学等校园，实地了解普惠性幼儿园和数字化示范校项目进展情况，并就项目建设推进过程中遇到的困难和问题，现场协调督办。截至7月初，大同市在普惠性幼儿园项目建设方面，新改扩建公办园15所，其中新建续建公办园9所（6所主体完工，2所主体工程完成90%，1所完成招标），改扩建公办园6所（4所暑期开工建设，1所改扩建工作完成80%，1所实施园内外粉刷）。普惠性民办幼儿园认定17所。其中，平城区5所幼儿园，云冈区6所幼儿园、灵丘县6所幼儿园认定工作完成。数字化校园示范校项目建设方面，6个县（区）按序推进项目建设，4个县（区）申请资金。

8月17日，市人大常委会副主任王明生带队到平城区、云冈区，专项督查2021年市政府民生实事项目——24个标准化便民市场建设情况。王明生一行在平城区、云冈区组织召开汇报座谈会，听取市商务局24个标准化便民市场建设任务分配和督办推进情况，了解平城区、云冈区政府便民市场建设的规划、选址和进展情况，并座谈和交流存在的问题和困难。截至8月初，受土地使用手续、规划审批流程等因素制约，年度计划的24个标准化便民市场中，建成运营的便民市场1个、开工建设和升级改造4个、未开工建设和升级改造的19个，建设进度相对缓慢。

11月12日，市人大常委会副主任王凤瑞带队跟踪监督2021年村庄环境提质升级民生实事项目进展情况，并到市农业农村局调研《乡村振兴促进法》和《山西省农业生产托管服务条例》宣传贯彻情况，听取市农业农村局相关工作汇报。截至11月5日，全市投入1.3亿元，开工建设500个村，完成146个村的建设。调研组要求，相关部门要克服各种困难，加快工程进度，确保年底交工。《乡村振兴促进法》《山西省农业生产托管服务条例》颁布以来，市农业系统推进各项学习、宣传、培训等工作，组织学习80余次，发放学习资料1200余份。（贾鸿铸）

【市人大常委会专题询问全市“六新”突破情况】 2021年12月27日，市十五届人大常委会第44次会议举行第一次联组会议，专题询问全市“六新”突破工作。市人大常委会主任谷明，副主任赵宇、刘美、张忠义、王淑琴、苏智、王凤瑞、王明生，秘书长薛利云及其他常委会组成人员出席会议。王明生主持会议。副市长赵学斌到会听取意见并就专题询问作表态发言。市政府及相关职能部门负责人到会应询。会上，10位市人大常委会组成人员结合听取和审议关于全市“六新”突破工作情况的报告，结合常委会组成人员调研发现的问题，询问2025年新基建规模和水平走在全省前列政策保障、“十四五”期间新材料产业发展重点、推动文旅产业新业态高质量发展具体举措、如何支持科技企业开展科技创新、如何为项目快速落地提供用地保障等问题。市发改委、工信局、文旅局、科技局、规划和自然资源局、能源局、生态环境局等市政府相关职能部门负责人应询作答。（贾鸿铸）

代表工作

【概况】2021年，市人大常委会深化主任会议成员联系县（区）、常委会组成人员联系代表、代表联系群众制度，组织200余人次代表参加调研视察、执法检查等活动。在阳高县召开全市代表联络站推进会，推动县乡兴建成代表联络站136个，联络点377个，实现乡镇、街道全覆盖。五级人大代表进站接待群众5000余人次，征集意见建议1500余条，为基层和群众办实事1000余件。举办全市“人大代表议政论坛”，10名代表建言献策，提出高质量意见建议30余件。推行民生实事项目人大代表票决制，形成“群众提、代表点、政府办、人大督”工作模式，实施一批接地气、贴民心民生工程。组织人大代表参与脱贫攻坚活动。开通人大代表建设直通车，收到124件代表建议全部交办并按时答复代表。运用培训、专题学习等方式，举办各类培训班2期、专题讲座2次，培训代表和各级人大干部100余人次。开展“向申纪兰学习，做人民好代表”和“我是我，我又不是我”学习讨论活动，提升代表政治素养和履职能力。加强选举法宣传，指导县、乡人大换届业务工作。

（贾鸿铸）

【市人大代表票决民生实事】2021年2月24日，市十五届人大六次会议第三次全体会议召开，市人大代表以投票的方式票决2021年市政府10项民生实事项目。会上，与会代表采取无记名投票方式差额投票表决，最终票决出：市区内规划建设10座停车场（充电桩），全市施划7000个临时停车位；建设30所普惠性幼儿园；对基础设施相对较差的500个村落实施环境提质升级；建设24个标准化便民市场；对迎宾街、御河西路、魏都大道、永泰南路、南环路易堵路段的20个岗区实施精细化管理；市区内新建整治20条街巷，实施2000处城市道路井位、收水口病害整治和100处城市便道、盲道破损修复工程；设立环卫工人休息室100处；实施50个社区全民健身惠民工程；完成“人人持证、技能社会”全民技能提升4万人；建设10所数字化校园示范校。（贾鸿铸）

【全市人大代表联络站工作推进会】2021年9月23日，全市人大代表联络站工作推进会召开。市人大常委会主任谷明出席会议并讲话，副主任王淑琴主持会议，秘书长薛利云，以及各县（区）人大常委会负责人和部分乡镇、街道人大工作人员参加会议。会议学习贯彻习近平总书记关于坚持和完善人民代表大会制度的重要思想，贯彻落实省委书记林武批示精神和全省人大代表联络站工作交流会及市委人大工作会议精神。会上，阳高县人大常委会、云冈区云武街道、新荣区花园屯镇、广灵县宜兴乡人大代表联络站负责人作交流发言。（贾鸿铸）

专委会及工作委员会

【法制委员会】2021年，市人大法制委员会围绕全域生态环境保护、污染防治等，制定《大同市禁牧休牧条例》《大同市城市绿化条例》《大同市泉域水资源保护条例》，围绕省人大工作部署和社会治理需要，制定《大同市农村自建房屋质量管理条例》。按照法制统一原则，废止与经济社会发展不相适应的《大同市建筑工作质量管理条例》《大同市城市房地产交易管理条例》《大同市经济技术开发区条例》《大同市城市绿化条例》。按照省人大常委会关于建立备案审查工作报告制度要求，首次向市人大常委会报告备案审查工作。

（贾鸿铸）

【财政经济委员会】2021年，市人大财政经济委员会执法检查全市贯彻实施《中华人民共和国中小企业促进法》和《山西省促进中小企业发展条例》情况，加强和改进大同市中小企业发展促进工作。按照市委要求，完成关于大同市县域经济发展情况问题调研，并撰写提交《大同市县域经济发展情况的调研报告》。听取、审议市人民政府关于“六新”（新基建、新技术、新材料、新装备、新产品、新业态）突破工作情况报告，并组织市政府有关部门召开关于“六新”突破工作情况汇报座谈会，并专题询问，起草《关于全市“六新”突破工作情况的调研报告》，提交市人大常委会会议审议。（贾鸿铸）

【监察和司法委员会】2021年，市人大监察和司法委员会协助市人大常委会听取和审议“一府两院”专项工作报告4件，作出重大事项决定3项，组织执法检查4项，开展专项调研6项。组织人大代表调研全市“七五”普法工作及“八五”普法工作意见建议，要求把法治宣传教育融入立法、执法、司法和法律服务全过程，落实普法责任制。市第十五届人大常委会第四十四次会议做出关于全市开展第八个五年法治宣传教育的决议。调研《大同市电动车管理条例》开展情况，召开全市相关部门立法研究座谈会，协调组织条例起草修订工作。调研全市公安机关执法规范化建设工作，就存在的问题提出相应的意见建议。调研检察建议工作，听取各方面意见，起草关于大同市人大常委会关于加强和规范检察建议工作的决定（草案）。执法检查《中华人民共和国出入境管理法》《中华人民共和国禁毒法》《中华人民共和国律师法》等贯彻实施情况，分别把检查报告提交市人大常委会会议审议。（贾鸿铸）

【社会建设委员会】2021年，市人大社会建设委员会执法检查全市贯彻实施《中华人民共和国反家庭暴力法》《山西省家庭暴力预防和处置办法》《大同市预防制止家庭暴力条例》，预防和制止家庭暴力，保护家庭成员合法权益，建立平等、和睦、文明家庭关系。调研全市医疗保障工作情况，了解医疗机构设置主要职能，医保基金监管运行、医保体系建设、支付方式改革情况，提出扩大医保政策宣传力度、加强医保基金征收扩面、提高医保基金使用绩效、完善基金监管机制等建议。到市民政部门和部分养老机构，通过召开座谈会，围绕全市立法时机、条件及其他省市相关立法情况，听取征求意见。结合全市居家养老服务发展的实际情况，与市人大常委会法制委员会研究建议把《大同市居家养老条例》改为《大同市社区居家养老服务条例》列入下年立法预备项目。（贾鸿铸）

【教科文卫工作委员会】 2021年，市人大常委会教科文卫工作委员会围绕市委中心工作履行职责，启动《大同市长城保护条例（草案）》立法工作，按照《大同市地方立法条例》规定，推动立法调研工作，到山西省制定长城保护法规较早的忻州市学习考察，借鉴忻州成功经验和做法。委托长城所在地的天镇、阳高、新荣、左云等县（区）开展调研并征求意见，召集相关部门和单位座谈，围绕《大同市长城保护条例（草案）》征求意见和建议。会后形成初审意见提交市十五届人大常委会第四十二次会议初次审议。为推进全市非物质文化遗产保护与传承开展，调研全市国家“非遗”项目，有针对性地提出创新“非遗”宣传形式，建立体制保障作用、发挥人才助推作用等建议意见。开展《大同市学校校园和周边环境保护条例》执法检查，针对检查中发现的问题，提出加强宣传教育，强化法治意识，加大财政投入，巩固提升安保能力等意见建议提交市人大常委会审议通过，跟踪监督、问责问效法规贯彻落实整改情况，推动解决学校校园周边环境的治安、交通、环境卫生等各类问题。为把中医药继承好、发展好、利用好，调研全市中医药工作情况，提出加大发展保障力度，提升产业发展水平等意见建议。（贾鸿铸）

【城建环保工作委员会】 2021年，市人大常委会城建环保工作委员会完成《大同市城市绿化条例》修订初审工作和《大同市农村自建房屋质量管理条例》立法初审工作。开展大同市生活垃圾管理条例立法调研工作。根据《中华人民共和国环境保护法》要求，协助市人大常委会依法听取和审议市政府关于上年全市环境状况和环境保护目标完成情况的报告，组织开展《中华人民共和国固体废物污染环境防治法》和《山西省固体废物污染环境防治条例》实施情况执法检查，组织开展全市垃圾分类工作和城市更新工作专题调研。针对对口监督的4件民生实事项目，制定监督工作方案，推动民生实事项目实施。（贾鸿铸）

【农村工作委员会】 2021年，市人大常委会农村工作委员会开展全市高标准基本农田建设情况调研，向市政府提出发展建议。开展“大同好粮”“大同黄花”进超市工作调研。围绕如何完善当地农产品营销信息库、提高农产品质量、打造农产品优质品牌等问题多次与政府相关部门沟通，为农产品进超市牵线搭桥。开展农业农村专题工作调研，协助谋划乡村产业发展布局。开展《大同市湿地保护条例（草案）》立法调研，听取立法建议，提高立法质量。开展《大同市大清河、桑干河流域生态修复与保护条例（草案）》立法前期调研，为下年协同开展“两河”流域生态修复与保护立法掌握资料。开展《中华人民共和国种子法》《山西省农作物种子条例》贯彻实施情况的执法检查，起草执法检查报告提交市十五届人大常委会第四十二次会议审议通过。推进《山西省农业生产托管服务条例》宣传实施，提出贯彻实施建议。开展设施农业建设情况工作调研，针对发现问题，与市政府相关部门沟通，在提高全市“菜篮子”产品生产能力、均衡菜市场供应、稳定蔬菜市场价格等方面提出发展建议。助推市政府涉农领域民生实事落实，针对市政府“2021年提质升级基础设施相对较差的500个村落”这一民生实事项目，多次到县（区）督查，推进其办结。（贾鸿铸）

【人事代表工作委员会】 2021年，市人大常委会人事代表工作委员会组织代表参加市委和“一府两院”及其他部门召开的座谈会、评议会，参加常委会和各专、工委开展的视察、调研、执法检查等活动200余人次。市十五届人大六次会议收到代表议案建议222件，重点推行人大常委会副主任督办、分管副市长领办、人大专工委促办、政府办公室催办、政府各部门承办的“五办联动”机制，提升代表议案建议办理质量。制定代表培训计划，采取网络学习与集中培训相结合的方式提高代表履职能力，全年组织培训代表2期，导师讲座2次，培训代表和各级人大干部120余人次。在阳高县召开全市代表工作现场推进会，加强和推进代表联络站（点）建设。组织市第十三届省人大代表到朔州专题调研，在省人代会期间，提出议案建议92件。第三次举办“人大代表议政论坛”为全市经济社会发展建言献策。跟踪推进政府民生实事项目落实，回应人民群众关切，助推民生实事项目实施。全年依法任免国家机关工作人员111名。（贾鸿铸）

【民族宗教外事侨务工作委员会】 2021年，市人大常委会民族宗教外事侨务工作委员会到左云县夏都写生基地、阳高县大泉山学习教育基地、天镇县李二口村等实地调研乡村旅游发展情况，针对发现的问题提出意见建议，撰写关于全市乡村旅游发展情况专题调研报告，提交市十五届人大常委会第四十一次会议审议通过。针对大同市旅游标牌标识不全现状，组成调研组到灵丘县平型关景区、壶流河湿地保护区等地实地调研全市景区景点旅游标识建设情况。针对存在的问题，调研组建议市、县两级政府文旅部门要结合实际，科学编制景区标牌标识规划，规范标识标准，提升旅游城市形象，推动旅游业可持续发展。配合省人大常委会人事代表工委调研原雁北地区民族融合问题，陪同调研组到清真大寺、大同博物馆等地实地调研，召集宗教界统战人士、民俗专家、社会学者等举行座谈会，探讨大同地区民族变迁融合发展。配合省人大常委会民宗侨外工委到大同调研《山西省宗教事务条例》贯彻落实情况，陪同调研组到浑源县悬空寺、恒山等地实地察看，了解条例贯彻执行情况及宗教活动场所整体建设、依法管理、活动开展等情况。（贾鸿铸）

大同市人民政府

综　述

【经济运行情况】　2021年，大同市地区生产总值1686亿元，同比增长7.5%；规模以上工业增加值520.7亿元，同比增长9%；固定资产投资732亿元，同比增长9.2%；一般公共财政预算收入166.7亿元，同比增长23.5%；城镇常住居民人均可支配收入36685元，同比增长8.1%；农村常住居民人均可支配收入12909元，同比增长11.2%。　（王晓敏）

【新动能培育】　2021年，大同市推动煤炭产业走绿色化、智能化道路，传统产业持续转型，煤炭先进产能占比90.7%，全市原煤产量1.37亿吨、同比增长12.6%，煤炭工业增加值实现295.6亿元、同比增长10.8%。加快构建以煤电为基础，以大数据、新材料、装备制造、现代医药等为支撑的现代产业体系，全市战略性新兴产业占比13.2%。上海中能生物基新材料产业园、生物基新材料（中国）现代医药产业园等一批项目签约，秦淮数据“零碳数基·桃花源”、中联大数据、京东华北（灵丘）智能算力数据中心基地、国网时代华电大同储能、高速飞车等项目开工建设，中车大同公司首台国产氢燃料电池混合动力机车下线，大同锡纯半导体芯片材料、太重高端起重机等项目竣工投产。实施服务业提质增效十大行动，服务业增加值867.7亿元，同比增长7.1%，拉动全市地区生产总值增长4.1个百分点。　（王晓敏）

【能源革命】　2021年，大同市加快能源革命综合改革试点步伐，申报源网荷储一体化全国试点城市，150万千瓦浑源抽水蓄能项目开工建设，推进天镇县地热能开发利用，隆基光伏全产业链项目开工，加快光伏和储能全产业链示范应用基地建设步伐。　（王晓敏）

【对外开放】　2021年，大同市对接京津冀、融入环渤海，实施绿电绿能进京、职教基地共建、数字产业培育、产业区域合作、科技中试平台、对口结对助力“六大行动”，与央企和在京知名企业合作共建项目11个、总投资372.8亿元。大同航空口岸通过省级验收；国际陆港保税物流中心同天津港陆海联运物流通道建立，首单出口业务通关；推进国家跨境电商综合试验区建设，入驻企业57家；全年进出口总额69.7亿元，同比增长74.9%，增速排名全省第一。推动集大原高铁建设，加快大雄高铁前期工作，完善国省干线公路网络，推进国道109、208过境改线工程，启动云冈机场三期扩建，构建“通道＋枢纽＋网络”现代物流体系。举办中博会·大同云冈数字碳中和峰会、中国医药战略大会、第八届中国·大同车河国际有机农业论坛、第二十八届全国绒毛会议、晋北肉类平台境内外集采集供大会等重大活动。　（王晓敏）

【城乡建设】　2021年，大同市实施城市更新行动，坚持一周一调度，推进古城保护修复工程及历史文化街区修缮，修建东马市角、太平街等27条配套道路，引进落地安麓和凯悦2家高端品牌酒店，逐步恢复古城整体风貌和多元业态；推进新型智慧城市、平城街西跨桥、高铁站综合客运枢纽等重点工程建设，开展“两下两进两拆”专项行动，完善城市基础设施，

▲2021年5月22日，第十二届中博会·大同云冈数字碳中和峰会开幕（张湛滨 摄）

新建续建氢都大道等城市主干道，新建和改造城市水、气、热管网 305.8 千米；推进乡村建设行动，完成 500 个村环境提质升级，改造农村户厕 1.8 万座，建设“四好农村路”和长城一号旅游公路 469 千米。（王晓敏）

【文旅融合】 2021 年，大同市立足建设国际知名文化旅游目的地城市，加快云冈石窟、大同古城、北岳恒山、长城国家文化公园“四大核心景区”建设，支持北岳恒山创建国家 AAAAA 级旅游景区，长城 1 号旅游公路北线段全线贯通，长城国家文化公园建设已见雏形；挖掘文旅资源，新增北朝博物馆等 4 座博物馆，打造 8 条全域旅游直通车精品线路，举办第六届成龙国际动作电影周等活动，培育文旅市场主体，推动 30 余家文旅企业入驻文化创业产业园，文旅融合发展成为全市高质量发展重要支撑；推进云冈学成果转化，升格挂牌云冈研究院，创办《云冈学》全国性学术期刊，完成国家级石质文物保护重点科研基地建设前期工作，申报石窟寺保护、文物数字化研究 2 个省级科研基地。（王晓敏）

【乡村振兴】 2021 年，大同市落实“四个不摘”要求，巩固脱贫成果，推进乡村振兴。与大同大学合作组建全省首家市级乡村振兴研究院，落实中央、省级乡村振兴资金 6.1 亿元；实施农产品“特”“优”战略，建设高标准农田 1.8 万公顷，发展有机旱作农业 3.3 万公顷，加快发展乳品、饮品、果蔬、药茶等农产品精深加工十大产业集群，完成产值 80.8 亿元，农产品加工业销售收入 153.8 亿元。（王晓敏）

【“三农”工作】 2021 年，大同市粮食产量 125.5 万吨，增长 1.4%，农产品加工销售收入 154 亿元，同比增长 24%。推进“三农”工作，农业农村领域重点项目 100 个、总投资 131.9 亿元，投资 56.1 亿元；一产增加值 102.2 亿元，增长 9.7%，增速全省第二；一产固定资产投资 45.4 亿元，增长 48.6%，增速全省第三；农村居民人均可支配收入 12909 元，增长 11.2%，增速全省第二；农产品精深加工产业集群产值 80.8 亿元，增速全省第三。（王晓敏）

【生态文明建设】 2021 年，大同市践行“两山”理论，生态环境质量实现新提升。贯彻“双碳”战略，落实“双控”要求，遏制“两高”项目盲目发展，以保“冬奥会”“冬残奥会”空气质量为契机，开展秋冬季大气污染综合治理攻坚行动，完成“煤改电”清洁取暖改造 24 万户。淘汰 130 台 35 蒸吨以下燃煤锅炉，取缔“散乱污”企业 20 家，推进“公转铁”，淘汰国三及以下营运类柴油货车，新增城市公交、出租、环卫等车辆全部采用新能源车。全市二级以上优良天数 315 天，空气质量优良率 86.3%，空气质量综合指数、优良天数排名全省第一。推进桑干河、御河、十里河流域综合治理，为首都北京实施生态补水 2 亿余立方米，推进 5 项污水处理厂的新建提标扩容，加大沿河企业、农村生活污水治理，巩固提升全市断面水质，城市黑臭水体全部消除。全市 8 个国考断面优良水体断面比例 50%，劣 V 类断面比例为 0。开展国土“三化”行动，完成京津风沙源治理工程 0.8 万公顷、草种繁育基地建设 40 公顷、草原修复项目 0.2 万公顷。开展大宗固废综合利用基地建设试点，基地项目完成 17 个，完成矿山生态修复 4500 公顷。全市建成区新增绿化面积 500 万平方米，绿化覆盖率、绿地率、人均公园绿地面积分别达 42.6%、39.2% 和 16.4 平方米。（王晓敏）

【民生事务】 2021 年，大同市坚持实施就业优先战略，引进落地京东物流、上海润迅等一批企业，数据采集、清洗、标注等服务产业形成集聚规模，带动就业 6000 余人，吸引一大批青年人集聚大同。落实义务教育“双减”政策，加大对校外培训机构治理力度，查处违规机构 244 家，154 家学科类培训机构全部停止节假日线下培训活动。建设普惠性幼儿园 32 所、乡村寄宿制学校 22 所，规划启动云冈职教城建设，引进传智教育互联网职业技术学院，成功申报大同职业学院、影视艺术学院等 3 所职业高校。继续推进安居工程建设，改造老旧小区 73.9 万平方米，开工新建城镇棚户区住房 2342 套。统筹抓好基本医疗保险、大病保险、失业工伤保险、最低生活保障等制度落实，全市企业离退休人员月人均基本养老金年均增长 10%，实现“十六连涨”。全民参保计划实现法定人群全覆盖，全市建档立卡贫困人口参保率 100%。回应群众关切，停车场建设、老旧街巷改造等 10 件民生实事全部兑现。（王晓敏）

【“12345”市民热线服务】 2021 年，大同市“12345”政务服务便民热线受理诉求 82.1 万件，比上年增长 9%，办结率 99.5%。市委常委会会议研究热线工作 4 次，召开党政联席会议 2 次、专题会议 2 次。新整合 6 条热线并入民生诉求快车道，重点事项“直报领导”1200 余条。推行科学化、精细化管理，实行热线工单首接负责制和四级反馈制度，建立各类台账 11 本，印发日报、周报、月报、专报、要情专报 269 期。加强便民涉企服务，市委、市政府督查专员进驻热线轮岗办公，督促检查供暖、快递、贷款等市民关心关注的热点问题；开展县（区）政府及市直部门领导现场坐班接听热线活动，接听群众电话 200 余个；设立专门座席，安排 11 家诉求高频事项涉及单位选派业务骨干现场解答群众诉求 2122 个；热线“两微”和网站发布便民信息 3665 条；与市纪委监委建立工作联动机制，会同专业部门对群众反映的供暖、工资等群体性疑难问题开展合理甄别；与大同广播电视台、《大同晚报》联合制作《“12345”热线追踪》栏目 30 余期，通报曝光典型问题。每季度点评和约谈全市热线“接诉即办”工作情况；组建 15 人回访测评队伍，人工和机器人相结合对办结工单开展百分百回访，接诉响应率、问题解决率、群众满意率分别比上年增长 8%、15%、20%，在全省随机回访抽查中满意率位列前三。新增智能客服、排班、建单、派单、回访、研判 6 项智能化系统应用，中央广播电视台《新闻直播间》《中国新闻》两档节目作《山西大同智能政务服务热线服务群众更有“温度”》专题报道；在第五届全国“12345”政务服务便民热线大会上，大同市从数智化时代政务热线服务新模式方面作经验交流。

（王晓敏）

【数字政府信息化建设】 2021年，大同市推进信息化建设，建设横向覆盖市直部门、纵向贯穿市县两级、综合打通各类服务应用的市级政府网站集约化平台，构建数字政府基础支撑体系。开展市、县两级非涉密政务信息迁移上云，完善政务云建设方案，完成京东云接入工作，推进政务云工作协议方案、IDC机房入围采购、云服务协议等相关工作。出台《大同市支持人力资源服务外包平台企业发展的若干政策措施》《大同市支持数据呼叫（标注）企业发展的若干政策措施》，为数字产业发展提供政策保障。与京东集团签订战略合作协议，成立新型智慧城市项目专班，组建数字城市投资建设公司，大同成为山西省第一批省级新型智慧城市试点市之一。开展全市党政机关政务信息化领域专项整治，出台《大同市政务信息化项目建设应用管理办法》，强化党政机关信息化项目建设前审核备案、建设中监督管理和建设后绩效考核。市政府门户网站新开设专题专栏9个，发布信息28805条，日最高访问量85599次，新增独立访客2287891人，人均浏览页数2.7页，平均访问深度1.7。采用“机器扫描+人工检查”方式，日常巡检政府网站和政务新媒体的整体运行情况、链接可用情况、栏目更新情况、信息内容质量，开展常态化、多维度、全覆盖监管，全市政府网站和政务新媒体全部合规运行，合格率100%，政务新媒体监管水平居全省前列。在2021年数字政府服务能力评估暨第二十届政府网站绩效评估中，排名全国300个地市政府网站第60位。推进政务信息资源整合共享，完善数据共享交换平台，在市政府网站端建成数据统一开放平台，集中规范向社会开放政府数据集87个、涉及23个市直部门，编制提交政务数据7564余条，完成率99.1%，在全省范围内率先实现市级政府门户网站办事服务、互动交流功能统一身份认证登录。推动电子政务外网健康发展，全市88家单位新开通、变更、增加电子政务外网访问接口。开展电子政务外网、政府门户网站集群、政府OA协同办公系统等2021年等级保护测评，成立网络安全警务室，加强机房运维、升级改造和网络安全管理，全年执行日常网络巡检365次，封堵攻击IP2044个，全年未发生网络安全事故。全年市级政府OA协同办公系统新增用户184个、安装终端1384个，处理各类文件11535件。截至2021年底，全市政府网站集约化运行模式包括市政府门户网站1个，市直部门网站6个，县（区）网站10个；政府OA协同办公系统接入单位631家，用户总数817个；市电子政务外网承担全市81个政务信息系统业务，接入1278家单位、112个视频会议点位，与全国15万个政府相关部门互联互通，实现跨地区、跨部门的信息资源共享。

（王晓敏）

【政务公开】 2021年，大同市推进决策公开、执行公开、管理公开、服务公开、结果公开，对政策文件、机构职能、权责清单、财政预决算等12类基础信息和稳岗就业、疫情防控、乡村振兴、养老服务等9类重点领域信息，明确公开依据，细化公开标准，加强政策解读，提升公开质效，在市政府门户网站集中发布政府信息2239项，公开市政府文件84件，多样化政策解读100%；开通网络依申请公开，畅通线上公开渠道，全年依申请公开信息76件，全部依法合规答复，无行政复议。

（王晓敏）

政府重要会议

【市政府常务会议】 2021年，大同市人民政府召开常务会议12次。

1月15日，市政府第58次常务会议召开，市委副书记、市长武宏文主持会议。会议研究部署经济运行、粮食保障、项目建设、安全生产、疫情防控等各项工作。会议传达学习省委十一届十一次全体会议暨省委经济工作会议、省委农村工作领导小组会议和《大同市政府常务会议学法制度》精神，听取20个转型项目工作专班工作进展、上年主要经济指标全年完成情况、云冈区“12·27”庆平科技有限公司中毒事件和云州区山西华青活性炭集团股份有限公司“12·28”粉尘爆燃事故调查处置、建设工程消防设计审查和验收历史遗留问题、全市农村乱占耕地建房问题整治、科创园B区项目用地方案、到国家文物局工作会商及实施云冈学国际学术交流中心建设项目、全市燃气居民用户自有设施升级改造、绿色能源交通推广应用、“碳达峰”行动方案制定等情况汇报，审议《关于修改和废止部分政府规章的决定（草案）》及5件规章的修正案草案、《关于深化拓展支持民营经济发展的若干措施》。

2月9日，市政府第59次常务会议召开，市委副书记、代市长张强主持会议。会议研究部署经济发展、疫情防控、安全生产等工作。会议听取主要经济部门、各县（区）及大同经济技术开发区2021年工作要点和拟办民生实事项目情况汇报。会议听取《大同市人民政府工作报告（征求意见稿）》《大同市国民经济和社会发展第十四个五年规划和二○三五年远景目标纲要（送审稿）》《大同市2020年国民经济和社会发展计划执行情况与2021年国民经济和社会发展计划（草案）》《大同市2020年财政预算执行情况及2021年财政预算初步安排情况》及开发区“三个一批”活动筹备情况汇报。

3月16日，市政府第60次常务会议召开，市委副书记、市长张强主持会议。会议传达学习习近平总书记在党史学习教育动员大会上的重要讲话精神、全国两会精神及省委书记楼阳生在全省党史学习教育部署会上的讲话精神，研究部署全市乡村振兴、农业农村现代化等工作。会议听取关于市委农村工作会议筹备情况汇报，审议并原则通过《大同市关于全面推进乡村振兴　加快农业农村现代化的实施方案》《大同市关于巩固拓展脱贫攻坚成果有效衔接乡村振兴的实施方案》《大同市加快推进农业高质量高速度发展实施方案》以及黄花产业高质量发展、乡村建设、种业创新发展 3 个专项行动方案。

4 月 26 日，市政府第 61 次常务会议召开，张强主持会议。会议研究部署全市安全生产、经济运行、生态环境保护等工作。会议传达学习省政府市长例会暨一季度全省经济形势分析会议精神，听取一季度全市安全生产、国资系统落实省委巡视反馈问题整改、全市生态环境工作及中央生态环境保护督察组督察大同市工作、推进第一产业高质量高速度发展及开展乡村建设专项行动、解决全市国有建设用地上不动产登记历史遗留问题、推动云冈石窟遗产地建设等情况汇报。会议审议并原则通过《大同市人民政府全面推行“证照分离”改革全覆盖工作方案》《关于进一步加强安全生产监管能力建设的工作措施》《大同市国企改革三年行动计划（2020—2022）》《大同市城市区域声环境功能区划分方案》《大同市新发展阶段“人人持证、技能社会”建设助力转型发展提质增效工作方案》《大同市全域旅游公路发展规划》《大同市现代综合枢纽建设规划》《关于贯彻落实习近平总书记视察云冈石窟重要指示加强云冈文化遗产保护和创建云冈学的实施方案（草案）》等。会议还研究其他事项。

5 月 28 日，市政府第 62 次常务会议召开，张强主持会议。会议研究全市乡村振兴、服务业改革开放发展、行政审批事项下放、信访机制创新等工作。会议还研究其他事项。

6 月 29 日，市政府第 63 次常务会议召开，张强主持会议。会议学习贯彻习近平总书记关于应急管理、安全生产和防灾减灾救灾方面的重要指示批示，传达学习省十三届人大五次会议精神，研究“十四五”专项规划、安全生产、“大棚房”问题专项清理整治等工作。会议听取安全生产情况汇报，部署下一步工作。会议听取关于上年食品安全工作评议考核结果通报问题整改情况的汇报。会议听取关于进一步开展“大棚房”问题专项清理整治行动工作汇报。会议研究《2021年进一步优化营商环境实施方案》《加强生态环境保护促进经济高质量发展的意见》《革命文物保护利用工作意见》《城市绿化条例（修订草案）》《泉域水资源保护条例（草案）》等事项。

7 月 13 日，市政府第 64 次常务会议召开，张强主持会议。会议传达贯彻落实省委书记林武调研大同讲话和指示精神，研究具体贯彻落实措施以及“十四五”现代能源体系规划、冬季清洁取暖改造、社区居家养老、全市“三个一批”等工作。会议审议并原则通过《大同市推进社区居家养老服务三年行动计划（2021—2023）》，会议听取全市“三个一批”和进出口贸易工作情况汇报，会议研究《全市殡葬基础设施建设规划》《进一步规范和加强中心城区范围土地储备工作的实施意见》《政府部门发布涉民收费新闻信息和公告管理办法》《完善国有金融资本管理的实施方案》《非法集资举报奖励办法》等事项。

8 月 20 日，市政府第 65 次常务会议召开，张强主持会议。会议贯彻落实国家、省、市关于接种新冠疫苗的相关要求，专题学习《中华人民共和国安全生产法》《中华人民共和国乡村振兴促进法》，传达学习全省生态环境质量达标暨大气污染防治重点工作推进会议精神。会议审议并原则通过《大同市推进服务业提质增效 2021 年行动方案》。下足功夫，确保 2021 行动抓得紧、有实招、见实效。

9 月 25 日，市政府第 66 次常务会议召开，张强主持会议。会议研究燃气安全专项整治、历史文化保护与文化旅游会展康养产业发展、民营经济持续健康发展、禁毒示范城市创建、“十四五”转型综改试验重大改革、“十四五”水安全保障规划、殡葬综合改革、行政复议体制改革、城市战略研究院组建、引进全国性区域性总部金融机构优惠政策等工作。

10 月 20 日，市政府第 67 次常务会议召开，张强主持会议。会议学习贯彻习近平总书记关于数字经济健康发展重要讲话精神，传达全省经济形势分析会议精神，研究具体贯彻落实举措，以及“十四五”专项规划、数字经济发展、对外贸易和跨境电子商务等工作。会议审议并原则通过《大同市关于贯彻落实〈山西省黄河流域生态保护和高质量发展规划工作方案（2021—2025）〉》。会议研究“十四五”营商环境建设，工业战略性新兴产业发展，未来产业布局，新材料、新装备、新产品发展，军民融合发展 5 个专项规划。会议审议并原则通过《大同市推进外贸高质量发展行动方案（2021—2025）》《关于加快推进大同市跨境电子商务发展实施意见（试行）》。会议还审议并原则通过《大同市加快推进数字经济发展的实施方案和若干意见》《大同市农村自建房质量管理条例（草案）》《大同市长城保护条例（草案）》《大同市企业资金链应急周转保障资金管理办法（修订稿）》等。

12 月 1 日，市政府第 68 次常务会议召开，张强主持会议。会议传达学习全国应急管理系统先进模范和消防忠诚卫士表彰大会精神、《行政事业性国有资产管理条例》《中华人民共和国审计法》等法律法规，研究生态环境保护、安全生产、文物保护、食品药品安全、电子商务、农村“颐养工程”、公路建设及粮食管理等工作。会议审议并原则通过《“十四五”生态环境保护规划》《“十四五”“两山七河一流域”生态保护和生态文明建设》《生态经济发展规划》《“十四五”应急管理体系与安全能力建设规划》《加强文物保护利用改革工作方案（草案）》《大同市质量奖管理办法（送审稿）》《推动电子商务高质量发展行动方案（2021—2025）》《农村“颐养工程”实施意见（送审稿）》《市级储备粮管理办法》等。

12 月 27 日，市政府第 69 次常务会议召开，张强主持会议。会议传达学习中央经济工作会议和省委十二届二次全体会议暨省委经济工作会议精神，研究安全生产、社会救助、医疗保障、知识产权、公共卫生、能源保供、生态保护、国资国企规划、政务信息化等工作。（王晓敏）

【项目谋划工作专题会暨全市项目大起底工作部署会】 2021 年 4 月 2 日，大同市召开项目谋划工作专题会暨全市项目大起底工作部署会。省委常委、市委书记张吉福，市委副书记、市长张强出席会议并讲话。会议以电视电话会议形式召开，市直相关部门负责人在主会场参加会议。各县（区）设分会场。会议听取全市项目总体情况及各县（区）2021年项目谋划情况、重大项目推进情况和2018年以来项目起底情况的汇报。全市2021年建设项目1457项、谋划项目近400项，就各县（区）情况看，大项目、产业类项目数量仍然不多。会议要求，构建新能源产业、数字产业、新材料产业、装备制造产业、生物医药和大健康产业、通用航空产业、节能环保产业、羊毛纺织产业8大产业集群，引进一批行业龙头企业，谋划一批大项目好项目。谋社会民生项目，除抓好教育、医疗、养老等，要注重谋划有利于扩大就业的民生产业类项目，解决群众的就业问题。谋基础设施项目，围绕省域副中心城市建设，抓好高铁、道路等全市基础设施布局，抓好古城建设、大县城建设、乡村建设项目。要从需求侧和供给侧角度谋划项目，要响应国家政策导向、落实省委决策部署，又要紧盯全市发展需求、回应群众期盼；发挥现有龙头企业以商招商作用，做好上下游产业链招商，善于寻找目标企业，邀请各领域权威专家指导和帮助谋划项目。要围绕资源、成本、市场、人才和生活五大招商要素，研究制定针对性的招商政策，提高招商引资实效性。（王晓敏）

【全市优化营商环境专项行动暨2021年参评工作推进会】 2021年12月7日，全市优化营商环境专项行动暨2021年参评工作推进会召开，会议贯彻落实国家和省关于优化营商环境的各项决策部署，查找问题短板，督促整改落实，部署推进全市优化营商环境专项行动。市委副书记、市长张强，市委常委、副市长龚孟建，副市长马安全、郭蕾出席会议。全省优化营商环境和开发区常态化督导第二组组长吴志宏及督导组成员出席会议。会议通报大同市优化营商环境专项行动进展和上年国家营商环境评价反馈情况。市金融办、人社局及浑源县主要负责人作表态发言。（王晓敏）

【全市安全生产工作会】 2021年12月21日，全市安全生产工作会召开，部署开展大排查大整治集中行动、打击盗采矿产资源专项行动。省委常委、市委书记卢东亮出席会议，市委副书记、市长张强作具体安排。会议以电视电话会议形式召开，市安委会成员单位、重点企业主要负责人在主会场参加会议，各县（区）设分会场。会议要求，依法打击盗采矿产资源行为。突出重点，打击无证开采、无证勘查、以探代采、擅自改变开采方式等非法开采矿产资源的行为，打击擅自以各类工程建设名义非法开采浅层煤、浅层矿等行为，打击利用洗煤厂、焦化厂、村民住宅院落等场所为掩护秘密开展非法盗采矿产资源行为，打击在偏远地区或利用关闭矿井、废弃矿井等盗采矿产资源行为，打击买卖、运输、储存、提供、使用民用爆炸物品用于非法开采矿产资源行为，打击“沙霸”“矿霸”等非法开采矿产资源的“涉黑涉恶”犯罪行为。要以“零容忍”态度形成并保持高压态势，对发现的问题隐患，要明确整改要求、责任单位、责任人和整改时限，坚决整改到位。要做好岁末年初安全生产工作，聚焦重点领域、重点行业、重点场所，排查整治各类安全隐患，落实“两节”期间领导值班带班制度，加大抽查巡查力度，确保安全生产各项规定要求落到实处。（王晓敏）

政府协议签署

【市政府与北京京东世纪贸易有限公司签署战略合作协议】 2021年2月25日，市政府与北京京东世纪贸易有限公司签约战略合作框架协议。省委常委、市委书记张吉福，市委副书记、市长张强，京东集团执行副总裁徐丰出席并见证签约。市委常委、常务副市长任希杰与京东集团副总裁、京东科技集团数字城市群总裁郑宇签订战略合作框架协议。副市长荆虎、市政协副主席董建中参加。此次签约，双方按照合作共赢的原则，发挥京东集团在电子商务、信息化技术、数字科技、现代物流领域方面的综合优势，重点在现代物流、农牧业、智能城市、云计算服务、跨境电商、产教融合等领域加强双方合作，助力大同传统产业升级、新兴产业增效、数字经济发展，提升大同当地品牌影响力，带动大同经济总量和居民就业。（王晓敏）

【市政府与京能集团签署项目合作协议】 2021年5月17日，市政府与北京能源集团有限责任公司签订绿色能源项目开发协议。省委常委、市委书记张吉福，北京市发改委一级巡视员王英建，京能集团党委书记、董事长姜帆出席签约仪式，并举行工作会谈，交流合作事宜。市委副书记、市长张强，市委常委、市委秘书长周鹏，市委常委、常务副市长任希杰出席。副市长马安全、京能集团副总经理王永亮代表双方签约。会谈后，双方举行签约仪式。根据协议，双方秉持“生态优先、绿色发展、优势互补、合作共赢”原则，共建大同绿色能源基地，合作推进“源网荷储”一体化试点项目，合作建设配套电源点项目，规划建设大同绿氢综合一体化示范项目，打造绿色氢能“制、储、运、加、用”一体化的综合智慧能源服务系统。（王晓敏）

【市政府与上海中能集团 山西京沪同产业公司签署合作共建产业园协议】 2021年6月11日，市政府与上海中能集团、山西京沪同产业公司签约合作共建生物基新材料（中国）产业园。省委常委、市委书记张吉福出席签约仪式并讲话。市委副书记、市长张强致辞。上海中能集团董事长虞建明介绍项目情况。上海中能集团执行副总裁吴江明，上海中能集团副总裁祝灿庭、王舜铭，山西京沪同产业发展有限公司执行总裁贾杰等出席。此次签约项目总投资规模500亿元以上，引入生物基新材料制造、智能制造、特种钢基新材料制造等产业，打造生物化工新材料产业示

▲ 2021 年 6 月 11 日，市政府与上海中能集团、山西京沪同产业公司签约合作共建生物基新材料（中国）产业园。图为签约仪式现场　（张燕伟　摄）

范基地。签约仪式上，云冈区委、市发改委负责人围绕服务保障项目建设分别作表态发言。（王晓敏）

【市政府与中国银行山西省分行签署战略合作协议】 2021 年 6 月 16 日，市政府与中国银行山西省分行签订关于金融支持大同“十四五”时期经济社会发展的战略合作协议。市委副书记、市长张强与中国银行山西省分行行长臧新军一行举行工作会谈，围绕金融支持项目合作等相互交流，并见证签约。市委常委、常务副市长任希杰，副市长赵学斌，中国银行山西省分行副行长马军保、王智勇等参加会谈并见证签约。根据协议，中国银行山西省分行在“十四五”期间，通过科技金融、普惠金融、绿色金融、跨境金融、消费金融、县域金融等为大同经济高质量发展提供本外币综合融资支持。（王晓敏）

【市政府与秦淮数据集团及传智教育集团签署战略合作协议】 2021 年 7 月，市政府与秦淮数据集团及传智教育集团分别签订战略合作协议，启动实施零碳数基·桃花源和传智职业技术学院 2 个重大项目。省委常委、市委书记张吉福，市委副书记、市长张强，市人大常委会主任谷明，市政协主席郜向华等市四套班子领导及秦淮数据集团创始人、全球 CEO 居静，传智教育集团董事长黎活明等见证签约。此次零碳数基·桃花源项目合作达成，政企携手建设包括算力中心、数据存储、数据服务器制造、源网荷储一体化在内的大数据产业集群。传智教育是培养人工智能、大数据等数字化专业人才及数据分析等数字化应用人才的职业教育培训企业，此次签约，双方共同推动数字化职业教育建设，助力大同职业教育与数字产业协同发展。（王晓敏）

【市政府与中国人寿集团驻晋成员单位签署战略合作协议】 2021 年 7 月 23 日，市政府与中国人寿保险股份有限公司山西省分公司、中国人寿财产保险股份有限公司山西省分公司、广发银行股份有限公司太原分行、中国人寿养老保险股份有限公司山西省中心签署战略合作框架协议。市委副书记、市长张强见证签约，市委常委、常务副市长任希杰与企业代表签署战略合作框架协议。中国人寿保险股份有限公司山西省分公司党委书记、总经理黄胤立，中国人寿财产保险股份有限公司山西省分公司党委书记、总经理吴奕琪，广发银行股份有限公司太原分行党委委员、副行长秦雷刚，中国人寿养老保险股份有限公司山西省中心总经理雷允义见证签约。此次签约，中国人寿集团助力大同实体经济、乡村振兴、民生保障等方面发展。（王晓敏）

行政审批服务

【概况】 2021 年，大同市行政审批服务管理局（简称“市行政审批局”）把工程建设项目分为四类：一般性工业工程建设项目、社会投资核准类工程建设项目、社会投资备案类工程建设项目、政府投资审批类工程建设项目。按照四类工程建设项目，细化分类四类工程建设项目的审批事项，制定《大同市工程建设项目审批事项标准清单》和《大同市工程建设项目审批制度改革取消、合并、下放、转变管理方式、调整审批时序事项清单》，明确适用范围、审批部门、申请材料、审批时限。精简优化大同市原先的 67 个审批事项，其中保留审批事项 39 项，转变管理方式事项 20 项，取消事项 3 项，调整审批时序 5 项。为京能大同热力有限公司内蒙古京隆电厂至大同市供热长输管线项目、大同潘家园续建项目、寺儿村城镇棚户区改造等全市重点项目办理相关审批手续。对大同市市本级城市棚户区改造及配套基础设施建设 PPP 项目，大同市黄花产业园配套基础设施等项目，通过整体预审，创新审批方法，解决审批过程中的堵点、难点。对于各专项审批窗口涉及的国家、省、市重大项目、重点工程，外商投资、政府投资项目和市领导交办的重要事项由审批管理科统一组织，集中讨论，并联审批。全年组织局办公会议 31 次，讨论 472 个审批事项，撰写 31 期会议纪要。补办完善 40 个历史遗留的工程项目手续。全年办理固定资产投资项目 187 个，总投资 221 亿元。其中，审批类 78 个，总投资 49.7 亿元；核准类 11 个，总投资 7.4 亿元；备案类 98 个，总投资 164 亿元。新办建筑业企业资质 154 项，变更 92 项，新办建筑施工企业安全生产许可证 125 项，变更 68 项，延期 43 项。办理建筑施工企业主要负责人、项目负责人、专职安全生产管理人员安全生产考核证书 2613 项。办理建筑施工特种作业人员操作资格考核证书 964 项。办理建设工程审批事项354件。其中，商品房预售许可66件、建筑工程施工许可4件、房屋建筑和市政基础设施工程竣工验收备案42件（42个建筑项目共计215个单体）、房地产开发企业资质等级核准49家、园林审批事项办理57件。办理“建设工程规划许可证”51件，“建设工程竣工规划认可证”35件，审查建设项目修建性详细规划（总平面图）50件。农村类办理各类审批事项49件。其中，生产建设项目水土保持方案审批37件，取水许可2件，泉域水环境影响评价报告审批4件，非防洪建设项目洪水影响评价报告审批4件，生猪定点屠宰厂（场）设置审查1件，种畜禽生产经营许可证1件。办理建设项目临时占用林地审批4件，永久占用林地初审47件。办理消防审验手续199项。其中，审查59项，验收94项，备案事项46项。公用事业类审批共142项。其中，文物考古勘探27件、一般建设工程抗震设防要求的确定32件、雷电防护装置设计审核3件、城市建筑垃圾处置核准22件、燃气经营许可7件、市政设施建设类审批51件，收费约828.4万元。其中，建筑垃圾处理费约785万元，城市占道挖掘费收入约43.4万元。各类审批事项办结率100%。（市行政审批局）

【营商环境优化】 2021年，市行政审批局为深化“放管服”改革培育和激发市场主体活力，制定《大同市2021年进一步优化营商环境实施方案》《大同市“十四五”营商环境建设规划》。按照省《进一步优化营商环境专项行动工作方案》要求，开展全市进一步优化营商环境专项行动，并制定《大同市进一步优化营商环境专项行动工作方案》。结合大同市实际，制定《大同市2021年度营商环境考核细化指标》，把营商环境任务分解给市直各部门。组织营商环境培训会议，7月12日，邀请国家营商环境专家到大同市开展营商环境各指标培训，市直相关部门派人参加培训，参会人员与培训讲师讨论研究，了解营商环境评价的流程和方法。组织相关科室及业务人员参加省行政审批服务管理局举办的营商环境大讲堂2次，参加培训120人。（市行政审批局）

【“证照分离”改革】 2021年，市行政审批局按照全市“证照分离”改革专题部署会要求，组织相关部门研究制定《大同市人民政府全面推行“证照分离”改革全覆盖工作方案》。多次会同市司法局等单位开展调研，梳理编制大同市“证照分离”改革事项清单，明确具体工作任务即编列市县（区）事项清单、制定改革事项告知承诺制范本、优化审批事项流程等。统一公布中央、省、市、县（区）四级实施的事项清单。全年直接取消审批9项、审批改为备案2项、实行告知承诺23项、优化审批服务70项4种方式分类推进改革，对应市、县两级涉企经营许可事项104项。针对具体涉企经营事项，按照改革要求制定并公布审批办事指南、告知承诺书范本，其中告知承诺书范本9大类，办事指南和流程图43份。按照“证照分离”改革相应的改革方式优化相关审批流程。结合全市实际，配合市市场监管局，制定《2021年“证照分离”改革考核指标（县、区）》。市行政审批局、市市场监督管理局共同组织开展线上线下培训。2月21日，开展“证照分离”改革政策业务培训，培训人员60余人；对各县（区）、经济技术开发区转发关于《山西省市场监督管理局关于明确“证照分离”改革全覆盖工作中应注意把握的几个问题的通知》文件，4月23日，邀请省市场监管局登记注册处领导给大同市各县（区）行政审批局负责“证照分离”改革的业务人员开展讲解、问题解答和政策交流学习。加大信息共享资金投入力度，完善“证照分离”信息化共享平台，实现企业登记注册、行政许可等信息在部门间的推送和流转。市行政审批局强化信息归集共享，把企业登记注册、经营许可、备案等信息归集至一体化在线政务服务平台、信用信息共享平台和国家企业信用信息公示系统（山西），统一记于企业名下，并向社会公示。

（市行政审批局）

【企业投资核准类项目承诺制改革】 2021年，市行政审批局牵头会同市自然资源、工业和信息化、生态环境、应急管理和卫生健康等部门共同研究制定并联合印发《大同市化工建设项目多部门联合审查制度》；起草《大同市核准类企业投资项目承诺制改革试点方案》，经市政府同意后印发执行；制定《关于规范公路建设项目审批、核准的通知》，通知规范全市公路建设项目审批（核准）工作。简化投资项目审批程序。根据《山西省政府投资管理办法》有关规定，对信息化工程项目、总投资3000万元以下的维修改造项目及总投资3000万元以下的市政道路建设项目不再审批项目初步设计；简化企业投资核准、备案类项目申报程序，企业可直接向市行政审批局报送申请核准、备案文件，简化县（区）审批局初审转报环节。节能审查权限下放至与项目审批、核准、备案管理权限相同层级的审批局办理，取消节能审查初审转报环节，县（区）节能审查事项可直接报省审批；把审批类项目节能审查程序后置，调整为与企业核准、备案类项目节能审查时序一致；节能审查中负面清单项目由企业直报省能源局，市行政审批局不再初审转报。推动“承诺制+标准地+全代办”改革，其中原由市发改委牵头的承诺制改革工作及承诺制改革领导小组办公室从8月底转至市行政审批局，承担承诺制日常工作并负责常态化报送承诺制改革推进情况。

依据市政府《大同市全面加强项目建设的实施方案》，市、县两级及开发区审批局都制定《政务服务“全代办”工作实施方案》，成立项目建设政务服务“全代办”工作专班，开设代办服务专窗，按照“自愿申请、无偿服务、专业高效、全程跟踪”的原则，为全市范围内招商引资项目及企业（社会）投资（工程建设）项目提供项目咨询、指导、协调、代办等各类服务。推进项目办理。市经济技术开发区范围内，承诺制具备全部实施要素条件，除洪水影响评价事项和取水许可事项不涉及以外，其余政府统一服务事项及企业承诺事项全部实现。推进其他开发区区域评估工作，完成前期的资料收集和实地勘验工作，完成部分区域评估事项。区域环评完成面积 3400 公顷；区域能评完成面积 23900 公顷；文物调查、勘探完成面积 1900 公顷；区域地震安全性评价完成面积 22.3 公顷；区域地灾危险性评估完成面积 11200 公顷。全年，开发区范围内备案项目数量（除分布式发电、农业类、技改类等项目外）66 个，其中承诺制试点项目数量 26 个（占总备案数量约 40%），试点项目涉及承诺事项数量 53 项。

（市行政审批局）

【企业登记注册】 2021 年，市行政审批局实施“一网通办”，新开办企业完成企业注册登记环节后，即可与社保、公积金、税务等部门实现信息共享，同时打通政务服务中心其他办事窗口的信息壁垒，实现“一套标准、一网通办、一天办结”。全市有市场主体 251153 个，同比上年增长 15.3%；市级 22695 个，同比上年增长 12.5%。其中，新设企业百万以上 5213 个，同比上年增长 0.9%。实行“审核合一、一人通办”注册登记制度。由具有资格的同一登记人员全程负责受理、审查、核准等环节，并终身负责。推行企业登记全程电子化和电子营业执照应用，申请人与审核人员实现“网上办、零见面、马上办”，无须提交纸质材料，提升企业开办便利化水平。全年办结市场类行政审批事项 7552 件，办件数同比增长 18%。其中，食品生产许可 74 件、药品经营许可 1008 件、第三类医疗器械许可 598 件、第二类医疗器械备案 840 件、境内第一类医疗器械产品备案 1 件、第一类医疗器械生产备案 1 件、医疗器械网络销售备案 71 件、特种设备作业人员资格认定 4735 件、气瓶充装单位资格许可 18 件、计量标准器具核准 21 件、承担国家法定计量机构任务授权 2 件成品油零售经营资格审批 177 件、麻醉药品和第一类精神药品运输证明 1 件、麻醉药品和精神药品邮寄证明 2 件、粮油仓储单位从业备案 1 件、粮油仓储单位熏蒸作业备案 2 件。推进企业信用体系建设，加强信息认领和信息归集公示工作。

（市行政审批局）

【民生服务事项】 截至 2021 年底，市行政审批局办理民生服务类事项行政许可 2886 件，行政确认 8 件，其他权力 113 件。其中，民政类社会团体登记 93 件，民办非企业单位法人登记 73 件，涉外、涉港澳台、涉华侨婚姻登记 8 件；人社类劳务派遣经营许可 71 件，人力资源服务许可 15 件，民办职业培训学校办学许可证审批 4 件，企业实行特殊工时工作制审批 2 件，职业资格证书核发 258 件；教育类教师资格证认定 1880 件，民办学校办学许可证审批 8 件；文旅类旅行社业务经营许可 22 件，导游证核发 283 件，文化类社会组织登记前审查 2 件；基层法律服务工作者执业核准 109 件；外国人到中国工作许可 31 件；印刷经营许可 36 件，印刷经营备案 111 件；中介机构从事代理记账业务审批 1 件。办理“道路运输从业人员从业资格证书”8799 件。其中，换证、补证、变更 6044 件，新办 2289 件，危货新办、补证、换证、变更 239 件，危货运输押运员从业资格证新办、补证、换证、变更 175 件，网络申请办理 52 件。办理卫生健康服务事项 2712 件。其中，放射诊疗许可 90 件，麻醉药品第一类精神药品购用许可 5 件，医疗机构执业登记 82 件，放射医疗工作人员证核发 10 件，公共场所卫生许可 55 件，医师执业注册 1023 件，护士执业注册 1447 件。

（市行政审批局）

【省级部署工作落实】 2021 年，市行政审批局根据省行政审批制度改革工作领导小组《关于印发山西省推进“一件事一次办”集成服务改革实施方案的通知》，分析“一件事一次办”改革的内涵及意义、改革重点任务。9 月 15 日，制定《大同市推进“一件事一次办”集成服务改革实施方案》。按照“一次告知、一表申报、一套材料、一窗受理、一网通办、统一要求”要求，全年全市上线市级“一件事一次办”集成套餐 101 个，县级 295 个。在一体化政务平台设置“一件事套餐服务”专窗，上线 61 项套餐服务。推动开发区赋权事宜，完成 6 家开发区的“赋权”工作。取消下放一批行政许可事项，深化行政审批制度改革，营造最优营商环境，起草印发《关于落实衔接省政府取消下放一批行政许可事项的通知》，相应取消 4 项行政许可事项，落实衔接 2 项行政许可事项。制定标准化审批流程。为规范各窗口工作标准，打造一流的透明化便民化服务窗口，把 13 个窗口 331 项行政事项编制成标准化办事指南，明确要求办理时限、申请材料、办理科室及承办人等，并筛选其中 170 项高频服务事项编制成服务指南手册，置于大厅内供办事群众浏览，以获取办事指引。推进“跨省通办”。市行政审批局与张家口市行政审批局和乌兰察布市政务服务局，在乌兰察布市召开“乌大张”政务服务事项“跨省通办”联席会议，会议签署合作框架协议。全年共与 8 个市区签订“跨省通办”协议。

（市行政审批局）

外事　台港澳事务

外　事

【外事交往】 2021 年，大同市接待到访团组 8 批 37 人次，审批因公出国团组 2 批 12 人次（均为援外医疗团），与柬埔寨暹粒省暹粒市建立友好城市关系。

（张　玮）

【友好城市建设】 2021 年 2 月 26 日，中国大同市与柬埔寨暹粒市签署建立友好城市关系协议书，这是大同市建立的第 3 对友城。5 月 11 日，云冈研究院举办“中国与世界：习近平总书记视察云冈石窟一周年”系列特展，展览分中国与世界两个部分，世界部分中“重现高棉的微笑”展围绕柬埔寨吴哥窟开展，以图片展的形式向观众介绍和展示吴哥窟在研究保护和利用等方面取得的成果。9 月 3 日，中国大同市与乌拉圭阿特兰蒂达市签订建立友好城市关系意向书，这是大同市第 10 对友好合作伙伴。2021 年是中国大同市与日本大牟田市结好 40 周年。中国大同市平城区第十八小学、大同三中与日本大牟田市平原小学、宅峰中学开展书画作品线上交流活动。

（张　玮）

【外事活动】 2021年1月，大同市两名外籍教师参演由市委网信办、大同广播电视台、大同融媒体中心制作的儿童贺岁网络电影《夺宝华严寺》。

4月23日，中国山西省与美国犹他州“认识中国·走进山西”主题日活动通过线上方式举办。会上，市政府外事办公室播放“云游云冈·启程山西”版块宣传片。云冈研究院负责人推介交流云冈石窟的保护、云冈学的研究及云冈文化遗产资源的挖掘等内容。

5月21日，市委副书记、政法委书记艾凌宇会见德国驻华大使馆公使衔参赞白瀚德，双方围绕交流合作洽谈相关事宜。在大同期间，白瀚德一行到晋能集团（晋华宫国家矿山公园）、云冈石窟考察交流。艾凌宇会见联合国工发组织投资和技术促进办公室（中国北京）北方区域协同中心专员王鑫一行。在大同期间，王鑫一行应邀参加第十二届中博会·大同云冈数字碳中和峰会圆桌会议并与秦淮数据集团代表交流。“第二届中国—匈牙利地方合作机制会议”以“线上＋线下”方式在太原举行。中国山西省大同市、江西省宜春市和匈牙利索尔诺克市作为新成员加入机制。大同市是全省唯一应邀参加的城市，副市长郝献民线上参会并致辞，会上播放大同市城市宣传片。

5月22日，原创舞蹈诗剧《天下大同》在国家大剧院演出。该剧由大同市歌舞剧院创编排练，山西大学音乐学院、山西华晋舞剧团、山西省歌舞剧院参与演出。该剧挖掘各民族交往交流交融和“一带一路”建设的历史底蕴，表演者用创新的舞蹈艺术语言，诠释“和平合作、开放包容、互学互鉴、互利共赢”的丝路精神。

5月23日，第十二届中国中部投资贸易博览会大同分会场“游山西·读历史”文化旅游体验活动在云冈石窟举行，在大同工作和生活的德国、加纳共和国的外籍教师出席活动。跨国公司山西行—大同推介对接交流会在大同未来能源馆举行。宝洁、柯迪华、英特尔、三星、强生、GE医疗集团等企业、跨国公司代表与大同市交流对接。省委常委、市委书记张吉福，商务部外资司副司长朱冰出席并讲话。在大同期间，跨国公司代表团到大同经济技术开发区创新展示厅、大同未来能源馆、云冈石窟等考察。

5月30日，20余位在中国工作、生活、学习的外籍青年学者、视频博主、青年企业家到大同古城、云冈石窟，看大同转型发展，品古都风韵，赏雕刻艺术，宣传大同，并参加“世界大同·天下一家”云会议与网络晚会的录制活动。

6月3日，外交部参赞石晓滢率专项工作组到云冈研究院、大同国际陆港调研。副市长马安全、市政府外事办公室主任刘锋等陪同调研。

7月8日，艾凌宇会见日本石油天然气·金属矿物资源机构北京办事处所长塚田裕之一行，双方围绕交流合作洽谈相关事宜。在大同期间，塚田裕之一行到市能源局、晋能控股集团（晋华宫国家矿山公园）、云冈石窟考察交流。

6月，市政府外事办公室组织6家企业36个“名、特、优”产品开展外交物资及合作伙伴资源库申报工作，推动大同黄花、广灵小米等大同品牌“走出去”。

9月4日至5日，刘锋会见到大同访问的阿根廷驻华使馆政务处主管吉列米娜·多诺弗里奥、投资处官员马克西·德菲力比、毛里求斯驻华大使王纯万一行，并宴请到大同访问的斯洛伐克驻华大使杜尚·贝拉和夫人尤金尼亚·贝洛娃一行。

9月6日，市政府外事办公室一级调研员仝学锋会见到大同访问的蒙古国驻华大使馆商务参赞巴图组勒。（张　玮）

【外事会议】 2021年5月13日，市委外事工作委员会第三次会议召开，省委常委、市委书记、市委外事工作委员会主任张吉福主持会议。会议审议通过《中共大同市委外事工作委员会2021年工作要点》。市委副书记、市长、市委外事工作委员会副主任张强等出席会议。

5月18日，全市外事工作会议召开。会议总结“十三五”时期大同市外事工作，明确“十四五”时期外事工作发展目标，安排部署2021年外事工作。市委副书记、政法委书记艾凌宇出席会议并讲话，市委副秘书长刘尚文主持会议并传达中央部委、省、市有关会议精神，市政府外事办公室主任刘锋作工作报告。（张　玮）

台港澳事务

【概况】 2021年，市政府台港澳事务办公室促进3家台资企业到大同投资，妥善处置台资企业纠纷事件2起。（张　玮）

【台务活动】 2021年2月16日至17日，太原市台湾同胞投资企业协会一行在协会副会长宋言镛的带领下到大同市考察交流。在大同期间，考察团到大同经济技术开发区、阳高县考察医药产业和康养产业发展。市委副书记艾凌宇会见考察团一行并座谈。

6月16日至18日，省委台办主任李建红一行到大同市，调研对台经济工作、交流工作及大同台资企业生产经营情况，在大同期间，李建红陪同全国台企联副会长、上海台资企业协会会长张简珍一行考察大同经贸工作。副市长马安全陪同。

7月29日至31日，台商恳亲团暨农业及文旅康养项目考察团一行到大同参访交流。考察团考察云州区唐家堡黄花基地、坊城新村黄花产业园、世家小镇项目和阳高县农旅融合发展示范园、守口堡温泉项目等。

11月17日，李建红一行到大同市，调研指导大同市台港澳工作完成情况，并召开全市台港澳工作调研座谈会。在大同期间，调研组一行到大同经济技术开发区实地调研台资企业营商环境优化、惠台政策落实等情况。市委副书记、政法委书记艾凌宇出席座谈会。（张　玮）

【香港特区驻武汉办事处主任一行到大同调研访问】 2021年9月4日至7日，香港特区政府驻武汉经济贸易办事处主任郭伟勋一行6人到大同市调研访问。在大同期间，调研访问组一行到唐家堡有机黄花种植基地、坊城新村、晋能控股集团、晋华宫矿矿山生态治理公园调研，并与市商务局、市出入境管理局等

部门座谈交流。副市长马安全会见调研访问组。（张 玮）

【晋台海峡两岸云州区乡村振兴项目签约】 2021年10月28日，晋台海峡两岸云州区乡村振兴项目签约在云州区世家康养小镇举行，山西佳德海峡两岸青年创新创业基地和山西世家健康产业有限公司签订《山西佳德与世家康养小镇战略合作协议》；山西好鲜生海峡两岸农业科技有限公司和山西世家健康产业有限公司签订《好鲜生鸡蛋招商引资项目协议》；山西佳德海峡两岸青年创新创业基地和山东众阳健康签订《智慧医疗招商引资项目协议》。（张 玮）

人事人才

【高端人才建设】 2021年，大同市为32批次409名人才兑现人才周转房，通过公开招聘、自主招聘、绿色通道等模式，引进急需紧缺专业人才788名，充实到工、农、林、牧、住建、教育、卫生等领域。教育系统引进64名“双一流”毕业生；市第三人民医院、市第五人民医院自主引进博士、硕士等高端卫生专业人才40余名；农业部门引进5名农业工程博士人才。截至2021年底，全市有院士（专家）工作站5个，获批建设博士后创新实践基地5个。全市享受国务院政府特殊津贴专家36人，省级学术技术带头人22人，新兴产业领军人才11人。全市培养选拔372名学术技术带头人，有6人获国务院政府特殊津贴专家，19人入选省级、国家级人才工程，56人承担国家级、省级重点科研项目、工业项目。全市有国家级技能大师工作室4个，省级技能大师工作室21个。

（张利俊）

【事业单位招聘】 2021年，大同市开展公开招聘市直事业单位工作人员工作，17家单位提供工作岗位76个。经过发布公告、报名与资格初审、笔试、资格复审、面试、体检、考察等环节，市直单位招聘60人。市人社局受相关单位委托，组织广灵县、浑源县、天镇县医疗卫生、教育、一般事业单位241人和市第三人民医院、市第五人民医院编内外142人面试工作。11月26日至28日，受市公安局委托，组织市公安机关2021年面向社会公开招聘警务辅助人员1677人的面试工作，864人通过面试。审核备案卫生系统各公立医院及阳高县、灵丘县、平城区等县（区）事业单位的公开招聘方案。（张利俊）

信访工作

【概况】 2021年，市委常委会专题学习习近平总书记对信访工作重要指示精神，并3次专题听取信访工作汇报，分析研判全市信访形势，研究重大疑难信访事项。市政府多次召开政府常务会，专项听取重大疑难信访事项推进情况汇报，政府多部门会商研究解决推进措施。市联席会议分领域建立13个专项工作组，由分管市领导牵头负责信访事项包案化解工作；各职能部门对相关领域信访问题统一政策口径、统一受理办理，成批量解决问题。2021年，市级领导包案疑难信访事项80件，全部办结；化解65件，化解率80.3%。全年13位市领导接待信访群众48批次61人次，示范带动各县（区）132名县处级领导接待信访群众1612批次。市委常委会把16件重点、难点、堵点信访问题纳入“我为群众办实事”重点项目清单，案件办结率、化解率实现双百分之百。（赵达伟）

【积案化解机制建设】 2021年，市委、市政府联合出台《大同市信访工作联席会议工作机制》《关于系统预防化解信访突出问题 创新信访工作体制机制的实施意见》2个指导性文件，明确全市10个县（区）委副书记为当地信访工作主要分管负责人，深化信访制度改革，完善信访工作机制。建立“日盯办、周通报、月分析、季研判”工作机制，每月组织召开重点信访问题专题会议，制定任务清单和化解方案，推动合理诉求按时解决。市信访局召开信访形势分析研判会5次，掌握和处置各类矛盾隐患，加强工作联动。创新探索化解模式，形成“听证评议＋协调会商”的信访工作模式。市联席办组织召开协调会商会123次，采取联合接访、公开听证等方式，从法律法规、人文关怀等各方面解决问题，真正实现案结事了。大同市为推动集中治理重复信访、化解信访积案专项工作，在全市范围开展信访矛盾“大排查、大交办、大化解”专项活动，把重复访治理纳入活动中，层层压实责任，强力“治旧减存”。专项活动全市交办信访事项2662件，化解2581件，化解率97%。（赵达伟）

【信访便民服务建设】 2021年，市信访局围绕“控新遏增”，抓基层基础、抓源头治理、抓规范秩序，推动信访稳定工作。聚焦“智能信访民生服务大数据应用系统”的深度应用和优化升级，在全省率先开通视频接访平台，建立网上投诉门户网站，打造一体受理、分类处理、高效办理的全流程管理新模式。全年全市网上信访投诉量占比较上年增长5.6%。探索创新联合接访机制，创建“人民满意信访接待窗口”。职能部门进驻信访接待大厅，实行“一站式接待、一条龙办理、一揽子解决”的“三个一”工作模式；在律师、心理咨询师的基础上，构建“访法、访心、访调”综合化解体系。全年全市群众对信访部门和责任单位满意率分别为83.3%和79.7%。创新开展“阳光信访大篷车”进基层办实事活动，到各县（区）为群众现场讲解信访知识，实地解决合理合法诉求。全年市、县两级组织开展现场宣传活动13场，参加单位67个，发放宣传资料2万余份，接受群众咨询300余次。（赵达伟）

中国人民政治协商会议大同市委员会

综　述

【概况】2021年，中国人民政治协商会议大同市委员会（简称“市政协”）有委员338名，由29个界别组成。其中，中国共产党14名，中国国民党革命委员会大同市委员会9名，中国民主同盟大同市委员会10名，中国民主建国会大同市委员会9名，中国民主促进会大同市委员会9名，中国农工民主党大同市委员会7名，九三学社大同市委员会7名，无党派人士12名，大同市总工会6名，共青团大同市委员会3名，大同市妇女联合会12名，大同市青年联合会6名，大同市工商联合会27名，大同市科学技术协会5名，大同市归国华侨联合会2名，文化艺术界12名，科学技术界14名，社会科学界8名，经济企业界35名，农业界18名，教育界18名，体育界3名，新闻出版界9名，医药卫生界14名，对外友好界5名，社会福利和社会保障界5名，少数民族界4名，宗教界5名，特别邀请人士50名。

大同市所辖县（区）政协委员：平城区政协委员279名，云冈区政协委员252名，新荣区政协委员140名，云州区政协委员151名，左云县政协委员157名，浑源县政协委员151名，灵丘县政协委员159名，广灵县政协委员168名，阳高县政协委员170名，天镇县政协委员155名。（边文斌）

【民主协商】2021年，市政协围绕“高质量发展煤机制造业”“农业产业发展”“国保单位保护修复”“打造康养产业集群”议题开展4次常委会协商，围绕“创新社会治理实施全科网络改革”“做大做强大同药茶产业”“城镇老旧小区改造”“氢能源产业发展”“古城修复非遗元素展现”“职业教育产教结合”“湿地保护和利用”等议题开展7次月度协商会，形成建议案。市政协班子成员围绕“旅游集散中心建设和发展”“现代物流业高质量发展”“创建黄花国家现代农业产业园”等课题开展调研，形成调研报告，部分意见建议被相关部门吸收采纳。推进民主监督式协商，组织政协委员围绕“设立环卫工人休息室”“普惠性幼儿园建设”“全民健身惠民工程”等市政府10件民生实事落实情况开展民主监督性调研和协商活动，助推热点、难点问题解决。

（边文斌）

【参政议政】2021年，市政协聚焦委员参政议政，提案和反映社情民意信息工作双提升。全年征集提案309件，立案244件，提案回复率100%。坚持党政一把手领导领办、督办重点提案，市领导领办、督办的关于全面提升县（区）旅游品质、深化职业教育改革、做优做强煤机产业等15件重点提案均引起有关部门重视和落实；与大同电视台共同举办《提案追踪》栏目12期，追踪报道社会比较关注的提案提出和办理，宣传政协委员运用提案参政议政的典型事例，扩大政协提案工作的影响。利用市政协作为政协全国委员会办公厅信息联系点优势，畅通信息收集渠道，建立信息重点选题发布机制和“约稿”机制，全年收集社情民意信息1369篇，编辑、上报全国政协、省政协信息372篇，关于新冠疫苗接种情况、创新党史学习教育形式、农村流动党员管理、保障粮食安全、野生动物保护等63篇信息被全国政协、省政协采用。市领导批示“关于我市节假日旅游存在的问题及建议”等信息，推动有关问题解决。（边文斌）

2021年大同市政协重点提案选题一览表

表7–1

案号	提案者	案由	领办、督办领导
201	张瑞林	充分利用旅游大数据全面提升我市县区旅游品质	张　强
160	冯　莉	关于加强对老旧小区改造治理的意见建议	郜向华
294	薄玉林	关于做优做强我市煤机产业的建议	任希杰
93	李跃新	着力解决脱贫攻坚与乡村振兴有效衔接中存在的问题	龚孟建

续表 7-1

案号	提案者	案由	领办、督办领导
17	市政协教科卫体委	以人民满意为目标 推进学前教育公益普惠新发展的建议	马安全
307	张润田	建设五大平台制定五项政策破解我市康养产业发展难题	荆　虎
305	市工商联	大力发展跨境电商推动大同经济转型高质量发展	郝献民
28	史涌涛	深度挖掘历史文化展现大同古都底蕴	翟永清
13	民革大同市委员会	加强我市乡风文明建设助力乡村振兴的建议	王铁梅
23	王　莉	关于解决我市“停车难”问题的建议	任建刚
142	王来生	依托高铁车站推进产城融合 为经济社会转型发展注入新活力	杨素卿
225	闫亚梅	关于提升民营企业发展质量的提案	杨素卿
298	民建大同市委员会	深化职业教育改革破解青壮年就业难题	杨素卿
155	杨浩仁	关注并及早布局玉米秸秆的综合利用与开发	刘若亮
301	张　俊	关于进一步提高招商引资实效的几点建议	董建中

【凝聚共识】 2021年，市政协加强与各民主党派、工商联联系，尊重和保障各党派团体在政协发表主张的权利，联合组织调研考察、开展协商议政、督办重点提案等；组织少数民族界别委员学习贯彻习近平总书记在中央民族工作会议上的重要讲话精神，领会新时代党的民族工作新要求，动员全市各族人民为推动大同高质量发展团结奋斗；加强与非公有制经济人士和经企界、工商联界委员的联系，按照市委的统一部署，市政协领导班子分别带队围绕“民营经济发展”开展调研活动，实地走访民营企业和委员企业，召开民营企业家座谈会，了解企业存在问题和困难，提出意见建议，为市委、市政府提供决策服务，助推民营经济高质量发展；协同省、市、县政协三级工作，召开市县政协工作座谈会、秘书长工作会议等，重要学习研讨和专题培训省市县政协负责人一起参与，重点调研和民主监督省、市、县三级政协一同开展，发挥整体优势、增强工作合力。（边文斌）

【政协委员队伍建设】 2021年，市政协量化考核、综合评议十四届政协委员五年来出席会议活动、视察调研、撰写提案和社情民意信息等情况，按照《中共中央关于新时代加强和改进人民政协工作的意见》要求，向市委提交拟继续提名十五届政协委员的建议名单。举办“委员讲堂”3期，邀请政协委员结合自身专业围绕北魏历史、民法典实施、国学知识等开讲座，增强政协委员和机关干部履职尽责、把握大局能力。制定出台《关于强化界别作用建立“有事来商量”委员工作室的实施意见》，突出界别作用，在全市打造92个融委员之家、协商议政室、社情民意信息联系点、委员活动室等功能于一体的“有事来商量”委员工作室，畅通政协联系界别、界别联系委员、委员联系群众的渠道，推动政协协商民主向基层延伸。（边文斌）

政协重要会议

【政协第十四届大同市委员会第五次会议】 2021年2月21日至23日，政协第十四届大同市委员会第五次会议在大同举行。中共山西省委常委、大同市委书记张吉福等领导出席会议并参加分组讨论。会议期间，委员们列席大同市第十五届人民代表大会第六次会议，听取并讨论代市长张强所作的政府工作报告，讨论《大同市国民经济和社会发展第十四个五年规划和二〇三五年远景目标纲要》及其他报告，听取并讨论市中级人民法院工作报告、市人民检察院工作报告，普遍赞同并提出意见建议。会议审议批准市政协主席部向华代表政协第十四届大同市委员会常务委员会所作的工作报告，审议批准市政协副主席杨素卿所做关于提案工作情况的报告，审议通过有关人事事项。（边文斌）

【政协第十四届大同市委员会常委会会议】 2021年，政协第十四届大同市委员会常务委员会召开6次常委会会议。

第21次常委会会议。2月9日举行，市政协主席部向华出席会议，副主席、秘书长和委员56人参加会议。会议协商讨论《政府工作报告（征求意见稿）》《发展计划报告（征求意见稿）》《“十四五”规划纲要（征求意见稿）》《财政预算报告（征求意见稿）》《法院工作报告（征求意见稿）》《检察院工作报告（征求意见稿）》，听取市委办公室、市政府办公室关于市政协十四届四次会议以来提案办理情况的通报，审议并原则通过《政协第十四届山西省大同市委员会常务委员会工作报告（草案）》和《政协第十四届山西省大同市委员会常务委员会关于十四届四次会议以来提案工作情况的报告（草案）》，听取政协第十四届大同市委员会第五次会议筹备情况汇报和市政协办公室及各专门委员会上年度工作情况汇报，审议通过《关于召开政协第十四届大同市委员会第五次会议的决定》及有关文件，决定市政协十四届五次会议于2月21日召开。审议通过人事事项。

第22次常委会会议。2月23日举行，部向华出席会议，副主席、秘书长和委员51人参加会议。会议通过政协第十四届大同市委员会第五次会议选举办法、候选人建议名单、总监票人及监票人名单，审议通过《政协第十四届大同市委员会第五次会议关于常务委员会工作报告的决议（草案）》《政协第十四届大同市委员会提案委员会关于十四届五次会议提案审查情况的报告（草案）》《政协第十四届大同市委员会第五次会议政治决议（草案）》。

第23次常委会会议。5月20日举行，部向华，市委常委、统战部部长、市政协党组副书记姚鸿波出席会议，副主席、秘书长和委员52人参加会议。市委常委、常务副市长任希杰列席会议。会议传达学习习近平总书记在省部级主要领导干部学习贯彻党的十九届五中全会精神专题研讨班上的重要讲话精神和习近平总书记在党史学习教育动员大会上的重要讲话精神；审议通过《关于立足我市煤炭产业优势，高质量发展煤机制造业的建议案（草案）》；审议通过人事事项。

第24次常委会会议。6月24日举行，部向华出席会议，副主席、秘书长和委员50人参加会议，市委常委、副市长龚孟建列席会议。会议传达市委政协工作会议精神；听取市委、市政府关于全市农村产业发展有关情况的报告；审议并通过《关于贯彻落实市委政协工作会议精神的决议》《关于破解农村产业发展瓶颈，助力我市乡村振兴的建议案》。

第25次常委会会议。7月28日举行，部向华、姚鸿波出席会议，副主席、秘书长参加会议，副市长翟永清列席会议。会议学习习近平总书记在庆祝中国共产党成立100周年大会上的重要讲话精神和省委书记林武在省政协十二届十八次常委会上的讲话精神；审议并通过《关于加强我市国家级文保单位保护修复，彰显大同古都魅力的建议案》。

第26次常委会会议。8月31日举行，部向华、姚鸿波出席会议，副主席、秘书长和委员51人参加会议。副市长荆虎列席会议并作大同市康养产业发展有关情况报告。会议听取大同市康养产业发展有关情况报告；4位委员、相关企业负责人围绕会议议题作发言；与会人员开展分组讨论，提出意见和建议；审议通过《关于全力打造品牌化特色化规模化康养产业集群的建议案》；审议通过人事事项。

（边文斌）

【政协第十四届大同市委员会月度协商会议】 2021年，政协第十四届大同市委员会常务委员会召开6次月度协商会议。

第1次月度协商会议。5月21日，市政协召开“创新社会治理、实施全科网格改革”月度协商会。市政协副主席董建中出席并讲话。会议听取大同市关于“创新社会治理、实施全科网格改革”相关情况通报和市政协到浙江学习考察情况汇报。部分市政协常委、委员与相关部门负责人围绕“全科网格”工作平台建设滞后，网格设置过大、网格员来源不够合理，网格员职责边界不清、业务能力不强等问题开展专题协商。会后形成《关于创新社会治理、实施全科网格改革》的协商报告，供市委、市政府决策参考。

第2次月度协商会议。7月9日，市政协召开“做大做强药茶产业”月度协商会。董建中出席会议。会上，部分省、市政协委员及专家学者围绕做大做强药茶产业提出针对性和建设性意见建议。

第3次月度协商会议。7月30日，市政协召开“推进我市老旧小区改造”月度协商座谈会，了解全市老旧小区改造中存在的问题，并对推进相关工作建言献策。市政协主席部向华出席座谈会并讲话，副市长翟永清参加，市政协副主席杨素卿主持。会上，部分政协委员和街道代表围绕“推进我市老旧小区改造”发言，探讨交流相关问题。

第4次月度协商会议。8月17日，市政协组织部分市政协委员到大同公交公司、大同新研氢能源科技有限公司和山西经雄综合制氢加氢一体站调研，并组织召开月度协商会议，围绕“氢能源产业发展”开展专题协商讨论，起草上报《关于促进氢能源产业发展的协商报告》。

第5次月度协商会议。10月26日，市政协文化文史和学习委员会组织召开以“在古城发展中突出非遗元素展现，彰显古城独特文化内涵”为主题的月度协商会议，市政协副主席任建刚出席会议并讲话。会上，市文旅局负责人介绍大同市“非遗”传承保护及在古城发展中融入等情况，与会专家学者、政协委员、“非遗”传承人结合调研情况，谈各自思考感悟，以及对大同市“非遗”传承保护、融入遇到的问题、意见和建议。会后市政协文化文史和学习委员会按时报送协商报告，为有关部门决策提供思路建议。

第6次月度协商会议。11月25日，市政协农业和农村委员会召开关于加强大同市湿地保护和利用月度协商会，市政协副主席杨素卿出席会议。会上，市政协委员侯泽、章文兴、富云霞、姚贵明等围绕大同市医疗系统分级诊疗体系建设过程中存在的问题和建议发言，市卫健委及各级医疗机构代表的负责人介绍相关情况，并与委员们互动交流。

（边文斌）

【民主党派 工商联 县（区）政协负责人座谈会暨社情民意信息工作会】 2021年4月28日，市政协召开民主党派、工商联、县（区）政协负责人座谈会暨社情民意信息工作会。市政协主席部向华，市委常委、统战部部长、市政协党组副书记姚鸿波，市政协副主席任建刚、杨硕平、王剑辉、杨素卿、刘若亮、董建中，市政协秘书长李安云出席会议。会议传达省市政协主席座谈会精神，并部署促进反映社情民意信息工作，以及加强市政协与民主党派、工商联和县（区）政协联动工作。会上，5名民主党派、工商联、县（区）政协负责人围绕省委安排的政协工作专项督查，就如何做好民主党派、县（区）政协工作发言。

（边文斌）

【旅游集散中心建设和发展专题协商会议】 2021年6月10日，市政协组织召开“关于推进旅游集散中心建设和发展”专题协商会议。市政协主席部向华主持会议并讲话，副市长翟永清，市政协秘书长李安云参加会议。会上，部分市政协委员，云冈研究院、市财政局、市文化和旅游局、市国资委、市文物局分管领导，相关县（区）的负责人和大同旅游集散中心负责人围绕“推进旅游集散中心建设和发展”议题发言，针对加快大同市旅游产业发展，推进集散中心建设中遇到的问题和困难建言献策，提出意见和建议。会后，市政协相关部门把与会人员的意见和建议汇总梳理，形成建议报告报送市委、市政府，供决策参考。（边文斌）

【老旧小区改造座谈会】 2021年6月11日，市政协组织召开“统筹推进我市城镇老旧小区改造”座谈会，市政协主席郜向华主持会议并讲话，副主席王剑辉、秘书长李安云参加会议。会上，市住建局相关负责人汇报全市城镇老旧小区改造情况，部分市政协委员作主题发言并交流讨论。（边文斌）

【民营企业家座谈会】 2021年11月19日，为了解大同市民营企业发展壮大过程中存在的困难和问题，省市委扶持促进民营经济发展的政策措施落实到位情况，以及全面优化营商环境中存在的短板和不足，市政协召开民营企业家座谈会。市政协党组书记姚鸿波主持会议并讲话，党组副书记、副主席任建刚，副主席刘若亮，党组成员、秘书长李安云参加会议。座谈会上，17名民营企业家结合自身企业实际情况，围绕推进全市民营企业发展发言。（边文斌）

政协重要活动

【政协委员书屋挂牌】 2021年5月21日，市政协委员书屋挂牌仪式在市图书馆举行。市政协党组副书记、副主席任建刚为“委员书屋”揭牌，市政协党组成员、秘书长李安云主持仪式并致辞。市政协全体机关干部职工参加活动仪式。大家参观“百年党建”百张图片展、“重温党的光辉历程”海报墙，在委员书屋开展“书香政协、学史聚识”读书活动，并座谈交流发挥委员书屋融合联动作用、开展线上线下读书学习、提高政协委员履职能力等相关工作。（边文斌）

【履职能力提升及政协工作培训班】 2021年5月23日至26日，为庆祝中国共产党成立100周年，开展党史学习教育，提升市政协常委会组成人员和机关干部履职能力，市政协组织80余名政协常委、机关干部和县（区）政协主席、秘书长等人员到中山大学开展履职能力提升及政协工作培训。市政协副主席任建刚、王剑辉、杨素卿、董建中和秘书长李安云参加此次学习培训。培训班邀请相关专家教授围绕《习近平总书记关于新时代加强和改进人民政协工作重要论述》《大数据、互联网、区块链，人工智能的发展与应用》《历史的选择——中国共产党为什么“能”》等主题进行系统讲解和解读，组织大家到黄埔军校旧址纪念馆、辛亥革命纪念馆、广州城市规划展览中心等地开展现场实践教学。（边文斌）

【“学党史感党恩增信念”党史知识竞赛】 2021年6月28日，为庆祝中国共产党成立100周年，学习贯彻习近平新时代中国特色社会主义思想，激发机关党员干部学习党史的热情，市政协机关举办庆祝中国共产党成立100周年“学党史感党恩增信念”党史知识竞赛。市政协党组成员、秘书长、机关党组书记李安云，市委党史学习教育第七巡回指导组组长、市文联一级调研员张新明出席活动并为获奖者颁奖。此次知识竞赛有5支代表队参赛，比赛分为快速抢答、听歌猜名、诗词接龙、比画猜词四项环节，设置“党史学习教育知识竞赛团体奖”和“党史学习教育知识竞赛个人奖”，其中，团体奖设一等奖1名，二等奖2名，三等奖2名；个人奖设一等奖1名，二等奖5名，三等奖9名。（边文斌）

【委员讲堂】 2021年，市政协举办“委员讲堂”活动3期。

10月18日，市政协举办第三期“委员讲堂”活动，邀请市政协委员、山西大同大学文学院教授、副院长张忠堂作《北魏帝王与临朝女性》专题讲座。市政协秘书长李安云和部分政协委员、全体机关干部，各民主党派市委会、市工商联机关干部聆听讲座。张忠堂从鲜卑族与北魏立国、北魏历朝帝王概况、北魏临朝听政女性3个方面回顾与反思北魏王朝的历史兴衰，介绍、分析、解读北魏文化。

11月8日，市政协举办第四期“委员讲堂”暨“法制讲堂”专题学习《民法典》，邀请市政协委员刘琨作《中华人民共和国民法典》专题讲座。李安云及全体机关干部、各民主党派市委会和市工商联机关干部参加。刘琨围绕《中华人民共和国民法典》的部分条款，结合社会热点问题和案例解读民法典。

12月20日，市政协举行第五期“委员讲堂”，邀请市政协委员、大同市诗书画印研究会会长、大同市武术协会副主席张日华作《中华文化中的生命科学》专题讲座。市政协机关党组成员、副秘书长高彦东、李烽、张莉、边文斌参加，李烽主持，市政协机关全体干部、各专委会、各民主党派和工商联领导到会听讲。张日华从传统文化角度讲解如何更好地维护生命、体现生命价值，包含道家遵循自然规律和儒家的忠孝和谐共生的思想。（边文斌）

【创城志愿服务活动】 2021年10月，市政协组织机关志愿者到平城区万达广场、古城东城墙、迎宾路街道、卫生责任区等地宣讲党的十九届六中全会精神和省第十二次党代会精神，并开展志愿服务活动。活动中，志愿者们现场发放反诈宣传手册、创城宣传手提袋等，并清理卫生死角的滞留垃圾。志愿者们边打扫卫生，边向住户和商贩们宣传创建文明城市的意义，动员引导他们主动清理自家门前、楼道的滞留垃圾，主动参与到创建工作中，营造“上下齐动手，全民共参与”氛围，助力文明城市创建。（边文斌）

专委会工作

【提案委员会】 2021年，大同市政协提案委员会围绕中心，服务大局，征集提案309件。其中，党派、团体、各专门委员会、县（区）政协集体提案22件，委员提案287件，分别占提案总数7.1%和92.9%。经审查，立案244件，转为来信处理65件，分别占提案总数79%和21%，所立案提案全部回复。编写印发市政协十四届五次会议提案选题导向，整理编辑《履职成果汇编》。组织召开2次提案审查会议，审查立案全会期间提案和平时提案。通过电视台《提案追踪》栏目，报道社会比较关注的提案提出和办理，全年报道12期。组织部分委员围绕推进大同市老旧小区改造工作，到市县（区）部分老旧小区调研考察，并召开“推进大同市老旧小区改造”月度协商会，形成专题报告。围绕社会办医院参与分级诊疗开展情况及存在问题，到部分社会办医院开展专题调研，有针对性地提出解决问题的办法和建议。围绕大同市民生实事之一的“停车场及配套充电桩建设”，调研走访部分征地筹建停车场的有关推进落实情况，开展专项民主监督。（边文斌）

【经济和人口资源环境委员会】 2021年，市政协经济和人口资源环境委员会按照年度协商计划安排，重点围绕“促进大同市煤机制造业高质量发展”“推动我市氢能源产业的健康发展”“现代物流”“服务贸易”等议题组织召开市政协十四届二十三次常委会会议、月度协商会、专题调研，形成《关于促进煤机制造业高质量发展的建议案》《关于促进氢能源产业发展的协商报告》《关于推动现代物流业高质量发展的调研报告》《关于推动服务贸易高质量发展的调研报告》等，供市委、市政府决策参考。组织部分市政协委员到县（区），围绕“大同市2021年度10件民生实事”之“为环卫工人设立休息室100处”开展监督性调研，并形成专题调研报告。围绕市政协十四届五次会议重点提案《关于解决我市“停车难”问题的建议》和《关注并及早布局玉米秸秆的综合利用和开发》开展专项督办。参加第十二届中国中部投资贸易博览会，推动4个项目签约，签约金额149500万元。参加由省政协、省委统战部和省工商联（总商会）在上海联合主办的长三角精准招商晋沪民企对接活动，促成2个项目签约，签约金额37.5亿元。（边文斌）

【农业和农村委员会】 2021年，市政协农业和农村委员会围绕全市中心工作，召开以“破解农村产业发展瓶颈，助力我市乡村振兴”为专题的常委会，形成建议案，为市委、市政府提供参考意见。组织市规划和自然资源局及部分市政协委员，到大同市广灵县壶流河湿地、云州区桑干河湿地调研并召开月度协商会，形成协商报告供市委、市政府决策参考。多次到云州区调研相关工作，针对黄花产业发展过程中存在的水利设施不够完善、加工晾晒设施不足、合作社管理不够规范、市场销售瓶颈有待突破等问题，组织委员研究探讨，提出有针对性的解决办法，形成调研报告。到市人社局，围绕大同市民生实事之一的“‘人人持证、技能社会’全民技能提升”相关工作情况开展监督调研，敦促相关工作落实。配合分管副主席针对支持民营企业发展、深化职业教育改革等重点提案开展督办，助推提案办理落实。（边文斌）

【教科卫体委员会】 2021年，市政协教科卫体委员会立足政协平台，突出协商主业，组织部分委员及大同市农业农村局专家，分别到大同市浑源县和山西省运城市、临汾市、长治市、忻州市调研药茶产业发展，并召开月度协商会议，形成月度协商报告报送市委、市政府。9月，分别到大同市平城区、云冈区各职业中学了解并掌握职教园区、实训基地建设、双师型教师队伍建设情况及学校教师“下企业”和企业家走上讲台开展专业培训情况等，并召开月度协商会议，针对全市职业教育产教融合中存在的困难和问题展开协商讨论，形成协商报告报送市委、市政府。到市教育局、平城区围绕民生十大实事之一的“建设32所普惠性幼儿园”的项目进展情况开展民主监督调研。组织委员参与全市“十四五”规划征求意见座谈会，参加全省“我的入党故事”征集活动，其中政协委员富云霞撰写的《无畏逆行火线入党》征文在8月6日《山西政协报》第一版党员委员谈“我的初心故事”全文登载。参加中考评卷工作、市直民办学校招生电脑摇号现场监督、全市国庆升旗仪式等工作。（边文斌）

【社会法制委员会】 2021年，大同市政协社会法制委员会到大同公元398医药健保有限公司、黄经世家康养小镇等地实地调研，召开以“打造特色化、品牌化、规模化康养产业”为专题的政协十四届二十六次常委会，形成《关于全力打造特色化品牌化规模化康养产业集群》的建议案和5个常委会大会发言，上报市委、市政府。围绕“创新社会治理、实施全科网格改革”组织部分政协委员到浙江学习考察，召开月度协商会，形成《关于创新社会治理、实施全科网格改革》协商报告。围绕“创新保险业务、拓宽保险渠道，助力巩固脱贫攻坚成果”开展专题调研，围绕大同市民生十大实事之一的“对迎宾街、御河西路、魏都大道、永泰南路、南环路易堵路段的20个岗区实施精细化管理”开展专项民主监督。组织法律专业的委员带领山西云冈律师事务所律师、山西宝翰律师事务所律师，分别到阳高县罗文皂镇许家园村、云州区峰峪乡，开展为民办实事普法宣传教育送法下乡活动。活动中，解答村民法律咨询10余人，发放法律宣传册200余份。（边文斌）

【文化文史和学习委员会】 2021年，市政协文化文史和学习委员会打造政协文化文史品牌，开展协商议政，提升委员履职能力，加强对外联系交流。聚焦“加强我市国家级文保单位保护修复，彰显大同古都魅力”主题，组织承办专题常委会；围绕“在古城发展中突出非遗元素展现，彰显古城独特文化内涵”主题，召开月度协商会。围绕社会热点建言献策，完成“挖掘红色文化资源，推进党史学习教育”专项调研报告；开展市政府实施50个社区全民健身惠民工程民主监督；督导国家级文明城市创建工作。征集省政协下年度各类议题15个、市政府下年度民生实事项目6个。发挥市政协书画院作用，协助举办“大道魏风——田树苌书法作品展”，支持省政协“书香墨韵润龙城”书画摄影作品展工作，累计征集报送书画摄影作品近100幅。发挥政协文史馆功能，补充文史资料100余册；为省政协文史馆累计征集报送文史书籍资料近100册（套）。发挥政协组织及专兼职人员作用，整理出版《2020开明文化论坛·大同论文集》，参与编撰《政协工作掠影》《委员风采录》。在市政协层面成立“委员书屋”，组织听取党校教授专题讲座并集体参观“百年党建”百张图片展；推进县（区）政协开展读书学习活动。（边文斌）

大同市纪委监委

综　述

【概况】2021年，全市各级纪检监察机关运用监督执纪“四种形态”批评教育帮助和处理8203人次，第一、二、三、四种形态占比分别为69.3%、27.2%、2.2%、1.3%。处置问题线索7720件次，谈话函询后予以采信了结762件次，初核后查否520件次，运用谈话提醒、批评教育、责令检查等组织措施适当处理4391件次，对受到处理处分过影响期的干部出具不影响调整使用、不持异议的党风廉政意见3068人次，跟踪回访教育1636名被问责和受处分干部。

（曹　忠）

【政治监督】2021年，市纪委监委加强政治监督，牵头开展24个专项整治和专项监督，处理处分2304人。其中，聚焦粮食购销领域腐败问题开展专项整治，立案78人，党纪政务处分57人，留置9人，清除“靠粮吃粮”的“硕鼠”，守好粮食安全底线。聚焦供销合作社系统腐败问题深化专项治理，立案64人，党纪政务处分50人，移送司法机关4人，在边查边改边治中推动改革发展、系统治理。聚焦公共停车管理行业贪腐问题推进排查治理，严肃查处责任、腐败和作风问题，通过办案直接收回非正常租赁的国有停车场2万平方米，追缴停车场租金840万元，督促新增免费停车场77个，新增临时停车泊位7000余个。紧盯“大棚房”问题及信息化项目建设等领域深化专项治理，加强常态化疫情防控、优化营商环境等责任落实情况的监督检查。

（曹　忠）

【作风建设】2021年，市纪委监委坚持纠治形式主义、官僚主义，紧盯贯彻落实党中央决策部署和省委、市委重大举措，惠民富民、服务群众政策落实，重点检查打折扣搞变通、不担当不作为及“一刀切”“层层加码”、工作过度留痕、检查考核过多过频等问题，全市查处形式主义、官僚主义问题37件55人，党纪政务处分47人。对重压之下改头换面、花样翻新的享乐主义、奢靡之风露头就打、反复敲打，深化运用重要节点通报曝光、部门联动协作、直插基层监督检查、发现问题督促整改工作机制，开展节点检查，严肃查处违规公款吃喝及超标准超范围接待、违规发放津补贴、违规使用公务用车、办公用房超标、违规收送礼品礼金等问题，督促党员干部和公职人员办理子女生日、升学等事宜做到“四严禁五倡导”，全市查处享乐主义、奢靡之风问题133件162人，党纪政务处分62人。秉持纠“四风”、树新风并举，挖掘本地优秀廉政文化资源及红色资源中的廉政元素，新增“雁北星火”党史教育展览馆等廉政教育基地4家，拍摄廉政微电影4部，其中2部在第三届“清风正气”原创微电影展获奖。（曹　忠）

【纪检监察体制改革】2021年，市纪委监委持续深化纪检监察体制改革。严格执行请示报告制度，共报请市委常委会和市委主要领导审议、批准给予撤职以上重处分和初核、谈话、立案审查126人次，报请省纪委监委批准采取留置措施13人。加强县（区）纪委监委领导，督促各县（区）纪委监委排查“关键少数”问题线索94件，批准县（区）监委采取留置措施40人。推进规范化、法治化、正规化建设，开展依规依纪依法安全文明办案专题教育，建立完善各类制度151项，加强规范性文件备案审查工作。加强派驻监督和企业、学校、医院纪检监察工作，制定加强市管学校、医院监督执纪工作办法，出台加强市管企业纪检监察工作的办法等基础性制度。全市派驻纪检监察机构处置问题线索2627件、立案806件、党纪政务处分737人。深化乡（镇）纪检监察协作区建设，全市乡镇（街道）处置问题线索2610件、立案994件、处分1004人。优化规范派驻和内设机构设置，增强综合保障和技术支持能力。

（曹　忠）

【巡察工作】2021年，市纪委监委启动十六届市委第一轮巡察工作，常规巡察市直13家单位党组织。配合省委巡视，市县联动机动式巡察全市供销系统、专项巡察9个县（区）涉粮问题，分别发现共性问题19个、112个，移交问题线索9件、65件。加强县（区）巡察工作领导指导，灵活运用个别谈话、工作座谈、情况通报等方式，常态化开展指导督导，推动基层巡察工作规范有序开展。加强巡察监督与纪检监察、组织、审计、信访等监督的协作协调，在巡前、巡中、巡后各环节互助互促、协作配合，各部门提供巡前通报41份，选派61名干部参加巡察，实现信息、资源、力量和监督成果共享共用。深化巡察成果运用，完善巡察反馈、巡察移交和督查督办工作链条，巡视巡察整改“回头看”市直20家单位党组织，推动整改责任再压实、整改任务再深化。十五届市委第八轮巡察反馈问题490个，整改完成423个，整改完成率86.3%；移交问题线索36件，处理处分48人。（曹　忠）

【反腐倡廉】 2021年，市纪委监委始终坚持高压惩腐立场和态度，加大反腐力度。全市立案2632件、党纪政务处分2494人，留置53人、移送司法机关47人，其中处分县处级干部79人，给予撤职以上重处分14人，同比分别增长51.9%、55.6%；处分乡科级干部419人，给予撤职以上重处分41人，同比分别增长12.3%、36.7%。用好用足纪检监察建议书有力武器，针对性发出纪检监察建议书218份，督促解决突出问题421个，推动完善制度425项。有针对性地开展警示教育，廉政教育县（区）换届新任职干部、县（区）长及“墩苗”干部、政法干警等重点人群，协助市委召开全市国资国企系统领导干部警示教育大会，以身边人、身边事增强警示教育的实效性。编印忏悔录选编，实时更新市党纪教育基地警示教育典型案例，拍摄专题警示教育片3部，发布审查调查和处分通报46人，通报曝光典型案件47起61人，其中16起案件被中央纪委及省纪委选为典型案例予以通报曝光，全市近8万人次接受警示教育。全市有1054人向纪检监察机关主动投案或主动交代问题。全市纪检监察机关受理涉纪信访举报3516件次，继续保持逐年大幅度下降趋势，其中初次举报1947件次是近8年来最低值；重复举报1569件次较上年同期下降30.5%。（曹　忠）

【群众身边腐败和作风问题整治】 2021年，市纪委监委聚焦推动巩固拓展脱贫攻坚成果同乡村振兴有效衔接，紧盯过渡期内扶贫政策执行、资金流向、项目管理和“四个不摘”等情况，市县乡联动协同开展过渡期监督，严肃查处责任、腐败和作风问题482案660人，党纪政务处分506人。聚焦推动惠民富民、共同富裕政策落实，纠治教育医疗、养老社保、生态环保、食品药品、安全生产等领域腐败和作风问题，全市查处群众身边腐败和作风问题1112件1482人，党纪政务处分989人，涉嫌职务犯罪移送司法机关审查起诉45人。聚焦惩治涉黑涉恶腐败和“保护伞”，结合四大行业领域整治等工作，查处541人，党纪政务处分344人，移送司法机关28人，“打伞破网”实现长效常治，市纪委监委连续三年被评为全省扫黑除恶先进单位。立足职责开展“我为群众办实事”实践活动，市县包案的108件涉纪重复信访事项全部办结。房屋产权登记确权颁证清零行动率先在全省完成年度任务，超过省规定任务28.7个百分点，增加财政收入4.7亿元。（曹　忠）

纪委监委重要会议

【市第十五届纪律检查委员会第六次全体会议】 2021年2月6日，中国共产党大同市第十五届纪律检查委员会第六次全体会议举行。出席这次全会的有市纪委委员30人，列席59人。省委常委、市委书记张吉福出席会议并讲话。市委常委，市人大常委会、市政府、市政协领导，市法院院长出席会议。有关方面负责人参加会议。全会由市纪律检查委员会常务委员会主持。全会总结上年全市纪检监察工作，部署2021年任务。全会审议通过梁晓旭代表市纪委常委会所作的《推动纪检监察工作高质量发展，为谱写美丽富裕幸福大同新篇章提供坚强保障》工作报告。全会学习、领会十九届中央纪委五次全会和省纪委十一届七次全会精神。全会提出8个方面重点工作任务：（1）坚持学懂弄通做实党的创新理论，以强有力的政治监督保障“十四五”规划实施。（2）坚定不移深化反腐败斗争，增强“三不”一体推进综合效果。（3）毫不松懈纠治“四风”，坚决防止形式主义、官僚主义滋生蔓延。（4）持续整治群众身边腐败和作风问题，让群众在正风反腐中增强获得感。（5）促进各类监督贯通融合，增强监督治理效能。（6）构建巡察联动协作工作格局，发挥党内监督利剑和联系群众纽带功能。（7）抓深抓实纪检监察体制改革，推进党内监督和国家监察全覆盖。（8）从严从实加强自我监督约束，建设政治素质高、忠诚干净担当、专业化能力强、敢于善于斗争的纪检监察铁军。（曹　忠）

【市第十五届纪律检查委员会第七次全体会议】 2021年9月18日，中国共产党大同市第十五届纪律检查

▲ 2021年2月6日，中国共产党大同市第十五届纪律检查委员会第六次全体会议在市行政中心举行（曹忠摄）

委员会第七次全体会议召开。会议由市纪委常委会主持，市委常委、市纪委书记、市监委主任梁晓旭出席会议并讲话。全会审议并通过中国共产党大同市第十五届纪律检查委员会向中国共产党大同市第十六次代表大会的工作报告，同意把工作报告提请中国共产党大同市第十五届委员会第十二次全体会议审议。（曹 忠）

【市第十六届纪委第一次全会】 2021年9月29日，中国共产党大同市第十六届纪律检查委员会第一次全体会议召开。市纪委委员31人出席会议。受中国共产党大同市第十六次代表大会主席团委托，梁晓旭主持会议。省换届风气第二巡回督查组组长张文斌及督查组成员到会督导和指导。会议以举手表决的方式通过中国共产党大同市第十六届纪律检查委员会第一次全体会议选举办法，通过监票人，指定计票人。全体委员以无记名投票方式，选举产生中国共产党大同市第十六届纪律检查委员会常务委员会委员，并选举产生书记、副书记。梁晓旭当选为市纪委书记，姚锦、李文清、刘生斌当选市纪委副书记。会议宣布中国共产党大同市第十六届纪律检查委员会第一次全体会议通过的中共大同市纪律检查委员会常委、书记、副书记名单。（曹 忠）

纪律检查和监察监督

【监督机制完善】 2021年，市纪委监委发挥协助职责和监督专责，全市共问责党员干部128人，其中“一把手”57人，占44.5%。健全“四项监督”协作联动机制，推动力量整合、信息共享、成果共用，完善统筹有力、衔接有效，权力监督全覆盖格局。强化纪委监委监督协助引导推动功能，推动司法、行政执法、审计机关移送党员干部、公职人员违法问题线索479件，处分368人，各类监督在联动协作中实现优势互补。开展政治生态分析研判和政治画像工作，强化“三重一大”事项源头监督，推动构建决策科学、执行坚决、监督有力的权力运行体系。（曹 忠）

【党政领导干部违规入股企业专项清理】 2021年，市纪委监委主要负责人担任市专项清理领导小组组长，靠前指挥、督促落实，制定实施方案，召开两次工作推进会，协调各相关部门，落实落细工作举措。全市开展警示教育2686次，受教育党政领导干部4.8万人次，谈心谈话2.6万人次。专项清理期间，处理处分80人，纠正违规入股企业192人，查缴和推动上缴违规获利2815.8万元。（曹 忠）

【全市政法队伍教育整顿】 2021年，市纪委监委履行协同责任，安排对政法干警问题线索大起底，“回头看”2019年至2021年办结的762件政法干警问题线索，重新启动复核梳理出的涉及关键少数、影响力大、群众反复举报的问题线索。全年立案473人，党纪政务处分368人，移送司法机关8人。政法队伍教育整顿期间，对相信组织、依靠组织，主动向组织说明问题的303人，全部兑现从宽政策。（曹 忠）

【村（社区）“两委”换届监督】 2021年，市纪委监委坚持教育在先、警示在先，推动“十个严禁”要求落实到位，市、县、乡三级党委换届和村（社区）“两委”换届风清气正，全部完成。市、县两级领导组织召开会议研究部署45次，实地调研督导1181次，发现并督促整改问题91个；通过组织学习省纪委监委通报典型案例，观看警示教育片，12550人次接受警示教育。以《任务清单100条》为指引，逐条逐村检查，分析研判，做到应查尽查、应评尽评。开展集中监督检查646次，推动解决问题62个。（曹 忠）

【国资国企系统腐败问题查处】 2021年，市纪委监委从整治古城国有资产经营乱象入手，对国资国企系统腐败问题一查到底，坚持受贿行贿一起查，先后对市国资委原党委书记柴某等15人立案审查调查并采取留置措施，通过办案收缴追缴违纪违法所得1.1亿元，挽回经济损失5.4亿元。（曹 忠）

【医疗医保领域专项整治】 2021年，市纪委监委牵头联合市公安局等部门，审查起诉88名涉案人员移送检察机关。严肃查处原同煤总医院医生网络自曝收受回扣问题，给予党纪政务处分24人、批评教育帮助和处理103人，涉嫌职务犯罪移送司法机关15人；推动开展全市医疗医保领域行风专项整治，追缴和督促上缴违纪违法所得1.3亿元。（曹 忠）

民主党派　工商联

民革大同市委员会

【概况】 2021年，中国国民党革命委员会大同市委员会（简称“民革大同市委”）有党员人数278人，平均年龄53.4岁。其中，本科以上学历199人，硕士研究生44人，博士研究生7人；中级以上职称140人；厅级2人，县处级15人，科级38人。党员中省、市、县（区）三级人大代表、政协委员合计39人。其中，省级2人、市级19人、县（区）级18人。民革大同市委下设基层支部10个、专门工作委员会6个（参政议政委员会、经济工作委员会、妇女委员会、法制工作委员会、祖统工作委员会、老龄工作委员会）及中山画院。（王　萌）

【思想政治建设】 2021年，民革大同市委按照民革山西省委和中共大同市委统战部要求，组织开展“学党史、听党话、跟党走”学习教育活动。通过主委会议、市委会议、市委扩大会议、支部会议、机关学习会议贯彻落实上级重大部署和文件精神，组织开展征文、座谈会、朗诵、知识竞赛、书画展、歌咏会等活动，引导党员增强“四个意识”、坚定“四个自信”、做到“两个维护”。召开“学党史、听党话、跟党走”学习教育活动部署会及专题教育宣讲活动、庆祝中国共产党成立100周年座谈会，并组织大同市全体民革党员参加“百年中国梦，风雨同舟情”——民革中央庆祝中国共产党成立100周年网络知识竞赛，召开纪念辛亥革命110周年座谈会等学习活动，提升党员理论水平和政治觉悟，坚定理想信念。邀请民革山西省委会副主委、市人大常委会副主任刘美讲授“学党史 不忘初心 开新局 携手同行”主题党课，从中国共产党的成立、百年大党为实现中华民族伟大复兴的艰难探索、不懈奋斗的光辉历程及统一战线史等方面系统阐述党史。引导民革党员以中共为师、传承红色基因、弘扬伟大建党精神，加强自身建设，助推乡村振兴，组织党员到广灵县开展“以党为师跟党奋进，不忘初心砥砺前行”学习调研活动。通过微信群、公众号等报道上级精神和民革大同市委工作动态，引领全市党员把握正确政治方向，提高政治站位。全年，民革大同市委的各项工作动态、各类活动稿件被团结网采纳6篇，民革中央网站采纳3篇，被民革山西省委公众号采纳20篇，并多次被《大同日报》、大同电视台新闻宣传报道。（王　萌）

【组织建设】 2021年，民革大同市委依规依程序发展新党员15名，全部为本科以上学历，其中硕士2名，副处级1名，平均年龄36.1岁。11月，民革大同市委被民革中央评为“民革全国组织工作先进集体”。民革大同市直属山西大同大学支部成立，按照《民革章程》，选举产生民革大同市直属山西大同大学支部第一届委员会。民革大同市委以“党员之家”为阵地，通过召开学习交流会议、专题宣讲活动、“中山大讲堂”、中共党史诵读、支部工作交流等活动，为党员学习交流履职搭建平台，调动民革党员工作热情，提升民革组织的凝聚力、向心力。12月，“党员之家”被民革中央表彰为“民革全国优秀党员之家”。以民革中央示范支部评选活动为契机，推进基层组织建设，按照民革中央和省委的要求，民革大同市委组织指导，二、八、九、十支部依据支部特色报送申报材料并帮助录制视频，二支部被评为“民革全国示范支部”。民革大同市委根据《各民主党派山西省委会关于做好市级组织换届工作座谈会纪要》精神和《民革章程》有关规定，依章依规开展换届准备工作。为发挥政协委员履职能力，成立“有事来商量”民革界别委员工作室，凝聚委员智慧力量，制定工作室《工作职责》《值班制度》《学习制度》《联系群众制度》《协商议事规则》。12月，民革大同市委被民革中央评为“民革全国机关工作先进集体”。（王　萌）

【参政议政】 2021年，民革大同市委主要领导参加中共大同市委、市政府召开的党外人士协商座谈会、情况通报会、征求意见会，协商研究反腐倡廉、经济运行、“十四五”规划等方面工作，建言献策。市两会期间，民革大同市委提交集体提案2件，个人提案、议案14件，重点聚焦乡村振兴、公共卫生、法治建设、人才培育、城建规划、产业转型升级等领域，民革大同市委被评为“2020年度政协反映社情民意信息工作先进单位”。刘美撰写的《建议取消青霉素G钾出口许可》、杨素卿撰写的《建议对因去产能而关闭的煤矿所欠银行债务出台优惠减免政策》、高中元撰写的《关于建立全国统一健康码或各省市互认

▲ 2021 年 5 月 27 日，民革大同市委到沙圪坨学校开展支教助学活动　（王　萌　摄）

地方健康码的建议》、王宇杰撰写的《关于在抗击新型冠状病毒肺炎疫情期间开放网上办理婚姻登记的建议》、王宝林撰写的《关于新增设虚假仲裁罪的立法建议》、李坚撰写的《红十字会应急救援体系亟待完善》、张忠堂撰写的《创新民主监督形式 强化民主监督实效》、孙永胜撰写的《关于加强失能半失能老人照护保姆管理确保老年人安全的建议》被评为 2020 年度优秀社情民意信息，王宇杰被评为 2020 年度政协反映社情民意信息工作先进工作者。民革大同市委按照“党委出题、党派调研、部门落实”的工作思路，市承接《做大做强我市设施农业》调研课题，针对课题内容制定调研方案、成立调研组，组织相关业务单位召开专题座谈会，并到大同市阳高县、左云县开展调研，形成调研报告。全年收到党员上报社情民意信息 110 篇，被省政协采纳 3 篇，被民革山西省委会采纳 1 篇，被市政协采纳 10 篇。（王　萌）

【社会服务】 2021 年，民革大同市委为增强党史学习教育的实效性，发挥优势开展一系列“中山公益行动”，为群众办实事。联合十支部在山西大同大学法学院举办“资助同大学子中山公益行动”；联合十支部和市司法局举办“防范虚假诉讼风险专题讲座”；承办统一战线民主党派大讲堂第一期讲座，民革党员、十支部主委、宝翰律师事务所主任王宝林为全市统一战线成员讲授《中华人民共和国民法典》。为浑源沙圪坨小学孩子们准备六一儿童节礼物及庆祝中国共产党成立 100 周年文艺会演演出服，以及复印机、打印机教学设备。10 月初，得知沙圪坨学校“燃眉之急”，民革大同市委举行捐资助学仪式，筹集爱心捐款 2.76 万元，为学校采购近 20 吨煤。民革大同市委对沙圪坨学校“久久为功”的支教助学行动被民革省委会确定为“三个一批”典型事例。10 月，依照民革省委会工作安排，民革大同市委组织撰写先进事迹并录制《为了大山里的孩子们》短视频宣传片，参加民革中央举办的“记录身边的美好生活——民革短视频大赛”，获二等奖。12 月，民革大同市委被民革中央表彰为“民革全国脱贫攻坚先进集体”。在三八妇女节之际，联合妇女委员会邀请副主委、三医院内分泌科主任杨小洁为女党员作关于“更年期妇女”方面的健康知识讲座。九九重阳节 联合老龄委组织老党员参观大同市重点工程之一——大同市美术馆。（王　萌）

【捐资助学活动】 2021 年 8 月 25 日，民革大同市委到天镇县开展公益助学行动，大家与 3 名优秀大学生及其家长交流，了解他们家庭、生活、学习等情况，鼓励他们把大学作为新起点，树立远大理想、自立自强、发愤学习、传递爱心，并为每位大学生资助助学金 2000 元。（王　萌）

民盟大同市委员会

【概况】 2021 年，中国民主同盟大同市委员会（简称“民盟大同市委”）有盟员 604 名，23 个支部，2 个小组。其中，女盟员 289 人，占 47.9%；离退休 205 人，占 33.9%；中上层 555 人，占 91.9%；平均年龄 54.9 岁，40 岁以下 131 人，占 21.7%；41~50 岁 144 人，占 23.8%；51~60 岁 139 人，占 23%。界别情况：高等教育界 17 人，占 2.8%；基础教育界 240 人，占 39.7%；科学技术界 31 人，占 5.1%；医药卫生界 61 人，占 10.1%；文化艺术界 43 人，占 7.1%；出版传媒界 7 人，占 1.2%；经济界 85 人，占 14.1%，新的社会阶层 17 人，占 2.8%；人大、政协机关 9 人，占 1.5%；政府机关 54 人，占 8.9%；司法机关 9 人，占 1.5%；社会团体 2 人，占 0.3%；党派机关 10 人，占 1.7%；其他 14 人，占 2.3%。该党派界别特色 315 人，占 52.2%。高中级知识分子情况：大学学历 395 人，占 65.4%；硕士研究生 37 人，占 6.1%；博士研究生 2 人，占 0.3%；中级职称 236 人，占 39.1%；副高职称 172 人，占 28.5%；正高职称 11 人，占 1.82%。（李晓英）

【思想政治建设】 2021 年，民盟大同市委召开“学党史、学盟史、跟党走”学习教育部署会，安排部署“学党史、学盟史”工作。邀请全国政协委员、民盟山西省委会主委王维平到大同作“学党史、学盟史”专题教育讲座。民盟大同市委机关及各支部通过理论学习中心组学习、专题辅导以及读书班等形式，重点学习党史、新中国史、改革开放史、社会主义发展史、盟史，回顾同中国共产党团结合作的奋斗历程。组织“纪念民盟成立 80 周年”主题征文活动，并向民盟山西省委会供稿。通过机关办公会、市委扩大会、主委行政会、支部学习会学习中共十九大和十九届二中、三中、四中、五中全会精神，学习贯彻习近平新时代中国特色社会主义思想以及习近平总书记考察山西重要讲话重要指示精神，重点学习习近平总书记在中国共产党成立100周年大会上的重要讲话精神以及习近平总书记在纪念辛亥革命110周年大会上的讲话精神，学习市第十六次党代会精神。学习《中国共产党统一战线工作条例》，开展“不忘合作初心、继续携手前进”专题教育等活动。12月，民盟大同市委于光远被民盟中央评为“思想政治建设和宣传工作先进个人”。（于光远）

【组织建设】 2021年，民盟大同市委发展盟员15人，平均年龄38.8岁。其中，大学学历11人，研究生学历4人。7月，成立民盟大同市委综合四支部（云州区）。全年在《山西民盟》《大同日报》等媒体发表稿件20余篇。《大同民盟》和“大同民盟”微信公众号，成为盟员开展思想政治工作的平台。组织班子成员学习贯彻《中共中央关于加强中国特色社会主义参政党建设的意见》《民主党派代表人士队伍建设规划（2018—2027）》《各民主党派中央关于新时代组织发展工作座谈会纪要》文件精神。制定完善《主委会议议事规则》《市委会议议事规则》《领导班子民主生活会制度》《领导班子述职评议制度》等17项工作制度，并汇编成册。（于光远）

【参政议政】 2021年，民盟大同市委承担中共大同市委的“促进我市就业创业”调研课题，形成《我市就业创业现状及对策》调研报告。按照民盟山西省委会“六个一”（指一个社区、一个学校、一个乡村、一个城镇、一个医院、一个景点）跟踪调研部署，跟踪调研云州区“六个一”工作。组织骨干盟员到北魏文化展示园开展专题调研，并形成调研报告。在招商引资、人才引进、中小企业发展等方面开展调研，一些建议得到政府采纳。市两会期间，民盟大同市委提交提案30件，其中集体提案10件，内容涉及乡村振兴、能源革命、云冈学、中小学教育等市委中心问题和民生问题。《加强人才队伍建设 助推乡村振兴战略》集体提案被列为市政协十四届四次会议重点督办提案；3件委员提案获重点提案。全年收集社情民意70余篇。（于光远）

【社会服务】 2021年，民盟大同市委参与新冠病毒疫情相关防控工作，组织盟员到平城区集中隔离点晨悦商务酒店走访慰问一线防疫人员并向他们发放慰问品。到云冈区口泉二小走访慰问易返贫特殊困难儿童现状，了解孩子们学习、生活状况，为他们送去学习用具，为他们的家庭送去必需生活用品。组织盟员到天镇县袁家窑村开展义演活动。参加大同市第四届青少年书画摄影大赛，推动大同市少儿艺术发展。组织盟员开展黄花消费活动2次，号召盟员购买贫困地区农产品；开展统一战线“百千百”助力攻坚深度扶贫工程，结对捐助帮扶3名贫困大学生，捐助2.7万元。（于光远）

【民盟大同市委十一届九次全委（扩大）会议】 2021年7月19日，民盟大同市委第十一届九次全委（扩大）会议举行，会议传达学习习近平总书记在庆祝中国共产党成立100周年大会上的重要讲话精神、省委书记林武在大同调研时的讲话和指示精神及中央、省委相关部署会议精神，并安排部署下一阶段工作。会前，全国政协委员、民盟山西省委会主委王维平为盟员作题为《如何做好新时代的合格盟员》主题党课报告。（于光远）

【民盟大同市委开展慰问活动】 2021年9月15日，民盟大同市委组织开展中秋节慰问活动，慰问中，盟员代表们到平城区集中隔离点晨悦商务酒店医务组、治安组、转运组等工作地点，为各组工作人员送上慰问品，并了解隔离点的工作流程、防护措施落实、值班值守制度及工作人员日常生活保障等情况，感谢坚守在疫情防控一线的工作人员，希望大家做好疫情防控工作同时，防护好自身安全。（于光远）

民建大同市委员会

【概况】 截至2021年底，中国民主建国会大同市委员会（简称“民建大同市委”）有会员587名，其中女会员219名，平均年龄49岁；中高级以上职称264名；省人大代表1名，省政协委员1名，市、县两级人大代表17名、政协委员72名。下辖17个支部委员会（其中老龄支部3个），专委会4个。（任沁妮）

【思想政治建设】 2021年，民建大同市委组织开展党史学习教育，教育引导会员们做到学史明理、学史增信、学史崇德、学史力行。云冈区二支部、综合五支部联合召开“知史爱党、知史爱国”专题学习活动。民建大同市委综合三支部组织会员到灵丘开展“学党史 办实事”环保公益行活动。民建大同市委组织市委委员、支部主委、新会员及机关人员40余人到大同市党群服务中心开展“学党史 跟党走”主题教育活动。参加中共大同市委统战部庆祝中国共产党成立100周年“百年同心践初心，携手同行铸华章”主题歌咏会。邀请中央党校中共党史教研部副主任、教授、博士生导师张太原作专题讲座，张太原从中国共产党百年奋斗历程和宝贵历史启示两个方面讲述中国共产党百年辉煌党史，阐述中国共产党不断发展壮大、领导中国人民取得伟大成就的根本所在。民建大同市委利用微信公众号，宣传大同民建工作，全年发文57篇。（任沁妮）

【组织建设】 2021年，民建大同市委根据各支部运行过程中的反映问题，完善规章制度。按照民建中央组织发展要求，完善《支部工作手册》，坚持“注重质量、注意数量、保持特色、优化结构”组织发展原则，重视发展和培养有代表性的高素质人才。组织召开新会员培训，在非公经济人士和新的社会阶层执行新的评价标准，全年发展新会员19人，增长率3%，其中女性9人。平均年龄37.3岁，其中硕士研究生2人，中高级职称2人。（任沁妮）

【参政议政】 2021年，民建大同市委围绕疫情防控、脱贫攻坚、乡村振兴战略、民营经济发展、社区工作，以及群众关心关注的重点、难点、热点和堵点问题，开展调研，撰写提交调研成果。全年提交市政协大会发言1篇，提案12篇。民建大同市委结合市委统战部大调研活动，组建课题调研组，撰写《挖掘云冈文化资源、促进文旅融合发展》调研报告。全年收集整理上报各类社情民意60余篇，其中提交民建山西省委、大同市政协和中共大同市委统战部建言献策成果40余篇，《社情民意期刊》采用3篇；市政协报送全国政协6篇。（任沁妮）

【社会服务】2021年，山西省遭遇多年不遇的大范围降雨过程，多市受灾。民建大同市委综合九支部向山西省红十字会捐款3000元，支部主委个人捐款1000元；会员企业山西名沙食品有限公司向吕梁市慈善总会捐赠价值15万元的爱心食品；会员企业大同市佳信利升水利工程公司为运城市稷山县灾区捐赠价值100万元的救灾物资。在天镇县贾家屯举行“我为群众办实事之‘构建技能社会 助力乡村振兴’”活动，开展缝纫机技能、手工编织等技能培训。民建大同市委云冈区4个支部联合开展“关爱贫困学生”慰问帮扶活动。此次活动看望口泉二小的5位贫困学生石义、郭建军等，慰问口泉实验中学品学兼优的困难学生师雅丽，给他们送去米面油等节日物资及慰问金。民建大同市委组织会员多次集体到云州区唐家堡黄花主题公园开展“黄花扶贫采摘扶贫活动”。开展“春节送温暖”“重阳节慰问”活动，民建大同市委和各级组织分别走访慰问会员80余人次。全年，民建大同市委志愿者服务队开展社区、景点、大型活动各类服务30余次。（任沁妮）

民进大同市委员会

【概况】截至2021年底，中国民主促进会大同市委员会（简称“民进大同市委”）有会员462人。其中，教育界273人，占会员总数59.1%；科技界19人，占会员总数4.1%；医卫界20人，占会员总数4.3%；文艺艺术界36人，占会员总数7.8%；政府机关72人，占会员总数15.5%；经济界40人，占会员总数8.7%。有县（区）会员107人。全年新发展会员18名。（来小英）

【思想政治建设】2021年，民进大同市委组织和引导全体会员，学习贯彻中共十九大及十九届历次全会精神，把握新时代中国特色社会主义参政党建设的新要求。加强新会员培训，引导会员正确理解和自觉接受中国共产党的领导。组织市委会主委、副主委、机关干部、骨干会员参加中共大同市委统战部和市政协举办的、政治理论培训班。学习贯彻习近平新时代中国特色社会主义思想和习近平总书记视察山西重要讲话重要精神。民进大同市委按照全省、全市党史学习教育动员部署会要求，开展党史学习教育，把工作落到实处。民进大同市委文化支部召开党史学习教育座谈会，大同大学支部组织会员到大同红色记忆馆开展党史学习教育，平城区总支组织全体会员到世家小镇开展“学党史 知党恩 跟党走”党史学习教育等。选派会员参加中共大同市委统战部组织的培训，组织民进界别的政协委员参加市政协培训。组织会员参加中共大同市委统战部“百年同行践初心，携手同心铸华章”庆祝中国共产党成立100周年歌咏会、“熠熠党心跃百年 翰墨光影颂华章”庆祝中国共产党成立100周年书画摄影展。组织会员到雁北地区第一个农村党小组成立地榆沟村的“雁北星火”党史教育展览馆参观学习，学习中国共产党带领雁北地区各级党组织和广大党员革命的光辉历史。（来小英）

【组织建设】2021年，民进大同市委按照新时代对中国特色社会主义参政党的要求，加强基层组织建设。完成民进大同市第六届委员会届中调整各项议程，健全市委会班子。按照《民进山西省委会组织发展工作规程》规定，发展会员18名。按照民进山西省委星级基层组织创建与检查验收工作要求，在基层组织中开展星级基层组织创建活动。民进大同平城区总支、大同大学支部、大同师范支部在2020年度星级基层组织创建工作中被评为五星级基层组织，其他支部也被评为星级支部。（来小英）

【参政议政】2021年，民进大同市委组织开展调查研究，通过实地调研的方式和召开座谈会形式，了解大同市普惠性学前教育发展的基本情况及存在的困难，并形成调研报告提交中共大同市委统战部，供中共大同市委、市政府决策参考。全年报送社情民意67篇。其中，被全国政协采用3篇，被省政协采用9篇，被市政协采用23篇。民进大同市委被评为“2021年度民进全国反映社情民意信息工作先进集体”，李瑾被评为“2021年度民进全国反映社情民意信息工作先进个人”。立足实际，参与政治协商。参加中共大同市委、中共大同市委统战部举行的民主协商会、情况通报会、征求意见会，在人事事项、全市经济工作运行情况等重大问题中提出意见、建议，并被采纳。（来小英）

【社会服务】2021年，民进大同市委到广灵县望狐九年制学校开展帮扶活动，给学生们送去价值4000元的学习用具，为家庭困难的学生送去衣物。组织会员到云州区采摘黄花，并购买黄花。举办辛丑（2021）年民进全国“春联万家·奋进新征程”活动，弘扬中华民族传统文化。民进大同市委各支部开展社会服务，大同大学支部组织会员到市民政局开办的御东光荣院，开展优抚老人慰问活动，送去生活用品。云冈区口泉支部到泰寿康医养中心慰问演出。（来小英）

【民进大同市委六届十六次全委（扩大）会议】2021年1月8日，民进大同市委六届十六次全委（扩大）会议召开，中共大同市委常委、宣传部部长、统战部部长王铁梅，民进山西省委副主委成锡锋参加会议。会议补选民进大同市委第六届市委委员。王正忠当选为民进大同市委主委。（来小英）

农工党大同市委员会

【概况】2021年，农工党大同市委有党员514人，女党员274人，占48%。全年发展党员17人，其中女党员9人，占53%。下辖13个支部，分别为农工党大同市第一人民医院支部、农工党大同市第二人民医院支部、农工党大同市第三人民医院支部、农工党大同市第五人民医院支部、农工党大同市中医院支部、农工党大同市北城支部、农工党大同市南城支部、农工党大同市机关支部、农工党大同市文教支部、农工党大同市云冈支部、农工党大同市晋能控股支部、农工党大同市平城区第一支部、农工党大同市平城区第二支部。（刘 宁）

【思想政治建设】 2021年，农工党大同市委加强全市农工党员重要理论和重要文件学习贯彻。组织党员学习贯彻中共十九届六中全会精神、中共山西省委第十二次代表大会及中共大同市第十六届一次、二次全会精神。通过党员大会、领导班子会议、参加培训班、支部会议等形式，加强政治理论学习；加强农工党党章、党史和优良传统学习教育，举办和参加“支部主委培训班”“信息员培训班”等，引导党员践行“同心思想”；各基层支部创新学习形式，开展以党为师、学党史等活动，建立常态化学习机制。开展“不忘合作初心，继续携手前进”主题教育活动，把主题活动融入各项工作中。依托开展庆祝中国共产党成立100周年，拓展活动形式和范畴，加强党员思想政治教育。以“大同农工”微信群为阵地，发挥网络平台的党务交流、参政议政和宣传教育作用；通过“大同农工”微信公众号，扩大宣传交流。（刘 宁）

【组织建设】 2021年，农工党大同市委为各支部订阅农工党中央刊物《前进论坛》，通过网站、公众号、微信群等宣传党内动态、先进人物及事迹，通过大同农工微信公众号和大同农工微信群宣传农工党活动，组织成员中写作骨干，利用媒体宣传报道农工党大同市委开展的活动及大同市农工成员在参政议政、社会服务等方面取得的成绩。编辑出版《大同农工2021年参政议政成果合集》。“七一”前夕，组织部分党员到朔州市右玉县开展“庆祝建党百年 弘扬右玉精神”主题教育活动。（刘 宁）

【参政议政】 2021年，农工党大同市委提交集体提案3篇，个人提案23篇，另有12篇社情民意获各级政协及农工省委采用。《普及急救知识 助力健康扶贫》《银行现行的企业存款考核指标阻碍国内经济循环需整改》《关于将单视力障碍者列入残疾人评定标准的建议》《关于放宽肿瘤患者质子泵抑制剂、5-羟色胺受体（5-HT3）拮抗剂类药物使用条件和简化处方程序的建议》《肆意采摘中药材酸枣仁的无知行为亟待惩治》等被省政协、市政协采用，《关于新冠病毒疫苗接种的建议》《乡村体育文化场所建设亟待加强》《在乡村振兴战略中农村基础设施建设存在的问题及建议》《关于加强社会保险执法工作力度的建议》《关于制定国家工作人员宪法宣誓法的建议》《关于推动退役军人就业创业工作的建议》被市政协采用，《关于在公共场所改造改装非接触式水龙头的建议》被农工党中央采用，《关于当前新冠病毒疫苗接种存在的问题和建议》《现行高值耗材带量采购模式存在的问题及建议》被农工省委采用。（刘 宁）

【社会服务】 2021年，农工党大同市委组织成员中的医疗专家、学者，分别到阳高县东小村镇尉家小堡村、云州区杜庄乡、阳高县罗文皂镇、天镇县贾家屯乡西罗窑村和云州区杜庄乡长安村等地，给6000余名群众开展免费医疗义诊和健康咨询活动，发放药品和赠送医疗设备价值达1万余元。在“国际科学与和平周”宣传活动中，组织医疗专家，自带医疗设备，为数千名农民群众提供医疗诊治和咨询服务，并捐赠价值1万余元的药品。农工党大同市平城区一支部联合市中医院支部到平城区金水湾社区开展“学党史·跟党走”义诊活动。农工党大同市委主委、大同市第三人民医院院长张宝成，专职副主委贾文骐带领部分农工党员，联合西坪诺尔泰医院组成医疗专家团队到云州区杜庄乡卫生院开展义诊活动。农工党大同市委文教支部联合大同市中西医结合学会、大同大学中医药健康服务学院到阳高县罗文皂镇开展“三下乡”义诊服务活动。中秋之际，组织党员参加中共市委统战部组织的联点帮扶村天镇县贾家屯乡西罗窑村开展节前慰问活动，捐赠价值1万余元的粮油。农工党大同市委五医院支部组织党员到大同市救助站临时救助人员安置中心、大同厚德医院开展捐款、捐衣及义诊活动。农工党大同市委第二人民医院支部联合医院部分科室在开发区樊庄社区，开展庆祝新中国成立72周年“我为群众办实事”义诊活动。为打赢疫情防控阻击战开展捐款捐物活动。组织部分党员到社会服务联系点云州区杜庄乡长安村，开展携手抗疫捐赠暨调研活动。组织机关支部部分党员到抗疫一线大同新城医院走访慰问，并向他们捐赠防护服、消毒液、测温枪、口罩等价值3000余元抗疫防疫物资。组织机关支部部分党员到市安颐养老院开展慰问活动，送去白面、大米、84消毒液、医用口罩、面屏、护目镜和鞋套等价值3000余元慰问品。（刘 宁）

【农工党大同市委七届十八次全委扩大会议】 2021年1月5日，农工党大同市委七届十八次全委扩大会议召开。中共大同市委常委、宣传部部长、统战部部长王铁梅，农工党山西省委会专职副主委、秘书长、组织部部长杜宏瑞参加会议。会议表决有关人事任免事项，并选举产生新的农工党大同市委领导。（刘 宁）

【防电诈宣传活动】 2021年9月10日，农工党大同市委联合市公安局北街派出所开展防电诈宣传活动。农工党平城区二支部部分委员、群团界代表向北街派出所基层民警捐赠口罩、消毒液等防疫物品。与北街派出所民警为过往群众宣讲反诈相关知识，并引导他们下载并注册“国家反诈中心”APP，关注“大同反诈”官方抖音号、微信公众号。参观北街派出所智能化警械装备室、老李调解室、小古工作室、合成作战指挥中心、党员活动室及“五小工程”。（刘 宁）

九三学社大同市委员会

【概况】 2021年，九三学社大同

市委员会（简称“九三学社大同市委”）有社员270人。其中，博士11人，硕士58人，大学188人；高级职称115人、中级职称140人，处级干部9名，中高级职称人数占总人数87.9%；科技界占34.5%，医卫界占22.3%；高等教育界占18%；40岁以下占27.7%，41岁至50岁占34.9%，51岁至60岁占19.4%，61岁以上占18%。有省十二届政协委员1名、市十六届人大常委1名、人大代表1名、市政协十五届委员15名（其中常委2名），新一届县（区）人大代表、政协委员14名。全年发展新社员13人。其中，男性5人，女性8人；40岁以下10人，40~50岁2人，50~60岁1人；大学本科10人，硕士研究生2人，高级职称1人；科学技术界别3人，医药卫生界别2人，文化艺术界别1人，公有制经济3人，人大、政协机关1人，司法机关1人，其他2人。（王晓霞）

【参政议政】 2021年，九三学社大同市委向市十五届人大六次会议提交议案1件，向市政协十四届五次会议提交集体提案3件，个人提案6件，向各县（区）两会提交个人提案5件。全年收到社情民意信息25篇。《加强我市建通管理 保障市民出行安全》被评为政协十四届三次会议优秀提案，《关于加快推进我市石墨烯产业发展的建议》被评为政协十四届四次会议优秀提案。九三学社山西省委授予九三学社大同市委同车研发支社委员会“基层组织建设标兵”称号。按照党委出题、党派调研、政府落实的工作思路，开展史前文化遗址及地质遗迹保护工作调研，形成题为《从历史演进中，发掘大同厚重的文化底蕴》的调研报告。（王晓霞）

【社会服务】 2021年，九三学社大同市委专职副主委刘志忠与中国地质调查局哈尔滨自然资源综合调查中心对接共同承担的“太行山区山西段生态调查及修复项目”，协调项目在云州区开展生态地质调查工作，把在云州区的生态地质调查成果——《大同市云州区富锶黄花成因研究报告》，提供当地政府使用。协调该单位为云州区打造“地质+综合服务”类的“地质文化村”提供技术支撑。协调该单位拍摄《古今大同绝美云州》视频短片。在云州区、平城区分别组织开展一次科普宣传活动。九三学社大同市委组织社员到云州区瓜园乡瓜园村帮助当地农民采摘黄花30余公斤，并现场购买黄花2000余元。开展“百千百”扶贫工程，为帮扶的3位贫困大学生送去每人3000元的助学金。（王晓霞）

【入社积极分子培训】 2021年4月15日，九三学社大同市委举办入社积极分子培训会，大同市政协副主席、九三学社大同市委主委杨硕平出席培训会并作专题辅导。专职副主委、二级调研员刘志忠主持培训会议并阐释九三学社是什么样的组织、民主党派及九三学社的职能、如何做一名合格的九三社员等。杨硕平作关于《学习九三学社历史 继承我社光荣传统》的专题讲座。九三学社大同市委秘书长、四级调研员门雁秋及入社积极分子10余人参加培训会。（王晓霞）

【通航产业发展情况调研】 2021年10月29日，为了解市通航产业发展情况，九三学社大同市委组织部分人大代表、政协委员及相关专业人士，到大同市通航产业园区开展调研。调研组先后考察大同轻型飞机制造有限公司、大同长鹰蜜蜂制造有限公司、北岳机场和山西通用航空职业技术学院。在飞机制造车间，调研组成员了解企业生产、发展现状和中国通用航空制造业的发展前景，询问企业面临的主要困难和存在的问题。在北岳机场听取机场负责人有关机场的迁建和运营、转制情况介绍。在山西通用航空职业技术学院，调研组了解学校筹备、工程建设、学科建设、招生情况等，参观学生教学、实训场地和相关设备、设施。大同通航产业园区负责人介绍，园区总占地面积1200公顷，产业规划涵盖通用航空零部件生产、航空器研发制造、培育机载设备、航空新材料、市场运营、综合保障等通航产业体系。大同长鹰蜜蜂制造有限公司成为山西省首个拥有完全自主知识产权的飞机制造企业。北岳机场是由原大同航校迁建而成，是华北规模最大、设施最完善的通用机场。山西通用航空职业技术学院是山西省设立的首家航空类高等院校。（王晓霞）

大同市工商业联合会

【概况】 2021年，市工商联组织开展全市非公经济人士、新的社会阶层人士党史学习教育报告会，到平型关战役遗址、大同红色记忆馆开展“传承红色基因 弘扬革命精神”党史现场教育，组织参加全市统一战线庆祝中国共产党成立100周年书画摄影展、歌咏会活动。加强年轻一代民营企业家教育培训，到西安交通大学组织开展非公经济人士综合素质提升培训班，举办商协会规范化建设暨履职能力提升培训班、商协会党支部书记能力提升培训班。利用晋联通、大同统战、工商联微信公众号等媒体，宣传党的方针政策和省、市委的战略部署，以及工商联组织活动、企业动态、人才资源、供求信息等，宣传非公有制经济的发展成就，全年发布各类信息68条。

（刘志国）

【参政议政】 2021年，市工商联围绕民营经济人士思想状况、商协会党建工作情况、促进民营经济人士健康成长、民营企业高质量发展方面开展专题调研，形成4篇调研报告，提出针对性意见建议。其中，针对整个煤炭行业去产能的大背景下，煤机制造业存在的困难和问题，到同华矿机、北方机械、恒岳重工等企业和河南省郑州郑煤机集团、平顶山平煤机装备有限公司开展专题调研，找出困扰民营企业发展的痛点、难点，提出振兴全市煤机制造业的对策及建议，形成《关于促进煤机制造业高质量发展的调研报告》。依托民营企业调查系统，组织开展“万家民企评营商环境”和“民营企业政策落实情况和运行状况”调查工作。组织工商联界别的政协委员，围绕全市经济社会发展和民营企业发展中的热点、难点问题，开展调研，在市政协十四届五次会议召开期间，民营企业家政协委员提出

提案 49 件。（刘志国）

【政企沟通服务平台搭建】 2021 年，市工商联组织承办全市支持民营企业发展座谈会和全市民营企业家座谈会，听取民营企业家关于全市“十四五”发展规划和大同市第十六次党代会报告的意见建议，了解民营企业发展现状和面临的困难、问题。联合市委统战部推动开展领导干部联系民营企业工作，建立完善“联系民营企业名单”，为企业提供信息、政策等方面的服务。修订完善《驻会领导联系所属商会制度》《驻会领导联系非公有制经济代表人士制度》，班子成员到所联系点了解情况，指导工作，加强与商会组织和非公有制经济代表人士的联系，促进领导干部联系企业制度化、常态化。（刘志国）

【交流与合作平台搭建】 2021 年，市工商联加强与市促进外来投资局等部门联动，加大“以商招商”力度，组织民营企业家参加中国中部投资贸易博览会、第四届中国国际进口博览会晋沪民营企业对接圆桌会（大同分会）、大同市（长三角）招商引资对接会等经贸交流活动，引导支持民营企业“走出去”。为上海曌庆新能源科技公司和东中科吉抗（北京）节能科技公司投资 11.5 亿元的项目牵线搭桥，帮助项目方与相关部门沟通协调。组织大同经济技术开发区工商联（总商会）、大同市河北商会等商会组织及民营企业家，到广东省开展以商招商和邀商活动。活动期间，大同瑞城建筑产业化有限公司与深圳云鹏环保科技（东莞市）有限公司达成建筑垃圾处理回收项目初步合作意向。围绕第三届世界晋商（上海）论坛“诚信薪火相传，信用赢得未来”的主题，与大同市工信局举办 2021 年大同市民营企业家“信用经济”高级研修班暨大同市“诚信火炬手”选拔活动。加强对外联络、组建外埠商会工作平台，到西安市大同商会开展走访调研，引导在外大同商会带动相关产业链企业回乡考察。（刘志国）

【金融对接服务平台搭建】 2021 年，市工商联加强与金融服务机构合作，联合市发改委、邮储银行大同分行共同举办大同市“信易贷”政银企工作对接会，与市委统战部、市金融办和人行大同市中心支行联合举办大同市金融精准助力民营小微企业高质量发展政金企对接会，11 家金融机构与 12 家优质民营企业代表达成合作意向，授信金额 20695 万元。（刘志国）

【创业就业服务平台搭建】 2021 年，市工商联联合市就业和人才服务中心组织开展以“‘职’在民企，‘就’有未来”为主题的民营企业招聘月活动，现场举办 4 场招聘会，通过现场专门服务台，为企业和求职者提供职业介绍、技能培训、创业指导、维权服务等公共就业服务。活动期间，有 303 家民营企业参与招聘活动，提供岗位 10791 个，达成就业意向 3970 人，提供维权及法律援助 453 人次。（刘志国）

【法律服务平台搭建】 2021 年，市工商联加强与市委政法委、市检察院、市司法局等部门协作机制，联合市委政法委举办全市政法机关服务保障民营企业座谈会，遴选 20 名企业家担任执法司法监督员，参与行政执法监督、规范执法行为。组织民营企业参与检察开放日、检察机关服务民营经济座谈会，联合开展“送法入企”法律讲座、“税法入企”宣讲活动，引导民营企业自觉学法、遵法、守法、用法，解决企业在惠企政策落实中的有关问题。（刘志国）

【全国“四好”商会名单（大同）发布】 2021 年 2 月初，全国工商联认定并公布 2019—2020 年度全国“四好”商会名单。经过推荐、初审及专家评审组评审等环节，认定全国“四好”商会 1478 家，此次大同市被授予全国“四好”商会称号的是大同市五金机电商会、大同市国际同商总会、大同市浙江商会、大同市山东商会、大同市河北商会、大同市河南商会、大同市内蒙古商会、大同市温州商会、大同市四川商会。（刘志国）

【“税法入企”宣讲】 2021 年 5 月，市工商联联合市税务局在大同古城商会开展“税法入企”宣讲活动。活动邀请市税务局所得税科业务骨干现场为企业宣讲税法，介绍国务院关于减税降费政策的一系列文件及细则，围绕税务和税法基础知识，分别从税务概述、主体税种分类、纳税人的权利和义务及企业税收管理和风险防控 4 个方面，讲解相关政策知识，引导企业家把税法政策用好用活。大同市部分商会会长及企业家 50 余人参加活动。（刘志国）

【市工商联（总商会）十四届五次执委会】 2021 年 7 月 20 日，市工商联（总商会）十四届五次执委会召开，市委常委、统战部部长姚鸿波，市政协副主席、市工商联主席刘若亮出席会议。会议听取并审议市工商联相关工作报告，表彰 2019—2020 年度全国“四好”商会先进组织，宣读关于“助推黄花产业发展 促进乡村产业振兴”活动的意见。（刘志国）

【全国“五好”县级工商联名单（大同）发布】 2021 年 12 月，中华全国工商业联合会发布全国“五好”县级工商联名单。在各地工商联自下而上逐级推荐、省级工商联审核把关、全国工商联组织专家评审的基础上，经全国工商联主席办公会议审议通过，全国 1760 家县级工商联被评为 2020—2021 年度全国“五好”县级工商联。大同市 8 个县（区）工商联被评为 2020—2021 年度全国“五好”县级工商联，分别为：平城区工商业联合会、新荣区工商业联合会、云冈区工商业联合会、云州区工商业联合会、阳高县工商业联合会、天镇县工商业联合会、广灵县工商业联合会和左云县工商业联合会。（刘志国）

群众团体

大同市总工会

【概况】 截至2021年底，大同市职工总数823041人，全市工会组织5712个，工会会员755265人。全年新建工会组织366家，新发展会员18115人，其中以货车司机、网约车司机、快递员、外卖送餐员4个群体为重点的新就业形态劳动者5273人。市总工会“数字工会”大数据平台完成6359个工会组织、52.6万个实名制会员信息入库；“同工之家”APP下载登录用户4.16万人，其中实名认证用户3.4万人。职工电子书屋有期刊4103种，图书56628册。2021年，市总工会被省委、省政府评为“山西省脱贫攻坚先进集体”，被全国“安康杯”竞赛组委会命名为“最佳组织单位”，大同工会“数字工会”在“网聚职工正能量 争做中国好网民”主题活动中被评为“全国互联网+工会普惠服务最具影响力平台”。

（王 琨）

【职工活动】 2021年，全市工会以创建“工人先锋号”为载体，在大同市重点项目、重点领域培育优质竞赛项目20个大项、117个小项。深化“工匠杯”职业技能竞赛，在银行服务业、教育行业、公共交通行业形成丰富经验，完善4个大类17个分类竞赛项目的评比、奖励机制，融入7000名行业职工岗位成才建功立业的工作实践中。全市1000余家企事业单位、23万职工参加以小发明、小创造、小革新、小设计、小建议为内容的“五小”竞赛活动，累计创建190家劳模（职工）创新工作室，收集“五小”成果1万余项，其中评选优秀竞赛成果1368项，获专利项数155项。市总工会劳模（职工）技术服务队，开展“送技术”服务活动，为企业解难题，为职工群众办好事。

（王 琨）

【职工服务】 2021年，市总工会建成全省首家市级工会职工健康驿站，全年健康检查职工8000余名。12月起，市总工会健康驿站派出7名工作人员携带10余种体检器材设备，在市文瀛湖办公区西辅楼开展“上门体检服务”，健康检查市直机关干部668名；全市工会开展职工心理健康服务，以职工心理咨询室为载体，开展健康评估、心理干预、情绪疏导等服务，化解职工心理危机、维护职工心理健康；推进“爱心驿站”建设，整合社会资源，因地制宜铺点建设，分批验收挂牌运营，平城区、云冈区、新荣区、开发区等24家“爱心驿站”提前完成建设目标；给722名基层女职工提供“两癌”筛查服务，给全市1888名中央、省、市、县四级派出的乡村振兴驻村帮扶干部免费体检；组织开展“春送岗位”，举办线上线下招聘会26场，帮助4524人达成就业意向，“夏送清凉”投入资金224万元，慰问1.6万名职工，“秋送助学”为22名考入大学本科的困难职工子女发放助学金11万元，“冬送温暖”走访企业92家，慰问职工8048人，困难劳模85户，帮助614名患病职工给付大病互助金256万元。

（王 琨）

【职工权益维护】 2021年，全市各级工会抓职工代表会建设，全市公有制企业全部建立职工代表大会制度，非公有制企业建制率95%以上；推进厂务公开工作，全市公有制企业推行厂务公开制度建制率100%，规模以上非公企业建制率90%以上；深化和谐劳动关系企业创建活动，全市和谐企业创建面90%以上；市总工会业务指导全市200余家中小微企业开展集体协商、签订集体合同工作，全市签订工资专项集体合同的企业4708家，占应建制企业91%；推进工会劳动保护监督检查网络和队伍建设，开展“安康杯”竞赛活动，推动各级工会在事故预防、隐患排查、职业病防治等领域中主动作为。

（王 琨）

【晋能控股彩亮创新工作室获全国荣誉】 2021年1月，中华全国总工会命名第三批“全国示范性劳模和工匠人才创新工作室”，晋能控股煤业集团“彩亮创新工作室”上榜。晋能控股煤业集团燕子山矿彩亮创新工作室有核心成员9人，是一批专业技术+高技能的复合型人才队伍，主要研究井下工作面防尘治理。主要技术成果有：设计基于多普勒效应的雷达式微波传感器，用于皮带自动洒水控制；自行设计制造的无电源喷雾洒水车、胶轮车洒水车，减轻人工洒水的劳动强度；针对综掘工作面粉尘治理难题，发明采掘机强力风水化学降尘装置。截至2021年底，彩亮创新工作室完成38项煤矿粉尘治理的技术革新和发明，6项科技成果获国家专利。其中，矿用喷雾降尘器等发明实现技

术成果的转化，被20余家煤矿采用。（王 琨）

【全市困难职工务工培训】 2021年3月26日至4月2日，市总工会首批64名学员（其中女性学员60人）在北京参加育儿、月嫂、技能、综合4个技能培训。此次培训由市总工会与大同市我帮你家政服务有限责任公司合作办学，免费给低收入困难职工、建档立卡贫困劳动力、农民工等群体举行的家政专业技能培训。（王 琨）

【第三届全市职工书画展】 2021年4月28日，“中国梦·劳动美——永远跟党走，奋进新征程”第三届“劳动者之歌”全市职工书画展在大同潘家园举行。此次展览由市总工会、市文联共同主办，展期一个月，旨在弘扬劳模精神、劳动精神、工匠精神。展览收到书画作品930余幅，经专家评审展出340幅，作品内容集中讲述大同故事，包括脱贫攻坚、疫情防控、复工复产等。（王 琨）

【职工法律宣传活动】 2021年4月30日，为增进职工群众对劳动法律法规的了解，市总工会开展“遵法守法、携手筑梦”服务职工劳动法律宣传咨询活动。活动中，市总工会联合市云冈律师事务所律师到中车大同电力机车有限责任公司为职工群众提供法律服务，解答职工提出的有关职工维权、法律援助申请、事实劳动关系认定、工伤事故认定等法律疑问，并提出相关法律建议，此次活动发放各类宣传资料1000余份。（王 琨）

【第二届“大同工匠”命名大会】 2021年4月29日，“中国梦·劳动美”第二届“大同工匠”命名大会在市工人文化活动中心举行，丁立军、任旭红、祁卫东、杜鹃华、李玉祥、杨庆昌、杨雪飞、张利军、张河美、张建成、张建宏、张革、张湛金、张福荣、陈晓钊、周栋梁、庞继平、夏倬阳、徐亮、高文龙、曹守迅、翟俊霖22名在劳动一线的工匠人才被授予“大同工匠”称号。省委常委、市委书记张吉福，市委副书记、市长张强，市人大常委会副主任苏智，副市长荆虎，市政协副主席董建中等出席大会并为“大同工匠”颁发证书和奖杯。（王 琨）

【市总工会第十六届十次全委会】 2021年5月11日，大同市总工会第十六届十次委员会全体会议召开，选举市总工会主席。市委副书记、政法委书记艾凌宇出席并讲话。市总工会党组书记、常务副主席姚夏冬主持会议，晋能控股煤业集团工会主席蒋煜，市总党组成员、副主席王俊仁、张燕琴、贾鹏，市总党组成员、三级调研员、经审委主任王彪，挂职副主席苗晓勇等各基层委员参加会议。市人大常委会副主任苏智全票当选大同市总工会主席。（王 琨）

【庆祝中国共产党成立100周年慰问演出】 2021年5月18日，由市总工会主办的“中国梦·劳动美”庆祝中国共产党成立100周年首场下基层慰问演出在开发区万城生活广场举行。市总工会党组书记、常务副主席姚夏冬观看演出，党组成员、副主席张燕琴代表市总工会讲话，开发区总工会主席史海湘致辞。来自全市企事业单位的劳动模范、党员先锋、优秀工作者代表及社区居民观看演出。演出节目有歌舞《迎风飘扬的旗》、情景剧《初心与使命》、女声独唱《江山》、唢呐独奏《百鸟朝凤》等。（王 琨）

【“同工之家”职工服务APP上线】 2021年5月23日，市总工会推出移动版职工服务窗口——“同工之家”手机APP，实现“数据多跑路，职工少跑腿”的“一站式”服务。“同工之家”APP由“进家门”“家资讯”“家普惠”和“我的家”4个部分组成。其中，“进家门”集中展示以“六型职工之家”设计的民主型职工之家、关爱型职工之家、普惠型职工之家、学习型职工之家栏目；“家资讯”展示工会门户网站的通知和新闻；“家普惠”展示普惠服务互动的开展；“我的家”主要功能是个人信息和软件设置等。（王 琨）

【职工职业技能培训班】 2021年5月31日，全市职工职业技能培训班在大同工匠学院举行。市人大常委会副主任、市总工会主席苏智出席开班仪式。此次由市总工会组织开展的培训分机械制造、建筑、创业培训三大类。参训范围是年龄在18~55周岁的全市各企事业单位在职职工、农民工、退伍军人及城镇失业人员。（王 琨）

【“巾帼共奋进 永远跟党走”女职工阅读活动】 2021年6月至8月，市总工会女职工委员会在全市范围内开展以“巾帼共奋进 永远跟

▲2021年4月29日，第二届“大同工匠”命名大会在市工人文化活动中心举行。图为被授予“大同工匠”称号的工匠人才集体合影（张燕伟 摄）

党走”为主题的“玫瑰书香”女职工主题阅读活动，其中读书征文、最美阅照、阅读视频3个项目的征集活动，收到全市女职工读书征文200余篇，最美阅照120余张，阅读视频60余个。全市各级工会女职工组织把阅读活动与开展党史学习教育、提升女职工素质、推进家庭文明建设、关爱服务女职工结合起来，围绕主题，自行策划、组织实施，有针对性地开展线上线下主题阅读活动，引导女职工增进阅读理解，培养阅读习惯，带动家庭阅读。

（王　琨）

【职工职业培训班】 2021年7月8日至12日，市总工会举办“农民工夜校”培训班。邀请大同劳模扈成林、大同工匠刘海滨为学员讲解相关业务内容。培训班以理论与实践相结合的方式开展。其中，理论教学主要讲述电焊工作业的基本知识，相关安全法律、法规和标准，讲述焊接与切割基础知识，气割与气焊、焊条电弧焊与电弧切割技术、焊接与切割安全用电，劳动与防护、典型事故案例及原因分析；实践操作开展熟练掌握焊接材料的正确使用，焊接方法操作技能及焊接缺陷的识别和处理，焊接外观的检查、工具和设备的使用与养护，掌握本工种的操作规范与应急救援措施，从而具备一定的职业技能。

（王　琨）

【工会慰问演出】 2021年7月9日，为庆祝中国共产党成立100周年，丰富职工群众的精神文化生活，由市总工会主办的“中国美，劳动美”庆祝中国共产党成立100周年下基层慰问演出在天镇县万家乐广场举行。此次演出分“信仰的光芒”和“复兴的力量”两部分。通过歌舞、朗诵等形式，展现中国共产党百年奋斗历程。演出节目有歌舞《迎风飘扬的旗》、女声独唱《美丽家园》、唢呐独奏《百鸟朝凤》、大合唱《没有共产党就没有新中国》等。（王　琨）

【“党在我心中”全市职工党史知识竞赛】 2021年7月27日至29日，由大同市委宣传部指导、大同市总工会主办的“党在我心中”全市职工党史知识竞赛在大同工匠学院举行。竞赛题目围绕党史、新中国史、改革开放史、社会主义发展史内容开展，来自全市各县（区）工会、基层工会和企业工会的58支参赛队近200人参加比赛，最终有6支参赛队进入决赛。经过比赛，北京国电电力有限公司大同第二发电厂获团体一等奖和个人第一名，大同市税务局机关、大同市公安局并列获团体二等奖和个人第二名，大同市税务局第三稽查组、大同市城市管理局环卫组、云冈区总工会并列获团体三等奖和个人第三名。

（王　琨）

【劳动者爱心驿站投入使用】 2021年9月，大同市首批建成的24个省级户外劳动者爱心驿站投入使用，为大同市环卫工人、出租车驾驶员、快递员、送餐员、城管执法、交通警察等户外劳动者提供如同“家”一样的歇脚之所。每家驿站都配备可供休息就餐的桌椅、饮水机、微波炉、报刊书籍、应急药品、工具箱等基础设施。除基础服务设施外，有条件的驿站还拓展服务功能，如配备冰箱、无线网络等设备。这24家户外劳动者爱心驿站主要分布在客运东站、新南客运站、平城区、新荣区、经济技术开发区、云冈区人流量大、户外劳动者集中地段。

（王　琨）

【个人信息保护日主题活动】 2021年10月17日，为增强广大家庭和职工群众的网络安全意识，提升个人信息保护技能，市总工会、市妇联联合开展网络安全宣传周个人信息保护日主题活动。活动中，市总工会、市妇联围绕“网络安全为人民，网络安全靠人民”主题，利用线上线下宣传渠道，通过制作小视频、组织线上答题、转发网络安全知识、悬挂网络安全标语、发放网络安全宣传单、入户宣传等形式开展网络安全宣传周个人信息保护日主题活动。市总工会通过微信公众号开展线上网络安全知识竞赛，竞答内容包括网络安全基础知识、个人信息保护常识、网络安全防护技能等。全市各级妇联组织部分社区和妇女之家开展个人信息保护主题日进村、进社区、进妇女之家、进家庭活动，妇联干部和巾帼志愿者以抵制网络谣言、违法有害信息为主要内容，向社区居民宣传文明网络空间的重要性和维护自身合法权益的必要性；现场讲解网络安全常识和防网络诈骗方法，宣传网络安全法律法规、揭露网络违法犯罪伎俩、传授防范公民个人信息泄露的方法。市县妇联组织以全国妇联制作的“筑牢家庭安全堤坝 守护快乐数字童年”未成年人网络安全漫画，作为此次主题日的宣传重点举行线上宣传。（王　琨）

【全市职工主题征文活动表彰】 2021年11月11日，“中国梦·劳动美——永远跟党走、奋进新征程”全市职工主题征文活动表彰会议在市总工会举行。大同市总工会党组书记、常务副主席姚夏冬，市总党组成员、副主席王俊仁，市总党组成员、副主席张燕琴，市总党组成员、挂职副主席苗晓勇，市总四级调研员张祺出席会议。活动由市总工会主办，大同日报社、市文学艺术创作研究中心承办。经过层层评选，最终冀宏伟的《你是一棵树》获一等奖；左世海的《写在七月》、李海亮的《井冈山革命摇篮》、王谦的《我的贺楠师兄》获二等奖；孟小军的《在那遥远的地方》、赵永宏的《生命成就书法》、肖寅生的《红星耀征程》、马丙贵的《最美劳动者》、赵小霞的《青春的心追梦人》获三等奖；喙林儿的《烛光温暖地盛开》、毕雪琳的《春天的旋律》、郭宏旺的《水泊寺曹夫楼变迁》、李保定的《我自豪 我是一名教师》、高进宝的《这一生，我都跟着你》、侯丽的《我是光荣的农业执法人》、张丽芳的《心跟党走 行报党恩》获优秀奖。

（王　琨）

【市总工会工匠学院餐饮服务分院成立】 2021年12月10日，市总工会工匠学院餐饮服务分院成立，市委副书记、政法委书记艾凌宇，市人大常委会副主任、市总工会主席苏智出席讲话，并为餐饮服务分院揭牌。市总工会党组书记、常务副主席姚夏

▲ 2021 年 12 月 10 日，市总工会举行工匠学院餐饮服务分院揭牌仪式并签约合作办学协议 （王 琨 摄）

冬与工匠学院餐饮服务分院院长签订“大同市总工会工匠学院餐饮服务分院”合作办学协议。工匠学院餐饮服务分院位于云州区黄花产业园区，占地面积 13 万平方米，主要从事职业技能培训与技能资格证书颁发。该分院有职业教师 51 人，培训专业涉及厨师、中式烹饪师、中式面点师、西式面点师等。 （王 琨）

【“五小”创新大赛】 2021 年底，市总工会公布全市“五小”创新大赛结果，60 项优秀成果榜上有名，分获大同市“五小”创新大赛优秀成果一、二、三等奖。评选出的 60 项优秀成果涉及医药、化工、养殖、机械等行业。其中，由中国重汽集团大同齿轮有限公司徐亮等人完成的《曲轴齿轮防夹紧变形同步等距偏心盘设计》等 10 个成果获一等奖；由山西中新甘庄煤业有限责任公司赵英海等人完成的《可调门式支护装置》等 20 个成果获二等奖；由晋能控股煤业集团雁崖煤业公司田瑞等人完成的《新型电缆盘托架装置》等 30 个成果获三等奖。大同经济技术开发区总工会、云冈区总工会、新荣区总工会、广灵县总工会、左云县总工会 5 家单位被评为“五小”创新大赛优秀组织奖，晋能控股煤业集团四老沟矿、国网大同供电公司、晋能控股煤业集团王村煤业公司、中国重汽集团大同齿轮有限公司、国电电力山西新能源开发有限公司、山西大唐国际云冈热电有限责任公司、中煤大同能源有限责任公司、苏晋塔山发电有限公司、中国移动通信集团山西有限公司大同分公司、中国邮政集团有限公司、大同冀东水泥有限责任公司、大同新成新材料股份有限公司、山西同达药业有限公司、陕汽大同专用汽车有限公司、广灵金隅水泥有限公司 15 家单位被评为“五小”创新大赛优胜单位。市总工会对获“五小”创新大赛优秀成果一、二、三等奖的项目带头人分别奖励 5000 元、3000 元、1000 元。 （王 琨）

群众团体

2021 年大同市“五小”创新大赛获奖成果一览表（60 项）

表 10–1

序号	项目名称	项目带头人	项目其他成员	所在单位
一等奖（10 个）				
1	曲轴齿轮防夹紧变形同步等距偏心盘设计	徐 亮	师公飞、穆文慧、王军、夏康康	中国重汽集团大同齿轮有限公司
2	基于物联网的公务车辆钥匙管理装置箱	曹守迅	杨洪利、曹冰、付丽强、张利、苗润斌	国网大同供电公司
3	新型糊精在头孢菌素 C 发酵生产中的应用	冯 涛	刘新山、刘源	国药集团威奇达药业有限公司
4	变电站室内间隔除静电除尘装置	张鹏斌	魏雅嫔	晋能控股煤业集团电业大同有限公司
5	P–1601 洗涤塔循环风泵改造	庞岩峰	张海兰	晋能控股煤业集团广发化学工业有限公司
6	风动炮泥机	赵 立	张国乐、郭聪	晋能控股煤业集团同家梁矿
7	RCD 中 N– 亚硝基二苯胺（NDPA）及吩噻嗪（PTZ）分析方法的建立	王聪伶	罗晓燕	山纳合成橡胶有限责任公司
8	多型号主提升皮带托辊液压拆装综合一体装置	李玉文	郭矿生、闫成和	山西中新唐山沟煤业有限责任公司
9	东北山鸡与土鸡杂交改良	吴金亮	张志勇、吴连波、赵利、吕英瑞	天镇县信农农业有限公司
10	在役机车铸钢件涡流检测技术的精准应用	余海军	林思波、石晨晓、李仁	中车大同公司
二等奖（20 个）				
1	可调门式支护装置	赵英海	张国卫、任建辉	山西中新甘庄煤业有限责任公司
2	制氢站冷却水系统改造工程	李起明	郝维一、何文跃、霍飞、刘建明、郝玲	北京国电电力有限公司大同第二发电厂

续表 10–1

序号	项目名称	项目带头人	项目其他成员	所在单位
3	发电厂 DCS 系统控制器故障应急测试装置	常进刚	李国庆、贺治国、孙建刚、黄志勇	北京国电电力有限公司大同第二发电厂
4	冬季回转窑保温装置	王九龙	王海雨、王钢、王玉和、李广宁、张国仁、王伟	大同冀东水泥有限责任公司
5	一种水泥装集装箱用皮带轮机	郭海青	王九龙、李广宁、管生喜、刘泽海	大同冀东水泥有限责任公司
6	双电源二次在线定相装置	王　羽	王磊、高戈、张宇中、姚家隆、李晓军	国网大同供电公司
7	基于北斗的电力铁塔安全监测系统	李　偲	曹守迅、杨洪利、曹冰、齐晓庆、刘慕师	国网大同供电公司
8	传统马铃薯淀粉粉条生产新工艺	王　慧	王栋楠	浑源县华宸食品有限公司
9	多膛炉燃烧机系统的改造及生产工艺的优化	丁　剑	——	晋能控股煤业集团大同煤业金鼎活性炭有限公司
10	采煤机端头盒及遥控盒试验装置	王　海	——	晋能控股煤业集团晋华宫矿
11	多功能起重车	齐冀龙	——	晋能控股煤业集团挖金湾煤业公司
12	采掘工作面运输平巷小型清煤机	任　伟	赵建昕、刘洋	晋能控股煤业集团雁崖煤业有限公司
13	煤仓振打改进项目	段　洪	赵超、张国强、陶铸	山纳合成橡胶有限责任公司
14	水处理车间微热再生 PLC 程序技改项目	史鹏祯		山纳合成橡胶有限责任公司
15	直接空冷机组乏汽供热的真空管道能质回收利用	刘　洋	彭日亮、谷宏彬、吕奎、杜永兵、康慧军	山西大唐国际云冈热电有限责任公司
16	等离子切割工件清渣滚筒	魏　伟	刘璞、孟旺昌　闫全辉、陈海峰	陕汽大同专用汽车有限公司
17	设计加装 EMG 二代电动执行机构操作旋钮防误动装置	芦建忠	夏生文、贾勇	苏晋塔山发电有限公司
18	5GAI 智能应急宝	刘宣旺	牛剑峰、黄帅、侯建民	中国移动通信集团山西有限公司大同分公司
19	滚齿冷却方式改进	师公飞	王学莲、王全文、董旭敏、丰森	中国重汽集团大同齿轮有限公司
20	刮板输送机防跳链改造	苏传云	高勤学、孙光炬、田文军、王海波、赵秀	中煤大同能源有限责任公司
	三等奖（30 个）			
1	新型电缆盘托架装置	田　瑞	孙磊、袁成	晋能控股煤业集团雁崖煤业公司
2	磨煤机热风关断门控制系统教学模型制作	樊小刚	韩忠、刘兴轩、石仓德、陈鹏	北京国电电力有限公司大同第二发电厂
3	大同市煤炭清洁高效利用研究所创建及运行管理经验	王志坤	刘志成、张军、马利	大同市煤炭清洁高效利用研究所
4	大同市新荣区利国种鸡场种鸡改良项目	龚彩云	邓青贵、南斌	大同市新荣区利国种鸡场
5	高效筛分碳素原料的直线筛	刘雁伟	范志利、郭少波	大同宇林德石墨新材料股份有限公司
6	一种便携的带验电装置的夜用型拉闸杆改造设计	赵成公	陈治强、马骐、范晓军、苏鑫源	国网大同供电公司
7	矿用多功能炮头适配杆	焦世雄	——	晋能控股煤业集团白洞矿业公司
8	基于 VOCs 在线监测要求的多排口集成改造	孟煜东	——	晋能控股煤业集团环保部
9	能源革命井下水库 -- 四老沟矿老空水处理技术改造	曹东升	黄燕波、李刚、杨海斌、魏宁	晋能控股煤业集团四老沟矿
10	井下智能交通管理系统	苏正友	李建功、关昕宇	晋能控股煤业集团同忻煤矿
11	风动喷射器的改造	刘军权	左振家、翟二柱	晋能控股煤业集团燕子山矿
12	云岗矿主提升、主斜井、二转站高压开关柜升级改造	谭江英	——	晋能控股煤业集团云岗矿
13	异形电烙铁打磨工具	孙　阔	胡三荣、丁翠平、刘建清、支文兴	灵之韵民间工艺品合作社
14	脱气 RCD 返回控制方式优化	马海彬	——	山纳合成橡胶有限责任公司
15	石磙打顶新工艺物理灭虫壮苗法	陈全玲	周进启、焦慧兰、王瑞仙	山西立景农业科技有限公司
16	一种收割荆条机器	张建国	巩晴、张金金	山西巧娘宫科技有限公司

续表 10–1

序号	项目名称	项目带头人	项目其他成员	所在单位
17	复方利血平片工艺研究	杨俊平	杨晓军、徐敏、张政、杨小健	山西同达药业有限公司
18	一种矿用轨道简易运输装置	张　英	——	山西中新唐山沟煤业有限责任公司
19	轻量化（薄板）焊接工艺	王永春	张会波、赵博、吴文进、吕云龙	陕汽大同专用汽车有限公司
20	可快速收集铁屑、除尘清扫车	南利军	黄丽国、张振胜	中车大同公司
21	自动数（螺母）标准件机	王树国	——	中车大同公司
22	手绘城市旅游产品	李东源	陈寅、马佳、高燕青	中国邮政集团有限公司
23	加工中心模拟坐标系检测与应用	赵建红	穆文慧、李海永、杨霆、袁新胜	中国重汽集团大同齿轮有限公司
24	一种自动去除拉刀铁屑的装置	徐玉成	常晟、薛志彪、李嘉、于晓东	中国重汽集团大同齿轮有限公司
25	自制“人”型油桶吊装工具	马尊宁	曹金钟、刘继腾、尉志军、张杰	中煤大同能源有限责任公司
26	脱介筛筛板脱落检测装置	党　尊	吴廷喜、史智勇、李汝俊	中煤大同能源有限责任公司
27	钙果“三品”提升技术集成研究	张军生	张从兵、杜俊杰、王鹏飞、张海平	左云县边塞农丰农牧有限公司
28	综采工作面上隅角多台传感器整体、快速移动装置	刘晓宇	陈军章、杨宏飞	晋能控股煤业集团王村煤业公司
29	英莱壳汽机油英尊 SP	刘乾恩	候生原、郭伟、关高峰、张鹏飞	山西英莱壳科技股份有限公司
30	一种三重密集型自动除铁装置	周东峰	李淑杰、郭进山、王艳飞、李海军、王晶晶	广灵金隅水泥有限公司

【《大同工会志（1993—2018）》出版发行】 2021 年 12 月，市工会志编纂委员会编纂的《大同工会志（1993—2018）》由中国文史出版社出版。该书是首轮《大同工会志》的续志，是雁北地区、大同市工会合并后第一部全彩印断代体综合性志书。《大同工会志（1993—2018）》上限 1993 年，下限 2018 年，由概述、大事记、专志、附录和后记 5 部分构成，专志部分由劳动力资源、组织建设、服务经济、劳动保护、女职工工作、宣传教育、民主管理、法律服务、经费管理、经费审查审计监督、保障工作、市总直属事业单位、县区工会、市直属部分单位工会、人物和先进 15 章构成，全书 140 万余字，插图 180 余张，系统记述 1993 年雁北地区、大同市工会合并后大同工会 25 年来的历史和现状。（王　琨）

共青团大同市委

【概况】 截至 2021 年底，全市有青年 91 万人，团员 95016 名，基层团委 290 个，团总支 36 个，团支部 3906 个，各级团干部 5931 名。

（吴书琛）

【青少年组织建设】 2021 年，共青团大同市委制定《大同市基层组织改革推优入党工作措施》，寻求与组织部建立青年党员发展联合培养、教育、审核机制。明确由市委副书记、市委政法委书记艾凌宇担任市少工委名誉主任，市政府副市长马安全联系少先队工作；青少年工作联席会议每年听取一次职能部门专项汇报，研究协调解决少先队工作问题；市编办印发《关于明确各县（区）团委领导职数的通知》，团县（区）委书记担任同级少工委主任，1 名班子成员担任少工委副主任、1 名专责人员从事少先队工作，全年全市 10 个县（区）全部召开少代会。召开县域共青团基层组织改革试点工作专题会，推动 2 个试点县（区）常委会研究，明确工作领导组，制定试点改革方案。平城区成立由市政协副主席、区委书记李继忠任组长的平城区共青团基层组织改革综合试点工作领导小组，审议并通过《平城区共青团基层组织改革综合试点的工作举措》，按照提出的改革试点工作 10 个方面，31 项具体举措，推动改革工作；灵丘县召开常委会，审议通过《灵丘县共青团基层组织改革试点工作实施细则》，明确改革试点工作在县委领导下实施，由县共青团基层组织改革综合试点工作领导组统筹推动，并把改革举措细化出 42 条具体落实举措。共青团大同市委明确“三个加强”的共青团组织工作方向，即加强团员队伍管理，实现新发展团员号段录入率 96.1%，“学社衔接”率和“升学衔接”率分别为 96.4%、99.8%；加强团干部队伍管理，完成全市 10 个县（区）、各乡（镇）团组织换届工作；加强团组织建设，全市新成立非公企业团组织 293 个，10 个县（区）均建立县级教育团工委，实现中学、中等职业学校团校全覆盖，新增市直“青年之家”7 个，平城区、云冈区实现“青年之家”乡镇（街道）全覆盖。明确“三个全面”的少先队组织工作路径，即全面实施分批入队，指导全市中小学严把“分两批”入队流程；全面铺开争章活动，发放基础章、星级章34万余枚，配发红领巾3万余条、队徽3万余枚，编制《大同市少先队员成长手册》，全市新入队少先队员人手一册，制定《大同市“红领巾奖章”实施方案》；全面开展榜样教育，全年表彰240名“大同市优秀少先队员”和50个少先队先进集体。（吴书琛）

【青少年思想教育】 2021年，共青团大同市委制定《推进“青年大学习”网上主题团课实施方案》破解全市长期参学低的问题，全年每期近3万人参与学习；出台《共青团大同市委青年讲师团计划实施方案》，明确讲师选拔条件，扩宽选拔范围，优化讲师团队伍，提升宣讲能力和宣讲效果。抓党史学习教育节点，开辟思想引领新方式、新阵地。全市4233个团支部实现党史学习教育全覆盖，开展各类活动1.2万余场；开展“重现革命峥嵘岁月情景剧”主题团日活动；以参观学习、诵读经典等方式，举办主题队日活动2000余场，覆盖少先队员20万余名；组织大同市中小学以党建为引领，开展主题宣传教育活动5500余场；依托平型关等教育基地，举办主题研学活动；在平城区第十四小学建立首家少先队员身边的党史展览馆。线上开通“青春大同”视频号，原创视频大同市新一届团县（区）委班子“向党和青年报告”，总体点击率3万余人；拍摄视频《奋进新征程，共话新远景——党代会，我把祝福献给您》，迎接大同市第十六次党代会的召开，阅读人数达3万以上；微信公众号“青春大同”和“大同少先队”推出“青纪实”“青书屋”“星火队会”等9个专栏。线下开展中国共产党成立100周年大会上的重要讲话精神、国家安全等宣讲70余场；组建市级红领巾巡讲团和省级“星火少先队名师工作室”，开展学习中国共产党成立100周年大会上的重要讲话精神巡讲12场。线上线下同频共振，在大同市博物馆等29个单位建立“红色教育”“研学实践”“法治教育”等7类实践教育基地，发布“大同市青少年实践教育地图”；举办青年奋斗者说和少年追梦者说主题竞演讲述。

（吴书琛）

【青少年志愿服务】 2021年，共青团大同市委组织青年志愿者参与文明城市创建、社区疫情防控消杀、黄花产业推广、文旅产业发展等方面工作。280名志愿者助力“第六届成龙国际电影周”；到社区开展反电信诈骗和爱国卫生宣传1000余人次；向河南灾区募集捐赠30余万元物资；“暖蜂”行动为300余名快递员赠送体检卡等。（吴书琛）

【青少年成长服务】 2021年，共青团大同市委整合资源，跟进服务，推进新型项目落地，促进青年人才成长发展。第八届创新创业大赛推选出10个优秀项目、第三届职业技能评比有600余名中等职业学校学生教师参加、征集实践岗位100余个，为366名同学提供实践机会、“青企对接会”对接73家企业的1500余个空缺岗位。启动“希望小屋”项目，在全市7个县（区）建成10所“希望小屋”；依托帮扶项目开展助学工作，在“中国茅台·国之栋梁—2021希望工程圆梦行动大型公益助学”、2021山西希望工程圆梦行动、希望工程“1+1”“圆梦微心愿”等项目中助学帮扶中小学生100余名。

（吴书琛）

【青少年权益保护】 2021年，共青团大同市委发挥青少年工作联席会议制度优势，制定《大同市未成年人司法保护社会支持体系试点工作方案》，建成全市首家青少年法治教育基地、首家未成年人社区矫正中心与未成年人观护帮教基地，成立全省首家市级未成年人犯罪侦查大队，建立联系学校、社区、家庭合力疏导矫正对象的“三联系一疏导”矫正机制，组建以“青少年维权专员”“合适成年人库”“社会调查员服务库”“公益律师库”“心理咨询师库”5支专业人才队伍为主体的“五库一平台”服务综合机制。到校园、社区开展各类普法宣传教育活动，其中防校园欺凌、《中华人民共和国未成年人保护法》宣讲等校园法治课堂50余场，禁毒宣传、反电信诈骗等大型社区法治宣传活动10场；把握青少年学法心理，依托法治教育基地，创新普法模式，通过举办模拟法庭大赛、“学宪法讲宪法”演讲比赛、“一盔一带”交通安全演练活动、“法治青春·成人仪式”等方式，引导青少年亲自参与、体验，激发青少年学法用法。与市检察院签订“志愿服务与检察公益诉讼协作机制”、组建青少年“法治宣讲团”；到校园开展青少年安全自我保护教育课程、开展消杀活动，提升青少年自我保护意识；到校园开展团体心理辅导、心理减压活动，保障青少年心理健康发展；开展“圆梦微心愿”“希望工程”等活动，帮扶困境青少年。（吴书琛）

【纪念五四运动表彰大会】 2021年4月30日，大同市召开纪念五四运动表彰大会，市委副书记、政法委书记艾凌宇出席并讲话。会议表彰“五四红旗团委”5个，“五四红旗团支部”10个，“优秀共青团干部”20名，“优秀共青团员”30名，新时代青年先锋100名（乡村振兴青年先锋、志愿服务青年先锋、创新创业青年先锋、爱岗敬业青年先锋、崇德守信青年先锋各20名）。

（吴书琛）

【“青年奋斗者说”竞演讲述活动】 2021年5月21日，共青团大同市委举行“学党史强信念跟党走——青年奋斗者说”竞演讲述活动。活动以“党的故事”为背景主线，舞台上，来自全市各单位的26名青年参赛选手颂党恩、立志向、谈感悟，各展风采，他们分享革命前辈的光荣事迹，追忆红色历史，展现中国共产党百年征程的波澜壮阔，结合本职工作讲述在基层单位服务群众的感人故事，用自己的亲身经历展示新时代青年志愿者精神风貌。来自市公安局的青年民警刘帅、何华并列第一名。

（吴书琛）

【共青团大同市第十六届委员会第五次全体（扩大）会议】 2021年7月20日，共青团大同市第十六届委员会第五次全体（扩大）会议召开，市委副书记、政法委书记艾凌宇出席并讲话。会议传达《中共中央关于全面加强新时代少先队工作的意见》，审议通过《共青团大同市委十六届五次全体（扩大）会议关于委员卸职、递补确认案》《关于团市委委员、候补委员制度化担任少先队校外辅导员的决议》，并作工作报告。（吴书琛）

【全国“青少年维权岗”发布】 2021年7月5日，全国创建“青少年维权岗”活动领导小组发布通知，决定命名721家单位为2019—2020年度全国“青少年维权岗”，大同市第二高级职业中学、公安局巡特警支队女子大队、劳动保障监察综合行政执法队、文化市场综合行政执法队、云冈区平旺乡平安办5家单位上榜。“青少年维权岗”是由团中央等部门在全国范围内共同开展的一项青少年权益保护活动，旨在动员社会各方面力量，共同关注并参与青少年维权工作，营造有利于青少年健康成长的良好社会环境。（吴书琛）

【全市少先队工作者和辅导员素质能力提升培训班】 2021年9月14日至17日，共青团大同市委、大同市少工委在天镇县举办大同市少先队工作者和辅导员素质能力提升培训班。专题培训邀请中国少先队工作学会副会长、江苏省原少工委副主任华耀国作题为《学习贯彻党中央重要文件、推进少先队深彻变革》宣讲；邀请全国红领巾巡讲团成员、湖南省少先队副总辅导员吴海芸作题为《少先队活动设计与实施》宣讲；邀请第八次全国少代会代表、太原市第四实验小学教师王美荣作题为《少先队标志礼仪基本规范》宣讲。市、县两级团干，各县（区）总辅导员、大队辅导员、中队辅导员、少先队工作者等参加培训。还举办红领巾巡讲团集中备课研讨会，引入实操练习，融合全国红领巾巡讲团优质课程资源形成教案，组织少先队辅导员开展《我心中的英雄》《“十四五”规划我参与》《心中永追那抹红》等主题微队课；打造示范基地，在李二口长城抗战遗址建立“大同市青少年研学实践基地”，成立“少先队辅导员之家”，带领学员实地参观走访，利用实践教育活动示范效应，教育引导学员用好红色资源、传承红色基因。（吴书琛）

【“红领巾心向党”主题队日活动】 2021年10月13日，大同市在北京师范大学大同附属中学举行纪念中国少年先锋队建队72周年暨“红领巾心向党”主题队日活动。内容包含初一年级中队成立仪式、“红领巾奖章”颁发仪式、传递“五旗”仪式、青少年实践教育基地授牌仪式等。（吴书琛）

【“青年之家”规范化建设专题培训班】 2021年9月28日至30日，为提升大同市“青年之家”规模和数量，实现规范化建设管理，共青团大同市委举办全市“青年之家”规范化建设专题培训班。邀请山西省社会组织党委办公室二级调研员、山西省社会组织综合党委副书记郭文，山西青年人才驿站总部负责人、青年之家山西总部负责人李泊萱，即刻传媒联合创始人、共青团山西省委基层组织建设部兼职副部长聂艳琴，山西医科大学人文学科社会工作系副主任、中级社会工作师李薛嘉分别授课。郭文以《青年社会组织的政党建设》为题，从何为青年社会组织、加强青年社会组织的政党建设的重要意义及如何加强青年社会组织的政党建设等几个方面展开；李薛嘉则从具体的县级团属青年社会组织出发，为学员们讲解为什么大力推进县级团属青年社会组织建设、要建设什么样的县级团属青年社会组织，以及县级团属青年社会组织建设中的常见问题和注意事项；李泊萱以青年之家项目策划与管理为切入点，聂艳琴则从青年之家品牌营销与宣传入手，帮学员们厘清怎么建“青年之家”的思路。全市各县（区）团委分管“青年之家”工作的副书记，全市“青年之家”负责人及管理员80余人参加培训。（吴书琛）

【青少年法治教育基地启用】 2021年10月26日，为丰富青少年法治教育形式，提高法治教育质量和实效，共青团大同市委与大同市首家体验式青少年法治教育基地共建的市示范性综合实践基地启用。该教育基地设禁毒展厅，播放共青团大同市委原创的《因为诱惑》《我为禁毒做代言》等法治教育短片；交通法规厅播放交通事故警示短片、交通法规知识卡通片等，采用图解、声光电、音视频相结合的方式，向青少年灌输法律知识。突出体验性，让青少年通过角色扮演参与“模拟法庭”，再现案件庭审全过程，零距离体验和了解法庭审理的程序；通过模拟现实驾驶、安全带碰撞实验等高科技手段，让青少年亲身体验模拟各种环境场景，激发青少年学习法律知识的内生动力。突出互动性，引导法律专业领域志愿者参与到青少年法治教育宣传活动，以实物展示、案例分析、互动游戏、法律知识测试等配以现场答疑解惑，教育青少年犯罪预防和自我保护。（吴书琛）

【少先队先进集体和优秀个人评选】 2021年11月2日，共青团大同市委、市教育局、市少工委联合开展大同市少先队先进集体和优秀个人评选活动，50个少先队集体和240名少先队员受表彰。经过自下而上、逐级推荐、差额推荐、民主择优评选方式，授予赵文昊等240名少先队员“大同市优秀少先队员”称号，授予大同市北岳中学小学部少先队大队等20个少先队大队“大同市少先队红旗大队”称号，授予平城区文华小学三（1）中队等14个少先队中队“大同市优秀少先队中队”称号，授予北京师范大学大同附属中学等16所学校“大同市少先队工作先进学校”称号。（吴书琛）

【青年人才驿站揭牌】 2021年12月20日，大同市青年人才驿站揭牌仪式在转型汇智创新城一号厅举行。共青团大同市委围绕青年就业观念、就业技能、就业岗位等需求建设平台，以服务青年求职就业、为企业纾难解困。大同市青年人才驿站与市人社局、市就业和人才服务中心、58同城等部门和企业合作、资源互助，为青年人才提供4个方面、8项特色服务，包括就业帮助、创业帮扶、城市融入、跟踪培养等内容，对接线上招聘服务平台，由专业人员答疑解惑相关服务内容。（吴书琛）

【“希望小屋”建成】 2021年，共青团大同市委围绕建设“希望小屋”整体任务，整合资源，按照“试点先行探索、整体组织谋划、跟进推动落实、服务持续保障”流程，推进“希望小屋”在全市各县（区）落地。截至12月22日，共青团大同市委联合社会公益组织，出资13万元在全市建设的10个“希望小屋”全面建成，分布在7个县（区）中小学中，为困难儿童提供一个安心舒适的学习成长环境。（吴书琛）

大同市妇女联合会

【概况】 截至2021年底，大同市市、县、乡、村四级有妇联组织1959个，专职妇联干部2002名，执委12773名。市、县两级党政机关、事业单位、非公经济组织建立妇委会（妇工委）992个。2021年，市妇联指导大同新侨妇产医院、大同凤凰妇产医院等21家单位成立妇女组织。实现100%的村（社区）“两委”中有女性成员和100%的村（社区）妇联主席进“两委”的工作目标。全市选出女性委员4517人，女书记376人，女主任376人。把市政协妇联界别“有事来商量”委员工作室建到教育中心，拓宽政协委员与妇女群众联系交流平台。成立大同市手工编织协会和义工志愿者协会，以团体会员联系面广、专业性强的优势，服务大局、服务妇女儿童。调整、优化和完善市妇女儿童教育中心功能、项目和管理机制。以优胜劣汰、良性竞争的机制，淘汰带动能力弱的企业，引进辐射功能强的项目。拓展面向城市高品质需求的体验式服务，各入驻单位举办妇女体验、就业培训、家庭教育等主题活动200余场。2021年，市妇联被评为2017—2020年度平安山西建设先进集体，2019—2020年度大同市文明单位标兵。（翟　晖）

【妇女宣传教育】 2021年，市妇联举办党史学习教育知识竞赛、巾帼线上学习、“三八红旗”系列及“最美军嫂”“情系国防最美家庭”评选、“最美家庭”寻找、“红色家风”故事宣讲、“颂党恩”主题书画展及手工作品展等妇女群众性学习宣传教育活动。实施女性文化学堂项目，面向妇女开展女性健康、婚姻家庭、国学经典、家庭教育、职场礼仪、电商直播等专题讲座23场，受益群众近2000人。（翟　晖）

【“三八”活动】 2021年“三八”期间，市妇联组织开展主题交流会、送奖到基层、“春风尔雅”——女子书法主题展等纪念三八妇女节111周年主题系列活动。在“转型发展蹚新路 巾帼奋进新征程”主题交流会中，来自全市不同战线、不同领域的7名妇女代表结合工作实际，分别围绕网络新媒体、教育改革、数字经济、公共卫生服务、文化保护、妇联改革、民营企业发展等方面发言交流，提出建议和意见。与会人员参观“天镇保姆”“广灵巧娘”“飞天结艺”等“妇”字号品牌工作室。（翟　晖）

【妇女工作宣传】 2021年，市妇联邀请《中国报》《山西妇女报》记者到县（区）采访大同基层妇女群众亮点工作、妇女特色项目、“妇字号”企业发展，刊登报道大同妇女参与高质量转型发展的典型实例。发挥“大同妇女”微信公众号、官方抖音、快手号等新媒体平台作用，传播妇女亮点工作。其中，“姐妹们擦亮眼，‘三不一多’防诈骗，你我参与大宣传”一文阅读量突破8万次，转发近8000次；在“三晋巧姐”妇女手工创业创新大赛直播中，吸引线上观众20余万人。全年“大同妇女”公众号发布文章127篇，原创近60篇，阅读量43.4万人次，转发分享9.2万人次。“学习强国”、《中国妇女报》、《山西日报》、《山西经济日报》、《山西妇女报》等媒体报道大同妇女工作200余篇。（翟　晖）

【妇女创业就业】 2021年，市妇联探索“企业＋文旅”模式，拓宽妇女手工特色产品销售渠道，为妇女小微企业增收700万余元。实施“幸福启航·木兰双创”公益项目，筹集资金60余万元，资助5家企业25万元。参加全国妇女发展工作网络视频会议、2021世界中餐业联合会国际女企业家委员会工作年会，组织妇女手工项目负责人到义乌实地考察学习等。全年开展手工编织、刺绣、陶艺、电商等妇女就业技能培训500余期，培训妇女2万余人次，举办女大学生就业创业故事分享会3场，“春风行动”专场招聘11场，提供就业岗位7000余个，参与女性3000余名。春节前，市妇联向全市妇女们发出迎新春送温暖稳岗留工倡议书。做强“广灵巧娘”“飞天结艺”等老品牌，提升“斑斓虎”“卡卡手创”等新项目的带动能力，以产业兴旺带动乡村振兴。评选“乡风文明户”183户、“美丽庭院”254户。（翟　晖）

【省妇女手工创业创新大赛承办】 2021年，市妇联承办由山西省妇联、省工信厅、省文旅厅、省乡村振兴局联合主办，全省各市妇联及相关部门协办的山西省妇女手工创业创新大赛暨“三晋巧姐”好品展。此次活动在大同古城内中国雕塑博物馆举行，省妇联党组书记、主席黄岑丽，大同市委副书记、政法委书记艾凌宇，省妇联党组成员、副主席吕惠兰等出席活动。活动以“巾帼创新意·巧手绘百年”为主题，征集到省内“非遗”文化传承人、手工艺创业者、女大学生创业者的参赛项目135个，参展作品1623件，涉及草编、刺绣、钩编、雕刻、剪纸、布艺等类目。经过评委初评、网上展评，评选出33个参赛项目进入总决赛，110余件手工精品进入实地展出。活动期间，市妇联利用快手、抖音、视频号发布短视频开展宣传，制作市妇女儿童教育中心观摩宣传片，向全省各地市代表团介绍市妇女儿童教育中心妇女创业创新工作开展情况。（翟　晖）

【家庭家教家风建设】 2021年，市妇联加强家庭家教家风建设，开展家庭文明创建行动，春节期间邀请市家庭教育、传统文化促进、心理咨询等方面专家、志愿者及家庭代表走进"大同妇女"直播间，通过微视频访谈形式，和大家交流家庭和谐相处之道、家风家训传承之经、家庭科学教子之法，连续三天推出"喜迎新春 共话家风"之"家庭篇""家风篇""家教篇"，在线收看20余万人次。寒假期间，在全市举办"一封家书 把爱带回家"主题征文评选活动，传递亲情和家风家训。"三八"期间，市妇联开展《你好，李焕英》电影影评讲座和"时光里的妈妈"亲子感恩活动，10组家庭参与活动。在全市开展寻找2021大同市"最美家庭"活动，采取群众自荐、他荐和组织推荐相结合的方式向全社会征集"最美家庭"100户。"6·5"环境日，组织广大家庭收看"绿色生活 让家更美"绿色家庭创建行动云启动仪式，并在市华严广场开展绿色家庭创建行动宣传活动。开展"颂党恩·传家风"红色家风故事宣讲活动，弘扬社会主义家庭文明新风尚。"世界读书日"期间，在图书馆报告厅举办"书香飘万家"亲子阅读活动，引导家长了解亲子绘本阅读的重要性及如何有效开展亲子绘本阅读。打造常态化专业化家教服务平台，发挥市家庭教育协会、木兰文化研究会作用，举办各类沙龙、家庭教育讲座等活动150余场。成功申报4个省级家庭教育创新实践基地，申请到120万基地建设项目资金。（翟　晖）

【妇女儿童关爱活动】 2021年，市妇联开展妇女儿童关爱帮扶活动，提升妇女儿童的获得感、幸福感安全感。六一儿童节，组织云州区宇新学校与云冈区杨家窑小学的300余名学生在宇新学校开展"童心向党 放飞梦想"庆祝六一儿童节"手拉手"主题活动。活动中市中级人民法院、市人民检察院、团市委、市妇联、市关工委为宇新学校的学生送去节日礼物。携手市心理学会与市艺校励志班师生开展"亲情关爱 共度端午"主题活动，通过赠送布艺手工粽、五彩端午绳和贺卡，以及线上送祝福方式，表达节日问候。中秋节慰问励志班学生，送去价值3000元慰问品。向全国妇基会申请"母亲邮包"项目和"暖心包"项目，为全市554余名困境妇女送去生活必需品。在"紫气东来 幸福启航"项目中资助30名妇女每人2000元救助金。开展99场妇女"两癌"防治知识宣讲活动，发出"母亲健康快车"，为脱贫县农村妇女提供健康体检、"两癌"免费检查和健康知识宣传等服务。（翟　晖）

【"帮老龄妇女解难纾困"公益项目】 2021年，市妇联联合省妇女儿童发展基金会开展"帮老龄妇女解难纾困"公益项目。公益项目活动期间，市妇联举办培训10余场，培训各单位募捐负责人100余人，建立爱心捐赠群100余个。项目筹集到捐款45.5万元（其中腾讯基金会配捐2.1万元），有3.6万人次参加，捐款记录3.8万余份。募集款项直接列入山西省妇女儿童发展基金会财务专户，用于帮助大同地区老龄妇女解难纾困。（翟　晖）

【妇女儿童权益维护】 2021年，市妇联以服务妇女利益、维护社会稳定为宗旨，关注家暴、性侵、妇女土地和劳动权益等重点案件，全年接待信访207件，排查婚姻家庭矛盾纠纷1173件，化解1162件，化解率99.1%。指导云冈区妇联加强婚姻家庭纠纷人民调解委员会建设，打造基层婚姻调解工作示范点。联合市检察院、市公安局、市司法局等相关部门建立联动预防、联动处置、联动调解、联动关爱、联动反家暴、志愿服务"六项"机制，实现维护妇女儿童合法权益"一站式""一体化"服务。参与市人大《中华人民共和国反家庭暴力法》执法检查，推动"一法一办法"在全市贯彻落实。发挥市妇女儿童法律援助志愿者服务中心作用，面向妇女儿童开展专业化、规范化、常态化公益性法律服务，全年为50余名妇女提供法律法规咨询，并给受妇联委托的10余名经济困难或特殊案件的妇女儿童给予法律援助。开展"建设法治中国·巾帼在行动""关爱儿童 反对拐卖""与法同行 护佑成长"等主题宣传教育活动，参与群众2万余人次。（翟　晖）

【市义工志愿者协会成立】 2021年11月11日，由市妇联主管的市义工志愿者协会成立。大同市义工志愿者协会是一个非营利性社会组织，成立之后重点开展应急救援知识普及与宣传工作，使更多市民具备自救互救技能，助力提高整个社会抵御意外灾难的能力；助力应对人口老龄化，开展阿尔茨海默病的预防宣传活动，提升老年人生活质量，减轻家庭和社会负担；弘扬雷锋精神，为特殊群体提供人文关怀和帮助。截至2021年底，市义工志愿者协会在云冈区高山镇社区、平城区建设里社区、云州区昊盛里社区、云冈区和顺泰荣里社区党群服务中心、新华街道卫星里社区，开展5场阿尔茨海默病宣讲课堂，发放160余个黄手环。（翟　晖）

【三八妇女节系列主题活动】 2021年，大同市妇联系统在纪念三八妇女节之际，结合开展的党史学习教育，突出喜迎中国共产党成立100周年主线，开展以"巾帼心向党 奋斗新征程"为主题系列活动。活动内容包括举办"转型发展蹚新路、巾帼奋进新征程"主题交流会，为全市未来发展建言献策；举办女大学生就业创业故事分享会，帮助女大学生树立正确择业观，指导就业创业服务；开展法治宣传教育活动，聚焦《中华人民共和国民法典》《中华人民共和国反家庭暴力法》《山西省家庭暴力预防和处置办法》等涉及妇女权益的重点普法内容，引导妇女尊法学法守法用法；召开全市反家暴工作联席会议，建立大同市反家暴法联席会议制度；开展"家庭、家教、家风"主题宣传及志愿服务活动，丰富妇女儿童精神文化生活；开展送奖到基层活动，与基层妇女姐妹共度节日；举办"春风尔雅"大同市女子书法主题展，展示女性高雅情操；开展以"关爱母亲健康、促进家庭幸福"为主题的系列活动，增强妇女健康保健意识；开展"三八红旗"系列宣传展示活动，号召妇女及其家庭向先进典型学习；

开展妇女手工制作参观体验活动，邀请各行各业妇女代表走进市妇联升级改造的全市妇女儿童活动阵地参观体验。（翟　晖）

【巾帼家庭服务工作者协会成立】2021年3月15日，大同市巾帼家庭服务工作者协会成立。大同市巾帼家庭服务工作者协会是家庭服务业单位自愿参加、结成的地方性行业协调服务组织，主要从事规范全市家政行业发展，提高家政服务培训教育水平，打造高素质家庭服务工作者队伍，带动广大女性创业就业，做大做强巾帼家庭服务特色品牌。（翟　晖）

【妇女陶艺技能培训】2021年7月12日至18日，为引导妇女创业就业，促进城乡妇女开辟致富新路，开展“我为妇女群众办实事”活动，市妇联举办妇女陶艺技能培训班。培训现场，老师为30余名学员讲解蛋雕、陶艺制作成型技法，手把手指导学员们现场实际操作。（翟　晖）

【腾讯“99公益日”网络募捐活动】2021年9月1日至9日，市妇联联合省妇女儿童发展基金会利用腾讯“99公益日”网络募捐平台开展“帮老龄妇女解难纾困”项目，该项目借助互联网+公益的力量筹集善款，为全市老龄困难妇女提供一次性生活资助金，标准每人2000元。全市有3.6万人次加入爱心队伍，筹集到公益捐款374337.3元，获腾讯公益配捐3.7万余元。该项目所集款项直接纳入山西省妇女儿童发展基金会财务专户，全部用作资助大同市老龄困难妇女。（翟　晖）

【红色家风故事接力宣讲活动启动】2021年10月15日，由市妇联主办、云冈区妇联承办的全市红色家风故事接力宣讲活动在大同云冈现代双语学校启动。启动仪式有学生们表演的舞蹈《童心向党》、红色家风经典诵读《赵一曼给儿子的一封信》、舞蹈《绣红旗》、情景剧《王二小放牛》、合唱《映山红》等节目。活动中播放市抗美援朝志愿军战士赵殿林事迹访谈宣传片。现场邀请89岁高龄的抗美援朝老兵王汉卿讲述艰苦战斗经历。启动仪式通过网络直播的方式宣传，近3.5万人在线观看。（翟　晖）

【“呵护花开 相伴成长”关爱女孩活动】2021年10月22日，由市卫健委、市妇联联合主办，市计划生育协会协办的“呵护花开 相伴成长”关爱女孩活动在云州区忘忧农场举办。活动以“关注女孩成长、提升健康素养、传承红色基因、携手放飞梦想”为主题，引导全社会关注女孩健康成长，促进社会性别平等，增强女孩安全防范意识，维护自身合法权益。活动包含互动教育讲座、观看红色影片、传承传统文化、多元体验创意等内容。（翟　晖）

【巾帼“领头雁”素质能力提升培训班】2021年11月22日至24日，为提升基层妇联干部的政治素养、履职能力、服务水平，增强基层妇联干部对妇联组织的认同感和归属感，由市妇联主办的巾帼“领头雁”素质能力提升培训班在云州区举办，来自云州区各乡（镇）、村、社区妇联主席、巾帼带头人及区直部分机关妇委会主任130余人参加培训。此次培训特邀各界专家教授指导授课，课程内容涵盖党的十九届六中全会精神、预防网络诈骗、维护妇女权益、家庭教育指导、家政服务理论等。（翟　晖）

【大同获山西省绿色家庭名单揭晓】2021年，省妇联、省生态环境厅在全省范围内开展绿色家庭创建行动，引导家庭成员树立社会主义生态文明观，推动全社会形成崇尚绿色生活的文明新风尚，12月，100户家庭被评为2021年山西省绿色家庭。大同市有8户家庭上榜，他们分别是：张连印家庭、宋天利家庭、郑吉家庭、王晓丽家庭、孙强家庭、高红叶家庭、王瑾瑶家庭、刘彩芬家庭。（翟　晖）

【关爱老人黄手环行动启动】2021年12月15日，大同市最美志愿服务“关爱老人黄手环行动”进社区、进万家大型公益项目在凯德世家社区文化活动中心启动。“黄手环行动”是以关爱阿尔茨海默病患者为切入点，帮助走失老人安全回家。该活动由市妇联主办，大同市义工志愿者协会承办。活动中，志愿者向现场老人们介绍活动情况和黄手环的意义、目的及使用方法，为办理黄手环的老人填写登记表，帮助老人把信息注册到手机系统里，并为老人佩戴黄手环。一旦老人迷路或走失，扫描二维码，即可获知其亲人的电话号码，帮助老人找到亲人。（翟　晖）

大同市科学技术协会

【概况】2021年，市科学技术协会（简称“市科协”）有基层组织177个。其中，企业科协8个，高校科协1个，乡镇/街道科协63个，农技科协105个。市级科协所属学会25个。（白锦涛）

【科普进校园活动】2021年，市科协举办第36届青少年科技创新大赛，评选出一等奖作品58件、二等奖作品102件、三等奖作品198件。在大同市实验中学、北京师范大学大同附属中学、大同三中3所学校中各选取10名优秀学生，开展“云上科学营活动”。组织队伍参加省科协举办的“第十六届山西省宋庆龄少年儿童发明奖”评奖活动，在提交的作品中，其中一组队伍在全国范围内获集体二等奖。在云州区青少年活动中心举办“天空很辽阔 我们一起飞”航空系列科普活动讲座。市科协带领市优秀队伍参加第二十届省级青少年机器人竞赛，取得省级赛事一等奖2组，二等奖4组，三等奖4组。发动和组织科技辅导员参与山西省初级、中级青少年科技辅导员专业水平认证工作。（白锦涛）

【科普进农村活动】2021年，市科协组织科技人才到基层开展“春耕备播”服务活动。通过聘请农艺师和研究员给农民现场讲解蔬菜种类区分、种植管理及种植技术培训和玉米“大喇叭”口期的田间管理；组织科技人员现场指导假种子、伪劣农资的识别辨认工作，并到田间地头实地查看黄花土壤墒情；组织科技人员到田间地头为农民指导土豆、玉米、小杂粮的种植、田间管理、病虫害防治；组织杏树专家指导农民杏树防冻等常识。（白锦涛）

【科普进企业活动】2021年，市科协、市国资委、市科技局、市总工会联合在全市企事业单位中开展2020—2021年度讲比活动，参与活动的185个项目评审出一等奖13个，二等奖22个，三等奖30个，获奖个人177人，优秀集体6家。

市科协、市第五人民医院联合开展肿瘤防治宣传周系列活动，围绕健康中国健康家——关爱生命，科学防癌活动主题，组织相关宣传义诊活动。在全市遴选出10名最美科技工作者；推荐1名改革时期的党员科技工作者和3名复兴时期的党员科技工作者，讲述其奋斗故事。（白锦涛）

【科普进社区活动】2021年，市科协为发挥党员干部的引领示范作用，推动开展社区科普工作，市科协党员志愿服务队到结对社区开展防范电信诈骗科普宣传活动，活动中，党员干部向居民讲解电信诈骗常见种类、作案手段、方式特点及识别、防范方法，发放金融安全知识宣传资料。以习近平总书记在中国共产党成立100周年大会上的重要讲话精神为题，组织开展专题党课，市科协党员干部、社区工作人员、居民等20余人参加。（白锦涛）

【科普进县（区）活动】2021年，市科协组织各县（区）及省级开发区开展“科创中国”山西试点园区推荐工作。经山西省科技经济融合发展行动工作协调小组审定，省政府同意，确定大同市广灵县开发区为“科创中国”山西试点园区。市科协开展大同市科普教育基地、农村科普示范基地、科普示范社区认定工作。经各县（区）科协初选推荐，市科协评审申报单位，决定把符合条件的大同古城地质博物馆等12家单位，认定为“大同市科普教育基地”；大同市云州区飞扬蔬菜产销专业合作社番茄种植科普示范基地等15家单位，认定为“大同市农村科普示范基地”；平城区迎宾街道方圆社区等7家单位，认定为“大同市科普示范社区”。（白锦涛）

【科普学术交流培训】2021年，市科协联合大同市园林学会及大同市园林绿化中心举办大同市春季园林养护管理及公园城市理论与实践培训班，邀请大同市林业资源防治检疫监测中心的高级工程师王日龙、山东潍坊天润园林绿化工程公司高级工程师马如鹏授课，此次通过室内授课，室外现场指导的方式，培训230余人。市科协主办、大同市消化内镜学会承办第八届内镜微创保胆学术大会，邀请山西省医师协会内镜医师分会副会长、普外科专家王迎宾等5位专家授课，培训人数300余人。（白锦涛）

【大同市省科普教育基地认定】2021年，省科协为贯彻落实《中华人民共和国科学技术普及法》，加强科普阵地建设，引导更多社会力量参与和支持科学普及工作，深化全域科普建设，推动科普工作社会化、群众化、常态化，在各市科协、各省级学会（协会、研究会）初选推荐基础上，7月，省科协组织专家评审申报单位，把符合条件的206个单位认定为“山西省科普教育基地（2021—2025）”。其中，大同市综合检验检测中心综合检测科普教育基地、大同桑干河国家湿地公园自然科普教育基地、大同火山群国家地质公园科普教育基地、市气象局气象科普教育基地、大同煤矿集团晋华宫矿井下探秘游科普教育基地、广灵县梵贝教育青少年科普教育基地被认定为“山西省科普教育基地（2021—2025）”。（白锦涛）

【科普惠农中心服务站等级评定】2021年8月，市科协工作小组到各县（区）考察大同市7家科普惠农中心服务站，并为服务站评定等级。这7家科普惠农中心服务站分别是广灵县梁庄乡马铃薯研究会惠农中心服务站、云州区经纬庄园科普惠农中心服务站、云州区吉家庄科普惠农中心服务站、云冈区金农农业专业合作社惠农中心服务站、新荣区博润苑生态养殖有限责任公司惠农中心服务站、新荣区穆家坪村全明种养殖农民专业合作社科普惠农服务站、阳高县兴和蔬菜合作社惠农中心服务站。工作组分别从产业引领作用、履行职能情况、配套设施维护应用情况、开展科普活动情况、科普经费投入等情况打分。最终，评定五星级科普惠农中心服务站2家，四星级科普惠农中心服务站3家，三星级科普惠农中心服务站2家。

（白锦涛）

【省农村科普示范基地评定】2021年11月22日，由各基层科普示范基地提出申请，经各市县科协审核推荐上报、专家评审，省科协决定把大同市广灵县立景农业科技有限公司科普示范基地、大同三利农产品有限责任公司黄花种植加工科普示范基地和天镇县江林蔬菜种苗繁育科普示范基地3个基地认定为2021年山西省农村科普示范基地。

（白锦涛）

大同市归国华侨联合会

【概况】截至2021年底，大同市归国华侨联合会（简称“市侨联”）创建有大同市海外亲属联谊会、大同市归国华侨青年联合会、大同市蒙古国归侨联谊会、大同市侨联长城文化艺术院、大同市侨联青少年志愿者协会5个社团。全市有“侨胞之家”82个，类型覆盖基层侨联组织、社团组织及社区、企事业单位。推进基层侨联组织统一社会信用代码赋码工作，完成平城区、云州区、阳高县、广灵县、开发区、左云县6个县（区）赋码工作。开展“侨心永向党·我想对党说”系列活动，宣传新中国成立前及在新中国发展历史过程中做出贡献的侨界典型人物和先进事迹，征集归侨侨眷对党、对祖国表达热爱之情的文章、视频并在公众号上刊登，活动征集作品

13 个，刊登作品 7 个。“七一”前夕，组织全市侨界群众参与全市统一战线庆祝中国共产党成立 100 周年书画摄影展和歌咏会，征集侨界书画作品 21 幅。（赵文婷）

【“侨胞之家”社团建设】 2021 年，市侨联开展申报省级示范性“侨胞之家”活动项目，在参与省级项目的同时借鉴省侨联优秀工作经验，结合大同市侨务工作实际情况，把创优活动拓展至侨界社团，印发《关于 2021—2022 年在全市开展“侨胞之家”侨界社团创优活动的通知》，有 3 家“侨胞之家”提出项目申请并完成项目。（赵文婷）

【新侨创新创业示范基地创建】 2021 年，市侨联为加强和规范新侨创新创业示范基地管理，摸底排查和清理整顿创建的“山西省侨联新侨创新创业基地”，全年新增山西省侨联新侨创新创业基地 1 个，清理基地 1 个，截至 2021 年底，全市有山西省侨联新侨创新创业基地 11 个。（赵文婷）

【志愿公益活动】 2021 年，市侨联联合大同新侨妇产医院“侨胞之家”、大同守佳消化病医院“侨胞之家”到天镇县开展“送健康下基层”义诊活动，义诊群众 60 余人，发放健康教育宣传资料 200 余份。市侨联机关人员到平城区锦祥社区党群服务中心开展志愿服务活动，摸排小区 408 户居民新冠疫苗接种情况，宣传新冠疫苗的防护作用。（赵文婷）

【侨界宣传教育】 2021 年，市侨联利用官方公众号、“侨胞之家”大讲堂等平台，加强党史、侨史宣传，加强侨界群众爱国主义教育。微信推送爱国华侨女英雄李林、仓夷等革命烈士先进事迹，传承红色基因，赓续红色血脉；举办以“百年伟业耀千秋——中国共产党光辉历史回顾”为主题的“侨胞之家大讲堂”活动，侨界群众 80 余人参加。（赵文婷）

【侨联“送温暖·献爱心”活动】 2021 年元旦、春节期间，市侨联联合县（区）侨联慰问困难归侨侨眷及海外代表人士在大同家属 39 户，发放慰问金 1.4 万元。“七一”前夕，组织慰问 60 岁以上侨界老党员，发放慰问金 8500 元。为帮助缓解困难归侨侨眷子女上学难问题，开展“三侨生”（指归侨青年、归侨子女、华侨在国内的子女）补助发放工作，给 29 位“三侨生”发放助学金 3.6 万元。（赵文婷）

【市第六次归侨侨眷代表大会】 2021 年 6 月 28 日至 29 日，市侨联按照《中国侨联章程》要求和市委有关人事安排，召开大同市第六次归侨侨眷代表大会，选举产生市侨联第六届委员会。第六届一次全委会上张玉蓉当选市侨联第六届委员会主席。（赵文婷）

【“亲情中华·云游三晋”网上秋令营——山西大同营】 2021 年 8 月 10 日，“亲情中华 云游三晋”网上秋令营——山西大同营开营，来自美国华夏中文学校总校的华裔青少年营员、家长代表及海外老师们通过 ZOOM 平台共同参加开营仪式。此次为期 15 天的网上秋令营由中国侨联主办，山西省侨联、大同市侨联、市平城区侨联承办，主要给 27 位美国华裔青少年讲授中华传统文化故事，帮助海外华裔青少年在新冠肺炎疫情期间学习汉语，在中华文化海洋中学习、交流，增进对中华优秀传统文化的认同感，了解中国国情和感知中华文化、三晋文化、大同文化。其间，营员们以互联网为平台，通过每日的故事学习、任务打卡、在线直播课等方式打卡作业、参与互动。大同市特别制作大同传统文化故事，并邀请老师为营员开设剪纸艺术直播课，确保此次秋令营办出大同特色。通过此次网上秋令营撒播友谊种子，加强同海外参营单位的交流与合作，共同讲好山西故事、讲好大同故事，弘扬中国文化、传承中华文明，让世界聆听中国故事，感受中国友爱与力量。（赵文婷）

【侨联工作调查研究】 2021 年 8 月至 9 月，市侨联结合各县（区）侨联反映的在维护侨益工作中存在的问题、经验做法和个别困难归侨侨眷的典型案例，市侨联组织调研组到云冈区、左云县等县（区）实地走访调研并撰写调研报告，提出相应的意见建议。（赵文婷）

【全市侨联系统干部培训班】 2021 年 11 月 9 日至 11 日，全市侨联系统干部培训班在云冈区杨家窑会务中心举行，组织全体机关干部、部分侨联副主席、委员，各县（区）侨务工作负责人，各县（区）侨联、“侨胞之家”负责人等 40 余人参加培训，培训会专题辅导党史、侨史、习近平中国共产党成立 100 周年大会上的重要讲话精神、《中国共产党统一战线条例》，传达省第十二次党代会精神和省侨情专报工作推进会精神并开展小组讨论。（赵文婷）

大同市文学艺术界联合会

【概况】 2021 年，大同市文学艺术界联合会（简称“市文联”）下辖大同市作家协会、大同市摄影家协会、大同市书法家协会、大同市戏剧家协会、大同市美术家协会、大同市曲艺家协会、大同市民间文艺家协会、大同市舞蹈家协会、大同市音乐家协会、大同市电视家协会 10 个协会。截至 2021 年底，作家协会有国家级会员 29 名，省级会员 210 名，市级会员 781 名；摄影家协会有国家级会员 24 名，省级会员 143 名，市级会员 517 名；书法家协会有国家级会员 27 名，省级会员 102 名，市级会员 836 名；戏剧家协会有国家级会员 24 名，省级会员 84 名，市级会员 109 名；美术家协会有国家级会员 15 名，省级会员 89 名，市级会员 1010 名；曲艺家协会有国家级会员 38 名，省级会员 60 名，市级会员 186 名；民间文艺家协会有国家级会员 10 名，省级会员 15 名，市级会员 71 名；舞蹈家协会有国家级会员 11 名，省级会员 26 名，市级会员 168 名；音乐家协会有国家级会员 4 名，省级会员 45 名，市

级会员 261 名；电视家协会有国家级会员 1 名，省级会员 16 名，市级会员 131 名。（庞　栩）

【文艺创作】 2021 年，市文联围绕学习贯彻习近平总书记视察大同重要讲话重要指示，聚焦中国共产党成立 100 周年、开展党史学习教育、乡村振兴等主题，组织文艺工作者开展采风创作、展览、展演、展示活动。组织全市各文艺家协会和县（区）文联，发动各级文艺工作者及各方面文艺人才，以音、诗、书、画等艺术形式，在各级各类网络媒体上创作发表作品，庆祝中国共产党成立 100 周年。大同市总工会、大同文联共同在大同潘家园美术馆举办第三届“劳动者之歌”全市职工书画展，展出作品 300 余件。由市委宣传部主办，市文联、市书法家协会、市美术家协会承办的翰墨书香颂党恩——大同市庆祝中国共产党成立 100 周年书画作品展在和阳美术馆展出，展出书法和绘画作品 190 幅。大同市音乐家协会举办两次“听音乐 学党史 悟初心”艺术之旅公益讲座活动。由大同市文化和旅游局、灵丘县人民政府、市文联主办，“山水灵丘 艺术乡村”大同美术家作品展暨文旅消费惠民活动在大同市美术展出，展览展出 80 余位大同籍美术家的 100 余幅油画、国画和水彩画作品。（庞　栩）

【采风创作】 2021 年，市文联组织作家、摄影家等 40 余人，参加阳高杏花节活动，开展采风创作，助力乡村振兴，促进文化旅游，并到大泉山参加党史学习教育。市文联参与省文联组织的全省画家、华北五省摄影家“清凉古都 消夏大同”主题采风创作活动，到大同市县（区）体验创作。来自京津晋冀内蒙古的 32 位摄影家到社区、农村、厂矿、景点、“非遗”传承基地等开展主题创作。（庞　栩）

【文艺交流】 2021 年，市文联举行“北魏历史文化名人传记丛书”首发仪式暨研讨会，研讨会上有关专家学者围绕丛书的文学价值等发言。中国曲艺家协会在大同市云海曲艺社召开“新时代曲艺小剧场著作权保护暨中国曲协深化改革基层试点工作”研讨会，研究探讨曲艺著作权保护等工作。市文联组织开展学习贯彻第十一次全国文代会、第十次全国作代会精神暨骨干作者创作研讨班，来自全市各县（区）文艺界代表、各协会负责人和文学创作骨干人员近 50 人参加研讨学习，交流会议精神。（庞　栩）

大同市残疾人联合会

【概况】 截至 2021 年底，全市有残疾人 18.7 万名（全市 310 万人口，按照国家抽样调查残疾人推算比例 6.04% 计算）。其中，持证残疾人 82993 名，视力残疾人 10272 名，占比 12.4%；听力残疾人 8303 名，占比 10%；言语残疾人 1654 名，占比 2%；肢体残疾人 41805 名，占比 50.4%；智力残疾人 9441 名，占比 11.4%；精神残疾人 7006 名，占比 8.4%；多重残疾人 4512 名，占比 5.4%。一级残 11436 名，占比 13.8%；二级残 29438 名，占比 35.5%；三级残 20450 名，占比 24.6%；四级残 21669 名，占比 26.1%。（幸　鑫）

【残疾人康复服务】 2021 年，大同市残疾人联合会（简称“市残联”）推进疑似残疾人诊断评定和残疾儿童抢救性康复救助服务项目，完成省政府民生实事 5802 名残疾预防重点干预和残疾儿童抢救性康复任务，完成率 130.7%。其中，为 220 名初筛阳性的 0~6 岁儿童提供复筛和残疾诊断服务项目，为 4892 名疑似残疾人提供残疾评定服务项目，为 690 名残疾儿童提供抢救性康复服务。市残联组织实施助听、助行、启智等系列康复服务，探索实施社区康复试点等康复新政策，启动农村社区康复工作，把天镇县列为创建全国残疾人社区康复示范县。全年调查 9.3 万名残疾人基本服务状况和需求，有基本康复需求的残疾人 9214 人，得到基本康复服务 8422 人，残疾人基本康复服务率 93%；有基本辅具适配需求的残疾人 5077 人，得到基本辅具适配服务的残疾人 4975 人，残疾人基本辅具适配率 98%。大同市政府民生实事残疾预防重点干预和残疾儿童抢救性康复项目完成 4829 人。其中，0~6 岁残疾儿童筛查诊断 207 名，疑似残疾人评定 3980 名，残疾儿童抢救性康复 642 名。市残联利用助残日、爱耳日、爱眼日、残疾预防日等，组织举办各种系列宣传活动，并在《大同日报》上开辟专栏宣传报道。各县（区）残联、各定点机构利用广播、电视、展板、宣传资料等形式宣传。（幸　鑫）

【残疾人社会保障】 2021 年，市残联落实残疾人社会保障政策，投入省、市资金 132 万元，以购买牲畜或生产工具等形式帮扶 220 户贫困残疾人家庭脱贫增收；投入省、市、县资金 44 万元为 440 名农村贫困残疾人提供实用技术培训；开展“人人持证、技能培训”工作，完成 1000 人培训任务，新增技能人才 350 人。投入 144 万元为 360 名残疾人实施中央彩金托养项目，投入 80 万元为 200 名残疾人实施省彩金托养项目，投入 204 万元为 510 名残疾人实施阳光家园计划。

大同市落实中央彩金和省彩金 15 万元，资助 30 名贫困残疾人家庭子女大学生和贫困残疾人大学生接受教育。城镇新增就业 1031 名；农村新增就业 123 名；城乡年度培训 1139 名。落实“一生一策”各项精准帮扶政策，大学生录入率和“一生一策”均达 100%。帮助残疾人获得就业岗位 34 人，实名制纳入年度培训计划 65 人，帮助实现就业人数 34 人。扶持农村残疾人就业 1996 人，投入扶持资金 99.8 万元。为全市处于就业年龄段内的 48137 名残疾人购买人身意外伤害保险。为 886 名残疾人提供正常工作机会。2021 年，市成利煤质化验职业培训学校被评为国家级残疾人职业培训学校，广灵县巧娘宫科技公司被评为全国第二批残疾人文化创意产业基地。（幸　鑫）

【残疾人春节慰问活动】 2021 年

2月2日，市残联到阳高县、浑源县和云州区等地开展“慰问困难残疾群众，献爱心、送温暖”活动，向困难残疾群众发放慰问金，宣传《重大传染病疫情残疾人防护社会支持服务指南（试行）》和《重大传染病疫情残疾人防护指南（试行）》，介绍最新新冠疫情防疫知识。（辛　鑫）

【“爱耳日”宣传活动】 2021年3月3日是爱耳日，为强化全社会听力残疾预防意识，减少、控制听力残疾发生、发展，推进健康中国建设，市特殊儿童康复教育中心开展以“人人享有听力健康”为主题线上爱耳日宣传和知识普及活动。此次宣传活动重点宣传听障儿童救助项目及听力残疾儿童康复训练的重要性与必要性，营造共同关注、关爱特殊儿童的社会氛围。在抖音平台上，9名听力障碍儿童用自己声音向公众宣传爱耳知识。（辛　鑫）

【残疾人资格认定实现“跨省通办”】 2021年4月22日起，大同市困难残疾人生活补贴和重度残疾人护理补贴“两项补贴”资格认定申请实现“跨省通办”，包括省内跨市通办、跨县通办、跨乡镇（街道）通办。困难残疾人生活补贴对象是城乡低保家庭中的所有持证残疾人；重度残疾人护理补贴对象是所有残疾等级为一级、二级且需要长期照护持证重度残疾人。2021年起，残疾人“两项补贴”标准实现动态调整，分别按上一年度全省农村平均低保标准的15%和20%确定，2021年两项补贴标准分别确定为每人每月66元、每人每月89元。残疾人“两项补贴”采取残疾人自愿申请、有关部门逐级审核、定期复核的办法。申请人向当地乡镇（街道）提出申请，经户籍地乡镇（街道）、残联、民政按程序初核、复核、审定及发放资金。（辛　鑫）

【残疾人职业培训基地揭牌】 2021年7月16日，大同市成利煤质化验职业培训学校举行国家级残疾人职业培训基地揭牌仪式。省残联党组成员、副理事长李俊温，市政府副市长、市残疾人工作委员会主任郭蕾参加揭牌仪式。大同市残疾人职业培训基地为残疾人提供跨境电商、中式面点、保健按摩等项目技能提升培训，2021年被评为第四批国家级残疾人职业培训基地。

（辛　鑫）

【志愿服务进社区系列活动】 2021年7月27日，市残联联合平城区残联、各有关社会志愿服务组织，在平城区迎宾街道开展“我为群众办实事”志愿服务进社区系列活动。活动现场，多家社会组织为残疾人提供视力、听力、智力等公益福利项目。党员志愿者在活动现场发放《残疾人保障条例》《大同市残疾儿童康复救助实施细则》等宣传册，并现场解读扶残助残相关政策，让老百姓了解相关普惠政策，帮助残疾人解决相关问题。（辛　鑫）

【残联系统工作人员综合素质能力提升培训班】 2021年12月8日至10日，市残联为提高残联系统工作人员综合素质和能力，培育残疾人事业工作理念，提升基层残联组织整体服务水平，举办全市残联系统工作人员综合素质能力提升培训班。此次培训特邀请省残联教就部、康复部、计财部主任及市审计局、省委党校专家针对具体政策内容、业务知识、党史学习教育交流解读。市残联党组理事会班子成员、市纪委监委驻市民政局纪检监察组，各县（区）残联工作人员、部分乡镇（街道）残联理事长，市残联机关干部职工，市残疾人服务指导中心干部职工140人参加培训。（辛　鑫）

大同市红十字会

【概况】 2021年，大同市红十字会依法开展“三救”（应急救援、应急救护、人道救助）、“三献”（捐献造血干细胞、捐献遗体器官、推动无偿献血）、志愿服务、红十字青少年和人道传播工作。有市政府投资按国库标准建设1028平方米的备灾救灾储备库1个，市级红十字会团体会员单位3家，基层组织29家，青少年会员5386人，注册志愿者552人，市级红十字志愿服务队4支，有省红十字会获批的冠名医疗单位5家，有中国红十字会总会支持的生命安全健康体验教室2个，山西省红十字福寿安康养老服务试点基地4家。（聂志英）

【应急救援】 2021年，大同市红十字会制定出台《大同市红十字会自然灾害救助应急预案》，把应急预案纳入政府总体应急预案体系，加强市红十字会应急救援工作规范管理，参加全市抗震救灾综合演练。组织完成全市红十字会系统自然灾害救助应急预案启动大练兵活动。加强备灾救灾储备库建设，规范备灾救灾物资储备管理、报灾及救助流程，储备应急救灾物资。全年接收山西省暴雨洪涝灾害捐款24.5万元，接收河南洪涝灾害捐赠款物15.9万元，用于河南灾害救助。受中国红十字会总会、山西省红十字会派遣，市红十字会2名赈济救援队员参与河南和山西省的防汛救援工作。市红十字会和天镇县红十字会获批申报公益性捐赠税前扣除资格。（聂志英）

【应急救护】 2021年，大同市红十字会完成云冈石窟“全国红十字救护站”设置工作，为其配备AED（自动体外除颤器）、心电监护仪、自动吸痰器、急救箱等设备，并培训相关人员。推进民生实事AED设置，按照山西省政府民生实事项目实施要求，完成省红十字会支持大同市的34套自动体外除颤器（AED）的安装及相关培训。有11名应急救护骨干志愿者取得中国红十字会总会认证的救护培训师资证书；开展红十字救护员培训，3200人取得红十字救护员资格。与大同公安局御东分局协调把应急救护知识普及教育纳入新招聘辅警岗前培训课程。开展应急救护知识“七进”普及教育活动，受益1.5万余人次。在“世界急救日”“安全生产月”宣传日期间，市红十字会到平城区民谐社区和万

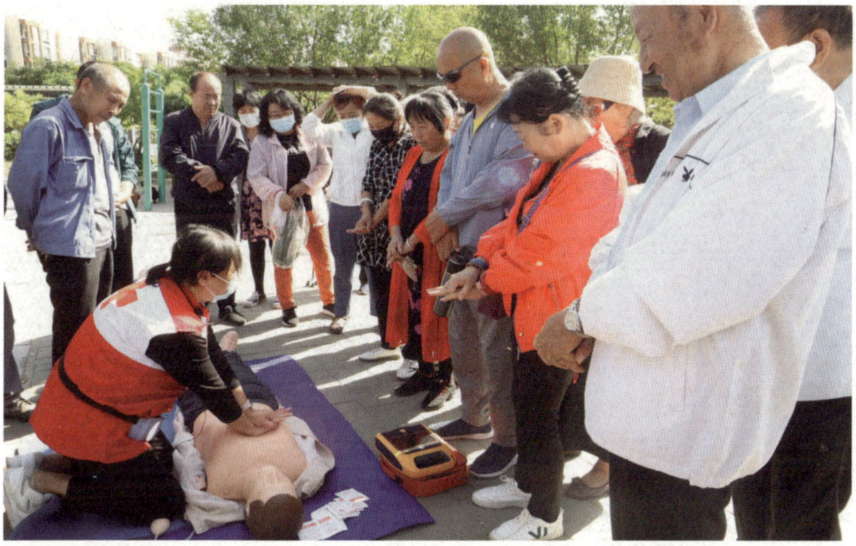

▲2021年9月9日，市红十字会在平城区民谐社区开展应急救护普及宣传活动

（聂志英 摄）

达广场开展应急救护普及宣传活动。在大同市实验小学完成“红十字生命健康安全体验教室”项目的建设及配套培训工作。在全市开展儿童安全教育（防溺水及安全救护）项目，为5个县（区）640名15岁以下儿童普及安全救护知识。参加全省红十字应急救护大赛，获全省应急救护比赛集体三等奖。“5·8”世界红十字日，组织云冈石窟景区救援队和红十字志愿者开展应急救护演练。

（聂志英）

【人道救助】 2021年，大同市红十字会开展“红十字春霖助学”活动，为111位贫困家庭大学生发放助学款22.2万元。开展“红十字博爱送万家”活动，为2070户特困家庭发放价值41.4万元的救助款物。与市精神文明办联合开展“博爱一日捐”募捐工作，市本级接收捐款68.5万元。开展“办实事、庆百年、情系困难群体”系列活动，为阳高县、灵丘县的贫困学生捐赠价值144万元的运动鞋。为市公交公司一线驾驶员、环卫工人、快递小哥捐赠防疫物品、家庭包等生活物资，并为困难家庭送去慰问金。开展花园大饭店“希望之树”慈善募捐活动，接收捐款1.6万元。救助日常求助符合条件人数43人，发放救助款5.3万元。上报新增20例白血病患儿和2例先心病患儿的申请资料，有25例白血病患儿获批救助，获救助款74万元。

（聂志英）

【三献工作】 2021年，大同市红十字会参与推动无偿献血工作，完成省造血干细胞中心200份血样采集任务，并电话回访所采集志愿者；采集高分辨3例，1例捐献造血干细胞。推进人体器官（遗体）捐献工作，新增登记人体器官（遗体）捐献志愿者2720人，完成人体器官捐献16例，挽救脏器衰竭患者50人。

（聂志英）

【红十字青少年与志愿服务】 2021年，大同市红十字会组织中小学校红十字青少年参加由中国红十字会总会举办的“全国红十字防灾避险知识竞赛活动”。大同大学红十字会举办艾滋病防治宣传活动。开展志愿服务，配合省红十字会、省民政厅举办山西省志愿服务骨干能力提升第五期培训班。在学雷锋纪念日，市红十字会、市红十字心理援助志愿服务队为大同市恒德学校高一年级学生开展心理健康辅导活动。市红十字心理援助志愿服务队志愿者王生忠被授予“中国红十字会新冠肺炎疫情防控工作优秀志愿者”称号。

（聂志英）

【红十字会基层组织建设】 2021年，大同市红十字会按照中国红十字会总会、省红十字会改革方案，改进内部治理结构，改革市红十字会机构设置。3月，市红十字会由副处级单位升格为正处级单位。召开大同市红十字会七届二次理事会，选举新一任常务副会长、副会长。加强县（区）红十字会基层组织建设，组成专项检查组督导检查5家冠名红十字医疗机构。市红十字会办公室被全国妇联授予全国“巾帼文明岗”称号；平城区水泊寺乡齐家坡社区红十字会被中国红十字会总会授予“全国红十字模范单位”称号；灵丘县红十字会赵丽娟被评为“中国红十字会会员之星”。

（聂志英）

【自动体外除颤器投放培训】 截至2021年底，大同市红十字会按照山西省政府民生实事项目实施要求，在旅游景区、交通枢纽、学校、公共场所、公安系统、司法系统、社区街道、企事业单位等场所新投放安装34套自动体外除颤器（AED）。该会到市博物馆、市党群服务中心、大同一中、市光荣院等AED投放场所，举行应急救护培训和AED使用教学。参加培训的学员均获得AED证书，掌握心肺复苏、AED急救措施等基本急救知识。

（聂志英）

【应急救援大练兵活动】 2021年9月24日至26日，为应急救援工作积累实战经验，大同市红十字会组织专职人员和志愿者骨干，在云冈区口泉乡开展应急救援大练兵活动。活动模拟大同市突发地震灾害，危急时刻，一群身着“红马甲”的红十字救护队员集结出发，开展救援。市红十字系统负责物资分配、灾民安置等后勤保障工作，队员们在现场以实景模拟方式，以营地搭建、应急救护、物资装运分发、医疗心理服务为重点开展各项救援工作。

（聂志英）

法　　治

人大立法

【概况】2021年，市人大常委会制定法规6件，修改1件，废止4件。针对大同历史文化深厚、旅游资源丰富特点，制定《大同火山群保护条例》；针对大同生态环境保护、污染防治等，制定《大同市水污染防治条例》《大同市禁牧休牧条例》《大同市城市绿化条例》《大同市泉域水资源保护条例》；围绕省人大工作部署和社会治理需要，制定《大同市农村自建房屋质量管理条例》。修订《大同市城市市容和环境卫生管理办法》。废止《大同市建筑工程质量管理条例》《大同市城市房地区交易管理条例》《大同市经济技术开发区条例》《大同市绿化条例》4部地方性法规。

（贯鸿铸）

【《大同市禁牧休牧条例（草案）》立法协调会】 2021年2月2日，市人大常委会法工委组织召开《大同市禁牧休牧条例（草案）》立法协调会。市规划和自然资源局、农业农村局、财政局、发改委、水务局、生态环境局6个部门的负责人参加会议。会上，与会人员围绕《大同市禁牧休牧条例（草案）》讨论发言，并结合工作实际，围绕部分条款提出修改意见和建议，特别探讨饮用水水源一级保护区域内涵、生态保护红线区域范围、禁牧休牧补贴项目等问题。（贯鸿铸）

【《大同市水污染防治条例》施行】 2021年5月1日起，《大同市水污染防治条例》（简称《条例》）施行。《条例》共五章、三十九条，明确提出生态环境主管部门统一监督管理大同市行政区域内水污染防治工作。《条例》规定，水污染防治应当以改善水环境质量为目标，坚持预防为主、保护优先、防治结合、综合治理、损害担责等原则，并把生态补水列为污染防治内容。（贯鸿铸）

【《大同市电动车管理条例》立法座谈会】 2021年7月13日，市人大常委会监察和司法委员会组织召开《大同市电动车管理条例》立法调研座谈会。市人大常委会副主任苏智出席会议并讲话。市人大常委会法工委负责人、市公安局交警支队、工信局、市场监督管理局、交通局、发改委、城市管理局、财政局、邮政管理局、残联、园林局等部门及大同大学专家组参加座谈。会上，与会人员提出具体修改意见建议。（贯鸿铸）

【《大同市泉域水资源保护条例（草案）》立法协调会】 2021年9月10日，市人大常委会法工委组织召开《大同市泉域水资源保护条例（草案）》立法协调会。市水务局、发改委、生态环境局、规划和自然资源局、工业和信息化局、能源局、住房和城乡建设局、交通运输局、农业农村局、文旅局、城市管理局、财政局、司法局以及广灵县水务局、灵丘县水务局、左云县水务局等16个单位的相关负责人参加会议。会上，与会人员围绕《大同市泉域水资源保护条例（草案）》讨论发言，并结合工作实际，围绕部分条款提出修改意见和建议，特别探讨适用范围、相关部门的管理职责、泉域水资源动态监测工作、建设工程许可备案等问题。（贯鸿铸）

【《大同市城市绿化条例（修订草案）》立法协调会】 2021年9月13日，市人大常委会法工委组织召开《大同市城市绿化条例（修订草案）》立法协调会。市园林绿化中心、发改委、规划和自然资源局、住房和城乡建设局、城市管理局、财政局、司法局、交警支队8个部门的相关负责人参加会议。会上，与会人员围绕《大同市城市绿化条例（修订草案）》讨论发言，并结合部门工作实际，围绕部分条款提出修改意见和建议，特别探讨适用范围、相关部门的管理职责、古树名木保护工作、城市树木过度修剪等问题。（贯鸿铸）

【《大同市农村自建房屋质量管理条例》立法调研】 2021年9月28日，市人大常委会副主任赵宇带领城建环保工委有关人员到云州区、浑源县、灵丘县等地，围绕《大同市农村自建房屋质量管理条例》立法工作开展调研。调研组一行到云州区坊城新村、浑源县神溪村、灵丘县车河新村、上下沿河村等处实地考察农村自建房屋质量管理情况，并组织召开座谈会，听取相关县（区）农村自建房屋质量管理工作情况汇报，征集农村自建房屋管理办法、监管责任、质量标准等方面的意见和建议。（贯鸿铸）

【《大同市禁牧休牧条例》施行】 2021年10月1日起，《大同市禁牧休牧条例》（简称《条例》）颁布施行。《条例》主要有科学划定禁牧休牧范围；规定实行禁牧休牧区域和期限；规定市、县（区）、乡（镇）人民政府和有关部门在禁牧休牧管理工作中职责；违反《条例》处罚4个方面内容。大同市禁牧区域范围为：新造林地、未成林地、幼林地、特种用途林地和封山育林区；严重退化、沙化、盐碱化、石漠化以及生态脆弱区的森林和草原；严重退化的天然草原、高山草甸等区域；自然保护区。休牧区域范围为：种植5—7年以上，成林的工程和保护区域，包括国家天然林保护、退耕还林、京津风沙源治理、三北防护林和太行山绿化等林业重点工程区域；通道绿化、交通沿线荒山绿化、村镇绿化、厂矿区绿化、环城绿化等造林绿化工程区域。休牧期限一般为4—7月。《条例》规定对禁牧休牧区域公告、设置标志、对家畜圈舍设施建设、饲草料补助等措施。同时规定，对违反《条例》进入禁牧休牧区域和期限内放牧的行为按照每个羊单位处以10元罚款的处罚等。

（贾鸿铸）

【立法咨询专家论证会】 2021年10月12日，市人大常委会法工委分别组织召开《大同市泉域水资源保护条例（草案）》《大同市城市绿化条例（修订草案）》立法咨询专家论证会，邀请立法咨询专家和相关领域的实务工作者讨论法规草案。论证会上，立法咨询专家分别对两部法规草案提出修改意见和建议。专家认为，两部法规草案具有大同特色，没有和上位法冲突之处，经过修改完善后，可报省人大常委会、市委审查，并提交市人大常委会二审通过。（贾鸿铸）

【《大同市泉域水资源保护条例（草案）》立法调研】 2021年11月2日至4日，市人大常委会副主任张忠义带领法工委有关人员到广灵县、灵丘县和左云县，围绕《大同市泉域水资源保护条例（草案）》开展立法调研。调研组一行到广灵县水神堂泉及壶流河湿地、灵丘县城头会泉及车河生活污水处理点、左云县神头泉及饮用水水源保护地等处实地考察，了解泉域水资源保护的范围、措施以及利用情况。（贾鸿铸）

【规范性文件备案审查培训班】 2021年12月20日至21日，市人大常委会法工委举办全市规范性文件备案审查培训班。市人大常委会相关委室工作人员，各县（区）人大常委会分管领导、法工委主任，市、县（区）人民政府、监察委员会、人民法院、人民检察院、司法局分管负责人90余人参加培训。培训班邀请省人大法制委副主任委员、常委会法工委主任蔡汾湘作专题讲座。培训会上，蔡汾湘以《依法做好规范性文件备案审查工作》为题，从备案审查的概念、备案审查的功能、规范性文件的备案、规范性文件的备案程序、规范性文件的审查方式、规范性文件的审查标准、备案审查的约谈机制、如何推动全省规范性文件备案审查工作8个方面阐述规范性文件备案审查。（贾鸿铸）

政法委及综治工作

【概况】 2021年，市委政法委坚持系统观念、法治思维、强基导向，以政法队伍教育整顿为契机，推动全市政法各项工作。试点工作频创经验，全科网格服务管理相关经验做法在全省全科网格工作现场会上交流发言；特殊人群服务管理、网格化服务管理工作经验被中央政法委刊发推广。全省率先成立扫黑除恶专项斗争实体机构，扫黑除恶专项斗争工作保持全省第一方阵。教育整顿被评为全省优秀等次。制定出台《问题线索处办督办工作暂行办法》和《党委政法委员会和纪检监察机关加强协同联动的暂行规定》，推动涉法涉诉信访问题处办和问题线索处置系统化、规范化。市县两级政法委结合案件督办、服务保障民营企业发展、“三零”单位创建等工作，开展涉法涉诉案件交办、入企调研、“防范非法集资、电信网络诈骗”现场宣传等活动。法院系统解决2起信访积案；尝试诉讼费减半收取便民举措；创新实施判后答疑制度；在多个社区成立社区便民服务室；一次性实现对某公司6000余万元执行款执结。检察系统部署为期2个月的“支持起诉协助农民工讨薪讨债”专项活动，追回拖欠工资400余万元；加大司法救助力度，受理国家司法救助案件20余件，支付救助金6.6万元。公安系统聚焦出国（境）证照办理、户政业务、企业服务、交通驾管等群众关注度高的业务，推出21项便民利民服务措施；开展反电诈“登门行动”，为被骗群众追回资金40余万元。司法行政系统深化“最多跑一次”改革，制定公证处“十必须十严禁”工作纪律，公示“最多跑一次”公证事项和公证办证流程；在市退役军人事务管理局建立法律援助工作站，提供法律援助。

（郝　媛）

【平安建设】 2021年，市委政法委推进扫黑除恶常态化，印发《关于常态化开展扫黑除恶专项斗争 巩固和深化专项斗争成果的实施方案》，开展信息网络、交通运输、工程建设、自然资源四大行业领域专项整治，全年全市新打掉涉恶势力集团3个，抓获犯罪嫌疑人20人。开展社会治安、经济民生、农业农村“三大领域”打击整治，推进以信访秩序整治、吸毒人员强制隔离戒毒、反诈防诈登门行动、农村地区冬闲治安治理等为重点的“平安乡村”等系列专项行动，全年未发生恶性案件。（郝　媛）

【基层社会治理】 2021年，市委政法委以市域社会治理现代试点和全科网格试点工作为契机，强化法治意识，推进综合治理。推进市域社会治理现代化试点，推行“三三”工作法（即构建三个体系：高位推动指挥体系、分解分领责任体系、高效有力保障体系；完善三项机制：分析研判机制、挂图作战机制、督导考评机制；开展三大行动：补短板半年攻坚行动、基层基础大提升行动、交流观摩促亮点活动），实现社会治理体系、工作布局、治理方式现代化。总结推广平城区振华街道“1330”工作法（“1”是党建引领，即发挥基层党组织总揽全局、协调各方作用，在街道组建党建大联盟，在社区设置大党委，把驻街道社区的各种力量通过基层党建形式联合凝聚起来；第一个“3”是三类问题的解决渠道，即“结果倒排、问题挂牌、目标上墙”；第二个“3”是分别针对三类问题提出三种解决办法，即“责任到人、党群会诊、领导认领”；“0”是通过“按时办结、整改销号、建章立制”，实现所有问题清零），得到中央和省有关部门肯定。天镇县万家乐“五治融合”工作法（指政治、自治、德治、法治、智治相互融合）入围第五届加强和创新社会治理成果交流会案例。推进全科网格试点建设。在全省率先完成网格划分、专兼职网格员配备、经费保障落实等改革任务，构建市、县、乡、村四级综治中心与网格化服务管理融合的“1+5+7”制度体系（“1”是指《关于进一步深化网格化服务管理的实施意见》；“5”是指大同市网格员管理办法、网格化管理工作流程图、网格工作会议制度、网格员队伍督察工作制度、网格员考核评价办法5项制度；“7”是指首问负责制度、分流指派制度、协调催办制度、联席会议制度、告知回访制度、巡查分析制度、分级培训制度综治中心7项制度），研发“网格通”“领导驾驶舱”等智能应用系统，动态掌握“人地物事”等基础要素信息，实现规范化运行、智能化管理、精准化服务，举办2期网格员专题培训班，提升网格员履职能力，排查化解各类问题隐患7.2万余件。推进矛盾纠纷排查化解。坚持和发展新时代“枫桥经验”，在全市10个县（区）人民法院和信访大厅设立调解室，建立大同市道交一体化纠纷人民调解中心，成立山西省首家房地产和物业管理专业人民调解委员会，成立全市首家“大同市金融纠纷人民调解委员会驻平城法院小额纠纷调解室”，推进“李培斌工作室”“新荣区西村调解室”“广灵县姜大姐调解室”“平城区老温调解室”等金牌调解团队建设，全市调解组织化解各类突出矛盾纠纷4496件，调解成功率98.8%。（郝　媛）

【服务社会发展】　2021年，市委政法委贯彻全省政法机关服务保障高质量发展若干措施，创新制度举措，优化法治营商环境。市委政法委制定服务保障民营企业和商（协）会领导小组、包联商会企业、信息反馈、快速处置“四项机制”，汇聚部门合力，成立77个法律服务专班，为企业提供法律服务套餐，解决实际涉法涉诉难题。召开全市政法机关服务保障民营企业座谈会5次，征求企业家意见建议，提升服务质效。开通“平安大同”民意信箱，在全市范围内聘请100余名执法司法监督员，构建双向沟通渠道。把打击市场违法行为作为营造公平竞争、规范有序的市场环境的重要手段。法院系统发挥审判职能，受理民商事案件23604件，结案19079件，结案率80.8%。检察系统批捕破坏市场经济秩序犯罪90人，起诉124人，其中平城区检察院办理的马某等人涉嫌非法吸收公众存款案，涉及投资人1600余名，涉案金额约15亿元，涉案款项全部退清。公安系统打击群众反映恶劣平安大讲堂的涉众型经济犯罪，各类经济案件立案145起，破案71起，抓获犯罪嫌疑人174人，挽回经济损失8009.5余万元。加大企业合法权益保护和促进市场秩序规范运行。法院系统聚焦有案不立、压案不结、执行难问题，开通涉民营企业立案“绿色窗口”，受理涉民营企业民事诉讼案件2680件，全年为企业执行回款项6亿元。检察系统开展涉民营企业刑事诉讼“挂案”专项清理，摸排出的18件“挂案”清理完毕，解决民企涉案久拖不决、影响经营的问题；审慎办理涉企案件，保护企业生产经营，如依法对大同市某矿业有限责任公司原董事长邓某某等7人做出不起诉决定。司法行政系统推动“一窗通办”“线上申办”等工作机制，实现民营企业困难职工申请法律援助“零等待”“零距离”。（郝　媛）

【政法队伍教育整顿】　2021年，全市政法系统推进政法队伍教育整顿。教育整顿期间，全市有1878名干警主动向组织说明问题，占全市在编在职干警27.6%；29人主动投案，兑现从宽政策286人，位列全省第一；查处违纪违法干警486人，位列全省第三。坚持“查、改、治、建”一体推进，摸排处理一批顽瘴痼疾，建立相关制度机制1100余项。交流轮岗市、县两级各政法单位领导干部1003人。聚焦群众“急难愁盼”，推出36大类510余项3.4万余条政法便民利民举措。教育整顿工作成效被评为全省优秀等次。为巩固和深化教育整顿成果，组织召开践行山西省政法干警“十个严禁”誓师大会，相关经验做法被《山西政法》《长安评论》刊发。把提升队伍综合素质摆在突出位置，开办“平安大讲堂”系列培训10期。坚持把从优待警作为保障政法队伍健康发展的根本方法，为基层一线政法干警办理保险，出台关心措施等。

（郝　媛）

【平安大讲堂】　2021年，市委政法委牵头举办全市政法系统“平安大讲堂”10期，邀请政法各单位主要领导、大学教授、省委政法委相关领导等专业人士授课，其中节选9期。旨在通过集中培训，提高政法干部队伍的能力素质、理论水平，保持政治定力，增强工作本领。

5月16日，“平安大讲堂”第一期讲座举行。市中级人民法院院长白永旺、市人民检察院检察长郑黎明、市委政法委常务副书记刘中文、市司法局局长魏兴平分别作题为《全面加强政法机关文化建设 努力提升执法司法能力现代化水平 为建设平安大同贡献法治力量》《立足检察监督职能 提升执法司法公信力》《坚持党对政法工作的绝对领导 全面加强党委政法委自身建设 奋力开创大同政法工作新局面》《坚持以习近平法治思想为指导 推动司法行政工作高质量发展》专题讲座，阐述政法机关的职能定位和重点任务，回答新时代政法工作“干什么”“怎么干”等问题。

5月18日，“平安大讲堂”第二期讲座举行，特邀太原理工大学党委书记郑强作题为《中华复兴之教育与信仰根基》专题讲座。郑强以“大学的事”“大家的事”“大国的事”为切入点，列举中国高等教育现状、人才培养与产出情况、中西部教育不平衡问题，从公平教育、科学教育、信仰教育3个层面，分析办好一所大学、教好一批学生对于地方乃至国家的重要性。

6月17日，“平安大讲堂”第三期暨“双百”活动报告会举行，中国政法大学教授焦洪昌受邀作题为《深刻理解习近平依宪治国依宪执政法治思想》专题讲座。焦洪昌从宪法的含义、为什么要依宪治国、为什么要依宪执政、怎样实现依宪治国、怎样实现依宪执政5个方面，解读习近平依宪治国、依宪执政法治思想的重要内容。

6月19日，“平安大讲堂”第四期讲座暨全市全科网格业务培训班举行。此次培训班，邀请省委政法委基层社会治理处处长贺芳作题为《推进基层社会治理现代化》专题讲座。贺芳从加强和创新社会治理、坚持和发展“枫桥经验”、深化网格化服务管理工作等方面，阐述推进基层社会治理的重大意义、部署要求和实践探索。

7月22日，“平安大讲堂”第五期讲座举行。邀请山西省司法厅社区矫正管理处处长、山西省社区矫正管理局局长薛军贤作题为《山西省社区矫正实施细则》专题讲座。薛军贤阐述制定《山西省社区矫正实施细则》的意义，从理论和实践层面解读社区矫正的基本理论与发展、体制机制与保障、法律体系、职能配置和具体实施等内容。

11月23日至24日，“平安大讲堂”第七期暨大同市第四期政治建设和全市政法系统学习贯彻习近平法治思想专题培训班在市委党校举行。此次培训班由市委组织部、市委政法委、市委依法治市办联合举办，市委政法委、市中级人民法院、市人民检察院、市公安局、市司法局班子成员及处级干部，各县（区）委政法委、法院、检察院、公安局、司法局主要负责人80人参加培训。参训学员集中观看专题片《开启全面依法治国新征程》，并聆听市委党校教授赵向文所作的题为《习近平法治思想概论》专题辅导。

12月14日，“平安大讲堂”第八期暨全市乡镇（街道）政法委员学习贯彻习近平法治思想专题培训班举行。参训学员集中观看专题片《开启全面依法治国新征程》，大同大学法学院副教授李喜作《依法治国全面推进政法工作法治化》专题辅导。

12月20日，“平安大讲堂”第九期暨全市平安建设干部素能提升培训班举行。市委党校市情与发展研究室主任、教授郑爱为参训人员作题为《深刻理解习近平法治思想的丰富内涵和核心要义》专题辅导。

12月22日，“平安大讲堂”第十期暨全市常态化扫黑除恶专项斗争政法干警业务提升专题培训班举行。省人民检察院检察委员会专委宋晋民、市公安局刑侦支队副支队长武文成、市公安局副局长眢斌分别作《黑恶势力犯罪的认定及证据审查》《解读涉网虚拟货币犯罪案件》《预防电信诈骗——紧绷防范之弦，远离诈骗之害》专题辅导。 （郝 媛）

【市委政法工作会议】 2021年2月3日，市委政法工作会议召开，会议贯彻习近平总书记对政法工作的重要指示和中央、省委政法工作会议精神，总结工作、分析形势，安排部署2021年政法工作。省委常委、市委书记张吉福出席会议并讲话，市委常委、政法委书记姚鸿波作工作报告。会议强调，全市政法战线要坚持统筹发展与安全，注重系统观念、法治思维、强基导向，重点做好五个方面工作：（1）打好重大风险防御战，确保政治领域更安全。贯彻总体国家安全观，把防范化解重大风险牢牢抓在手上，提升预警能力，强化网络舆情管控，维护国家政治安全。（2）打好社会治安持久战，确保社会大局更稳定。常态化推进扫黑除恶专项斗争，深化治安突出问题整治，落实好领导包案化解、接访下访等制度，加强矛盾纠纷排查化解，常态化开展消防、交通、生产安全隐患排查，提升维护公共安全效能，防范遏制重特大安全事故。（3）打好社会治理阵地战，确保基层基础更牢固。树立抓基层、打基础的鲜明导向，高标准推进“三零”单位创建，持续推进综治中心规范化建设，加强群防群治队伍建设，高水平创建市域社会治理现代化试点，提升基层社会治理水平。（4）打好法治建设攻坚战，确保依法治市更深入。深化政法领域改革，强化执法司法监督，推进信息资源标准体系和“雪亮工程”等智能化建设应用，抓好法治宣传，提高群众的法治意识和法治观念。（5）打好营商环境优化战，确保经济发展更高效。打击破坏企业正常生产经营的违法犯罪行为，推进“放管服效”改革，建立涉企矛盾分类处置、快速化解机制和企业项目建设隐患排查风险预警机制，帮助企业提高规避风险的能力。开展政法队伍教育整顿，坚持刀刃向内、自我革命，狠抓查纠整改，提升政法干警的法律政策运用能力、风险防控能力、群众工作能力、科技应用能力、舆论引导能力。 （郝 媛）

【全市命案风险大起底大化解大整治专项行动现场会】 2021年6月25日，大同市召开全市命案风险大起底大化解大整治专项行动现场会。市委副书记、政法委书记艾凌宇出席会议。会议分两个阶段。第一阶段现场观摩，艾凌宇等参会人员到平城区北街派出所、迎宾街社区、平城区综治中心实地观摩。第二阶段召开动员部署会，会议要求：（1）抓排查，在精准发现上下功夫。重点是建立矛盾纠纷和安全隐患定期排查制度，发现隐患；建立情况报告制度，纳入管控视线，避免事态发酵扩大；建立分析研判制度，预防和减少命案发生。（2）抓化解，在有效处置上下功夫。完善人民调解、行政调解、司法调解“三调联动”衔接机制，加强行业性专业性领域的矛盾纠纷排查化解，落实回访要求，增强实效性。（3）抓整治，在综合治理上下功夫。紧盯重点问题、重点场所、重点人员，维护良好的治安环境。（4）抓长远，在强基固本上下功夫。发挥综治中心作用，壮大基层工作力量，深化法治宣传教育，提升人民群众的法治意识和法治素养，推动形成信息共享、力量协同、职责互补、配合有效的工作格局。 （郝 媛）

【“十个严禁”誓师大会】 2021年7月13日，大同市召开全市政法干警践行“十个严禁”誓师大会。市委副书记、政法委书记艾凌宇出席会议并讲话。会议强调：（1）抓政治建警，提升思想向心力，教育引导全市政法干警坚定理想信念，旗帜鲜明坚持党的领导；（2）抓从严治警，提升法规威慑力，营造不敢腐、不能腐、不想腐的政治氛围；（3）抓正风肃纪，提升制度约束力，架起纪律作风的“高压线”；（4）抓从优待警，提升组织保障力，做到政治上激励、工作上支持、待遇上保障、心理上关怀。全市各级政法单位负责人签订“大同市政法系统领导干部践行‘十个严

禁'承诺书"，并集中前往杨家窑村干部廉政警示教育基地接受再教育。（郝　媛）

【平安大同建设暨网格化服务管理工作推进会】 2021年11月15日，大同市召开平安大同建设暨网格化服务管理工作推进会。市委副书记、政法委书记艾凌宇出席会议。会议分两个阶段。第一阶段现场观摩，艾凌宇等参会人员到云冈区恒安一中、平城区社会组织服务孵化中心、平城区振华街道、云州区西坪镇唐家堡村、坊城新村、吉祥里社区，实地观摩专属网格建设、专职网格员和网格辅助员工作开展情况，以及基层综治中心和社会组织孵化工作运行情况。第二阶段召开推进会，会议强调：（1）要聚焦认识不够深刻、责任不够紧实的问题，增强做好网格化服务管理工作的责任感和紧迫感，推动全科网格工作由"建立"向"见效"转变；（2）要聚焦网格不够精细、划分不够科学的问题，在科学调整上下功夫，确保规划设计不断优化；（3）要聚焦能力不够匹配、管理不够高效问题，加强专职网格员队伍业务技能培训，加大职业发展引导和考核奖励力度，提升履职能力；（4）要聚焦运行不够规范、作用不够凸显问题，加大协调联动、跟踪督办、制度执行力度，确保网格的规范运行、高效便捷；（5）要聚焦特色不够鲜明、亮点不够突出问题，注重总结经验、打造亮点，通过以点带面，推动各项工作实现全面进步；（6）要聚焦阵地不够稳固、保障不够有力的问题，加强组织领导，加大经费保障力度，推进阵地建设，推动全科网格改革提档升级。（郝　媛）

【防范非法集资 电信网络诈骗宣传活动】 2021年3月20日，市委政法委在明堂公园举行防范非法集资、电信网络诈骗现场宣传活动，向市民发放《致全市广大人民群众的一封信》《防范非法集资宣传手册》《防范电信网络诈骗宣传手册》等宣传资料，并现场解答群众咨询。3月15日至4月15日，市委政法委整合各类宣传资源，组织基层干部、干警、网格员、群防群治队伍进农村、进社区、进家庭，宣传防范非法集资、电信网络诈骗知识，提升人民群众对非法集资和电信网络诈骗知晓率、识骗水平、防范能力。（郝　媛）

公　安

【概况】 2021年，大同市公安局辖平城区、云冈区、新荣区、云州区4个城市分局，天镇县、阳高县、浑源县、灵丘县、广灵县、左云县6个县公安局，以及直属、直属第二、开发区、御东、云泉和恒安6个直属分局。全年全市刑事案件立案4802起，同比下降25.4%；破案2866起，破案率59.7%，同比上升28.9个百分点；刑事拘留1988人；抓获网上在逃人员375人；命案现案即发即破29起，破命案积案7起。市公安机关完善信访长效机制，推动信访突出问题化解，在公安部部署的公安信访突出问题攻坚化解专项行动中全省排名第一。全年破获毒品刑事案件170起，抓获涉毒犯罪嫌疑人187名，侦破毒品犯罪团伙7个，缴获毒品8.1千克。全年全市电信诈骗案件同比下降25.4%；破案数同比上升520%，止付12.2亿元；侦破当地涉"两卡"（指银行卡和电话卡）窝点70个，打击处理412人；开展常态化登门行动，累计实地入户走访238.9万人，重点场所3.7万家，劝阻拦截15.3万起。全年盗抢骗民生小案大幅下降，全市传统"盗抢骗"警情同比下降41.8%，"两抢"（指抢夺和抢劫）案件破案率100%。打击黄赌违法犯罪、涉众经济案件、食药环领域违法犯罪，深化"放管服效"改革。弘扬公安英模精神，省公安厅记功表扬的集体和个人在全省11个市中排名第二，市公安局刑侦支队被公安部记集体一等功。（孙剑凯）

【教育整顿】 2021年，市公安系统开展教育整顿，全市公安机关完成3个轮次的全覆盖谈心谈话和民警个人三次"一表一报告"填写工作；问题主要集中在违反廉洁纪律、工作纪律和违反八项规定等方面，占比达到90%以上。对主动说明问题的民警，市、县两级公安机关加快问题核查和政策兑现进度，市公安局组建队伍建设巡查督导组10个，督导所属单位、各分县局及基层所队1000余次，发现问题491个，全部反馈被巡查单位限期整改。（孙剑凯）

【食药环知领域违法犯罪侦破】 2021年，市公安局建立健全重大案件及跨地域协作研判分析机制，形成情报研判、信息预警、资源统筹、协同打击的多警种联动工作模式。全市各级公安机关围绕环境领域，针对私挖滥采、非法占地等问题，会同市检察院开展专项行动。围绕食药领域，打击制售假劣电器产品、妇幼用品等，以及利用"直播带货"制假售假行为。全年全市公安机关侦办食药环和知识产权领域犯罪刑事案件65起，抓获犯罪嫌疑人211人，移送起诉167人，涉案金额1.4亿元，捣毁窝点13个。（孙剑凯）

【缉毒】 2021年，全市公安机关开展"吸毒人员大收戒""净边2021"等专项行动。全年查处吸毒人员2952人次，同比上升64%，占全省查处总数23%。其中，强制戒毒1830人，同比上升114%；社会戒毒1117人，同比上升123%；其他戒毒5人。新发现隐性吸毒人员1193人，同比上升62%。破获毒品刑事案件170起，抓获涉毒犯罪嫌疑人187人，打掉毒品犯罪团伙7个，缴获毒品8.7千克，抓获公安部督办逃犯2人，收治收戒病残吸毒人员68人。（孙剑凯）

【电信网络诈骗治理】 2021年，全市公安机关立电信诈骗案件2203起，同比下降30.4%；破获1390起，同比上升499.1%；抓获犯罪嫌疑人1374人，同比上升213.7%；财产损失1.2亿元，同比下降41.6%；全年止付17亿元，冻结3.4亿元，返还861.5万元。登门行动累计入户走访266.3万人，企业、单位、学校等重点场所4.3万家，面对面劝阻21036人次，推广注册国家反诈中心APP累计131.3万人，实名认证93.2万人。（孙剑凯）

【扫黑除恶专项斗争】 2021年，市公安局制定出台《关于常态化开展扫黑除恶专项斗争实施细则》《深化打击整治农村黑恶势力违法犯罪专项行动的实施方案》等6项工作方案。侦破以任某、张某某和李某某为首的3个恶势力犯罪集团，刑事拘留团伙成员20人，破获刑事案件11起，查扣涉案财物12.5万元，发现并移交“保护伞”问题线索30条，发送风险提示函32件。（孙剑凯）

【传统盗抢骗民生案侦破】 2021年，市公安局坚持市县集群式作战、全要素勘验、专业化研判、一体化串并、全链条打击，多侦联动多轨联控，打击传统盗抢骗警民生案。全年全市传统盗抢骗刑事案件立案1792起，同比下降39.2%，破案833起，破案率46.5%，同比上升23个百分点。

（孙剑凯）

【黄赌问题整治】 2021年，市公安局推进“5·29”系列专案侦办，打击“黄赌”违法犯罪，办理涉黄涉赌刑事案件45起，刑事拘留89人；办理行政案件214起，行政拘留381人，罚款531人。3月17日，市公安局破获一起特大赌博案件，抓获涉案人员82人，缴获赌资150余万元。7月7日，破获一起特大跨境网络赌博案，抓获犯罪嫌疑人26人，冻结涉案金额2100余万元。11月19日，侦破一起组织偷越国境、跨境赌博案件，抓获犯罪嫌疑人16人。（孙剑凯）

【经济和食药环领域违法犯罪治理】 2021年，市公安局开展“昆仑2021”专项行动，侦破食药环领域刑事案件61起，抓获犯罪嫌疑人186人，捣毁窝点13个，涉案金额1.2亿元。开展安全生产领域风险隐患大排查大整治集中行动暨打击盗采矿产资源专项行动，侦破非法采矿（砂）案件13起，采取刑事强制措施43人，排查掌握相关线索125条，推送属地及行业主管部门消除隐患。开展非法集资风险隐患“扫楼清街”排查行动，累计入企排查9091户，梳理非法金融活动线索46件。全年立各类经济案件145起，破案71起，抓获犯罪嫌疑人174人，涉案金额46.5亿余元，挽回经济损失8009.5万元。（孙剑凯）

【社会治安】 2021年，市公安局树立“极端暴力犯罪可防可控”理念，制定《全市公安机关防控处置个人极端暴力犯罪工作措施》，推进煤矿地区治安重点人员分类建档、分级管控，摸排化解各类矛盾纠纷1.7万起。加强危爆物品管理，排查全市涉枪涉爆单位和油气站，依法注销爆破作业人员许可证173个，取消16家井下民用爆炸物品储存库。推进疫情常态化防控。强化检查站查控、流调队伍培训、涉疫人员核查、防控点位秩序维护、打击涉疫违法犯罪等12项工作措施，全市79个公安检查站点，查控车辆202.6万余台次、人员335.3万余人次，核查重点地区到大同涉疫人员34.1万人次。（孙剑凯）

【交通安全管理】 2021年，市公安局依法查处货车“三超一疲劳”（指超速、超员、超载和疲劳驾驶）等易肇事肇祸违法行为。全市查处酒驾违法行为4469起、醉驾470起、涉牌涉证2.9万起、机动车违停38万起、非机动车和行人违法11.7万起，排查整改交通安全隐患路段19处。

（孙剑凯）

【数据警务建设】 2021年，市公安局科信部门构建应急保障通信运行机制，整合链接各种数据和业务系统资源，实现视频监控系统、视频会议系统、4G执法记录仪、350兆单兵定位系统、4G图传系统等数据互联互通的大数据系统平台。利用视频技术侦破各类刑事案件538起，利用视频串并盗抢案件71串236起；在人脸图像破案会战中，公安部认定市公安局战果250人，百案比中抓获数20.1。强化Y库建设工作，全年累计补采血样141份，Y库血样补采任务完成率100%，全省排名第一。利用DNA信息比中破案89起，抓获犯罪嫌疑人81人；采集DNA信息7989人，采集率92.6%；利用指纹信息比中破案85起，抓获犯罪嫌疑人73人。

（孙剑凯）

【公安营商环境优化】 2021年，市公安局制定出台《大同市公安局进一步优化营商环境实施方案》，走访调研市东方金鼎钢结构有限公司等28家企业，实地了解企业实际困难，帮助企业解决问题。打击涉企违法犯罪活动，办理刑事案件11起，刑事拘留12人。破获新荣区风力发电项目部风电电缆被盗、雍锦台二期工地扣件被盗等案件。摸排检查企业2770家、重点项目47个，化解企业内部矛盾纠纷40余起。（孙剑凯）

【公安放管服效改革】 2021年，市公安局优化出入境管理，在全市11个办证大厅设置便捷服务台和优先办理“专项窗口”，提供加急办证和上门办证服务。全年办理出国护照733人次，港澳台通行证1562人次。创新交管服务，在主城区21条道路施划错峰错时停车位3088个，在平城区迎宾街、御河西路等易堵路段的20个岗区实施细化管理；就餐时段及夜间，在不影响正常通行的情况下，允许在酒店、小区周边等路段有序临时停车，缓解主城区“停车难”问题。深化户政管理改革，全市人才引进取消户籍迁入审批，开通一站式办结服务，全年人才快速办理落户888名。

（孙剑凯）

【公安执法规范化建设】 2021年，市公安局制定《大同市公安机关受案立案责任制工作规范》《大同市公安机关防范案件压案不查工作规范》等6项制度规范，长效整治有案不立、压案不查等执法顽瘴痼疾。加强执法监督，杜绝受而不立、超期未立案等问题，下发“受而不立”专项通报32期，纠正超期未立案160件。健全完善法制审核制度，审核刑事案件6828件，审核行政案件10142件。坚持一案一考评，纠正执法办案中存在的突出问题17个。加强执法能力建设。举办执法监督管理机制改革培训班，采取线上线下相结合的方式集中培训全市执法部门业务骨干118人；聘请全国法律名师依托钉钉APP集中授课62个课时，培训人数2.8万人次。印发《信访活动中违法犯罪案件证据指引》《大同市公安机关涉及醉酒人员警情处置规范（试行）》《大同市公安机关执法办案场所疫情防控工作指引》等12项执法指引，发布执法依据提示33期，规范执法办案程序。加强基础设施建设。推进执法办案管理中心改造和安全管理，升级改造全市14个执法办案管理中心，实现执法办案、监督管理、服务保障一体化运行。为解决监所硬件设施落后问题，启动“大同市公安局综合执法中心”（看守所、拘留所、监管医院、监管中心、执法办案中心、涉案财物管理中心）一体化建设项目，截至2021年底，完成土地预审、选址意见书和项目可行性报告的批复，并形成初步设计方案。

（孙剑凯）

【市公安局新型网络犯罪侦查支队（新型网络犯罪研究中心）成立】 2021年1月1日，为遏制电信网络新型违法犯罪，保护人民群众财产安全，大同市在全省率先组建成立新型网络犯罪侦查支队，加挂新型网络犯罪研究中心牌子。新组建的新型网络犯罪侦查支队（新型网络犯罪研究中心）主要负责侦查打击网络“五毒”犯罪和网络涉枪涉爆等违法犯罪，研判攻坚全市各类疑难、新型等案件，提升大数据条件下公安机关打击治理新型网络违法犯罪能力水平。（孙剑凯）

【庆祝首个“中国人民警察节”】 2021年1月10日，市公安局举行首个“中国人民警察节”向警旗宣誓仪式。市政府党组成员、市公安局党委书记、局长史水鸿出席会议，市公安局党委委员、功模代表、市公安局各单位负责人及市公安局相关单位民警辅警代表150余人参加宣誓仪式，市公安局党委委员、政治部主任庞忠杰主持宣誓仪式。宣誓仪式上，警旗仪仗队员护卫着中国人民警察警旗，到达指定位置。参加仪式的全体民警辅警向警旗致敬、奏唱《中国人民警察警歌》、重温入警誓词，共庆首个人民警察节。（孙剑凯）

【雷管险情排除】 2021年1月31日，市公安局巡特警支队接市公安局“110”指挥中心指令，平城区马军营乡马军营村附近发现疑似爆炸物品。该支队安检排爆大队到达现场，疏散围观群众，确保现场及周边群众安全。经排爆民警现场专业勘验，确定编织袋内装有数量较多的电雷管，极具危险性。排爆民警采用专业工具和措施，把200枚电雷管全部妥善转移至排爆罐内，安全完成险情排除。

（孙剑凯）

【“警医邮”“警邮e”上线】 2021年4月11日，市公安局交警支队车辆管理所联合市邮政公司、驾驶人体检医院和e代驾大同分公司在万达广场组织“警医邮”和“警邮e”车管便民宣传推广活动，标志着大同市“警医邮”“警邮e”上线。市公安局交警支队车辆管理所拓展“警邮合作”业务，方便群众办理车驾管业务，再推“警医邮”“警邮e”便民利民服务新举措。“警医邮”是市车管所在全省首家推出的公安车管、体检医院和邮政公司三方合作综合服务，实现驾驶人在医疗机构体检、换证“一站式”办结，让群众不再多地往返。“警邮e”是市车管所在全国首家推出的由公安车管部门组织“上门取车”代办服务。此项服务发挥三方优势，公安车管保障业务办理、中国邮政把关业务代办、e代驾专做取车送车，专业的事交由专人办。

（孙剑凯）

【网络安全宣传活动】 2021年4月15日，市公安局网安支队在全市范围内开展全民国家安全教育日网络安全现场宣传活动。活动中，市公安局网安支队通过摆放网络安全专题宣传展板、悬挂条幅、发放教育资料、播放网络安全公益宣传片、设立法律咨询服务台等形式，宣传国家施行的网络安全法律法规，揭露网络违法犯罪分子惯用伎俩。活动当天，全市公安机关发放各类宣传资料4300余份，接受现场咨询260余人次。（孙剑凯）

【战争遗留爆炸物排除】 2021年4月23日，市公安局巡特警支队接市公安局“110”指挥中心指令，称浑源县沙圪坨村一村民在建房挖地基时发现一枚手榴弹。接到指令后，该支队安排安检排爆大队专业排爆警力前往处置。经现场勘验，该手榴弹系57式木柄未爆手榴弹，具有一定危险性。排爆民警遂开展专业技术转移。4月26日，该支队接市公安局“110”指挥中心指令，称云冈区平旺乡十里河河道治理施工工地发现一枚疑似炮弹。接到指令后，该支队安排安检排爆大队前往处置。为确保现场安全，排爆民警及时疏散围观群众，拉起警戒线。经民警勘验，该炮弹系战争遗留未爆迫击炮弹，引信完好，因长时间掩埋地下，稳定性差，具有爆炸危险。排爆民警遂采取专业技术措施，把该炮弹转移至排爆罐内安全带离。4月27日，安检排爆大队在新荣区一无人山沟对未爆手榴弹和迫击炮弹统一销毁。（孙剑凯）

【市公安局反诈中心成立】 2021年4月，大同市公安局反诈中心组建成立，其主要负责组织、协调、指导全市公安机关开展打击治理电信网络诈骗犯罪工作。截至2021年底，该反诈中心破获电信网络诈骗案件1390起，同比增长499.1%；抓获犯罪嫌疑人1376人，同比增长214.2%；止付涉案资金17亿元，冻结涉案资金3.4亿元，向受害人返还被骗资金861.5万元。累计实地走访宣传238.9万人次，发放宣传材料333万份，面对面劝阻21036人次，全市电诈立案数、财产损失金额连续九个月环比下降。

（孙剑凯）

【“5·15”打击和防范经济犯罪宣传活动】 2021年5月15日，市公安局联合市金融办、市银保监局、市市场监督管理局、中国人民银行大同中心支行、市税务局及部分商业银行、保险业界举办“5·15”打击和防范经济犯罪宣传活动。此次宣传活动以“与民同心，为您守护”为主题，重点宣传多发的P2P网络借贷平台涉嫌非法集资犯罪、网络传销犯罪、私募领域金融犯罪及电信诈骗犯罪的形势和特点，剖析典型案例，揭露犯罪伎俩，传授防骗知识和技巧，增强人民群众的防范意识。公安机关建议群众在投资理财过程中，要选择合法主体，拒绝可疑项目，抵制高息诱惑，呼吁社会各界共同参与打击防范经济犯罪和电信诈骗活动。（孙剑凯）

【全市打击治理电信网络诈骗犯罪集中宣传月活动】 2021年5月30日，市公安局联合中国人民银行大同中心支行举行全市打击治理电信网络诈骗犯罪集中宣传月活动启动仪式。活动现场，全体民警与相关单位工作人员散发宣传手册，并结合真实案例，为群众讲解常见电信网络诈骗犯罪手段、特点、作案方式、种类及危害性，以及受骗后应采用的应急处置措施。工作人员向群众推广“国家反诈中心”官方APP、“国家反诈中心”官方政务号、“96110”反诈专线、“大同反诈”官方抖音账号。通过多种宣传方式，提高群众防骗、识骗、拒骗能力，筑牢全社会共同防范、抵御电信网络诈骗犯罪的“防火墙”。（孙剑凯）

【“关爱儿童、反对拐卖”主题宣传活动】 2021年6月1日，市反拐联席会议办公室、市公安局刑侦支队开展以“关爱儿童、反对拐卖”为主题的反拐宣传活动，宣传《中国反对拐卖人口行动计划（2021—2030）》和“团圆”行动。活动中，民警通过摆放宣传展板、发放宣传手册、介绍典型案例、讲解法律法规、解答群众咨询等形式，向群众宣传打击拐卖妇女儿童的相关法律，以及公安机关自年初以来开展的以侦破拐卖儿童积案、查找失踪被拐儿童为主要内容的“团圆”行动。民警提醒家长，在家门口、公园、游乐场、车站、超市或商场等儿童被拐高发场所提高警惕，不让孩子离开自己视线范围，引导群众增强防范意识。（孙剑凯）

【国际禁毒日主题宣传活动】 2021年6月25日，大同市在市第二职业中学举行“防范新型毒品危害 共享绿色无毒青春”禁毒宣传活动。全民禁毒宣传主题是“防范新型毒品对青少年危害”，旨在通过加强预防教育，提升青少年禁毒意识和识毒拒毒能力。市禁毒委成员单位的负责人及市第二职业中学400余名师生参加活动。宣传活动中，针对青少年处于心理发育关键期，好奇心强、辨别能力弱、容易受到毒品侵袭的实际情况，宣传人员通过对新型毒品展示、讲解、摆放展板等方式，向师生宣传禁毒知识，使学生了解掌握“什么是毒品”“毒品的常见种类有哪些”“毒品的危害有多大”等知识。在禁毒民警的带领下，学校师生还举行拒毒宣誓，并在签名墙上签名，表达拒毒禁毒的决心。（孙剑凯）

【二手车交易转移登记“跨省通办”】 2021年9月1日起，为促进二手车交易行业发展，方便群众办理二手车交易登记手续，大同市推行二手车交易转移登记“跨省通办”。二手车交易转移登记“跨省通办”便利措施适用于非营运小型、微型载客汽车。对二手小型、微型非营运载客汽车，现机动车所有人（二手车买方）住所不在登记地车辆管理所管辖区域内的，可直接到住所地（转入地）交易并申请机动车转移登记，无须到原登记地（转出地）车辆管理所交验车辆。二手车档案资料实行电子化网上转递，无须再提取纸质实物档案，方便群众在转入地直接办理交易登记，减少两地往返。（孙剑凯）

【国家网络安全宣传周反恐宣传活动】 2021年10月13日，市反恐办在万达广场组织开展大同市国家网络安全宣传周反恐宣传活动。活动中，民警通过悬挂网络安全，以及反恐宣传横幅、发放宣传手册、接受群众咨询等方式，引导群众识别和了解网络安全犯罪的常见手段。讲解全民网络反恐防暴的紧迫性和必要性，宣传网络反恐知识、应对方法等，普及公民反恐防暴知识和自救互救常识，并鼓励群众发现恐怖组织及线索要举报，号召群众与一切危害国家安全的行为作斗争。此次宣传活动有市公安局巡特警支队、交警支队及13家成员单位、330余人参加。现场发放各类宣传单1万余份，宣传手册3000余本以及宣传品800余件。（孙剑凯）

【国家网络安全宣传周“法治日”宣传活动】 2021年10月14日，围绕“网络安全为人民，网络安全靠人民”活动主题，市公安局网安支队在市政务审批中心门前设立主会场、各分县局网安部门在当地商业区设立分会场，集中组织开展国家网络安全宣传周“法治日”主题宣传活动。活动现场通过摆放网络安全专题宣传展板展架、悬挂宣传条幅、发放宣传教育资料、播放网络安全公益宣传片、设立法律咨询服务台等形式，宣传国家施行的网络安全法律法规，揭露网络违法犯罪分子惯用伎俩，讲解防范网络电信诈骗常识，并公开一批山西省、大同市开展“净网2021”打击网络违法犯罪专项行动的典型案例。活动当天，全市公安机关发放各类宣传资料5300余份，接受现场咨询620余人次。（孙剑凯）

【电子驾驶证启用】 2021年10月23日，为深化公安交管“放管服”改革，大同市启用电子驾驶证。驾驶人可通过全国统一的“交管12123”APP申领电子驾驶证。推广应用城市发放的电子驾驶证在全国范围内有效，可在办理交管业务、接受执法检查时出示使用，并可拓展客货运输、汽车租赁、保险购置等社会应用场景。公安交管部门为驾驶人提供在线“亮证”“亮码”服务，简化办事手续资料，提升证件使用便捷度，便利群众办事出行，服务企业行业发展。（孙剑凯）

【“净网2021”专项行动】 2021年11月2日，据市委和市政府新闻中心在市公安局召开的新闻发布会通报“净网2021”专项行动阶段性成效。截至10月底，全市公安机关侦办涉网案件1057起，抓获犯罪嫌疑人1008名，侦破“赌博团伙”“洗钱团伙”“引流团伙”等黑灰产团伙60余个，查获手机1006部、手机黑卡1521张、银行卡810张、QQ和微信黑号508个。全市公安民警依据《中华人民共和国网络安全法》，对大同市215家重要信息系统的运营单位开展信息系统安全等级保护监督检查指导；对全市互联网上网服务营业场所开展网络安全执法检查212次，责令限期整改58家；巡查处置属地网站、微信公众号、APP运营商等网络平台，删除违法有害信息16271条，回应网民咨询求助1320次，阅读量6800余万人次，发现涉案线索24条。

（孙剑凯）

【“全国交通安全日”主题宣传活动】 2021年12月2日是第十个“全国交通安全日”，市公安局交警支队在平城区万达广场开展以“守法规知礼让、安全文明出行”为主题的宣传活动，全市餐饮、客运、学校、

法 治

保险、驾校、快递、代驾、志愿者等行业代表及现场群众100余人参加此次活动。活动现场设置交通安全管理亮点工作、主题宣传、事故警示案例及酒精测试体验、新媒体直播间4个交通安全宣传展示区，通过播放交通安全宣传片、表演自创安全宣传节目、摆放宣传展板、设立交通管理业务咨询台、悬挂宣传横幅、发放宣传资料、收集群众对交通管理各方面工作的意见建议、现场互动问答等形式开展"守法规知礼让、安全文明出行"主题宣传活动。活动中，市公安局交警支队为文明交通示范社区、文明交通示范单位、文明交通示范校园和文明交通优秀驾驶员颁奖。（孙剑凯）

检 察

【概况】 2021年，大同市人民检察院打击各类严重危害社会的刑事犯罪，批捕1217人，提起公诉1917人。常态化开展扫黑除恶，批捕涉黑涉恶犯罪6件32人，起诉11件60人。融入反腐败大局，受理监察委员会移送的职务犯罪案件44件48人，全部提起公诉。通过办理各类案件为国家挽回经济损失2.8亿余元。（魏 宁）

【教育整顿】 2021年，大同市人民检察院519名干警主动填写"一表一报告"，116人主动向组织说明问题。排查案件14374件，发现问题9件，移送纪委监委4件4人。累计审查"减假暂"案件8805件，发现存在违法违规情形案件56件，均移送相关部门处理。（魏 宁）

【刑事检察监督】 2021年，大同市人民检察院严把侦查监督关，监督公安机关立案92件，撤案77件，提前介入各类重大复杂案件340余件。办理中纪委挂牌督办的王某某等59人涉嫌合同诈骗案。派驻公安机关执法办案管理中心检察室在全省率先实现全覆盖。强化刑事审判监督，审判活动中提出违法行为监督纠正意见259件次，提出抗诉63件。检察长列席审判委员会183次。加大刑事执行监督力度，提出纠正"减刑、假释、暂予监外执行"不当18人，提出纠正财产刑执行履职不当251件。市人民检察院第四检察部被评为"山西省检察机关执检条线2021年度优秀办案团队"。（魏 宁）

【民事检察监督】 2021年，大同市人民检察院受理民事监督案件785件。加强虚假诉讼专项监督，办理虚假诉讼案件19件。云冈区人民检察院办理的张某与某实业公司民间借贷纠纷虚假诉讼监督案，被《检察日报》报道，被写入省人民检察院人大报告，并被最高人民检察院评为"民事检察依职权监督典型案例"。平城区人民检察院办理的祝某某民间借贷纠纷虚假诉讼监督案被最高人民检察院第六检察厅《民事检察工作情况》刊发。维护弱势群体合法权益，为农民工追回欠薪728.9万元。实现基层人民检察院"支持起诉岗"全覆盖，通过支持起诉岗办理支持起诉案件211件。办理的孙某某等54名农民工讨薪案被省人民检察院评为全省民事检察典型案例，并被最高人民检察院"依法惩治恶意欠薪，让劳动者劳有所得"新闻发布会发布词采用。（魏 宁）

【行政检察监督】 2021年，大同市人民检察院受理行政监督类案件41件。以"违法乱占耕地"非诉执行监督为重点，评查全市土地执法查处领域案件142件。郭某某违法占地行政非诉执行监督案被最高人民检察院评为"土地执法查处领域行政非诉执行监督"专项活动优秀案件。推行行政争议实质性化解，化解行政争议63件，制定《关于解决群众信访矛盾、防止行政程序空转，加强行政检察工作的指导意见》，与市中级人民法院联合会签《加强行政争议实质性化解工作的意见》，完善化解行政争议长效机制。开展行政执法行为检察监督专项活动，办理17件行政执法行为检察监督案件。（魏 宁）

【公益诉讼检察】 2021年，大同市人民检察院加大办案力度，立案1747件，立案数位居全省第一。加大赡养类公益诉讼，实现市、县两级人民检察院赡养类民事公益诉讼案件全覆盖。守护群众"舌尖上安全"为民办实事活动被《山西新闻联播》播放。办理的"云冈石窟周边储煤场煤尘污染行为履行监管职责行政公益诉讼案"被评为2020年度检察公益诉讼十大精品案件。"浑源矿企露天采矿破坏生态环境行政公益诉讼系列案"参评全国指导性案例，通过中评。（魏 宁）

【检察营商环境优化】 2021年，大同市人民检察院批捕经济领域类犯罪90人，起诉124人。平城区人民检察院办理的涉及1600名投资人、涉案金额14.4亿余元的马某某等人涉嫌非法吸收公众存款案，涉案款项全部退清。探索推进知识产权检察保护工作，成立知识产权综合办案组，统一办理知识产权案件。开展18件涉民营企业刑事诉讼挂案专项清理，实现全部清零。市、县两级人民检察院班子成员组成15个调研组到晋能集团、普德药业等56家企业调研，为企业纾难解困。（魏 宁）

【市域社会治理】 2021年，大同市实现市、县两级人民检察院听证工作全覆盖，组织听证案件416件，市人民检察院办理的雷某某正当防卫案入选全省检察听证典型案例。践行新时代"枫桥经验"，受理群众来信到访758件，答复率100%。开展"法治暖心融冰行动"，制定《检察长下访巡访实施办法（试行）》，化解马某某等14件信访案件。（魏 宁）

【"为群众办实事"实践活动】 2021年，大同市人民检察院出台便民措施142条，为群众办理好事、实事、暖心事516件。开展食品药品安全专项惩治，加大电信网络诈骗犯罪打击力度。加大司法救助力度，发放司法救助金201万余元。左云县人民检察院的"检察+社区"法律服务模式，打通检察机关联系服务群众的"最后一公里"。（魏 宁）

【未成年人健康成长保护】 2021年，大同市人民检察院抓"1号检察建议"落实，107名检察官法治副校长开展各类法治讲座186次，覆盖师生3.5万余名。推进强制报告和入职

查询制度落实，排查全市教职员工3万余名。开工建设全国青少年法治教育基地大同站。（魏 宁）

【法治观念宣传】 2021年，大同市人民检察院发布检察工作信息8900余条，制作“三微”（即微电影、微视频和微动漫）作品8个，“三个规定”（指《领导干部干预司法活动、插手具体案件处理的记录、通报和责任追究规定》《司法机关内部人员过问案件的记录和责任追究规定》《关于进一步规范司法人员与当事人、律师、特殊关系人、中介组织接触交往行为的若干规定》）系列短视频点击量达50余万次。540余篇稿件被《山西日报》《检察周刊》等媒体刊载。召开4次新闻发布会向社会发布典型案例26个，推进社会法治意识建设。（魏 宁）

【基层院建设】 2021年，大同市人民检察院制定班子成员对口联系、帮扶基层院制度。常态化开展业务数据分析研判，举办业务数据分析会70余次。抓实业绩考评和案件评查，提升业务质效。新荣区人民检察院探索创新“三轮”工作机制（指考评轮训、案管轮岗、案件轮办的多轮并驱工作机制），是基层院开展工作的亮点模式。推进“大调研”工作，3篇检察理论研究成果获全省检察理论优秀研究成果一、二、三等奖。（魏 宁）

【司法鉴定实验室启用】 2021年1月，大同市人民检察院司法鉴定实验室揭牌并启用。该实验室包括公益诉讼快速检测实验室、电子证据实验室、司法会计实验室、文痕鉴定实验室、法医鉴定实验室、心理咨询室，可通过检验鉴定、技术性证据审查、技术协助、现场勘验取证等方式，为办案部门对案件的准确定性提供可靠科学依据。该实验室可开展空气污染、食品安全、土壤重金属污染及水质污染4个门类的快速检测。（魏 宁）

【反洗钱主题宣传活动】 2021年3月，大同市人民检察院、中国人民银行大同市中心支行联合相关金融机构在云冈区京都国际广场共同开展反洗钱宣传活动。此次活动围绕“凝聚力量 打击洗钱犯罪”主题，大同市人民检察院设计宣传方案。活动现场，检察干警通过播放警示片、悬挂横幅、摆放宣传展板、发放宣传手册等方式，帮助群众了解什么是洗钱犯罪、洗钱犯罪的常见套路与识别方法、危害及如何保护自己远离洗钱犯罪等，结合司法办案实践，现场“以案释法”，讲解洗钱犯罪典型案例，呼吁群众提高警惕，防止落入洗钱犯罪的陷阱，防范洗钱风险。此次宣传活动，发放宣传手册2000余份，接受群众咨询300余人次。（魏 宁）

【行政执法行为检察监督专项活动】 2021年9月1日至12月31日，全市检察机关开展行政执法行为检察监督专项活动。行政执法行为检察监督的对象是行政机关和法律、法规、规章授权的组织作出的行政行为。检察机关监督行政执法行为主体是否合法、具体行政行为是否合法、是否怠于履行法定职责，以及行政执法过程中是否有职务犯罪行为，监督范围涉及自然资源、住建、公安管理、市场监管、民政、税务、医疗保障、劳动和社会保障等关系民生民利、人民群众反映强烈的行政执法领域。在监督过程中，检察机关采取查询、调阅卷宗、开展调查取证等手段，监督方式主要是向相关行政机关发出检察建议书，督促依法行政。（魏 宁）

【检察机关驻法院支持起诉岗实现全覆盖】 2021年9月，大同市检察机关“驻法院支持起诉岗”工作全部完成，在全省率先实现基层院全覆盖。检察机关派员在法院立案大厅值守，对符合支持起诉条件的申请人提供法律咨询和相关信息资料，指导群众收集、提交证据及举证、质证，同时履行法律监督职能，提供法律咨询服务，保护社会弱势群体的合法权益。全市各县（区）检察院“驻法院支持起诉岗”全部挂牌运行，通过支持起诉岗办理支持起诉案件37件，发现虚假诉讼线索14件。（魏 宁）

【首例网络直播听证会】 2021年12月，平城区人民检察院针对一起司法救助案举行公开听证会，并依托中国检察听证网举行网络直播，这是大同市检察机关首次以互联网直播的方式公开听证国家司法救助案。案件当事人宋某系肢体二级残疾人，无法独立行动，为保证听证会参加人员了解救助对象的身体状况、家庭情况，在听证会前，听证员、区妇联代表、区残联代表共同到宋某家中走访调查，让听证人员与申请人面对面交流。听证会上，承办检察官介绍案件基本情况、检察机关履职情况，并在听证会上出示查明证据；办案团队检察官阐述国家司法救助的理由及法律依据；听证员及各代表围绕救助是否符合相关法律规定、是否给予救助发表意见和建议，最后一致认为该案符合司法救助条件，同意检察机关予以救助意见。（魏 宁）

【宪法宣传活动进校园】 2021年12月，为引导在校未成年人学习宪法、了解宪法，全市两级检察院共同开展“宪法宣传周”活动。活动中，大同市人民检察院检察官到市实验小学课堂，把日常办理的未成年人犯罪案件及涉及校园暴力的刑事犯罪案件改编成通俗易懂的小故事，把宪法知识讲授给同学们，引导其学法、懂法、知法、守法。在市实验小学文博分校，检察官开展宪法主题讲座，通过一问一答的形式介绍国家宪法日设立的目的、宪法的地位及作用。

各县（区）检察院通过线上或线下方式到校园，为同学们讲授宪法知识。新荣区人民检察院“蒲公英”未检工作室通过短视频科普宪法和相关法律法规；云州区人民检察院云小萱巾帼法治服务队联合区妇联、区团委到西坪中心学校开展宪法宣传；天镇县人民检察院检察官为三十里铺乡中心校150余名学生解读宪法和《中华人民共和国民法典》相关知识。（魏 宁）

法 院

【概况】 2021年，大同市、区（县）两级人民法院受理各类案件43453件，审执结案40348件，结案率92.9%；市中级人民法院受理5450件，审执结案5044件，结案率92.6%。制定出台服务保障民营企业、优化营商环境意见措施5项。全市11家法院全部开通涉民营企业立案“绿色窗口”，受理民营企业案件2600余件，确保企业起诉立案“最多跑一次”，执行入账款项6亿元。专项清理涉党政机关国有企业拖欠民营企业账款案件100余件，涉案金额近5000万元。在执行涉企案件中审慎使用强制措施，通过“放水养鱼”，让兴旺水泥厂、深特房地产等企业逐渐走出经营困境。落实领导班子成员联系企业机制，到大同汽车客运东站、浑源万生黄芪开发有限公司等企业走访调研150余人次，聚焦企业需求，支持保护企业高效运营和健康发展。主动融入诉源治理机制建设，组织田间地头巡回审判，推进人民调解平台“三进”（即进乡村、进社区、进网格）工作，开展“法院开放日”活动，把矛盾纠纷化解与普法宣传“合二为一”，促进犯罪源头预防、矛盾源头化解。完善诉前多元解纷联动衔接机制和诉调一体对接机制，平城区人民法院“老温工作室”等一批调解工作室活跃在诉调对接一线。开展司法理论研究与司法审判实践结合，8月，市中级人民法院与清华大学法学院共同组织举办国家重点科研项目《热点案件与民事案件审判职能辅助系统技术研究》大同论证会及示范应用部署会。市中级人民法院被中央文明委授予第六届“全国文明单位”称号。（段力平）

【刑事案件审判】 2021年，大同市、区（县）两级人民法院受理刑事案件2059件，审结1979件，结案率96.1%。全市人民法院坚持树立总体国家安全观，围绕平安大同建设，常态化分析研判社会治安形势任务，与公安、检察机关相互制约配合，推进扫黑除恶专项斗争工作，受理一审涉黑恶犯罪案件12件，其中涉黑案件3件，审结11件；市中级人民法院受理二审涉黑恶案件15件，其中4件涉黑案件，审结全部涉恶案件11件。依法审结柴增明等群众反映强烈、社会影响恶劣的重大黑恶势力犯罪案件。打击各类刑事犯罪，依法审结故意杀人、故意伤害、绑架强奸等暴力犯罪案件203件，审结盗窃、抢劫抢夺、敲诈勒索、诈骗等多发性侵财犯罪案件420件。（段力平）

【民商事及行政案件审判】 2021年，大同市、区（县）两级人民法院受理民商事案件24979件，审结22915件，结案率91.7%。服务企业改制转型工作，召开全市人民法院破产案件审判工作会议，建立更新破产管理人名册，实行破产案件繁简分流，稳妥推进国有“僵尸企业”破产重组。受理行政案件534件，审结488件，结案率91.4%。促进依法行政与公正司法“双提升”，落实国家工作人员旁听行政诉讼案件活动常态化制度化，组织市级行政机关工作人员旁听行政案件庭审9次，行政机关负责人出庭应诉率100%。（段力平）

【执行案件办理】 2021年，大同市、区（县）两级人民法院受理各类执行案件12363件，执结10206件，结案率82.6%；其中市中级人民法院受理986件，执结974件，结案率98.8%，执行到位标的27.8亿元。开展执行领域突出问题专项整治活动，举办执行案款集中发放日，发放执行案款1528.6万元，其中市中级人民法院发放执行案款605.8万元。开展“三晋执行护民生”集中执行活动，执行到位资金360.9万元，发布限制高消费令85人次，查封扣押车辆3台，评估不动产1套，查封厂房、库房及住宅205间（套）。（段力平）

【法院教育整顿】 2021年，按照中央和省市委的统一安排部署，全市人民法院开展政法队伍教育整顿。市中级人民法院查找出违反防止干预司法“三个规定”、司法作风不佳和司法权制约监督不力等7大类问题、83小项具体问题，有188人主动说明问题，修订完善规范文件47项，总体评估结果为“优秀”等次。（段力平）

【民生司法保障】 2021年，市中级人民法院妥善审理涉食品、药品及医疗服务等涉及人民群众切身利益侵害消费者权益案件，扎牢民生司法保障网。主动延伸司法审判服务保障，开展“我为群众办实事”1+8实践活动。全市法院累计推出减半预收诉讼费和社区法官工作室等普惠性司法服务举措103项。累计减半收取诉讼费1678.5万元。《法治日报》和《山西新闻联播》宣传报道全市法院创新便民惠民利民举措、为群众办实事等工作。（段力平）

【人民法庭建设】 2021年4月22日，浑源县人民法院恒山环境资源法庭揭牌成立。该法庭位于北岳恒山脚下、浑源县东坊城乡境内，是以恒山生态资源司法保护基地为依托，打造专门审理环境资源类案件的法庭。

5月8日，大同市云冈区人民法

▲ 2021年5月8日，大同市云冈区人民法院云冈文化保护法庭成立揭牌仪式在云冈石窟景区举行

（段力平 摄）

院云冈文化保护法庭揭牌成立，这是山西省首家文化保护法庭。云冈文化保护法庭位于云冈石窟旅游景区内，是以云冈石窟文化保护为依托，审理历史文化遗产保护类案件的专门法庭。（段力平）

【社区法律咨询服务联系点建设】 2021年4月28日，市中级人民法院在平城区兴国寺和岳秀园两个社区设立法律咨询服务联系点。社区联系点设立司法职能，方便社区群众法律咨询服务，对接全市法院“一站式”建设，助力“三零”社区创建。（段力平）

【法院推出便民利民措施】 2021年5月中旬起，市中级人民法院推出便民利民新措施20项。这20项措施涉及立案、审判和执行工作等方面，具体内容有实行网上立案便利诉讼、减少执行案件立案环节，诉讼服务全过程导引、降低民事诉讼成本、专设诉讼卷宗材料查阅窗口、提高涉诉委托司法鉴定效率、延伸司法审判职能、司法救助、巡回办案等，便利人民群众和当事人涉法涉诉事务办理。（段力平）

【法院与清华法学院签署合作协议】 2021年8月3日，市中级人民法院与清华大学法学院签署合作协议。协议约定双方通过资源共享和良性互动，共同开展法学理论研究和司法审判实务调研，合力公关共同打造学术科研成果，联合培养新时代高素质法治人才，提高市中级人民法院智慧法院建设水平，促进人民法院审判体系和审判能力现代化。签约仪式结束后，清华大学法学院院长、博士生导师、教授申卫星应邀围绕“民法典合同编司法解释的思考”主题作学术讲座。（段力平）

【行政机关负责人旁听行政案件审判】 2021年11月17日，市依法治市委员会办公室和市中级人民法院组织全市30家行政执法机关负责人到市中级人民法院审判法庭，旁听赵某诉大同市住房和城乡建设局不履行行政处罚职责一案的庭审。旁听结束后，召开全市行政机关负责人座谈会。与会人员表示，通过旁听行政案件法庭审判目睹日常行政执法工作中存在的短板和问题，增强严格依法行政和做好行政案件应诉工作的责任感和使命感。（段力平）

【《网络执行查控协作工作机制》出台】 2021年1月，市中级人民法院与市公安局联合出台《关于建立网络执行查控协作工作机制的意见》（简称《意见》），加大失信被执行人的查控力度，让失信“老赖”无处遁形。该《意见》12条，明确两级法院与公安机关建立协作工作会商机制及信息互联共享机制，对公安机关在协助法院执行工作中的协助查询被执行人信息，协助控制被执行人、协助查控被执行人车辆以及出入境信息等事项作出具体规定，旨在提高人民法院执行工作效率，完善失信联合惩戒机制和执行长效机制，提升司法公信力，解决执行难问题。《意见》规定，市县公安机关在查找、控制被执行人，加强拒执罪打击方面予以法院全力协作；公安机关结合日常勤务工作，协助查找人民法院指定的相关车辆，按时提供被执行人车辆位置及行驶轨迹。公安机关在办理车辆年检、转移登记、交通执勤等执法过程中，发现法院委托协助查扣车辆的予以协助扣押；对逃避执行、下落不明的需要采取强制措施的被执行人，两级法院可请求公安机关协助查找、控制；对拒不执行生效判决、裁定及其他妨碍执行构成犯罪的行为，公安机关依法立案，采取强制措施，并立案及被执行人下落情况通报法院。（段力平）

【市法院系统生态环境资源保护与宣传基地启用】 2021年11月3日，市法院系统生态环境资源保护与宣传基地在左云县张家场乡“清风林”启用。河北省军区原副司令员张连印是左云县人。18年前，张连印退休后反哺家乡父老，在毛乌素沙漠边缘的茫茫荒滩上建起育苗基地20余公顷、绿化荒山1200余公顷、植树200余万株，被中宣部授予“时代楷模”称号。该基地具备“党建联盟、法律咨询、宣传教育、志愿服务、实践体验”等功能。全市法院系统依托这一平台，开展生态司法活动、弘扬生态司法文化、厚植生态法治精神土壤。（段力平）

【“2021·三晋执行护民生”集中执行行动】 2021年11月12日，为推进执行领域突出问题专项整治，落实最高人民法院“我为群众办实事——高效为民专项行动”要求，大同市两级法院开展“2021·三晋执行护民生”集中执行行动。此次集中执行行动聚焦群众急难愁盼问题，解决群众反映强烈、与人民群众生活息息相关的涉民生案件及全市营商环境优化相关执行难案件。整个执行活动视频与市中级人民法院执行指挥中心实时联通，统筹调度指挥，执行过程全程留痕，执行信息全程公开，对拒不执行的被执行人果断采取措施，打消被执行人侥幸心理，震慑拒执行为。此次集中执行行动出动警车59辆、执行干警175人，全市两级法院执行到位360.9万元，冻结案款295.3万元，29件案件发放案款275.2万元，发布限高85人次，发布失信3人次，拘传35人，拘留6人，执行完毕案件35件，执行和解案件25件，同时邀请人大代表、政协委员、检察院、政法委、纪委监委工作人员及群众代表现场监督见证。（段力平）

【行政执法机关负责人旁听庭审活动】 2021年11月17日，为增强行政机关工作人员依法行政、规范执法意识，提高行政机关运用法治思维和法治方式化解矛盾纠纷、维护社会稳定能力，借助市中级人民法院公开审理一起行政诉讼案件，大同市举行市直各行政执法单位负责人旁听行政诉讼庭审活动。在审判长主持下，庭审活动按照法定流程规范有序举行，旁听人员通过身临法庭，直观了解法院庭审整个过程。庭审结束后，参与旁听人员分别围绕旁听庭审的感受和做好行政应诉相互交流。（段力平）

【“全国法院执行案款集中发放日”活动】 2021年11月18日，大同市两级法院开展“全国法院执行案款集中发放日”活动，全市两级法院设立执行案款发放现场9处。案款涉及借款合同纠纷、买卖合同纠纷、机动车责任纠纷、劳务合同纠纷、刑事附带民事赔偿、刑事罚没等执行案件 107 件，领取案款当事人 109 人。发放执行案款 1528.6 万元，其中大同市中级人民法院集中发放执行案款 605.8 万元。发放过程中，执行干警梳理、核对案款台账信息，制作集中发放案款台账列表，引导申请执行人办理案款领取手续。（段力平）

司法行政

【概况】 2021 年，大同市司法局加强转型发展的法治保障服务，起草大同市贯彻落实"一规划两纲要"［即《大同市贯彻落实〈法治中国建设规划（2020—2025）〉的实施方案》《大同市贯彻落实〈法治社会建设实施纲要（2020—2025）〉的实施方案》《大同市贯彻落实〈法治政府建设实施纲要（2021—2025）〉的实施方案》］实施方案。组建依法治市决策咨询专家团，聘请顾问单位。推动实施 9 类 14 项法治惠民实事项目，提升群众法治获得感；明确职责定位，发挥统筹协调作用，召开 3 次市委全面依法治市委员会会议及依法治市办第三次会议，安排部署全面依法治市工作。与市委组织部、市委政法委联合举办"平安大讲堂"第七期暨大同市第四期政治建设和全市政法系统学习贯彻习近平法治思想专题培训班。选送《公益诉讼一体化办案机制的大同实践》课题报告、普法微电影《一亩三分地》，参加有关评选活动。2021 年，市司法局被司法部评为国家统一法律职业资格考试工作表现突出单位，被省委表彰为平安山西建设先进集体，被国家机关事务管理局等 4 部委评为大同市市直机关第一批节约型机关建成单位。（解潇雯）

【行政立法】 2021 年，大同市司法局发挥立法引领推动作用，完成 3 部地方性法规废止工作。与市有关单位联合起草《大同市泉域水资源保护条例（草案）》等 4 部条例草案；抓规范性文件审查工作，合法性审查市政府重大决策和规范性文件草案 57 件，提出各类法律审核意见 142 条；推进政府合同审查和涉法事务处置工作，研究论证全市行政执法单位的 3996 条"权责清单"，提出各类纠正意见 1428 条。审查市政府合同 36 件，提出各类修改意见 200 余条。（解潇雯）

【法治政府建设】 2021 年，大同市司法局推进法治政府建设示范创建工作，推动大同市"法治保障巩固脱贫成果""法治引领保障文物保护"两个项目被命名第一批全省法治政府建设示范项目；落实法治政府建设年度报告制度，推动全市市、县两级政府和市级政府部门按期完成上年度法治政府建设情况年度报告工作，并按要求公开；开展全面依法治市专项督察，组建 5 个督察组实地督察全市 10 个县（区）及 5 个市直部门，并形成督察报告；开展法治建设专题调研，到武汉市学习先进经验，结合大同市实际，形成《大同市完善法治化营商环境的问题及对策研究》调研报告。开展基层法治建设调研，形成《大同市基层法治建设调研报告》。（解潇雯）

【行政执法协调监督】 2021 年，大同市司法局推进行政执法"三项制度"（即行政执法公示制度、执法全过程记录制度、重大执法决定法制审核制度）工作，加强行政执法公示，汇总分析全市上年度行政执法数据情况，形成报告并公开。推动各执法部门落实《山西省行政执法（监督）文书格式范本（试行）》，规范执法流程和执法监督工作。强化专项监督检查，联合市农业农村局组建 2 个查验组开展各县（区）农业农村系统专项监督检查验收，抽取 10 余个执法案卷开展评查。与市场监督管理局开展行政处罚案卷评查活动，评查案件 122 宗。在全市开展生态环境领域行政执法监督活动；加强行政执法人员资格管理，截至 2021 年底，发放执法（监督）证 5008 人次，清理全市 4472 人行政执法人员资格，清理 386 人；推动"放管服效"改革，推进减证便民行动，各部门通过行政执法专栏公示证明事项保留清单 238 项，证明事项告知承诺制清单 39 项。制定《大同市司法局关于进一步优化营商环境实施方案》；深化综合行政执法体制改革，加强重点领域行政执法体制改革，推进市场监管、文化旅游、农业、生态环境等 10 大领域履行行政执法"三项制度"工作。强化乡镇（街道）执法队伍建设，推动全市 126 个乡镇（街道）全部完成行政执法主体资格公示工作，为 364 名乡镇（街道）行政执法人员办理行政执法证件；规范行政执法裁量权基准制度，梳理 1989 年至 2020 年现行有效的市地方性法规 63 部，市政府规章 6 部。推动各级各部门梳理行政执法事项，细化、量化并公布裁量基准，确保公正、合法、合理行使行政执法裁量权。

（解潇雯）

【行政复议和应诉】 2021 年，大同市司法局加强指导监督，倒逼行政机关依法行政，促进矛盾争议化解。全年办理行政复议案件 53 件，法定结案率 100%，差错率为 0。发挥行政复议纠错职能，依法纠错案件 19 件，印发行政复议意见书 9 件。全年办理行政诉讼案件 61 件。其中，一审 45 件，二审 16 件。办理追加市政府为民事诉讼执行主体案件 1 件。协助法院，协调涉及市政府为被执行人的行政执行案件 27 件，督促责任主体履行法院判决；推进全市行政复议改革，协调成立大同市人民政府行政复议局，完成行政复议权集中，截至 2021 年底，市级行政复议完成改革，县（区）行政复议改革按序推进。（解潇雯）

【普法与依法治理】 2021 年，大同市司法局推动普法治理工作。开展主题法治宣传教育活动，加强《中华人民共和国民法典》宣传，开展以"美好生活·民法典相伴"为主题的民法典宣传咨询活动，解答群众咨询 5000 余人次，发放普法手提袋、法治雨伞等宣传资料和物品 1 万余件；落实"谁执法谁普法"普法责任制，组织开展反电信诈骗宣传，全市举办线下宣传 200 余场次，宣传《中华人民共和国网络安全法》等法律法规，增强群众提高防诈骗意识。开展全民国家安全教育日法治宣传活动，受众人群 30 余万人。组织开展大同市第二届国家机关"谁执法谁普法"履职报告评议会，市直部分单位 70 余人参加会议，市发改委、市农业农村局等 5 家单位作履职报告；推进领导干部旁听庭审常态化制度化，组织大同市行政执法单位负责人旁听庭审活动，30余家行政执法单位负责人参加会议；在全市开展农村（社区）“法律明白人”培养工程，截至2021年底，全市培养“法律明白人”5736人，实现全覆盖；推进民主示范村（社区）建设，平城区南关街道柳航里社区等5个村（社区）被授予“全国民主法治示范村（社区）”称号，平城区开源街民富社区等100个村（社区）被评为大同市第一批“市级民主法治示范村（社区）”；组织开展“12·4”国家宪法日和“宪法宣传周”集中宣传活动，活动期间，大同市举行宪法宣誓活动22场，开展法治文艺会演2场，开展宪法“七进”（指进网格、进物业、进企业、进综超市场、进信访、进派出所和进法庭）活动163余场，悬挂横幅559余条，发放宪法读本及普法宣传品15万份，在“报、网、端、微、屏”的媒体宣传体系中，发布宪法宣传信息182条，制作宪法短视频6个、宣传海报5244幅，受教育群众10余万人。（解潇雯）

【戒毒所管理】 2021年，大同市司法局加强大同市强制隔离戒毒所、大同市落阵营强制隔离戒毒所（简称“两所”）安全管理和安全生产工作，全年“两所”收治戒毒人员820人。抓好疫情防控工作，指导监督“两所”执行“7+7”全封闭式执勤模式，落实全封闭管理制度规定；定期督导检查“两所”安全生产工作，制定印发《市局领导班子成员2021年安全生产责任清单》《大同市司法局2021年安全工作目标责任书》，定期组织“两所”召开所情研判会，分析研判场所安全稳定形势；加强禁毒戒毒法治宣传，提升禁毒戒毒社会效应，以“6·26”国际禁毒日为契机，组织“两所”进学校、进社区开展禁毒宣传活动；11月，接省编办通知，“两所”整体划归省司法厅管理。（解潇雯）

【社区矫正】 2021年，大同市在册社区矫正对象676人。大同市司法局加强社区矫正安全稳定，推动落实重点时间节点昼夜值班制度和每日零报告制度，组织全市社区矫正机构开展督导检查，承办“平安大讲堂”第五期讲座，专题讲解《山西省社区矫正实施细则》；加强社区矫正对象管理，推动社区矫正对象电子定位系统运转，实现全覆盖。组建社区矫正工作督查组到10个县（区）督导。在全市组织开展心理矫正教育暨心理健康大讲堂巡讲活动，加强社区矫正对象的心理矫治和心理疏导。在集中教育时间，给社区矫正对象讲解《中华人民共和国民法典》法律法规，增强法律意识。全市举办社区矫正对象集中法治教育和警示教育大会16场，累计接受法治教育1342人次；开展《中华人民共和国社区矫正法》宣传活动，专题学习培训社区矫正工作人员，开展《中华人民共和国社区矫正法》知识测试，近1000人参与答题，开展10余次现场宣传活动，发放帽子、海报等宣传用品和宣传资料98万余份，张贴海报2100余张，悬挂条幅130余条，接受咨询2200余人次。（解潇雯）

【安置帮教】 2021年，大同市司法局安置帮教衔接对象996人，其中重点帮教对象123人，重点帮教对象接送率100%。重点做好新冠肺炎疫情期间刑满释放人员衔接工作，落实重点帮教对象必接必送制度，一般帮教对象动员家属去监所接回，并在第一时间与其见面衔接；开展思想政治教育，针对刑满释放人员比较难集中的实际情况，通过入户走访、电话联系、与社区（村委会）查访等形式开展思想政治教育和道德法纪教育，提高刑满释放人员遵纪守法意识。（解潇雯）

【人民调解】 2021年，大同市司法局坚持和发展“枫桥经验”，加快构建大调解工作格局。全年全市各级各类调解组织化解矛盾纠纷3872件，成功率98.8%。推动矛盾纠纷多元化解工作，全市建成个人调解工作室17家，在全市10个县（区）人民法院和信访大厅均设立调解室，实现人民调解“进法庭”“进信访大厅”；推进行业性专业性人民调解组织建设，全市建成行业性专业性调解组织52个，涉及物业管理、婚姻家庭、医疗、道路交通事故、保险、仲裁等方面。推动成立大同知识产权纠纷人民调解委员会，成立山西省首家房地产和物业管理专业人民调解委员会。与市中级人民法院、市公安局交警支队共同建立大同市道交一体化纠纷人民调解中心，调处矛盾纠纷500余件；组织开展调解“七进”专项活动。截至2021年底，全市各县（区）调解“七进”工作“进网格”2108个、“进物业”85个、“进企业”24个、“进综超市场”31个、“进信访”11个、“进派出所”51个、“进法庭”12个；加强涉及重点领域、重点人员有关矛盾纠纷的排查化解力度。（解潇雯）

【律师工作】 2021年，大同市司法局开展“便民惠企”“窗口服务”“以案讲法”等公益法律服务，举办送法进企业专题法律讲座、送法进乡村公益宣传、送法进社区志愿普法活动累计37场；开展“万所联万会”工作，推动各律师所与市工商联所属23家商会一对一建立合作关系，为商会提供常态化法律服务；加强全市“两公”律师（即公司律师、公职律师）工作，推动全市“两公”律师数量由上年30名增至160余名；推动律师行业党建工作规范化建设，选取16名机关干部作为社会组织党支部党建指导员，实现全市律师行业党建指导全覆盖，安排专项资金5万元支持律师行业党建工作。全市建成11个标准化律师所党组织活动场所。（解潇雯）

【法律援助】 2021年，全市11个法律援助中心受理案件2043件，接待群众法律咨询5.9万人次，值班律师提供法律帮助1142件，协助认罪认罚案件1040件。大同市司法局构建实体、热线、网络三大公共法律服务平台，把大同市政府法律服务处与仲裁办合并，组建市公共法律服务中心，统筹协调法律服务专业人员，满足人民群众公共法律服务需求。与市退役军人事务局联合成立退役军人法律援助工作站，维护退役军人合法权益；开展认罪认罚从宽刑事法律援助工作，建立值班律师库，实现全市法院、检察院、看守所法律援助工作站全覆盖。（解潇雯）

【法律咨询便民服务】2021年，大同市司法局开展“法援惠民生·维护特殊群体”活动。全年为群众提供免费法律咨询3万人次，为农民工、困难职工等特殊群体提供法律援助891件。（解潇雯）

【公证工作】2021年，大同市办理各类公证事项30888件，其中公益性公证事项319件，减免公证收费51万元，为未成年人、老年人和残疾人办理减免收费的公证事项65件。大同市司法局推出114项“减证便民”服务举措，提出“20项为民办实事”服务承诺，解决群众办证难、办证慢等问题。为特殊群体开辟绿色通道，提供上门办证服务，发挥公证在多元化纠纷解决机制中的作用，参与法院司法辅助事务办理送达、保全、执行等公证事项76件。畅通受理渠道，实行首问责任制，向社会公布业务咨询电话；开展公证行业突出问题专项治理工作，组成专项案卷工作组检查市御诚公证处和市平城公证处20名公证员近3年委托、遗嘱、继承等公证案卷，抽查案卷3179件；推动大同市公证体制机制工作改革列入全市事业单位机构改革工作计划。

（解潇雯）

【司法鉴定】2021年，大同市7家司法鉴定机构办理司法鉴定案件3228件。大同市司法局开展司法鉴定行业突出问题专项治理，制定并完善《大同市司法鉴定机构年度考核办法》等5项制度，组织全市7家司法鉴定机构自查自纠鉴定案卷17847件，逐一整改发现的问题；推进司法鉴定行业党建工作，成立大同市司法鉴定协会党支部，实现司法鉴定行业党的工作全覆盖；组织全市司法鉴定机构参加能力验证，取得24项满意、12项通过的成绩；开展“双评”（指请上海司法鉴定研究所开展案卷评查工作，复查投诉案件）活动，提高司法鉴定质量，现场抽查及评查案卷195本，抽取各鉴定机构案卷20卷，委托上海司法鉴定研究院统一评查。

（解潇雯）

【法律职业资格考试】2021年，大同市司法局组织完成国家统一法律职业资格考试工作，客观题考试报名1457人，参加考试1087人，参考率74.6%；主观题考试报名712人，参考696人，参考率97.7%。完成上年国家统一法律职业资格考试成绩合格人员与普通高校2021年应届毕业生法律职业资格审核授予及证书颁发工作。（解潇雯）

【政法队伍教育整顿】2021年，大同市开展政法队伍教育整顿，提升司法行政队伍整体素质。全市司法行政干警主动报告线索47条，42人主动说明问题线索44件、主动投案干警问题线索3人3件。对15名主动坦白、真心悔过的干警，按照“自查从宽”要求及相关程序处理，依纪依法给予从轻、减轻处分。大同市司法局机关及直属单位处理6人6次；推进公证、律师、司法鉴定3个行业突出问题专项整治，公证行业核查市御诚公证处和市平城公证处20名公证员近3年委托、遗嘱、继承等公证案卷，抽查案卷3179件，发现各类瑕疵及问题633处，撤销公证书100件，涉及9名公证员，分别予以相应处罚。司法鉴定行业，梳理自查全市7家鉴定机构党的十八大以来所办理的17847件鉴定案卷，自查问题191个，全部予以纠正；修订完善党员、干部日常管理有关制度10项。针对“6+5”［即六大顽瘴痼疾（指违反防止干预司法“三个规定”；违规经商办企业和配偶、子女及其配偶违规从事经营活动；违规参股借贷；违规违法减刑、假释、暂予监外执行；有案不立、压案不查、有罪不究；法官检察官离任后违规从事律师职业、充当司法掮客）+司法行政系统的律师、公证、司法鉴定、社区矫正、戒毒五大行业］顽瘴痼疾整治中暴露出来的问题，形成各类制度14项。全年集中推出便民利民惠民措施13项。（解潇雯）

【公益法律服务活动】2021年，全市律师立足职业特点，用贴近基层方式，开展“便民惠企”“窗口服务”“以案讲法”等类型的公益法律服务活动。推进公益法律服务进企业。各律师事务所与结对企业，根据企业法律服务需求，为其提供“菜单式”公益普法宣讲，通过以案释法，增强企业生产经营风险防范意识，共举办“我为群众办实事·送法进企业”专题法律讲座4场次。市司法局与市工商联、市律师协会联合印发“万所联万会”实施方案，市工商联所属23家商会一对一与律所建立联系合作。推进公益法律服务进乡村。大同市律师到农村为农民提供法律服务，为乡村干部及农民开展《中华人民共和国民法典》普及宣传。律师们发挥自身专业知识优势，为农民讲解大家关心法律问题，引导农民树立解决问题靠法律观念。共组织“我为群众办实事·送法进乡村”公益宣传3场次。推进公益法律服务进社区。各律所为社区群众在“家门口”提供法治宣传、法律咨询、以案讲法、律师调解等法律服务，并通过律师调解等方式，化解矛盾纠纷。帮助社区困难群众解决就业、就学、就医等方面的法律问题，为低收入、困难人员减免法律服务收费。共组织各类“我为群众办实事·送法进社区”公益法律宣传26场次。开展律师“窗口服务”活动。大同市律师到各单位窗口开展法律服务活动，在市信访局信访大厅、各级法院诉讼服务中心、市公安局信访大厅等单位窗口开展常年值班，引导群众合理合法表达诉求，为群众遇到的问题提供法律解决途径；到大同市第一、第二看守所开展法律援助值班工作，为场所羁押人员提供法律帮助，办理认罪认罚案件；在全市开展的免费公共法律服务活动中提供法律咨询，到全市各级公共法律服务中心、乡镇（街道）法律服务室开展值班咨询工作。（解潇雯）

【“全国民主法治示范村（社区）”公布】2021年，大同市贯彻落实党的十九大关于实施乡村振兴战略决策部署，开展“民主法治示范村（社区）”创建活动，健全完善党组织领导的自治、法治、德治“三治”融合的乡村治理体系，推进基层治理体系和治理能力现代化及法治乡村建设。3月，司法部、民政部公布第八批“全国民主法治示范村（社区）”名单，大同市平城区柳航里社区、阳高县龙

泉镇花苑村、左云县云兴镇西街社区、新荣区西村乡镇河堡村、天镇县逯家湾镇李二口村5个村（社区）位列其中。（解潇雯）

【法律咨询活动】 2021年5月28日，大同市司法行政系统在明堂公园前举办以"美好生活·民法典相伴"为主题的"为民办实事"大型现场法律咨询活动。活动中，市司法局组织各科室及公证处、公共法律服务中心、人民调解协会、部分司法鉴定中心和律师事务所等20余家单位的近100名普法工作者，在活动现场设置普法服务台，为群众宣传普及与日常生活息息相关的法律法规，并现场解答群众法律咨询。普法人员重点围绕人民群众关注的亮点新规和热点问题，讲解居住权制度、离婚冷静期、物业对高空抛物负责、个人信息保护、遗产继承等方面条款，并结合典型案例把复杂的法律条文转化为通俗易懂的法律知识，引导群众学习民法典，自觉养成懂法守法观念。活动现场解答群众咨询2000余人（次），发放印有法律宣传标语的手提袋、雨伞、毛巾、抽纸等宣传资料和物品1万余件。（解潇雯）

【立法征求意见座谈会】 2021年6月，市司法局召开专题立法征求意见座谈会，听取和吸收各界代表关于《大同市城市绿化条例》《大同市泉域水资源保护条例》和《大同市湿地保护条例》三部地方性法规草案起草的意见建议。大同市部分市政协委员、律师代表、市青年志愿者协会会员和市政府法律顾问应邀参加会议。会上，与会人员重点围绕三部法律主要条款的合法性、合理性、可操作性等方面交流、讨论和论证，有针对性地提出建设性意见和建议。（解潇雯）

【司法行政系统开放日活动】 2021年12月2日，为展示大同市法治建设工作成果，提升司法行政工作社会认知度，市司法局举办大同市第四届司法行政系统开放日活动，邀请部分市人大代表、政协委员、企业高校师生代表及社会各界代表到市司法局，感受司法行政改革发展取得的成绩。活动中，代表们通过观看专题片、参观市御诚公证处、政法队伍教育整顿展馆、党员活动室、指挥中心，听取各部门负责人的介绍等，了解司法行政各项业务工作。在座谈会上，市司法局负责人介绍该局新职能、新定位、各业务工作进展情况及工作打算，与会代表结合自身实际，围绕司法行政机关如何更好履职尽责提出建设性意见和建议。（解潇雯）

【公证服务价格调整】 2021年12月15日起，大同市公证机构按照《山西省发展和改革委员会山西省司法厅关于加强和改进公证服务价格管理的通知》要求，调整相关服务收费，其中80岁（含）以上老人首次办理公证遗嘱免收公证费。为优化营商环境，提高公证服务可及性、便利性，减轻企业和群众公证费用负担，按照"我为群众办实事"实践活动要求，山西省出台相关政策措施，要求对于与领取抚恤金、劳工赔偿金、救济金、劳动保险金等有关的公证事项，与公益活动有关的公证事项，证明赡养、抚养、扶养协议的公证事项，公证服务费用减免比例不低于40%；对低保户重度残疾人办理关系民生的基本公证服务相关业务的，公证服务费用减免比例不低于50%；对80岁以上老人首次办理遗嘱公证，免收遗嘱公证服务费用；办理不超过5000元的小额继承公证，免收公证服务费用。（解潇雯）

仲　裁

【概况】 2021年，大同市仲裁委员会接待当事人仲裁咨询130人次，受理各类仲裁案件100件，涉及标的2.7亿元。成立大同市仲裁委员会知识产权办公室，依法解决知识产权纠纷。按照全市事业单位改革要求，把大同市仲裁事务中心（大同市公共法律服务中心）人员、财物分离、划拨，规范仲裁委员会内部治理结构。（解潇雯）

【仲裁委组建知识产权保护仲裁庭】 2021年，大同市仲裁委员会与市市场监督管理局对接了解有关知识产权保护要求，加大资源投入，以能力建设方向和业务发展为重点，加强人员培养、加强协调沟通等方面工作为成立知识产权办公室准备；收集并汇编知识产权仲裁调解相关法律法规及典型案例，编制培训教材，通过定期组织培训、实践锻炼、交流研讨、模拟法庭等方式，构建当地区知识产权仲裁专家库，分层分类提升工作能力。11月24日，成立大同市仲裁委员会知识产权办公室，依法解决知识产权纠纷。（解潇雯）

【劳动人事争议仲裁】 2021年，大同市各级劳动人事争议仲裁机构受理劳动人事争议885件，不予受理248件。全年审结案件884件。其中，仲裁调解584件，仲裁裁决282件，其他方式处理18件。全年结案率99.3%，调解成功率72.6%，仲裁终结率67.3%，全年全市未发生重大集体劳动人事争议案件。（张利俊）

【基层劳动人事争议调解员培训】 2021年11月8日，市人社局举办大同市劳动人事争议调解员培训班，来自各县（区）乡镇（街道）劳动人事争议调解组织和企业劳动人事争议调解组织的120余名基层调解员参加培训。培训以线上直播方式举行，邀请来自市司法局、市劳动人事争议仲裁院的3位讲师，围绕调解概念、调解范围、调解技巧等内容，以"专题讲座+典型案例教学"的方式讲解。培训结束经考核合格后，市人社局统一颁发劳动人事争议调解员证。（张利俊）

军　事

大同军分区

【概况】 2021年，大同军分区突出学好习近平总书记在庆祝中国共产党成立100周年大会上的重要讲话和党的十九届六中全会精神，跟进学习习近平主席最新重要讲话和重要指示批示，全年完成25次集体学习、9次专题研讨。完成省军区赋予的“构建新时代理论武装工作体系”试点任务。开展党史学习教育，定期分析形势、梳理做法、督导推进，系统学习党史、新中国史、改革开放史、社会主义发展史，师、团两级领导干部带头授课28人次、研讨交流32人次，组织“革命歌曲大家唱”、现地参观见学、过“政治生日”等活动，联合大同电视台摄制《老兵永远心向党》访谈节目，召开专题组织生活会和民主生活会，落实16项“打仗急需、备战急用、官兵急盼”实事。平城区人民武装部注重借力地方优质资源，联合区委宣传部开展“进军营讲党史、传承红色基因”活动。天镇县人民武装部组织干部、文职人员和专职武装干部，录制16期“党员讲党史小故事”微课。宣传“时代楷模”张连印老将军先进事迹，协调保障中宣部、军委政治工作部和国防动员部7次到大同考察、采访活动。贯彻军委主席负责制，定期梳理盘点贯彻习近平主席重要指示情况，制定措施抓信息服务工作。打意识形态领域主动仗，抓涉网违纪问题防范，大同军分区新闻报道工作全省排名第一。（武建伟）

【备战训练】 2021年，大同军分区贯彻军委军事训练会议精神和军委开训动员令，突出以战领训、以训促战，提升练兵备战工作质效。加强研案修案，整编普查6类149个目标数据，紧贴实战滚动修订3类42种战备方案，形成一批实案、融入演训、服务备战的理论成果。坚持从严组训，整合军地优质资源，遴选教练员骨干任教组训，指导县、区人民武装部因地制宜开展基地化训练，完成全区基干民兵军事训练任务，两级首长机关落实训练300小时，专职武装干部分批完成普学普训和集训比武，指导平城区、云冈区人民武装部紧贴实战需求探索实施“建制化、实景化、野战化”基地训练新模式。浑源县人民武装部在抓所属民兵力量轮训备勤同时，保障各类集训比武活动。抓实战练兵，筹划年度课题训练，组织市、县两级军地领导、民兵分队，紧贴战区联合作战新模式练指挥、练协同、练处置、练保障，完成课题训练任务。阳高县人民武装部组织参加全省联合演练，被省军区表彰为“实兵演练优秀单位”。加强军地沟通、靠前组织指挥，全区出动民兵，完成神舟飞船应急搜救备勤、森林灭火、疫情防控等任务。（武建伟）

【国防动员】 2021年，大同军分区紧跟动员需求发展变化，逐一与驻地部队开展需求对接，商接大同轻型飞机制造有限公司设立省级国民经济动员中心。贯彻省军区民兵工作会议精神，召开全区民兵整组现场观摩会，围绕县（区）民兵整组工作开展检查考评、排队通报，把部分高新企业纳入民兵编组领域，完成编组任务，形成“以新质力量为重点，以行业领域为支撑，以厂矿企业为依托”的民兵组织新布局。大同军分区民兵整组工作全省排名第一。新荣区人民武装部推动民兵建设与地方应急体系共建共用、协调发展，联合区委、区政府完善应急力量指挥使用机制，促进民兵建设军地联动、优势互补、功能耦合。适应政策调整、疫情防控带来的新要求新挑战，完善征兵工作措施流程，制定16项廉洁征兵措施，聘请539名廉洁征兵监督员，完成年度新兵、直招士官征集任务。市征兵办公室被省军区评为“征兵工作先进单位”。云冈区人民武装部适应“一年两征”新形势，落实征兵工作岗位责任制、廉洁征兵“零报告”制度。（武建伟）

【后装综合保障】 2021年，大同军分区推进固定资产、枪支弹药两项大清查，完成1962年至2021年3大类资产实物盘点，完成6个县（区）枪支、子弹统一储管工作。投资升级改造民兵装备仓库基础设施，建成以“一个中心、十二个子系统”为支撑的安防设施系统。解决遗留问题，系统梳理军用土地纠纷、人员待遇矛盾、基础设施欠账3个方面20项重难点问题，拉单列表、挂图作战，稳妥推动军队职工津贴补贴发放和社会聘用人员劳动争议问题处置，在全省率先解决7个停偿项目确权领证问题，以政府“交钥匙工程”方式完成军分区新营区、民兵训练基地用地选址、设计对接工作，协调地方政府把军分区2处老旧小区纳入全市统一改造计划，推进解决怀仁农场土地确权、中部战区审计指出的两处土地使用权转让遗留问题。广灵县人民武装部协调县医疗集团为人民武装部干部、职工开通医疗就诊绿色通道，就医所需费用由县财政统一核销结算。左云县人民武装部被省军区评为“后勤工作先进单位”。

（武建伟）

【基层基础建设】 2021年，大同军分区贯彻省军区“朔州会议”精神，召开全区“四个秩序”规范化建设现场观摩会，立起建设标准、分层分类指导，全区投入专项资金完善基础设施、购置物资器材，集中组织自查自评、专项考评，推进查漏补缺、固强补弱。灵丘县人民武装部注重整体谋划、系统推进，筹措经费补充应急装备、修缮硬件设施、升级安防设备、亮化文化氛围。紧盯19个重点安全管控要素，制定安全管理23条硬性措施、“十严十禁”管控规定和车辆管理规定等6项措施，组织开展安全大检查、百日安全等活动，全年发现解决10类83个隐患问题，下达整改清单50余份，紧跟疫情形势变化修订出台7版防控措施，确保部队安全稳定。（武建伟）

【双拥工作】 2021年，大同军分区为官兵解决家属安置、子女入学、住房就医等问题。平城区、云冈区、左云县人民武装部被省军区评为“全面建设先进人武部”。发动驻大同部队和民兵参与乡村振兴、生态强市、平安建设、文明城市创建等活动，健全国防教育“进党校、进学校、进媒体”机制，巩固军政军民团结。广灵县人民武装部部长王军被评为“全国脱贫攻坚先进个人”。（武建伟）

【党风廉政建设】 2021年，大同军分区抓党组织规范化建设，落实团以上党委8项制度、党支部7项组织生活制度，对照5个方面83项规范要点逐条逐项整改，2次组织督导检查和“回头看”。抓巡视巡察反馈问题整改，开展“强化政治意识，从严正风肃纪”教育整顿，专题开展政治纪律党课辅导，集中组织“四反”教育宣讲，研究制定45条措施立行立改。加强人力资源建设，新招文职人员、省管职工，加大送学深造、机关代训、业务培训、岗位历练“四个力度”，选送干部到有关院校学习培训，组织全区新闻骨干、财务人员、参谋、无人机骨干等各类培训10余次，邀请解放军报社编辑、国防大学教授等12人次为全区辅导授课。紧盯违规喝酒、变相开支、收送礼品礼金等风险点常态开展明察暗访，抓重点行业领域廉政风险排查活动，落实约谈提醒制度。强化党管武装制度落实，召开军分区党委第一书记任职宣布大会，协调召开市委议军会一揽子解决国防动员和驻大同部队6类12个急难愁盼问题。云州区人民武装部强化党管武装、党管干部末端落实，军地联合考察提升7名表现突出专职武装部长、联合考核选拔7名优秀年轻专职武装干部。

（武建伟）

【军队基层帮建】 2021年，大同军分区党委按照“五帮”（帮找问题症结、帮理工作思路、帮提能力素质、帮解发展难题、帮促安全稳定），加强军队基层帮建指导。军分区党委常委各带2~3名机关干部实施帮建，每名常委选定帮建2个人民武装部，同时延伸帮建1个乡镇（街道）基层武装部、1支民兵应急分队。指导帮建单位对照习近平主席在军委基层建设会议上指出的“六个跟不上”问题，对照上级党委检查指导指出的突出问题，对照基层官兵反映强烈的热点问题，采取集中座谈、问卷调查、征求意见等方式，检视查摆影响和制约单位建设发展的短板弱项，把症结病根找到、找准、找实。指导帮建单位把握上级指示要求，结合自身发展实际，推动年度工作起步开局，特别是对每一个阶段党委应该抓什么、怎么抓、抓到什么程度等开展研究，通过绘制路线图、列出时间表、明确责任人等，确保各项工作任务落实。指导帮建单位党委班子贯彻民主集中制，落实组织生活制度，规范议事程序，提升党委科学决策、民主决策、依法决策的质量水平；指导帮建单位结合开展军事训练、组织中心组学习、观摩交流等时机，学业务、提能力、立标准，培养精通本职、一专多能的复合型人才；指导帮建单位立足人少事多实际，开展以老带新、互学互促活动，带动能力升级。在此基础上，指导帮建单位针对建设发展中遇到的矛盾难题，区分轻重缓急，研究对策，抓末端落实。坚持立说立行，对机关职权范围内，能够立即解决的，不推不拖，马上解决；一时难以解决的，拿出时间表、立好“军令状”，分步骤、按时限解决；需要上级解决的，协调对接、跟踪问效，形成闭合回路，以问题的解决确保帮建工作取得成效。在帮建工作中，围绕军分区强调的19项安全稳定工作关键要素和防范重点，盯着问题做工作，以较真精神抓帮建，督导基层落实从严治军方针，抓安全隐患排查整治，落实各项规章制度。

（傅三星）

【民兵调整改革】 2021年，大同军分区贯彻军委国防动员部《民兵组织整顿工作实施办法》和山西省《民兵基层建设细则》，向大同市委、市政府专题汇报民兵调整改革进展完成情况。开展整组潜力大调查大起底活动，组织7次任务对接、业务培训；3月，开展民兵整组工作业务培训，提升民兵工作一线人员业务能力水平；4月，依托左云县人民武装部召开全区民兵整组业务现场观摩会，细化党管武装、组织建设、政治工作、练兵备战、保障措施5个方面127项内容；下力优化基干民兵任务布局，完成应急力量、专业力量、特殊力量编组任务；联合市应急救援总指挥部出台《关于民兵应急力量纳入政府应急管理体系的通知》，统筹加强力量建设、组织指挥、情报共享、规范使用4项对接机制。大同军分区利用民兵整组检查验收和省军区深化民兵调整改革检查考评等契机，突出治虚打假，反复督查各县（区）落实民兵调整改革情况，针对矛盾问题，制定整改措施，推动民兵调整改革任务落地落实，全省民兵整组工作排名第一。

（傅三星）

【训练工作】 2021年，大同军分区师、团两级首长机关落实训练时间，依托职业教育平台，采取个人自学和集中考核结合方法，完成大纲规定的党的军事创新理论和新形势下军事战略方针、国防动员理论与法规、军民融合发展战略基本理论、后备力量建设理论与法规、兵役工作理论与法规、作战对象研究、边海防建设理论与法规、联合作战理论、非战争军事行动理论与法规、动员案例研究10个军事理论和轻武器射击、识图用图、动员行动分析计算、动员行动文书拟制、动员行动要图标绘6个基本技能的基础训练；结合平时业务和课题训练，完成日常战备工作的组织与实施、国防动员工作的组织与实施等平时业务4个课目和应急应战业务训练，年度军事训练考评优良率92%。抓民兵训练，以基地化轮训、野战化驻训为主要方式，采取“入队结合整组训、共同专业集中训、任务行动重点训、新质力量联合训、对口分队挂钩训”的方法，落实训练任务。（傅三星）

【全市党管武装工作述职会议】 2021年1月10日，大同市党管武装工作述职会议召开，山西省委常委、市委书记、军分区党委第一书记张吉福，市委副书记、市长武宏文，市委常委、组织部部长崔巍，市委常委、大同军分区政治委员刘孟斌等参加会议。会议由军分区司令员刘冬主持。会议采取部分人民武装部党委第一书记县（区）委书记现场述职，其余县（区）委人民武装部党委第一书记、县（区）国防动员委员会主任以书面形式述职。张吉福围绕强化政治意识、提升履职尽责自觉性，强化使命担当、提升主业主抓能动性，强化服务保障、提升军地共建实效性3个方面讲话。（傅三星）

【征兵质效提升】 2021年1月至9月，大同军分区认真贯彻“一年两征”（上半年1月至3月，下半年7月至9月）部署，完成新兵征集任务。研究制定出台《大同市征兵工作实施细则》，继续实行体检医生全市交叉互检，随机抽选、临时分配，落实征兵工作岗位责任制，公安、教育、卫生等部门分别严把政考关、学历关、体检关，确保职责清晰、责任明确。落实各级关于征兵疫情防控措施要求，制定印发《关于扎实做好征兵疫情防控工作的措施》，确保疫情“零感染、无传播”。制定印发廉洁征兵16项制度，落实“三个全部”（应征青年家长全部签订廉洁承诺书，工作人员全部签订廉洁责任书，预定兵员全部签订廉洁倒查表），为全市所有应征青年建立廉洁征兵档案。大同军分区在全省征兵“五率”中评定为优秀。（武建伟）

【新时代理论武装工作体系】 2021年2月至3月，大同军分区以担负省军区赋予的“构建新时代理论武装工作体系”试点任务契机，指导4个人民武装部围绕“摸清理论学习现状、规范理论学习内容、探索理论学习方法、转化理论学习成果”探索先行，推进区分筹划部署、调查研究、组织实施、检验评估、总结深化5个阶段。从4个方面增强新时代理论武装工作的自觉性。（1）坚持问题导向反思学，解决新时代理论武装“学不深”的问题。通过下部队检查调研、3次召开不同层次座谈会、发放调查问卷60份，发现有的存有理论离实际远、跟个人不沾边的想法；有的抓理论武装零敲碎打、不成系统，想起来学一学、学到哪里算哪里；有的认为机关人少事多学不起来，浅尝辄止、时紧时松、被动应付等问题比较突出。大同军分区党委分析认为，理论学习上的懈怠，根子是思想懒惰，实质是信念松动，任其发展，就会涣散军心、动摇军魂。为此，大同军分区党委强化理论武装是使命、是责任的理念，组织大家原原本本领悟习近平主席关于加强理论学习的重要论述，认识理论学习表态化、浅表化、功利化的危害，召开“讲学习、话使命、促动力”主题恳谈会，使大家认清加强理论武装是政治要求、政治责任。坚持正面抓教育、反面抓警示，组织各级学习观看《铁纪强军》《忏悔录》等警示片，引导各级认清违纪违法分子信念上的坍塌都是从理论上的荒芜开始，深化不重视理论学习的党员干部是不合格的党员干部、不抓理论武装的党委领导是不称职的党委领导的思想共识，强化各级抓好理论武装的自觉性与紧迫感。（2）系统规范深入学，解决新时代理论武装“学什么”的问题。大同军分区党委“一班人”认识到：心中有魂，才能脚下有根。抓新时代军分区官兵理论武装，必须扭住用习近平强军思想铸魂强魂这个根本聚焦用力，在学习中把握重点、立起引领，做到有的放矢、纲举目张。学好4个方面的内容：深学习近平强军思想、真学习主席系列讲话、研学军委主席负责制、博学一系列理论知识。（3）守正创新灵活学，解决新时代理论武装“怎么学”的问题。针对军分区、人民武装部点多面广、人员分散，理论武装工作有一定难度实际，坚持科学设置，适时嵌入，跟进组织，探索创新理论武装组学新模式。明确4种主要学习方式，即：紧跟上级部署统筹学、聚焦热点跟进学、丰富载体多面学、区分类别层次学。（4）融入实践干中学，解决新时代理论武装“转化好”的问题。大同军分区党委“一班人”坚持在学习上带好头，在实践中挑大梁，靠知行统一立起理论武装的好样子。注重搞好3个转化：即把理论成果转化为推动发展的目标思路、把理论成果转化为破解难题的具体招法、把理论成果转化为整风整改的务实举措。（武建伟）

【基层专武干部队伍建设】 2021年2月至4月，大同军分区党委到基层调研中发现，专职武装干部队伍中存在“干武装工作不如干地方工作吃香”的错误认识。大同军分区政治工作处与地方组织部门联合出台《加强专武干部队伍建设的意见》，明确专职武装干部必须实际在岗履职，需要兼职的要与本职工作相近，兼职不得超过3个。明确严格选配专职武装干部的标准条件，优先推荐大学生退役士兵和有过警校培训经历的年轻后备干部，出台《关于进一步加强国防后备力量建设的意见》，对基层武装工作及专职武装干部连续三年政绩优秀的，在调职晋级时优先提拔使用；军事比武考核中取得省级以上名次的，重点推荐提拔使用。根据这些规定，在一年一度的民兵基层组织整顿工作中，结合乡（镇）领导换届，调整专职武装干部，坚持“进口把严，出口畅通”；在注重选拔年轻优秀、学历较高退伍士兵充实专职武装干部队伍同时，提拔重用政绩突出的专职武装部长担任乡（镇）重要领导职务，在调整岗位的38名专职武装干部中，有3名武装部长被任命为乡（镇）长，18名专职武装干部走上乡（镇）纪委书记、人大常委会主任、政协主席岗位。乡（镇）换届中全市有7名综合成绩排名靠前的“80后”干部主动申请到专职武装干部岗位工作。4月30日，《中国国防报》头版以《武装部长当乡长》为题，报道他们的做法。

（武建伟）

【社会聘用人员管理】 2021年2月至12月，大同军分区规范社会聘用人员管理工作。压减规模数量，按照“优先使用军队职工、合理调配社聘人员，整合岗位职责分工、优化社聘人员结构”的工作思路，坚持“只出不进、只退不补、只减不增”，以《中华人民共和国劳动法》《中华人民共和国劳动合同法》等相关法律法规为准绳，区分劳动关系与劳务关系，通过一人一策，清退部分社会聘用人员。依法规范聘用手续，重点围绕劳动合同补签、劳务合同补签、劳动用工备案等方面，规范留用人员相关手续，围绕薪资待遇、社会保险、休息休假等方面，规范留用人员相关待遇，与大同市人社局、大同市社保中心沟通协调，为留用社会聘用人员缴纳社会保险、签订用工合同。推进社会保障，依据《军队营区物业管理社会化保障实施方案》，到中部战区空军医院、合成某旅、市政府等实施社会化保障的军地单位考察学习，为压减参与物业管理的社会聘用人员数量规模，实现物业管理与军队营房体制脱钩做准备；按照营区社会化保障有关要求，依托大同市政府，联合大同市退役军人事务局，改变警卫力量保障模式，通过劳务派遣方式，为军分区机关及市民兵武器装备仓库解决保障警卫人员。

（武建伟）

【“弘扬优良传统 厉行节约反对浪费”活动】 2021年3月，大同军分区按照全军统一部署，开展“弘扬优良传统 厉行节约反对浪费”活动。围绕牢树节约意识，完善制度机制、严控行政消耗，大力节能增效、提倡重复利用，倡导修旧利废、规范医疗保障，杜绝食品浪费、提升工作效率，在引领节俭风尚等方面制定提高政治站位深化思想认识、综合精准施策大力纠治弊端、务实工作作风确保工作质效、建立长效机制推进常态化落实4个方面13项措施，纠治各类浪费问题。全年全区消耗性开支同期相比压减5%。

（武建伟）

【国防动员潜力数据统计】 2021年3月至7月，大同军分区着眼国防动员潜力及动员需求的发展变化，坚持“分级分类、突出重点、固强补弱、提质增效”，开展国防动员潜力数据普查核准。4月，组织市、县两级召开国防动员潜力统计调查业务培训会，年内，3次协调大同市统计局、发改委、交通局等10余家单位组织国防动员潜力数据集中会审，完成国防动员潜力的更新完善，参加全国会审一次通过。

（武建伟）

【安全大检查活动】 2021年3月至8月，大同军分区根据军委国防动员部、省军区《关于开展安全大检查的通知》要求，区分“动员部署、自查普查、检查抽查、整改落实”4个阶段，围绕“庆祝中国共产党成立100周年等重大活动安全、常态化疫情防控和卫生安全、军事训练和遂行任务安全、军事危险源安全、车辆交通安全、重点人员教育管理和预防犯罪、新兴网络领域安全、机要和保密安全、法规制度学习贯彻、往年问题整治”10个方面内容，集中开展安全大检查活动。其间，发现组织领导、安全保密、制度落实等具体问题10类83个，印发整改清单12份，明确整改问题23个，各单位针对存在的倾向性问题，剖析根源，明确措施办法，逐一纠治解决。

（武建伟）

【资产大清查】 2021年3月至9月，大同军分区根据军委后勤保障部、国防动员部和省军区统一安排，成立领导小组，开展资产大清查工作。抽调机关各处业务人员成立工作专班，每周半天集中办公，每月一次集中业务学习，抓各项任务落实。建立“负责人＋清查员”机制，把各部门内勤、分管资产领导纳入组织管理体系，在全区范围内组建16支清查员队伍。按照“以清促建、以清促管、以清促战、以清促保”的工作思路，区分“账目汇总、核查盘点、计价核算、汇总上报”4个阶段，清查1962年以来3大类资产。按照“谁清查、谁签字，谁签字、谁负责”原则，落实过程留档、审核签字等要求。组织6次业务培训，规范清查流程，总结归纳“清、汇、发、核、审、定、计、报”的“八步法”资产清查工作方法，得到省军区肯定。

（武建伟）

【军分区营院训练基地筹建】 2021年3月至9月，大同军分区推进新建机关营院和民兵训练基地工作。3月，与大同市规划和自然资源局确定新建军分区机关营院和新建民兵训练基地拟选址地域。5月，与大同市委、市政府沟通协调，确定按照政府“交钥匙”工程为军分区新建机关营院和新建民兵训练基地的总体思路。9月，大同市政府明确大同市开发建设集团有限公司为军分区新建机关营院和新建民兵训练基地的建设主体单位，并由该公司完成前期报建、用地审批、设计和具体的施工建设等一系列工作。

（武建伟）

【“四个秩序”规范化建设】 2021年4月至12月，大同军分区贯彻落实军委国防动员部“长沙集训”、省军区朔州现场会指示精神，加强制度衔接、突出全局重点、渗透融合抓建，2次制定完善“四个秩序”（战备、训练、工作、生活）规范方案计划，出台师、团两级建设标准细则，组织左云现场观摩会，3次召开全区推进会，分别检查验收库室（站）和33项软件建设。

（傅三星）

【新闻报道】 2021年4月至12月，大同军分区政治工作处针对部队调整改革后人员精简、分区新闻骨干队伍不够稳定、人员流动性大、有的人民武装部出现断层、需要加大新闻业务培训力度，确保新闻报道工作不断档的实际和需要，举办一期新闻骨干培训，整顿新闻报道骨干队伍，推进新闻宣传工作。4月，依托浑源县人民武装部，举办全区新闻报道骨干培训、邀请军地媒体领导和专家指导，采取组稿会稿方式，推出一批新闻报道成果，并筹划全年新闻宣传工作。全年在各类媒体刊稿40篇，其中中央级媒体20篇，省内媒体12篇，参与宣传报道“时代楷模张连印”稿件10篇。大同军分区被省军区评为“新闻

宣传工作先进单位”，在省军区排名第一。（傅三星）

【学习宣传张连印先进事迹】2021年5月起，大同军分区以协调保障中宣部和军委机关考察调研、中央媒体集中采访张连印先进事迹为契机，组织力量挖掘和宣传报道张连印先进事迹。大同军分区政治工作处与军地新闻工作人员一起，挖掘梳理张连印先进事迹，编印《张连印同志故事集》《张连印同志新闻宣传资料集》，联合地方拍摄制作专题宣传片《远处片片将军林》和大型人物访谈节目《老兵永远心向党》，组织多次学习宣传、实地参观、走访慰问等活动，在《解放军报》客户端、中央电视台《军事报道》、《中国国防报》、中国军网、《中国民兵》、山西卫视、《山西日报》、强军网、《大同日报》、《大同晚报》等新闻媒体中开展宣传报道，刊发“时代楷模张连印”稿件10余件。10月17日，中央电视台以《“绿化将军”张连印：胸有“百万兵”矗立万亩荒山》为题，报道张连印的模范事迹；次日，新华社播发中宣部授予张连印“时代楷模”称号决定，10月18日至25日，《解放军报》客户端，中央电视台《军事报道》《军事早报》《国防故事》《中国国防报》等，连续报道“时代楷模”张连印先进事迹。（傅三星）

【“颂歌献给党 启航新征程”文艺会演】2021年6月15日，大同军分区为迎接中国共产党成立100周年，举行“颂歌献给党 启航新征程”文艺会演，组织军分区机关和各县（区）人民武装部现役官兵、文职人员和职工，以及部分专职武装干部、民兵干部骨干和基干民兵600余人，开展“革命歌曲大家唱”活动。灵丘县人民武装部代表队演出大合唱《保卫黄河》，近200名由各人民武装部、机关各处组成的参演队伍，分别演唱《唱支山歌给党听》《毛委员和我们在一起》《向往》《风雨百年》《不忘初心》等。阳高县人民武装部情景演唱《红星照我去战斗》。最后全场大合唱《没有共产党就没有新中国》。（傅三星）

【“学党史军史，当红色传人”主题党日活动】2021年6月25日，大同军分区政治工作处根据军分区党史学习教育计划安排，组织军分区首长机关带领浑源县、灵丘县和广灵县人民武装部官兵到平型关大捷纪念馆开展“学党史军史，当红色传人”主题党日活动。这次主题党日活动由军分区政治委员主持，现场举行3项主要活动：在纪念平型关大捷将帅广场向革命先烈敬献花篮，组织重温入党誓词；到平型关大捷纪念馆参观学习，听取讲解员介绍平型关大捷英雄事迹；在平型关大捷主战场——乔沟现地教学和座谈讨论。（傅三星）

【文职人员和专武干部集训比武】2021年7月5日至16日，大同军分区依托浑源县民兵综合训练基地，组织文职人员和专职武装干部集训比武，10个县（区）9名文职人员、58名专职武装干部参加。集训以强化责任意识、提升履职能力、锤炼过硬作风为目的，完成军事理论、识图用图、轻武器射击、组织指挥、军事体育5个课目集中学习和强化训练，并组织比武考核。（傅三星）

【《老兵永远心向党》人物访谈节目举办】2021年7月，大同军分区为庆祝中国共产党成立100周年，联合大同市退役军人事务局、大同广播电视台，共同举办庆祝中国共产党成立100周年《退役军人永远心向党》大型人物访谈节目。访谈解放战争时期入伍、参加抗美援朝作战老兵、热情关心下一代、矢志不渝传承红色基因的老军人王玉龙；全国十大拥军模范人物提名者、华北第一个退役军人服务帮助社会团体——大同市服务退役军人协会创立者张进宝；最美退役军人、情系故乡、振兴乡村的阳高县杨庄村退役士官李永强；全国优秀退役军人、全国模范公安民警、云冈区公安警官惠建武；永立潮头、击风搏浪、艰苦创业、为退役军人搭建就业平台，吸纳退役军人就业的大同市闰洋翔宇有限责任公司董事长韩忠；山西省最美退役军人、建功脱贫攻坚战的第一书记、大同市人才和就业服务中心副主任杨河芬；回乡义务植树造林，绿化荒山的左云县退役将军张连印7名优秀退役军人模范事迹。让他们走上舞台，与大家分享创业故事和不变的初心情怀。通过个人讲述、视频展播、主持人访谈、颁发“老兵永远心向党”纪念塑像等形式，向广大观众展现新时代的退役军人形象。（傅三星）

【白求恩特种外科医院旧址被命名全省国防教育基地】2021年7月，大同市灵丘县白求恩特种外科医院旧址被命名为山西省第四批国防教育基地。白求恩特种外科医院位于灵丘县下关乡杨庄村。1938年11月9日，国际共产主义战士、加拿大外科医生白求恩，率领晋察冀军区医疗队从河北阜平到达灵丘杨庄村。在石矾、串岭沟、黑寺、曲回寺、河浙等地抢救伤员，并根据抗日斗争需要，在晋察冀军区医院一所驻地杨庄村创办特种外科医院。白求恩在杨庄村工作3个月，于1939年2月19日率军区东征医疗队到冀中抗日前线。为纪念国际共产主义战士白求恩，灵丘县委、县政府于1976年在特种外科医院旧址建立白求恩事迹展览馆，以原诊疗室作展览室，重新修复白求恩大夫住过的二层小楼和办公室，修缮原手术室，按原貌恢复部分医疗卫生设备。（傅三星）

【征兵体检方法创新】2021年8月，大同军分区科学确定体检方式。体检前，召开党委会分析下半年征兵形势，根据征集任务、征集矛盾、廉洁征兵风险程度，研究制定出台《大同市2021年度下半年征兵工作实施细则》，确定征兵体检方式，明确全市设立10个体检站，10个县（区）医生交叉互检、随机抽选、临时分配，杜绝人情干扰、降低廉洁征兵问题发生。组织体检业务精训，集中组织征兵体检工作人员学习征兵体检《应征公民体格检查标准》《应征公民体格检查办法》《山西省征兵体检指导手册（试行）》，安排征兵主管人员讲解近几年身体退兵原因，邀请全市经验丰富的医生逐科逐项交流分析常见疾病和异常情况，使所有征兵医务人员准确理解掌握标准、方法和要求，落实培训合格、持证上岗制度，并建立

军事

合格体检医生数据库。加大检查监督力度，派出专业人员亲临体检一线，逐科室分析体检数据，纠正倾向性问题，发现不符合常规情况，派出专家会诊、共同研究，并责令复查该项目所有人员，确保把握征兵体检各项标准，做到合格有理，淘汰有据，杜绝人情干扰，确保征兵质量。（傅三星）

【“百日安全”活动】 2021年9月至12月，大同军分区根据军委国防动员部统一部署和省军区通知要求，在全区开展“百日安全活动”。活动紧盯政治性问题、季节性安全问题、车辆交通事故、失泄密问题、用电安全、枪弹等危险源管控风险、人员失管失控风险、重点时期、重大活动安全管理风险、疫情输入风险9个方面重点，按照统一部署、自主组织、上下联动、层级落实方法，开展隐患大排查、问题大清理、矛盾大疏解，确保部队大事大抓强劲态势。

（傅三星）

武警山西省总队大同支队

【概况】 2021年，中国人民武装警察部队山西省总队大同支队（以下简称“武警大同支队”）用好红色教育资源等载体，加强理论武装，让党的创新理论直达基层、直达官兵。以“牢记训词、迎接大庆、忠诚担当”专题教育开篇聚力，以党史学习教育凝心提气，统筹抓好主题教育和随机教育，围绕“永远跟党走”主题推进党史知识竞赛、强军故事会等4类10项系列活动，坚定官兵听党话、跟党走思想根基。坚持向战聚焦、为战用力，以中国共产党成立100周年系列庆祝活动为重点任务，组织警戒设卡和联勤武装巡逻，协助公安机关抓获1名网上逃犯，完成“2·20”山林火灾扑救、“6·1”武装抓捕等急难险重任务。开展群众性大练兵，组织“魔鬼周”“运筹”比武、“卫士”演习和重难点课目教练员集训，教导队获评武警部队一级教导队，特战中队在总队年度专项考核中排名第一，机动二中队被评为军事训练一级单位，特战分队教练员集训获总队第二名，4人被总队评为优秀教练员，7人被评为特战专业优秀教练员。组织经常性培训、党的建设法规学习和蹲点帮建工作，云州中队“脱贫摘帽”。解决9名官兵子女入学难题，看望慰问73名生活困难党员和官兵，设计“喜报上门”“亲情日”活动，承诺基层的10件实事全部兑现。挖掘培树先进典型，5名个人获总队“六好”，2名个人、1个支部评为总队“两优一先”，张留军入围“十大标兵士官”候选对象。开展后装专业兵集训和“保障尖兵创纪录”比武竞赛活动，炊事、卫生专业在总队比武中分获第二名。着眼基层官兵急难愁盼问题，升级改造基层中队兵器室联管联控系统，投入资金推动执勤二中队用电设施建设、教导队设施升级、保障大队食堂改造、公寓房装修和机关楼美化亮化工程，指导部队按新标准科学调剂伙食。推动资产大清查和后勤领域遗留问题100%治理。武警大同支队政治工作处被中央军委政治工作部评为“军队参与脱贫攻坚先进集体”，武警大同支队教导队被武警部队评为“一级教导队”。（王　超）

【“榜样的力量”先进典型颁奖】 2021年1月22日，武警大同支队举办首届“榜样的力量”先进典型颁奖典礼，表彰武警大同支队在奋进强军征程中，无畏艰险、默默奉献、砥砺前行的先进典型。经基层各级推荐、武警大同支队遴选公示，评选出默默无闻“实干家”、武装越野“领头雁”、爱岗敬业“好管家”、扶贫帮困“贴心人”及甘愿奉献“好军嫂”等10余名官兵身边榜样。颁奖典礼以视频短片展现身边榜样的奋进历程、以颁奖致辞概括精神内涵、以现场访谈解读榜样背后的奉献和拼搏。（王　超）

【“2·20”山林火灾扑救】 2021年2月20日，武警大同支队动用兵力、车辆、灭火装备器材，到云州区杜庄乡火灾现场；由于火场地形复杂、植被干枯茂密等因素，火势迅速蔓延，给灭火工作带来困难。结合地形、火点、风向等情况，在现场指挥部的统一指挥下，武警大同支队确定“打清结合、拉网清理、梯次推进”的战法，采取成建制用兵、模块式组合等方式，构筑防火隔离带，运用“扑、埋、隔、疏”等手段实施扑救，防止火势蔓延，历时2个小时，火点全部扑灭。

（王　超）

【官兵到解放军某部参观见学】 2021年4月22日，武警大同支队组织机关干部和部分基层主官到驻大同解放军某部参观见学，拓宽思维视野、强化使命担当。武警大同支队官兵参观解放军某部军史长廊、“英雄林”、先进连队等处，了解营区政治环境建设理念、规范和标准，并围绕部队建设思路方法与连队主官交流。通过实地观摩、探讨交流、横向比较等方法，武警大同支队官兵学习掌握带兵育人的先进理念和解决现实问题的有效招法。（王　超）

【浑源县“6·1”抓捕任务】 2021年6月1日，大同市浑源县沙圪坨镇西庄村发生1起持刀杀人恶性案件，造成1死1伤。经市公安局商请，武警大同支队出动兵力、车辆，在联合指挥部部署下，采取“外围封控、分区划片，混合编组、逐户搜查”的战法，经过6小时，协同公安机关在村南一废弃房屋木箱内抓捕犯罪嫌疑人，完成此次抓捕任务。（王　超）

【官兵到驻地红色场馆参观见学】 2021年6月10日，武警大同支队结合党史学习教育，组织全体机关干部和部分基层官兵到大同市博物馆、大同市红色记忆馆参观见学，并组织开展重温入党誓词仪式。参观中，官兵们通过大量的历史资料、珍贵的文献文物，回顾从1921年到1949年，中国共产党领导下的驻地人民为赢得民族独立和解放作出的不朽功绩，感悟党领导人民开展敌后抗战、抵抗日寇侵略、建立新中国的伟大壮举。

（王　超）

【环京高速公安检查站警戒执勤】 2021年9月1日至7日，武警大同支队动用兵力、车辆，在“环京”高速公安检查站警戒执勤。执勤期间，官兵牢固树立底线思维和风险意识，开展执勤教育，组织专勤专训，建立联系联防机制。贯彻“全面部署、重点加强、周密防范、留足机动”的原则和“一线强、二线精、三线足”的要求，对接属地公安，建立情报共享机制，加强战备值班值勤，实时掌握任务情况。（王　超）

【特战分队比武和训练等级评定】 2021年11月17日至18日，武警大同支队履行驻地反恐任务，检验特战分队实战能力，组织特战分队比武和训练等级评定工作。此次活动按照“级别递进、课目递增、难度递升”的原则，区分共同基础、专业应用、个人全能、小队战术，梯次差异设置考核比武认定内容和标准，考核特战队员体能、技能，检验特战队员训练落实情况，达到以比促训、以评促能、以考促建的目的。（王　超）

人民防空

【概况】 2021年，大同市人民防空办公室（以下简称“市人防办”）开展“进工程、到一线”送服务活动，以在建的人防工程为载体，工程质量为重点，服务一线为目的，覆盖全市10个县（区），到60个项目开展服务，同时普及人防知识。开展“解民忧，办实事”活动，为生活困难的退休职工送去慰问金。成立人防志愿者服务队，到结对社区，开展创建文明城市活动。配合省人防办建设人防预警报知系统省、市两级控制中心。（于　璐）

【人防宣传教育】 2021年，市人防办推进人防“五进”活动，开展人防知识普及教育，增强全社会人防意识和国防意识。市人防办与相关部门联合印发文件，推进人防“五进”宣传教育，让市民、学生及社会各界人士掌握防空防灾基本知识和应急防护技能，宣传受教人数达20万人。在云冈区和瑞街道泰明里社区开展人民防空宣传教育“进社区”活动中，向市民发放各类人防宣传资料3000余份，并邀请社区居民体验便携手摇式警报，活动受众人数3000余人。利用各种纪念日、“9·18”警报试鸣日等节日，组织人防宣传教育活动，增强国防意识。5月12日，在市财会学校开展“5·12”防灾减灾暨人民防空宣传教育活动，人防越野一族救援队20余名队员参加，现场为师生传授防空减灾和人防知识，并开展人防应急疏散演练。（于　璐）

【人防业务培训】 2021年，市人防办组织行政执法人员参加人防法律法规和政策业务培训3次。5月26日至28日，举行“讲政治、精业务、能力提升”培训班，市人防办、市行政审批局、各县（区）人防办、审批局57人参加培训。7月26日至30日，市人防办派遣单位年轻干部及全市人防系统骨干参加省人防办组织的“人防法律法规和政策业务培训班”。12月1日至3日，举办“讲政治、提能力、法律知识”全市人防系统学习贯彻十九届六中全会干部行政执法能力提升培训班，市人防办、各县（区）人防办参加培训。（于　璐）

【人防宣传教育中心建成】 2021年，市人防办发挥早期人防工程资源优势，探索“谁开发、谁维护，谁管理、谁受益”的维护管理模式，引入社会资本建成大同市人民防空体验馆和宣传教育中心，该中心具有宣传教育、疏散演练、红色旅游、军事体验、灾情模拟和实景感受等功能。（于　璐）

【警报试鸣】 2021年9月18日，市人防办开展人防宣传暨警报试鸣活动，全市所有防空警报器同时鸣响，按规定依次发放预先警报、空袭警报和解除警报信号。试鸣期间，活动现场人群自行垂首默哀，向在抗日战争中牺牲的革命先烈致敬。试鸣结束后，开展人防宣传活动，现场教学应急救援和急救知识。此次试鸣宣传活动向市民发放各类人防宣传资料1.5万余份，并邀请市广播电视台现场报道，受众人数5万余人。（于　璐）

【人防系统“准军事化”集训】 2021年12月7日至10日，市人防办在灵丘县组织开展全市人防系统“准军事化”集训。此次集训有所属各县（区）人防部门领导和指通业务骨干、市人防办机关、信保和质检中心、平管中心、市人防越野一族救援队参加集训。其间，组织集训人员参观平型关大捷纪念馆并重温入党誓词，观摩武警中队现役军人的内务设置和应急器材库的应急设施；组织机动指挥所开设演练、队列训练、徒步行军训练，提高参训人员业务技能。组织市、县两级日常演练。（于　璐）

经济管理

发展与改革

【概况】 2021年，大同市发展和改革委员会（简称“市发改委”）加强省、市、县三级规划衔接，形成《山西省“十四五”规划和2035年远景目标纲要重点内容分工方案》；统筹市县“十四五”规划纲要的编制出台，印发《大同市“十四五”规划纲要》及新基建、新业态、开放发展、现代服务业和社会保障事业5个专项规划，指导督促县（区）规划纲要编制工作，推动规划衔接落实。结合全市行业和县（区）发展实际，加强经济形势分析研判，强化重点指标监测，推动三次产业发展。制定全市服务业提质增效47条行动方案，推动山西孵化创新平台软件和信息服务集聚区入选省级现代服务业集聚区。制定《大同市入企服务工作方案》，组织市、县两级工作组到436家企业开展入企服务，现场解决问题诉求113个，提出要素保障解决方案36个。全年全市地区生产总值1686亿元，同比增长7.5%。全市固定资产投资732亿元，同比增长9.2%，产业投资占比43.7%。全市服务业增加值867.7亿元，同比增长7.1%，其中其他营利性服务业营业收入同比增长30.8%。 （郭希娟）

【转型项目建设】 2021年，市发改委树立“项目第一支撑”理念，发挥投资跨周期调节和稳增长的关键性作用，扩大有效投资。强化项目支撑。发挥全市重点工程项目指挥部办公室统筹牵总作用，制定《大同市全面加强项目建设的实施方案》，优化7项常态化工作机制，推动形成高规格齐抓共管的项目推进体系。全市1482个建设项目开复工率100%，年度投资完成率102.3%；70个项目列入省级重点工程项目清单，全省第一；70个省级重点工程项目投资125.8亿元。强化固定投资调度。压实县（区）部门责任，强化任务分解，加强业务培训，每月常态化召开固定投资调度座谈会，推进固定投资工作；加强重点企业投资调度，每月走访重点企业和重点项目，挖掘投资潜力。强化要素保障。坚持“资金跟着项目走”，全年落实上级资金37.2亿元。其中，中央预算内资金5.1亿元，省级配套资金1.6亿元，地方政府专项债券30.5亿元，用于御河流域生态修复与保护、标准厂房等项目建设。 （郭希娟）

【新兴产业培育】 2021年，市发改委聚焦新能源、通用航空等新兴产业，推动全市产业转型。新能源产业方面，制定《大同能源革命综合改革试点2021年行动计划》，牵头推进44项重点任务和7个重大引领示范项目。推动晋能控股集团风光火储一体综合能源外送基地和秦淮大数据“源网荷储”一体化建设。推动国网时代华电大同热电储能工程、大同启迪云冈井田50兆瓦压缩空气储能、晋能控股大同新型储能电站示范、天镇源网荷共享储能电站4个项目入选全省首批“新能源+储能”试点示范项目名单。开展地热能示范应用，天镇高温地热资源科研示范试验电站项目实现试验发电。通用航空产业方面，加快基础设施建设，晋北低空飞行服务站试运行，南六庄机场取得使用许可证，灵丘机场开工建设，阳高机场立项获批；加快研发制造，大同轻飞销售5架C42E型飞机，长鹰蜜蜂生产5架蜜蜂4号整机，40公斤级涡喷发动机实现规模化量产；加强特色运营，保障安全飞行5381.5小时，无人机监测飞行1200小时；加强产教融合，推动山西通用航空职业技术学院获批山西省科普教育基地，推动大同市通航产业园管理有限公司纳入省级产教融合型试点企业建设培育库。现代农业方面，推动天镇博信绿豆和灵丘恒嘉利小金米入选“山西好粮油”产品名单，落实省级资金1000万元支持山西北肉冷链产业园项目建设。

（郭希娟）

【重大改革推进】 2021年，市发改委落实建设全省能源互联网试点部署要求，编制《大同市能源互联网建设总体推进方案》《城市能源互联网资源共享协同平台建设方案》《首个园区级能源互联网试点（晋能煤业塔山选煤厂智慧能源系统）建设方案》，推动完成城市级平台选址和平台公司组建等工作。推进大同市高标准市场体系建设，联合市市场监管局、市商务局印发《大同市建设高标准市场体系行动方案》，统筹推进各项任务落地落实。推进所属国有企业公司制改革，成立领导小组，制定工作方案，协调推动各项改革任务，所属的8家全民所有制企业中，5家自动破产，3家逐一制定破产改革方案。构建信用体系，拓展22个“信易+”应用场景，创建全省首个“诚信示范社区”，打造“诚信示范街区”，推进信用惠企便民；推进“信易贷”，全市“信易贷”

发放贷款 28.4 亿元，全省排名第二；发放黄花产业信用贷款 4.1 亿元，扶持农户 3800 余户，带动脱贫 2729 户。大同市在全国城市信用监测排名中位列全省第二。（郭希娟）

【创新驱动发展】 2021 年，市发改委实施创新驱动发展战略，助推全市新旧动能转换。推动中车大同氢燃料电池混合动力机车等 3 项产品列入全省创新产品和服务推荐目录。牵头编制《大同市新型智慧城市建设试点实施方案》，推动大同市入选山西省第一批新型智慧城市试点市，并落实省级资金 1500 万元。推动二氧化碳捕集利用项目完成中试，填补国际转化利用空白。离岸创新孵化基地（北京站）辅导宇林德、华青活性炭、大同高镁等项目技术创新取得突破性进展。中科院工程热物理所大同分所获批山西省新型研发机构。（郭希娟）

【失信被执行人信用监督警示惩戒机制建设】 2021 年，大同市出台《关于加快推进失信被执行人信用监督、警示和惩戒机制建设的实施方案》，规定 11 个领域、30 余个方面，并依据合法性、信息共享、联合惩戒和政府主导、社会联动工作原则，由市发改委协调组织 30 余个部门和单位共同参与落实惩戒措施，推进全市信用体系建设。在从事特定行业或项目、政府支持或补贴、任职资格、准入资格、荣誉和授信、特殊市场交易和限制高消费等 11 个领域中，对失信被执行人的惩戒进行规定。其中，包括针对失信被执行人限制其设立金融类公司、参加招投标等，限制其获取政府补贴、获得政策支持，限制其担任国企高管、担任金融机构高管、招录（聘）为公务人员、入伍服役等，限制其成为海关认证企业、限制其房地产和建筑业企业资质等，限制其从事不动产交易和国有资产交易等，限制其乘坐列车软卧、G 字头动车组、民航飞机和高消费旅游、子女就读高收费学校等。通过多部门联合参与落实惩戒措施，大同市失信被执行人联合惩戒工作各项措施得到落实，联合惩戒效果显现，群众守信获得感提升。（郭希娟）

国有资产管理

【概况】 2021 年，大同市国有资产监督管理委员会（简称"市国资委"）加强企业职业技能人才队伍建设，开展"人人持证、技能社会"行动，全年培训职工 4350 人，占年度计划的 108.8%。在全市国资系统基层党支部开展"五星联创"活动，通过选树 7 个党建工作示范点、2 个市级基层理论宣讲示范点，打造 38 路公交"红色专线"。出台《国企基层党组织换届工作流程》，推进破产关闭企业党员转入社区工作。表彰国资系统优秀共产党员 14 名、优秀党务工作者 19 名、先进基层党组织 16 个。为全系统 113 名老党员颁发"光荣在党 50 年"纪念章，给 11 户困难企业下拨党费 22 万元，给生活困难党员下拨慰问经费 31.7 万元。2021 年，市国资委监管企业资产总额 627.4 亿元，所有者权益总额 167.6 亿元。监管企业实现营业总收入 28.7 亿元，同比增长 11.7%。完成劳动生产总值 9.4 亿元，同比增长 14.9%；上缴税费 2.5 亿元，同比增长 42.7%。（杨 凯）

【国资国企改革】 2021 年，市国资委按照国企改革三年行动方案，推进全市国资国企改革工作。按照应脱尽脱原则，完成 7 户部门管理企业脱钩改革，草拟《市属企业委托管理暂行办法》。以县（区）属企业为重点，攻坚全市国有企业公司制改革，市、县（区）两级 758 户全民所有制企业全部完成公司制改革。起草《市属企业改革重组方案》《市属企业"六定"改革指导意见》，出台《市国资委监管企业劳动用工管理暂行办法》，对 23 户监管企业开展"一企一策"考核和排名通报。实施关闭破产企业善后工作，组织相关人员核查 362 户市属关闭破产企业剩余资产，建立资产台账；筹措资金 2000 余万元，用于支付职工安置费用。完成驻大同央企和省属国有企业职工家属区剩余的 3 万余户约 300 万平方米"三供一业"（指供水、供电、供热和物业管理）维修改造，建立国有企业退休人员社会化管理常态化交接制度，办理拨付退休人员社会化管理中央财政补助资金 2498 万元、市财政补助资金 266.3 万元。（杨 凯）

【国资监管】 2021 年，市国资委按照国资监管法律法规和国企财务、审计制度有关规定，梳理和修改完善制度性文件，出台《市属企业防范化解重大风险的实施意见》等监管制度。探索国企监管模式，开通国资国企在线监管大数据平台，实现动态监管国有企业。规范国有产权转让工作，国有资产交易事项全部按规定进入市场公开转让。坚持依法治企，市国资委和所属监管企业聘用法律顾问。市政府起诉江苏雨润集团合同纠纷案中，经市国资委协调，7 月收回江苏雨润集团占用的原市肉联厂房屋 50349 平方米、土地 143317 平方米。（杨 凯）

【项目建设】 2021 年，市国资委坚持以项目建设促转型、促发展，抓招商引资、抓项目服务。组织机关和企业人员参加全国和各省市举办的招商会，宣传大同，推荐大同企业。指导企业完善投资管理相关制度，执行投资决策程序，开展项目可行性研究论证和项目审核备案。发布企业投资项目负面清单，帮助企业与金融单位建立融资接洽平台，建立投资项目评审专家库，坚持领导包联企业、包联项目制度，按时研究解决企业项目建设和生产经营中存在的困难和问题。2021 年，市属国有企业在建项目 44 个，总投资 380 亿元，完成投资 32.4 亿元。编制完成《大同市国资国企"十四五"发展规划》。（杨 凯）

财 政

【概况】 2021 年，大同市一般公共预算收入 166.7 亿元，同比增长 23.5%，超年初目标 18.5 个百分点，超收 24.9 亿元。其中，税收收入 117.7 亿元，同比增长 17.8%；非税收入 49 亿元，同比增长 39.5%。非税收入占一般公共预算收入比重 29.4%，较上年增长 3.4 个百分点。

全市一般公共预算支出执行 374.2 亿元，同比下降 3.6%，节省资金统筹用于地方民生财力保障。市财政局下属财信融资担保公司、政府产业投资引导基金有限公司分别被授予“2021年中部地区优秀融资担保机构”称号、“2021 地市及区县级政府引导基金最佳风控 TOP50”称号。（刘国鑫）

2021 年大同市一般公共预算收入统计表

表 13–1　　单位：万元

指 标	2021 年	2021 年比 2020 年 ±%
一般公共预算收入	1667256	23.5
国内增值税	411451	71.4
企业所得税	207234	9.4
个人所得税	24580	33.1
资源税	158483	53.3
城市维护建设税	72381	26.9
房产税	34737	5.4
城镇土地使用税	28496	8.4
印花税	32136	40.2
行政事业性收费收入	23178	0.6
罚没收入	37118	21.9
专项收入	149986	84.6

2021 年大同市一般公共预算支出统计表

表 13–2　　单位：万元

指 标	2021 年	2021 年比 2020 年 ±%
一般公共预算支出	3741810	–3.6
一般公共服务	345736	10.9
公共安全	165399	3.7
教育	541720	–1.8
科学技术	12036	–42.2
文化旅游体育与传媒	84164	6.3
社会保障和就业	671257	–6.1
卫生健康	336417	–4.6
节能环保	139464	11.4
农林水事务	389682	–31.2
城乡社区事务	446387	26.2
交通运输	110500	–36.5
其他支出	35832	–57.8

【财政扶持政策落实】 2021年，大同市财政局为各类企业减负30.4亿元。其中，减税8.2亿元，降费22.2亿元。完善市对县级、开发区财政奖补政策，加大战略新兴产业、新能源、新材料、大数据、装备制造、现代医药和通用航空等行业奖补力度，促进县域经济高质量发展。全年落实到上级各类转移支付资金227.4亿元，同口径增长7.1%；落实新增、再融资和省债县用等各类政府债券91.1亿元，同口径增长15.7%。落实冬季清洁取暖项目资金三年9亿元，把到位的3亿元全部下拨县（区）。惠企利民资金下拨50.1亿元，下拨市县基层、普惠企业，改善人民生活，服务经济社会发展。政府产业投资引导基金投融资总规模全省地市排名第一。设立乡村振兴基金与半导体基金，出资0.7亿元，撬动2.8亿元，重点支持生物质取暖、特色农业、半导体新材料产业等项目发展。支持中小微企业发展，解决融资难、融资贵问题，融资担保320笔305户，担保余额29.3亿元，担保放大近4倍。（刘国鑫）

【民生专项资金安排】 2021年，大同市财政局支出全市教育、社会保障和就业、医疗卫生等13项民生302.6亿元，占一般公共预算支出的80.9%。全年投入疫情防控资金5亿元，应对多轮疫情输入冲击。加大创业工作投入力度，拨付就业资金6100万元，带动高校毕业生、农民工、退役军人等重点群体就业创业。拨付资金54.1亿元，巩固完善学前、义务教育和职业教育等经费保障机制，推动义务教育“双减”政策落地见效。拨付补助资金2.7亿元，推进医疗卫生体制改革。全市城乡居民基本医疗保险人均财政补助标准提高30元，达每人每年580元；基本公共卫生服务财政补助标准从人均74元提高到79元；城乡最低生活保障标准每人每月提高20元。支持全市公共文化服务体系建设，拨付资金8.4亿元。推进乡村振兴衔接。安排政策衔接资金3.5亿元，落实过渡期内“四个不摘”政策。依托“832电商平台”，助力消费扶贫，巩固拓展脱贫攻坚成果。推进乡村振兴步伐，安排支农资金2亿元，农产品深加工产业集群成为实施乡村振兴的新支撑，“东方亮”小米成为冬奥会特供产品，“大同好粮”品牌享誉全国。（刘国鑫）

【生态文明建设资金安排】 2021年，大同市财政局坚持“治山治水治气”一体推进，“山水林田湖草沙”系统治理，保障蓝天、碧水、净土保卫战。空气质量保持全省第一；“五水同治”水环境质量改善提升，退出劣V类断面；推进国土绿化行动，夯实京津冀生态屏障，全年拨付环境治理资金2.1亿元。（刘国鑫）

【城乡建设资金安排】 2021年，大同市财政局推进产业与城市融合发展。实施城市更新行动，安排重点工程建设资金3.5亿元，推进城市道路建设、市政设施维修、城市园林绿化等重点项目；安排专项资金1.3亿元，建设高铁周边、永泰广场、御河西岸南延等重点工程。修缮古城保护修复、历史文化街区。推进城乡协调发展。安排资金1.9亿元，支持改造老旧小区73.9万平方米。安排资金3100万元，支持新建城镇棚户区住房2342套。投入资金5.4亿元，支持建设“四好农村路”和长城一号旅游公路469千米。提质升级500个村环境，改造农村户厕1.8万座。（刘国鑫）

【财政风险防范化解】 2021年，大同市财政局规范政府债务管理。在落实政府债券同时，做好项目谋划，合理分配债券额度，统筹使用债务规模，加快债券资金支出进度，开展项目绩效评价工作，提高债券资金使用效益。债务偿还方面，在年初预算中足额安排法定债务到期本息，保障到期债券本息按期偿付。有序化解地方政府隐性债务风险，守住不发生系统性区域性债务风险底线。加强国有金融资本管理。深化政府性融资担保机构运行体制改革，推进大同市政府性融资担保体系建设。配套出台市级政府性融资担保公司保费补贴管理办法和政府性融资担保风险补偿资金管理办法，降低小微企业和“三农”综合融资成本。支持灵丘县、左云县、广灵县、阳高县等农信社风险化解改制工作，支持大同银行清产核资及风险处置，给山西银行重组、健康发展提供条件。（刘国鑫）

【财政管理改革】 2021年，大同市财政局深化财政体制改革。出台医疗卫生、交通运输等领域市与县（区）财政事权和支出责任划分方案，促进相关领域财政事权、支出责任与财力相适应。推动构建现代财政制度步伐。健全预算管理制度，推进零基预算编制改革，规范财政支出行为。提升政府采购业务“全程在线、一网通办”效率。推进预算管理一体化2.0系统，带动财政管理水平整体提升。深化国库管理改革，加强库款管理，依托预算一体化平台，减少资金拨付中间环节，提高资金拨付效率。推进非税收入收缴电子化，财政资金安全运行。实施预算绩效管理。健全完善预算绩效管理体系，加强资金使用事前、事中、事后绩效评价，促使财政资金使用效益最大化。落实“过紧日子”要求。压减一般性支出，清理低效、无效支出，降低行政运行成本。全市压减一般性支出8.1亿元，全部用于支持经济发展和改善民生领域。盘活存量资金。加大单位结余结转资金清理力度，强化统筹整合，防止资金沉淀。全市盘活存量资金2.1亿元，统筹用于政府急需资金支持的重点项目和重点领域。PPP项目规范发展提质增效。全市项目累计入库35个，投资额241亿元。财政法治建设。开展普法宣传工作；依法向市人大及其常委会报告预算安排、预算执行和决算情况；全年未发生安全生产事故、集中信访和社会治安等问题。提升财政监管水平。推进惠民惠农“一卡通”工作；预决算公开率100%全覆盖；推进会计事业高质量发展，强化会计人才培育，提高财会人员业务水平。（刘国鑫）

税　务

【概况】 2021年，全市税务系统各项收入450.2亿元，同比增长44.7%，增收139.1亿元。其中，税收收入 287.9 亿元，同比增长 15.3%，增收 38.2 亿元。全年税收收入预测准确率 99.996%，其中中央级税收收入预测准确率 99.998%，预测准确率位列全省第二。（胡志鹏）

【税费减缓政策落实】 2021 年，国家税务总局大同市税务局(简称"市税务局")为 16 户煤电保供企业办理缓缴税费 3.4 亿元，缓税规模全省第一；办理中小微制造业缓税 1.1 亿元，全市制造业中小微企业享受缓税政策面 100%。全年办理各项缓税 8.5 亿元，新增减税降费 8.3 亿元。

（胡志鹏）

【服务地方发展】 2021 年，市税务局开展服务"项目为王"专项行动，对接37户省级重点项目企业，配备"税务秘书"，公布服务"项目为王"10 项措施，量身定制税收政策建议书，制定《大同市税务局支持服务晋能控股集团高质量发展行动方案》，解决企业具体涉税问题。服务新业态，对市委、市政府重大招商引资项目，采取团队对接、专员服务、绿色通道、特事特办的方式，助力项目落地生效。

（胡志鹏）

【税收规范执法】 2021 年，市税务局落实国家税务总局 10 项清单和省税务局 26 项清单。制作"场景式"执法套餐视频，为基层执法提供"教材式"辅导，推动税收征管业务流程、制度规范一体化整合升级，入选省税务局创新项目库。（胡志鹏）

【税务监管】 2021 年，市税务局接收并印发国家税务总局、省税务局、市税务局三级风险任务 104 批 3231 户次，完成 3213 户次，问题率 61.9%，查补税款 3 亿元，入库税款 2 亿元。制定增值税发票风险防范若干措施取得成效，认定异常凭证开票数占比由 2019 年、2020 年的 30% 以上，下降到 14.8%。（胡志鹏）

【税务稽查】 2021 年，市税务局与公安部门联手行动，运用信息化战法破获一起特大团伙非法虚开增值税专用发票案，涉及虚开进销项价税 16.1 亿元。开展"双随机、一公开"，纳税人自查 219 户，入库税款 4662 万元。全年全市稽查部门立案检查企业 459 户，查补总额 9902 万元，入库 6801 万元。（胡志鹏）

【社保费和非税收入划转征缴】 2021 年，市税务局加强社保费征收职责全部划转后续管理，做好阶段性减免社保缴费政策退出后的正常征收工作。完善多元化缴费渠道，优化缴费流程，实现社保企业缴费网上办理、个人缴费"掌上办理"。按照"转得顺、管得稳、收得好"的目标要求，水土保持补偿费、城镇垃圾处理费等 6 项非税收入平稳划转。国有土地使用权出让收入、矿产资源专项收入划转准备工作全部完成。全年全市社保费收入 145.2 亿元，非税收入 9.6 亿元，其他收入 7.5 亿元。（胡志鹏）

【专票电子化改革】 2021 年，市税务局制定《增值税专用发票电子化试点工作实施方案》，统筹推进落实专票电子化试点制度机制。加强开具与接收电子专票的企业风险分析与监控，建立"开、受票台账"，跟踪新增管户，按日统计开具和接收情况，24 小时内完成网格化服务。全年新办纳税人核定电子专票 4799 户，核定比率 65.9%。（胡志鹏）

【便民办税服务】 2021 年，市税务局开展便民办税春风行动、"春雨润苗"专项行动、"我为纳税人缴费人办实事"活动，推出 10 类 30 项 79 条惠民措施。制定实施《优化营商环境满意度整改提升方案》，明确市县局两个层面 14 项 66 条整改措施，对表推进配合落实省税务局 18 条硬核措施，提升纳税人缴费人满意度。开发的"智税 114 平台"被上升到省税务局征纳互动平台核心模块"税费政策智链通"并在全省上线，组建"赵林工作室"提供后台支撑，为纳税人推送"智税快享"服务。配合开展"清零行动"，特别是创新延伸窗口服务，启动 24 小时响应机制，简化办理资料和程序，"线下 + 线上"全天候服务，清零行动工作考评全省第一。

（胡志鹏）

【首张增值税专用电子发票开出】 2021 年 1 月 21 日，在平城区税务局工作人员指导下，大同市一家广告公司的工作人员开出全市首张增值税专用电子发票。上年 12 月 21 日起，大同市在新办纳税人中启动增值税专用发票电子化工作。纳税人可选择办税服务厅、电子税务局等渠道，通过网上方式领取"即领即用"电子专票，开票方纳税人可通过电子邮箱、二维码等方式向受票方交付电子专票。为方便纳税人办理增值税专用电子发票业务，平城区税务局专门在办税服务大厅设置电子专票发行专窗、核定专窗和咨询辅导专岗等，并安排专人在大厅现场发放资料、宣传讲解，帮助纳税人了解、使用增值税专用电子发票。为减轻纳税人负担，税务部门向新办纳税人免费发放税务 UKey（是电子发票公共服务平台的身份认证及信息加密设备，能够帮助纳税人办理增值税普通发票和电子普通发票的开具、报税、查询、上传等基础服务），并依托增值税电子发票公共服务平台等系统，提供免费的电子专票开具、发票状态查询等服务，通过线上线下方式帮助纳税人掌握政策规定和操作要点，确保开票和受票双方开具、接收电子专票。（胡志鹏）

【纾解制造企业困难】 2021 年 11 月，市税务局为超过 500 户的中小微企业办理缓缴税费 4875 万元，纾解制造企业困难。此次实施的制造业中小微企业实施阶段性税收缓缴政策，具有惠及范围广、涵盖税费种类多、优惠力度大等特点。凡是销售额 4 亿元以下的制造业企业，都可享受包括企业所得税、个人所得税、国内增值税、国内消费税和附征的城市维护建设税、教育费附加、地方教育费附加的缓缴优惠，其中销售额 2000 万元以下企业全部可缓缴，销售额 2000 万元至 4 亿元的企业可缓缴 50%。（胡志鹏）

价格管理

【价格改革】 2021 年，市发改委贯彻落实国家和省有关天然气、水、电等价格调控政策，会同有关部门出台《大同市清理规范水电气暖行业收费促进行业高质量发展实施方案》，清理取消“供热管网费”等不合理收费。在天然气方面，加强全市及周边地区管道天然气供气价格调查了解，印发《关于调整市区管道天然气销售价格的通知》；在用电方面，深化电力体制改革，推动工商业用户全部进入电力市场，完善代理购电机制。对2家钢铁企业明确加价政策，对2家企业实行差别化电价，倒逼企业加快超低排放改造和评估监测备案。（郭希娟）

【价格监管】 2021年，市发改委执行国家、省价格监测报告制度，加强节日市场价格监测，全市居民消费价格指数累计上涨1.1%，在全年控制任务3%以内，为五年来最低。加强成本监审工作，全年开展6个行业23个单位成本监审和成本调查，审核总成本251316.9万元，剔除不合理费用68798.9万元。履行收费管理职责，合理制定“放心午餐”、课后服务和学科类校外培训收费标准，稳定居民供热价格，解决群众反映的乱收费问题。（郭希娟）

【价格调控】 2021年，市发改委加强民生商品保供稳价工作，成立保供稳价工作专班，印发《关于做好重要民生商品保供稳价应急工作预案》《疫情防控期间保供稳价工作方案》，做好全市节假日及疫情防控期间的保供稳价工作。针对10月蔬菜等价格出现较大波动情况，印发《关于进一步做好蔬菜等重要民生商品保供稳价工作方案》，协助市政府召开专题会议，组织协调县（区）政府和市直相关部门做好保供稳价工作。（郭希娟）

审　计

【概况】 2021年，大同市审计局经市委审计委员会批准的全市统一组织审计项目计划为87个，由市本级实施的项目77个，查出各类问题868个，涉及金额297.8亿元，出具审计决定书24份，出具审计移送处理书20份，提出审计建议233条。2021年，大同市审计局被评为“全国节约型机关”“山西省脱贫攻坚先进集体”“全市文明单位”“全市先进基层党组织”。在全省统一组织的高标准农田项目审计中，创新运用Arcgis方法，获全国审计科研成果二等奖，并在审计署干部学院现场演示推广。开展的社会保险基金审计项目获全省优秀审计项目二等奖。（李东星）

【重大政策措施落实情况跟踪审计】 2021年，大同市审计局围绕重大政策落实落地，开展市本级和10个县（区）政策落实跟踪审计。重点审计中央直达资金的分配、拨付下达、管理使用及发挥绩效情况，揭示中央直达资金的分配、拨付下达等方面问题7个，涉及金额3.8亿元。（李东星）

【财政审计】 2021年，大同市审计局围绕财政资金运行，开展市本级及10家单位2020年预算执行情况和3个县（区）政府2019年、2020年财政决算情况审计。预算执行审计发现财政资金使用、固定资产管理等方面问题125个，涉及金额34.6亿元，出具审计决定12份，提出审计建议34条，推进完善规章制度9项，审计期间督促整改问题和收缴部门单位结存资金5800余万元。财政决算审计发现重大政策落实、资金风险防控等方面问题90个，涉及金额5.1亿元，移送纪委监委处理事项1件，提出审计建议12条。按照省审计厅统一安排，审计大同市税务局机关，市第一税务分局、市第二税务分局和市稽查局，以及10个县（区）税务局预算执行情况、减税降费政策措施贯彻落实情况和收入征管情况，汇总完成预算执行5个方面26类问题和税收征管12类问题的审计报告并报送省审计厅综合组。（李东星）

【经济责任审计】 2021年，大同市审计局围绕规范权力运行，开展37个经济责任和2个自然资源资产离任审计项目，涉及县（区）长2人（项目4个），部门主要领导11人，医院、学校等事业单位主要领导17人，县（区）审计局主要领导7人。领导干部经济责任审计揭示认识不到位、制度不完善、责任不明确等方面问题392个，涉及金额6.4亿元，移送主管单位处理事项3件，提出审计建议119条，推进完善规章制度10项。自然资源资产离任审计发现问题37个，移送纪委监委和主管单位处理事项2件，提出审计建议8条。（李东星）

【投资审计】 2021年，大同市审计局围绕政府投资工程项目，开展智家堡森林公园建设项目、大同市高级技工学校新建项目竣工财务决算草案等项目审计。揭示建设程序不规范、投资效益不高等方面问题53个，涉及金额3.6亿元，移送主管单位处理事项7件，核减金额339.4万元，提出审计建议15条。（李东星）

【民生审计】 2021年，大同市审计局围绕民生重点热点，开展乡村振兴和社保基金审计。乡村振兴审计按照省审计厅安排，交叉审计朔州市山阴县高标准农田建设资金项目，揭示建设项目管理等方面问题21个，涉及金额320.2万元。阳高县2018年至2020年农村人居环境整治资金项目审计发现问题11个，涉及金额50.7万元，提出审计建议4条。社会保险基金审计。重点审计平城区、云冈区、左云县3个县区，延伸其他7个县（区），揭示信息共享交流不畅、审核监控力度不够、制度不健全不完善等方面问题23个，涉及金额9.3亿元，移送市纪委监委、主管单位处理事项5件，提出审计建议8条，推进完善规章制度15项。（李东星）

【资源环保审计】 2021年，大同市审计局围绕“绿水青山就是金山银山”的理念，开展全市耕地保护项目资金使用情况和2019年、2020年土地出让金专项审计。重点审计浑源、灵丘、广灵3个县，审计市本级、开发区及其他7个县（区）采取数据比对、疑点核查和抽查重点事项的方式，揭示耕地保护和土地出让金收支方面问题28个，涉及金额6.6亿元，提出审计建议6条。（李东星）

经济管理

【企业审计】 2021年，大同市审计局围绕国有企业保值增效，开展4家市属国有企业的资产负债损益情况审计。揭示资金使用效益、风险防控等方面问题73个，涉及金额228.5亿元，移送主管单位处理事项1件，提出审计建议16条。 （李东星）

【其他审计】 2021年，大同市审计局围绕风险防控和反腐倡廉，开展专项资金审计和调查。（1）全市安可替代工程跟踪审计。审计69个市直单位，延伸10个县（区）和开发区，揭示资产管理、设备使用等方面问题4个，涉及金额39.2万元，提出审计建议4条，推进完善规章制度2项。（2）按照省审计厅统一安排，审计调查太原市城区农村信用联社资产质量。揭示风险防控、改制化险等方面问题46个，提出审计建议7条，向省审计厅提交报告。（3）完成省审计厅安排的上年省级产业转型项目落地情况审计调查，发现问题4个，提出审计建议3条。 （李东星）

统计管理

【概况】 2021年，大同市统计局建立局班子成员包联县（区）、重点项目企业机制，成立调研督导服务组，开发区“三个一批”项目建设督导服务组，到10个县（区）和开发区开展调研走访企业240余家，开展业务培训33次，培训人数2300余人，帮助企业解决困难问题94个。开展“服务转型出雏形 提升质量争一流”专项行动，与市发改委、市工信局、市商务局、市行政审批局等部门沟通协作，建立新建投资项目入库调度工作机制，推进“三服务”（指服务发展、服务决策、服务落实）活动，每季度到县（区）、企业及调查单位，开展业务培训指导，了解企业生产经营情况，帮助解决统计工作困难问题。专业科室对行业重点企业、项目单位，开展重点培训和单独指导。编制《月度高质量发展综合绩效考核指标完成情况汇总表》《分县区月度高质量发展综合绩效考核指标完成情况汇总表》等监测报表，创新开展高质量发展综合绩效考核进度监测。 （朱 乐）

【统计法治监督】 2021年，大同市统计局推进统计法治监督，召开全市法治工作会议暨统计执法监督培训会议，组织各县（区）召开“依法统计依法治统”座谈会，举办统计执法监督培训班，制定《统计行政执法检查工作实施方案》，开展全市统计执法“双随机”检查，全年累计检查企业100余家，行政处罚统计违法企业9家。谋划统计“八五”普法规划，开展《山西省统计条例》宣传月活动，编印3种普法宣传资料5000册（张），组织制作普法小视频、图片海报，开展普法宣传。完善源头数据审核机制。 （朱 乐）

【《统计工作实施意见》出台】 2021年，大同市统计局出台《2021年全市统计系统“聚焦补考进位 确保应统尽统”工作实施意见》，完成全市210家新入库单位统计人员“全覆盖”培训。与相关部门建立沟通联系机制，跟踪监测新开业、新投产、新注册单位，推动达规达限企业按时入库入统。开展“防弄虚作假、防少报漏报”入企指导服务，关注重点行业、重点领域、重点指标，加强比对分析，确保企业如实准确填报。开展达规达限企业大排查，利用税务等部门资料，加工整理、甄别筛选准“四上”单位，组织市县逐一核实，对符合条件的单位督促指导申报入库。全年全市新纳入“四上”单位325家。 （朱 乐）

【统计监测分析】 2021年，大同市统计局持续关注新冠病毒疫情对经济发展影响，加强经济形势分析研判，加强重点行业和重点企业、重点项目跟踪监测。服务业、工业、能源专业，按照“二八”（指花20%的力气，实现80%的效果）原则跟踪监测重点企业88家。按时反映经济运行中的苗头性、趋势性、倾向性问题。创新开展月度地区生产总值测算和分析研究，形成“初步预判—初步预计—初步统计—全面分析”动态监测机制，数据监测全部分行业“四上”企业，实现固定资产投资、工业现价产值、社会消费品零售额、服务业营业收入等分指标分县（区）企业数据变动监测，服务全市经济运行调度。开展季度主要经济指标监测预警，加强与市发改委、市工信局、开发区等对接联系，掌握全市项目建设进度，定期汇总投资主要指标及项目入统信息，确保项目应统尽统。组建统计分析写作专班，向市领导呈报预测预判报告21篇、统计专报5篇、统计快报15篇、统计分析报告9篇，向市委、市政府办公室报送各类信息合计60余篇次。编印《大同经济运行监测》《大同市2021年统计年鉴》《统计业务知识手册》，推出面向社会公众的《大同市主要经济数据汇编》《全国、全省、全市主要经济数据对比情况》等统计资料。 （朱 乐）

【“中国统计开放日”活动】 2021年9月15日，市统计局和国家统计局大同调查队在雁北宾馆前广场联合举办第十二届“中国统计开放日”活动。在活动现场，设立多块与全市经济社会发展、《山西省统计条例》等相关的宣传展板，悬挂宣传标语，设立咨询台。向群众发放宣传彩页、宣传手册、宣传品，鼓励群众扫描二维码参与线上答题等方式，宣传讲解《山西省统计条例》等统计法律法规及统计工作、常用统计指标等相关知识。 （朱 乐）

【“中国统计开放日”全省媒体基层行】 2021年9月23日，第十二届“中国统计开放日”全省媒体基层行活动在大同举办。此次基层行活动以“追寻红色足迹，我为群众办实事”为主题，旨在提升基层统计服务能力，践行统计人初心使命。省统计局资料公众服务中心工作人员、全省各市统计系统有关工作人员、省内各级媒体人等20余人参加此次媒体基层行采风活动。采风团到云州区黄花种植基地、黄花产业园、灵丘县平型关大捷纪念馆等处考察学习。在灵丘县赵北乡统计站和灵丘县统计局，大家实地察看参加统计工作38年的基层统计员的工作记录和灵丘县经济统计数据汇编等相关资料。 （朱 乐）

市场监督管理

【概况】 2021年，大同市市场监督管理局（简称“市市场监管局”）设立全省首家“一站式”质量服务站，为企业提供质量综合服务200余次。实施黄花小微企业质量管理体系认证提升行动，联合权威认证机构“一对一”指导企业建立符合发展和满足自身需求的质量管理体系，试点的15家黄花加工企业全部取得质量体系认证证书。全市新增社会公用计量标准33项，升级改造2项，检定强检计量器具29212台。截至2021年底，大同市各类市场主体近28万户，其中个体工商户近23万户。有效注册商标16114件，有效发明专利1037件。（贾晓烨）

【知识产权服务】 2021年，市市场监管局建成运行商标业务大同受理窗口，全市商标申请、注册量同比增长14.4%和61.6%，有效注册商标拥有量增长33.6%，进入全省第一方阵。完成PCT国际专利注册授权6件，有效专利增长21.8%，专利授权量增长16.3%，发明专利拥有量达3.1件/万人，全市143件专利获省专利奖补资金73万元，1项发明专利获山西省第三届专利奖二等奖。与中国银行大同市分行达成战略合作协议，促成知识产权质押贷款1000万元，知识产权质押融资实现零突破。培育知识产权优势企业2家，知识产权试点学校3所。“大同黄花”入选国家知识产权局第一批地理标志运用促进重点联系指导名录。（贾晓烨）

【知识产权保护机制建设】 2021年，市市场监管局完善知识产权保护工作机制，出台《大同市知识产权保护实施细则》《大同市知识产权（专利）领域严重失信主体联合惩戒实施细则》，构建部门协同的多元惩戒机制和完整的知识产权维权援助工作体系。市、县两级维权援助机构实现全覆盖。全年开展打击侵权假冒专项检查活动12次，查处侵权案件202起，位居全省第一。（贾晓烨）

【外商投资企业登记权限承接】 2021年，市市场监管局设立大同市外资企业登记注册窗口，新登记注册外资企业14户，外资企业登记量和外资业务办理量位居全省第二，截至2021年底，全市有在业存续外资企业232户。（贾晓烨）

【信用监管】 2021年，市市场监管局依法实行信用约束制度，依法规范实施信用修复，对5家严重失信企业开展失信联合惩戒，实施经营异常名录移出147户次、严重违法失信企业名单移出2户次。全覆盖、常态化推进市场监管领域部门联合“双随机、一公开”监管，全市开展部门联合抽查588次，抽查结果全部向社会公示。与朔州市签署合作备忘录，推行跨区域“双随机、一公开”监管。（贾晓烨）

【市场监管领域疫情防控】 2021年，市市场监管局设立大同市进口冷冻冷藏肉品总仓，建设进口冷链食品追溯管理平台，累计集中监管进口冷冻冷藏肉品42.4万件，检测样品2.8万份，全部为阴性，发出冷链食品追溯二维码约37.5万枚，立案查处12起销售未经总仓集中监管冷链肉品案件，全市未发生进口冷链食品引发疫情和“物传人”的情况。严格“一退两抗”药品（指退热药品、抗病毒药品、抗菌药品）销售管理，约谈155家“一退两抗”登记落实不到位的药品零售企业，责令改正21家，停业整顿26家。开展新冠疫苗储存、配送、接种单位检查，经多次调查研判，全市疫苗监管体系完善，流通过程安全，产品质量可控。（贾晓烨）

【食品安全监管】 2021年，市市场监管局创新食品生产安全监管模式，食品生产企业“一品一批一建档”工作实现县（区）全覆盖，建档率100%。推进校园食品、农村假冒伪劣食品、保健食品行业和餐饮环节食品等专项检查，查处食品类案件444起。全年全市抽检16641批次，同比增长48.8%。其中，普通食品抽检10673批次，食用农产品抽检5968批次，抽检量达5.4批次/千人，比上年的3.2批次/千人增加2.1批次/千人。检出不合格食品347批次，总体不合格率2.1%，合格率97.9%。其中，市市场监管局抽检4068批次。其中普通食品3108批次、食用农产品960批次，检出不合格食品158批次。完成第六届成龙国际动作电影周等22个重大活动15835人次的餐饮食品安全保障。围绕社会关注度高的农村自办宴席场所突发食品安全事件举行应急演练，增强食品安全突发事件应急处置能力。（贾晓烨）

【“两品一械”监管】 2021年，市市场监管局强化药品、化妆品、医疗器械日常监测，完成省药监局下达的558批次药品、化妆品和医疗器械抽样，全市涉药单位上报药品不良反应病例3227例，联合市综合检验检测中心对全市药品制剂生产企业开展药物警戒工作专项监督检查。以疫情防控药械、中药饮片、高风险医疗器械、婴幼儿化妆品等为重点，开展药品安全风险隐患排查“百日行动”，查处“两品一械”案件284起。推进药品信息化追溯体系建设，追溯体系覆盖全市三级甲等医疗机构及销售重点品种的零售药店。（贾晓烨）

【特种设备安全监察】 2021年，市市场监管局发现并按时消除特种设备安全一般隐患349项。在全市推行电梯安全责任保险，在用电梯责任险覆盖率82.2%。推进电梯按需维修保护和检验检测改革，推广无纸化维修保护模式，实现维修保护过程内容在线监测，发挥检测的技术诊断作用，优化配置检验检测资源，全年实施电梯检测5698台。“95009”电梯应急救援平台覆盖全市在用电梯，全年快速处置电梯应急事件4972起。启动气瓶质量安全追溯平台建设，通过“一瓶一码”登记在用气瓶，形成来源可查、去向可追、责任可究的信息链条。（贾晓烨）

【工业产品质量监管】 2021年，市市场监管局开展监督抽查及风险监测1203批次。其中，监督抽查1153批次，风险监测50批次。开展环保相关产品、食品相关产品、建材产品、消防产品、机械类产品、农资等产品抽检1153批次，不合格62批次，不合格率5.4%；家电类产品风险监测50批次，发现风险隐患12批次，发现隐患率24%。加强源头管控，组织开展危险化学品、防爆电气、电线电缆及涉及国家产业政策的钢铁、水泥等重点领域风险隐患排查。强化消费品质量风险采集，设立风险信息监测点2个、监测站1个。强化检验检测机构的证后监管和各类认证活动监管，检查认证活动1044次，检查获证组织449家、涉及认证机构97家。

（贾晓烨）

【民生领域监管】 2021年，市市场监管局集中力量开展以打击无证无照、侵权假冒、虚假违法广告、虚假宣传、违规收费、传销等为重点的民生领域“铁拳”行动，查处违法案件1878起，罚没款613万元，联合公安捣毁传销窝点1个，被国家市场监管总局表彰为扫黑除恶专项斗争工作成绩突出集体。在全省率先对网络直播带货这一新兴监管领域组织实施专项整治，批量查处以直播带货侵犯消费者权益、价格欺诈、贬低他人、虚假宣传、风水迷信、不按规定履行法定义务等13件典型案件，为全省查办网络直播带货违法案件打造“办案模板”。

（贾晓烨）

【消费环境建设】 2021年，市市场监管局在全市范围内组织开展线下实体店“无理由退货”承诺活动和“百姓放心酒”示范单位评选，推行“赔偿先付”制度。推进“三消”联动维权（指市场监管系统范围内的消保机构、“12315”指挥中心和消协有机融合联动开展维权工作的体系）试点工作，构建消费保护机构、“12315”指挥中心、市消协一体联动的投诉调解处理机制。全年受理消费者投诉举报咨询1.8万件，办结率98.1%，为消费者挽回经济损失1816.2万元，市消费者协会被中国消费者协会授予“2020—2021年度消费维权先进集体”称号。

（贾晓烨）

【“12315”平台投诉举报咨询】 2021年，大同市“12315”平台接收各类投诉举报咨询1.8万件。其中，投诉1.6万件，举报0.2万件，咨询100件。售后服务、合同、食品安全为投诉重点，投诉受理量较大的商品主要有一般食品、服装、鞋帽、家居用品。投诉受理量较大的服务主要有餐饮和住宿服务、销售服务及文化、娱乐、体育服务。在接到的举报案件中，举报量较大的问题主要有广告违法行为、市场监管领域违法行为、侵害消费者权益行为、不正当竞争行为。举报量较大的服务主要有餐饮和住宿服务、卫生保健、社会福利、教育、培训服务等。咨询量较大的主要有市场主体登记注册、市场监管系统问题、特种设备、非市场监管系统、食品监管等方面的问题。

（贾晓烨）

【药品安全风险隐患排查“百日行动”】 2021年，全市药品安全风险隐患排查“百日行动”期间，排查出“两品一械”（药品、化妆品及医疗器械）安全风险隐患72条，整改64条，立案61起，结案53起，货值金额18.1万元，罚没款49.4万元。市市场监管局组织实施疫情防控药械、特殊药品、中药饮片、高风险医疗器械、假冒伪劣化妆品等6个专项整治。“百日行动”在药品零售连锁门店设立28个“家庭过期药品回收点”，累计接待群众1296人次，回收家庭过期药品4577盒（瓶）。联合市妇联、市公安局、市第三人民医院共同举办“化妆品科普大讲堂”，开展科普宣传进社区、进企业、进学校活动，提升公众安全使用化妆品意识。

（贾晓烨）

【“3·15”国际消费者权益日宣传活动】 2021年3月15日，由市市场监管局（市知识产权局）、平城区市场监管局主办，市消防救援支队、市消费者协会、市市场监管局开发区分局、市盐业公司协办的“3·15”国际消费者权益日宣传活动在大同星茂汇凯德世家广场举行。活动主题为“守护安全 畅通消费”，旨在从筑牢消费市场健康发展基础、满足消费升级安全新需求、畅通消费助力经济循环三方面保护消费者权益。市民在咨询台前学习假烟、假酒、假盐等商品鉴别知识。现场针对中老年人在选购保健品时遇到的情形，重点讲解宣传要警惕、保健品食品诈骗的套路、预防老年人保健品诈骗、购物消费谨防价格欺诈、经营者的责任与义务、消费提示和警示、食品消费警示、产品质量安全提示以及涉及消防器材使用方法、特种设备使用安全知识等内容，现场发放宣传资料5000余份，提供消费维权法律咨询150余人次。

（贾晓烨）

【假冒伪劣商品集中销毁】 2021年3月17日，由市打击侵权假冒工作领导小组、市消协主办，市市场监管局、市公安局协办的集中销毁罚没物品活动在大同富乔垃圾焚烧发电有限公司渣料场举行。此次销毁采取碾压后焚烧和粉碎破坏后无害化处理方式进行。涉及食品、药品、化妆品、防疫物资、服装鞋帽、电子产品、农资产品、工业产品8大类。其中，各种酒类3150瓶、各类食品2988件、防疫物资962件、化妆品32532件、药械16622件、其他商品3580件，货值1500余万元。12月3日，市打击侵权假冒工作领导小组、市市场监管局、市公安局在大同富乔垃圾焚烧处理厂，集中销毁侵权假冒商品有食品、化妆品、防疫物资、服装鞋帽、农资产品等种类，货值110余万元。

（贾晓烨）

【世界知识产权日宣传活动】 2021年4月26日是第21个世界知识产权日，市市场监管局、市公安局、市中级人民法院、市版权局、大同海关等部门在儿童公园联合举办世界知识产权日宣传活动。活动主题为“全面加强知识产权保护，推动构建新发展格局”。市市场监管局等单位通过悬挂条幅、发放宣传品、播放宣传稿件等方式，向市民宣传知识产权知识，帮助大家提升知识产权意识。活动现场发放宣传资料1万余份。（贾晓烨）

【“中国品牌日”宣传活动】 2021年5月10日是第5个“中国品牌日”。由市打击侵权假冒工作领导小组主办的“中国品牌日”宣传活动在万达广场门前举行。活动主题为“中国品牌，世界共享；聚力双循环，引领新消费”。市委宣传部、市中级人民法院、市人民检察院、市公安局、市市场监管局等部门参加宣传活动。活动现场，工作人员通过发放资料、现场讲解等形式向市民讲解有关商标、版权等相关法律法规。开展家庭过期药品回收兑换、酒类产品免费鉴定咨询、食用盐安全咨询、现场受理消费者投诉举报和维权咨询等活动，活动现场向群众展示全市开展打击侵权假冒工作中查扣的部分问题商品。

（贾晓烨）

【食品安全“百日行动”】 2021年5月13日，大同市召开食品安全集中整治百日行动新闻发布会，宣布食品安全百日整治行动成效。百日行动中，全市出动12556人次，检查企业和单位10055家，发现食品安全隐患1698项，整改1357项。查处行政违法案件326件，办结312件；案值187.6万元，罚没款193.8万元；移送司法机关食品领域违法犯罪案件22起，采取强制措施31人，移送起诉20人，涉案价值4169万元。为确保食品安全整治取得成效，市食安委办公室制定大同市食品安全集中整治百日行动方案，以重点企业、重点品种、重点场所、重点领域、重点内容为整治重点，排查食品生产经营单位的食品安全风险隐患。市农业农村局紧盯农业生产重点领域，实施靶向监管。市公安局建设完成全省首家食品药品快速检验检测室，检验检测样品335个，发现156个问题样品，形成案件线索128条，据此立案侦查78起。市综合检验检测中心食品药品检验项目扩项201个产品636个参数。针对疫情防控重点，市场监管部门加强食用农产品市场监管，组织开展农（集）贸市场专项排查整治行动，牵头建成运营“进口冷冻冷藏肉品总仓”，集中统一管理流入市内的进口冷冻冷藏肉品，过仓检测45234件进口冷冻食品，开展核酸检测6299批次，检测结果均为阴性。“百日行动”中，全市食品安全抽检11028批次，特别是“两节”、两会期间，重点抽检人民群众日常生活必需的大宗食品573批次。

（贾晓烨）

【计量器具检查】 2021年5月18日，市市场监管局工作人员到市场，检查血压计、加油机、电子计价秤等计量器具。市市场监管局在平城区北环路1家加油站检查加油机是否按检定周期检定、计量检定证书是否在有效期内等，并使用加油机向标准量具注入100升汽油，以检定加油机计量是否准确。在平城区永泰南路1家大型超市内，工作人员把标准砝码分别放在电子秤盘的中间和4个角上，检定超市内的电子秤。工作人员检定平城区魏都大道上1家医院的CT机和1家眼科医院的验光仪器和焦度计。

（贾晓烨）

【“百姓放心酒示范单位”授牌】 2021年6月起，为贯彻《2021—2022年山西省开展放心消费创建工作要点》要求，确保消费者喝上“放心酒”，引导行业自律，保护消费者合法权益，市消协在全市范围内开展“百姓放心酒示范单位”创建活动。参与创建活动的单位包括全市范围内从事酒类生产、批发、零售企业（含酒类生产企业的直营店及销售公司、商场、超市、餐饮等酒类销售企业）。经过组织推荐、评选验收、媒体公示、授牌表彰、承诺公示5个阶段的创建评选，12月22日，市消协在市市场监管局为大同中钰酒业有限责任公司、浑源县恒山酿酒厂有限公司等23家酒类生产经营企业授予全市首批“百姓放心酒示范单位”称号。授牌中，获评单位与市消协签订“百姓放心酒示范单位”承诺书，承诺合法经营、诚实守信，所售酒类无假冒伪劣商品；“假一赔十”，对消费者无欺诈行为，杜绝销售假冒酒类商品的违法行为，主动接受社会监督。

（贾晓烨）

【“检验检测机构开放日”活动】 2021年9月15日，市市场监管局组织开展以“加快检验检测发展 促进产业优化升级”为主题的第十一届全国检验检测机构开放日活动。此次活动，市市场监管局邀请市人大代表、政协委员、新闻媒体、企业、消费者代表20余人参观大同市综合检验中心的食品药品检测中心和农产品质量检测中心。在2个检验检测中心，参加活动的代表现场观摩农产品、食品、药品的检验流程。活动现场，检验人员介绍检验工作程序、检验设备、检验能力等基本情况，并现场解答大家提出的问题，向参与活动的代表介绍市综检中心利用技术优势，及在保障农产品、食品、药品、工业产品质量安全方面的成绩。

（贾晓烨）

【全市标准化业务培训】 2021年9月14日至15日，大同市开展全市标准化业务培训。来自大同市48家标准化成员单位、市县两级市场监管部门及从事标准化工作的业务骨干90余人参加培训。此次培训邀请山西省品牌与标准化建设促进会、省市场监管局标准化协调推进处、省检测中心（标准计量技术研究院）专家宣讲《山西省标准化条例》，讲解和剖析标准化工作基础知识、标准化法治建设、培育发展团体标准等内容。（贾晓烨）

大同海关

【概况】 2021年，中华人民共和国大同海关（简称“大同海关”）进出口货物贸易额69.7亿元，占全省进出口货物贸易总额的3.1%，全省排名第三，同比增长74.9%，增幅全省排名第一。其中，进口23.5亿元，全省排名第五，同比增长255.2%，增幅全省第一；出口46.2亿元，全省排名第二，同比增长39%，增幅全省第六。一般贸易进出口33.6亿元，同比下降0.9%，占全市外贸总值的48.2%；保税物流进出口36.1亿元，同比增长506.6%，占全市外贸总值的51.8%。进出口货物贸易产品中，电机电气设备、光学及检验设备、机化学品、家具、肉等产品进出口增长快，同比涨幅均达数倍。进出口集成电路9.5亿元，占全市外贸总值13.6%，进出口光学及检验设备9.2亿元，占全市外贸总值13.3%。2021年，大同海关被评为2020年度省直文明单位标兵、2020年优秀处级单位、2020年山西省文明单位。

（王凌云）

2001—2021 年大同市海关进出口总额统计表

表 13-3　　单位：万美元

年　份	海关进出口总额	出口额	利用外资
2001	3913	2672	2581
2002	4948	2518	4062
2003	7573	5122	2785
2004	13570	8049	1642
2005	14716	9248	1159
2006	14628	12490	3117
2007	26849	18174	6421
2008	23681	19592	9201
2009	19500	11400	6121
2010	56767	12493	44274
2011	43123	9791	10600
2012	50395	23400	21300
2013	47815	21493	16463
2014	48172	30235	18159
2015	41633	28405	19100
2016	35576	29240	20110
2017	36492	26983	17013
2018	56312	32811	18194
2019	77408	51979	7003
2020	62842	52720	4926
2021	108025	71564	9080

【进出口食品商品检验】 2021 年，大同海关开展进出口食品化妆品抽样检验及风险监测，实施国抽人工干预检测出口食品 4 批，检测 21 项次，涉及产品类别包括脱水蔬菜、蔬菜类罐头、粮食加工产品和豆类（干），检测结果均为合格；根据省抽计划抽样检验 4 类产品、10 批次、52 项次，涉及产品包括番茄酱罐头、脱水胡萝卜、脱水甘蓝、脱水葱、脱水青梗菜、荞麦混合粉、干红芸豆等，检测结果均为合格。开展进口食品专项整治工作，实地检查辖区备案进口食品进口商的进口和销售记录，核查企业是否在备案的经营范围经营，需备案的进口食品是否来自备案的国外生产企业生产，是否存在违法违规进口食品的情况等相关工作，经检查发现 4 家企业进口和销售记录不全，企业按要求完成整改。2021 年，大同海关实施目的地商品检查 47 批次。其中，机电产品 6 批次，医疗器械 5 批次，原羊毛 35 批次，家具 1 批次。实施出口危险货物包装使用鉴定 4 批次。开展进出口商品质量安全风险监测工作，实施监测商品 2 批次，监测方式为线下抽样，其中活动铅笔 12 支，圆珠笔 12 支，检测结果为活动铅笔符合测试要求，圆珠笔不符合测试要求，并在系统中录入风险信息。（王凌云）

【进出境动植物检验检疫】 2021 年，大同海关加大重点敏感商品检疫查验力度，严防动植物疫病疫情传入传出风险，筑牢口岸动植物检疫防线，维护辖区国门生物安全。进境原羊毛属高风险非食用动物产品，在对进境羊毛指定加工、存放企业检疫监管中，重点关注企业兽医卫生防疫制度落实、工艺流程管理、废弃物处理等关键节点。在应对新冠病毒疫情时，针对进境羊毛来源国特点，实施进境羊毛严格目的地事中检查，在保障进口羊毛通关速度时，强化进境原羊毛中有害生物的检疫工作，全年从进境原羊毛中截获多次有害生物（非检疫性），要求企业按规定实施后续处置，防范外来物种入侵。对辖区 1 家注册供港澳活牛育肥场开展供港活牛疫病监测工作，未发现疫情。落实进出境饲料及食用陆生动物风险监测工作，根据海关总署和太原海关风险监控工作要求，出境饲料按照“一厂一品一案”监管模式制定监管方案，结合企业出口业务实际情况，实施监控出口鸟食2批，其中重点物质监测6项次、一般物质监测2项次，结果均为合格；实施监控出口干燥黄粉虫1批，其中重点物质2项次、一般物质5项次，结果均为合格。全年派员协助多个隶属海关开展动植物检疫业务执法，协助运城海关对2批出境宠物实施检疫并签发证书；协助忻州海关对1批供港活牛实施检疫并签发证书；协助朔州海关开展出口动物源性食品原料养殖场疫情监测情况现场调查。

（王凌云）

【国门生物安全监测】 2021年，大同海关开展辖区国门生物安全监测工作，结合大同市气候地理条件和进出口业务实际，根据海关总署要求及上级部门安排，大同海关针对性开展入境口岸监测调查和重点项目检疫性实蝇监测。根据实施方案，5月至10月，在大同云冈机场周边2千米范围内，运用人工样线调查法等方法开展外来有害生物监测普查；在进出口货物集散地周边地区、果蔬种植基地等实蝇传入或发生风险较高的地点设置诱捕器开展监测，监测期内均未发现检疫性实蝇和其他外来有害生物。大同海关推进国门生物安全宣传，在“4·15”全民国家安全教育日、“6·5”世界环境日等，采取进社区、进校园、进企业等方式，向大同市市民介绍外来有害生物种类、危害、防范措施及进出境法律法规。大同海关关注国外疫情疫病动态，通过海关总署公布的《动植物疫情信息和检疫政策动态》，跟踪关注境外非洲猪瘟、高致病性禽流感、疯牛病、沙漠蝗等疫情疫病动态，提醒大同市进出口企业密切关注，并采取相应防范措施。（王凌云）

【口岸卫生监督与病媒生物监测】 2021年，大同海关落实关区口岸卫生监督工作计划和口岸食品安全监督抽检计划，加强国境口岸、经营单位的卫生监督，督促企业落实主体责任，保障国境口岸公共卫生安全。全年完成4次饮用水的卫生监督抽取工作，检测结果均为合格。全年完成大同航空口岸病媒生物本底调查，摸清大同航空口岸外来生物情况并做分析总结，保护大同市农林牧渔业生产、生态文明建设和人民群众健康。通过调查，掌握口岸病媒生物的种类、种群结构、季节消长等基本信息，提前、科学预警虫媒传染病的发生发展和流行，以便采取措施降低或减少病媒生物密度，防止虫媒疾病的发生、发展、流行及传播。2021年口岸病媒生物检测对象为鼠类、蚊类、蚊幼虫、蜚蠊，未发现相关阳性案例。（王凌云）

【打击走私】 2021年，大同海关缉私分局推动打击走私工作任务落实，聚焦“国门利剑2021”联合专项行动总体目标和打击重点，研究制定辖区打私具体举措，细化任务，明确责任，重点打击洋垃圾、象牙等濒危物种及其制品、重点涉税商品、涉枪涉毒、农产品等走私以及防疫物资、疫苗非法出境，维护国门安全和人民群众身体健康。全年大同海关缉私分局参与侦办打击奢侈品、化妆品、雪茄烟走私刑事案件8起，立案调查行政案件6起，扣押烟弹、违禁物品一批，办理协查案件7起。凝聚关警合力，强化全员打击，签订辖区打私工作责任书，全年关警召开形势分析和业务交流会5次，协同走访企业15家，向企业提出建议10余条，稽查科向缉私分局移交线索4条，立案查处4起。依靠地方力量，强化综合治理，推动大同市政府建立起由30余个成员单位参与的《大同市打击走私综合治理联络员制度》，把打私触角延伸到县（区）基层。全年与地方5家单位签订打私合作协议，开展联合活动19次，其中联合市公安局、文物局、邮政管理局、税务局、烟草局针对重点商品、重点渠道开展综合整治，全年辖区未查获走私违法犯罪活动的走私入境物品销售集散地或窝点。

（王凌云）

【对外开放平台建设】 2021年，大同海关把大同国际陆港保税物流中心（B型）的发展列为年度重点工作，强化监管优化服务，发挥政企沟通“连心桥”和上传下达“牵线人”作用，帮助企业解决难点、堵点。6月10日，经过前期安排部署与现场沟通指导，大同国际陆港保税物流中心（B型）迎来自验收成功后首辆入中心集装箱货车，该货车运载着2100余套骨质瓷餐盘，货值4.1万美元，这是大同市首票通过保税物流中心进出的货物。全年大同国际陆港保税物流中心出口提前申报率93.8%。大同海关推动中国（大同）跨境电子商务综合试验区建设发展，助力大同市外向型经济发展。1月，配合市政府完成跨境电子商务综合试验区建设项目调研工作；7月30日，为企业宣讲海关跨境电商贸易相关法律法规和企业备案流程，鼓励企业开展新业态同时强调守法、合规的重要性；8月31日，大同海关首家跨境电子商务备案企业申报的首批跨境电商B2B出口（9710）货物成功报关出口日本，出口商品为电视天线，货值8.5万日元，实现跨境电商新业态零的突破；10月14日，邀请多名全国海关的跨境电商业务专家、阿里巴巴集团跨境电商业务总监及大同市跨境电商企业代表座谈交流。全年完成8家跨境电商企业备案，备案过程中指派专人跟进，全程跟踪指导，为企业提供“一对一”个性化服务，解决企业在备案、申报、通关过程中的问题，11月8日，大同海关为1家公司办理跨境电商出口海外仓业务模式（9810）备案相关手续，该公司成为山西省第5家跨境电商出口海外仓业务模式备案企业。开展调研分析，走访多家企业，总结大同市发展跨境电子商务的状况和存在的不足，并给出针对性建议，所撰写的政研课题论文获太原海关政研课题二等奖。推动“北肉”（指晋北肉类）平台建设，指导辖区企业开展进口肉类贸易，解答企业在进口肉类贸易方面的问题，解决企业遇到的困难。向企业宣贯进口肉类产品相关法律法规及要求和“船边直提”（指海关针对急需提货的进口货物量身定制的通关监管模式）等最新优惠政策。指导大同富泰肉牛养殖有限公司完成香港食环署远程探访，按照相关文件及规范要求，对大同富泰肉牛养殖有限公司1批40头供港活牛实施现场检疫和监装，签发证书，保障该批活牛按时供港。加快太原海关技术中心大同分中心肉类检测区域中心实验室建设，提升实验室检测技术服务水平，为“北肉”平台高质量发展提供检疫检测技术支撑，编制海关总署肉类检测区域中心实验室（大同）规划论证报告；提升肉类及肉类产品实验室检疫检测能力，95项肉类及肉类产品检疫检测能力获得国家认监委和中国合格评定国家认可委员会认可，参加1项国家肉类产品抗生素能力验证活动，获得满意结果；提升科研能力，1项肉类相关国家行业标准通过海关总署立项；发挥海关大同市食品农产品公共检测服务平台职能，为“北肉”平台肉类产品加工企业提供检测技术服务，通过技术帮扶、检测费用减免、提升企业自检自控能力等方式助力大同市同风食品加工有限公司“同风”品牌建设。（王凌云）

【营商环境优化】2021年，大同海关加强海关知识产权备案、企业认证等政策的宣传和服务，开展企业认证、企业培育等各项工作，加强政策宣传，提升服务质量。开展企业调研，了解企业培育需求，通过电话联系、实地查看等方式与企业负责人沟通，了解企业经营状况、内控制度以及企业认证存在的困难等情况，安排专人对接企业，制定“一企一策”；加强政策宣讲，开展“送政策上门”活动，邀请太原海关企管部门认证专家给企业开展政策宣讲，现场解答企业疑问，同时加强对外宣传工作，在新媒体上宣传AEO认证相关惠企政策；做好企业培育，提升企业认证服务质量，确保各项高级认证企业便利措施落实到位，截至2021年底，大同海关电话沟通联系企业3次，现场宣传培育企业1次。大同首家AEO高级认证企业培育成功。大同海关落实海关总署削减进出口环节审批事项、规范审批行为，简化通关流程环节，强化监管优化服务。引导企业实施“两步申报”“提前申报”“汇总征税”等便利化措施，提前申报报关单占比98.2%，两步申报应用率88%。推行“证单电子化”，启动入境货物检验检疫证明电子化服务，5月21日，大同市中银纺织科技有限公司拿到电子版“入境货物检验检疫证明”，这是大同市企业首次申报，也是山西省开出的首张电子版“入境货物检验检疫证明”，为企业降低通关成本；推行原产地证书自助打印，全年签发原产地证书中自助打印占比51.4%，降低通关环节的制度性成本。（王凌云）

【航空口岸开放】2021年，大同海关与市口岸办、大同云冈机场多次研究协商，优化旅客通关作业场地布局规划、查验设施设备配置、业务技术用房建设等环节；加强与市口岸办、住建局、大同云冈机场、市疾控中心等地方联检机构合作机制；整改旅客通关作业场地、音视频采集系统、联检大楼装修等问题。11月17日，山西省口岸办组织的验收工作组对照航空口岸验收标准验收大同机场航空口岸旅客通关集中作业场地等，并与大同市政府签署验收纪要。大同航空口岸完成口岸正式开放省级预验收工作，大同海关加强与地方政府、大同云冈机场、联防联控联检单位沟通协调，畅通工作机制，落实中央“外防输入、内防反弹”疫情防控方针，完成大同航空口岸通关作业场地与疫情防控体系建设，提升大同航空口岸应急处置能力。（王凌云）

【进口商品疫情防控】2021年，大同海关组织学习《进口商品及包装新冠病毒检测采样作业指导书（第五版）》《进口商品口岸环节新冠病毒预防性消毒作业指导书（第二版）》《新型冠状病毒肺炎口岸防控技术方案（第八版）》《口岸新型冠状病毒肺炎卫生检疫操作指南（第五版）》等商检、卫检相关操作指南、指导书。开展桌面推演，制定《大同海关查检业务工作人员疫情防控突发安全防护事件应急处置预案（试行）》《大同海关食品条线新冠肺炎疫情防控应急演练（桌面推演）方案》，并开展桌面推演。坚持联防联控、关地合作，与市政府相关部门合作建立健全口岸传染病转运移交等闭环管理长效机制。制定《大同海关关于制定云冈机场新冠疫情防输入卫生检疫工作预案》《大同海关全面加强冬春季新冠肺炎疫情防控工作实施方案》，修订《大同海关关于制定云冈机场新冠肺炎疫情防输入卫生检疫工作预案》。出台专门政策，优先保障防疫物资快速通关，印发《大同海关进口疫情防控物资通关保障实施方案》，报关大厅设立进口疫情防控物资快速通关专用窗口及农产品、食品进口绿色通道，进口防控物资实行“7×24小时”预约通关。向企业宣传“互联网+稽核查”作业模式，减少实地下厂频次，通过数字化手段提升后续监管治理能力，全年开展网上核查4次，网上核查率提高27%。大同海关细化进出口商品检验检疫措施，截至2021年底，大同海关检验检疫进出口商品33批，货值1358.4万元，种类包括出口一水硫酸锰，进口医疗器械、机电产品等。（王凌云）

【首次出口羊毛产品】2021年4月6日，经大同海关检疫合格，大同市中银纺织集团有限公司生产的15.2吨羊毛脂装运，经天津出口日本，这是大同市也是山西省羊毛产品首次出口海外。在通关环节，大同海关指导企业掌握出口通关申报要求和原产地政策，让企业获得相关政策优惠。大同海关落实预约申报、“零延时”通关作业等利好政策，提高货物通关效率，帮助企业降低通关成本。（王凌云）

【首次开展加工贸易】2021年9月23日，5台进口柴油发电机到货，标志着大同海关辖区企业正式开展加工贸易业务。针对企业从未开展过加工贸易业务状况，大同海关主动对接，在资料准备、场地验核、“单一窗口”数据录入等环节给予指导，在最短时间内完成加工贸易手册备案、保证金征缴等工作，帮助企业开展业务。（王凌云）

农 业

综 述

【概况】 2021年，大同市粮食产量125.5万吨，增长1.4%。一产增加值102.2亿元，增长9.7%，增速全省第二；一产固投45.4亿元，增长48.6%，增速全省第三；农村居民人均可支配收入12909元，增长11.2%，增速全省第二；农产品精深加工产业集群产值80.8亿元，全省第三。

（梁全宋欣）

【农文旅融合发展】 2021年，大同市发挥生态环境、旅游资源、乡土文化等特有优势，围绕建设面向京津冀全域旅游示范区的目标定位，创建灵丘县上北泉村国家级休闲农业与乡村旅游示范点1个；浑源县、云州区省休闲农业与乡村旅游省级示范县，以及灵丘车河、阳高阳光、云冈杨家窑等11个示范点；天镇新平堡、灵丘上北泉村被评为中国最美休闲乡村。打造火山黄花田园综合体，建成火山天路、忘忧大道、忘忧农场、吉家庄旅游小镇，形成黄花景观旅游点23个，带动旅游收入5000余万元。长城旅游沿线打造的4万亩油菜花景观农业，成为长城旅游新看点。灵丘月亮湾有机苹果基地、阳高龙泉镇、云冈区北村、杨家窑、天镇汇地、同煤宏丰等一大批现代农业设施园区引领带动全市采摘农业发展。黄花丰收活动月、阳高杏花节、天镇长城节、新荣二月二、灵丘花塔乡村旅游节、车河有机农业论坛等系列休闲旅游活动，营造乡村旅游文化氛围。

（梁全宋欣）

【农业遥感监测】 2021年，大同市现代农业发展中心对大同市5县3区开展农业种植业结构监测，涉及云州区、云冈区、浑源县3个监测区域，通过15个样方监测，采集照片75张，绘图15张；完成74条样段监测，采集照片370张，完成样点1284个。野外数据采集完成后，开展实地入户走访调查，搜集土地投入成本、病虫害防治情况、预估产量等信息。

（白继谕）

【农村集体产权制度改革】 2021年，大同市重点做好农村集体产权制度改革后续工作。对全市10个县区开展农村集体产权制度改革市级验收；印发《大同市农村集体产权制度改革工作领导小组办公室关于开展农村集体产权制度改革再“回头看”的通知》，4月至6月，从清产核资、集体经济组织成员确认、资产量化股权设置、成立集体经济组织、建立管理制度、档案管理、群众满意度7个方面开展产权制度改革“回头看”，巩固改革成果；完成农村集体经济合同专项清理整治工作，全市共排查合同9380份，挽回农村集体损失721.3万元；在平城区、云冈区、灵丘县开展农民持有集体资产股份继承、有偿退出试点工作；根据《关于坚持和加强农村基层党组织领导发展壮大村级集体经济的通知》，会同市委组织部、市财政局对三方联合评审2021年财政扶持村级集体经济发展项目，确定780个重点扶持村。（梁全宋欣）

【农村干部经济责任专项审计】 2021年，大同市推进农村干部经济责任专项审计工作。（1）成立市、县、乡级经济责任专项审计领导小组，组建全市农村干部经济责任审计微信工作群。（2）制定县、乡级具体实施方案，明确审计内容、审计方式、标准要求、工作步骤、时序进度等。（3）组织全市相关人员参加6月16日全省农村干部经济责任专项审计工作视频培训班。（4）印发《关于开展农村干部经济责任审计工作督导检查的通知》，组成专门督导队伍，不定期督导检查各县区推进情况，发现问题，按时解决。并通报全市农村干部经济责任专项审计工作进展情况。印发《中共大同市委农村工作领导小组办公室大同市农业农村局关于扎实开展农村干部经济责任专项审计“回头看”工作的通知》，夯实全市村（社区）“两委”换届选举基础。截至2021年9月15日，全市1440个村全部完成审计。

（梁全宋欣）

【农民专业合作社】 2021年，大同市17家农民专业合作社被农业农村部评为国家级农民合作社示范社。在农民合作社质量提升整县推进试点工作中，灵丘县被确定为国家级试点县，左云县、新荣区被确定为省级试点县。（梁全宋欣）

【家庭农场】 2021年，大同市完善《全国家庭农场名录系统》信息1738家，其中省级家庭农场42家，市级家庭农场33家。“大同市新荣区琥源家庭农场”等35个家庭农场被评定为2021年度大同市市级示范家庭农场，新荣区申报家庭农场示范县。

11月8日，省农业农村厅公布2021年省级示范家庭农场名单，经家庭农场自愿申报、县级初审、市级复核、省级评定，大同市15个家庭农场被评为省级示范家庭农场。根据《山西省农业农村厅省级示范家庭农场管理办法》，省级示范家庭农场要从事生产经营活动3年以上，土地相对集中，流转或租赁期限在5年以上。与一般农场相比，省级示范家庭农场运用新品种、新技术、新模式，配备生产经营活动所需的物质技术装备，按照标准化生产技术规程生产，其生产技能、经营模式、产品营销、管理水平等方面对周边农户具有较强示范效应，并带动当地农民增收致富。大同市此次获评的15家家庭农场分别为：新荣区农旺家庭农场、利果家庭农场、裴生耀家庭农场，左云县曙光畜牧家庭农场，云冈区荣济达家庭农场，云州区佳禾家庭农场，天镇县金富种养结合家庭农场，灵丘县王壮家庭农场、子怡家庭农场、玖雪家庭农场，广灵县景田家庭农场、乐悠养殖家庭农场、银月养殖家庭农场，浑源县郭福家庭农场、益民李云家庭农场。

（梁 全 宋 欣）

【农业生产托管】 2021年，大同市农业生产托管任务27.107万亩，资金2091万元。在浑源县、灵丘县、天镇县、广灵县、左云县、云冈区、新荣区开展农业生产托管工作，其中浑源县、灵丘县被省确定为农业生产托管项目试点县。2021年，省农业农村厅和中国建设银行股份有限公司山西省分行开展农业生产托管金融创新服务试点，山西省分行每年不低于20亿元专项额度用于生产托管主体融资需求，大同市浑源县为全省十个试点县之一。大同市浑源县恒兴农业科技发展有限公司入选省农业农村厅向农业农村部择优推荐的3个农业社会化服务组织、全省8个农业生产托管典型服务主体案例。

9月，全市720台农机作业监管设备数据全部接入中国农业社会化服务平台。该平台是农业农村部主导的农业社会化服务领域全产业链智能服务平台。平台由中国农业社会化服务平台和国家农业社会化服务监管平台组成，覆盖粮棉油糖、果树茶叶、蔬菜花卉、畜牧养殖、渔业养殖五大领域，把服务组织提供的农事生产服务、农业信息服务、农资供应服务、农机租赁与维修服务等业务内容，以服务产品的形式汇聚在平台上。大同市托管作业所用农机设备实时定位、作业轨迹、作业类型、作业面积等数据，都可在中国农业社会化服务平台上显示，小农户和新型农业生产主体可通过手机和电脑端直接与服务组织对接和交流，消除信息壁垒。政府部门可通过农服后台监管和实时监测项目，实时了解农机作业轨迹、作业面积，通过系统智能比对实现项目实施预警与项目资金精准发放，保障项目按序推进。

（梁 全 宋 欣）

【农业综合执法】 2021年，大同市农业综合行政执法人员全部划转到位。制定并公布市级执法队207项职责清单，明确执法程序、执法依据，帮助县级执法队厘清217项职责清单。召开专题会议和到县区调研指导检查，全市9个县区的农业综合行政执法改革工作于9月底全部完成。在"3·15"国际消费者权益日之际，开展"放心农资下乡进村宣传周"活动。宣传周活动全市举办现场咨询培训活动21场次，出动执法和科技人员1200人次，接受群众现场咨询7000余人次，发放农资识假辨假宣传明白纸和宣传资料2.2万份，农业科技书籍3500余册，在各乡镇村、各经营门店显著位置张贴国家明令禁止制售的剧毒农药宣传标语，悬挂标语横幅40条，在电视、报纸、网络等媒体报道13篇次。8月，市农业综合行政执法队组织执法力量，重点对全市农药、兽药、饲料、屠宰、渔业、农机、大宗农产品质量8个领域开展大排查大整治行动。此次大排查大整治行动检查农资门市61个、屠宰企业7个、兽药饲料经营门市19个、动物诊疗机构31个、农产品生产企业7个、农机经销企业12个、鱼塘6个、养殖企业15个，发现涉嫌违法行为线索45条，移交各县（区）农业执法队调查处理41起，并要求把调查处理结果上报市队。市农业综合行政执法队在辖区内开展多次农资打假专项整治行动，对全市范围内涉及春耕生产的化肥、农药、种子、兽药、饲料等农业投入品市场开展检查。全年全市出动车辆800余辆次，出动执法人员3000人次，检查各类生产经营场所900余家，全市检查覆盖率100%，在电视、报纸、网络等媒体报道3篇次。全市立案113起，结案79起，处罚金额7万余元。全年，市农业综合行政执法队受理上级交办和投诉工单及来电投诉共36起，全部办结。

（梁 全 宋 欣）

农业发展要事

【大同智慧农业服务平台开通】 2021年5月8日，大同智慧农业服务平台开通。大同智慧农业服务平台有农业资讯、农人风采、大同好粮、春耕进行时、农技课堂、乡村振兴6个专栏。该平台涵盖大同农业动态、农业政策等，让大家第一时间了解全市"三农"工作及政策，为农民提供农业政策信息解读；宣传全市农业农村发展成就和带头人；推广宣传"大同好粮"品牌，扩大全市农特产品知名度；实时发布全市农业气象预告、农资讯息等，通过农技课堂对农民开展技术指导，引导农民了解种植新技术；从产业发展、乡村建设、农民生活等方面宣传介绍全市推进乡村振兴成果，推出"美丽乡村游推荐路线"。

（梁 全 宋 欣）

【全市农业农村重点工作调研座谈会】 2021年5月27日，全市农业农村重点工作调研座谈会在市农业农村局举行，市委副书记、政法委书记艾凌宇，市委常委、副市长龚孟建出席会议座谈会，会上，市农业农村局负责人汇报全市"三农"重点工作情况。市农业农村局各相关部门负责人围绕全市"三农"重点工作进展情况、党管农村工作和需要解决的主要问题座谈。

（梁 全 宋 欣）

【涉农法律法规主题宣传活动】 2021年6月1日，市农业农村局联合新荣区农业农村局在新荣区堡子湾村组织开展《中华人民共和国乡村振兴促进法》进村宣传和"美好生活·民法典相伴"主题宣传活动。

此次宣传活动，主要针对农村基层群众法治需求和关注的热点问题，重点宣传《中华人民共和国民法典》

中与农民利益有关的用益物权编，《中华人民共和国乡村振兴促进法》及其重要意义，病（死）畜禽肉、劣质肉的感官检验鉴定与处理等涉农法律法规。活动通过悬挂横幅标语、发放宣传资料、设立法律咨询台等形式，提高群众运用法律武器维护自身权益和化解矛盾纠纷的能力。此次活动，发放《中华人民共和国乡村振兴促进法》和《中华人民共和国民法典》等宣传资料1000余份，接受群众咨询80余次。

（梁全宋欣）

【农民丰收节庆祝活动】 2021年9月23日，大同市庆祝第四个中国农民丰收节，庆祝活动秉承“庆祝丰收、弘扬文化、振兴乡村”的宗旨，以“庆丰收、感党恩”为主题，突出“节庆”“文化”“贸易”“招商”“交流”开展群众性庆祝活动。各县区重点开展基层庆丰收活动；开展“听党话、感党恩、跟党走”主题宣讲，围绕“话难忘瞬间”“献真诚祝福”“学典型模范”“晒幸福生活”“谈振兴梦想”等内容，到农村社区、田间地头等开展宣讲；开展农村法治宣传活动，以“乡村振兴法治先行”为主题，开展法律咨询服务、有奖知识问答、乡村大讲堂等群众性普法活动；开展产销衔接活动，挖掘品牌农产品、传统民宿文化、优良生态环境等优质乡村资源，搭建线上线下平台，推动农产品销售、乡村旅游，活跃城乡市场，带动县域经济发展。

（梁全宋欣）

【高素质农民技能培训】 2021年10月2日至7日，为全市各县（区）承担植保任务的农业专业合作社、农业经营公司等技术人员“充电”，大同市举行高素质农民技能提升植保无人机技术培训。此次培训班由市农业农村局、省农业广播电视学校大同市分校主办，平城区万鼎无人机职业培训学校、山西万鼎工程勘测设计有限公司承办，培训围绕植保无人机技术，聘请具有丰富实践经验的技术人员作为授课教师，有针对性地开设现代农业生产实用课程和实践环节，向参训学员讲解植保无人机的结构性能、操作方法、注意事项等。12月9日至13日，市农业农村局举办高素质农民技能提升高级人才肉羊养殖技术培训班。各县（区）肉羊养殖专业合作社、养殖大户相关技术人员90人参加培训。此次培训，邀请山西农业大学教授、乡土专家、高级畜牧师等授课，课程涵盖养羊品种及性能介绍、疫病防控、羊的高效繁殖与饲养管理、合作社实地养羊等理论知识及肉羊养殖技术实操内容。培训中还举行交流座谈，来自各县（区）的养殖大户相互学习交流养殖、管理经验，授课专家现场指导。

（梁全宋欣）

【省级“百佳高素质农民”大同10人入选】 2021年10月，2021年度山西省“百佳高素质农民”评选结果公布。此次大同市入选省级“百佳高素质农民”的有10人，分别是：大同市森海食用菌种植专业合作社马亮、左云县宏丰康农牧专业合作社赵有平、云州区吉家庄乡瓮城口村陈纪新、新荣区堡子湾乡马家窑村康建永、天镇县天基蔬菜扶贫专业合作社吴燕军、广灵县巧娘宫手工编织专业合作社刘金萍、云冈区优美葡萄产销农民专业合作社刘文昌、灵丘县新泰畜牧养殖专业合作社刘锦林、阳高县古城镇下娘城村邵宏利、浑源县沙圪坨镇沙圪坨村刘仲鹏。

（梁全宋欣）

【农村集体产权制度改革暨农村集体经济组织带头人培训班】 2021年10月，市农业农村局举办全市农村集体产权制度改革暨农村集体经济组织带头人培训班。此次培训，授课教师围绕农村集体产权制度改革相关政策、农村集体经济审计、加强农村集体“三资”管理规范化建设、发展新型经营主体（家庭农场）相关知识、党建引领集体经济发展、推进乡村振兴加快农业农村现代化6个专题讲解，并组织学员集中收看全国农村集体资产监督管理平台试运行常见问题线上解答辅导。（梁全宋欣）

农村建设

【农村人居环境整治】 2021年，大同市新创建乡村建设专项行动600个村。其中，100个乡村振兴先行示范村、200个整体推进村、300个重点帮扶村，全部完工。通过“点、线、面”示范带动，完善农村基础设施建设和公共服务水平，推进农村生活垃圾治理、污水治理、厕所革命、村容村貌提升，补齐农村人居环境突出短板。大同市推进农村“厕所革命”，坚持“因地制宜，分类施策”原则，完成农村户厕改造18432座，完成率100%。

（梁全宋欣）

【农村“厕所革命”专项财政奖补】 2021年8月，省财政厅下发大同的农村“厕所革命”整村推进奖补资金853.7万元到位，用于支持全市农村改厕工作。按照要求，此次下发的专项资金主要用于支持厕所粪污收集、储存、运输、资源化利用及后期管护能力提升等方面的设施设备建设。此次农村“厕所革命”整村推进财政奖补资金涉及大同市平城区、云州区、阳高县、天镇县、广灵县、灵丘县、左云县上年完成农村“厕所革命”整村推进的47个建制村，共计奖补302.4万元；2021年完成18376户，奖补551.3万元。47个建制村中，灵丘县前山角村、庄头村、东福田村等21个村获奖补122.8万元，是上年完成额度最高的村。（梁全宋欣）

【三村入选全国乡村治理示范村】 2021年9月，农业农村部认定全国100个乡（镇）为第二批全国乡村治理示范乡（镇）、1000个村为第二批全国乡村治理示范村。其中，大同市的云冈区口泉乡杨家窑村、云州区西坪镇坊城新村和左云县管家堡乡黑土口村3个村入选。示范村创建的标准主要包括村党组织领导有力、村民自治依法规范、法治理念深入人心、文化道德形成新风、乡村发展充满活力、农村社会安定有序6个方面。杨家窑村立足产业兴农，利用征地补偿款，创新性地采取支部领办、村民入股的模式，兴建起材料储备场、加油站、混凝土搅拌站等村办企业，打造特色种植、养殖产业，从昔日的“石头村”变为“机制活、产业优、村民富、生态美”的宜居新村。坊城新村是2018年由大坊城与西咀两村易地搬迁后的扶贫安置村，该村在政府帮扶下发展休闲农业和乡村旅游，建设观光园、采摘园，开发特色民宿，推出特色餐饮、特色商品，吸引游客参观旅游，带动全村经济发展、农民增收。黑土口村是左云县长城一号旅游公路沿线的新农村典型。该村依托地理优势，以党建为引领，发展村级经济，打造集生态养殖、观光休闲、采摘娱乐、“农家乐”特色餐饮于一体的农牧业综合体，走出农旅融合发展的新路径。

（梁 全 宋 欣）

【两村入选中国美丽休闲乡村监测合格名单】 2021 年 11 月，农业农村部发布 2021 年中国美丽休闲乡村名单和 2010—2017 年中国美丽休闲乡村监测合格名单，大同市天镇县新平堡镇新平堡村和灵丘县红石塄乡上北泉村入选监测合格名单。新平堡村位于晋、冀、内蒙古三省区交界处，素有“鸡鸣一声闻三省”之称。其历史悠久，有赵、汉、北魏、明四代长城近 50 千米，其中以明长城为多。村内的地标性建筑玉皇阁，是明代楼阁，始建于明万历十一年（1583），是中国北方现存仅有的一座十字过街阁。该村以历史文化资源为依托，发展“边塞旅游”，吸引游客体验当地文化，成为天镇县最为热门的旅游目的地。曾获“中国传统村落”及“2016 中国美丽休闲乡村”。上北泉村被誉为“塞北小江南”，曾入选中国美丽休闲乡村推介名单，被评为特色民俗村，其打造的“山水北泉”品牌，通过实景演出、荷花节、采摘节等，吸引游客旅游。该村通过“有机农业 + 生态旅游 + 美丽乡村”模式，走出一条可持续发展的新路子。

（梁 全 宋 欣）

【村庄环境提质】 2021 年，大同市把基础设施相对较差的 500 个村庄实施环境提质升级列入市政府 10 项民生实事，截至 11 月 30 日，全市 500 个村庄完成环境提质升级工程。实施提质升级的 500 个村庄分整体推进村和重点帮扶村两类。通过提质升级工程，整体推进村达以下标准：村庄周围和街道两边无垃圾堆放、无粪堆、无污水横流、无杂物挡道，生产生活物品堆放整洁、整齐，配备垃圾箱并定期清理；村内墙体整洁，无乱涂乱画、乱拉乱挂、乱堆乱放、乱搭乱建等现象；村庄主街和辅街道路全部硬化，巷道平整，入村道路畅通，主街道两旁适当栽植绿化树木；村庄路口和主街道两旁应安装有太阳能照明设施，方便村民夜间出行；村庄内无和周边环境不和谐的残垣断壁、废弃院落，拆除的土地宜耕则耕、宜绿则绿、宜建则建公共场所或便民设施；结合村庄实际，健全文化活动场所、公共卫生厕所、卫生室等公共服务设施；有环卫保洁制度，村组织环境整治有人抓、有人管。重点帮扶村的标准为：村庄道路和街道两旁干净整洁，无生活垃圾、残垣断壁、破落建筑、粪堆、柴草乱堆和生活污水向街道乱排放现象；主街道路和辅街道路基本硬化，方便村民出入；村内墙体整洁，无乱涂乱画、乱搭乱建现象。

（梁 全 宋 欣）

种植业

【粮食生产】 2021 年，全市粮食播种面积 420.3 万亩，比上年（417.7 万亩）增加 2.6 万亩，同比增长 0.6%。全年全市粮食作物总产量 125.5 万吨，比上年增加 1.8 万吨，同比增长 1.5%。分品种来看，玉米总产量 94.1 万吨，比上年增加 1.6 万吨，同比增长 1.7%；谷子总产量 5.6 万吨，比上年增加 0.2 万吨，同比增长 3.3%；高粱总产量 6.6 万吨，比上年增加 1 万吨，同比增长 18.5%；糜黍总产量 5.2 万吨，比上年减少 0.7 万吨，同比下降 11.4%；其他谷物总产量 2.5 万吨，比上年减少 1.1 万吨，同比下降 30.8%；豆类总产量 2.8 万吨，比上年减少 0.9 万吨，同比下降 24.7%；马铃薯（鲜薯）总产量 44 万吨，比上年增加 8.6 万吨，同比增长 24.2%。

（刘文杰）

【马铃薯种植】 2021 年，大同市马铃薯播种面积 37.5 万亩，同比增长 23.3%。新荣区、左云县均构建万亩马铃薯有机作物基地。全市马铃薯产量 44 万吨，同比增长 24.1%。推广运用脱毒马铃薯品种、马铃薯旱作技术、节水灌溉技术，解决影响马铃薯生产

2020—2021 年大同市粮食播种面积、产量统计表

表 14–1　　单位：亩、吨

名 称	面积（亩）				产量（吨）			
	2021 年	2020 年	绝对值差	增幅	2021 年	2020 年	绝对值差	增幅
粮食作物合计	4202940.0	4176533.8	26406.3	0.6%	1255008.6	1236634.9	18373.8	1.5%
（一）夏收粮食	—	—	—	—	—	—	—	—
（二）秋收粮食	4202940.0	4176533.8	26406.3	0.6%	1255008.6	1236634.9	18373.8	1.5%
一、谷物	3569341.2	3534406.6	34934.6	1.0%	1139067.3	1128634.1	10433.1	0.9%
其中：夏收谷物	—	—	—	—	—	—	—	—
秋收谷物	3569341.2	3534406.6	34934.6	1.0%	1139067.3	1128634.1	10433.1	0.9%
（一）稻谷	320.0	82.8	237.2	286.4%	112.5	34.1	78.4	229.8%
1. 早稻	—	—	—	—	—	—	—	—
2. 中稻和一季晚稻	320.0	82.81	237.2	286.4%	112.5	34.1	78.4	229.8%
3. 双季晚稻	—	—	—	—	—	—	—	—

续表 14-1

名称	面积（亩）				产量（吨）			
	2021 年	2020 年	绝对值差	增幅	2021 年	2020 年	绝对值差	增幅
（二）小麦	—	—	—	—	—	—	—	—
1. 冬小麦	—	—	—	—	—	—	—	—
2. 春小麦	—	—	—	—	—	—	—	—
（三）玉米	2107816.6	2075046.3	32770.3	1.6%	940494.0	924503.3	15990.7	1.7%
（四）其他谷物	1461204.6	1459277.5	1927.1	0.1%	198460.7	204096.7	–5636.0	–2.8%
1. 谷子	363249.0	339991.7	23257.3	6.8%	56022.3	54217.2	1805.1	3.3%
2. 高粱	344546.8	290948.0	53598.9	18.4%	65850.6	55555.2	10295.4	18.5%
3. 大麦	—	—	—	—	—	—	—	—
4. 燕麦	140695.2	155591.4	–14896.2	–9.6%	14242.7	13911.8	330.9	2.4%
5. 荞麦	97663.6	132427.5	–34763.9	–26.3%	10045.9	16417.3	–6371.4	–38.8%
6. 其他	515050.0	540319.0	–25269.0	–4.7%	52299.1	63995.1	–11696.0	–18.3%
其中：糜黍	465160.9	493785.9	–28625.0	–5.8%	51520.1	58121.3	–6601.2	–11.4%
二、豆类	258399.8	337799.1	–79399.4	–23.5%	27852.0	36997.1	–9145.1	–24.7%
其中：夏收豆类	—	—	—	—	—	—	—	—
（一）大豆	102861.9	161500.5	–58638.7	–36.3%	11622.5	19505.4	–7883.0	–40.4%
（二）绿豆	54252.1	77942.5	–23690.4	–30.4%	6924.8	8899.9	–1975.1	–22.2%
（三）红小豆	3761.4	1607.1	2154.3	134.1%	395.1	174.4	220.7	126.5%
（四）其他杂豆	97524.4	96749.1	775.4	0.8%	8909.7	8417.4	492.3	5.9%
其中：红芸豆	29980.0	42807.2	–12827.2	–30.0%	2315.5	3921.0	–1605.5	–41.0%
三、薯类（鲜薯）	375199.1	304328.1	70871.0	23.3%	440446.7	355018.1	85428.7	24.1%
其中：夏收薯类（鲜薯）	—	—	—	—	—	—	—	—
1. 马铃薯（鲜薯）	375179.1	304024.4	71154.7	23.4%	440426.7	354622.9	85803.9	24.2%
2. 甘薯（鲜薯）	20.0	303.7	–283.7	–93.4%	20	395.2	–375.2	–94.9%

问题。马铃薯单产平均每亩 1173.9 公斤，同比增长 0.6%。大同市土壤偏沙壤、富含钾素、土质松软，有利于马铃薯块茎生长，所产的、马铃薯淀粉、干物质含量高，良种覆盖率由原来的 45.6% 提高到 85% 以上。

（白继谕）

【蔬菜生产】 2021 年，大同市蔬菜播种面积 43 万亩，全年总产量 105.5 万吨，产业总产值 32.8 亿元。其中，露地蔬菜 33.8 万亩，产量 59.5 万吨，产值 19 亿元；设施蔬菜播种面积 9.2 万亩，产量 46 万吨，产值 13.8 亿元。全市新增、改造设施农业面积 11543 亩。云州区新发地设施蔬菜种植基地投资 3000 万元，建成日光温室大棚 167.4 亩，塑料大棚 99.2 亩，冷库、分解及包装车间 600 平方米。发挥冷凉蔬菜优势，推动露地蔬菜基地建设，通过集中流转土地，形成规模化种植。全市新开发露地蔬菜基地 27 个，面积 1.3 万亩。全年全市食用菌生产面积 3800 余亩，生产食用菌菌袋 2800 万袋，年产量 4.4 万吨，产值 2.9 亿元。

（梁全宋欣）

【果业生产】 2021 年，大同市果业总面积近 28 万亩。重点实施以高接换头、增施有机肥、生物覆盖、树型改造、农机农具配套、水肥一体化和病虫绿色防控为主的果业提质增效。通过更新品种、合理配置授粉树、加强土、肥、水的管理、合理修剪低产杏、做好预防早期霜冻及霜冻后果园管理、加强病虫害防治、刮树皮和树干涂白等措施，巩固建设新优品种示范园 0.3 万亩，改造中低产果园 1.3 万亩，创建水果标准园 0.3 万亩。建成果品智能化分选初加工生产示范线 1 条。全市通过扩增设施大棚，种植品种由以前单一的杏树品种扩展为油桃、毛桃、葡萄、大接杏、樱桃等品种。同时采取增施基肥、浇冻水、修建树形、树干涂白等措施回流养分、增强树体抗性。（梁全宋欣）

【杏果生产】 2021 年，全市 19.8 万亩杏树产量 15 万余吨。大同杏果是大同市特色农业产业之一。驯化出的优一仁用杏、华县大接杏、香白杏、凯特杏、金太阳杏等成为全市的主栽品种，改变过去以京杏、哈密杏、桃接杏等为主的单一乡土品种结构。大同有天镇的“唐杏”品牌，阳高的“李平”大杏、“香白”大杏等品牌。以杏果为原料加工的功能性食品有杏仁露、杏汁、杏干、杏酱、杏脯、杏仁酥，以及新开发的杏酒等产品。（白继谕）

【油菜花试验新技术新品种】 2021年，大同市现代农业发展中心针对油菜产业发展的品种、技术、效益瓶颈，在左云县管家堡乡管家堡村、左云县店湾乡曹家沟村开展油菜品比试验和技术模式试验，面积200亩。经组织专家测产，左云县管家堡乡管家堡村采用全膜双垄沟播技术种植的甘蓝型油菜青杂15号产量177.2公斤，较对照品种高油6号亩产98.9公斤增产78.1公斤，较等行距种植方式（未覆膜）亩产56.5公斤增产120.7公斤，增幅明显。（白继谕）

【种植新技术示范推广】 2021年，大同市现代农业发展中心在长城旅游沿线种植油菜花4万亩，分布在新荣区、天镇县、阳高县、云冈区和左云县5个县（区）。针对左云县、新荣区降雨量较少、生育期较短特点，重点推广全膜双垄沟播技术应用，面积2万余亩，玉米、谷子、高粱等不同作物增产效果明显，新技术应用成效显著，辐射带动能力显现。（白继谕）

【马铃薯良种繁育基地建设】 2021年，大同市现代农业发展中心种植马铃薯原种120亩、原种脱毒种薯基地建设1500亩，以左云县、阳高县、天镇县、新荣区为主繁育一级种薯1.5万亩，在灵丘县建设200亩马铃薯“三新”示范基地，集中展示新品种、新技术、新器械集成技术的应用模式。

（白继谕）

【农作物新品种试验展示基地建设】 2021年，大同市现代农业发展中心在左云县、阳高县、灵丘县、云冈区、新荣区开展农作物品种展示示范，打造以高粱（小日期品种）、玉米、青贮玉米、杂粮杂豆、优质西甜瓜为主共9种作物70个品种的展示示范平台，为农业高产高效发展提供技术支撑。

（白继谕）

【种子市场检查】 2021年，大同市现代农业发展中心根据山西省农业农村厅《关于开展2021年全省春季农作物种子市场检查工作的通知》的工作安排，组织专业抽检队伍开展全市春季农作物种子市场抽检工作，抽查9个农业县（区）种子经营门店，内容涉及主体资质、品种备案情况、种子标签和使用说明等，并抽样检测受检单位销售的种子。春季农作物种子市场专项检查抽取45份种子样品检测，检测结果全部合格。完成国家农作物种子质量检验中心开展的能力验证考核。（白继谕）

【农作物新品种展示示范观摩会】 2021年9月17日，大同市现代农业发展中心组织的农作物新品种展示示范观摩会在阳高县召开。全市10个县（区）农业农村局、现代农业发展中心、畜牧兽医服务中心、种子经营单位、种植（养殖）专业合作社，以及种植大户等100余人参加会议。实地观摩以新品种推广、新技术集成、新机械装备为核心的“三新”展示示范基地，即阳高县百亩玉米新品种展示示范、千亩青贮玉米高产栽培技术集成示范、晋杂22高粱高产高效创建展示示范及省玉米新品种区域试验。集中展示示范良种良法配套、农机农艺融合集成技术应用成果。

（白继谕）

【植保植检】 2021年，大同市建立农作物病虫市、县、乡三级联合测报网，以大同区域测报站、阳高中心测报站、浑源中心测报站为依托，以田间调查为补充，发挥全国农作物病虫疫情监测中心山西分中心大同市重点监测点的作用，按照作物主产区、病虫重发区、生态易发区等因素科学布点，实时掌握病虫发生发展动态，发布监测预警信息。全年累计完成部、省30余种农作物重大病虫草鼠害系统监测报表2300余份，发布《大同植保》动态信息30期，发布长、中、短期病虫预报18期，预报准确率分别为90%、95%、100%。通过广播、电视、报纸、短信、微信等媒体发布病虫发生动态与预警信息112条。

综合防控　2021年，全市农作物播种总面积538.7万亩，比上年522.8万亩增加15.9万亩。各类病虫草鼠发生面积1446.6万亩次（病害面积291.8万亩次，虫害面积583.2万亩次，杂草面积563.6万亩次，鼠害8万亩次），防治总面积807.4万亩次，平均防治效果85%以上，挽回产量损失45.2万吨。

省级高标准绿色防控示范园区建设　2021年，省植保植检总站在大同市云州区、浑源县分别建设黄花、黄芪各400亩高标准绿色防控及农药减量增效示范基地。基地划分新技术试验区、关键技术展示区和技术集成推广区。示范区针对作物主要病虫害，开展绿色防控新技术新产品引进、试验和示范。通过农业、物理、生物等综合配套技术应用，推广病虫专业化统防统治与绿色防控技术，强化两者协调配合应用，逐步集成农药减量控害模式，辐射带动周边农药减量技术的大面积推广应用。示范基地绿色防控覆盖率100%，病虫危害损失率控制在5%以内，减少化学农药使用30%以上。（梁全宋欣）

畜牧业

【畜牧业生产】 2021年，全市生猪出栏120.6万头，比上年增长56.7%；猪肉产量9.5万吨，比上年增长56.1%。截至2021年底，全市生猪存栏69.7万头，比上年增长37.9%，其中能繁殖母猪存栏6.6万头，比上年增长17.6%。全年全市牛出栏9.3万头，比上年增长31.6%；牛肉产量1.5万吨，比上年增长44.6%。羊出栏119.1万只，比上年增长27.3%；羊肉产量1.7万吨，比上年增长29.3%。活家禽出栏421.8万只，比上年增长19.6%；禽肉产量0.6万吨，比上年增长21.2%。2021年，禽蛋产量6.3万吨，比上年增加600吨，比上年增长1%；生牛奶产量33.2万吨，比上年增加4.8万吨，比上年增长17%。（刘文杰）

【畜牧业发展】 截至2021年底，大同市猪、牛、羊和禽类饲养量分别为249万头、40.9万头、484.2万只和1929万羽。大同市投入资金2000万元，支持雁门关农牧交错带项目建设。该项目由9个农业县（区）承担，

2020—2021 年大同市畜牧业生产统计表

表 14-2

指标名称	计量单位	2021 年	2020 年	同比增长
一、畜禽存栏				
猪	头	696740	505185	37.9%
其中：能繁母猪	头	66420	56477	17.6%
牛	头	223119	180473	23.6%
1. 肉牛	头	125579	95316	31.8%
2. 奶牛	头	97540	85157	14.5%
3. 役用牛	头			
羊	只	1842245	1701251	8.3%
1. 山羊	只	641912	674183	-4.8%
2. 绵羊	只	1200333	1027068	16.9%
活家禽	只	6209174	5418313	14.6%
其中：鸭鹅	只	0	82496	-100.0%
其中：活鸡	只	6209174	5335817	16.4%
其中：肉鸡	只	536309	288975	85.6%
蛋鸡	只	5672865	5046842	12.4%
二、畜禽出栏				
猪	头	1205845	769763	56.7%
牛	头	93404	70976	31.6%
羊	只	1190756	935128	27.3%
1. 山羊	只	432820	363081	19.2%
2. 绵羊	只	757936	572047	32.5%
活家禽	只	4217509	3527318	19.6%
其中：鸭鹅	只	318080	716088	-55.6%
其中：活鸡	只	3899429	2811230	38.7%
三、畜禽产品产量				
猪肉	吨	94605.9	60603.4	56.1%
牛肉	吨	14782.8	10225.0	44.6%
羊肉	吨	17295.0	13372.7	29.3%
1. 山羊肉	吨	5881.8	5084.5	15.7%
2. 绵羊肉	吨	11413.2	8288.3	37.7%
禽肉	吨	6095.7	5030.4	21.2%
其中：鸡肉	吨	5514.5	4257.1	29.5%
鸭鹅肉	吨	581.2	773.3	-24.8%
禽蛋	吨	62957.0	62308.2	1.0%
其中：鸡蛋	吨	61870.1	58382.6	6.0%
鸭鹅蛋	吨	1086.9	3925.6	-72.3%
生牛奶	吨	331698.6	283510.4	17.0%

重点建设生态畜牧养殖基地，壮大饲草加工收储龙头企业，完善规模化养殖场粪污资源化利用设施配套，扶持病死动物无害化处理企业，打造畜牧养殖示范乡（镇），扶持第三方粪污处理公司，扶持阳高县东小村省级动物及动物产品运输指定通道建设，扶持县（区）人畜分离工程建设，保障县（区）市级畜产品安全例行检测工作开展。推动现代畜牧业资源优势创新发展。重点加强马身猪、广灵驴等种质资源保护；推进乳肉兼用牛及特色奶牛创新研发；加强畜禽良种选育推广。开展畜禽养殖标准化示范创建活动。通过自愿申报和县、市、省三级审核、现场复验，天镇中地生态牧场有限公司奶牛养殖得分最高，并推荐入选“2021 年农业农村部畜禽养殖标准化示范场名单”。（白继谕）

【畜禽繁改】 2021 年，大同市现代农业发展中心制订《大同市第三次畜禽遗传资源普查实施方案》，成立资源普查工作办公室和技术专家组，举办种质资源普查培训班。经普查，全市畜禽遗传资源为 8 个畜种 31 个品种，群体数量 150630，能繁母畜 91871，种公畜 2029；其中蜂群体数量 2682（转地放蜂数量 1950，定地饲养数量 732）。新发现资源 1 个畜种，1 个品种（灵丘青背山羊），群体数量 93437，能繁母畜 65470，种公畜 1940。涉及全市 10 个县（区），73 个乡（镇），52 个建制村。开展畜禽主导品种工作。确定适合全市发展的畜禽主导品种 14 个。其中，牛的品种 3 个，羊的品种 6 个，猪的品种 5 个。落实稳定生猪生产贷款贴息金额 49.8 万元，涉及 3 个县（区）的 6 家养猪企业，为 6 家企业新办和换办“山西省种畜禽生产经营许可证”。

（白继谕）

【羊养殖生产】 2021 年，大同市羊养殖量 303.3 万只，同比增长 15%。其中，羊存栏 184.2 万只，同比增长 8.3%；羊出栏量 119.1 万只，同比增长 27.3%。全市羊肉产量 1.7 万吨，同比增长 29.3%。其中，山羊肉产量 0.6 万吨，同比增长 15.7%，绵羊肉产量 1.1 万吨，同比增长 37.7%。（白继谕）

【动物疫病防控】 2021 年，大同市累计免疫猪口蹄疫 159.4 万头、猪瘟 159.5 万头、牛 O 型口蹄疫 19.2 万头、牛口蹄疫 O–A 型二价灭活疫苗 25.2 万头、羊 O 型口蹄疫 172.2 万只、羊口蹄疫 O–A 型二价灭活疫苗 274.7 万只、羊小反刍兽疫 305.2 万只、羊布病 198.5 万只、牛布病 12.5 万头、高致病性禽流感 1073.5 万羽，鸡新城疫 1073.3 万羽。使用重组禽流感病毒（H5+H7）三价灭活疫苗 560.5 万毫升、新城疫 2732.4 万羽、口蹄疫疫苗 685.2 万毫升、猪瘟疫苗 194 万头份、小反刍兽疫 325.8 万头份、布鲁氏菌病疫苗 258.4 万头份。各项强制免疫病种应免免疫密度均达 100%。全年实施产地检疫 870.3 万头 / 只（其中，猪 500018 头、牛 35189 头、羊 121196 只、禽 8046915 羽、其他畜禽 3125 头 / 只）；屠宰生猪 185568 头，羊 25396 只，鸡 17245586 只，屠宰检疫率达 100%；畜产品监测抽检样品 272 个（其中，猪肉 16 个，牛羊肉 16 个，鸡肉 32 个，鸡蛋 64 个，猪尿，牛羊尿 144 个），畜产品质量安全抽检合格率 100%。

非洲猪瘟防控 2021 年，大同市累计排查养猪场户 64.3 万次，排查生猪 7126.3 万头次，检测非洲猪瘟 2.4 万份，未发现阳性。落实非洲猪瘟有奖举报制度，组织各县（区）每月 8 号、18 号、28 号开展“大清洗、大消毒”集中消毒，全年使用消毒液 131 吨、生石灰 97.6 吨，累计消毒面积 9843.2 万平方米。推进非洲猪瘟分区防控，把非洲猪瘟防控重点放在生物安全水平提高及软硬件环的升级改造方面，落实各项安全防控措施。鼓励规模养猪企业设立车辆洗消中心，支持指导有条件的地区和养殖企业建设非洲猪瘟无疫区和无疫小区。（梁全宋欣）

渔 业

【概况】 2021 年，全市渔业养殖总面积 1053 公顷。其中，池塘养殖面积 70 公顷，水库养殖面积 983 公顷。全市水产品产量 1355 吨。其中，池塘养殖产量 909 吨，水库养殖产量 446 吨。全市渔业经济生产总值 1637 万元。（梁全宋欣）

【水产绿色健康养殖“五大行动”】 2021 年，大同市现代农业发展中心制定《大同市 2021 年水产绿色健康养殖“五大行动”实施方案》，遴选天镇县天之润农业科技开发有限公司为实施主体创建“水产生态健康养殖技术模式”和“水产养殖尾水治理模式推广基地”，遴选山西博润苑水产有限公司为实施主体创建“水产养殖用药减量模式”和“水产新品种试验推广基地”，推广水产生态健康养殖模式，推动水产养殖尾水治理，促进水产养殖用药减量。（白继谕）

【水产苗种繁育基地建设】 2021 年，大同市现代农业发展中心依据《中共大同市委农村工作领导小组办公室关于下达 2021 年“三农”工作重点任务指导意见》通知，在全市建设 2 个水产苗种繁育基地。（1）山西博润苑水产有限公司建设鲟鱼繁育基地，增加杂交鲟“鲟龙 1 号”的苗种繁育量，引进 65 尾“鲟龙 1 号”并培育，年可提供鲟鱼苗 200 万尾。（2）天镇县天之润农业开发有限公司建设加州鲈苗种繁育基地，年产加州鲈水花 100 万尾，标粗 10 万尾，鱼种 5 万尾，成鱼 2.9 万公斤，培育亲鱼 1 万公斤。

（白继谕）

【水产种质资源普查】 2021 年，大同市现代农业发展中心按照农业农村部、山西省农业农村厅关于开展第一次全国水产养殖种质资源普查的有关要求，制订方案，建立普查工作调度制度，多次召开推进会和工作例会，强化市县联动，协同推进普查工作。全市确定普查人员 57 人，普查主体个数 69 个，普查完成率 100%。普查到 24 个品种。其中，鱼类有鲤鱼、草鱼、鲢鱼、罗非鱼等 16 个品种；虾类 2 个品种；鳖类 2 个品种；龟类 1 个品种；蟹类 1 个品种；蛙类有 2 个品种。

（白继谕）

【渔业示范基地维修改造】 2021 年，大同市现代农业发展中心为全市水产养殖转型发展，推动“特”“优”

渔业高质量发展，为全市渔业起到典型示范作用，开展养殖模式、养殖品种、养殖技术、养殖效益创新发展，打造现代渔业基地，实施基地现状维修改造升级工程。改造温室大棚以及配套的供电、排水管道、管理实验用房等部分设施，截至 2021 年底投资 100 万元。建设 2 个水产品快速检测室和数据库：市级检测室和水产品质量安全检测数据库，随机检测全市水产养殖户水产品并把检测数据纳入数据库；县级（天镇）检测室和水产品质量合格证管理数据库。（白继谕）

农产品质量监管

【农产品检验监测】 2021 年，大同市落实农业农村部农产品定量检测 1.5 批次 / 千人要求，完成省农业农村厅下达大同市 5200 批次农产品定量检测任务，落实资金保障、制定抽检方案、选好检测机构、严守监测底线。市、县两级坚持例行监测和监督抽查相结合，加大蔬菜、水果、畜禽、禽蛋，及中药材等主要食用农产品的监测频次和力度，扩大监测范围和小散户抽样比例。各县区利用自身现有检测设备检测同时，鼓励辖区内各追溯点和有检测条件的生产主体开展自测工作。（梁　全　宋　欣）

【优质农产品认证】 2021 年，大同市围绕粮食、蔬菜、水果、油料、中药材等“特”“优”农产品，引导农业产业化龙头企业、农民专业合作社示范社申报绿色食品、有机农产品认证，打造高质精优产品，实施优质农产品“走出去”战略，组织供深食品创建工作。全年完成认证绿色食品、有机农产品 60 个，新创建“圳品”3 个，认定“山西供应深圳农产品基地”4 个。“王官屯京杏”“斗山杏仁”两个地理标志农产品分别被确定为 2021 年国家地理标志农产品保护工程项目。（梁　全　宋　欣）

【农产品达标合格建设】 2021 年，大同市推进达标合格证全覆盖。摸清企业、合作社、家庭农场三类主体底数，建立主体名录，并录入省农产品质量安全追溯信息系统，推行“合格证 + 追溯模式”。与市场监管部门协调联动，探索产地准出与市场准入有效衔接机制，协力推进食用农产品合格证试行工作。各县（区）以农产品质量安全宣传周活动为契机，通过发放宣传资料、悬挂宣传标语、组织专家技术人员到生产基地现场指导等方式普及合格证知识，增强生产主体开证意识，提升消费者对合格证的认知度。把核查验证作为农产品质量安全监管的重要内容，增加附带合格证产品的监测抽检比例，严厉打击合格证假开、乱开现象。全年全市推进 10 个涉农县（区）合格证试行工作，373 家农产品生产企业、合作社和家庭农场纳入试行主体名录库，373 家生产主体均开展合格证试行工作，全年全市累计开具合格证 204730 张，涉及农产品 67885.8 吨。

（梁　全　宋　欣）

【“三品”认证】 2021 年，大同市现代农业发展中心开展“三品”认证工作，全市有新认证“三品”（指无公害农产品、绿色食品、有机农产品）企业 40 家、产品 68 个，换证企业 23 家、产品 32 个。现场初步研判新申报企业，筛选出符合“三品”要求的产品 21 个。全市有 62 个产品获得绿色有机认证。（白继谕）

【农产品质量抽检】 2021 年，大同市现代农业发展中心到广灵县、灵丘县、浑源县等县（区）开展农产品抽检工作，抽检样品 40 个。配合省农业农村厅抽检“三品”30 余个，在云州区、左云县开展优质农产品督查活动。（白继谕）

【农业生产主推品种发布】 2021 年 4 月，市农业农村局向各县（区）农业农村局、畜牧兽医服务中心及局属相关单位发布大同市 2021 年农业生产主推品种，以推动农业科技成果推广应用。此次农业生产主推品种 81 个。其中，农作物品种 62 个，包括大丰 1407、君实 618、龙生 5 号等丰产性好、适应性广的 14 个玉米优良品种，以及金豆一号等 2 个大豆品种、同谷 30 号等 6 个谷子品种、晋杂 22 号等 4 个高粱品种、晋薯 16 号等 4 个马铃薯品种、晋燕 17 号等 7 个杂粮品种，辣椒、番茄、黄瓜等 19 个蔬菜和 6 个菇类微生物品种，均适宜大同地区在春播、覆膜或塑料大棚、日光温室等条件下种植。推介发布禽畜品种 19 个优良品种，涉及牛、羊、猪、鸡、驴五大类。（白继谕）

【农业标准化技术委员会成立】 2021 年 11 月 30 日，市农业标准化技术委员会成立。该委员会由全市农业和相关行业的有关专家 31 人组成，在市农业农村局的领导下开展业务工作。该委员会重点承担全市种植业、畜牧业、渔业、农业标准化示范区建设等方面的标准体系建设。大同市发展有机旱作农业 50 万亩，创建有机旱作农业整体推进示范乡 5 个、示范村 10 个、千亩核心片 19 个、样板区 25 个；全市有效期内“三品一标”（指无公害农产品、绿色食品、有机农产品和农产品地理标志）认证产品 440 余个，地理标志农产品 11 个，认证面积约 110 万亩，其中云州区成功创建 3.5 万亩黄花菜全国绿色食品原料标准化生产基地。（白继谕）

农业产业发展

【粮油产业发展】 2021 年，大同市现代农业发展中心完成省级粮油绿色增产增效建设项目 3000 亩，分别为左云县店湾曹家沟油菜 1000 亩、阳高县下深井乡贾庄村玉米 1000 亩和浑源县王庄堡镇洪水村 1000 亩谷子基地建设，引进新品种，应用新技术，把农艺农机有机结合起来，建立绿色增产增效示范田，项目区主推技术应用率 98%，良种覆盖率 100%。

（白继谕）

【有机旱作农业发展】 2021 年，大同市发展有机旱作农业 50 万亩，创建有机旱作农业整体推进示范乡 5 个，整体推进示范村 10 个，千亩核心片 19 个，样板区 25 个，推进灵丘县有机旱作农业标准示范县建设，重点打造桑干河沿线 10 万亩有机旱作农业高质量发展示范区，围绕“一带六园多基地”，打造谷子、高粱、蔬菜等特色农业片区。项目实施方式为整乡推进、整村推进与示范片相结合。

强化关键绿色增产技术、抗旱节水技术及增产增效技术效能综合运用，设立品种对比区、关键技术对比区和残膜回收试点。（梁 全 宋 欣）

【饲草产业】 2021年，大同市耕地种草57万亩，比上年增加1.8万亩。其中，种植一年生牧草56.6万亩、多年生牧草0.4万亩。苜蓿、燕麦草种植面积分别为：0.3万亩、1.3万亩，青贮52万吨，同比增长22.6%。9月8日至10月11日，大同市现代农业发展中心按照省、市指导意见要求，成立粮改饲技术指导专家组，组织技术人员检查和现场技术指导全市10个县（区）的全株玉米青贮制作情况，粮改饲种植面积14.24万亩。组织天镇县中地生态牧场申报标准化示范场，云冈区四方高科农牧公司复验，2家单位通过省级专家现场验收考评，上报农业农村部公示通过。9月28日，召开全市草牧业科技示范技术推广观摩培训班，特邀山西农业大学草业学院博士生导师教授侯向阳和山西农业大学动物科技学院博士生导师教授刘强授课。（白继谕）

【中药材产业】 2021年，大同市中药材总面积近40万亩。其中，黄芪35万亩，柴胡1.3万亩，黄芩1.1万亩，枸杞0.5万亩。

基地建设　2021年，大同市围绕黄芪、甘草、柴胡、黄芩等道地中药材，挖掘资源优势，开展传统品种提纯复壮、良种扩繁及标准化示范基地建设。全年建设标准化示范基地2万亩、中药材良种繁育基地0.1万亩。

药茶研发　2021年，大同市企业与中国农业大学、国家药用植物研究所、山西大学、山西农业大学等科研院所合作，利用大同市特有道地中药材原材料，研发一系列保健养生的药茶产品，全市涉及药茶生产的企业有30余家，品种主要有苦荞茶、恒山老道茶、黄芪叶茶、柴胡叶茶、黄芩叶茶和文冠果叶茶，以及黄芪、柴胡、黄芩饮片茶，玫瑰花茶和部分配方茶。恒宗集团的正气凉茶成为山西省灌装药茶标杆产品，浑源恒山茶业有限公司恒山老道茶销量喜人，实现产品多元、功能多样的药茶产业新格局。

中药材产业项目　2021年，大同市加大本土药材企业政策支持，推动大同市中药材产业规模化发展。重点推进3个重大项目：（1）支持灵丘县与山西振东集团共同投资2亿元建设的中医药产业扶贫园区，该项目包含生产车间、仓库、研发中心、动力中心、综合配套等，集收购、储存、加工、研发、销售、物流功能多位一体的科技园区；（2）支持浑源县投资3000万元的药茶文化体验基地建设，实现恒山黄芪“种、养、加、园、商、旅、研”全产业链协调发展，带动农村集体经济做大做强，助力贫困人口脱贫增收；（3）支持天镇县投资2亿元的药茶产业园建设，该园区包含山西药茶博物馆、种苗培养与科普体验为一体的实验教学基地，融合产学研基地教学等内容。

宣传销售　2021年，大同市组织相关企业参加全国中药材博览会、交易会和推介活动，宣传大同药茶，提升影响力，拓展销售渠道。1月20日，大同市药茶产品入驻山西药茶太原旗舰店，形成合理统一的销售价格体系。5月21日，大同市3家企业携12款产品集中亮相第四届中国国际茶叶博览会，并举办主题宣传推荐活动。

品牌建设　2021年，大同市推动“山西药茶”与北岳恒山和恒山黄芪有机结合，重点在浑源县建设药茶文化体验基地和恒山黄芪展示馆，以药促茶、以旅带茶、茶药旅互动、茶旅融合。在恒山、悬空寺景区设立药茶专柜，增大宣传销售力度；在浑源县举办电商黄芪茶专场活动，推动药茶电商消费，助力乡村振兴，拓宽药茶销售路径。

“东药材”商贸平台建设　2021年，大同市完成恒宗集团“东药材”商贸平台道地药材、贵细药材和药食同源产品交易大厅、电子商务交易平台、药茶产品展示中心、中医理疗中心实体工程项目建设，提高中药材交易水平，打造全国药茶集散中心、华北中药材集散中心和大宗道地药材价格形成中心。（梁 全 宋 欣）

【3家企业入选农业产业化省级示范联合体名单】 2021年8月，省农业农村厅发布2021年度农业产业化省级示范联合体名单，大同市入选的企业分别是旱地农作产业化联合体，牵头企业是山西东方物华农业科技集团有限公司；山西北岳神耆农业产业化联合体，牵头企业是山西北岳神耆生物科技有限公司；浑源县金昌粮贸农业产业化联合体，牵头企业是浑源县金昌粮贸有限公司。入选企业获市农业农村局等相关部门发展政策扶持，促进上下游企业、中小微企业、新型经营主体和普通农户发挥优势，推动农业全产业链发展，带动农户增收致富。（白继谕）

【第八届中国·大同车河国际有机农业论坛】 2021年12月6日至7日，以“全域有机农业与县域乡村振兴”为主题的第八届中国·大同车河国际有机农业论坛在大同举行，来自国内外的近100名有机农业、生态环境专家学者参加论坛。此届论坛由大同市人民政府、中国农业大学、太原理工大学、山西农业大学主办。期间，与会专家学者、有机农业的实践者围绕“有机农业技术新进展”“有机社区与有机乡村社会建设”“有机旱作农业与全域有机农业”等开展专题探讨。同时，论坛还举办乡村文创艺术作品展、有机农业产品展等活动。省委常委、市委书记卢东亮出席开幕式，并宣布论坛开幕。市委副书记、市长张强致辞。省财政厅副厅长魏志华，省农业农村厅副厅长姚继广，市领导艾凌宇、周鹏、赵学斌等出席。中科院院士李家洋，山西农业大学校长张强，太原理工大学党委常委、副校长吴斗庆，国际有机联盟全球大使周泽江，中国生态农业产业技术创新战略联盟书记、副秘书长刘首文等在大同主会场出席开幕式。农业农村部农产品质量监管司一级巡视员程金根，中国农业大学校长孙其信，副市长荆虎等在北京分会场出席开幕式。李家洋、周泽江等专家学者围绕《科学育种：如何保障吃得饱、吃得好、吃得健康》《国内外有机产业发展现状与趋势》等作专题报告。（白继谕）

【大同·中国北方农特优产品交易中心建成】 2021年12月20日，大同·中国北方农特优产品交易中心前期基础建设、软硬件配套均完成，具备运营条件。大同·中国北方农特优产品交易中心是由山西恒宗大健康产业集团整合多方资源新建的线上线下一体化农业特优产品交易平台，建筑面积6000平方米，总投资3000万元，是“大同好粮”“大同黄花”特优农产品线上线下展示交易的重要场所。（白继谕）

大同好粮

【“大同好粮”品牌建设】 2021年，大同市加大“大同好粮”区域公用品牌建设。“大同好粮”被评为十八届中国国际农产品交易会“最具影响力农产品品牌”，被评为第十届上海国际现代农业品牌产品展览会“影响力品牌奖”；“大同好粮”入选省级区域公用品牌，三利农副产品有限责任公司黄花、恒王府北芪菇入选山西省功能农产品，华健油脂、牧同乳业等15家企业产品入选2021年山西特优农产品品牌目录。“大同好粮”展厅设计布展获第七届中国（山西）特色农产品交易博览会组织奖和设计奖。（梁全宋欣）

【“大同好粮”叫响全国】 2021年，大同市利用中央电视台电影频道、成龙国际动作电影周等，在电影频道、抖音、快手、淘宝、京东全媒体开展多场“大同好粮”促销宣传和直播带货活动，观看总量过亿次，微博相关话题阅读量超16亿次，短视频播放量达10亿次。“大同好粮”特色产品在京东、淘宝各大平台交易额2.5亿元。组织“大同好粮”特色农产品参加全国、全省农交会、糖酒会、绿博会、中博会，以及北京、上海、广州、成都、哈尔滨、郑州、长沙、南昌等大型农展会和农产品推介活动。按照北上京津冀、东进长三角、南下粤港澳的销售主攻方向，“大同好粮”直营店入驻上海国际食品产业园山西精品一条街，在北京、广州、太原、大同等地还设立“大同好粮”直营店30余家，年销售额3亿元以上，产品销往全国各地，有的出口海外。年内，首批500箱3.8吨冰鲜大同黄花出口加拿大。（梁全宋欣）

【“大同好粮”推介活动】 2021年，大同市组织“大同好粮”特色农产品参加国家、省级农展会和各类农产品推介活动。3月，市农业农村局组织22家农产品生产企业入驻上海国际食品产业园山西特优农产品精品街，宜发同诚公司与上海晶粮公司签订大同黄花合作协议。4月7日至9日，大同150余个农产品参加在成都举办的第104届全国糖酒商品交易会，现场达成合作意向320余个，合作金额2600余万元。5月，由山西省农业农村厅营销战队牵线，在云州区举办“大同黄花”进上海首车发车仪式，“大同黄花”正式进入上海高端市场。9月23日至26日，第七届中国（山西）特色农产品交易博览会，大同市69家农产品加工龙头企业携带黄花、黄芪、黄小米、羊肉、胡麻油、杏脯、苦荞等300余种特优农产品和民间工艺品参展，并举办“小黄花、大产业”大同黄花品牌推介活动。9月30日，“大同好粮”庆丰收颂国庆七天乐活动在大同市云州区忘忧农场举办，300余种“大同好粮”产品和美食在现场展示。10月15日、16日，成龙国际动作电影周期间，电影频道主播团携手18位淘宝主播，以带货直播方式助推大同及山西其他受灾地区特优农产品热销。据淘宝官方统计，15日，爱德驰援山西洪灾公益链接筹得善款近50万元。（梁全宋欣）

【“大同好粮”在成都展销】 2021年4月7日至9日，第104届全国糖酒商品交易会在成都中国西部国际博览城举行，此次交易会上“大同好粮”区域公共品牌18家代表企业的150余个产品参展。展会期间，大同市推介“大同好粮”“大同黄花”区域公共品牌和大同黄花、华建胡麻油、口泉醋业、田源酿造、白老大果仁酥、菲尼克斯杏酒、灵丘县国春苦荞食品、山西恒悦饮用水、恒芪康白酒、云冈酒业、阳高杏得果、雁门清高、云中紫塞、同冀调味品食品、东和黄酒、宏美惠忘忧酒等特色优质产品。现场达成合作意向320余个，合作金额2600余万元，其中现场拍板签约200余万元。（白继谕）

【“感党恩 走乡村 看好粮 庆丰收”主题活动】 2021年9月15日，按照市农业农村局工作安排，由大同市现代农业发展中心和大同好粮协会承办以“感党恩 走乡村 看好粮 庆丰收”为主题的系列活动。主题活动在云州区坊城新村的黄花产业基地举行。通过文艺会演、书画展示、大田参观、地头品尝等活动，反映劳动人民庆丰收、感党恩的景象，同时通过抖音、摄影、直播等新媒体宣传“大同好粮”的生产现场和加工过程。（白继谕）

【“大同好粮”在广州展销】 2021年12月24日，中国国际农产品交易会产销对接暨脱贫地区农业品牌推介活动在广州中国进出口商品交易会展馆（广交会展馆）开幕。大同市41家“大同好粮”“大同黄花”品牌产品生产企业携200余种特优农产品参加展销。此届展会为期3天，总展位面积6万余平方米，吸引来自全国各地的4000余家企业、3万余种农产品参展。大同市围绕“大同好粮”“大同黄花”区域公共品牌建设、雁门关农牧交错带示范区建设、有机旱作农业发展、农产品精深加工产业集群发展4大类别布展，通过黄花、黄芪、黄小米、胡麻油、杏脯、苦荞等特色农产品展示和现场品尝，突出宣传“大同好粮”“大同黄花”特优品质。展会首日，现场销售收入18万元，并吸引多家企业对接、洽谈。（白继谕）

大同黄花

【概况】 2021年，大同市黄花种植面积26.5万亩，产量14.1万吨，全产业链总产值突破30亿元。全市黄花企业及合作社有175家。其中，企业15家，专业合作社141家。黄花菜规模以上干菜加工企业近76家，年加工能力1.3万吨。推动云州区国家现代农业产业园、坊城新村黄花产业园、宜发同诚中央厨房、山西比斯克黄花饼干等重点项目建设，全市黄花产品有五大系列100余种。

（梁全宋欣）

【黄花产业基础建设】 2021年，大同市实施《大同黄花生产技术规程》《黄花菜种苗生产技术规程》，制定《大同冻干黄花粉》《大同黄花干制品质量分级标准》，建立黄花标准化示范基地，统一生产管理，建立病虫害绿色防控体系，确保黄花产品质量安全。开展黄花保险，全年全市黄花自然灾害保险承保143284.2亩，目标价格保险承保60196.6亩，比上年承保面积分别增长16.6%和6%。（梁全宋欣）

【黄花科技研发】 2021年，大同市依托中国农大、大同黄花产业发展研究院技术优势、人才优势，在黄花产业科技攻关、成果转化等方面开展研发。建立黄花菜全基因组数据库；试制悬挂式黄花菜辅助采收机，开展种苗繁育、标准化生产、绿色植保防控、动态监测及生产环境适应性评价、储藏保鲜、高值化加工、智能机械装备研发、功能成分挖掘、黄花精深加工及功能食品开发、中式菜肴工业化生产等17项黄花产业技术研发。

（梁全宋欣）

【黄花品牌宣传】 2021年，大同市加大“大同黄花”全国百强农产品区域公用品牌和“大同黄花”省级区域公用品牌建设。增补黄花为大同市花，举办黄花成果新闻发布会，发布推介大同黄花35款新产品。启动2021年黄花丰收月活动，举办黄花采摘活动、黄花市集开市仪式、第二届大同黄花产业发展论坛、大同黄花美食评鉴活动等系列活动。启动“大同黄花”抖音大赛，联合大同大学围绕“小黄花、大产业”“大同黄花”品牌建设等主题，在社会上征集“大同黄花”短视频，宣传大同黄花。6月16日，央视《焦点访谈》节目聚焦大同市黄花产业发展。在第六届成龙国际电影周闭幕式上，成龙现场推介大同黄花产品，开展“我们携手共晋”公益直播活动，为大同黄花直播带货，直播观看总量破亿，微博相关话题阅读总量超12亿次，全平台热门话题超38个，短视频播放量破10亿次。“大同黄花”发展案例入选全国乡村产业高质量发展“十大典型”“国家知识产权局地理标志运用促进工程项目”“人民网2021乡村振兴示范案例”“人民优选（乡村振兴）十大产业示范基地”等。“大同黄花”被评为第十届上海国际现代农业品牌产品展览会“影响力品牌奖”。

（梁全宋欣）

【黄花营销渠道拓宽】 2021年，大同市新增大同黄花销售终端4家，较上年同比增长44.4%。鲜菜价格与干菜价格均高于上年，分别达5元/公斤，43元/公斤，比上年同比增长31.6%、19.4%。举办“大同好粮庆丰收 中秋佳节赶大集”中国农民丰收节大同系列活动，集中展示销售大同黄花系列产品。开展2021年“大同黄花”消费扶贫工作，全市各部门、企事业单位、驻大同企事业单位和社会各界消费黄花1300万元。举办农民丰收节暨大同黄花消费创新大会，各黄花加工企业、合作社向山西同发源商贸公司等11家黄花经销商推荐大同黄花系列产品，同时现场直播推荐黄花系列产品。（梁全宋欣）

【黄花科研新成果发布】 2021年5月18日，大同市黄花产业发展成果新闻发布会召开，山西农业大学副校长、大同黄花产业发展研究院院长邢国明和中国农业大学教授李景明发布25项大同黄花理论研究、技术研发、产品创新方面阶段性成果。其中，邢国明发布14项黄花科研成果、实物成果，质证黄花菜中不含秋水仙碱，探究新鲜黄花菜中的致腹泻成分，研发清水黄花等8种新型黄花菜加工产品，建立黄花菜种苗繁育标准，研制系列化黄花菜专用肥，试制不同型号的黄花菜辅助采收机等；李景明发布黄花精深加工与功能性食品研发成果，开发出黄花菜和黄花根茎叶副产物两大系列11种精深加工产品。黄花菜系列产品包括液态产品和固态2类8种产品，有复合营养果蔬汁益生菌发酵饮料和益生菌发酵型黄花菜、黄花风味酱菜、黄花风味酱等；根茎叶副产物系列产品包括多糖、多酚和皂苷3种功能性提取物，可作下游保健食品产业、制药行业的功能性基料，实现黄花菜资源综合利用和效益最大化。

5月25日，大同市黄花产业发展成果新闻发布会召开，全市6家黄花生产加工企业发布推介大同黄花系列菜品、黄花饼、黄花酱、黄花榨菜、黄花饮料等35款新产品。其中，山西宜发同诚农业发展有限公司发布黄花馅包子等速冻米面制品系列、酱香风味黄花酱腌菜、韩式风味、四川泡菜、爽口风味黄花酱腌菜等黄花酱菜系列产品16款；大威皇食品有限公司发布黄花月饼系列、黄花面包系列、黄花素饼系列产品10款；大同民之源黄花食品有限公司发布天下大同黄花沙棘复合饮品、黄花枸杞复合饮品、黄花原味饮品3款产品；大同黄花坊城产业有限公司发布坊城花牌黄花辣椒酱、黄花腌菜2款产品；大同市隆福祥农业科技有限公司发布云小萱黄花五谷代餐粉产品；云州区下榆涧志海黄花种植专业合作社发布牛肉、素三珍和烧烤3种口味的黄花酱产品。

（白继谕）

【大同黄花丰收活动月】 2021年7月12日，2021大同黄花丰收活动月启动仪式在云州区坊城新村黄花产业园举行。省委常委、市委书记张吉福宣布启动，市委副书记、市长张强，市委副书记、政法委书记艾凌宇，市人大常委会主任谷明，市政协主席郜向华等市四套班子领导出席启动仪式。艾凌宇介绍黄花丰收活动月总体方案，并向全国发出黄花订货会邀请，诚邀国内外客商、企业家及各界朋友到大同在游山水、品美食中找商机、谋发展。山西农业大学党委书记廖允成及省商务厅、省农业农村厅、省教育厅、省市场监督管理局、省乡村振兴局等有关领导及国内多家新闻媒体应邀出席启动仪式。此次丰收月活动持续至8月15日。启动仪式上，采摘到的“头茬”黄花被送往北京，与由中国冬奥冠军运动员和电影人代表组成的“献花团”亮相北京冬奥场馆，献给奋战在奥运场馆一线的建设者。活动月期间，“大同黄花进北京，鲜花献奥运”通过直播形式，邀请中科院院士、黄花文化专家学者、星光队员直播解读大同黄花独特功效，为观众讲述大同黄花种、产、加、销及上下游衍生产业等内容，举行黄花产业发展论坛、“大同黄花”薇娅专场推荐活动、忘忧音乐节农文旅活动、黄花订货会活动等重点活动。（白继谕）

【第二届大同黄花产业发展论坛】 2021年7月12日，第二届大同黄花产业发展论坛在大同大学科技报告厅举行，受邀到大同的业内专家、学者、企业家参加，论坛围绕推动黄花产业高质量发展开展探讨交流。省委常委、市委书记张吉福出席并致辞，市委副书记、市长张强作主旨发言，大同大学党委书记弓永华、校长冯锋，市委常委、副市长龚孟建，市人大常委会副主任王凤瑞出席论坛。省商务厅、省教育厅、省文旅厅、省市场监督管理局、省乡村振兴局、山西农业大学、太原海关有关领导出席论坛。各县（区）及市直有关部门负责人，全国黄花主产区行业主管部门、黄花龙头企业负责人等参加论坛。此次论坛以“萱草忘忧 天下大同”为主题，由大同市委、大同市政府主办，山西农业大学、山西大同大学、大同市农业农村局承办。北京农学院原院长、北京市都市农业研究院院长王有年，甘肃省庆阳市农科院黄花研究所所长颉敏昌，平型关智库理事长李波，上海应用技术大学生态技术与工程学院原院长、美丽中国与生态文明研究院首席专家张志国，分别作题为《黄花农文旅康养产业融合发展》《黄花产业发展现状及展望》《小黄花大产业——产业链供应链区块链价值链》《弘扬母亲花文化 带动黄花（萱草）产业发展》的主题报告，共同探讨黄花产业营销、文化挖掘、功能开发、科研进展，分享前沿观点，共享实践经验。

（白继谕）

【“大同黄花”再次获奖】 2021年10月23日，由人民网主办的2021乡村振兴大会在山东淄博市举行。经过组委会初选、展示、初评、终评等环节，“大同黄花”获评“2021乡村振兴示范案例”和“人民优选（乡村振兴）十大产业示范基地”。大同市在会上作题为《小黄花大产业，让振兴之花在大同越开越艳》的主旨发言。大同市全力推动黄花特色产业提质升级。（1）强化政策扶持，编制完成各类黄花产业专项发展规划，市财政每年拿出1亿元支持黄花产业发展。（2）突出种植标准化、加工标准化、品牌标准化，提高黄花品质和产量。全市黄花种植面积26.5万亩，其中绿色食品认证9万亩。（3）重点在创新驱动、龙头带动、农文旅联动上下功夫，开发出100余种黄花产品，打造的“黄花+”模式带动旅游收入2亿余元。（4）在深化合作共赢、优化线上布局、强化线下营销3方面抱团发展，全年全市黄花产业总产值30亿元。（5）通过建立金融保险机制、专业帮扶机制、利益联结机制，带动13.2万人实现增收，户均增收3000元以上。（白继谕）

耕地质量保护

【测土配方施肥技术推广】 2021年，大同市现代农业发展中心在推进化肥使用量零增长行动中，以推广测土配方施肥技术为抓手，重点在“测土、配方、配肥、供肥、施肥指导”这五个环节上下功夫，开展配方发布和施肥方案张贴上墙工作。在全市的10个农业县（区）安排肥料利用率和肥效矫正等方面试验，开展各类新型肥料的试验示范工作。全市测土配方施肥推广面积465万亩，占全市播种面积的91%。全年全市发布配方40余个，在1823个村完成施肥方案上墙，公布施肥方案3900余份；在9个项目县完成取土化验751个，安排肥料田间试验36个；加强施肥技术指导，开展基层技术人员培训工作，全市组织技术培训77期次，累计培训基层技术人员1040人次和农民28591人次。

（白继谕）

【土壤墒情和耕地质量监测】 2021年，大同市现代农业发展中心建立土壤墒情及旱情定位监测点27个，其中平川区设立11个，丘陵区设立16个。通过土壤墒情监测，分析掌握土壤水分变化趋势，发布土壤墒情信息，取得土壤水分数据1728套。完成“三区四情”耕地质量综合监测点自动监测功能区、常规监测功能区和培肥改良试验检测功能区的建设，实现“四情”（墒情、地情、肥情、环情）监测，监测点设在云州区落阵营村高标准农田区域。完成国家级7个监测点、省级170个监测点的土壤采样送检工作。（白继谕）

【耕地质量提升】 2021年，大同市现代农业发展中心按照上年中央农业生产发展和农业资源及生态保护补助资金，实施项目建设，安排到大同市耕地质量保护提升盐碱耕地治理示范项目资金243.2万元，化肥减量增效项目资金286万元。其中，新荣区耕地质量保护提升项目，安排资金228.8万元，在全区选择2万亩盐碱化问题比较突出的耕地，开展退化耕地治理示范，探索应用土壤改良、地力培肥等综合技术模式提升耕地质量，促进土壤理化性状逐步改善，提升示范区耕地质量。浑源县化肥减量增效项目，安排资金192万元，创建1.2万亩玉米、谷子、高粱等化肥减量增效示范片。以玉米生产为重点，实现测土配方施肥技术全覆盖，以加厚耕作层、增施有机肥为主推模式，平均每亩减少化肥用量（纯养分）2公斤，整个项目区减少化肥（纯养分）10.6万公斤。（白继谕）

农业生态与资源保护

【种质资源普查】 2021年，大同市启动畜禽、水产、食用菌种质资源普查。第三次畜禽种质资源普查，完成普查建制村（社区）1482个、建制村普查率80.8%、有资源建制村填报率57.1%、有资源乡镇完成率46.6%，普查各类畜禽资源群体数量约13万。其中，国家级保种资源马身猪群体数量757头，广灵驴群体数量2848头；省级保种资源大尾羊群体数量10437只、青背山羊群体数量93437只、山西黑猪群体1843头。第一次水产种质资源普查，普查主体66个，完成率129%，征集有鲤鱼、草鱼、鲢鱼、鳙鱼等各类水产资源苗种16个品种及虾、鳖、蛙等各类水产资源8个品种。第一次食用菌种质资源普查，收集食用菌资源品种181份，超额完成指标任务121%。

（梁全 宋欣）

农业

【种质资源保护】 2021年，在全省公布的第一批17家省级种质资源保护单位中，大同市占有7家。为抓好全市畜禽种质资源保护，大同市以马身猪、广灵驴国家级保种场为核心，以大尾羊、青背山羊省级保种场为支撑，构建全市畜禽资源保护体系，建好种质资源活体基因库。国家保种资源马身猪共纯繁218头，通过遗传品质检测与性能测定选留50头种猪。

（梁全宋欣）

【农村能源建设管理】 2021年，大同市现代农业发展中心按照山西省农业农村厅办公室关于进一步学习贯彻新《中华人民共和国安全生产法》的通知要求，组织单位职工开展安全生产法学习。到各县（区）组织开展农村能源行业安全生产宣传活动，发放宣传资料1000份。开展安全生产大检查活动。清明节、五一期间，检查各县（区）沼气安全。重点检查阳高县鹏程小店种猪繁育有限公司的大型沼气工程。完成大同市农村沼气使用情况和原因分析调查，并上报市政府和山西省农业生态环境建设总站。

（白继谕）

【物种资源保护】 2021年，大同市现代农业发展中心印发大同市《关于继续开展农业野生植物调查和外来入侵物种调查防控工作的通知》文件，开展农业野生植物资源和外来入侵物种调查工作。重点现场检查浑源县野生黄芪原生境保护区，开展野生荞麦、野生核桃、野生大豆、内蒙古大麦、胡黄连等野生植物调查。重点加强阳高县罗文皂席家湾村，天镇县谷前堡镇水桶寺村、沙屯堡村，逯家湾镇上湾村，南河堡乡七里墩村，三十里铺乡二十里铺村刺萼龙葵的生长可疑区、频发区重点排查，发生面积约9000余亩。

（白继谕）

【地膜污染防治】 2021年，全市地膜使用量6787吨，回收残膜5672吨，回收率83.6%。大同市现代农业发展中心印发《关于做好春耕备耕期间地膜回收工作的通知》，根据区域特点和作物种类制定春耕备耕期间地膜回收方案，组织当地农户、新型经营主体、回收企业、第三方服务组织等共同开展春耕备耕期间地膜回收工作。到阳高县新晋丰薄膜有限公司，指导加工回收企业采用多种形式回收废旧地膜。开展农膜回收宣传及清理整治行动，制定工作方案印发各县（区）。在云州区杜庄乡开展农膜回收利用、加强地膜污染防治，保护农业生态环境宣传，现场发放宣传资料300余份。

（白继谕）

【污染耕地安全利用】 2021年，大同市污染耕地安全利用工作涉及广灵县和灵丘县。全年全市污染耕地安全利用面积8833亩。其中，轻中度污染耕地安全利用面积8654亩，重度污染耕地管控实施面积179亩。第三季度完成8232亩，安全利用93.2%。省市督导相关县（区）受污染安全利用工作3次。完成农产品产地国控点例行监测，组织县（区）按时采集土壤和农产品样品并把样品寄送指定化验室。

（白继谕）

【生态畜牧业】 2021年，大同市立足资源保护、投入减量，构建种养结合、农牧循环的生态畜牧业发展格局。推广粪污处理模式，促进绿色循环发展。推广循环农业模式，因地制宜推广“草—畜—田”“粮—菌—畜”“畜—菜—粮”和有机肥生产等绿色生态循环模式；加强规模养殖场粪污处理设施建设，采取养殖场投入为主，政府适当支持，社会资本参与的运行模式，加大规模养殖场粪污处理设施建设力度；创新粪污处理利用机制。全年全市完成规模化养殖场粪污处理配套设施100个，全市大型规模养殖场配套率100%。（梁全宋欣）

【种质资源普查培训】 2021年7月31日至8月1日，市农业农村局举办种质资源普查培训。来自全市相关县（区）农业系统的技术骨干100余人参加培训。此次培训邀请省市相关专家，通过集中授课方式，重点围绕第三次畜禽遗传资源普查、农作物种质资源普查理论、第一次水产种质资源普查方案（国家、省、市）、食用菌种质资源普查理论等内容专题辅导学员们，同时围绕普查收集工作提出建议及措施。

（白继谕）

农业机械化

【概况】 2021年，大同市投入农机化资金稳定增长，项目总资金投入5897万元。其中，中央资金投入3807万元，省级资金投入540万元，市级资金投入1550万元，较上年增加962万元。大同市农机发展中心新建设的农机智慧化平台安装完毕，把720台农机作业监管设备数据全部接入省智慧农服平台。

（刘宗伟）

【粮食生产保障】 2021年，大同市为发挥农业机械关键作用，明确目标任务，强化责任落实，印发《2021年全市农机系统目标任务计划的通知》《关于做好2021年春季农机化生产工作的通知》，大同市农机发展中心为确保农业生产工作，印发《关于做好2021年优质杂粮有机旱作生产全程机械化作业补助项目的通知》《关于做好2021年秋季农机化生产工作的通知》《关于开展农机购置补贴资金专项督导的通知》《关于进一步做好“两节”和秋季农机安全生产工作的通知》等。全年在作业季机播面积285.7万亩，春玉米机播面积196.7万亩，机播马铃薯面积15.6万亩，机播大豆面积5.9万亩。机械化浇（灌）地面积104万亩；机械耕整地面积346万亩；机械浇灌地面积104万亩；培训机手、修理工147人；检修拖拉机配套农具1.6万台（套）；投入农机具2.2万台（套）。全市投入农机具数量11064台。其中，玉米联合收割机数量1765台，拖拉机数量9299台。检修各类农业机械13670台。机收玉米面积122.5万亩，机械耕整地面积141.3万亩，机收马铃薯面积12.3万亩，机收大豆面积5万亩，牧草机械化收获2.3万吨。（刘宗伟）

【农机信息宣传】 2021年，大同市农机发展中心开展农机化生产宣传报道工作，宣传农机化在粮食减损、技术集成、节本增效、推动规模经济中发挥的作用，向社会宣传农机化生产中的新典型、新亮点、新成效。大同市被省农机中心评为2020—2021

年度山西省农机化信息网信息宣传工作先进单位。（刘宗伟）

【农机购置补贴】 2021年，大同市农机发展中心编制《2021—2023年大同市农业机械购置补贴实施方案》，由大同市农业农村局、大同市财政局联合印发，补贴范围扩大到15大类38小类127个品目。中央财政拨付大同市农机购置补贴资金3177万元，截至2021年底，完成补贴机具2086台（套）。大同市出台《有机旱作农业示范区机械补贴实施方案》，市级划拨1500万元用于项目区机具补贴。为提高装备质量，发挥农机购置补贴等政策的导向作用，大同市农机发展中心起草的《全市农业机械报废更新补贴实施方案》由大同市农业农村局、市财政局、市商务局联合印发。

（刘宗伟）

【农机深松整地作业】 2021年，大同市农机深松作业21万亩。利用省级资金100万元开展优质杂粮有机旱作生产全程机械化作业，阳高县高粱全程机械化补贴作业0.8万亩；云州区谷子全程机械补助作业0.5万亩。

（刘宗伟）

【新技术示范推广】 2021年，大同市利用省级资金295万元开展农机机械化技术集成示范基地项目，新荣区牧草全程机械化作业面积800亩，阳高县建成长期稳定高标准的规模化生产示范基地2000亩。在天镇县创建丘陵山区农机化提升示范区300亩，建成长期稳定高标准规模化生产示范基地2000亩。利用省级资金45万元，完成农机新技术示范点左云县创建胡麻生产全程机械化示范区500亩。完成灵丘县建立粮食机械化烘干示范区农机设备补贴。新荣区建成磨坊、油坊小作坊2个，广灵县建成小杂粮加工点1个，浑源县建成中药材加工点1个。完成加工新装备、新技术培训200人。利用省级资金75万元在阳高县开展丘陵山区农田宜机化改造，改造农田宜机化500亩。全年新注册登记拖拉机、联合收割机615台，占目标任务的153.8%。（刘宗伟）

【农机安全生产】 2021年，大同市农机发展中心组织全市农机合作社和农机大户开展10余次安全生产培训，学习《中华人民共和国安全生产法》《农机机械安全操作规程》等相关规定，利用广播、电视、报纸、互联网等媒体，采取多种形式，宣传农机安全生产工作的意义。克服松懈情绪和侥幸心理，到各乡（镇）、拖拉机集中停放处、车辆检查中心等农业机械集中活动或停放处开展农机安全宣教活动，通过发放安全管理通告、宣传单、张贴海报等形式宣传安全生产法律法规，普及农机安全生产知识。大同市农机发展中心通过座谈会邀请部分农机生产厂家，给农机合作社和农机大户负责人讲解农机安全生产、农业收获机械易发生隐患的环节、日常的维护保养、操作注意事项、机具在复杂地形操作要点及应急处理办法等，并通过一些典型案例开展安全分析。配合公安等部门协作，严查严处拖拉机载人上路行驶等违法行为。

（刘宗伟）

【农机购置补贴政策出台】 2021年9月，市农业农村局、市财政局联合印发《2021—2023年大同市农业机械购置补贴实施方案》，支持引导农民购置先进适用农业机械。根据农业生产实际需要和补贴资金规模，大同市选取15大类、38小类、127个品目作为农机购置补贴机具种类范围。新一轮农机购置补贴资金实行定额补贴，具体补贴额度依据同档产品上年市场销售均价，按不超过30%的比例测算确定。对粮食生产薄弱环节、特色农业生产急需机具和高端、复式、智能农机产品，可选择不超过10个品目的产品提高补贴额，测算比例经报农业农村部备案后可提高至35%。除提高补贴额测算比例的补贴机具和玉米去雄机外，一般补贴机具单机补贴限额原则上不超过5万元；挤奶机械、烘干机单机补贴限额不超过12万元；100马力以上拖拉机、高性能青饲料收获机、大型免耕播种机、大型联合收割机、畜禽粪污资源化利用机具单机补贴限额不超过15万元；200马力以上拖拉机单机补贴限额不超过25万元；成套设施装备单套补贴限额不超过60万元。（刘宗伟）

农业科技

【概况】 截至2021年，山西农业大学高寒区作物研究所（简称“高寒所”）研发经费约786万元。其中，新增经费约466万元，大同黄花产业发展研究院经费20万元，农业农村部农业重大技术协同推广山西试点项目（马铃薯优质绿色高效生产技术示范推广）经费300万元。全年获省科技进步奖2项，“紫花苜蓿生产关键技术研究及产业化”获山西省科技进步二等奖，“玉米蔬菜田间合理化配制技术研究与应用”获山西省科技进步三等奖。新品种审认定、登记16个（国家登记4个、省级审定1个、省级认定11个）。申请专利10项（发明专利3项、实用新型专利7项）；授权专利24项（发明专利4项、实用新型专利20项）；发布山西省行业标准2项；开发软件著作权6项；编著2部；发表论文28篇（北大核心8篇、其他20篇）。研发新技术3项，分别为绿豆全程机械化高产栽培及配套技术、马铃薯水肥药一体化管理集成技术和旱作燕麦全程机械化栽培技术。（张　知）

【科研项目】 截至2021年底，高寒所科研项目56项，其中结转项目20项（院级项目5项、大同市及平城区项目15项）。全年新上科研项目36项。其中，国家级项目（国家现代农业产业技术体系综合实验站）4项、省级项目（宁夏回族自治区重点研发项目）1项、院级项目（育种工程、产业引领、科研恢复专项）18项、发明专利资助经费1项、“三区人才”（49人）专项经费1项、有机旱作农业标准创建项目1项、横向项目（品种试验费、专家服务费、区试费等）7项、大同市平城区项目2项、市农业农村局培训项目1项。（张　知）

【科研成果】 2021年，高寒所在食用豆新品种选育和育种技术创新工作中，开展离子导入法和田间杂交相结合的手段，开展新品种选育。全年配制杂交组合36个。其中，绿豆杂交

农业

2021 年高寒所科研项目统计表

表 14–3

序号	编 号	课题名称	项目类别	起止时间	主持人	总经费（万元）
1	—	国家马铃薯产业技术体系大同综合试验站	农业农村部	2016—2020 年	白小东	42
2	—	国家食用豆产业技术体系大同综合试验站	农业农村部	2016—2020 年	邢宝龙	42
3	—	国家特色油料产业技术体系大同综合试验站	农业农村部	2016—2020 年	杨建春	42
4	—	国家谷子高粱产业技术体系大同综合试验站	农业农村部	2016—2020 年	任月梅	42
5	YCX2019T02	马铃薯提质增效关键技术研究	院科技创新特色重点	2019—2021 年	白小东	50
6	2020xshf55	晋北黍子绿色生产技术研究与示范	学术恢复专项	2021—2023 年	杨如达	20
7	2020xshf56	绿色马铃薯综合高产栽培示范工程	学术恢复专项	2021 年	王梦飞	15
8	2020xshf57	芥菜型春油菜（黄芥）有机旱作栽培技术集成与示范	学术恢复专项	2021 年	刘根科	15
9	YZGC074	高寒冷凉区玉米高产耐寒新品种选育	育种工程	2021—2025 年	殷建军	20
10	YZGC075	早熟优质大豆新品种选育	育种工程	2021—2025 年	邢宝龙	20
11	YZGC076	抗旱优质适合机械化种植胡麻新品种选育	育种工程	2021—2025 年	杨建春	20
12	YZGC077	优质多抗适宜机械化栽培食用豆新品种选育	育种工程	2021—2025 年	刘支平	20
13	YZGC078	优质豌豆新品种选育	育种工程	2021—2025 年	刘　飞	20
14	YZGC079	早熟区谷子优质高产轻简化栽培新品种选育	育种工程	2021—2025 年	郭瑞锋	20
15	YZGC080	加工专用型马铃薯新品种选育	育种工程	2021—2025 年	范向斌	20
16	YZGC081	抗病高产鲜食中晚熟马铃薯新品种选育	育种工程	2021—2025 年	陈　云	20
17	YZGC082	优质、专用、肥高效马铃薯新品种选育	育种工程	2021—2025 年	齐海英	20
18	YZGC083	特色苦荞新品种选育	育种工程	2021—2025 年	杨　媛	20
19	YZGC084	适合机械化收获黍子新品种选育	育种工程	2021—2025 年	李　海	20
20	YZGC085	优质多抗加工型燕麦新品种选育	育种工程	2021—2025 年	杨　富	20
21	YZGC086	高产、高抗黄芪新品种选育	育种工程	2021—2025 年	李　洪	20
22	YZGC087	优质多抗紫花苜蓿新品种选育	育种工程	2021—2025 年	梁秀芝	20
23	—	马铃薯高产高效栽培试验示范	—	—	白小东	35
24	—	2021 年“三区”人才	—	2021 年	—	98
25	—	有机旱作农业标准创建项目	—	—	李　海	6
26	—	抗旱粮草品种筛选及草畜粮循环模式示范（宁夏）	—	—	杨如达	16

2021 年 高寒所动（植）物新品种审认定、登记统计表

表 14-4

序号	单位	选育人	品种名称	动物 / 作物种类	审认定类别	审认定部门	审认定、登记编号	审认定证书日期	单位排名
1	山西农业大学高寒区作物研究所	徐惠云、王盼忠、王婧、殷建军、冯钰、宋秀斌	同燕 3 号	燕麦	省级认定	山西省农作物品种审定委员会	晋认燕202001	2021.1.18	1
2	山西农业大学高寒区作物研究所	李刚、李荫藩、杨富、皇甫红芳、王慧、郑敏娜、梁秀芝、杨媛、王娟、李岩、康佳惠	魏都莜 5 号	莜麦	省级认定	山西省农作物审定委员会	晋认燕202004	2021.1.18	1
3	山西农业大学高寒区作物研究所	杨媛、王慧、石金波、赵萍、杨芳、李占成	同苦荞 1 号	苦荞麦	省级认定	山西省农作物品种审定委员会	晋认杂粮202114	2021.8.30	1
4	山西农业大学高寒区作物研究所	王瑞霞、田宏先、李小玉、刘兴叶、杜海平、白润标	晋油 14 号	油菜	非主要农作物品种登记	中华人民共和国农业农村部	GPD 油菜（2021）140305	2021.10.28	1
5	山西农业大学高寒区作物研究所	李海、梁海燕、宋晓强、林凤仙、姜超、张翔宇、杨芳、杨如达	雁黍 13 号	糜子	省级认定	山西省农作物品种审定委员会	晋认杂粮202118	2021.8.30	1
6	山西农业大学高寒区作物研究所	梁秀芝、郑敏娜、韩志顺、康佳惠、陈燕妮、李荫藩、王雁丽、王慧、薛龙飞、王力	同苜 1 号	苜蓿	省级认定	山西省农作物品种审定委员会	晋认草202101	2021.8.30	1
7	山西农业大学高寒区作物研究所	梁秀芝、郑敏娜、韩志顺、康佳惠、陈燕妮、李荫藩、王雁丽、王慧、薛龙飞、王力	同苜 2 号	苜蓿	省级认定	山西省农作物品种审定委员会	晋认草202102	2021.8.30	1
8	山西农业大学高寒区作物研究所	刘支平	黄荚绿	绿豆	省级认定	山西省农作物品种审定委员会	晋认杂粮202104	2021.8.30	1
9	山西农业大学高寒区作物研究所	邢宝龙、冯钰、冯志威、刘飞、王桂梅、李波、焦振飞、马涛、李霄峰、刘支平、丁婉	同豆 8181	大豆	省级审定	山西农作物品种审定委员会	晋审豆20210002	2021.8.27	1
10	山西农业大学高寒区作物研究所	邢宝龙、刘支平、刘飞、王桂梅、杨芳	同绿 5 号	绿豆	省级认定	山西农作物品种审定委员会	晋认杂粮202105	2021.8.30	1
11	山西农业大学高寒区作物研究所	邢宝龙、刘支平、刘飞、王桂梅、冯钰	同绿 6 号	绿豆	省级认定	山西农作物品种审定委员会	晋认杂粮202106	2021.8.30	1
12	山西农业大学高寒区作物研究所	邢宝龙、王桂梅、刘飞	同芸豆 1 号	芸豆	省级认定	山西农作物品种审定委员会	晋认杂粮202108	2021.8.30	1
13	山西农业大学高寒区作物研究所	邢宝龙、王桂梅、刘飞、冯钰	同芸豆 2 号	芸豆	省级认定	山西农作物品种审定委员会	晋认杂粮202109	2021.8.30	1
14	山西农业大学高寒区作物研究所	刘飞、邢宝龙、王桂梅、陈燕妮、刘冠男、杨芳、冯钰	同豌 8 号	豌豆	非主要农作物品种登记	中华人民共和国农业农村部	GPD 豌豆（2021）140027	2021.7.12	1
15	山西农业大学高寒区作物研究所	白小东、杜培兵、张永福、范向斌、朱智慧、杨春、齐海英、陈云、毛向红	同薯 31 号	马铃薯	非主要农作物品种登记	中华人民共和国农业农村部	GPD 马铃薯（2021）140122	2021.10.28	1
16	山西农业大学高寒区作物研究所	范向斌、白小东、杨春、齐海英、毛向红、杜培兵、张永福、王兴涛、陈云、朱智慧	同薯 32 号	马铃薯	非主要农作物品种登记	中华人民共和国农业农村部	GPD 马铃薯（2021）140123	2021.10.28	1

2021 年高寒所申请、授权专利统计表

表 14–5

序号	单位	申请专利数（个）		授权专利									
		发明专利	实用新型	专利名称	第一发明人	工号	专利权人	专利申请日	申请号	授权公告日	授权公告号	国外/国内专利	专利类型
1	山西农业大学高寒区作物研究所	—	1	一手持燕麦播种机	李　刚	201601	山西省农业科学院高寒区作物研究所	2020.5.21	ZL 2020 2 0861229.5	2021.1.5	CN 212278800 U	国内	实用新型
2	山西农业大学高寒区作物研究所	—	1	一种皮燕麦脱皮机	李　刚	201601	山西省农业科学院高寒区作物研究所	2020.5.21	ZL 2020 2 0860599.7	2021.1.8	CN 212309668 U	国内	实用新型
3	山西农业大学高寒区作物研究所	1	—	一种燕麦挤扁机	李　刚	201601	山西省农业科学院高寒区作物研究所	2020.8.10	ZL 2020 1 0792694.2	2021.11.16	CN 111923465 B	国内	发明
4	山西农业大学高寒区作物研究所	—	1	一种简易谷子脱粒装置	杨　忠	204711	山西省农业科学院高寒区作物研究所	2020.6.19	ZL 2020 2 1146003.3	2021.3.16	CN 212696729 U	国内	实用新型
5	山西农业大学高寒区作物研究所	1	—	一种栽培苜蓿的抗旱基质	梁秀芝	201763	山西省农业科学院高寒区作物研究所	2019.11.22	2019111584540	2021.6.8	CN110663502B	国内	发明专利
6	山西农业大学高寒区作物研究所	—	—	一种马铃薯的栽培方法	梁秀芝	201763	山西省农业科学院高寒区作物研究所	2016.8.31	2016107663315	2021.6.15	CN106386056B	国内	发明专利
7	山西农业大学高寒区作物研究所	—	—	一种马铃薯施药装置	梁秀芝	201763	山西省农业科学院高寒区作物研究所	2021.7.27	2021217187951	2021.11.30	CN214903351U	国内	实用新型
8	山西农业大学高寒区作物研究所	—	—	一种马铃薯栽培装置	康佳惠	201562	山西省农业科学院高寒区作物研究所	2020.12.7	2020229331357	2021.10.15	CN214385065U	国内	实用新型
9	山西农业大学高寒区作物研究所	—	—	一种谷子脱粒分选装置	陈燕妮	201112	山西省农业科学院高寒区作物研究所	2020.8.18	2020217237424	2021.3.26	CN212791908U	国内	实用新型
10	山西农业大学高寒区作物研究所	—	—	一种小型除草培土机	梁秀芝	201763	山西省农业科学院高寒区作物研究所	2020.11.11	2020225958218	2021.7.9	CN213638801U	国内	实用新型
11	山西农业大学高寒区作物研究所	—	—	一种苜蓿试验小区用播种装置	郑敏娜	206051	山西省农业科学院高寒区作物研究所	2020.11.11	2020225958716	2021.7.9	CN213638846U	国内	实用新型
12	山西农业大学高寒区作物研究所	—	—	一种用于苜蓿人工授粉的授粉装置	韩志顺	201399	山西省农业科学院高寒区作物研究所	2020.11.2	2020224915408	2021.8.17	CN213961200U	国内	实用新型
13	山西农业大学高寒区作物研究所	—	—	一种马铃薯栽培装置	康佳惠	201562	山西省农业科学院高寒区作物研究所	2020.12.7	2020229331357	2021.10.15	CN214385065U	国内	实用新型
14	山西农业大学高寒区作物研究所	—	—	一种马铃薯栽培装置	康佳惠	201562	山西省农业科学院高寒区作物研究所	2020.12.7	2020229331357	2021.10.15	CN214385065U	国内	实用新型
15	山西农业大学高寒区作物研究所	—	—	一种马铃薯种植装置	梁秀芝	201763	山西省农业科学院高寒区作物研究所	2021.7.27	202121719744	2021.12.14	CN215121934U	国内	实用新型
16	山西农业大学高寒区作物研究所	—	1	一种小区黍子收割装置	林凤仙	201771	山西省农业科学院高寒区作物研究所	2020.11.13	ZL202022624265.2	2021.6.22	CN 213485775 U	—	实用新型
17	山西农业大学高寒区作物研究所	—	1	一种黍子种子发芽盒	宋晓强	204153	山西省农业科学院高寒区作物研究所	2020.11.24	ZL202022741694.8	2021.7.6	CN 213603133 U	—	实用新型

续表 14-5

序号	单位	申请专利数（个）		授权专利									
		发明专利	实用新型	专利名称	第一发明人	工号	专利权人	专利申请日	申请号	授权公告日	授权公告号	国外/国内专利	专利类型
18	山西农业大学高寒区作物研究所	—	1	一种用于黍子种植的中耕机	苏占明	204166	山西省农业科学院高寒区作物研究所	2020.7.10	ZL202021350000.1	2021.5.11	CN 213152805U	国内	实用新型
19	山西农业大学高寒区作物研究所	1	—	一种柠条病虫害防治装置	杨　富	204639	山西省农业科学院高寒区作物研究所	2020.7.9	ZL202021337528.5	2021.3.16	CN212702411N	国内	实用新型
20	山西农业大学高寒区作物研究所	—	—	一种柠条种子采收装置	姜　超	201520	山西省农业科学院高寒区作物研究所	2020.7.13	ZL202021366827.1	2021.3.16	CN212696697N	国内	实用新型
21	山西农业大学高寒区作物研究所	—	—	一种大面积实用的高粱施肥机	殷建军	204721	山西省农业科学院高寒区作物研究所	2021.4.27	ZL 2021 2 0886016.2	2021.11.9	CN 214628123 U	国内	实用新型
22	山西农业大学高寒区作物研究所	—	1	一种谷黍两用播种器	张翔宇	204898	山西省农业科学院高寒区作物研究所	2020.12.20	2020 2 3110261.9	2021.8.31	CN 214070608 U	国内	实用新型
23	山西农业大学高寒区作物研究所	—	—	高效豌豆杂交育种方法	刘　飞	201785	山西省农业科学院高寒区作物研究所	2018.5.28	ZL201810522567.3	2021.8.17	CN108719051B	国内	发明
24	山西农业大学高寒区作物研究所	—	—	一种油菜种子选育用储放装置	王瑞霞	204356	山西省农业科学院高寒区作物研究所	2021.4.30	ZL202120930368.3	2021.12.24	CN215286281 U	国内	实用新型

2021 年高寒所发布标准统计表

表 14-6

序号	单位	标准名称	标准编号	标准类别	标准属性	第一起草人	第一起草单位	发布单位	发布日期	实施日期
1	山西农业大学高寒区作物研究所	燕麦全程机械化配套栽培技术规程	T/SXAGS 0029—2021	团体标准	推荐性	杨　富	山西农业大学高寒区作物研究所	山西省粮食行业协会	2021.8.30	2021.9.6
2	山西农业大学高寒区作物研究所	燕麦良种繁育技术规程	T/SXAGS 0030—2021	团体标准	推荐性	杨　富	山西农业大学高寒区作物研究所	山西省粮食行业协会	2021.8.30	2021.9.6

2021 年高寒所出版学术著作、教材统计表

表 14-7

序号	单位	科技著作、教材名称	作者	作者排序	著作总字数（千字）	总页数	本人撰写字数（千字）	本人编写起止页码	著作类别	出版社	出版地	书号	出版日期	学科分类	备注
1	山西农业大学高寒区作物研究所	中国北方小扁豆栽培	邢宝龙	01	262	154	—	1–54	编著	气象出版社	国内	〔2021〕第127377 号	2021.8		自然科学
2	山西农业大学高寒区作物研究所	山西特色农业	白小东、陈云、杜培兵、范向斌、郭芳、毛向红、齐海英、岳新丽、朱智慧	编委	820	351	15	114–133	编著	山西经济出版社	山西	ISBN978–7–5577–0611–1	2019.12	210	自然科学

2021 年高寒所著作权统计表

表 14–8

序号	单位	软件名称	著作权人	第一完成人	开发完成日期	证书落款日期	证书号
1	山西农业大学高寒区作物研究所	氮高效春油菜种质的筛选及新品种选育的检测系统 V1.0	王瑞霞、田宏先	王瑞霞	2021.6.23	2021.8.24	软著登字第 7975322 号
2	山西农业大学高寒区作物研究所	农田气象信息记录与分析系统	薛龙飞、徐玉坤、郭秀娟	薛龙飞	2021.6.4	2021.7.23	软著登字第 7810331 号
3	山西农业大学高寒区作物研究所	马铃薯种质资源鉴定评价系统 V1.0	梁秀芝、陈云、岳新丽、郑敏娜、康佳慧	梁秀芝	2021.6.6	2021.8.27	软著登字第 7995849 号
4	山西农业大学高寒区作物研究所	马铃薯栽培智能管理平台 V1.0	梁秀芝、陈云、岳新丽、郑敏娜、康佳慧	梁秀芝	2021.6.6	2021.8.27	软著登字第 7995890 号
5	山西农业大学高寒区作物研究所	耐盐苜蓿种质培育管理系统 V1.0	梁秀芝、郑敏娜、康佳慧、韩志顺、陈燕妮	梁秀芝	2021.7.31	2021.11.9	软著登字第 8393298 号
6	山西农业大学高寒区作物研究所	苜蓿新品种筛选评价系统 V1.0	梁秀芝、郑敏娜、康佳慧、韩志顺、陈燕妮	梁秀芝	2021.7.31	2021.11.9	软著登字第 8393297 号

2021 年高寒所发表学术论文统计表

表 14–9

序号	单位	论文题目	所属论文索引库	学科门类	刊物名称	期刊主办单位	年，卷（期）：起止页码	第一作者	第一作者单位	通讯作者
1	山西农业大学高寒区作物研究所	几种除草剂对胡麻田野黍子防除效果比较	—	农业科学	耕作与栽培	贵州省农作物学会；贵州省农业技术推广总站	2021,41（2）:37–38+46	杨建春	山西农业大学高寒区作物研究所	—
2	山西农业大学高寒区作物研究所	胡麻新品种晋亚 14 号选育及栽培技术	—	农业科学	农业科技通讯	中国农业科学院	2021,（10）:281–282+288	吴瑞香	山西农业大学高寒区作物研究所	杨建春
3	山西农业大学高寒区作物研究所	晋北区黄胡麻新品系比较试验初报	—	农业科学	中国种业	中国农业科学院作物品种资源研究所；中国种子协会	2021,（09）:71–75	吴瑞香	山西农业大学高寒区作物研究所	—
4	山西农业大学高寒区作物研究所	干旱胁迫对不同品种胡麻生理特性和种子萌发的影响	—	农业科学	种子	贵州农业职业学院；贵州省种子管理站	2021,40（6）:107–111+115	王利琴	山西农业大学高寒区作物研究所	—
5	山西农业大学高寒区作物研究所	播种对胡麻田杂草发生及胡麻产量的影响	—	农业科学	南方农机	江西省农业机械研究所	2021,52（6）:65–67	何　霞	山西农业大学高寒区作物研究所	—
6	山西农业大学高寒区作物研究所	晋北地区春播燕麦复种马铃薯适宜模式筛选研究	—	农业科学	耕作与栽培	贵州省农作物学会；贵州省农业技术推广总站	2021,41（4）:24–26	李　刚	山西农业大学高寒区作物研究所	—
7	山西农业大学高寒区作物研究所	饲用燕麦品种在晋北农牧交错区的生产性能和营养价值研究	北大核心	农业科学	中国农业科技导报	科技部中国农村技术开发中心	2021,（12）:42–53	李　刚	山西农业大学高寒区作物研究所	—
8	山西农业大学高寒区作物研究所	灰色关联度分析和主成分分析在油菜抗旱育种中的应用	北大核心	农业科学	种子	贵州农业职业学院、贵州省种子管理站	2021,40（9）:92–97	李小玉	山西农业大学高寒区作物研究所	王瑞霞
9	山西农业大学高寒区作物研究所	不同钾肥处理对糜子茎秆形态、力学、生理特性及抗倒伏能力的影响	北大核心	农业科学	作物杂志	中国作物学会和中国农业科学院作物科学研究所	2021（6）:177–181	梁海燕	山西农业大学高寒区作物研究所	李　海

续表 14–9

序号	单位	论文题目	所属论文索引库	学科门类	刊物名称	期刊主办单位	年，卷（期）：起止页码	第一作者	第一作者单位	通讯作者
10	山西农业大学高寒区作物研究所	16 个燕麦品种（系）营养价值的综合评价	—	农业科学	农业科技通讯	中国农业科学院	2021，（12）：197–201	郑敏娜	山西农业大学高寒区作物研究所	—
11	山西农业大学高寒区作物研究所	不同改良措施对盐碱土土壤细菌群落多样性的影响	—	农业科学	草地学报	中国草学会	2021, 29（6）:1200–1209	郑敏娜	山西农业大学高寒区作物研究所	—
12	山西农业大学高寒区作物研究所	不同措施对苏打型盐碱土土壤盐分淋洗特征的影响	—	农业科学	山西农业科学	山西省农业科学院	2021,49（3）:318–323	郑敏娜	山西农业大学高寒区作物研究所	—
13	山西农业大学高寒区作物研究所	不同改良措施对晋北盐碱土盐碱障碍和青贮玉米氮素吸收的调控	—	农业科学	草地学报	中国草学会	2021,29（12）：2526–2532	郑敏娜	山西农业大学高寒区作物研究所	—
14	山西农业大学高寒区作物研究所	不同外源氮素形态对紫花苜蓿根系的影响	—	农业科学	山西农业科学	山西省农业科学院	2021,49（4）:467–471	康佳惠	山西农业大学高寒区作物研究所	梁秀芝
15	山西农业大学高寒区作物研究所	晋苜 1 号紫花苜蓿种子生产技术	—	农业科学	现代农业科技	安徽省农业科学院	2021,（3）:195–196+199	康佳惠	山西农业大学高寒区作物研究所	梁秀芝
16	山西农业大学高寒区作物研究所	燕麦品种（系）的营养品质综合评价	北大核心	农业科学	麦类作物学报	西北农林科技大学、国家小麦工程技术研究中心	2021,41（2）:203–211	王　慧	山西农业大学高寒区作物研究所	杨　富
17	山西农业大学高寒区作物研究所	大同市高效生态农业发展现状及对策	—	—	安徽农学通报	安徽省农学会	2021, 27（7）13–14+86	杨　富	山西农业大学高寒区作物研究所	—
18	山西农业大学高寒区作物研究所	阳高县旱地绿豆高产栽培技术	—	农业科学	现代农业科技	安徽省农业科学院	2021, 5:31–32	张旭丽	山西农业大学高寒区作物研究所	—
19	山西农业大学高寒区作物研究所	芸豆品种主要农艺性状的主成分分析和聚类分析	—	—	种子	贵州农业职业学院，贵州省种子管理站	2021, 40（2）76–79+85	王桂梅	山西农业大学高寒区作物研究所	邢宝龙
20	山西农业大学高寒区作物研究所	谷子新品种大同 40 号选育及栽培技术	—	农业科学	耕作与栽培	贵州省农作物技术推广总站	2021,（6）	任月梅	山西农业大学高寒区作物研究所	—
21	山西农业大学高寒区作物研究所	马铃薯品种（系）经济性状与营养品质综合评价	—	农业科学	山西农业科学	山西农业大学	2021, 49（7）：855–859	齐海英	山西农业大学高寒区作物研究所	白小东
22	山西农业大学高寒区作物研究所	马铃薯晋薯 27 号在朔州地区的种植表现	北大核心	农业科学	农业科技通讯	中国农业科学院	2021, 591（3）:113–115	岳新丽	山西农业大学高寒区作物研究所	—
23	山西农业大学高寒区作物研究所	晋北高寒地区马铃薯品系比较试验	北大核心	农业科学	农业技术与装备	山西现代农业工程出版传媒中心	2021, 374（2）:9–11	岳新丽	山西农业大学高寒区作物研究所	—
24	山西农业大学高寒区作物研究所	灰色关联度分析在大同市引种马铃薯品种上的应用	北大核心	农业科学	山西农业科学	山西省农业科学院	2021,49（6）:715–719	岳新丽	山西农业大学高寒区作物研究所	—
25	山西农业大学高寒区作物研究所	不同品种马铃薯营养品质分析及利用价值评价	北大核心	农业科学	陕西农业科学	西北农林科技大学	2021,67（7）:18–21	岳新丽	山西农业大学高寒区作物研究所	—
26	山西农业大学高寒区作物研究所	雁门关农牧交错带燕麦 3414 肥效试验	—	农业科学	农业科技通讯	中国农业科学院	2021,6:158–160	皇甫红芳	山西农业大学高寒区作物研究所	李　刚
27	山西农业大学高寒区作物研究所	喷施含腐殖酸叶面肥对燕麦产量及品质的影响	—	农业科学	农业科技通讯	中国农业科学院	2021,11:169–172	皇甫红芳	山西农业大学高寒区作物研究所	杨　富
28	山西农业大学高寒区作物研究所	8 种药剂对胡麻种子萌发的影响	—	农业科学	耕作与栽培	贵州省农作物学会；贵州省农业技术推广总站	2021,41（5）:8–11	郭秀娟	高寒所	杨建春

农业

2021 年高寒所新增科研平台统计表

表 14–10

序号	单位	平台名称	批准时间	批准单位	负责人
1	高寒所	国家农作物品种展示评价基地	2021.6	全国农技中心	邢宝龙 白小东
2	高寒所	山西省新桥创新创业示范基地	2021.12	山西省归国华侨联合会	邢宝龙 梁秀芝
3	高寒所	大同黄花创新工作室	2021.12	大同市总工会	邢宝龙

2021 年高寒所新增部分国家、部委项目，市厅局级项目统计表

表 14–11

序号	单位	项目编号	项目名称	项目来源	项目类别	项目级别	项目主持单位	起止时间	主持人	学位	职称	项目参与人员	总经费（万元）	本年度下达经费（万元）	当年支出经费（万元）
1	山西农业大学高寒区作物研究所	同财农〔2021〕39 号	大同市 2021 年基层农技推广体系改革与建设补助项目	大同市农业农村局	—	项目	山西农业大学高寒区作物研究所	2021	刘 飞	学士	副研究员	—	18.6	8.7	—
2	山西农业大学高寒区作物研究所	2021BBF02035	抗旱粮草品种鉴选及草畜粮循环模式示范	宁夏回族自治区科技厅	省重点研发	课题	宁夏农林科学院固原分院	2021.4 至 2.22.12	杨如达	本科	研究员	平俊爱、张耀文、吴欣明、杨芳、石永红、张福耀、姜超	32	16	12.42
3	山西农业大学高寒区作物研究所	202105	晋绿豆 9 号高产高效综合技术示范及推广	大同市平城区科技局	科技成果转化项目	项目	山西农业大学高寒区作物研究所	2021 至 2023	刘 飞	学士	副研究员	—	10	10	—
4	山西农业大学高寒区作物研究所	202104	黄花种质资源引进筛选与评价	大同市平城区科学技术局	重点研发农业	项目	山西农业大学高寒区作物研究所	2021.12 至 2023.12	岳新丽	硕士	副研究员	王慧、李小玉、冯婧、孟璐、王力、张知	10	10	—

组合 11 个，小豆杂交组合 5 个，芸豆杂交组合 13 个和豌豆杂交组合 7 个。鉴定、筛选资源圃绿豆 286 份、小豆 102 份、芸豆 88 份、豌豆 96 份，优选出亲本材料 62 份，创制绿豆新种质 2 份，小豆新种质 1 份，芸豆新种质 2 份，豌豆新种质 1 份，其抗性达到中抗以上。田间鉴选芸豆品系 4 个和绿豆品系 5 个，筛选出绿豆苗头性新品系 2 个，在海南开展南繁。有 2 份绿豆新品系同绿 7 号和同绿 8 号，1 份芸豆新品系同芸豆 3 号，有 2 份小豆新品系参加山西省自主区域试验。全年认定品种 5 个，国家登记品种 1 个，主编专著 1 部。

马铃薯筛选出淀粉含量 18% 以上的优质品种 4 个，高产抗逆品种 3 个，产量均在 2000 公斤以上；集成马铃薯旱作绿色栽培技术，示范 350 亩，实现经济效益 13.1 万元，辐射 4000 亩，总增鲜薯 73.9 万公斤，增效 68.2 万元。制定颁布省地方标准 1 项，参与编写著作 1 部。

胡麻课题组通过试验示范筛选出可以大面积示范推广的品种 3 个：晋亚 14 号、坝亚 15 号、晋亚 15 号。开展胡麻新型化学除草剂筛选，确立灭草松对胡麻阔叶杂草的使用效果及有效安全剂量为 300~400 毫升 / 亩；确立 48% 仲丁灵乳油对胡麻菟丝子的使用效果及有效安全剂量 400 毫升 / 亩。

黄花在云州区唐家堡建立 100 亩示范基地，在云州区贺店建立 100 亩试验基地，主要开展黄花专用肥、园艺除草布应用 2 个专项试验示范项目和水肥一体化标准化栽培技术试验示范项目。研究结果表明：在黄花菜生育期铺设园艺除草布，利用水肥一体化标准化栽培技术开展灌溉追肥，可增加黄花菜的生长量，促进花梃生长，使花蕾数增加，花蕾增粗、增长，单花蕾鲜重增加，鲜花蕾的总产量提高，产量较对照增长 10.5%。

培育新品种 3 个，分别为绿豆新品种“同绿 6 号”、薯类新品种“同薯 31 号”、油菜兼观赏型的多用型品种“晋油 14 号”。 （张 知）

【社会服务经费】 2021 年，高寒所社会服务经费工作任务目标为 300 万元，直接创收经费（包括规划设计、检验检测、社会培训、成果转化、校地校企合作、基地平台建设等经费）300 万元。实际到账经费 177.1 万元。其中，社会服务项目 143 万元（包括校示范引领项目 35 万元，大同市平城区科技成果项目 10 万元，“三

区人才”98万元），直接创收经费34.1万元（校地合作项目“大同市基层农技人员有机旱作培训项目”18.6万元，实际到账经费8.7万元，其余经费下年到账）。检验检测及技术服务7项16.4万元，新品种成果转化3个9万元。（张　知）

【农民培训服务】 2021年，高寒所通过大同市高素质农民培训学院、科技活动周、“三区人才”项目、农业产业发展科技引领工程项目分别在大同市云州区、浑源县、广灵县，长治市沁源县，吕梁市岚县等地开展技术服务和培训工作，累计培训指导农业技术人员1080人次。承担基层大同市农技推广体系改革与建设补助项目，召开大同市2021年基层农技人员有机旱作培训班。（张　知）

【农业科研平台建设】 2021年，高寒所建设特色杂粮、马铃薯、黄花示范基地6个，同大同市左云县气象局、天镇县气象局，吕梁市岚县气象局，朔州市怀仁市气象局建立合作4项；毛皂试验基地被全国农技中心认证为“国家农作物品种展示评价基地”；高寒所被山西省侨联认定为山西省新侨创新创业示范基地；依托高寒所成立的大同黄花产业发展研究院被大同市科技局授予“黄花重点实验室”“黄花众创空间”，被大同市总工会认定为“大同黄花创新工作室”；山西“大同黄花”产业技术创新战略联盟通过山西省科技厅评审。（张　知）

【农业科研校地合作】 2021年，高寒所加强科研创新及马铃薯特色杂粮、黄花产业发展研究院等工作，深化校地合作，推动协同发展。与左云县共建“山西农业大学高寒区作物研究所科研平台延伸基地”“山西农业大学高寒区作物研究所科研成果转化基地”。（张　知）

【科研人才培育】 2021年，高寒所建立人才引进长效机制，强化职工培训工作，加强科研人员尤其是青年科研人员的对外学习、交流。全年组织23人参加高校教师岗前培训，5人参加师德师风建设培训，多名科研人员参加国内相关学习、交流会议。全年公开招聘博士研究生2名，全部到岗。全年取得副研究员资格人员1名，助理研究员资格人员3名。（张　知）

【科研条件改善】 2021年，高寒所利用市农业农村局高标准农田建设项目改造小南头科研试验基地984.4亩，水电渠全部配套，并有机培肥因改造挖出生土的试验田近300亩，同时对接市园林中心合理化重新配置基地出口。（张　知）

【社会服务】 2021年秋季，强降水天气给山西多地的秋收秋种工作带来巨大困难。高寒所马铃薯、杂粮、牧草的岗位专家响应山西省委、省政府和省农业农村厅减灾减损抢收抢种“双减双抢”专题会议精神，到受灾一线开展抗灾抢收工作技术指导。10月6日至7日，马铃薯团队成员在大同市广灵县调研降雨后马铃薯受灾情况并提出指导性建议。10月8日，山西省马铃薯产业技术体系首席专家白小东在大同市参加全省“应对阴雨天气做好‘双减双抢’工作视频调度会”，并就马铃薯减灾减损抢收工作作技术措施发言。10月9日，白小东为山西农业大学校网站和学校微信公众号平台提供“马铃薯秋季连阴雨田间减灾减损技术防控措施”相关材料。10月12日，白小东做客山西农村广播《有事您说话》——“强降雨后·抢农时”，线上指导马铃薯抢收减损技术要点。10月13日至14日，马铃薯团队成员分两路到大同市左云县、浑源县、广灵县、灵丘县，以及朔州市右玉县、应县开展灾情调查，根据受灾情况提出技术指导建议。建议农户雨后收获的马铃薯，应及早处理，减少入窖储藏的比例和时间，或尽快食用，或做商品薯销售，或做淀粉、全粉加工用，以最大程度减少贮藏后期带来的不利影响和经济损失。（张　知）

【科技人才技术服务】 2021年，大同市现代农业发展中心到基层，开展技术服务。按照“三队包联”服务的任务要求，市营销战队各组到天镇县、平城区、新荣区、云冈区、灵丘县，进村入企，与农民面对面交流，宣讲惠农政策，提供农产品销售信息，推动农产品精深加工。专家团队成员到田间地头，培训有机旱作农业生产、特色杂粮种植技术，讲解高粱高质高效种植技术，交流田间管理信息。利用科技平台，发布大同市主推技术及生产指导意见，转发气象预警信息，帮助解答农业问题，加快农业先进适用技术推广应用，推动农业高质量发展。协助市农业农村局组织第十二届中国中部投资贸易博览会大同分会场特色产品展销会、第七届中国（山西）特色农产品交易博览会、第四届山西大同黄花丰收月以及晋北肉类平台境内外集采集供大会有关活动。

（白继谕）

【科技兴牧】 2021年，大同市加强与科研院校合作，加快优良品种的引进、推广和普及，推进马身猪、画眉驴等畜禽种质资源保护场建设。实施“123”科技兴羊工程（培育一个好的杂交组合，实现双胎，单只基础母羊增收300元），推广普及牛羊草食畜“五项技术”（以人工授精为核心的良种繁育技术、以玉米全株青贮为核心的饲草运用、以TMR机应用为核心的机械化生产、以标准防疫为核心的疫病防控和以分娩隔离为核心的分群饲养），成为畜农提质增效的重要抓手。与山西农业大学合作开展雁云白羊育种项目，进入选育、固定、扩繁阶段。全市奶牛、生猪、肉牛、肉羊规模场人工授精率分别为98%、95%、70%和60%以上。

（梁全　宋欣）

【“雁云白羊”新品种培育座谈会】 2021年12月，市农业农村局组织山西农业大学羊育种专家团队与大同市羊育种合作企业召开“雁云白羊”新品种培育座谈会。座谈会上，山西农业大学研究生院院长、山西省羊产业技术体系遗传育种岗位专家刘文忠从新品种培育背景意义、“雁云白羊”新品种培育、下一步育种规划和技术队伍4个方面解读“雁云白羊”新品种培育实施方案，让参会人员了解开展新品种培育所需的技术流程、规范标准和基础条件。座谈会后，市农业农村局和山西农业大学举行“雁云白羊”新品种培育服务签约仪式。（张　知）

工 业

综 述

【概况】 截至2021年底，全市有规模以上工业企业372户［煤炭工业63户，电力工业70户，装备制造业69户，医药工业18户，建材工业66户，冶金工业23户（其中钢铁2户），化学工业25户，其他38户］，占全省5450户的6.8%。其中，制造业企业222户，战略性新兴产业企业115户。372户规模以上工业企业合计完成产值1489.5亿元，同比增长34.2%；完成工业增加值520.7亿元，同比增长9%，完成目标任务（9%），排在全省第11位；制造业增加值占全市工业增加值比重较上年下降7.2%，低于目标任务（增长2%）9.2%；战略性新兴产业增加值增长4.8%，低于目标任务（增长8%）3.2%；工业增加值占全市地区生产总值比重37.5%，高于目标任务（32.5%）5%；全年新入规企业98户，退规企业8户，净增90户。2021年，“1+4+6”产业完成增加值349.5亿元，占全市比重88.4%。“1”是以晋能控股煤业集团为龙头，打造千亿级综合能源供应、煤机制造产业，主要包含煤炭行业和火力发电行业，煤机制造业包含在装备制造业，全年完成增加值370.3亿元，占比71.1%；“4”是打造装备制造、生物医药、新能源、文化旅游4个百亿级产业，全年完成增加值73.4亿元，占比14.1%；“6”是围绕通用航空、大数据、新材料、节能环保、羊毛纺织、农产品精深加工6个50亿级产业，全年完成增加值19.5亿元，占比3.7%。12月，省工业和信息化厅公布省级智能制造标杆项目名单，大同市的中国重汽集团大同齿轮有限公司AMT系列斜齿双中间轴全同步器变速箱及发动机齿轮智能制造技术改造项目、广灵金隅水泥有限公司智能制造标杆项目、天镇县博诚蔬菜有限责任公司博诚智能制造数字化车间3个企业项目入选，入选项目数量居全省第一。12月10日，由市青年企业家商会、《山西晚报》联合主办的“榜样大同 中国力量”系列推介宣传活动颁奖仪式在澧河泾大同国际创新创业园举行。经过前期申报推荐、资格初审、社会公示、网络点赞、专家评审等环节，揭晓大同市“新时代青年经济人物”和大同市“创新驱动标杆企业”。获得大同市十大“新时代青年经济人物”的是：熊福明、谢佳、王永熙、罗智超、王林涛、吕君、潘烨、刘华、吴泽霖、史丹阳；获得大同市十大“创新驱动标杆企业”的是：大同市佳信利升工程咨询有限公司、山西上捷电梯有限公司、大同华岳集团、大同市蓝博沐文化传媒有限责任公司、大同市牧同乳业有限公司、大同市永成畜牧有限责任公司、山西全晶新能源有限公司、山西巴拉特润滑油科技有限公司、于氏广丰堂中医馆、天津恒嘉利国际贸易有限公司灵丘分公司。 （曹尚飞）

【企业保障机制建立】 2021年，大同市工信局围绕中小微企业上规升级、数字经济发展、生物医药和大健康产业发展、企业技术改造、工业固废资源化利用等，牵头起草制定《关于促进中小微企业上规升级的通知》《关于激发市场主体发展活力、促进民营经济持续健康发展的实施意见》《大同市加快推进数字经济发展的实施方案》《大同市促进生物医药和大健康产业发展的若干措施》《大同市企业技术改造工作实施方案》等政策性文件，帮助企业落实国家、省级各类奖补资金、专项资金3083万元。完善“11+1”运行监测服务机制，制订《2021年经济运行实施方案》，逐月召开经济运行碰头会、分析会，加大惠企政策宣传引导，对全市规上工业企业及重点项目开展全覆盖式监测调度服务。 （罗 斐）

【企业创新平台创建】 2021年，大同市新认定企业技术中心国家级1家（国药威奇达），省级2家、市级9家，44个项目和22项技术分别被列入山西省重点行业企业技术创新项目库和山西省企业行业百项技术创新项目示范计划，推动5家光风电企业加入新能源产业技术联盟，中车大同电力机车具有3项国际标准、16项国家标准，并被评为省政府第三届质量奖。组织21家企业开展省级技术中心评价工作，20项技术和44个项目获批进入全省工业和信息化领域关键共性技术需求、重点创新项目库，协同大同市科学技术协会、山西大同大学、大同市科学技术局共同举办大同市第二届产学研合作创新大会，建立企业与创新研发机构的常态化对接机制，组织企业参加规模以上工业企业研发费用统计及加计扣除培训会和省企业技术中心建设及研发活动全覆盖视频培训及交流会。 （罗 斐）

【安全生产】 2021年，大同市工

信局按照“管行业必须管安全，管业务必须管安全，管生产经营必须管安全”的原则，成立市工信局安全生产委员会，制定《大同市工信局安全生产“党政同责、一岗双责”实施方案》，先后16次召开会议研究部署安全工作，压实班子成员抓安全“一岗双责”。推进“安全生产三年专项整治行动”，聚焦民爆、铁路道口、通信等重点领域，聚焦节假日、重大会议等时间节点，采取定期检查与随机检查相结合方式，带领专家到企业、道口检查近100次，开展宣讲活动15场、应急演练3场，排查并推动整改安全隐患171条，实现监管行业“零事故”。

（罗　斐）

【晋能控股集团】 2021年，晋能控股集团煤炭产量3.8亿吨，增长12%；煤炭销量5.6亿吨，增长33%。发电量846亿度，增长17%。装备制造产值75亿元，增长10%。营业收入5200亿元，增长12%。利润172亿元，增长104%。上缴税费480亿元，增长79%。人均收入9.5万元，增长9%。全员劳动生产率35.3万元/人·年，增长39%。2021年，晋能控股集团公司在世界500强位列138名；中国500强列44名；中国煤炭企业50强排名第3。电力装机行业排名第13，装备制造排名中国煤炭机械工业50强第5。晋能控股集团以46599091万元营业收入位列“2021山西企业100强排行榜”榜首。

整合重组　2021年，晋能控股集团按照山西省委、省政府“6月30日前完成实质性合并报表”要求，完成670家单位的资产审计评估工作，与华阳新材料、潞安化工、焦煤集团签订资产划转协议，资产、股权全部界定完成，企业报表形成、外部资产划转工作全部结束。与煤业、电力装备制造3个板块公司签订内部划转协议，完成内部资产划转工作。

项目建设　2021年，晋能控股集团投资201亿元，建设107项重点项目。全省首座百万机组电厂长治发电公司2×100万千瓦项目双机投产，标志电力产业进入“百万机组时代”；智能矿山创新实验室晋城算力中心项目上线运行，标志全国煤炭行业首个科研创新人工智能计算中心建成运行。

能源保供　2021年，晋能控股集团落实国家、全省关于能源保供各项决策部署，提出保安全、保煤、保电、保热、保化的“五保”目标，完成所承担的4933万吨电煤保供任务。其中，完成7省市保供任务；完成长协电煤合同兑现1583万吨；完成内部电厂保供1280万吨。热电联产机组供热面积占全省1/3，供热量9173.6万吉焦。

煤炭产能增加　2021年，晋能控股集团落实“四个一批”工作，成立产能核增、手续办理和资源获取工作专班。新建一批，龙湾开工建设，车寨办理采矿证，泉岭等10座矿井出具同意采矿权出让批复；建成一批，吉祥等8座煤矿取得生产要素公告，由建设转为生产煤矿、释放产能690万吨；核增一批，孙家沟等9座煤矿取得产能核增批复，核增产能1670万吨；获取一批，17宗扩区夹缝资源取得市县同意，潘家窑等6个接续项目启动手续办理。

煤炭转型　2021年，晋能控股集团公司发展先进产能。111座煤矿进入先进产能序列，先进产能占比83%。推进绿色开采，63座矿井113个工作面实现小（无）煤柱开采，116座矿井195个工作面实施停采煤柱优化，回收资源1410万吨，增加经济效益77亿元，推进充填开采、废弃巷道压缩空气储能等绿色开采项目。开展智能建设，塔山、同忻2座矿井列入国家级智能化示范矿山，麻家梁煤矿列入山西省智能化示范矿井。启动寺河、王庄、长平等8座智能化示范矿井建设工作。建成“50+15”智能化采掘工作面。推进“一优三减”，通过优化生产布局，5座矿井减少单班入井人数90人，通过调整工艺程序，11座矿井减少单班入井人数71人；收缩7座矿井9个盘区，收缩废弃巷道2.9万米，回撤设备共8222万元，节省运营费用3094万元。调整煤炭销售结构，在保证电力长协用户合同兑现率基础上，把煤炭向高价位建材、贸易用户倾斜。新增2个2000万吨用户、4个1000万吨用户、7个500万吨用户。统一煤炭品牌命名，形成拥有6个产品系列132个品种的产品体系。扩大晋能控股煤炭品牌的知名度和影响力。推进生态治理。开展水污染、大气污染和固废治理，新建4座污废水处理厂、4项中水回用工程、28座污废水处理厂的提标改造；淘汰190台1523蒸吨燃煤小锅炉；完成84台气化炉的间接冷却改造；完成18座矸石山综合治理工程和20座矸石山附属设施建设。强化能源消费总量和强度双控，全年原煤单耗3.8千克标准煤/吨，同比降低0.4千克标准煤/吨。

电力和清洁能源发展　2021年，晋能控股集团公司售电量175.1亿千瓦时，同比增长12.7%。燃煤发电机组发电利用小时4895小时比省调平均值高477小时。度电煤耗325克/千瓦时，同比降低1.4克/千瓦时。漳泽百万、孝义煤电实现双机投运并列入投产计划；地电公司电网项目6项工程竣工投运；塔山智慧电厂建成，阳高热电、朔州热电智慧电厂建设完成年度节点目标；长治煤电储运项目列入国家重点铁路专用线项目；同热三期等5个百万等级煤电项目推进土地预审、规划选址、环评等前期手续办理工作。组建新的清洁能源公司，统一管理晋能控股集团公司所属清洁能源项目。拓展光伏、风电、地热能发电、风光储能等15个发展方向。清洁能源累计与当地政府签订项目合作开发容量3344万千瓦，入库容量2049万千瓦，取得19个项目194万千瓦建设指标。沁源抽水蓄能项目列入省“十四五”重点实施项目。大同新型储能电站项目列入省能源局“新能源+储能”示范项目名单。新疆区域3个在运光伏发电项目实现利润8500万元。

装备制造　2021年，晋能控股集团公司智能装备制造项目完成设备安装，山西首个煤层气高端钻机装备制造项目建成投运；泰宝密封件配套管料生产线项目、朗德支架液压阀项目具备生产条件。独自承揽的王家岭首套高端化、智能化成套订单交付。打开云贵川市场、中标四川和邦集团2套薄煤层成套综采设备。推行订单式、快递式、网络化服务模式，建立晋城、大同、临汾、长治、晋中和新疆等8个仓储配送服务中心，全年承接订单

工业

65 亿元。成立智能矿山创新实验室，在塔山、同忻、寺河等矿井开展 7 项创新应用、3 项创新研究实验。

辅助业务 2021 年，晋能控股集团公司物流贸易迈向平台经济。实施统一销售，全年上线交易总量 8.1 亿吨，实现利润 2352 万元。完成第十二届中博会、2021 年太原论坛等活动承接服务。在朔州金沙滩、晋城聚集等煤站，试点推进“矿站一体化”“煤电一体化”“装备制造购销一体化”项目，全年发运煤炭 2770 万吨，实现增效 3.3 亿元。晋能控股集团公司金融中心完成所属 11 家金融类企业的管理权移交工作，全年实现利润 11 亿元，节约财务费用 25 亿元。科技研究。推进“煤炭绿色低碳清洁利用国家实验室”和 8 个独立法人研究所建设，“山西重点煤矿区煤层气与煤炭协调开发示范工程”“千万吨级特厚煤层智能化综放开采关键技术及示范”2 个项目通过验收。化工产业。总氨产量 1822 万吨，实现利润 17.7 亿元。合成氨尿素 40·70 搬迁改造项目、合成气制乙二醇项目投料试车，进入试生产阶段；合成气资源绿色智能综合利用项目具备单体试车条件；对多元企业分类建档立册，建立产品、企业“双目录”按照支持发展、改善运营、关停并转的“三个一批”分类发展思路，推动产业增收增效、健康发展，全年完成多元企业关停并转 10 户。

23 项科技成果获省科学技术奖 8 月，省政府印发《关于 2020 年度山西省科学技术奖励的决定》，晋能控股集团 23 个项目获奖。其中，晋能控股集团《随钻钻孔电磁波层析成像超前探水设备及方法研究》等 4 个项目获一等奖，《特厚煤层综放孤岛工作面巷道强矿压控制技术研究》等 8 个项目获二等奖，《复杂地质条件下构造控水机理与水源识别技术研究与应用》等 11 个项目获三等奖。（辛 蕊）

【城镇集体工业】 2021 年，大同市城镇集体工业联合社（简称“市城联社”）按行业归口依法管理指导全市工艺美术行业的发展创新。市、县两级联社下辖成员企业 118 户，职工总数 2 万余人。其中，市直属企业 36 户（均破产关闭），职工 1 万余人（含离退休人员）。市城联社党组定期召开安全信访形势分析会，并责成一名党组成员、副主任抓信访工作，设立专门信访接待室，坚持“诉求有理地解决到位，诉求无理的教育疏导到位，生活困难的帮扶帮助到位”工作原则，化解信访诉求。落实《信访条例》《市城联社安全生产和信访大检查大排查实施方案》，由市城联社领导带队，定期到企业现场检查、听取汇报、走访困难户、谈话等方式，检查排查全系统各单位安全生产和信访工作。全年全系统“问题清单”办结率到 95% 以上。召开以“落实安全责任，推动安全发展”为主题的 2021 年“安全生产月”活动部署会，安排部署市城联社“安全生产月”活动，对不涉拆企业全年安保消防工作提出具体要求；到所属相关企业开展安保消防检查，对发现的安全隐患提出整改意见。根据市城联社《大同市城镇集体工业联合社“接诉即办”办理流程及工作制度》，按照接受登记、呈批转交、限时结办、协调督办、回复归档的流程，统一受理平台交办电子工单。全年处理“12345”政府热线反映问题 29 件。发挥工会组织职能，开展扶危济困活动。给困难职工子女应届、往届高考学生享受“春雨助学”“金秋助学”，部署实施系统内困难职工档案清理工作并核实审验、类别调整困难职工档案。为历年来省劳模发放 2021 年春节慰问金 9000 元；收集、登记全系统在档困难职工基本信息；给系统内的深度困难职工发放中央财政帮扶资金约 11 万元。按照《大同市市县（区）属“僵尸企业”处置工作指导意见》文件精神，办理城联社所属 32 户破产企业注销登记手续。截至 2021 年底，全系统完成登记 25 户。办理市塑料一厂、市塑料六厂 2 名职工退安置费享受现行职工安置政策；办理涉拆破产企业职工安置工作及不涉拆破产企业 3 项费用测算发放工作；办理塑料五厂职工安置工作；召开炉料经销部职工大会，出具信函，推动炉料经销部拆迁补偿问题的解决；办理省委巡视组交办的市塑料三厂 26 名职工住房集资款退还信访案件，拆迁所涉及的 26 户职工全部拿到补偿款。市城联社及市工艺美术协会根据《国家“十三五”时期文化发展改革规划纲要》《中国传统工艺振兴计划》和《山西省振兴工艺美术行业工作方案》等有关保护和促进工艺美术发展政策，结合全市实际，制定《大同市振兴工艺美术行业工作方案》，并经政府审议通过。市城联社主要领导到灵丘县城联社开展调研活动，考察“灵丘百工坊”手工艺展品，针对民间工艺美术现状、创新创造、产业开发、人才培养等问题，提出意见。邀请国家级工美大师及手工艺企业家走进灵丘开展手工技能培训。给灵丘手工艺人讲解灵丘手工艺发展及其传统文化的传承，并从技艺、创意、观念、营销等各方面相互探讨。

（张 东）

民营经济

【概况】 2021 年，大同市工信局发挥“促进民营经济发展工作领导小组办公室”统筹协调作用，完善促进民营经济发展机制，推动贯彻落实促进和支持民营经济发展“省新 23 条”和“市 20 条”政策措施，制定出台《关于激发市场主体发展活力、促进民营经济持续健康发展的实施意见》，组织近 200 家企业参加省、市举办的专题培训班，11 家企业申报省中小微企业规范化股份制改造奖励资金。

（罗 斐）

【5 家民营企业入选“2021 山西省民营企业 100 强”榜单】 2021 年 10 月，大同市 5 家民营企业入选“2021 山西省民营企业 100 强”榜单，分别是山西同德兴华特钢有限公司、大同泰瑞集团建设有限公司、凯德世家股份有限公司、同药集团有限公司、大同华岳集团。其中，山西同德兴华特钢有限公司和大同泰瑞集团建设有限公司跻身全省前 50 强。与上年相比，大同市百强企业增加 1 户。从各榜单看，大同市山西同德兴华特钢有限公司登 2021 山西省民营企业制造业 30 强；凯德世家股份有限公司和大同华岳集团登 2021 山西省民营企业服务业 20 强；山西东恒新能源有限公司和山西悦凌空调有限公司登 2021 山

西最具潜力民营企业榜单；山西润生大业生物材料有限公司和大同宏鑫岩棉科技有限公司登2021山西民营“瞪羚”企业榜单。（罗 斐）

【全市民营企业家座谈会】 2021年12月19日，全市民营企业家座谈会召开。省委常委、市委书记卢东亮出席会议并讲话。市委副书记、市长张强主持。市直有关单位主要负责人、市级商会代表、民营企业家代表等参加座谈会。座谈会上，大同助老健保有限公司董事长孔志强、同药集团有限公司董事长闫亚梅、山西省古建筑集团工程有限公司董事长王国华、大同市中银纺织科技有限公司副总经理刘强、山西同德兴华特钢有限公司董事长王雨、大同市翔龙集团董事长李海龙、大同市同华矿机制造有限责任公司董事长高润、大同市恒泰热力有限公司董事长李怀东、大同泰瑞集团股份有限公司总裁张明忠、太重集团（大同）起重机有限公司副总经理崔红韦、大同市阳光玖玖温泉养生管理有限公司董事长杨光等先后发言，分别介绍企业发展情况和存在的难点问题，并围绕科技创新、产业转型、人才政策、营商环境、要素保障等提出意见和建议。（罗 斐）

企业主体培育

【概况】 2021年，大同市工信局按照“小微—专精特新—小巨人—冠军企业”的培育思路，加大政策宣讲力度，推动企业上规升级、转型发展。推进规模以上企业净增工作任务，建立“小升规”重点企业培育库和退规企业风险库，向中小企业发放《惠企政策汇编》600余套，宣传国家和省、市企业上规优惠政策，两次组织召开“小升规”企业培训会，加强重点企业跟踪服务指导，全年新增规上工业企业110家。加强专精特新中小企业培育，全年培育省级专精特新中小企业19家、省级“小巨人”企业5家、国家级“小巨人”企业1家，2家企业进入工信部第二批建议支持的国家级专精特新“小巨人”企业公示名单；组织北方天力、中科唯实、金盛豪达等企业产品申报省级制造业单项冠军产品，推荐山西上捷电梯有限公司申报省级服务型制造示范企业。（罗 斐）

【专精特新企业集中授牌】 2021年5月28日，大同市为获上年度省级专精特新“小巨人”企业举行集中授牌仪式。截至5月，全市培育省级专精特新企业61家、省级专精特新“小巨人”企业7家、国家级专精特新“小巨人”企业4家，其中国家级专精特新“小巨人”企业从无到有，上年实现零的突破。活动现场授牌表彰上年认定的17家省级专精特新企业、5家省级专精特新“小巨人”企业和4家国家级专精特新“小巨人”企业。授牌仪式后，还宣讲省级专精特新及“小巨人”企业申报政策。（罗 斐）

【两家企业入选工信部第二批建议支持国家级专精特新“小巨人”企业】 2021年8月，工信部公示第二批建议支持的国家级专精特新“小巨人”企业名单，大同市金盛豪达炭业有限责任公司和山西华青环保股份有限公司两家企业入选。专精特新中小企业是指专业化、精细化、特色化、创新能力突出的中小企业，而“小巨人”则是其中的佼佼者。此次入围的大同市金盛豪达炭业有限责任公司是大同活性炭行业中技术领先、产品科技含量和附加值最高的企业。山西华青环保股份有限公司是煤质活性炭行业首家“新三板挂牌企业”，是全省最早被评定为“省级技术中心”“高新技术企业”和“山西省节能示范中心”的活性炭企业。（罗 斐）

【5家企业入选省级专精特新“小巨人”企业】 2021年10月，2021年省级专精特新“小巨人”企业认定名单出炉，大同市5家企业入选。分别为：广盛原中医药有限公司、大同市同华矿机制造有限公司、大同北方天力增压技术有限公司、大同市中科唯实矿山科技有限公司、山西国润制药有限公司。其中，大同市中科唯实矿山科技有限公司在工信部公布的第三批专精特新“小巨人”企业名单入选，成为国家级专精特新“小巨人”企业。至此，大同市共培育省级“专精特新”中小企业80家、省级专精特新“小巨人”企业12家、国家级专精特新“小巨人”企业5家。（罗 斐）

【大同云中购众创基地入选国家小微企业创业创新示范基地】 2021年11月，工业和信息化部公示2021年度国家小型微型企业创业创新示范基地名单，全国有168家基地入选，大同云中购众创基地名列其中。大同云中购众创基地是集创业办公、洽谈交流、运营服务、会培路演、物流仓储于一体，专注孵化商业服务业领域，以电子商务+新零售模式为特色的双创基地。基地有7000平方米的线上线下互动体验城及直播电商孵化区、4000平方米的众创空间，入驻服务小微企业125家，从业人员1500余人，主要涵盖实体商业、新零售、电子商务、直播电商、文化创意等商业服务业领域。（罗 斐）

大数据产业

【概况】 2021年，大同市工信局推进秦淮、中联、陆港云大数据中心等项目建设。其中，秦淮环首都太行山能源信息技术产业基地通过国家新型工业化示范基地初审，一至四期建成投产，六期项目完成85%，容纳16856个机架，部署13.5万台高性能服务器，累计营业收入10亿元；中联绿色大数据产业基地1号、2号机房交付使用。加强通信基础设施建设，逐步扩大5G网络覆盖，全年新建5G基站3253个，5G用户105万户，全市152个建制村完成通信基站北斗授时功能改造，加大垂直应用热门行业的覆盖，推动社会新业态发展，助力数字大同建设。（罗 斐）

【秦淮数据集团大同产业基地获“国家级碳中和引领者”】 2021年5月13日，2021数据中心高质量发展大会在北京国家会议中心举行，大会发布DC-Tech数据中心低碳、绿色、算力、算效等级评估结果，位于大同市的秦淮数据集团环首都·太行山能源信息技术产业基地获2021数据中心低碳等级评估“碳中和数据中心引领者”等级。

环首都·太行山能源信息技术产业基地位于大同市灵丘县，是秦淮数据集团环首都超大规模零碳算力集群的关键节点，拥有全亚洲规模最大的单体超大规模数据中心。2019年和2020年，该基地实现100%使用可再生能源，并先后获全球运营商奖最佳项目奖、国家级绿色数据中心等国际国内权威奖。2020年，秦淮数据集团自有算力园区使用可再生能源电量5.1亿千瓦时，可再生能源消纳比例51%，占全国可再生能源发电量超1/5000。（罗　斐）

【秦淮数据·环首都太行山能源信息技术产业基地获三项数据中心等级评估奖】 2021年9月15日，在由中国信通院、工信部新闻宣传中心和开放数据中心委员会（ODCC）共同主办的2021开放数据中心峰会上，位于大同市灵丘县的秦淮数据·环首都太行山能源信息技术产业基地包揽数据中心绿色等级评估AAAAA、服务能力等级评估AAAAA和可靠性等级评估AAAAA三项等级奖项，是山西省首个一次性包揽三项最高等级评选的数据中心基地。秦淮数据建设区域绿电消纳机制创新、可再生能源发电站建设及源网荷储一体化利用等绿色电力路径，推进150兆瓦当地消纳光伏智能电站建设。在第十二届中部博览会期间，秦淮数据与大同市签订3吉瓦源网荷储一体化协议，达产每年可供应绿色电力60亿千瓦时，实现直接减少年温室气体排放约565万吨二氧化碳当量的目标。（罗　斐）

【秦淮数据山西项目入选省定省管首批重点工程】 2021年11月，秦淮数据集团的环首都·太行山能源信息技术产业基地项目入选2021年省定省管重点工程（第一批）项目。环首都·太行山能源信息技术产业基地位于灵丘县新兴产业园区，规划总投资150亿元。该项目可提供网络、云计算、设施运维、IDC数据服务等，分七期建设完成，项目一至四期运营生产，五至七期土地于上年9月摘牌，六期开工建设。该项目支持全球数字领导者AI人工智能算力基础服务，单栋数据中心IT容量达50兆瓦，包间颗粒度超过18兆瓦，是亚洲最大的单体超大规模数据中心。（罗　斐）

新能源产业

【概况】 2021年，大同市推进晋能广发公司5000吨/年甲醇弛放气制氢一期、京能集团绿氢综合一体化示范、上海重塑科技公司北方生产基地总部等项目建设。全年新能源完成增加值10.9亿元，占比2.1%；节能环保完成增加值14.1亿元，占比2.7%。

（曹尚飞）

【高温地热能科研试验示范电站建设】 2021年1月，天镇县组织自然资源局、交通局、林业局、能源局、供电公司等部门负责人到高温地热能科研试验示范电站建设工地，实地查看建设进度，现场研究解决施工中遇到的问题，推进试验电站建设保障工作。天镇县发现的地热井单井出水量大于200立方米/小时，井口水温160摄氏度，属于大陆构造板块内部的高温地热资源。该县加快地热资源勘查开发，把地下热能转变为机械能，把机械能转变为电能的能量，项目建设2台试验发电机组，总装机容量为570千瓦。（曹尚飞）

【碳中和愿景下能源转型路径研讨会暨第二届清华大学·大同能源转型国际论坛】 2021年1月23日至31日，碳中和愿景下能源转型路径研讨会暨第二届清华大学·大同能源转型国际论坛在大同未来能源馆举行。开幕当天，市委副书记、市长武宏文发表线上视频致辞。清华大学副校长彭刚向开幕式致贺信。清华大学社会科学学院院长彭凯平、联合国亚太经济与社会委员会能源司司长刘鸿鹏、国际能源署署长特别顾问安丰全、亚洲开发银行首席能源官翟永平等在开幕式上致辞。此次大会由清华大学社会科学学院、大同市政府主办，北京国际能源专家俱乐部、亚洲开发银行能源部门、北京大学能源研究院、中国科学院电工所联合主办，旨在探讨中国与欧美零碳发展策略与路径，能源转型的交流与合作，推进每人光伏一千瓦实施，深化可再生能源的技术国际合作服务，推进碳中和发展目标实现。论坛以线上直播的形式，举办光伏+生态效益、每人一千瓦、碳中和愿景下城市与能源企业协同转型、大同市绿色能源供应体系研讨、美国能源转型现状与政策前瞻、法国能源转型、芬兰能源转型、瑞典能源转型、乌大张2030年碳达峰方案编制研讨等11场专题论坛和11场零碳欧洲2050报告会。活动期间，国际能源网搭建的直播平台直播95小时40分钟，累计观看112.4万人次。在抖音、快手、微信等平台同步直播期间，吸引20余万人次在线观看；在央视频跟踪直播过程中，总观看量约67万人次。在活动闭幕式上，还举行清华大学—联合国防治荒漠化公约REPER项目部表彰仪式和“破万卷书，行万里路”国际能源转型丛书启动仪式，宣布能源革命接班人成长计划，宣读“零碳世界、天下大同”宣言等。

（曹尚飞）

【山西高温地热资源开发利用科研示范基地揭牌暨试验电站启动】 2021年1月25日，山西高温地热资源开发利用科研示范基地揭牌暨试验电站启动仪式在天镇县举行。省委常委、市委书记张吉福，副省长贺天才，中国地质大学（武汉）校长、中科院院士王焰新出席仪式并共同为科研示范基地揭牌。省政府副秘书长高建军主持。2020年3月，山西省地勘系统承担的天镇干热岩预可行性勘查项目探获高温高压地热流体。经省自然资源厅组织专家鉴定为“中国内地中东部地区发现的第一口温度最高、自流量最大的地热井”。省委、省政府推动与中国地质大学（武汉）签署省校战略合作协议，共建地热资源勘查及开发利用重点实验室等。山西高温地热资源科研示范试验电站项目一期占地约3.3公顷，设计有勘查井场区、发电机组场区、水处理区等，其中1号试验机组装机容量300千瓦，2号试验机组装机容量280千瓦。1月18日、20日两台机组先后试发电成功。

（曹尚飞）

【大同市能源互联网重大科技基础设施建设方案研讨会】 2021年3月2日，大同市能源互联网重大科技基础设施建设方案研讨会召开，市委副书记、市长张强参加会议，与电力规划设计总院规划研究部副处长王茜等到大同项目调研团队成员交流能源互联网项目建设事宜。清华大学能源互联网创新研究院副研究员夏天等参加研讨会。（曹尚飞）

【10万吨秸秆综合利用项目开工】 2021年3月22日，由中关村全科盟大同研究院引进的10万吨秸秆综合利用项目在大同经济技术开发区第二医药园区开工。10万吨秸秆综合利用项目是大同市开发区2021年第二期"三个一批"中投产的项目之一。该项目总投资4.8亿元，分两期建设，年处理各类秸秆总量10万~30万吨。（曹尚飞）

【第十二届中博会·大同云冈数字碳中和峰会】 2021年5月22日，第十二届中国中部投资贸易博览会·大同云冈数字碳中和峰会在大同未来能源馆举行。国内数字、能源领域领军企业家代表、专家学者等参加会议。省委常委、市委书记张吉福出席开幕式并致辞。省政协副主席谢红、工信部信息通信发展司处长张寰、中国信息通信研究院副院长魏亮、联合国工发组织专员王鑫、乌兰察布市委书记隋维钧、市政协主席郜向华出席。此次中博会·大同云冈数字碳中和峰会由大同市人民政府主办，以"碳中和背景下'六新'产业新未来"为主题，安排主旨演讲、圆桌论坛、主题发言等活动。开幕式上，大同市启动秦淮数据集团150兆瓦当地消纳光伏电站项目；举行合作项目签约仪式，零碳数基·桃花源项目、京东华北大数据中心项目、大同市云中声谷大数据智慧服务项目、5万千瓦峪口风电开发项目、交互式智能支护系统研发生产项目等17个项目现场签约；大同市大数据智慧服务产教联盟揭牌成立。魏亮作题为《新基建数据中心产业及低碳发展分析》的主旨演讲，秦淮数据、京东、华为、东华软件、中联数据等行业领军企业有关负责人作主题发言。（曹尚飞）

【大同云冈数字碳中和峰会圆桌会议】 2021年5月22日，第十二届中博会·大同云冈数字碳中和峰会圆桌会议举行。市委常委、常务副市长任希杰出席。在秦淮数据集团中国区总裁吴华鹏的主持下，秦淮数据集团CFO汪冬宁、腾讯云工业云首席架构师杨锐、金山云数字政府资深解决方案总监王鑫、Equinix大中华区总监姚刚等发言嘉宾，围绕会议主题开展务实交流，探讨"大同能源革命与双碳社会经济系统性变革""以数字化发展推动城市源网荷储一体化建设""零碳城市转型与数字产业链碳转移"等议题。（曹尚飞）

【节能宣传周活动】 2021年8月23日至29日是第31个全国节能宣传周，大同市围绕"节能降碳，绿色发展"主题，通过传播绿色低碳发展理念，开展节能降碳宣传教育，倡导绿色低碳生产生活方式。23日，在万达广场举行2021年节能宣传周启动仪式现场，市能源局、平城区发改局工作人员通过现场讲解、发放宣传资料等方式，向市民讲解节能降碳相关知识，普及节能环保有关政策法规，推广节能技术，介绍日常生活节能环保小常识。在御东行政中心主要出入口位置，市节约能源工作领导组、市能源局、市直属机关事务管理局联合设置宣传栏，并发放宣传资料，引导市党政机关干部职工践行绿色低碳生活方式。宣传周期间，大同市采用线上线下相结合方式，开展相关活动，重点宣传节能降碳和绿色发展理念；宣讲节能增效和碳达峰、碳中和最新要求，节能降碳相关政策措施，全国及重点领域节能降碳工作成效；普及节能标准和标识，推广节能降碳先进适用技术和产品，开展绿色消费，推动全民节能。（曹尚飞）

【《大同市"十四五"公共机构节约能源资源工作规划》出台】 2021年11月26日，市机关事务管理局、市发改委、市能源局联合印发《大同市"十四五"公共机构节约能源资源工作规划》（简称《规划》），明确五年内公共机构能源资源节约和生态环境保护工作目标任务和举措，推动生态文明建设，促进实现碳达峰、碳中和。《规划》规定2021—2025年规划期内，大同市聚焦绿色低碳发展的目标，实施一系列绿色低碳转型行动。在低碳引领行动中，对标碳达峰、碳中和目标，多元共治，组织开展公共机构碳排放量统计；制定公共机构低碳引领行动方案，明确碳达峰目标和实现路径。通过开展绿色化改造、可再生能源替代、节水护水、生活垃圾分类等行动，以2020年能源、水资源消费及碳排放为基数，2025年实现公共机构单位建筑面积能耗下降5%，人均综合能耗下降6%，人均水耗下降6%，单位建筑面积碳排放下降7%。（曹尚飞）

【4个项目入列山西首批"新能源＋储能"试点示范项目】 2021年12月，山西省发展和改革委员会、山西省能源局、国家能源局山西监管办公室联合发布《关于首批"新能源＋储能"试点示范项目的公示》，大同市有4个项目入选，分别是大同启迪云冈井田50兆瓦压缩空气储能项目、国网时代华电大同热电储能工程、天镇源网荷共享储能电站项目、晋能控股电力集团大同新型储能电站示范项目。其中，大同启迪云冈井田50兆瓦压缩空气储能项目利用废弃矿井巷道开展压缩空气储能技术示范应用；国网时代华电大同热电储能工程利用退役火电机组既有厂址和输变电设备，与火电项目合作，能够压缩成本和工期，实现互利共赢；天镇源网荷共享储能电站项目主要解决新能源发电直供数据中心的波动性、随机性、间歇性问题，提升数据中心绿电使用比例，促进大数据产业发展；晋能控股电力集团大同新型储能电站示范项目布局有机衔接晋北风力发电基地、光伏领跑者基地等，提升电网调节能力，促进新能源消纳。（曹尚飞）

煤炭工业

【概况】 2021年，大同市有59座煤矿，其中生产矿井41座，原煤产能约1.4亿吨；入规煤矿34座，原煤产能11625万吨。从控股情况看，晋能控股39座、中煤控股6座、山煤控股5座、市地方控股9座；从属地分布看，云冈区27座、左云县20座、新荣区5座、浑源县5座、云州区1座、平城区1座；从产能看，千万吨及以上矿井达4座、300万~500万吨（含300万吨）矿井8座、100万~300万吨矿井15座、100万吨以下矿井32座。全年晋控煤业集团所属48户规模以上工业企业完成产值663亿元，同比增长57%，占全市比重44.5%；原煤产量12363万吨，同比增长9.6%，占全市比重82.5%。（曹尚飞）

2016—2021年大同市煤炭工业发展统计表

表15-1

年份＼指标	增加值		原煤产量（万吨）	洗煤产量（万吨）
	绝对量（亿元）	占比（%）		
2016年	124.5	48.9	9560	4864
2017年	128.8	45.1	10860	4829
2018年	147.0	43.9	11167	5447
2019年	174.3	49.5	12250	6217
2020年	169.3	50.4	13214	8166
2021年	334.4	64.2	14992	8972

【晋能控股煤业集团】 2021年，晋能控股煤业集团煤炭产量3.3亿吨，增长9.2%。煤炭销量5.6亿吨，增长33%。掘进进尺112.5万米，增长8.5%。营业收入3894亿元，增长12.5%。利润150亿元，增长234%。上缴税费401亿元，增长79.6%。人均收入9.7万元，增长8.9%。全员劳动生产率34.9万元/人·年，增长46.6%。完全成本320元/吨。

煤炭销售 2021年，晋能控股煤业集团实现煤炭统一销售，并利用煤炭交易中心平台，实现签订合同、交易交收、交易结算全流程上线和地销煤公开竞价销售，全年竞价销售煤炭5650万吨，成交额343亿元，增收41亿元，吨煤增收72元。实现品牌统一命名管理。形成6个系列132个品种的产品体系，完成变更品种后铁路运输、合同名称变更等手续，提升晋能控股煤炭品牌的知名度和影响力。全年日均装车8102车，保供期间日均装车9580车以上，多日历史性突破万车以上。全年实现运销增收61亿元、煤质增收11亿元、配煤增收11亿元。全年向苏、鲁、豫等省区用户发运煤炭2536万吨，实现营业收入157亿元。

煤炭主业新提升 2021年，晋能控股煤业集团单产单进水平实现“双提升”。单产水平14.6万吨/面·月，单进水平188.5米/月，均实现10%以上的提升。特别是38座煤矿建成102个快速掘进作业线，打造10支年进尺3000米的快速掘进标杆队。智能化装备产能8900万吨，综合自动化率提升至70%。推进塔山、同忻、麻家梁的5G应用场景建设，初步实现井上下安全、生产、经营等领域5G全覆盖。完成寺河、成庄等6座选煤厂智能化改造。优化智能化电网建设。完善电网智能用电大数据平台操作界面及后台数据，拓展GIS系统等功能，大同地区网内92条线路、2800余个基杆数据全部录入。实施绿色开采。云岗矿充填开采项目完成地面主体施工，废弃巷道压缩空气储能项目完成前期准备；在马道头、同忻、同发东周窑完成地面矸石返井工业性试验；与中煤科工等科研院所合作，在马道头、麻家梁、龙泉地面和井下实施注浆治理工程，实现保水开采；在赵庄二号井实施覆岩离层注浆加固开采，多回收煤炭资源62万吨。在16座矿井布置38个超长工作面，建成煤峪口等19座矿井20项系统优化工程，完成赵庄等5座矿井和泰山隆安等6座矿井的通风工程与通风提能改造，收缩7座矿井9个盘区，巷道2.8万米，回撤设备价值8000万元以上，节约运营费用3000万元以上。直属矿井支架初撑力合格率全部实现动态达标率80%以上。“亿吨级老矿区科学开采关键技术与应用”项目获中煤协会科学技术特等奖。国家重大科技专项“千万吨级特厚煤层智能化综放开采关键技术及示范”项目完成课题验收。全年获得29项省部级科技成果鉴定，27项省部级科技进步奖，86项授权专利。

掘进效率提升 2021年，晋能控股煤业集团九臂快速掘进系统、四壁掘锚机、岩巷盾构机等5项装备技术在塔山、赵庄、王村等7座矿井推开应用，大断面巷道掘进效率同比提升200%。塔山矿单产92.4万吨/面·月；沙坪矿掘进一队最高月进1051米。推广使用柔性网、钢丝绳停采及4架掩护架撤退收尾工艺，25个工作面停采平均仅用时13.8天，累计节约人工及材料费用1124万元。特别是同忻矿8102工作面停采仅用时12天。兴峪矿施工定向钻孔465米，打破阳泉地区不能推广千米钻孔的固有观念。“以孔代巷”技术在晋北地区试验成功。在永定庄等6座矿井开展试点，缓解采掘衔接压力，提高抽采瓦斯浓度，实现以孔代巷1850米。其中，刘家梁矿实现用定向钻孔取代顶抽巷，上隅角瓦斯降至0.2%~0.3%。全年在63座矿井113个工作面实施小(无)煤柱回采；116座矿井195个工作面实施停采煤柱优化；在68座矿井99个放顶煤工作面优化放煤工艺，顶煤回收率平均提升2个百分点，特别是同忻矿8102工作面通过优化放煤工艺，顶煤回收率90.5%；3项多回收煤炭资源1855万吨，增加效益102亿元。塔山、同忻列入国家级智能化示范煤矿，麻家梁列入山西省智能化示范煤矿；年度“50+15”智能化采掘工作面建设完成。在寺河、成庄、永定庄等座矿井推广使用预注水泥浆等无机加固材料技术，治理煤体及构造，降低成本投入，解决综采工作面停采困难的问题。

矿井建设 2021年，晋能控股煤业集团石港、吉祥、大通等8座煤矿取得生产要素公告，转为生产煤矿，释放产能690万吨/年；永财坡等5座矿井实施联合试运转；煤峪口、四台2座矿井水平延深工程完工；龙湾开工建设。截至2021年底，生产矿井总数170座。沙坪等4座矿井水平延深工程竣工验收，王庄水平延深实

施联合试运转；燕子山西二盘区圈出首采面；郑庄完成一期工程施工，龙湾进回风井井筒实现贯通，寺河许家岭、石柱南风井、赵庄草芳风井井筒落底；推进荆宝等10座矿井技改项目前期手续。

资源获取　2021年，晋能控股煤业集团麦捷、树儿里、新村等7宗夹缝资源，以及刘家梁、焦家寨、浩然等10宗扩区资源取得县级政府同意意见；沟底、焦煤二矿、潘家窑项目建设取得当地政府同意；大西庄、四台石炭系空白资源取得《探矿权出让委托函》；马脊梁石炭系空白资源取得《完成出让前期工作的函》，并通过省自然资源厅专题会审议。焦煤矿完成生产要素公告恢复办理；马道头、北辛窑、同发东周窑完成联合试运转备案；车寨、龙湾取得采矿许可证；潘家窑签订探矿权出让合同；煤峪口、永定庄、四老沟等7座石炭系延深矿井手续办理完结。

省级技能大师工作室申报　2021年，晋能控股煤业集团开展技能大师工作室项目建设，通过基层单位培育、集团考核评比、政策激励等方式，截至2021年底，建成国家级技能大师工作室3个、煤炭行业技能大师工作室29个、省级技能大师工作室10个。按照山西省人社厅《关于申报2021年山西省级技能大师工作室建设项目的通知》要求，向省人社厅推荐雷雨工作室、王学军工作室、王生工作室等8家技能大师工作室。

环境治理　2021年，晋能控股煤业集团加大环保投入，全年环保投资17.5亿元，完成十大环保工程，推动三大供热改造工程，按要求实现供暖目标，解决口泉、云冈区域2.1万余户居民供暖问题，淘汰10蒸吨及以下燃煤小锅炉。推进环境治理。开展历史遗留问题大起底大排查大整治工作，完成整改252条。完成中央第一环保督察组进驻山西期间的配合工作，排查及整改治理全集团煤矸石、取水用水、保护区建设项目等问题。与中国环境科学研究院签订战略合作协议，依托专业技术团队，弥补矸石山治理等环境管理中的不足，推动企业绿色发展。推进矿山生态绿化工作。新增绿地面积434万平方米；综合治理18座矸石山91万平方米，完善20座矸石山的拦矸坝、挡水渠等配套设施建设。　　（辛　蕊）

【中煤大同能源公司】　2021年，中煤大同能源有限责任公司（简称“中煤大同能源公司”）煤炭产量355.6万吨，销售309.2万吨，电厂自用27.7万吨，发电量13.9亿千瓦时，营业收入23亿元，利润总额12.3亿元，上缴税费3.9亿元。产值24.2亿元，上网电量11.9亿千瓦时，煤矿期末库存0.1万吨，商品煤平均售价618元/吨，售电价格0.3元/千瓦时，利税12.9亿元，应收账款7700万元。收到《国家矿山安全监察局综合司关于核定中煤平朔集团有限公司东露矿等2处煤矿生产能力的复函》核增批复，煤矿能力核定420吨/年。

煤矿智能化建设及科研　2021年，中煤资源发展集团公司（简称“集团公司”）批复科技项目7项。其中新增3项，延续上年项目4项。新增项目为《煤矸石处理技术研究与应用》重大科技专项1项，项目制定实施方案；《塔山煤矿智能化工作面关键技术研究与应用建设》重点科技项目1项，项目完成研究报告；集团公司备案的企业级科技项目1项并结题验收；项目总费22478万元。延续上年项目为重点科技项目《矿井无尘化综合技术研究》项目取消；3项集团公司备案的企业级科技项目结题1项，剩余2项签订完合同开展现场研究工作。煤矿智能化建设项目完成“30503”采煤智能化工作面，并通过山西省能源局验收，获得中级智能化工作面建设水平矿井。

安全生产　2021年，中煤大同能源公司未发生重伤及以上人身伤害事故和二级以上非人身伤害事故。修订完善《安健环考核办法》等安全管理制度，落实安全包保责任。印发《关于加强公司领导下现场管理工作的通知》，中煤大同能源公司领导、中层管理干部每月到各厂矿生产一线，协调处理各单位存在的突出问题，提出合理化建议。开展安全整治三年行动。制定并印发《中煤大同能源有限责任公司安全生产专项整治三年行动实施方案》，提出杜绝重伤及以上生产安全事故等7项整治目标，安排3项主要任务和2个专项整治，并分为4个阶段，2021年为集中攻坚阶段，各项工作均达到预期目标。全年安全培训预算298.3万元，采用线上线下相结合方式，提高管理人员的安全知识水平和应急管理能力。组织并开展各项安全文化活动。组织开展“1·17”安全警示日活动、“警示三月行”活动、“百日安全”活动等。

科技创新　2021年，中煤大同能源公司科技研发经费投入7177.5万元，研发经费投入强度3.2%。全年评出“五小”创新科技成果50项；科技创新6项；发表科技论文（国家级及省部级）20篇；实用型专利20项，奖励20.9万元。

技术改造　2021年，中煤大同能源公司围绕科技保安、提质增效、绿色发展、智能化建设等目标，推动开展科技项目的研究与应用，解决困扰企业安全生产的理论和技术难题。完成塔山煤矿矿压显现多参量智能探测预警与精准控制技术研究。完成塔山煤矿智能化工作面关键技术研究与应用。完成洗选装运公司累计各输煤段10余部皮带机驱动滚筒的瓷片包胶改造，提速改造“743”“745”“741”三部皮带机，提高运输能力。解决电厂1号机3号箱体振动大重大缺陷；加装2号锅炉防磨格栅400平方米，降低锅炉受热面磨损速率；完成CMIS系统升级改造。　　（白　楠）

【同忻煤矿智慧管控平台系统上线】　2021年1月，晋能控股煤业集团同忻煤矿智慧管控平台系统上线使用。同忻矿智慧管控平台以万兆工业环网+5G网络为数据传输通道，以综合自动化建设为基础，采用物联网、大数据、云计算、移动互联等先进技术手段，集成生产管理及设计协同综合门户、全息一张图、生产执行管理系统、综合自动化、智能调度决策分析、移动门户系统和三维透明矿山子系统，实现矿井生产过程自动化、综合调度指挥、多系统联动、经营辅助决策等功能。各级管理人员和操作人员可通过综合门户系统、移动APP和生产调度管理系统，实现信息化和自动化融合，基于系统的高扩展性，实现安全生产动态管理、集中管控、预警联动、专家决策和大数据应用分析等各子系统间联动，提升矿山的智能化程度。（辛 蕊）

电力工业

【概况】截至2021年底，大同地区有各类电厂94座，总装机容量1536.2万千瓦（全省占比13.6%），同比新增77.2万千瓦，增长5.3%。其中，火电发电861万千瓦、风电发电324.2万千瓦、太阳能光伏发电337.8万千瓦、垃圾发电4.5万千瓦、秸秆发电2.4万千瓦、余热发电2.6万千瓦、尾气发电3.2万千瓦、小水电0.5万千瓦共8种类型，是全省接入电源种类最多的网架。风电和光伏发电投运装机分别占全市总装机容量的21.1%和22%。龙头企业大同二电厂（含国电大同公司），是省内规模最大的火力发电企业，装机容量372万千瓦，装机规模全省第一、华北地区第二，全年产值40.2亿元，同比下降4.1%。全年电力工业完成增加值46.7亿元，占比9%；发电量527.4亿千瓦时，其中火力发电427.3亿千瓦时。（曹尚飞）

【电力供应】2021年，国网大同供电公司承担大同四区六县工农业生产和人民生活供电及电力建设任务，供电面积1.4万平方千米，用电客户148.2万户。全年全市全社会用电量1427886.2万千瓦时，同比增长9.4%。其中，第一产业用电量18418.4万千瓦时，同比增长21.6%；第二产业用电量860968.8万千瓦时，同比增长3%；第三产业用电量339694.6万千瓦时，同比增长28.8%。全市城乡居民生活用电量228804.4万千瓦时，同比增长9.7%。其中，城镇居民用电量159215.4万千瓦时，同比增长8%；乡村居民用电量49589万千瓦时，同比增长15.6%。截至2021年底，各县（区）全社会用电量为：云冈区138219万千瓦时，同比增长3.4%；新荣区40682.1万千瓦时，同比增长17.9%；云州区68683.1万千瓦时，同比增长20.9%；阳高县38627.4万千瓦时，同比增长26.7%；天镇县31005.3万千瓦时，同比增长3.8%；浑源县33992.2万千瓦时，同比增长9.2%；灵丘县91497.1万千瓦时，同比增长4.4%；广灵县28000.6万千瓦时，同比增长17.6%；左云县40624.4万千瓦时，同比增长13.3%。全年获省供电公司及以上科技进步奖7项，管理创新奖4项，大数据成果奖2项，QC成果6项；获省部级质量信得过班组2个，大同市优秀创新工作室1个。

电网建设　2021年，新荣500千伏变电站220千伏送出线路、平城区太和路110千伏输变电工程等4个项目，纳入大同市重点工程。新增110千伏及以上线路45.4千米，变电容量19.6万千伏安，新荣500千伏变电站送出工程被国网公司评为“安全五好示范工地”。推进现代化配网建设，安装智能融合终端2409台，实现故障研判、状态监测延伸到户。实施7项新一轮农网巩固提升工程，左云马道头线路及配变改造工程获“国网配网工程质量评价前百名”。

旧电能表利用　大同市每年投运的电能表约30万只，因各种原因拆回的旧表约4万只。2021年，国网大同供电公司为提升电能表利用率，实现资源循环利用，该公司常态化推动拆旧分拣工作，该公司计量中心在确保投运的每一只电能表计量准确的前提下，把各单位拆回的旧表修复检测合格之后重新使用。全年计接收拆回13版电能表23620只，经分选外观完好的电能表20356只，通过分拣检测、复检校验后可复用的电能表18773只，报废电能表1583只，电能表利旧率92%。

供电服务　2021年，国网大同供电公司优化营商环境，建成智慧营业厅和阳光业扩厅，统筹办电业务，全环节线上协调管控，办电时长同比下降8.2%。深化政企办电信息互联互通，签订不动产信息共享合作协议，实现电子证照共享调用、零证办电等各种惠民功能。开展“百人进企、五心服务”活动，“一对一”走访客户137次、受理业扩项目38项。推进代理购电，高压客户告知及合同签订实现全覆盖。服务民生用电，落实大气污染防治工作部署，完成24万户“煤改电”和冬奥会环境提升工程。深化投诉“一工单一分析”，推行主动抢修工单模式，强化三级联动考核，报修、投诉同比下降13%、84%，故障修复时长压降50.4%。健全“行业扶贫+产业扶贫+乡村振兴战略”三位一体工作模式，全年结算光伏扶贫补贴电费9052.5万元。实施乡村振兴“红绿黄”工程，7支驻村工作队、9支党员服务队入户讲解政策2456人

2016—2021年大同市电力工业发展统计表

表15–2

指标 年份	增加值		发电量（亿千瓦时）	其中：火电（亿千瓦时）
	绝对量（亿元）	占比（%）		
2016年	75.5	29.6	361	330
2017年	86.7	30.3	406.4	366.4
2018年	80.8	24.1	457.6	394.9
2019年	59.3	16.8	440.9	377.8
2020年	47.8	14.2	462.4	392.7
2021年	46.7	9.0	527.4	427.3

次，74 个供电所实现公共充电设施全覆盖，20 个黄花标准示范园、10 家黄花加工龙头企业实现“用电无忧”。（齐运臻）

【大唐国际云冈热电】 2021 年，山西大唐国际云冈热电有限责任公司（简称“云冈热电”）发电量约 50 亿千瓦时，供热量约 1400 万吉焦，耗用天然煤约 300 万吨，承担大同市城区 2500 万平方米左右（约占城区供热总面积的 40%）的居民供热及中车集团大同电力机车有限公司、中国兵器工业集团动力研究院集团有限公司 616 厂工业供气任务。

安全生产 2021 年，云冈热电设备可靠性增强。消除 4 号发电机定子线棒水电接头漏水、4 号机主气门漏气、4 号炉高再管束超温等重大隐患 7 项。创新开展在线焊接，33、44 磨煤机连续运行 8600 小时，磨煤机非停次数由上年 7 次降低到 0 次。

节能增效 2021 年，云冈热电 1、3 号机组完成灵活性改造，成为省公司系统首批次具备深调能力机组，修编《优化运行导则》，一期供热系统实行“高背压 + 热泵”梯级加热循环水改造，夏季投运二期尖峰系统为一期使用，一期机组全年降低煤耗 0.75 克 / 千瓦时，节约标准煤 1012 吨，降低燃料成本约 100 万元；调峰调频创收突破 3000 万元，同比增加 1700 余万元，近 8 年首次实现双细则净收入为正。

提质增收 2021 年，云冈热电建立计划、运行、检修及燃料采购联动配合的电力现货交易报价协调机制，优化“日分析、周调度、月总结”的现货管理模式，参与省内首次战新交易，承接战新电量任务，与同期现货交易电量相比，增收 700 余万元。拓展市场工业供热同比增加6.8万吉焦，增加收益 300 余万元；协调政府实现首次预付供热费用 1.2 亿元。全年非主营业务累计收入 9000 万元以上，同比增收 6000 余万元。优化结构降低燃料成本。实现由全口径采购市场煤向长协煤全覆盖转变，把 40 余万吨 3200 大卡低质煤同卡价置换成 4000 ~ 4500 大卡高热值煤，降低燃料成本 3028 万元，影响全年综合入厂标单降低 16 元 / 吨。

项目开发 2021 年，云冈热电分别与中煤大同能源有限责任公司、京能左云马道头公司签订战略合作框架协议和指标容量收购协议，大同市能源局向省发改委上报“上大压小”实施方案，明确由云冈热电牵头与中煤能源大同分公司合作建设 2 × 1000 兆瓦清洁、低碳、高效、零排放的超临界供热机组。与广灵县政府、阳高县政府签订“风光储”百万清洁能源基地项目（700 兆瓦光伏 +300 兆瓦风电）框架协议和 600 兆瓦（500 兆瓦光伏 +100 兆瓦风电）新能源项目框架协议；云州区 500 兆瓦光伏项目开展三年滚动计划库；二氧化碳捕集配套的绿色清洁能源电源拖皮村 12 兆瓦分布式光伏项目可行性研究报告上报集团公司评审，评审通过启动招标程序。

科技创新 2021 年，云冈热电 4 号机组被授予 2020 年全国火电 300 兆瓦级亚临界供热空冷机组 AAA 级称号，并获电力行业年度标杆热电机组；取得 QC 和创新成果 16 项，获实用新型专利授权 7 项；继保班组被授予中国水利电力行协质量管理 AAA 班组称号；赵树勋被授予集团公司“十大杰出青年”称号，刘洋被授予山西公司劳动模范称号，9 人获省电力行协优秀个人。（李 赫）

【大同二电厂（公司）】 2021 年，北京国电电力有限公司大同第二发电厂（国电电力大同发电有限责任公司）［简称“大同二电厂（公司）”］发电量 141.6 亿千瓦时，供热量 1454.3 万吉焦，供电煤耗 298.1 克 / 千瓦时，综合厂用电率 9.4%，入炉综合标准煤单价 909.9 元 / 吨，被国电电力集团公司授予安全环保一级企业称号。申报 24 个工种职业技能等级认定资格，64 名员工获中级、高级专业技术资格，57 名员工获法律、安全等职业资格。组织开展班组建设、技能竞赛、团青创新创效等活动，4 个 QC 项目获评省级电力行业优秀成果三等奖，并评为省级文明单位。

安全环保 2021 年，大同二电厂（公司）学习宣贯新《中华人民共和国安全生产法》，修订安全监察、隐患排查等管理制度 28 项。全年通报整改不安全问题 58 项。汲取系统内外不安全事件教训，针对保安电源、供热设备等开展专项检查，累计发现隐患 133 项，整改完成率 99.3%。强化金属、绝缘等技术监督管理，机组检修及安稳装置改造 7 台次。加强生态环境治理，改造完工喷氨、脱硫浆液循环泵变频等项目，年度碳排放权盈余交易额 8556 万元。

转型发展 2021 年，大同二电厂（公司）立足企业战略定位，推进新能源项目开发。新增光伏资源储备 100 万千瓦，签订场站式框架协议 220 万千瓦、分布式光伏开发协议 8.5 兆瓦，255 万千瓦“风光火储氢”一体化基地项目完成全部申报资料准备。依托大同市区、工业园区用能需求，布局冷热联供、多能基地等综合服务，与 6 家企业建立用气合作，推进脱硫石膏综合利用项目、怀安热电检修维护项目，焊训站、钳训站基地具备使用条件。对标《全国煤电机组改造升级实施方案》要求，成立供热、灵活性、节能改造专项工作组，实施机组高效化、清洁化多维度升级改造，8 号、9 号机组最小发电负荷 20%，机组全年供电煤耗同比下降 1.2 克 / 千瓦时，8 号、10 号机组被授予全国能效对标 AAAAA 级称号，60 万千瓦级机组连续 10 年在中电联能效对标竞赛中获奖。开展针对性、实用性创新攻关课题研究，累计发表省部级以上刊物论文 25 篇，获国家授权专利 5 项、软著版权 3 项，国电电力科技进步、管理创新奖 4 项，国内首套 CO_2 化学链矿化示范项目完成土建施工。推动数字化技术和基础工作深度融合，智能大数据管控中心分节点建成，ERP 设备树台账增补率 90%，精益检修管理平台启用，覆盖率 60%。（田 苗）

【左云光伏发电项目】 截至 2021 年底，晋能控股电力集团左云光伏发电项目总体占地面积 334.5 公顷，装机容量 10 万千瓦，总投资 7.6 亿元，年平均上网电量 1.8 亿千瓦时。发电站采用南京日托 MWT 背接触光伏电池生产技术，变栅线为雪花状栅点，相较常规电池片减少一半遮光面积，比相同面积常规组件输出功率提高 20 瓦，多晶组件转化效率 17.2%，整体发电量提高。在厂区内，采用国内先进的同景双轴跟踪系统，使平均身高4米的电池组件随着阳光转动汲取光能，比常规固定式发电效率提高20%以上。发电站的光伏路面是全国首条光伏发电路面，长286米，可为电站职工宿舍区解决照明问题。（曹尚飞）

【新能源装机容量】 2021年，大同市利用风、光资源及区位和土地优势，开发风能、太阳能为重点的新能源产业，推动晋北风电基地项目、西安隆基60万光伏平价上网项目、云冈矿废弃巷道压缩空气储能项目、浑源抽水蓄能电站项目等新能源项目建设，按序开展整县（区）屋顶分布式光伏建设工作，推进生物质项目发展。全市新能源装机容量659.8万千瓦。其中，风电装机容量约322.1万千瓦、太阳能发电装机容量约324.5万千瓦、生物质垃圾发电等13.2万千瓦。

（曹尚飞）

【煤电 CO_2 捕集及资源化利用全产业链生产线示范工程试生产】 2021年1月14日，煤电 CO_2 捕集及资源化利用全产业链生产线示范工程在山西大唐国际云冈热电有限责任公司整体开车试运，CO_2 捕集至该公司4号机组气囊，于15日产出液态 CO_2 注入储罐。煤电 CO_2 捕集及资源化利用全产业链生产线示范工程项目由云冈热电有限责任公司与清洁碳经济产业研究院联手打造，总投资4000余万元，采用世界上首台电厂烟气 CO_2 捕获、转化和利用的产业化系统，通过捕集、液化、提纯等手段，可捕集云冈热电公司3号、4号机组1280吨 CO_2，把其转化制成碳纳米管及其复合材料。（曹尚飞）

【全省首条无线光差保护线路调试完成】 2021年1月26日，全省首条10千伏燕庄泵站1号线无线通信光差保护装置调试完成。燕庄泵站承担着大同纪检委廉政教育基地、万龙滑雪场、大同市装备园区及周边居民用户的供水任务。10千伏燕庄泵站1号线是由市供排水公司燕庄泵站配电室到10千伏富力城开关站的一条供电线路，为提高燕庄泵站配电室供电可靠性，缩小故障影响区域，避免因重新开挖路面铺设光缆造成的资源损耗，国网大同供电公司首次采用无线通信方式实现光差保护功能，既保证信息安全及信号的抗干扰能力，又解决地面线路结构限制，具备传输能力强、部署周期短、抵抗自然灾害能力强、传输安全等优势。（曹尚飞）

【大同富乔公司二期扩容项目投产发电】 2021年2月，大同富乔垃圾焚烧发电有限公司发电二期每日500吨扩容项目首次并网发电。发电二期每日500吨扩容项目，在原来3炉2机的基础上，增加日处理生活垃圾500吨的循环流化床垃圾焚烧锅炉1台，15兆瓦空冷汽轮发电机组1套，扩容后形成4炉3机的规模，日处理生活垃圾能力1500吨，年发电量由2.2亿千瓦时提升至3.3亿千瓦时，年产值达2.5亿元，年处理生活垃圾量58万吨，解决就业人数100余人，同时可解决循环经济产业园区供热问题。

（曹尚飞）

【供电与电信签订战略合作框架协议】 2021年4月1日，国电大同供电公司与电信大同分公司签订《推进能源互联网数字新基建战略合作框架协议》。国电大同供电公司与电信大同分公司围绕能源互联网和通信5G资源共建共享领域开展合作，供电部门发挥在电网运营和能源管理等领域的优势，为电信公司提供规划设计、能效提升等服务；电信公司发挥在信息和数据产业领域的优势，为供电公司提供系统集成、移动办公、安防监控、数据专线、物联网等综合信息化服务。双方在5G基站建设、光缆挂敷、能效提升等方面加强合作，共同推动能源互联网和5G示范项目落地，深化“5G+智慧巡检”“5G+智慧变电站”“5G+智慧抄表”“5G+智慧工地”“5G+智慧社区”“5G+智能充电桩”等示范应用及项目落地。双方还共同合作开展能源互联网和5G前沿技术攻关应用，推进电力行业“十四五”规划信息化课题研究，培育电力信息技术应用创新成果等。

（曹尚飞）

【全市首个供电服务智慧“无人营业厅”亮相】 2021年4月7日，大同地区首个供电服务智慧“无人营业厅”在国网大同供电公司迎宾街营业厅亮相。该智慧“无人营业厅”是在原营业厅基础上改造完善的，设置智能综合业务办理区、VR体验区、大同供电展示区、信息公示区、便民服务区等7个区域，同时为服务老年、残障等特殊群体，营业厅后台仍保留一席人工坐席。该营业厅以国网大同供电公司客户服务中心大楼为依托，为用户提供电费缴纳、业扩报装、业务咨询、新能源等用电全业务服务。用户走入“无人营业厅”，可在信息公示区查看到最新的电价电费信息及相关用电政策，而自助业务办理区的4台智能综合业务办理机，能够快速为用户办理从电费缴纳到业扩报装的各项业务。该营业厅配备人脸识别和数据分析系统，通过摄像头对用户到访记录开展分析，预判用户业务需求，方便为用户提供“一对一”服务。在VR体验区，用户可以通过人机互动屏查看该公司提供的各项服务内容。

（曹尚飞）

【电缆隧道综合在线监控系统投入使用】 2021年5月，国网大同供电公司电缆运检中心自主研发的电缆隧道综合在线监控系统投入使用，标志着110千伏北和线电缆通道运维工作迈入数字化智能时代。110千伏北和线肩负着华严寺、潘家园、代王府等旅游景点供电任务。此次在110千伏北和线投入使用的电缆隧道综合在线监控系统，应用智慧电缆管理理念，具备8个在线监测子系统，按照监测对象分类，把电缆线路网架结构，分年度、分区域实施智慧电缆全面覆盖，数据汇集至电缆隧道监控中心，具备地下管线地理信息自主测绘、管内异常自动识别和环境数据自动采集的功能。（曹尚飞）

【国网时代华电大同储能项目开工】 2021年7月10日，国网时代华电大同300兆瓦/600兆瓦时储能项目在华电大同第一热电厂开工，省委常委、市委书记张吉福，市委副书记、市长张强出席项目开工仪式，并与宁德时代新能源科技股份有限公司董事长曾毓群，国网综合能源服务集团有限公司董事长、党委书记任伟理一行举行工作会谈。

国网时代华电大同储能项目总占

地 2.5 万平方米，采用最新一代的全户外预制舱设计。投运后，储能电站接受电网调度，参与电网调峰、调频等辅助服务，同时为新能源电站提供消纳领域相关服务，助力构建以新能源为主体的新型电力系统。（曹尚飞）

【大同两县区入选全国整县光伏开发试点名单】 2021 年 9 月 14 日，国家能源局公布全国整县（市、区）屋顶分布式光伏开发试点名单，全国 676 个县（市、区）成为试点，大同市云冈区、灵丘县名列其中。

云冈区发挥区位资源优势，扩大新能源建设规模，推进采煤沉陷区国家先进技术光伏示范基地项目建设。全区有 220 千伏公用变电站 3 座、110 千伏公用变电站 9 座，区域最大负荷约 560 兆瓦，区内各类型建筑屋顶面积可安装光伏比例高。灵丘县日照时间长、辐射量多，为发挥太阳能资源优势，培育高质量发展新动能，该县推进光伏产业发展。全县新能源电力装机容量 300 余兆瓦，发电量约 5.55 亿千瓦时，其中光伏发电装机容量 100 余兆瓦。（曹尚飞）

【塔山发电公司投用国产首台套行星变频调速装置】 2021 年 9 月，由晋能控股电力集团塔山发电公司与哈尔滨广瀚动力传动公司共同研制的全球第二例、国产首台套行星变频调速装置在塔山发电 600 兆瓦等级燃煤发电机组给水泵成功投用。此次投用的行星齿轮变频调速装置拥有完全自主知识产权，装置中主要部件均使用国产产品，突破国内火电高端设备领域进口垄断。国产首台套行星变频调速装置研发成功，实现对液力耦合器设备的 1∶1 替换，即行星变频调速设备按原液力耦合器接口进行定制化设计，保证新设备的轴向尺寸、接口与原液力耦合器完全一致，给水泵组中的主电机、前置泵等设备位置均无须变动。利用该装置实现机组全负荷工况下综合调速传动效率 91% 以上，最高调速传动效率 96% 以上，超越常规液力耦合器 60% 至 80% 的调速传动效率。（曹尚飞）

【旭升光伏电站】 2021 年，晋能控股电力集团清洁能源公司天镇旭升光伏电站发电量突破 4 亿千瓦时。天镇旭升光伏电站位于天镇县谷前堡镇榆林口村南，占地面积约 451.7 公顷，总装机规模 245 兆瓦，安装近 91.4 万块光伏组件。9 月，该电站建成投用集光伏发电与参观示范于一体的“阳光大道”，增加电站装机容量。截至 2021 年底，累计发电量超 16 亿千瓦时。（曹尚飞）

【华电大同云冈区整区屋顶分布式光伏项目开工】 2021 年 11 月，华电大同云冈区整区屋顶分布式光伏项目开工，该项目是国家能源局公布的全国 676 个整县（市、区）屋顶分布式光伏开发试点项目之一。华电大同云冈区整区屋顶分布式光伏项目由云冈区政府主导，云冈区能源局统筹推进，华电福新能源发展有限公司山西分公司投资、建设和运营。开发建设总规划容量 25 兆瓦，总投资 1.1 亿元。项目前期以西韩岭学校、云冈职业中学、常青中学为开发试点，采用“自发自用，余电上网”的模式建设，以打造清洁高效的综合能源体系为目标，推进“绿色校园”建设。（曹尚飞）

【西安隆基新荣储能光伏平价上网项目并网发电】 2021 年 12 月 30 日，西安隆基清洁能源有限公司新荣 600 兆瓦光伏 +30 兆瓦时储能光伏平价上网项目并网发电。该项目 5 月 17 日在新荣区开工建设，实现“当年开工、当年并网”。该项目总投资 32.5 亿元，占地面积约 1333.3 公顷，因地制宜采用“沉陷区生态治理 + 光伏”模式，其中采煤沉陷区光伏区域占地 400 公顷。该项目平均每年可向当地提供约 120630 万千瓦时的绿色电能。与同等电量火电厂相比，相当于每年可节约标准煤约 35.6 万吨（以平均标准煤煤耗为 295 克 / 千瓦时计），相应每年可减少多种大气污染物的排放，其中减少二氧化硫排放量约 2992.8 吨，二氧化碳约 88.7 万吨，氮氧化物约 2640.5 吨，烟尘约 6 万吨等。（曹尚飞）

装备制造业

【概况】 2021 年，大同装备制造业初步形成以电力机车产品为龙头，推进商用车变速箱、新能源汽车、煤机产品制造，氢能源发动机、单晶硅太阳能光伏组件等高端装备制造发展的行业格局。重点企业中，同车公司可年产机车 200 台，自主研发的机车 1-1XD2C，具有国际先进水平，11 轴宽轨大功率电力机车出口俄罗斯。陕汽大同公司可年产改装汽车 2 万辆，成为全市最大的装备制造企业。隆基乐叶和氢雄云鼎等重点项目投产，提升行业发展潜力。全年装备制造业完成增加值 39.2 亿元，占比 7.5%；改装汽车 11894 辆，生产铁路机车 58 台，生产矿山专用设备 164330 吨。（曹尚飞）

2016—2021 年大同市装备制造业发展统计表

表 15-3

指标 / 年份	增加值		改装汽车（辆）	铁路机车（台）	矿山专用设备（吨）
	绝对量（亿元）	占比（%）			
2016 年	14	5.5	2471	55	78824
2017 年	20.3	7.1	7767	62	71683
2018 年	34.3	10.2	9117	112	83061
2019 年	35.8	10.2	14023	90	110453
2020 年	35.9	10.7	20753	55	111059
2021 年	39.2	7.5	11894	58	164330

【中车大同公司】 2021年，中车大同电力机车有限公司（简称“中车大同公司”）拥有机械动力设备2600余台，检测标定类设备221台，机械动力设备中大型、精密设备170余台；拥有国家级企业技术中心、试验计量中心和中车高压电器研发技术中心，被认定为山西省高新技术企业、山西省电力机车工程技术研究中心。截至2021年底，公司下属有7家控股子公司，分别为大同中车爱碧玺铸造有限公司、大同中车煤化有限公司、北京中车赛德铁道电气科技有限公司、大同中车重工有限公司、世纪华扬环境工程有限公司、和县中车环保科技有限公司、惠州中车环保科技有限公司。享受国务院政府特殊津贴专家7人、茅以升铁道工程师和詹天佑科技奖6人、全国技术能手7人、享受山西省政府津贴的高级技师5人、中国中车核心人才97人、大同市科学技术带头人专家11人。

市场营销 2021年，中车大同公司中标40台八轴9600千瓦货运机车、34台六轴7200千瓦货运机车、6台160千米/小时复兴号动力集中（鼓型）动车组订单，销售八轴机车大部件10台套；获得2台孝柳铁路八轴机车订单；与乌克兰私营铁路公司达成“3+50”台机车采购意向；实施“造修一体化”战略，累计中标93台HXD2型机车C6修订单，签订2台神华机车C5修及技术改造和4台SS4G机车大修理合同；发挥配件业务专业化优势，新签受电弓及高压电器等产品订单6.8亿元，新签铸钢车轮等产品订单7.7亿元；高铁及动车组变压器产品营业收入3.2亿元；对接鞍钢集团，优化改进CR240E型矿车；与中煤平朔集团签订矿车工业性试验协议，第四季度CR330E型矿车开始工业性试验。

生产运营 2021年，中车大同公司组织完成40台新八轴机车、34台HXD3C机车、6台FXD1机车，以及10台套新八轴机车大部件等三种车型的新造生产任务，技术改造神华机车2台。面对增长的HXD2型机车C6修任务量，中车大同公司发挥造修协同效应，提升C6修产能，检修周期从批量试修45天压缩至常规修30天，完成93台HXD2型机车C6修任务，并交叉检修4台SS4G机车。全年检修交流机车186台节。开展制造过程全价值链改善，主产品生产周期缩短3.5天，各专项改善项目节约成本268万元。2021年，中车大同公司晋级成为中车精益管理二级企业。

科技创新 2021年，中车大同公司新八轴技术提升机车完成型式试验，并开展双机重联牵引单元万吨列车适应性试验，各项指标满足试验大纲要求；永磁直驱客运机车完成型式试验，永磁直驱客运机车转向架完成试制，并以技术首创优势“揭榜挂帅”国铁集团永磁直驱货运机车研制项目；700千瓦氢燃料电池混合动力机车实现收入，DF4B机车入厂实施氢动力改造，签订2台410千瓦蓄电池机车合同。全年科技投入占比4.5%，并牵头承担中车集团和省市级科研项目42项；CR240E重型矿车研制项目完成结题验收；加快“数字化”建设步伐，新版ERP系统投入运用，并实施MDM主数据贯标、三维工艺系统建设及PLM、QMS系统建设优化等项目。轮驱组装数字化生产线、转向架组装流水线建成投入运用，MES系统投入使用并实现系统兼容，机车转向架车间里程碑式地成为中车大同公司首个“数字化车间”。被评为山西省“智能制造示范企业”。

质量管理 2021年，中车大同公司完善《质量保证能力检查评价管理办法》，健全质量保证能力管理机制；修订《质量管理考核办法》，强化质量问题追责和警示教育；全功能运用QMS系统，推行产品质量管理数字化及全寿命周期可追溯管理；实施“质量红线”管控，提高预防保障效力；突出质保能力提升，开展走行部件及车体关键部件焊接能力提升、铸锻件质量保证能力提升、高压电器质量标准及品牌建设3项专项工作；落实《强化HXD2型机车C6修质量管控方案》，开展检修工艺标准提升年活动，形成检修工艺质量亮点和业务特色。ISO/TS22163标准通过再认证，并获第三届“山西省质量奖”。深化售后服务信息管理平台建设，加强产品运用数据库管理，增强分析和解决产品运用质量问题的能力。全年在段运用机车机破率0.07件/百万千米，临修率2.27件/百万千米，均实现同比降低。

（孙秀岩）

【大齿公司】 2021年，中国重汽集团大同齿轮有限公司（简称“大齿公司”）销售变速箱总成141891台，实现营业总收入19.3亿元，实现利润总额3亿元，上缴税金1.2亿元。该公司开展降本增效工作，使企业的盈亏平衡点由11679万元/月下降到9113万元/月，同比下降22%。

安全生产 2021年，大齿公司完成“双控”体系各类危险设备实施、危险作业活动的辨识工作。开展安全检查及隐患排查，组织公司级安全、环保、消防各类综合检查33次，排查各类隐患655项，整改率100%，全年未发生任何重大设备安全事故和火灾事故。

产品质量 2021年，大齿公司通过开展“揭榜挂帅”项目、小毛病专项整改提升活动，售后索赔自承担费用2113万元（二次索赔率50%），完成目标（T2指标为2473.8万元）；承接中国重汽集团公司“揭榜挂帅”的3个改进提升项目全部关闭，变速箱售后故障率从上年的23700PPM下降到15707PPM，同比下降33.7%，单车索赔同比下降16.5%；全年市场及零公里反馈典型质量问题86项，关闭82项，关闭率95.3%。通过开展过程、产品审核、质量稽查、动态管理质量门、提升检验手段和能力，使变速箱一次装配合格率达96.2%，同比提升2个百分点。

制造自动化水平提升 2021年，大齿公司组织开展生产线自动化智能化升级改造，以核心业务的数字化建设为切入点，建设智能制造应用平台（MES系统），自动化生产线具备在线测量及防错功能，与信息系统联网，实时采集生产线过程数据，实现从产品设计研发、现场制造执行到客户产品交付全过程数字化覆盖，工艺制造水平、产品质量保证能力、生产效率提升，生产线自动化率由47.5%提升到56.8%。申报的《AMT系列斜齿双中间轴同步器变速箱及发动机齿轮智能制造技术改造项目》，被评为“山西省2021年省级智能制造标杆”。

（大齿公司）

【陕汽大同公司解决氧化渣清除难题】 2021年，陕汽大同公司专用车分厂在降本增效工作中，利用废旧资源开展技术创新，通过自制清渣设备，解决氧化渣清除这一作业难题。陕汽大同公司数控等离子切割机在产出仿形件过程中会产生大量粘连氧化渣，影响拼焊工序的加工精度和焊接质量。按照生产工艺标准，要求必须把仿形件氧化渣清除干净后才能转入下一道工序，每到生产旺季，需要清渣的工件多，清除工作量大，工人的体力消耗巨大。面对这一问题，专用车分厂通过听取员工建议、收集资料、借鉴行业经验，开展氧化渣清渣设备试制，把调试车间检测线废旧减速机、耐磨板边角料等不起眼的零件和材料巧妙组合，一周后成功试制出氧化渣清渣滚筒机，把一批批的仿形件放入滚筒，氧化渣便可全部脱落。该机器经过工艺和质量现场验证，氧化渣脱离达到标准要求。（曹尚飞）

工业

【山西维顶高端液压及过滤制造项目】 2021年，山西维顶装备科技有限公司研制的微型精密高压节流阀、微型精密高压溢流阀、微型精密柱塞泵完成实验室验证，产品主要应用于航空、航天液压和燃油控制系统，石油钻井设备等。精密过滤元器件国产化替代产品装备在中海油服“璇玑”旋转导向钻井和随钻测井系统等国家高端装备上，并随系统在国家“十三五”科技创新成就展展出，被国家博物馆收藏，展现中国高端装备“大同造”的技术能力。（曹尚飞）

【中车大同公司获中国铁道学会科学技术一等奖】 2021年1月8日，中国铁道学会正式公布2020年度“中国铁道学会科学技术奖”获奖项目，中车大同公司联合承担的“30吨轴重大功率交流传动电力机车关键技术研究及应用”和“高速列车车顶高压电气系统绝缘优化及运维技术应用研究”两个项目获一等奖。中车大同公司研制的30吨轴重大功率交流传动电力机车设计满足中国铁路27吨轴重及以上重载线路运用要求，填补中国大轴重电力机车的技术空白。在高速铁路方面，针对车顶高压电器系统等关系高速列车安全稳定运行核心技术，中车大同公司紧跟国际轨道交通高新技术发展趋势，在车顶高压电器技术研究与产业化方面形成独特优势，取得多项国际标准与技术突破。（孙秀岩）

【氢燃料电池混合动力机车下线】 2021年1月27日，中车大同公司自主研发的中国首台700千瓦氢燃料电池混合动力机车下线。氢燃料电池混合动力机车立项于上年，被列为山西省和中国中车重大科研专项，机车设计时速80千米，持续功率700千瓦，满载氢气可单机连续运行24.5小时，平直道最大牵引载重超过5000吨。该机车可在各类机务段、车辆段、编组站，以及大型工厂、矿山、港口等场所执行运转、调车、救援等多用途任务。该机车没有任何污染物的排放，不用重新架设取电网，相较传统燃油和电力机车，氢燃料电池混合动力机车在相对密闭的地铁、隧道、矿山等环境下使用优势更加明显，应用和维护成本也更低。（孙秀岩）

【塔山煤矿新型九臂掘锚一体机试用成功】 2021年2月，晋能控股煤业集团塔山煤矿公司新型九臂掘锚一体机试用成功。九臂掘锚一体机实现掘、锚、护三道工序的快速转换，人工效率提高40%，掘进速度比传统掘进方式提高1.5倍左右。该机器能够实现截割、支护、锚杆安装同步运行、平行作业、泡沫除尘和连续转载等功能。（曹尚飞）

【国内首台自主研制煤矿危险气体巡检机器人“上岗”】 2021年4月，晋能控股集团山西科学技术研究院有限公司同大科技研究院矿山机电研究所研制的煤矿危险气体巡检机器人完成工业性试验并应用于塔山煤矿，这是国内首台常态化开展井下危险作业的煤矿巡检机器人。该台煤矿危险气体巡检机器人具备井下全地形行走能力，最大行走速度不低于1.5米/秒，最大越障高度不低于250毫米，连续行走时间不低于2小时，最大涉水深度不低于350毫米。机器人采用远距离无线遥控方式控制，在平直巷道环境中有效通信距离不低于300米。机器人携带的环境探测模块可探测甲烷、二氧化碳、一氧化碳、氧气、温度、湿度、压差等环境参数信息，同时具备红外图像采集功能，图像系统云台可实现水平、垂直连续旋转，实现对井下危险区域环境全方位探测。该机器人设计符合国家矿用产品安全标准，取得矿用产品安全标志证书，整机达到IP65防护等级。通过在塔山煤矿的工业性试验，验证机器人的各项性能指标，并在国内首创基于煤矿危险气体巡检机器人的井下危险区域环境探测新机制。（孙秀岩）

【HXD2型八轴货运电力机车型式试验】 2021年4月16日，中车大同公司技术提升HXD2型八轴货运电力机车返回新乡南折返段，标志技术提升HXD2型八轴货运电力机车全部型式试验完成。试验验证机车结构动强度、运行安全性及运行平稳性等性能，试验数据采集理想，试验结果满足大纲要求。该车是中国中车重点项目《HXD2型八轴货运电力机车性能提升研究》及中国国家铁路集团有限公司系统性重大项目《重载铁路技术升级深化研究》的研究成果。中车大同公司从重载适应性、简统化、可靠性、技术升级换代和修程修制改革适应性等方面技术提升HXD2型八轴货运电力机车性能。（孙秀岩）

【中车大同公司环保产品亮相中国环博会】 2021年5月，在第二十二届中国环博会上，中车大同公司活性炭及延伸系列产品亮相中国环博会。此次环博会汇聚全球环保主流企业，中车大同公司作为中车环保产业代表企业，集中展示15种活性炭产品、活性炭孔结构模型、污水处理模拟装置及VOCs吸附箱等新技术、新产品。其中，活性炭吸附箱适用于大风量低浓度的废气治理领域，如汽修喷涂、家具厂、印刷等一些分散性、

间歇性的生产行业，具有行业较高技术水平。（孙秀岩）

【市无人机协会成立】2021年5月28日，大同市无人机协会成立大会暨第一届会员大会在大同市高级技工学校举行。会上宣布协会章程（草案）等方案，并选举第一届理事会，确定理事长、秘书长等人选。首批协会会员51名。其中，个人会员39名，团体会员12名。该协会是由从事无人机生产及依托无人机提供航空摄影、航空测绘、飞行服务、消防应急救援、农林植保、矿山监测、电力巡检、文物数字化建档、低质灾害监测、生态环境污染监测、操控培训、媒体宣传等相关行业应用企业自愿结成的行业性、非营利性社会组织。（曹尚飞）

【永磁直驱货运电力机车转向架试制】2021年7月18日，中车大同公司自主研制的大功率永磁直驱货运电力机车转向架试制成功。这是为适应大功率重载运输而设计开发的新一代永磁直驱货运机车转向架，采用先进的直驱系统、永磁牵引电机、牵引电机架悬等技术。直驱系统采用新型挠性板联轴器直驱结构代替传统的齿轮箱传动结构，把牵引电机输出扭矩通过联轴器直接传递给轮对，省去齿轮传动部件及齿轮箱轴承，使驱动系统结构简化，提高驱动系统可靠性，同时省去齿轮箱传动系统的润滑，避免废油回收及润滑油泄漏导致的环境污染，具有环境友好性；联轴器是在永磁直驱客运电力机车联轴器验证技术上，为适应大功率、大扭矩需求重新设计开发，与永磁客运电力机车联轴器相比转扭能力提升36%；联轴器膜片结构紧凑、节省轴向空间，且无磨耗、无老化部件、服役周期长，免维护周期达C6修。（孙秀岩）

【中车大同公司获第三届山西省质量奖】2021年9月28日，第三届山西省质量奖颁奖授牌仪式在太原举行，中车大同公司获第三届山西省质量奖。中车大同公司坚持“质量领先”的经营发展战略，践行“顾客满意——我们不懈地追求”质量理念，坚持以“开发创新、控制过程、持续改进、顾客满意”为引领的质量方针，重点聚焦提升企业经营效率、效益和品质，通过深化产品质量提升工程、客户服务提升工程、运营能力提升工程“三大提升工程”，提升产品质量水平和客户满意度。在此基础上，该公司围绕业务流程构建“多标一体”管理制度体系，运用项目制管理模式抓重点工作，通过采用基于过程方法的信息化多标一体全生命周期质量管理模式，实现传统质量检验向精益化质量管理跨越。在产品质量控制中，该公司推行质量分级管理，并通过上线运行QMS质量管理系统，使质量管理信息化程度得到升级。该公司在员工中开展QC小组等群众性质量攻关活动，获评多个国家、行业和省、市级优秀质量管理小组。（孙秀岩）

【CR330E型矿车投入工业性试验】2021年10月，在中煤平朔集团东露天矿的生产现场，中车大同公司研制的CR330E型矿车完成组装调试工作，开始空载、半载、满载试验，于10月21日完成试运前的各项试验。10月22日，中煤平朔集团现场评审CR330E型矿车状态了。通过矿方的评审确认后，CR330E型矿车纳入矿山生产车队开展为期一年的工业性试验。考虑新车型在矿山现场的运行适应性，10月23日至24日，矿方安排车辆开展两天的单班作业，运行状态良好。10月25日，车辆实施“白加黑”满负荷运行模式。（孙秀岩）

【中车大同公司“哥萨克”号电力机车全球首秀】2021年10月20日至22日，第五届乌克兰国际轨道交通博览会在乌克兰首都基辅举行。博览会上，中车大同公司为乌克兰国家铁路量身定制的“哥萨克”号电力机车实现全球首秀。“哥萨克”号电力机车契合乌克兰当地人文环境和轨道交通运输条件，采用定制化的1520宽轨技术标准体系，满足乌克兰国家铁路技术标准要求，并在适应复杂气候条件、智能运维等方面具有独特优势。此次博览会，中车大同公司代表中国中车，作为牵头参展单位与5家企业携手参展，向世界展示中国中车最新研发的货运机车、动车组、城际地铁等轨道交通产品及相关技术。（孙秀岩）

【氢燃料电池混合动力机车上线试运】2021年10月29日，由中车大同公司研制的首台700千瓦氢燃料电池混合动力机车在内蒙古自治区锦白铁路大板东站驶出，这标志着中国在轨道交通装备在新能源领域实现由产品开发到实践应用。氢燃料电池混合动力机车设计时速80千米，满载氢气可单机连续运行24.5小时。锦白铁路位于内蒙古赤峰市，线路全长

▲2021年10月29日，由中车大同公司研制的700千瓦氢燃料电池混合动力机车上线试运（孙秀岩 摄）

627千米，分别连接霍白、锡乌、集通、京通等铁路干线，是蒙煤东运出海的重要运输通道。此次运行的氢能机车服务锦白铁路调车、取送车等作业运输，并且机车输入能源为氢气，排放物为水，可实现零污染、零排放。相比内燃机车，氢燃料电池混合动力机车每万吨千米减少碳排放约80千克，全部锦白铁路干线使用该型机车后，每年可减少碳排放量约9.6万吨，相当于种植600余万棵树。（孙秀岩）

【大同机车首次服务川蜀西南铁路】 2021年11月，由中车大同公司研制的和谐2型电力机车抵达成都铁路局成都机务段并满载上线。和谐2型电力机车是中国铁路运输主型牵引装备之一，集成中国铁路装备最新研究成果，运用于京包、包兰、京哈、陇海、襄渝等铁路干线。这是川蜀首次运用和谐2型大功率交流传动电力机车，主要用于兰渝、宝成、达成等铁路干线能源资源和工业生产物资运输。（孙秀岩）

【陕汽大同公司成功研制新型融雪撒布机】 2021年11月，陕汽大同专用汽车有限公司自主研发设计的新型融雪撒布机试制完成，实现融雪撒布机领域突破。这款新型融雪撒布机具有安装、拆卸简便，撒布效率高、操作简单、适用范围广等特点。该撒布机使用过程中可根据需要或车况切换不同安装车辆，被安装车辆在卸下撒布机后可恢复初始状态。撒布机的容积12立方米，撒布宽度15米，适合各级城市道路使用，可根据使用需要（如绿化带）进行左侧或右侧单侧撒布宽度调节，及后方撒布远近调节，可满足市政、高速、桥梁公路等路况使用需求；撒布量控制精度98%，撒布机的遥控器安装在驾驶室操控台上，操作人员可随时调节撒布机的工作状态和撒布量。技术人员在撒布机箱体和面喷涂厚度等方面进行特别设计，可起到防潮、防腐蚀作用，料槽采用便拆卸和高度可调节设计，方便设备清洗。（曹尚飞）

【大同机车服务中老铁路】 2021年12月3日，连接中国云南省昆明市与老挝万象市的中老铁路全线开通运营。中车大同公司为中老铁路打造的大功率电力机车，牵引货运班列服务“一带一路”新通道。

中老铁路为电气化客货运输铁路，全长10351千米，设计时速160千米，是一条采用中国标准和先进技术建设完成的现代化铁路。昆明至老挝的陆路运输货物通常需要2—3天，陆路转海运需要15—30天。中老铁路开通运营后，昆明至老挝的货运时间大幅缩短，运输价格明显下降。

（孙秀岩）

【永磁直驱客运电力机车型式试验】 2021年12月18日，由中车大同公司研制的大功率永磁直驱客运电力机车完成正线试验，标志着该车型的型式试验项目全部完成，具备线路运行考核条件。永磁直驱客运电力机车电传动系统搭载新型1200千瓦永磁同步电机，采用隔离永磁电机反电势电路结构及永磁同步电机变流控制技术，实现电机的高转矩、高效率、低损耗输出，在高速区段平均效率较传统电传动系统提升约4%。机车驱动部分采用直驱结构的轮对技术，取消传统的传动齿轮箱，降低机械能耗损失，可减少油液污染，降低噪声，增加维护周期。在永磁电传动系统与直驱轮对技术的双重加持下，试验结果表明机车恒功区总效率90%以上，整车能耗较传统机车降低约4.5%，按照机车运量计算，每年节约电能至少22万度，每台机车每年减少二氧化碳排放量超过200吨。（孙秀岩）

化学工业

【概况】 2021年，大同市化学工业重点产品有，甲醇年产能60万吨，合成橡胶年产能3万吨，活性炭年产能约40万吨。重点企业中，山纳公司是由中国蓝星（集团）股份有限公司的下属企业山西合成橡胶集团有限责任公司和亚美尼亚共和国Nairit公司共同出资建设的现代化企业，是全国最大的氯丁橡胶生产基地之一。华青活性炭公司作为全市最大的民营活性炭生产企业，年产活性炭约3.5万吨。全年化工工业完成增加值10.2亿元，占比2%；生产合成橡胶23784吨，生产活性炭141544吨，生产精甲醇33.8万吨。（曹尚飞）

2016—2021年大同市化学工业发展统计表

表15-4

指标 年份	增加值		合成橡胶（吨）	活性炭（吨）	精甲醇（万吨）
	绝对量（亿元）	占比（%）			
2016年	3.8	1.5	20516	25404	37.9
2017年	4.7	1.6	30047	41392	52.4
2018年	5.5	1.7	27960	64445	51.2
2019年	8.5	2.4	18692	113189	43.3
2020年	9.0	2.7	22823	149470	48.8
2021年	10.2	2.0	23784	141544	33.8

【民爆集团大同公司创建孔粒状铵油炸药（混装）生产系统验收成功】 2021年10月，山西省民爆集团大同有限公司创建孔粒状铵油炸药（混装）生产系统验收成功。该生产系统的运用，可降低工业炸药生产、运输、储存过程中的不安全因素，实现高效节能服务，用于各类矿山开采、隧道施工等领域。该生产线利用多孔粒状铵油炸药混装车实现小型"流动工厂"，作为一辆特种车辆，车上装载着生产用的原料和小型生产装备，不运送成品炸药，无须仓库贮存工业炸药，实现在服务现场生产炸药。现场混装炸药不含单质炸药和有毒成分，原材料及成品对人体无直接毒害作用，生产过程安全，运行和维护成本低，方便用户使用，提高爆破效率、降低爆破作业的劳动强度，做到生产与服务相结合，实现从单纯制造业向服务型制造业转型发展。（曹尚飞）

医药工业

【概况】 截至2021年底，全市有一园区和二园区两个医药园区。其中，一园区作为国家火炬计划医药特色产业基地、山西省医药产业重要生产基地和全省六大特色医药产业集群之首。主要医药产品有抗生素原料药、中成药和其他头孢类10余个剂型1500余个品种。重点企业中，国药威奇达公司可年产7-ACA原料药2000吨、头孢类粗品和口服原料药2000吨、头孢类无菌原料药600吨、克拉维酸钾纯粉600吨、6-APA原料药1万吨、阿莫西林原料药1万吨、青霉素无菌原料药500吨。全年医药工业完成增加值23.3亿元，占比4.5%；生产化学药品原药35060吨，中成药845吨。（曹尚飞）

2016—2021年大同市医药工业发展统计表

表15-5

指标 年份	增加值		化学药品原药（吨）	中成药（吨）
	绝对量（亿元）	占比（%）		
2016年	18.4	7.2	25418	408
2017年	19.5	6.8	25058	598
2018年	29.0	8.7	25848	723
2019年	26.1	7.4	22657	703
2020年	20.3	6.1	30531	912
2021年	23.3	4.5	35060	845

【山西国润制药有限公司获全省专精特新"小巨人"企业】 2021年10月，山西国润制药有限公司入选全省专精特新"小巨人"企业。该公司专注医药制剂——化学药品制剂制造领域，产品包括片剂、胶囊剂、颗粒剂、散剂、小容量注射剂等134个品种。该公司实验室占地面积1000平方米，截至2021年，研发新药40余项，自有技术中心被评为大同市市级企业技术中心。该公司立足于心脑血管、呼吸道、抗病毒、抗感染等主要领域，形成"研发—生产—销售"三位一体的生产经营模式，凭借专业的研发技术和产品，成为山西省创新药物制剂品牌，与国内数10家医药公司及高等院校建立技术服务和战略合作关系。（曹尚飞）

【广盛原中医药公司入选省专精特新"小巨人"企业】 2021年10月，广盛原中医药有限公司入选2021全省专精特新"小巨人"企业。广盛原中医药公司位于大同经济技术开发区第一医药工业园区，是山西省中药品种齐全、剂型丰富的老字号中药制药企业，被商务厅认定为"三晋老字号"，占地约7万平方米，拥有胶囊剂、片剂、颗粒剂、散剂、糖浆剂、丸剂（蜜丸、水丸、浓缩丸）、特医食品等剂型，有药品批文168个，其中有独家生产品种15个。该公司拥有发明专利6个，实用新型专利6个，外观专利4个，注册商标35个，著名商标1个，省名牌产品2个，拥有省级企业技术中心、中药制剂工程研究中心、药物研究院、中医药文化研究会等创新平台。（曹尚飞）

【第二届中国医药市场营销创新论坛在大同举行】 2021年12月24日，中国医药战略大会分论坛第二届中国医药市场营销创新论坛在大同市举行。此次论坛由中国医药工业信息中心、药策营销策划有限公司主办，以"产品再定位、营销新机遇"为主题。北京珍医互联医学科技有限公司董事长、药策营销首席顾问郑孝峰分享"营销价值定位优化与规划思考"话题，从医药品类规划、市场需求、产品价值等方面论述营销体系的规划与实施，并分析体系的转型升级；浙江医药·上海艾维乐健康管理有限公司总经理倪磊围绕"大健康新战略定位与营销转型"发言，他从品牌优势、新的消费习惯等角度提出多元思维的重要性；其他行业代表就各自领域作交流发言。此外，还进行了"新政下'产品再定位、营销新机遇'战略定位与实施路径"圆桌对话，展望医药行业未来发展趋势。（曹尚飞）

【2021年（第十四届）中国医药战略大会在大同举行】 2021年12月25日，由中国医药工业信息中心主办，大同市人民政府、山西省工业和信息化厅、山西省卫生健康委员会共同支持的2021年（第十四届）中国医药战略大会在大同举行，来自国内政策、经济、医药领域和行业的专家学者及领军产业、创新企业的高层代表参加会议，围绕产业政策解读、医药经济运行、行业发展战略等主题，探讨行业趋势走向，分享产业创新成果，共同谋划中国医药行业、产业未来发展的路径和举措。省委常委、市委书记卢东亮出席并致辞。中国企业联合会、中国企业家协会常务副会长

兼理事长朱宏任在线上出席大会。工业和信息化部消费品工业司副司长周健，中国医药企业管理协会执行会长吴海东，市委常委、市委秘书长周鹏，省工信厅副厅长闫林，副市长、大同经开区党工委书记、管委会主任赵学斌出席。中国医药集团有限公司副总经理石晟怡主持。

此届大会以“绿色 创新 突破”为主题，聚焦医药行业各领域未来发展和变革中的机会，通过系列专题论坛、研讨、座谈等，为中国医药行业及产业发展问诊把脉、共谋良策。在主论坛上，中国药品监督管理研究会会长张伟、国家医疗保障研究院医药价格招采室主任蒋昌松围绕“加强监管科学研究，促进药品监管事业和医药产业高质量发展”“国家组织药品集采的底层逻辑和趋势展望”分别作报告，国内医药领域专家、企业高管、创新产业领军人物聚焦“赋能转型，把握医药创新机遇”“自主创新，增强产业链供应链”等主题展开高端对话。论坛还发布《中国健康产业蓝皮书（2021版）》《大同市医药健康产业发展白皮书（2021）》，揭晓“2021年中国创新力医药企业榜单”。（曹尚飞）

【医药科学家论坛】 2021年12月25日，中国医药战略大会分论坛医药科学家论坛在大同市举行。论坛中，中国医药工业信息中心副主任华雪蔚作“共筑中国医药创新生态：《中国创新药发展报告》解读”的主题汇报，从主体作用、基础研究、临床效用及平台联动等角度引出以创新生态赋能中国创新药发展的必要性；复旦大学药学院教授陆伟跃围绕“中国高端制剂从基础研究向应用转化的发展战略思考”主题，着重论述加强基础、保持平衡、创新发展、注重应用的对策；中国科学院上海药物研究所研究员李亚平汇报“精准递送+智能释药一体化策略抗肿瘤耐药”，指出新药物和新技术仍然是现代医学面临的严峻挑战；其他专家作“原料药产业绿色发展——赋能原料药企业转型升级的实践与思考”和“创新双抗平台BAPTS在抗肿瘤抗新冠药物研发的应用”报告。（曹尚飞）

【药物经济学论坛】 2021年12月25日，中国医药战略大会分论坛药物经济学论坛在大同市举行。此次论坛由中国医药工业信息中心主办，论坛上，中国人民解放军战略支援部队特色医学中心教授吴久鸿分享“罕见病药品价格的可负担性”话题，从价值医疗导向、医保政策与药品价格、罕见病药价与可负担性思考等方面进行分析；暨南大学药物经济学与卫生技术评估中心主任蒋杰基于相关政策背景，向参会嘉宾分享国内创新药品准入探索实践与国外创新药品准入及管理经验，围绕“新药市场准入新形势下的研发策略”主题表达观点。此外，中国药科大学国家药物政策与医药产业经济研究中心执行副主任邵蓉、沈阳药科大学教授孙利华等围绕“新法新规新政背景下的药品创新生态发展”“新形势下药物经济学如何更好助力医改”等主题展开交流分享。（曹尚飞）

【化学药战略论坛】 2021年12月26日，中国医药战略大会分论坛化学药战略论坛在大同市举行。此次论坛由中国医药工业信息中心主办。论坛上，药物制剂国家工程研究中心主任王健以“智能制造和连续制造助推制药产业高质量发展”为主题，从智能制药和连续制药的应用实例、应用前景、制造工艺等方面分享交流。中国医药工业信息中心高级咨询师邹荣以《中国仿制药蓝皮书》的由来作引入，分析中国仿制药市场规模、带量采购现状与趋势、机遇与挑战等内容。此外，沈阳药科大学教授、罗欣药业集团首席科学家李三鸣，国家药品监督管理局药品包装材料科研检验中心副主任林黄静等围绕“对以科学和临床价值为导向的创新制剂问题的点滴思考”“医药包装材料和容器的相容性研究”等主题展开交流分享。（曹尚飞）

【中国儿童用药发展战略论坛】 2021年12月26日，中国医药战略大会分论坛中国儿童用药发展战略论坛在大同市举行。此次论坛由中国医药工业信息中心和中国儿童药物研发与产业化联盟主办。论坛上，国家儿童医学中心、首都医科大学附属北京儿童医院药学部主任王晓玲作题为《改善儿童用药安全的实践与思考》的报告，指出儿科用药说明书的不规范等问题，并从理论架构、法律保障及信息共享上提出可行性建议；山西儿童医院药剂科主任赵瑞玲围绕“儿童药品综合评价及合理用药研究”话题作汇报，结合自身实际及工作经验，从国家政策、医疗机构、医药相关服务和数据不足等角度指出综合评价的意义；部分专家研讨“强化政策协同保障儿童用药”“中国儿童用药大数据平台在价值创新领域的应用实践”等。（曹尚飞）

【中医药传承创新发展论坛暨首届山西省建设中医药强省论坛】 2021年12月26日，由中国医药工业信息中心和《中国新药杂志》有限公司共同主办的中医药传承创新发展论坛暨首届山西省建设中医药强省论坛在大同市举行。论坛围绕“本草行知走进大医故里”和中药大品种引领中医药产业发展等主题展开分享，共议中医药产业的传承、创新与发展。中国中医科学院首席科学家、教授叶祖光，山西中医药发展研究中心主任施怀生等行业专家分别围绕“中药新药研发策略及现状思考”“山西在中医药创立和发展中的历史贡献与区位优势”“‘三结合’审评模式下的中药新药开发思路”“山西特色中药材的种植与开发”等开展讨论与分享。（曹尚飞）

建材工业

【概况】 2021年，大同市建材行业主要以水泥、混凝土、石墨碳素制品为主，水泥年产能约1200万吨，石墨碳素制品年产能约20万吨。重点企业有冀东水泥、金隅水泥、正方利民、宇林德、新成新材料等。全年建材行工业完成增加值17.6亿元，占比3.4%；生产水泥447.9万吨，生产石墨及碳素制品99106吨。（曹尚飞）

2016—2021 年大同市建材工业发展统计表

表 15-6

年份＼指标	增加值		水泥（万吨）	石墨及碳素制品（吨）
	绝对量（亿元）	占比（%）		
2016 年	6.4	2.5	501.7	34771
2017 年	11.3	4.0	474.2	54528
2018 年	18.9	5.6	492.2	138762
2019 年	13.4	3.8	535.6	104527
2020 年	19.1	5.7	480.0	99106
2021 年	17.6	3.4	447.9	116531

【山西华瑞建材石膏板生产线投产】 2021 年 3 月 15 日，山西华瑞建材有限公司石膏板生产线从试生产进入正式投产。山西华瑞建材有限公司是山西华瑞集团的子公司，主要从事石膏基砂浆及粉类产品、功能性纸面石膏板的生产销售，拥有年产 20 万吨新型建筑石膏基砂浆及粉类产品生产线及年产 4000 万平方米多元化新型功能性石膏板生产线各一条，产品获中国及德国、美国等国的行业标准认证。山西华瑞建材有限公司总投资 2 亿元，属于环保绿色产业，研究脱硫石膏的二次利用技术，每年处理消化发电厂在生产过程中产生的废料 20 万吨。（曹尚飞）

【山西华瑞建材与圣戈班（中国）达成战略合作协议】 2021 年 10 月 9 日，山西华瑞建材有限公司与圣戈班（中国）投资有限公司签订战略合作协议。双方深化品牌赋能、产业协同、市场开发，整合优势资源，探索研发节能低碳绿色环保新产品。圣戈班是一家世界 500 强企业，连续 10 年被评为全球百强创新企业，产品和解决方案遍布建筑、交通、基础设施和工业应用各方面。石膏业务是圣戈班（中国）投资有限公司重要的事业板块，与山西华瑞建材有限公司共同开发新型建筑石膏产品。（曹尚飞）

【冀东水泥 400 万吨精品砂石骨料线项目建成投产】 2021 年 11 月 28 日，大同冀东水泥有限责任公司 400 万吨精品砂石骨料线项目建成投产，项目占地约 5.5 公顷，生产线涵盖破碎、筛分、制砂 3 个车间。

精品砂石骨料线项目生产线采用先进的重锤式破碎机 + 除土筛分 + 成品筛分的“短流程”工艺，全线按照花园式绿色工厂标准建设，采用超低排放，无尘作业；生产线按照质量管理体系，配套省级实验室、混凝土实验室，配备先进的检测设备和仪器，实现全过程标准化管控，产品具有石粉含量低、粒型好等特点；采用智能化管理，通过全流程智能监控、DCS 智能操控，实现自动润滑、自动监测，全线纳入智能化矿山管理平台实施一体化管理。（曹尚飞）

新材料工业

【概况】 2021 年，尚镁科技有限公司、山西惠谷嘉旭生物科技有限公司、大同泽源生物科技有限公司部分新材料生产线投产运营，推荐山西晋投玄武岩开发有限公司、大同高镁科技有限公司申报山西省重点新材料首批次应用示范企业，引进上海中能京沪同生物基新材料产业园项目。全年新材料工业完成增加值 9074 万元，占比 0.2%。（曹尚飞）

【纳米生物基生物降解塑料项目投产】 2021 年 1 月，年产 1 万吨纳米生物基生物降解塑料项目在大同市投产。负责该项目的山西惠谷嘉旭生物科技有限公司是一家集纳米生物基生物降解环保塑料及其制备技术的研发、生产、销售为一体的高新技术企业。产品应用于工业、农业和生活领域，属于新材料行业，是国家重点扶持发展的战略性新兴产业。该项目产品以马铃薯、木薯、红薯等天然植物淀粉和秸秆纤维的超细粉体为主要原料，加上食品级、药品级改性材料和助剂，用科学配方、特殊工艺、先进设备，通过高温共混改性、熔融挤出，生产出片材和粒料，再经过专用设备模具高温物理成型，生产出各种各样的产品。这种生物降解塑料产品，外观类似传统塑料，具有传统塑料的特征，性能介于聚乙烯和聚丙烯之间，在自然条件下完全生物降解回归自然。（曹尚飞）

【石墨烯电磁屏蔽涂料应用技术测试成功】 2021 年 3 月，大同墨西科技有限责任公司与中国电子科技集团公司第三十三研究所联合研究石墨烯电磁屏蔽涂料及其工程应用技术，把石墨烯电磁屏蔽涂料应用于屏蔽工程，并完成石墨烯电磁屏蔽涂料屏蔽防护样板间的施工，经测试屏蔽效能 40 分贝，实现电磁波阻隔率 99.9%。石墨烯电磁屏蔽涂料不含有金属元素，具有比重小、耐腐蚀性好、稳定性高、成本低廉等特点，它区别于传统的钢结构六面体式屏蔽结构，在常规房间内进行综合电磁防护设计后，在墙面上涂覆该屏蔽涂料，并结合其他电磁防护产品，配合电磁防护手段，实现 40 分贝以上的屏蔽效果，能阻隔移动、联通、电信手机信号。（曹尚飞）

商贸服务业

商贸流通

【概况】 2021年，大同市社会消费品零售总额761亿元，同比增长16.1%，总额全省排名第三，增速全省排名第三。全市限额以上社会消费品零售额174.1亿元，同比增长26.9%，增速全省排名第一。全年全市外贸进出口总值69.7亿元，同比增长74.9%。全年全市外贸进出口总值居全省第三，增速排名全省第一。全市新设外商投资企业10家，实际利用外资部口径5098万美元，同比增长71.1%，占目标任务101.9%，全省排名第二；省口径9080万美元，同比增长84.3%。（毛鹏飞）

【商务领域疫情防控复工复产】 2021年，大同市商务局加强商务领域疫情防控工作，帮扶商贸流通企业复工复产，全市400余家限额以上商贸企业全部复工复业。新冠肺炎疫情期间，做好生活必需品供应工作。监测商品包括21大类600种消费品和11大类300种生产资料，覆盖全市城乡，印发《关于全力做好当前防汛防疫应急保供有关工作的通知》《关于印发〈大同市商务局关于生活必需品市场应急保供的预案〉的通知》，选取全市43家重点生活必需品保供机构。先后出台《大同市商务局疫情防控督导实施方案》《大同市商务局关于开展全市商务领域新冠病毒疫苗接种“清零行动”的通知》《关于进一步加强国庆假期后商务领域疫情防控工作的通知》《大同市商务局关于进一步做好疫情防控工作的通知》《大同市商务局关于进一步加强冬季商务领域疫情防控工作的通知》等文件，明确分工、责任到人，成立防控工作领导小组，按照实施方案统一部署。督促主管的酒店、商场、超市等企业开展疫情重点地区人员排查工作；成立6个疫情防控督导组，加强所属行业重点场所、重点部位的疫情防控督导；动员企业落实防控举措，督促保障民众生活的万达广场、大润发、星茂汇、华林新天地等商场超市按要求落实公共场所消毒、进店人员测量体温、建议未戴口罩者不得入内等相关规定。（毛鹏飞）

【消费券发放】 2021年，大同市商务局印发《2021年“消费在云中、生活更美好”消费促进活动实施方案》《关于做好县区级消费券发放工作的通知》。根据省政府办公厅印发的《山西省推进服务业提质增效2021年行动计划》关于“消费券发放”的要求，由市政府和各县（区）及开发区筹集资金、共同发放，激发市场活力、释放消费潜力、加速市场回暖、促进消费稳中提质。增强产品供给，完善服务体系，营造良好消费环境。全年发放消费券1279.5万元，带动消费4.6亿元。（毛鹏飞）

【商业发展品质提升】 2021年，大同市商务局为提升城市品位和管理水平，按照市政府年初工作部署，推动各县（区）新建、改造完成“24个标准化便民市场建设”。根据《山西省商务厅关于征集2021年商贸流通发展项目的通知》要求，组织步行街区开展项目申报工作，先后有凯德世家广场步行街、古城步行街和万金街提出申报申请，经省厅储备项目备案审查，凯德世家广场步行街通过审核，9月，该局组织评审论证、结果公示、部门会议研究后，向省商务厅提交申请。指导胖来来兔头、积德益食品有限责任公司、云冈酒业有限责任公司、东瑞餐饮有限责任公司4家公司编制申报第三批“三晋老字号”企业。（毛鹏飞）

【商务领域禁塑限塑】 2021年，大同市商务局推进全市流通领域塑料污染治理工作。全年全市有商品零售场所148家、电子商务平台企业7家、外卖企业34家、环保替代品供应商4家，合计193户经营单位登录商务部绿色流通服务平台注册，开展“一次性塑料制品使用、回收及环保替代品使用情况”报告。（毛鹏飞）

【成品油管理】 2021年，大同市商务局按照省商务厅上年度加油站年检工作有关要求，全市上报参加上年检成品油经营企业280家，全市正常经营通过年检的加油站企业250家，因道路改造建设、加油站维修改造、换证等停业歇业成品油经营企业30家。编制成品油“十四五”规划。稳步推进编制工作，一是通过在局网站发布《大同市成品油零售分销体系及车用能源加注网点“十四五”发展规划》公告，大同规划设计研究总院提交报名资料并中标，向省商务厅请示并成立编制工作组，对接大同规划设计院，提交相关资料。截至2021年底，大同规划设计院完成实地调研及初稿编制。（毛鹏飞）

【产品追溯体系建设】 2021年，大同市商务局加快推进网络平台互联互通和系统数据共享，建立大同市重要产品追溯管理平台。通过前期推进，协调行政审批服务管理局、市财政局开展“大同市重要产品追溯管理平台（一期）工程”招标工作。2020年12月建设“大同市重要产品追溯管理平台（一期）”项目。2021年3月邀请中国国际电子商务中心的专家初验平台建设一期工程，初验结果合格。

（毛鹏飞）

【汽车流通领域监管】 2021年，大同市受“国三及以下标准营运柴油中型重型货车”淘汰工作影响，全年回收各类报废车9304辆，同比增长121.2%。大同市商务局分管领导多次带队，现场督促检查3家报废车回收拆解企业。按照《报废机动车回收拆解管理办法实施细则》要求，推动3家老企业升级改造。与大同市检察院、大同市公安局、大同市生态环境局、大同市交通局联合公示《关于联合开展危险废物专项整治行动的通知》，重点整治非法回收拆解报废机动车“黑窝点”。推行小型非营运二手车交易登记跨省通办，促进二手车便利交易，联合税务、交警支队把商务部办公厅、公安部办公厅、国家税务总局办公厅印发的《关于推进二手车交易登记跨省通办便利二手车异地交易的通知》转发给各县（区），并组织全市二手车交易市场召开会议，传达相关精神。

（毛鹏飞）

【安全生产】 2021年，大同市商务局围绕“管行业必须管安全，管业务必须管安全，管生产经营必须管安全”的要求及“分级属地管理”“党政同责、一岗双责、齐抓共管、失责追责”等原则，深化责任落实，完善和健全安全工作各项制度，开展商务领域各项安全生产工作。年初印发《大同市商务局关于做好2021年全市商务系统安全生产工作的通知》《大同市商务局2021年度商务领域安全生产工作暨人员密集场所消防督导实施方案》，明确全市商务系统各级安全生产职责，细化全局督导分工。依据《大同市商务局2021年度商务领域安全生产工作暨人员密集场所消防督导实施方案》，开展全市商务领域安全生产督导工作，重点督导企业建立安全生产制度、应急预案、培训等情况，确保企业落实安全生产主体责任。开展“安全生产宣传月”活动，印发《大同市商务局关于开展2021年“安全生产月”活动的通知》，明确五项活动，开展安全生产宣传活动。

（毛鹏飞）

【春节市场监测】 2021年2月11日至17日（“春节黄金周”期间），为确保在疫情防控形势下全市节日市场供应安全，根据省商务厅和市委、市政府的安排，市商务局加强市场运行监测，重点监测关系国计民生的居民生活必需品，包括粮食、食用油、肉类、蛋品、蔬菜、日用百货等，重点筛选9家重点流通企业。其中，大型百货商店2家、集贸市场1家、金银珠宝商场1家、大型超市1家、家用电器商场1家、餐饮店2家、汽车销售企业1家。9家被监测企业实现销售额1805.4万元，比上年同期上涨7.8%，客流量167019人次。（毛鹏飞）

粮食和物资储备

【保供稳价】 2021年，市发改委分析秋粮产销形势，落实农业发展银行收购资金贷款，实行收购进度和价格5日报制度，指导督促粮食收购企业执行国家收购政策，合理布局收纳网点，全年没有出现农民“卖粮难”和“打白条”现象，全市粮食市场和价格稳定。重点监测新冠肺炎疫情期间粮油市场价格，重新梳理全市粮油价格监测点，筛选出18家。其中，省级12家，市级6家。 （郭希娟）

【管粮管储】 2021年，市发改委实施省、市级储备粮油轮换工作，关注市场动态，把握出入库时机，执行轮换旬报、月报制度，完成省级储备粮、市级储备粮轮换入库任务。开展物资储备管理工作，落实市级猪肉储备1200吨，落实市级应急生活必需品477.5吨、市级冬春蔬菜储备3500吨。

（郭希娟）

【服务体系】 2021年，市发改委发挥全市5家粮食产后服务中心作用，帮助粮农实现节粮减损和优质优价销售。推动储备粮库安全生产工作，印发相关文件13份，组织实施安全生产督查，推动企业更新完善安全生产设备，确保全市粮食安全生产形势持续向好。推动办结山西省国家级军粮综合保障基地建设项目前期手续，加快项目施工进度，项目主体完工。

（郭希娟）

供销合作

【概况】 2021年，大同市供销合作社联合社（简称“市供销社”）通过自建、联合合作、村社共建等方式改造提升薄弱基层社，发展村级供销社。吸纳引进农民社员和专业合作社等新型经营主体加入基层社，强化与农民的利益联结。全年全系统改造提升薄弱基层社9个，发展村级基层社9个，新增入股入社农民5500户1.6万人，新建综合服务社80个。以服务创新和机制构建为着力点，在云州区、灵丘县、广灵县开展“三位一体”（指通过一定的利益机制、组织机制，把农民专业合作、供销合作、信用合作三类组织有机地融合在一起，建立一个具备流通、金融、科技三重功能，贯穿县、乡、村三级的组织体系）综合合作试点，总结探索，形成可复制、可推广的经验。 （祁 耘）

【城乡综合服务平台建设】 2021年，市供销社按照城乡融合服务新要求，统筹整合各类服务资源，拓展服务领域，打造功能更加完备、运行更加高效、设施更加健全的乡（镇）为农服务综合体。全年建成3个乡（镇）为农服务综合体。灵丘上寨供销社整合供销商城、惠农服务中心、庄稼医院、专业合作社及联合社、冷链物流、住宿餐饮等各类服务资源，成为灵丘南山地区服务“三农”、联结城乡的桥梁和中心。 （祁 耘）

【专业合作社建设】 2021年，市供销社加快完善基层合作治理机制，强化与农民利益联结，吸纳农民和各类新型农业经营主体入社，通过联合合作、产权结合、项目扶持等途径领办、参办专业合作社，吸收种植、养殖、农机等合作社组建联合社，提质升级，实现从户户联合到社社联合转变，提高合作社组织化程度和抗风险能力。全年全系统发展专业合作社110个、联合社13个。（祁 耘）

【农业社会化服务】 2021年，市供销社聚焦为农服务主业，瞄准“三农”新需求，创新农业生产服务方式，推行合作式、订单式、托管式等服务模式，为农户和各类经营主体提供从农资供应、配方施肥、农机作业、统防统治到农产品收购、储藏、加工、销售等服务，促进农业规模化经营、集约化生产，推动农业生产节本增效，实现小农户与现代农业发展衔接。全年全系统新建惠农服务中心10个，提升5个，惠农服务站28个，提升11个，庄稼医院6个，提升3个。新增土地托管0.7万公顷，土地服务1.1万公顷。（祁 耘）

【项目建设】 2021年，市供销社推进大同市生活垃圾分类及资源化利用PPP项目，完成项目社会资本方采购，签署PPP项目合同，成立项目公司，完成项目环评、地勘、设计和施工监理的招标工作，办理项目用地、工程和施工手续。大同市废旧塑料综合利用中心项目完成技术改造，开展联合合作，开展废旧塑料代加工业务。大同市冷链物流仓储及农产品加工一体化项目计划投资2.2亿元，占地5.9公顷，建设冷库、仓库及加工设施6.4万平方米。组建项目公司，落实项目用地，开展立项备案，向总社申请项目资金。市供销电商公司聚焦为农服务关键环节，参与中农集团为农服务公司无人机大联盟，通过省、市、县、村四级合伙人共同购买无人机，并依托第四级村级合伙人，开展无人机飞防、农资供应、农机服务、土地流转、土地托管等现代农业社会化服务。（祁 耘）

烟草专卖

【概况】 2021年，大同市烟草专卖局（公司）深化终端建设，加强品牌培育，发挥小组作用，科学把握运行节奏和市场动销，全年卷烟销售12.9万箱，同比增长0.4%，实现销售收入36.1亿元，同比增长5.6%，单箱批发销售额3.2万元，同比增长5.1%，实现税利10.6亿元，同比增长6.9%，上缴税利首次突破“10亿”元大关。（广俊良）

【烟草市场治理】 2021年，大同市烟草专卖局（公司）深化打假打私打网络，完善部门联合、片区协作、情报共享机制，全年破获“1·18”“7·22”“9·25”三起网络案。加强市场监管，发挥专项行动优势，全年查处涉烟违法案件757起，涉案卷烟934.8万支。其中，真烟877.2万支、假私烟57.6万支。5万元以上大要案件29起，直诉5人，逮捕6人，市场净化率提升到99.8%，位居全省前列。（广俊良）

盐业管理

【概况】 2021年，山西省盐业集团大同有限责任公司（简称“盐业大同公司”）销售各种盐11133吨，同比减少1385吨，下降11.1%。其中，食盐销售5430吨，同比减少565吨，下降9.4%；入口食盐销售5169吨，同比减少314吨，下降5.7%；食品加工盐销售261吨，同比减少251吨，下降49%；工业盐销售5627吨，同比减少813吨，下降12.6%；畜牧盐销售32吨，与上年同期持平；生活用盐销售44吨，同比减少7吨，下降13.7%。（田晟雯）

【科学用盐宣传】 2021年，盐业大同公司在“3·15”“5·15”“9·15”宣传日，与市市场监督管理局、市卫健委、市疾病预防控制中心、大同电视台消费报道栏目联合开展主题宣传教育，以发放宣传单、讲解、播放宣传片等形式向消费者普及碘缺乏病危害、食盐加碘政策。5月14日，与市市场监督管理局共同到广灵县梁庄乡东堡村，宣传科学补碘安全用盐知识并走访慰问16户“五保户”，活动中免费发放2克盐勺5000余个，晋盐品牌食盐1000余袋。7月8日，盐业大同公司参加首届黄花菜品美食大赛食材商品展示，10月16日，参加“2021云中味道 世界大同”特色食品周活动，开展食盐公益宣传，并获市餐饮协会“健康食材供应链优秀企业奖”。（田晟雯）

【碘营养知识普及】 2021年5月20日是中国学生营养日，盐业大同公司联合大同市疾控中心、大同电视台，到大同市实验小学集团，开展均衡营养、科学补碘、成就更好的未来主题班会课。4个分校181个班9000名学生观看《碘石成金》《奇幻千智行》两个动画片，市疾控中心和盐业大同公司的工作人员分别讲解科学补碘的重要性。（田晟雯）

【食盐安全宣传活动】 2021年，盐业大同公司开展食盐安全下县（区）宣传活动，普及食盐专营、科学补碘、健康生活知识。注重食盐安全质量意识，落实《食盐质量安全监督管理办法》，从严把关开展质量管理。到人群密集的集贸市场、超市、社区与终端消费者面对面交流，讲解食盐质量安全重要性。组建专门宣传队伍，创建微信公众号、微博和抖音号，利用线上多媒体宣传食盐安全和科学补碘知识，盐业大同公司和大同电视台消费报道栏目合作节目16期。大同盐业公众号推送“科学补碘、健康一生”系列科普文章、“盐文化大课堂”，“十一食盐安全进村镇”线上线下互动，传播食盐专营和科学补碘知识。（田晟雯）

【盐品终端网络建设】 2021年，盐业大同公司建立覆盖全辖区城乡的终端销售网络终端，构建“便捷、健康、安全”的食盐健康消费保障体系。建立和完善食盐责任储备体系和应急供应体系。做好日常储备食盐的轮换销售和补充，加强防火、防盗、防潮安全管理，保证食盐存储安全。重视日常管理，记录食盐“购进、入库、存储、销售”全过程，确保食盐质量安全可追溯。提升服务质量，昼夜保障食盐配送到位，体现专营企业的责任担当。加大饭店食堂、酒店宾馆、农贸市场、农村零售店等重点客户的食盐直达配送，稳定市场和价格。应对抢购风潮，伴随着疫情的反复和对商务部相关文件的误读，11月初引起群众抢购米面油包括食盐，该公司启动食盐供应应急预案，筑牢防疫保供双防线。

（田晟雯）

【防治碘缺乏病日宣传活动】 2021年5月14日，市市场监管局联合市盐业公司在广灵县梁庄镇东堡村开展防治碘缺乏病日宣传活动。活动主题为“科学补碘，健康一生”。活动现场工作人员围绕主题向群众宣传科学补碘的知识，通过摆放展板、发放防治碘缺乏病宣传资料、组织专家开展咨询和碘盐鉴别等方式向群众宣传普及碘缺乏病防治知识。（田晟雯）

石油供销

【概况】 2021年，中国石化销售股份有限公司山西大同石油分公司（简称“中石化大同公司”）累计销售成品油完成年进度92.9%，同比增长3%。其中，汽油销售同比下降1%，柴油销售同比增长11%。全年累计完成非油品进度任务64%。其中，基础品类销售完成进度任务的79%，同比下降4%，毛利同比下降5%。（李跃征）

【市场开拓】 2021年，中石化大同公司零售通过与各大银行跨界合作，推出消费满减、充值随机立减、会员日等营销活动，以“实打实”的优惠吸引客户到站充值加油。举行“爱跑汽油　绿动山西”上市发布会，山西广播电视台直播云与大同广播电视台广播直播车同步音频视频直播，有上万名网友、听众参与直播活动。直分销推广“石化油你”APP，增加客户黏性，全年客户总数同比增长16.8%，总客户数同比增幅全省排名第二。多方协调组织货源并依据资源情况安排客户分批提油出库，既保证加油站零售不脱销断档，又保障直分销客户生产经营的平稳运行。加强与晋能集团合作关系，且月末应收账款均控制在核定的额度范围内。非油品拓展新业务，与建行联合开展“易起GO绑卡专享”主题营销活动，门店零售额环比增加4%，带动成品油销售明显提升。与东源综合汽服有限公司开展合作，平城区南环加油站、友谊南街加油站综合汽服项目正式运营，提供集汽车维修、保养、美容、装潢、精洗和汽车用品销售六大版块为一体的综合汽服。（李跃征）

【网络布局】 2021年，中石化大同公司投营新建站1座，复营综合改造站1座，发展充电桩项目3个、光伏项目1个，续租优质临期站2座，与二电厂加油站达成“他有我营”合作意向并签约。推进库站改造工作，完成古店油库T1罐区防渗改造和双电源隐患治理项目完工；41座加油站更换标识布，完成3个提量改造项目、1个便利店综合改造项目及2座加油站卫生间改造项目；灵丘古之河加油站等3座司机之家建成并投入使用。

（李跃征）

【安全管理】 2021年，中石化大同公司以强化HSE体系落地落实为目标，组织开展HSE管理体系培训及考试，考试合格率100%。该公司领导成员带头在基层讲授《领导的安全引领力》专题课程，在系统范围内营造安全管理氛围。抓应急预案备案工作，油库和加油站应急预案均在有效期内；完成危化证、标准化证、排污许可证等证照的办理及变更工作，以证照管理的规范确保企业的依法合规经营。按照外部抽检流程开展抽检及送检化验工作，样品全部合格，全年未发生油品数质量问题。各分委会组织应急演练，保障公司安全运行。专项检查和突击检查承运商，每月安全教育考试承运商司机及押运员。聚焦“双碳”目标，淘汰高耗能落后设备，治理操作井油气浓度较大难题，46座加油站被授予“绿色基层”称号，平城区北环加油站被评为全省绿色企业创建标杆站。（李跃征）

邮政快递

【概况】 2021年，大同市邮政业务总量12.6亿元，同比增长40.3%；全年全市邮政行业业务收入（不包括邮政储蓄银行直接营业收入）12.7亿元，同比增长40.2%。全行业拥有各类营业网点917处，其中设在农村176处。全市拥有邮政信筒信箱150个，与上年持平。全市拥有邮政报刊亭总数12处，与上年末增长50%。全行业拥有各类汽车384辆，比上年末减少12.9%，其中快递服务汽车180辆，比上年末减少19.3%。（市邮政管理局）

【邮政寄递服务业务】 2021年，大同市邮政寄递服务业务量累计4741.1万件，同比下降2.8%；邮政寄递服务业务收入累计0.4亿元，同比上涨18.3%。全年函件业务量22.5万件，同比上涨5.2%。全年包裹业务量0.6万件，同比下降26.9%。全年订销报纸业务4093.3万份，同比下降7.9%。全年订销杂志业务133.9万份，同比下降5%。全年汇兑业务5200笔，同比下降59.1%。（市邮政管理局）

【快递业务】 2021年，大同市快递服务企业业务量7450.6万件，同比增长65.8%；快递业务收入8.6亿元，同比增长62.5%。全年同城快递业务量811.1万件，同比增长63.7%；实现业务收入0.7亿元，同比增长95.8%。全年异地快递业务量6639.2万件，同比增长66.1%；实现业务收入4.6亿元，同比增长64.8%。全年国际及港澳台快递业务量2400件，同比下降49.5%；实现业务收入100万元，同比下降52%。同城、异地、国际及港澳台快递业务量占全部比例分别为10.9%、89.1%和0%，业务收入占全部比例分别为8.5%、53.6%和0.1%。（市邮政管理局）

【通信网路】 2021年，大同市邮政邮路总条101条，比上年末增加18条。邮路总长度（单程）10116千米，比上年末增加5728千米。全市邮政农村投递路线149条，与上年持平；农村投递路线长度（单程）5737千米，与上年持平。全市邮政城市投递路线258条，比上年末增加11条；城市投递路线长度（单程）4270千米，比上年末增加274千米。全市快递服务网路条数270条，比上年末减少9.4%；快递服务网路长度（单程）26133.9千米，比上年末增长58.7%。

（市邮政管理局）

【服务能力】 2021年，大同市邮政寄递全行业平均每一营业网点服务面积15.5平方千米，全行业平均每一营业网点服务人口3379人。邮政城区每日平均投递2次，农村每周平均投递5次。人均函件量0.1件，每百人订有报刊量7份。年人均生成快递业务量为24件，年人均接收快递业务量64件。年人均用邮支出411元，年人均快递支出276元。

（市邮政管理局）

【行业监管】 2021年，大同市邮政管理局申请地方政府资金和政策支持，落实到安全监管经费、目标责任考核奖等地方经费43.5万元（安全监管经费30.2万元、目标责任考核奖13.3万元）。多轮次协调推进安全中心到岗运行。与编办、交通等部门多次沟通协调，10月初，7名工作人员全部到岗，行业监管力量得到补充。

（市邮政管理局）

【邮政快递业规划发展】 2021年，大同市把邮政快递业发展写入《大同市国民经济和社会发展第十四个五年规划和2035年远景目标纲要》，全行业融入地方社会经济发展大局。向地方党委政府请示汇报，推动出台多项政策为企业纾困解难、保驾护航。推动市政府出台《大同市交通运输领域财政事权划分改革实施方案》，协调平城区政府、团市委、市发改委、人社、工信、生态环境、交警支队等部门，就推进智能信包箱、关爱快递小哥、三级寄递物流体系建设、快递业与制造业融合发展、快递包装绿色治理、道路通行等工作，联合发文10个。（市邮政管理局）

【邮政快递"放管服"改革】 2021年，大同市邮政管理局落实省市优化营商环境考核要求，邮政普遍服务"两项审批"纳入地方一体化政务服务平台，开展行业营商环境问卷调查。组织开展审批备案工作专题培训，推行许可备案在线核查，备案审批时间比上年同期平均下降0.8个工作日。贯彻落实省邮政管理局柔性执法工作要求，通过预警、提醒，帮助执法对象预防并纠错改正，引导企业规范经营。全年全市邮政普遍服务局所147处，快递法人企业8家，分支机构207个，末端总数977家。

（市邮政管理局）

【邮政快递行业人才建设】 2021年，大同市邮政管理局对接市人社局技能提升补贴名额，组织5批1040人次参加培训，25名快递员参加快递行业初级职称评审，落实补贴金额22.5万元。依托大同市兴同职业技能学校建立职业技能等级评价第三方机构，开展快递员职业等级认定工作。

（市邮政管理局）

【邮政快递业疫情防控】 2021年，大同市邮政管理局联合市交通局印发《关于进一步加强物流及邮政快递业疫情防控工作的通知》，强化行业疫情防控常态化长效化。推动相关部门把行业从业人员纳入疫苗优先接种范畴，实现疫苗接种全覆盖，加强针接种在全市率先启动，接种40人。联合市卫健委印发《关于进一步强化全市邮政快递业疫情防控工作的紧急通知》，在全市开展重点行业从业人员核酸检测全覆盖工作中，多次向市政府沟通协调，把全市4523名从业人员纳入每周两次免费核酸检测范围中，减免费用164.2万元。接到山东涉疫奶枣、河北晋州、内蒙古进口货物等涉疫邮件快件线索后，摸排涉及企业快件流向、人员情况，督促疑似涉疫企业封存相关快件并报告防疫部门，阻断疫情传播链。全市行业未出现从业人员新冠肺炎感染病例。

（市邮政管理局）

【快递进村】 2021年，大同市邮政管理局落实"快递进村"三年行动方案，实行挂图作战、逐村销号管理的工作模式，探索实施"以邮快合作为主线，快快、商快、交快等合作模式多轮驱动，发改、商务、交通等部门协同推进"的大同路径。出台《全市"快递进村"工作邮快合作专项实施方案》，在云州区、浑源县、左云县开展"邮政+"合作进村试点，打造左云吉家庄、阳高东小村邮政快递合作示范点，邮政网点一线从业人员月均收入增加1500余元。推进三级寄递物流体系建设，与发改部门建立协调会商机制，协同调研、定期通报，推动浑源、灵丘两个全省试点县开展创新模式推广工作。全年全市新增进村邮路27条，在8个县、49个乡（镇）、683个原快递服务网络空白建制村实现快递进村。邮政公司全年累计代投民营快件19万件，实现代投收入10.8万元。云州区、新荣区实现邮政快递合作全覆盖。推动除顺丰、京东外其他民营快递进村覆盖率较上年增长70个百分点。（市邮政管理局）

【快递进厂】 2021年，大同市邮政管理局聚焦晋北肉类出口平台建设、雁门关农牧交错带示范区战略，鼓励寄递企业参与全市优势产业集群，围绕寄递主业，构建寄递产业生态圈。2021年，大同黄花、广灵小米、浑源凉粉、阳高杏脯等"邮政+"典范项目创新突破，推进顺丰德邦承运装备制造园工业配件、中通百世发运大同小米、中通发运服装等"寄递+"项目发展，发运快件1075万件，业务收入3126万元，支撑产值4.2亿元。大同黄花及其系列产品销售额817.6万元，同比增长176%。培育百世西城对接农产品网销平台，年销售小米150万公斤，带动包裹200万件。

（市邮政管理局）

【快递员合法权益维护】 2021年，大同市邮政管理局联合市总工会、团市委印发《切实做好保障快递员合法权益相关工作的通知》，建立多重联动保障机制政策体系。依托大同大学专业学术团队开展快递员群体及快递行业发展现状专题调研，了解快递员所需所急所盼。团市委、市总工会、市红十字会开展8次调研、慰问，赠送口罩、运动鞋、安全头盔、体检卡等慰问品价值29.2万元，向生活困难快递员发放慰问金5000元；联合市人社局开展快递员缴纳社保情况调研，帮助4300余名快递员享受到社保、商保；联合市总工会向快递员开放首批24个爱心驿站。（市邮政管理局）

【绿色寄递】 2021年，大同市邮政管理局开展快递包装2个专项治理，全市合标包装材料应用99%，可循环快递箱（盒）使用量3800个。把行业生态环保纳入日常执法检查范畴，全年开出生态环保罚单2张。推动绿色网点、绿色分拨中心建设，引导韵达、申通等市级分拨中心搬迁升级，建成新型绿色半自动化分拣中心2个。营造绿色寄递氛围，联合市发改委印发《加快推进快递包装绿色转型若干措施》，发放行业绿色环保宣传挂图3000余份，“双十一”期间，开展包装回收“绿色旺季”行动，推动绿色包装发展。（市邮政管理局）

【邮政普遍服务发展】 2021年，大同市邮政管理局完成全市邮政普遍服务局所基础信息规范化、精细化、准确化、可视化“四化”建设，一所一册一档，实现全市邮政普遍服务综合信息台账化管理。组织开展市—县—乡—村四级邮政普遍服务、建制村通邮和党报党刊投递水平函件测试，发放调查问卷2381份，提升邮政普遍服务水平。强化特殊服务监管，机要通信监督检查两轮全覆盖。完成20个网点升降级审核、高校录取通知书寄递服务保障、重大题材纪念邮票发行监督、巡视巡察专用信箱专项检查等工作。推进邮政综合服务平台建设，全市警邮、税邮、政邮合作网点71个，实现县级城市全覆盖。支持邮政创新发展。30个乡（镇）局所叠加简易金融业务、97个乡（镇）局所叠加联通开号业务，新建邮乐购站点24个，督导邮政企业投入248万余元，改造升级普服基础设施。

（市邮政管理局）

【快递市场治理】 2021年，大同市邮政管理局启动末端标准化规范化建设，系统推动末端服务能力转变。聚焦末端建设标准不一、服务质量不高等问题，制定《大同市快递末端服务站运营规范》，召开工作推进会、现场观摩会，制作专项教学视频，推动建设运营标准化、管理规范化、服务高质量的快递末端服务站。全年全市建成标准化末端网点25个，打造快递服务标准化社区1个。强化快递末端市场监管，净化行业环境。建立全市快递末端网点设立、运营情况等抽检制度，加大“12345”热线反馈问题处理力度。全年受理解决869条热线工单，集中注销一批不符合运营标准的末端网点，解决一批未按址投递等热点问题，查处扰乱快递市场经营秩序和侵犯消费者权益案件13件，处罚金额7.8万元。实施“互联网+”监管，提升科技赋能监管效率。建立线上线下并济的监管模式，通过远程监管调度系统实现远程会议、在线培训、视频监管、应急调度、线上约谈等功能，助力行业监管要求直达一线。

（市邮政管理局）

【快递行业安全体系构建】 2021年，大同市邮政管理局深化安全生产体系建设。印发《大同市邮政管理局关于做好全市快递企业安全生产体系建设的通知》，指导各企业建立安全管理制度、设立安全生产管理机构，配备兼职安全生产管理人员195名。企业定期开展安全隐患排查，每季度开展企业安全生产责任履职情况专题汇报，构建起自上而下、层层覆盖的安全生产工作机制。开展安全生产专项整治。贯彻邮件快件处理场所安全管理规范化提升行动，召开现场观摩会。开展“四不”问题专项整治，全市寄递企业下发整改通知书20份，确保处理场所“人车分流”“有缝必堵”。印发《全市寄递渠道消防安全专项整治三年行动“集中攻坚”阶段工作方案》等文件，在全行业开展消防事故警示教育，维护寄递渠道安全稳定。修订邮政行业应急预案，开展邮政快递业综合应急演练，提升行业突发事件应急处置能力。发挥联合监管机制作用。协同公安、国安、消防等部门召开大同市寄递渠道安全管理领导小组会议。贯彻落实国家、省禁毒工作安排，强化“寄递渠道禁毒百日攻坚行动”，联合市禁毒办印发工作通知，联合市公安局开展专题培训，现场发放资料1000余份。印发《大同市邮政管理局防范打击整治寄递渠道枪爆违法犯罪专项行动工作方案》，依法严厉打击寄递渠道涉枪涉爆违法犯罪。联合烟草专卖局强化邮政快递业涉烟寄递行为监管。会同市扫黄打非办查堵非法出版物，累计查堵相关书籍4册。开展安全领域执法检查，完成中国共产党成立100周年庆祝活动、服贸会、全运会、进博会、“双十一”业务旺季等重大活动和重要节日期间全市寄递渠道安全和服务保障工作。全年累计出检552人次，检查企业267家，排查安全隐患85起，下达安全问题责令改正通知书64份，督导企业自行排查整改安全隐患139项，全市行业未出现安全生产事故。

（市邮政管理局）

【“邮票上的党史”红色珍邮文化展】 2021年5月28日，“邮票上的党史”红色珍邮文化展在市党群服务中心启动。此次展览由市党群服务中心与中国邮政大同市分公司联合举办。展览精选与党的发展历程相关的重大历史题材邮票及实物共95框、邮票图样300余枚，内容以党的历次代表大会为时间轴，以党的重大历史事件和重要历史人物为切入点，全景展示中国共产党团结带领全国人民进行革命、建设、改革的百年光辉历程。

（市邮政管理局）

【邮政普遍服务法规培训】 2021年12月，市邮政管理局通过远程视频会议系统开展邮政普遍服务法律法规线上培训。来自市邮政公司有关部门、各县（区）邮政公司分管负责人及全市邮政普遍服务网点工作人员200余人参加培训。此次培训重点围绕《邮政普遍服务标准》关于业务范围、邮政设施、服务时限、收寄要求、投递要求、用户投诉与申诉等规定讲解。结合工作实际，该局解读邮政普遍服务基础设施改造升级、安全生产设施配置、扫黄打非、收寄验视、实名收寄等内容。（市邮政管理局）

电子商务

【概况】 2021年，大同市推进电商产业稳步发展。在电商主体培育方面，全市网络销售额1000万元以上的有3家，500万元至1000万元以上的4家，200万元至500万元之间的12家。从实物行业交易规模来看，食品酒水、日用品、家用电器排名前三，约占整体零售额61.8%；从非实物行业交易规模来看，在线餐饮、在线旅游、休闲娱乐排名前三，约占整体零售额的63.3%。整体来看，市场规模震荡上行，活跃商品数量不断增加，越来越多的大同产品实现“触网”外销。市商务局以县为单位，建成6个县级电商物流仓储分拨中心，通过整合资源，实现顺丰、圆通、韵达、中通、百世等快递和物流企业入驻。所有乡（镇）物流节点实现全覆盖。全年全市强化

“一站式”直播基础设施建设，重点打造特色突出、示范性强的直播基地，发挥电商直播经济效益。9月，市恒宗电商直播基地、市云中购直播电商基地、京东城市（大同）电商产业园直播基地、市5G直播产业创新孵化基地参加省级直播电商基地试点单位综合评价，全部获批。（毛鹏飞）

【农村电商发展】 2021年，市供销社推动农村电商转型升级，开展经营网点信息化改造，加强操作人员培训指导，加大农副产品推广力度，提升农产品网上销售规模，6个原贫困县（区）在“扶贫832平台”销售农副产品200余万元。组织有关企业和专业合作社参加青岛、海南等地农博会，宣传推广“大同好粮”。云州区供销社投资80万元建成营业面积300平方米的电商运营服务中心，并入驻全国“扶贫832平台”，推广销售全区20余家企业和专业合作社的80余种特色农产品，承接全区58家单位的消费扶贫，累计销售150万元。

（祁 耘）

【跨境电商孵化基地授牌】 2021年1月，大同跨境电商创业园区跨境电商孵化基地授牌，孵化基地划分为3个区域、具备3个功能、实现3个目标。3个区域：“孵化区、成长区和公共服务区”。3个功能：“低价的场地、共享的设施和公共的服务”。3个目标：通过为入驻企业提供店小二式、保姆式服务，使入驻企业“孵得出、长得快、活得长，”提高创业成活率。2021年，孵化企业累计41家，从业人员108人，实现营业收入536.8万元，缴纳税金14.3万元。

（毛鹏飞）

【网络直播带货专项整治】 2021年1月20日至5月底，为维护消费者合法权益，市市场监管局开展网络直播行业专项整治，整治直播带货中的虚假宣传、价格欺诈、消费侵权等行为。专项整治行动中，非现场巡查快手、抖音、微信视频号等短视频平台217次，认证号131个、非认证号396个；现场检查网络直播带货经营主体36家，约谈轻微违法经营主体13家，下达“责令限期改正通知书”7家，向各区（县）局、执法队交办案源线索11条；市市场监管局立案调查直播带货违法案件12件，结案10件。

（毛鹏飞）

【“大同跨境电商供应链平台建设及山西区域进口商品分销合作”签约】 2021年5月7日，在首届中国国际消费品博览会上，大同跨境电商创业园区与海南速卓国际贸易集团在海南会展中心举行“大同跨境电商供应链平台建设及山西区域进口商品分销合作”签约仪式，双方携手在大同立项建设跨境电商和国际快递协同发展产业园区，利用各自领域优势共同开拓山西及中西部跨境电商市场。大同跨境电商创业园区向海南速卓集团采购500万元优质跨境电商进口商品，用于大同跨境电商零售进口试点业务开展和“东小城环球港”前期进出口商品集散平台建设。（毛鹏飞）

【“大同黄花”直播销售】 2021年5月31日，快手主播助力“大同黄花”公益直播活动在云州区电子商务公共服务中心举行，来自晋冀蒙三省（自治区）的主播团队140余人为“大同黄花”助力宣传。直播中，主播们向线上消费者推介黄花菜、黄花饼、黄花酱、小米、玉米糁等产品，还向网友们推荐云州区文化旅游资源及美食等文化。在近4个小时的直播中，销售产品2.1万单，销售金额38万余元。（毛鹏飞）

【大同跨境电商新业态发展研讨会】 2021年10月14日，大同跨境电商新业态发展研讨会召开，市委常委、副市长龚孟建，太原海关党委委员、政治部主任张彦出席会议。会上，大同海关、市商务局、国内部分海关专家及跨境电商企业代表围绕全面拓展跨境电商新业态发展、服务贸易发展的经验做法及推进跨境电子商务全面发展等方面交流研讨。会后，与会人员实地调研大同国际陆港保税物流中心（B型）跨境电商企业。（毛鹏飞）

【高素质农民电商数字管理人才农业经理人培训班】 2021年12月14日，全市高素质农民电商数字管理人才农业经理人培训班开班。此次培训旨在让对电商感兴趣的高素质数字新农管理者学会使用电脑、手机这些“新农具”，从“双腿跑”变成“键盘跑”，补齐农业领域电商人才短板，助推乡村振兴提质增效。为加大对农村地区进行电商专业化人才培训的力度，打造一批具有商业头脑的农业经理人，培育壮大农村电子商务经营主体，市农业农村局委托淘宝教育大同数字人才培训基地面向各县（区）农业企业经营管理者、业务骨干、销售人员等组织实施此次培训。培训班开设数字化管理、数字媒体运营思维、市场营销等课程。（毛鹏飞）

【电商直播带货】 2021年12月，云州区电子商务进农村领导小组办公室和电子商务公共服务中心特邀市区和云州区的4个本土主播（团队）在抖音、快手、今日头条等平台直播带货，宣传推广“大同黄花”系列产品，唱响“大同黄花”品牌。在直播间里，主播们为粉丝们介绍大同黄花菜、黄花饼、黄花酱等黄花系列农特产品，还在展厅厨房现场直播黄花菜的烹饪技法，并试吃各类黄花菜肴。3个小时的直播，累计曝光率12万+，在线人数4156人，销售黄花系列产品2600余单，销售额10.4万余元。

（毛鹏飞）

通信服务

【无线电管理】 2021年，大同市无线电管理局加强频率台站管理。按照2021年重点频率保护专项工作方案要求，到广播电视设台单位，通过实地台站核查、无线电监测、检测等技术手段，检查大同市6个县、4个区、55套广播电视发射设备，针对全市广播电视部门普遍存在广播电视自办节目频率许可证不全、发射功率超标、实际发射台址与批复台址不一致等问题，以收缴频占费、台站核查为契机，到市、县（区）广播电视台、融媒体中心，核查设台频率批文、台站执照，简化设台手续，责令整改存在的问题；核发广播电台执照9个，换发执照1个。按照《无线电管理收费规定》，对全市辖区各设台单位开展频占费收缴工作，收缴总额约12.1

万元，同比上年增长36%。全市辖区纳入管理设台单位20家，全年新增4家设台单位，分别是中国移动通信集团山西有限公司大同分公司、大同大润发商业有限公司、华舰通航机场运营管理（大同）有限公司、大同第二发电厂。实地调研大同大润发商业有限公司、华舰通航机场运营管理（大同）有限公司等10家企业，提供无线电技术服务，指导帮助办理设台手续，与三大电信运营商加强联络沟通，建立频率保护工作机制；加强微波传输链路台站管理，完善设台手续。全年核发地面无线电台执照11个，核发、换发业余无线电台执照101个。

无线电干扰排查　2021年，大同市无线电管理局开展无线电干扰专项清理整顿，重点打击违规设置无线电台站干扰航空、铁路、气象等违法行为，排查无线电干扰25起，大部分为商户个人私设手机信号放大器对公众移动通信造成干扰。下达责令整改通知书14份，其中查处黑广播1次，查处公众移动通信干扰14次。

行政执法　6月中旬，大同市无线电管理局与公安部门配合，排查一起民航导航通信受GPS信号屏蔽器干扰案例，并对当事人处以1万元罚款。2021年，按照省无线电管理局关于开展打击非法生产、销售和使用无人机无线电反制等设备保障航空飞行安全专项行动的要求，与市公安局、市市场监督管理局等部门配合，检查大同大疆无人机销售公司、山西万鼎工程勘测设计有限公司、大同第二发电厂等4家企业，掌握穿越机、无人机无线电反制设备的销售和使用情况。

无线电监测　2021年，大同市无线电管理局开展监测监听，监测排查非法信号，累计监测监听3.4万小时，查处黑广播2起，发现监测不明信号83起，排查不明信号50起。完成山西省公务员招录笔试、普通高考、中考等各类无线电安全考试保障26次，累计监测时间392小时，出动人数199人次，投入设备96套次；3月下旬，在山西省公务员招录笔试考试过程中查获频率为347.3兆赫作弊设备一套，案件移交公安处理。完成春运、两会、国庆、“七一”庆祝中国共产党成立100周年、第六届成龙国际动作电影周等重大活动举办期间无线电安全保障工作。

无线电宣传　2021年，大同市无线电管理局组织开展“2·13”世界无线电日、“5·17”世界电信和信息社会日、“5·5”中国业余无线电节等无线电宣传活动，宣传新修订《中华人民共和国无线电管理条例》、“黑广播”和利用“伪基站”从事电信诈骗等相关知识，提高市民对无线电管理工作的知晓度。在各类考试保障过程中，向考生宣传利用无线电设备进行考试作弊的危害、后果和相关法律法规，提高考生的法律意识。

5G基站建设　截至2021年底，大同市建成并开通5G基站3253个，实现主城区5G信号全覆盖和各县（区）部分重点区域5G信号覆盖。同时，大同市加快推进5G技术应用和关联产业发展，率先在晋能控股煤业集团塔山煤矿和同忻煤矿开展“5G+智能矿山”应用试点示范，在广灵金隅水泥有限公司建设智能化工厂，通过运用巡检机器人、人工智能、大数据等先进技术检测设备运转、排查隐患。（孟晓雄）

【电信】　2021年，中国电信集团有限公司大同分公司（简称“大同电信分公司”）全业务收入33074.39万元，预算完成率100.8%，同比增长7.9%。

电信网络建设　2021年，大同电信分公司新入网4G基站443个，5G基站736个，新增重要场所覆盖5G室分点445处，县城区域实现5G全覆盖。通过网络建设及优化，移动网用户投诉率下降17%，用户满意度提升5个百分点。推动农村数字化覆盖，实施第五批普遍服务工程，宽带覆盖47个农村，移动网覆盖324个农村，农村区域4G网络整体覆盖率提升18%。

电信网络维护　2021年，大同电信分公司通信保障环太原公路自行车赛、魏碑文化节、成龙国际电影周等重要活动。新冠肺炎疫情期间配合政府完成高速检查口、各县（区）边界及重要防疫场所的网络保障工作。针对网络安全整治，全年开展“护网行动”专项演练3次，开展云网安全日活动12次、“5·17”网络护线宣传活动、中国共产党成立100年通信保障及日常网络隐患排查、动态清零等工作。

5G共建共享　2021年，大同电信分公司推动5G网络部署，5G室外站址新增开通510个，累计开通1337个；实现平城区、云冈区核心区域，各县城主要区域，及部分重点乡（镇）的5G网络覆盖；结合新增的64套5G室分，完善飞机场、火车站、高铁站、重点医院的5G网络覆盖。

（李楠琳）

【移动】　2021年，中国移动通信集团山西有限公司大同分公司（简称“大同移动公司”）运营收入12.8亿元，手机客户规模221万户，其中5G客户84.2万户，家庭宽带客户41.8万户；通信服务收入占56.9%，手机客户占65.1%，5G客户占58.1%，家庭宽带占42.1%。

网络建设　2021年，大同移动公司开展“新基建”建设布局，发挥建设网络强国、数字中国、智慧社会主力军作用。全年建设开通2.6G基站543个、700M基站278个，5G基站累计1731个，5G平均下载速率750兆比特每秒，平均上传速率170兆比特每秒，实现县城区以上5G连续覆盖和重要乡镇、农村5G基础覆盖，并完成3所重点高校、3个核心景区、两大交通枢纽、同煤、太阳宫等重要政企办公区的5G室内覆盖。全年新增宽带交付端口15.3万个，累计端口总数84.3万个，建设全量精品千兆小区131个，千兆端口6.5万个。加强宽带电视（爱家TV）、千兆宽带、智能硬件三类特色产品运营，立足客户需求匹配合适的增值产品，满足客户多层次需求。提升IDC服务能力，建设御西云计算、移动二枢纽、御东生产楼3个数据中心。推进“断卡行动”，配合打击电信诈骗违法活动，强化网络安全责任制，完成全国两会、“HW2021”、中国共产党成立100周年网络安全保障工作。

营销服务　2021年，大同移动公司开展5项服务提升行动，提升客户满意度。拓展营销服务渠道，线下全市有实体营业厅店350个，营销服务范围覆盖85%小区和农村，约72%人口；设有49个网格263个客户经理，支撑全量客户的入格管理和驻地营销服务；线上公众号有百万粉丝，家庭信息化工程师队伍265人，全年累计为用户提供超过1100万次的线上服务，为家庭用户提供超过15.2万次的上门现场服务。强化数字赋能能力，全公司拥有61名专职客户经理，为全市党政及重要企事业单位提供数字化服务；拥有15人的数字化赋能专家团队，具备行业数字化解决方案和交付能力。完成电子政务外网、雪亮工程、视频会议系统、医保平台、智慧矿山等项目，助力全市各行业数智化转型。（王 新）

【联通】 2021年，中国联合网络通信有限公司大同市分公司（简称“大同联通”）主营收入66483万元，利润3824万元。5G用户11.5万户，移网累计发展17.4万户，宽带累计发展6.2万户。设5G共建共享工作组，县分公司7个，区域营销中心4个，基层责任单元152个，实现市、县市场全覆盖。大同联通有御东、御西2个枢纽楼，2个IDC数据中心，出口带宽840G，机柜总数265架，19个网络汇聚区。

全年完成5G建设任务目标，实现数字政府、智慧城市、智慧文旅、智慧矿山等科技创新多元化应用场景部署。推动“碳达峰、碳中和”，开展节能减排，通过精简网络、转供电改造、谈判压降、基站AI节能等措施，全年能耗节约460万元。助力乡村振兴，定点帮扶8个村，拓展“智慧乡村”590个，覆盖141乡（镇）345个村。完成中国共产党成立100年、两会及市政府组织的各种活动通信保障任务27次。

网络建设 2021年，大同联通提高5G网络规模，新建基站736个，累计基站1372个；5G室分完成93个站点、572栋楼宇的安装及开通，实现主城区、晋能煤业区域、县城部分重点场景的5G信号覆盖。通过重点攻坚“5G高流量VIP基站维护”“恢复长期断站”“加快高热站点建设进度”“高负荷站点NR2.1替换或叠加NR3.5”等一系列措施，改善5G流量占比指标。4G拆闲复建192个小区，解决多个4G弱覆盖、高投诉区域信号差问题。开展移网网络质量提升，重点场景满意度达标率99.4%，提升20.6PP。千兆宽带端口能力达10.5万线，全量千兆小区82个。

智慧矿山建设 2021年，由山西联通承建的晋能控股煤业集团塔山煤矿智能化矿山项目，建设井下117个、地面31个，共建148个5G基站，建成全国首家5G网络全覆盖大型矿企，智能综合管控平台结合“5G技术、云计算、物联网、大数据”等新技术，建设塔山煤矿应用场景结合的数据共享应用平台。平台采用分布式微服务架构，基于标准规范体系框架实现煤矿生产、安全管控、智能灾害监测预警、自动化系统集控、设备设施全生命周期管理、智能协同调度、大数据分析决策、3D可视化呈现等功能。通过平台应用可实时掌握煤矿整体生产、安全、运营管理现状，支撑煤矿的智能化运行。

5G云网服务 2021年，大同联通加快5G建设，实现市区、县城全覆盖。完成云冈机场、客运南站等交通枢纽、塔山煤矿等重点企业，以及恒山、云冈、恒山悬空寺等景区的5G建设覆盖。依托5G项目的建设和布局，推动5G与人工智能、云计算、区块链、物联网和大数据等新兴技术相互赋能，拓展在政要、政法、能源、文旅、医疗、教育等领域的智能应用。围绕数据“聚、治、通、用、安”的五位一体服务，建成大同市平城区政务综合管理服务平台、大同市“12345”热线运营、平城区“12345”热线运营等项目；承接云州区雪亮工程建设，助力公安系统搭建智能化防控体系；提供由“一网、一云、一中台、N应用”自主平台及“安全+运营”自主服务组成的完整数字政府产品及服务体系，市委办公室钉钉智能办公平台、市委办公室云平台、市政府OA协同办公系统等，提高大同市政务信息建设水平，助力数字政府发展。大同联通激发数字化发展新动能，建设新型基础设施，聚焦行业痛点开展场景应用创新，打造以5G为基础，以物联网、云计算、大数据、信息安全、人工智能为核心的数字化能力体系，形成云网融合及数据治理、数据服务、数据安全等。针对基础设施数字化建设需求，大同联通可提供5G专网、云联网、多云管理、大数据运营平台等服务；在生产数字化方面，打造工业互联网AIOT平台、工业AI应用、产业集群平台和工业边缘云等产品；在文旅、医疗、交通、教育等传统行业，重点应用“5G+AR云”“5G+智能感知+车路协同”“5G+人脸识别+智慧航显”“5G远程会诊”“远程互动教学”等技术，构筑智慧民生；面向中小企业数字化转型，打造以新沃云为基础的数智应用产品，提供多场景的企业应用和安全服务。（段月娟）

会展业

【“大同好粮”“大同黄花”特优农产品入驻上海国际食品产业园】 2021年3月27日，山西省在上海国际食品产业园举办“山西特优农产品精品街”启动仪式和合作签约活动。39家最具地方特色的山西省农产品生产企业携300余种产品入驻“山西特优农产品精品街”，大同市22家“大同好粮”“大同黄花”特优农产品生产企业的150多个产品入驻精品街“大同好粮”店铺。活动期间，山西宜发同诚农业发展有限公司与上海晶粮实业（集团）股份有限公司签订合作协议，大同市品牌农业与科技信息发展中心、山西边塞牧羊农业科技服务公司、山西宜发同诚农业发展有限公司分别与上海市现代食用农产品交流促进中心签订农业新发展战略合作协议。（毛鹏飞）

【第十二届中博会大同分会场大同特色商品展销活动】 2021年5月21日至23日，第十二届中博会大同分会场首个活动——大同特色商品展销活动在大同古城西城墙关城、瓮城举行，设置中部博览会各省农产品、大同市特色农产品、“大同好粮”产品、大同市非物质文化遗产4个区域1.5万平方米，有河南、湖南，以及山西运城、晋城等省内外兄弟城市39家单位参展。展销活动期间，销售额105万余元，签订订单金额110万余元，参观人数近17万人。（毛鹏飞）

【参加第十二届中国中部投资贸易博览会】 2021年5月21日至23日，第十二届中国中部投资贸易博览会在太原晋阳湖国际会展中心举行，由商务部、文化和旅游部、市场监管总局等及湖南、河南、湖北、安徽、江西和山西省共同主办，以“开放、合作、转型、创新”为主题，采用线上线下相结合、主会场与分会场联动的“1+N”模式，主会场设在太原，分会场设在大同、朔州、吕梁和晋中。中博会期间，举办展览、论坛、考察、对接等各类活动70余场，包括开幕式暨主旨论坛、外商投资企业座谈会、晋商晋才助力山西转型发展大会、中部六省投资环境推介暨项目对接会、中部六省特色产品交易订货会等，省外到山西人员突破万人。大同展区内专门设置农特产品、手工产品、工业新产品展示区域，30余家企业携200余种产品参加，其中有大同黄花、黄花酱、正北芪、小杂粮、果脯、华建亚麻籽油、苦荞茶、沙棘汁等农产品和玄武岩深加工产品、医药新品等工业新产品。

22日，第十二届中国中部投资贸易博览会海内外晋商晋才助力山西转型发展大会上，大同市秦淮数据集团零碳数基·桃花源项目、上海中能公司生物基新材料产业集群和精密铜导体项目、华润电力阳高县600兆瓦风光储清洁能源项目3个项目签约，签约投资总额418亿元，主要涉及大数据、生物基新材料、清洁能源等产业领域。同日，第十二届中国中部投资贸易博览会特色产品交易会·订货会签约仪式大同专场在太原举行，大同市21家企业的32个项目现场签约。

（毛鹏飞）

【参加2021年中国国际服务贸易交易会】 2021年9月2日至7日，2021年中国国际服务贸易交易会在北京国家会议中心和首钢园区举办，该交易会由商务部和北京市人民政府共同主办。大同市广灵剪纸主要制作材料是上等宣纸和锦缎，经手工剪刻镂雕彩色点染而成，广灵县青红剪纸艺术有限公司是生产广灵手工剪纸和设计制作乡愁工艺品的专业公司，此次携带《清明上河图》《五十六个民族庆奥运》《醉迷红楼十二金钗》《云中悬空寺》《秦淮风华》《织金妆花喜相逢》《真金孔雀羽大团龙》《黑釉蓝油滴大钵》《苗族蜡染》作品参展。大同铜器是国家级非物质文化遗产代表性项目，平城区天艺昌工艺品厂是省级非物质文化遗产生产性保护示范基地，此次携带工艺火锅系列、宫廷御锅系列、茶具、酒具、旅游纪念品小件等参展。大同工艺美术品展出50余个品种1000余件手工剪纸作品，有长卷、挂轴、镜框画以及剪纸元素的文化创意品等，其中，华严寺佛像剪纸最受欢迎，现场成交1000余件手工剪纸作品及系列文化衍生品，并与来自日本、韩国、德国、伊朗等国家和中国广西、贵州、西藏、宁夏等省区的20余家合作伙伴达成合作意向。大同铜火锅、铜壶、铜制文房四宝等50余个种类500余件工艺品全部售罄。

（毛鹏飞）

【参加第十七届中博会】 2021年9月16日至19日，第十七届中国国际中小企业博览会在广州中国进出口商品交易会展馆举办。以大同黄花加工、销售为主的大同三利农产品公司作为大同市唯一一家受邀企业参展。大同三利农产品公司是一家以大同黄花加工、销售为主，集杂粮收购、加工、生产销售于一体的农产品企业。

（毛鹏飞）

【参加第七届中国（山西）特色农产品交易博览会】 2021年9月23日至26日，由农业农村部、中国国际贸易促进委员会和山西省人民政府联合主办的第七届中国（山西）特色农产品交易博览会在山西省农产品国际交易中心（晋中国家农高区）举办。大同市综合展区面积520平方米，其中特装面积360平方米，分5个展区，突出展示全市乡村振兴成果、“大同好粮”“大同黄花”品牌建设、雁门关农牧交错带示范区建设成果、有机旱作农业发展成果、农产品精深加工产业集群发展成果等内容。此届农博会期间，大同市举办主题推介活动，通过文艺表演、现场宣传、现场品尝、产品展示等环节，展示具有大同特色的农产品。此次大同市组织69家优质特色农产品加工企业，带300余种产品参会。其中云州区组织10家农产品加工企业的13大类农产品参会。在项目签约仪式上，大同市新荣区与上海力田实业集团有限公司签订总投资30亿元的素心谷生态康养农文旅综合体项目。大同市云州区人民政府、市农业农村局共同举办“大同黄花”区域公用品牌主题推介活动。

（毛鹏飞）

【参加第十七届中国（深圳）国际文化产业博览交易会】 2021年9月23日至27日，第十七届中国（深圳）国际文化产业博览交易会在深圳国际会展中心开幕，围绕中国共产党成立100周年和“十四五”开局之年、“一带一路”等主题，集中展示中国文化产业高质量发展成就。此届文博

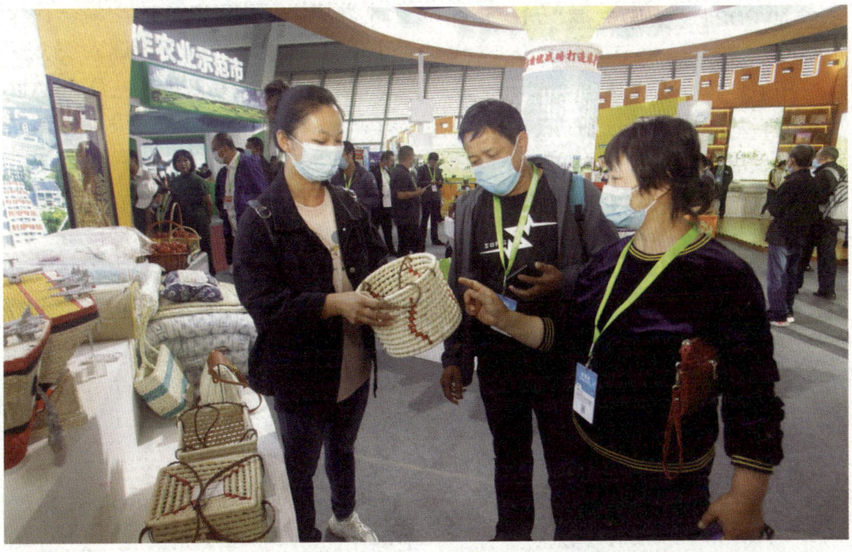

▲ 2021年9月23日，第七届中国（山西）特色农产品交易博览会在山西省农产品国际交易中心举行。图为大同展区工作人员向观展者介绍玉米皮制作的编织品（韩 堃 摄）

会以“新时代、新文博、新形象、新内容、新成效”为目标，开启线下与线上互动结合的新模式。设有文化产业综合馆A、B馆，工艺美术·时尚生活馆，粤港澳大湾区馆，文化旅游·非遗及艺术品馆，媒体融合·智慧广电·电影工业馆等线下展馆，互联网馆、“一带一路”·国际馆线上展馆，以及67个分会场，涵盖文化产业各领域，吸引全球30个国家和地区线上参展，包括国内专业观众在内的约10万人应邀参会采购。活动期间，主展馆举办30余场论坛、推介会、讲座等配套活动。大同元素及“大同结艺”“非遗”产品在山西展厅集中亮相，显示屏上循环播放着由省委宣传部和市委宣传部指导、市歌舞剧院组织创排的庆祝中国共产党成立100周年优秀舞台艺术作品——舞蹈诗剧《天下大同》的精彩片段。在晋版图书展位，由大同市作家任勇、石囡、周智海创作的纪实文学作品《火山红，黄花黄》陈列其中，成为展示黄花产业发展和脱贫攻坚成果的媒介。大同市唐情结飞天创意商贸有限责任公司集中展示“大同结艺”“非遗”文创产品，包括56个民族标识，“一带一路”沿线国家的国花胸针，代表山西的“晋”字胸针，以及以盘扣为主要创作元素制作的胸针、项链、耳坠等饰品，“大同结艺”与36家企业达成初步合作意向。（毛鹏飞）

【参加2021“太原航展”】 2021年10月15日至17日，2021太原国际通用航空博览会在太原市举办。此次博览会的主题为“建通航示范强省，拓转型发展新空”。此次博览会大同市展区面积190平方米，共设2个展厅，通过实物、图片、文字等形式展示大同市通用航空发展成就。有5家单位参展，分别为山西通用航空职业技术学院、山西华晋航空科技有限公司、大同航源众诚动力科技有限公司、大同市晋浩航空科技有限公司、大同寰通航空运动俱乐部，参展单位携无人机、航空机务VR设备、航空维修展架及重要零部件、微型涡喷发动机整机及其重要的零部件等展品展示。（毛鹏飞）

【参加广交会】 2021年10月15日至19日，第130届中国进出口商品交易会（简称广交会）在广州举行，大同市组织4家企业线下参展、6家企业线上参展。交易会期间，现场签订合同110万元，意向成交186万元。其中，组织天镇县通航粮贸有限公司、大同市晖农生物科技有限公司、大同云萱农业发展有限公司和中安众果食品有限公司4家企业线下参展；组织天镇县通航粮贸有限公司、大同市晖农生物科技有限公司、大同云萱农业发展有限公司、中安众果食品有限公司、同桓农产品经营有限公司和陆港华阳食品有限公司6家企业线上参展。大同市晖农生物科技有限公司把黄粉虫系列产品带入广交会与福建省、四川省及广东省珠海市、广州市的采购商现场成交和意向成交，并与东南亚国家和美国的采购商达成采购意向，签约意向成交额10万元；天镇县通航粮贸有限公司宣传并展示天镇县国家级小杂粮出口质量安全示范区的特色农产品，特色豆类产品得到客户认可，签订合同110万元，达成意向性内销合同45万元；大同云萱农业发展有限公司参展的冰鲜黄花菜、速冻蔬菜系列产品让国内外采购商看到黄花产品的高品质，签约意向成交额31万元。（毛鹏飞）

【参加第十九届中国国际农产品交易会】 2021年11月14日至17日，第十九届中国国际农产品交易会在深圳国际会展中心举办。此届农交会展览展示面积32万平方米，分公益性展区和市场化展区，同时设立中国共产党成立100周年农业农村发展成就展区、农业科技展区、果蔬品牌展区、畜禽品牌展区、都市农业展区等。此次大同市参展的41家企业带去黄芪、枸杞、连翘、沙棘、黄花菜、杏脯、杂粮、白酒、苦荞、黄芪、牛羊肉等药茶、黄花、饮品酿品、杂粮、功能食品、北肉六大类产品300个品种参展。（毛鹏飞）

【参加国际热带农产品冬季交易会】 2021年12月16日至19日，由中华全国供销合作总社、农业农村部、中国国际贸易促进会及海南省人民政府共同主办的2021年中国（海南）国际热带农产品冬季交易会在海口市海南国际会展中心举行。此次展会，市供销社组织大同市黄花、黄小米、黄芪、苦荞、小杂粮等名优土特产品参展。云州区供销合作社是山西省唯一应邀参展的区级供销社，参展商品以黄花系列产品和云州区特色农产品为主，共20余种。销售黄花价值9800余元、广灵东方亮小米价值8300余元、浑源道地黄芪价值11800余元，苦荞、莜面、绿豆等小杂粮价值7100余元。云州区供销社联盟单位山西冰华食品科技有限公司与广州纯元健康科技（广东）有限公司举行战略合作签约仪式，当场签订价值85万元的黄花系列产品购货协议。（毛鹏飞）

物流业

【概况】 2021年，大同市有物流企业约2300家，其中零担专线150余家（以落货为主，同时也收发返货）、配货信息部120余家，物流车辆保有量6.5万辆。物流园区有山西万昌国际物流园区、国际陆港物流园区、金洋物流园区、明通冷链物流园、山西福源医药批发园区、天和旺物流园、华鹏物流园等，全市仓储面积约150万平方米。依托万昌物流园区，把原有小散乱的“物流散兵”加快整合，升格为“物流正规军”，吸收200余家物流商户入驻，零担专线100余条，经营线路覆盖全国各地，日出入车辆600余台次，吞吐量1万余吨，年货运周转值150亿元。（高青）

【物流降本增效】 2021年，大同市物流枢纽引入先进的物流理念和经营思想，探索物流枢纽运营模式及枢纽经济发展模式，学习借鉴太原等国家物流枢纽运营经验，利用枢纽内铁路、公路等资源，整合贯通枢纽与枢纽、枢纽与节点、节点与站点的线路，推动多式联运快速发展，发挥铁路长距离、大运量、低成本、绿色环保优势，延伸铁路运输服务链条，以资源整合带动铁路货源上量，实现多式联运“一单制”贯通，促进社会物流成本降低。

推动城市货运绿色配送及农村客货邮融合发展战略，以实施“碳达峰、碳中和”大同行动为契机，引导清洁能源汽车在城市配送中应用，推进新能源汽车充电设施建设，完善农村物流末端配送网点建设，逐步实现农村物流网点多站合一。（高 青）

【物流融合发展】 2021年，大同市依托物流业的集聚功能，发挥辖区内物流企业的聚合效应和周边制造企业的联动作用，以现代物流与电商快递快速发展为契机，服务全市供应链网络，不断与装备制造企业、新能源产业、国药、快递业、农副产品加工等企业实现通力合作，相互渗透，共同创新发展。（高 青）

【物流安全管理】 2021年，市交通运输局结合“安全生产月”活动，组织相关部门、物流企业开展宣传活动，累计出动宣传车80辆次，选派宣传人员300余人次，发放宣传材料5000余份；利用市交通运输局官方微信平台，定期发送物流安全相关内容，提升宣传影响力。常态化开展物流安全培训教育。突出重点环节重要时间节点，组织全行业集中学习习近平总书记关于安全生产重要论述，参与“回顾安全生产月20年”网上展览等线上活动，教育引导从业人员强化“人民至上、生命至上”理念；组织开展新修订《中华人民共和国安全生产法》专题培训，各物流企业在内部同步开展法律法规培训教育；通过线上线下相结合方式，对日常存在安全隐患的企业，组织约谈，打破“中梗阻”问题，推动末端管理直达基层一线；引导组织物流企业开展应急处突综合演练，强化各企业应急管理意识和从业人员的操作技能。印发《大同市交通运输局关于调整全市交通运输行业物流安全工作领导组的通知》《关于进一步加强物流安全管理工作的通知》，保障物流安全各项制度落实到位。督促企业健全安全管理机制，落实安全生产企业主体责任，完善全员安全生产责任制及监督考核制度、安全教育培训制度、隐患排查治理制度等安全制度；企业场所醒目位置和重点区域设置安全风险公告栏、岗位风险告知卡，做到早提醒、早发现；指导企业落实托运物品信息登记制度，托运人员身份信息查验和登记制度；召开专题工作会议，安排部署物流企业安全隐患专项排查整治；加强执法检查，重拳打击安全隐患排查不认真、整改不到位企业。（高 青）

【冷链物流市场建设】 2021年，市供销社完成区域冷链物流中心、冷链物流基地、农批市场建设任务。市冷藏储运公司投资250万元，改造原氨系统制冷设施，提升制冷效果；灵丘县上寨供销社控股企业灵丘县农乐福农牧开发有限公司投资450万元，建成冷库660平方米、营业大厅1340平方米，可保鲜冷藏冷冻食品1000立方米；新荣区供销社控股企业新荣区供销物流贸易有限公司投资1500万元，建成新荣区农贸市场，该市场占地8513平方米，设置室内外交易摊位146个，8月投入使用。（祁 耘）

【农村客货邮融合发展】 2021年，大同市交通运输局制定印发《关于2021年推进农村客货邮融合发展更贴近民生实事工作的通知》，推进农村客运、货运、邮政快递融合发展，统筹解决农民群众幸福出行、物流配送、邮政寄递3个“最后一公里”。要求各县（区）至少打造1个客货邮综合样板服务站，开通1条以上客货邮合作样板线路。构建“一点多能、一网多用、功能集约、便利多效”农村运输服务发展模式。（高 青）

【京东物流（大同）客户服务中心揭牌】 2021年10月15日，京东物流（大同）客户服务中心揭牌仪式举行。省委常委、市委书记张吉福，京东集团执行副总裁徐丰共同为京东物流（大同）客户服务中心揭牌。市委副书记、市长张强，京东物流集团副总裁田琳分别致辞，市委常委、市委秘书长周鹏出席，市委常委、常务副市长任希杰主持揭牌仪式。京东物流客服中心的服务模式覆盖电话、网页在线、APP、微信、微博、网页留言、Email及智能应答机器人，其内容主要包括订单处理、技术培训、服务咨询、处理客户投诉等。京东物流（大同）客户服务中心建成坐席3000席。（高 青）

【浑源县灵丘县入列全省农村三级寄递物流体系建设试点】 2021年11月，2021年全省农村三级寄递物流体系建设试点县名单公布，大同市浑源县、灵丘县位列其中。入选全省农村三级寄递物流体系建设试点县可获得建设县级物流仓配中心、开通快递资质许可绿色通道等方面的多项政策支持。（高 青）

居民服务业

【概况】 2021年，全市服务业增加值同比增长7.1%，比上年提高4.6个百分点。其中，零售业增加值45.4亿元，同比增长10.5%；住宿业增加值8.3亿元，同比增长25.5%；餐饮业增加值18亿元，同比增长17.9%；非营利性服务业增加值230.7亿元，同比增长10.2%。全市规模以上服务业营业收入累计102.5亿元，同比增长12.5%。全市交通运输、仓储业累计实现营业收入24.5亿元，同比增长11%，占规模以上服务业比重23.9%；全市其他营利性服务业累计实现营业收入37.9亿元，同比增长19.6%，占规模以上服务业比重37%；全市电信、广播电视和卫星传输业累计实现营业收入24.4亿元，同比增长6.6%，占规模以上服务业比重23.8%。（毛鹏飞）

【家政服务】 2021年，大同市商务局助力“天镇保姆”家政劳务输出基地建设，推动全市家政服务业规范化、品牌化、规模化、产业化发展。扩大家政服务业信用体系建设规模，全市13家家政公司上传认证2237名家政服务人员信息，牵头起草《家政服务人员“回炉”培训（试行）规范（草案）》，推行“居家上门服务证”上岗服务模式，全市确立5个家政服务品牌和龙头企业培育目标。（毛鹏飞）

【家政兴农工程建设】 2021年，

市商务局实施“家政兴农工程”，大同市13家家政公司在商务部家政信用信息平台上传认证2546名家政服务人员信息。市商务局把《山西省家政服务标准体系》等7个地方标准纳入“回炉”培训的基础内容，“回炉”培训435人。依托家政服务平台，大同市推行“居家上门服务证”上岗服务模式，向社会提供家政企业及家政服务人员的服务标准、服务内容、服务价格、服务评价等信息，培育家政服务品牌，形成行业服务示范效应。助力“天镇保姆”家政劳务输出基地建设，推动全市家政服务业向规范化、品牌化、产业化发展。（毛鹏飞）

【社会化助老服务】 2021年，市智慧居家和社区养老服务中心配合398健保北京研发中心组织技术攻关。按照全市居家和社区养老服务改革专项行动计划，市智慧居家和社区养老服务中心以平城区为试点，为70岁以上老年人发放“大同市助老服务卡”，为75岁以上“空巢”、独居、生活困难的老年人免费配置398贴心保。该中心构建起398智慧养老云平台、398贴心保和呼叫中心的大同助老服务新体系。市智慧居家和养老服务中心发挥398贴心保在跌倒智能判断自动报警、一键呼叫等功能，与“120”急救中心联手开展“大同助老救在身边”服务，让老年人意外跌倒或突发急病能得到第一时间的救助。在市卫健委协调下，与市属公立医院签订协议，开通老年人就医绿色通道。平城区75岁以上“空巢”、独居和80岁以上高龄老年人看病，用手指一按398贴心保就能享受优先挂号、预约专家等服务。市智慧居家和养老服务中心与大同大学、国药同煤总医院合作，在云泉里、同泉里、晨馨等社区医疗卫生中心用398智能服药监测器为所辖社区老年高血压患者管理干预。（毛鹏飞）

【餐饮业发展】 2021年，大同市举办2021第二届世界面食产业发展峰会。论坛上，宣读《中华面食 大同宣言》，发布《2021中国面食产业发展报告——全国面食发展数字消费洞察》、大同美食产业发展报告、《国际晋菜经典面点“大同刀削面”制作工艺规范》。世界中餐业联合会与大同市签署战略合作协议，启动共同筹建“中国面食博物馆”项目。山西省烹饪餐饮饭店行业协会授予大同市“山西美食之都”称号。确保“两节”期间全市各宾馆、酒店、饭店等住宿餐饮行业客房、餐饮服务价格稳定，联合市文旅局向全市各宾馆、酒店、饭店发出倡议。为做好全市餐饮行业预防和制止餐饮浪费工作，大同市商务局制定《关于做好餐饮行业预防和制止餐饮浪费的工作方案》并印发给各县（区）商务主管部门，市餐饮饭店业协会和相关餐饮企业。（毛鹏飞）

【餐饮行业成立烹饪研究院】 2021年4月，由大同市餐饮饭店业协会牵头发起的烹饪研究院成立。新成立的烹饪研究院立足全市餐饮文化历史，在深入探究的基础上促进“大同菜”挖掘创新，推动大同饮食类非物质文化遗产的保护和传承。同时，研究院人员根据自身特长，每年承担部分研究课题，围绕大同风味美食和黄花等特产加大研发力度，拿出高质量研究成果，提升大同美食文化的影响力，扩大大同美食知名度。（毛鹏飞）

【“大同助老”398贴心保亮相世界智能大会】 2021年5月20日至23日，第五届世界智能大会在天津召开，“大同助老”398贴心保在大会上亮相，展示具有自主知识产权的398智慧养老云平台和398贴心保。398贴心保基于捕捉的人体动作大数据，借助人工智能技术、移动通信技术和云计算技术，实现实时在线智能跌倒判断，高龄老人简单易用，只需轻轻一按，即可精准判断、自主识别，并实现报警后自动启动语音通话、微信实时连通家人，准确率达98%以上。老人一按键后自动链接398智慧居家养老云平台，平台24小时全程响应，把助老服务需求转化为智能工单，传递到社区助老服务站，最后再由助老服务员将服务送上门。“大同助老”在平城区率先示范，实现助救、助购、助医、助餐、助洁、助行“六助”服务。（毛鹏飞）

【创建“美食之都”考察认定会】 2021年7月20日，大同市创建“美食之都”考察认定会举行，来自全省烹饪餐饮饭店业协会的专家与大同市相关部门、餐饮业界代表参加认定会。考察认定会上，大同市商务部门负责人汇报全市创建“美食之都”工作情况，梳理总结市创建“美食之都”的成效和经验，市餐饮协会负责人、重点餐饮企业代表等各界人士各抒己见、探讨交流，为创建“美食之都”工作建言献策。（毛鹏飞）

【《全市推进社区居家养老服务三年行动计划（2021—2023）》出台】 2021年9月，大同市出台《全市推进社区居家养老服务三年行动计划（2021—2023）》（简称《三年行动计划》）。《三年行动计划》以市智慧社区居家养老服务平台（“大同助老”）为支撑，通过大数据、云计算、物联网、移动互联网等信息技术整合老年人需求和各类社会服务资源，构建线上线下对接、供给需求贯通的养老服务骨干网络，要求到2023年，实现基本养老对象有效覆盖。其中包括：对低保家庭中60岁以上失能老人和70岁以上失独老人提供服务覆盖面100%，对80岁以上高龄老人提供服务覆盖面70%以上；构建覆盖全市社区居家养老的“大同助老”服务骨干网络，老年人急需的助餐、助急、助医、助行、助洁、助购等服务供给基本实现；平城区、云冈区的每个街道至少建有两处建筑面积在20平方米以上的社区养老服务场所，其他县区街道（乡镇）至少建有一处建筑面积在50平方米以上的社区养老服务场所，在老年人集中居住的城镇社区建成“一刻钟”居家养老服务圈，做到居家养老方便可及。（毛鹏飞）

【世界标准日宣传活动】 2021年10月14日，大同市举行世界标准日宣传活动，活动主题为“标准促进可持续发展，共建更加美好世界”。市餐饮饭店业协会发布《大同市餐饮业用餐规范》等5项团体标准。宣传人员向过往群众发放《中华人民共和国标准化法》、农产品安全质量手册等宣传册，并围绕与百姓密切相关的食

品、药品、化妆品、服装等方面标准，向群众重点讲解。（毛鹏飞）

【举办第二届世界面食产业发展峰会特色食品展】 2021年10月16日至22日，2021第二届世界面食产业发展峰会特色食品展在大同市举办。第二届世界面食产业发展峰会以"云中味道·世界大同"为主题，由大同市政府、世界中餐业联合会共同主办，市商务局承办。此次特色食品展是第二届世界面食产业发展峰会的重要活动之一，在万达广场举办，设置中华面食展示、大同特色美食、山西花馍展示、特色面食表演等展区，展区面积1800平方米。其中大同特色美食区设在会场中心区域，主要进行大同特色面点制作工艺、厨艺展示。山西花馍展示区域则采用图片、展板、雕塑、剪纸、实物等形式，展示山西面食历史悠久、品种丰富、技法多样的文化特色。活动现场设立舞台，为参加活动的市民进行扯面、龙须面等具有浓郁地方特色或餐饮文化的绝技展示。（毛鹏飞）

【第二届世界面食产业发展峰会】 2021年10月21日至22日，2021第二届世界面食产业发展峰会在大同举行，此届世界面食产业发展峰会由世界中餐业联合会和市政府主办，峰会期间，举办"中国面食博物馆"启动仪式、世界中餐业联合会面食产业委员会成立大会、2021世界中餐业联合会国际女企业家委员会工作年会、2021青年名厨面点大赛等活动，来自世界各地的顶级面点师、饮食文化学者、领军企业负责人、产业经济专家等参加，立足国际面食产业发展，聚焦产业联动、人才培养、技术交流、标准发布等重点领域，探讨交流，共同推动面食产业向更高层次迈进、向更广空间发展。经过世界中餐业联合会评选和面点大师们评审，中国面点大师王志强获"2021面食产业发展特别贡献奖"，11名知名面点师获"2021面食产业大工匠"奖，来自全国各地的18家企业成为"2021面食产业优秀合作伙伴"，来自山西省和上海、山东、江苏、河南等省市的17家企业被授予2021面食产业影响力品牌称号，大同市12家餐饮企业获"云中味道美食餐厅奖牌"，大同市1家企业被授予"山西功勋饭店企业"称号，10名选手获2021青年名厨面点大赛金奖，5名选手获2021青年名厨面点大赛"新食材 新应用"奖，10名选手获2021青年名厨面点大赛"金牌包子"奖，28名选手获2021青年名厨面点大赛优秀选手奖。

面食产业发展特别贡献奖、大工匠奖和云中味道美食餐厅奖牌、2021青年名厨面点大赛"金牌包子"奖等10个奖项被各路面点高手和实力餐饮企业获得。（毛鹏飞）

【世界中餐业联合会面食产业委员会成立】 2021年10月22日，世界中餐业联合会面食产业委员会成立大会在大同市举行。来自国内浙江、甘肃、上海等省市的企业和专家分别围绕面点饮食"非遗"传承、传统饮食与都市文化等内容进行分享，来自意大利的主厨Fabio Camilloni则分享意大利面食的发展与制作。世界中餐业联合会面食产业委员会致力于搭建海内外面食产业的国际化交流与合作平台，提升面食产业链整体水平，开展调查研究，搜集整理产业信息、发布产业标准，定期举办品牌活动，推进面食产业专家库建设，推动面食产业的标准化建设，扩大面食产业的全球影响力和竞争力。（毛鹏飞）

【第二届世界面食产业发展峰会主论坛】 2021年10月22日，2021第二届世界面食产业发展峰会主论坛在大同市举行，来自全国各地的餐饮行业协会、企业负责人、名厨、专家出席论坛会，共探面食产业发展之路，共话餐饮行业发展未来。省委常委、市委书记张吉福，世界中餐业联合会常务副会长邢颖致辞。世界中餐业联合会监事会主席武力主持。论坛上，宣读《中华面食 大同宣言》，发布《2021中国面食产业发展报告——全国面食发展数字消费洞察》、大同美食产业发展报告、《国际晋菜经典面点"大同刀削面"制作工艺规范》。世界中餐业联合会与大同市签署战略合作协议，启动共同筹建"中国面食博物馆"项目。山西省烹饪餐饮饭店行业协会授予大同市"山西美食之都"称号。华中师范大学教授姚伟钧作《面食文化的交融与发展》的主旨演讲。（毛鹏飞）

【"天镇保姆"品牌提质】 2021年11月30日，北京开放大学与天镇县政府签订战略合作协议，发挥北京开放大学的教学资源优势和"天镇保姆"品牌优势，依托天镇县阳光职业培训学校（天镇保姆培训基地），共同推出针对家政管理者的"千人培养计划"。该计划围绕教育帮扶、品牌宣传、产业发展、技能提升、学分转换、学历与非学历融通等各种维度，通过校地合作方式开拓发展空间，助推天镇保姆家政服务向专业化、规模化、规范化发展。（毛鹏飞）

【市医康养联动服务体系启动】 2021年12月28日，市医康养联动服务体系启动暨398康复医院开业。由市五医院和大同助老健保有限公司携手打造的市医康养联动服务体系，以市五医院医疗集团为平台，统筹三甲医院治疗、398康复医院专科康复、一体化机构社区居家照料服务等资源，开启医、康、养相结合的新助老模式。（毛鹏飞）

【社工站建设】 2021年12月，在市民政局、平城区民政局组织实施下，平城区街道社会工作服务总站启动。协调对接平城区部分街道办事处，成立社工站，依托社工、社区志愿者等力量开展退役军人优待证建档立卡、老年人志愿服务问卷调查、社区资源调研绘制、台账信息收集整理、入户走访建档等专业服务。社工走访辖区内有需求的特殊困难群体，摸清底数，针对性地给予关怀和帮助。（毛鹏飞）

旅游业

综　述

【概况】 2021年，大同市接待游客1259.3万人次，同比下降62.2%，实现旅游总收入154.7亿元，同比下降46.8%。“五一”期间，全市重点监测景区接待游客37.2万人次，同比增长173.2%，实现门票收入3777.6万元，同比增长405.8%；“国庆”期间，全市重点监测景区接待游客26.9万人次，同比下降15.3%，实现门票收入2308.2万元，同比下降19.4%。

（王少峰）

【全域旅游发展】 2021年，大同市加快构建“古城、云冈、恒山、长城四核牵引，桑干生态康养、乡野记忆旅居、红色经典励志三条廊道串联，生态、康养、会展、节庆、乡村、冰雪、温泉、民宿等多板块联动”全域旅游发展格局；对接国家战略，编制《大同市全域旅游发展规划》《大同市“十四五”文化旅游会展康养产业发展规划》《长城国家文化公园（大同段）建设保护规划》；推动云州区、灵丘县、浑源县、平城区4个县（区）通过省级验收，7月5日，平城区通过国家全域旅游示范区初审验收；培育发展长城沿线精品旅游民宿，鼓励支持社会资本参与建设，云中伴山、塞尚驿站、青青民宿、云朵驿站等80家精品民宿投入运营，提升长城沿线旅游住宿接待能力。发挥政策引领带动作用。先后出台《大同市人民政府办公室关于进一步激发文化和旅游消费潜力的实施意见》《大同市人民政府办公室关于深化文化和旅游融合发展的实施意见》《大同市振兴工艺美术行业工作方案》。探索文化和旅游公共服务机构文化和旅游功能融合路径，依托灵丘县旅游集散中心，新增城市书房和文化馆功能。2021年《大同文旅在线》全新升级，拍摄完成5期，播出2期，在新媒体宣传推广累计覆盖36.2万人次。（王少峰）

【智慧旅游发展】 2021年，大同市推进全省智慧旅游云平台省市融合建设工作，做好智慧旅游云平台大同市分中心建设工作，实现云平台的共建共享和本地化服务。搭建集文旅信息发布、涉旅资源宣传、旅游线路引导、智慧化公共服务等功能于一体的微信小程序平台。配合全市开展科普工作调研，总结全系统近三年科普工作情况。申报在市图书馆及原市艺术研究所建设全省“游山西·读历史”科研站并成功获批。（王少峰）

【旅游市场整治】 2021年，大同市文旅局加强旅行社业务整治，整治“不合理低价游”，开展未经许可经营旅行社业务专项整治行动，与公安、网信、市场监管、通信管理等部门协作，整治网络平台售卖“不合理低价游”产品；加强景区景点及周边环境整治，联合相关部门整治举牌揽客、兜售商品、不按规定明码标价等扰乱旅游市场的违法违规行为。（王少峰）

【大同市旅游集散中心】 2021年，大同市旅游集散中心以“一车一卡一平台”即“交通系统＋会员系统＋智慧旅游平台”的创新模式蹚出一条旅游公共服务市场化运营之路。以旅游公共服务咨询、全域旅游直通车、智慧旅游大数据中心为核心业务，农文旅多产业融合为发展路径。8月受乌兰察布市政府委托，复制模式运营全域旅游直通车系统。截至2021年底，该中心累计接待游客咨询服务367.1万人次。全域旅游直通车累计发车2461车次，发送直通车游客10.3万人次，带动村落68个。（王少峰）

旅游规划建设

【旅游项目建设】 2021年，大同市文化旅游项目计划投资9.6亿元，截至2021年底，完成投资4.3亿元，占年度计划完成投资的45%。全年全市文化旅游领域储备项目59个，总投资59.8亿元；招商项目20个，总投资82亿元，招商引资77.4亿元。

（王少峰）

【长城国家文化公园建设】 2021年，大同市培育打造“中国古都·塞上长城”文旅金名片，重点规划建设1个管控保护区，10个主题展示区（含2个核心展示园、4处集中展示带、4处特色展示点），6个文旅融合区，25个传统利用区村庄。大同市李二口长城遗址保护利用项目和大同市长城博物馆建设项目入选国家“十四五”时期文化保护传承利用工程项目储备库长城国家文化公园项目。投资1.2亿元重点实施大同市长城博物馆、李二口长城摄影书画驿站、李二口长城错修段保护修缮、阎秀峰故居修复保护、水磨口传统村落提质保护工程和白羊口传统村落提质保护工程6个项目，以长城一号旅游公路为基础，规划建设文化景观、公路驿站和露营地、观景台、服务区等系统，打造长城风景廊道，公共服务设施、驿站、观景台等29个项目完成项目选址。

（王少峰）

【景区旅游厕所建设】 2021年，大同市推进国家AAAA级以上旅游景区旅游厕所示范项目申报工作，推荐申报新建厕所1个、改建厕所1个、运维经费申报项目1个，截至2021年底，8个旅游厕所全部完工。

（王少峰）

【长城一号旅游公路天镇至左云段全线（北线）贯通】 2021年9月1日，长城一号旅游公路天镇至左云段全线（北线）贯通。长城一号旅游公路规划里程1225千米，主线里程379千米，支线、连接线里程846千米，其中主线分为“北线和东线”，“北线”（长城一号旅游公路天镇至左云段全线）里程159千米，起点位于天镇县新平堡镇平远头村，终点位于左云县三屯乡立石村，沿线串联辐射天镇县李二口、新平堡，阳高县守口堡、镇边堡，新荣区得胜堡、宏赐堡，左云县月华池、摩天岭风景区等20余个景区、景点。（王少峰）

【古城文化旅游业态策划征集方案专家研讨会】 2021年9月8日，大同市召开古城文化旅游业态策划征集方案专家研讨会，省住房和城乡建设厅一级巡视员、教授级高级城市规划师、享受国务院政府特殊津贴专家李锦生等7位文旅业态策划、市场运营管理和古城保护研究等领域的国内、本土知名专家，共同为大同古城发展问诊把脉、建言献策。省委常委、市委书记张吉福，市委副书记、市长张强等出席会议。会上，专家们各抒己见，结合大同古城历史文化价值和文化旅游业态现状，分析大同古城文化旅游发展面临的机遇和挑战，并就如何做好大同古城文化旅游业态策划和后期管理运营，从宏观到微观、从整体到局部提出许多中肯的建议和意见。

（王少峰）

【山西首家凯悦臻选酒店落户大同古城】 2021年9月14日，大同市华夏江鸿控股集团与凯悦酒店集团签署大同古城凯悦臻选酒店合作协议，标志着山西首家凯悦臻选酒店落户大同古城。市委副书记、市长张强，市委常委、宣传部部长王铁梅，副市长翟永清，凯悦酒店集团大中华区副总裁赵英博，北京柏廷国际酒店管理有限公司董事长张锦成，华夏江鸿控股集团董事长夏华江等见证签约。华夏江鸿集团打造的大型文旅商综合体项目作为古城东南隅，项目总投资约30亿元，总用地面积约24.1公顷，遵循“坚持保护与活化、传统与现代相结合”的原则，打造三街、八坊、三广场的里坊格局。在业态规划上，以“大同城市文化深度体验区”为主题，规划有“城市非遗文化体验村落”“传统市井生活文化街区”“大型城市文化演艺项目”“特色酒店民宿群落”“都市休闲娱乐街区”五类核心业态。此次与凯悦酒店集团签约项目位于“特色酒店民宿群落”区，酒店建设规模2.7万平方米。（王少峰）

旅游景区

云冈石窟景区

【概况】 2021年，云冈石窟景区接待游客116万人，门票收入7318万元。2月19日，云冈研究院成立，为省政府直属副厅级事业单位，归口省文物局管理，大同市政府负责日常管理，公益二类。5月23日，“山西省文化遗产保护院士科技创新中心”在云冈研究院揭牌。召开“云冈纹饰学术研讨会”“丝路沿线石窟寺数字化保护研讨会”等，厘清云冈石窟保护和科研发展思路。承办省文物局举办的文物科技创新能力提升培训班。完成大同、朔州、吕梁、忻州4个市109处石窟造像和摩崖石刻调查工作，编辑成册《山西省石窟寺名录》，2021年，被国家文物局评为“全国石窟寺专项调查先进单位”。（宣 林）

【文保项目拓展】 2021年，云冈研究院按照《云冈石窟文物保护工作“十四五”规划》路径，上报国家文物局项目20个，内容涵盖危岩体修复、洞窟加固、文物数字化、山顶考古遗迹保护展示等。壁画保护修复中心为辽宁义县万佛堂、大同善化寺等5个文保单位编制壁画保护立项报告，为汾阳太符观、新荣区北宋庄龙母寺等9个文保单位编制壁画保护方案。

（宣 林）

【保护工程】 2021年，云冈研究院完成第1~4窟、第11~13窟、第20~26窟、第38~40窟的保养维护。完成第13窟和永乐宫壁画数字化采集，开展第11窟、第14~17窟、第19窟数字化采集项目。完成第5窟附窟及罗汉堂周边洞窟抢险加固工程、大同观音堂壁画保护修复工程。

（宣 林）

【文保实验室建设】 2021年，云冈研究院建成数字云冈计算中心和各类文保实验室，获批省级石窟寺文物保护科研基地和石窟寺保护与传承山西省重点实验室，完成力学分析、样品制备实验室建设，逐步构建起文物保护研究、关键技术研发、科技成果转化、科技资源共享的创新体系。

（宣 林）

【交流合作】 2021年，云冈研究院举办云冈石窟第6窟数字化座谈会，与两院院士李德仁达成初步合作意向。与中科院、国家自然科学基金委员会合作举办“文物保护与科技创新院士论坛”。与复旦大学、上海大学、武汉大学等开展合作，探讨文物修复新材料、传统修复材料与工艺的继承发展问题，逐步把研究成果应用到石窟保护工程中。（宣 林）

【研究成果出版】 2021年，云冈研究院出版《云冈石窟山顶佛教寺院遗址发掘报告》《圣地重新——云冈百年复兴展》《云林寺》3部学术专著，编写《云冈纹饰全集》《云冈石窟分类全集》《云冈石窟窟前遗址考古发掘报告》等。20卷本《云冈石窟全集》获中宣部颁发的中国出版图书政府奖。（宣 林）

【课题研究】 2021年，云冈研究院申报国家级科研单位并通过省科技厅审核。开展《云冈石窟20窟西立佛虚拟复原与利用》等7项课题。获批《云冈石窟造像色彩研究与复原》等15个课题。自主研发的《山西省石质文物现状调查与评估管理系统

V1.0》获得软件专著权。（宣 林）

【石窟保护利用】2021年，云冈研究院联合敦煌、龙门、大足在洛阳启动四大石窟战略合作。挂牌“山西省文化遗产保护院士科技创新中心”。与河南考古院等建立合作关系，开展第39窟本体加固试验、第1~3窟纳米保护材料试验研究。第38~40窟日常保养期间，向全国文保专家开放预约考察。成立云冈文化保护法庭。推进“云冈石窟保护与研究基金会”成立工作，引导社会力量参与到云冈石窟保护工作之中。（宣 林）

【考古调查和库房管理】2021年，云冈研究院为配合文保工程，清理第1、2窟外壁双塔塔顶遗迹和罗汉堂室外地面，新发现6个柱础和1处灶坑遗迹。接收窟顶寺庙遗址出土文物3006件，标本5175片，实行文物库房双人双管制度。编制《云冈研究院石窟寺考古中长期规划（2021—2035）》并上报省文物局。（宣 林）

【景区规划建设】2021年，云冈研究院与复旦大学规划设计院合作编制《云冈文化长廊旅游总体研究规划》。规划建设范围东起云冈镇小站村，西至高山镇，面积约120平方千米。提质升级景区卫生间等基础设施和园林绿化，被省市场监督管理局列为全省第一批服务标准化试点景区。（宣 林）

【景区旅游服务提升】2021年，云冈研究院通过提升旅游服务水平，云冈景区成为全省第一批“游山西·读历史”研学实践教育基地。按照国家文物局要求，重新核定景区游客安全承载量，保障文物和游客安全。景区红十字会救护站完成升级改造，新增救护设备。完成停车场智能化改造。（宣 林）

【文物安保】2021年，云冈研究院坚持“日检查、周巡查、月督查”，全年安全检查101次，下达隐患通知书11份，全部整改。组织消防安全培训43次，夜间应急演练5次。实施核心景区安防消防改造工程。（宣 林）

【景区公共文化建设】2021年，云冈石窟景区接待11批次上千名中小学生重走习近平总书记视察云冈石窟之路，感悟中华文化、增强文化自信。加强社会研学服务，被教育部列为“中小学生校外研学实践教育基地”，获得中央专项公益金。利用云冈煤改电后废弃的锅炉房，创新改造为云冈图书馆，有藏书3万余册。（宣 林）

【景区宣传】2021年，云冈研究院讲好山西故事、大同故事、云冈故事，传播云冈石窟蕴含的各民族交往交流交融的历史内涵。全年接受新华社、中央电视台、湖南电视台、山西电视台等媒体专访和摄制纪录片数十次。在上海宝龙美术馆举办云冈艺术大展，与上海荷木服装公司联合打造的“梦回云冈”秋冬季时装秀亮相上海时装周。云冈石窟微信公众号发文459条，点击量429万次；新浪微博发文651条，点击量4093万次，成为宣传云冈的主阵地。微信公众号位列全省文化旅游榜前五。在国家AAAAA旅游景区旅游排行榜上，全年一直位居前十。（宣 林）

▲2021年2月19日，云冈研究院挂牌成立（宣 林 摄）

【景区展览】2021年，云冈研究院院史馆“圣地重新——云冈百年复兴展”获国家文物局“弘扬中华优秀传统文化、培育社会主义核心价值观”主题展览重点推介，云冈博物馆“中国与世界——习近平总书记视察云冈石窟一周年特展”获省文物局重点推介。“丝路华光——敦煌、云冈、龙门石窟艺术联展”在洛阳博物馆展出。云冈美术馆举办“九边重镇·大同镇军堡群遗址摄影展”“丝路精魂——古代龟兹石窟壁画摄影展”等。（宣 林）

【云冈研究院成立】2021年2月19日，云冈研究院成立大会在大同举行。省委常委、宣传部部长吕岩松，省委常委、大同市委书记张吉福出席云冈研究院成立大会并讲话。云冈研究院是省政府直属事业单位，是公共文化研究机构，承担着云冈石窟保护、监测、研究、展示，统筹云冈学建设发展和区域性石窟保护的职责。该研究院设文化遗产保护与监测中心、文化遗产艺术研究中心、历史与民族融合研究中心、考古研究所、数字化保护中心、文献资料中心、文旅融合发展中心等10个内设机构。（宣 林）

【云冈石窟亮相芒果TV纪录片《国宝皆可潮》】2021年2月，由芒果TV出品的博物馆潮玩计划纪录片《国宝皆可潮》全网独播。在第六期专题《石窟云游记》中，体验官到世界文化遗产云冈石窟，在云冈研究院老师赵昆雨的带领下，参观云冈石窟中最大的洞窟第3窟灵岩寺洞、第5窟大佛洞、“云冈第一伟窟”第6窟释迦佛洞，还有云冈石窟音乐舞蹈造像最集中的第12窟等。（宣 林）

【“数字云冈”座谈会】2021年3月28日，云冈研究院召开“数字

旅游业

云冈”座谈会，会上，云冈研究院负责人回顾“数字云冈”的发展历程，提出未来如何建设好“数字云冈”具体要求。云冈研究院数字化室、武汉大学测绘遥感信息工程国家重点实验室、浙江大学文化遗产研究院等相关负责人汇报近些年“数字云冈”的工作情况，知网、腾讯、华为、联想、深大智能等科技企业相关负责人分别分享文博数字化经验，并讨论“数字云冈”的发展方向和工作重点。（宣 林）

【云冈研究院与上海大学签署合作框架协议】 2021年4月13日，云冈研究院与上海大学在上海美术学院举行合作框架协议签署仪式。

签约仪式上，云冈研究院党委书记张焯与上海大学党委副书记段勇代表双方签署《合作框架协议》，按照协议双方围绕云冈石窟科学保护、云冈学建设、文化传播、人才培养等领域开展合作。同时聘任张焯为上海大学兼职教授。签约仪式后，张焯作题为《东方佛教的第一圣地》专题讲座。（宣 林）

【云冈文化保护法庭揭牌】 2021年5月8日，云冈文化保护法庭在云冈石窟景区揭牌。云冈文化保护法庭是经山西省高级人民法院批准设立的，以云冈石窟文化保护为依托，审理历史文化遗产保护类案件的专门法庭，重点审理历史文化遗产保护类案件及在景区内发生的各类民事纠纷案件，同时审理污染防治、生态保护、环境治理与服务等案件，兼顾宣传《中华人民共和国文物保护法》等法律法规，建立完善与文化遗产保护相关部门定期联络工作机制，发挥司法引导、规范、预防与教育功能，为历史文化保护工作提供法律意见。（宣 林）

【云冈石窟红十字救护站揭牌】 2021年5月8日，云冈石窟红十字救护站举行揭牌仪式。云冈石窟红十字救护站以云冈石窟景区游客服务中心为依托，把红十字应急救护、应急救援和志愿服务等工作融入其中，为游客提供应急救护保障。揭牌仪式后，接受赠旗的云冈石窟景区红十字博爱救援队和红十字志愿者现场开展心肺复苏应急救护演练。（宣 林）

【云冈纹饰学术研讨会】 2021年5月11日，由云冈研究院主办的2021云冈纹饰学术研讨会召开。研讨会上，北京大学、清华大学、中国艺术研究院、中央美术学院、山东大学、山西大学、南京师范大学、云冈研究院、山东工艺美术学院、青岛出版集团等院校及机构专家学者围绕《云冈纹饰全集》编绘工作，研讨云冈纹饰蕴含的民族交往交流交融的历史基因、云冈纹饰形制与色彩、云冈纹饰与石窟寺建筑、云冈纹饰与佛教文化传播、云冈纹饰审美与世界其他文明纹饰的比较等议题。会议展示《云冈纹饰全集》示范卷等云冈学最新的研究成果。（宣 林）

【云冈学专家研讨会】 2021年6月1日，由云冈研究院主办的云冈学专家研讨会召开。研讨会从“中国与世界”的角度探讨云冈学。此次研讨会邀请到北京大学教授、东方文化研究所所长王邦维，佛教考古专家、龙门石窟研究院名誉院长温玉成，中国人民大学教授、历史学家孙家洲，山西省考古研究所研究员张庆捷等全国知名专家学者和大同市专家学者参加。会上，张庆捷从云冈石窟本身、云冈模式对国内石窟寺的影响、云冈石窟受平城地区的佛教思想影响等方面谈对云冈学的看法；王邦维就《我对云冈学的理解》作发言；孙家洲从云冈学学科的延伸等方面谈自己的看法；温玉成就北魏时期诸多悬而未解的疑惑提出看法。此外，多位国内知名媒体人从传播力和影响力的角度谈对云冈学的看法。（宣 林）

【“丝绸之路周—石窟寺探秘”直播走进云冈石窟】 2021年6月4日，“丝绸之路周——石窟寺探秘”云冈石窟站在云冈石窟官方微博直播，此次直播是“丝绸之路周——石窟寺探秘”系列直播的一项内容，该活动由中国丝绸博物馆联合国内多家石窟寺保护单位共同推出，活动采用线上联动的形式向公众揭秘石窟寺中蕴含的丰厚历史文化。直播中，云冈研究院讲解员王国华从第5窟讲起，到第20窟结束，为大家讲解云冈石窟不同时期的造像特点、云冈石窟与古丝绸之路的历史渊源、云冈石窟的开凿历史、北魏的经济社会发展情况等知识。（宣 林）

【《云冈石窟全集》（20卷）获第五届中国出版政府奖图书奖】 2021年7月29日，中宣部在北京召开第五届中国出版政府奖表彰会，表彰获荣誉奖、图书奖、期刊奖等123种出版物、50家先进出版单位和69名优秀出版人物。其中，由云冈研究院和青岛出版集团联合编纂的《云冈石窟全集》（20卷）荣获图书奖。《云冈石窟全集》（20卷）编撰历时7年，于2019年出版发行，全面、系统、完整地介绍云冈石窟所有洞窟雕刻，提出大量全新的学术观点，代表“云冈学”研究的最新高度。（宣 林）

【云冈石窟网络及新媒体智慧平台上线】 2021年8月11日，云冈石窟推出新版官方网站群、Hi游云冈智慧旅游小程序及AR智能导览大屏，把PC端、手机端、智能导览线上线下联动，利用科技推动云冈石窟数字化转化和创新性发展。云冈石窟官方展示平台由大众版、学术版、青少版、英文版4个版本组成，满足不同游客浏览需求；Hi游云冈智慧旅游小程序整合云冈石窟旅游资源，把“游”“玩”“学”版块集合于一体，实现游客体验智能化；AR智能导览大屏是当游客进入景区后，可通过3D虚拟技术欣赏云冈石窟全景，了解各条游览云冈的经典线路以及沿途景点，点击景点即可获取详情信息，让游客享受智能化、定制化旅游体验。AR智能导览大屏包含720度全景技术，可高清晰度全景三维展示景区优美环境，让游客有身临其境的体验；基于AI语音识别能力的智能语音导览系统，把游客单向被动获取信息的方式转变为双向互动；运用AI图像识别技术开发的AR合影功能，把云冈石窟景观虚拟化，利用AR增强现实技术与到访的游客合影，让石窟不再只可远观。（宣 林）

【“石窟寺保护与传承山西省重点实验室”落户云冈研究院】 2021年10月12日，由省科技厅授

▲ 2021 年 10 月 12 日，由省科技厅授予云冈研究院的“石窟寺保护与传承山西省重点实验室”揭牌。图为揭牌仪式现场（宣 林 摄）

予云冈研究院的“石窟寺保护与传承山西省重点实验室”揭牌。该实验室由省文物局组织设立，云冈研究院牵头实施，浙江大学、武汉大学、北京建筑大学、上海大学合作建设，主要从事石窟寺保护和传承技术、方向、标准等的研究和制定。实验室依托云冈研究院，聚焦石窟寺文物保护与传承利用中的重点、难点问题，整合多学科研究力量，建设国内顶级石窟寺学术科研队伍，构建华北地区石窟文物保护基础研究、关键技术研发、科技成果转化、科技资源共享服务创新体系。（宣 林）

【云冈石窟大同长城等亮相进博会】 2021 年 11 月 5 日至 10 日，第四届中国国际进口博览会在上海举行，山西省文旅厅在上海举办以“华夏古文明 山西好风光”为主题的山西省文化旅游推介会，云冈石窟景区、大同长城等作为大同的亮丽文化名片被主持人重点推介。其中，左云摩天岭长城公园项目作为重点文旅推介项目。推介会上，还举行山西文旅项目招商会，全省推出 9 个重点推介的文旅项目，大同左云摩天岭长城公园作为长城旅游板块的代表被特别推介。左云摩天岭长城公园项目着力打造“赛道 + 营地 + 长城 + 乡村体验”的综合性旅游景区，创建集越野赛道、房车营地、乡村体验、冬季滑雪等体验功能于一体的综合性公园。（宣 林）

【云冈石窟申遗成功 20 周年座谈会】 2021 年 12 月 14 日，云冈石窟申遗成功 20 周年座谈会在云冈研究院举行。副市长翟永清，云冈研究院党委书记张焯、院长杭侃出席座谈会。大同市宣传、文物、文旅等部门及大同大学相关负责人，新华社驻山西记者站、《山西日报》、山西广播电视台及云冈研究院相关研究人员近 50 人参加座谈会。座谈会上，与会老领导、老专家回顾当年云冈石窟申报世界文化遗产的往事，同时围绕“北魏平城时代的民族融合与民族共同体的形成”“云冈文化遗产的保护与利用”等座谈交流。（宣 林）

【山西石窟考古田野工作坊石窟测绘研讨会】 2021 年 12 月，第三届山西石窟考古田野工作坊石窟测绘专题研讨会在云冈研究院召开，围绕“测绘”这个中心问题，组织线上线下主题发言和专家对谈。此次研讨会由云冈研究院、山西大学云冈学研究院及北京大学宗教考古研究所共同主办。会上，中国社会科学院考古研究所研究员刘建国介绍多视角三维重建技术在佛教石窟及造像等方面的应用；浙江省文物考古研究所所长方向明谈数字化时代背景下传统绘图的价值与优点；浙江大学教授李志荣和清华大学高级工程师吕宁都拥有丰富的数字化石窟测绘经验。与会专家以及线上线下的听众围绕数字绘图与传统绘图的关系、石窟测绘的方法等问题展开讨论。（宣 林）

【云冈研究院三项课题通过验收】 2021 年 12 月，省文物局文物科技项目验收会在云冈研究院举行。此次验收会受省文物局科技处委托，由云冈研究院组织相关专家对该院的三项课题开展结项验收。此次验收课题包括《关于数字文物资源知识产权立法研究》《网上展览基础标准制定》《山西省石质文物现状调查及评估管理系统研究》，评审专家组分别听取项目负责人的成果汇报，并对各课题的实施情况质询与核实，提出存在的问题与改善建议。《关于数字文物资源知识产权立法研究》项目把数字文物资源纳入知识产权保护范围，为进入市场、输出和分发参与到社会其他各经济文化领域建立规则，使国家文物资源在全国和全球的共享利用有良法可循，同时填补数字文物资源相关知识产权立法研究空白；《网上展览基础标准制定》项目把广泛应用于文物博物馆的网上展览展示，其相关成果作为各类线上虚拟展示的示范和验证；《山西省石质文物现状调查及评估管理系统研究》项目山西省首次单独对石窟寺这一类型的文物建立保护管理系统。最终，以上三项科研课题均通过验收评审。（宣 林）

恒山风景名胜区

【概况】 2021 年，恒山风景名胜区接待游客数量 121.6 万人次，比上年同期减少 9.9%，门票收入 3592.5 万元，同比增长 19.8%。（梁国祥）

【景区建设】 2021 年，恒山风景名胜区管理委员会按照恒山创建国家级 AAAAA 旅游景区工作要求，投资 919.7 万元完成恒山景区岳门湾景区旅游厕所建设工程、恒山和悬空寺景区绿化及山坡治理工程、悬空寺景区基础设施维修改造工程、恒山景区基础设施维修改造工程等。恒山景区岳门湾旅游厕所建设工程总建筑面积 268.4 平方米，建设内容包括拆除原有旱厕 1 座，改建水冲旅游厕所 1 座，建设有男女卫生间、第三卫生间、母婴室、工具室、管理室、盥洗区和大厅等功能房间及相关配套设施等工程，其中男女卫生间共设蹲位30个。工程总投资349.7万元。恒山和悬空寺景区绿化及山坡治理工程投资195.7万元完成整理绿化用地1800平方米、铺种草皮1600平方米，栽植乔木（带土球）1500株、杨树98株、云杉77株、金叶榆球22株、花卉1万株，砌石挡土墙178立方米，安装高1.5米的铁艺栏杆57米，清理荒坡石渣和杂草等配套项目。悬空寺景区基础设施维修改造工程投资150.1万元完成悬空寺管理用房修缮改造工程、悬空寺景区艺术墙建设工程、悬空寺VR体验中心工程、悬空寺景区房屋建设工程。恒山景区基础设施维修改造工程投资199.6万元完成恒山崇灵门前广场、青龙殿和白虎殿周边地面维修，整治天峰岭管理处办公区环境，维修恒山二将军古树挡墙，维修恒山管理房屋顶、抢修供电线路、治理恒山九天宫西侧环境、维修恒山会仙府西侧滑坡治理及恒山姑嫂崖挡墙等。恒山景区票务系统完善项目投资24.6万元完善恒山景区票务系统，购买财政电子发票系统设备及服务，增配1台可支持10万人脸库比对的人脸识别服务器，增加云服务器使用的带宽到50M等设施。（梁国祥）

【景区安全管理】 2021年，恒山风景名胜区管理委员会落实“谁主管，谁负责”的原则，建立安全责任制，逐级签订安全责任书，层层负责，形成整体安全责任意识，落到实处。安全巡查方面，各管理处、所、公司定期检查辖区的消防、安防设施、摊点摊位等重点区域，发现设施损坏按时维修或更换，处理不安全因素和安全隐患。在安全监控方面，设置专人负责监控室及监控监测设备的监视工作，发现异常情况逐级上报、处理，并做好记录工作。安全警示标识方面，在景区售票口、紧急出口、疏散通道处、庙宇殿堂狭窄处、危岩路段等重要地段都设置“安全警示标识”。安全监督与检查方面，以强化防火、防汛、防盗、防破坏为重点，实行分片包干，责任到人的管理模式，坚持昼夜值班制度。（梁国祥）

【景区合作项目】 2021年，恒山风景名胜区管理委员会以核心景区为依托，合理布局整合景区资源：与恒中旅游客运有限公司达成浑源汽车站—悬空寺—岳门湾—恒宗停车场14.5千米客运项目合作经营协议；在景区投资新建40个旅游购物服务设施，满足游客购物需求；与聆刻互动（北京）网络科技有限公司合作开展自动导览讲解服务功能，达到声、图同步智能化讲解；与河北万点文化发展有限公司和北京智维思创科技有限公司开展文创产品开发和零售；与山西众合科技有限公司签订消费扶贫智能专柜合作项目，助力扶贫；与深圳市前海打望科技有限公司签订安装智能望远镜的合作项目合同；与之间故事（北京）文化发展有限公司开展文创雪糕开发、销售；与成都千域互联科技有限公司签订景区AI小视频制作的合作经营合同；与大同市平城区忆图摄影中心合作实施悬空寺景区摄影项目；与大同诚久汇商贸有限公司合作实施小食品自动售卖机项目。（梁国祥）

【恒山探奇专题在央视《地理·中国》栏目播出】 2021年11月4日、5日，中央电视台科教频道《地理·中国》栏目以《探奇北岳》为题，分上、下两期探索北岳恒山的自然奇景及这座雄奇山岳的人文盛景，每期节目时长近30分钟。该节目，上期主要讲述恒山上的建筑为什么要悬在半空，提到“特殊的地质背景，造就恒山万仞绝壁的雄奇样貌，同时也给在山中修建庙宇楼阁带来不小的困难，恒山庙宇群大部分都修在半山腰的凹形崖壁当中，隐匿在群山峻岭之间，凌空而置。所以，除山体陡峻，恒山的奇主要就奇在这些建筑上”。下期则介绍恒山历史文化底蕴深厚，周围遗留下很多的古建筑，仅在浑源县城里各式古建筑就有几十处。（梁国祥）

华严寺景区

【概况】 2021年，华严寺景区接待讲解服务6065批次，同比增长13.9%。全年上缴门票收入716.6万元，比上年377.2元增长90%，接待游客29.2万人，同比下降31.2%。其中，购票人数17.2万人，同比增长96.1%；免费人数12万人，同比下降64.4%。根据市委编办文件，原大同市关帝庙文物管理所、山西彩塑壁画研究保护中心改革并入大同市辽金文化艺术博物院。全年邀请古建、历史、考古、安全等方面专家，业务培训全院职工20场。作为大同市青少年历史文化教育基地，为传承和弘扬辽金历史文化，发挥博物馆社会教育功能，大同市辽金文化艺术博物院与大同第一职业中学、大同会计学校、大同大学等在校学生联合开展教学实践活动，培训在校学生120余人。（纪新宇）

【景区安全管理】 2021年，大同市辽金文化艺术博物院累计消防检查30余次，新增疏散地标指示2处；更换全部灭火器370具，累计保养消防井12次，检查泵房管道12次，处理管道漏水3次；更换消防水带5条，快接接口5套，累计消防维保12次；配合各级消防检查16次。加强用火、用电管理。不定期检查电力系统，发现并处理问题9次，除尘8次，处理各处各类电力、电路故障，维修各办公区域电线、开关、电器等，处理次数累计20余次；更换、改造线路466米，电缆185米，增设配电柜3个；增设防汛抽水泵1台，防汛设备、装备50余件。每月组织警卫队人员开展消防培训与消防训练，警卫体能训练、消防技能训练、实战演练累计15次；与大同市消防支队联合开展消防演练2次；消防安全警示教育培训2次；物业人员每月定期消防培训1次，消防演练2次，开展如何使用灭火器培训1次；现场观摩消防西街中队学习室1次；开展防汛、防震演练1次。（纪新宇）

【文物工程与日常修缮维护】 2021年，大同市辽金文化艺术博物院实施华严寺辽金文化陈列馆修建及续建工程项目室外环境工程、宝塔院、藏珍阁以及卫生间装修工程的结算核对工作。完成华严寺景区内排水系统及路面铺装维护、维修工程。完成华严寺游客服务中心台明和售票窗口的整改工作、华严寺部分古建筑木柱抱箍更换工作等。

完成华严寺古建筑油饰彩绘维修养护项目，维修华严寺景区内所有古建筑的博缝板，以及部分楼阁平座栏杆的油饰。完成华严寺景区旅游厕所的升级改造项目。（纪新宇）

【文物保护与研究】 2021年，大同市辽金文化艺术博物院完成国家文物局《大同华严寺薄伽教藏殿辽塑保护修复研究设计》课题。组织《大同华严寺薄伽教藏殿辽塑保护前期研究》项目，完成文本方案上报。完成《大同华严寺石碑数字化保护》课题的验收结项工作。《大同华严寺古建筑及附属文物数字化保护》《大同关帝庙大殿及附属文物数字化保护》两项省文物局立项科保项目，经专家评定，通过实施方案。编制《大同华严寺保护规划编制项目》。完成市文物局《大同市塑像壁画现状调查与研究》文物课题结项工作。编撰“游山西读历史”大同华严寺系列文化丛书《华严碑碣》《华严平綦》《华严揽胜》。完成华严寺文物保护气象站及各大殿内温湿度数据的采集工作，定期整理、汇总、收录，形成华严寺文物保护环境监测报告，定期检查相关设备的运行情况。完成大同市辽金文化艺术博物院彩塑壁画保护修复室空间改造项目。完成华严寺等工程相关资料手续以及工程结算资料，图纸整理、扫描、归档、录入、标号。（纪新宇）

【文物利用宣传】 2021年，大同市辽金文化艺术博物院主办“游山西读历史系列活动之‘西京故事’展”。利用微动画形式勾勒出辽西京社会发展全景图，解读历史文化。利用微信、微博、网站等自媒体平台发布原创内容，微信发布原创内容140篇，阅读量约16.6万次；微博发布原创图文内容26篇，阅读量约13.2万次。与携程网合作开展华严寺专场直播活动，直播观看人数80万人次。与网易《梦幻西游》合作，开展跟着文物打卡山西活动，把景区文物及内涵植入游戏中，日均参与人数超100万人。在太原南站及云冈石窟等游客密集区发布华严寺景区户外广告，宣传提升景区知名度。（纪新宇）

【基础设施建设】 2021年，大同市辽金文化艺术博物院根据《大同市2021年创建全国文明城市任务分解表》，设计制作景观小品2组，完善公益广告30余块，完善相关指示牌20余块，增加完善景区内无障碍通道，提质升级华严寺景区母婴室，按照标准设置婴儿床、婴儿整理台、婴儿座椅、分类垃圾桶、冷热水、纸尿裤、湿纸巾、休息沙发、床、洗手盆等设备。升级改造华严寺游客服务中心，增加自动物品存放储物柜1组，增加电子宣传彩屏，完善游客服务中心的服务功能。（纪新宇）

旅游推介

【江浙沪宣传推广活动】 2021年，大同市推出A级旅游景区江浙沪游客免门票活动。组织云冈研究院、大同云冈机场等单位到江浙沪开展重点旅游企业对接活动。组织恒山风景名胜区到江、浙、沪三地开展进商场、进公园、进社区文化旅游推介活动。（王少峰）

【媒体推介】 2021年，大同长城频频亮相国家级媒体。央视《直播长城》，灵丘平型关景区入选全国“红色长城团结统一 众志成城”主题板块。李二口段、镇川口段、摩天岭段等处重要点段入选主题展示画面。《中国旅游报》客户端推出《大同长城》专题展示小视频。中国旅游新闻网，推送国庆假日长城国家文化公园专题报道，大同市长城旅游直通车、新荣区长城活动再次入选。专题宣传报道大同市第二届古长城公路自行车公开赛。“大同寻珍”系列节目入选央视《跟着书本去旅行》栏目。央视科教频道、央视频、央视网等平台宣传推广云冈石窟、悬空寺华严寺、古城墙、北魏明堂遗址公园等。“游山西·读历史：山河春意”春季主题活动，恒山、华严寺、守口堡等景区春季赏花和主题游玩活动上榜新媒体宣传。（王少峰）

【旅游项目推介】 2021年，大同市推荐天镇县李二口村为全省乡村振兴文旅项目扶持村。组织《天下大同》《云冈乐舞》两部舞台剧申报文化和旅游部2021年“一带一路”文化产业和旅游产业国际合作项目。组织开源一号文化创意产业园申报国家级夜间文化和旅游消费集聚区。组织开源一号文化创意产业园和晋华宫国家矿山公园申报2021年开发性金融支持文化和旅游领域重点项目。（王少峰）

【“大同旅游”抖音号直播上线】 2021年2月，由市旅游集散中心运营的“大同旅游”抖音号直播线上。每周一至周五16时至17时，在抖音平台搜索“大同旅游”可进入直播间，有大同故事、大同美食、大同名人、互动抽奖等内容。每日直播主题都与大同的历史及民俗特色相关，如“城墙上雁塔的故事”“九龙壁的由来”“鼓楼的故事”“游龙戏凤的故事”等。（王少峰）

【《云中古韵 天下大同》登陆香港卫视】 2021年6月12日，《美丽中华行》栏目“游山西·读历史”系列节目“大同篇”——《云中古韵 天下大同》在香港卫视播出，带观众一起走进大同，追寻辉煌印记、感受城市魅力。《美丽中华行》栏目是由发现之旅频道和香港卫视推出的一档以“倡导生态文明，建设美丽中国”为宗旨的大型固定人文旅游纪实类节目，着重向世界展示包括“旅游资源、自然风光、历史文化、民俗风情、休闲农业和社会发展”等在内的中国全景式图画，彰显既有传承又具时代感的国家旅游形象。栏目由故事、现实场景、图片、文史影像资料、情景再现、专家学者采访、当事人讲述等文化元素和纪实手法组合而成，每期时长30分钟。（王少峰）

【油菜花盛开带火古长城沿线游】 2021年，为打造长城边塞风光，挖掘边关文化内涵和油菜生产潜力，促进长城旅游沿线农文旅融合，优化边塞峪口农业生产结构，市委、市政府投入800万元补贴资金，在长城旅游公路沿线打造4万亩油菜花特色景观农业观光带。重点围绕天镇县李二口、阳高镇边堡、新荣得胜堡、左云管家堡等长城沿线重要旅游景区周边布局，项目涉及5个县（区）。8月，古长城旅游公路沿线的4万亩油菜花进入盛花期，蓝天白云下遍地金黄，与长城古堡遥相辉映，吸引大批市民及周边省市游客流连忘返，不仅带火古长城沿线旅游，也拓宽当地农民的增收渠道。（王少峰）

【大同长城八景评选揭晓】 2021年11月12日，“华联农业杯”大同长城八景评选颁奖仪式在市博物馆举办。经过多方层层评选，最终得胜开元、守口杏韵、摩岭四绝、云冈梵境、李二“错”墙、红色平型、新平闻边、镇川台墩被授予“大同长城八景”称号。此次活动由市文旅局、市文物局、大同日报社、大同长城学会主办，市旅游集散中心协办，华联农业发展有限公司冠名。此次评选通过媒体推荐、学者评议、实地踏访、网络投票、专家把脉等环节评选揭晓大同长城八景。颁奖仪式上还揭晓10位幸运读者、10佳推荐作品、10佳组织奖等获奖名单。（王少峰）

旅游活动

【概况】 2021年，大同市组织“春满古都·又见平城”2021群众文化系列活动、“金秋平城 礼赞祖国”庆“两节”文化活动。举办大同长城文化旅游季·天镇李二口长城文化节，呈现长城文化的沧桑厚重，展现长城脚下李二口村脱贫前后的变迁，系统推介天镇县文旅项目优势。开启2021阳高杏花节暨长城文化旅游季系列活动，挖掘守口堡“杏花、古长城、长城人家”文旅资源，打造文化旅游活动特色项目，宣传阳高特色农产品品牌，推进长城国家文化公园建设。第六届成龙国家动作电影周在大同举行，扩大大同作为旅游城市的影响力。组织开展第十二届中博会“游山西·读历史”文化旅游体验活动，通过艺术的形式讲述大同故事。（王少峰）

【“游山西·读历史”文化旅游体验活动】 2021年5月23日，第十二届中国中部投资贸易博览会大同分会场“游山西·读历史”文化旅游体验活动在云冈石窟景区举行。来自全国各地的与会嘉宾和国际友人齐聚云冈，感悟殷殷嘱托，感受历史脉搏，开启文化之旅。活动由大同市政府主办，是第十二届中国中部投资贸易博览会大同分会场的核心活动之一，主题为“践行领袖嘱托，游山西·读历史，美丽大同欢迎您”，分为大同推介和旅游体验两个环节。推介环节分为殷殷关怀、历史足迹、践行嘱托和面向未来4部分。活动节目有《云冈六臂神舞》《风雨冯太后》《天下有奇观》《昭君琵琶情》《木兰辞》《仰望平型关》《黄花情》《幸福大同》等，活动现场发布《中国大同旅游发展指数2021年第一季度运行报告》。（王少峰）

【“清凉古都 消夏大同”大同市首届全域旅游季启动】 2021年7月23日，“清凉古都 消夏大同”大同市首届全域旅游季启动暨精品线路发车仪式在和阳门外广场举行。“清凉古都 消夏大同”大同市首届全域旅游季由市委宣传部、市文旅局主办，为期3个月，活动以“清凉古都 消夏大同”为主题，开展“五大征集评选”，通过绘画、美文、影像、视频、文创5种形式发掘展示大同魅力；组织“八大宣传推介”，引导游客赏美景、品文化，吃美食、看大戏，观长城、访红色，游乡村、玩全域；打造“八条精品旅游线路”，把10个县（区）54个景点景区串珠成链；开通长城文化、红色旅游、乡村振兴3条旅游直通车，打通直达景区“最后一公里”；举办展演、会展、体验、赛事和演艺等22项文化活动。活动中，大同市为“清凉古都 消夏大同”全域旅游联盟会员单位、大同旅游特色美食体验店授匾。（王少峰）

【“清凉古都 消夏大同”全域旅游季采风活动】 2021年8月3日，省美术家、摄影家协会的60余位艺术家到“清凉古都 消夏大同”大同市全域旅游季画家、摄影家采风创作行活动的最后一站——云冈石窟，欣赏石窟艺术、感悟交融历史，开启采风创作的收官之旅。此次活动由市委宣传部、市文旅局、市文联主办，是“清凉古都 消夏大同”大同市全域旅游季宣传推广活动中的“绘画大同”“影像大同”活动。活动现场，艺术家们跟随讲解员到云冈石窟，参观宏伟建筑，欣赏精美雕刻，聆听生动故事，讨论造像风格，感悟交融历史，寻找创作灵感与素材。（王少峰）

旅游景区品牌建设

【两景区入列国家AAAA级旅游景区】 2021年，省文旅厅确定13家国家AAAA级旅游景区，其中大同市灵丘县平型关大捷景区、天镇县李二口长城景区入列国家AAAA级旅游景区。平型关大捷景区位于灵丘县城西南的东河南镇与白崖台乡，是全国重点文物保护单位、全国爱国主义教育示范基地、全国100个红色旅游经典景区和30条红色旅游精品线路之一。景区内有平型关大捷纪念馆、乔沟主战场、平型关关口等历史遗存13处。李二口长城是明代大同镇长城的一部分，其北临二郎山和桦门古堡，南望慈云古寺和洋河水域，南北为镇宁古堡与新平古堡之孔道，以“奇、伟、雄、绝”而闻名。该段长城是全省保存最完整、建造最奇伟、最具观赏价值的一段土长城。截至2021年底，大同市有国家AAAA级旅游景区7处，分别为北岳恒山、晋华宫国家矿山公园、华严寺景区、善化寺景区、大同城墙、方特欢乐世界、魏都水世界。（王少峰）

【两度假区晋升省级旅游度假区】 2021年，省文旅厅评定8家省级旅游度假区，大同市灵丘县唐河大峡谷旅游度假区和天镇县神泉古域旅游度假区入列其中。有“塞上十里风光画廊”之称的唐河大峡谷，位于灵丘县城东南峪门口至红石塄乡白沙口一带，景区内有众多文物古迹，有许多自然景观。景区依托觉山寺、笔架山、御射台、唐河等资源，以特有的原生态古村落、田园、峡谷、山地等为载体，打造面向京津冀地区消费群体的旅游休闲度假胜地。神泉古域旅游度假区是大同市生态资源和文化资源富集的代表性地区，是大同市重点支持建设的康养文化旅游项目，依托地下温泉水资源得天独厚的养生优势，打造综合性养

生度假基地。（王少峰）

【大同方特欢乐世界入选主题公园型景区】 2021年3月，由迈点研究院独家发布的“2020年主题公园型景区品牌100强榜单”出炉，大同方特欢乐世界位列其中，是山西省唯一上榜景区。主题公园型景区是指为满足旅游者多样化休闲娱乐需求与选择而建造的一种具有创意性游园线索和策划性活动方式的现代旅游目的地。迈点品牌影响力指数旨在通过数据从潜在用户关注、媒体舆论聚焦、网络口碑评价、运营能力展现4个方面解读各主题景区在互联网及移动互联网领域的影响力，为景区制定战略方案提升品牌发展赋能。大同方特欢乐世界是高科技主题乐园，以科幻和互动体验为最大特色，有26个主题项目区，涉及主题项目、游乐项目、休闲及景观项目等200余项，其中绝大多数项目老少皆宜。（王少峰）

【六景区入列“全国AAAA级景区品牌500强榜单”】 2021年4月，根据迈点品牌指数MBI的2838个全国AAAA级景区数据汇总统计，主要从搜索指数、舆情指数、运营指数、媒体指数4个维度，解读景区在互联网和移动互联网的影响力全国AAAA级景区品牌500强，大同城墙、华严寺、悬空寺景区、恒山风景名胜区4家景区位列其中。大同城墙是中国现存较为完整的一座古代城垣建筑。华严寺是中国现存年代较早、保存较完整的一座辽金寺庙建筑群，是古代佛教建筑瑰宝。悬空寺是国内现存最早、保存最完好的高空木构摩崖建筑，是奇、悬、巧的艺术融合。北岳恒山是中国北方著名的风景游览胜地，是中华锦绣山河的杰出代表。

11月，“2021年10月全国AAAA级景区品牌500强榜单”发布，大同方特欢乐世界与善化寺两景区入列其中。此次发布由迈点研究院独家发布的此次榜单，是根据10月迈点品牌指数MBI的2849个全国AAAA景区数据汇总统计而成，主要从搜索指数、点评指数、运营指数、媒体指数4个维度，分析品牌在互联网和移动互联网的影响力。（王少峰）

旅游线路建设

【大同旅游线路入选“游山西·读历史”全国旅游线路】 2021年3月，“游山西·读历史”全国旅游线路产品定向邀请赛优秀作品出炉。此次活动由省文化和旅游厅指导，以“游山西·读历史”为主题，邀请国内产品专家、高端定制旅游设计师、研学旅行设计专家组成资源考察团，围绕“九游九读”和黄河、长城、太行三大板块，分别到山西各地实地勘察，并以精品文旅线路主题产品设计方式呈现。在大赛征集的47条旅游产品线路中，专家评委从客群细分、主题创新、产品包装、市场落地4个维度评审，产生21条优秀线路产品，其中涉及大同市多条旅游线路和多个景区景点。晋行记设计的长城内外“天下大同”青少年研学游，可畅享大同长城；耳朵里的博物馆设计的亲子研学线路“大同古都中国史”；DBT旅行设计的“帝都娃云游凤凰城”等线路。此外游侠客设计的“晋地宝藏 古建之光”、山原猫设计的“重走梁思成林徽因之路”山西古建之旅、大连乐森国旅设计的“晋北佛教艺术访古记”、安徽可乐国旅设计的“太原平遥大同古今之路”、山西太原四季风旅游设计的“巍巍太行斑斑遗迹 塞外古都雄起世界 探究山西历史之行”等按照目标客群定制设计线路均涉及大同。（王少峰）

【大同一条线路入选全国乡村旅游学习体验线路】 2021年5月，为丰富乡村旅游产品供给，文化和旅游部联合国家发展改革委推出乡村旅游学习体验线路300条，让游客在体验脱贫成就的同时，助力乡村振兴。其中，涉及山西的线路有10条，“大同古堡山峦田园之旅”线路位列其中。“大同古堡山峦田园之旅”线路为云冈区高山镇高山村—新荣区堡子湾乡得胜堡村—阳高县下深井乡大泉山村—天镇县新平堡—云州区大同火山群—浑源县永安镇神溪村—广灵县壶泉镇涧西村—灵丘县红石塄乡下车河村。（王少峰）

【八条全域旅游精品线路开通】 2021年7月9日，为提升“游山西·读历史”文旅品牌形象，大同市把打造8条全域旅游精品线路并开通全域旅游直通车，此次全域旅游精品线路直通车由市旅游集散中心负责落地运营，解决自由行及跟团游客直达景区“最后一公里”问题，实现“城景通”“景景通”。8条线路包括长城历史文化全域旅游线路，涵盖天镇县李二口长城、阳高县守口堡、新荣区得胜堡、左云县摩天岭长城、大同古城等地；红色历史文化全域旅游线路，涵盖灵丘县平型关大捷遗址、阳高县大泉山红色教育基地、大同红色记忆馆等地；美丽乡村休闲全域旅游线路，有云州区有机黄花种植基地、浑源县古城、灵丘县花塔等地；古都文化全域旅游线路，有大同古城墙、文庙、关帝庙、九龙壁等地；古建文化全域旅游线路，包含云冈石窟、华严寺、九龙壁、悬空寺等景区景点；民族融合历史全域旅游线路，有云冈石窟、方山永固陵、大同市博物馆等地；史前人类进化史全域旅游线路，有桑干河国家湿地公园、壶流河湿地、许家窑古人类遗址等地；地质构造运动史全域旅游线路，有北岳恒山、大同火山群国家地质公园、大同土林、晋华宫矿国家矿山公园等。（王少峰）

【大同多个景区景点入列省秋游山西路线】 2021年9月，山西省文化和旅游厅通过微信平台推出森林康养路线、乡村康养路线与温泉康养路线等秋游山西路线，大同多个景区景点和特色乡村入列。此次推出的秋游山西路线有9条，根据不同特色设置相应主题，分为晋北线、中西部线、晋东南线。在森林康养路线的晋北线中，游客游览可走恒山（大同）—云中山—芦芽山—五台山—禹王洞国家森林公园。在乡村康养路线中，晋北线游览景点有岢岚宋家沟村—宁武悬空村—河曲娘娘滩—偏关老牛湾村—右玉—灵丘上下北泉村—浑源神溪村—大同黄花小镇。在温泉康养路线的晋北线中，推荐的景点有大同汤头温泉小镇—朔州桑干河温泉度假村—忻州神汤都温泉乐活园—忻州顿村温泉度假村—忻州奇村温泉。（王少峰）

经贸合作

对外贸易

【概况】 2021年，大同市外贸进出口总值69.7亿元，同比增长74.9%。全年全市外贸进出口总值居全省第三，增速排名全省第一。全市新设外商投资企业10家，实际利用外资部口径5098万美元，同比增长71.1%，占目标任务101.9%，全省排名第二；省口径9080万美元，同比增长84.3%。2021年，大同市出台《大同市推进外贸高质量发展行动方案（2021—2025）》，推进市级出口信用保险政策连续性和稳定性；落实各项稳外贸政策，帮助企业落实国家、省级各类外经贸发展专项资金，促进企业转型升级。山西北肉进出口平台达成5万吨货值20亿元的进口冻肉相关协议，举办晋北肉类平台境内外集采集供大会，北肉平台进口肉类实现常态化运营，每月实现5000万元至2亿元贸易额。大同市中银纺织科技有限公司于全年实现首次自营进口，共进口羊毛价值2279万元。为扶持企业发展，市商务局为中银纺织科技有限公司向商务部增加进口羊毛关税配额8016吨。 （毛鹏飞）

【外贸主体培育】 2021年，大同市商务局推进跨境电子商务综合试验区建设，全年跨境电商贸易额1.1亿元；实施外贸主体培育行动计划，以市委、市政府印发《大同市外贸高质量发展行动方案（2021—2025年）》，全年新增有进出口实绩企业25家；为中银纺织向商务部落实进口羊毛关税配额9922吨，实现中银纺织自营进口2279万元；发挥展会平台作用，组织2家企业参加第129届线上广交会、6家企业参加第130届线上广交会、4家企业参加第二届中东欧博览会、106家单位367人参加第四届进博会，举办全市开发区到上海商务座谈会，达成多项合作签约；加大企业政策扶持力度，为市外贸企业落实中央、省级外经贸发展专项扶持资金1812.4万元；推动大同国际陆港保税物流中心（B型）验收通过并正式运营，全年完成保税进出口98399万元，在全国85个保税物流中心排名第29；优化外贸营商环境，在全省营商环境评比中跨境贸易指标位居全省第一。 （毛鹏飞）

【组织企业参加展销会】 2021年，大同市商务局拓展外贸发展空间，贯彻落实省商务厅“千企百展”活动有关通知，组织2家企业参加第129届线上广交会，6家企业参加第130届广交会，支持企业在新冠肺炎疫情期间通过线上参展获取出口订单。组织山西宜发同诚农业发展有限公司参加在海口市举办的首届中国国际消费品博览会，推介“大同黄花”。打造北肉出口平台，组织大同国际陆港在第20届中国国际食品展上与6家进口肉供应商签订5万吨进口冻肉协议，货值20亿元，9月6日，晋北肉类平台境内外集采集供大会在大同举行，提升北肉进出口平台的国际影响力和招商引资效应。大同市推荐市唐情结飞天创意商贸有限责任公司参加第二届中东欧博览会，组织3家企业以采购商身份参会，展会期间，组织3场调研对接活动，集中学习宁波跨境电商经验。组织106家单位参加第四届进博会，有3家企业现场采购签约，成交金额2200万美元；举办全市开发区上海商务座谈会、大同市（长三角）招商引资对接会，借助进博会平台推介大同。 （毛鹏飞）

【外资利用】 2021年，大同市商务局落实《山西省人民政府关于进一步做好重点领域利用外资工作的实施意见》《山西省商务厅关于做好山西省鼓励外商直接投资奖励资金申报工作的通知》，引导大同秦数信息技术有限公司和山西秦数智造管理咨询有限公司等外资企业用好用足省级利用外资扶持政策，落实扶持资金360.8万元。对接联系中国贸促会商事认证中心、中贸促商事服务有限公司，在宣传推介、企业考察对接、项目推动落地等方面开展务实合作。结合产业发展需求招引外资，全年引进山西秦风绿能管理咨询有限公司、山西秦云企业管理有限公司、京数（大同）科技发展有限公司等7家商务服务业和信息技术服务业外资企业，累计投资总额10.2亿美元。 （毛鹏飞）

【跨境电商综试区建设】 2021年，大同市跨境电商综试区建设取得阶段性成果，跨境电商公共服务平台建成运营，有8家跨境电商企业在海关备案并开展跨境电商“9610”“9710”“9810”业务，合计完成跨境电商贸易额1.3亿元，主要出口产品是天线、亚克力洗脸盆、箱包配件、塑料产品、五金工具、衣物、日用品、机械零件等，培育2家市级跨境电商示范园区和3家市级跨境电

商示范企业，在法国和日本建设海外仓，初步形成跨境电商可持续发展生态链。（毛鹏飞）

【华远国际陆港（大同）集团】 2021年，华远国际陆港（大同）集团有限公司（简称“大同公司”）拥有保税物流中心（B型）、山西唯一指定进口肉类查验场、国家级杂粮检疫检测重点实验室、电子口岸“单一窗口”、山西北肉冷链食品加工产业园等。全年营收约21亿元，利润总额约3048万元。全年进出口额约12.6亿元。其中，进口约7.8亿元（包括进口冻品、坚果、电子元件），出口约4.9亿元（出口电子元件）。国内贸易销售收入约16.4亿元，包括煤炭、冻肉、干果、水产、电解铜等销售业务。大同国际陆港平台驻港企业（含大同公司）进出口贸易额约41.3亿元，进口约22.3亿元，出口约19.1亿元。保税物流中心（B型）进出口吞吐货物货值约9.8亿元。山西北肉冷链加工产业园项目投资约4亿元，项目建设完工。“一带一路”中欧商务区项目完成投资约10.1亿元，开工的二期项目完成勘察、初步设计等前期工作。第四届中国国际进口博览会期间，华远陆港大同集团与荷兰PALI GELDROP B.V.公司签约1000万美元冻品采购协议，与玻利维亚FRIGORIFICO BFC S.A.公司签订1600万美元牛肉采购协议，并与众多进口冻品供应商达成初步合作意向。2021年，大同公司被评为大同市城市绿色货运配送示范工程货物枢纽、大同市农业产业化市级龙头企业、中国肉类协会的理事单位、畜产品流通协会会员单位、RCEP肉类产业合作对接基地等。

三方协议签署　9月1日，大同公司与股东方签订三方《增资协议》，10月18日完成工商变更登记，增资后注册资本金10.4亿元，拥有保税物流中心（B型）、进口肉类指定查验场和国家杂粮检疫检测重点实验室等陆港资源的运营资格。

大同国际陆港　3月3日，大同国际陆港保税物流中心（B型）国内地区代码和海关统计经济区划代码获海关总署批复。6月10日，首单货物出口业务办结，实现当地企业在“家门口”办理保税物流进出口业务，标志着大同陆港同天津港陆海联运物流通道正式建立。截至12月17日，大同国际陆港平台累计进出口贸易额35.9亿元，超额完成省商务厅下达的30亿元进出口贸易指标，完成比例120%。

山西“北肉”项目建设　2021年，山西“北肉”项目是省级重点工程，也是大同国际陆港的升级扩能项目。大同公司抢抓建设工期，强化安全生产，项目从破土动工到建设完成历时10个月。9月6日，首届晋北肉类交易大会在“北肉”项目肉类交易中心举办，吸引大批国内外肉类企业、专家，提升“北肉”项目知名度和影响力。大同公司抢抓中国—东盟RCEP区域开放新发展机遇，推动“RCEP肉类产业合作对接基地”首次落户山西大同，拓宽国际合作渠道，促进国际化业务的发展。

外贸业务拓展　2021年，大同公司参与各类专业性展会，了解肉类贸易行情，拓宽企业进出口渠道，在第22届中食展期间与北京首农食品集团有限公司等进口肉供应商签订5万吨进口冻肉协议；在首届晋北肉类交易大会期间与辽宁百广和等6家进口肉供应商签订6万吨进口冻肉协议；在第18届中国—东盟博览会期间与新加坡、柬埔寨等东盟供应商签订价值1亿美元的坚果采购合同；在第四届中国国际进口博览会期间与荷兰、玻利维亚供应商签约2600万美元冻品采购协议。

物流枢纽申报　8月9日，由大同公司为运营主体的“大同陆港型国家物流枢纽”建设方案通过山西省级专家评审（综合打分86分，位列第一），报送国家发改委。10月11日，国家发改委组织召开专家评审视频答辩会，大同公司作为汇报答辩单位作陈述发言。推进粮食口岸和木材口岸申报工作。（高攀伟）

【跨国公司山西行—大同推介对接交流会】 2021年5月23日，作为第十二届中国中部投资贸易博览会的一项主要内容，跨国公司山西行——大同推介对接交流会在大同未来能源馆举行。宝洁、柯迪华、英特尔、三星、强生、GE医疗集团等企业、跨国公司代表与大同市交流对接，共话发展机遇、共谋合作愿景。省委常委、市委书记张吉福，商务部外资司副司长朱冰出席并讲话。市委副书记、市长张强，中国外商投资企业协会常务副会长曹宏瑛，省商务厅副厅长张效生，商务部投资促进局副主任曾旭辉等出席。副市长赵学斌主持会议。会上，大同经济技术开发区、新荣经济技术开发区招商推介高端装备制造、通用航空、信息技术、新能源、新材料、生物技术、医药研发、现代物流、康养等合作项目和领域，介绍区位和基础设施、营商环境和要素、政策和公共服务平台等优势。先进医疗技术协会副会长兼中国区执行会长焦玲、GE医疗集团大中华区副总裁徐俊等跨国公司代表分别发言。在项目交流对接环节，各县（区）及开发区、市直相关部门负责人与跨国企业开展对接，达成一系列合作意向。

（毛鹏飞）

【首单出口业务通关】 2021年6月10日，一辆满载陶瓷制品的集装箱卡车驶入大同国际陆港保税物流中心（B型），经出口申报、海关查验放行后，完成所有清关流程，随即陆运至天津新港，出口到澳大利亚。首单出口业务办结标志着大同国际陆港保税物流中心正式进入运营阶段。此次货物出口方为应县富彩陶瓷有限公司，使用1个13.3米集装箱装运，集装箱内装有2128套陶瓷餐具，货值41038.5美元。首单出口业务通关，标志着大同陆港同天津港陆海联运物流通道正式建立，是落实华远陆港集团与天津港集团达成战略合作后的实际行动。（高攀伟）

【首单跨境电商出口通关】 2021年8月31日，大同市首单跨境电商B2B直接出口业务通关。该单业务由山西晟同昶众创空间有限公司承办，所发货物为电视天线（薄膜款），共50件，货物价值8.5万日元。该单业务是日本一家企业通过亚马逊平台“企业购”下单采购，8月11日完成海关备案，8月31日把货物从烟台莱

▲ 2021 年 11 月 17 日，山西省口岸办在大同市组织召开大同机场航空口岸对外开放省级预验收工作会议，同意大同机场作为航空口岸通过省级预验收　（王凌云　摄）

山机场发出，中转韩国仁川机场后到达日本大阪机场。此次跨境电商出口业务的海关监管方式代码为“9710”。（毛鹏飞）

【晋北肉类平台境内外集采集供大会】 2021 年 9 月 6 日，由省农业农村厅、省商务厅、太原海关和大同市人民政府、华远国际陆港集团共同主办的“开放合作 共建共赢”2021 晋北肉类平台境内外集采集供大会在大同举行，来自国内外相关行业协会代表、专家和龙头企业负责人参加，研究晋北肉类平台建设新思路，共商畜牧产业经贸合作新愿景。此次大会包括开幕式、集采集供签约仪式、首届中国肉类经贸峰会暨供应链大会（开放式论坛）、畜禽智慧仓储冷链物流专家研讨会（特邀嘉宾封闭论坛）、品鉴会等环节。省委常委、市委书记张吉福致辞。开幕式上，河南伊赛等 6 家国内知名肉制品加工企业，北京德鑫汇丰、太原六味斋等 12 家肉类采销企业，分别与华远国际陆港（大同）达成 10 万平方米入园合作和 6 万吨进口肉采购订单、5 亿元销售订单。（高攀伟）

【口岸通过市级初验收】 2021 年 9 月 18 日，大同市口岸办组织大同机场航空口岸市级初验收，验收组一致认为，大同航空口岸查验基础设施配套完成，联检单位业务用房建成，相关设施设备完成安装调试，航空口岸基础设施设备运行正常，口岸规范安全运行机制及配套管理制度形成，具备开放条件，验收组同意大同航空口岸通过市级初验收。11 月 17 日，山西省口岸办在大同市组织召开大同机场航空口岸对外开放省级预验收工作会议。经过预验收工作组各成员单位审查，同意大同机场作为航空口岸通过省级预验收，并签署预验收纪要。省级预验收组认为，机场生产运营所需审批手续按规定履行，口岸检查基础设施及配套设施较为完善，能够满足查验工作需要，符合《国家口岸查验基础设施建设标准》。查验人员能够承担查验任务，军事设施保护与保密工作落实到位，同意大同机场航空口岸通过省级预验收。（毛鹏飞）

招商引资

【概况】 2021 年，全市签约招商引资项目 198 个，签约项目金额 1165.3 亿元，占年度招商引资签约目标任务 894 亿元的 130.3%。招商引资开工项目 191 个，新开工项目计划投资额 583.9 亿元，占年度目标任务 258 亿元的 226.3%，签约项目当年开工率 96.5%。全市招商引资形成固定资产投资项目到位资金 220.4 亿元，占年度目标任务 90 亿元的 244.9%；非固定资产投资项目到位资金 22 亿元，占年度目标任务 13 亿元的 169.2%，全省综合排名第四。（王振华）

【商会对接联系】 2021 年，大同市促进外来投资局协调相关部门摸底调研大同市异地商会和异地大同市商会情况，经全覆盖式摸底调研，掌握商会情况，并形成商会通讯录。截至 2021 年底，异地大同商会 12 家，大同行业商会 5 家，大同异地商会 4 家，各县（区）商会 6 家。大同市促进外来投资局加强与商协会的对接联系，发挥其桥梁纽带作用，吸引在外的大同籍企业家参与大同市转型发展。（王振华）

【市校合作】 2021 年，大同市促进外来投资局为推动招商引资和招才引智实现新提升，深化与各大高校建立的长效合作机制，开展“共学共建，互帮互促”活动。5 月初，以参加“2021 年中国品牌日”活动为契机，该局领导带队到复旦大学大数据学院拜访学习。通过交流座谈，双方达成建立大数据合作机制项目共识。9 月 8 日，在参加“第二十一届中国国际投资贸易洽谈会”期间，大同市促进外来投资局领导带领招商小分队，到集美大学开展交流学习。（王振华）

【招商方式拓展】 2021 年，大同市促进外来投资局贯彻落实山西省投资促进局《关于印发〈山西省重点发展产业小分队精准招商行动方案〉的通知》要求，围绕《大同市招商引资重点产业指导目录》，组建由局领导、相关业务科室、县（区）投资促进部门参加的招商小分队。市招商小分队随省招商小分队到成都、重庆开展通用航空产业招商活动，与重庆誉存大数据科技有限公司、猪八戒网、沃飞航空等企业对接。第四届进博会期间，大同市促进外来投资局主要领导率局招商小分队到阿里巴巴当地生活公共事务部考察，与饿了么、金划算集团股份有限公司对接，洽谈互联网当地生活服务平台线下服务接口等内容。全年，该局带领多支招商小分队到京津冀、环渤海、长三角、珠三角等经济圈 48 次，对接拜访各类企业、商会、行业协会 77 家，促成市开发区及各县（区）签约项目 59 个，签约总金额294.3亿元，落地开工项目43个，形成有效固定投资46.7亿元，实现税收1.9亿元，创造就业岗位300余个，解决就业600余人次。（王振华）

【招商引资宣传】 2021年，大同市促进外来投资局更新、完善《大同市招商引资指南》，修改调整20余次。《大同市招商引资指南》分9章，系统展示大同最新形象，利用各大展会平台，开展对外宣传，向参会企业发放《大同市招商引资指南》。更新制作新版“中国古都，天下大同”城市形象宣传片，以大同的历史、区位、资源、产业等介绍大同。（王振华）

【参加首届中国国际消费品博览会】 2021年5月7日至10日，首届中国国际消费品博览会在海南国际会展中心举办，该博览会以“开放中国，海南先行”为主题，围绕建设海南国际旅游消费中心定位，集聚全球消费领域资源。大同市促进外来投资局主要领导带队到海南国际会展中心考察并开展招商对接活动，询问参展企业情况，了解参展产品和相关企业。（王振华）

【参加中部投资贸易博览会】 2021年5月21日至23日，第十二届中国中部投资贸易博览会在太原晋阳湖国际会展中心举行。此次中博会山西主会场大同馆有37家企业携127种产品参会，有大同黄花、正北芪、小杂粮等农产品和玄武岩、石墨烯等新材料、医药行业等工业新产品。在中博会大同分会场“中博会·大同云冈数字碳中和峰会”上，有9个项目签约；在海内外晋商晋才助力山西转型发展大会上，有3个项目签约，项目涵盖新能源、新材料、节能环保、大数据等领域。（王振华）

【参加中国兰州投资贸易洽谈会】 2021年7月8日至12日，第二十七届中国兰州投资贸易洽谈会（简称“兰洽会”）在甘肃省兰州市举办。会议期间，大同市促进外来投资局与兰州新融环境能源工程技术有限公司开展招商对接。兰州新融环境能源工程技术有限公司集有机废弃物厌氧发酵工艺、厌氧处理工程、有机废弃物集约化处理、生物质燃气供应、沼气发电、沼液有机肥生产于一体的有机废弃物综合治理全产业链企业。双方对接交换意见，该企业负责人表示到大同开展项目考察调研。（王振华）

【参加北京国际酒店 餐饮及食品饮料博览会】 2021年7月29日至31日，第十一届北京国际酒店、餐饮及食品饮料博览会（HCSA）在中国国际展览中心举行。此次展会设置三大展区，涵盖餐饮食材、配餐调料、餐饮包装等板块。7月30日，大同市促进外来投资局工作人员到国家会展中心参观并开展招商对接活动，询问大同参展企业情况，了解参展产品和相关企业。在展馆与南京小牛智能科技有限公司、华丽环保有限公司等企业对接交流。（王振华）

▲2021年5月21日，第十二届中国中部投资贸易博览会在太原晋阳湖国际会展中心举行。图为观展人员选购大同黄花产品（戎禹仁 摄）

【参加中国国际服务贸易交易会】 2021年9月2日，中国国际服务贸易交易会在北京开幕，该交易会以“数字开启未来，服务促进发展”为主题，中国国家主席习近平在中国国际服务贸易交易会全球服务贸易峰会上发表视频致辞。大同市促进外来投资局领导及会展策划科相关工作人员参加交易行。9月3日，山西—北京服务业协同发展推介对接会在国家会议中心召开，大同市在推介会上发言，推介大同市情及服务业发展情况。（王振华）

【参加中国国际投资贸易洽谈会】 2021年9月8日至11日，第二十一届中国国际投资贸易洽谈会在厦门举行。大同市促进外来投资局组织大同新成新材料股份有限公司、大同市唐情结飞天创意商贸有限公司参展，并开展招商引资配套活动。大同市促进外来投资局招商小分队在山西综合形象展会现场发放宣传册200余本，与北斗天地股份有限公司、合肥万豪能源设备有限公司等企业对接交流。（王振华）

【参加中国国际进口博览会】 2021年11月6日，第四届中国国际进口博览会期间，由大同市人民政府主办，大同市促进外来投资局承办的大同（长三角）招商引资对接会在上海举行，来自大同和长三角地区的政府及50余家企业代表参会。大同市促进外来投资局主要领导率招商小分队到阿里巴巴本地生活公共事务部考察，与饿了么、金划算集团股份有限公司高管对话，洽谈互联网当地生活服务平台线下服务接口等内容。（王振华）

经贸促进

【概况】 2021年，大同市贸促会参与全省“一带一路”实施工作。依托“山西品牌丝路行”和“山西品牌中华行”两个贸易投资促进平台，引导企业参与线上经贸活动。全年办理出证认证816份。其中，办理原产地证732份，办理商事证明书48份，代办领事认证36份。涉及货物出口金额约24063.8万美元，涉及印度、越南、孟加拉国、意大利、巴基斯坦等40余个国家和地区。出口产品主要有阿莫西林、6APA、活性炭、车轴、轮对、氯丁橡胶、农副产品等。主要出口企业有国药集团威奇达药业有限责任公司、山西新宝源制药有限公司、大同煤业金鼎活性炭有限公司、大同市光华活性炭有限公司、大同市同桓农产品有限公司、中车大同电力机车有限公司、天镇通航粮贸有限公司等。原产地证办证量最多的是国药集团威奇达药业有限责任公司，大约占大同贸促会出证量的80%左右，主要出口产品为阿莫西林、6APA，出口地集中在印度及阿拉伯地区。（贾峰涛）

【推荐企业加入商会】 2021年，大同市贸促会推荐大同市8家企业加入山西省国际商会。其中，大同新成新材料股份有限公司和山西东方亮生命科技股份有限公司为副会长级会员单位；大同市国顺贸易有限责任公司、山西省晋鼎铁投物流有限公司、大同市禾能活性炭有限公司、山西八爪鱼进出口贸易有限公司为常务理事级会员单位；天镇通航粮贸有限公司、山西裕隆祥农业发展有限公司、大同市唐情结飞天创意商贸有限责任公司、大同市华建油脂有限责任公司为理事级会员单位。（贾峰涛）

【贸易交流】 2021年3月10日，山西省贸促会副会长李秀生率省贸促会驻外代表处“首席代表园区行”考察团一行16人到大同经济技术开发区考察调研。山西省贸促会驻巴西、捷克、巴基斯坦、尼日利亚、加纳、乌兹别克斯坦、柬埔寨和马里8国首席代表考察大同经济技术开发区创新展示厅，考察调研大同国际陆港、大同高镁科技有限公司、大同同华矿机有限公司3家企业。大同市贸促会聘请山西省贸促会驻柬埔寨首席代表、柬埔寨山西商会会长文波为中国国际贸易促进委员会大同市支会驻柬埔寨代表处首席代表；聘请山西省贸促会驻捷克首席代表、捷克山西商会会长常军为中国国际贸易促进委员会大同市支会驻捷克代表处首席代表。6月17日至18日，中国—东盟商务理事会执行理事长兼RCEP产业合作委员会主席许宁宁、中国驻柬埔寨前大使张金凤等一行到山西省大同市开展商务考察。大同市贸促会党组书记、会长刘红斌等陪同考察山西晋投玄武岩开发有限公司、华远国际陆港（大同）集团有限公司，双方交流RCEP区域开放等事宜。（贾峰涛）

【参加“山西品牌中华行”活动】 2021年9月15日至17日，大同市贸促会组织天镇县老袁农产品有限公司和山西同生润洁生物科技有限公司参加依托2021亚洲国际集约化畜牧展（青岛）举办的“2021年山西品牌中华行青岛特色农业专场”。10月21日至24日，山西品牌中华行（深圳消费品专场）依托第29届深圳国际礼品及家居用品展在深圳举办，大同市贸促会组织山西东方亮生命科技有限公司和山西大同新荣区科蕾农民专业合作社参展。在展会上，山西东方亮生命科技有限公司与深圳瑞琦贸易有限公司签约3000万元杂粮、黄芪意向大单。建立新合作伙伴5家。12月8日，组织中车大同电力机车有限公司、大同新成新材料有限公司参加在湖南株洲举办的山西品牌中华行（株洲轨道交通专场）。（贾峰涛）

【参加“山西品牌丝路行”活动】 2021年9月23日至27日，大同市贸促会组织大同市华建油脂有限公司、大同市平城区天艺昌工艺品厂和大同市大瑞食品有限公司参加在吉林省长春市举办的“第十三届中国—东北亚博览会”，并参加展会期间由山西省贸促会举办的“山西品牌丝路行”日韩看山西活动。展会期间，大同市平城区天艺昌工艺品厂现场销售产品3万元左右，意向客户15个；大同市华建油脂有限公司销售产品5500元，意向客户2个。（贾峰涛）

【商事法律培训】 2021年10月12日至15日，大同市贸促会组织国药威奇达有限公司、大同新成新材料股份有限公司、山西东方亮生命科技股份有限公司、大同跨境电商创业园等9家企业参加由山西省贸促会在太原市山西龙城国际饭店组织的“推动中小企业参与共建‘一带一路’绿色发展专题培训”，培训大数据应用、循环生产、循环经济绿色供应链应用等方面内容。2021年，大同市贸促会组织全市出口企业参加由中国贸促会和山西省贸促会组织的“中国贸促会海外常年法律顾问（美国片区）形势报告会”“英国脱欧海关政策讲座”“中国—巴基斯坦自贸协定原产地证业务培训”“山西外向型企业国际商事认证业务培训”“经贸摩擦应对和法律风险防范”等线上线下业务培训11场。（贾峰涛）

开发园区

综　述

【概况】 2021年，全市有开发区7家。其中，国家级开发区1家：大同经济技术开发区。省级经济技术开发区4家：左云、新荣、云冈、广灵经济技术开发区。特色园区2家：平城、云州现代农业产业示范区。大同市结合实际情况，按照产业布局的需要，推动灵丘县设立经济技术开发区，平城（退出农业示范区）设立生态文化旅游示范区。截至2021年底，全市工业类开发区工业投资68.2亿元，上年同期83.8亿元，同比下降18.6%。其中，大同经济技术开发区工业投资34.1亿元，同比下降46.6%；左云经济技术开发区工业投资9.9亿元，同比增长25.6%；新荣经济技术开发区工业投资5.8亿元，同比增长24.4%；云冈经济技术开发区工业投资12.1亿元，同比增长119.7%；广灵经济技术开发区工业投资6.3亿元，同比增长172.6%。全年全市工业类开发区规模以上工业增加值107.5亿元，上年同期99.6亿元，同比增长7.9%。其中，大同经济技术开发区46.9亿元，同比增长12.1%；左云经济技术开发区1.9亿元，同比增长21.6%；新荣经济技术开发区6.9亿元，同比增长0.1%；云冈经济技术开发区40.8亿元，同比增长3.2%；广灵经济技术开发区11亿元，同比增长12.6%。全年全市工业类开发区转型项目投资62.2亿元，工业投资68.2亿元，占比91.2%。其中，大同经济技术开发区转型项目完成投资30.1亿元，比重88.3%；左云经济技术开发区转型项目投资10.3亿元，比重104.3%；新荣经济技术开发区转型项目投资5.5亿元，比重94.9%；云冈经济技术开发区转型项目投资10.7亿元，比重88.8%；广灵经济技术开发区转型项目投资5.6亿元，比重88%。全年全市工业类开发区高新技术企业46个，上年同期32个，增长37.5%。其中，大同经济技术开发区34个，比上年同期增加9个，增长36%；左云经济技术开发区2个，上年同期为0，实现破零；新荣经济技术开发区5个，比上年同期增加1个，增长25%；云冈经济技术开发区2个，比上年同期增加1个，增长100%；广灵经济技术开发区3个，比上年同期增加1个，增长50%。2021年，大同经济技术开发区利用外资1400万美元。云冈经济技术开发区实际利用外资完成368.2万美元，增长2576%。全年全市工业类开发区“四上”企业224个，上年同期207个，增长8.2%。其中，大同经济技术开发区157个，上年同期154个，增长1.9%；左云经济技术开发区6个，上年同期2个，增长200%；新荣经济技术开发区11个，上年同期9个，增长22.2%；云冈经济技术开发区29个，上年同期24个，增长20.8%；广灵经济技术开发区21个，上年同期18个，增长16.7%。全年，大同经济技术开发区产出强度208.9万元/亩；左云经济技术开发区产出强度138.6万元/亩；新荣经济技术开发区产出强度303.4万元/亩；云冈经济技术开发区产出强度236.5万元/亩；广灵经济技术开发区产出强度423.9万元/亩。大同市5家工业类开发区固定资产投资100.2亿元，上年同期112.6亿元，同比下降11.1%。其中，大同经济技术开发区63.5亿元，同比下降30.7%；左云经济技术开发区11.9亿元，同比增长47.4%；新荣经济技术开发区5.9亿元，同比增长18.7%；云冈经济技术开发区12.5亿元，同比增长117.1%；广灵经济技术开发区6.3亿元，同比增长172.6%。

2021年，全市2家农业示范区新建产业项目完成投资5.5亿元。其中，平城现代农业产业示范区新建产业项目投资2.7亿元；云州现代农业产业示范区新建产业项目投资2.8亿元。2家农业示范区固定资产投资9.4亿元，上年投资5.1亿元，同比增长82.4%。其中，平城现代农业产业示范区固定资产投资5.8亿元，上年同期4.8亿元，同比增长19.8%；云州现代农业产业示范区固定资产投资3.6亿元，上年同期0.3亿元，同比增长1027.3%。平城现代农业产业示范区农林牧渔业增加值增长12%；云州现代农业产业示范区农林牧渔业增加值增长11.7%。平城现代农业产业示范区农产品加工业产值52835万元，农业总产值17874.1万元，比值3；云州现代农业产业示范区农产品加工业产值57412.4万元，农业总产值12215.4万元，比值4.7。平城现代农业产业示范区绿色有机农产品生产面积1236公顷，示范区农作物生产面积2225.8公顷，绿色有机农产品覆盖率55.5%。云州现代农业产业示范区绿色有机农产品生产面积1200公顷，示范区农作物生产面积1863.9公顷，绿色有机农产品覆盖率64.4%。　（李春雨）

2021 年大同市工业类开发区指标完成统计表

表 19-1

考核指标及目标值	工业投资增速（大同 22%、其他 20%）	规模以上工业增加值增速（大同 12%、其他 11%）	转型项目当年完成投资占工业投资比重（大同 85%、其他 80%）	高新技术企业数量增速（12%）	“四上”企业数增速（大同 16%、其他 20%）	产出强度（200 万元/亩）	实际利用外资增速（万美元）（大同 10%、其他）
大同	-46.6	12.1	88.3	36	1.9	208.9	1400
左云	25.6	21.6	104.3	破零	200	138.6	—
新荣	24.4	0.1	94.9	25	22.2	303.4	—
云冈	119.7	3.2	88.8	100	20.8	236.5	2576%（368.2）
广灵	172.6	12.6	88.0	50	16.7	423.9	—

2021 年大同市农业产业示范区指标完成统计表

表 19-2

考核指标及目标值	新建产业项目当年完成投资（2 亿元）	固定资产投资增速（15%）	农林牧渔业增加值增速（8%）（季统）	农产品加工业产值与农业总产值比（1.7）（季统）	绿色有机产品覆盖率（35%）
平城	2.7	19.8	12	3	55.5
云州	2.8	1027.3	11.7	4.7	69.3

【“三个一批”情况】 2021 年，全市开发区举行 4 次“三个一批”活动，项目涉及装备制造、新能源、新材料、信创、航空、储能、电商物流、生物医药、农产品精深加工、现代服务业、基础设施、节能环保及其他传统产业等，全年全市开发区开展 4 次“三个一批”活动共 369 个，总投资 1433 亿元。其中，签约一批项目 128 个，总投资 811.1 亿元，开工项目 115 个，开工率 89.8%；开工一批项目 144 个，总投资 448.8 亿元，完成投资 66.3 亿元，投产项目 66 个，开工投产率 45.8%；投产一批项目 97 个，总投资 173.1 亿元，实际年产值 46.2 亿元，产业项目 58 个，达效产业项目 57 个，投产项目达效率 98.3%。（李春雨）

2021 年大同市开发区“签约一批”项目开工率排名统计表

表 19-3

排名	开发区	项目数（个）	总投资额（亿元）	开工数（个）	开工率（%）
1	大同经济技术开发区	43	509.7	41	95.3%
2	云冈经济技术开发区	19	148.9	18	94.7%
3	左云经济技术开发区	10	26.6	9	90%
4	云州现代农业产业示范区	18	44.7	16	88.9%
5	平城现代农业产业示范区	7	3.6	6	85.7%
6	广灵经济技术开发区	12	16.9	10	83.3%
7	新荣经济技术开发区	19	60.7	15	79%
8	合　计	128	811.1	115	89.8%

2021年大同市开发区“开工一批”项目投产率排名表

表19-4

排名	开发区	项目数（个）	总投资额（亿元）	完成投资（亿元）	投产数（个）	投产率（%）
1	平城现代农业产业示范区	6	2.9	2.3	4	66.7%
2	云冈经济技术开发区	22	27.2	11.8	14	63.6%
3	云州现代农业产业示范区	14	36.3	9	8	57.1%
4	广灵经济技术开发区	14	14.7	3.4	6	42.9%
5	大同经济技术开发区	59	302.6	31.5	26	44.1%
6	左云经济技术开发区	13	31.3	5.4	5	38.5%
7	新荣经济技术开发区	16	33.8	2.9	3	18.8%
8	合　计	144	448.8	66.3	66	45.8%

2021年大同市开发区“投产一批”项目达效率排名表

表19-5

排名	开发区	投产项目数（个）	总投资（亿元）	产业项目数（个）	达效产业项目数（个）	达效率（%）
1	左云经济技术开发区	6	9.5	3	3	100%
2	新荣经济技术开发区	3	10.8	3	3	100%
3	云冈经济技术开发区	19	15.5	10	10	100%
4	广灵经济技术开发区	12	13.9	12	12	100%
5	平城现代农业产业示范区	8	4.1	8	8	100%
6	云州现代农业产业示范区	9	8.2	9	9	100%
7	大同经济技术开发区	41	112.4	13	12	92.3%
8	合　计	97	173.1	58	57	98.3%

【双创工作】 2021年，大同发挥开发区转型发展主战场、主引擎作用，优化营商环境、以创业带动就业、加强科技创新支撑、聚焦双创平台建设、加快双创要素聚集，打造以政产学研用协同创新为特色的省级双创示范基地，推进示范基地孵化载体建设、双创主体培育、创新平台搭建、双创人才培养、环境生态优化等方面工作。全市开发区有国家级众创空间1个（大同经济技术开发区），省级众创空间10个（大同经济技术开发区）；省级科技企业孵化器4个（大同经济技术开发区3个，云冈经济技术开发区1个）；省级小微企业双创基地2个（大同经济技术开发区）；省级创业孵化基地1个（平城现代农业产业示范区）；省级所有孵化载体16个（大同经济技术开发区14个，云冈经济技术开发区1个，平城现代农业产业示范区1个），入驻企业547家（大同经济技术开发区260家，云冈经济技术开发区165家，平城现代农业产业示范区122家）；省级工程研究中心2个（大同经济技术开发区）；省级工程技术研究中心2个（大同经济

技术开发区）；国家级企业技术中心1个（平城现代农业产业示范区）；省级企业技术中心12个（大同经济技术开发区10个，新荣经济技术开发区1个，云冈经济技术开发区1个）。广灵经济技术开发区与太原工业学院签署关于创新创业合作、人才培养基地《战略合作框架协议》，设立“太原工业学院—广灵经济技术开发区创新创业合作基地”。北野食用菌业开发有限责任公司与山西农业大学建立产学研示范基地，与中国农业大学建立教授工作站。（李春雨）

【省重点项目】 2021年，大同市开发区列入省发改委重点项目库项目23个（大同经济技术开发区16个，左云经济技术开发区1个，新荣经济技术开发区3个，云冈经济技术开发区3个），总投资172.3亿元，完成投资26.7亿元，年完成投资率94.3%。其中，投产项目11个，总投资98.4亿元，完成投资6.1亿元，年完成投资率99.7%，达效项目9个，达效率81.8%。开工在建项目10个，总投资62.5亿元，完成投资20.5亿元，年完成投资率92.8%。（李春雨）

【新建转型项目】 2021年，大同市7个省级以上开发区新建重大转型项目21个（大同经济技术开发区5个，左云经济技术开发区2个，新荣经济技术开发区1个，云冈经济技术开发区4个，广灵经济技术开发区2个，平城现代农业产业示范区3个，云州现代农业产业示范区4个），占全省（303个）比重6.9%；项目总投资152.3亿元，占全省（2358.6亿元）比重6.5%。

全省5个国家级开发区中（10亿元以上项目），大同经济技术开发区5个项目，投资额103.9亿元，全省排名第2；全省56家县管开发区中（2亿元以上项目），新荣经济技术开发区1个项目，投资额20亿元，排名第20；云冈经济技术开发区4个项目，投资额12.1亿元，排名第39；广灵经济技术开发区2个项目，投资额4.4亿元，排名第48；左云经济技术开发区2个项目，投资额4.2亿元，排名第49。在全省12家农业类开发区中新建重大转型项目投资额（5000万元以上项目），云州现代农业产业示范区4个项目，投资额5.7亿元，排名第4；平城现代农业产业示范区3个项目，投资额2亿元，排名第11。（李春雨）

2021年大同市开发区新建重点转型项目统计表

表19-6

序号	类别	开发区	新建转型项目（个）	转型项目总投资(亿元）	全省排名
1	工业类	大同经济技术开发区	5	103.9	2（5个国家级开发区）
2		新荣经济技术开发区	1	20	20（56家县管开发区）
3		云冈经济技术开发区	4	12.1	39（56家县管开发区）
4		广灵经济技术开发区	2	4.4	48（56家县管开发区）
5		左云经济技术开发区	2	4.2	49（56家县管开发区）
6	农业类	云州现代农业产业示范区	4	5.7	4（12家农业示范区）
7		平城现代农业产业示范区	3	2	11（12家农业示范区）
合　计			21	152.3	—

【利用省外资金招商引资情况】 2021年，大同市开发区招商引资签约项目（利用省外资金）42个，总投资457.1亿元，当年签约并开工项目37个，签约开工率为88.1%。招商引资签约项目总投资排名由高到低的是大同经济技术开发区209.7亿元、云冈经济技术开发区156.1亿元、新荣经济技术开发区26.9亿元、左云经济技术开发区26.6亿元、云州现代农业产业示范区8.8亿元、广灵经济技术开发区8.1亿元、平城现代农业产业示范区2.1亿元。招商引资签约项目数由高到低的是大同经济技术开发区10个、广灵经济技术开发区8个、云州现代农业产业示范区8个、云冈经济技术开发区7个、新荣经济技术开发区4个、左云经济技术开发区3个、平城现代农业产业示范区2个。签约项目当年开工率排名由高到低的是广灵经济技术开发区100%（当年开工8个）、云州现代农业产业示范区100%（当年开工8个）、新荣经济技术开发区100%（当年开工4个）、左云经济技术开发区100%（当年开工3个）、平城现代农业产业示范区100%（当年开工2个）、云冈经济技术开发区85.71%（当年开工6个）、大同经济技术开发区60%（当年开工6个）。（李春雨）

2021年大同市开发区招商引资（省外资金）统计表

表19-7

序号	开发区	签约项目金额（亿元）	签约项目数（个）	当年签约开工（个）	全省排名
1	大同经济技术开发区	209.7	10	6	3（13家市管开发区）
2	新荣经济技术开发区	156.1	7	6	5（56家县管开发区）
3	云冈经济技术开发区	26.9	4	4	34（56家县管开发区）
4	广灵经济技术开发区	26.6	3	3	36（56家县管开发区）
5	左云经济技术开发区	8.1	8	8	50（56家县管开发区）
6	云州现代农业产业示范区	8.8	8	8	5（12家农业示范区）
7	平城现代农业产业示范区	2.1	2	2	11（12家农业示范区）
合计		457.1	42	37	—

【赋权情况】 2021年，大同市贯彻落实《山西省加快推进向开发区赋权实施方案》，对照省、市赋权事项基本目录，根据开发区承接能力，向开发区依法赋权。截至2021年底，大同经济技术开发区市级赋权666项；左云经济技术开发区市级赋权126项；新荣经济技术开发区市级赋权850项（行政审批228项，行政处罚622项）；云冈经济技术开发区市级赋权789项（行政审批176项，行政处罚613项）；广灵经济技术开发区市级赋权480项；平城现代农业产业示范区向市政府申请赋权28项；云州现代农业产业示范区向市政府申请赋权59项。（李春雨）

【审批制度改革】 2021年，大同市推进“承诺制＋标准地＋全代办”改革。推行“一窗受理、集成服务”“一枚印章管审批”等，实现“区内事、区内办”等情况。各开发区落实日碰头、周调度、旬考核的工作机制，跟踪问效开发区政策落地、队伍建设和管理服务。领导班子成员包片，具体工作人员包点的方式，为企业提供“保姆式”专业服务，全链条检视并协调推动解决挡手问题。大同经济技术开发区帮助企业解决项目落地建设过程中遇到的问题和困难，加快项目用地等前期手续办理进度。实行“全程代办”，实现服务“零跑路”，推动项目落地实施。包联领导亲自挂帅，项目协调组一线服务，为企业解决难题，做好手续办理工作。云冈经济技术开发区优化施工许可审批服务，提高审批效率，对建设工程质量监督、安全监督和建筑工程许可申请合并为一个事项办理，推行一般工业项目“全承诺、零审批、拿地即开工”开工后竣工前完成所有手续即可。平城区政府解决示范区存在的困难和问题，投入65万元翻修项目路段，解决制约企业发展的运输问题。全市7个开发区全部印发领办代办工作方案，领办人员数29人，代办人员数63人，领办代办89件。（李春雨）

2021年大同市开发区全程领办代办改革统计表

表19-8

序号	开发区	是否印发工作方案	领办员（人）	代办员（人）	领办代办件数（个）
1	大同经济技术开发区	是	11	11	7
2	左云经济技术开发区	是	5	6	10
3	新荣经济技术开发区	是	3	5	13
4	云冈经济技术开发区	是	2	9	44
5	广灵经济技术开发区	是	3	2	5
6	平城现代农业产业示范区	是	2	6	4
7	云州现代农业产业示范区	是	3	24	6
8	合计	—	29	63	89

【标准化厂房使用情况】 2021年，大同市5家工业类开发区标准化厂房建成面积42.49万平方米，使用面积32.67万平方米，标准化厂房使用率76.89%。大同经济技术开发区建成面积30.54万平方米，使用面积20.72万平方米，使用率67.7%，全省排名第7。新荣经济技术开发区建成面积6.3万平方米，使用面积6.3万平方米，使用率100%，全省排名第25。广灵经济技术开发区建成面积3.68万平方米，使用面积3.68万平方米，使用率100%，全省排名第42。左云经济技术开发区建成面积1.72万平方米，使用面积1.72万平方米，使用率100%，全省排名第51。云冈经济技术开发区建成面积0.25万平方米，使用面积0.25万平方米，使用率100%，全省排名第64。 （李春雨）

【“标准地”出让】 2021年，全市工业类开发区出让“标准地”30宗，合计面积2139.1亩。其中，新荣经济技术开发区出让“标准地”14宗，面积445.1亩，全省排名第3；大同经济技术开发区出让“标准地”12宗，面积823亩，全省排名第4；左云经济技术开发区出让“标准地”2宗，面积701.2亩，全省排名第51；云冈经济技术开发区出让“标准地”2宗，面积169.8亩，全省排名第52；广灵经济技术开发区暂无出让“标准地”。（李春雨）

【“三化”改革】 2021年，全市开发区探索管运分离、管建分离模式，以市场化的理念、市场化的方式推进开发区发展。大同经济技术开发区、广灵经济技术开发区、新荣经济技术开发区、云冈经济技术开发区、云州现代农业产业示范区5家开发区，由开发区管委会成立运营公司，承担开发区基础设施和标准化厂房建设。国内合作园区方面，大同经济技术开发区与上海漕河泾开发区合作，成立上海漕河泾（大同）国际创新创业园，引入老人山西艾伦电器有限公司、东环软件大同信创基地项目、天津中凯信科技有限公司。云冈经济技术开发区与山西中兵铸造有限公司合作共建

2021年大同市工业类开发区标准化厂房使用统计表

表19-9

序号	开发区	使用面积（万平方米）	建成面积（万平方米）	使用率（%）	全省排名
1	大同经济技术开发区	20.7	30.5	67.9%	7
2	新荣经济技术开发区	6.3	6.3	100%	25
3	广灵经济技术开发区	3.7	3.7	100%	42
4	左云经济技术开发区	1.7	1.7	100%	51
5	云冈经济技术开发区	0.3	0.3	100%	64
合 计	32.7	42.5	76.9%	—	—

2021年大同市工业类开发区“标准地”出让统计表

表19-10

开发区	出让“标准地”宗数	出让面积（亩）	全省排名
新荣经济技术开发区	14	445.1	3
大同经济技术开发区	12	823	4
左云经济技术开发区	2	701.2	51
云冈经济技术开发区	2	169.8	52
广灵经济技术开发区	0	0	并列64
合 计	30	2139.1	—

军民融合创新园，引入年产200万件增压器用零部件项目、山西中兵铸造有限公司有色金属铸造基地2个项目。国际合作园区方面，中国大同经济技术开发区与德国合作，成立大同通航产业园中德园。市场化聘用高级管理人才方面，大同经济技术开发区通过市场化聘用高级管理人才1名，出任区经济发展投资公司董事长，云州示范区通过市场化聘用高级管理人才1名，出任园区经济发展有限公司总经理。（李春雨）

【大同各开发区（上海）商务座谈会】 2021年第四届中国国际进口博览会期间，大同市在上海浙江泰隆银行会议厅举行大同各开发区（上海）商务座谈会，并挂牌成立大同市长三角商务信息联络点。座谈会上，大同经济技术开发区、云冈经济技术开发区、左云经济技术开发区、新荣经济技术开发区分别推介发言。希望各位企业家能在大数据全链条、新材料、新能源、装备制造、生物医药、通用航空、羊毛纺织、文化旅游、农产品加工9个领域加强与大同合作。40余家外省企业与大同市开发区对接项目，并签约项目4项，分别是拜肯生物科技（上海）股份有限公司、山西素心谷康养旅游开发有限公司与新荣区政府签约；山西素心谷康养旅游开发有限公司、上海交大设计学院芳香植物研发中心与新荣区政府签约；吉的堡教育集团（台商）与平城区政府签约；深圳市跨境电子商务协会与大同经济技术开发区签订电商快递产业园框架协议。（李春雨）

大同经济技术开发区

【概况】 大同经济技术开发区总规划面积239.4平方千米，下辖医药工业园区、装备制造产业园区、高新技术产业园区、现代服务产业园区、御东园区、智慧纺织园区、通航产业园区，形成以医药和装备制造产业为支柱，新能源、新材料、电子信息、通用航空、商贸物流、食品加工为辅助的产业布局。截至2021年底，全区“四上”企业166家。其中，世界500强子公司6家，国内500强子公司8家，上市企业1家，上市企业子公司9家，进出口企业21家。2021年，大同经济技术开发区地区生产总值137.5亿元，增长6.8%；规上工业总产值255.8亿元，增长9.5%；规上工业增加值46.9亿元，增长12.1%；固定资产投资63.5亿元，下降30.6%；一般公共预算收入9亿元，增长6.8%；社会零售总额32.7亿元，增长15.1%；进出口总额61.7亿元，增长100.7%。（李志君）

【改革发展】 2021年，大同经济技术开发区推动“三化三制”改革。（1）谋划体制机制重塑性改革。派出3个考察组到综改区、长治高新区、晋城开发区等地学习考察体制机制改革经验，开展全员聘用制三年聘期考核。（2）深化“三化”改革，在“市场化”改革中，大同经济技术开发区经发投公司市场化运作的30万平方米标准化厂房入驻秦淮数据、东华软件、山西碳清洁、快安科技、汇众达机电等9家企业，实现产值1.7亿元，税收1900万元。在“国际化”改革中，与大同轻型飞机制造有限公司合作建设中德园，先后引进德国伊卡鲁斯—科姆科公司、斯洛文尼亚特里西航空公司先进的固定翼和旋翼机制造技术，购买5款轻型航空器知识产权，完成TC转让。中德园项目取得全省首张轻型飞机整机生产许可证（大同轻型飞机制造有限公司C42E—PC证），完成5架C42E飞机的生产交付。（李志君）

【营商环境建设】 2021年，大同经济技术开发区完善基础设施，园区路网。核心商务区路网贯通工程完成80%，医药健康产业园“五纵两横”道路具备通车条件。推进总投资26.2亿元的52万平方米标准化厂房建设，主体结构完工。启动御东第二污水处理厂规划建设工作。提升行政审批效能。深化“一枚印章管审批”改革，行政许可、确认和其他权力事项集中率83%，项目审批时限压缩率84%。“承诺制＋标准地＋全代办”改革取得阶段性成效。推进“承诺制”改革，出台30余项配套文件，做到“拿地即可开工”，列入承诺制实施范围的项目占备案项目总数92.2%；推进“标准地”区域评估，加强控制性指标约束，全年出让11宗工业用地全部为“标准地”；制定《大同经开区“领办、代办、专办”实施方案》，明确11个熟悉业务的领办、代办员，推行“五个一”全代办举措，构建起由班子成员牵头，招商、审批、项目组、园区服务中心及职能部门组成的服务体系，为9个项目提供代办服务。加强服务保障。开通“书记信箱”企业诉求“直通车”，每月定期发放营商环境测评表，通过线上和线下两个渠道，为企业提供纵向直通书记、横向直联部门一把手的协调联动服务，助力企业发展进入“高速通道”。建立企业座谈会制度，定期召集相关行业企业了解企业问题和困难、发展规划和投资信息。落实国家减税降费政策，减免各类税费4亿元。（李志君）

【招商引资】 2021年，大同经济技术开发区创新招商方式，坚持“专业＋专班”，开展产业链招商和以商招商，吸引更多“三类”500强、头部企业、产业链关键项目落户。全年签约项目43个，签约金额509.7亿元，录入“13710”系统项目11个，总投资214.5亿元，当年签约当年开工率54.5%。（李志君）

【项目建设】 2021年，大同经济技术开发区推进制度创新，制定出台《大同经开区建设项目推进工作机制》，按照“企业化管理项目，一线化紧盯项目”的推进思路，加快项目建设速度。全年建设项目94个，总投资373.9亿元，全年投资58.6亿元。其中，工业类项目49个，总投资216.9亿元，全年投资38.1亿元，有26个制造类项目实现投产。推进山西新国大医药健康产业园建设，秦淮零碳高端装备智造产业项目6月开始建设，9月投产；太重高端起重机项目9个月建成投产，实现产值2.8亿元；山西北肉冷链加工产业园建成运营。（李志君）

【产业发展】 2021年，大同经济技术开发区聚焦装备制造、现代医药等六大产业，出台《入区企业经济贡献奖励办法》，推进产业提档升级。

制定企业ABC分类帮扶机制。按照A类优先发展、B类规范提升、C类落后淘汰三个标准，分类124家企业，集中力量帮扶有发展潜力的企业和项目，退出“僵尸企业”，盘活闲置用地。全年医药产业产值128.6亿元，增长29.4%；装备制造产业受市场环境影响，全年产值89.3亿元，同比下降20.8%。战略性新兴产业全年产值173.6亿元，同比增长17.7%，占工业总产值比重较上年提高22个百分点。全年，净增“四上”企业25家，高新技术企业9家，3家省级智能制造示范企业、2家专精特新“小巨人”企业、5家“专精特新”中小企业。

（李志君）

【资本市场县域工程试点工作】 2021年，大同经济技术开发区结合企业发展实际出台《大同经开区资本市场县域工程试点实施方案（试行）》《大同经济技术开发区企业上市挂牌“绿色通道”实施方案》《大同经开区资本市场县域工程试点奖补方案（试行）》等措施，并以装备制造、医药、新材料、新能源等龙头企业为重点，推进优质企业上市，支持企业在新三板、四板市场挂牌融资。按照“优先办理、专人负责、限时办结”原则，开辟企业上市挂牌“绿色通道”，为入库企业出具相关证明，并建立入企帮扶机制，与重点企业开展联系对接，专人负责协调解决企业上市相关事项，支持企业上市挂牌融资。该区与山西证券签订战略合作协议，为区内企业提供培训、税务规划、政策讲解、股份制改造等服务，全程“护航”企业上市挂牌融资。（李志君）

【“三个一批”活动】 2021年1月1日，大同市与全省开发区同步举行2021年第一期“三个一批”活动，此次活动中，大同经济技术开发区累签约项目37个，总投资202.2亿元，项目涉及新一代信息技术、高端装备制造、新能源、新材料、生物医药等领域。累计开工项目15个，总投资32.3亿元。累计投产项目7个，总投资45.5亿元。

3月22日，大同市与全省同步举行2021年第二次“三个一批”活动，此次活动中，大同经济技术开发区累计签约项目21个，涉及生物医药、装备制造、氢能应用、通用航空、大数据等领域，总投资220.8亿元。开工项目4个，分别是沃特海默负极材料项目、精酿啤酒研发生产基地、农业秸秆综合利用及木糖提取项目、综合智慧能源站项目，总投资21.8亿元。投产项目6个，分别是碳基新材料项目、泽源生物高温材料生产项目，以及国药威奇达的4个技改项目，总投资6.1亿元。

7月16日，大同市与全省同步举行2021年第三次“三个一批”活动暨“承诺制＋标准地＋全代办”改革推进会，此次活动中，大同经济技术开发区累计签约项目18个，总投资280.8亿元。开工项目11个，总投资90.4亿元。投产项目7个，总投资12.3亿元。

10月30日，大同市与全省同步举行2021年第四次“三个一批”活动暨进一步优化营商环境工作推进会，此次活动中，大同经济技术开发区累计签约项目6个，总投资32.7亿元，其中投资10亿元以上项目有3个。开工项目7个，总投资34亿元。投产项目5个，总投资8.7亿元。

（李志君）

【大同经济技术开发区与山西电信签署5G战略合作协议】 2021年3月20日，大同经济技术开发区与山西电信签署5G战略合作协议。山西电信将以此次签约为契机，参与大同经济技术开发区新型智慧园区、数字产业、新基建、工业互联网等领域建设。按照协议在“十四五”期间，双方本着合作共赢原则，在产业升级转型、信创产业、智慧医疗等领域推进5G产业融合创新。在5G产业融合方面，山西电信通过云计算、大数据、物联网、人工智能等多种智能化、信息化应用方案设计及实施，助力大同经济技术开发区在信息化建设方面构建统一的组织管理协调架构、业务管理平台和对外服务平台。围绕七大板块项目，推进“5G数字智慧园区”建设。在5G终端应用普及方面，加快打造5G媒体云网。通过大同经济技术开发区支持，山西电信提供5G媒体云网服务，打通5G、光网及全球媒体云节点，为各级电视台、各类场馆、视频网站等提供4K内容采集、编解码、传输等一站式媒体服务。快速布局5G设备体验。打造5G产业示范应用标杆，开展5G实景体验。在组建5G联合创新实验室方面，大同经济技术开发区着重支持山西电信组建5G联合实验室，打造5G+AICDE通用能力平台，搭建5G创新基地，吸纳科研院所、企事业单位等各行各业入驻实验室，联合开展5G创新，共同繁荣5G产业应用，打造5G创新生态，支撑和服务产业转型升级。

（李志君）

【第二十八届全国绒毛会议在大同召开】 2021年7月20日，以“构筑绒毛行业体系 促进乡村产业振兴”为主题的第二十八届全国绒毛会议在大同召开，来自国内外行业协会代表、专家和100余家行业龙头企业参加，回顾总结中国畜产品行业“十三五”成果，研究探讨“十四五”时期中国绒毛产业发展新思路，同商共议行业高质量发展新愿景。中华全国供销合作总社合作指导部一级巡视员张元宗、中国畜产品流通协会会长潘种树及国家绒毛用羊体系、北京大学、北京服装学院、非洲马海毛协会等专家代表出席。省委常委、市委书记张吉福，市委常委、常务副市长任希杰出席，副市长、大同经开区党工委书记、管委会主任赵学斌致辞。此届会议由中国畜产品流通协会、大同市人民政府主办。会上，中国畜产品流通协会负责人作“十三五”中国绒毛行业发展报告，并对协会制定的《分梳山羊绒品质交易技术指南》标准发起单位和个人颁发证书。会议期间，举办“中国（大同）绒纺产业发展对接会”与“第六届中国绒毛产业发展峰会”，由大同经济技术开发区向与会嘉宾推介招商，介绍开发区的区位和基础设施、要素和营商环境、政策和公共服务平台等；与会代表、专家围绕防治荒漠化趋势下的中蒙羊绒毛产业合作前景、“十四五”期间纺织行业发展趋势、羊毛羊绒材质与针织设计、绒毛用羊产业发展现状与趋势等方面作主旨演讲，并到大同经济技术开发区创新展示厅、大同市中银纺织科技有限公司等处参观。

（李志君）

【“赢在大同”医药产业创新合作高峰论坛】 2021年7月27日，“赢在大同”医药产业创新合作高峰论坛在大同市举行。来自国内外的专家学者、金融机构及优秀企业家代表参加论坛，共探医药产业链、创新链、服务链融合互通路径，共商医药产业发展大计。市委副书记、市长张强，市委常委、常务副市长任希杰，副市长赵学斌，上海现代制药股份有限公司董事长周斌，中国银行股份有限公司山西省分行副行长马军保等出席论坛。此次高峰论坛由大同经济技术开发区主办，国药集团威奇达药业有限公司承办，与会者以“融合创新，聚力共赢”为主旨，解读医药产业政策环境变化，畅谈新时代药企面临的机遇与挑战。论坛期间，大同市与上海现代制药股份有限公司、华北制药股份有限公司、上海工业生物技术研发中心、山东则正医药技术有限公司及深圳市远邦进出口有限公司5家企业签订战略合作协议。 （李志君）

【大同数字经济产业园项目合作协议签署】 2021年9月7日，大同经济技术开发区与金划算集团股份有限公司签署大同数字经济产业园项目合作协议。市委副书记、市长张强与人力资源和社会保障部事业单位人事管理司副司长韩智力及金划算集团股份有限公司董事长田发波共同见证签约。金划算集团股份有限公司是集“资源开发、资源优化、资源服务、方案解决”于一体的专业人力资源服务企业。此次签约，双方共同推动建设大同数字经济产业园项目，面向国内外招商，培育和推动数字经济、企业孵化、云平台服务、现代物流及数字化人力资本产业园运营等发展。 （李志君）

【智慧办税服务厅投入使用】 2021年12月20日，大同经济技术开发区税务局新建成的大同开发区智慧办税服务厅投入使用。服务厅占地面积300余平方米，总投资566万元，含智能识别、智能导税、咨询辅导、自助办税、远程交互、双屏互动、税务宣传、智慧数据展示、纳税人学堂及5G直播、人工导税、智能填单辅导、人工窗口、电子公告、24小时自助办税等14个主要功能区域，集智能化、信息化、实用化于一体，是大同市示范办税厅。 （李志君）

平城现代农业产业示范区

【概况】 2021年，平城现代农业产业示范区新建产业项目投资2.7亿元，超目标任务33%；固定资产投资总量5.8亿元，增长19.8%，超目标任务32%；农林牧渔业增加值增长12%，超目标任务4%；农产品加工业与农业总产值比3，超目标任务74%；绿色有机农产品覆盖率55.5%，超目标任务58.7%。其中，农作物播种面积2225.8公顷，绿色有机农产品种植面积约1236公顷。 （徐宇凤）

【基础设施建设】 2021年，平城现代农业产业示范区推进总体规划编制进程；启动示范区核心区调区；推进农产品深加工园区专项规划设计，补齐示范区标准地和标准厂房方面短板；依托“农业嘉年华”项目，建设集数字化育苗工厂、净菜加工车间、智慧物流配送中心、数字农业研发中心为一体的3.3万平方米标准化厂房。 （徐宇凤）

【招商引资】 2021年，平城现代农业产业示范区在第十二届中部投资贸易博览会上，与科迪华农业科技有限公司、路易达孚集团、益海嘉里金龙鱼粮油食品公司接触、洽谈，在跨国公司山西行—大同推介对接交流会上，与农业产业领域跨国公司对接交流。9月，组织示范区专场招商引资推介会。11月，派员到上海参加第四届进博会开展招商引资。全年累计招引项目7个，项目累计投资3.6亿元。 （徐宇凤）

【项目建设】 2021年，平城现代农业产业示范区紧扣“三个一批”活动，谋划推进项目建设。累计签约项目7个，总投资3.6亿元。分别为：投资500万元的全国农业科技成果转移服务中心分中心项目；投资7200万元的新型建筑材料项目；投资100万元的晋北肉类电商平台项目；投资1000万元的生物有机肥加工项目；投资1.5亿元的大同乐禾食品科技产业园项目；投资6100万元的御花养殖园建设项目；投资6000万元的平城航天农业园。签约项目开工率85.7%，全市排名第四。累计开工项目6个，分别为：标准化规模奶牛养殖和乳制品加工项目、农科院科技成果转移服务中心大同分中心项目、御花养殖园建设项目、新型建筑材料项目、晋北肉类电商平台项目、生物有机肥加工项目，开工项目投产率66.6%，全市排名第一。累计投产项目8个，分别为：粮食深加工改扩建项目、大同农业嘉年华配套服务项目、菜篮子工程项目、绿色生态产业园项目、标准化规模奶牛养殖和乳制品加工项目、食用菌种植园项目、农科院科技成果转移服务中心大同分中心项目、御花养殖园建设项目，投产项目总达效率100%，全市排名并列第一。全年新建重点转型项目3个。分别为：投资7000万元的御花养殖园二期扩建项目；投资6300万元的晟牛奶牛养殖项目；投资7200万元的新型建筑材料建设项目。 （徐宇凤）

【营商环境】 2021年，平城现代农业产业示范区落实“标准地+承诺制+全代办”工作要求，强化项目服务保障力，推进28项赋权事项工作进程，开通示范区土地直报端口，成立示范区领办、代办工作领导组；出台领办代办工作制度；建立管委会班子成员带头领办项目审批事项机制。为山西美川大唐公司新型建筑材料项目、大同市御花养殖园建设项目开展全程领办代办服务。研究出台示范区招商引资优惠政策，制定招商图谱，开通新媒体平台。 （徐宇凤）

【主导产业】 2021年，平城现代农业产业示范区依托“一核两园”总体布局，围绕“城郊型现代农业”定位，聚焦大同“京津冀都市圈高品质农产品供给基地、雁门关农牧交错带特色优势农牧业发展新高地、全国有机旱作农业示范区、特色农产品出口创汇强市”的现代农业发展目标，示范区突出发展三大主导产业——生态循环畜牧业、食品加工制造业、都市休闲农业。 （徐宇凤）

【产业集聚】 2021年，平城现代农业产业示范区紧扣三大主导产业（生态循环畜牧业、食品加工制造业、都市休闲农业），打造产业集聚。其中，生态循环畜牧业有大同市天和牧业有限公司、新世纪奶牛养殖有限公司、御花养殖园等龙头企业；食品加工制造业领域以大同市平诚农业产业发展有限公司、塞北红食品有限公司、大同市伊欣园面业有限公司为主导，初步形成区域范围内的肉、奶、禽、蛋、蔬菜、瓜果、粮油等农副产品供应基地；都市休闲农业围绕美丽乡村建设目标，发挥大同农业嘉年华在产业引领中的示范作用，构建现代农业、生态景观、科普教育、农耕体验于一体的农业新业态。（徐宇凤）

【休闲农业发展】 2021年，平城现代农业产业示范区与中航太空（北京）智能科技有限公司达成平城航天农业园项目合作，建设集采摘、观光、旅游、航天育种、航天科普教育为一体的农业休闲综合园区。全国农业科技成果转移服务中心大同分中心和国家种业科技成果产权交易中心大同分中心在该园区挂牌成立，分中心完成网站平台搭建工作，并开展征集和发布适宜山西及周边地区农产品的新品种、新技术、新装备、新产品等农业科技成果工作。（徐宇凤）

【农业企业品牌建设】 截至2021年底，平城现代农业产业示范区12家公司注册商标28个。其中，大同市伊欣园面业食品有限责任公司注册商标3个，山西塞北红食品有限公司注册商标12个，大同市绿源双叶有限公司注册商标4个，大同市通赢优采农业科技有限责任公司注册商标1个，大同市三益食品有限责任公司注册商标1个，大同市北魏糕点厂注册商标1个，大同市天食食品有限公司注册商标1个，大同市黄金地农产品有限公司注册商标1个，大同市徐府食品有限公司注册商标1个，大同市善果食品有限公司注册商标1个，大同市佳禾兴食品有限责任公司注册商标1个，大同市博誉懿饮品饮料有限公司注册商标1个。（徐宇凤）

云冈经济技术开发区

【概况】 云冈经济技术开发区设4个产业园区：塔山循环产业园区、同忻循环产业园区、清洁能源产业园区、煤化工产业园区。2021年有企业226家，其中规模以上企业29家，有工业类企业24家，有建筑业企业1家、服务业企业4家。涵盖电力、建材、装备制造和现代煤化工等产业，全年工业累计投资12.1亿元，工业总产值114.5亿元，规模以上工业增加值40.8亿元。（李世杰）

【项目建设】 2021年，云冈经济技术开发区在清洁能源园区内打造融创孵化园区，成立大同市云冈区融创孵化园有限公司，作为开发区招商引资、项目建设新平台。云冈经济技术开发区在融创孵化园区投资建设标准化厂房1.1万平方米，截至2021年底，建成标准化厂房2500平方米，由贝利科技有限责任公司租赁并投入使用。云冈经济技术开发区支持中小企业开展创新活动，推动科技成果转化，培育高新产业新业态，在融创园区内注册的中关村软件园山西孵化创新平台，科技企业孵化器面积5300平方米，截至2021年底，孵化企业68家。云冈经济技术开发区在同忻产业园区内，由云冈区民营企业隆达煤机制造有限公司出资成立智创园区管理股份有限公司，智创园区管理服务有限公司是开发区管运分离的试点，可盘活国有低效资产，负责运营管理。园区入驻的企业有9家，其中建设的企业有2家。（李世杰）

【园区制度改革】 2021年，云冈经济技术开发区在标准地改革方面，通过简化、优化、标准化工业项目供地程序，开启“事前定标准，事后管达标，亩产论英雄”的工业项目“标准地”时代。在完善各类土地评估的基础上，让企业专心做好项目建设。截至2021年底，招标拍卖挂牌出让成交4宗标准地，供出土地面积约35.8公顷，均为工业仓储用地。在标准地供应方式上，采取招标拍卖挂牌出让、先租后让、弹性年期等各种方式供应。承诺制改革方面，为缩短企业投资项目审批时限，制定《云冈经济技术开发区投资项目承诺制工作方案》和《云冈经开区进一步深化企业投资项目“承诺制”改革实施方案》，并成立“承诺制”改革领导小组，推行一般工业项目“全承诺、零审批、拿地即开工”，并把承诺制拓展延伸至3个方面。（1）标准地项目全承诺，拿地即可开工。（2）各项单个审批项目实行承诺制。（3）一般企业办理过程中缺少材料的情况可先批后补，实行容缺受理。在实行代办制方面，制定《云冈经济技术开发区投资项目建设领办代办工作方案》，建立全流程领办代办服务，成立“代办中心”，主要通过事前“量体裁衣”、事中全程跟进、事后分析提升，帮助企业开展项目申报、资料整理，提供手续办理跟踪服务。截至2021年底，代办中心办理9件。其中，企业设立登记3件，企业注销登记1件，企业投资项目备案3件，建筑工程施工许可证2件。（李世杰）

【招商引资优惠政策】 2021年，云冈经济技术开发区出台《云冈经济技术开发区招商引资优惠政策》，以政策吸引项目，以产业聚合项目，发挥资源优势、政策优势、区位优势、环境优势，整合各种招商引资的资源和力量，加大招商引资力度，提高招商引资质量，扩大招商引资规模，引进大项目形成产业聚集、产业升级、构建起新的经济增长极。由上海中能牵头投资的生物基新材料一体化项目，该项目通过绿色技术和绿色工艺，生产生物新材料，打造绿色环保的专业化产业创新集群。计划总投资126.9亿元，选址在云冈经济技术开发区现代煤化工园区。山西恒力新材料有限公司与云冈经济技术开发区签订协议，立项手续办理完成。（李世杰）

【“三个一批”活动】 2021年，云冈经济技术开发区开展4次“三个一批”活动。“签约一批”项目19个，签约总投资额149亿元，开工率94.7%。签约总投资额在全省所有省级开发区中排名第三，签约项目开工率在全市工业类开发区排名第一。“开工一批”项目22个，总投资额27.2亿元，完成投资额12.7亿元，投产率68.2%。开工项目投产率在全市工业类开发区排名第一。“投产一批”项目20个，技改类、基础设施类项目10个，总投资额17.7亿元，达效率100%。投产项目达效率在全市工业类开发区排名第一。（李世杰）

新荣经济技术开发区

【概况】新荣经济技术开发区总面积19平方千米，规划“一区四园”的空间布局：花园屯新材料产业园规划面积7.6平方千米，重点发展新材料、新能源、装备制造、大数据等产业；古店物流制造园规划面积6.2平方千米，重点发展机械制造、智能物流仓储等产业；得胜转型示范工业园规划面积3.7平方千米，重点发展石墨材料开发、节能环保等产业；晋蒙新兴产业合作园规划面积1.5平方千米，重点发展高科技石墨全产业链加工。2021年，新荣经济技术开发区工业投资5.8亿元，工业投资同比增长24.4%；规模以上工业增加值6.9亿元，同比增长0.1%；转型项目投资5.5亿元，占工业投资比重94.9%；高新技术企业5家，净增1家，增长25%；“四上”企业11家，增长22.2%；产出强度为303.5万元/亩。（施喜龙）

【基础建设】2021年，新荣经济技术开发区在花园屯新材料产业园为大同隆基光伏组件项目建设6.3万平方米标准化厂房，并投入使用。园区内10条高压架空线路实施迁改入地敷设和拆除处理；雨水、污水、供水、电力管道铺设完成，铺设供热、供气管道。污水处理厂建设完成“建设项目用地预审与选址意见书”办理；在建东源电力、凌宇科技等9个项目的土地完成91730立方米的平整和土方回填工作。得胜转型示范园、晋蒙新兴产业合作园、古店物流制造园完成规划。（施喜龙）

【招商引资】2021年，新荣经济技术开发区签约项目16个，总投资22.7亿元，截至2021年底全部实现开工。其中，推进总投资4亿元的大同市金帝循环科技有限责任公司年产60万吨活性氧化钙生产线项目、总投资3.3亿元大同市鑫岳活性炭有限公司年产2.5万吨新型环保净化材料生产研发基地项目、总投资2.8亿元山西晋星煤矿机械有限公司集成分布式智能液压支柱研发生产项目等亿元以上项目建设。总投资8.6亿元的大同隆基乐叶有限公司的1.5吉瓦单晶组件项目、总投资20亿元的大同锡纯新材料股份有限公司的半导体芯片材料制造项目等省重点工程项目投产。完善《新荣经济技术开发区招商引资优惠政策（试行）》，创建企业孵化平台，修改制作《新荣经济技术开发区招商引资宣传片》和招商引资PPT。出台入园流程审批表和开发区厂房租赁补贴办法，开辟招商引资项目审批绿色通道，建立招商引资项目领导包联机制、招商引资项目库、招商引资项目评审委员会及评审制度。组织招商团队参加南宁东盟贸易博览会、西宁西部贸易交流会等，在中部贸易交流博览会上，新荣经济技术开发区作为大同市唯一的省级开发区在现场作推介宣传。（施喜龙）

【“三化”改革】2021年，新荣经济技术开发区扩充专业化队伍，委托第三方续签专家级人才5名，一般专业人才14名，充实到招商引资、项目建设一线；先后派出40余人次到上海、深圳、长沙等地考察交流学习。推进“管运分离”“管建分离”，组建开发区发展公司和经济建设投资公司作为投融资项目平台，利用2亿元债券资金，对接PPP项目；通过市场化方式运作，与泰瑞集团建设有限公司联合体、阳高县新乐源文化旅游开发有限公司三方合作共同成立新荣经济开发区瑞乐城乡建设有限公司，分期分批实施市政基础设施项目、园区标准化厂房及道路建设项目、园区服务配套项目及其他建设项目。（施喜龙）

【承诺制改革】2021年，新荣经济技术开发区承接包括企业固定资产投资项目核准、政府固定资产投资项目审批等850项审批权限，制订《新荣经济技术开发区工程建设项目承诺制实施方案（试行）》，出台企业投资项目承诺制改革建筑工程施工许可管理办法，人防承诺制管理办法等一系列承诺制管理办法。（施喜龙）

【项目领办代办】2021年，新荣经济技术开发区推行窗口无否决权、免费咨询帮办、受理首办负责、一次性告知等制度，整合政务大厅功能，开设服务窗口10个，确定领办人员3名，帮办代办人员5名，全年受理办件数量88件，办结88件，办结率100%。（施喜龙）

【“标准地”建设】2021年，新荣经济技术开发区成立“标准地”改革领导小组，坚持市场化配置、亩产论英雄、改革提速度、全过程监管的原则，统筹调度、跟踪监管“标准地”改革和“标准地”建设，完成园区“标准地”改革试点工作。完善“标准地”软件。制定《新荣经济技术开发区“标准地”实施方案》，并按照“标准地”要求，细化出让各项指标，编制完成“标准地”相关评价标准、使用权挂牌出让公告，实现由企业追着部门办到部门追着土地办的服务流程再优化。夯实“标准地”硬件。在花园屯新材料产业园内新建的3号道路完成路面基层二灰铺设，地下管线工程全部完成，80米长桥梁完工；完成污水处理厂建设“建设项目用地预审与选址意见书”等前期手续；东源电力、凌宇科技等9个在建项目的土地完成91730立方米的场地平整和土方回填工作，完成“标准地”三通一平工作。全年，出让工业用地15宗，按“标准地”模式出让的地块14宗29.7公顷，按标准地出让的宗数完成率93.3%，出让总数位居全省开发区前列；出让的“标准地”均开工，当年投产项目3家。（施喜龙）

云州现代农业产业示范区

【概况】2021年，云州现代农业产业示范区新建产业项目投资2.8亿元，并超额完成目标任务2亿元。固定资产投资35861万元，增长1027.3%；农林牧渔业增加值增长11.8%，比上年增长3.5%；农产品加工业产值5.7亿元，农业总产值1.2亿元，比值为4.7。绿色有机产品覆盖率64.4%。（秦　华）

【转型项目建设】 2021年，云州现代农业产业示范区转型项目建设4个，总投资5.7亿元，分别是：大同市云州区华瑞农贸有限公司投资1.2亿元的年产5000万穗鲜食玉米加工厂建设项目；山西美膳食品有限公司投资2亿元的大同市云州区美膳食品生产加工项目；大同火山富民产业发展有限责任公司投资2亿元的西紫峰年出栏1000万只黄花肉鸡养殖基地项目；山西塞北兄弟牧鲜食品有限公司投资0.5亿元的新建牛羊肉屠宰加工销售项目。（秦　华）

【园区规划】 2021年，云州现代农业产业示范区编制《云州现代农业产业示范区总体规划》《云州示范区核心区控制性详细规划》及核心区概念设计方案，整体规划设计园区的建筑风貌、色彩、景观，因地制宜布局黄花、肉鸡两大主导产业和小杂粮、食品加工等产业，明确重点招商导向和传统产业升级方向，合理规划种养循环、加工物流、科技推广、益农服务、休闲观光等功能板块，系统配套田、水、路、电、通信的“五网”基础设施。（秦　华）

【园区管理团队建设】 2021年，云州现代农业产业示范区建立适应园区发展需要的选人用人制度，推进示范区行政管理体制和市场化运营模式分离改革，通过“市场化”选聘总经理负责专业化运营。与中国矿业大学、同济大学、复旦大学等6所大学校友会建立联系渠道，跟踪服务园区智慧农业、智慧林业、智慧水利等智能建设，常态化开展技术指导和培训。（秦　华）

【园区产业集群建设】 2021年，云州现代农业产业示范区改造升级传统特色优势黄花产业。成立黄花丰收指挥部，推进黄花产量统计、收购贷款融资工作，落实黄花产品的品牌、标准、质量、销售和价格“五统一”工作。制定黄花统购统销工作方案，收集核对10个乡（镇）的黄花相关数据，以三利、云萱、花倾城为代表的7家企业直接对接乡（镇）收购黄花，收购及加工生产的黄花产品，等级分类并设置价格区间。确定“大同黄花”为统一区域公用品牌，吸引项目入园投资。云州区黄花产业入选农业农村部乡村产业高质量发展“十大典型”。培育农产品精深加工产业集群。发展设施农业、畜类养殖及精深加工业、小杂粮种植及精深加工业、食品加工业和冷链仓储物流等产业，全区13个农产品加工企业分类消化黄花、玉米、高粱、小杂粮和畜禽养殖产品，集中布局上下游产品及其配套服务项目。推进新基建和新兴产业发展。引进投资1.5亿元建设能源岛项目，为核心区实施冷热气电联产联供，逐步实现示范区节能减排，与国家能源集团合作启动示范区低碳建设项目。与中国移动、中农阳光合作建设智慧园区，建立以物联网智能监测为核心的数字化采集体系，推动产业园生产智能化、经营网络化、管理数据化、服务在线化的发展。（秦　华）

左云经济技术开发区

【概况】 左云经济技术开发区总规划面积20.8平方千米，形成以煤化工产业园为主，新兴技术产业园和现代仓储物流园为辅的“一区三园”格局。其中，现代煤化工产业园总规划面积17.8平方千米，重点发展煤基清洁能源、精细化工、煤基石化产品和煤电产业，入驻有星汉化工年产5万吨精细化工助剂项目、鹊盛煤化年产10万吨活性炭项目、中科盛鑫煤矿支护材料及金属制品加工项目、研一新年产1万吨高性能锂离子电池负极材料等；新兴产业园总规划面积2.3平方千米，重点发展机械制造、食品加工等新兴产业，入驻有广州美雅途自行车产业园、玉衡科技北斗天辰科技产业园、山西耀邦环境专用汽车及环卫装备制造项目、雁门古道农副产品深加工项目等；现代仓储物流园总规划面积0.7平方千米，主要服务于现代煤化工产业园和新兴产业园的货物运输，入驻企业1个，即广通物流仓储物流园项目。2021年，左云经济技术开发区工业投资9.9亿元，同比增长25.6%；转型项目投资10.3亿元，占工业投资比重104.2%；规模以上工业增加值1.9亿元，同比增长21.6%；“四上”企业有6个，上年同期为2个，增长200%；开发面积248亩，产值5亿元，全年“四上企业”营收5.5亿元，产出强度222.7万元/亩；全年新增耀邦环境和雁门清高2家高新技术企业。（樊　云）

【招商引资】 2021年，左云经济技术开发区围绕全县“一盘棋”招商理念，把原开发区环境保护局更名为开发区招商引资局，划转开发区发改项目局招商引资职能，组建新的招商队伍。依托全县招商引资推进大会，邀请全国各地左云籍企业家、大同各大商会代表、左云境内企业及项目方代表200余人参会。召开大规模座谈会3次，与大同新成新材料股份有限公司、山西中煤矿山支护实业有限公司等企业对接洽谈50余次。按照《左云县招商引资优惠政策十条》，补贴标准厂房、水、电、气、暖等要素，引进项目按实际固定投资奖励，扩大招商引资吸引力。随县委、县政府招商引资团到河北崇礼、长治襄垣、江苏盐城、湖北随州、四川成都、重庆、内蒙古自治区托克托等地开展招商引资和考察学习活动5次，考察并洽谈对接化工、汽车制造、园区建设等项目。全年接待到左云项目洽谈20余次，与多家企业达成合作意向。搭建政商交流平台，聘请57名企业家代表为招商引资首批顾问，依托商会和企业家招商。商会引荐项目30余个，对接洽谈项目18个；与长三角化工产业联盟、大同市河北商会签订战略合作框架协议。全年签约项目10个，分别是：精细化工助剂二期及1500吨电子体项目、自行车车架制造项目、年产200吨派瑞琳项目、大唐左云县君辉风电场70兆瓦风电增容项目、开发区污水处理项目、大唐左云县风电五路山二期技改工程项目、煤矿支护材料及金属制品加工项目、井下设备加工项目、开发区广通路项目、年产1万吨高性能锂离子电池负极材料建设项目，签约总投资额26.2亿元。（樊　云）

【基础设施建设】 2021年，左云经济技术开发区实施广通路工程，路线全长5.4千米，概算总投资25660万元，工程于6月23日开工，车道第一层沥青面铺设1.5千米。实施云海路续建工程，概算总投资1亿元，路线全长4.3千米，完成两层沥青路面铺设。经四路工程路基开挖完成，经五路工程编制可行性研究报告。推进供水工程。日供水1500立方米的开发区水厂建成投运，新兴产业园生活供水续建工程于8月实现供水。推进万家寨引黄左云供水工程和右玉海子湾引水工程。重点建设县城污水厂中水回用工程，项目总投资2056.6万元，工程建设规模为1.6万立方米/天，由左云县住建局建设县城中水回用管线，由左云开发区建设中水蓄水池。加强供电保障。建设3.5万伏变电站。加强供气供热保障。煤化工园区燃气得到保障，供热管网和广通路同步铺设；新兴产业园燃气管道与云海路同步铺设，铺设管道2千米；总投资3000万元的供暖工程开工建设，冬季实现供暖。加强污水处理。概算总投资1.5亿元的煤化工园区污水处理厂工程，项目前期手续办理完毕。（樊　云）

【项目建设】 2021年，左云经济技术开发区推进领导包联、分类推进、现场办公等项目服务机制，制定《左云经济技术开发区项目建设推进制度》《左云经济技术开发区重点项目包联责任清单》，开工项目13个，分别是：精细化工助剂二期及1500吨电子体项目、自行车车架制造项目、年产200吨派瑞琳项目、大唐左云县君辉风电场70兆瓦风电增容项目、开发区污水处理项目、大唐左云县风电五路山二期技改工程项目、煤矿支护材料及金属制品加工项目、开发区广通路项目、年产1万吨高性能锂离子电池负极材料建设项目、乡村振兴产业园项目、自行车电动车生产项目、年产7400辆作业类专用汽车及环卫装备项目调度楼装修项目、左云鹊盛煤化有限公司新装10千伏用电工程项目，总投资30.9亿元，其中前9个项目为2021年签约项目；投产6个项目，分别是：自行车电动车生产项目、年产7400辆作业类专用汽车及环卫装备项目调度楼装修项目、左云鹊盛煤化有限公司新装10千伏用电工程项目、年产5万吨精细化工助剂项目、大唐小京庄风电项目、左云县新兴产业园区生活引水工程项目，总投资9.5亿元，其中前3个为当年开工项目。（樊　云）

【营商环境优化】 2021年，左云经济技术开发区出台《左云经济技术开发区深化企业投资项目承诺制改革实施方案》。截至2021年底，8项区域评估类事项完成6项，即压覆重要矿产资源评估、环境影响评价、节能评价、区域防洪影响评价、水土保持方案、建设工程文物保护和考古许可，其余2项按序开展，即取水许可和新建改建扩建避免危害气象探测环境评估。强制评估类事项2项。其中，地质灾害危险性评估完成，地震安全性评价按序开展。推进"标准地"改革。分三个批次向省自然资源厅报批项目用地。其中，第一批次23.1公顷建设用地获批，第二批次54.3公顷、第三批次33.3公顷建设用地上报省自然资源厅。"标准地"实施方案研究通过，完成2宗标准地出让：1月出让4.9公顷，由左云玉衡科技有限责任公司竞得；8月出让41.9公顷，由左云县城投公司竞得。推进全代办改革。实行"一枚印章管审批"，制定《开发区投资项目建设领办代办工作制度》，明确5名班子成员为领办员、6名骨干科员为代办员，全程领办代办。帮助美雅途自行车、耀邦环境装备、锂离子电池负极材料建设等项目完成相关手续办理。（樊　云）

广灵经济技术开发区

【概况】 2021年，广灵经济技术开发区工业投资累计约6.3亿元，同比增长172.6%；规模以上工业增加值累计约11亿元，同比增长12.6%；转型项目投资约5.6亿元，占工业投资比重88%。广灵经济技术开发区申报入选"科创中国"试点城市（园区）。（温　洋）

【再生金属产业发展】 2021年，广灵县出台《关于鼓励和支持企业加大投入促进产出的优惠政策规定》《关于支持再生金属产业发展的意见》《广灵经济技术开发区招商引资基金管理使用办法（试行）》《广灵县招商引资人才选聘方案（试行）》等优惠奖励政策。在产业发展政策的驱动下，在广灵经济技术开发区投资1.1亿元的广灵县御鑫隆再生资源有限公司一期于4月建成投产，8月升为规模以上企业，全年产值近4亿元；二期基础完工。天津、河北等地区的年产3000吨再生锡制品项目、含锌固体废物综合利用项目、废旧轮胎加工利用项目、铝合金废旧资源综合利用项目陆续签约落地广灵经济技术开发区。（温　洋）

【招商引资】 2021年，广灵经济技术开发区组织参加各地重大招商活动，全年接待到访客商200余人次，分批次到北京、雄安、内蒙古自治区等地对接项目50余人次。为推进长板招商效果，出台《关于支持再生金属产业发展的意见》《关于鼓励和支持企业加大投入促进产出的优惠政策规定》等利企优惠政策；设立招商引资基金，以《招商引资专项资金管理使用办法》《市场化招商引资奖励实施细则》等制度举措为政策兑现保驾护航。全年4次"三个一批"活动中，签约项目12个，总签约金额16.9亿元；开工项目14个，总投资14.7亿元；投产项目12个，总投资13.9亿元。（温　洋）

【营商环境创优】 2021年，广灵经济技术开发区对标"六最"营商环境，落实县委、县政府《关于建立广灵经济技术开发区投资项目建设领办代办工作制度的通知》精神，完善服务流程，创新践行"1+1"（柜台+后台）行政服务帮办模式，推动落实领办代办帮办工作制度。全年与7家企业签订领办代办协议，累计领办代办帮办服务事项35项。推动行政赋权工作，7月获市级赋权479项（其中行政审批事项139项，行政执法管理事项340项）。（温　洋）

【园区规划】 2021年，广灵经济技术开发区聘请中国城市规划设计研究院联合北京大学政府管理学院实施园区规划编制工作并交付成果稿。确定广灵经济技术开发区“333”发展思路，即“立足三个优势、聚焦三大领域、打造三个品质园区”的发展思路，立足特殊区位优势、资源禀赋优势、产业比较优势，聚焦农副产品精深加工业、雄安新区转移产业、资源循环利用产业，打造高品质产城融合样板区、高品质新兴材料供应产业园、高品质绿色工业聚集区。结合新的规划定位，启动《广灵县循环经济园总体规划》修编工作，修编稿编制工作完成。按照《山西省推进“标准地”改革工作方案》及上级部门相关要求，开展政府统一服务事项清单中的区域环境影响评价、区域节能评价、地质灾害危险性评估、压覆重要矿产资源评价、地震安全性评价、洪水影响评价及气候可行性论证等评价类事项工作，并完成开发区地形测绘测量。推动循环经济园区一期基础设施道路建设工程、高新技术产业园一期配套市政道路建设工程等，启动实施总投资2.3亿元的广灵经济技术开发区标准化厂房建设项目。（温 洋）

【项目建设】 2021年，广灵经济技术开发区按照《山西省企业投资项目承诺制规定》及省市审批部门要求，推进承诺制，确保企业投资项目实现早落地、早开工、早投产。对企业投资项目实行“容缺”承诺、“一事一议”。全年实施在建项目13个（其中续建项目10个，新开工项目3个），总投资22.5亿元，完成投资12亿元。大同翔磁科技有限公司钕铁永磁系列产品生产加工及销售项目、广灵县合晶精密机械制造有限公司年产3万吨精密机械制造与铸锻件项目被列为2021年度山西省重点工程。（温 洋）

【安全生产】 2021年，广灵经济技术开发区制定《加强和改进企业安全生产培训及考核工作方案》《关于进一步加强全区建设工程安全管理的通知》《关于持续加强建设项目安全设施“三同时”工作的通知》《关于进一步落实企业安全生产主体责任的意见》《关于进一步加强安全生产应急预案管理工作的通知》等，推动安全监管工作制度化、规范化。围绕“落实安全责任，推动安全发展”主题，到15家企业利用中安传媒国家安全生产培训教育卫星平台学习习近平总书记关于安全生产重要论述、新修订的《中华人民共和国安全生产法》，开展安全生产事故警示教育活动；开展送安全生产宣传资料进企业活动，发放安全知识宣传图册2000余份。成立开发区专项督导检查组，检查企业64家次，发现各类问题162条，现场解决61条，提出整改意见101条，在限期内完成整改96条。（温 洋）

【院区合作】 2021年，广灵经济技术开发区加强与省内外高等院校的院区合作，并与太原工业学院签署合作协议，共同建立广灵经济技术开发区创新创业合作基地、孵化平台；与山西财经大学、中北大学等高校接洽，筹备搭建校友招商引才基地。（温 洋）

【广灵经济技术开发区入选“科创中国”山西试点城市（园区）】 2021年10月，山西省科协公布“科创中国”山西试点城市（园区）名单，广灵经济技术开发区入选全省18个试点城市（园区）之一。

广灵经济技术开发区是县管工业类省级开发区，以材料产业、农副产品加工业为主导发展产业。该开发区采用“一区三园”发展模式，总规划面积19.7平方千米，包括农副产品加工产业园、高新技术产业园、循环经济产业园，是县域经济“三基地”（新兴材料产业制造基地、现代应急装备产业基地、农产品精深加工和仓储贸易物流基地）建设的主战场。有企业42家，其中“四上”企业20家，规上工业企业17家，高新技术企业2家。（温 洋）

阳高龙泉工业园区

【概况】 截至2021年底，阳高龙泉工业园区入驻企业51家，累计总投资109.2亿元。2021年，23家生产企业完成工业总产值28亿元，同比增长167%，销售收入26.3亿元，同比增长99.9%，实现税收4172.8万元。其中，9家规模以上企业完成工业总产值26.2亿元。全年固定资产投资16亿元，占全县固定资产投资（45.6亿元）的35.1%。（高 俊）

【园区规划】 2021年，阳高龙泉工业园区以“十四五”规划为契机，经县政府及园区领导班子与省自然资源厅沟通对接，于3月12日，省政府印发《关于优化调整省级限制开发的农产品主产区和重点生态功能区中重点开发城镇的通知》，完成主体功能区调整，阳高龙泉工业园区所在地王官屯镇被列为重点开发城镇。启动省级经济技术开发区申报工作。委托第三方咨询服务公司编制化工园区总体规划并通过审核，完成地震安全性评价、区域环境影响评价、地质灾害评估，水资源论证、产业规划通过审核，认定材料通过大同市专家评审。（高 俊）

【项目建设】 2021年，阳高龙泉工业园区加强项目建设力度，推动19家企业项目建设。截至2021年底，年产2.5万吨耐热耐磨高端铸件的恒耀芯线项目、九州石墨聚苯板等新材料项目车间、办公楼主体建成完工；铂凡毅隆生物医药办公楼主体建设部分完工；污水处理厂建设完成并总体运营。（高 俊）

【安全生产】 2021年，阳高龙泉工业园区把安全生产专项整治“集中攻坚”作为安全生产的重点工作，贯彻落实习近平总书记关于安全生产重要论述及指示精神和省、市、县委、县政府关于安全生产工作的决策部署，推进园区安全生产工作，平均每月检查安全生产3～5次，集中攻坚企业存在的突出问题，明确主体责任，加大监管力度，实行立行立改。（高 俊）

【低碳工业云账户平台搭建】 2021年，阳高龙泉工业园区执行党中央、省、市、县决策，扛起“碳达峰、碳中和”政治责任，支持山西祥瑞能源有限公司在园区开展工业企业碳管理监测等仪器安装工作，先行先试、探索经验。截至2021年底，阳高龙泉工业园区低碳工业云账户平台接入企业24家。（高 俊）

交通运输

综　述

【概况】 2021年，大同市有交通运输重点企业766家，汽车客运站11个。班线客运企业4家，车辆433辆；农村客运企业10家，车辆290辆。全市普通货运车辆8万余辆，总吨位970余万吨；危险品运输企业27家，车辆353辆，主要运输民用爆炸品、汽油、柴油、天然气等。机动车维修企业645家，驾校55家。（高　青）

【交通规划体系】 2021年，大同市交通规划是“1+3”体系。“1”即《大同市“十四五”现代综合交通运输体系规划》，“3”即《大同市公共交通“十四五”发展规划》《大同市农村公路“十四五”发展规划》和《大同市货运枢纽城市规划》。其中，综合体系规划、农村公路规划、公共交通规划多次征求相关部门意见，形成送审稿；货运枢纽城市规划是2021年增加项目，年内启动编制工作。（高　青）

【交通项目推进】 2021年，大同市交通运输局为扩大大同城市框架，提升城市承载力和发展潜力，巩固大同在晋北核心城市地位，解决国道穿行市区带来的交通安全、环境污染等问题，重点推进3项事关大同发展的战略性、全局性交通项目。南环高速南移项目，完成立项前期工作，组卷报请省厅行业审查，申请立项；109线、208线大同市过境公路改线工程，列入省级重点项目，立项前置许可基本就绪并协调朔州市加快推进怀仁境内基本农田补划，完成后可申请立项；增设天黎高速云州街互通，经过多次协调，省交通运输厅出具同意设站意见，与省交控集团达成合作意向和建设投资模式，启动立项手续。（高　青）

【交通执法管控】 2021年，大同市交通运输局开展交通运输执法领域突出问题专项整治行动，常态化、规范化开展联合执法，震慑打击交通运输污染和违法运输行为，维护市场秩序。开展安全生产专项整治三年攻坚行动，全年未发生较大及以上安全生产责任事故。开展铁路沿线安全环境风险隐患排查治理，省督办18处问题隐患全部完成整治销号。依法打非治违，规范运输秩序。加强对火车站、机场、各景点进行道路旅客运输专项整治和道路旅客运输安全严管严控等专项行动，全年出动执法人员9500人次，执法车辆4000台次，查处违法行为206起，处罚金额75.7万元。其中，非法营运行为120起，罚款66万元。在第二十个“安全生产月”活动中，对辖区内的旅游客运、危险品货物运输、客运站场、普货、驾校、维修等企业进行全面安全生产大摸排，确保“三不进站，六不出站”［危险品不进站、无关人员不进站（发车区）、无关车辆不进站，超载营运客车不出站、安全例行检查不合格营运客车不出站、旅客未系安全带不出站、驾驶员资格不符合要求不出站、营运客车证件不齐全不出站、“出站登记表”未经审核签字不出站］落实到位，确保运输安全。（高　青）

公　路

公路建设

【概况】 2021年，大同市有公路通车里程12715千米，公路密度90.2千米/百平方千米。按行政等级分，国道9条755千米（其中普通国道6条569千米），省道17条764千米（其中普通省道11条388千米），县乡村农村公路3116条11196千米；按技术等级分，高速公路9条562千米，一级路140千米，二级路1224千米，三级路2483千米，四级及以下公路8306千米。

年内，市交通运输局完成建设里程469.1千米，完成投资150538万元，超额完成时序进度。其中，“四好农村路”（建好、管好、护好、运营好）完成里程265.6千米，完成投资37940万元；长城1号旅游公路完成里程203.5千米，完成投资108630万元；完成457个“一灯一带”（增设交通警示灯、增设减速带标线）建设、111.7千米安全生命防护工程、14座危桥改造。（高　青）

【国省道公路改建】 2021年，大同市交通运输局完成省道S203线东王庄至兴胜村段及康养支线二级路提质改造工程14千米，完成投资4500万元。协调大同公路分局完成燕庄桥改造，彻底解决13年久拖不决的老大难问题。协调省交通运输厅落实2.3亿元资金，确保部省扶贫项目G239

线东坊城至大磁窑段改建工程完工。

（高　青）

【干线公路养护】 2021年，山西省公路局大同分局根据路况提升方案全年部署内容，分级分类精准养护干线公路。以提升PQI（路面性能指数）指标为目标，对优良路突出小修养护的及时性，通过灌缝、贴缝、小型刷油、罩面等日常预防性养护措施，把路面病害消灭在萌芽状态，确保优良等路得到保持。以提升路况等级为目标，对中等路突出中修养护时效性，安排部署以罩面、微表处为主的中修养护，确保中等路提等升级。对差等的薄弱重交通路段以维持路况保畅通为目标，抓住春融期、汛期病害集中出现关键期，通过沥青灌入式、局部挖补、刷油措施处治重度龟网裂病害，确保路况数据稳步提升。（张建伟）

公路管理

【公路工程建设管理】 2021年，山西省公路局大同分局围绕“十四五”路网规划目标，规范公路工程建设程序。加强在建项目管理，在质量管理方面实行“横向到边、纵向到底、控制有效”质量控制与保证体系。建立完善各项规章制度和管理办法，加强各个环节管理工作，在质量管理上坚持“三检查、二坚持、一过硬”（即企业自检、监理抽检、业主监督巡视检查；坚持按图施工，坚持按规范施工；产品过硬）方针，做到挂牌施工，责任到人。完善领导包干推进制度，坚持定期召开前期工作调度会，促进项目审批，年内完成可编制和批复的2项、里程17.3千米，开展前期工作的5项，里程174.2千米。（张建伟）

【危险货物运输管理】 2021年，大同市交通运输局加强危险货物运输管理，窗口行政许可受理2947件，许可道路危险货物运输企业3家，增加危险货物运输车辆64辆（含挂车），更新危险货物运输车辆24辆（含挂车）。

（高　青）

【桥隧管理】 2021年，山西省公路局大同分局完善桥隧技术档案和制度建设，强化桥隧养护责任制落实，按规范要求开展日常巡查和经常性检查，规范隧道设置标志、标线、立面标记，保持隧道供配电、照明、通风、监控、消防等机电设施状况良好，保持桥梁伸缩缝内无杂土，泄水孔无堵塞，桥面、桥下排水畅通。开展桥梁数据大清底行动及做好桥梁档案库等工作，通过调取档案，查阅资料，现场勘验，摸清桥梁各项基础数据，完善桥梁档案库各项数据的更新。

（张建伟）

【公路路域环境整治】 2021年，山西省公路局大同分局加强路域环境整治。完善路地共建共管长效机制，提高干线公路周边环境；通过明确主体责任，划分责任路段，采用洗扫车、洒水车等实施无扬尘清扫作业，防治道路扬尘污染。（张建伟）

【公路超限治理】 2021年，山西省公路局大同分局各超限站完善站点环境美化、绿化及服务区功能，在硬件设施建设方面达到规范化标准。在治超工作方面，按照省厅治超工作总体要求和分局2021年治超工作要点，围绕制度建设、基础建设和队伍建设开展工作。各站在显著位置公示治超工作流程和责任倒查流程。分局以纪检委牵头、以定期检查和突击检查相结合的方法，明察暗访各站管理情况，使分局各项制度落到实处。（张建伟）

【依法治路】 2021年，山西省公路局大同分局加强路域环境整治，完善路地共建共管长效机制，提高干线公路周边环境，通过明确主体责任，划分责任路段，采用洗扫车、洒水车等实施无扬尘清扫作业，防治道路扬尘污染。各超限站完善站点环境美化、绿化及服务区功能，在硬件设施建设方面达到规范化标准。在治超工作方面，按照省厅治超工作总体要求和分局2021年治超工作要点，围绕制度建设、基础建设和队伍建设开展工作。各站在显著位置公示治超工作流程和责任倒查流程；分局以纪检委牵头、以定期检查和突击检查相结合方法，明察暗访各站管理情况，使分局各项制度落到实处。加强素质教育，围绕《公路安全保护条例》《公路超限检测站管理办法》《公路超限检测站人员管理办法》等内容开展专题培训，针对治超工作特殊性质和要求，在队伍建设方面采用岗前学习、岗后汇报、自查自纠等方式，确立“形象是生命，作风是根本，稳定是基础，规范是重点”公路治超形象。（张建伟）

【大同北高速公路分公司】 2021年，山西交通控股集团有限公司大同北高速公路分公司（简称“大同北高速公路分公司”）实现通行费收入38932万元，同比增长1.6%。减免通行费6702.9万元。其中，绿通减免60421辆，减免通行费3109.4万元；节假日减免98251辆，减免通行费3593.6万元。公司所辖得大、绕城、大呼、天大和京乌高速（山西段）5条路段19个收费站，173条车道、60个ETC门架系统和21个匝道治超检测点33条治超车道。与大同市、天镇县自然资源部门对接沟通，建立常态化协调机制，完成新平堡停车区2宗土地交易。11月19日，北京至乌鲁木齐国家高速公路山西段通过竣工验收，该工程建设项目综合评价等级为优良。

高速路产路权　2021年，大同北高速公路分公司维护路产路权，查处案件114起，其中简易案件6起，一般案件67起，重大案件41起，案件发现率、查处率100%，结案率97.4%。办理超限运输许可828件，其中高速路线许可452件，混合路线许可376件。

高速路域环境整治　2021年，大同北高速公路分公司完成各路段5千米标准化养护示范路段工作目标。汛期前完成对沿线高填深挖路段、桥梁、涵洞及安全设施、排水设施进行经常性的检查、维护、整修和预防性维修处治，排查安全隐患16次，排查重点路段18处。结合路段绿色走廊建设，完成全线对中分带、道路两侧声屏障下部杂草的清理、喷药，及道路两侧路基边坡的紫穗槐、柠条修剪，完成全线绿化调查及绿化补植工作。

收费稽核机电运维及ETC管理　2021年，大同北高速公路分公司建立收费稽核奖励机制，设立站级稽核网，加大稽核追缴力度，确保完成年度通行费收核任务。全年完成公司所辖路段收费站维护688次，巡检48次，收费站保养48次，治超检测点维护186次，巡检48次，保养48次，外场设备巡检48次，保养48次，节假日专项巡检11次，治超设备专项巡检11次。所辖7个运营网点发行OBU设备7009台，记账卡7027张，完成ETC充值2143690元。

北高速公路安全应急管理 2021年，大同北高速公路分公司根据公司制定总预案，指导各单位修订735个现场处置方案。对8个二级应急物资储备中心的管理台账、出入库记录、标识标签进行统一规范。11月，给新平堡路产维护站补充配齐应急物资。全年开展应急演练82次，其中实战演练33次，桌面演练49次。建立危化品车过隧道辨识跟踪及预警系统，该系统集成“高清卡口+智能视频+毫米波雷达”技术，提高亮马台隧道危化品车辆安全监管的信息化、智能化水平，降低危化品车辆事故率。年内，该分公司被授予2021年度山西省安全文化建设示范企业称号。

（李 慧）

铁 路

大同站

【概况】 大秦铁路股份有限公司大同站（简称“大同站”）隶属于中国铁路太原局集团公司，管辖集高铁、行车、客运、货运、重载、编组为一体，属于综合性枢纽特等站。车站形成以大同、湖东两大编组站为中心，以各中间站为衔接点，以古大、北环、上引、下发、湖大、同联、云联等联络线为疏解，把大准、口支、云支、塔山等地方铁路沿线的矿产资源组流上线，连接京（北京北）包（包头东）、大（大同）秦（秦皇岛）、北同蒲（北起大同市，南到太原市）、韩（韩家岭）原（原平）干线的大枢纽格局。2021年，大同站客货运输能力辐射山西、陕西、河北、北京、天津、内蒙古等省、自治区、直辖市，成为华北、西北物流和晋煤外运的主通道。全年重大节日期间，大同站运送旅客718813人次。其中，元旦期间，运送旅客16080人次；春运期间，运送旅客133870人次；清明发送旅客32541人次；“五一”假期发送旅客68151人次；暑运期间，发送旅客388338人次；中秋小长假发送旅客16947人次；国庆长假发送旅客62886人次。年内，“大秦铁路大同站”微信企业号被评为全路正能量新媒体平台；中央精神文明建设委员会继续保留大同站全国文明单位称号；9月，大同站被授予“全国铁路体育先进单位”称号。（王晨成）

【大同站安全生产】 2021年，大同站注重高铁客车、重载和人身安全关键，落实双重预防机制，梳理动客货列车混跑管控关键点12个，制定卡控措施43条，开展接发车、防错办等专项整治19项，实现安全管控。加强标准化、规范化建设，以韩家岭站和古店站为试点落实达标建设，提升安全治理能力。创新开通“钉钉”安全管理平台，畅通电话、微信安全问题诉求2个渠道，重奖快奖安全有功人员。推进新型列尾试用，研发的列尾故障检测仪获国家发明专利，确保重载列车运行安全。截至2021年底，大同站实现安全生产2975天，实现第8个安全年。（王晨成）

【大同站货物运输】 2021年，大同站应对内蒙古倒查20年、煤炭价格剧烈波动、市场结构调整等影响，用大同、湖东枢纽运输组织能力，提升机列衔接、调机运用、装卸组织等关键环节作业效率，落实电煤“五优先”（优先批车、优先配空、优先装车、优先放行、优先卸车）措施，打好电煤保供突击战，全年阶段计划兑现率99%。大同车站提前完成货运发送量任务，货运任务高标兑现。年内，大同站货检车间获国铁集团路网性标准化货检站称号。（王晨成）

【大同站教育提质】 2021年，大同站实施提素工程，推进主要行车工种轮训568人，开展全员大背规、大比武，学规背规1696人次，学技练功2039人次，客运集体背规获集团公司第一名。加大青年大学生培养力度，7名大学生挂职锻炼到车站值班员等关键岗位，8名年轻大学生竞聘到管理和专业技术岗位，2名大学生任职车间（站）管理岗位，1名35岁以下年轻大学生被提拔到中层管理岗位，4名40岁以下年轻大学生被提拔到中层正职岗位，完成“83后”大学生中层正职培养任务。培养高技能、高层次人才，聘任技师4人，3人取得正高、副高级职称，2人被评为全路新长征突击手，1人被评为全路技术能手，壮大人才队伍。（王晨成）

大同南站

【概况】 大同南站是中国铁路太原局集团有限公司大同站管辖的一等站，车站站房总建筑面积66151平方米，其中站房面积39990平方米，站台风雨棚面积20617平方米，旅客出站通道面积2727平方米，物流通道面积2817平方米。候车室面积5724平方米，设置座椅1200个，最高可聚集人数3000人，高峰时旅客发送量3288人/时，车站南北向长204.1米，东西宽204.4米，建筑高度33.3米，有3层，第1层出站层，第2层进站层，第3层是高架候车层，布局上采用上进下出的客流组织方式，是省内第二大高铁站。2021年重大节日期间，大同南站运送旅客839713人次。其中，元旦小长假发送旅客15535人次；春运期间，发送旅客160091人次；清明期间，发送旅客40496人次；“五一”假期发送旅客65837人次；暑运期间，发送旅客452500人次；中秋小长假期间，发送旅客22347人次；国庆长假发送旅客82907人次。遇突发情况与列车横向联系，启动应急预案，全年组织晚点30分钟以上列车110余列，保证现场各岗位作业平稳有序，旅客组织安全顺畅。

（王晨成）

【大同南站安全管理】 2021年，大同南站建立完善安全分析制度、安全例会制度、安全风险管理制度、安全隐患排查制度、安全预警制度5大体系9类清单29种台账。与站安全、运输、客货、职教等业务科室协作，整理印制技术规章、技术文件、技术资料等200余份，细化安全生产责任制、岗位工作职责，及职教、消防、综治反恐等制度，给车站安全管理提供制度保障。针对突发大客流及大面积晚点、恶劣天气、设备故障等导致非正常行车、暴恐袭击等突发情况，结合不同时期特点，组织干部职工有针对性地开展演练，对演练中存在问题分析原因，整改不足并动态修订，确保各项预案时效性和可操作性，全年组织开展各类应急演练68次。

（王晨成）

【大同南站客运服务】 2021年，大同南站发挥“魏都畅行”“嘉慧馨旅”品牌优势，提升旅客服务硬件和软件水平，让重点旅客从进站、乘车、出站全过程享受服务品牌提供的专人帮扶、专用辅助器械、专用通道、站车无缝交接等专业化、链接式服务，改善旅客出行体验。完善和落实商务旅客服务项目，实现商务旅客“专属信息、专用通道、专区候车、专人引导、便捷出站”服务标准，提高商务旅客服务品质。截至2021年底，大同南站给旅客找回遗失物品3000余件，收到旅客锦旗15面，受“12306”表扬171次，省部级以上媒体报道46次。客车给水率受到国铁集团肯定，被中国铁道企协质量管理委员会授予“全路客货运输窗口用户满意单位”称号。

（王晨成）

【大同南站安检查危】 2021年，大同南站面对两会、“七一”、全运会等重点时期，针对进京旅客二次安检任务，对旅客及携带品开展100%检查，做到逐件过机、逢疑必查。截至2021年底，查获危险品8360余件，其中易燃易爆4680余件，利器钝器3650余件，活动物30余起。

（王晨成）

【大同南站增加动车组列车】 2021年1月20日，铁路部门实行新列车运行图，运行图调整后，大同南站增加至郑州和上海线路。该次列车运行图调整后，大同南站取消清河开往大同南的G4191/2次和G4193/4次列车；增加日常线7对列车分别是：清河开往大同南的G2525/6次、G2527/8次列车，呼和浩特东开往济南西的D2777/8次列车，包头开往郑州的D2781/2次列车，郑州开往呼和浩特东的D2786/5次列车，郑州开往大同南的D2790/89次列车，上海开往大同南的D316/5次列车；另有11列旅客列车调整运行区段。

（蕙　兰）

【集大原高铁大同段开工建设】 2021年第二季度，集（集宁）大（大同）原（原平）高铁大同段开工建设。建集大原高铁是国家铁路“八纵八横”呼（呼和浩特）南（南宁）通道的重要组成部分，途经内蒙古、山西、河南、湖北、湖南、广西6个省（区）23个地市，全长2300余千米，是纵贯中国中西部地区的南北大动脉、骨干客运线。集大原高铁位于呼南通道北端，穿晋蒙2个省（区）4个市14个县（区），是呼南通道晋蒙区域区间段，起自内蒙古乌兰察布市，向南经大同市、朔州市，终至忻州市原平高铁站。铁路全长约270千米，设计时速250千米，其中内蒙古段约73千米，山西省段197千米，建设集大原高铁初步设计批复325亿元。全线设置车站8座，包括接轨站2座，分别是乌兰察布、大同南；建设中间站5座，分别是丰镇西、应县西、山阴南、朔州东、代县西，引入既有站1座，怀仁东站，预留大同北站设站条件，全线总工期4年半。集大原高铁大同段，线路北起自晋蒙交界明长城遗址，南至大同南站东侧与大张高铁接轨，途经大同市新荣区、云州区、平城区、大同经济技术开发区，线路全长49千米。

（蕙　兰）

大同车务段

【概况】 2021年，大同车务段管辖京（北京北）包（包头东）线周士庄至柴沟堡段、张大客专阳高南至天镇段，口泉线和云岗线2条干线2条支线，营运里程327.6千米，国铁营业车站15个，包括一等站2个，二等站2个，三等站4个，四等站6个，线路所1个；专用铁路车站19个，1个调度车间，1个集经公司。下设班组104个，作业小组191个。全年货物发送量完成6039.9万吨，较计划超运151.6万吨，运输总收入完成60.8亿元，较计划超收2亿元，提前9天兑现“两坚守两实现”（坚守安全稳定底线、实现职工收入稳步增长，坚守盈亏目标底线、实现全年主要目标任务）任务目标，提前5天完成全年奋斗指标。客运方面，抓常态化疫情管控下的客运营销工作，实施“四个不足四个补”（长途不足管内补、春运不足春游补、冬季不足夏季补、客运不足货运补），携手旅行社开发阳高杏花节、天镇长城文化节等短途主题旅游产品，实现收入84.9万元。

（林媛媛）

【车务段经营管理】 2021年，大同车务段坚持业财融合，发挥节支清单刚性约束，公布行、客、货3大类10项节支明细，提前1个月完成全年788.1万元节支目标，全年超节20万元。推进劳动组织改革，优化工作量不饱和岗位19个，内部挖潜22名职工从事保安、保洁等工作，业务外包支出节省29万余元；把95名原抑尘作业人员分流安置到国铁商城招商，行车、客货运等生产岗位，破解结构性缺员难题，实现劳动用工良性循环。规范经营管理，推进巡查问题整改4项、“靠路吃路”专项整治，自查整治问题108件；推进劳动人事管理专项清查，查整岗职薪不符问题109件，优化通用工种岗位人员127岗次。发挥车务站段专业优势，实现运输业其他收入1.1亿元、实现利润1400万元。全年该段实现节支降耗、增收创效双丰收。

（林媛媛）

【车务段安全生产】 2021年，大同车务段坚持强基达标、从严务实安全思路，抓实双重预防，辨识公布年度重大、较大、一般、低风险防控措施106条，动态研判月度安全风险45项、季节性较大安全风险37项，开展年度专项整治6项、月度专项检查32项，查摆整治隐患678件，应对山西50年一遇水害考验，在形势任务中积累管理经验。坚持从严从实抓安全履职，眼睛向内抓问题整改，成立动客车及人身安全2个专业管控组，分专业制定40项必盯必控量化检查清单，每日重点提示、重点检查，按月专题分析、专题研判，织密安全防线，年内严重“两违”比上年减少13.1%。抓实岗位落标，深化一次作业达标，按月公布关键作业及惯性问题整治项目34项，年内386件惯性“两违”问题被倒查追责、全段通报，全年防止事故、好人好事190起，立功受奖203人次2.6万元，经受住运输生产持续高位、重点任务纷繁叠加等多重安全考验，获第3个安全年，并被集团公司命名成“安全标杆单位”。（林媛媛）

【车务段标准化建设】 2021年，大同车务段把标准化规范化建设作为强基达标治本之策，修订完善普速17项、高速14项基础管理制度，细化确定5大类24项创建重点，82项222条标准化、规范化任务责任清单，抽调骨干力量组建标准化建设办公室，通过日检查、周兑现、月通报，层层传压、常态对标，初步形成“人人有责、层层负责、各尽其责”标准化达标评价体系。提升管理档次，成立专项工作专班，坚持每周一次不定期抽查、每月一次抽样式验收，每季度一次拉网式平推，清理整治各类不规范问题1314件。严肃考评激励，坚持排序考核、精准考核、正向激励，兑现标准化达标奖励519万元，促进职工由“要我标准”向“我要标准”转变；坚持立标打样，在阳高南、天镇2个车站组织召开标准化建设现场会，集中展示成果，推广经验，全年管内17个车站（车间）全部管理达标，3个车站、22个班组、23个岗位被命名为标准化示范站点。（林媛媛）

【车务段运输组织】 2021年，大同车务段在货运方面，立足基础货源和大户装车，围绕全年5660万吨协议运量兑现，稳定煤炭增量基本盘，整体兑现率100.9%；深化网格化营销，实施“一县一策、一企一策”网格化营销，开发11个营销增量项目，“公转铁”“白补黑”锁定新增运量390万吨。打通辐射区内5大电厂与晋能大矿供需链条，实现“小管内”增量200万吨。加强电煤保供，发挥与晋控煤业合署办公优势，每日动态调整各站装车组织结构，10月份单日最高装车2926车。2021年，该段收到集团公司通报嘉奖11次，对装车创纪录、组织上水平的12个站次，奖励4万元。（林媛媛）

【车务段教育培训】 2021年，大同车务段聚焦业务素质短板，推动职工提素，开办新规章、“必知必会”线下脱产+网络培训64场次3790人，推送“手机微课”39期，微信平台网络抽考2130人。坚持以赛促学，举办“全员大背规、全员大练兵、全员大比武”，重奖技术能手309人次55万元。年内，在集团公司技能竞赛中，该段取得行车、货运团体背规2个第一，客运团体背规1个第二；个人背规1个第一，个人全能1个第三，个人单项1个第二。坚持办快班、办好班，3820人次主要行车工种脱产轮训、进修提升；选派专业骨干到侯马车务段、青岛车务段等兄弟单位学习经验，提升干部职工综合素质。开辟人才成长进步快车道，全年党政交流干部9人、提拔使用19人、调整使用85人，8名干部晋级中、高级专业技术职务，4名入选集团公司二级专业技术拔尖人才，2名“83后”大学生骨干步入中层正职，11名青年大学生、1名优秀班组长走上管理岗位，干部职工人尽其才、自觉提素，成为驱动大同车务段发展的智力支撑。（林媛媛）

大同西供电段

【概况】 2021年，大同西供电段主要担负大（大同）秦（秦皇岛）线、北同蒲线（北起大同市，南到太原市）北段、京（北京北）包（包头东）线（古店至柴沟堡）、宁（宁武）岢（岢岚）线、岢（岢岚）瓦（兴县瓦塘）线、迁（迁安北）曹（曹妃甸港区）线、朔（朔州）准（准格尔）线、平朔支线、韩（韩家岭）原（原平）线北段、张大客专线的牵引供电、电力、给水设备的运行、检修、维护任务。管辖正线营业里程1920.7千米，牵引供电设备6665.4条公里（导线根数×长度公里数）；企业供电设备6889.4千米。其中，韩原线正线里程94.6条公里，牵引供电设备259.8条公里，企业供电74千米；张大客专正线里程141.4条公里，牵引供电设备408.1条公里，企业供电1303.5千米。有牵引供电和10千伏配电所（亭）197个，10千伏所亭65个。有管道设备360.8千米；有接触网作业车58台。有28个车间，136个班组。其中，供电车间18个、检修车间2个、供电维修车间3个、动力设备车间2个、供电检测车间2个、给水车间1个。分布在3个省2个市。（宋慧文）

【西供电段安全生产】 2021年，大同西供电段抓高铁客车和重载安全，开展主导电回路、线索间距、接地装置、轨旁设备等15项专项排查整治，发现处理北周庄站软横跨参与导流、茶平区间保护线与正馈线距离不足等典型隐患。根据大秦重载铁路供电设备状态评估结果，推进“大秦强基达标三年工程”，开展专业难题技术攻关，段领导挂牌督办解决8个

▲2021年10月3日，大同西供电段开展第一阶段安全集中维修。图为施工现场（宋慧文 摄）

设备症结问题。集中整治突出设备隐患，利用集中修组织对存在隐患的22522支棒式绝缘子和5276支隧道内复合绝缘子进行集中更换，消除绝缘子断裂和放电闪络缺陷。通过在重点区段增设避雷线、隧道内加装绝缘挡板等20项技改大修，保障运行安全。加强风险研判，对永定河、跨丰沙、妫水河等风口地段、长大桥梁设备进行零部件防松脱整治，消除安全隐患。推行岗位风险清单，卡控人身、行车安全。抓外部环境整治，全年印发隐患通知书183张，拆除上跨线22处，加固检查塑料大棚、煤台防尘网、果园防雹网25处约11500平方米。面对京津冀地区危树直接威胁设备安全，砍伐危树24797棵，占总数94.1%，杜绝因危树引发跳闸现象。2021年，该段实现第25个安全年。（宋慧文）

【西供电段规范化建设】 2021年，大同西供电段确立以环境达标为突破口，以考核评价为驱动力，提升标准化意识，规范行为养成。把基础指标通用部分、个性部分及创优指标逐项逐条分解落实责任到具体人员，形成从段领导班子到科室到车间的分工落实清单。打造标准化设备，高铁设备率先达标，张大客专重新粘贴电连接线夹测温片713处，对全线67台电力箱变实现图纸及相关信息二维码管理。韩原线计划两年内完成，年内完成全部任务60%。普速设备完成7个站场及枢纽地区、90座变配电所、23座给水所标准化创建任务，提升设备运行质量。实施物资扫码出入库，率先立标打样，大同片区现场会在该段湖东供电运行工区召开，现场演示观摩。梳理该段各工种、各岗位的作业指导书，完善细化接触网、电力、给水及作业车作业流程66项。以各工种必知必会100题为基础，达到应考尽考，人人过关。根据车间管辖设备数量、生产实际、安全管理难易程度等，分三类核定考评分值，对维修、检测等车间在作业达标、管理达标方面发生的问题，加大考核权重。每月专项考评中，车间之间人均差距16%，个人最低与最高月度兑现相差50%，营造“达到标准得实惠、不达标准受损失”鲜明导向。（宋慧文）

【西供电段经营管理】 2021年，大同西供电段注重全面预算管理，强化业财融合，促进检修计划与财务预算计划衔接，规范经营管理。推进劳动组织改革，完成接触网专业、给水专业劳动组织改革及所亭实行无人化管理，节约用工67人。优化整合全段通用工种285人，减少通用工种人数。推进节支降耗，修程修制改革节支74.8万元，完成节支8539.8万元。推进远程集抄系统改造，水表、电表全部安装完成，更换水表1973块、电表7115块。推进“三供一业”移交工作，分离移交供电、供水用户分别完成100%、95.5%。通过直购电、需量法计费及疫情优惠政策，节约电费7832万元。强化资产资源开发，支持非运输企业经营创效完成3个项目，实现创效256.8万元。（宋慧文）

【西供电段人才队伍建设】 2021年，大同西供电段着重培养专业技术人才，围绕高铁、重载安全，激励各级干部在研究专业技术、破解难题中积淀知识、增长才干。以干部队伍提素为目标，举办专项培训班16期485人次，选派202人选调学习交流。对全段39名副主任和37名年轻干部开展专项考察考核，提升关键岗位干部履职意识。加大干部履职考评，针对安全隐患整治、工作票审核等开展专项督查，对履职不到位、制度不落实13名干部、2个部门全段通报考核，促进干部作风转变。坚持正确选人用人导向，选拔任用、交流调整干部76人次，形成正向激励效应。实行有效人才政策，“铁路工匠”郑立春被授予“享受政府特殊津贴”称号。针对电力等小工种职工专业技能弱化现状，通过高铁设备厂家培训、普速现场实战培训，给车间培养电力专业新生力量。利用远程教育主播室、手机APP等功能开展远程网络培训14次、7093人次。聘请专职教师举办营业线施工知识培训班3期84人次，提高现场作业防护能力。开展全员提素大比考活动，抓实职业技能竞赛和高技能人才培养选树，年内全段3名职工被评为“太铁工匠”，1名职工被评为“铁路工匠”，2名职工被授予“全路技术能手”称号，2名职工当选集团公司“首席技师”，4名职工入选2021年度集团公司“专业骨干人才”。（宋慧文）

湖东车辆段

【概况】 2021年，湖东车辆段管辖范围西起黄河边，东到渤海湾，横跨京、津、晋、冀“两省两市”，主要承担着大（大同）秦（秦皇岛）、京（北京北）包（包头东）、北同蒲（北起大同市，南到太原市）、韩（韩家岭）原（原平）线4大干线和口泉、云冈、平朔、迁曹线等6条支线及部分专用铁路线运用车辆的维修任务，及大秦线配属C80系列重载货车的检修任务，是全路唯一集厂修、段修、运用修、临修、集中整备、轮轴厂修为一体的重载货车检修基地。全段有湖东、大同两大检修生产基地和大同、湖东、大新、茶坞、秦皇岛、迁曹线6大管理区域，下设14个职能科室、2个辅助生产机构、17个生产车间（其中，运用8个、定检6个、动态2个、设备1个）、15个列检作业场、2个动态检查作业场、6个技术交接作业场、5个站修作业场。拥有检修台位93个、设备1327台/套，日检修能力厂修24辆、段修105辆、轮轴四级修100条，年通过修4100万辆。配属车辆36758辆（其中C80系列36348辆，C76等系列410辆）。（李　桥）

【湖东车辆段安全生产】 2021年，湖东车辆段坚持调度统一指挥、精细生产组织，保障重载运输生产畅通。面对年底货运增量、电煤保供等形势，动态优化生产组织，强化应急处置保障，曹妃甸西、京唐港等运用车间技检作业量分别突破90列、47列。推进C80货车“客车化”管理和分级整备，整编完成211个万吨列，实现配属货车整列扣、整列出，C80扣车由日均8列下降到6.5列，整备完成1696列175556辆。推进修程修制改革，检修生产组织，完成段修17800辆、厂修3522辆、临修14501辆，轮轴四级修及新组装2.1万条，处置破损车、不良货车6613辆。把确保安全摆在各项工作首位，把事后分析故障向事前整治隐患转变，围绕重载安全隐患，研判防列车脱轨、起非常、车辆抱闸等安全风险 59 项，建立安全风险库、隐患库、问题库“三个库”清单，印发安全预警通知书 23 期。按季推进“十大安全隐患”“十大惯性故障”专项整治，常态化开展轮对磨耗、列车漏泄、互钩差超限等 12 项排查整治，超前整治安全隐患 123 件。发挥正向激励引导作用，全年签发表扬通知书 115 张奖励 23.2 万元，奖励典型故障 88 万元。截至 2021 年底，该段实现第 14 个安全年。（李 桥）

【湖东车辆段标准化建设】 2021 年，湖东车辆段推进标准化规范化建设，制定标准化规范化建设实施方案，明确段、车间、班组、岗位四级创建标准、评价指标和实施清单，把 636 项评价项（点）、42 项量化评价指标逐项分解到责任部门、岗位，确保标准化、规范化建设与日常管理结合起来。梳理重载安全、重载技术等十大管理体系，形成涵盖 16 类 350 项管理办法的制度体系。开展列检“一班一列一辆”“日标准化演练”、检修“干标准活”“交标准车”活动，促进岗位作业标准落实。全年评选标杆车间及科室 13 个，标准化岗位动态达标率 99.4%。（李 桥）

【湖东车辆段质量保障】 2021 年，湖东车辆段推进精细化检修，优化制动阀缓解阻力、制动缸鞲鞴行程等 14 项质量内控标准及 146 条精细化检修措施，完善 15 项配件入段检验标准，车辆一次交验合格率及运用车优秀率分别是 99.2%、98%，典型故障发现率在全路排名前三。建立配属车技术状态评估及源头质量排查机制，定期分析评估重载车辆运用状态，开展撑杆折断、制动阀等典型故障靶向整治 33 项、钩缓装置尼龙磨耗板折断故障等科技攻关 21 项、列车制动性能智能监测等重载技术研究 7 项，配属车临修、更换轮对数量同比下降 66%、85%。发挥科技保安全作用，研发 THDS 抱闸三级智能预警系统，运用大数据系统动态监控车辆运行状态，疑似抱闸、冒烟拦停等车辆故障下降 27.6%。（李 桥）

【湖东车辆段经营管理】 2021 年，湖东车辆段从规范制度入手，组织修订物资管理、能源管理等 22 项经营管理制度和办法，举办合同管理、财务共享等专题培训班，开展验工计价、业务外包、物资管理等自查自纠，堵塞经营管理漏洞。核定成本消耗定额，实行段、车间预算指标两级控制，优化段、车间、班组三级物资管理体系及库存结构，库存物资由 4325 万元下降至 1625 万元。树立“过紧日子”思想，细化“四个清单”具体内容，明确责任目标，强化过程盯控，兑现“四个清单”全年任务指标。（李 桥）

【湖东车辆段人才培养】 2021 年，湖东车辆段抓教师教材关键，完善段、车间、班组三级培训体系，立足现场培训需求，编制标准化作业，应急处置教学片 92 个，择优选任 175 名兼职教师。激励职工从“要我学”向“我要学”转变，投入 100 万元设立职教专项奖励基金，举办各类培训班 293 期、技能竞赛 46 场次、背规赛 34 场次，评选“学习标兵”75 名。推进重载人才队伍建设规划实施，选拔 23 名青年大学生到班组党支部书记、副书记岗位培养，12 名青年大学生到副班工长岗位锻炼。25 名优秀青年大学生进入中层管理岗位，全段中层管理人员年轻化比例提高 15%。组织大学生参与重载技术攻关、青工竞赛，给人才快速成长搭建平台。（李 桥）

湖东电力机务段

【概况】 湖东电力机务段位于山西省大同市东南 25 千米处，生产作业区域以湖东为中心，沿线辐射至大同、朔宁岢（朔州、宁武、岢岚）、秦皇岛、曹妃甸、京唐港等地区。2021 年，该段有车间 20 个，科室 17 个，集经企业 1 个，和谐机车高级修项目管理部 1 个，班组 381 个。其中，运用系统设有 8 个车间（7 个运用车间、1 个调车车间），检修系统设有 3 个车间、1 个和谐机车高级修项目管理部，整备系统设有 6 个车间（4 个整备车间、2 个折返车间），另设有设备车间 1 个、救援车间 1 个、后勤车间 1 个。全段配属机车 589 台（HXD1 型 350 台、HXD2 型 54 台、SS4 型 104 台、内燃机车 81 台），主要担负大（大同）秦（秦皇岛）、北同蒲（北起大同市，南到太原市）、迁（迁安北）曹（曹妃甸港区）、朔（朔州）准（准格尔）4 条干线，13 条支线（京包、云支、口支、湖大、宁岢、岢瓦、平朔、神朔、茶蓟、东港、京唐港、曹西、司曹）的货运牵引任务和 6 对客车牵引任务，及 209 条专用线及管内枢纽、关键站场的调车任务，总运营里程 2101 千米。（张 哲）

【机务段安全生产】 2021 年，湖东电力机务段坚持强基达标，健全完善安全管理制度体系和安全生产责任体系，提升安全治理能力。应对风险变化，实施“现场查＋分析查＋远程控”模式，确保春运、两会、中国共产党成立 100 年大庆等关键时期的现实安全。提升重载安全零容忍意识，固化“分析研判＋定期研究＋动态报告”机制，确保大秦线重载列车安全高效开行。加强应急处置，推行“远程化＋精准化＋流程化”防控，经受住恶劣天气、集中修施工、运输增量等各种考验。推进标准化规范化建设，建立“责任＋任务＋管控”清单，形成齐抓共建、达标创优氛围。截至 2021 年底，该段连续安全生产 982 天，实现安全年目标。（张 哲）

【机务段运输任务】 2021 年，湖东电力机务段落实货运增量部署，深化保机班、保机车、保效率、保安全“四保”举措，在“电煤保供、增运补欠”攻坚战中，每日提供大秦线 2 万吨主控机班 270 班，每日必保供应电力机车 461 台，确保大秦线日均开行重载列车 86 列，2 万吨列车最高日开行 73 列，连续 20 天、累计 50 天日运量在 130 万吨以上，全年完成运量 4.2 亿吨，完成“两坚守两实现”（坚守安全稳定底线、实现职工收入稳步增长，坚守盈亏目标底线、实现全年主要目标任务）任务目标。（张 哲）

2021 年湖东电力机务段运输任务和效率指标统计表

表 20–1

项目	单位	计划	实际	完成 %
总走行千米	千机千米	106025	106025	100%
总重吨千米	百万吨千米	469879	469879	100%
平均牵引	吨	8450	8953	106%
技术速度	千米 / 小时	52.4	50.5	96.4%
日产量	万吨千米	348	352.4	101.3%
日车千米	千米	655	651	99.4%
该段大修	台	—	111	—
该段中修	台	—	232	—
该段小修	台	—	705	—
该段辅修	台	—	930	—
成本总支出	万元	—	288411.2	—
运输业生产率	万总重吨千米 / 人・年	—	7434.6	—

【机务段企业改革】 2021 年，湖东电力机务段优化机车整备生产布局，启用曹妃甸折返车间。加强修程修制改革，调整检修范围 14 项，压减委外修 7 项，开展自主修 5 项，取得 HXD1 型机车轮驱装置 C5 修资质。深化劳动组织改革，全年减少岗位 126 个，10 项服务性业务外包固化为自己干。创新干部履职考评机制，多维度考评干部履职优劣。推动人事管理变革，交流提拔中层正职 28 人次，选拔任用干部 47 人，11 名大学生青年干部、12 名优秀指导司机聘任到管理岗位。（张　哲）

【机务段经营管理】 2021 年，湖东电力机务段健全完善经营管理制度，编制各专业经营流程图，实行经营问题分级管理，开展 10 项清查，细化经济活动分析会流程。制定节支创效四个清单，细化落实 13 个板块、69 个项目、178 条具体措施，全年节支降耗 5459 万元，经营开发创收 9235 万元，支持非运输企业经营创收 1217 万元，超额完成预期目标。

（张　哲）

【机务段科技教育】 2021 年，湖东电力机务段推进技术攻关和课题研究，获集团公司科技成果进步奖 2 项、QC 创新成果优秀奖 5 项、科技创新知识产权保护与应用奖 1 项，合理化建议和技术改进成果获奖 6 项。加快高精尖人才培养，新评技师 34 人、高级技师 24 人，获全路技术能手称号 4 人、“火车头”奖章 2 人，评为集团公司专业技术带头人 2 人、骨干和拔尖人才 7 人，重载司机呼长宝当选“太铁工匠”。开展适应性培训 19.7 万人次、“闯关式”实训 1.3 万人次、专项专题培训 64 项，分批组织质量系统职工 481 人、2 万吨主控司机 227 人进行岗下培训。全年提职司机考试通过 405 人，通过率 86%。

（张　哲）

民用航空

【概况】 大同云冈机场位于山西省大同市东，距离市中心约 17 千米，总占地 190.1 公顷。有 T1 国际（6328.2 平方米）和 T2 国内（10854 平方米）两座航站楼，总面积 17182.2 平方米。飞行区等级 4C，跑道长 3000 米，宽 60 米，可起降 B737–800（含）、A321（含）以下机型。2021 年，增加 2 个停机坪，停机坪总面积 51511 平方米，可同时停放 9 架（8C、1B）飞机。全年开通国内航线 20 条，通航城市 29 个，完成运输起降 10939 架次，旅客吞吐量 885224 人次，货邮吞吐量 1602.7 吨，同比分别增长 17.9%、18.8%、–2%。5 月 19 日，大同云冈机场通过机场使用许可符合性评价。12 月 20 日，大同机场有限责任公司被中共山西省委宣传部、省文明办命名为山西省第四批社会主义核心价值观建设示范点。（韩向荣）

【机场安全基础管理】 2021 年，大同云冈机场印发《大同机场 2021 年安全服务重点工作落实方案》，逐项推动重点项目实施，完善制度体系建设，采取分制度、定时限、责任到人形式，梳理公司级安全服务制度，形成大同云冈机场安全服务制度汇编，确保各项安全服务工作有章可循、有据可依。推进法定自查工作，统筹开展安全绩效管理工作，并进行危险源识别，使双重预防机制真正落地。开展“机坪设备安全专项整治”“飞行区保障能力提升”“安全生产月”等 8 个专项活动，强化各项安全保障措施，提升安全管理能力和水平；修订完善 5 项应急预案，形成大同云冈机场应急预案汇编，实现横向、纵向相关应急预案有机衔接。组织开展公司级疫情防控期间反恐防暴演练、防洪防汛联动应急演练及中航油大面积草火联合应急演练等 5 次，各部门月度应急演练 54 次，与云州区消防救援大队、云州区人民医院地方支援协议单位联合开展“古都—2021”应急救援综合演练，提升应急处置能力。通过机场使用许可符合性评价、华北局安保测试，完成两会、中国共产党成立100周年庆祝活动及成龙国际电影周期间的航班保障工作。全年大同云冈机场安全形势持续平稳。（韩向荣）

【航线开通】 2021年，大同云冈机场增加福州—大同—哈尔滨、桂林—大同—大连、天津—大同—海口、重庆—大同—大连4条航线。服务山西通航示范省建设、大同市打造全省通用航空业发展示范市要求，开通太原、长治、吕梁3条省内短途运输航线。全年与9家航空公司合作开通国内航线18条，通航城市27个，其中包括18个省会城市、2个直辖市，厦门、青岛、深圳、大连、桂林、秦皇岛6个旅游热门城市和经济中心城市。

（韩向荣）

【航空市场开发】 2021年，大同云冈机场利用传统媒体宣传阵地，报纸、广播每月更换航班宣传及特价信息，并在春运、古都灯会期等重要时间节点，组织开展航线推广及机场官方公众号及抖音号的吸粉等活动；借助专业平台及技术团队，升级优化“大同飞”产品为“大同飞2.0”线上产品平台，有17家合作伙伴；开发新媒体宣传方式，利协同旅游局、云冈石窟、华严寺、各媒体、携程网、深圳航空、昆明航空开展网络直播宣传活动，观看人数132.2万人，机票加中转券总销售金额44万余元。携手各大航空公司联合大同大学开展助力复学活动，组织200余人。针对山西省A级旅游景区对江浙沪游客免费开放政策，推出“飞大同·游山西”活动，拉动华东区域到大同团队1万余人，全年各条航线团队组织3万余人。开发拓展周边市场。启动空汽联运模式，与山西汽运集团雁北汽车运输公司、怀仁汽车站、应县汽车站等合作增设怀仁、应县接驳车服务；与右玉干部学院合作开通交通服务保障服务，给全国各地游客学习“右玉精神”架起空中桥梁，为提高大同机场知名度、扩大辐射范围奠定基础。（韩向荣）

▲2021年3月28日，福州—大同—哈尔滨航线开通 （韩向荣 摄）

【机场服务建设】 2021年，大同云冈机场制定《大同机场2021年民航服务质量标准建设年专项活动方案》，明确“不断完善航班正常管理”“持续提升民航服务质量”“继续推进民航服务质量体系建设”三大部分39项具体要求。完成春运、暑运、国庆等重要节点及雷雨、大风、低温等特殊天气下服务保障工作。在候机楼“雷锋服务站”问询柜台推出“舒心，伴你行”一站式特色服务，给特殊旅客推出预约服务、智能通信设备使用服务，给视听残障人士提供全程引导等服务项目；增设“无法随身携带物品”邮寄到家服务。落实老年人航空出行便利措施，安排专人给老年人提供服务，设立老年人优先购票和现金支付售票窗口。升级候机楼服务功能，建设25平方米“母婴室”2个，改造吸烟室，在T2候机楼停车场安装5台新能源电动汽车直流充电桩，给驾驶充电型车辆的旅客提供便利；改造更新候机楼照明示范工程，加装从候机楼入口至停车场步行区域灯光，亮化机场道路方便旅客进出机场。

（韩向荣）

【机场“安智星”APP上线运行】 2021年3月初，大同云冈机场“安智星”APP正式上线运行。“安智星”APP通过采用PC端和手机移动端相结合方式，运用“电子化”监察模式，提升现场安全检查效率，使传统隐患问题整改、回复、跟踪等流程从“见面办”向“掌上办”转变。该APP录入使用203项电子检查单，整改62项问题隐患，全部实现闭环管理，给大同云冈机场推动体系建设由碎片化向系统化转变、由管理层向运行层延伸提供管理依据，提高机场安全运行保障能力和安全管理智慧化水平。（韩向荣）

【模拟机培训基地运行】 2021年4月15日，大同云冈机场模拟机培训基地运行。该基地是省内第一家开展该业务的支线机场，有机场管制模拟机设备2套，民航局备案程序管制教员3名，并编有程序管制培训教材1本。模拟机设备录入省内各机场的飞行程序，可给各机场提供执照考核前100小时模拟机培训及程序管制技能提升培训。大同云冈机场向华北地区管理局提交管制员年度复训培训资质申请，待审核通过后可对外开展国内管制员年度复训培训。（韩向荣）

【机场夏航季工作新闻发布会】 2021年4月23日，由大同市政府新闻办公室，市委、市政府新闻中心主办“大同机场2021年度夏航季工作新闻发布会”在大同市综合行政办公楼会议中心召开。大同市委宣传部、市政府新闻办、大同机场有限责任公司相关负责人，及来自中央、省、市20余家新闻单位30余位记者参加新闻发布会。发布会上，机场就夏航季的安全服务保障、航班航线网络优化，及推出的最新便民举措等工作内容向社会公众发布，对媒体提出的针对航班换季的主要特点和“我为群众办实

▲ 2021 年 4 月 23 日，大同机场夏航季工作新闻发布会在大同市综合行政办公楼会议中心召开（韩向荣 摄）

事”实践活动便民举措等方面的提问进行回答。（韩向荣）

【航空直播宣传】 2021 年 5 月 13 日、14 日，大同云冈机场与携程网合作开展以“大同飞精彩出行”为主题的系列直播宣传活动。直播分别在云冈石窟景区和华严寺开展，现场以大同文化旅游资源为依托，推广“大同飞”产品为主线，重点对大同云冈机场的航线航班情况及围绕古都大同“吃、住、行、游、购、娱”进行推广，在线推出抵大同特价机票及经大同机场中转优惠券。携程网统计，两场直播观看人数 132.2 万，粉丝点赞热度 27476 个，粉丝互动评论数 7703 条，中转券销量 476 张，大同出港机票销售 690 张，机票加中转券总销售金额 440186 元。6 月 8 日、15 日和 24 日，大同云冈机场分别组织机场各部门业务骨干在抖音平台开展“主播走一线”直播活动，直播主要围绕航空安全知识、安全检查等内容进行讲解，宣传普及航空旅行知识、乘机注意事项，引导旅客文明乘机与安全旅行，并回答旅客关心、关注的民用航空安全问题，直播现场观看人次 7729 人次，发放头等舱服务体验卡 30 张，接受咨询 449 人次。（韩向荣）

【机场驰援河南救援物资运输】 2021 年 7 月 25 日起，大同云冈机场开通河南援助物资绿色免费运输通道，优先接收及保障用于河南灾区救援相关物资，接收当地及周边各地区政府机构、红十字会、慈善机构及所有企业捐助的救援物资，给所有救援物资提供免费运输及优先保障服务。7 月 29 日，大同飞往郑州的 ZH9300 航班起飞，运送口罩、药品、食品、救生衣等物资 117 件 917 千克，完成首次向河南防汛救灾援助物资运输保障任务。（韩向荣）

【机场与大同海关签署业务合作备忘录】 2021 年 8 月 10 日，大同云冈机场与大同海关签署业务合作备忘录，落实省市口岸开放验收工作要求，大同云冈机场、大同海关领导及相关工作人员参加签署活动，双方代表在合作备忘录上签字。双方表示，大同云冈机场与大同海关会建立口岸危险货物突发事件应急处置工作机制，提高航空口岸检疫查验技术和能力；建立口岸病媒生物联合防控协作机制；加强疫病疫情防控合作，当发生重大疫病疫情时，相互配合落实各项应急检疫措施，构建多层面的联防联控机制，做到及时切断传染源，防止疫情传入传出等，共同维护国门安全。（韩向荣）

【大同航空口岸通过验收】 2021 年 9 月 18 日和 11 月 17 日，大同航空口岸分别通过市级验收和省级预验收。市级验收组由大同市商务局（口岸办）会同大同海关、山西出入境边防检查总站、大同机场 4 家单位组成。省级预验收组由省商务厅会同太原海关、山西出入境边防检查总站、山西省军区战备建设局、民航山西监管局、山西省航产集团和大同市政府组成。验收组对照标准、验收流程和验收意见表，现场查验口岸通关流程、国际航站楼和联检单位业务用房，及设施设备安装调试等情况，查验口岸验收相关资料，并听取口岸各单位前期开展工作情况汇报。验收组一致认为，大同航空口岸查验基础设施配套基本完成，联检单位业务用房建成，相关设施设备安装调试，航空口岸基础设施设备运行正常，口岸规范安全运行机制及配套管理制度基本形成，具备开放条件，验收组同意大同航空口岸通过市级验收和省级预验收。（韩向荣）

【机场“安康杯”职业技能竞赛】 2021 年 11 月 29 日，大同云冈机场组织开展 2021 年“安康杯”职业技能竞赛活动。该次竞赛活动由部门个人赛和公司团体赛构成，分两个阶段进行。通过部门个人竞赛比赛，总成绩排名前三的选手组队代表部门参加公司团体赛。公司团体赛则由 6 支代表队 18 名队员参加，竞赛设置必答题、抢答题、趣味猜词题、违章识别题等环节。最终，航行保障部代表队获竞赛团体一等奖。该活动引入“直播”元素，在线下开展活动同时，开通“抖音”APP 直播，扩大受众面，带领广大观众和职工进现场、看比赛、学知识，并在直播间内实时互动。直播现场观看人次 1322 人次，点赞次数 6859 次。（韩向荣）

【机场机坪扩建项目完工】 2021 年 12 月 9 日，大同云冈机场机坪扩建项目完成行业验收。大同云冈机场机坪扩建项目于上年 10 月 1 日开工建设，于 2021 年 9 月 10 日通过竣工验收。该项目批复项目概算总额 1434 万元。设计内容包括在现有机坪西北侧布置 2 个自滑进顶推出 C 类机位，并把现有机位滑行道延长，满足飞机进出机位，在机位周边设置相应服务车道，供保障车辆提供服务；配套建设助航灯光、机坪照明，及供电、机坪消防、安保等工程。（韩向荣）

金　融

金融监管

中国人民银行大同市中心支行

【概况】 截至2021年底，大同市金融机构本外币各项存款余额3874.8亿元，较年初增加374.7亿元，增长10.7%，同比增加55.6亿元。其中，本外币住户存款余额2763.7亿元，较年初增加263.7亿元，增长10.6%，同比减少3.3亿元。本外币非金融企业存款余额830.5亿元，较年初增加99.4亿元，增长13.6%，同比增加13.3亿元。广义政府存款余额257.5亿元，较年初增加9.6亿元，增长3.9%，同比减少54.9亿元。

全市金融机构本外币各项贷款余额1988.3亿元，较年初增加155.5亿元，增长8.5%，同比减少116.9亿元。全市金融机构本外币境内贷款余额1988.3亿元，较年初增加155.5亿元，增长8.5%，同比减少116.9亿元。其中，本外币住户贷款余额414.6元，较年初增加42.8亿元，增长11.5%，同比增加0.5亿元；本外币非金融企业及机关团体贷款余额1573.7亿元，较年初增加112.7亿元，增长7.7%，同比减少117.4亿元。

中国人民银行大同市中心支行支农再贷款余额14亿元，支小再贷款余额10.3亿元，扶贫再贷款余额7.5亿元。

2021年，全市跨境收支总额65711万美元，同比增长12.9%，其中跨境收入44653万美元，同比增长21%，跨境支出21058万美元，同比下降1.1%。银行结售汇总额54715万美元，同比增长8.3%，其中银行结汇40801万美元，同比增长29.4%，售汇13914万美元，同比下降26.8%。全市实现外贸进出口总值111037万美元，同比增长46.9%，其中出口73880万美元，同比增长35.2%，进口37157万美元，同比增长77.3%。

（田晓宏）

【人行支持普惠金融】 2021年，中国人民银行大同市中心支行加强再贷款结构性调控作用，加大对扶贫、支农、支小等薄弱环节的资金倾斜。截至2021年底，全市再贷款限额34.1亿元，使用率93.2%。再贴现额度11亿元，办理再贴现41笔29.1亿元，间接支持103户民营、小微和涉农企业。两项直达实体经济货币政策工具落实情况较好，延期率、信用贷款余额占比、新增占比均保持在全省前列。督促法人机构把LPR（贷款市场报价利率）内嵌于FTP（文件传输协议）中，引导贷款利率下行。深化财政支持民营小微企业金融服务综合改革试点工作，对全市金融机构上年增加的普惠小微企业贷款实施风险补贴442万元；发挥市级政府融资担保基金、贷款周转基金、财政贷款贴息保费补贴等政策作用，为银企合作增信、降费、避险、提效。截至2021年底，全市创业担保贷款基金总额2648万元，创业担保贷款余额6632.4万元，基金放大倍数2.5倍，直接或间接带动就业人数6237人。出台《金融支持巩固脱贫攻坚成果推动乡村振兴的意见》，对金融支持县域经济发展考评为C、D类机构展开约谈，引导金融机构加大对薄弱领域信贷投入；与金融办联合出台《金融支持“双黄”产业发展的实施意见》，召开政银企专场对接会，促成金融机构与79家农户及个人达成授信意向1.5亿元，相关经验做法被太原中心支行金融支持乡村振兴专刊采用。（田晓宏）

【人行支持转型发展】 2021年，中国人民银行大同市中心支行出台《关于金融支持经济高质量转型发展的指导意见》《关于提高中小微企业金融服务能力的通知》等文件，引导金融机构围绕全市“一城五地”发展战略和“1+4+6”产业振兴工程做好金融支持。编制《支持小微企业发展政策汇编》，联合市政府举办“金融精准助力民营小微企业高质量发展政金企对接会”“贷动小生意 服务大民生”“双碳愿景·绿色金融——大同市金融专家服务团精准对接四上企业”等多起政银企融资对接活动，促成金融机构与民营企业达成授信意向34.9亿元；推广应收账款平台、动产融资服务工作，实现“动产融资服务平台”银行业金融机构全覆盖；全年中征应收账款平台促成融资交易31笔，金额23.3亿元，动产融资服务平台增加登记查询509笔。深化融资机制，推动2家法人金融机构以政府性融资担保模式，使用再贷款给企业发放1980万元。支持外向型经济发展，出台《金融支持外向型经济发展的指导意见》《关于金融支持大同市跨境电子商务综合试验区建设的意见》，加强与海关等部门对接，凝聚监管合力，支持大同跨境电子商务综合试验区建设，助推辖内企业实现跨境资金集中运营管理、推动大同跨境电商试验区健康发展，截至2021年底，贸易及投资项下跨境人民币结算量至7.5亿元，较同期增加74.4%。

（田晓宏）

【人行支持绿色金融发展】 2021年，中国人民银行大同市中心支行加大对绿色票据的支持，鼓励金融机构运用再贴现资金加大对绿色企业的融资支持，发挥货币政策工具引导优化、结构调整作用。全年办理绿色票据再贴现业务3.8亿元，较同期增加1.06亿元。（田晓宏）

【金融稳定维护】 2021年，中国人民银行大同市中心支行坚持推动金融风险监测、预警、防范和化解，维护区域金融稳定。成立风险事件处置工作专班，落实重大事项报告制度，主动应对各类风险。年内，推动辖内2家高风险社成功改制。跟踪监测煤炭、重点企业债券接续问题，配合政府化解债券兑付风险。推动辖内个别法人降低房地产贷款集中度，防止房地产风险向其他领域蔓延。关注跟进恒大集团在同项目进展情况，做好风险监测和应对准备。发挥存款保险早期纠正效用，开展资产质量真实性核查，提升风险防范能力。组织开展“存款保险宣传月”活动，被地方媒体宣传，取得良好效果。（田晓宏）

【银行支付系统建设】 2021年，中国人民银行大同市中心支行处理大额支付系统业务90.2万笔，小额支付系统业务686.4万笔。建立账户管理非现场监管机制，账户管理投诉率由同期的54.5%下降至33.3%，辖内涉案账户数量较同期下降32.1%。分类评级辖内30家支付机构，深化老年人支付服务工作。开展小微企业支付手续费减费让利工作，支付手续费减费规模48.9万元。开展“一人多卡”清理和风险账户督导行动，深化防范电信网络新型违法犯罪工作。

（田晓宏）

【反洗钱工作】 2021年，中国人民银行大同市中心支行建立反洗钱义务机构结对帮扶工作机制，带动辖内反洗钱义务机构实现协同发展。建立反洗钱联席会议机制，推动辖内成功宣判洗钱罪案件1起。对79家机构开展2020年反洗钱分类评级工作，对9家评级为C的机构负责人进行约谈。对1家银行开展反洗钱专项执法检查，实施行政处罚25.7万元。

（田晓宏）

【金融统计管理】 2021年，中国人民银行大同市中心支行抓金融专项统计和经济统计分析工作，反映全市经济金融运行态势。落实《地方金融组织统计制度》，“一图读懂城镇储户问卷调查”微信长图被太原中心支行微信公众号采用。开展“大调研”活动，提升调查研究水平。按季开展金融运行分析，起草的《正视困难 奋斗拼搏 为大同转型发展提供金融方案》被市领导作批示。（田晓宏）

【人民币管理】 2021年，中国人民银行大同市中心支行调拨发行基金，保证全市现金供应。收缴非法使用人民币图样珍藏册3箱。推进人民币网格化管理，提升现金服务和管理水平。开展拒收现金整治，揭牌成立大同市硬币服务中心，打通硬币流通渠道，建立规范、高效、便利的市场化硬币服务体系。（田晓宏）

【经理国库】 2021年，中国人民银行大同市中心支行履行经理国库职责，推动全市国库工作开展。全辖财政总收入440.4亿元，预算支出执行490.2亿元；疫情防控资金拨付31笔，2793.2万元；办理退库11.7亿元；办理个人所得税汇算清缴退税13.8万笔，7517.2万元；全辖拨付直达资金43.2亿元。自主开发TCBS参数维护辅助工具，被总行在全国范围内推广应用。年检代理支库2家，现场检查县（区）支库7家。加强国债管理并抓国债的发行、宣传、到期提醒兑付、巡查工作。（田晓宏）

【征信管理】 2021年，中国人民银行大同市中心支行与市政府联合印发《大同市深入推进农村信用体系建设助力乡村振兴实施方案》，开展“百县千村”示范工程。推动“动产融资统一登记公示系统”应用，提高中小微企业融资可得性。利用央行内部（企业）评级业务给921户非金融企业评级，为选择合格信贷资产质押品做准备。加大征信执法检查力度，组织开展各类检查4次，完善执法检查流程。加快推进诚信文化教育建设，与市委宣传部、云州区政府联合印发《关于在云州区开展诚信文化教育示范区创建工作的实施方案》，得到市领导批示。提高征信查询便捷度，增加代理查询网点5个，全市征信查询点到18个。（田晓宏）

【征信查询网点建设】 2021年，中国人民银行大同市中心支行为提升征信服务质量和服务效率，加大征信查询渠道供给，提升征信服务质效。8月24日，个人信用报告自助查询机在市政务服务中心大厅上线，这是继上年在平城区政务服务中心大厅、中信银行柳港园支行、交通银行云冈支行增设3家征信代理查询网点后，又增设的1家征信代理查询网点，至此大同市有15家征信查询网点，其中代理查询网点增至7家，位置分布涉及6县3区。（田晓宏）

【外汇管理】 2021年，国家外汇管理局大同市中心支局推进跨境金融区块链服务平台的应用推广，全年增加业务9笔，15160万元。其中，资本项目收入便利化3笔，1.5亿元；出口应收账款融资6笔，160万元。推进全市跨境电商“9710”（跨境电商B2B直接出口）业务首单货物出口，推动大同秦数信息技术有限公司跨境资金集中运营扩容工作取得实效。推动市场主体通过“政务服务网”办理资本项目行政许可2项。指导金融机构为外商投资企业完成资本项目外汇收入支付便利化服务20笔6.4亿元。非现场核查183家贸易企业的经常项目及1家银行资本项目，核查7家出口少收汇19940.8万美元的企业，现场核查5家单位外汇业务。（田晓宏）

【金融科技】 2021年，中国人民银行大同市中心支行抓重要敏感时期网络安全保障工作，加强辖区互联网客户端网络安全管理，筑牢安全屏障，保障各类业务系统正常运行。完成数字综合服务平台OA的建设和推广，提升金融服务保障能力。实现辖区金融业APP备案登记全覆盖。开展金融标准化推广和实施，101 家网点获得金融标准认证。开展 LEI 编码宣传推广，有 8 家涉外企业进行企业 LEI 编码申请。（田晓宏）

【金融消费权益保护】 2021 年，中国人民银行大同市中心支行完善制度措施，保护金融消费者权益。构建金融纠纷多元化解机制，设立山西省金融消费纠纷人民调解委员会驻大同工作室和驻大同云州区工作室，协助太原中心支行制定《关于设立山西省金融消费权益保护协会地市消保调解工作室实施方案》等，为实现纠纷化解三级联动贡献经验，得到市领导的肯定，并在《金融时报》予以报道。完成金融消保年度评估工作，评定金融机构 A+ 类 2 家、A 类 6 家、B 类 11 家、C 类 2 家。对 1 家金融机构开展专项执法检查，实施行政处罚 72.2 万元。全年妥善处理金融消费者投诉 53 起。（田晓宏）

【金融消费者宣传教育】 2021 年，中国人民银行大同市中心支行组织开展“3 · 15”消费者权益日、国家安全教育日、“普及金融知识，守住‘钱袋子’宣传月”“金融知识普及月、金融知识进万家、争做理性投资者、争做金融好网民”宣传月，及“12 · 4”宪法宣传周等系列宣传活动，组织全辖金融机构开展金融知识“六进”（进福利院、进学校、进矿区、进农村、进社区、进工地）活动，利用辖内金融机构营业网点多、覆盖面广优势，把“厅堂宣传”和“线上宣传”相结合。组织开展面向社会公众的线上答题活动，提升社会公众金融素养，增强金融消费者的风险防范意识、责任意识和诚信意识。（田晓宏）

【金融执法】 2021 年，中国人民银行大同市中心支行建立“12531”即“一案两卷”（从外部执法性案卷资料、内部过程性案卷资料 2 个层次分别制作行政执法案卷正卷、副卷）“五项标准”（管理要素、执法行为、执法文书、文书编号、立卷归档 5 项执法案卷标准）“三个一”（制作一套标准格式文书库、一套格式文书示例、一套行政执法工作流程图）的执法案卷标准化管理体系，规范行政执法行为，提升执法案卷质量，做法在总行条法司法治央行建设推进会上进行交流，《金融时报》予以报道。以风险防范为导向，通过重规范、抓细节、严监督“三位一体”监督模式对行政执法行为实行全流程管控，全流程审核执法检查项目 5 个，对违规金融机构处以罚款 129.8 万元，对违规个人处以罚款 7.5 万元。（田晓宏）

【省内首笔跨境人民币再投资业务在大同办结】 2021 年 4 月初，山西省内首笔 700 万元人民币跨境投资收入大同秦数信息技术有限公司专用账户，企业完成对其全资子公司的再投资后进行第一笔对外支付，比使用外汇结算缩短资金在途时间 3 天至 5 天。2 月 4 日，《关于进一步优化跨境人民币政策支持稳外贸稳外资的通知》实施，人行大同市中心支行围绕“服务更精准、企业更便利、银行更主动、操作更规范”目标，多次到银行和企业座谈了解情况，召集外管局、重点企业和经办银行召开协调会，做到对银行和企业精准服务。该行抓住跨境人民币专用账户再投资和再投资账户资金使用两个关键环节，制定操作规程，打通政策落地“最后一公里”，推动首笔跨境人民币投资业务在大同落地。跨境人民币再投资等政策属于创新领域，人行大同市中心支行在指导各行推进新政落地过程中，优化操作流程，用一周时间完成重点企业大同秦数信息技术有限公司人民币资本金专用账户的开立、流程设计和资料审核工作，给该企业完成跨境人民币再投资业务奠定基础。（蕙　兰）

中国银行保险监督管理委员会大同监管分局

【概况】 2021 年，大同银行业金融机构有八大类 614 个机构网点，从业人员 10778 人。其中，政策性银行网点 6 个，大型银行网点 284 个，股份制商业银行网点 26 个，城市商业银行网点 68 个，农村合作机构（含农村商业银行）网点 217 个，新型农村中小机构 12 个，非银行金融机构 1 个。截至 2021 年底，大同银行业资产余额 4277.2 亿元，较年初增加 406.7 亿元，增长 10.5%；负债余额 4146.6 亿元，较年初增加 408.6 亿元，增长 10.9%。各项存款 3831.3 亿元，较年初增加 355.4 亿元，增长 10.2%。各项贷款 1992.9 亿元，较年初增加 143.8 亿元，增长 7.8%。全年实现净利润 23.5 亿元，同比增长 69.6%。

年内，大同辖区有市级财产保险公司 22 家，所辖网点 95 个，高管人员 97 名，从业人员 5847 人；市级人身险公司 19 家，所辖网点 74 个，高管人员 82 名，从业人员 9299 人。大同保险业保费收入 78.6 亿元，同比增长 6.7%。赔付支出 25.8 亿元，同比增长 0.3%。提供风险保障 4.5 万亿元，同比增长 33.3%。车险保费收入 15 亿元，同比下降 11.3%。非车险保费收入 8.2 亿元，同比增长 26.8%，高于全省平均增速 13.8 个百分点。农业保险保费收入 2.5 亿元，同比增长 35.6%；健康险保费收入 2.4 亿元，同比增长 28.6%；责任险保费收入 1.2 亿元，同比增长 39%；保证保险保费收入 5900 万元，同比增长 7.2%。

（柴元杰）

【金融风险防控】 2021 年，中国银行保险监督管理委员会大同监管分局（简称“大同银保监分局”）指导机构制定不良贷款处置计划，做实资产质量，全年处置不良贷款 31.4 亿元。法人机构资本充足率、贷款拨备率、流动性比例等主要监管指标风险抵御能力增强。建立流动性风险监测日报机制，督促机构修订应急处置预案、开展应急演练。开展经营用途贷款违规流入房地产排查，指导 2 家超上限机构平稳压降。健全大额风险暴露管理制度，定期监测提示。加大案件处置力度，审结案件 3 起。开展案件集中清理专项行动，发现应报未报案件 4 起、报送未结案件 1 起。管控重点机构风险，督促山西银行大同分行全部中层干部及支行长完成交流轮岗，浑源恒源鑫农村资金互助社存贷款规模压降幅度均在 8% 以上，落实村镇银行主发起行风险处置牵头责任，村镇银行监管指标持续向好。（柴元杰）

【金融内控合规管理】 2021 年，大同银保监分局开展“内控合规管理建设年”活动。推动机构自查发现问题299个，整改203个；开展人身险市场乱象专项治理，督导机构自查发现问题业务1054笔，整改980笔，整改率93%；规范车险市场秩序，车均保费降至1333.8元，同比下降13.5%；督促保险机构清理虚假人力2100人，注销“三无”专业中介机构22家，下降30%。（柴元杰）

【金融监管处罚整改】 2021年，大同银保监分局统筹运用现场检查、非现场监管、市场准入、行政处罚等监管手段，做实市场乱象整治和风险化解。对邮储银行、同煤财务公司、左云长青村镇银行、中华联合财险、人保人寿5家机构开展现场检查。规范完成机构准入事项39件，高管准入事项55件。加大行政处罚力度，处罚机构18家，增长5倍，罚款402万元，增长1.6倍，问责责任人52人，增长12倍。围绕省银保监局巡查、市场准入后评估、市场处罚后评估、行政处罚不规范行为专项清理等发现的142个问题，建立台账，研究措施，落实责任，进行整改，整改问题141个，整改率99.3%。（柴元杰）

【银保监支持地方经济转型】 2021年，大同银保监分局推动银行业投放重点工程项目贷款余额118亿元，增长18%；转型综改项目贷款余额351.7亿元，增长7.8%；制造业贷款余额90.7亿元，增长19.5%。绿色信贷余额123.2亿元，增长14.7%。保险业保费收入78.6亿元，同比增长6.7%。提供风险保障4.5万亿元，同比增长33.3%。车险“一险独大”结构性问题改善，非车险保费收入同比增长26.8%，高于全省平均增速13.8个百分点。环责险、清洁能源领域保险实现零突破、快增长。（柴元杰）

【银保监推进“四上企业”对接】 2021年，大同银保监分局联合市工信局、住建局、发改委等部门制定工作方案，明确工作重点。推动建立融资项目库，把信用状况良好、具有带动作用、掌握核心技术、发展潜力较好的企业纳入项目库，动态监测企业融资需求。引导银行保险机构选配专业骨干参与市金融专家服务团，分析研判融资可行性，对接符合融资条件的“四上企业”（规模以上工业企业、资质等级建筑业企业、限额以上批零住餐企业、国家重点服务业企业）。年内，收集辖区“四上企业”融资需求信息23条，4家银行机构与4家企业签订32.8亿元的贷款投放意向书，2家保险公司与银行机构、贷款企业对接，达成通过保证保险业务为企业增信意向。（柴元杰）

【减费让利政策落实】 2021年，大同银保监分局指导银行业贷款平均利率较上年度压降0.3个百分点，取消收费项目59项，降低收费标准78项，减轻企业负担1.1亿元。（柴元杰）

【民营小微金融服务】 2021年，大同银保监分局印发《大同银行业保险业2021年小微企业金融服务工作要点》，引导机构加大创新力度、精简业务流程、拓展线上服务，推广“信易贷”、银税合作等。小微企业贷款余额462.1亿元，增长14.1%，高于各项贷款平均增速6.3个百分点。普惠型小微企业贷款实现“两增”，其中余额126.9亿元，增长17%，户数净增1891户。民营企业贷款余额425亿元，增长4%。（柴元杰）

【消费贷款扩大】 2021年，大同银保监分局鼓励银行加大消费贷款产品及服务的创新力度，提升线上线下综合服务，提升消费类贷款可获得性。督促机构把握消费贷款准入标准，确定贷款金额和期限，执行支付规定；加强贷后管理，监测资金用途，严禁消费贷款资金流向房市、股市等非消费领域，满足居民消费需求。核准3家农商行开办信合通品牌信用卡业务。辖区个人消费贷款余额278.2亿元，较年初增加48.3亿元，增长21%；同比增加50.9亿元，增长22.4%。（柴元杰）

【银保监支持煤电保供融资】 2021年，大同银保监分局针对国内电力、煤炭供需持续偏紧情况，组织银行机构主动对接重点煤电企业，了解融资需求，多举措保障煤电企业增产增效。要求银行机构在兼顾低碳转型前提下，调整传统煤电行业信贷规模；对接风力、水力等新能源发电项目并建立动态联系机制，了解企业融资需求；根据企业实际情况进行阶段性利率调整，助力提升企业扩产增效能力，确保完成增产增供任务。辖区传统煤炭行业贷款余额较年初增长14%；电力项目贷款余额较年初增长8.1%。全辖煤电企业保持正常运转。（柴元杰）

【银保监支持乡村振兴】 2021年，大同银保监分局推动银行业涉农贷款余额增长至504.9亿元，增长12.8%。投放脱贫人口小额贷款8456户4.2亿元，占投放目标任务111%。发挥保险民生保障作用，大病保险参保人数同比增长7.6%。建档立卡贫困户大病补充医疗保险覆盖27.8万人次，向6.5万人次赔付1500万元。农业险、健康险、责任险、保证保险等覆盖面扩大。（柴元杰）

【地方“三黄”特色农险发展】 2021年，大同银保监分局联合政府相关部门多次到种植农户、合作社、保险机构调研黄花、黄芪、黄小米“三黄”特色农业保险市场需求及发展运行中的痛点难点等情况，修订完善《大同市推进地方特色农业保险工作的实施意见》《大同市农业保险保险费及农业保险风险基金管理暂行办法》等。组织保险机构参加全市特优农产品保险工作推进会，督促7家获得政策性农险经办资格的保险机构落实政策要求，加大“三黄”保险保障力度。全年承保黄花保险1.6万公顷，同比增长33.2%，提供风险保障13.1亿元；承保黄芪保险2万公顷，同比增长近10倍，提供风险保障2.4亿元；承保谷子天气指数保险3020公顷，同比增长41.1%，提供风险保障2700万元。（柴元杰）

【金融文旅融合发展】 2021年，大同银保监分局对接市政府、文旅局等部门，收集并向辖区银行保险机构推送有融资需求的文旅企业名单。要求机构围绕云冈古镇大景区建设工程、古城旅游建设、恒山、古长城、火山群、桑干河国家湿地公园五大文旅品牌及古城巡演等重要文旅活动，制定专项金融服务方案。指导银行机构建立定期联系机制，优化调整信贷结构；引导保险公司针对户外出行等场景定制保险保障方案，满足客户用车、出游、意外保障等需求。辖区旅游及相关产业贷款余额增长至46.4亿元；旅游保险业务范围扩面，道路交通快出快赔增效明显。（柴元杰）

【金融改革创新】 2021年，大同银保监分局推进高风险农信社改制，推动广灵农商行挂牌开业，阳高联社完成清产核资，天镇联社监管指标向好，探索资金互助社和村镇银行深化改革思路。落实银行业保险业数字化转型指导意见，鼓励合理运用互联网、区块链、大数据、云计算、人工智能等技术手段。督促法人机构加大科技创新投入，应对数字化转型挑战。支持龙头企业保链稳链，创新供应链融资模式，增强上下游企业服务能力。鼓励创新符合小微企业生命周期需求的产品和服务，发展共有厂房按份抵押融资等。创新优化服务新型农业经营主体、小农户专属金融产品，规范农村承包土地经营权抵押贷款，引导开展农机具、大棚设施、林权等抵押贷款业务，探索发展收入保险、气象指数保险等新型险种。深化车险综改，探索利用科技手段，开展线上承保理赔，提高保险数字化、智能化经营水平。（柴元杰）

【山西首家"信易贷"政银企之家平台】 2021年以来，大同市依托"信易贷"平台开展中小企业纾困专项服务，建成山西省首家"信易贷"政银企之家平台，推动全市26家银行全部入驻平台，发布金融产品91个，注册企业2055家，企业通过"信易贷"平台获得贷款28.4亿元，获贷规模居全省第二。大同市着眼于纾解中小企业困难，聚焦批发零售、住宿餐饮、文化旅游、交通运输、制造业等受疫情影响的行业及企业，以"信易贷"为抓手，打通政府、银行与企业之间的"信息孤岛"，支持中小企业融资。以信用促进优化金融营商环境，提升对中小企业融资精准支持；推动"信易贷"在大同落地运行，使全市"信易贷"与全国103个市、273个地方站点、2000余家金融机构互联互通；推动纳税、社保、不动产等信息纳入共享范围，以数字化手段整合政府信息资源、扩大数据共享范围，提升中小微企业贷款可获得性；在阻止黑名单企业入驻同时，实现银行一键发布金融产品、企业一键发布贷款需求，实现政府服务不见面、银行企业不见面的融资服务一键办理；以小规模、多频次方式举办展览展示、座谈交流等活动20余场，架起金融机构与中小微企业之间"信用金桥"。（蕙　兰）

大同市政府金融办公室

【金融服务实体经济】 2021年，大同市人民政府金融工作办公室（简称"市金融办"）完善金融服务体系，建立金融业补考进位机制，制定《大同市2021年金融业补考进位工作方案》，加强监测调度，推进金融业提质增效。全年存款余额3874.8亿元、贷款余额1988.3亿元、存贷比51.3%，全市金融业实现增加值94.4亿元，增速4.4%，占地区生产总值比重5.7%。发挥信贷政策的精准滴灌作用，扩大信贷投放总量。全市普惠型小微贷款余额462.1亿元，增长14.1%。民营企业贷款余额425亿元，增长5.8%。转型综改项目建设贷款余额351.7亿元，增长7.8%。优化营商环境，推动金融机构信贷资源更多向大同倾斜。落实市政府与省中行、省农发行、中国人寿驻晋单位签署的战略合作协议，出台《大同市支持引进全国性、区域性总部金融机构优惠政策（试行）》《大同市2021年获得信贷营商环境实施方案》《金融支持外向型经济发展的指导意见》，推动各金融机构创新金融产品、开放审批快速通道、降低企业贷款利率，提升企业获得信贷水平和便利度。26家银行入驻"信易贷"平台，发布金融产品91个，授信321笔、授信金额28.4亿元。常态化开展政银企对接，帮助企业解决融资难题。全年举办8场政金企对接会，给120余家企业提供服务，达成信贷投放意向75.2亿元。全年给45家企业办理51笔、金额7.5亿元的应急周转保障资金，缓解企业转贷续贷周转资金压力，降低企业财务成本。与上年同期基本持平。助力乡村振兴，出台《金融支持"双黄"产业发展的指导意见》，给"双黄"产业发展提供政策保障；推进农村信用体系建设，制定《关于推进农村信用体系建设 助力乡村振兴战略的实施方案》，创建信用（村）户信息数据共享平台，完善信用（村）户信用评价授信体系。全年脱贫人口小额信贷发放4.2亿元，占全省指标任务额3.7亿元的114%。培育企业进军多层次资本市场。加快推动企业上市挂牌入库进程，山西古建等8家省市重点上市后备企业进入上市实质性准备阶段，助力15家企业挂牌晋兴板，引导62家企业进入省上市挂牌后备企业资源库。召开重点上市后备企业组织专场基金推介会，帮助企业引入股权投资。（王芳成）

【金融改革创新】 2021年，市金融办推进绿色金融改革创新。制定《大同市创建国家级绿色金融改革创新试验区2021年工作要点》，发出《大同市金融业发展绿色金融助力碳达峰碳中和行动倡议书》，构造金融业与绿色产业、绿色项目互动新机制，探索金融支持绿色低碳发展新模式。完善融资担保体系建设，截至2021年底，市财信担保公司注册资本5.9亿元，担保业务实现县（区）全覆盖，担保余额29.3亿元，担保放大倍数达到3.9倍。推动各类地方金融组织健康发展，指导9家小贷公司退出小额贷款试点，5家小贷公司被取消试点资格，存量小贷公司降至31家，机构数量缩减31%。（王芳成）

【金融风险防控】 2021年，市金融办完善防范化解地方金融风险体制机制。出台大同市防范化解金融风险工作措施，建立金融监管合作备忘框架、存量案件及线索化解工作机制和涉金融领域信访工作机制。全年全市未发生新的金融领域风险。出台《大同市非法金融活动风险隐患大排查大化解专项行动实施方案》等文件，制定增量案件及线索遏制工作措施，组织开展非法金融活动风险隐患大排查大化解专项活动，排查风险隐患39条。加强处置非法集资工作的政策配套。重新修订《大同市非法集资举报奖励

金融

办法》，印发《大同市防范非法金融活动网格化管理实施意见（试行）》，印发系列风险提示函，督促各县（区）做好辖内的非法集资案件参与人的排查、化解等工作。各县（区）完成“涉金融”企业清单排查1854条，排查出涉非法金融活动问题线索8条，均由属地进行处置。开展防范非法集资宣传月活动，组织开展80场宣传活动，发放宣传资料227350份、受益人380110人次。加强地方金融风险处置化解等工作。推进化解柒柒金融、联乔贷互联网金融风险的后续处置工作。协调人保寿险总公司拨付处置资金3000万元，处置化解人保寿险公司“8·3”案件风险。组织华林债委会主席行、农业银行、大同金控集团等相关单位协调处置华林不良债务问题，协助山西银行处置北宇专用车、华岳热电两家企业不良债务，排查全市小额贷款公司、融资担保公司、典当行风险排查和大学生互联网消费贷款业务。加强涉金融信访案件的处置化解工作，全省集中治理非法集（融）资类重复信访、化解涉金融信访积案实际交办的25件信访事项中全部办结。 （王芳成）

【资本市场县域工程试点】 2021年，市金融办推进资本市场县域工程试点工作。推进“我为群众办实事”实践活动，到山西省古建筑集团工程有限公司、山西华青环保股份有限公司等企业实地调研，给企业排忧解难，助推企业加快对接资本市场步伐。专门召开全市深化资本市场县域工程试点工作推进会，并举办企业对接多层次资本市场专题业务培训，落实山西省加快推进资本市场县域工程试点工作相关要求。把培育企业上市挂牌作为“我为群众办实事”的一项重要内容，建立重点上市后备企业包联制度，把重点上市后备企业分解给该办领导和市培育企业上市专家服务库入库专家进行包联推进，定期或不定期到企业实地走访，激发县域企业上市挂牌内在动力，凭借资本市场助推全市县域经济实现发展。 （王芳成）

【金融“五大行动”促企业发展】 2021年，市金融办围绕“打造中部地区具有较强影响力和竞争力的现代化省域副中心城市，建设更高标准美丽大同、更高质量富裕大同、更高品质幸福大同”奋斗目标，把党史学习教育成效转化为工作动力，聚焦金融服务实体经济和防范处置金融风险等，谋划实施“五大行动”。实施金融业高质量发展行动，制定全市金融提振赶超行动方案和全市金融服务业提质增效工作措施，打通金融服务实体经济堵点痛点，实现市场主体融资扩面增量；实施资本市场对接提升行动，落实企业上市“倍增”计划，建立“绿色通道”机制，深化资本市场县域工程，发挥好股权、债券、基金等多渠道直接融资作用，推动企业上市挂牌；实施金融领域改革创新行动，深化政府性融资担保机构运行体制改革，复制推广一批绿色金融改革创新先进城市创新经验，发挥绿色金融在推动经济高质量发展、助力碳达峰碳中和目标实现的作用；实施金融惠企利民服务行动，加快建设政府综合金融服务平台，制定金融机构服务民营和小微企业质效考核评价办法，做好巩固拓展脱贫攻坚成果与乡村振兴金融服务政策衔接，加大对民营、小微、个体经济及“三农”领域的金融支持力度；实施金融风险防范化解行动，落实《防范和处置非法集资实施条例》，构建市金融办、人行大同市中心支行、大同银保监分局监管合作框架，发挥监管合力，守住不发生区域性系统性金融风险底线。 （王芳成）

【防范非法集资集中宣传日活动】 2021年6月15日，由大同市处非领导组主办，市金融办和云冈区政府承办的大同市防范非法集资宣传月“6·15”集中宣传日活动在大同口泉植物园举行。该次活动主题是“学法用法护小家·防非处非靠大家”。活动现场，市处非办、云冈区公安分局和10余家银行、保险机构的工作人员给群众答疑解惑、发放各类宣传资料，并现场用非法集资案例以案说法，让市民更直接地了解非法集资翻新手段和各种骗术的危害。自6月1日全市2021年度防范非法集资宣传月活动启动以来，市金融办携公检法各部门、各县（区）和各类金融机构开展多场次现场宣传，发放防范非法集资、防诈骗、金融常识等各类宣传资料10万余份，帮助广大市民认识到非法集资的危害性，提高风险识别能力和风险防范意识。 （王芳成）

【金融支持个体工商户发展专项活动】 2021年8月12日，由大同市金融办和人行大同市中心支行联合组织开展的全市金融支持个体工商户发展专项活动启动。该次专项活动主题是“‘贷’动小生意 服务大民生”，重点聚焦受疫情影响较大的住宿餐饮、商贸流通、文化旅游等重点行业，通过推动金融机构转变信贷理念、下沉服务重心、创新金融产品、强化对接联动、深化政银合作、开通绿色通道，全面营造金融“贷”动个体工商户发展氛围。活动现场，各金融机构向周边商圈的个体工商户宣传金融政策、信贷产品和金融知识。个体工商户的普惠金融需求潜力大，全面覆盖银行的存款、贷款、结算、交易支付等各个业务领域，做好个体工商户金融服务是当前银行业重要的改革转型目标，需要解决个体工商户发展过程中的融资困境，让金融“活水”流入个体工商户。 （蕙 兰）

【非法集资举报奖励办法出台】 2021年9月，大同市出台《大同市非法集资举报奖励办法》，对举报非法集资线索并查实的市民和企业给予500元至不超过3万元的奖励，激发市民参与防范和处置非法集资工作积极性，确保及时发现非法集资案件线索，早发现、早处置。该次出台的非法集资举报奖励办法，是根据国务院和省相关文件精神并结合大同市实际而制定，该办法中所指的非法集资，是指未经国务院金融管理部门依法许可或者违反国家金融管理规定，以许诺还本付息或者给予其他投资回报等方式，向不特定对象吸收资金的行为；市民在举报非法集资时原则上需要实名制，并符合“有明确的举报对象、具体的举报事实及证据，举报内容事先未被有关部门掌握”等条件。市民或企业可就近到公安机关报案或通过“110”报警热线、通过“12345”热线对非法集资行为进行电话举报，通过市信访局网上信访平台进行网上举报、通过市信访局信访大厅进行来访举报、通过市金融办进行来信或电子邮件举报。市民举报非法集资的奖励标准根据举报案件的涉案金额、案件性质等因素综合评定，举报线索经有关部门甄别筛选采用后，根据被举报非法集资行为的不同程度，给予举报人500元至不超过3万元的奖励。

（王芳成）

【金融便民惠企活动】 2021年12月14日至15日，大同市金融办组织金融管理部门、银行、保险、担保等金融机构，组成金融服务团，聚焦外贸进出口和“专精特新”企业，开展“五送”服务，对症化解企业发展中遇到的急难愁盼问题，提升扶持实体经济质效。该次活动主题是“我为群众办实事，金融入企解难题”，具体内容有摸清底数，开展助保贷业务；进行座谈，帮助企业解决融资难题；开展防范非法集资宣传，提升企业防范非法集资意识。金融服务团到天镇县、经开区、云冈区，山西锦林农业开发有限公司、天镇县通航粮贸有限公司、大同中银纺织科技有限公司、大同市永成畜牧有限责任公司等8家企业，走进车间现场对接。入企过程中，采取实地查看、座谈交流、现场答疑、一线服务等方式，了解和倾听企业实际诉求，对症下药给企业提供服务。全年举办9场较有影响力的政金企对接活动，对接企业100余家，帮助企业解决急难愁盼问题28件次，30余家企业与银行、保险等金融机构现场签订合作意向。（薏　兰）

银　行

中国银行大同市分行

【概况】 截至2021年底，中国银行大同市分行拨备前利润较上年增加2187万元，增长5.4%；营业收入较上年增加3047万元，增长4.9%；净利润较上年增加1.5亿元，增长185.3%。人民币各项存款时点较年初增加37.6亿元，增长11.1%；日均较年初增加35.1亿元，增长10.7%。人民币各项贷款余额在上年突破100亿元基础上，较年初净增27.7亿元，增长27%。全行加权有效个人客户本年增加9.7万户，增长率12.4%，其中中高端客户增速15.2%，全省第二；冬奥卡发卡考核全省第一。对公存量账户12966户。场景建设方面，“智慧寺庙”文旅场景、平城中学K12及手机银行慈善捐款特色场景均上线运行。此外，全行代发资金量同比增长15.3%；手机银行月均月活客户数超13万户；消费分期加权交易额12.3亿元。3年内，该行综合绩效考核列全省市分行组第二位，15个集体和个人入选省分行级中银卓越奖、中银优秀奖，2个项目获评省分行级中银创意奖。

（侯艳茹）

【中行全量资产管理】 2021年，中国银行大同市分行明确负债业务的核心地位，坚持存量挖潜和增量提升并重，开展“拓存款、强发展”竞赛活动，优化结构，严控成本，提升全量资产规模和质量。对公方面，通过做好市场与客户调研分析，推动“双户双基”（“双户”指普通活期账户和银行结算账户，“双基”指基础管理和基层管理）建设和核心客群建设，加强产品依托。对私方面，围绕资产结构优化和量本利三价平衡两条轴线，聚焦客户行外资金和市场溢出资金，通过回馈活动、产品带动、精准营销，在资金再分配中抓住机遇，提升全量资金聚集能力。截至2021年底，全行全量金融资产日均较上年增加56.4亿元，增长11.8%。其中公司、个人存款日均分别较年初增加1.9亿元、33.1亿元，时点新增额均位列四行第二位。（侯艳茹）

【中行授信资产规模】 2021年，中国银行大同市分行坚持贷款强行，“大中小微”、公私双线同步发展，扩大全行授信业务规模，增强市场竞争力。公司授信在为晋能控股集团项下两个子公司投放20亿元贷款，服务当地实体经济的同时，加强与国药集团、秦淮数据、国电电力、国电新能源等战略新兴产业主体和绿色项目的业务对接，强化民营企业和普惠金融等中小企业的精准营销，并以链式组合实现与核心客户和链上客户的合作。截至2021年底，全口径公司贷款余额111.3亿元；普惠型小微企业贷款余额6.7亿元，较年初增加3.4亿元；贷款户数同比增速84%；制造业贷款、战略性新兴产业贷款分别增加0.4亿元、5.1亿元；绿色信贷较年初增加5.1亿元，余额占比7.6%，上升3.7个百分点。个人授信在强化个人住房贷款业务发展基础上，瞄准特定优质客户群，扩大信用卡消费额，促进税易贷、汽车分期等消费金融各产品发展。截至2021年底，全行个人贷款余额较年初增加3亿元；汽车分期8000余万元；银行卡应收账款5亿元，较年初增加约1亿元，首次排名全省第一。（侯艳茹）

【中行创新转型】 2021年，中国银行大同市分行结合市场热点、客户需求和业务机会，突破创新业务，拓宽收入来源。克服煤炭行业债市调整的不利因素，创新“发债+托管+存款”业务组合模式，给某集团新发2只债券20亿元，沉淀存款10亿元。给某集团实现该行首笔跨国公司跨境资金集中运营业务成功落地，全年给该集团项下3家外商投资企业接收资本金及外债1.6亿美元，办理T+1结汇1.5亿美元，购汇1000万美元。紧随证券、外汇、贵金属业务市场变化，抓住客户需求，抢抓中间业务发展机遇，全年跨境人民币结算业务增长159.7%；国际收支及结售汇业务同比增长均超34%。银行卡收入同比增长18.5%，基金、贵金属中收均列全省系统内第一。（侯艳茹）

【中行服务民生】 2021年，中国银行大同市分行为帮扶村天镇县右所窑村吃水井打井项目捐赠资金10万元；继续扩大消费扶贫规模，在员工福利、客户营销中推广大同特色农产品，全年金额超25万元，超额完成任务目标。成立普惠金融事业部（乡村振兴金融部），为推动脱贫攻坚、普惠金融、乡村振兴有机贯通提供组织保障。发挥金融扶贫力量，把信贷资源投向乡村振兴领域，加大涉农贷款投放。截至2021年底，全辖涉农贷款余额20.7亿元，较年初增加17.1亿元，增速467%。给某重点企业和4户煤炭贸易企业开启绿色通道，投放6816

万元流动资金贷款；手机银行上线大同慈善总会爱心捐赠特色场景，发动员工、客户捐款，做好防汛救灾、支持灾后重建。（侯艳茹）

【中行风险管控】 2021年，中国银行大同市分行树立表内外全流程风险管理理念，提升个贷特别是银行卡不良催收力度和核销处置进度的同时，用好法诉、批量转让等一系列手段，对已核销客户加大电话催收和外包催收力度，加快清收进程。截至2021年底，全行不良贷款余额1172.2万元，较年初减少287.3万元；不良率0.1%，较年初下降0.1%，连续五年不良额、不良率实现“双降”。在内控合规方面，通过开展省分行内控案防季专项整治、内控合规管理建设年等活动，通过G-MAP系统日常核查、不定期飞行检查等强化监督检查力度；开展案件警示教育活动和员工异常行为排查，并做好问题整改，强化全员合规意识，全年未发生重大责任事故。在压实全员安全生产责任方面，从严、从实、从细做好安保、信访、渠道、信息科技、行政值班、舆情监控、文优服务等各项工作，严守中国共产党成立100年、重要节日及多次纪念币兑换的安保维稳底线。完成煤炭支行办公楼消防维修工程，公安部“护网2021”实战演习，加强“安全生产专项整治三年行动”，推进安全隐患排查整治，确保稳健运营、全行“三零”在大同市安全评估中并列全市国有商业银行第一名。（侯艳茹）

中国工商银行大同分行

【概况】 2021年，中国工商银行大同分行实现拨备前利润7.9亿元，实现净利润4.8亿元。全行各项存款时点余额543.1亿元，四大行余额占比30.5%，位居第一。全行各项贷款余额291亿元，四大行余额占比35.6%，位居第一。实现中间业务收入1.7亿元，四大行余额占比32.9%，位居第一。（杨志晖 邵 帅）

【工行发展普惠金融】 2021年，中国工商银行大同分行坚持普惠金融“开门办、全行用”发展定位，秉承“线上线下一体化”“数字化”“生态化”三化一体发展理念，深化体制机制、市场梳理、获客运营与风险防控四个方面的数字化创新应用，认识普惠金融在担当大行责任和促进经营转型方面的作用，以完成监管目标为底线，实施普惠“一把手”工程，推进各项普惠业务发展。把“经营快贷”产品作为提升信用贷款额度的重要突破点，侧重“税务贷”和新场景“国担快贷”快速发展；以大同市第三人民医院为核心企业，拓展供应链融资业务，全年向53户小企业发放供应链融资2494.5万元，支持供应链企业的生产经营；对接评估公司，搭建准入平台，对全辖业务开办网点进行授课培训，促进“e抵快贷”业务投放，拓宽小微客户市场，扩大普惠金融服务辐射面；与农业农村厅合作开展“兴农撮合”“服务千村 陪伴万户”等活动，通过政、银、农多主体参与的服务对接活动，为筛选出优质主体名单提供融资、融商、融智等多方面金融支持，利用“平台+撮合+金融”模式，开展以产品项目展示推广、供需撮合、金融服务支持等为主要内容的兴农撮合活动，截至2021年底，申请导入总行兴农撮合平台“环球撮合荟”入驻企业37个；结合人民银行“贷动小生意 服务大民生”活动，组织开展“e抵快贷宣传周”活动，在全辖加大“e抵快贷”宣传广告投放力度，助推普惠业务发展。（杨志晖 邵 帅）

【工行聚焦个贷市场】 2021年，中国工商银行大同分行以支持大同市广大刚需购房客户需求为己任，同步开展走访营销和市场调查，加强市场调研，掌握市场动态，关注房地产市场变化情况，对市场早研判，巧应对，通过走访了解企业需求、解决问题、保持长期友好互信合作关系，推动更深层次合作，组织个贷审查人员以时间换数量、以精力换质量，提升审查审批效率，保障个人住房贷款审查审批工作正常开展和贷款正常发放。全年个人住房贷款余额72.7亿元，投放21亿元，净增15.8亿元，满足广大居民购房需求。（杨志晖 邵 帅）

【工行支持区域发展】 2021年，中国工商银行大同分行把握金融回归本源、服从服务于经济社会发展要求，重点关注行业龙头、新兴领域、民营企业，增强金融服务实体经济能力。帮助晋控煤业集团脱困，办理20亿元北金所债权融资计划业务，实现总行审批首笔、单笔金额最大先例。全年给晋能控股煤业集团增加各类贷款28亿元，完成票据直贴额191330万元，支持晋能控股集团对资金需求；把新能源发电作为信贷投放重点领域，主动对接国电、华能、华电等九大电力集团在大同地区的新建、存量项目，捕捉项目业务需求，增加信贷投放。截至2021年底，对中广核、国电投、京能等5个项目达成合作意向，贷款金额11.5亿元；逐一梳理大同市政府印发大同市“十四五”规划的194个重点项目，梳理出29项可贷款介入项目。落实上级行及监管部门关于加强金融服务民营企业相关要求，支持民营企业发展，出台支持民营企业的措施，民营企业融资余额9097万元。（杨志晖 邵 帅）

【工行优化服务】 2021年，中国工商银行大同分行以网点服务环境治理为抓手，提升金融服务质量，规范全行营业网点服务环境，加强网点的运营管理，把网点资源向经济资源富集的新兴区域、活动区域迁移，提高金融服务能力。建设工行驿站，给全辖网点配齐手机充电、雨伞架、老花镜、放大镜等设施，给其中34个网点配备便民柜、休息沙发，给老年人、残疾人等特殊群体提供人性化服务。标准化装修改造部分老旧网点，改善客户服务体验，提升网点经营效率和效能。以提高服务效率、改善客户体验为目标，推进线上线下一体化业务，线上线下一体化推广率保持在95%以上，提高业务效率，缩减客户等待时长。针对客户办抵预约窗口难问题，联系大同市不动产登记中心，实现“抵押进银行”项目落地运营，提升客户满意度，被市不动产中心树立为大同市抵押登记服务点标杆。（杨志晖 邵 帅）

【“人文山西·云冈联名信用卡”在大同首发】 2021年11月22日，

由工行山西省分行携手云冈研究院推出的，以云冈文化品牌为标识切入、集工银信用卡突出优势和大同市文旅多重优惠于一体的“人文山西·云冈联名信用卡”在大同市举行首发仪式。这是山西省唯一一款“美丽中国”地域名片信用卡，通过“金融+文旅”模式，以世界文化遗产云冈石窟为背景，融合大同文旅资源，让更多群众感受金融文旅新型服务，给全省全方位推动高质量发展加油助力。“人文山西·云冈联名信用卡”是工商银行“美丽中国”地域名片系列信用卡之一，卡片以云冈石窟第20窟大佛为主画面，植入雕塑、历史、人文、旅游、佛教、金融等多个主题思想；该卡等级为“简约白金卡”，发行初期采取数字卡形式，正在研制叠加实体卡并首先在山西全省范围发行，时机成熟后面向全国推广。“人文山西·云冈联名信用卡”消除门槛限制，信用合格即可申领。该款信用卡在大同市首批签约73家特约商户，涉及吃、住、游、购、娱多领域优惠，能够满足持卡人高中低档不同消费需求。工行山西省分行、云冈研究院，市文旅、金融办、人行、银监等单位负责人参加首发仪式，工行大同分行现场给6家特约合作商户代表颁发特约合作单位牌匾，并给“人文山西·云冈联名信用卡”首批5名持卡人代表现场授卡。

（蕙　兰）

中国农业银行大同市分行

【概况】 2021年，中国农业银行大同市分行内设16个部室、4个中心（个贷中心、信贷审查审批中心、财富管理中心和现金中心），辖设15个一级支行，56个营业网点，29个离行自助网点。截至2021年底，全市农行各项存款余额468亿元，较年初增加29.9亿元，存款增量居同业第三。各项贷款余额201.9亿元，较年初增加52.7亿元，贷款增量居同业第一。贷款不良率1.3%，较年初减少0.4%。全年安全经营无事故、无案件。

（农　行）

【农行贷款业务】 2021年，中国农业银行大同市分行注重贷款投放，做大贷款业务总规模。各项贷款余额201.9亿元，较年初增加52.7亿元，增量全省排名第一。提升个人贷款份额，加快个人住房贷款、个人消费贷款和个人经营贷款3项业务发展，加大对开发商营销力度，运用利率、规模、计价等手段，提升营销效能。全行个人贷款较年初增加10.1亿元。推进小微贷款上量，营销全市A、B级纳税信用企业，提升“纳税e贷”转化率，推动普惠小微贷款扩面提质。重点发展有风险缓释的增信贷、抵押e贷、链捷贷、政采e贷等业务，促进小微贷款“增量、扩面、提质、降价”协同发展。全年发放线上贷款业务531户、910笔，支持金额5.7亿元，同比增加1.2亿元，增长27.5%。做大对公贷款规模，全行对公贷款规模较大、结构优化、增速领先，成为全行经营亮点。本外币对公贷款（含贴现、不含普惠）余额155.6亿元，较年初增加42.7亿元，同比增加42.7亿元，占全年计划609.7%，增量全省排名第一。

（农　行）

【农行中间业务】 2021年，中国农业银行大同市分行抓细增收创效，推动中间业务发展。对公业务实现投资银行收入、交易银行收入、国际业务收入、财富管理收入和托管业务收入增长。实现中间业务收入999万元，同比增加276.5万元，收入全省排名第一。抓信用卡发卡、用卡业务组织管理，把聚合码作为战略产品，做大收单优质商户规模，提升对全行中间业务贡献度。截至2021年底，分期业务收入2202万元，占全年目标计划110.1%，同比增加746万元，增长51%。

（农　行）

【农行负债业务】 2021年，中国农业银行大同市分行对接政府、工商、招商、发改等机构，用“电子营业执照e开户”“市场主体登记注册代理”系统，加强注册企业源头营销。开展财政社保账户、党政机构改革账户和县域医疗集团账户等机构账户营销。新开对公结算账户1719户，增加对公线上活跃客户2588户。对于个人客户，优化厅堂劳动组织，发挥财富顾问专业优势，用好DCRM系统（数字化客户管理系统）和营销宝（手机端）两个系统，开展分层营销、精准营销。全行有效客户净增1.2万户。提升管理客户效能，私行客户、贵宾客户等中高端客户实行专属服务。推行长尾客户“数字人”管理客户，实施批量及自动化管理。网点主任用“营销作战室”平台，全程管控、引导客户经理线上展业、精准营销。有效客户交叉销售率5，比年初增加0.2。推进网点转型，完成2个网点的微改造项目，8个网点升格，3个网点迁址，及大同市硬币服务中心建设。（农　行）

【农行服务“三农”】 2021年，中国农业银行大同市分行围绕涉农账户、代理补贴、村级集体经济组织账户、互联网产业链商户、旅游场景和惠农圈场景六大场景目标，加大营销力度，实现重点突破。截至2021年底，增加有效智慧场景15户，其中智慧政务场景4户、智慧教育场景2户、特色产业场景2户、智慧生活场景7户，带动新增个人账户（Ⅱ、Ⅲ类账户）2310户。加大县域信贷投放力度，介入县域经济发展，扶持农民生产需求。依托互联网“大数据”发展互联网金融农户信贷业务，围绕特色产业，厚植“黄花金融”品牌，以产业和项目为带动，支持县域经济建设。全年县域各项贷款余额66.1亿元，较年初增加18.7亿元，增长39.4%。加大对6家国家扶贫重点县支行的信贷、财务、渠道、人力等资源投入，扩大金融扶贫的广度和深度。在贫困地区重新整合布放惠农通电子机具880台，贫困县建制村覆盖率66.6%，提升贫困地区基础金融服务水平。开展公益帮扶行动。推动11家贫困县商户、137个品种入驻兴农商城。全年实现消费帮扶220万元。推广“惠农e贷”，投放2.6亿元。

（农　行）

【农行合规案防】 2021年，中国农业银行大同市分行建立案防责任落实机制，定期召开专题会议，研究部署辖内案防风控工作，加强常规风险管理，提高风险管理前瞻性，防患于未然。全年完成基层网点负责人案防基础工作评价2次，修订《基层网点负责人案防基础工作手册》，制定《中国农业银行大同市分行案防工作日志》，层层签订《风险合规与案件防控目标责任书》，落实案防责任。开展排雷化险，关注“三线一网格”（以党建工作为统领、纪检监督为保障、运营风控为重点、以网格化管理为抓手）主体履职质量，加强预警信息管理，促进预警与案防联动，提升案防效能，全年收到15条重大预警信息，5条工作建议，按时完成履职任务23689条、超期完成2条，按时完成率100%。提升案防能力建设，监控重点领域、重要岗位和重点环节，开展事前防控，对排查发现的风险隐患，精准排雷。落实根源性整改，剖析原因、查找管理漏洞，制定整改措施，强化整章建制，印发《大同分行2021年案件防控“双线管理”考核评价方案》，健全案件防控工作长效机制，压实市分行各部门和一级支行领导班子成员案防责任。（农 行）

中国建设银行大同市分行

【概况】 2021年，中国建设银行大同分行核心存款日均余额385亿元，日均增加46亿元。各项贷款余额192亿元，较上年增加39.4亿元。全年实现中间业务收入2.1亿元。实现利润总额4.8亿元，同比增加3300万元。不良贷款余额4404万元，较年初减少553万元。不良贷款率0.2%，较年初下降9个基点，全省排名较年初提升2个位次。（建设银行）

【建行服务实体经济】 2021年，中国建设银行大同分行对大中型企业，通过减费让利支持企业发展。支持煤电企业保供应，给龙头企业晋能集团投放贷款85.7亿元，给晋能控股集团马道头千万吨级先进产能煤矿投放固定资产贷款20亿元。给电力行业投放信贷资金21.2亿元，其中风力发电、太阳能发电、水力发电等清洁能源领域贷款余额10.8亿元；给山西浑源抽水蓄能电站项目批复30亿元固定资产贷款额度，投放2.6亿元；给内蒙古京隆电厂至大同市供热长输管线项目批复固定资产贷款额度24亿元，投放50150万元。对普惠型小微企业，在直击小微企业融资难点痛点方面，借助“惠懂你”APP渠道，利用20余项全流程线上小微企业信贷产品，让小微企业享受秒申秒贷的获贷体验，足不出户解决融资问题。在解决小微企业融资贵问题方面，新发放贷款利率从上年5%，直降75个基点，持续保持低利率，降低小微企业融资成本，支持全市民营经济和小微企业发展。截至2021年底，给2078个小微企业提供贷款，余额11.7亿元，增加2.6亿元，受益行业涉及制造业、农业、养殖业、服务业、批发和零售业等。把巩固传统优势和培育创新优势相结合，围绕全市“十四五”规划纲要，重点关注转型发展产业，助力新能源产业落地，推动新旧能源转换提速。截至2021年底，发放绿色信贷余额15.3亿元，较年初增加5.2亿元，计划完成率208.4%，超额完成全年目标。通过到各大产业园区，从源头上与大数据行业龙头企业逐一对接，与秦淮、中联、京东等单位开展合作，推动全市由“一煤独大”向“多足鼎力”转变。（建设银行）

【建行发展普惠金融】 2021年，中国建设银行大同分行发展“云税贷”“抵押快贷”“个体工商户经营快贷”“商户云贷”“收单云贷”“善担贷”等，满足县域个体工商户、小微企业主群体信贷需求，批量办理小微企业产品，简化业务流程和办理时间。截至2021年底，9个区县网点“小微快贷”贷款余额11037万元，较年初增加1403万元。贷款客户259户，较年初增加122户。贷款增加实现进位，银保监局口径普惠贷款余额10.8亿元。普惠金融8项指标贷款余额11.7亿元，较年初增加2.6亿元，较年初提升2个位次。拓客能力逐步提升，“小微快贷”贷款客户1924户，较年初增加852户，较年初提升1个位次。优化贷款结构，“抵押快贷”较年初增加3.1亿元，余额3.4亿元，占全部普惠贷款的比重由上年同期10%提高到31%。截至2021年底，全行普惠金融战略指标综合得分89分，全省系统排名第五。（建设银行）

【建行助力乡村振兴】 2021年，中国建设银行大同分行创新推出“黄花贷”信贷产品，给云州区黄花收购、加工、销售等相关产业链8户客户投放525万元“黄花贷”。对接省分行、市农业农村局发布的乡村振兴重点推进项目136户，给国家级农业产业融合项目云州区国家现代农业产业园等客户开立结算账户74户；给农业龙头企业牧同乳业有限公司发放供应链“E政通”460万元；对接天镇县智慧蓄养平台，实地调查浑源县北岳育栋农业发展有限公司、乱岭关村黄芪专业合作社等相关黄芪产业企业，拓宽乡村振兴业务范围，加大乡村振兴

▲2021年8月12日，中国建设银行大同分行举行“‘贷’动小生意 服务大民生”大同市金融支持个体工商户发展专项活动（建设银行 供图）

项目信贷支持。推出“裕农通”APP，探索乡村振兴金融服务模式，打造“裕农通”普惠金融服务实现“村村通”“点点活”。截至2021年底，“裕农通”服务点覆盖1375个建制村，覆盖率90.5%，服务点总量1401个，交易笔数24万笔，交易金额9871万元。通过探索与公益组织、连锁超市、通信公司、教育机构、养老机构、农副产品经营企业等合作模式，聚焦“裕农通”服务点乡村民生场景建设，提升平台服务质效。在重点乡镇打造裕农通“星级服务点”，提升服务点经营贡献能力。（建设银行）

【建行推进住房租赁】2021年，中国建设银行大同分行在大同市住建局支持下，给大同市级和六县四区上线住房租赁综合服务平台，是山西省最早实现住房租赁平台全覆盖的地市之一，是全省唯一一家实现公租房系统应用推广全覆盖。截至2021年底，实现系统交易笔数60547笔，交易金额1873.6万元。利用公租房系统给大同10个县（区）公租房管理部门代发租赁补贴59736笔，金额1767万元，代收租金811笔，金额106.6万元，缩短住房补贴发展时间，简化租金代扣、补贴发放流程。“互联网+不动产”登记系统方面，办理不动产登记1769笔。“数字房产”系统方面，在云州区、阳高县、浑源县实现智慧房管和资金监管系统突破，完成网签备案604笔，增加资金监管账户32户。商品房预售资金监管方面，实现全市首家完成预售房资金监管系统上线，成为全市首家经过不动产中心测试上线预售房专用POS系统的合作银行。截至2021年底，全行住房租赁战略指标综合得分9.4，全省系统排名第二。（建设银行）

【建行深化金融科技】2021年，中国建设银行大同分行与大同市三、五医院、大同大学附属医院签订银医合作协议，推进建设“建融智医”相关平台；与恒德学校、煤炭职业技术学院合作建设“建融慧学”相关平台；给恒山三元宫上线善行宗教平台电子功德箱模块，成为全省首家成功上线的行处。在零售营销平台直营方面，实现晋升人数46405户，全省系统排名第三。在赋能业务创新方面，运用供应链产品e销通、e贴通，延伸服务核心企业上下游客户，实现全省双首单投放。截至2021年底，全行金融科技战略指标综合得分65.6分，全省系统排名第七。（建设银行）

【建行民生服务】2021年，中国建设银行大同分行围绕打造标准化、特色化、品牌化服务体系，制定《大同分行优质服务三年行动方案》，强化服务资源保障，提升基层网点民生服务能力。其中15家网点通过省行星级网点验收，全行整体服务水平提升、网点综合竞争力系统排名较年初提升9个位次。云汽支行、魏都大道支行被评为中银协文明规范服务千佳示范单位，业务经营部、振华支行被评为中银协四星级网点。全年完成4家网点局部改造，2家旗舰网点施工图纸编制，并在全行38个网点均提供不少于40组便民服务设施，如轮椅、拐杖、充电、热水、如厕等设施服务。利用“劳动者港湾”APP向用户自动推送港湾服务点，线上线下结合向各行业劳动者送上关怀。利用“掌上网点”优化渠道建设，深化场景服务，提升网点效能。截至2021年底，全行“掌上网点”用户9.6万户，网均推广用户量2522户，全省系统排名第一。落实各项消费者权益保护工作要求，完善消保工作机制、投诉管理、宣教体系，重点落实监管关注问题。在征信管理、消保工作方面，被中国人民银行大同中心支行授予2021年度征信管理工作先进集体，被大同银保监分局授予2021年度大同市银行业机构消费者权益保护工作先进单位。（建设银行）

中国农业发展银行大同市分行

【概况】2021年，中国农业发展银行大同市分行下辖云冈区、云州区、阳高县、天镇县、浑源县5个县支行，是全市唯一的政策性银行。全年全行投放各类贷款23.5亿元，同比多投放10.8亿元，占省分行分配任务的156.9%，贷款投放完成率全省第一，其中投放粮油贷款3.7亿元，投放项目贷款11.5亿元，投放其他流动资金贷款8.4亿元，各项贷款余额83.5亿元，较年初增加13.5亿元。实现国际业务结算量2923.8万美元，同比增加1797.6万美元，增长160%，全省第一。不良贷款继续保持零占比。（闫永强）

【农发行服务粮油收储】2021年，中国农业发展银行大同市分行落实粮食宏观调控政策，在粮食购销储环节探索有效支持模式，支持储备轮换。全年发放储备轮换贷款1.1亿元、发放储备贷款2.2亿元，支持全市4户企业完成14.8万吨储备轮换任务。顺应粮食市场价格变化，调整市场收购信贷策略，支持市场化收购，支持大同市产业化龙头企业威奇达制药收购玉米9.8万吨，投放流资2亿元。为广灵、天镇投放调控贷款1880万元，增加县级储备700万公斤。（闫永强）

【农发行服务乡村振兴】2021年，中国农业发展银行大同市分行在支持重点项目上，围绕市委、市政府战略部署及重大民生项目工程，提供融资融智服务，推行“专人联络”“定期会诊”“分级推进”营销办贷工作机制，逐项目落实1+1+1常态化联络制度，加大对接频次，提高办贷效率。全年审批山西省大同市新荣经济技术开发区园区建设（一期）PPP项目、山西北肉冷链加工产业园项目（一期）工程等项目6个，审批金额15.6亿元，投放1.5亿元。在巩固拓展脱贫攻坚与服务乡村振兴有效衔接上，投放衔接贷款12.9亿元，占省分行分配任务152.2%，投放易地扶贫搬迁后续贷款7.6亿元，占省分行分配任务238.1%。（闫永强）

【农发行支持普惠小微企业】2021年，中国农业发展银行大同市分行在支持普惠小微企业上，聚焦“三农”薄弱领域，推动普惠小微企业增量扩面。全行普惠小微企业12户，投放金额6975.7万元，贷款余额7228万元，较年初增加2961万元，贷款投向领域主要有粮油收储、聚氨酯制造、医疗用品生产、黄花加工等。（闫永强）

【农发行支持重大工程项目】2021年，中国农业发展银行大同市分行聚焦全省“十四五”发展规划，对重大工程项目清单逐一筛选，逐项目、逐企业开展摸排，经过筛选，最终确定华远国际作为战略性客户来培育，并依托该企业投资100亿元打造最大肉类交易平台的战略规划，以提供固定资产贷款支持冷链加工产业园建设为介入点，探索“固资＋流资＋国际业务”一揽子支持模式，为华远国际陆港发放1.7亿元项目前期贷款、审批4.1亿元流资贷款和4.9亿元项目贷款，优化客户结构和融资结构。

（闫永强）

【农发行经营管理】 2021年，中国农业发展银行大同市分行优化客户服务手段，对重点企业推行登门服务，推广网银和手机银行等线上服务，全年增加网银客户45个，电子支付替代率98%，同比提高4.4个百分点。执行财经纪律，规范财审会工作议程，明确大额财务费用支出预算提交程序和要求，确保各项费用支出合规合理。强化合规专员履职管理，压实工作责任，全年开展风险合规专员履职工作例会3次。开展“内控合规管理建设年”活动，并与综合检查、案防专项治理、内控综合治理和高质量发展合规“回头看”等统筹推进，明确检查重点和内容，推行检查整改一体化，年内检查发现问题44个问题全部整改到位，整改率100%。

（闫永强）

【农发行案件风险防控】 2021年，中国农业发展银行大同市分行把握准入、担保、贷款支付、贷后管理“四个关口”，落实贷后管理例会制度，按月开展非现场贷后管理检查，对放款监督执行情况、贷后管理制度执行情况、集团客户风险等开展专项检查，落实风险防控措施。全年召开贷后管理例会12次，形成会议议定事项18条。组织开展案件警示教育活动，常态化开展案件风险排查，并在经营绩效考评中，专门设置案防管理项目，增设案防工作质量考评指标，加大对案件考核力度，严防发生各类违规现象。全年排查信贷类业务538笔，会计业务9472笔，排查员工513人次。

（闫永强）

晋商银行大同分行

【概况】 2021年，晋商银行大同分行有传统支行5个，社区支行4个。晋商银行大同分行个人存款余额52.3亿元，占年末收口任务102.8%，单位存款余额27.5亿元，占年末收口任务101.7%。中间业务收入实现8095.2万元。

（任 静）

【晋商银行零售业务】 2021年，晋商银行大同分行开展网点核心竞争力提升工作，重点抓队伍建设和客户管理两大环节，通过给客户进行资产配置，提升客户综合收益率。截至2021年底，储蓄存款时点52.3亿元，较年初增加7.3亿元；销售净值型理财产品29.5亿元，占全年任务140.3%；保险累计销量1464.4万元，占全年任务195.3%；国债累计销量3907.1万元，占全年任务91.3%；私行产品存续量5.1亿元，占全年任务113.1%。

（任 静）

【晋商银行公司业务】 2021年，晋商银行大同分行推进公司业务改革发展，依托核心企业，探索创新型投行、贸易融资产品，给煤炭等重点产业链企业项目提供基于信用证、债权融资计划等，拓宽企业支付渠道，促进企业资金流转，服务实体经济发展。截至2021年底，单位存款时点余额27.5亿元，较年初增加5.2亿元。单位存款时点最高53.5亿元。单位存款年日均余额23.6亿元，较年初增加6.4亿元。

（任 静）

【晋商银行普惠金融业务】 2021年，晋商银行大同分行在做大普惠型贴现、减押快贷这两个小微企业拳头产品基础上，围绕增强民营和小微企业服务能力，创新融资模式，拓展联链融业务、信用贷款、创业担保贷款等新业务，拓宽小微业务发展渠道。小企业条线贷款投放同比增长，“联链融”业务稳固，医保兑贷款稳中有进。小企业条线贷款户数发放贷款117笔，金额2.8亿元，较年初增加1.9亿元，占全年任务目标137.8%。

（任 静）

山西银行大同分行

【概况】 2021年4月28日，经中国银保监会批准，山西银行正式挂牌开业，是以原大同银行、原晋城银行、原晋中银行、原长治银行、原阳泉市商业银行为基础，通过新设合并方式设立的省级法人城市商业银行。山西银行大同分行作为山西银行晋北地区最大的分支机构，有营业网点57个。截至2021年底，山西银行大同分行资产总额361.1亿元，各项存款余额348.9亿元，各项贷款余额116.3亿元。

（张碧君）

【山西银行支持民营和小微企业】 2021年，山西银行大同分行坚持“服务地方经济、服务中小企业、服务城乡居民”市场定位不动摇，加大民营和小微企业支持力度，通过下调利率，减免服务收费，开展转续贷业务、灵活运用担保等方式，缓解民营和小微企业“融资难”“融资贵”难题，截至2021年底，民营企业贷款余额66.7亿元，小微企业贷款余额66.4亿元。加大金融服务“三农”力度，围绕县域经济支柱产业、基础设施、特色农业等重点领域，加大信贷支持力度，截至2021年底，涉农贷款余额6.1亿元，并通过抓脱贫人口小额信贷工作，巩固脱贫攻坚成效，助力乡村振兴。

（张碧君）

【山西银行金融服务】 2021年，山西银行大同分行通过优化网点布局，开展“网点服务提升”专项行动，创优服务促营销，从流程、产品、营销等各个环节提升服务能力，深化优质服务；打造“山银驿站”，有序开放网点服务资源，为户外劳动者提供休息区、向老弱病残等特殊群体提供个性化服务等，推进“我为群众办实事”，践行社会责任。加强金融消费者权益保护，开展金融知识宣传教育，全年开展宣传活动300余次，发放线下宣传资料3.5万余份，发布线上作品242条，受众38万人次，获山西省银行业协会2021年“金融知识普及月”特色宣传创意活动优秀奖。

（张碧君）

【山西银行支持地方经济发展】 2021年，山西银行大同分行通过开展

▲ 2021 年 6 月 11 日，山西银行大同分行与平城区开源街道办事处举行战略合作协议签约仪式 （张碧君 摄）

"银政手拉手"活动深化政银合作，围绕大同市地方重点项目、重点工程、重点企业等方面提供全方位、综合化的金融服务，支持地方经济发展。到市、区、县政府机关等开展拜访调研，了解政府需求，提高金融服务水平，给机关事业单位等机构开设账户 36 个；增加信贷投放，对省市重点企业和项目增加授信 10 亿元。通过从多个方面、多个渠道建立与地方政府更深层次、更大范围的战略合作关系，实现优势互补、共同发展，为大同实现高质量转型发展提供金融支持。 （张碧君）

中信银行大同分行

【概况】 2021 年，中信银行股份有限公司大同分行各项存款时点余额 52.8 亿元。其中，对公存款时点余额 20.2 亿元；个人存款时点余额 32.6 亿元。各项贷款余额 32.6 亿元。其中，一般对公贷款 11.3 亿元；个人贷款 0.8 亿元；贴现为 20.5 亿元。年内，中信银行大同分行落地大同市供水排水集团有限责任公司企业年金托管业务，托管规模 1.1 亿元，绑定企业员工 1500 人，被大同市公安局直属分局评为"反电诈宣传明星单位"。 （中信银行）

【中信银行创新金融信贷】 2021 年，中信银行股份有限公司大同分行围绕"国家级专精特新小巨人"等企业创新"科创 e 贷"产品，为其提供线上线下相结合方式的信用流动资金贷款产品，结合征信、工商、司法等数据维度，给科创型小微企业提供用于生产经营等的流动资金贷款服务。适用于普惠型小微企业［在该行单户授信额度 1000 万元（含）以内且符合《中小企业划型标准规定》的小型企业和微型企业］。 （中信银行）

【中信银行支持服务实体经济】 2021 年，中信银行股份有限公司大同分行围绕核心企业开展供应链金融流动资金贷款业务，加大对小微企业信贷投放支持力度，给 40 户普惠小微企业投放贷款（不含贴现）4185.1 万元，给 14 户企业办理贴现业务 7185.3 万元。在支持制造业企业方面，给 16 户制造业企业投放贷款（含贴现）11305 万元，其中流动资金贷款支持 15 户，投放 11090 万元；票据贴现支持 2 户 215 万元；给 5 户制造业企业开立银行承兑汇票 11667.2 万元，保函 80 万元。支持转型综改建设及重点工程方面，重点对先进制造业、战略性新兴产业和产业供应链、科技创新等项目加大信贷投放力度，并向公共卫生领域、普惠金融、绿色领域、制造业及战略新兴产业领域进行业务储备，支持转型综改建设和重点工程项目。年内，支持 20 户制造业，投放信用流贷 1 亿元，小微企业供应链融资 964.8 万元、贴现 215.3 万元、银承 1453.3 万元、保函 80 万元；给 3 户煤炭行业提供信贷融资支持（含贴现）50.1 亿元；给科研及技术服务相关企业办理商票 E 贷 720.5 万元、保函 100 万元；支持环境保护与生态治理 1 户企业，票据贴现 550.1 万元。 （中信银行）

交通银行大同分行

【概况】 2021 年，交通银行大同分行有综合网点 4 个、普惠支行 1 个。全年实现经营利润 1.9 亿元，同比增加 4092.2 万元，增长 15.7%；实现经济利润 1.5 亿元，同比增加 4200.3 万元，增长 26.6%。人民币各项存款余额 91.6 亿元，较上年增加 11.2 亿元，增长 13.9%。各项贷款余额 58.9 亿元，较年初增加 7.1 亿元，增长 13.8%。 （李双武）

【交行服务乡村发展】 2021 年，交通银行大同分行优化乡村振兴组织架构，成立大同分行乡村振兴金融部（与普惠金融事业部合署办公）及领导小组，召开领导小组专题会议 3 次，部署与探索支持乡村振兴的推进措施、业务产品、支持保障等。抓帮扶干部选派管理，强化帮扶干部考核激励，落实生活补贴、探亲休假、增购保额 50 万元的意外保险等待遇政策。抓涉农贷款项目储备落地，乡村振兴涉农贷款余额 12519.8 万元，较年初增加 7736.4 万元，脱贫人口小额信贷投放 170 万元。 （李双武）

【交行首发"乡村振兴卡"】 2021 年 9 月 30 日，交通银行大同分行在浑源县西坊城镇首发"乡村振兴卡"，山西省分行副行长贾鹏出席首发仪式。该卡针对乡村特点优化卡面设计，整合交行和银联提供多项惠农权益。交通银行大同分行依托乡村振兴主题卡，借助线上渠道，向符合条件的农民提供消费资金支持，为乡村振兴发展贡献力量。首发仪式现场，交通银行大同分行工作人员给群众介绍、办理特色主题卡，并宣传金融投资相关知识。 （李双武）

华夏银行大同分行

【概况】 2021 年，华夏银行大同分

行一般性存款余额22.2亿元，较年初增加7.4亿元，一般性存款日均17.8亿元。其中，对公存款余额14.8亿元；个人全口径存款余额7.5亿元。各项贷款余额13.7亿元。其中，对公贷款余额11.6亿元；个贷余额2.1亿元。

（李 鑫）

【华夏银行支持全市经济发展】 2021年，华夏银行大同分行按照“奋斗两个五年、跨入第一方阵”总目标，加大对大同市支柱产业、重点行业、优势企业的支持力度。重点对煤炭行业进行信贷投放，信贷投放与区域经济发展结构相匹配，通过多种产品给全市企业增加融资115亿元，助力大同市经济发展。（李 鑫）

【华夏银行推进乡村振兴】 2021年，华夏银行大同分行推进乡村振兴信贷投放，通过调研，拜访当地政府、扶贫办及乡镇村民委员会等政府部门，询问当地乡村振兴相关政策、实施方案以及财政补贴、风险补偿机制落实情况，了解当地需求信息、产业信息以及当地同业金融工作先进做法，寻找“一村一品一主体”（指每个贫困村都要有特色产业和产品，都有带动贫困户脱贫的新型农业经营主体）产业之路，支持扶贫龙头企业和农民专业合作社发挥带贫益贫效应，加大对扶贫特色产业的支持力度。截至2021年底，华夏银行大同分行发放扶贫小额贷款291户1100余万元。

（李 鑫）

【华夏银行支持小微企业发展】 2021年，华夏银行大同分行坚持“不唯所有制、不唯大小、不唯行业、只唯优劣”，对国有企业和民营企业一视同仁。按照“中小企业金融服务商”品牌目标，履行社会责任，通过搭平台、批量开发小微企业贷款客户，加大对民营企业以及小微企业的金融支持力度。截至2021年底，普惠型小微企业贷款余额7600万元，较年初增加4300万元；普惠小微企业贷款客户31户，较年初增加26户。（李 鑫）

【华夏银行案件风险防控】 2021年初，华夏银行大同分行专门召开案防工作部署会议，明确大同分行案防工作领导小组，制定并印发《2021年案防工作实施方案》《2021年案件风险排查方案》，从职责分工、排查内容等方面进行工作安排。每季度组织开展员工异常行为排查，排查涵盖辖内所有经营机构和部门，了解员工8小时内外异常行为情况，确保排查有效。每季开展案件风险排查工作，守住不发生重大案件和重大事件底线，确保实现全年零案件目标，保证分行各项业务安全运行、持续健康发展。（李 鑫）

中国邮政储蓄银行大同市分行

【概况】 截至2021年底，中国邮政储蓄银行大同市分行（简称“邮储银行大同市分行”）总资产382.5亿元，总负债379.3亿元。全年实现收入5.1亿元，实现净利润3.1亿元。（罗红艳）

【邮储银行存款业务】 2021年，邮储银行大同市分行推动实施零售转型战略，提升存款服务能力。发挥“自营+代理”优势，夯实储蓄存款基础，邮银协同加强对惠农惠民、养老金、农民工等领域客群关注支持，围绕资金源头、结合资金流向，找准业务切入，以代发服务拉动储蓄余额增长。邮银协力加强渠道建设，搭建县域农村金融服务平台，搭建全辖线上服务场景，布放实体机具和移动结算工具，延伸服务链条。领会共同富裕政策下的储蓄管理、财富管理要求，对不同客群进行细分，完善服务措施，精准做好金融服务工作。加强对公存款服务，坚持全流程服务理念，通过搭建服务系统，配套制定账户开立、资金结算、现金管理、机构理财、企业网银、开放式缴费平台等综合服务方案，给资产端客户及其上下游提供全链条金融服务，促进拉动单位储蓄存款增长。截至2021年底，“自营+代理”各项存款余额349.6亿元，增加38.1亿元。（罗红艳）

【邮储银行落地首笔与可持续发展挂钩贷款】 2021年，邮储银行大同市分行落实“双碳”（碳达峰与碳中和）战略，在支持全省重大能源改革项目推进落实，支持绿色低碳转型上做出尝试和实践，在业内率先推出煤炭和火电行业可持续发展挂钩贷款，成功给晋能控股煤业集团发放全国银行业首笔3亿元可持续发展挂钩贷款。该产品借鉴国际经验，与智能化综采工作面指标挂钩，有助于改善传统人工开采模式生产效率低、碳排放指数高情况，助推企业绿色、智能转型升级。（罗红艳）

【邮储银行涉农贷款投放】 2021年，邮储银行大同市分行明确金融服务乡村振兴的工作框架和实施路径，成立工作领导组，依托市级“三农”金融服务管理委员会、金融扶贫工作领导小组和乡村振兴领导小组，制定服务乡村振兴工作方案，明确涉农贷款、脱贫攻坚、乡村振兴示范县建设、惠农经营贷投放、信用体系建设五大目标，明确绩效考核要求，与责任区域支行长签订责任书，传导压实落地责任，推进乡村振兴各项工作。中国邮政集团有限公司大同市邮政分公司、中国邮政储蓄银行大同市分行与大同市农业农村局签订战略合作协议，为推进农民专业合作社高质量发展提供保障，为银企对接服务提供交流平台。截至2021年底，邮储银行大同市分行涉农贷款结余20.1亿元，占各项贷款15.3%，较年初增加3.7亿元，占监管目标239.4%，增长2.9%。创建“百县千村”示范工程，推进农村信用体系建设，全年建设信用村295个，评定信用户6269个。（罗红艳）

【邮储银行涉农信贷投入】 2021年，邮储银行大同市分行围绕全市“特”“优”战略等乡村振兴重点领域，坚持“一县一业、一行一品”发展思路，加强金融产品、服务、模式创新，打通产业链条全流程金融服务，撬动更多金融资源投向农业农村。搭建涉农服务平台，与山西省农业融资担保有限公司合作，结合区域乡村产业特色，创新推出“粮食收购贷”和“冷链贷”“农资贷”产品。全年投放“农保贷”669笔2.9亿元。全市邮银发挥邮政系统天然优势，依托邮政集团与农业农村部启动惠农合作项目，聚力服务新型农业经营主体高质量发展，持续走访对接农民专业合作社，全年发放惠农经营贷1128万元。推广线上业务，对接客户融资需求，引导客户通过线上渠道申请“极速贷”业务，让客户足不出户享受金融服务。年内，投放“极速贷”线上产品4275笔3.3亿元。（罗红艳）

【邮储银行扶持“菜篮子”产业】 2021年，邮储银行大同市分行依托黄花、黄芪、食用菌、杂粮、设施蔬菜、养殖业、农产品加工、农机八大产业，围绕核心企业，对上下游客群开展综合金融服务，借助山西农业担保公司，协力降低经营主体融资成本，降低融资门槛。全年发放“菜篮子工程”贷款4699.8万元，结余8245.1万元。围绕天镇县大吾其村设施蔬菜种植产业试点村，与政府部门对接，强化银担合作，解决其抵押物不足问题，批量开发上下游客户，给上游种植户投放农保贷，助力农户抵抗冰雹灾害，满足购买农资、农具、保鲜冷库建设需求；给下游蔬菜交易市场方提供授信支持，满足日常经营所需。围绕广灵县壶泉镇食用菌产业园区，响应政府食用菌特色产业发展政策，给上游企业“广灵北野食用菌业”提供授信1000万元，满足生产线扩建、菌菇培养等需求；给下游种植户提供授信233万元，满足种植培养所需，助力食用菌特色产业发展。（罗红艳）

【邮储银行发展普惠金融】 2021年，邮储银行大同市分行贯彻关于加强民营、小微企业金融服务决策部署，加强对地方企业扶持力度。优先保证小微贷款投放，鼓励小微贷款业务发展，以优化小微企业贷款结构，保障符合准入条件的普惠小微企业融资需求。针对不同行业经营特点推出个人经营性，及小微企业差异化产品，涵盖信用、抵押保证等多种产品，解决企业融资困难问题。推出极速贷、信用贷等纯信用贷款，法人类小企业贷款信用贷款比重、提高。全年投放小微企业贷款5.6亿元。（罗红艳）

【邮储银行金融风险防控】 2021年，邮储银行大同市分行围绕防控金融风险任务要求，落实防范化解金融风险严守风险底线工作意见，助力打好防范化解重大金融风险攻坚战。坚持全面风险管理，构建全面风险管理体系，守住不发生案件底线，深化“不敢作案、不能作案、不想作案”案防工作长效机制，坚持合规稳健经营，全年未发生安全责任事故，未发生风险事件、资金案件。全年机构风险评价A+，居全省邮储银行首位。资产质量保持优异，截至2021年底，不良贷款率0.3%，较年初下降0.1个百分点。（罗红艳）

中国民生银行大同分行

【概况】 2021年，中国民生银行大同分行有标准型网点（同城支行含营业部）7家，便利型网点（社区支行）8家，营业网点基本覆盖大同市区核心地段及重点小区。中国民生银行大同分行各项存款余额91.9亿元，较上年增加2.4亿元，增长2.7%。各项贷款余额32.1亿元，较上年减少5.6亿元，下降14.8%。发放信贷资产340.1亿元，纳税9841.2万元。（高志伟）

【民生银行落实煤电企业保供金融服务】 2021年，中国民生银行大同分行支持晋能控股煤业集团有限公司增加煤电供应，晋控煤业及其子公司授信项目报送总行审批。给晋控煤业本部和成员单位通过发放贷款、签发银行承兑汇票、信用证等形式，缓解企业流动性压力。截至2021年底，晋控煤业集团在民生银行大同分行授信额度34亿元，提用额度23.8亿元。（高志伟）

【民生银行支持防疫单位资金需求】 2021年，中国民生银行大同分行支持防疫企事业单位的资金需求。给大型医药流通企业签发银行承兑汇票9000.8万元；给公立医院获批两年期综合授信2亿元，全部提用，其中2021年一季度提用4000万元流动资金贷款，在降低该院融资成本基础上，满足该院流动性需求；给生产制药企业发放短期流动资金贷款1亿元，满足企业低成本融资要求，另签发银行承兑汇票9360万元，缓解企业资金压力。（高志伟）

【民生银行金融服务】 2021年，中国民生银行大同分行推进减轻企业负担工作，规范收费行为，创新服务举措，帮助企业降低融资成本。落实服务价格管理规定，按照总行价格目录约定标准范围收费，不存在超标准收费。多渠道披露服务价格信息，督导规范厅堂服务价格名目摆放标准，贯彻落实服务价格投诉管理等机制。坚持“以客户为中心”，把普惠型小微企业贷款作为投放重点，定价管理上小微普惠优惠75BP（基点），普惠小微贷款累放年化利率较年初下降1.3%。根据《关于降低小微企业和个体工商户支付手续费的通知》要求，优化服务价格项目，取消收费项目13项、降低收费项目5项，减轻民营企业负担。（高志伟）

【民生银行支持转型综改】 2021年，中国民生银行大同分行对公贷款投向主要涉及煤炭行业16.7亿元、大健康领域余额1.9亿元、政府信用类1.2亿元、火力发电行业3500万元。对公授信客户涉及转型综改的行业有新材料产业、医药工业和卫生事业，全年投放28459.5万元，各项贷款余额8639.5万元，另有表外业务3276万元。大同旅游业作为第三产业的重要组成部分，成为大同转型发展最优选择之一，民生银行大同分行探索该领域合作方式，寻求在该领域的突破。（高志伟）

【民生银行信贷投入】 2021年，中国民生银行大同分行公司业务信贷投放重点围绕医药制造和煤炭开采等行业，涉及大同市政府提出的八大产业中的新型材料产业和医药产业。开展项目储备，储备项目包括煤炭开采企业项目贷款1户，金额8亿元；清洁能源生产和环保类企业4户，金额约5亿元，其中3户完成贷前调查，进入审批通道。（高志伟）

【民生银行推进普惠金融】 2021年，中国民生银行大同分行深化普惠金融综合性金融服务，“以客户为中心”，推出“民生小微”APP综合化移动金融服务平台，嵌入小微商户经营场景，延伸服务半径，拓展小微金融服务广度和深度，突破小微业务线上化经营，实现由线下为主向线上、线上线下相结合方式转变，解决依赖强抵押的发展模式痛点，提升信用类贷款占比。根据大同市政府金融办要求，开展“信易贷”平台对接，加强重点区域产品及服务支持。加强普惠金融群体宣传，利用营业网点、线上渠道，制作普惠金融产品手册，开展走进市场、走进社区等“五进”活动，针对小微企业、个体工商户、老年人、务工人员等普惠金融重点人群，在做好普惠金融服务同时，把金融知识普及结合场景和实例，让老百姓获得及时的金融知识和服务。（高志伟）

【民生银行内控合规管理】 2021年，中国民生银行大同分行组织开展“内控合规管理建设年”、巩固乱象整治成果、联合举办大同市2021年防范非法集资宣传月进乡村集中宣传等活动。编发《合规专刊》3期，“行长谈案防”2期，打造“支行合规案防角”7处，组织各条线法治和反洗钱培训33场，培训人员1663人次。组织《员工行为禁止规定》学习宣讲13期，组织支行现场案防警示教育9次和线上警示教育学习13期，组织开展从业人员行为专项检查并实施处罚和问责。（高志伟）

山西省农村信用社联合社大同审计中心

【概况】 2021年，山西省农村信用社联合社大同审计中心（简称“大同农信社”）辖6家农商行、2家县联社，有198个网点、2545名员工，担负全市99个乡镇、2274个建制村、48万户农户、2万余户中小微企业的金融服务社会责任。全年各项存款余额571.1亿元，较年初增加80.2亿元，增长16.3%，同比增加43.9亿元，占全年任务106.9%，市场份额15%，较年初提高0.7个百分点，首次居全市第一；对公存款余额132亿元，较年初增加26.4亿元，占全年任务117.4%。各项贷款量余额365.9亿元，较年初实际增加42.9亿元，增长13.3%，同比增加18.6亿元，占全年任务110%，市场份额18.5%，较年初提高0.9个百分点，涉农及小微企业贷款余额279.1亿元，较年初增加18.2亿元，增长7%。各项收入29.3亿元，占全年任务107%，同比增加2.5亿元，增长9.2%。利息收入22.2亿元，同比增加3.3亿元，增长17.3%；其中，中间业务收入4394.9万元，占全年任务482%。经营利润9亿元，占全年任务109%，同比增加1.5亿元，增长20.4%。12月22日，广灵农商行挂牌开业。年内，该中心被山西省直工委授予“省直文明标兵”称号。（余忠阳）

【农信社监管指标】 2021年，大同农信社监管指标向好。资本充足率7.6%，较年初提升2.6个百分点，占全年任务107.9%；拨备覆盖率66.7%，较年初增加14.6个百分点；成本收入比41.8%，较同期下降0.1个百分点，较全年目标42.1%下降0.3个百分点；逾贷比97.6%，较年初下降2.2个百分点。（余忠阳）

【农信社存贷市场份额】 2021年，大同农信社存贷市场份额稳步增长，存款业务存量与增量份额分别至14.9%和20.5%，信贷业务贷款客户增加1万户，达到15.1万户，正常关注类贷款21日结息率同比增加17.5个百分点，贷款本金收回率同比增加4.1个百分点，利息收入同比增长17.3%。（余忠阳）

【农信社信用工程】 2021年，大同农信社设立乡村振兴金融部门，制定“整村授信”计划，组织537名客户经理到1030个行政村庄、50个主体，摸底建档、公开授信、现场放贷、考核引导，创建49个信用村、12个信用市场，给15.6万户农民授信38.6亿元、发放信用贷款23.3亿元。推广“兴农快贷”，线上申贷、审贷，把金融活水引向“黄花、黄芪、黄小米”等地方特色产业，全年给1.3万户农户快捷办贷50亿元，让信用变成“真金白银”，彰显“育产业、美乡村、富农民”责任担当。（余忠阳）

大同农村商业银行

【概况】 2021年，大同农村商业银行股份有限公司（简称“大同农商银行”）各项存款余额237.9亿元，较年初增加45亿元，在大同市金融市场存款占有份额7.8%。各项贷款余额149.4亿元，较年初增加16.4亿元，在大同市金融市场贷款占有份额9%，其中涉农及小微企业贷款余额107.9亿元，较年初增加2.3亿元。全行实现各项收入11.9亿元，经营利润3.5亿元。全年纳税11055.6万元。（王丹阳）

【农商银行推进整村授信】 2021年，大同农商银行推进信用工程建设，推出整村授信“985”模式：即农户建档至少90%、授信至少80%、签约至少50%，达到“985”标准的村可以认定为示范村、信用村。大同农商银行辖内建制村275个（包括周家店、沙岭等社区化的15个村），整村（体）授信对接206个村，签订合作协议191个，对接覆盖率74.9%，成功授信1212户，授信金额1.3亿元；信用户数752户，信用金额6686.9万元，并在常住人口1000人以上村设立金融服务站提升普惠金融普及率。辖内18岁至65岁的农户总户数5.3万户，全行授信、建立贷款关系的户数14173户。其中，整村授信户1212户，授信1.3亿元，小额农户2822户，存量不良户数（表内和表外）9962户，脱贫人口小额贷款486户，贷款余额2289.8万元，授信覆盖率26.8%。（王丹阳）

【农商银行“三级授信”体系搭建】 2021年，大同农商银行成立信贷管理部、风控管理部、公司事业部、“三农”事业部和小微事业部，明确职责加强贷款管理，提高信贷人员专业化程度，提升大同农商银行信贷“放管服”能力，压实贷款主体责任、改善不良贷款前清后增、行政干预、权责不对等、坐门等客等问题。按照“多劳多得，按绩取酬”和“收益与风险匹配”原则，制定并出台《大同农村商业银行客户经理绩效考核办法（试行）》，使员工个人贡献、履职规范、业务风险与绩效薪酬紧密联系，在提高信贷人员收入基础上，调动员工积极性，激发员工工作潜能。为扭转信贷人员“惧贷、惜贷”情况，使信贷人员从“惧贷”到“敢贷”，制定《民营小微企业贷款尽职免责管理办法》《农户小额贷款尽职免责管理办法》等规章制度，建立纠错、容错机制，给基层信贷人

▲ 2021 年，大同农商银行坚持“支农支小”，涉农及小微企业贷款余额 107.85 亿元。图为大同农商银行客户经理在西韩岭乡茶坊村农户大棚里了解蔬菜长势　（王丹阳　摄）

员吃下“定心丸”，强化“敢贷”积极性。（王丹阳）

【农商银行服务“三农”和小微经济】 2021 年，大同农商银行把“三农”与小微作为第一主业，坚持支农支小，服务“三农”、小微和实体经济。截至 2021 年底，涉农及小微企业贷款余额 107.9 亿元，较年初增加 2.3 亿元，增长 2.3%。普惠型贷款余额 19.6 亿元，较年初减少 0.3 亿元，下降 1.3%；普惠型涉农贷款余额 8.8 亿元，较年初减少 1.7 亿元，下降 15.9%；普惠金融小微企业贷款余额 12.7 亿元，较年初减少 2.9 亿元，下降 18.7%。（王丹阳）

【农商银行风险资产清收】 2021 年，大同农商银行把风险防控作为第一责任，处理好旧的风险处置与新的风险防范。加大对到期贷款和表外不良资产的清收与考核，拓展清收思路和渠道，对已核销、已置换的不良贷款，实行集中管理与挂牌清收。截至 2021 年底，大同农商银行清收处置风险资产 48.7 亿元。其中，清收处置表内不良贷款 24.7 亿元；清收处置关注类贷款 7.6 亿元；清收处置四类隐形风险贷款 14.5 亿元；清收处置抵债资产 749.6 万元；清收处置呆账核销不良贷款 2568.4 万元；清收处置票据置换不良贷款 222 万元；清收处置股东购买不良贷款 302.7 万元；清收处置表外应收利息 1.3 亿元。（王丹阳）

【农商银行信贷产品】 2021 年，大同农商银行对该行 36 种信贷产品进行“线下 + 线上”集中宣传，利用网点遍布城乡阵地优势，统一制作各类产品宣传、微信名片和正能量图片，辅之以产品说明，在朋友圈、营销群、自媒体等平台进行宣传，满足各类人群的信贷需求，提高信贷产品的影响力和知名度。为匹配相关产品，出台《大同农商银行国家公职人员贷款管理实施细则》《大同农商银行内部员工员贷款管理实施细则》等管理办法，投放公职人员贷款。（王丹阳）

【农商银行理财业务拓展】 2021 年，大同农商银行发行“晋享”系列理财产品，该产品的特性、业绩比较基准及品牌效应获全省客户认购。截至 2021 年底，该行向全省发行晋享系列净值型理财产品 15 期，募集资金规模 31 亿元，占全省农信社理财存续规模（62.6 亿元）的 49.5%，实现理财手续费收入 2044 万元。（王丹阳）

兴业银行大同分行

【概况】 2021 年，兴业银行大同分行设有同煤支行和永固街社区支行 2 个支行，各项存款余额 72.5 亿元，其中对公存款余额 36.4 亿元，储蓄存款余额 14.6 亿元。资产 77 亿元，表内业务方面流资余额 21.8 亿元，票据融资余额 5.3 亿元；表外资产 78.2 亿元。（郭　悦）

【兴业银行“再贴现”业务】 2021 年，兴业银行大同分行转向辖内法人机构 6.8 亿元银承，协助合作行办理“再贴现”11.3 亿元，转贴现创收 50 万元，向人行大同中支落实“再贴现”额度 10 亿元。办理再贴现 10.3 亿元，使该行票据在人行大同中支“再贴现”票据中占有率超过 95%。（郭　悦）

【兴业银行零售业务】 2021 年，兴业银行大同分行综合金融资产日均余额 27.6 亿元，储蓄存款日均余额 10.7 亿元，结算性存款日均余额 4.4 亿元。理财保有量日均 12.2 亿元；理财保有量时点 15.5 亿元。个人贷款余额 4.7 亿元。截至 2021 年底，该行销售储蓄产品 6390 万元。（郭　悦）

【兴业银行机构类业务发展】 2021 年，兴业银行大同分行获得非税代缴收入代理资格。6 月 29 日，大同市财政局非税收收入收缴在该行开立专户，成为近 6 年大同市首家获得该项业务资格的金融机构，开启与大同市各级财政及预算单位合作篇章，拓宽政银合作空间。取得大同市教培资金监管资格。12 月 7 日，大同市教育局与该行举行大同市校外培训机构资金监管与服务综合平台签约仪式，就大同市校外培训机构统一使用兴业银行所搭建的资金监管与服务综合平台达成合作协议，开启大同市教育培训行业资金监管与服务模式。兴业银行大同分行是大同市唯一入围的校外培训机构资金监管与服务合作银行。围绕“金融 + 科技 + 教育”，开展教育生态圈建设，打造教育云平台。该平台针对不同教育培训模式，建立多项资金监管模型，采用库管模式对资金进行监管，以实现对资金流入、资金沉淀、资金划拨等各环节的全程监管。资金监管平台还能对资金异常情况进行及时监测，并把监测结果反馈至教育管理部门，时时对资金有异常的教育培训机构进行资金调查，可实现对培训机构的资金实时监管服务，维护

教培行业健康有序稳定发展。落地政府专项债回存 1.2 亿元。（郭　悦）

【兴业银行普惠小微发展】 2021 年 2 月，兴业银行大同分行完成该行首笔 e 票贷业务的落地，该业务突破原借款人模式和承兑人模式的传统信贷方式，通过对企业大数据模型分析自动核定额度，解决小微企业用款难情况，还不占用核心企业的授信额度。运用 e 票贷双模式深耕供应链业务，全程线上流程实现客户零跑腿。截至 2021 年底，兴业银行大同分行普惠贷款保持连续增长态势，连续 36 个月正增长，余额 3.5 亿元。其中，企金普惠贷款 2.8 亿元，零售普惠贷款 0.7 亿元。（郭　悦）

【兴业银行与企业合作】 2021 年，兴业银行大同分行在保供煤、电方面，根据大同市经济特点，要求各机构优先支持煤炭安全生产和储备的项目贷款。对于煤电企业电煤保供领域，发放的煤电企业购买煤炭的流动资金贷款，以实现稳增长目标，煤炭保供、电煤保供夯实基础。截至 2021 年底，兴业银行大同分行支持保供煤电贷款余额 23 亿元。在乡村振兴方面，兴业银行大同分行打造服务乡村振兴数字金融银行、成立金融服务乡村振兴领导小组、加大县域“三农”领域信贷投放，耕作好传统“三农”金融服务，并探索金融服务乡村振兴的新思路和新动能。把振兴乡村金融服务工作作为战略考核指标，列入全年经营计划之中。截至 2021 年底，兴业银行大同分行支持乡村振兴，涉农贷款余额 1.5 亿元，连续 12 个季度正增长。2021 年 12 月底，兴业银行大同分行在碳减排方面投放首笔光伏 10 年期项目贷款 1.8 亿元，并申请到中国人民银行总行第二批碳减排支持工具的政策支持。（郭　悦）

保　险

综　述

【概况】 2021 年，大同市保险行业协会有会员单位 42 家，其中财产险会员单位 24 家，人身险会员单位 18 家。大同保险行业实现保费收入 78.6 亿元（以财务口径统计），较上年同期增长 4.9 亿元，同比增长 6.7%。财产险业务方面，收取保费 23.2 亿元，较上年下降 0.2 亿元，同比下降 0.8%。赔款 15.7 亿元，赔付率 67.7%。其中，车险业务收取保费 15 亿元，支付赔款 10.5 亿元，赔付率 70%；财产保费收取 2.6 亿元，支付赔款 1.1 亿元，赔付率 42%；意外险保费收取 0.7 亿元，支付赔款 0.3 亿元，赔付率 36.5%；健康险保费收取 2.3 亿元，支付赔款 2 亿元，赔付率 84.6%；农业险保费收取 2.5 亿元，支付赔款 1.9 亿元，赔付率 75.5%。人保财险市场份额以 33% 位居首位，保费收入 7.6 亿元；平安财险市场份额 15.8% 位居第二，保费收入 3.7 亿元；国寿财险市场份额以 14.6% 位居第三，保费收入 3.4 亿元。寿险业务方面，收取保费 55.4 亿元，较上年增长 5.1 亿元，同期增长 10.2%。支付赔款 1.9 亿元，给付保险金 7.4 亿元。其中，银保业务 19 亿元，较上年同比增长 63.1%。中国人寿以 28.5% 市场份额居同业之首，保费收入 15.8 亿元；太平洋人寿以 12.2% 市场份额位居第二；保费收入 6.8 亿元，国华人寿以 11.6% 市场份额位居第三，保费收入 6.5 亿元。（林雅慧）

【保险调解维权】 2021 年，大同市保险行业协会受理保险调解案件 93 件，调解 93 件，成功率 100%，涉案金额 690.4 万元。其中，受理人民调解案件 74 件，调解 74 件，成功率 100%，涉案金额 560.2 万元，包括财产险案件 8 件，调解成功率 100%，涉案金额 86.3 万元，人身险案件 66 件，调解成功率 100%，涉案金额 473.9 万元；受理诉调对接案件 19 件，调解成功率 100%，涉案金额 130.2 万元，包括财产险案件 18 件，调解成功率 100%，涉案金额 114.4 万元，人身险案件 1 件，涉案金额 15.8 万元。（林雅慧）

【道交一体化保险纠纷调解】 2021 年，大同市保险业与市、区法院协调对接、驻点办公，推进全市道交一体化平台应用的深度广度，确保道交一体化机制落地见效。大同市道交一体化保险纠纷人民调解委员会通过强化培训、加强沟通，构建道交一体化工作联动，形成调解合力，给人民群众提供快捷纠纷解决渠道，给公司、消费者、行业和社会提供保险服务。上年大同市道交一体化保险纠纷人民调解委员会与市平城区、云冈区、云州区、铁路 4 家法院对接，截至 2021 年底，与法院展开业务的有市平城区、云州区 2 家法院。全年通过诉调对接平台给大地财险公司调解 4 起保险纠纷案件。（林雅慧）

【保险业宣传】 2021 年，大同市保险行业协会与大同日报传媒集团合作，在《大同日报》《大同晚报》上以“大同保险业务助推大同大发展”为主题开辟专栏，倡导会员公司进行专版报道提升行业影响力，并在固定时间刊登保险资讯、保险常识、保险案例、保险理论等内容。该协会财产险部、人身险部、保调委、综合办公室分别编辑《产险资讯》《寿险资讯》《保险纠纷调处工作简报》《大同保险业工作简报》每月刊发 2 期，发布 60 余期。创办的《大同保险》（季刊），栏目有“政策之声”“协会工作”“数据平台”“会员动态”“杂谈感悟”等，内容涵盖金融、保险、政策、自律、协会工作、社会服务等各个领域。3 月 15 日至 21 日，按照山西银保监局、大同银保监分局关于开展 2021 年银行保险业“3·15”消费者权益保护教育宣传周活动通知精神，开展“以人民为中心增强金融消费者获得感”教育宣传活动。通过开展保险消费者权益保护宣传活动，发挥互联网线上渠道作用，加大线上服务推动力度和功能，优化通过线上保险业务办理渠道，引导消费者用好线上保险工具，提升风险防控意识、依法维权意识。制定《大同保险业 2021 年度“7·8”全国保险公众宣传日活动方案》，开展一年一度的“7·8”全国保险公众宣传日系列活动。活动主题为“不忘初心，守护美好”，系列活动包括：开展“我为群众（会员）办实事”活动；发挥科技对保险的重要驱动作用，通过科技创新提升保险服务效率和质量，维护消费者合法权益；建设利民便民保险营业网点，为人民群众提供力所能及的帮助和服务；开展“保险五进入”等。（林雅慧）

【农业保险风险基金管理】 2021年1月，大同市保险行业协会参加大同市农业保险风险基金管理领导组办公室协调会议，与会者对2019年、2020年特色农业经营情况进行研讨。大同协会秘书长就农业保险基金使用的诚信履约、修改完善、协调理赔、公平参与等方面提出建议。4家保险经营主体单位介绍各自经营情况，希望政府尽快启动特色农业保险风险基金，解决黄花产业亏损局面。3月至5月，大同市保险行业协会配合市财政局金融科到人保财险大同分公司、国寿财险大同中支公司、中煤财险大同中支公司、太平洋财险大同中支公司4家经营农险公司召开座谈会，了解政策性农业保险经营情况，到浑源县、阳高县、云州区实地调研政策性农险。召开2次政策性农业保险座谈会，研讨农业保险风险基金等专项议题，并对省财政厅委托第三方公司对大同市农业政策性保险基金项目评估参与协调。（林雅慧）

【保险业车险自律主体会议】 2021年1月，大同市保险行业协会召开大同保险业车险自律主体会议。会议通报上年度大同市各主体车险经营情况，数据表明多数公司均面临着经营亏损风险。会上，6家财险公司领导汇报各自公司经营情况及存在问题。协会秘书长传达山西省保险行业协会上年度主体沟通协调会会议纪要，要求各主体单位执行省协会会议纪要车险自律有关规定，共同维护大同车险局面。（林雅慧）

【车险理赔服务测评】 2021年1月至2月和7月两个时间段，大同市保险行业协会根据省保险行业协会工作安排，在御河西路大都府路段对全市28家财险公司（包括泰山财险公司、华农财险公司、泰康在线和恒邦财险公司）进行车险理赔服务质量现场模拟报案测评。测评优化组织形式，采取错时抽签分组、打乱公司和地市进行差别检查。通过五大类18小项进行测评，测评整体结果较好。（林雅慧）

【节假日高速公路快处快赔活动】 2021年春节、清明、“五一”、国庆等节假日期间，大同市保险行业协会组织全市24家财险公司采取非现场与现场值班相结合的方式，与山西省高速公路交警二支队一大队联合办公，在大同市西河河高速公路收费口开展节假日高速公路快处快赔活动，及时处理小额财损道路交通事故。处理事故25起，涉及车辆43辆，节约当事人时间252小时，减少拥堵16小时，减少拥堵车辆38700辆。（林雅慧）

【保险业人民调解员交流培训】 2012年5月12日，大同市保险行业协会举办大同保险业人民调解员交流培训会议。大同市保险纠纷人民调解委员会聘请的全体调解员，及43家会员公司负责客服、理赔的分管副总经理或部门负责人约100人参加会议。会上，大同协会秘书长总结回顾调委会上年所做的各项工作，并对2021年调委会工作作出部署。调委会办公室主任对大同保险市场上年以来保险纠纷调处情况进行专题分析和经验交流。市司法局基层处处长、市调解协会秘书长、市银保监分局消保科副科长对全市人民调解工作的开展情况做经验交流，肯定大同市保险纠纷人民调解委员会在化解保险纠纷过程中所做的工作。要求参训人员提高认识，把人民调解作为处理保险纠纷的一个重要途径，推进多元化纠纷调解工作，发挥人民调解作用，维护大同经济社会稳定。（林雅慧）

【人身险公司星级柜面评审】 2021年9月，大同市保险行业协会与大同市总工会联合组成评审组，分别对12家人身险公司机构进行星级柜面现场评审或复审工作。按照评审标准，现场听取参评人身险公司客服工作和工会建设的汇报，从柜面的基础设施、服务时效、服务创新、服务特色等方面进行评审，以暗访、座谈、现场采访客户等方式公开、公平、公正现场打分，并对柜面建设和服务提出意见和建议。（林雅慧）

中国人民财产保险股份有限公司大同市分公司

【概况】 2021年，中国人民财产保险股份有限公司大同市分公司（简称“人保财险大同市分公司”）全险种保费收入76445万元，同比增加1369万元，增长1.8%。市场份额33%，同比回升0.8%。车险保费收入37462.4万元，同比减少7048.7万元，下降15.8%，其中商业车险保费26472万元，同比减少7459万元；交通强制保险保费10990万元，同比增加411万元。非车险保费收入38982.5万元，同比增加8417.8万元，增长27.5%，其中企业财产保险保费2950万元，同比增加78万元；家庭财产保险保费178万元，同比增加79万元；工程险保费505万元，同比增加459万元；责任险保费3738万元，同比增加1335万元；货运险保费839万元，同比增加181万元；特殊保险保费4万元，同比增加4万元；农险保费8367万元，同比增加1319万元；大病保险保费18688万元，同比增加6284万元；意外险保费645万元，同比减少159万元；健康险保费3137万元，同比减少1544万元。全年赔付成本55890万元，直接赔付支出64805万元，同比增加3278万元，全险种综合赔付率79.3%，同比上升1.4个百分点。全年上缴各种税金7706万元（含省分公司代缴），利润总额528.3万元。（吴国凯）

【保险服务实体经济】 2021年，人保财险大同市分公司提出服务乡村振兴、服务智慧交通、服务健康养老、服务绿色环保、服务科技创新、服务社会治理“六大战略”，中标应急管理局全市四大高危领域安责险项目。独家与工信局签约民用爆破品行业安责险框架合作协议；响应国家颁布的新《中华人民共和国安全法》，给全市174家企业提供安全生产风险保障，实现增量保费448万元；推动农民工工资支付履约保证险项目，实现增量保费98万元。给全市7家企业提供环境污染风险保障，实现环责险保费收入64万元，增量12万元；给全市151个医疗机构提供医疗责任风险保障，实现医疗类责任险保费收入1637万元，增量207万元；结合大同地区特色升级“精准防贫政府救助保险”保障，给云州区创新开发并独家承办“云州防贫宝”业务，全年实现政府防贫救助保险保费收入530万元，增量378万元。（吴国凯）

【保险服务社会民生】 2021年，人保财险大同市分公司在承办社保业务工作中，服务城乡居民1127327人，服务建档立卡贫困人口246379人，服务城镇职工大病及意外伤害保险85966人。年内处理赔案113506（人）件，支付赔款16972.5万元，其中城镇职工大病医疗保险1043件，支付赔款1003.1万元；城乡居民大病医疗保险57889件，支付赔款14114.6万元；建档立卡贫困人口补充保险54329件，支付赔款1722.7万元。

（吴国凯）

【保险服务乡村振兴】 2021年，人保财险大同市分公司承保政策性玉米种植保险49529.6公顷，支付赔款1303.1万元；承保马铃薯893公顷，支付赔款47.9元；承保森林143048.9公顷，支付赔款205.9万元；承保黄花种植保险2848.7公顷，支付赔款1393.2万元；承保黄花目标价格指数保险1352公顷，支付赔款1304.5万元；承保蔬菜大棚575个，支付赔款43万元；承保能繁母猪21505头，支付赔款266.3万元；承保奶牛23808头，支付赔款960.6万元；承保育肥猪247972头，支付赔款882万元；承保肉牛1088头，支付赔款87.9万元；承保小杂粮3653.1公顷，支付赔款189万元。（吴国凯）

中国人寿保险股份有限公司大同分公司

【概况】 2021年，中国人寿保险股份有限公司大同分公司总保费收入15.8亿元，同比下降2.4%；续期保费10.9亿元，同比增长0.8%；新单保费达成4.9亿元，同比下降8.8%。长期险首年期交达成2.1亿元；短期险保费7371.8万元，同比增长6.2%；政策性健康险保费2亿元，同比增长4.5%。全年上缴各项税费490万元，发放营销员佣金1.3亿元，各类赔付超过7537.2万元，完成满期给付3038笔，支付满期保险金7216.3万元，保单借款净值8.1亿元。（尹俊杰）

【人寿融入健康山西战略】 2021年，中国人寿保险股份有限公司大同分公司贯彻“健康山西”战略，参与全市社会治理，在完善社会保障体系建设方面进行探索。拓展大病保险业务，服务全市超过148万人的城乡居民和城镇职工；坚持保本微利，推进医保科技项目和大健康平台；参与长期护理保险试点项目；挖掘基层公司在完善县域保障体系、守护县域人民健康方面典型事迹。推出“全保障和全覆盖”两全计划，提供“短期险+健康险+养老险+普惠保险+综合金融产品”全方位保险产品服务，及覆盖城市、乡镇、农村的区域化全覆盖客户服务，守护广大消费者人身健康和幸福生活。年内，中标大同城乡居民和城镇职工补充医疗保险项目，承办2个健康保障委托管理业务，业务涵盖基金监管、费用调查、特定疾病费用审核和支付等内容。城乡居民大病保险赔付5.9万人次，支付赔款7913.9万元；城镇职工大病保险赔付6244.1万元，报销水平提升，减轻老百姓经济负担。（尹俊杰）

【人寿应对人口老龄化】 2021年，中国人寿保险股份有限公司大同分公司参与全市多层次社会保障体系建设，承办长期护理保险，围绕医疗、养老、护理、健康管理等多领域完善保险产品体系。强化政企联动，借势应对人口老龄化战略，同政府有关部门对接，共同提升老年人保险保障服务水平。提前研究部署老人险业务发展，召开老龄保险业务启动会，根据省公司老人保险“12345”发展策略，明确阶段性工作部署。学习研究兄弟公司先进老人保险拓展经验，收集整理老人保险拓展工具包，配置全市统一老人保险e门店和掌上保险。强化企划推动，印发重点业务板块推动方案，针对老人保险业务专门设置多项奖励。年内，与大同市老龄办联合开展“银龄安康”行动，并联合发文，在全市15家机构开展老龄保险业务。

（尹俊杰）

【人寿社会风险管理】 2021年，中国人寿保险股份有限公司大同分公司加强社会风险管理职能，与大同市计生协联合召开2021年大同市计生家庭保险保障工作会议，加大计生险推广力度，要求各县支公司加强与当地妇联对接。辅助社会管理，开展小额、学生、计生、老龄、残疾人保险等服务。加强自身风险管理，统筹疫情舆情，强化风险防控和安全发展。全年全市承保计生保险人数48908人，承保保费156.5万元；承保小微企业客户295774人，承保保费1734.2万元，小额保险保费收入140万元，老龄保险保费收入12.5万元。完成保险市场乱象治理自查、2021年风险排查等重点工作；参与金融办、人民银行组织的非法集资和反洗钱宣传活动，普及金融知识，履行社会责任。全年分析办结反洗钱可疑数据432条，评定客户风险等级5万余人次；化解黑龙江、重庆分公司舆情在市内扩散；在疫苗接种方面，全市内勤员工接种率100%。（尹俊杰）

证 券

山西证券股份有限公司大同分公司

【概况】 2021年，山西证券股份有限公司大同分公司位于大同市平城区云中路，有员工33人，下设大同云中路营业部、大同文化街营业部、大同武定北路营业部、呼和浩特鄂尔多斯东街营业部4家营业部。年内，该公司增加客户1万余户，实现各类业务新增托管资产约2亿元，实现收入较同期增长14%，利润增长4.2%。（李一帆）

【山西证券服务实体经济】 2021年，山西证券股份有限公司大同分公司响应公司服务实体经济的战略部署，协助大同市金融办到所辖县（区）开展入企服务，提供资本市场县域工程和山西省上市倍增计划相关的资本市场服务支持。大同武定北路营业部机构业务部扎根县（区）基层，协助相关机构帮助企业借力金融工具寻找行业机遇，在创新改革中实现转型发展。到灵丘县、大同开发区、云州区、平城区、云冈区进行资本市场知识宣讲，并对接县（区）金融服务中心和中小企业局，到县（区）企业调研，给大同市资本市场发展作出贡献。跟随大同市金融办、工信局举办4次大型会议，入企调研120余家，联络完成资本市场县域工程试点，完成大同经济开发区与山西证券战略合作协议的签署，在企业了解资本市场、对接资本市场中发挥引路人作用，最终储备新三板项目3家，其中1家签订协议，另外两家在初步协调中。利用公司资本市场资源优势，服务大同本土企业，为企业进入资本市场提供支持和服务。（李一帆）

【山西证券财富管理转型】 2021年，山西证券股份有限公司大同分公司以财富管理转型为战略方向，实施存量深度挖掘，以企业微信为载体，实施线上线下运营方式，提升员工与客户信息交互频率，以资产配置和投资顾问为工具，加强存量客户维护，推进分公司发展。呼和浩特鄂尔多斯东街营业部成立以来，财富管理端营业部资产突破1亿元，客户账户资产配置思路清晰构成合理，产品类型全面，整体收益率良好风险可控。机构业务端，以固收业务为利器，在银行、私募等同业中寻找业务机会，落地债券代销、债券投顾等多项业务，能够持续创收护航新设营业部稳定发展。山西证券股份有限公司大同分公司形成呼和浩特鄂尔多斯东街营业部行业分析和大同武定北路营业部宏观策略两极发展，成为大同分公司业务发展的抓手，提升整体竞争力。（李一帆）

【山西证券战略规划】 2021年3月15日，山西证券股份有限公司大同分公司召开“十四五”战略规划编制工作启动会，会议由该公司总裁王怡里主持。该公司董事长侯巍要求公司全体人员要加强对战略规划重要性的认识与理解，要以主人翁精神和全局意识，参与支持，为公司制定出一套有创新性、针对性、前瞻性的“十四五”战略规划，引领公司发展。该公司聘请麦肯锡（上海）咨询有限公司给公司战略规划编制提供咨询服务，党委会和执委会统一领导编制工作，并由研究所负责具体承办相关工作，推进编制工作进程，保证战略规划按期编制完成。（李一帆）

【山西证券助力能源转型发展】 2021年12月9日，晋能控股煤业集团AAA级、8.5亿元、2年期债券成功发行。山西证券股份有限公司大同分公司大同文化街营业部扎根晋能控股集团，践行服务地方实体经济社会责任，助力晋能集团发行企业债券，截至2021年12月9日，首期8.5亿元企业债发行落地，发行利率5.5%，创发行人年度同类型同期限债券新低。（李一帆）

大同证券有限责任公司

【概况】 2021年，大同证券有限责任公司实现营业收入3.9亿元。年内，该公司提出“双轮驱动战略”，明确“线上渠道化，线下高净值化”业务战术，落实行业性工作，推动公司的一系列经营和管理工作。6月，在“山西证券业2021最受欢迎的投资者教育产品”评选活动中，大同证券有限责任公司选送的《警惕杀猪盘》获图片类一等奖，《股市训练营》和《ETF训练营》获视频类三等奖，《一分钟了解私募基金》获优秀奖。10月，大同证券有限责任公司助力山西防汛救灾倡议活动，与临汾市隰县取得联系，筹备援助物资和捐赠善款，助力受灾群众战胜灾害、重建家园。12月，在山西省证券行业首届“守正创新”职工技能大赛中，大同证券有限责任公司5名员工被授予“三星技能明星”称号（其中包括柜面之星、合规之星、财富管理之星和服务实体经济之星）。（赵树仁）

【证券经纪及信用业务】 2021年，大同证券有限责任公司遵循加快推动经纪业务向财富管理转型步伐、实施“线下高净值化”业务战术总体工作要求，开展各项细分业务。全年该公司经纪业务总交易额、10677.9亿元，实现代理买卖证券业务净收入2.1亿元。（赵树仁）

【证券交易投资业务】 2021年，大同证券有限责任公司按照保障流动性、严控信用风险、深挖业务潜力的总体工作安排，统筹推动各项自营业务，其中固收自营业务确立盈利模式并完成年度任务目标。全年该公司实现交易投资业务收入5173万元。（赵树仁）

【证券投行及资管业务】 2021年，大同证券有限责任公司以注册制改革为契机，调整发展策略，拓展股权类业务，跟踪重点关注类项目，年内到期债券全部兑付，且投行业务连续两年实现盈利，全年该公司实现投行业务收入5616.1万元。根据推动产品规范改造、化解风险资产、提高产品组合收益的总体工作思路开展各项工作，并按时完成资管产品规范改造工作，全年该公司实现资管业务收入1093.2万元。（赵树仁）

【私募基金管理业务】 2021年，大同证券有限责任公司开展山西省内外私募基金管理相关业务。省外方面，通过拜访江浙等地政府机构、调研专精特新企业，为组建符合各地产业需求的产业基金进行谈判及磋商，并储备一些企业资源。省内方面，与山西转型综改示范区基金等进行合作，为与部分意向机构合作成立基金作前期铺垫。（赵树仁）

城乡建设

城乡规划

【国土空间规划】 2021年，大同市规划和自然资源局做实大同国土空间总体规划现状底图底数，完成“三调”（第三次国土调查）阶段成果基数转换，初步形成现状“一张图”阶段成果；开展人口规模、综合交通、产业体系、空间布局和乡村振兴等17项专题研究，核心结论经过专家评审，形成修改完善成果；系统性开展资源环境承载能力评价，推进国土空间开发适宜性评价，形成“双评价”初步成果；完成城镇开发边界、生态保护红线、永久基本农田“三线”划定，推进国土空间总体规划。注重加强市县统筹，组织召开技术交流会、参加上级组织的培训会、视频推进会等，提高县（区）行政管理人员及编制技术团队水平，强化市县联动，形成全市规划“一盘棋”，四区六县完成国土空间规划初步成果。（夏　捷）

【名城保护规划】 2021年，大同市确定“留建筑、留乡愁、提品质、惠民生”保护传承工作目标，建立由历史城区、历史文化街区、文物保护单位及历史建筑3个层次组成的名城保护框架。其中，历史城区的保护范围是古城和周围3个小城，总面积6.9平方千米；历史文化街区有2片，保护范围总面积65.9公顷（包括：广府角历史文化街区，保护面积26.9公顷，其中核心保护范围8.4公顷、建设控制地带18.4公顷；鼓楼西街历史文化街区，保护面积39.1公顷，其中核心保护范围15.4公顷、建设控制地带23.7公顷）；历史建筑53处，其中古城内有52处。树立应保尽保名城保护理念，制定《大同历史文化名城保护与整改工作推进方案》，编制《大同古城公共服务设施提升专项规划》《大同古城景观风貌专项规划》《历史文化街区保护修缮指导手册》。完成43项名城整改任务，开展43项名城整改任务的自查验收工作，其中长效机制类3项、规划编制类10项、部门行动类8项、落地实施类22项。推进名城整改保护工作，24个新建续建项目，完成设计20个，通过评审17个，完工2个，开工13个，推进9个。（夏　捷）

【村庄规划编制】 2021年，大同市规划和自然资源局落实省市乡村振兴和农业农村重点任务有关要求，完成179个村庄规划。优化村庄布局，完善村庄分类，在县域层面优化村庄布局，把全市1451个建制村分成5类：集聚提升类498个、城郊融合类150个、特色保护类100个、撤并搬迁类156个、其他类547个，为开展村庄规划工作提供依据。加快推进县域村庄布点专项规划编制，在村庄分类布局基础上，10个县（区）全部编制完成《县域村庄布点专项规划》；制定《大同市实用性村庄规划编制三年计划（2021—2023）》。（夏　捷）

【各类专项规划编制协调】 2021年，大同市规划和自然资源局加强与市发改委、水务局等20个行业单位专项规划编制工作的对接与统筹，收集各单位专项规划编制工作的推进情况，每月定期印发《专项规划进展情况表》，调查专项规划的编制情况及可能存在的问题困难等，掌握规划编制进展。截至2021年底，各单位编制完成且未过期规划52个、编制规划27个、计划编制规划6个，部分规划由于经费及工作计划等原因取消编制9个。有规划内容基本涵盖编制单位所提出的大同市市级专项规划建议清单的范围，并由各牵头单位按照任务进度安排逐步推进编制工作。（夏　捷）

【民生项目规划落实】 2021年，大同市规划和自然资源局推进停车场、总工会、云冈武术院、氢气站等民生项目，确保规划工作与市政建设步调一致。按照市政府规划10处停车场工作计划，在文瀛湖南侧片区规划6处停车场，在西京街南侧地块、大有广场南侧地块、红旗北街西侧、滨河路东侧选址4处，列入社会停车场用地，最大化节约集约合理利用土地资源，满足市民实际需求。与市总工会对接，起草《关于大同市总工会新建御东职工文化活动中心、复建山西工人大同疗养院选址的请示》，项目拟选址于经开区北侧、柳莺路东侧，占地面积3.6公顷。核实大同市云冈武术院相关情况，专题报送市政府，提出给云冈武术院拟选址位于大同市教育培训基地东侧，占地4.4公顷。参加工信局组织的推进会；与京能集团对接加氢站选址事宜，进行现场踏勘，

初步选址在位于煤炭职业技术学校南侧，解决氢燃料电池公交车运行加氢问题。（夏 捷）

建筑业

【概况】 2021年，大同市建筑业增加值84.5亿元，按不变价格计算，比上年增长7.8%。全市资质以上建筑业企业完成总产值279.6亿元，比上年增长18.9%。房屋建筑施工面积1126.1万平方米，增长3.8%；房屋竣工面积513.1万平方米，增长49.6%。（乔晨曦）

【城市建设】 2021年，大同市北环路建设工程，完成全部工程量60%，完成产值1.3亿元。平城街西延跨铁路桥梁工程，完成全部工程量50%。开发区纬一路天黎高速以西8千米道路年内具备通车条件，剩余工程列入次年城建工程计划。开源街快速路落地段的桥梁桩基工程全部完成，承台及墩身完成98%，完成产值约2亿元。大同市黄花产业园区配套基础设施项目完成总工程量10%，完成产值约8000万元。高铁站综合客运枢纽主体工程全部完工，完成工程总量60%。大同市委党校项目具备党校办学条件，次年年初可开放招生。机场口岸建设工程的海关业务楼、边检业务楼及室外配套工程全部完工，完成工程总量90%，具备使用条件。推进大同市第四人民医院（新建传染病医院）前期工作，现场“三通一平”工作完成。全年开工建设古城配套道路27条并全部完成。（乔晨曦）

【建筑市场】 2021年，大同市住房和城乡建设局批后核查市审批局新批154家三级资质及施工劳务不分等级资质企业，把核查结果通报相关审批部门。对上年未参加信用信息评价的88家建筑企业开展信用信息评价工作。受理监理工程师考试资格审

2020—2021年大同市建筑业生产经营统计表

表22-1

指　标	2021年	2020年
企业个数（个）	295	256
建筑总产值（万元）	2795936	2350851
建筑工程	2502706	2070179
安装工程	209933	t207834
其他	83297	72838
竣工产值（万元）	1624870	1209287
房屋建筑施工面积（平方米）	11260811	10845066
房屋建筑竣工面积（平方米）	5131150	3429678
利润总额（万元）	42695	46948
自有机械设备年末净值（万元）	36543	40250
从事生产建筑业活动的从业人员平均人数	56626	55461

核84人、二级建造师考试资格审核1016人，受理二级建造师初始、变更、注销及注册892人次。实地检查建筑业产值异常及不按时报送信用评价资料的建筑企业，对不符合企业资质标准要求的43家建筑业企业，予以撤（注）销资质，省厅撤销大同市二级以上资质企业23家。并配合省住建厅检查全市5个县（区）的24个房屋和市政基础设施在建工程项目，检查发现82个违法违规行为，省厅发放5份执法建议书，要求对检查中行为进行限期整改。配合省入企服务第二工作组到广灵、灵丘2个县、41家“四上企业”开展入企服务工作，梳理企业提出的各类问题和诉求48个，现场解决问题17个。（乔晨曦）

【建筑节能与科技】2021年，大同市开工建筑面积195.2万平方米，节能标准执行率100%。节能验收92.9万平方米，节能标准执行率100%。全市新建建筑节能验收阶段执行绿色建筑标准面积92.9万平方米。绿色建筑占新建建筑比例100%。新开工政府投资类公益性建筑或大型公共建筑绿色建筑一星级及以上标准执行率100%。绿色建筑集中示范区内绿色建筑标准执行率100%。验收阶段可再生应用面积92.9万平方米，可再生能源应用比例100%。开工装配式建筑49.6万平方米，占新建建筑比例25.4%。其中，商品住宅22.7万平方米，公共建筑26.8万平方米。试点范围、试点区域内新开工项目BIM技术应用率100%。大同综合客运枢纽工程、大同瑞湖新能源汽车服务城项目在设计阶段应用BIM技术。配合市能源局、市财政局、市生态环境局联合申报2021—2023年北方地区冬季清洁取暖项目。编写《大同市既有农村建筑节能改造技术导则》，编排印发《建筑节能宣传专刊》。对全市10个县（区）进行装配式建筑专项检查，检查各县（区）住建、规划和自然资源、审批联动情况，检查平城、云冈、云州3区25个建设项目执行装配式建筑建设情况。12月，召开整顿装配式建筑市场约谈提醒会，通报平城区住建局监管11个项目，云冈区住建局监管2个项目，要求两局限期处理。（乔晨曦）

【建筑质量安全】2021年，大同市住建系统组织召开工程质量安全工作会议、建筑起重机械安全管理专题会议、全市庆祝中国共产党成立100年华诞建筑施工安全誓师大会、预拌混凝土质量专项抽查、国庆期间安全防范6次工作会议，建筑施工企业主要负责人实行履职尽责承诺制度，签订履职尽责承诺书328份。市住房和城乡建设局抽调35名负责人分7个检查组，检查10个县（区）142个在建工地，67家预拌混凝土生产企业，抽查抽测建筑起重机械612台次、建筑原材料质量367组，发放检查意见反馈单191份，排查整改一般隐患问题1653个，拆除临时建筑8栋6500平方米，约谈56名项目经理、总监理工程师、安全管理人员及特种作业人员，确保建筑工地安全稳定。全市建筑工地开展扬尘治理和创建文明城市专项行动，对高铁站开源街周边建筑工地开展环境整治行动，落实建筑工地扬尘治理要求，全市建筑工地建设绿草坪围挡约56万平方米，硬化施工现场道路、场地约42万平方米，绿网覆盖约170万平方米，施工现场配置冲洗设备160台，142个工地安装扬尘污染在线监测系统和远程视频监控系统，市区内高铁站周边、太和路、恒安街等城市主干道可视范围内的建筑工地均采用绿草坪围挡。（乔晨曦）

【建筑勘察设计监管】2021年，大同市住房和城乡建设局落实山西省深化施工图审查制度改革要求，加强勘察设计质量监管，落实建设、勘察设计单位质量承诺制和重要工程施工图专家论证制。全年论证重要工程35项，项目类型涵盖医院、学校、幼儿园、养老、商业、酒店、市政桥梁等。其中，23项完成重要工程论证工作，其余12项组织重要工程施工图专家论证，勘察、设计单位结合专家意见修改，重要工程论证率100%。全年组织勘察设计质量“双随机、一公开”检查2次，对全部9家市属勘察设计企业和县（区）进行检查，检查项目13个，对检查中发现的问题要求相关单位限期整改，各相关建设、勘察、设计单位均完成整改并报送整改报告。超大体量公共建筑、重点地段和超高层地标建筑设计方案论证项目：同瑞里项目，备案率100%。全市完成1个“城市客厅”或特色片区的设计建设工作：兴云街南侧、文兴路西侧特色街区（同瑞里）项目。（乔晨曦）

【古城内西南片区道路工程启动】2021年4月26日，大同市古城内西南片区道路工程开始施工，该片区11条小街小巷展开全面建设改造。2021年古城西南片区道路工程涉及一间房街、赐福庵街、西马市角、东马市角、县角西街、棋盘街等11条道路，道路总长1900余米，规划红线宽度1.5米至9米，规划等级为街巷。（蕙 兰）

【平城街西延跨铁路桥转体系统完成施工】2021年11月27日，大同市平城街西延跨铁路桥转体系统上转盘混凝土浇筑完成，该工程14号主墩转体系统施工完成。该次浇筑的上转盘直径20.7米、高2.7米，需混凝土900余立方米，约12小时完成全部浇筑工作。由于该次上转盘混凝土浇筑在初冬时节，为保证浇筑质量，施工方在施工基坑上方搭设保温棚，在保温棚内设置4台“热风炮”，振捣人员还要在钢筋网中，通过仅容一人通过的施工“人孔”进入上转盘核心部位，现场检查混凝土浇筑情况，确保内部浇筑质量。在浇筑完成后至少14天的养护期内，开始3天每2小时测温一次，之后4天每8小时测温一次，确保上转盘混凝土在施工要求的范围内得到最好养护，以最佳状态凝固。（蕙 兰）

【开源街御河桥工程获“国家优质工程奖”】2021年12月，大同市开源街御河桥工程获2020—2021年度“国家优质工程奖”，这是大同市市政工程项目首次获得该奖项。“国家优质工程奖”是经国务院确认的中国工程建设行业设立最早、规格最高，跨行业、跨专业的国家级质量奖，是中国工程建设质量方面的最高荣誉，该奖项的评定涵盖从工程立项到竣工验收全过程工程质量的各个重要程序和环节，代表同期工程先进水平。开源街御河桥是大同市横跨御河的第七座大桥，于2015年4月开工建设，由中交一公局第三工程有限公司承建。该项目西起友谊街，东至永和路，全长2.7千米，其中主桥长535米，是双肢独塔双索面半封闭钢箱组合梁斜拉桥，主塔高度107.8米，是连接市区西部、客运南站、高铁站、云冈机场的重要交通枢纽。开源街御河桥工程项目获山西省“汾水杯”工程奖、中国交建优质工程奖、山西省优良工程、上海市优秀工程勘察设计二等奖、山西省建设科技重大成果一等奖、中国公路工程科技创新成果奖等。还申请国家发明专利1项、实用新型专利6项，公路工程工法1项，省部级QC成果3项等。（蕙 兰）

房地产业

【概况】 2021年，大同市房地产市场总体运行平稳，并呈现出“销量增加、价格稳定、稳中向好”特点，全市房地产投资完成266.2亿元，同比增长44.5%，占全省房地产投资比重13.7%，增速位列全省第二。二手房市场交易活跃，全年全市存量房成交面积119.2万平方米，同比增长13.3%。商品房销售面积307万平方米，同比增长25.6%。（乔晨曦）

【房地产市场监管】 2021年，大同市住房和城乡建设局联合市市场监督管理局、市城市管理局检查98家房地产中介机构和市本级36个房地产项目。检查中发现主要问题有：超越资质等级开发、无证预售、未按规定内容进行公示等。在检查时告知相关开发企业负责人，要对检查中发现的问题重视整改，现场发放整改通知书。针对部分开发商因为合同约定，在没有办理竣工验收备案情况下向业主强行交房问题，通过研究，多方征求意见，经市政府同意印发《大同市商品房交付使用管理办法》，从商品房交付使用应具备的验收条件和各相关部门职责都做规定和明确。协调规划和自然资源局进行数据转换，督促

2020—2021年大同市房地产投资完成统计表

表22-2　　　　单位：万元

指　标	2021年	2020年
总　计	2662053	1842823
按构成分：建筑安装	2065418	1178045
设备工器具购置	48814	44473
其他费用	547821	620305
按工程用途分：住宅	2090173	1443551
办公楼	18950	1889
商业用房	228444	183614
其他	324486	213769
按隶属关系分：中央	——	——
地方	183524	33174
其他	2478529	1809649
年新增固定资产	1800696	484333
商品房施工面积（平方米）	24465680	22527578
住宅	18081515	16626603
商品房竣工面积（平方米）	4500961	1773172
住宅	3635506	1137943
商品房销售面积（平方米）	3073573	2447060
商品房销售额（万元）	1929636	1541911

县（区）使用山西数字房产平台，出台《大同市数字房产推进工作方案》，并召开全市数字房地产推进会。加强全市房地产市场统计工作，对大同市15家漏报企业进行约谈。在《大同日报》《大同晚报》等媒体上发布购买商品房风险提示。（乔晨曦）

【物业管理】 2021年初，大同市住房和城乡建设局印发年度全市物业行业安全工作通知，要求各县（区）建立健全安全工作责任制，尤其在“五一”、国庆等节假日期间加强安全隐患排查整治，市、县两级抽调26人成立13个排查小组，检查小区468个，协调处置小区内存在的安全问题。按照省住建厅安排部署，开展有243家企业申报参与评价，给大同市物业服务营造公平有序、诚信守法市场环境。根据《山西省加强和改进住宅物业管理工作三年行动计划（2021—2023）》，推进三年行动计划。组织检查人员到63个物管小区进行日常检查，面对面地帮助指导整改，处理矛盾纠纷投诉，重点到东方名城、温莎公馆、上悦联创商厦、东信小区等实地处理反映问题。（乔晨曦）

【维修资金管理】 截至2021年底，大同市区办理涉及243个小区25854户业主维修资金交存手续（其中增加维修资金备案归集小区28个），归集维修资金2.1亿元；办理282户业主维修资金过户变更手续；归集379个小区维修资金22.3亿元。市住房和城乡建设局依规保障拨付11个小区使用维修资金962万元，有78个小区使用住宅专项维修资金1.1亿元，占维修资金归集总额比重5%。根据省住建厅《开展住宅专项维修资金集中清缴行动工作方案》和《大同市房屋产权颁证清零行动协调机制工作小组办公室成员名单和职责分工》文件精神，市住房和城乡建设局采取行动，加大住宅专项维修资金追缴力度。全年市区追缴涉及213个小区、17240户业主住宅专项维修资金14754万元。（乔晨曦）

【住房租赁】 2021年，大同市住房和城乡建设局开展相关房屋租赁工作，全年办理房屋租赁备案569户，总面积67573.4平方米。其中，住宅564户，面积55942.1平方米；商铺5户，面积11634.2平方米。（乔晨曦）

【土地开发利用】 2021年，大同市规划和自然资源局按照《大同市城镇低效用地再开发工作实施方案》，完成《大同市中心城区城镇低效用地再开发规划》编制工作并通过省自然资源厅验收，大同市城镇低效用地33宗、面积256.4公顷列入规划用地范围和收储范围。截至2021年底，有14宗低效土地改造开发利用，面积135.8公顷，占比53%。提高土地集约利用水平，增强城镇建设用地供给，优化城镇用地结构，加快产业转型升级。落实土地供应制度，执行划拨、协议出让的审批权限和程序，办理供地手续，保障重要基础设施和重点民生工程用地需求。全年供地35宗，面积89.6公顷。划拨28宗，面积84.7公顷；协议出让7宗，面积4.8公顷，收出让金5215.1万元。（夏 捷）

【土地收储出让】 2021年，大同市规划和自然资源局落实市政府“健全土地储备新机制”指示精神，结合全市实际，完成《大同市人民政府关于进一步规范和加强中心城区范围土地储备工作的实施意见》（简称《实施意见》）调研、起草工作，该《实施意见》于2021年8月13日印发实施，填补大同近年来收储土地市级层面政策空白，从制度上保障土地储备由“生地”储备向“净地”“熟地”储备模式转变，提高土地“净地”供地水平，优化全市投资环境。全年收储土地64宗，面积317.8公顷；出让土地56宗，面积122.3公顷，完成出让金收入34亿元。采取电话通知、约谈、发放催款通知书、收回土地使用权、法律诉讼、法院强制执行等措施办法，追缴收回开发商欠缴的土地出让金32800万元，全年收取土地出让金约38亿元，为服务城市高质量发展提供资金和土地要素保障，提升全市土地资源价值和有效利用。（夏 捷）

【不动产登记】 2021年，大同市规划和自然资源局网签备案一手房25239套，二手房网签11127套；完成预测绘成果备案2203207.9平方米，实测绘成果备案面积1769867.6平方米，建立楼盘26200套。档案方面，接收纸质档案72516份，出具无房证明115817份。司法协助工作完成查封、查询被申请人12173人次，涉及不动产信息30670条，清理司法协助业务数据14603条。（夏 捷）

【不动产登记互联网服务】 2021年，大同市规划和自然资源局落实免收小微企业不动产登记费，升级“互联网＋不动产登记”服务，与市住房公积金、电力等部门对接，推动部门间实现数据信息共享，减少不必要材料，启用省级统建的“互联网＋不动产”登记系统，实现信息共享共用，群众零跑腿。截至2021年底，省自然资源厅自然资源确权登记局统一协调的5家金融机构中，农业银行、建设银行开始办理业务，实现异地办、全省通办，其余中国银行、农村信用社、山西银行，经中心多次沟通协商相关事宜，提供上门服务，与其对接确定场地、人员，完成对工作人员培训、窗口及党员先锋岗设立，各银行准备硬件设备。全部开通登记业务后，方便办事群众办理业务，实现在银行一次办结。把不动产登记中心业务系统延伸至兴业银行、邮储银行、工商银行和公积金中心窗口开展业务，各银行及公积金中心受理业务4753笔。（夏 捷）

【中国古都大同精品房博会】 2021年7月22日至27日，由大同市平城区委、区政府，大同日报传媒集团主办，平城区住建局、大同日报传媒集团房产频道周刊部承办的第七届中国古都大同精品房博会在和阳美术馆北展厅举行，是大同最大的集地产品牌展示、项目推广、客户积累、楼盘销售、行业交流等于一体的综合性推广平台。参加该届房博会的楼盘有开源·金懋府、永泰·府学里、兴云国际·揽御、富力城和上水湾·龙园、新水湾·龙园、太和道、兴云国际·揽御二期、锦瑞和源、文兴首席·竹里、古城凤台晓月·壹号院、保利和光尘樾、凯德世家·幸福城、天香·蓝郡、碧水云天·颐园二期、枫林逸景·亲河园、枫林逸景·紫御府等近30个，其中涵盖高层、洋房、四合院、别墅等多个不同的住宅品类，可全方位满足大同市住房消费者不同的置业需求。各家地产还推出团购活动、特价房等优惠活动，有VR实景看房、现场直播互动、文艺展演大PK等活动，给市民提供一个方便高效、低价优质的购房平台。

该次房博会楼盘评选活动中，悦城地产获评"最具品牌影响力地产企业"，兴云国际·揽御获评"最受欢迎典范人居楼盘"，古城凤台晓月·壹号院获评"最受关注国风院落楼盘"，翔龙地产获评"最具品牌影响力房企"，万城集团获评"最具品牌成长力房企"，凯德世家·幸福城获评"最具性价比人气楼盘"，山煤富利达获评"最具品牌知名度企业"，保利和光尘樾获评"最具品牌影响力湖居楼盘"，华瑞地产获评"最具美誉度地产企业"，文兴首席·竹里获评"最具潜力品质楼盘"，锦瑞和源获评"最佳品质湖居楼盘"，富力城获评"最具品牌影响力楼盘"，天香·蓝郡获评"最受欢迎典范人居楼盘"，恒大悦府获评"最佳品牌影响力楼盘"，观城壹号获评"最具潜力人气楼盘"，文轩佳苑获评"最受欢迎亲民楼盘"，广东三禾品味装饰获评"最值得信任装修公司"，东腾地产获评"最值得关注地产企业"，山西鸿泽物业获评"最佳表演组织团体奖"。该次房博会成交金额1000余万元，登记意向客户1000余组，意向金额约10亿元。（蕙 兰）

【住宅物业管理三年行动工作部署会】 2021年12月3日，大同市住宅物业管理三年行动工作部署暨数字房产工作推进会召开，大同市副市长翟永清出席。会上，住建部门负责人就全市加强和改进住宅物业管理工作三年行动实施方案和数字房产工作进行安排部署，市平城区、灵丘县等进行工作发言。会议强调物业管理直接关系群众的获得感和幸福感，各县（区）、各部门要提高思想认识，围绕全市物业管理工作三年行动实施方案，提升服务意识、标准意识、创新意识，增强物业服务管理合力，把这项事关民生的社会治理基础工程抓好、抓实、抓出成效；"数字房产"是规范房地产市场发展的抓手，各县（区）、各部门要重视数字房产平台建设工作，强化组织领导、县际沟通等各项工作，促进全市房地产市场平稳健康发展。（蕙 兰）

【首张不动产登记电子证照颁发】 2021年12月19日，大同市在市不动产登记中心大厅生成首张不动产登记电子证照，标志着全市不动产登记进入数字化证照时代。不动产登记电子证照包括电子版的不动产权证书和不动产登记证明，加盖电子印章的不动产登记电子证照与纸质版具有同等法律效力，登录"三晋通"APP可随时获取，安全高效易于携带不易丢失。市民到相关部门办理业务时，可不用携带和提交纸质证书，通过不动产产权电子证照即可办理，实现以电子化形式多走"网路"，减少办事人跑"马路"，给办事群众带来便利，免去工作人员复核材料繁缛，减少人工验证出错，提高业务安全性，电子证照上线，给后期通过政务服务平台和其他部门实现数据互联互通、数据共享、业务协同提供保障。电子证照是不动产登记深化"放管服"改革，优化营商环境，实现从"网上受理到网上缴费发证"全流程不见面，无障碍办理，打通"网上办、掌上办"的"最后一公里"，企业和群众由"最多跑一次"向"一次都不用跑"跨越。（蕙 兰）

城市交通

客运出租

【概况】 2021年，大同市有出租车公司22家，其中市区（平城区、云冈区）出租汽车公司11家有巡游出租车4958辆；8个县区（新荣区、云州区、左云县、天镇县、阳高县、浑源县、广灵县、灵丘县）有出租汽车公司11个，车辆1384辆。延续省、市、县际客运班线22条，客运车辆39辆。换发道路运输经营许可证9件，补发IC卡17件，配发车辆运营证128件。完成巡游出租汽车更新591辆，出租汽车驾驶员从业资格证补（换）发4400件。（高 青）

【出租车新能源化】 2021年，大同市交通运输局推进出租车新能源化，制定工作方案，在车型选取环节，尊重经营者选择权，采取全过程公证方式，通过汽车厂商报名、组织召开推介会、出租车经营者线上线下推选等程序，3种新能源车型入选。截至2021年底，全市167辆到期和增加的出租车全部使用新能源汽车，实现稳定预期。（高 青）

【城市中巴车管理淘汰】 截至2021年底，大同市城市中巴车仍未退出运营，为解决这一乱象，市交通运输局按照"强制淘汰、适当补贴"原则，一次性把剩余的91辆城市中巴车全部淘汰。该项工作中，采取先开渠后放水、给淘汰的中巴车经营者办理出租车经营许可；对淘汰的中巴车经营区域，跟进班线公交和预约公交全覆盖，确保稳定大局和公众出行需求。（高 青）

【网约车规划】 2021年，大同市交通运输局根据交通运输部和省交通运输厅工作安排，经过专业机构咨询、公众民意调查、开展需求评估等程序，拟定《大同市推动网约车和规划工作方案（讨论稿）》，提请政府常务会研究决策，审慎推动网约车合规化。（高 青）

【大同综合客运枢纽工程建设】 2021年，大同市建设首个综合交通换乘中心——大同综合客运枢纽工程，该工程主站房封顶。大同综合客运枢纽工程是与大同高铁南站相配套，集高铁客运、公路长途客运、公交、社会车辆等多种交通功能和商业开发于一体的综合性工程项目。项目位于大同市开源街南侧、太和路西侧、永安路以东、站前一路以南、站前三路以北，总建筑面积67854.8平方米。整个工程主站房部分分地下1层，地上4层，地下部分主要是停车场，建成后可容纳296个车位；地上4层分别是售票大厅、候车室、办公区、会议室、活动室。地上站场部分1层是公交车停车场，可容纳83个车位；2层是旅游大巴停车场，可容纳111个车位。截至2021年底，一标段地上站房、站场主体均封顶，做水、电、暖等安装工程进场前准备工作。二标段栈道

桥主体结构完成。（高　青）

【车驾管自助服务大厅投入使用】 2021年2月9日，大同市车驾管自助服务大厅启用。大同市车驾管自助服务大厅于上年3月开工建设，2021年1月25日试运行，大厅使用面积约220平方米，设置微车管拍照受理一体机、交通违法自助处理机、驾驶证自助制证机、自助照相体检一体机等自助服务终端设备，实现集驾驶人体检、照相、补证换证、机动车违法处理等综合业务于一体的24小时不打烊自助服务。（蕙　兰）

【新能源出租车车型推介会】 2021年8月17日至26日，大同市新能源电动出租车推介会在各备选车型经销商店内举办。该次推介会经市交通运输局审核通过的备选车型10款（8种充电车型、2种换电车型），包括比亚迪全新秦EV、广汽埃安AIONS炫530、东风日产启辰D60EV等。推介会上，各备选车型经销商向广大出租汽车经营者介绍车辆的价格、性能、售后服务等相关信息，以便其择优选择。最终在市公证处全程监督下，广汽埃安AIONS炫530、比亚迪全新秦EV、吉利帝豪EVPro3款车型入选为市区巡游出租车新增和更新车型，出租车经营者可在此范围内自主选择。（蕙　兰）

【京大快线运营】 2021年12月2日，大同市开通的"京大快线"大同至北京定制客运线路正式投入运营。山西汽运集团雁北汽车运输有限公司开通"京大快线"大同至北京定制客运线，并于11月27日开始试运行。"京大快线"实行的是"公车公营"运营模式，选用的驾驶员均是星级驾驶员，市民可在市区和恒安新区享受点到点、门到门接送服务，在北京林萃桥、健德门、人民大学、五棵松、六里桥5处定点乘车。运营车辆全部安装现代化GPS安全监管系统，对车辆实时动态监控，实现动态监控可视、可控、可查。"京大快线"发车地点是大同汽车客运东站、新南客运站、恒安新区汽车站，全天候循环发车，具体时间每日7时至18时，每40分钟一班次，大同到北京票价每人150元，返程票价每人160元；除每日凌晨2时至5时外，其余时间可给市民提供包车服务。该班线提供网上购票、电子客票、扫码检票等定制服务，市民关注"大同视野"公众号，可根据实际出行需求选择合适的班次网上购票。（蕙　兰）

城市公交

【概况】 2021年，大同市公共交通有限责任公司（简称"大同公交公司"）下设7个运营分公司、大修厂、旅游分公司、汽车租赁分公司、站台分公司、驾校、天然气气瓶检验公司、多种经营公司14个基层单位。完成"大同职业教育中心定制公交""大同师范定制公交""大同通用航空学院定制公交"线上预售票、派车、现场维护、验票75个班次。全年运营线路72条，线路总长度1182.8千米（不含定制公交），线网长度516.5千米，公交场站14处，总站点数2609个，300米站点覆盖率62%，500米站点覆盖率100%，公交出行分担率17%，全年客运量2.2亿人次，运营里程完成5398万千米。全市有公交企业10家，公交车辆1806辆。其中，市公交公司有公交车1246辆，均是新能源车和清洁能源车。（郑建军　高　青）

【公交线路优化】 2021年，大同公交公司针对中巴车取缔后市民出行需求，补充空缺线网，开通9路支线、19路支线和203路3条线路，优化调整12条线路，临时调整线路13条，延伸线路3条，开通祭扫专线和观灯专线。根据大同南站列车到站时间变更，对涉及线路调整班次和发车时间，采取增配车辆、制定应急线路、延时发车等方法，保障到站乘客及时疏散。4月1日起，根据"大同不夜城灯展"时间安排及实际需求，开通"观灯专线一"和"观灯专线二"2条线路，制定《关于途经古城周边部分公交线路延长运营时间及增开观灯专线的实施方案》，完成线路变动调配、数据汇总计划等前期准备工作，保障观灯线路正常上线运营。8月底，开通为期4天的"大同大学返校定制公交"，助力新冠肺炎疫情期间大学生安全返校，接送学生647人次，发送21个班次。学生高考期间，开展大同公交"爱心送考"公益活动，所有考生均可由1名家长陪同免费乘坐公交车。在市平城区、云冈区途经的8处考点站点值勤，涉及考点线路46条。

（郑建军　高　青）

【网约公交】 2021年，大同公交公司为解决部分小众、零散群体乘客个性化公交出行问题，开通长期或短期定制公交线路，对学校、企业等实行点对点服务，方便广大市民出行。市民通过"大同公交"APP进行在线预约购票，根据需求生成线路，特别是在因线路调整、道路维护期间，普通公交无法到达情况下，通过定制公交给乘客提供便捷出行，最大化发挥公交运能效率。截至2021年底，大同公交陆续开通个性化定制公交线路34条。（郑建军）

【公交智能建设】 2021年，大同公交公司在交通枢纽、医院、商业中心等人流密集公交站点，完成89座公交电子站牌的安装调试工作。公交电子站牌利用多媒体和LED屏动态、实时显示车辆运行、到达及载员情况，显示日期、时间、天气信息，并同步发布调度信息、宣传用语、提示信息、重要公告，形成一个公交范围内的动态信息发布系统，提高乘客信息服务水平、运营调度指挥水平和突发事件的快速反应能力。经山西省工信厅审核、评定，3月，大同公交公司成为"山西省工业互联网产业联盟"成员单位。

（郑建军）

【公交专用道设置】 2021年，大同公交公司落实国务院《关于城市优先发展公共交通的指导意见》，配合交警部门，设置公交优先车道，加强公交优先车道的监控和管理，提高公交车出行速度和准点率。针对上下班高峰期，开辟公交专用道。10月8日起，在御东区5条道路启用公交专用道，单向全长23.8千米，双向47.6千米，涉及运行公交线路20条。

（郑建军）

【公交能源革命】 2021年，大同公交公司开展能源革命建设，更新运营车辆。全年更新新能源公交车951

台，其中氢燃料电池公交车100台，气电混合动力公交车216台，纯电动公交车635台，新能源公交车占比76.3%。建成充电站6座，投入使用充电桩125个。（郑建军）

【公交安全管理】2021年，大同公交公司在全国“安全生产月”之际，联合市公安、交警、消防、医院、保险等多家单位在公交场站开展综合应急演练活动。通过演练，加强公交公司与公安、交警、消防、医疗等救援队伍的应急处置能力，为保障市民生命财产安全提供保障。编制印发《驾驶员岗位安全服务操作规程》《公交驾驶员安全行车手册》等64k小手本后，印发《消防安全须知手册》3000余册，强化全体干部职工安全知识学习。（郑建军）

【公交公司“我为群众办实事”活动】2021年，大同公交公司开展“我为群众办实事”活动，领导班子分组到基层办实事解难题。为方便市民候车，大同公交公司自筹资金更新、维修损坏、老旧候车亭、公交站牌，全年维修候车亭126座，更新站牌30座，补充公交候车亭座椅77个。为畅通职工群众、市民乘客信访渠道，增强为群众服务责任意识，大同公交公司在6月11日、9月17日、12月10日开展“信访公开接待日”活动，针对职工群众、市民乘客反映得较为复杂，平时职能部门暂时无法解决的诉求，由主要领导、包联领导现场办公协调解决、化解矛盾纠纷，走好服务群众“最后一公里”。全年大同公交公司完成“我为群众办实事”项目28项。（郑建军）

市政建设

【概况】2021年，大同市市政基础设施投资约20.7亿元，增长率20.7%。落实上级资金8552.8万元（垃圾分类616万元、农村垃圾治理2422万元、建制镇污水处理1118.6万元、县城污水处理257.1万元、管网及污水处理2900万元、垃圾处理污水处理1239.1万元），占年度目标114%。（刘继超）

【市政设施管护】2021年，大同市城市管理局所负责的市政设施体量包括：城市道路421条，长度660余千米，面积1900余万平方米；附属市政雨水污水管网1510余千米、雨水箱涵67千米；路灯27660余基63310余盏、景观照明光源74620余盏、城市照明变压器399台；城市桥梁88座、雨（污）水提升泵站28座、城市道路下穿通道41处。全年完成道路灌缝约1800千米，路面维修约1.8万平方米，维修清淘排水设施3100余座，疏通管线8000余米，维修各类灯具7100余盏，维修桥面266平方米，加固桥体护栏立柱200根，做到“路平、灯亮、桥安、下水畅”。开展城市道路、桥梁、地下雨污管网健康体检，市政设施运行良好。（刘继超）

【市政安全运营】2021年，大同市城市管理局开展市政运营安全生产专项整治三年行动集中攻坚活动，建立完善市政设施、城镇燃气、市容市貌等7个方面281项的安全检查监管“一张表”、市政运营重大安全风险隐患“一票否决”负面清单，明确各企业安全监管责任。出台《2021年度安全生产重点工作行动方案》《市政设施自然灾害综合风险普查工作实施方案》《安全生产联合执法实施意见》等文件，修订完善《大同市城市安全事故应急救援响应流程》《防震减灾、地质灾害防治应急预案》等各类预案。开展“市政运营安全生产集中检查排查督导百日专项行动”，发现和整治各类问题隐患328处，在对局系统内易燃可燃夹芯材料彩钢板建筑消防安全整治中，发现和整治违规使用聚苯乙烯泡沫塑料夹芯彩钢板9处，约560平方米。完成城市供气、供水、供热、城市排水防涝4个方面应急救援能力的基本评估和信息报送，与26家单位分别签订《企业、事业单位主要负责人安全生产履职尽责承诺书》《消防安全承诺书》，对系统内6家电力用户单位进行用电安全管理专项整治，发现和整治问题隐患11处。（刘继超）

【城市供水】2021年，大同市供水排水集团有限责任公司（简称“市供排水集团”）完成供水量1.2亿立方米，占年计划123.4%，建成区城市供水普及率99.7%，水质合格率100%。市供排水集团从安全隐患排查、安全投入、安全培训、水质安全等方面，保障供水工作平稳运行。安全隐患排查方面，由公司领导带队到基层单位开展安全检查，对于发现的隐患及时处理。在此基础上，组织开展《安全生产分级管控和隐患排查治理双重预防机制》编制工作，对集团公司及部分基层单位开展安全风险辨识与评估，建立风险管控和隐患排查治理制度、安全风险清单，制定管控措施，确保安全体系建设紧跟城市供水安全步伐。安全投入方面，对各区域反恐维稳安保力量进行整治、训练，给基层单位配备现代化反恐防暴装备，实现平城区主力水厂一键报警设备安装与公安机关联网对接，给各营业处增加监控系统，实现监控系统无死角全覆盖。安全培训方面，组织全体职工集中学习国家、省、市和上级主管单位关于加强安全生产的精神、要求，及《中华人民共和国安全生产法》《山西省安全生产条例》等法律法规和企业规章制度23次，培训人数近1000人，确保安全法规落实，安全程序操作规程执行不打折扣。水质安全方面，抓提升监测能力、强化监测力度、优化制水工艺相关工作，水质综合合格率保持在100%。

供水服务　2021年，市供排水集团针对供水报装等用水事项服务工作，实施扩宽渠道、缩短时效、提升效率、容缺办理、规范流程、专员办理、开辟绿色通道等一系列优化措施，提高用户办理用水事项的便捷度，创造优质营商供水服务环境。针对“12345”政府热线处办工作，在热线中心增设供水服务热线专席、开展“三方通话”，现场解答用户各类供用水问题的基础上，加强与“12345”政府服务热线中心的信息交流沟通，提前做好分析研判，找准问题根源，提前采取措施，减少转派的工单数量。利用网络平台，在确保企业微信公众号水量查询、余额查询、在线缴费、电子发票等正常运行基础上，增加微信平台复开水审批、用水报装、变更户名业务，开通支付宝水费缴纳功能，为广大用户提供便利渠道。入冬前在设施防冻上早部署早防范，提前巡查、保养和检修供水管线、供水阀门、供水水表等相关供水设施，提前储备防冻用品，并重点给室外易冻表井覆盖塑料布、棉网进行保温防护。在上年全国优化营商环境评价中，集团公司完成各项评价项目，获“获得用水用气”项目考评全国第五、全省第一的成绩，作为先进经验入选国家发改委组织编写的《中国营商环境报告2021》“最佳实践篇”。

供水工程建设　2021年，市供排水集团针对晋能控股煤业集团等驻大同企业家属区“三供一业”（供水、供电、供热和物业管理）供水设施改造工程资金缺口大、时间要求紧、改造情况复杂等困难，推进改造，接收用户，改善驻大同国属、省属企业，特别是晋能控股煤业集团家属区此前供水不稳定问题，提高家属区供水服务和保障水平。截至2021年底，完成26家驻大同国属、省属企业家属区供水设施改造项目约23.1万户，区域供水管网完成铺设约74千米。“三供一业”供水改造工程同时，按照市政府城建规划，全年投资3597.9万元铺设城市供水管线21.5千米，完善市政供水管网。

供水管理　2021年，市供排水集团加强供水单耗管理，利用搭建的智慧水务平台，加强运行数据分析，检查供电设备运行状况，探索电耗控制的新方法、模式，更换新型节能型供电设备，投运高效节能型机泵设备，结合实际合理调机换泵，保障供水设备高效运行，推动集团公司能耗管理水平的整体提升，供水单耗逐年下降。加强产销差率管理，继续抓水量查抄、复查等工作，并抽调部分人员普及智能远传水表，推进城市供水分区计量，实施管道健康体检，提高管线巡查力度和管漏修复及时率，确保产销差率继续保持在合理区间。加强收费管理，在加强水费回收、旧费清欠同时，协助配合有关部门完成居民生活垃圾处理费等的收取工作。（市供排水集团）

【城市燃气】　2021年，大同市城市供气以华润燃气有限公司为主，大同华润燃气有限公司经营范围涵盖大同市四区六县，以及朔州市右玉县，承担着88万户居民用户与3898工商业用户的供气任务，有门站7座，CNG母站2座，标准站4座，子站7座，LNG站2座，L-CNG合建站2座，管线规模3586.3千米，其中市政中压1301.7千米，低压2284.6千米。公司全年销气量2亿立方米，较上年同期增长5%，销气结构居民38%，工商业51%，车用气11%。开通送气户数5.9万户，同比增长64.3%。更换超期表具50597户，入户安检成功率84.1%。7月，大同华润燃气有限公司启动“两更新一整治”（将灶前燃气球形阀门更换为灶前燃气自闭阀门，将灶具连接用橡胶或塑料软管更换为燃气具连接用不锈钢波纹软管，以及对燃气管道违章占压的整治）安全专项行动，投入各类资金约3亿元，全方位升级改造全市20年以上、352千米的老旧管线，64万居民户内安全设施及所有违章占压。截至2021年底，完成户内设施改造12.3万户，整改违章占压43处，改造燃气管网93.6千米，其中钢制管网89.6千米，铸铁管网4千米。更换超期表具50597户，入户安检成功率84.1%，开展进社区、进学校、进企业安全宣传活动96次，发放燃气安全宣传资料8万余份，处理“12345”政府热线委派工单3028件，办结率100%。

城镇燃气安全专项整治　年内，大同市城市管理局开展燃气安全大检查，印发《大同市关于开展城镇燃气安全大检查的通知》，按照整治内容全覆盖、城燃企业全覆盖要求，各城镇燃气企业按要求完成自查自纠，各县（区）在对城燃企业复查工作中，检查汽车加气站39家，液化气企业12家，管道燃气企业2家，发现隐患和问题90项，完成整改83项，正在整改5项，待整改2项。查处地下室使用液化气石油气4起，发放执法文书4份，检查液化气终端用户186家，发现一般隐患11项，现场整改11项。按照省住建厅2021年4月对大同市燃气行业的检查情况反馈，开展城镇燃气安全大检查“回头看”，通过补短板、堵漏洞、强弱项，抓好隐患整改，确保城市燃气安全。开展大同市瓶装液化石油气专项整治，印发《大同市瓶装液化石油气专项整治工作方案》，各县（区）燃气管理部门对辖区范围内所有液化石油气充装站和液化气销售门市部进行全面检查，排查液化气充装站及供应门市部73家，排查餐饮用气场所431家，发现隐患63处，全部整改。汲取贵州省贵阳市“6·12”泄漏事故和湖北省十堰市“6·13”燃气爆炸事故教训，以管道燃气、瓶装液化石油气、汽车加气站为重点，开展城镇燃气安全百日整治行动，印发《大同市城镇燃气安全百日整治工作方案》，各县（区）燃气管理部门和各燃气企业在辖区内开展滚动式、拉网式、地毯式城镇燃气安全隐患大检查、大排查、大整治工作，取得良好效果。（张一帆　刘继超）

【城市供热】　2021年，大同市新建和改造城市水、气、热管网305.8千米，增加城市集中供热面积1068.5万平方米，分别占年度任务的113%、712%，集中供热率98.2%。京能大同热力有限公司增加热电联产集中供热面积371万平方米，敷设供热一次管网117千米，投入使用热力站20座，增加热用户4.5万户。截至2021年底，该公司集中供热总面积发展到9235.7万平方米，投运热力站635座，敷设供热一次管网双线1248千米，热用户总数81.9万户。

根据气温变化情况，实行弹性供热，10月12日提前启动热电联产集中供热（比法定供暖时间提前13天）；与热源电厂联系协调，保证热源供应；发挥供热自动化控制技术优势，调度配置供热流量，确保供热运行均衡稳定；备齐备足生产运行所需的各类备品、备件，抢修队伍昼夜待命，应对处置供热突发事件；坚持党建引领“接诉即办”工作，全年“接诉即办”工作在大同市55家公共服务及驻大同单位中考核得分96.5分，排名第一。

6月，内蒙古京隆电厂至大同市供热长输管线工程动工。全线敷设通信光缆，引入北斗地基增强系统、光纤测漏、无人机巡检、焊接机器人、智能井盖、大温差输送和电厂乏汽余热利用等技术，确保工程建成后安全稳定运行。与传统集中供热方式相比，供热科学节能，成本降低。11月22日，工程实现全线贯通。11月30日，启动循环泵空载试运行。12月23日，内蒙古京隆电厂热源并入京能大同热力公司热网，53.1千米的热网及2座隔压泵站运行平稳，各项参数指标达到技术要求，实现供热面积1100万平方米，补充大同市区东北部热源缺口，保障极寒天气下的供热质量，检验长输管线项目工作性能和各项技术指标。（安文秀）

【城市管理综合行政执法】 2021年，大同市城市管理局整合市政、房管、园林执法力量，统一执法人员标志标识、规范执法文书，组建大同市城市管理综合行政执法队。加强城市管理执法人员“强基础、转作风、树形象”行动，做到严格规范、公正文明执法；推进数字城管平台建设，上年市级城管平台实现与国家平台互联互通，5个县建成数字城管平台，数字化城管平台县域覆盖率83%；依法行使相对集中行政处罚权，登记立案50起（11起因不符合立案条件注销），结案39起，发放处罚决定书59份（其中包含上年度未下达决定书案件20起），缴纳罚款案件涉及住建类33起、房管类19起、园林类4起、市政类3起，罚款约83.6万元。（刘继超）

【市政审批服务】 2021年，大同市城市管理综合行政执法队通过“12345”政府服务热线倾听民意，关注群众反映的事项，通过调查，落实责任，使群众反映的问题能够得到解决，解决好影响群众生活的热点难点问题。办结“12345”工单105件，全部在工单时效期办结。（尚建国）

【市政排水防涝】 2021年，大同市城市管理局针对市政防汛工作特点和规律，在入汛前完成主城区范围内雨污管网及箱涵、雨水提升泵站等设施的检修和清淤工作，疏通管线15.7千米；入汛后，“以雨为令”加强巡查检查，疏通管线、抽排低洼积水，出动巡查及排涝人员3000余人次，保障市民安全出行。（刘继超）

【城镇雨污管网分流改造】 2021年，大同市污水日处理能力53.4万吨，处理生活污水约1.4万吨，污水处理率93%；建成区污水收集率85.4%，处理率98%。通过提标改造、应急工程等举措，全市14座污水处理厂出水水质全部稳定达标，给大同市国考断面水质全面达标提供保障。特别是大同市作为全省冬春季气温最低城市，实现污水处理厂稳定运行、达标排放。2021年3月，全省城镇污水处理厂管理运行现场会在大同召开。大同作为全省冬春季气温最低城市，全面实现污水处理厂稳定运行、达标排放。3项污水处理重点工程中，西郊污水处理厂提标改造工程膜系统完工进行调试；东郊污水处理厂搬迁和西郊污水处理厂扩容新厂2个PPP项目，上年下半年开工，完成主要区域围挡的设置及部分进场道路的硬化；建制镇污水处理设施建设，大同市六县三区有建制镇33个，需建设污水处理设施的27个镇［3个移民搬迁镇（左云县店湾镇，云冈区云冈镇、高山镇）、3个镇人数少的镇（天镇县逯家湾镇、米薪关镇，阳高县王官屯镇），不再建设污水处理设施］，上年有具备污水收集处理能力的17个，2021年建成2个（天镇县谷前堡镇、阳高县罗文皂镇），暂未通水。剩余8个建制镇污水处理设施项目办理前期手续。（刘继超）

【东郊西郊污水处理厂项目开工】 2021年9月15日，大同市东郊、西郊污水处理厂新建项目开工仪式在市云冈区西韩岭乡肥村举行。东郊、西郊污水处理厂新建项目分别是东郊污水处理厂搬迁PPP项目和西郊污水处理厂扩容新厂PPP项目，这两个项目是大同市践行“绿水青山就是金山银山”理念的重大举措。东郊污水处理厂搬迁PPP项目选址于云冈区西韩岭乡谢店村东，占地7.1公顷；西郊污水处理厂扩容新厂PPP项目选址于云冈区西韩岭乡肥村，占地6.8公顷。项目建成后，增加生活污水日处理能力6万吨，对实现全市污水应收尽收，改善水环境质量，提升生态环境品质，打造全市天蓝、水清、地绿的生态宜居环境具有重要意义。（蒽 兰）

【生活垃圾处理】 2021年，大同市建成区有生活垃圾焚烧、污泥干化、餐厨垃圾处理设施各1座，日处理能力分别是1500吨、400吨、100吨。全年处理生活垃圾约45.7万吨、污泥约8.3万吨、餐厨垃圾约3.2万吨。（刘继超）

【城市环境整治】 2021年，大同市城市管理局以“城乡、城矿、城企”3个接合部及城市死角为重点，集中整治城市“脏乱差”。环境卫生方面，清理卫生死角1460处，清理垃圾约4.4万吨，设立果皮箱1500个、垃圾箱250个；市容市貌方面，规范（取缔）占道经营、堆物6.4万处，清除乱贴、乱画、乱挂6.1万处，粉刷修复外立面约9350平方米，拆除地桩地锁约2500个。（刘继超）

【“两下两进两拆”专项整治】 2021年，大同市城市管理局开展“两下两进两拆”（“两下”指管线下地、广告下墙，“两进”指车辆进库、进位，“两拆”指拆除违建、拆除不符合城市风貌的围墙）专项整治。截至2021年底，完成管线下地约556.7千米；广告下墙约1.1万块，面积8.2万平方米；停车进库进位约3.1万个，规范停车约31.3万次；拆除违建900余处，面积6.7万平方米，拆除围墙约1.2万平方米。（刘继超）

【城市道路清扫和渣土管理】 2021年，大同市城市管理局加强道路扬尘治理，加大城市重点路段、重要区域洒水、雾化抑尘频次，建成区道路机械化清扫率85%，各县的县城机械化清扫率分别是：平城区86%、云冈区85%、新荣区65%、云州区76.5%、开发区86%、新城环境84%、浑源县68.9%、灵丘县63%、广灵县84%、阳高县80%、天镇县62%、左云县67.9%。检查渣土运输车辆带泥上路、苫盖不严、抛洒滴漏和随意倾倒行为，车辆定位系统安装率100%。（刘继超）

【城市冬季清雪实施方案出台】 2021年11月25日，《大同市城市冬季清雪工作实施方案》（简称《方案》）出台，要求各级各单位要按照“条块联动、属地管理、以雪为令、先通后净”

城乡建设

原则，在雪停后第一时间组织人员清理责任区内积雪，并实行曝光奖惩制度，确保雪后城市道路畅通和市容环境干净整洁。市政府成立大同市冬季清雪工作指挥部，统一指挥和调度全市清雪工作。《方案》要求：降小雪，2日内清除主次干道积雪，2日内清除便道辅道积雪；降中雪，3日内清除主次干道积雪，4日内清除便道辅道积雪；降大雪，5日内清除主次干道积雪，6日内清除便道辅道积雪；降暴雪，7日内清除主次干道积雪，10日内清除便道辅道积雪。要按照“先主后次、先陡后平、先重点后一般”顺序原则，提升主次干道及人行道、高架桥、火车站、汽车站、公交站点、过街天桥、学校、医院等涉及民生区域周边的清雪效率。接到雪情通知后，各单位要坚持昼夜值班制度，协调解决清雪除冰工作中出现的突发问题。实行曝光奖惩制度，通报清雪除冰工作不到位的路段和单位，表扬行动积极单位及商户，对行动迅速、成绩突出的单位和个人，辖区政府给予一定奖励。（蒽　兰）

【市政设施安全隐患排查整治】 2021年，大同市城市管理综合行政执法队开展市政设施安全隐患大排查大整治行动。重点排查广告牌匾不整洁、损坏，各种管网（燃气、自来水等）破损，便道砖破损、收水井竖井井盖破损、污水井盖丢失、路灯杆倾斜，路灯杆上广告安全隐患、路面沉陷等市政设施，出动执法人员180余人次，执法车辆36辆次。通过实地突击检查，排查各类安全隐患104处，统计整理并提出整改措施。清理违规广告牌匾10余块，占道堆物20余处，清理裸露建筑垃圾、生活垃圾500余立方米。7月14日，在巡查至滨河路御河九号门前发现门面装修施工占用城市便道，责令其设置围挡，注意施工安全，并及时清扫，不得污染环境。7月16日，清理滨和路御河九号对面倒在便道上的围挡，保证行人安全通行。（尚建国）

【建筑垃圾专项整治】 2021年，大同市城市管理综合行政执法队进驻古城建设指挥部，给建筑垃圾运输单位规划建筑垃圾运输路线、指定建筑垃圾倾倒点，与交警协同配合给建筑垃圾运输单位“一站式”办理建筑垃圾处办手续。治理大同南站到朔州界高铁沿线的建筑垃圾、生活垃圾、村庄周边垃圾，及建筑工地、煤场覆盖不到位，扬尘污染等问题57个。7月6日起，开展夜查建筑垃圾运输车辆专项整治行动，主要整治全市建筑垃圾运输车辆未安装卫星定位系统、安装卫星定位系统但不正常使用、苫盖不严、带泥上路、抛洒滴漏、随意倾倒等违法违规行为。截至2021年底，全市范围内的所有建筑垃圾运输车辆统一安装定位设备，全市296辆三桥以上建筑垃圾运输车辆安装卫星定位设备，安装率100%，实现全市建筑垃圾运输车辆集中管理，保障居民生活出行环境，服务同城发展。（尚建国）

【民生实事工程】 2021年2月24日，大同市第十五届人民代表大会第六次会议确定年度市政府10项民生实事项目，其中“2000座城市道路检查井井位、收水口病害修复和100处破损便道盲道修复工程”由大同市城市管理局承办。截至11月15日，该项工程全部完成。其中，2000座城市道路井位（收水口）病害整治，完成2019座，完成率101%（道路井位病害629座、收水口病害1390座）；100处城市便道、盲道破损修复，完成106处，完成率106%。年内，市城市管理局指导各县（区）给环卫工人设立休息室100处，实施主体是相关县（区）政府（除平城区）。截至12月上旬，100处环卫工人休息室全部完成设立，完成率100%。具体是：云冈区20处、新荣区10处、云州区10处、阳高县10处、天镇县10处、浑源县10处、灵丘县10处、广灵县10处、左云县10处。（刘继超）

【城市管理行政督察处罚】 2021年，大同市城市管理综合行政执法队会同市住建局、市场监督管理局检查房屋中介市场、商品房销售市场，出动100余人次，检查50余处。7月23日，会同市园林绿化中心工作人员现场调查南环东路北侧大同市经开区双创园区商住综合体项目未办理相关手续擅自毁坏树木情况；7月26日，再次现场勘验南环东路北侧大同市经开区双创园区商住综合体项目，并要求施工方立即停工，等待处理；8月5日，会同市园林绿化养护中心到大同市经开区双创园区商住综合体项目施工现场和负责人进行对接。会同城市环境卫生指导中心征缴生活垃圾费用，出动90人次，车辆50台次。接群众反映208国道及市平城区田村周边环境卫生脏、乱、差，出动执法车17辆，执法人员90余人，整治208国道及平城区田村周边环境卫生。执法人员在日常巡查时发现南环东路绿地缤纷汇工地前的便道道路遭到严重破坏，经调查，施工方未办理开挖手续，要求该施工方立即停止施工，做好安全防范措施，并对该施工方破坏城市道路作调查。接群众举报有1辆垃圾清运车把垃圾污水直接排放到市政雨水井中造成污染，市城市管理综合行政执法队赶到事发现场，制止该垃圾清运车乱排污水的违法行为，责令其把随意倾倒的污水从雨水井中清理干净，并依据相关规定，依法处罚该公司。全年立案50件，结案50件，结案率100%，涉及城市管理类、建设类、房地产类、园林类等类型。其中，住建局移交26件，审批局移交10件，园林局移交2件，其他案件12件（按照行政执法三项制度进行公示）。（尚建国）

园林绿化

【概况】 2021年，大同市建成区增加绿化面积125.7万平方米（含县区），其中市本级增加绿化面积86.5万平方米，县（区）增加绿化面39.2万平方米；建成区绿化覆盖率43.2%，绿地率39.7%，人均公园绿地面积16.5平方米/人。（许　荣）

【重点绿化工作】 2021年，大同市园林绿化中心升级改造3个高速路口的绿化工作，总占地面积3.5万平方米，总绿化改造面积2.5万平方米，建设内容包括绿化景观、服务中心、停车位（残疾人停车位、充电停车位）、路边休息场地等。完成高铁站周边部分地段绿化环境整治应急工程，主要包括南站北侧、东侧林带，道路中分带、侧分带，恒德学校北侧及观音庙前绿化带，栽植油松、山桃等乔灌木约4730株，水蜡篱、草皮及花卉、播撒草籽约2万平方米，石材硬化铺装350平方米，园路铺装200平方米，增加绿化面积约5万平方米，提高高铁站周边的景观效果和美观度。完成市内25条道路附属绿化建设，主要对文瀛东一路三期、教场街等25条完工的市内新改建道路进行行道树及中分带绿化建设，种植行道树国槐、白蜡等约6000株，增加绿化面积3.5万平方米。实施西干渠西侧消极空间绿化工程和北都桥、迎宾桥、南环桥桥东修建木栈道工程，及园林绿化项目的验收、移交、结算及绿地管养保护工作。其中，西干渠西侧的两块消极空间、大庆路绿化项目是该中心利用城市建设移植的树木进行绿化建设，增加绿化面积约1.8万平方米，节约建设成本，减轻财政压力。提档升级所辖33条路段的绿化带，针对缺垄断苗和景观欠佳处制定补植计划，按照计划补植常绿树5427株，落叶乔木1.1万株，花灌木835株及1.6万平方米，地被花卉1.5万平方米，全部完成提档升级补植工作。

（许　荣）

【黄花基地建设项目】 2021年，大同市园林绿化中心推进黄花基地建设项目，该项目位于市北环桥南侧，西接御河，东挨御河东路，南接平城桥，规划占地23万平方米。工程分3个标段，一、二标段是南侧主园区，占地14万平方米，三标段是北侧城市苗圃预留区域，占地9万平方米。共种植苗木5000余棵，铺设给水管线5000余米，园路、地下水电管网等基础设施施工基本完成，大框架初现成型。（许　荣）

【同煤快线绿化工程】 2021年，大同市园林绿化中心推进同煤快线绿化工程。该工程分2个标段：一标段主要包括快速路桥下中分带、侧分带、行道树绿化，绿化面积8.5万平方米，行道树2368株；二标段主要是道路两侧林带绿化，绿化面积21.9万平方米。10月中旬，一标段桥下中分带及侧分带绿化开工，种植油松、国槐、独秆榆叶梅等大小乔木1750株，金叶榆、连翘等花灌木16万株，铺设草皮约8000平方米，完成总工程量50%左右；二标段道路两侧林带绿化工程还未开工建设。（许　荣）

【首善公园建设项目】 2021年，大同市园林绿化中心推进首善公园建设项目，项目总用地面积约7000平方米，其中绿化面积3900平方米。截至2021年底，栽植国槐、白蜡等大小乔木300余株，丁香篱、水蜡篱500平方米，草坪3600平方米，占总工程量的95%。（许　荣）

【公园管理】 2021年，大同市园林绿化中心在强化公园管理、完善公园基础和服务设施基础上，加强卫生保洁、秩序维护和绿化补植工作。组织开展"一园一品"活动，在城墙带状公园举办以"百花争艳、大美大同、海棠花开、共筑幸福"为主题的第二届海棠文化节，以"菊耀金秋，喜迎国庆"为主题的菊花文化节；在大同公园举办第二届牡丹、芍药花会；在文瀛湖风景区创新种植模式，增加黄花种植面积，推行宿根花卉，加大水生植物种植，打造"一园一品"景观；在梓家村公园举办庆祝中国共产党成立100周年主题花展。（许　荣）

【社会绿化】 2021年，大同市园林绿化中心开展绿地认建认养活动，美宸物业服务有限公司、新能置业有限公司、冠泉房地产、浩达地产认建认养绿地。复查大同各园林单位和园林小区。加大对县（区）绿化的指导力度，到天镇县、左云县和广灵县等县（区）指导绿化和园林县城创建工作，推动2021年山西省城市（县城）预备名录推进工作。组织专家到浑源县考察豹皮榆生长情况。（许　荣）

【园林科研】 2021年，大同市园林绿化中心申报《四季金钟花繁殖技术试验及应用研究》；采集御河西路、208国道等国槐死亡严重的道路土样，形成《国槐死亡原因及土壤取样数据分析》报告，编写《国槐死亡原因调查及针对措施》，指导养护单位对行道树进行科学合理管护；对公园进行物候观测，重点了解各大公园金钟花分布情况、菟丝子发病情况及植物生长状况；研究抗性蚜虫的防治、农药的合理轮换、使用公园春播草坪杂草封闭技术研究，制定针对性防治方案；从甘肃、山东等地引种优质牡丹和芍药30个品种1000株，从东北引进优良亚洲百合4个品种约4000头。

（许　荣）

【第二届海棠文化艺术节】 2021年5月1日，由大同市园林绿化中心和平城区委、区政府主办，兰园绿色园林绿化工程有限公司、城墙带状公园管理中心、平城区委宣传部、平城区文化和旅游局承办的中国·大同第二届海棠文化艺术节在市文化艺术中心广场开幕。该届海棠文化艺术节是按照大同市公园"一园一品"活动安排，组织的"春之声——海棠节、夏之歌——荷花节、秋之韵——菊花节、冬之曲——冰雪节"4个主题文化艺术节的第一篇章，以"百花争艳 大美大同 海棠花开 共筑幸福"为主题，是落实"绿水青山就是金山银山"生态理念的实践，是打造公园城市，建设美丽、富裕、幸福大同的举措。大同市有海棠品种20余种，该次海棠文化艺术节上城墙带状公园供游客市民参观的有八棱海棠、亚当海棠、绚丽海棠、印第安魔力海棠、光辉海棠、王族海棠、喜洋洋海棠等13个品种，公园内海棠1.2万余株，占地10余万平方米，范围主要集中在西城墙和北城墙西段。以海棠花为特色的园林美景与园林花艺、海棠文化、人文景观融合，全方位、多角度呈现海棠花独特魅力。（蕙　兰）

【第二届牡丹芍药花会】 2021年5月21日至6月上旬，大同公园举行第二届牡丹芍药花会。该次花会以牡丹、芍药为主题，牡丹与芍药并称"花中二绝"，自古有"牡丹为花王，芍药为花相"之说，举行花会旨在丰富市民的业余文化生活、拓展公园文化内涵。大同公园牡丹园占地3333.3平方米，栽培牡丹、芍药品种有20余个，其中牡丹品种有魏紫、赵粉、洛阳红、白雪塔、白玉牡丹、肉芙蓉、岛锦、花王、墨润绝伦、二乔、鲁荷红、卷叶红等。花会期间，展出牡丹、芍药3000余株。（蕙　兰）

生态保护

环境质量

【大气环境】 2021年，大同市受沙尘影响天数34天，造成的污染天数比上年增加14天，优良天数315天，空气质量优良率86.3%；$PM_{2.5}$（大气中直径小于或等于2.5微米的颗粒物，也称为可吸入肺颗粒物）平均浓度28微克/立方米，同比下降9.7%，其他指标均下降；空气质量综合指数3.8，同比下降14.1%，空气质量在全国168个重点城市排名中，由上年117名升到72名，是山西省连续两年唯一达到国家环境空气质量二级标准的城市。（赵媛媛）

【水环境】 2021年，大同市地表水监测的15个国省考断面中，8个国考断面有5个优良水体，优良比例62.5%，较上年提升近20个百分点，其余3个是Ⅳ类水，劣Ⅴ类断面0；7个省考断面有3个优良水体，其余4个是Ⅳ类水。（赵媛媛）

【土壤环境】 2021年，大同市生态环境局对19家列入2021年土壤污染重点监管单位名录的企业完成土壤污染隐患排查，完成87块建设用地土壤污染状况调查，土壤环境质量保持稳定。（赵媛媛）

土地资源保护

【耕地保护】 2021年，大同市耕地保有量36.5万公顷、永久基本农田保护任务31万公顷。全市实有耕地面积38.8万公顷，划定永久基本农田31万公顷。落实非农建设项目占用耕地“占一补一、占优补优”制度，围绕实现耕地占补平衡和总量动态平衡、促进经济社会可持续发展目标，加大土地整治工作力度，全市组卷报批65个建设用地项目占用耕地627.8公顷，补充耕地627.8公顷。结合“三调”（第三次全国国土调查）成果和最新卫星遥感影像，摸清永久基本农田耕地现状及“三调”稳定利用耕地现状，完成外业实地核实工作，建立永久基本农田数据库建立，编制永久基本农田整改补足初步方案、建立永久基本农田线性项目数据图层。（夏捷）

【土地保障】 2021年，大同市规划和自然资源局强化用地保障，加大土地供应，出台《大同市人民政府关于进一步规范和加强中心城区土地储备工作的实施意见》，给全市土地储备和出让工作法治化、规范化运作提供政策依据，保障重要基础设施和重点民生工程的用地需求。全年市本级收储土地约317.8公顷，供地共81宗，面积211.9公顷，其中划拨28宗，面积84.7公顷；协议出让7宗，面积4.8公顷；公开出让土地56宗，面积122.3公顷；追缴收回开发商欠缴的土地出让金3.3亿元，完成土地出让金约38亿元。发放土地补偿及各类管线迁改费约5.2亿元。（夏捷）

【批而未用土地“清零行动”】 2021年，大同市处置闲置土地1491.4公顷（年初分配闲置土地处置任务268.1公顷），年度任务完成率556.2%，排名全省第一。2009年至2021年底，开工违约比例2.4%，竣工违约比例2.9%，全市开发利用违约比例5.4%，排名全省第六。截至2021年底，2019年以来全市土地利用动态巡查任务2511项，完成巡查2487项，巡查率99%，2018年以来，全市供应预警信息24条，处置24条，处置率100%，2011年以来，全市需填报界址点坐标宗地数2930宗，填报率100%，三项均排名全省第一。（夏捷）

【水土综合治理】 大同市地处干旱少雨、生态脆弱的黄土高原东北边缘，毛乌素沙漠东缘延伸地带，由于水资源短缺、风大沙多，全市水土流失面积9793平方千米，占国土总面积69%，被国家确定为全国水土流失最严重地区之一。党的十九大以来，大同市坚持以防治水土流失、改善人居环境、优化水土资源开发为目标，推进京津风沙源治理二期工程、国家水土保持重点建设工程、坡耕地水土流失综合治理工程等项目。截至2021年底，大同市投入资金11.5亿元，完成水土流失治理面积6824.1平方千米，全市水土流失治理率69.7%。在具体实施过程中，注重水土流失预防与治理、生态建设与产业结构调整、生态效益与经济效益“三个结合”，突出治理科学性和综合性，实现山、水、林、田、湖综合治理，梁、沟、坡、峁、川立体开发，农、林、牧、工、贸协调发展。经过综合治理，项目区的土壤侵蚀模数由3000~2000吨/平方千米降到1800~1200吨/平方千米，按年保土量31.8万吨计算，每年可保住22.3吨氮、2吨磷、63.6吨钾等有机肥料，土地利用率由原来80%提高到95%。

国家重大水保项目实施以来，大同市以项目为依托，近5年投入建设资金4.3亿元，打造精品工程10处。阳高县弘扬大泉山精神，投入9895万元，建设3500平方米水保科技示范园，完成造林绿化1666.7公顷，使大泉山流域林地面积达到4000公顷，2021年被水利部评定为国家水土保持示范县。天镇县投入6975万元，推进坡耕地水土流失综合治理项目，完成机修梯田3433.3公顷，带动项目区粮食增产1905万公斤，直接产生经济效益2000万元。广灵县连续3年推动国家水土保持重点建设工程，完成小流域治理面积6026.7公顷，封禁治理4526.7公顷，栽种水保林1346.7公顷，成活率、保存率、生态效益均居全市前列。大同市依靠科技创新，摸索总结适合大同地区水保治理的科学办法，推广“大坑、大苗、大水”生态治理措施，提高治理标准质量。左云县采用大苗造林、规模开发、连片治理方法，按不同山系、水系及气候带实施科学造林，提升成活率、保持率和整体效益。阳高县在科技示范园区造林中运用径流林业技术，在经济林建设中应用带土移植、地膜保墒等技术，提高综合治理的科技含量和经济效益。浑源县推广径流整地、容器育苗、乔灌草混交等技术，苗木成活率98%以上。灵丘县应用核桃树套袋栽培技术，比传统栽植成活率提高20%~30%，并节约大量人力、物力和水资源。（蕙　兰）

水资源保护

综　述

【概况】 2021年，大同市水资源总量12.2亿立方米，其中可利用量8.2亿立方米。本地水资源量9.5亿立方米（不含入境水量），其中可利用量6.3亿立方米，人均278立方米，比全省平均值低60立方米，是全国平均值的14%，市区人均占有水资源量81立方米，是全国110个严重缺水城市之一。全年全市用水总量6.3亿立方米。

2021年5月27日，大同市河流“清四乱”大起底、大排查、大整治专项行动部署会召开。市委常委、副市长、市河长办主任龚孟建出席会议并讲话，市河长制成员单位主要负责人参会，各县（区）分管副县（区）长、河长制成员单位负责人在各县（区）分会场参加会议。会议传达省委常委、市委书记、市总河长张吉福对河流“清四乱”大起底、大排查、大整治专项行动的批示精神，部署专项行动相关工作。武宏文向全市10个县（区）及大同经济技术开发区发放任务书，市云冈区、新荣区、浑源县有关负责人分别作表态发言。会议要求各县（区）、各相关部门要对全市106条河流开展过筛子、拉网式排查，实现河流“清四乱”全域覆盖；要把“清四乱”与全市农村人居环境“六乱”整治百日攻坚、创建全国文明城市、汛前备汛等工作结合起来，整体推进，一体整改；各级河长要围绕“全域清、彻底治、长效管”目标，履行河长职责，层层压实责任，加大监督检查，确保按期保质完成“清四乱”整治任务。（吉小宝）

【流域综合治理】 2021年，大同市水务局推进《桑干河流域生态修复与保护规划》（大同部分）项目实施，推进列入永定河综合治理与生态修复三年滚动计划项目建设。桑干河、御河、十里河实施河道综合治理项目14个，其中新建4个，续建10个，全年完成投资4.1亿元，特别是御河城区核心段蓄水区域延长至16千米，改善两岸人居环境，提高城市品质内涵。推进云州区水系连通及水美乡村试点县建设，作为山西省唯一一个列入2021年全国30个试点县的项目，6月底公示入围，9月底批复初设，10月中旬开工建设，全年完成投资830万元。（吉小宝）

【水灾害防御】 2021年，大同市水务局开展防汛备汛工作，落实水库、淤地坝、重点河段的行政、技术、巡查“三个责任人”和监测预警措施、调度运用方案、应急预案“三个重点环节”，派出5个工作组开展汛前检查，组织开展5次、466人参加的培训演练，落实32支、4748人的水利防汛抢险队伍，完成河道清淤清障83.6万立方米。在主汛期经历的6轮局部强降雨过程中，加强与应急、气象、水文等部门的会商研判，发布水旱灾害防御和山洪灾害气象风险预警信息，并依据市防汛抗旱指挥部统筹，提前安排防范应对工作，全市实现安全度汛，未发生大的灾害损失。坚持防汛抗旱两不误，全年完成春浇面积9.5万公顷、夏浇面积8.1万公顷。市水旱灾害防御中心被评为山西省防汛抢险救灾先进集体。（吉小宝）

【水环境安全保障】 2021年，大同市生态环境局、农业农村局、发改委等相关部门多措并举加强水体保护工作，防止水体环境污染事件发生，保障水环境安全。大同市在保汛期水质稳定专项行动期间，清掏检查窨井7325座、收水口3011座，疏通管线157千米，清淤3734立方米；清掏排水沟渠5.3千米，低洼区域清淤42处、清淤量1800立方米，疏通管线150余千米，维修更换水箅子、盖板283块，处理泵站设备故障6处，城市建成区完成合流制管网改造29.3千米，县（区）完成合流制管网改造32.5千米；县（区）完成县城建成区雨污管网及箱涵、雨水提升泵站等设施的检修和清淤工作，清掏检查窨井2381座，疏通管线329千米，清淤1389立方米。强化入河排污口管理，开展入河排污口动态核查整治，对排查出的184个入河排污口制定责任清单，督促县（区）对十里河等重污染河段入河排污口实施应急溯源整治。组织第三方监测单位加大常流水入河排污口水质监测频次，动态掌握排污口水质情况，并采取预防管控措施。全市河流管理范围内发现“四乱”问题70处，整改70处；排查全市湖库、河流蓄水工程水质及水华动态，责成水库、蓄水河道管理单位不定期进行巡查检查。（蕙　兰）

【城市节水】 2021年，大同市节约用水服务中心（大同市排水监测站）

分析城市节约用水、排水监测和再生水利用的相关数据，监测排入城市排水设施的水量和水质，参与城市水价管理和改革。核算城市用水单位的用水定额和用水计划，给60余家单位分配次年度定额用水计划，办理过程中的单位有80余家。对使用公共供水和自备井的新建、扩建、改建项目节水设施采取"三同时"管理，完成"山西新源环保资源开发有限责任公司"2家工程（东郊污水厂和西郊污水厂）的备案登记工作。开展节水宣传活动，5月10日市节约用水服务中心在市东城墙和阳门广场举行以"贯彻新发展理念，建设节水型城市"为主题的节水宣传周启动仪式。活动通过展板展示、发放资料等多种形式，向过往市民介绍中水用处、城市海绵工程、家庭节水小窍门等知识；工作人员到社区、公共建筑及用水量较大或排污较大的工业企业，及服务业用水单位宣传推广低耗水、循环用水等方面节水技术、设备、设施和管理经验；通过电视、报纸、网络、公共交通流动电子屏等媒体进行节水宣传。（计　敏）

【水资源保护活动】 2021年3月22日是第29届"世界水日"，3月22日至28日是第34届"中国水周"，大同市组织开展宣传活动，纪念"世界水日"和"中国水周"，并启动"节水中国你我同行"主题宣传联合行动，倡导全社会提高水资源节约保护工作的责任意识和参与意识，让大家自觉投身到珍惜水、节约水、爱护水的行动中来。2021年"世界水日"宣传主题是"珍惜水、爱护水"，中国纪念"世界水日"和开展"中国水周"宣传活动的主题是"深入贯彻新发展理念，推进水资源集约安全利用"。"世界水日"宣传活动中，大同市在市水利监督监测中心门前设立专题宣传展板，并向过往群众发放宣传资料，工作人员一边向群众发放宣传资料，一边呼吁市民从一点一滴做起，用实际行动节约保护水资源，给建设绿水青山的幸福家园贡献自己力量。宣传活动还在育才社区、局东社区、市实验中学设立3处分会场。大同大学、一电厂、星茂汇等用水单位也开展宣传活动，设立宣传展板21块，发放宣传单2万份、宣传手袋300个。"中国水周"期间，大同市结合"节水中国你我同行"主题宣传联合行动，开展水利普法和节约用水宣传进机关、社区、学校、家庭、企业、农村"六进"活动，通过线上线下相结合方式加强节水宣传。

3月28日，由大同市云冈区新时代文明实践中心和新荣区新时代文明实践中心主办，云冈区志愿服务联合会和新荣区志愿者协会发起，新荣区卫体局、新荣镇社区、新荣区心连心志愿者协会等团队联合开展的以"绿水青山就是金山银山"为主题的保护母亲河·万泉河生态环保志愿服务活动举行。活动当日，来自云冈区、新荣区、平城区的150余名志愿者自备工具和收纳袋，3人一行、5人一组分工合作，在河岸边打捞河中漂浮物，捡拾杂草丛中垃圾。经过2个多小时的净水活动，指定区域的垃圾被彻底清除干净。通过活动引导社会力量关心、参与生态文明建设，以实际行动践行志愿服务精神，参与"净水周"系列活动，号召全社会树立保护母亲河意识，珍爱生命源，投身生态环境保护。

4月25日，由大同市水务局、永定河流域投资有限公司大同分公司主办的"关爱河流、保护永定河"活动在市御河综合治理与生态修复工程（御河入桑干河口段河道整治工程）建设现场举行。活动倡议流域广大人民群众争做环保理念宣传者、爱水护水参与者、美丽河流守护者、爱卫行动示范者，大家携手并肩，共同打造水清岸绿、鱼翔浅底的最美永定河。并组织现场人员植树、捡拾垃圾，活动当天种植云杉108株，捡拾垃圾1.2立方米，以实际行动保护"母亲河"。（蕙　兰）

▲2021年3月22日，大同市组织开展节水宣传周活动　（吉小宝　摄）

水利规划管理

【水利投资】 2021年，大同市落实水利项目投资7.7亿元，其中中央投资3.7亿元，省级投资1.3亿元，市级投资1.1亿元，永定河流域投资有限公司自筹1.6亿元。（吉小宝）

【水资源管理保护】 2021年，大同市水务局坚持"节水优先"方针，实行水资源消耗总量和强度双控行动，强化取水许可、用水定额管理和用水总量核定工作，促进水资源可持续利用。全年全市实际用水总量6.2亿立方米，万元地区生产总值用水量37.1立方米，万元工业增加值用水量16.8立方米，均超额完成年度控制指标任务。开展生态补水工作，全年引调黄河水1.7亿立方米，册田水库向北京放水2亿立方米，保障首都用水安全。（吉小宝）

【河流管理】 2021年，大同市水务局完成御河、十里河、唐河（沙河）、南洋河、壶流河、浑河的岸线保护与利用规划编制及技术审查、批复和公示工作，完成御河、十里河、唐河、沙河、浑河、源子河的河流生态流量保障方案编制工作，确定6条河流生态流量保障目标。（吉小宝）

【水利发展“十四五”规划】2021年，大同市水务局根据水利部、省水利厅有关要求和市“十四五”规划纲要总体部署，委托中水北方勘测设计研究院有限责任公司编制《大同市“十四五”水安全保障规划》，明确“十四五”时期全市水利发展的8个方面主要任务以及近、远期工作目标。（吉小宝）

【河长制工作】 2021年，大同市水务局发挥河长制副主任成员单位和驻在单位职责，完善河长组织体系建设，建立“河长+河长办+部门+基层河流管护队伍”责任体系和“河长+河警长+检察长”工作机制，织密管河治河责任网。制定并完善全面推行河长制工作市际联席会议制度，加强各成员单位之间的沟通配合，通过共同会商重大项目建设，共同推进重大问题解决，增强工作合力。开展全市河流“清四乱”大起底、大排查、大整治行动，摸排全市10个县（区）完成管理范围划定的106条河流管护治理情况，排查出的河流“四乱”问题81处，全部完成整改销号。开展幸福河湖创建活动，选择灵丘县作为河湖管护标准化建设试点县，把灵丘县门头峪水库至下北泉段作为创建幸福河湖试点。（吉小宝）

【用水定额管理】 2021年，大同市节水服务中心以8家条件较为成熟的重点单位作为各大行业的用水定额管理模板和定额用水计划分配依据，把用水定额管理逐步在全市推广。截至2021年底，给60余家单位分配次年度定额用水计划，办理过程中的单位有80余家。（计 敏）

民生水利

【民生水利项目】 2021年，大同市水务局坚持水惠民生发展思路，加快民生水利项目建设，强化水利基础支撑作用。投入农村饮水维修养护资金1311万元，开展农村供水工程维修养护、村控智能水表安装建设等工作，完成投资2300万元；实施浑源县唐峪灌区和天镇县兰玉堡灌区2个续建配套与节水改造工程，完成投资2000万元。实施小流域综合治理、黄土高原水土流失荒漠化治理等项目，完成投资5500万亿元，完成水土流失治理面积3.2万公顷，超计划946.7公顷，阳高县作为全省唯一入选的县（区），被水利部评定为国家水土保持示范县。实施小水库建设、水库除险加固、水库移民扶持等项目，完成投资8500万元。（吉小宝）

【灵丘农村饮水工程4种管理模式在全市推广】 “十三五”期间，大同市实施农村饮水安全工程，投入资金4.6亿元，巩固提升1379个村，116.1万人的农村饮水安全问题，实现饮水安全全覆盖。为实现巩固脱贫攻坚成果同乡村振兴战略衔接，解决广大农村群众的饮水安全问题，2021年7月22日，全市农村饮水安全工程运行管理现场推进会在灵丘县召开。对灵丘县在实际工作中探索形成的4种管理模式——公司化管理，规模化运行；企业化管理，城市化运营；大众化管理，协会化运行；集体化管理，保障化运营在全市范围内进行推广，提高全市农村饮水工程运行管理水平和供水保障能力。（吉小宝）

【云州区获批全国水系连通及水美乡村建设试点县】 2021年6月，水利部、财政部公布全国2021年水系连通及水美乡村建设试点县名单30家，大同市云州区成为全省唯一入选试点县。2021年初，市水务局组织开展试点县申报和竞争立项等工作，6月市云州区入选全国2021年水系连通及水美乡村建设试点县行列，并获得水利部奖补资金1.2亿元。项目于2021年10月开工建设。（吉小宝）

【大同两县区成为全国节水型社会建设达标县】 2021年7月15日，水利部公布全国第四批节水型社会建设达标县（区）名单，在478个达标县（区）中大同市平城区、阳高县上榜，这是大同市首批获该奖项的县（区）。平城区大部分地处城市，针对城市居民用水量大特点，平城区利用世界水日、中国水周等节点入企、入校、入社区，使“惜水、爱水、节水”意识深入人心。推广使用节水型水嘴、节水型坐便器、节水型淋浴花洒等生活节水器具，提高全区节水器具普及率，新建居民小区和公共场所节水器具普及率100%。发展农业节水，全区农业灌溉面积2100公顷，节水灌溉面积1150公顷。科学管理用水，推广利用非常规水，东郊污水处理厂、西

▲2021年7月22日，全市农村饮水安全工程运行管理现场推进会在灵丘县召开

（吉小宝 摄）

郊污水处理厂处理后的中水分别按不同水质要求用于工业、农业和生态补水，再生水利用率提升。挖掘利用现有河道资源，统筹水资源节约、水环境治理、水生态修复，打造河畅、水清生态景观。阳高县地处山西省东北部，县域内主要河流有桑干河、白登河、黄水河、黑水河、张官屯河、吾其河等，均属海河流域永定河水系。阳高县践行“节水优先、空间均衡、系统治理、两手发”治水方针，在公共机构、企业及居民小区开展节水宣传，全面推行河长制，落实最严格水资源管理制度。经过多年节水技术推广发展，阳高县节水灌溉面积23220公顷，实现农业灌溉、工业用水计量全覆盖。加强管网改造，控制漏损，开展公共场所、居民生活节水器具普及工作，以宣传为导向促进居民使用节水器具。阳高县有县级污水处理厂1个，设计处理能力是日处理污水2.5万立方米。投入运行以来，日均处理污水量1.6万立方米。年内，广灵县、云州区被列为山西省2021年度节水型社会建设达标县。（蕙　兰）

册田水库管理

【概况】 2021年，册田水库水质基本保持在Ⅳ类以上，11月主要水质指标化学需氧量（COD）、氨氮（NH3–N）等均达到Ⅲ类以上。年内，册田水库在省水利厅组织的运行管理测评中被评为优秀单位，进入全省水利运行管理第一方阵。册田水库位于大同市云州区境内，是桑干河中上游的一座大（Ⅱ）型水库，隶属于海河流域，永定河水系，控制流域面积1.7万平方千米，占官厅水库以上流域面积38.5%；平均径流量2.2亿立方米；总库容5.8亿立方米。主要枢纽工程有主坝、副坝、正常溢洪道、非常溢洪道、大同引水洞、南北干渠放水闸及闸门启闭机等。最大坝高42米，大坝全长1080米，整个工程等级是二级，大坝地震烈度7度。（册田水库）

【册田水库运行管理】 2021年，大同市册田水库管理中心水库管理范围确权划界成果通过专家评审，公示阶段结束，报送到省自然资源厅。经省水利厅批复，申请办理取得册田水库管理中心农业灌溉、工业供水取水许可证。完成《册田水库工程运行危险源辨识与风险评价报告》和《大同市桑干河册田灌区危险源辨识与风险评价报告》，明确风险管控措施、应急预案；完成坝前坡应急修复工程，消除冲刷和局部坍塌隐患。册田水库大坝除险加固工程通过水利厅下闸蓄水验收，水库实现正常蓄水位运行。启动编制《册田水库生态保护与修复规划暨“十四五”发展规划》，为加强库区生态治理工作提供保障。（册田水库）

【册田水库防汛抢险调度】 2021年，册田水库暨市管水库2021年防汛工作会议召开，明确水利、应急、水文、气象、属地政府等水库防汛指挥部成员单位职责，确保形成层级负责、协同推进，横向到边纵向到底的责任体系。修订2021年度《汛期调度运用计划》《防汛抢险应急预案》，编制完成《册田水库大坝安全管理应急预案》《册田水库调度规程》。研究溃坝洪水带来的影响，启动编制《山西省册田水库溃坝洪水影响分析报告（山西段）》。筹措资金增储防汛物资，增加铅丝笼1012平方米、复合土工布1200平方米、沙砾料1730立方米、备防石1033立方米等防汛应急物资，购置挖掘机1台。落实领导带班和工作人员昼夜防汛应急值班值守制度，完善技防、人防、物防相结合的应急处置体系。落实《安全生产“一岗双责”制度》《安全生产工作责任分解制度》等，加强对大坝渗流、位移等日常监测，常态化开展安全生产隐患排查整治，实现水库枢纽安全运行。（册田水库）

【册田水库永定河生态补水】 2021年，大同市册田水库管理中心坚持“绿水青山就是金山银山”发展理念，抓生态补水和生态保护各项工作。协助水利部海委和省水利厅制定全年补水安排，明确年度补水计划任务，制定《2021年向永定河生态补水实施方案》，成立生态补水工作领导组，科学调度、细化措施、强化监管，做好补水期间河道清障、水量监测、沟通协调等工作。全年127天向永定河生态补水19614万立方米，其中下泄本地水5214万立方米，下泄引黄水14400万立方米。春季补水时间是4月20日至6月25日，累计下泄水量10979万立方米，其中册田水库补水1500万立方米，引黄生态水9479万立方米；秋季补水时间是10月1日至11月29日，累计下泄水量8635万立方米，其中册田水库补水3714万立方米，引黄补水4921万立方米。2018年以来给永定河生态补水累计7.3亿立方米，给首都水资源可持续利用和永定河河道生态环境改善提供保障。（册田水库）

▲2021年10月1日，大同市册田水库放水，流经山西、河北后汇入官厅水库（吉小宝 摄）

【册田水库农业灌溉】 2021年，大同市册田水库管理中心坚持“应浇尽浇、愿浇尽浇”，扩大灌溉面积，从3月开始部署各个灌溉管理站进行农业灌溉输水设备的检修和维护，要求各灌溉管理站同用水协会组织做好用水计划、签订用水协议，确保农业灌溉及时有序，给农业生产提供保障。册田灌区春浇工作于3月11日开始，5月4日结束，春浇灌溉农田2733.3公顷，提用水656.1万立方米。其中，南干灌溉1153.3公顷，提水294.4万立方米；北干灌溉380公顷，提水82.1万立方米；杨庄灌溉733.3公顷，提水82.8万立方米；乱石灌溉286.7公顷，用水162.6万立方米；梁庄灌溉180公顷，提水34.2万立方米。夏浇工作于7月1日开始，8月19日结束，夏浇灌溉农田2850公顷，提用水658万立方米。其中，南干灌溉1306.7公顷，提水343.1万立方米；北干灌溉433.3公顷，提水110.7万立方米；杨庄灌溉766.7公顷，提水114.1万立方米；乱石灌溉36.7公顷，用水40万立方米；梁庄灌溉306.7公顷，提水50.1万立方米。全年灌溉农田5583.3公顷，用水1314万立方米，保障受益村农业灌溉需求和农民增产增收。年内，完成农业节水计量设施项目，干渠配套安装智能流量计、不锈钢巴歇尔槽、建节制闸等节水设施，提高灌区水利用率。（册田水库）

林草资源保护

【森林资源】 2021年，大同市国有森林资源资产由8个国有林场（4个市属国有林场和4个县属国有林场）和11个国有苗圃组成，分布在全市9个县（区），总面积84315公顷，其中国有林场面积83890公顷，国有苗圃面积425公顷。

国有林场基本情况。（1）国有森林资源总体情况（含采凉山森林公园）。林地面积83890公顷。其中，有林地面积46608.1公顷；疏林地面积2227.3公顷；灌木林地18367.3公顷；未成林地4358.8公顷；苗圃林地444.4公顷；无立木林地4507.1公顷；宜林地11865.4公顷；林业辅助用地43.3公顷。国有林场有81581.1公顷生态公益林，其中国家级公益林50504.4公顷，省级公益林和地方公益林31076.7公顷。（2）各类森林、林木蓄积。大同市国有林场各类森林、林木活立木总蓄积量221821.5立方米。（3）有林地林龄结构和蓄积。大同市国有林场有林地总面积46608.1公顷，乔木林总蓄积2110993.1立方米。其中，幼龄林面积7012.2公顷，蓄积181824.9立方米；中龄林面积23047.9公顷，蓄积1265132.7立方米；近熟林面积3669.4公顷，蓄积161108.5立方米；成熟林面积8232.1公顷，蓄积302484.4立方米；过熟林面积4626.6公顷，蓄积200430.7立方米。（4）森林分类情况。全市国有林场有81581.1公顷生态公益林，其中国家级公益林50504.4公顷，省级公益林和地方公益林31076.7公顷。

国有苗圃基本情况。全市有11个国有苗圃，总面积425公顷，其中自有土地354公顷，租用土地面积68公顷。（夏 捷）

【草地资源】 2021年，大同市草原总面积500580公顷，草地类有暖性灌草丛类、山地草甸类、低地草甸类、温性草原类4个大类，其中温性草原类草原面积240786.7公顷，占全市草地总面积48.1%，在天镇县、浑源县、阳高县分布较多；山地草甸类草原面积116586.7公顷，占全市草地总面积23.3%，主要分布在广灵县，浑源县，灵丘县；暖性灌草丛类草地面积106600公顷，占全市草地总面积21.3%，主要分布于灵丘县；低地草甸类草原总面积36606.7公顷，占全市草地资源总面积7.3%，主要分布在云州区、阳高县。天然草地理论载畜量69.2万羊单位。（夏 捷）

【自然保护地】 2021年，大同市建立6种类型、28个各类自然保护地。其中，风景名胜区4个；自然保护区5个；森林公园9个；湿地公园4个；沙漠公园5个；地质公园1个。全市自然保护区面积177857公顷；森林公园面积73086公顷；湿地公园面积26676.9公顷；地质公园面积10070公顷；沙漠公园面积29246.4公顷；风景名胜区面积21811.4公顷。（夏 捷）

【草地保护】 2021年，大同市规划和自然资源局完成233.3公顷的草原修复（广灵县卧羊场100公顷，六棱山亚高山草甸133.3公顷）和33.3公顷的草种基地（天镇）建设任务。针对六棱山亚高山草甸养护难问题，联系草学专家实地查看，结合晋北地区地理状况和亚高山草地气候特点，采用液压喷播技术进行种子播种，提高种子成活率，完成桦林背林场亚高山草甸133.3公顷修复任务。针对天镇华润风电占地情况，协同省林草局草原处共同探讨研究细化草地征占用审批流程，并完善草原征占用审批程序，推动全省草原征占用审批工作科学发展。为把灵丘空中草原打造成为全省乃至全国具有独特景观的草原风景名胜旅游区，协同省林草局在灵丘县组织召开灵丘空中草原保护修复与科学利用座谈会，督促灵丘县研究制定保护修复计划和具体行动方案，明确时间表，确定路线图，建立部门联动机制，加强景区管理，抓生态保护与修复工作。（夏 捷）

【荒漠化防治】 2021年，大同市规划和自然资源局坚持“绿化、彩化、财化”思路，以提升专业能力为切入点，加大专业人才培养力度，探索推行各县（区）交叉评审的作业评审模式，推进造林育林和荒漠化防治工作，全年投资10574万元，完成19060公顷荒漠化防治造林任务。6月，大同市作为重点考核对象，代表山西省迎接国家六部委“十三五”防沙治沙目标责任期末综合考核，考核结果为“工作突出”（各项考核指标总分100分，综合考核得分在90分以上认定为工作突出）。（夏 捷）

【造林护林】 2021年，大同市规划和自然资源局组织开展“全民绿植四十载 美丽大同谱新篇”为主题的全民义务植树活动，推进“四旁四地”（村旁、宅旁、水旁、路旁，荒山荒地、低质低效林地、坡耕地、抛荒地）村镇绿化活动，全市完成义务植树1300万株、营造林任务35013.3公顷，超额完成省林草局指标任务。分配贫困县（区）人工造林任务17426.7公顷，占全市人工造林任务87%。发放全部社员劳务费4958.6万元，占总投资比例35%；发放脱贫社员劳务费3514.5万元，占总劳务费比例71%，均超出规定标准。以“一场一特色、发展出成效”为目标，开展标准化林场和林草培育基地创建，桦林背林场被中国林场协会授予“全国十佳林场”称号，恒山林场获批成为山西省草品种区域实验站，桦林背林场被省林草局确定为第一批省级林木（杜松）采种基地。（夏 捷）

【森林防火】 2021年，大同市规划和自然资源局落实网格化巡查和定点看护制度，强化瞭望塔、护林员火情监测能力，依托省局火情预警平台、“互联网+森林草原防火”监测平台、“防火码”管控平台，开启全市智能化预警监测与管控模式，把好火源管控关口。在特险期内，督导森林草原消防队伍靠前驻防，灭火机具靠前配置，确保实现打早、打小、打了。倡导绿色祭扫，在火灾易发节点，发放《禁火令》，并联合公安部门，打击非法野外用火，对肇事者严肃处理。组建起6支、总人数345人的森林草原专业消防队伍，组建起3支、总人数258人、可实现随时调动180人的市级机动预备队伍。全年接到森林草原火情警报15起，由于发现及时、处置妥当，均未造成人员及较大财产损失。（夏 捷）

【林业有害生物防治】 2021年，大同市规划和自然资源局开展林业有害生物防治检疫监测工作。林业有害生物发生面积14726.7公顷，成灾0公顷，成灾率0‰；全年防治12120公顷，其中无公害防治11986.7公顷，无公害防治率98.9%。全市应施种苗产地检疫7232公顷，实施种苗产地检疫7232公顷，种苗产地检疫率100%；签发出省检疫证390张，签发省内检疫证386张。完成松材线虫病松林监测面积135580公顷，监测覆盖率100%；美国白蛾监测寄主面积全部完成，监测覆盖率100%；林业鼠（兔）害发生面积6970公顷，完成防治作业面积5536.7公顷次，占任务总量5000公顷次的110.7%，完成大同市林业有害生物防治检疫监测目标任务。（夏 捷）

【全市森林草原防灭火工作会】 2021年2月25日，大同市森林草原防灭火工作会召开，安排部署全市森林草原防灭火工作。山西省森林草原防灭火工作紧急视频会议召开后，大同市就相关工作进行安排部署。针对当前森林防火形势对相关工作提出要求。会议强调，各县（区）各部门要认清形势，提高政治站位，杜绝侥幸心理，做到制度到位、责任到人、管控到田间地头。要把工作做细、做实、做深，加大巡查排查力度，采取严厉管控和惩处措施，管住火源，盯住山头、地头、坟头、村口、沟口、林边、地边等。要加大宣传教育力度，加强专业、半专业救援队伍建设，统一调度、统一指挥，做好应急准备，进行科学扑救，确保全市森林草原平安无事。（蕙 兰）

【首次森林和草原火灾风险普查培训】 2021年7月31日至8月1日，大同市规划和自然资源局与省杨树林丰产实验局共同主办全市首次森林和草原火灾风险普查培训班，以摸清全市森林草原火灾风险隐患底数，建立分型、分区火灾风险与减灾能力数据库，有效开展火灾防治和应急处置，保障社会经济可持续发展。来自全市森林草原火灾风险普查管理人员和风险普查专业作业人员100余人参加培训。该次培训分室内理论和室外调查两种形式，邀请省林业和草原局崔文举、朱东泽、朱莉香等专家教授重点解读《山西省森林和草原火灾风险普查实施方案》《山西省森林和草原火灾风险普查操作细则》等，并围绕全市样地布设及现地核实，可燃物样品采集及实验室测定，普查调度、数据采集、数据交汇与质检等相关软件系统功能及操作，可燃物样品采集及实验室测定等内容进行培训。（蕙 兰）

【山西省桑干河杨树丰产林实验局】 2021年，山西省桑干河杨树丰产林实验局（简称“山西省杨树林局”）下辖林业调查设计队、有害生物防治检疫站、桑干河省级自然保护区管理局、落阵营中心林场、五旗林场、月明山林场、御河林场、高山林场等17个局直单位。全局总经营面积11万公顷，其中有林地面积7.8万公顷，活立木蓄积量187.8万立方米。

国土绿化方面，全年完成国土绿化任务13606.7公顷，合作造林面积7200公顷。坚持科学绿化理念，执行造林（种草）导则，适地适树动态平衡阔针混交比例，推广应用钵体覆盖、三水保活等造林技术，坚持局、场、监理三层全过程监督，造林成活率保持在90%以上，压实管护责任，明确施工方管护责任义务，做到造一片活一片成一片。

种苗产业方面，以年度保障性造林需求为导向，核算年度种苗培育任务。推动在圃适龄苗木上山造林，畅通定植苗木销售渠道，消耗在圃苗木1245万株，削减库存苗木过半。实施“腾笼换鸟”战略，沿桑干河流域规划打造66.7公顷特色经济林基地，栽植大果榛子等13个经济林品种46公顷，拓宽林区增绿增收路径。推广无纺布点播、扦插繁育、机械化作业等技术，最大限度降低生产经营成本，规范生产经营档案，提升苗圃管理效益。

资源管理方面，建立局、场、站三级五层林长责任落实体系，设立林长251名，构建起林长抓总、副林长包场负责、场长包干落实的网格化管控格局。建立资源管理零报告制度，开展自然保护地优化整合评估工作，加快推进卫星执法问题整改销号。启动实施国家重点防火区二期工程项目，筹建视频监控中心指挥系统12套，配套建设检查站、监测塔，购置专用车辆，配备先进扑火机具，推动全局智慧化林场建设取得突破。组建108人林草防火专业队伍，改造营房1012平方米，围绕“以水灭火”新定位，强化备战训练，初步实现队伍由“传统灭火”向“以水灭火”转变。开展野生动物疫源疫病监测工作，全年实施有害生物防治3666.7公顷，成灾率控制在3‰以下，林区资源保护和安全生产形势总体平稳。

科技兴局方面，山西省杨树林局与大同大学联合申报的石墨烯林业应用国家林业和草原局重点实验室项目落地生根。与山西农大、省林科院签订战略合作框架协议，强化林草科技前沿攻关能力。推进杨树国家林木种质资源库运行管理，同步收集保存沙枣种质资源 80 份，建成资源圃、采穗圃 10 公顷，提前储备沙枣国家种质资源库项目。规划建成 26.7 公顷草种繁育基地，开展 33 种乡土草种品种繁育试验，扩繁优良草品种 45 万株。成功申报沙棘良种 2 个、沙枣良种 2 个，自主选育申报樟子松母树林良种 1 个，拓宽林局生态经济良种造林选择范围。（赵 丹）

【大同市桦林背林场】 2021 年，大同市桦林背林场建设国家级公益林 15433.3 公顷森林管护，投资 189 万元；完善公益林管护设施建设及浑源管护站基础设施建设；实施 2021 年中央财政第二批全面停止天然林商业性采伐补助资金 44.8 万元，项目投资 49 万元（其中公益林上年度结余资金 4.2 万元），全部完工。市级公益林 5926.7 公顷森林管护项目完成森林管护招（投）标并开展实施。依托 2021 年省级林业改革发展转移支付自然保护区建设资金在山西六棱山省级自然保护区范围内建设标示牌 8 块，GPS 巡护终端 15 部，管护平台系统 1 套。总投资 80 万元，资金全部是 2021 年省级林业改革发展转移支付资金（森林植被恢复费），完成造林 25 公顷，成活率95%以上，森林抚育 277.7 公顷。

年内，林场在生产技术方面投资 40 万元的林木种苗补助项目完工并验收；投资 160 万元中央财政草原生态保护修复 133.3 公顷治理项目，完成该年施工任务（工期两年）；投资 320 万元实施重点区域生态保护与修复工程荒漠化治理项目；投资 20 万元实施中央财政第二批林业有害生物防治 666.7 公顷。

开展森林防灭火工作，专门建立护林防灭火指挥部，建立三级联防和责任制度，实行森林防火行政领导负责制。开展防火宣传，与防火办、森林派出所、管护队联合，通过音响广播对林区内及周边乡镇、村委会、厂矿企业进行森林防火条例和防火禁火令等防火宣传教育活动，出动宣传车辆 18 次，人员 80 余人。发放防火围裙 500 个、防火手册 800 本、防火宣传单 3000 张、悬挂防火条幅 300 条、防火告知书 200 张、防火宣传画 350 张、防火宣传彩旗 700 条。联合杨树林局九梁洼林场、云州区林业局、杨树林局落阵营林场在市云州区广场开展安全、防火宣传活动，发放防火、安全宣传物品 3000 余份。储备风力灭火机、水力灭火机、高压细水物、灭火弹等防火物资及消防车辆。建设森林消防应急队伍，执行昼夜值班制度，参与林区周边县、乡森林火灾扑救，并在实践技能训练和林区实地实战演练。在边山峪口设立 13 个管护检查岗，管控野外生产用火，林区禁止焚烧秸秆、焚烧杂草，对进入林区人员扫防火二维码登记，严禁火种进入林区；加大野外防火巡查力度，清明节、五一节，分组防范重点区域、重点地段，确保火源无法进入林区，实现林区防火责任网格化巡查和定点看护任务。

3 月，林场被省林草局确定为山西省二十家首批省级森林经营试点示范单位之一；4 月，获评“全国十佳林场”；9 月，被省林草局确定为第一批省级林木（杜松）采种基地；10 月，被授予“2021 中国林场协会森林康养林场”称号。（市桦林背林场）

【大同市云冈林场】 2021 年，大同市云冈林场（大同市云冈国家森林公园管理中心）开展林地现状调查，准备造林先期工作，组织开展森林督查和毁林专项行动，抓林地资源清查、破坏森林资源的违法违规行为。从土壤、海拔、坡度、坡向、局地小气候等立地因子入手，记录每一个小班的林地现状，研究适合的造林树种和造林模式，给开展大规模退化林分修复打好前站、做好造林前期准备工作。以国家京津风沙源项目为契机，安排高山和峰子涧两个管护队林区内造林 333.3 公顷。为制止社会车辆和人员进入林地上坟烧纸、破坏林地，利用市级公益林资金 30 万元，对最散、最难防火的北村管护队林区进行 10800 米的围网工作，保护林地资源。

开展森林草原防火工作，落实森林防火工作责任，联合市公安局森林公安分局、云冈区林业局开展森林草原防灭火宣传活动，出动工作人员 300 人次、防火车辆 280 辆次，发放宣传单和手册 3000 余份，发放带有防火标语环保袋 1200 个，悬挂张贴防火标语横幅 20 余条（张）。落实责任，由场部、管护队、聘用护林员三级签订责任状，明确各自责任区职责和工作任务，防火责任落实到人头、地块。派专人协调落实与村交界区防火责任，依法追究违规用火人员、森林火灾肇事者责任。重点林区和火情多发地区，管住一切野外用火行为，管控进出山人员。加强春节、清明节、春耕生产“三个时期”管控，封堵进入林区路口，执行入山检查，控制火源进山入林，确保万无一失。整理防火材料库，检修灭火器、割冠机等防火器械。组织开展春季森林草原防火半专业队专业知识培训和实施演练活动，内容包括火场指挥、火场风险规避知识、携装体能训练、灭火机具使用和消防车与地面队伍配合灭火操作等，提升该场森林草原火灾扑救实战能力，预防和减少森林火灾发生，保护森林资源安全。执行昼夜值班、领导带班制度和信息报送制度。保持应急状态，做好应急处置准备。（李建伟）

【大同市长城山林场】 2021 年，大同市长城山林场国家华北落叶松良种基地编制《2021 年大同市长城山林场国家华北落叶松良种基地中央财政林木良种培育补助项目实施方案》并审批项目；入库申报次年国家林木良种补贴项目；抚育管理初级种子园 88.9 公顷；滴灌灌溉和病虫害防治初级种子园落叶松 46.7 公顷；采集、制种、贮藏落叶松良种 500 公斤；整形初级种子园树体 32 公顷；采集落叶松穗条 7700 条，嫁接落叶松 7000 株并进行抚育管理；抚育管理落叶松基因收集区 6.7 公顷、采穗圃 2 公顷；精细化管理 1.5 代种子园落叶松 29 公顷；抚育管理杏树采穗圃 2.5 公顷，扩建杏树采穗圃 0.9 公顷，收集、栽植杏树品种 4 个；培育杏树砧木 0.2 公顷。

推动生态旅游与实践教育融合，

构建学校、家庭和社会共同参与的开放式课程体系，科普生态文明，传递生态文化，增强学生生态意识、创新精神和实践能力，完成中小学生研学实验教育基地项目申报工作。

开展森林防火，坚持以责任落实为先导，以宣传教育为基础，以特殊人群和火源管控为重点，实现零森林火情和零安全生产事故。层层压实责任，逐级签订防火责任书，实现森林防火责任全覆盖。开展森林火灾隐患排查行动，对所管辖林区开展拉网式排查，清除林边可燃物，维护林区防火阻燃带 217.8 公顷，消除火险隐患、最大限度降低火灾风险。执行网格化巡护与定点看护两项制度，强化野外火源管理。清明、五一重点时期，全场干部职工一线定点盯防、守林看坟，各管护队在重要地段和关键路口设卡布点，加强“防火码”的推广和使用，落实各项管控措施，从源头上杜绝火患输入。完善森林防火应急预案及相关制度，防火特险期森林消防队伍靠前驻防，加强各项应急准备。坚持昼夜值班制度，防火特险期内各管护队实行日报告制度，确保早发现、早报告、早处置，保障森林资源安全。

加强森林资源管理，编制《大同市长城山林场国家级公益林 2021 年度森林管护实施方案》并组织实施。加强公益林地资源管理和森林生态效益补偿基金管理，把生态效益作为真红利，让生态保护的参与者共享，形成良性互动，促进生态健康稳定发展。与管护人员签订管护协议，制定和落实管护责任，把管护责任区落实到人头、地块，完成公益林日常管护 9206.7 公顷，所辖公益林投保 8280 公顷。开展打击毁林专项行动，成立大同市长城山林场打击毁林专项行动工作组，集中力量核查全场所辖林地。开展有害生物调查，完成虫害防治 106.7 公顷。

开展以“森林火灾防范，严控火源是关键”为主题的森林防火宣传月活动，成立森林防火宣传队和各管护队，到林区周边乡村开展宣传，普及安全生产和森林防火知识，提高群众防火意识。全年开展宣传 623 次，出动宣传车 724 车次，悬挂森林防火彩旗 200 面，森林防火宣传条幅 178 条；发放森林防火宣传单 4150 份，宣传手提袋 1125 个，宣传围裙 290 个，宣传彩画 335 张，宣传手册 195 本，宣传抽纸 100 盒；张贴《大同市人民政府禁火令》50 份，防火宣传标语 680 张；喷刷防火标语宣传牌 13 块。开展“落实安全责任，推动安全发展”安全生产月活动。活动悬挂宣传横幅 10 条，发放宣传手提袋 100 个、宣传围裙 100 个、宣传资料 500 份。

开展林草湿数据与第三次全国国土调查数据对接融合及国家级公益林优化。厘清林地、草地、湿地与其他土地范围界线，构建与“三调”数据无缝衔接的林草资源图和数据库。对接后，国家级公益林面积减至 7280 公顷，缩减面积 1952 公顷（其中新荣区 626 公顷、云州区 211 公顷、阳高县 1103.1 公顷、天镇县 11.9 公顷），缩减面积 21%。（史晓霞）

污染防治

【大气污染防治】 2021 年，大同市制定《大同市空气质量巩固提升 2021 年行动计划》，责任分解各项重点任务，提升全市环境空气质量，捍卫“大同蓝”成果。坚持“转型、治企、减煤、控车、降尘”五管齐下，推进环境空气质量晋位升级，推进清洁取暖改造、工业企业升级改造、散煤治理等重点工作。全年全市清洁取暖集中供热完成 1051 万平方米，“煤改电”完成 24 万户，完成率 100.1%；加大燃煤锅炉综合整治，淘汰 35 蒸吨以下 130 台燃煤锅炉，完成 2 台 80 蒸吨燃煤锅炉超低排放改造；对排查发现的 20 家“散乱污”企业予以取缔；2 家钢铁企业超低排放完成 1 家，另 1 家开展评估监测验收；完成 70 台工业窑炉和 6 家重点行业挥发性有机物的深度治理；推进 3 家水泥厂和 3 家独立粉磨站超低排放改造；推进国三及以下排放标准营运中型和重型货车淘汰，年内任务 3316 辆，完成 6080 辆；对 150 家重点油烟排放单位安装油烟在线监控设施并与市生态环境局建设平台进行联网；加强对各类建筑施工工地的监管，加强对城市道路、国道、省道、乡村等道路的清扫频次，减少二次扬尘污染。全年空气质量优良天数 315 天，空气质量优良率 86.3%，$PM_{2.5}$ 平均浓度 28 微克 / 立方米，空气质量综合指数 3.8，空气质量山西省排名第一。（赵媛媛）

【水污染防治】 2021 年，大同市水污染防治坚持源头治理、系统治理、综合治理，印发“一清单三方案一计划”［《大同市 2021 年县（区）考核断面达标责任分解表和大同市 2021 年水污染防治重点工程责任清单》《大同市 2021 年入河排污口动态核查整治工作方案》《大同市桑干河册田水库出口及壶流河水神堂泉国考断面退出劣 V 类水质攻坚方案》《大同市保汛期水质稳定专项行动实施方案》《大同市水环境质量巩固提升 2021 年行动计划》］，强化水污染治理攻坚，对 5 项污水处理厂的建设或扩容搬迁、应急处理和排水管网雨污混接改造工程，加大调度督办力度。对 14 座城镇污水处理设施进水溢流口实施非汛期封闭，强化工业集聚区水污染治理。修订《大同市地表水跨界断面生态补偿考核方案》，开展流域水生态修复，为加快补齐水污染“短板”奠定基础，全市断面水质巩固提升。全年全市水环境质量持续改善，15 个国省考断面中，8 个国考断面有 5 个优良水体，优良比例 62.5%，其余 3 个是Ⅳ类水，劣 V 类断面 0，7 个省考断面有 3 个优良水体，其余 4 个是Ⅳ类水。（赵媛媛）

【土壤污染防治】 2021 年，大同市推进土壤污染源头和风险防控，加强重点行业企业土壤污染风险管控，把山西五台山化工有限公司新荣分公司列入污染地块名录并录入《全国污染地块土壤环境管理系统》。开展土壤污染隐患排查，19 家列入 2021 年土壤污染重点监管单位名录的企业均按要求完成土壤污染隐患排查。强化建设用地再开发利用准入管理，督促调查 87 块建设用地土壤污染状况，并把调查结果纳入全国污染地块土壤环境管理系统。完成《大同市重点行业企业用地土壤污染状况调查报告、调查表册、调查图集》等初步成果集成报告，并通过专家评审。治理40个农村环境整治建制村及40个农村生活污水治理建制村，农村生态环境得到改善。加强固废和危废规范化管理和专项整治，加大煤矸石和粉煤灰综合利用，推动固废和危废减量化、资源化、无害化水平提高。（赵媛媛）

【世界地球日宣传活动】 2021年4月22日第52个世界地球日，大同市生态环境局开展世界地球日宣传活动，并与公益联合志愿者向全市人民发出环保倡议，倡导市民爱护地球、保护家园，参与到环保行动中，改善地球整体环境。该届世界地球日的主题为“珍爱地球 人与自然和谐共生”，活动中，大同云都健步队、大同体育总会魏都颐养公益骑行队、自由公益人等6支公益联合志愿者队伍从华严广场出发，沿下寺坡街对古城内街头巷尾绿化带垃圾进行清理。通过发放环保手册、清理绿化带垃圾等公益行动，增强广大市民的环保意识，使保护环境、节约资源、绿色低碳理念深入人心。市生态环境局4月19日组织专业人员走进校园，宣传环保知识，给大同大学附属小学学生作专题讲座，由该局组成的宣传队和大同大学附属小学少先队员组成的“环保小卫士”行动队到龙园、御锦源等社区，回收废旧电池，号召社区居民参与到保护地球的行动中来。4月22日，该局与大同大学附属小学开展“世界地球日”文艺会演活动，展出环保公益服装、环保书画、摄影作品等具有环保理念的学生作品。（蕙 兰）

【全市塑料污染治理工作启动】 2021年6月27日，大同市塑料污染治理启动仪式在万达广场举行，大同市委常委、常务副市长任希杰出席。大同市针对邮政快递业包装绿色治理、公共机构节能、商务领域塑料污染治理等开展大量工作。启动仪式上，企业代表宣读禁塑承诺书，决定从2021年7月1日起在全市建成区启动全面禁塑工作。启动仪式后，市委宣传部、市发改委、市生态环境局、市市场监管局等相关部门开展以“推进全面禁塑，共建美丽大同”为主题的宣传活动，并向过往群众发放“倡导绿色生活，拒绝塑料污染”等宣传资料。参会人员及现场群众在禁塑留言墙签字。现场展示禁塑可替代产品。（蕙 兰）

【国际臭氧层保护日宣传活动】 2021年9月16日国际臭氧层保护日，大同市生态环境局围绕“清凉世界、保鲜食物、呵护疫苗”主题开展臭氧层保护宣传活动。活动现场，市生态环境局组织志愿者在新时代文明实践站结对社区——迎春里社区开展宣传活动，重点介绍什么是臭氧层、臭氧层的作用、臭氧层破坏的危害、消耗臭氧层的物质等知识，倡导减少使用消耗臭氧层物质产品的自觉行动。利用微信、微博等媒介宣传保护臭氧层政策法规知识，扩大影响力。（蕙 兰）

生态环境管理

【生态环境监管执法】 2021年，大同市生态环境局开展生态环境保护执法大练兵活动，以“利剑斩污”“三查三服务”专项执法行动为抓手，加大执法力度，坚持铁腕治污，实施突查和夜查，强化环保行政执法与刑事司法联动，打击生态环境违法行为，解决环境突出问题。全年出动执法人员8600余人次，出动车辆1500余台次，检查3000余家企业，取缔“散乱污”企业20家，查封扣押6家，立案查处各类环境违法案件131起，行政处罚1619.9万元，涉嫌环境污染犯罪移送司法10起，行政拘留8人，刑事拘留2人。全市形成严查重处生态环境违法行为的高压态势和氛围。（赵媛媛）

【污水臭水排查治理】 2021年7月15日，大同市节约用水服务中心排水监测站与市排水所、御东所、口泉所召开“城市排水互助联动机制协调会”，研究城市排水现状，分析存在问题，制定关于排污管道接入市政管网、发生市政管网污水井外溢现象，及各单位部门间沟通的具体方案。9月17日起，该中心排水监测站对全市六县四区建成区进行黑臭水体专项排查工作，并把黑臭水体排查工作纳入日常监管范围，与各县（区）住建局和公用事业服务中心等相关部门建立信息共享，定期对市建成区及铁路沿线进行水体排查。（计 敏）

【环保督察整改】 2021年，大同市生态环境局实施挂图作战，建立“台账管理”和“销号落实”制度，确保中央和省环保督察及“回头看”反馈问题整改落实到位。在第二轮中央生态环保督察中，大同市接收中央生态环保督察组交办群众反映问题32批195件，全部办结并通过审核。7月20日，中央第一生态环境保护督察组向省政府反馈意见，大同市第一时间安排部署整改工作，拿出市级初步整改方案和措施清单。针对涉及全市的13个方面19项整改任务，制定62条具体整改措施，按照台账和任务清单、责任清单和整改时限要求，推动整改目标及责任落实。（赵媛媛）

【生态环保信访】 2021年，大同市生态环境局落实全天候接访、无缝隙对接的环保信访处办机制，受理环保信访案件2031件，其中“12369”平台受理电话举报828件、微信平台受理举报257件、受理网络举报75件，“12345”政府服务热线办理871件，均在规定时间内办结，做到案件事事有人管、件件有回音。（赵媛媛）

【生态营商环境优化】 2021年，大同市生态环境局聚焦优化营商环境政策落地、企业群众急难愁盼问题，落实“放管服效”改革和“三无、三可”（无差别、无障碍、无后顾之忧，可预期、可信赖、可发展）营商环境建设要求，通过简政放权、压缩审批时限、实施环评豁免备案、容缺受理等举措，推进互联网+政务服务，提升审批效率，给企业减轻负担，降低成本。服务重大转型项目落地，开辟绿色通道，环评审批西安隆基600兆瓦光伏+30千瓦时储能光伏平价项目、国网时代华电大同热电储能工程等重点项目。把握生态环境准入关，遏制“两高”（高能耗、高污染）项目盲目发展，推动产业结构绿色低碳转型。全年全市审批环评207件，其中市级审批环评68件，县（区）分局审批118件，开发区审批21件，市里核发排污许可证240件，全部在承诺时限内办结，依法合规审批，通过信息公开，接受社会监督。（赵媛媛）

【环境污染防治暨高铁高速沿线环境综合整治专项行动动员会】 2021年4月6日，大同市召开环境污染防治暨高铁高速沿线环境综合整治专项行动动员会。市委副书记、市长张强参加会议并讲话，副市长郝献民主持会议。会议落实全省环境污染防治和高铁高速沿线环境综合整治专项行动会议精神和省委书记楼阳生重要批示，对全市相关工作进行动员部署。会议要求，要夯实秋冬季环境质量改善基础。抓散煤清洁替代工程，落实国家、省清洁取暖专项资金支持，制定可行方案，整体推进、应改尽改、重点保障，如期完成目标任务；抓工业污染深度治理工程，推动钢铁行业、水泥行业如期完成超低排放改造；抓城镇污水处理厂扩容和提标改造工程。要巩固提升夏季环境质量。做好臭氧污染管控，开展重点行业挥发性有机物污染防治自查自纠及问题整改，如期完成国三及以下营运类柴油货车淘汰任务；做好扬尘及清洁运输整治，抓建筑工地、道路扬尘污染防治；做好雨污分流管网改造，最大程度减少生活污水溢流直排。要改善高铁高速沿线环境质量。加强排查整治，彻底清理沿线各类不规范物料堆场，落实禁塑管控措施；利用科技手段坚决遏制污染反弹；因地制宜持续美化提升。会议以视频形式开到县一级。（蕙 兰）

【第40届"爱鸟周"宣传活动】 2021年4月14日，大同市规划和自然资源局开展第40届"爱鸟周"宣传活动，增强公众爱鸟护鸟意识。大同市有鸟类200余种，其中国家一级保护鸟类有玉带海雕、黑鹳、大鸨、东方白鹳4种，雕、鹰、隼、天鹅、大雁、白琵鹭等40余种国家二级保护鸟类，国家三级保护鸟类100多种。每年经过桑干河湿地及口泉河湿地的候鸟数百万只。加强野生动植物资源保护工作，加大宣传力度，检查野生动物驯养繁殖场所，打击滥捕滥杀野生动物非法行为，给野生动物营造良好栖息环境。宣传活动中，市规划和自然资源局工作人员在平城区迎宾街市政府岗东侧，通过现场发放宣传资料、设立咨询台等，向过往市民发放爱鸟护鸟相关法律法规等宣传资料4000余份，倡导广大市民爱鸟护鸟、保护野生动物、维护生态平衡、共建美丽家园。该局还到学校和社区开展爱鸟护鸟宣传活动，提高政策知晓度。（蕙 兰）

【国际生物多样性日宣传活动走进校园】 2021年5月21日，大同市生态环境局工作人员到市平城区四十五校课堂开展"5·22"国际生物多样性日宣传活动。活动以"呵护自然，人人有责"为主题，市生态环境局工作人员和志愿者向学生们发放国际生物多样性日主题宣传册页，宣传保护生物多样性的重要意义。在课堂上，市生态环境宣教中心课外辅导员给同学们讲解国际生物多样性日是怎样设立的、如何保护生物多样性、人类面对生物多样性减少问题及国际生物多样性日相关知识，通过实物演示方式，向同学们展示生物多样性的减少或消失对生态系统多样性平衡的影响。通过讲解与互动，同学们学习到生物多样性的内涵及组成部分等知识，理解生物多样性保护的重要性，保护生物多样性意识提高。（蕙 兰）

【生态环保宣传周活动】 2021年6月5日第50个世界环境日，由大同市生态环境保护委员会主办，市生态环境局承办，山西大同大学、市中级人民法院、市人民检察院、市文明办、市总工会、团市委、市妇联、大同日报社、大同广播电视台协办的纪念世界环境日暨大同市生态环保宣传周启动仪式在华严广场举行。活动主题是"人与自然和谐共生"，活动中向现场群众倡导"保护环境，人人有责"，宣传环保知识、发放宣传资料，并参观环保展板，了解全市生态环境改善、空气质量提升、节能减排实施、公益活动开展等情况。宣传周期间，还举办环保成果展览、环保知识讲座、环保征文大赛、环保人物访谈等。（蕙 兰）

▲2021年6月5日，大同市在华严寺广场举行纪念六五世界环境日暨大同市生态环保宣传周启动仪式 （赵媛媛 摄）

科学技术

科技项目

【概况】 2021年，大同市有高新技术企业102家，比上年增加27家，增长36%。市级科技计划项目立项9项，资金449万元。各类科技创新平台有省级众创空间16家，国家备案3家，市级众创空间36家；科技企业孵化器5家；省级重点实验室3家，市级重点实验室14家；省市工程技术研究中心21家，其中省级工程技术研究中心8家，占比38%，市级工程技术研究中心有13家，占比62%；院士工作站4家；科技型中小企业评价入库121家；大同市技术合同成交205项，技术合同交易额6.8亿元。（杨麒玉）

【市级科技计划项目】 2021年，大同市科技局按照《大同市科技计划项目管理办法》要求，组织召开市级科技计划项目部门联席会议，通过2021年市级科技计划各项目类别的申报指南，确定2021年市级科技计划项目专业管理机构是大同市科学技术情报研究所。2月至3月，指导项目专业管理机构开展2021年市级科技计划的项目网络受理工作和纸质材料接收工作。截至申报结束，市级科技计划项目5个大类、8个小类受理项目564项。9月起，组织开展2021年市级科技计划项目形式审查工作，审查最终通过434项，未通过130项。全年大同市级科技计划项目立项9项，资金449万元。其中，重点研发（高新技术领域）项目4项，资金150万元；重点研发（农业）项目3项，资金240万元；成果转化项目2项，资金59万元；项目管理费51万元。（杨麒玉）

【“三区”项目组织验收】 2021年，大同市科技局验收“三区”人才专项计划项目30项。通过项目实施，种植业投资250万元，建设核心基地15个、1753.3公顷，引进新品种17个、新技术9项，辐射推广7673.3公顷，培训示范户130户，培植科技人才301人，带动贫困户就业1277人，发放技术资料34682份，合作社年增加产值2312.9万元，示范户增加产值13046.4万元。养殖业投资105万元，引进新品种5个，改良养殖技术3项，培训示范户58户，培植科技人才60人，培训从业人员865人，解决农村剩余劳动力195人，合作社年增加产值868.6万元，示范户增加产值57.2万元。（杨麒玉）

【山西省科学技术奖申报】 2021年，大同市科技局按照山西省科学技术厅《关于2021年度山西省科学技术奖提名的通知》要求，通过政府网站和微信等平台向社会各界发布项目征集通知，并对报奖企业进行服务，受理纸质材料。经审核，择优遴选出5个专项项目作为大同市2021年度山西省科学技术奖提名项目，并在政府网站和项目主要完成人所在单位进行公示，公示后通过OA系统提请市政府以提名单位名义给省科技厅发提名函，并汇总提名项目统一报送省科技厅。（杨麒玉）

科技平台

【科技创新平台建设】 2021年，大同市科技局推荐5家省级技术创新中心（大同高镁科技有限公司、大同航源众诚动力科技有限公司、广盛原中医药有限公司、山西晋投玄武岩开发有限公司、山西同达药业有限公司），认定成功1家（山西同达药业有限公司）。推荐3家省级新型研发机构（山西阳和医药技术有限公司、大同市煤炭清洁高效利用研究所、山西诺普生物医药科技有限公司），认定成功2家（大同市煤炭清洁高效利用研究所、山西诺普生物医药科技有限公司）。（杨麒玉）

【科技创新政策支持】 2021年，大同市科技局出台《大同市支持科技成果转化和产业化实施细则（试行）》《大同市技术创新中心认定管理办法（试行）》和《大同市新型研发机构认定和管理办法（试行）》。委托大同大学编制《大同市科技创新“十四五”规划》《大同市“十四五”打造一流创新生态、实施创新驱动、科教兴市、人才强市战略规划》《大同市“十四五”新技术规划》等“十四五”规划，明确未来五年全市在科技领域方面的工作目标和任务。（杨麒玉）

【省产业技术创新战略联盟申报】 2021年，大同市科技局根据《山西省产业技术创新战略联盟管理办法（试行）》等文件要求，推动全市科研机构、高等院校、科技型企业形成产学研联合体，在新兴产业特别是先进制造业等高质量布局建设山西省产业技术创新战略联盟，促进产学研用深度融合。协助天镇县京利农业科技发展有限公司成功申报山西省种苗繁育产业技术创新战略联盟，该联盟在有机旱作农业和现代农业这一重点领域，推动全市现代化农业发展。（杨麒玉）

【省市级众创空间 孵化器申报】 2021年，大同市科技局根据《山西省众创空间认定和管理办法》《大同市众创空间认定管理办法》有关规定和要求，经申报、材料审核、专家现场实地考察、评审、扩大会议研究、网上公示等环节，向山西省科技厅推荐大同5G数博产业创业孵化器为省级孵化器、推荐1898全球联盟双创空间等11件众创空间为省级众创空间。认定大同黄花众创空间、市优创乐学科技有限公司众创空间、市互联网+服务产业园、通航众创空间、博诚青年创业孵化基地、大同汇智科技创新中心、浑源县电子商务管理有限责任公司创客空间、冷锋众创、红宇文化科技创新基地、山西锦林科技众创空间10家众创空间为市级众创空间。盘活大同市创新资源，推动全市高质量转型发展。（杨麒玉）

【省级科技企业孵化器增加】 2021年1月，山西省科技厅公布《关于公布2020年山西省省级科技企业孵化器认定结果的通知》，上海漕河泾大同国际创新创业园入选省级科技企业孵化器。大同市依托大同市国际能源革命科技创新园，吸引落地中关村智造大街大同公共服务平台、北大1898（大同）众创空间、中国科学院工程热物理研究所大同分所、清华启迪大同能源产业创新中心等一批科技创新平台，激发转型发展动能。上海漕河泾大同创新创业园作为其中一员，隶属于大同经济技术开发区，自2018年10月成立以来，采用公司化运作模式，由大同市科技创业中心有限公司负责运营。园区具有完善的孵化服务体系，行业导向明确，产业目标清晰。园区从联合办公、企业管理咨询、创业培训、企业投资等方面给企业开展服务，园区吸引30余家科技企业入驻，给大同市资源型城市高质量转型发展积蓄力量。（蕙兰）

科技服务

【科技成果登记】 2021年，山西省科技厅发布《关于组织2020年度科技成果登记统计工作的通知》，以加强科技成果管理、推动科技成果信息资源共享和促进科技成果转化。大同市科技局按照通知要求，开展科技成果登记统计工作，在政府网站及微信平台转发通知，指导成果完成单位登录国家科技成果登记系统填报45项成果，并把填报结果生成上报文件并纸质材料统一报送省科技厅。（杨麒玉）

【高新技术企业培育认定】 2021年，大同市科技局培育高新技术企业，通过到企业调查摸底、组织种子企业进行网上培训、召开高新技术企业认定管理工作部署会、组织高新技术企业培训会等多种形式，推进高新技术企业认定工作。5月11日，按照科技部火炬中心高新技术企业认定管理工作督导协调会议有关精神，市科技局组织召开大同市2021年高新技术企业认定管理工作部署会。6月25日，市科技局在大同市科创园能源1号楼3层路演大厅召开大同市2021年高新技术企业认定管理工作培训会。会议邀请省高企认定管理领导组成员单位省科技厅、省税务局有关人员及省创新创业服务中心领导、专业人员给全市高新技术企业及准高企就高新技术企业申报、认定、要求、程序等相关政策进行解读。通过部署会、培训会，各企业明确高新技术企业认定条件和2021年申报高企认定的时间节点，为推进全市高新技术企业高质量发展奠定基础。全年全市高新技术企业目标任务87家，实际达到102家，超过目标任务17%。（杨麒玉）

【科技型中小企业申报认定】 2021年，大同市科技局落实《国家创新驱动发展战略纲要》，推进“六最”营商环境，推动全市大众创业万众创新，加大对科技型中小企业的精准支持力度，按照《加快推进科技型中小企业认定》通知要求，组织全市科技型中小企业的评价工作。有122家企业通过认定，获得科技型中小企业资格，超额完成市考核100家的工作任务。10月，省科技厅发布关于2021年第五批入库科技型中小企业的公告。至此，大同市有86家企业入库国家科技型中小企业。科技型中小企业具有中小企业和创新型企业的双重特征，在推进科技创新、增加就业岗位、发展壮大新动能等方面作用明显。科技型中小企业入库后，可申请研发费用加计扣除、延长亏损结转年限、享受创新券优惠政策等多项奖励扶持。（杨麒玉）

【科技创新券助力中小微企业】 2021年，大同市科技局开展创新券的申请兑付工作。按照《山西省科技创新券实施管理办法（试行）》《大同市科技创新券实施细则（试行）》和《2020年度大同市科技创新券申领兑付指南》文件要求，有3家企业兑付科技创新券，发放资金15万元。推动大同市科技创新，发挥市场在资源配置中的决定作用，盘活全市科技资源，降低企业创新投入成本，激发全社会创新创业活力，促进科技型中小企业与科研机构之间的产学研合作。（杨麒玉）

【科技技术合同交易】 2021年，大同市科技局为规范技术合同认定登记工作，加强技术市场管理，保障国家有关促进科技成果转化政策的落实，按照《技术合同认定登记管理办法》有关规定开展相关工作。大同市技术合同成交205项，技术合同交易额6.8亿元。其中，输出技术合同7项，技术合同交易额200万元；吸纳技术合同201项，技术合同交易额6.8亿元，重复计算的合同3项。（杨麒玉）

【科普统计】 2021年，大同市科技局启动实施上年科普统计调查工作，调查大同市科普资源投入状况，具体包括科普人员、科普场地、科普经费、科普传媒、科普活动及创新创业中的科普六大类124个指标。组织各县（区）、各部门参加科普统计培训，解答提出的疑问，督促各县（区）、各部门在系统上填报数据并报送，完

成统计数据审核，统计数据在线提交。（杨麒玉）

【山西省创新生态评估工作座谈会】 2021年7月6日，科技部评估中心、太原科技大学、大同市科技局、市发改委、市教育局、市工信局、市财政局、市人社局的25人在大同市文瀛湖综合办公楼参加。参加座谈单位根据各自在《关于加快构建山西省创新生态的指导意见》中的任务分工，就大同市在产业集群构建、创新平台建设、创新企业培育、科技成果转化、开放创新、创新人才引育激励、财税金融创新、政府机构改革、创新文化培育等方面的总体进展和成效，及创新生态建设对大同高质量转型发展的作用进行座谈，并重点介绍本单位在支撑产业转型发展、重大科技项目攻关、企业创新全覆盖、促进科技成果转化、完善人才评价和激励制度、减轻科研人员负担、推动科技与金融融合、对外创新合作等方面的主要做法和经验；提出在推进上述方面创新改革工作过程中遇到的问题和困难、当前存在影响和制约大同市创新生态建设的深层次的体制机制障碍、需要重点突破的领域和对下一步推进创新生态建设的具体意见和建议。科技部评估中心、太原科技大学、市科技局、大同大学、中科院全科盟大同能源产业技术研究院、中科院工程热物理研究所大同分所、山西农业大学高寒区作物研究所、5家高新技术企业代表25人在大同市科创园能源一号1楼全科盟会议室参加山西省创新生态评估工作座谈会。与会人员介绍企业想主要了解的大同市市场环境、财税金融服务等对企业的作用和影响，企业在国资国企改革、财税优惠政策落实、与大中小企业联合技术攻关等方面的主要做法、形成的经验，并重点关注企业认为影响和制约大同市创新生态建设的主要因素。（杨麒玉）

【第二届产学研合作创新大会】 2021年5月21日，由大同市科协、大同大学、市科技局、市工业和信息化局主办的大同市第二届产学研合作创新大会暨博士大讲堂在大同大学举办。该次大会主题是“创新大同 合作共赢”。长期以来，大同市把加强产学研合作创新作为提升区域综合竞争实力的重要途径，依托大同大学资源优势、智力优势和人才优势，相互支持合作，坚持以需求为导向、以开放为取向、以共赢为方向，针对产、学、研三方各自特点，着力发挥各自优势，加强各方合作交流，取得成果。会议强调大同市正处于“十四五”转型出雏形的关键时期，需要持续深入实施创新驱动发展战略，以科技创新合作为抓手，做好参与者、服务者、引导者，推进科技创新合作大平台、大项目、大团队和大环境建设，真正让科技创新成为推动全市高质量发展的强大动能。（蕙 兰）

【“十四五”科技创新规划座谈会】 2021年12月29日，大同市科学技术局召集市发展和改革委员会、市工业信息化局、市规划和自然资源局、市生态环境局、市商务局、市统计局、市国家资源委员会、市能源局、市财政局、市人社局、市促进外来投资局和“十四五”科技创新规划课题组相关人员就“十四五”科技创新规划召开座谈会。会上市科技局局长戴陶简要通报规划编制情况，大同大学“十四五”科技创新规划课题组组长张国卿解读规划，各相关单位根据市情和本部门职责作发言，提出意见和建议。（杨麒玉）

科技活动

【组织企业参加省科技活动周金融专项对接】 2021年5月22日，大同市科技局组织全市有贷款意向的高新技术企业和中小型科技企业参加2021年山西省科技活动周全省金融企业与科技型企业专场对接活动。对接会上，省科技厅和各大金融机构进行科技金融合作签约。在各大金融机构和投资担保公司分别就各自的科技金融产品进行宣讲，与参加金融对接的各个企业进行交流互动，山西烁科晶体有限公司等3家企业做产品路演。（杨麒玉）

【科技活动周】 2021年5月22日至28日，由大同市委宣传部、市科技局、市科协、平城区人民政府共同主办，平城区科技局、平城区委宣传部、平城区科协承办的“百年回望：中国共产党领导科技发展”2021年大同市暨平城区科技活动周举行。大同市通过中小科技企业展示科技成果、开放科普基地等活动，展示科学普及工作成效。工作人员在市平城区迎宾广场通过摆放科普展板、讲解科普知识、展示科普成果，开展内容丰富、贴近民生的科技宣传活动。科普志愿者向过往群众发放关于科普养生、垃圾分类、科学预防食物中毒等内容的宣传资料。活动周期间，市博物馆、大同大学云冈文化教育基地、广灵剪纸艺术博物馆等6家省级科普基地对外开放，发挥科普基地的科普教育作用。平城区还集中开展一系列进社区、进校园、进企业科普活动。11月，市科技局获全国科技活动周组委会办公室、科技部科技人才与科学普及司颁发的科技活动周及重大示范活动热情服务奖。（杨麒玉）

【聚焦“六新”服务奉献人才服务活动】 2021年6月15日起，大同市科技局组织所属专家人才开展“聚焦‘六新’服务奉献”人才服务活动，组织专家人才一起学习市委组织部《关于开展“聚焦‘六新’服务奉献”人才服务活动的实施方案》，结合常态化开展“弘扬爱国奋斗精神，建功立业新时代”活动，聚焦“六新”（新基建、新技术、新材料、新装备、新产品、新业态）突破，引导专家人才立足岗位实际，开展人才服务基层活动，促进人才与经济社会发展融合，让人才在基层一线得到培养历练。针对专家人才岗位实际和专业特长，帮助专家人才参考确定服务内容，在专家人才开展服务过程中，全过程跟踪问效，确保高标准高质量组织好人才服务活动。（杨麒玉）

【参加中国创新创业大赛山西赛区比赛】 2021年9月13日，第十届中国创新创业大赛山西赛区决赛落幕，大同市5家企业获得山西赛区大奖。其中，一等奖2项、二等奖2项、三等奖1项。中国创新创业大赛是由科技部等国家多个部委指导举办的一项以"科技创新 成就大业"为主题的全国性创新创业比赛。该届大赛7月启动后，市科技局组织优势企业申报参赛，并召开工作推进会，就参赛条件、比赛流程、支持政策等方面向企业解读。经过比赛和选拔，最终大同市5个项目晋级决赛。其中，大同航源众诚动力科技有限公司的微型涡喷发动机项目和大同宇林德石墨新材料股份有限责任公司的国产煤系针状焦试制石墨电极的工艺研发项目获得一等奖。（杨麒玉）

地质勘查

山西省煤炭地质115勘查院

【概况】 2021年，山西省煤炭地质115勘查院进行改革部署，建立领导包联制度；两位主要领导分别与各行政部门负责人、各支部书记签订《改革期间稳定工作责任书》；成立稳定工作专班，建立处级干部带班的昼夜时应急值守制度；制定《山西省煤炭地质115勘查院改革稳定应急处置专项预案》。12月8日，山西省煤炭地质115勘查院召开十七届四次（转企改制专题）职工代表大会，与会代表审议并举手表决通过《山西省煤炭地质115勘查院转企改制实施方案》；20日，该院成功申办山西省煤炭地质115勘查院有限公司营业执照；22日，山西省煤炭地质115勘查院有限公司挂牌成立，大同市人民政府领导与市、区自然资源局相关领导出席揭牌仪式。

年内，全院签订社会类项目合同162份；开动钻机16台，钻探进尺2.4万米；测井4万米；电法物理点7369个。全年全院发放工资总额5628.5万元，在册职工人均收入8.3万元。（115勘察院）

【勘查服务领域拓展】 2021年，山西省煤炭地质115勘查院在组织实施地勘基金项目同时，参与矿山接替资源、生产补充勘探和矿井安全生产建设等社会项目的投标，加大对全院经济有带动性和支撑性项目的承揽和实施。承揽实施的项目合同价款7700余万元。煤炭地质方面，完成山西保德王家岭煤矿地质补充勘探项目（2020），内蒙古察哈素煤矿生产补充地质勘探项目，和尚嘴煤业公司补勘项目；开展山西帽帽山煤业井田地质及水文地质补充勘探项目工作。地理信息城市地质方面，开展省级自然资源统一确权登记工作项目（五台山国家级森林自然公园、五台山风景名胜区确权登记主体工作），长治市沁源县房地一体化项目，市新荣区农村宅基地和集体建设用地确权登记颁证工作，大同市云州区、平城区、左云县地质灾害风险调查评价项目，省级房地一体不动产确权登记项目；省级自然资源统一确权登记工作项目（五台山国家级森林自然公园、五台山风景名胜区确权登记主体工作），是山西省内首次开展自然资源确权登记工作后，该院在自然资源确权登记领域中承揽的首个近1000万元项目，工作成果得到省自然资源厅确权登记局肯定。生态地质方面，山西省煤炭地质115勘查院完成山西省汾河中上游山水林田湖草生态保护修复工程古交市汾河六家河段河道采石场生态修复项目，太原市尖草坪区工业场地、排土场、矿山不稳定边坡、废弃场地治理项目。（115勘察院）

【地质勘查资质升级】 2021年，山西省煤炭地质115勘查院开展非煤矿山安全生产标准化二级企业的体系创建、年度自评、资格申报评审工作，5月11日，通过省、市、区应急管理部门领导及专家现场评审和验收；5月24日，经网上公示确定山西省煤炭地质115勘查院为非煤矿山安全生产标准化二级企业；6月10日，安全生产许可证延期办理完成。向中国煤炭工业协会申报2021年度煤炭行业企业信用评价等级复查材料，通过复查并继续保持AAA级信用企业证书。7月，通过卡狄亚标准认证（北京）有限公司质量管理体系、环境管理体系、职业健康安全管理体系评审再认证，并换发新证。（115勘察院）

【矿山应急救援】 2021年3月16日，应急管理部矿山救援中心总工程师肖文儒一行到山西省煤炭地质115勘查院，对115勘查院研发的SMTC–1型垂直救援生命探测仪、JYTS—A型垂直救援提升系统（救生舱）有关情况进行专题调研。肯定115勘查院参与"11·11"中国华电集团山西朔州平鲁区茂华万通源煤业有限公司井下透水事故抢险救援、率先打通生命信息探测孔及SMTC–1型垂直救援生命探测仪在抢险救援中的应用情况。新疆呼图壁县白杨沟丰源煤矿"4·10"事故发生后，山西省煤炭地质115勘查院接到国家安全生产应急救援中心调集任务，组织调配人员和仪器设备到事故现场参与救援工作，为事故现场指挥部全面掌握矿井积水动态变化，调整救援决策起到支撑作用。6月10日，忻州市代县大红才铁矿4号斜井发生透水事故，井下13人被困。山西省煤炭地质115勘查院组织人员携带装备车、水泵、钻机等抢险设备到事故现场救援。12月15日，山西省吕梁市孝义市西辛庄镇杜西沟村一盗采煤矿发生透水，22人被困；16日，山西省煤炭地质115勘查院启动应急响应机制，抽调人员、检查和调试设备，携带垂直救援生命探测仪和钻孔电视仪到孝义市事故救援现场参加"12·15"事故抢险救援；17日，该院井下电视仪首先发现立井侧帮的巷道内有灯光活动，并用井下电视仪携带对讲机下井与被困人员取得通信联系，稳定井下被困人员情绪，给救获20人升井起到技术支撑作用。（115勘察院）

山西省地质勘查局二一七地质队

【概况】 2021年，山西省地质勘查局二一七地质队有限公司签订各类合同282份，签订合同金额11296.7万元。实现产业经济总收入23782万元。其中，经营收入20242.3万元（含地勘基金项目收入1797.7万元），财政事业费收入3539.7万元。（王雪峰）

【地质勘查项目】 2021年，山西省地质勘查局二一七地质队有限公司开展2019年度4个和上年度1个省级地质勘查项目的野外工作。汾渭多字型构造体系北部大地构造研究、山西省灵丘县太白维山矿田深部成矿预测评价项目通过项目验收。山西省天镇县特色小杂粮地质——地环化学环境条件研究项目完成年度工作任务。大同煤矿集团马道头煤业有限责任公司地质补勘项目推进野外工作。同煤集团北辛窑煤业有限公司13采区地质补充勘探工程及其地面水文孔项目结束野外工作。大西庄刘家窑井田补充地质钻探项目实施剩余的1个水文孔。矿产资源国情调查国家级矿种和省级矿种及其他矿种完成调查工作。

（王雪峰）

【地质勘查服务生态文明】 2021年，山西省地质勘查局二一七地质队有限公司推进黄河流域历史遗留矿山生态修复治理。山西省忻州市黄河流域历史遗留矿山生态修复项目施工（第六包）野外施工结束，等待验收。天镇县异地移民搬迁项目的54个地块土壤污染状况调查项目（合同金额170.3万元）、山西省地下水监测站建设项目朔州标段（合同金额517.7万元）和大同市黄河供水有限责任公司口泉水厂供热系统改造项目管井工程（合同金额527.6万元）完工。

（王雪峰）

【地质灾害防治】 2021年，山西省地质勘查局二一七地质队有限公司与大同市、朔州市二市六县自然资源局签订地质灾害防治合作协议。广灵县、阳高县、浑源县、天镇县、新荣区、云冈区、怀仁市7个全省试点县（市、区）地质灾害风险调查评价项目通过评审并提交至省厅验收。大同市地质灾害隐患点群专结合监测预警项目，78处地质灾害隐患点的设备全部安装调试完成，实现并网运行，上网率97%。在大同市灵丘县、阳高县及朔州市举行地质灾害防治专题培训讲座，500余人次参加。在朔州市山阴县、平鲁区、怀仁市举办地质灾害防治专家进基层宣讲活动。参与大同市应急局组织的2021年大同市抗震救灾综合演练“应急使命—2021”活动。对大同市所辖的6个县（区）的337处地质灾害隐患点、朔州市264处地质灾害隐患点，组织开展冻融期地质灾害排查、汛前核查、汛中巡查、汛后排查工作。（王雪峰）

气象服务

【气象灾害】 2021年，影响大同市的主要气象灾害有：寒潮、低温冷冻、干旱、风雹洪涝、大风沙尘、连阴雨、暴雪等。

寒潮　全年全市出现多次寒潮天气过程，其中4站次以上寒潮有8次，分别出现在：1月4日至6日、1月31日至2月2日、4月11日至13日、10月9日至11日、10月14日至17日、11月6日至8日、12月16日至17日、12月23日至25日。大范围的强寒潮天气对设施农业、供暖、电力等带来一定的不利影响。

低温冷冻　受强冷空气影响，4月11日至13日，大同市48小时内最低气温下降10.5℃～15.2℃，降温幅度均在10℃以上，达寒潮标准。13日早晨全市地温都降至零度以下，出现大范围霜冻，其中云州区、阳高县、天镇县和广灵县发生低温冷冻灾害。据应急管理局统计，灾害造成10666人受灾，正处于花期的杏树、梨树受灾面积1555.8公顷，其中绝收面积110公顷。

干旱　7月下旬至8月上旬，全市基本无大范围有效降水，部分地区出现阶段性干旱。云州区杜庄乡、周士庄镇的大部分旱田玉米、高粱等农作物严重缺水，受灾面积3246.7公顷；广灵县作疃镇、一斗泉乡、梁庄镇等8个乡镇均遭受大面积干旱灾害。

风雹洪涝　7月1日至3日，受大风、暴雨及冰雹天气影响，灵丘县、广灵县、云州区和天镇县的粮食、蔬菜等农作物不同程度受灾，房屋损坏。该次灾害造成48726人受灾，农作物受灾面积8039.4公顷，成灾面积3898.4公顷，绝收面积84.8公顷，房屋一般损坏100间。7月5日至6日，受暴雨和冰雹天气影响，天镇县、阳高县、灵丘县、新荣区和广灵县的玉米、高粱、马铃薯、蔬菜等农作物不同程度受灾，农作物大棚损坏，房屋受损。该次灾害造成5县（区）90382人受灾，农作物受灾面积19039.6公顷，成灾面积13808.9公顷，绝收面积2266.9公顷；1491个农作物大棚不同程度损坏，羊死亡100只，房屋严重损坏4户7间、一般损坏7户17间，田间道路冲毁40千米，受损堤防40米。7月12日至13日，受暴雨和冰雹天气影响，阳高县和新荣区部分乡镇引发洪涝灾害，冰雹和洪涝导致玉米等农作物不同程度受灾，道路被冲毁。该次洪涝灾害造成阳高县、新荣区、浑源县3个县（区）1027人受灾，农作物受灾面积359.7公顷，成灾面积351.7公顷，死亡羊167只，死亡猪2头，田间道路损坏4.2千米。8月14日，阳高县遭受大雹灾，下深井、古城大白登等乡镇的玉米、高粱、谷黍等农作物大面积倒伏折断，该次灾害农作物受灾面积2018.4公顷，成灾面积2018.4公顷。8月20日，广灵县、左云县出现雷暴大风天气，雨中夹杂冰雹，作疃镇玉米及杂粮作物受灾，左云农作物受灾面积1730公顷。8月24日，云州区许堡乡南水地村庄的黍子、绿豆遭受冰雹袭击，受灾面积26.7公顷，成灾面积26.7公顷，其中黍子9.3公顷，绿豆17.3公顷。

大风　沙尘　全年大风、沙尘天气增多是大同市2021年天气气候的一个典型特征。全年大范围的强沙尘天气主要发生在春季，出现过3次，时间分别是：3月14日至16日、3月27日至28日和4月15日至16日。其中，3月14日夜间至16日出现近10年来最强的一次沙尘天气，平城区、天镇县、浑源县达到沙尘暴，阳高县和左云县达到强沙尘暴，最小能见度373米（阳高县）；3月27日至28日，全市大部分地区出现沙尘，阳高县达到沙尘暴，最小能见度516米；4月15日至16日，全市普遍出现9级～10级大风，并伴有扬沙，阳高县出现沙尘暴，最小能见度900米。大范围的沙尘天气严重污染环境，使空气质量变差，对公众健康、交通安全、群众的生产生活等都有不利影响。全年5站以上大范围的大风日数有17天，分别出现在：1月27日；4月15日、16日、27日和29日；5月4日、6日至7日、22日、24日至27日；6月1日和5日；8月23日和11月21日。其中，5月6日至7日，阳高县持续的大风天气，造成龙泉镇、罗文皂镇、王官屯镇等6乡镇、25个村的4个温室大棚、28个冷棚损毁，279个大棚棚膜损毁，部分蔬菜秧苗冻死冻伤，农作物受灾面积19.4公顷；8月23日，阳高县、天镇县、左云县、浑源县和广灵县出现5站大风天气，极大风速达到27.3米/秒（浑源县），其中天镇县马家皂乡大风使庄稼倒伏，经统计受灾面积2435.7公顷。

连阴雨　10月3日至7日，全市出现连阴雨天气，平均降水量33.7毫米，最大降水量出现在浑源东信庄92.4毫米。这场秋季连阴雨造成广灵66人受灾，房屋严重损坏2间、一般损坏3间；灵丘78人受灾，紧急转移安置2人，房屋一般损坏38间；浑源12人受灾。

暴雪　11月6日至7日，全市出现区域性暴雪，平均降水量24.4毫米；各县（区）过程降水量介于11.9毫米～32.9毫米，积雪深度介于10厘米～22厘米，最大积雪深度出现在阳高县。该次暴雪天气造成云州区倍加造镇郭家窑头村0.1公顷日光温室大棚被积雪压塌，棚内种植的葡萄苗木受冻；灵丘县下关乡铁角台村山羊养殖合作社2头驴和120余只羊羔被冻死；天镇县玉泉镇唐八里村5个大棚受灾；阳高县3乡镇124人受灾，损毁大棚58个、牛棚2个、燃料颗粒草棚1个、冻死大棚草莓秧苗0.1公顷。该次灾情总受灾人口135人，农作物受灾面积0.2公顷，农作物绝收面积0.1公顷。（赵晓光）

【气候对农业影响】　2021年，大同市降水偏多，作物生长关键期雨量充沛，初霜冻偏晚，气候条件基本能满足作物生长需求。虽然干旱、冰雹、洪涝等灾害性天气对粮食产量造成一定影响，但气候条件总体对农业生产有利。（1）春播期水热匹配合理，大部分地区墒情适宜，春播有序进行。春播期（4月下旬至5月中旬），全市平均降水量28.3毫米，较常年同期略偏多3%；平均气温13.6℃，较常年略偏低0.2℃。水热匹配合理，大部分地区墒情适宜，基本能满足作物播种和出苗，保障春播开展。（2）6月至7月中旬雨日频繁，保障玉米等作物拔节期生长。6月至7月中旬，全市平均降水量150.8毫米，较常年同期偏多29%；平均气温21.2℃，较常年同期略偏高0.2℃。6月多次出现明显降雨，增加土壤水分，保障作物生长关键期水分需求，使玉米等农作物顺利拔节。（3）阶段性干旱和灾害性天气对农业造成一定损失。7月下旬至8月上旬，全市基本无大范围有效降水，水分持续蒸发，土壤墒情下降，各地出现不同程度气象干旱，不利于大秋作物的生长。6月至7月，全市强对流天气频繁，冰雹、大风和暴雨及洪涝灾害给农业生产造成一定损失。（4）秋季连阴雨，不利于作物成熟收晒。秋季初霜冻偏晚，作物基本于霜前成熟；秋收期间出现连阴雨天气，不利于作物成熟收晒，使得秋收进度慢于上年。（赵晓光）

【气候对其他行业的影响】　2021年春季，大同市大风天气频繁，森林火险等级居高不下，沙尘天气对空气质量、交通运输和公众出行带来不利影响；夏季洪涝造成房屋、树木和基础设施受损；秋冬季大风、寒潮天气不利于设施农业生产。但总体来看，全年降水偏多，树木、植被等长势良好，气温适宜，空气质量优良，利于旅游业发展。（赵晓光）

【天气预报预警】　2021年，大同气象台发布城市内涝气象风险预警5次，地质灾害气象风险预警5次，山洪灾害气象风险预警2次，各类气象灾害预警信号194次。其中，发布暴雨预警提前量119.1分钟，暴雪预警提前量103.2分钟，大风预警提前量172.4分钟，大雾预警提前量85.3分钟，雷暴大风预警提前量76.2分钟，冰雹预警提前量60分钟。全年发布各类服务材料383期，其中重大社会活动20期，情报类47期，重大天气服务53期，节假日专题10期，预报预测类53期，为农服务类135期，气候评价类17期，森林火险专题5期，预警信息194期；预警信息发送163689人次；天气预报短信365条，发送86140人次；雨情短信69条，发送5727人次。市气象局启动、解除、变更应急响应11次，每日2次滚动发布48小时天气预报，昼夜监测天气发布各种气象灾害预警。（赵晓光）

【气象服务决策】　2021年初，大同市气象局制定《2021年大同市决策气象服务方案》，重点关注重大天气过程的发展趋势、重大转折及影响天气情况，确定每个季节的关注重点、重大活动、专题等气象保障服务。大同市决策气象服务产品主要包括重要天气决策，如《重要气象报告卡》《重要气象信息》《气象信息专报》等；重要天气实况，如《雨（雪）情快报》、气象快报等；专题预报，包括春运专题、节假日专题、中高考专题和《森林火险气象服务专报》等；预报预测产品及气候评价，如《短期气候预测》（包括年度、季和月气候预测）、《气象旬报》《气候评价》（包括年、季和月气候评价）等；为农服务产品，包括《农业气象旬报》《农业气象月报》《农用天气预报》《春耕春播气象服务专报》《秋收气象服务专报》《土壤水分监测公报》《特色农业气象服务专报》《设施农业气象服务专报》等多种类型；重大社会活动保障，如给“黄花产业发展大会”“成龙国际电影周”等重大社会活动提供气象服务材料等。全年向市委、市政府及相关部门报送各类决策服务材料383期。（赵晓光）

【人工影响天气】　2021年，大同市气象局抓住有利时机，实施飞机、地面火箭和烟炉全方位立体人工增雨（雪）作业。增雨飞机在全市上空飞行作业18架次47.2小时，燃放烟条159根；全市进行地面作业79次，发射火箭弹248发、点燃烟炉焰条288根，人工影响作业服务在抗旱增雨、防雹减灾、生态建设和重大活动保障等方面发挥重要作用。（赵晓光）

【气象部门合作和区域联防】　2021年，大同市气象局加强与农业农村、应急管理、生态环境、规划和自然资源等部门沟通联动，强化联合会商，互通信息，抓各类气象灾害监测、预报预警工作。与市应急管理局、市规划和自然资源局关于地质灾害建立监测预警信息共享、风险研判同商、重点时段（区域）同动、应急处置同上四项工作机制。签订《晋冀蒙三省

（区）六盟市区域气象联防合作协议》《“乌大张”气象灾害区域联防合作协议》《白洋淀流域气象联防合作协议》，共同开展防灾减灾，应对气象灾害。大同农试站与山西农业大学、沈阳农业大学、张家口农科院、大同大学等高校院所开展合作，建立联动机制，结合大同气象事业发展的特色与需求，探寻科研合作项目，形成互补促进合作形式，发挥双方优势，实现合作共赢发展。与山西农业大学高寒作物研究所合作，为农试站提供谷黍类、豆类等系列农气试验杂粮品种并进行试验技术指导。与沈阳农业大学进行合作，就谷子、马铃薯种植项目完善新的试验方案，双方利用各自优势与特色，在试验数据获取和科研成果应用等方面建立合作机制。

（赵晓光）

【气象常规为农服务】 2021年，大同市气象局加强与县气象局、农业农村局等相关部门合作，关注农业气象条件变化，加密雨情、墒情分析，针对春耕备耕、春播、夏管、秋收等农业重点时段开展连续性服务，对影响农业生产的降雨、洪涝、阶段性干旱、风雹、霜冻等灾害性过程做出准确预测，促进粮食生产安全。根据全市春耕春播气象服务需求和省局要求，大同市气象台确定春耕春播气象服务期4月至5月，其间，针对前期气候条件和未来天气趋势做出分析预测，对春耕春播的影响提供合理农事建议，并向市政府和相关部门提供重要气象报告卡1期；向农业部门调研春播进度，组织业务技术人员到田间地头开展为农服务需求和农情调查，制作发布《土壤水分监测公报》4期，《农业气象旬报》《农业气象月报》5期，《农用气象服务专报》2期，《特色气象服务专报》3期，从4月19日开始每周一制作发布《春耕春播气象服务专报》，共6期。春耕春播期间，天气预报准确，各地科学安排农业生产，全市春播工作有序进行。秋收期间，发布《秋收气象服务专报》12期，涵盖秋收进度、前期天气实况及其影响、未来天气趋势及可能出现的农业气象灾害（霜冻、大风等）对秋收的影响预评估和应对建议，制作秋收农用天气预报图，增加秋收进度统计表，为全市秋收工作提供气象保障。

（赵晓光）

【气象专题为农服务】 2021年，大同市针对黄花、杏、杂粮等特色农业及设施农业开展专题气象服务。市气象台组建黄花产业精细化气象服务团队，并首次在全市范围建立9个黄花观测点，按照规定时间和统一标准，对全市的黄花进行发育期观测、土壤墒情测定和不同发育期生长高度测定，初步规范发育期观测流程，为建立黄花生长的适宜指标库提供基础数据；设计建立“大同黄花特色产业精细化气象服务系统”，初步建立黄花生长适宜指标和高影响天气风险预警指标库，实现黄花气象服务产品的智能生成；开展黄花气象服务调研，应用户需求对现有黄花服务产品内容进行部分调整，为最终实现黄花气象服务流程化和标准化，市气象局初步编制山西省地方标准项目《黄花种植气象服务规范》，并被山西省市场监督管理局批准正式立项，等待评审。市气象台工作人员到阳高县、天镇县等受灾区进行实地调研，并对近5年杏树遭受低温冻害灾情汇总及分析，省气象局组织气象、农业、林草等部门专家组成调研组到大同市及阳高县、天镇县开展调研，再次了解局地杏园小气候特征，并与大同市农业农村局相关技术人员就近年来杏树遭受低温冻害问题进行调研，及灾前、灾中、灾后不同防御措施所取得的防冻效果，讨论如何保护杏树春季受低温冻害采取的措施及解决办法。市气象局在杂粮生长的关键期及有重要天气时，分析未来天气对小杂粮（谷子、黍子等）生长的影响，提出合理建议，并发送给相关单位和种植大户。全年制作《小杂粮气象服务专报》7期。市气象局为设施农户提供防灾减灾气象服务指导，针对大风、强降温、暴雪等灾害性天气，制作《设施农业气象服务专报》，并通过各种渠道对外发布，以避免或减轻气象灾害对设施农业造成的损失，全年制作《设施农业气象服务专报》7期。（赵晓光）

【世界气象日系列活动】 2021年3月20日起（3月23日是第61个世界气象日），大同市气象局举办系列科普活动，提高公众对气象关注度，使公众了解到更多气象知识，增强环境保护意识。世界气象日主题是“海洋、我们的气候和天气”。围绕这一主题，市气象局通过摆放展板，普及气象科普、灾害防御、气象观测、应对气候变化和法律法规等知识，市气象局工作人员介绍气象学常识和气象观测仪器与设备，及如何采集数据、分析气象状况。推进气象科普进校园、进社区、进农村、进企业，让更多市民了解气象、认识气象、关注气象，增强气象意识和防灾减灾意识，使气象服务真正惠及民生。（蕙 兰）

▲ 2021年5月18日，山西省气象局、农业、林草专家在阳高县调研杏果冻害问题

（赵晓光 摄）

教　育

教育管理

【概况】 2021年，大同市有各级各类学校1114所，在校生422508人，专任教师38479人。其中，有幼儿园580所，在园幼儿69592人；小学325所，小学生184427人；初中121所，初中生92297人；普通高中49所，普通高中生55131人；中职学校33所，中职学生20471人；特殊教育学校6所，特教学校在校生590人。（孔庆珍）

【校长 教师队伍建设】 2021年，大同市补充新教师272人，其中农村义务教育特设岗位录取160人，37名公费师范，招聘中小学教师75名。对市直新招聘教师进行岗前培训，培训内容涉及师德师风、教师素养、教学技能、职业认同等方面。专家教师通过讲座、互动交流形式，给出许多实操性强建议，使参训新教师了解一线教学，提前进入听评课、备课、班主任等方面工作，帮助新聘教师快速进入工作状态，承担教学任务。义务教育学校校长、教师交流轮岗工作完成，全年交流校长36名，占比15.9%；交流教师375名，占比10.3%，均超过省定10%交流比例。

（孔庆珍）

【义务教育教师管理改革】 2021年，大同市全覆盖推进义务教育教师“县管校聘”管理改革，加强教师队伍建设，促进校长、教师交流制度化、常态化，促进义务教育均衡发展。县域内以优质学校为龙头，分别联合周边农村学校、薄弱学校，形成若干个

2021年大同市教育事业统计表

表25-1

项目	2021年
普通高校	
学校数（所）	4
在校学生数（人）	55231
专任教师（人）	2050
普通中专	
学校数（所）	7
在校学生数（人）	5085
专任教师（人）	647
职业高中	
学校数（所）	26
在校学生数（人）	15386
专任教师（人）	1346
普通高中	
学校数（所）	49
在校学生数（人）	55131
专任教师（人）	5594
初中	
学校数（所）	121
在校学生数（人）	92297
专任教师（人）	9380
小学	
学校数（所）	325
在校学生数（人）	184427
专任教师（人）	15452
学前教育	
学校数（所）	580
在校学生数（人）	69592
专任教师（人）	5907
特殊教育	
学校数（所）	6
在校学生数（人）	590
专任教师（人）	153

片区（学区、盟区），实行教师在片区（学区、盟区）内学校间交流。鼓励城区学校教师跨片区交流。校级领导一般在县域内交流。有镇区和乡村学校的县（区），以城乡学校之间交流为主；没有乡村学校的市辖区，以优质学校和薄弱学校之间交流为主；乡镇范围内以中心小学与村小学、教学点交流为主。交流范围是义务教育阶段公办学校。截至2021年底，全市参与“县管校聘”学校342所、教师24363名，校内聘用教师21783名，跨校聘用教师2356名。（孔庆珍）

【教育教学名师工作室】 2021年，大同市建成31个名师工作室，实现学科学段全覆盖。名师工作室立足教学、扎根课堂，全年组织线上研讨活动300余次，线下集中研修活动50余次，开展送教下乡活动20余次。新冠肺炎疫情期间，利用微信公众号推送微课、教学设计等800余个，开展课题研究，在核心期刊发表论文50余篇。发挥名师工作室在学科理论研究、教学实践和教师专业成长等方面的示范、引领和辐射作用，推动全市教师专业发展，提升课堂教学质量。（孔庆珍）

【校长（园长）工作室建设】 2021年，大同市建成20个校长（园长）工作室。各校长（园长）工作室开展线下集体教研活动30余次，组织线上主题报告会、交流研讨活动20余次，以研究学习为主导，以科研项目为载体，发挥作用带动一批有潜质的校长、副校长成长，提高实践能力和研究能力。（孔庆珍）

【校园疫情防控】 2021年，大同市教育局分析研判疫情防控情况问题，加强季节性校园疫情防控，健全校园防控体系，完善快速反应和应急处置机制，增强疫情防控科学性、精准性，维护学校正常秩序和安全稳定。在预定日期内完成12岁至17岁，及18岁以上人员的疫苗接种工作，其中12岁至17岁完成接种人数68559人，教育系统财政供养人员完成接种人数971人，确保广大师生身体健康和生命安全。全年落实“日报告”“零报告”制度，形成严密防控网络，阻止疫情扩散。（孔庆珍）

【平安校园建设】 2021年，大同市教育局印发《全面加强和落实教育系统全员安全工作责任制实施方案》，强化教育系统各级各类人员岗位安全职责。对校园安全组织实施专属网格化管理，建立大、中、小三级专属网格化管理体系，实现对人、地、物、事、组织等不同工作对象的安全管理。开展安全风险隐患排查整治，发现安全隐患3514个，整改率100%。开展安全教育和现场教学959次，组织应急疏散演练6184次，训练演练全覆盖。开展校园安全专项整顿工作，组成6个专项督查组开展检查督查。（孔庆珍）

【教育资助政策落实】 2021年，大同市教育局落实教育资助政策，确保“不让一名学生因家庭经济困难而失学”。组织县（区）、学校进行“百县千校”宣传月活动，印制发放宣传资料。进行资助贫困数据比对，把握疫情防控，完成生源地助学贷款工作；关注洪涝灾情，做好受灾学生资助。全年资助学生140496人次，资助资金10722.5万元。生源地信用助学贷款人数39682人，贷款资金27817.1万元。（孔庆珍）

基础教育

【学前教育】 2021年，大同市教育局扩大普惠性学前教育资源，巩固学前教育普及普惠成果，提升幼儿园办园质量。在市云冈区召开全市学前教育重点工作推进会，对云冈区普惠园、民转公幼儿园、公办幼儿园3类幼儿园进行实地观摩，安排部署全市学前教育各项重点工作。全年全市建设认定普惠性幼儿园32所，超省定任务2所，增加普惠性学位4500个，学前教育普惠率95.3%。（孔庆珍）

【招生政策改革】 2021年，大同市教育局制定《2021年中小学招生工作实施方案》，发出《致家长朋友的一封信》，召开全市中小学招生工作会议，落实义务教育“公民同招”和免试就近入学政策，规范全市中小学招生行为，保障随迁子女、适龄残疾儿童等平等接受义务教育权利，给引进人才子女、援鄂人员子女、符合条件的随军子女等特殊群体提供入学优待政策，营造公平、公正、规范招生秩序，实现全市中小学网络报名全覆盖。出台民办学校招生工作实施方案，对报名人数超出招生计划的4所市直义务教育阶段民办学校实行电脑派位。（孔庆珍）

【教育基础建设】 2021年，大同市推进教育建设PPP（政府和社会资本合作）项目，开工建设平城区第十三小学校，把原有6个教育建设PPP子项目调整成4个新子项目。推进古城内18校和阳校区、47校武定校区、市实验小学永和分校、大同六中分校项目建设。（孔庆珍）

【义务教育优质均衡】 2021年，大同市教育局召开全市义务教育学校布局优化工作现场推进会，“一县一策、一校一案”推进布局优化，完成全市小学撤并29所，初中撤并29所任务。投入750万元完成22所乡镇寄宿制学校建设。深化义务教育学区制管理改革，成立13个义务教育学区制发展共同体。（孔庆珍）

【高中质量教育】 2021年，大同市教育局优化调整4个高中教育教学联合体。组织高中教育专题研讨6次。举行全市高中校长论坛，邀请省内外专家校长现场点评。全市11所省级示范高中“一对一”“多对一”开展县际帮扶，提升高中育人质量。（孔庆珍）

【民办学校办学行为规范】 2021年，大同市教育局组织召开全市《民办教育促进法实施条例》宣讲暨民办学校规范办学现场会，联合市场监督管理局实地年检民办学校，促进全市民办学校健康发展。7月12日，组织全市45所民办中小学校签订《大同市民办学校规范办学承诺书》。承诺内容包括规范招生行为、规范教学行为、规范教师行为、规范收费行为等方面内容，在办学过程中，如未履行好承诺，依照相关法律法规，自愿接受警告、核减招生计划、停止招生、

年检不予通过、吊销办学许可证等相关处罚。（孔庆珍）

【义务教育控辍保学】2021年招生期间，大同市教育局利用大同市义务教育学校招生管理系统对适龄儿童少年入学情况进行排查。出台春季秋季《中小学校开学工作方案》，在小学入学、小升初开学节点，聚焦贫困地区和特殊群体，抓好控辍保学工作，确保适龄儿童少年依法接受义务教育。各县（区）教育局、各学校开展控辍保学专项行动，开展摸排，防止适龄学生辍学。加强疑似失学辍学儿童动态监测，利用中小学学籍信息管理系统，定期把学生实际在校情况与学籍情况相比照。指导各学校对家庭教育缺失、身体残疾、学习困难等学生分类统计、安置，进行“一对一”结对帮扶，利用课后服务时间开展个性化教育辅导，促进学生健康成长，避免因学习困难、心理问题等辍学。（孔庆珍）

【特殊教育融合发展】2021年，大同市教育局加大特殊教育经费投入，推进特殊教育学校改善办学条件及资源教室建设。把中央分配的133.78万元特殊教育补助资金及省级分配的33万元特殊教育补助资金，用于6所特殊教育学校购置教学及康复设备，用于17个普通学校建设资源教室。加强特殊教育专业教师培训力度，提高特教教师专业水平，全年派出23人次参加全省特殊教育学校言语康复教师培训、特殊教育学校教师行为障碍儿童教育康复技能培训、特殊教育学校教师自闭症儿童教育康复技能培训等省级培训。各县（区）教育局核查残疾儿童入学监测系统花名册中382名适龄儿童少年基本信息，根据适龄残疾儿童少年残疾程度及入学适宜条件，由残疾人教育专家委员会进行科学评估，提出合理化安置建议，“一人一案”。（孔庆珍）

【留守儿童关爱】2021年，大同市教育局加大对留守儿童关爱力度，打造一批“留守儿童之家”示范点，实现示范一批、引领一批、建设一批目的，拨付23.3万元改善7所乡镇寄宿制学校“留守儿童之家”建设，配备笔记本电脑、洗衣机、电话、心理咨询设备等，给留守儿童健康成长创设良好环境。（孔庆珍）

【普惠性幼儿园增加】2021年，大同市各级政府筹措资金，投入4500余万元，建设普惠性幼儿园完成32所，其中新改扩建公办幼儿园15所、认定普惠性民办幼儿园17所，超计划2所。改建（扩）建的15所公办幼儿园主要分布在平城区、云冈区、云州区、灵丘县4个县（区）。在推进公办幼儿园建设的同时，加大普惠性民办幼儿园的认定工作，平城区、云冈区、灵丘县3个县（区）有17所民办幼儿园被认定为普惠性幼儿园。对通过认定的普惠性民办幼儿园采取购买服务、培训教师、教研指导等方式支持其发展，在居民住宅区规划设计审批中，把配套幼儿园作为重要考虑因素，从源头上保证学前教育学位供给。（蕙　兰）

【营养改善计划全覆盖】2021年，大同市营养改善计划涵盖义务教育阶段学校482所，受益学生252212人，其中食堂供餐学校111所，企业供餐学校371所，支出资金1.3亿元。国家试点县补贴标准每生每天5元，地方试点县供餐标准每生每天2元，全年按平均在校时间200天计算。灵丘县利用现有食堂及富余校舍设置专门的加工存储场所，增加食堂从业人员和设施设备，给全县教学点配备牛奶加热器，给学生安全、卫生用餐提供便利条件。浑源县企业供餐内容在保持原供餐种类不变基础上，增加干果供应，并丰富烘烤类食品品种。（孔庆珍）

【“放心午餐”试点】2021年秋季学期开始，大同市部分学校实施“放心午餐”食品安全保障工程试点，解决部分家庭中午放学孩子无人接送、吃饭不便等实际困难。“放心午餐”工程包括提供校内午餐、午休及午间活动服务两项内容，午餐服务包括学校自行供餐和企业辅助配餐。年内，全市有需求学校67所，实施学校29所，参与学生3546人。（孔庆珍）

【中小学生睡眠管理】2021年，《大同市中小学校学生睡眠管理实施细则》出台，根据不同年龄段学生身心发展特点，明确学生睡眠时间要求。实施细则明确要求，小学上午上课时间一般不早于8：20，中学一般不早于8：00，各学校不得要求学生提前到校。针对外在因素影响学生睡眠问题，实施细则提出两个“中断机制”，要求作业、校外培训和游戏都要给学生睡眠“让路”。要求小学生在校内基本完成书面作业、中学生在校内完成大部分书面作业。个别学生经努力到就寝时间仍未完成作业的，家长应督促按时就寝不熬夜，确保充足睡眠；教师应有针对性帮助学生分析原因，加强学业辅导，提出改进策略，如有必要可调整作业内容和作业量。要求教育部门会同相关部门加强对辖区内注册登记或备案的线上培训网课平台、网络游戏的规范管理，采取技术手段监管，确保线上直播类培训活动结束时间不得晚于21：00，每日22：00到次日8：00不得给未成年人提供游戏服务。（蕙　兰）

【中小学教师减负清单】2021年，《大同市中小学教师减负清单》印发，详细列出20条减负事项，从督查检查评比考核、精简文件会议报表、社会事务进校园、借调借用中小学教师等方面作出明确规定，目的是要求各县（区）严格清理规范与中小学教育教学无关事项，全面减轻中小学教师非教学任务负担。

在督查检查评比考核方面，规定严禁各部门未经审批报备对中小学实施督查检查评比考核事项。每年市级督查检查事项合并进行不超过1次，评比考核事项合并不超过1次。严禁市县教育部门擅自开展未列入年度计划的督查检查评比考核事项，各类督查检查评比考核相关数据材料不得要求中小学校和教师重复上报。

在社会事务进校园方面，严禁以营利为目的的商业活动、商业广告或借机收费活动等进入校园。严禁随意让学校停课，出人出场地或借用学校场地举办各类考试、换届选举、招商、庆典等活动；严禁未经教育部门同意就安排各类社会考试进学校。严格控制中小学校承担社会考试次数和教师监考次数，原则上学校承担社会考试次数每年不超过5次，教师监考每人每年不超过4次；严禁组织教师参加各类社会机构举办的收费培训。不得硬性要求中小学教师参加除继续教育外、与专业发展有关的其他培训活动。不得把与教育教学无关的培训任务摊派给教师。

在规范抽调借用中小学教师事宜方面，规定严禁随意抽调借用中小学教师。其他部门借用中小学教师参与落实党和国家重大决策部署任务的，须经教育部门同意，报同级党委审批备案，借用期限原则上不超过半年。针对不同借调情况，明确提出严禁安排中小学教师包村扶贫、驻村扶贫。不得承担教育扶贫任务以外的其他扶贫工作任务；严禁给中小学校和教师布置维稳、扫黑除恶、防灾减灾、消防安全、防艾等重要专项工作硬性任务。不得安排中小学教师到与教育教学无关的场所开展工作；严禁未经教育部门统筹安排要求中小学校和教师参加文明、卫生、绿色、宜居、旅游等城市创优评选活动。不得随意安排教师承担与教师职责无关的上街执勤、宣传投票等工作任务；严禁安排中小学教师承担定期走访贫困户、拆迁、校外小饭桌巡查、校车安全监管等工作任务。

《大同市中小学教师减负清单》提出，严禁在各类微信公众号、工作群、政务APP上滥发通知、随意安排工作。严禁安排中小学教师参与各类网上投票、点赞、答题、知识竞赛、宣传等活动。严禁安排中小学教师参加与教育教学无关的各类视频会、奖惩会、观摩会等会议。严禁各级党委、政府有关部门管理运营的各类平台通过中小学校和教师向家长和学生推介。严禁强制要求中小学教师填写班主任家访记录、例会记录等材料。不得规定撰写政治学习笔记、心得体会的数和字数，不得随意安排教师承担与本人学科教学和教育教学任务无关的其他任务。（蕙　兰）

【校内减负实施“3+X”工作法】 2021年，大同市校内减负实施“3+X”工作法，“3”是以提高教育教学质量、作业管理水平、课后服务水平为目标，“X”包括德育、办学模式、教科研等方面的“政策组合拳”。推进校内提质减负增效，全市415所义务教育阶段学校建立校内作业公示制度等7项监测指标占比均是100%。（孔庆珍）

【校外机构治理实施“1234”工作法】 2021年，大同市校外机构治理实施“1234”工作法。具体是：突出“校外减负”一个目标；抓严格审批校外培训机构、严格监管校外培训机构“两严”；强化各级党委政府主体、县（区）街道社区属地、部门行业管理“三责”；用好检查治理、转型转向、正面导向、监管督查“四个抓手”。成立校外教育培训监管科，“营转非”重新登记、预收费资金监管、分类管理、风险防控，全市证照齐全的校外培训总数由304家降至221家，学科类培训机构由184家降至28家。全市通报3家违规培训机构，并作出吊销办学许可证等处理。采取风险保证金及预收费监管账户两种方式进行资金监管，会同兴业银行搭建校外培训机构监管平台，设立校外培训机构托管专用账户，实行“一课一消”，确保预收费用实时监管到位。

（孔庆珍）

【数字化校园示范校建设】 2021年，大同市教育局聘请省、市专家开展入县、入校调研，确定数字化校园建设方向，市、县两级全年投入3147.5万元，建成大同市实验中学、平城区平城中学、云冈区平泉中学、新荣区第二中学、云州区城镇第三小学、阳高县培仁学校、天镇县第一小学、浑源县凯德世家小学、灵丘县第一中学、广灵县第一小学、左云县东南小学11所数字化校园示范校。建设内容包括学校校园网络、智慧黑板、电子班牌、数字图书馆、“三个课堂”（专递课堂、名师课堂和名校网络课堂）、创客教室、人工智能教育实验室等。（孔庆珍）

【人工智能教育实验室建设】 2021年，大同市教育局组成人工智能教育考察团，参观北京景山学校人工智能实验室、百度人工智能体验舱。推进人工智能教育进学校、进课堂、进学生头脑，投入552万元，建成大同市实验中学、大同市实验小学、大同市示范性综合实践基地3所人工智能教育特色示范校。启动人工智能教育师资培养计划，带动全市中小学教师信息技术应用水平和应用意识提升，探索人工智能教育互动式教学、沉浸式教学、情景式教学、实践式教学、启发式教学在各学科教学的应用，推进信息技术与教育教学融合。

（孔庆珍）

【课后服务全覆盖】 2021年，大同市义务教育阶段学校按照“5+1+1+N”课后服务大同模式、“一校一案”开展课后服务，参与教师1.5万人、受益学生19.7万人。学校周一至周五开展课后服务，服务内容采用“1+1+N”形式。第一个“1”安排学生完成作业，提升学生学习效率，小学作业不出校门，初中生在校完成大部分作业，减轻家长辅导压力；第二个“1”是学科拓展，对学习有困难学生进行辅导答疑，给学有余力学生拓展学习空间，承接原有校外学科培训职能，满足学生个性化学习需求，提升课后服务家长满意度；“N”是开展科普、文体、艺术、劳动、阅读、兴趣小组及社团活动，发挥本校教师特长，利用具备资质的社会人员和志愿者，促进学生全面而有个性发展。

（孔庆珍）

【青少年党史学习教育】 2021年，大同市教育系统开展党史学习教育“开学第一课”全市学校全覆盖，评选“金牌”思政课107节和“金牌”思政教师107名，选树2000名师德标兵示范带动学生德育。组织5.2万名师生参加线上祭英烈活动，组织4场“山西省学雷锋道德模范志愿服务先进事迹报告会”2万人参加，精神文明网等媒体报道大同德育工作做法。大同一中等5所学校、5位教师的教案被山西省教育厅公布为“全省思政课教师党史学习教育专题集体备课优秀学校、优秀教案”。大同十八中等3所学校被山西省教育厅公布为中小学思政课教师教学基本功展示交流优秀奖。大同一中石丹阳等43名学生被评为“新时代大同好少年”。

（孔庆珍）

【文明校园创建】 2021年，大同市教育局在全市中小学幼儿园开展以“创建文明校园，培育文明师生”为主题的文明创建实践活动，在10所学校召开教育系统创建全国文明城市观摩会，助推全国文明城市创建。年内，全市5所学校被评为全国文明校园，41所中小学被评为山西省文明校园，110所中小学被评为大同市文明校园，创建文明校园参与率100%。

（孔庆珍）

【中小学生研学基地增加】 2021年4月29日，全国中小学生研学实践教育营地大同研学基地暨魏碑研学基地挂牌仪式在大同魏碑研究院举行。市教育局把魏碑研究院设立为全国中小学生研学实践教育营地大同研学基地，旨在培养广大中小学生学习书法乐趣，希望学生通过书写魏碑来了解中国传统文化、了解石窟艺术、了解汉字的演变过程，传承中华民族的古老文明。6月24日，全国中小学生研学实践教育营地大同研学基地增加2个成员，分别是北岳机场研学基地和未来能源馆研学基地。市教育局为培养广大中小学生对航空和能源革命的兴趣，把北岳机场和未来能源馆设立为全国中小学生研学实践教育营地大同研学基地，让学生通过学习通用航空技术和能源相关知识，激发其对通用航空事业和能源科技环保意识、创新意识的兴趣，增强学习和钻研热情。

（蕙 兰）

【中小学生研学实践活动】 截至2021年底，全国中小学生研学实践教育营地大同研学基地开展25期中小学生研学实践活动，组织接待94所学校师生20816人，进行研学活动104080人次天。大同市示范性综合实践基地申报成“2021年度大同市中小学劳动教育示范学校”。在研学实践活动和基地综合实践课程渗透劳动教育，开发以生产性劳动和服务性劳动为主要内容的劳动教育课程。生产性劳动中工业劳动教育主要有：走进云冈区塔山煤矿工业园区、杨家窑牧同乳业、兰花木瓜基地、四方高科养殖等企业，宏观了解现代工人劳动模式和企业运作机制，树立劳动观念，结合劳动时代性和多样性，激发学生创新意识。农业劳动教育走进绿康源农场、神泉古峪农场、望佛湾农场体会劳动创造美好生活内涵。服务性劳动带学生走进天镇县安家皂村、五里屯村进行帮扶劳动；走进阳高县神泉古峪，学习基本酒店管理、餐桌礼仪等职业知识和职业技能；走进大同市通航机场，进行地勤员等职业体验。

（孔庆珍）

【首届儿童智慧未来教育博览会】 2021年5月1日至3日，大同首届儿童智慧未来教育博览会在市雕塑博物馆举行。该博览会以“智慧未来、种植梦想”为主题，多方位、多角度依托深耕儿童行业专业参展商的产业智慧结晶，以“一半公益，一半商业”为展会中心思想，以参展商对专业买家和儿童及家长的双重展出方式，促进儿童产业产需对接和产业交流，影响及提升家长关注度，是大同首届儿童产业产需对接及大型亲子互动体验盛会，也是大同儿童产业发展的一次重大创新和有益探索。该次展会参展范围广、种类多，包括AR科技体验馆、大型益智玩具区、少儿体适能、才艺展示区、百米画卷创作区等系列活动，及“指尖妙想”手创大赛、智能垃圾分类大赛、小小外交官口语大赛等竞赛环节，活动给家长和儿童提供互动交流机会。活动现场，非物质文化遗产展区摆满拉洋片、微雕、葫芦镶嵌、面塑等传统工艺品。《大同日报》小记者们同家长一起参加蒙眼摸东西游戏，真实感受保护视力的重要性，现场制作甜甜圈、小扇子等手工活动，体会劳动带来的快乐。

（蕙 兰）

【教育系统首个“青年之家”“青年志愿者之家”活动阵地成立】 2021年6月25日，大同市教育系统首个“青年之家”“青年志愿者之家”活动阵地在北岳中学揭牌成立。共青团大同市委、市青年志愿者协会联合市教育局创立的“青年之家”“青年志愿者之家”活动阵地，希望青年志愿者秉承“奉献、友爱、互助、进步”精神，做好党建带团建示范引领，当好爱心使者和精神文明的传播者，给全市的志愿服务活动作出表率，树立志愿团队良好形象。

（蕙 兰）

【两所学校入选网络应用普及优秀区域优秀学校】 2021年7月16日，教育部确定2020年度网络学习空间应用普及活动优秀区域和优秀学校名单，并在官网上公示，大同市大同三中和大同逸夫小学（平城区45校）被授予“2020年度网络学习空间应用普及活动优秀学校”称号。2020年度网络学习空间应用普及活动优秀区域和优秀学校评价指标包括建设与管理、服务与应用、组织与保障3个一级指标，空间功能、推广普及、体制机制创新、网络安全、推进策略、技术支持、培训推广、创新应用、典型案例、社会评价、政策保障、资金保障和人员保障13个二级指标。经遴选推荐、材料评审、视频答辩等环节，山西省有2个市和13所学校入选2020年度网络学习空间应用普

▲ 2021年4月19日，大同市中小学生综合实践暨“童心向党”研学实践活动第七期开营仪式在大同市示范综合实践基地举行

（孔庆珍 摄）

及活动优秀区域和优秀学校名单。大同三中是山西省首批“数字校园试点校”“全国人人通网络空间示范校”，着力发展信息技术教育，打造智慧校园，依托国家数字教育资源公共服务体系，组织师生开通实名制网络学习空间，网络学习开通率80%。该校实行智慧课堂教学模式，创新网络学习空间的学习方式和管理评价体系，高中教育质量提升。大同逸夫小学（平城区45校）基本实现学校数字化管理，搭建起联系社会、家长、教师、学校和上下相互沟通交流的平台，初步实现办公数字化，网络学习教师空间开通率及班级空间开通率100%，学生空间开通率在90%以上。全校有12个班级674名优学派智慧课堂电子书包班的学生，教师空间与学生空间开通率100%，实现“一人一空间，人人用空间”。（蕙　兰）

【青少年夏令营活动】 2021年7月21日至23日，以“传承红色基因 争做时代新人”为主题的全市青少年夏令营活动举行。该次活动由市关工委组织开展，是庆祝中国共产党成立100周年系列活动之一，通过寻访红色教育基地、追寻革命先烈足迹，致敬英烈壮举，凝聚榜样力量，弘扬党的光荣传统，赓续红色血脉，激发广大青少年爱党、爱国、爱社会主义的情怀，坚定听党话、感党恩、跟党走的信念。该次夏令营参观地点主要是大同市党史、国史教育基地，参观路线是平型关大捷纪念馆—大泉山红色教育基地—拒门堡红色教育基地—清风林教育基地—大同红色记忆馆。营员们参观平型关大捷纪念馆后，在灵丘县北洋小学开展“心中的话儿献给党”演讲比赛。（蕙　兰）

【大同3课题上榜省青少年工作研究课题立项名单】 2021年9月初，2021年度山西省青少年和青少年工作研究课题立项名单公布，大同市二职中、云州区瓜园中心学校和云州区苏家寨中心学校分别申报的3个课题上榜。该次立项课题研究的重点是围绕《中长期青年发展规划（2016—2025）》十大领域，以思想政治引领为主线，坚持问题导向，以共青团引领凝聚青年、组织动员青年、联系服务青年为主要内容，突出共青团、少先队工作的特色特点，提升青少年和青少年工作研究的实效性和针对性。经过各课题负责人答辩、专家评审，全省81个课题正式被立项。该次大同市上榜的3个立项课题分别是市二职中吴万牵头申报的《中学生党史学习教育路径研究》，云州区瓜园中心学校尚平和云州区苏家寨中心学校陈伟分别牵头申报的课题。在具体实施中，各课题负责人按照国家科研有关规定开展青少年和青少年工作研究，立足学术前沿、突出研究重点、弘扬优良学风、恪守学术规范、保证学术质量，并于11月中旬进行课题评审正式结题，递交研究结项成果。结项成果在《当代青少年研究》上刊发，用于指导各级共青团、少先队实际工作。（蕙　兰）

【普通话宣传周活动】 2021年9月12日至18日，第24届全国推广普通话宣传周，以“普通话诵百年伟业 规范字写时代新篇”为主题的大同市普通话宣传周活动开展，全市多所学校开展“推普周”主题活动。市实验小学通过校园微信公众号、校内外展示宣传标语、黑板报等形式，倡导全体师生、家长同说普通话、同写规范字，争做文明人。该校还组织学生拍摄普通话“知识问答”趣味小视频，让学生了解什么是普通话、为什么推广普通话及“推普周”的由来。市平城区31校通过开展主题班会，呼吁全校学生在各种场合使用文明用语，给文明城市形象塑造尽一份力。平城区49校开展“规范字书写时代新篇”硬笔书法比赛、“啄木鸟在行动——寻找身边的错别字”等活动，提高学生规范汉字书写能力。（蕙　兰）

【网络安全宣传周“校园日”活动】 2021年10月12日，大同市2021年国家网络安全宣传周“校园日”活动在市实验中学、平城区35校等多所学校举行，以发挥校园宣传教育主阵地作用，增强师生网络安全意识，提升基本防护技能，共同维护国家网络安全。10月11日至17日是国家网络安全宣传周，主题是“网络安全为人民，网络安全靠人民”。市教育局要求各学校通过班队会、专题讲座、线上讲座等形式，开展国家网络安全宣传教育活动，增强学生的网络安全意识和个人信息保护意识。各学校在落实疫情防控要求前提下，开展网络安全宣传活动。市实验中学利用电子屏、校园公众号宣传网络安全常识，校团委、安全处开展以“护航青春，呵护未成年人”为主题的护网主题教育活动，通过讲解、看视频短片等形式，让学生了解网络安全重要性。平城区35校举办主题班会，各班级同学围绕“守护网络安全，呵护精神家园”“上绿色健康网，做文明网络人”等方面内容，畅所欲言，并表示今后会正确使用网络，自觉维护网络安全。平城区49校的教师结合该校实际开展专题讲座与微视频展演等活动，提高学生网络安全意识和防护技能。（蕙　兰）

【大同6所学校入选全国中小学中华优秀传统文化传承学校】 2021年11月9日，第三批全国中小学中华优秀传统文化传承学校认定结果确定，山西省有60所学校上榜，大同市云州区西坪中心小学、云冈区口泉六小、浑源三中、大同一职中、北师大大同附中、市实验小学6所学校入选。2017年开始，教育部决定在全国中小学开展中华优秀传统文化传承学校创建活动，每两年开展一次遴选工作。传承项目主要包括：民族民间音乐、民族民间美术、民族民间舞蹈、戏剧、戏曲、曲艺、书法（篆刻）、传统手工技艺和民族传统体育等。该次结果认定是经学校自主申报、省级教育行政部门推荐、专家遴选后产生的。大同市入选的6所学校的传承项目涉及腰鼓、书法、云冈乐舞、民族管弦乐等多个项目。（蕙　兰）

【大同一中】 大同市第一中学校（简称“大同一中”）是山西省首批重点中学。2021年，该校高中部有学生数3098人，教学班57个，教职工289人。初中部有学生数5772，教学班104个，教职工412人。2021年高考，该校录取到清华大学4人，录取到北京大学6人，一本达线792人，二本升学率99%以上。学科竞赛各科获省一等奖人数11人。中考总均分、总合格率保持全市第一；在高中部全市招生前100名中，一中初中占52名；南北校合计升入一中高中部299人；中考7个学科均分皆全市第一。年内，大同一中三校区被评为2021年度国家级防震减灾示范学校、省级平安校园、市级平安校园、市级交通出行示范校。承办教育系统文明城市创建现场观摩会，蝉联“山西省文明校园”“全国文明校园”称号。

教育教学　2021年，大同一中创新教学模式，深化教学流程改革、课型结构改革、育人方式改革、学习时间管理改革和课堂教学改革，强化学生学习动机和欲望，激励学生主动参与学习，使教学更加符合学生认知规律。组织校本课题研究，印发《关于2021—2022年度大同一中校本教研的指导意见》，强调立项课题的规范性，结合新课标要求，强调立项过程要把握校本教研特点，落实课题研究范围，新学期成立课题组34个，校本课题立项34个课题，参与校本课题研究人数126人。教师队伍建设方面，组织开展16次主题式学科教研活动，通过听课、讲座和研讨活动，集中观摩学习骨干教师的课堂教学；组织多项教师培训活动，第一学期的青年教师优秀常态课总结与表彰会、第二学期的各学科常态课观察活动启动会、教学案例撰写培训会，建立“课堂教学研究”论坛，总结课堂改革经验，形成富有学科及个性特色的各种类型课堂教学模式。在高一设立理科课程特色班、竞赛课程特色班、文科课程特色班，在因材施教、分层培养，尊重学生发展的选择权；加强毕业班优生培养，探索实施拼班模式，高考学科竞赛取得成效，高考一本达线792人，134人获省级竞赛奖。以联盟校为依托，与广灵一中、灵丘一中、浑源一中3所联盟校不定期开展线上、线下各种形式的教研交流活动，进行8次不同形式的教研活动，提高教育教学质量。

德育建设　2021年，大同一中以青年班主任培训为主题，举办德育论坛2次。制定《学生教育惩戒条例》《新生分班工作制度》《文理分班工作制度》《学生请假制度》《劳动课程实施方案》等制度规范，并据此纪律处分违纪学生，促进劳动教育在师生思想认识上提高。该校团委与学生发展中心以学校2021—2025发展规划为指导，开展一系列相关主题教育活动：开展“学党史、强信念、跟党走”主题系列团会16次，习近平在庆祝中国共产党成立100周年讲话专题团会1次，“请党放心，强国有我”主题团会1次；在3月学雷锋、第二十七届科技文化节、“五四”学生荣誉评定、8月高一迎新暨高三学生表彰大会等50余项大小型活动中注重理想信念教育和家国情怀教育；在学生会、社团联、学生团总支基础上，选拔成立心理委员、新视野课题育人组、礼仪部、阅读空间读书社等学生二级组织。省级征文比赛有宁晓慧、张慧娟、庞明艳、段红霞等12位师生获奖；山西省模拟联合国活动3位同学获奖，并举办大同一中首届模拟联合国活动；老师王敏指导学生参加全国模拟全国政协提案，代表山西省入围全国评审环节；组织开展第一届心理剧大赛，报道链接被山西省教科院转发；学生张蕊获全国第六届“学宪法，讲宪法”演讲比赛山西省一等奖、全国三等奖。加大对学生发展中心的发展建设，与设备厂家沟通，建立学生电子档案系统，进行线上心理测试，保证高三年级心理课教学工作；开展“学党史、感党恩、争做有为少年”主题书画展，开展庆祝中国共产党成立100周年书画摄影展，把党史学习教育、传统文化、艺术教育结合起来；打造手工作品展柜30个，学生科技小制作、生物模型、化学模型、物理纸桥承重模型、数学建模模型等学生手工作品得以常态化展出；坚持正向发声，做好微信宣传阵地工作，发表文章195篇，阅读433420次；公众号舆情监控和宣发工作更加系统化、制度化，年度的舆情工作总结和公众号总结制度逐步常态化。

“双减”政策落实　2021年，大同一中落实国家“双减”政策，北校工作的重心在于减量不减质，要求讲在课堂、练在课堂、反馈矫正在课堂，大部分学习任务做到在课上解决。南校从课堂教学改革、课后托管服务、严格作业管理、改革检测考试4个方面使“双减”政策落到实处，减轻义务教育阶段学生作业负担和校外培训负担。

学科竞赛　2021年，大同一中制定《大同一中关于组织竞赛活动的统一要求》《大同一中关于提升学科竞赛教练业务素质水平的工作方案》，组织“求知杯”五大学科竞赛活动。全年134人获省级竞赛奖，数学、物理各3人获山西省一等奖，化学、生物各2人获山西省一等奖，信息学1人获山西省一等奖，五大学科11人获省级一等奖。

文明校园创建　2021年7月，大同市文明办在《大同一中文明校园建设资料汇编》基础上，补充完善带校文明校园6个体系347份资料，上传到《山西省精神文明创建（文明校园）申报和动态管理系统》，完成省级以上文明校园的资料测评。健全校园文化设施，更换宣传展板、标语标识，集中展示文明校园创建、系好人生第一粒扣子、校园特色文化等，在教室、办公室悬挂节约水电、中小学学生守则、社会主义核心价值观和禁止吸烟等标识和宣传标语。更新校园东西环路两边竖立60块“善行义举榜”内容，集中表彰和展示学校的“师德标兵”“文明学生”等先进模范。7月6日，大同市教育系统召开创建全国文明城市现场观摩会，大同一中作为全国文明校园、山西省文明校园成为观摩学校之一，市平城区、云冈区、云州区、新荣区教育局及市直学校（幼儿园）分管创城工作负责人、相关科室人员100余人参加现场观摩活动。9月3日，全国文明校园实地测评组到大同一中，年度测评学校全国文明校园建设情况，肯定该校的文明创建工作，保留“山西省文明校园”“全国文明校园”称号，并以“省级文明校园”为依据，发放480万元精神文明奖。（大同一中）

【大同二中】　大同市第二中学校（简称“大同二中”）是一所完全中学，占地面积20.1公顷，建筑面积9万余平方米。2021年，有教职工470余人，学生5700余名，1个校长工作室、5个学科名师工作室、1个教育部学科教研基地。年内高考，一本达线535人，达线率52.6%，二本B类（不含艺体）

达线 1059 人，达线率 97.6%，在全省 600 分人数减少前提下，该校 600 分以上人数达到 36 人，理科最高分 662 分，文科最高分 642 分，中考综合评价升至全市第一梯队。年内，该校被授予大同市教育系统创建文明校园先进单位、大同市中小学心理健康教育特色学校和大同市中小学劳动教育示范学校、被西北工业大学、吉林大学、同济大学、上海外国语、北京师范大学—香港浸会大学联合国际学院等高校认定为优质生源基地，入选第六批中美“千校携手”项目学校。

“双减”政策落实　2021 年，大同二中围绕“教育教学、作业管理、课后服务”三个重点，抓住教师专业成长这个关键，以学科教研、教师培训、课堂教学、课后服务和家校协作为抓手，深化“双减”背景下的教育教学改革，出台《大同二中落实“双减”政策实施方案》《大同二中课后服务实施方案》等 10 余项制度，召开“双减”工作推进会，推动“双减”政策在该校落地，实现学生学业负担降低同时学校教育教学质量提升。以大单元教学理念下的教学评一致性课堂教学模式指导常规教学，构建主题化、系统化、全员化校本研训体系，开展研究课、展示课、赛讲课、专题讲座等各项教研活动 86 场，高中以单元首案为载体，以单元目标为抓手，初中以学习目标为核心，学习任务设计和学案编制有机融合，高初中各学科分别探索形成符合学情实际的课堂教学模式，推动课堂教学提质增效，推进学科核心素养培育。

德育教育　2021 年，大同二中围绕立德树人根本任务，依据《中小学德育指南》，以主题月活动为横轴，遵循学生成长规律，以学段德育目标为纵轴，关注育人品质，以学校“四型”人才育人目标为竖轴，形成“三维三年一体化”德育建设体系。挖掘周一升旗活动德育功能，创新组织以爱国和传承为主题的国旗班交接仪式，让国旗班学生成为主角，贴近学生生活，激发学生情感体验；把太极拳、太极十二动等中华优秀传统体育项目引入体育课堂，弘扬传统文化，在锻炼中增强学生文化自信；开展学雷锋月、读书月、5·25 心理健康月等五项大型主题活动；加强课程体系建设，实施“铸魂、健体、多元、固本”四大工程，开设 34 门特色课程、29 门校本课程，增加 6 个社团，给学生发展搭建平台。

教师培养　2021 年，大同二中完善双层复式培训模式，提升教师素养，实施“青蓝工程”和“名师工程”，建立符合校情、面向各成长阶段的科学教师培养体系，形成以“赛”促能、以“展”提能、以“享”激能的教师培养办法。高中部开展“基于教学评一致性背景下的大单元教学”课堂教学大赛，推出大单元教学展示课、研讨课、示范课 36 节。初中部以“教学评一致性下的学习目标制定与落实”为主题进行组内听评课活动，全体教师进行公开课展示，青年教师发起“好课标准”大讨论，62 名青年教师参与，发表观点 78 个，体现青年教师的教学思考和成长感悟，全年青年教师听课 6325 节，辅导教师听课 1071 节。学校 2 位教师被评为大同市优秀教师，1 位教师被评为大同市学术技术带头人，20 名教师被授予大同市师德标兵称号，10 位教师被评为大同市学科带头人和骨干教师，15 位教师被授予大同市思政金牌教师称号。

教学交流发展　2021 年，大同二中高中联合北师大附中、实验中学、大同三中、铁一中、天镇一中、云州区一中、阳高一中等学校成立高考备考联合体，通过同课异构、观摩交流、联合测试等多种举措，带动兄弟学校发展。初中召开学区制工作会议，就如何办好教学质量分析、听评课活动、班主任论坛、学生手拉手活动等各项活动进行交流，促进学区制共同体学校共研、共学、共同发展。

校园安全　2021 年，大同二中执行各项常态化疫情防控要求，联合各部门对校园周边治安秩序、交通秩序、文化环境、食品水源卫生状况、建筑和危险品等进行多次排查，推行安全教育微课进课堂工程，组织专项安全教育 18 节次。注重对师生进行安全知识培训演练，组织开展防疫、防震、消防安全演练 10 次、安全讲座 9 次。工会、总务处、办公室等部门围绕学校中心工作，提升服务水平，给教育教学、管理等各项工作进行营造良好校园环境。　（大同二中）

【大同三中】　大同市第三中学校（简称“大同三中”）是大同市一所完全中学，位于大同市平城区昌泰街 299 号，占地 87133 平方米，建筑面积 63886 平方米，北校区位于大同市平城区大庆路 2 号，占地 2 万平方米，建筑面积 9530 平方米。作为大同市对外开放学校，与英国贝利市菲利普高级中学、日本大牟田中学、日本延命中学结为友好学校。2021 年，该校有教职工 416 人，在校生 4500 余人。被教育部授予“网络空间应用示范学校”“山西省数字校园示范校”“大同市精神文明建设先进学校”等称号。

教育教学　2021 年，大同三中初中部召开“双减”部署大会和各年级部“双减”推进会，出台包括作业管理制度、作业总量调控制度、课外读物遴选推荐规定等管理规定，组织家长召开“双减”家校研讨会，校长向家长代表保证教学“减量不降质”。打造“三个课堂”：第一课堂（教室），落实国家课程；第二课堂（校园），培养学生消化课堂知识、增强兴趣爱好和综合素质拓展的能力和素养；第三课堂（校外），放手让学生在走近自然和社会实践中得到锻炼，促进学生健康成长。在“学本教学”模式上，利用多媒体平板电脑等升级教学设施设备辅助学本教学，形成智慧课堂教学方式，实现常规教学闭环式无缝连接，突出学生学习主体地位，提高课堂效率。各年级针对不同学段学习特点，探索多种教学模式，毕业年级精准辅导“模块培优”、高中部“小语种”、初中部“适应性”体育信息实验模拟、网上法律课堂、网上学科知识竞赛等，消除教学盲点，促使教学质量提高。

教研活动　2021 年，大同三中主推贯通式教研活动，通过打通同一学科不同学段、同一学段不同学科壁垒，构架起跨学科、跨年级的教学研讨。如高中数学学科组的《新高考目标下模拟题的变化》主题教研活动、高中地理学科《一二轮复习及模拟题总结》和高中英语学科《高三教学经验和备考经验交流》贯通式教研活动、初中部政史两个学科的《中考试题探

教育

究》和地生两个学科的《课堂趣味性探索》。多种形式教研活动，打破传统教研活动固有模式，给老师们提供更多探讨思路和角度，给推进学校课改作出有益尝试。

学校管理机制　2021年，大同三中提升规范管理、常规管理、精细化管理水平，坚持管理“以人为本”，强化学校管理是制度管理更是人心管理理念，构建高效管理体系。全年学校各级管理人员参加各类学习20余次，总学时超过1000小时，提升管理人员业务水平。在常规管理落实上，做到制度上墙、规范留心，让常规管理形成具有三中管理文化的一部分。发挥教代会、工会等组织作用，让广大教职工参与到学校管理当中。注重创建和谐校园文化，开设教师书画班、合唱团等教工社团，开展多种文体活动，成为教职工教学工作加油站，学校管理润滑剂，增强学校凝聚力。

德育工作　2021年，大同三中德育安全处围绕疫情防控、“平安校园”“绿色校园”“文明校园”“家校共育数字化校园”“能源革命示范校”等建设，及“七五普法”“光盘行动”等主题教育，推出一系列活动，从学生生活习惯到行为方式，帮助学生树立正确世界观、人生观、价值观。通过素质养成教育，注重培养学生多方面才能，开展英语外教、特色日语教学，开展以书法教育为核心的艺术教育和以足球为主要方式的体育教育。围绕《深化新时代教育评价改革总体方案》要求，举办多种文体活动，校园球类联赛、棋类竞技、春秋两次运动会、校园文化艺术科技节等，给不同特点的学生提供展示自我机会。在大同市中小学春季运动会上，该校获得初中组400米个人第一的成绩。初一年级“萝卜蹲”、高一年级舞台剧表演等视频，在各种媒体平台发布后，获上千万点击，扩大学校正向影响。

健康教育　2021年，大同三中围绕“健康第一”教育理念，落实全国教育大会精神，制订《大同三中卫生与健康教育实施方案》，把学校健康教育作为实施素质教育必不可少的内容，使卫生与健康教育目标明确，做到“5个落实”（课本落实、课时落实、教师落实、教案落实、评价落实），并加强学校健康教育基础设施建设。心理健康教育和特色体育教育成为该校卫生与健康教育品牌。截至2021年底，所有学生完成健康体质检查，建立健康档案；心理健康室整理、完善500余份心理档案；坚持两操一课、“阳光课间”、足球教育、书法教育等。10月，大同市教育系统全面加强和改进新时代学校卫生与健康教育现场观摩会在该校举办，与会领导和同行肯定该校的卫生与健康教育，给其他学校开展卫生与健康教育提供借鉴思路。

（王　强）

▲2021年9月28日，大同三中初三年级学生开展“迎国庆”书法作品比赛

（王　强　摄）

【大同四中】　大同市第四中学校（简称“大同四中”）坐落在大同市平城区操场城街399号，占地2.5公顷，建筑面积25915平方米，是一所全日制普通完全中学。2021年，该校实有教工203人，其中正教授2人，特级教师1人，高级教师49人，中学一级教师90人，国家级和省、市级学科带头人及教学能手130余人。内设科室8个，中层干部14人。初中6轨18个班，高中8轨24个教学班，在校学生1467人。2021年高考，大同四中各类考生达线137人，达线率34%，其中大文大理达二本以上63人，理科一本2人，文科二本26人，理科二本35人。艺体类达线74人，其中艺术类一本32人，艺术类二本39人，体育单招3人。大文大理达二本以上人数比上年多10人。2021年中考，650分以上4人，620分以上9人，600分以上20人，580分以上35人，550人以上61人，达大同四中统招录取分数线（514分）以上86人，占比35%，达全市普通高中录取分数线（410分）以上176人，占比70.4%，合格率63%。中考体育成绩排名全市第五，中考物化实验成绩排名全市第一，中考信息技术成绩排名全市第三。

教学管理　2021年，大同四中强化教学质量导向，完善奖励激励制度，打造公开透明教学环境。建立激励机制，调动教师工作热情。设立期中、期末考试教学质量奖，给头名老师予以颁奖；按照多劳多得，优质优酬原则发放中高考奖教基金，奖励超工作量的教师，在学困生转化、班级均分、合格率方面较为突出的教师，达线优生人数多的教师，所代班级学科成绩优秀，尤其优生贡献程度大的教师。通过奖励方案，鼓励教师们多带课，带好课。通过大会表彰优秀，鼓励先进，全年举行各类表彰大会29次，对学科头名教师，教坛新秀，杰出老教师，优秀青年教师和优秀教育工作者，“两案一体化·四环五度”课堂模式示范课优秀教师，教案、作业优秀教师进行表彰。通过设立各种激励和表彰，调动广大教师积极性和主动性，激励广大教师乐教善教，营造尊师重教氛围。完善各类考核体系，使考核更加科学、合理。全年该校在教师的岗位晋级、年度考核、各类评优和评先中形成更加透明、公开、公正，在实操中更有针对性和可比性的体制机制。增加基层话语权，结合教师平时整体表现和生活实际困难，选出最终结果，使学校进入良性循环发展轨道。

特色教育　2021年，大同四中加强班主任队伍建设，实施优秀班主任工作室创建，班主任工作例会制度，每月至少一次，沟通情况、听取意见、部署任务，探讨班级管理形式。加强班级精细化管理，落实班级工作常规考核。开展德育教育系列活动，把政治课上的系统教育和各学科的渗透教育结合起来，把班主任日常教育和团队主题教育结合起来，把检查规章制度落实与开展文体活动结合起来，以团队工作、政治工作、德育工作为载体，开展德育教育工作。实行全员德育教育方略，全体教职员工不论在管理岗位、教学岗位和服务岗位都是德育教育的工作者，形成“学校无闲人，人人教育人；学校无小事，事事教育人；学校无空地，处处教育人”氛围。坚持学生大会、年级例会、主题班会和班级日常讲评制度。组织好国旗下致辞和文明礼仪示范生设置方面工作，坚持领导干部和教学班相结合值周制度，做好日常监督和评价工作，形成日检查、周评比、月小结、学期末总评的工作机制。加强关键时段关键部位巡视检查管理。组织开展流动红旗评比活动、励志教育宣誓活动。办好校园广播、宣传橱窗、班级板报。强化德育重点课题实验和德育实践基地建设。把德育工作纳入学校课堂体系，每学期通过详细月历、周历予以安排，把每周的周会、主题班会和田径运动会、校园文化周活动等作为德育课程实施载体。全年召开班主任会议26次、主题班会42次，出专题板报8期，校处领导作值周总结40次，优秀学生国旗下致辞41次，评选班级流动红旗40次，班级流动红旗发放360班次。组织毕业年级中考高考动员会2次，召开组长会9次，表彰优秀学生610余名。

教科研改革　2021年，大同四中加强备课组建设，形成体系化教研，修订集体备课制度，要求做到“五定、五备、四统一”，即定教研时间，定活动资料，定中心发言人，定时检查，定期公布；备教学资料，备学生实际，备教法，备学法，备习题；统一目标，统一重点，统一进度，统一检测。创新教研形式，构建多元化教研。每周一召开教研组组长、备课组长会议，传达落实学校会议精神，布置开展本周教科研活动工作，总结反馈上周教研工作。依托公开课，提升教学质量，每周安排两节行政干部进课堂公开课，校领导、中层干部、同学科老师听课，依托公开课平台，相互学习，提升业务水平。

九校联盟一体化　2021年，大同四中联盟校通过互相学习先进办学经验进行管理备考，交流成效明显，教学质量提升。全年大同四中组织8余次统一考试，各校教师联合命制高标准试题70余份。联盟校定期召开高考备考策略经验交流会和考试质量分析会，组织线上线下考试质量分析会4次。联盟校以每次质量分析为着力点，挖掘联考测评价值，依托技术手段通过试卷分析和大数据展示，分析解读各校遇到的困惑，找出存在的问题，共同想办法解决，有针对性和指导性地提出具体改进措施。九校联动、资源共享、齐头并进，通过质量研讨调动各学校积极性。

艺体培养　2021年，大同四中加大艺体特长生培养，打造艺术特长名片。加强体艺和社团工作，促进学生全面发展。搞好各种社团建设，成立乐队合唱团、国风社、播音社团、舞蹈社团、书法社团等，在师资、管理上加大投入，有计划地举办好主题节日活动，定期开展社团活动。重视毕业年级体质健康标准测试项目训练，增强学生体质。创造性开展艺体、科技活动，打造艺体工作和教育创新品牌学校。年内，该校在市运动会上获高中团体第一名，高考艺体特长类达二本B以上破100人。（马利辉　于建功）

【大同五中】 大同市第五中学（简称“大同五中”）是一所全日制普通完全中学，位于大同市同泉路428号。学校占地5.7公顷，建筑面积5万平方米，建有400米塑胶操场1个。2021年，该校在编教职员工212名。有特级教师1名，正高级教师1名，中高级教师152名，省市级教学能手50名，省市级学科带头人18名，省市级优秀班主任31名，硕士学位21名。在校学生1438人，教学班36个。2021年中考，参加考试130人，达一中定向分数线13人，二中定向分数线19人，其中有两位同学考入一中钱学森班，中考合格率56.7%。2021年高考，大同五中达二本B类以上分数线79人，其中文史类19人（一本2人），理工类25人（一本2人），艺体类36人（一本9人）。年内，该校被中华人民共和国教育部授予“校园冰雪运动特色校”称号，被大同市教育局、大同市妇女联合会授予2021年度大同市“家长示范校”称号，被大同市教育局授予教育系统2021年创建文明校园先进单位称号等。

德育工作　2021年，大同五中以活动为载体，贯彻学校“每月一活动、每周一主题”德育教育。通过组织评选大同市教育系统“师德标兵”、组织参加100节思政“金课”和100名思政“金牌”教师活动、组织学生参加“百年华诞 颂歌献党”歌咏比赛、“百年荣光——党在我心中”师生征文活动、走进“特勤消防站开放日”、校风校纪专项整治活动、组织优秀团员赴平型关大捷纪念馆开展“红色革命精神明志，传承寻梦之旅”为主题的红色革命研学活动、班主任培训等12项活动，对学生进行安全教育、养成教育、礼仪教育、爱国主义教育、树立理想前途教育，改善和提高学生的思想道德素质。对活动中彰显出来的先进个人和集体，在校园内张榜公示，树立学习楷模，发挥榜样力量。开展高三年级成人礼暨高考冲刺誓师大会和初中离队入团仪式暨先进表彰、“学党史、强信念、跟党走”主题团队日活动、“讲好英模故事 传承红色基因”学习党史师生演讲比赛等主题活动，营造文明向上校园文化氛围。

师资队伍建设　2021年，大同五中深化集体备课活动，突出备课、研课、上课、评课等环节，坚持“四定五统一”（定时间、定地点、定课题、定主讲人，统一教学进度、统一教学目标、统一教学重点、统一作业分量、统一考查办法）原则。坚持每月8次听评课，优化教学内容，提高教学效果。建立各阶段各学科教案、课件、试题和高考资料等电子资料库，加强教师间交流，加强优秀资源共享，加强集体备课效率，减少重复劳动。组织各类教研竞赛活动，为教师成长搭建平台。编写校本教材，促进教师专业发展。

教学管理　2021年，大同五中组织“家长进课堂”活动，有700余位家长走进课堂，参与听课，课下与任课教师交流，提出意见和建议。对高三学生，召开优生座谈会、边缘生座谈会、高考动员会，倾听意见，用科学方法指导备考，以案例鼓舞学生斗志。开展精准化培优扶弱教学，全面分析目标学生，因材施教，对症下药，力避培优扶弱的盲目性、无效性。定期组织月考、期考、模考，促进学生巩固学科知识。开展职普融通教育，对不同群体提出具体要求，多方联手，开展融通班教学工作。　（张　华）

【北师大大同附中】　北京师范大学大同附属中学校（简称“北师大大同附中”）是北京师范大学和大同市人民政府合作共建的一所公办完全中学。2021年，该校有学生3070人，其中初中学生人数1629人，高中学生人数1441人。教职工总数257人，其中一线教师241人，本科以上学历教师占比100%，有硕士学位教师102人，占教职工总数40%，教师中“985”“211”院校及教育部直属师范大学毕业生135人。教师人才结构方面，高级教师16人，中级教师118人，有山西省名师、省级学科带头人、省级教学骨干16人，大同市名师、市学科带头人、市教学骨干、市教学能手29人。年内，北师大大同附中被教育部授予全国校园冰雪运动特色校，2022年北京冬奥会和冬残奥会奥林匹克教育示范学校，教育部第三批全国中小学中华优秀传统文化传承学校（民族管弦乐），教育部第二批“一校一案”落实《中小学德育工作指南》典型案例学校。被评为山西省数字校园示范学校，大同市“文明校园”先进单位，大同市“心理健康”特色学校，大同市中小学“劳动教育”示范学校，大同市美育评价改革试点学校等。

教科研活动　2021年，北师大大同附中利用教师培训中心，定期举行教育教学主题研讨，形成学术研究氛围。参加全国第六届教博会申报，打造学校特色STEAM课程，提升教师与学生素养。完善学校LIFE生命教育课程体系，打造学校学科内特色课程，如语文学科的阅读课、书法课，英语学科的听力课、口语课等。做好校本课程的开发和建设，形成学校特色的校本课程资源库。开发地方特色研究课程，打造云冈系列课程，建立云冈学研究档案。逐步打造学校名师工作室，以出色教师为核心，带动一个教师成长共同体的发展，建设一批品牌化学科，培养一批省市教学能手和学科带头人。打造学校名班主任团体，研究班级管理方法，提升班级管理效率，让班主任工作走专业化道路。全体教师参与各级各类培训、赛讲；第七届教科研大会围绕“打造优质课堂，提升教学质量”主题引方向，教师培训中心于4月召开“如何开发校本课程”，5月召开学校3个“十三五”规划课题结题前进程汇报主题教研活动；推进“课程思政”建设，初高中举办金牌思政课评选活动，促进学校各类课程与思政理论课同向同行，实现知识能力与价值引领的有机统一；美育课题组均结题、第十三届数理化综合实践活动9位同学进入决赛；“三优工程”“大同市骨干教师”评选工作完成；团校课、模拟联合国大会举办，丰富LIFE生命课程。

德育教育　2021年，北师大大同附中把立德树人目标融入日常教学，建立校内劳动教育基地，举办德育主题月活动，3月学雷锋主题月、安全教育月，4月读书文化月，5月科技创新月、劳动教育月、心理活动月，6月礼仪主题月，7月庆祝中国共产党成立100年爱国主义月，通过活动形式树德、增智、强体、蕴美、育劳。10月，结合国庆节纪念活动，以撰写爱国主义征文、国旗下演讲、爱国诗歌朗诵等方式对学生进行爱国爱校爱班教育。11月，开展卫生健康教育、安全教育和法治教育，提高学生防病自护能力，提高法治观念。12月，以校园文化艺术节活动为契机，展示学生艺术修养，提高校园文化氛围。各月围绕月活动主题举办以“知危险会避险，守护安全成长”为主题的安全教育活动；以“诵读红色经典争做励志少年，传承红色经典献礼建党百年”为主题的第六届读书节；以“触发科技灵感、点亮智能人生”为主题的第五届科技节，邀请德国汉堡科学院院士、教授张建伟做云报告；“美丽心灵，点亮人生”“5·25”心理节、“庆祝中国共产党成立100周年”为主题的五四青年节、以“歌唱祖国歌唱党，快乐六一梦飞扬”为主题的儿童节、“庆祝建党百年”爱国主义教育月、5月大同市田径运动会、9月校园运动会、10月的大同市纪念中国少年先锋队建队72周年暨“红领巾心向党主题队日活动”等。结合庆祝中国共产党成立100周年组织的升旗仪式、国旗班建设、五项常规管理强化，及劳动责任区重新划分，初一、初二年级的“游山西，读历史”研学活动加强学生的国家认同感，激发学生爱国情怀。9月，北师大大同附中举办建校10周年庆典暨教师节表彰大会，深化教学改革，加强教师队伍建设。年内，该校校长刘建国被授予大同市优秀校长称号，教师王晶被授予大同市优秀教师称号，初高中15位教师被授予2021年的大同市师德标兵称号。打造校园文化育人品牌，6月，学校确定校园文化建设以鲁迅散文《从百草园到三味书屋》溯源，文化牌、场馆命名、苗木栽植，都结合大同市实际情况安排，力求学生在潜移默化中激发学习乐趣，得到文化熏陶。

学区校建设　2021年，北师大大同附中作为义务教育学区长学校，组织开展7次活动帮扶大同四中、大同五中和天镇县第二中学。3月11日，北师大大同附中学区校成立；3月23日，各学区校优秀学生到学校观摩首届模拟联合国大会；3月24日，选派语文、政治、历史3个学科优秀教师到天镇二中送课教研活动；4月7日，在大同四中报告厅组织进行学区制校“211三案引学教学模式”研讨会；4月16日，北师大大同附中组织省教科院中考命题专家学科讲座会，各成员校教师代表参加；5月29日，北师大大同附中学区校对5月20日、21

日全市初三模拟考试进行质量分析；6月23日，各学区校到学校参加"精准心理健康教育服务项目"启动仪式暨北师大资深心理学教授、博士生导师郑日昌的座谈会。学区校活动盘活学校管理体制，实现办学经验共享、教育资源合理调配和有效流动，形成各学区校教学工作"同生共长、优质均衡"发展格局。7月6日，大同市教育系统召开创建全国文明城市现场观摩会，首站到北师大大同附中。7月11日，大同市教育系统创建书香校园经验交流暨现场推进会在北师大大同附中举办。10月19日，北师大大同附中学区校2021—2022学年第一学期工作计划研讨会在北师大大同附中召开，学区校负责人出席该次交流研讨会议。

北师大冰雪进校园活动　2021年12月27日，北京师范大学大同附属中学举行"冰雪进校园、一起向未来"喜迎冬奥运启动仪式，推进冰雪进校园活动。北京师范大学大同附属中学把冰雪运动融入学生的课程和日常活动中，在学校初一、初二、高一、高二4个年级，分年级成立旱地冰壶队、滑冰队、滑雪队等特色社团，开展单人、双人冰上自行车趣味活动。设置冬季奥林匹克冰雪文化长廊，展览内容有冬季奥运会吉祥物介绍、冬奥会项目介绍、历届冬奥会中国冠军榜，让学生了解和实践冰雪运动项目。

（李延辉）

▲2021年12月27日，北京师范大学大同附属中学举行"冰雪进校园、一起向未来"喜迎冬奥运启动仪式，推进冰雪进校园活动　（李延辉　摄）

中等职业教育

【职普融通】　2021年9月起，大同市职普融通班开始招生（职普融通是由中等职业教育与普通高中教育合作，双方共同设计课程、互派师资，实行学分互认、学籍互转的一种人才培养模式），大同一职中与大同五中设置计算机、美术、播音主持影视编导、书法4类专业，招收4个班173人。大同职业教育中心与大同十九中设置计算机、数字媒体、美术、播音主持4类专业，招收4个班204人，学生学籍注册是大同一职中、大同市职业教育中心学籍。职普融通解决中职学校、普通高中在提质培优方面受到的局限，给学生提供适合的、可选择的教育，满足不同潜质学生发展需要，构建具有特色的高中阶段人才培养模式。

（孔庆珍）

【省校合作基地建设】　2021年，大同市教育局推进大学生实习实训基地、高校优质生源基地、大学生联合培养基地建设。对接实习实训大学生252人，13所优质高中与30所高校建立合作关系，高校优质生源基地授牌99个。

（孔庆珍）

【"岗课赛证"育人机制】　2021年，大同市举办全市第三届职业院校技能大赛，设29个赛项，全市27所学校、800余名师生参与。组织职业学校参加各级各类大赛，在国赛中获2个三等奖；省技能大赛中获12个一等奖，35个二等奖，48个三等奖；省班主任能力大赛获1个一等奖，2个二等奖，4个三等奖。省文明风采大赛获3个一等奖，27个二等奖，15个三等奖。在全市7所中职学校开展24个职业技能1+X等级证书试点，452名学生取得资格证书，助推教师专业化成长、提升人才培养质量。（孔庆珍）

【职技学习教育培训】　2021年，大同市教育局依托县（区）职教中心，开展职业技能培训800人次。启动市级终身学习指导服务中心建设、10个以上的市级社区教育实验项目、30个示范性学习型组织建设。开展农村干部学历提升行动，招收县（区）学员1676名。

（孔庆珍）

【生源地助学贷款额度提高】
2021年，大同市全面启动2021年生源地助学贷款额度提升工作。大同籍全日制普通本专科学生（含第二学士学位、高职学生、预科生）每人每年申请贷款额度由不超过8000元提高至不超过12000元；全日制研究生每人每年申请贷款额度由不超过12000元提高至不超过16000元，生源地助学贷款额度提高4000元。生源地助学贷款是国家助学贷款的一种形式，是国家开发银行向符合条件、家庭经济困难的普通高校新生和在校生发放的、由学生入学前户籍所在区县办理的助学贷款。该项贷款优先用于学生支付在校期间的学费和住宿费，超出部分可用于弥补日常生活费。该次贷款额度提升针对2021年秋季学期与国家开发银行签订的助学贷款借款合同，提额操作时间截至2021年10月22日。在规定时间内，学生登录国家开发银行学生在线系统提交提额申请。提额申请提交后，不可修改、不可撤销。相关申请经国家开发银行审批后，在学生在线系统显示，最终贷款额度以学生在线系统显示的审批通过金额为准。超过提额申请时间不可再提交提额申请，并视为放弃该年度

教育

申请提额。（蕙 兰）

【第三届职业院校技能大赛】 2021年7月15日，大同市第三届职业院校技能大赛颁奖典礼在市示范性综合实践基地报告厅举行。该届大赛由市教育局、市人社局、市总工会、团市委联合举办，设29个大赛项、46个子赛项，分设9个赛点，历时近1个月，全市27所各级各类职业院校、650余组选手、800余名师生参与比赛。该届比赛项数目在上一届基础上，增加家政服务、老年护理及3D打印技术应用等。经裁判评委评审、组委会确认，评选出一等奖68个、二等奖102个、三等奖130个。市人社局、团市委分别给大赛获奖选手颁发技能等级证书、授予“技能之星”称号，18家企业全程参与并接收表现优秀学生入企实习就业。（蕙 兰）

【大同与深圳开展校企对接合作交流】 2021年10月26日，深圳市的29家企业，与大同市14所中职院校进行对接交流，以满足两地人力资源供求需要，促进两地劳务协作与产教融合。该次深圳—大同校企交流活动，是在上年活动基础上，深化两地合作、扩展交流层级。对接交流会上，市高级技工学校、市一职中、大同机车技师学院等14家大同市主要中职院校参会，深圳市组织欣旺达电动汽车电池有限公司、深圳和而泰智能控制股份有限公司等29家当地企业参加，包括物流、科技、商贸、金融等行业。经过对接交流，校企双方在现场签署合作协议书。（蕙 兰）

【大同市第一高级职业中学校】 大同市第一高级职业中学校（简称“大同一职中”）是一所兼有职业高中、职业中专职能的综合学校，占地面积43010.4平方米，建筑面积3万余平方米。体育运动场面积12300余平方米。2021年，该校开设音乐（管弦乐、民乐、声乐）、舞蹈表演、美术绘画、服装展示与礼仪、播音与节目主持、综合高中艺体班、航空服务、旅游服务与管理、计算机应用、计算机平面设计、社会文化艺术、物联网技术应用、建筑设备安装、电子商务14个专业。在省市技能大赛中教师、学生获三等奖以上奖项53个，连续3年承办大同市职业技能大赛，到云州区开展职业培训、宣讲活动，与大同市云州区倍加造中学少年宫开展结对帮扶活动，完成“人人持证 技能社会”职业技能培训200人，职业技能鉴定580人。年内，该校被授予“第三批全国中小学中华优秀传统文化传承学校”“大同市教育系统2021年创建文明校园先进单位”“大同市中小学劳动教育示范学校”“大同市中小学心理健康教育特色学校”称号，校团委被授予“大同市五四红旗团委”称号，学校获评“山西省、大同市学业评价改革试点单位”。

德育工作　2021年，大同市一职中依托班主任工作室，开展班主任经验交流分享活动，提高班主任素质和工作能力。组织参加各级班主任能力大赛。依托德育工作室，开展班级晨读、读书分享会、国旗下诵读、朗诵比赛，营造人人皆学、时时能学、处处可学氛围，让读书真正变成广大师生们的一种生活习惯。坚持德育为先、能力为重，主动适应山西经济社会发展和产业结构调整，深化职业教育教学改革，全面提高人才培养质量。年内，在山西省教育厅发布《关于山西省职业教育铸魂育人项目2021年度拟认定结果（教育系统）的公示》中，该校选定的“党旗领航”思政教育工作室及“树风铸魂·艺术培根”“全育人·兴劳育——劳动教育文化”“护苗保‘未’绿色卫士”“红色·赓续”“志愿服务引领文明新风”5个特色文化育人品牌，30节思政微课项目参与申报认定。1个思政教育工作室项目被认定为省级思政教育工作室；5个特色文化育人品牌项目中3个被认定为省级特色文化育人品牌，2个被认定为省级拟培育建设项目；17节思政微课被认定为省级思政微课。在大同市市级评审中，该校申报的5个特色文化育人品牌项目全部被认定为市级特色文化育人品牌；申报的思政微课获金牌微课3节，精品微课3节，优质微课14节。营造文教研结合、课内外融合、家校社联动大环境，举筹办各类组织活动：开展文明风采系列活动、职教周系列活动；成立学生社团12个；成立大同一职中团校；创办“大同一职中校报”；组建校园广播站。开展“学习雷锋、助力创城”活动月，组织全校各班团支部以多种形式弘扬雷锋精神；举办“新时代好少年，强国有我”活动；组织排演并报送舞蹈作品《红旗颂》参加第三届“中外交流小使者”展示活动；开展“清廉文化进校园”主题教育活动，倡导学生宣传清廉文化；举办高一年级第九套广播操比赛，反映学生精神风貌的同时增强班级凝聚力；开展“学习习近平总书记在庆祝中国共产主义青年团成立100周年大会上重要讲话精神”主题教育活动；参与各种比赛展演，给迎接中国共产党的二十大召开献礼；组织校内中华经典诵写讲大赛，并选拔报送优秀作品参加市级第四届中华经典诵写讲大赛。

教科研工作　2021年，大同市一职中打造“双师型”教师队伍。完善学校师资培训体系，加大师资培养培训力度，定期组织选派专业骨干教师研修访学，建立符合职业教育特点的教师分类评价标准。实施“师资队伍建设三年规划”，建设“专业型、技能型”师资队伍；实施“师德师风建设工程、青年教师提升工程、骨干教师培训工程、专业名师培养工程”四大工程；提升教师“课堂组织教学能力、专业核心传授能力、教育教学研究能力、校企合作服务能力”四大能力。推进“1+X证书”制度试点工作。制定学校“1+X证书”制度实施方案和“1+X证书”教学标准，注重“1+X证书”国家试点，校企联合开发职业技能等级标准。推动学院专业群课程模块与职业技能等级证书有机对接，实现“课证”融通。推进课堂变革，提升办学层次，深化教师、教材、教法改革，推广项目教学、情境教学、模块化教学，运用启发式、探究式、参与式教学。围绕契合经济发展的需求增设专业，建设结构化教学创新团队、专业教学资源库、精品在线课程。加强教研管理，形成校本特色，加强教研组建设，形成体系化教研，强化集体备课制度，鼓励教研组探讨教学热难点，创新教研形式，构建多元化教研，完善和建立教研室各项管理制度，有具体的工作目标要求、评价操作细则和奖惩激励办法等，使教研室管理工作更加制度化、有效化。

主力专业建设　2021年，大同市一职中以专业内涵建设为推动，以技能比赛为重要抓手，根据专业内涵变化及时调整人才培养方案。通过打造省、市级高水平专业群，形成层级化专业群布局。加强实训基地建设，用新一代信息技术加速推动数字化、智能化实训基地转型，逐步形成以计算机应用专业群为前沿、旅游服务专业群为核心、音乐和美术绘画专业群为两翼，涵盖学历教育、技能培训，结构合理、功能完善的整体布局，推进现代化学校建设。

校企合作　2021年，大同市一职中以创建"高水平"院校为契机，以校企合作、产教融合为抓手，深化学校与企业融合，创新学校办学模式，通过创新校企合作双主体办学治理结构，探索多样校企合作模式，在人才培养、技术创新、就业创业、社会服务、文化传承等方面合作。与京东、青岛海尔、江苏诚功、大同泰瑞等企业开展合作，探索分阶段投入建设校企融合实训基地、职业体验场地，进行校企协同育人。与大同泰瑞集团合作共建首届建筑水电设备安装与运维班，校企双方开启共荣共进局面，逐步形成"立足本市、服务产业、校企融通、全程合作"校企合作特色。坚持"内培与外引""名师与双师""质量与特色"一起抓原则，建设名师为主导、带头人为引领、骨干教师为主体的专兼结合的双师队伍，依托"品德修养、文化素养、职业技能、创新意识"四位一体的现代学徒育人体系，探索"德技并修"现代学徒制人才培养路径。依托当地旅游资源，建成省级职业教育旅游示范专业。

畅通实习就业渠道　2021年，大同市一职中举办职教活动周，利用各种媒体抓招生宣传，抓国家助学金资料的管理和维护，确保国家助学金用到实处，给355名学生发放国家助学金；582名学生取得普通话等级证、700名学生取得计算机技能等级证，强化实用技能；安排各专业认岗、跟岗实习，分别到泰瑞集团、吉家窑、诚功集团、淘宝大学、大同同翔网络有限公司、京东、电商产业园、青岛海尔集团等企业调研，选出40名男生去泰瑞集团进行认岗实习；选出18名男生去泰瑞集团进行一周的跟岗实习；美术专业学生去吉家窑进行认岗实习，导游专业学生到云冈石窟进行认岗、跟岗专业培训。落实就业准入制度，组织2019年毕业生填写毕业生鉴定表和登记表，统计毕业生就业信息。（大同市一职中）

【大同市第二高级职业中学校】

大同市第二高级职业中学校（简称"大同市二职中"）位于大同市平城区柳航里139号，是大同市教育局直属的全日制高级职业中学。该校是山西省教育厅确定的半工半读试点单位、现代学徒制试点学校、首批省级示范校建设学校、1+X证书制度试点学校，是大同市首批农村劳动力转移就业技能培训、失业人员就业培训的定点培训机构、市能源革命示范校。2021年，该校占地33617平方米，总建筑面积24580平方米。建有50M、600个站点的校园网，所有教室配置有多媒体教学系统，实现无线网络校园全覆盖。建成有2个中央财政支持的国家级实训基地（汽车运用与维修、中餐烹饪与营养膳食），2个省级实训基地（计算机应用、机电技术应用），2个省级示范专业（汽车运用与维修、计算机应用），1个省级重点专业（汽车运用与维修），2个高水平实训基地（机电应用技术和中餐烹饪与营养膳食），2个高水平重点专业（机电应用技术和中餐烹饪与营养膳食）。开设汽车运用与维修、计算机应用、机电技术应用、电梯安装与维修保养、中餐烹饪与膳食营养、社会文化艺术、旅游服务与管理、电子商务8个专业18个方向。核定教职工编制人员118名，在编113人。在岗171人，包含购买第三方服务人员及其他人员58人（其中临聘教师15人，物业管理25人，食堂18人）。有学历教育在校生1132人。年内，该校被命名为"山西省中小学知识产权教育试点学校""全国青少年维权岗"。

职业教学　2021年，大同市二职中提升机电技术应用、中餐烹饪与营养膳食高水平项目建设水平，促进专业建设内涵式发展，完成机电及烹饪专业高水平重点专业及高水平实训基地4个项目建设任务。推进"三教改革"（教师、教材、教法），互派教师挂职，完善人才培养方案，优化专业设置，深化产教融合、校企合作。组织师生参加2021年省市技能大赛，市赛获一等奖11个、二等奖8个、三等奖7个，省赛获二等奖7个、三等奖11个。组织教师申报省级教研课题2项。推荐教师参加省市教学能力大赛，获得省级三等奖3个、市级一等奖1个、二等奖1个。

德育工作　2021年，大同市二职中坚持以立德树人为根本，秉承"人人皆可成才，人人尽展其才"理念，以"品行好、会做人、会技能、能干

▲ 2021年12月22日，大同市二职中举行"阳光体育"大课间拔河比赛（刘彩虹　摄）

事、能创业、能发展”作为培养目标，全面构建三全育人格局，发挥日讲评、两操一活动、国旗下演讲、安全教育、主题班会、主题活动等常规活动及校园网等媒体的功能，适时把握学生思想动态，形成德技并修的育人机制。全年开展主题班会40余次。打造校园党史文化墙，重视学生党史学习教育，印发党史进课堂读本人手1册，到班级讲专题党课和思政课约40节次，举办党史演讲、合唱、文艺会演等主题活动30余项；2人评为市级思政金牌教师。结办“我为群众办实事”11项，参与志愿服务约600人次，1人评为市最美志愿者。落实好“双减”政策，围绕关键岗位人员开展警示教育5次，发布提醒函3次、风险排查3次，开展“廉洁从教为人师表”国旗下演讲、签名活动，做好师德建档工作，锻造过硬干部教师队伍。2021年度评选出教育系统师德标兵4人。

招生就业 2021年，大同市二职中优化专业设置，与山西机电职业技术学院等5所省内高职院校签订8个专业230人的三二分段招生协议。开展招生宣传，编印招生简章1.7万份、招生宣传单8000份、宣传工艺品2000个，出动招生宣传435人次，通过中考指南宣传页、《大同日报》、学校微信公众号等途径发布电子招生简章、毕业生代言等进行招生宣传，全年招生人数618人。《山西青年报》《大同日报》、大同教育台对该校发展理念、教师教研活动、学生成长进步等进行多角度、全方位报道，全年宣传报道200余次。主动融入当地经济，融入职教大环境，落实政府支持，与京东公司、上捷电梯等合作，学生顶岗实习进企业、企业人才进校园，实现资源共享、共赢。全年125人入企顶岗实习，156人通过对口升学考试、单独招生、普通高考等进入高校深造。

依法治校 2021年，大同市二职中坚持依法办事，依法治校，做到重大工作亲自部署，重大决策、重大财务、重大人事通过教职工大会及中层干部会议审议通过。落实中职生免学费和资助政策，建档立卡学生资助100%全覆盖。提高学生法治素养，健全学校、家庭和社会相结合教育体系，开展“三零”单位创建工作，给学生营造安全、和谐、健康学习和生活环境。“七五”普法受到好评，在全市做经验交流。（刘彩虹）

【大同市高级技工学校】 大同市高级技工学校是山西省人民政府批准成立的省部级重点全日制技工学校，加挂大同市煤矿职工中等专业学校牌子，位于御东新区文兴路天祥街159号，校园占地10余公顷，总建筑面积88244.4平方米。2021年，该校有在编在岗人员194名，其中工勤人员32名。在校生总人数912人，其中一年级学生317人，二年级学生258人，三年级学生337人。设有计算机网络应用、计算机应用与维修、多媒体制作、电气自动化设备安装与维修、汽车维修、城市轨道交通运输与管理、美术绘画、美容美发与造型和商务文秘等专业。

办学规模和层次提升 2021年，大同市高级技工学校按照《国务院关于加快发展现代职业教育的决定》《国务院办公厅关于深化产教融合的若干意见》《国务院关于印发国家职业教育改革实施方案的通知》《人力资源和社会保障部关于推进技工院校改革创新的若干意见》，提升学校现代化治理水平，建立健全具有职业院校办学特点的内部管理制度、标准和运行机制，利用多元办学资源，提升现有办学条件和能力。按计划完成省级示范校项目建设工作，该项目完成校内验收。推进省级高水平重点专业和省级高技能人才培训基地项目的组织实施工作。组织相关人员申报山西省高水平中等职业学校建设计划项目，该项目公示完毕。

师资队伍建设 2021年，大同市高级技工组织5批次20余人参加省内外学习交流研讨活动，通过学习，增强教师自信心，给职称评定工作奠定基础。组织教师开展一体化教学改革工作，编写适合学生特点的校本教材和实训指导书20余种；组织各专业教师到企业调研50余人次，撰写近10万字调研报告，明确学生培养方向，制定适应市场需求的学生培养计划，基本普及各专业前沿知识和技能，提升教师教学业务能力；组织任课教师利用假期时间开展社会实践活动100余人次，了解企业发展动态，学习企业新技术、新方法，提升教师理论与实践相结合能力。

技能等级认定 2021年，大同市高级技工学校开展技能等级认定工作，提升服务大同经济发展水平。通过创业培训、技能培训等方式给全市培训技能人才426人，通过技能等级认定评价2474人，助推大同市“人人持证 技能社会”发展工作。

参加职业技能大赛 2021年，大同市高级技工学校组织全校师生参加职业技能大赛。该校计算机专业2名学生获市第三届中等职业学校技能大赛网络搭律竞赛项目大赛二等奖，3名学生分别获电工技能竞赛项目一、二、三等奖，教师藏湖获教师组三等奖、优秀指导教师；5名学生参加第二届全国技工院校学生创业创新大赛，获山西省星火项目创业大赛三等奖并入围国赛。

校企合作 2021年，大同市高级技工学校在与大同市瀚海伟创科技有限公司、北京翔宇通用航空有限公司、大同市晋浩航空科技有限公司、大同泰瑞集团建设有限公司等企业开展校企合作基础上，与大同上捷电梯有限公司、广东东软睿道集团公司和山东博能电力集团有限公司签订校企合作协议，增强学校发展后劲和活力。

平安校园建设 2021年，大同市高级技工学校强化后勤服务，建设平安校园。在疫情防控以来，参与疫情防控，坚决抵制谣言散布。组织物业、食堂进行整改，完善食品安全管理制度。按规定完成学校资产管理、办公用品采购及发放和公务用车等日常工作。4月，维保单位对该校消防108项内容进行检查评估，并出具《消防安全评估报告》及《消防安全检查记录》，确保防疫期间学生错峰上学消防安全。多次组织校园安全大检查，包括食堂燃气检查、消防检查、用电安全检查等，确保校园安全工作落到实处。（计青海）

【大同市财会学校】 大同市财会学校（简称“大同财校”）是经山西省人民政府批准的全日制公办中等职

业学校，占地面积7.9公顷，建筑面积79554平方米。2021年，该校实训设备总值1559万元，图书总量32.6万册（含电子图书）。有教职工137人，专任教师118人，其中正高级讲师1人，高级讲师48人，省级职业教育教学名师2名，省级专业带头人3名，省级骨干教师5人。开设会计事务、计算机平面设计、旅游服务与管理、美发与形象设计、现代家政服务与管理5大类13个专业。年内，大同市财会学校被山西省教育厅确定为“高水平中等职业学校建设单位”，被授予“大同市最佳志愿服务组织”称号。

教学改革与师资队伍建设　2021年，大同财校重视教师队伍培养，推动专业带头人及团队建设。在教师培养上采取多种培养模式并行方式，提升教师队伍整体素质。实行老带新指导模式，采用“师徒结对”形式对新老师进行教学能力和专业素养培养，更好更快地胜任教学工作；加大教师培训力度，更新职教理念，提高专业技能。组织教师参加“1+X智能财税职业技能等级证书师资培训（中级）”“1+X界面设计等级证书师资培训”“《习近平新时代中国特色社会主义思想学生读本》教师线上培训”等各专业业务培训。以技能大赛为抓手，加强技能深化内涵建设，注重以赛促教、以赛促学、以赛促练、以赛精艺，引导全校师生练技能、强本领。在全市职业技能大赛中，承办会计组比赛，完成各项赛事，并获一等奖4个、二等奖6个、三等奖5个；在2021年山西职业院校技能大赛中获多个省级奖项，包括学生一等奖2个，二等奖1个，三等奖2个，教师三等奖3个，优秀指导教师奖5个。

素质教育　2021年，大同财校对标“高水平中等职业学校建设计划”要求，落实立德树人根本任务，培育特色校园文化，开展“文化+”主体系列活动。给学生开设第二课堂，设立舞蹈、声乐、硬笔书法等9个学生社团。学生社团组织的《毛泽东诗词联诵》在全省文明风采大赛中获二等奖。作为大同市思想政治工作研究会团体会员之一，大同财校主动承担社会责任，以思政课程为依托，党史进课堂，把党史学习教育纳入思政课程，有机融入教育教学全过程，引导学生学好党史。

学生管理与资助　2021年，大同财校以“学生满意、家长满意、社会满意”为目标，以立德树人，促进就业为宗旨，加强学生管理，培养学生良好学习习惯，激发学习热情，完善各项制度。把班级日常管理分解成“宿舍、学风、纪律、卫生、出勤及三操”五项考核指标，实行年度先进班集体、优秀班主任评比，促进良好校风、班风、学风形成。落实国家资助政策，向学生宣传助学政策，规范助学金申请流程，保证资助工作质量。2021年春季享受助学金学生65人次，实际发放金额6.5万元；2021年秋季享受助学金学生110人次，实际应发放金额11万元，所有享受助学金学生，助学金均以学生银行资助卡形式全部发放。2021年春季在校生人数278人，2021年秋季在校生人数382人，均享受免学费政策，免学费覆盖率100%。

▲2021年4月21日，大同市财会学校会计专业学生开展点钞训练　（纪淑杰　摄）

校企合作与学生升学就业　2021年，大同财校落实全国职业教育大会精神，推进产教融合与校企合作，把产教融合作为建设高水平中职学校的重点工作，组织骨干教师到阳光成利智创城、跨境电商创业园、京东云电商生态产业园、大同电商产业园区进行参观调研，并与企业在打造新专业、强化学生实训、互兼互聘师资、联合招生、打造“订单班”等多方面达成共识。全年该校应届毕业生116人，就业学生数93人，就业率80.2%。

社会服务　2021年，大同财校提供社会服务6846人次。其中，提供教室和机房供社会组织和机关事业单位开展培训、面试、展演、职称评定等，服务2290人次；协助国家统一法律职业资格考试、全国初级会计专业技术资格、全国中级会计专业技术资格、经济专业资格考试，给其提供考场和考试用机，服务4556人次。（纪淑杰）

【大同师范高等专科学校】　大同师范高等专科学校是全国第六批重点文物保护单位。2021年，该学校占地32.5公顷，项目建设用地32.5万平方米，总建筑面积15.5万平方米，总投资5.9亿元。校园分教学区、生活区、办公区、运动区、文物区五大区域。有在校生5746人，教职工227人，专任教师213人，其中“三支队伍”专职人员57人。教师中，副高职称51人，硕士及研究生105人。有经省教育厅批准、教育部备案的12个专科专业，其中师范类专业8个均是国控专业，非师范类专业4个，计算机应用技术和数学教育为省级重点专业，英语教育和学前教育实训基地是省级高水平实训基地。

德育建设　2021年，大同师范高等专科学校以“体育教育”“美育教育”“劳动教育”为抓手，注重探索“互联网+思想引领”模式，把思想政治教育融入社会实践、志愿服务、实习实训等活动中，形成校内外协同

教育

联动的实践育人共同体。开展创建文明校园、大学生人文素质教育、大学生素质拓展等系列思政活动30余次，申报山西省教育厅思政课程改革专项课题。与大同市博物馆、大同市红色记忆馆和大同市档案馆合作，建立实践教学基地，每周组织百名青年学生参观学习；组织开展爱国卫生运动，普及传染病防治、疫情防控等知识；开展“全民国家安全教育日”活动，组织学习交通安全、食品安全、防溺水教育、防电信诈骗、禁毒等知识；提高师生法律意识，加强教育类知识法规宣传；保障学生心理健康教育，班主任每周到教室、宿舍了解学生各方面情况，根据学生思想情况适时开展谈心活动和心理健康咨询活动。

教学质量　2021年，大同师范高等专科学校落实各专业人才培养方案，抓好常规管理，688名同学报名专升本考试，423名考生达本科录取线，升学率51.3%。坚持以系部为单位开展每周教学教研活动，组织编写《教科研动态简报》6期，促进该校教职工科研能力提升；开通“中国知网”账号，给教师配备人手1台笔记本电脑，保障学术研究平台支撑。截至2021年底，该校中文系、艺术系、外语系、社会科学部申报6项省、市级课题，艺术系、学前教育系、体育系、各有1项新型实用专利获批。

招生就业　2021年，大同师范高等专科学校坚持“立足师范 多元发展 内涵建设 质量兴校”办学理念，组织招生工作组到全省进行招生宣传，扩展省外生源，招收2021级新生2058人。为提高毕业生自主就业能力，完成好学校2018级毕业生就业工作，采用“线上＋线下”招聘会方式，给学生搭建就业平台，年内该校毕业生就业率85%。

教师队伍　2021年，大同师范高等专科学校把建设一支结构合理、素质优良、具有较强创新能力的师资队伍作为内涵式建设首要任务，组织全体教师参加集体教研、课题研究、教学研讨，成立中青结合、新老帮扶、互帮互学小组，安排过关课、公开课、示范课。为提高教师的教学能力和水平，组织举办为期1个月的校内教师教学技能竞赛；面向全体教师组织教案评比活动，把关教师日常教学工作；组织师生参加全省高校数学建模大赛，有4支队伍参赛，其中二等奖1队，三等奖3队；组织各系部教师参加山西省第十五届职业院校技能大赛，教师组1名教师获一等奖，3名教师获三等奖，给学校高质量发展提供人才保障。

校园安全　2021年，大同师范高等专科学校健全完善隐患排查治理和风险管控两个长效机制，确保安全排查不留死角、不走过场。组织签订《大同师范高等专科学校安全工作责任书》，加强治安综合治理，建立横向到边，纵向到底的安全责任体系；开展防范非法集资进校园宣传活动，提高师生员工的金融知识水平和风险防范能力；邀请大同市消防救援支队特勤大队一站副站长张国军给学校全体食堂员工开展消防安全培训及安全疏散演练，修订完善《大同师范高等专科学校消防安全教育培训制度》等消防安全管理制度30余个。加强校园周边环境综合治理工作，形成校园周边安全防范合力，筑牢校园安全防线。　（李志宇）

【大同市文化艺术学校】　大同市文化艺术学校（简称“大同艺校”）是晋北及周边地区唯一一所国办省级重点综合性艺术中等职业学校，占地面积5.3万平方米，建筑面积6.7万平方米。2021年，该校有8个标准舞蹈练功房、6个标准戏曲练功房、8个教学画室、6个音乐实训室、6个声乐实训室、26个钢琴实训室、8个乐理视唱实训室、3个30台微机室、26个多媒体教室、1个标准体育场及多功能报告厅、党员活动室、工会活动室、食堂、浴室和标准学生公寓300间。有正高级职称教师1名，副高级职称20名。开设有戏曲表演、舞蹈表演、音乐、社会文化艺术、文物保护技术、美术绘画等专业。年内，该校被评为“大同市文明单位”，被山西省委党史研究院、大同市委党史研究室确定为山西省党史学习教育联系示范点。

教学管理　2021年，大同艺校在教学管理上创新思维，因材施教，提升教学水平。适应学生社会需求，调整课程设置。针对形势教育的重要性与紧迫性，开设思政课新内容，把《习近平新时代中国特色社会主义思想读本》引入课堂，筑牢立德树人之基；针对音乐专业学生表演需求，给音乐科学生开设形体训练课，提高学生舞台表现力；针对六年制学生文化基础差、书写不规范状况，给六年级学生增设硬笔书法课。整合现有资源，提高资源使用效率。针对学生入学时文化、专业基础不同，打乱年级、班级限制，按照不同基础、不同程度编排不同课程，制定不同进度，实行分层次教学，达到人人进步、各个提高目的；针对不同学生就业、升学不同目标，制定不同培养方案，或注重技能培养，或加强理论基础学习。注重教学研讨，以研促教，以研促学。坚持每周一次的教研活动，通过教学研讨分析学情教情，确定策略，发挥老教师老教授作用，做好传帮带，做到老中青的有机衔接。

学科建设　2021年，大同艺校云冈舞创作研究中心推进云冈舞学科建设。9月26日，云冈舞基础教程专家审读会在大同举行，大同市委宣传部、山西省舞蹈家协会、文化部艺术局、山西省歌舞剧院、希望出版社、大同大学舞蹈系、云冈研究院研究中心等领导、专家参加审读会。审读会召开给《云冈舞基础教程》出版奠定基础。《云冈舞基础教程》有文字描写和说明，配有图画造型，具有理论性、系统性、实际操作性，给云冈舞规范性教学提供依据，是云冈舞学科建设的重要成果。编排创作的舞乐《云冈六臂神舞》，参加央视综艺频道《艺览天下——了不起的地方》栏目演出录制。

助力文旅　2021年，大同艺校发挥专业优势，组织参加、策划完成市委、市政府交办的文旅活动任务，给振兴大同文旅作出贡献。3月，央视节目《跟着书本去旅行》“游山西·读历史”特辑——大同篇火热播出，大同艺校受邀参与演出录制《云冈长袖飞天舞》《云冈莲珠纹舞》；4月20日，央视三套在天镇县录制“首届大同长城文化旅游季天镇李二口长城民俗文化节”启动仪式，大同艺校师生受邀与草帽姐、阿宝、大衣哥等明星合作演出《大丰收》《我热恋的故乡》《父老乡亲》等节目；5月23日，策划承办第十二届中国中部投资贸易博览会大同分会场核心活动“游山西·读历史”大同文化旅游推荐活动，活动在云冈舞蹈中开幕，通过《风雨冯太后》《木兰归明堂》《昭君琵琶老店》《仰望平型关》《黄花情》等历史人物和历史事件讲述大同历史，用艺术形式把历史的大同与现实的大同向嘉宾和游客做推荐。

组织策划重大活动　2021年，大同艺校策划、组织完成市委、市政府交办的重大活动任务，宣传大同。6月10日，承办的“大同市庆祝中国共产党成立100周年2021年全市群众文化活动暨‘颂歌献给党启航新征程’群众歌咏活动主会场启动仪式”在永泰门广场举行，网上称“这是大同历史上最完美的一次歌咏大会”。承办“山西省庆祝中国共产党成立100周年文艺会演”大同参演团队的组织和排练，组织完成山西电视台《永远跟党走》电视片的拍摄任务。10月19日，市关工委主办的“大同市纪念红军长征胜利85周年‘五老’进校园报告会”在大同艺校举行。

平安校园建设　2021年，大同艺校把疫情防控工作作为学校政治任务，克服松懈麻痹心理，绷紧疫情防控这根弦。突出重点抓防控，把好校门进出关，抓好“物防”“环防”。关注全国疫情动态，随时调整防控措施，落实《关于进一步加强学校安全工作的意见》，树立安全发展观，提高安全意识，排除安全隐患，规范安全行为，强化安全责任，做好学校的安全工作，确保学校财产和全体师生人身安全，建设平安校园。（李世成）

【大同市卫生学校】　大同市卫生学校（简称“大同卫校”）是一所中等职业学校，位于大同市南环东路290号，占地面积16.6万平方米，建筑面积12.2万平方米，分教学区、实验实训区、图书行政区、运动区、生活服务区、绿化植物区，绿地率35%，是一所绿色学校、生态学校、景观学校和人文学校。2021年，该校有教职工234人，在校生2190人，固定资产5488.6万元。年内招生860人，比上年增加61人，同比增长7.6%，毕业生507人，在校生2190人，比上年增加311人，同比增长16.6%。学校有专任教师133人，其中高级职称34人，占专任教师25.6%；研究生学历10人，占专任教师7.5%，本科120人，占90.2%；专业课教师93人，占专任教师69.9%；“双师型”教师67人，占专任专业课教师72%；校外兼职教师18人，占学校专任教师总数13.5%。校内实训基地建筑面积2.1万平方米，实训室109个，教学仪器设备值3282.9万元。图书馆建筑面积10691万平方米，有图书藏量6万册左右，其中纸质图书藏量5.6万余册，生均25.6册。另有期刊90余种，报纸23种。设有图书借阅室，综合性书库9个，教师阅览座位100个，学生阅览座位460个，并有智能借还书系统。学校设有12个专业，其中国家示范校重点建设专业3个，省示范校重点建设专业3个。2021年，该校对专业进行调整以服务国家战略发展，停止4个专业招生（其中中医康复保健专业更名为中医康复技术），增加1个专业，专业数量与学校规模相适应，形成结构合理和优化的专业体系。

教育教学　2021年，大同卫校优化专业课程结构，突出技术技能培养特色，完善专业课教师企业实践锻炼管理制度，鼓励他们到医院企业参加实践锻炼，使教学尽可能接近临床一线，提升教学实效性。除日常教学外，还开展听课评课活动，举办“1+X”老年照护职业技能等级证书考试、“1+X”母婴护理职业技能等级考核，加强教学常规管理的实效性，提升教育教学质量，拓宽学生就业方向和渠道，促进学生生活能力的提高和就业本领的增强。3月10日，大同卫校开展集中听课、评课活动，25名教研组组长和6名教务处老师到课堂听课，课上对教师课堂教学问诊把脉，课后检查教案，与授课教师交流得失，客观评价教学过程和教学实效，检验教师的课堂教学水平，强化教学管理，促进教师专业成长，提升教育教学质量。12月15日，教育部“1+X”老年照护职业技能等级证书考试在大同卫校开考，该校该次参加考试的护理专业学生54人，理论考试53人合格，合格率98%，实操考核54人合格，合格率100%。12月25日，教育部“1+X”母婴护理职业技能等级证书考核在大同卫校举行，2020级助产班和护理班46名学生参加考试，该次考试分理论和操作技能考核两部分，操作项目分口述和“口述＋操作”两种类型，分别是月子餐、人工喂养和婴儿抚触，所有考生在规定时间内完成各项考核项目。

大同市技能大赛（医卫类专业）　5月12日，大同市第三届职业院校技能大赛（医卫类专业）在大同卫校举行。赛项设置有护理技能、口腔修复工艺和医学检验技术，护理技能考核铺暂空床操作、肌内注射操作、无菌技术基本操作、单人徒手心肺复苏术（院内）操作，参赛选手56人，口腔修复工艺考核上颌第一磨牙牙体形态2倍石膏牙雕刻技术、全口排牙技术、CAM/CAD设计技术，参赛选手38人，医学检验技术考核显微镜观察自制血涂片，参赛选手11人。通过竞赛，全面考核参赛选手的职业素养、评判性思维能力及临床护理、口腔修复工艺、医学检验技术基本技能与操作水平，引领中等职业学校适应行业现状及技术发展趋势，推进护理、口腔修复工艺、医学检验技术专业的教育教学改革，提升学生的操作技能和实践能力，展示卫生职业教育的办学成果。

校院合作　5月23日，大同市卫生学校、大同守佳消化病医院关于合作共建非直属附属医院的签约挂牌仪式在大同守佳消化病医院宋庄院区举行，双方有关部门负责人参加签约挂牌仪式。根据协议，双方秉承互惠互利、合作共赢、协同发展原则，在专业建设、科学研究、人才队伍建设和教育教学领域开展重点合作，共建附属医院。签约挂牌仪式结束后，与会人员集体观看大同守佳消化病医院专题片并参观医院。

“学党史 知党恩 跟党走”主题演讲比赛　6月23日，大同卫校举办“学党史 知党恩 跟党走”主题演讲比赛，庆祝中国共产党成立100周年，歌颂党的光辉历程，传承党的优良传统。该次比赛经过全校中职19个班级推选，有15名选手参赛，评委7人。比赛现场，选手们依次登台，围绕主题，结合学生实际，讲述自己学党史、知党恩、跟党走的感受和体会，讲述着我们党的光辉历程。经过比赛，评选出一等奖1名，二等奖4名，三等奖5名。通过演讲比赛，让全体师生感受到革命先烈的革命精神，坚定理想信念，牢记初心使命，发奋学习，刻苦专业，打好人生成长进步的根基，努力实现人生价值。

参加省市技能比赛　7月15日，大同卫校教师参加由市教育局、市人社局、市总工会、团市委联合举办的大同市第三届职业院校技能大赛，教师张立云、宋志宇、王佳的参赛作品《爱心传递，耐心呵护——营养消化呼吸系统疾病患儿的护理》获全市一等奖，并代表大同市参加全省教学能力比赛现场决赛。8月31日，参加在山西工程职业学院举行的2021年山西省职业院校技能大赛教学能力比赛，儿科教研组3位老师张立云、宋志宇、王佳组成的教学团队获中职专业课程一组二等奖。10月23日至24日，参加由临汾职业技术学院承办的山西省第十五届职业院校技能大赛，在学生组竞赛中，学生康宁、张一琴和李志婷获二等奖，田佳燕获三等奖；袁宇彤、魏青两位老师获教师组二等奖。

国际交流合作　2021年，大同卫校与日本康养企业SUNCARE株式会社、北京康养介护有限公司签订校企合作战略协议，成立“日语教育培训中心”，进行国际交流合作实践探索，形成开放办学格局，培养国际化技能人才。从在校学生中选出有到日本养老护理企业就业或相关院校留学意愿的学生，开展语言培训，协助首批培训的7名学生办理到日留学手续；在护理专业设立涉外（日本）实验班，按照双向选择原则招收学生，该实验班有学生50名，单独编制人才培养方案，在保证护理专业主干课程基础上，增加日语、老年照护、康复保健等特色课程，由该校与两家合作企业共同培养。（大同卫校）

【山西省工程职业技术学校】 山西省工程职业技术学校，前身为山西省雁北煤炭工业学校，上年1月经省政府批准并入山西工程职业学院，隶属山西省教育厅管理，2021年4月，经省编办和省教育厅批准更名为山西省工程职业技术学校。该校位于大同市平城区学成街，是一所全日制中等职业学校。2021年，该校设有采矿技术、矿山机电、机电技术应用、计算机应用、电子技术应用、汽车运用与维修、建筑工程施工等23个专业。有1个国家级实训基地，3个国家示范重点专业，8个省级实训基地，5个实训车间，42个多媒体教室，蒙维科技、汇永集团、内蒙古新钢联、吉利汽车等多个校外实习就业基地。设有国家职业技能鉴定所、山西煤炭职业技能鉴定站、省级技能认定第三方评价机构等。截至2021年底，该校在职教职工189人，其中教师总数138人，“双师型”教师55人，专任教师全部为本科及以上学历，占比100%；具有硕士研究生学历14人，在职攻读博士研究生1人；具有教师系列高级职称资格90人，已聘高级岗位职称65人，中级职称的教师63名，是一支高级教师配置较高的、以“双师型”教师为骨干的职教队伍。

▲2021年9月29日，山西省工程职业技术学校举行体育节暨秋季“趣味运动会”。图为开幕式现场（秦东霞　摄）

办学质量　2021年，山西省工程职业技术学校完成省示范校建设项目、机电设备安装与维修高水平重点基地和机电技术应用高水平重点专业项目建设任务，提高整体办学水平，发挥示范带动作用。开展“订单”培养、“3+2”高职、对口升学、成教、培训等多种形式的培养模式。提升专业教学能力，提高“双师型”教师水平，优化师资队伍。改善教学设施，建成采矿技术、煤矿机电、汽修、建筑、矿井通风、3D打印、计算机、测量八大专业实训基地，建成煤矿特殊工种模拟仿真实训室、机器人实验室、教师技能大赛数字录播室。提高学生实践动手能力，提升专业教学实践能力，推进校园信息化建设，提高教与学的质量，满足高技能人才培养需要。

德育教育　2021年，山西省工程职业技术学校抓管理提质量，落实立德树人根本任务，促进学校形象品牌提升。开展建校40周年系列活动、举办技能科技节、2021级新生军训汇报表演暨开学典礼、“阳光体育”系列活动、2021年体育节暨秋季“趣味运动会”、就业招聘会等活动。推进“三自教育”（自主学习、自主教育、自我管理）精细化管理，开展“四个一”（每日读一篇好文章、每天写一篇字帖、每周一次班团会讲演、每月学生作品刊发一期）活动，创新班会形式，提升育人质量。组织全校师生开展学习毕业于该校采煤一班、被中宣部授予“时代楷模”称号的肖文儒先进事迹，弘扬“时代楷模”精神；开展建校40周年征文活动，宣传学校40年来年所取得的教育成果。落实精细化管理细则，开展“以赛促建 管理提升”第一届班主任业务能力大赛，成立“班主任工作室”，加强班主任队伍建设，抓好班级管理，强化学风建设。

校企融合　2021年，山西省工程职业技术学校加强校企合作，拓宽就业渠道，强化职业技能鉴定和职业培训工作，提升服务社会能力，实现优质就业。继蒙维科技、北京汇永等举办校企合作订单班之后，年内该校与内蒙古新钢联签订校企合作协议，开设2个订单培养教学班，实行工学交替的人才培养模式，为学生提供就业单位。申报煤矿特种工培训资质，开展学历提升，强化职业技能鉴定工作，提高学生职业技能等级认定质量。

对口升学教育和就业　2021年，山西省工程职业技术学校加强对口升学教育和就业工作，给学生升学打通升学渠道，扩大招生规模。年内，全日制在校生人数418人，学历提升59人。毕业生152人，就业学生数148人，就业率97.4%，其中直接就业105人，直接就业率69.1%；对口就业138人，对口就业率90.8%。对口升学考试，参加考试12人，本科5人，其他全部被省内各大专科院校录取。

省高水平中等职业学校建设项目申报　2021年5月，根据《山西省教育厅 山西省人力资源和社会保障厅 山西省财政厅关于实施山西省高水平中等职业学校建设计划的通知》精神，该校成立项目申报机构，制定建设方案和任务书并申报。于9月申报成功，获省教育厅批准建设。该项目建设期3年，资金预算1000万元，重点建设任务10个。（秦东霞）

【山西通用航空职业技术学院】

山西通用航空职业技术学院位于大同市云州区通航产业园航苑路1号，是公办全日制高等职业技术学院，由山西省人民政府和大同市人民政府共同举办并管理。该学院总占地面积37.1公顷，建筑面积24.4万平方米。一期工程建筑面积12.9万平方米投入使用，二期工程启动。2021年，该学院教职员工95人，硕士（含）以上学历占比90%，在校生1609人。从北航等高校聘请教师12人，从企业聘请专业技术人员6人。学院办学规模6000人，重点布局无人机、航空维修、航空机务与运输、通航＋人工智能4个专业集群。开设无人机应用技术、航空地面设备维修、通用航空航务技术、民航运输服务、直升机驾驶技术、通用航空器维修、空中乘务、民航安全技术管理、智能机电技术、工业软件开发技术、增材制造技术、飞机机电设备维修、机场运行服务与管理13个专业。

专业建设　2021年，山西通用航空职业技术学院以产业和市场需求为导向，获批增材制造技术、飞机机电设备维修、机场运行服务与管理3个专业，学院专业数13个。构建无人机、航空维修、航空机务与运输、通航＋人工智能4个专业集群，形成通用航空职业技术专业体系。依托专业集群体系，立足通用航空及智能制造领域，通过优势专业带动新设专业，形成专业联动发展。

人才培养　2021年，山西通用航空职业技术学院针对人才队伍短板，开展人才需求分析，制定“十百千”人才队伍建设方案并启动人才招聘计划，聘请学科带头人1人。与有关部门沟通，优化机构设置；注重教师培训多样化，教学竞赛常态化，教学管理人性化，全方面提升教师素质，帮助教师成长，40名教师获得高校教师资格证书；完善师资队伍结构，从北航、中国民航大学等高校及企业聘任高水平师资16人。落实《国家职业教育改革实施方案》，执行国家职业高等教育办学条件标准，结合扩招创新人才培养模式，推进教学内容和教学方法改革。坚持育训结合、长短结合、内外结合，促进产教融合、校企合作，结合山西省在大同市开展国家级产教融合型城市试点，加强产教融合公共实训基地、应用技术协同创新中心建设，推进“1+X”、校企“双元”协同育人、现代学徒制等人才培养模式。

德育教育　2021年，山西通用航空职业技术学院坚持立德树人，加强学生思想政治教育工作。强化思政课主渠道作用，配齐思政课教师，开设思政课程，按标准落实思政课经费要求，加强和改进思政课建设；加强辅导员、班主任、教官队伍建设，优化思想政治教育、班级学风建设和日常行为管理“三线融合”学生教育管理体系；构建学生奖助工作体系，首次举行奖学金评选，给178名学生发放国家助学金，发放各类奖学金262人次，表彰先进集体22个；以“五早”（早睡、早起、早锻炼、早餐、早读）为切入点，建立健全值班和晚点名制度，引导学生养成良好学习生活习惯，并加强深化在校园控烟、校园安全及应急处置、医疗急救与心理疏导等方面的工作。

▲ 2021年7月10日，山西通用航空职业技术学院举办2021中国·通航产教融合高峰论坛

（山西通用航空职业技术学院 供图）

▲ 2021 年 10 月 27 日，山西通用航空职业技术学院的学生们在航空物流实训室开展实操培训 （张燕伟 摄）

产教融合　2021 年，山西通用航空职业技术学院以省级通航产教融合实训基地建设为牵引，强化产教融合工作，增加实训设备资产 1983.2 万元。举办 2021 中国·通航产教融合高峰论坛，增加合作企业 12 个；购置山西首架教学用空客 A319 飞机，提升学院办学水平；建设 AOPA 无人机技能培训基地，启动首批学员培训工作，39 名学员取证。完成飞机维修实训室建设，支撑学生实践教学和全国飞机维修大赛参赛；增加社会证书培训基地 6 个、校内证书培训基地 10 个。获批山西省科普教育基地（2021—2025）、中国航空器拥有者及驾驶员协会（AOPA）常务理事单位、山西省通航产业联盟专家委员会成员单位。

校园文化　2021 年，山西通用航空职业技术学院举办多种校园文化活动，丰富学生校园文化生活。组织学生开展“红色家书”经典诵读、参观平型关大捷纪念馆、庆祝中国共产党成立 100 年快闪等活动。举办首场开学季无人机灯光秀，首届科技文化节暨“蓝天杯”技能创意大赛。成立国旗护卫队、航模队、志愿者协会等 18 个学生社团，200 余名志愿者服务“第六届成龙国际动作电影周”活动。举办纪念“一二·九”运动长跑节、校园网络歌手大赛等校园文化活动。

学生就业　2021 年，山西通用航空职业技术学院通过产教融合、校企合作、校校联合等方式，建立实习实训基地 15 个，并与中关村 e 谷、大同云冈机场、北岳机场、大同轻飞、大同长鹰蜜蜂飞机公司等 23 家企业签订合作发展协议，邀请企业共同参与专业建设和教学管理，多方位保障人才培养质量。抓住通航产业专业人才需求旺盛契机，以就业为导向，依托与政府、企业三方合作平台，实现专业与产业、行业的融合，课程与岗位的衔接，拓展学生就业渠道，与多家企业达成用人协议。参与“全民技能提升工程”，开展职工培训、转岗培训、创业培训等，推进技能就业、技能增收、技能成才。

（山西通用航空职业技术学院）

高等教育

【概况】　2021 年，山西大同大学由御东校区和新平旺校区构成，校园占地面积 141.4 公顷，建筑面积 94.1 万平方米，教学科研仪器设备总值 4.2 亿元，馆藏纸质图书 281.1 万册、电子图书 130 万册、电子期刊 100.6 万册。有全日制本科在校生 31976 人，硕士研究生 249 人，继续教育学生 9747 人。教职员工 2677 人（包括附属医院 501 人），其中专任教师 1597 人，具有高级职称的教师 782 人，博士教师 301 人。设有 21 个学院、3 所直属附属医院。有本科专业 70 个，涵盖文学、历史学、农学、理学、工学、医学等 11 个学科门类，其中国家级一流专业建设点 2 个、山西省一流专业建设点 12 个、国家级一流课程 1 门、省级一流课程 70 门。有硕士学位授权一级学科点 3 个、硕士专业学位授权类别 7 个、山西省一流学科 12 个。

（崔鸣华）

【教学科研】　2021 年，山西大同大学加快应用转型步伐，明确办学定位，出台“十四五”事业发展规划，明确“让每个师生都拥有人生出彩机会”办学理念，确立“兴文科、强医学、振工科、精师范”学科发展方向和培育具有“时代特征、大同特点、同大特质、区域需求、行业认可的高素质应用型人才”的人才培养目标定位，开启区域一流的地方性应用型综合大学建设征程。加强应用办学特色，提出实施“1310”战略和 2035 年愿景，抓住建设高水平应用型大学这一主线，聚焦人才培养、学科建设和治理能力三大战略重点，实施思想引领、学科优化、专业革新、教学质量、科技创新、产教融合、人才引育、文化创新、治理效能、支撑保障十大提升工程，使学校成为山西省应用型本科高校的龙头，到 2035 年把学校建成区域一流的地方性应用型综合大学。推进学科专业优化升级，中国史成为一级学科硕士学位授权点，增加材料与化工、教育、体育、新闻与传播、应用统计、旅游管理 6 个专业学位硕士点；增加智能采矿工程、应急技术与管理、助产学 3 个服务地方的应用性专业；投入 160 万元，专项支持国家级一流专业建设，获批 1 个国家级一流专业建设点、3 个省级一流专业，学校高居 2021 年山西应用型一流专业排名首位。推进教育教学改革，通过教育部本科教学审核评估和临床医学认证；获省级教学成果奖 4 项、教育部产教合作协同育人项目 22 项、山西省大学生创新创业训练计划项目 34 项；获国家级、省级一流课程 47 门，省级一流课程总数跃居全省第三，社会实践类金课实现零的突破。

年内，该校实施“科技创新服务能力强化工程”，增强科技核心竞争力和社会贡献度，推进“1331工程”提质增效。提高科研产出质量，获准立项校外科研项目212项，其中国家级项目2项（冷门绝学1项，特别委托项目1项）、国家重点研发计划子课题项目1项、国家自然基金面上项目参与1项、部委级项目4项、省级各类科研项目164项、横向项目37项，共获批科研项目经费2806万元。全年在国内外学术刊物发表论文1100余篇；授权专利54项，其中发明专利13项，实用新型专利41项；实现科技成果转化8项，金额21.7万元；参编教材、著作101部；获山西省科学技术奖二等奖3项、山西省社会科学研究优秀成果“百部（篇）工程”奖4项。石墨烯林业应用创新团队获评国家林业和草原局林业和草原科技创新团队，山西省清洁能源材料联合实验室被中共山西省委军民融合发展委员会办公室及山西省国防科学技术工业局授予山西省国防先进技术创新中心，燃料电池关键材料制备及应用创新团队被授予山西省国防科技创新团队。该校被授予“山西省产教融合先进单位”。（崔鸣华）

【学术活动】 2021年，山西大同大学举办校内、外学术讲座188场，其中邀请校外专家学术讲座97场，博士论坛讲座62场，科普周讲座29场。主办、承办学术会议7场。

1月8日，山西大同大学举行“现代炭材料产业学院产教融合推进会暨山西省碳素产业技术创新战略联盟工作会”。中国特炭行业领军人，新成新材料股份有限公司董事长张培林、大同市发改委副主任李秉坤、平城区发改局副局长李柱及山西省碳素产业技术创新战略联盟的20余位企业代表出席会议。副校长翟大彤主持会议，科研部部长康淑瑰、化工学院党委书记刘思周、副书记张秀娟、副院长霍金仙、副院长解海列席会议，化工学院和炭材料研究所师生代表参加。翟大彤介绍山西大同大学现代炭材料产业学院的建设背景和优势。化工学院副教授屈文山、副教授乔俊和副教授蒋尚分别作题为“石墨烯水性涂料研究与工程应用”“碳纳米材料石墨烯在林业中的应用”“碳基复合储能材料的研究及应用”专题报告，现代炭材料产业学院院长教授赵建国作题为“炭材料产业学院产教融合发展”的主旨报告。与会代表就“现代炭材料产业学院”的内涵式构建和发展、产业学院的人才培养方案制订、实习实训平台的搭建及双师双能型教师队伍建设等方面展开讨论，并提出许多建议，表示会支持山西大同大学“现代炭材料产业学院”的建设和发展，接纳学校相关专业学生到企业进行实习实训，留企工作，给山西碳素产业人才培养尽心、尽力、尽责。

10月22日至24日，第四届中国大同北魏·云冈文化暨第六届全国青年考古学者论坛在山西大同大学举行，该次论坛以“美美与共：多元视角下中国特色考古与北朝文化”为主题，志在推动北魏文化与考古学研究的传承和开展，助力大同社会经济转型发展。山西大同大学党委常委、副校长、云冈学学院院长石凤珍，首都师范大学历史学院院长刘屹，山西省考古所原所长张庆捷，中国人民大学历史学院教授魏坚，北京大学考古文博学院倪润安，大同大学云冈学学院党委副书记、执行院长李珍梅，山西大同大学音乐学院教授吴巧云、云冈学学院教授孙瑜、文学院孙小梅、大同市博物馆研究员曹臣明11位专家学者分别围绕论坛主题，从云冈学建构的时代价值和意义、“敦煌学”与“云冈学”异同论、百年来北魏平城考古发现与研究、北魏金陵与畿上塞围、佛风入墓：北魏平城墓葬佛教因素的演进、长城背后蕴示的民族关系、北魏社会经济制度改革的意义、从北魏民族融合看中华民族的历史形成、云冈石窟的飞天乐舞、大同地区石窟寺考古调研报告、皇帝东巡之碑小考、灵丘觉山寺创建于北魏的历史背景考等方面作学术报告。（崔鸣华）

【学生工作】 2021年，山西大同大学深化立德树人根本任务，加强学生教育管理工作。创新大学生思想政治教育，评选出10家山西大同大学“三全育人”综合改革先进学院，首批聘任14位学生生活思政导师，出台山西省高校首个课程思政建设方案，获山西省课程思政教学设计大赛优秀组织奖。评选表彰66个“先进班集体”、100个“文明宿舍”、24名“优秀学生教育管理工作者”、29名“优秀专职政治辅导员”、66名“优秀班主任”、646名“优秀学生干部”及1160名“三好学生”。提升毕业生就业服务能力，完成2021届7189名毕业生派遣任务，给3586名毕业生申报获批就业创业求职补贴。举办线下专场招聘会240场，提供岗位13978个，举办线上大型招聘会6场，参会单位4978家，提供岗位58129个。2021届毕业生一次性就业率80.1%。11月10日，山西省委副书记商黎光到山西大同大学调研指导，肯定学校思政工作。他强调要按照省第十二次党代表大会决策部署，统筹抓好高校基层党建工作，围绕立德树人根本任务，推进高校党建和思想政治工作，培养德智体美劳全面发展的社会主义建设者和接班人。（崔鸣华）

【校企合作】 2021年，山西大同大学落实“省校合作”战略，推进产教融合改革，主动开门办学，开展共建学院、产业学院建设。与阳高县开展全方位、宽领域合作，共建大学生实习实训基地、大学生就业创业基地、技能服务人才培养基地、校友招商引才基地等政产学研用等12大基地。出台现代产业学院建设与管理办法，顶层设计保障现代产业学院建设落实落地。开展产教融合协同育人工作，获批省级智能采矿装备产业技术创新研究院（产业学院），加强“智能建筑产业学院”建设，合作修订3+1人才培养方案，共同推进关于BIM课改校企合作课程的编写工作。搭建校企合作平台，促进科技成果转化应用。与大同市相关部门联合举办大同市第二届产学研合作创新大会暨“博士大讲堂”，全市60余家企业代表和该校100余名教师代表参加。与国家统计局大同调查队共同建设“大同统计调查智慧云服务平台”，合作完成《大同市宣传建党100周年调研报告集》，开展“山西省黄河流域生态保护和高质量发展统计监测体系”课题研究工作，为推动黄河流域生态保护和高质量发展、服务党政领导决策提供统计智力支撑。与大同市人民政府共建大同乡村振兴研究院，建立服务大同市乡村振兴工作的智库和“产学研”合作平台，联合大同市乡村振兴局组织开展巩固脱贫成果“回头看”乡村振兴社会实践活动，以责任担当与实际行动推动大同市乡村振兴战略实施。加强校企校地合作，培养地方急需紧缺人才。与大同市委组织部合作，开展大同市农村后备干部专期培训，培训2批200余人。与华为公司共建ICT产业学院工作，启用全省高校唯一的VUE国际认证考试中心，开展华为ICT学院云计算工程师认证培训一批次22人。（崔鸣华）

【校园文化】 2021年，山西大同大学加强精神文明建设，打造大学文化品牌，推动创新文化载体、产出精品文化项目。遴选产生首批“一院一品”精品文化建设项目5项、培育项目10项。推动开展以“学党史、感党恩、跟党走”为主题的第十五届校园文化艺术节系列文化活动，坚持“学校搭台、学院唱戏；开放包容、兼收并蓄”办节理念，联合30个部门、学院等开展涵盖文化、艺术、体育、学术四大板块44项主题突出、特色鲜明的文化艺术学术活动，在展示学校、学院（部门）特色同时，把全校党史学习教育推向高潮，嘹亮唱响“学史明理、学史增信、学史崇德、学史力行”同大主旋律，实现“以文化人、以文育人、固本培元”文化育人功效。（崔鸣华）

【大同大学推进碳素产业人才培养模式】 2021年1月8日，现代炭材料产业学院产教融合推进会暨山西省碳素产业技术创新战略联盟工作会在大同大学炭材料研究所举行。中国特炭行业领军人、新成新材料股份有限公司董事长张培林，大同市发改委副主任李秉坤，市平城区发改局副局长李柱，及省碳素产业技术创新战略联盟的20余位企业代表参加。工作会上，大同大学有关专家介绍现代炭材料产业学院的建设背景和优势，并分别作题为《石墨烯水性涂料研究与工程应用》《碳纳米材料石墨烯在林业中的应用》《碳基复合储能材料的研究及应用》的专题报告。全国先进工作者、大同大学化学与化工学院院长赵建国作题为《炭材料产业学院产教融合发展》的主旨报告。与会专家就现代炭材料产业学院的内涵式构建和发展、产业学院的人才培养方案制订、实习实训平台的搭建及双师双能型教师队伍建设等方面展开讨论，表示会支持现代炭材料产业学院的建设和发展，接纳相关专业学生到企业进行实习实训，留企工作，给全省碳素产业人才培养尽心、尽力、尽责。（蕙 兰）

【大同大学两项科研成果获省科学技术奖】 2021年3月10日，山西省政府发布《关于2019年度山西省科学技术奖励的决定》，对促进全省科学技术进步和经济社会发展作出突出贡献的科学技术人员和组织给予奖励。大同大学2项科研成果获二等奖。由省政府设立的省科学技术奖是山西省科学技术类的最高奖项，分科学技术杰出贡献奖、自然科学奖、技术发明奖、科学技术进步奖、企业技术创新奖、科学技术合作奖六类。其中，科学技术杰出贡献奖每两年评审1次，其余五类奖项每年评审1次。大同大学获奖的分别是，冯锋等人完成的项目“基于信号放大技术的光化学生物传感研究”获自然科学奖二等奖；赵建国等人完成的项目“氨基化石墨烯开发及其在水性环氧防腐涂料中的应用”获科学技术进步奖二等奖。（蕙 兰）

【大同大学“思想政治理论课实践教学基地”开放】 2021年3月22日，山西大同大学马克思主义学院“思想政治理论课实践教学基地”开放使用，服务于该校学生的思想政治理论课实践活动。教学实践基地设有“理论素质提升馆”“党史党情体验馆”“思政课自主学习馆”“兴趣爱好互动馆”等不同主题体验馆。在“理论素质提升馆”，学生们可通过VR眼镜，在云端“走进”中共一大、二大、三大会址，并在教师讲解下，参观红岩精神纪念馆。在集体学习之后，学生通过VR眼镜，“云端”祭奠革命烈士，并访问一系列网络在线资源。在“党史党情体验馆”，一个个党史故事在沙盘模型上得到再现，学生们通过沙盘模型，形象地学习党史。在“思政课自主学习馆”，学生们可围绕马克思主义经典文献、中国共产党历史等内容，展开自主学习。在“兴趣爱好互动馆”，学生们集中观看关于红旗渠的介绍，并在教师组织下展开交流讨论。（蕙 兰）

【大同大学代表队在全国企业竞争模拟大赛获奖】 2021年5月14日，由中国管理现代化研究会、全国工商管理专业学位研究生教育指导委员会、高等学校国家级实验教学示范中心联席会经管学科组指导，中国管理现代化研究会决策模拟专业委员会主办，天津工业大学承办的全国企业竞争模拟大赛总决赛落幕。山西大同大学商学院派出的3支代表队在该次比赛中，获全国特等奖1项、一等奖1项、三等奖1项。该次比赛有来自全国28个省市自治区的300余所高校3105支队伍，及尼泊尔2所高校37支队伍参加。大赛于2021年3月份启动，经过初赛、复赛、半决赛、总决赛，最终山西大同大学商学院参赛选手以自身专业基础功底和实践创新能力获特等奖1项、一等奖1项、三等奖1项，是该校在这一赛事上获得的最好成绩。（蕙 兰）

【大同大学与大泉山展览馆共建红色教育和国情教育基地】 2021年8月，山西大同大学与阳高县大泉山展览馆签订合作协议，共建红色教育和国情教育基地，引深党史学习教育，落实省、市关于深化省校合作的决策部署。大泉山展览馆馆内设有党旗红展区、水土保持“声光”区、李培斌同志先进事迹展厅等。党史学习教育开展以来，大泉山展览馆成为大同市重要的党史学习教育基地之一，每天都有各部门各单位及社会组织的团队到该馆参观学习、重温入党誓词，日接待量最高1100人次。大同大学红色教育和国情教育基地落地大泉山展览馆后，双方合作实施义务讲解、革命传统教育、人才培养工程等，利用大泉山红色资源，组织大同大学师生开展社会实践活动，接受红色教育和国情教育，让广大师生了解大泉山全国水土保持工作先进典型的历史故事，弘扬自力更生、艰苦奋斗精神，传承红色基因、汲取红色力量。

（蕙 兰）

【大同大学科研成果获全国奖项】 2021年8月13日，由中国化工学会启动的2021年度中国化工学会科学技术奖评选揭晓。山西大同大学化学与化工学院报送的科研成果首次获得该奖项。教授赵建国团队的项目“石墨烯水性环氧防腐涂料工艺研发开发及工程应用”，获科技进步三等奖。该项目属于新材料领域，主要研究如何把石墨烯优异的防腐性能应用于水性环氧防腐涂料体系，开发出对应的配方，并进行工程放大及开展工程应用研究。该项目解决石墨烯在水性环氧体系中的分散技术难题，通过关键原料的合成和配方设计，突破技术瓶颈，开发的氨基化石墨烯水性防腐涂料在技术指标上远超行业标准，在耐酸腐蚀上显示出极其优异性能。截至2021年底，由该项目的研发而衍生的部分技术已经实现科技成果转化。（蕙 兰）

【大同大学作品在中国陶瓷产品设计大赛上获奖】 2021年10月11日至13日，由中国陶瓷工业协会主办、怀仁市人民政府承办、怀仁市陶瓷行业协会和朔州陶瓷职业技术学院协办的第十一届中国陶瓷产品设计大赛（中陶奖—怀仁杯）在山西省怀仁市举行。比赛上，山西大同大学美术学院代表队2件（套）作品获金奖，3件（套）作品获银奖。该比赛是陶瓷产品行业的国家级赛事，设金奖、银奖、铜奖、最佳创意奖、最佳工艺技术奖等单项奖，有来自全国各地200余家参展单位、院校等报名，参赛作品2000余件（套），最终选出1005件（套）作品参赛。经过初评、终评环节，大同大学美术学院杨仲文、刘飞、罗晓娇创作的《云中梵音》、张志兰创作的《文房四宝》获得金奖；由刘飞、王建斌、周佳敏创作的《乐动云冈》、何守臣创作的《鲸鱼茶海》、杨俊芳创作的《桑干河畔山水茶叶瓷罐》获得银奖。（蕙 兰）

【大同大学代表队在华为ICT大赛获奖】 2021年11月14日，华为中国大学生ICT大赛2021实践赛山西省赛区决赛落幕。山西大同大学计算机与网络工程学院3支队伍分获云赛道一等奖（山西省第一名）、网络赛道二等奖、云赛道三等奖。华为ICT大赛是华为公司面向全球大学生打造的ICT人才竞技交流赛事。3月22日，中国高等教育学会高校竞赛评估与管理体系研究工作组发布2020年全国普通高校大学生竞赛排行榜，华为ICT大赛入选2020年全国普通高校大学生竞赛排行榜竞赛项目名单，标志着华为ICT大赛成为中国高等教育学会认可的含金量高、参赛价值大的国家级竞赛项目之一。在该次比赛中，大同大学计算机与网络工程学院代表队从25所高校代表队中脱颖而出，获云赛道一等奖（山西省第一名）、网络赛道二等奖、云赛道三等奖。获一等奖的3名学生代表山西省参加华为中国大学生ICT大赛2021实践赛全国赛。（蕙 兰）

【大同大学女子足球队蝉联全省比赛冠军】 2021年11月14日至16日，由山西省教育厅、山西省体育局主办的2021年山西省校园足球赛（高校组）女子一级联赛在太原师范学院举行，来自全省高校的4支高水平女足队伍参赛。第一场比赛中，大同大学女子足球队以8比0的比分胜山西医科大学队。第二场比赛，大同大学女子足球队对阵太原师范学院队，最终以13比0取胜。在第三场与山西师范大学队的比拼中，双方势均力敌，最终以1比1的比分保持到终场。最终山西大同大学女足以净胜球优势胜山西师范大学女足，获2021年山西省校园足球联赛（高校组）女子一级联赛的冠军，该校连续两年取得该项赛事的冠军。（蕙 兰）

【大同大学外语教师获全国竞赛特等奖】 2021年12月11日，外语课程思政优秀教学案例交流活动全国总决赛在线上举行。山西大同大学外国语学院教师潘红英在该次比赛中获全国竞赛特等奖。该届赛事于5月1日启幕，历经初选、省级遴选与推荐，经过全国专家委员会评审，从大学英语组和英语类专业组、高职高专英语组及中职英语组作品中遴选出126件作品参加全国评选与交流阶段活动。比赛中，山西省优秀教学案例特等奖获得者、大同大学外国语学院教师潘红英代表山西省英语类专业组参赛，与来自全国27所高校英语专业组对决。决赛采用英文结合PPT对提交的作品进行10分钟阐述，之后进行5分钟的问答环节。经过比赛，最终英语专业组决出特等奖6名、一等奖8名、二等奖13名。潘红英获专业组特等奖。（蕙 兰）

【大同大学代表队获全国会计技能竞赛特等奖】 2021年12月11日，由中国商业会计学会主办、江苏理工学院承办，厦门九九网智科技有限公司技术支持的2021年全国应用型会计技能大赛全国总决赛落幕。山西大同大学商学院学生在该次比赛中获全国特等奖，并获团体奖金1万元。该次大赛采取互联网在线竞技方式进行，分区域赛和总决赛，分别设有大数据财务技能竞赛、管理会计技能竞赛2项内容，每名参赛选手2个赛项都必须参加，各参赛学校区域赛总分前3名学生自动组成参赛队晋级总决赛。总决赛中，大同大学商学院派出孔凡尧、杨琳、郭欣组成参赛队，与来自全国29个省225所本科院校的1500余名参赛队员进行对决，最终获全国排名第一的成绩。（蕙 兰）

教育

文　化

公共文化

群众文化

【文化惠民工程】2021年，山西省群众文化惠民工程项目和送群众文化下乡活动，大同市最终确定乡村群众文艺队伍（文艺小分队）289支、乡土文化能人艺人162名、乡村文化带头人358名。全年大同市乡村群众文艺队伍（文艺小分队）开展活动9767场，乡土文化能人艺人开展活动3103场，乡村文化带头人开展活动7277场，完成送戏下乡任务1555余场。（王少峰）

【免费送戏下乡活动】2021年，大同市文旅局开展“免费送戏下乡”活动，结合党史学习教育，与各演出单位沟通，结合乡镇、村意见安排演出，构筑县乡村共同实施的普惠工程。演出团队为提高节目欣赏性和吸引力，创新节目形式，根据基层群众需求，编排一批接地气、生活气息浓郁的文艺作品。走进乡镇农村、街道社区，打通公共文化服务“最后一公里”。活动期间，市歌舞剧院送戏下乡以歌舞类和综合晚会类节目演出为重点，市晋剧院演出剧目以传统晋剧为主，市北路梆子和耍孩剧种保护传习中心演出多是传统北路梆子戏、传统耍孩儿戏及近年来创排的新编历史剧，这些新排剧目或传统老戏集艺术性与观赏性于一体，活跃乡村文化生活，丰富群众业余文化生活。全年演出1665场，惠及群众50余万人次。（蕙　兰）

【农村公益电影放映】2021年年初开始，大同市电影公司利用数字电影技术进行公益电影放映服务，派放映队分别到全市各个乡村，给农民群众和寄宿学校学生送上“电影大餐”。为提高电影放映质量，维修维护电影放映设备和GPS监控定位，给各县（区）修理数字放映机和投影机故障56台、监控设备8台，并加强放映场次及质量监控，空闲时间对相关人员进行技术培训。下载电影节目690部，放映的《反毒风暴》《捍战》等爱国题材影片最受群众欢迎，《魔镜奇缘》等神话题材则受到学生好评。在寄宿制学校放映943场，给庆祝中国共产党成立100周年开展的“我为群众办实事”红色主题电影放映活动放映441场次，给各广场、社区、养老院放映的消夏电影35场。全年100余支放映队完成1914个村镇、27068场公益电影的放映，观影总人数100余万人次。（蕙　兰）

【群众文化活动】2021年春节期间，大同市文化和旅游局开展多样具有年味的群众文化活动。正月初八至正月十五，在大同古城内华严寺、纯阳宫、关帝庙和永泰广场举行春节文化庙会活动，演出46场，参演人员4600人次，观众近33万人次。组织举办乡村“村晚”拍摄评比、全民阅读活动和平城讲坛、山西省广场舞大赛、网络摄影大赛、合唱比赛、戏曲票友大赛、农民工歌手大赛、旗袍秀大赛、锣鼓大赛和乡土文化能人技艺大赛的大同市选拔赛等10多项群众文化活动。在中国共产党成立100年之际举办大同市庆祝中国共产党成立100周年群众歌咏活动。（王少峰）

【录制“村晚”展现农民群众生活】2021年春节期间，大同市广大文旅工作者走进多个乡村，拍摄纪录大同市农民群众如何过大年，并由市文化馆录制以“欢乐过大年·迈向新征程——我们的小康生活”为主题的“村晚”节目。该次活动节目以家庭为单位进行录制，在抖音、优酷、腾讯、今日头条等网络平台展示。其中，一些具有地方文化特色的“村晚”节目作为代表，经省、市相关部门审核后，上传至国家公共文化云平台“云上村晚”专题进行云联播，参加优秀节目评选。拍摄期间，拍摄者到云州区、广灵县、灵丘县等地，通过拍摄“好物”“好景”“乡村能人”等内容，推介大同市年俗手工艺品、特色农业产品、特色旅游景点等，展示全市乡村文化振兴和乡村产业发展成果，进而展现大同农民群众的幸福小康生活。（蕙　兰）

【群众性民俗文化活动】2021年2月19日至26日，“古都大同中国年”群众性民俗文化活动展演在关帝庙广场、纯阳宫广场及华严广场等处举行，跑驴、秧歌、划旱船等民俗社火，耍孩儿、晋剧、综艺节目展演轮番上演，年味满满，吸引众多市民观看。古城内，约800人的14支花车社火演出队伍从和阳门出发，沿和阳街、清远街开展行进式展演。观众遍布道路两侧及太平楼、四牌楼、钟楼等重要节点，有花车，舞龙舞狮，花伞、扇子舞、手花秧歌，传统秧歌、腰鼓，及大头娃娃、跑驴、耍丑等节目。除社火表演外，关帝庙广场和纯阳宫广场分别上演晋剧《清风亭》《花烛恨》，耍孩儿剧目《金木鱼》《狮子洞》《打佛堂》《墙头记》《对花枪》和北路梆子《清风亭》《才女风尘》《沈理舍子》《王宝钏》等经典戏曲。华严广场开展综艺节目展演，歌曲、舞蹈、武术、走秀、二人台演出及手工艺作品展示等节目各具特色。（蕙 兰）

【“春满古都·又见平城”群众文化系列活动】 2021年4月1日至5月5日，由大同市平城区人民政府主办，大同市古城投资集团有限责任公司、西安曲江文化旅游股份有限公司承办的“春满古都·又见平城”2021群众文化系列活动在华严广场、纯阳宫广场、鼓楼东街等处举行。该次群众文化系列活动以“传统＋时尚”“文化＋科技”创意形式落地，展现大同传统文化内涵和充满现代魅力的城市形象，借力灯光艺术提振古城夜间经济。活动分盛世春晖、华彩国风、春光普照、耀古烁今4个区域，在华严广场、纯阳宫广场、鼓楼东街、鼓楼西街、县楼南街、县楼北街和云路街等处，结合21组灯组，开展文艺演出、民俗展示等活动。活动期间，举办“劳动者的歌——献礼建党100周年”等活动，并在华严广场灯组舞台、纯阳宫广场昭君出塞舞台、云路街鼓舞飞天舞台、县楼南街国潮舞台、鼓楼西街阙楼舞台上演乐队演唱、国潮劲舞、炫酷火舞秀、街头篮球、巡游互动、古风乐器演奏、魔术表演等文艺演出。（蕙 兰）

▲2021年5月5日，“春满古都·又见平城”群众文化活动巡展演在华严广场举行（高 伟 摄）

【公共文化志愿服务进景区活动】 2021年4月2日，大同市图书馆在华严寺举办主题为“携手文化志愿 打造文旅融合”公共文化志愿服务进景区活动。参与该次活动的有市图书馆公共文化志愿服务队、大同大学志愿服务队、云冈区志愿服务队，共75人。活动特邀大同本土民俗专家赵佃玺给游客和志愿者讲解华严寺景区历史、文化、建筑等相关知识，及大同清明节风俗等；向游客免费赠予《共产党员的力量》《读书的力量》《大同名胜诗词集》等书籍，唤醒红色历史文化记忆，打响“天下大同”古都文化品牌。（赵新萍）

【第二届乡村艺术节暨文旅消费季活动】 2021年7月17日至8月1日，由大同市文旅局、灵丘县政府、大同市文学艺术界联合会、大同日报传媒集团、大同广播电视台主办的2021大同第二届乡村艺术节暨文旅消费季活动举行。该次活动主题是“艺术乡村 相约花塔”，以“艺术下乡”聚集乡村人气、拉动乡村消费，促进乡村旅游发展。分艺术大赛、艺术之旅、分会场及节庆联动、文旅消费季4个部分，主会场设在灵丘花塔村，分会场在灵丘旅游集散中心、龙渠沟、含水村、北泉村。艺术大赛分预赛和决赛，包括“同声响亮”合唱大赛、“翩翩花塔”旗袍大赛、“舞动幸福”广场舞、街舞大赛、“国潮精粹”戏曲展评、“灵动山水”书画创作、“同心同礼”文创产品展评等赛事；艺术之旅主要集中在主会场花塔村，内容有田园秀场、印象花塔、趣玩生活、礼遇农品、寻宝乐园5大板块；分会场活动有龙渠沟实景演出《龙渠沟的老百姓》、上下北泉村实景演出《山水北泉》和含水人家的实景演出等。（蕙 兰）

【首期全市乡土文化能人艺人培训班】 2021年11月29日至12月1日，由大同市文旅局主办的首期大同市乡土文化能人艺人培训班举行，以提升基层文化人才技能，提高基层文化工作者管理和服务能力，在增强政治素质、党性修养、业务能力同时，挖掘人才，推动群众文化活动高质量开展。来自全市基层文化工作者、乡镇文化站站长、文化志愿者、乡村文艺工作者、乡土文化能人等约80人进行专业学习。该次培训分3期，分别在市区和左云县、广灵县开展，首期培训采用专题教学方式进行，参训者在老师带领下，学习《非物质文化遗产的保护和传承》《小手艺与大梦想——飞天结艺的乡村振兴梦》《提升乡土文化能人技艺，推动民间文化传承发展》《群众文化活动的组织与策划》等课程，众人通过沉浸式学习方式，对自己现有知识储备、专业技能进行升级提升。（蕙 兰）

【文瀛书屋开门营业】 2021年12月31日，由大同市新华书店创建的，文瀛书屋开门营业。文瀛书屋位于大同市御东行政中心西辅楼一层，是新华书店拓展业务领域的举措。书屋面积65.8平方米，分图书阅览区、党史学习教育区、阅读休闲区。藏书5000余册，涵盖政治、经济、文学、历史、艺术、卫生、法律等多个领域。书屋主要面向驻楼干部职工及来访办事的群众提供服务，开放时间是每周一至周五9时至17时。书屋结合“书香三晋·文化山西”全民阅读活动，通过开展文化讲座及诗歌朗诵会等系列活动，给全体机关干部打造“以学益智、以学修身、以学增才”的阵地。（蕙　兰）

大同市图书馆（大同市少儿图书馆）

【概况】 2021年，大同市图书馆（大同市少儿图书馆）弘扬优秀传统文化，创新服务方式，举办线上线下各类活动71场（线上活动24场，线下活动47场），如：“平城讲坛”、长城文化沙龙、《解密诺奖——数说诺贝尔奖的那些事儿》线上展览、“1·10中国人民警察节”活动、“网络书香拜大年”系列线上活动、“倡导文明健康生活方式”主题公益广告展览、迎新年长城诗歌朗诵会等，丰富市民精神文化生活，提升市民文化素养，促进全民阅读。全年该馆接待读者625049人次，总借书量373308册，总还书量418301册，办理各类读者证、阅览证31193张。1月17日，市图书馆聘请赵忠格、韩府、宋志强、侯建臣、冯桢、朱孟麟、吴天有、李文军、李海林、刘志尧10位大同文化、长城专家为市图书馆长城文献资料研究中心、北魏文献中心顾问、特约馆员，以推进图书馆建设高质量发展。

年内，大同市图书馆被山西省图书馆授予“2020年度优秀志愿服务组织单位”称号；被山西省图书馆学会授予：2021年全民阅读先进集体、“赏春意 品书香 暖万家”春节主题活动优秀服务单位、“话峥嵘岁月 迎光辉未来”系列主题活动优秀组织单位、“万卷寻知 检索智行——山西省公共图书馆信息检索大赛”获奖单位称号。被中共大同市委授予“全市先进基层党组织”称号、被大同市精神文明建设指导委员会授予“文明单位”称号。（赵新萍）

2021年大同市图书馆线上活动统计表

表26-1

时间	活动名称
3月	百年荣光 薪火相传 | 大同市图书馆联合博看网2021年有奖知识竞答重磅来袭！
4月	“话峥嵘岁月 迎光辉未来”——庆祝中国共产党成立100周年诗文诵读比赛
4月	“读党史 学党史”大同市图书馆（大同市少儿图书馆）世界读书日全民阅读大赛
4月	“建党100周年，经典阅读推广”2021年全民阅读季主题活动正式启动！
4月	读书月 | 书香涵泳，悦读启智——读书月看视频抽红包活动
4月	世界读书日 | 锦鲤即将“阅”出 期待您的阅读！
5月	红色故事绘 | 太行精神薪火永传，三晋儿女不忘初心！“红色经典阅读，点亮爱党红心”全省阅读活动
8月	“传承红色基因·担当强国重任”军事知识竞赛邀您参加
8月	“我心向党、喜迎冬奥、助力残运、欢乐健身”科学健身知识竞赛邀您参加
8月	《昆虫记》知识知多少
8月	《骆驼祥子》知识知多少
8月	《老人与海》知识竞答
8月	【线上读书会活动】大同市图书馆“聆听书声·品读书香”活动开启！
8月	抗疫宅家新消遣，消灭病毒大作战
9月	“品中秋民俗·寄相思情怀”中秋节主题在线知识竞赛
9月	“盛世华诞·举国同庆”摄影投票有奖活动
9月	“古韵新姿·醉美大同”一起拍摄最美的家乡吧！
10月	同图活动 | 重阳节，来赛诗吧！！！
10月	《解密诺奖 —— 数说诺贝尔奖的那些事儿》线上展览
11月	《凛冬将至 万物收藏——立冬节气文化展》线上展览
11月	“阅读点亮心灯”活动
11月	“每日一书”线上阅读活动
12月	同图活动 | 法制同行，码上get法律常识
12月	《凝聚奋进力 走好新征程——认真学习宣传贯彻党的十九届六中全会精神》线上展览

【总分馆建设】 2021年，大同市图书馆拓展总分馆体系覆盖面，结合“双拥单位”“书香校园”创建工作，吸纳政府机关、银行、学校、部队、文旅等相关单位成为分馆或服务点，通过总分馆系统推动公共文化进机关、进社区、进银行、进校园、进军营、进景区。年内，建立城区十校分馆、大同艺术学校分馆、平城区永泰街道兴国寺社区分馆、平城区振华街道永宁社区分馆和大同市图书馆云冈区清泉街道福瑞里社区分馆，给32133部队分馆更新图书2000册。派专业技术人员到分馆进行业务指导。选派业务骨干给市云州区文旅局、左云县文旅局举办基层文化骨干培训班授课，提升基层公共图书馆服务质量。（赵新萍）

【数字资源建设】 2021年，大同市图书馆推进数字资源建设。数字资源涵盖音视频、电子图书、有声图书、报刊、学术期刊、数字展览等内容，满足读者对各类数字资源需求。市图书馆注重自建资源建设，策划开发包括音频、视频、文字在内的多种数字资源，拍摄“平城讲坛”17期、长城文化沙龙7期、长城文化专题片2期，纪念林徽因先生诞辰117年首届线上诗歌朗诵会、“爱我中华 修我长城”迎新年长城诗歌朗诵会。把所有数字资源同步上传到“市图书馆”微信公众号、APP、网站等平台，向读者免费开放。年内，“市图书馆”微信公众号资源平台总关注量99604人次，净增关注人数30582人次，发布推文2856条，通过公众号消息、公众号主页、看一看精选、聊天会话、朋友圈、朋友圈在看、搜一搜、其他在内的8个渠道服务读者381513人次，资源总阅读量345614人次，分享次数32591人次。（赵新萍）

【网站建设】 2021年，大同市图书馆健全完善网站管理制度，调整网站各模块的名称和组织架构，使网站布局更加条理清晰，栏目新颖、内容翔实。把“同图讲座”栏目更名为“馆建视频资源”，下设“游山西读历史”、公开课、平城讲坛、学习讲堂、同图小影5个栏目。其中，同图小影是新策划推出的栏目，收纳该馆多个活动视频，集中展现本馆各种活动中的读者身影。上架“地方文化专题片”栏目，集中展现大同各地文化风貌和历史人文情况。年内，该网站平台上传各类资源275条。（赵新萍）

【学习书屋】 2021年，大同市图书馆“学习书屋”发挥宣传示范作用，组织开办党性新书推介会，筛选优质好书，向全社会宣传党的最新纲要和精神。“学习书屋”是大同市首家以学习宣传习近平新时代中国特色社会主义思想为主题的公共阅览空间，位于市图书馆4层，有各类红色党政类书籍2万余册。年内，与企事业单位合作，拓展党建宽度和深度，承办主题教育活动24次，举办学术交流研讨会、红色文化展览，团体单位参观调研。全年“学习书屋”接待读者约1万人次。（赵新萍）

【图书捐赠】 2021年，大同市图书馆收到54位读者16个团体组织的捐赠图书，计1241种1717册。捐赠图书涉及文学、历史、税务等多个方面，丰富市图书馆馆藏资源。（赵新萍）

2021年大同市图书馆接收图书捐赠统计表

表26-2

捐赠者	书名	种	册
孔维新	《大同解放》《雁北乡镇概况》《雁北县传》等	978	1080
左云县文联	《新水浒外传》《蜻蜓落网》等	110	315
柴京云、柴京海	《柴氏兄弟曲艺选：大同数来宝》	1	28
中共大同市委党史研究室（大同市地方志研究室）	《大同年鉴（2021）》	1	1
崔莉英	《汉臣崔浩》	1	1
巩志升	《三中全会以来重要文献选编上》《法家人物简介》等	14	14
王予同	《大同史话》	1	15
李安民	《大同铜器》	1	20
刘志尧	《长城故乡 塞上名城——山西省历史文化名城左云》《左云长城城堡与贸易》	2	2
董耀会	《长城：追问与共鸣》《长城文化经济带建设研究》	2	2
大同市统计局 国家统计局大同调查队	《大同统计年鉴（2020）》《大同市第三次全国农业普查综合资料》	2	2
中共大同市委《今日大同》编辑部	《今日大同》2013年合订本、《今日大同》2015年合订本、《今日大同》2016年合订本、《今日大同》2017年合订本、《今日大同》2018年合订本、《今日大同》2019年合订本、《今日大同》2020年合订本、《今日大同》2019年7期、《今日大同》2020年12期、《今日大同》2021年3期	10	13
高晓梅	《故塞长风——内蒙古明长城科普摄影》	1	1
赵忠格	《守口堡》	1	1

续表 26-2

捐赠者	书名	种	册
杨丁志	《雁门碑钞》	1	1
侯建臣	《老臣高允》	1	1
宋志强	《北魏平城考古研究》《大同文旅（2017 年 7 月创刊至 2019 年 7 月合订本）》《大同地名志》	3	3
贾云峰	《营销中国》《回家的故事》《向荔波出发——荔波美景寻踪之旅》《你不知道的上海青浦》《一亿游客 一亿机会 一套完整营销战略》	5	5
朱孟麟	《中华英才》2016 年第 16 期	1	3
魏平锁	《趣谈二十四史》	1	1
马千红	《长城笔记》	1	1
李青山	《宋人七绝选读》	1	1
田胜胜	《追梦的泥人》	1	3
平城区委宣传部	《北魏历史文化名人传记丛书》《北魏别册》	12	12
吕梁图书馆	《碛口志》	1	3
李树梁	《郑成功》《山西大学》2018 年增刊	2	2
王鲜花	《灯芯绒》	1	2
左鹏翔	《寻找另一条河流》	1	2
陈　年	《给我一支枪》《小烟妆》	2	4
山海关长城博物馆	《名关寻古》《万里长城——山海关长城博物馆基本陈列》《万里长城山海关——山海关长城博物馆基本陈列》	3	5
大同市社会科学界联合会 大同市诗词学会	《大同名胜诗词集》	1	4
吴天有	《高山镇志》	1	1
陈　雄	《上海宝山寺仿唐古建筑营造》	1	1
李焕龙	《慈善诗选》	1	1
韩　英	《元顺兴》《云州元顺兴藏开元通宝集》精装	2	8
韩英、韩搏	《开元通宝精品集拓》线装	1	1
郭宏旺	《左云味道》《尘封的记忆》	2	4
温润田	《共和国不会忘记——全国参战参核老兵名录丛书（七）》	1	1
中共大同市委党史研究室 （大同市地方志研究室）	《大同年鉴（2019）》《大同年鉴（2020）》	2	3
董晓钢	《土坷垃里寻梦——董家沟里一家人》	1	1
张风新	《大同市同星抗生素有限责任公司三十年创业史》《中国制药工业发展报告（2019）》	2	8
大同市税务学会	《税收理论与实践》《大同市税务志》《影像税月——庆祝中国共产党成立 100 周年专辑》《影像税月第一期（2019.4）》《云中税苑 总第 8 期（2021. 第一期）》《云中税苑总第 9 期（2021. 第二期）》《影像税月 第二期（2020.4）》《税苑翰墨》《纵情山水》《云中税苑 2019—2020 年合订本》	10	24
杨富生	《广灵民间故事俗语集成》（上、下）	2	4
宋志强	《大同文旅》第 1~25、第 26~50 期合订本	1	1
杨　日	《万里长城百关纪念封》	1	1
云州区图书馆	《云州文苑》（2021. 第一期、第二期、第三期）	3	18
原瑞明	《人民公安 2021 合订本》《岁月如歌》《护核心 见行动 铸忠诚》《忠诚铸警魂 热血写春秋》	4	4
倪润安	《光宅中原：拓跋至北魏的墓葬文化与社会演进》	1	5
张宏芳	《忻东旺·艺术往事》《回乡》《艺术家开门行动》《细节·忻东旺》《相由心生 忻东旺作品集》《一个天才的心相—忻东旺艺术作品展》《村民列传》《现实主义之路·七人油画展》	8	27
韩祥瑞	《史说张库大道》	1	1
秦在珍	《偏关长城图志》《我的家园我的歌（五）》	2	2

续表 26-2

捐赠者	书名	种	册
岳占东	《黄河边墙》	1	1
杨峻峰	《扣响雁门》《雁门文化研究》《长城爱好者》2021 总 19 期	3	3
忻州市第七届（原平）长城论坛组委会	《山西长城》《长城爱好者》《平型关》《繁峙画报》	4	4
于润仓	《于润仓自传》	1	1
大同文化旅游集团	《大同文旅》2017 年 7 月创刊号至 2019 年 7 月合订本	1	1
	《大同文旅》2019 年 8 月创刊号至 2021 年 8 月合订本	1	1
左云长城学会	《左云文史》（2021.1、2019.2）	2	2
忻州市第七届（原平）长城论坛组委会	《长城保护法规汇编》	1	1
史利亚	《塞北文苑》2018.3; 2020.1; 2020.2	3	11
冯占军	《中国共产党繁峙县历史记事（1926.12—2017.12）》	1	1
	《繁峙年鉴》（2018、2019、2020）	3	3
中共大同市委党史研究室（大同市地方志研究室）	《百年征程话大同》《时代风华》《大同市情概览》	3	7
田生树	《田氏族谱》	1	5
张日升	《拒门堡红色记忆》	1	1
史龙跃	《拓跋，上马》	1	3
杨继川	《大同传统村落助马堡》	1	1
杨　荣	《大舞台》	1	1
贾　钰	《塞外梅花精武魂》	1	2
陈长青	《老城影集（第一辑）》	1	6
合　计		1241	1717

【图书推荐】 2021 年，大同市图书馆在该馆微信公众号、网站推出“好书推荐”“乡音流转”“古籍寻文”“长城图志”4 个栏目，培养市民阅读兴趣，推进城市文化建设。由该馆采编部、地方文献中心、古籍部、长城文献中心 4 个部门择选该部门精品图书，撰写介绍文稿并录制音频，由数字资源中心进行后期制作和推文排版后在公众号发布。全年“好书推荐”栏目制作完成 58 期，音频累计时长 117 分钟，资源阅读总量 8074 人次；“乡音流转”栏目制作完成 28 期，音频累计时长 96 分钟，资源阅读总量 4799 人次；“古籍寻文”制作完成 13 期，音频累计时长 31 分钟，资源阅读总量 1524 人次；“长城图志”制作完成 4 期，音频累计时长 11 分钟，资源阅读总量 955 人次。在微信公众号、网站还推出“同图有声——小孙说二十四节气”“同图有声——童话故事”“同图有声——传记·小说”栏目。其中，“小孙说二十四节气”以节气为着眼点，选取物候、习俗、诗词等相关知识，录制并发布 17 期，累计时长 89 分钟，总阅读量 4248 人次；“童话故事”节选国内外经典童话故事，录制并发布 30 期，累计时长 127 分钟，总阅读量 46196 人次；“传记·小说”栏目现播出由武耀编著、解鸿雨播讲的长篇评书《广盛原传奇》38 期，累计时长 643 分钟，总阅读量 9552 人次。

（赵新萍）

【平城讲坛】 2021 年，大同市图书馆围绕中国共产党成立 100 周年，结合大同市历史文化底蕴和时政热点策划举办“平城讲坛”。“平城讲坛”是市图书馆 2007 年创办的品牌讲座，以传承弘扬中华优秀传统文化、塑造社会主义核心价值观为中心。邀请郑爱、闫桂花、赵忠格等 15 位大同教授、作家、学者现场授课，讲授《坚定不移走高质量发展之路》《深度阅读与觉知力的培养》《大同长城 100 题》《从百年征程中看中国共产党人的初心建立与使命坚守》《大同长城文化》等专题。每期讲座录制视频，并上传到“市图书馆”APP、“市图书馆”网站和山西公共文化云平台。全年举办“平城讲坛”17 期，总时长 1799 小时。

（赵新萍）

【中国人民警察节活动】 2021 年 1 月 10 日中国第一个“中国人民警察节”，大同市图书馆开展现场宣传活动，提高广大读者反诈意识，了解当前高发的电诈类型，树立反诈防线，不要轻易上当受骗，共同打击电诈犯罪。活动现场，公安民警现场资料宣传单，向读者介绍和讲解常见的诈骗手段和防范知识，提醒大家要提高防范意识。中国人民警察节宣传活动，增强广大民警职业荣誉感、自豪感、归属感，对激励全警以强烈担当精神

履行好党和人民赋予的新时代使命任务具有重大意义。（赵新萍）

【倡导文明健康生活方式公益广告展】 2021年2月14日至20日，大同市图书馆开展“倡导文明健康生活方式”为主题的公益广告展览活动，以传播普及健康理念，倡导良好卫生习惯，推动形成文明健康生活方式。活动内容包括：在场馆大厅中央展板张贴“推行垃圾分类 绿色低碳出行”“保持平和心态 积极乐观自律”“提倡戒烟限酒 坚持适量运动”“保持社交距离 增强防病意识”等宣传海报；向附近群众宣传引导文明行为，倡导注意个人卫生、科学佩戴口罩、勤洗手常通风、保持社交距离、使用公筷公勺等风尚；在微信公众号上同步推出“倡导文明健康生活方式”主题公益广告展览，最大限度地满足读者需求的文化公益服务宗旨。该次活动接待观展人数13843人次。（赵新萍）

【“文明·志愿大同”志愿服务活动】 2021年春节期间，大同市图书馆根据“文明·志愿大同”活动季活动主题及活动要求开展志愿服务活动。在全国志愿服务信息系统实时发布项目，以馆内志愿服务为载体，着眼于提升市民思想道德素质和城市文明程度，立足创建文明美丽家园建设；组织志愿者开展以文明劝导、指引，图书文献上架整理，政策宣传，公益展览，清理脏乱、环境美化为重点的青年志愿服务，用实际行动传播文明，提升维护图书馆形象，深化文明城市创建成果。（赵新萍）

【学雷锋志愿服务活动】 2021年3月5日，由大同市图书馆、大同市残疾人联合会主办，大同市特殊教育学校、大同市残疾人文化学会协办的以“传承雷锋精神 推动文明创建”为主题的学雷锋志愿服务活动在市图书馆内一层大厅举办。该馆的志愿合作团队、大齿集团志愿服务队、南郊区雷锋志愿服务队参与。活动中，志愿者一对一搀扶残障读者参观了解市图书馆盲文阅览室。盲文阅览室配有各类盲文文献2800册（张），其中盲文图书1600册，大字本680册，无障碍电影光盘600余张。盲文阅览室配备供残障人士使用的各种设施设备，如视障电脑、中国触觉语言地图、盲人一键式多功能解读机等。志愿者与残障读者一起到报告二厅体验无障碍一体机播放。无障碍电影是在普通电影没有对白的画面上，添加语音旁白（针对视障读者）和在有对白的画面侧角添加手语（针对听障读者）后特别制作的影片。语音旁白同步解说影片画面中的场景布局、人物动作、表情细节、环境气氛等信息，手语同步解说对白词，让视力残障者以听觉、听障读者以手语来了解文化知识、享受电影艺术乐趣，从而给残障人士创造丰富的阅读空间及条件。（赵新萍）

【长城文化沙龙】 2021年3月27日，大同市图书馆举办第一期“长城文化沙龙”，以传承、弘扬以长城为象征的中华民族精神和长城文化，挖掘长城精神和长城文化蕴藏的历史内涵和时代价值。沙龙由市图书馆长城文献资料研究中心与大同市长城文化旅游协会共同主办，每月一期。全年举办9期。主题包括：《我眼中的长城》《大同明长城重点段与长城国家文化公园建设》《大同市长城保护条例》《书本里的长城》《长城保护从孩子教育开始》《镜头里的长城》《行走中的长城》《游长城，游什么？》《“沧桑长城 形胜大同”大同长城摄影展》。其中，第三期《大同市长城保护条例》沙龙，邀请大同市人大常委会副主任张忠义和人大法工委相关负责人参加。市图书馆长城文献资料研究中心向市人大提供《大同长城保护条例建议报告》及《大同长城保护条例（草案）》审阅意见，给政府决策和大同长城宣传保护建言献策。（赵新萍）

【全民阅读推广活动暨版权宣传周和“绿书签行动”启动】 2021年4月23日，“书香大同·文化古城”全民阅读推广活动暨版权宣传周和“绿色书签行动”启动仪式在大同市图书馆举行，大同市委常委、宣传部部长王铁梅，市人大、市政协、市直有关部门领导，全民阅读成员单位代表和社会各界读者代表出席仪式。仪式上，大同市阅读推广大使代表朗读《党旗颂》；左云县文联、市新华书店分别向市图书馆捐赠本土作家作品315册和党史系列图书320册，市图书馆代表宣读阅读推广倡议书、市文化市场执法队代表宣读版权保护倡议书、学生代表宣读“绿色阅读”倡议书，大同市2020年度山西省乡村阅读榜样王润梅做阅读经验推广，与会领导向阅读先进人物颁发荣誉证书，聘请为大同市阅读推广大使；王铁梅和与会领导共同启动2021“书香大同·文化古城”全民阅读推广活动暨版权宣传周和“绿书签行动”。该次“4·23”世界读书日系列活动下设两个分会场。在4楼学习书屋开展2021年山西省群众文化惠民工程“读

▲ 2021年3月27日，大同市图书馆与大同市长城文化旅游协会举办长城文化沙龙第一期我眼中的长城（康一凡 摄）

党史 学党史”世界读书日全民阅读大赛；在报告二厅举办“书香千万家”亲子阅读活动。活动现场设立版权服务咨询台，发放版权宣传及“绿书签行动”资料，倡导广大读者绿色阅读。（赵新萍）

【“4·23”世界读书日主题教育实践活动】 2021年4月13日至14日和4月27日，大同市晨曦树基幼儿园145名幼儿及教师，京华合木幼儿园80余名学生及教师分别到大同市图书馆，开展“4·23”世界读书日主题教育实践活动。活动中，市图书馆工作人员向幼儿介绍图书馆空间布局及馆内各部门的主要功能，带领幼儿参观书墙、书库，介绍馆内藏书，向孩子们讲解图书的封面、文字、图画、作者等相关内容和借书、还书的基本流程；工作人员带领幼儿们到绘本馆，让孩子们围坐在一起共同阅读喜爱的书籍，并选出幼儿代表与同伴分享阅读的快乐。该次活动让孩子们走进图书馆，引导幼儿从小养成爱看书、会看书的习惯，实现从“阅读”到“悦读”，让孩子们在阅读中快乐成长，提升孩子们阅读能力。（赵新萍）

【“与党同心 与青春同行”五四专题活动】 2021年5月4日，大同市图书馆以“大师足迹——‘五一’旅游季”为契机，送红色经典有声阅读展览及党史学习教育图书、文化志愿服务进景区为主要形式，在大同市云冈石窟景区开展主题为“与党同心 与青春同行”五四专题活动。市图书馆组织60余名文化志愿者参与该次活动。活动邀请国家级金牌导游朱孟麟给游客和志愿者讲解云冈石窟历史文化及景区相关文化知识，让在场游客多角度体会非物质文化遗产的魅力。景区特设展览专区，让游客在现场体验“红色经典 同图有声”读物展，通过扫码实现红色经典书籍阅读，引导游客传承爱国情怀和革命精神，并向游客赠予党史学习教育图书，激励大家主动学习党史，增添旅游观光乐趣。志愿者开展道路指引、扶老助残、环境保护、秩序维护等志愿服务。通过志愿服务实践活动，让公共文化志愿者从五四活动中传承发扬爱国主义精神，丰富学识，增长见识。（赵新萍）

【全国助残日主题活动】 2021年5月16日，大同市图书馆与大同市特教学校共同举办“巩固残疾人脱贫成果 提高残疾人生活质量”主题活动，以倡导全民阅读，让残障人士共享公共文化服务成果。活动中，市图书馆公共文化志愿服务队给残障人士现场演示无障碍一体机的使用方法并播放中国共产党成立100周年红色题材电影《建党伟业》，重温经典，感受革命精神。让视力残障者以听觉、听障者以手语来近距离感知文化知识、享受电影艺术乐趣，给其提供智能便捷化服务，增强其精神文化获得感和幸福感。给有需要的残障人士免费发放馆藏文创产品，让其感悟书香。（赵新萍）

【委员书屋揭牌启动仪式】 2021年5月21日，大同市政协在市图书馆三楼举行委员书屋揭牌启动仪式。市政协党组副书记、副主席任建刚给委员书屋揭牌。年内，市政协把2500余册图书放到市图书馆，建立委员书屋并向读者开放。委员书屋是市图书馆与机关单位合作建设的主题馆，是推动公共文化服务高质量发展的举措。揭牌仪式后，参会人员在委员书屋开展“书香政协、学史聚识”读书活动，并就发挥“委员书屋”融合联动作用、开展线上线下读书学习、提高政协委员履职能力等相关工作进行座谈交流。（赵新萍）

【圆梦工程志愿服务项目系列活动】 2021年6月，大同市图书馆启动2021“圆梦工程”志愿服务项目系列活动。市图书馆公共文化志愿服务队招募音乐、美术2名特长课教师参加该次活动，2名特长课教师到市云州区倍加造中学服务。美术教学以创意美术DIY手作体验、绘画教学与指导为主。课堂上，老师讲解范围涉及艺术、文学、自然科学、哲学、伦理学及生活中各方面知识，根据学生不同心理需求和气质类型，鼓励学生独立创作。音乐教学以中华民族音乐赏析及琵琶演奏教学、合唱训练指导为主。教师从民族音乐概念、民族音乐分类、民族乐器分类及琵琶古曲赏析等多个维度阐述，让学生对民族音乐、器乐琵琶有了解，增强其民族自豪感及文化自信。现场进行琵琶曲演奏示范及音乐知识问答互动，带领学生体味民族音乐魅力。合唱教学中，选《团结就是力量》《明月几时有》《歌唱祖国》等歌曲，通过不同发声练习规范学生声音，提高演唱水平和演唱技巧。要求学生在练习过程中时刻保持协作团结精神。通过合唱，提高学生之间相互沟通、配合能力。该次活动截至9月底结束，服务时长144小时、服务学生600人次。（赵新萍）

【灵丘城市书房】 2021年7月31日，由大同市图书馆与灵丘县旅游

▲ 2021年7月31日，由大同市图书馆与灵丘县旅游集散中心合作建设的灵丘城市书房正式开放 （康一凡 摄）

文化

集散中心合作建设的灵丘城市书房开放。灵丘城市书房面积约150平方米，配备纸质图书4000余册，电子书6500余册。图书主要以政治、历史、中华传统文化、文学、大同当地文学作品和文化旅游介绍作品等为主。配备中文图书期刊数字阅读屏、Wi-Fi、自助办证机、自助查询机、自助借还机等智能化设备，外地游客与本地居民可自主办理相关业务，书可阅读、可借走，方便大家阅读体验。

（赵新萍）

【文化拥军】 2021年“八一”前夕，大同市图书馆到32133部队开展慰问活动，推进双拥工作，增进军民友谊，加强“文化拥军”。活动中双方围绕图书馆分馆运行情况与图书管理进行交流，对如何更好推进部队阅读推广、增强军人理论素养、提高思想水平等进行探讨。9月，市图书馆给32133部队分馆更新图书2000册。“文化拥军”丰富广大官兵业余文化生活，推进双拥工作发展。（赵新萍）

【信易阅共建签约仪式】 2021年8月18日，大同市图书馆与市平城区社会信用体系建设联席会议办公室在市图书馆举行信易阅共建签约仪式。“信易阅”激励活动是由大同市平城区社会信用体系建设联席会议办公室提供受表彰区级以上的优秀、先进或模范等称号的个人名单，市图书馆提供免押金借阅、新书优先借阅、延长借书时限、增加单次借书数量、阅读座位预约、优质图书推荐等服务。全年市图书馆通过“信易阅”激励活动，办理免押金借阅1012人。（赵新萍）

【忻东旺出版物捐赠活动】 2021年10月22日，忻东旺出版物捐赠活动在大同市图书馆举行。忻东旺（1963—2014）是中国当代新写实油画代表人物，从山西到天津再到北京，从一位名不见经传的青年画家到获得第十届全国美展的油画金奖，他的成长与崛起跃出常见轨道，具有更多从边缘到中心的平民色彩。嘉宾张宏芳把珍藏的忻东旺著作捐赠给图书馆，有《忻东旺·艺术往事》《回乡》《艺术家开门行动》《细节·忻东旺》《相由心生 忻东旺作品集》《一个天才的心相——忻东旺艺术作品展》《村民列传》《现实主义之路·七人油画展》8种27册。（赵新萍）

▲ 2021年10月22日，忻东旺出版物捐赠活动在大同市图书馆举行 （康一凡 摄）

【党史知识竞赛】 2021年10月24日，由山西省文化和旅游厅主办，山西省图书馆学会、山西省图书馆、大同市图书馆、大同市图书馆学会承办的“‘永远跟党走’2021年山西省群众文化活动‘读党史 学党史’党史知识竞赛”在市图书馆举行。该次竞赛活动内容包括：党史、新中国史、改革开放史、社会主义发展史、时事政治等，采取线下竞技抢答、线上扫码答题两种方式进行，活动分心跳问答、谁与争锋两个环节。参赛人员18位，分6组、每组3人，通过两轮比赛及一次附加比赛决出党史知识竞赛总冠军。该次活动全面考察参赛选手党史知识储备广度和深度，多维度检验党史学习教育成果，以赛促学、以学促行，推动广大党员群众把学习转化为工作中的动力。（赵新萍）

大同市博物馆

【概况】 大同市博物馆位于大同市平城区太和路，占地面积51556平方米，建筑面积32821平方米。2021年，市博物馆有1座总馆、9座分馆，9座分馆分别是：明堂遗址博物馆、北朝博物馆、梁思成纪念馆、平城记忆馆、魁星文化博物馆、辽金元民族融合博物馆、古代铜造艺术博物馆、大同红色记忆馆和魏碑书法家张霭堂故居纪念馆。市博物馆有馆藏文物17万余件，珍贵文物21712件。常设展览以大同历史文化的地域特色为主线，分“沧桑代地”“魏都平城”“辽金西京”和“明清重镇”4个基本陈列，及“大同恐龙”“梵语清音”2个专题展览，设2个临展厅用于对外交流。全年市博物馆（总分馆）接待游客近140万人次，开展研学活动71场，策划并实施社教活动102场次，365名志愿者服务时长20544小时。

年内，“西京风华——辽金元民族融合文化展”入选国家文物局2021年度“弘扬中华优秀传统文化、培育社会主义核心价值观”主题展览征集推介项目；“一馆品历史·九馆悟千年”主题旅游项目被评为“2021全国文化遗产旅游百强”；大同市博物馆被评为“2021年山西省文物工作先进集体”“山西省版权示范单位”“陶质文物保护与研究山西省文物局科研基地”；原创展览“遇见——一个特别的创作展”入选2021年度山西省文物局“弘扬中华优秀传统文化、培育社会主义核心价值观”主题展览征集重点推介项目；“同展不同览，同心不同趣”外展社教课程入选山西省第一批中小学教育示范推介项目；“大同蓝瓦当”入选2021年度全省文物单位文创推介活动重点推介产品。

（王雅真）

【博物馆线上活动】 2021年，受疫情防控影响，大同市博物馆许多线下活动暂停，借助新媒体开展线上活动。年内，该馆官方微信平台推出《博学苑》40期、《博闻晋风·品阅历史》27期、《云讲同博第二季》17期、《同博带你看世界》14期、《这一年》6期、《国宝小助手》6期、《藏在同博里的十二生肖》6期、《云听物语》2期，与大同日报社合作推出《发现大同·品鉴文物》30期。与《山西晚报》《大同日报》等媒体推进宣传工作，《山西晚报》报纸版面报道大同市博物馆相关内容20次，其中2个头版，4个整版；“文博山西”平台推送大同市博物馆相关内容30条。与中央广播电视总台国际频道、山西省电视台、省文旅厅、网信办、《人民日报》《美丽中华行》“狐妖小红娘山西100件文物探索之旅”节目组、《中国推介》栏目、CCTV-10“大同寻珍”栏目等开展合作，提升博物馆知名度与影响力。（王雅真）

【西京印迹——大同辽金元文物展巡展】 2021年1月1日起，由大同市博物馆策划主办的“西京印迹——大同辽金元文物展”先后在马鞍山博物馆、安徽中国徽文化博物馆、铜陵市博物馆、湖北恩施博物馆、四川绵阳博物馆、凉山彝族奴隶社会博物馆巡展。展览分“民俗风情”“窑火神韵”“魂兮所归”“壁彩丹青”4个单元，从社会生活、文化艺术、宗教信仰等方面，向观众展示出辽金元时期西京地区独特历史文化风貌，借外展推动大同历史文化辐射地区扩大，加强大同与各地文化文博事业交流。

（王雅真）

【北朝艺术博物馆重新开放】 2021年2月8日，位于大同明堂公园内的北朝艺术博物馆再度对外开放。该馆展览以馆藏北朝文物为基础，展出北朝文物1100余件，通过艺术化展示手法，全面再现北朝社会历史文化的方方面面。展览分“妙相庄严”“石雕气象”“卤簿庄穆”“魏碑风骨”“彼岸世界”“殿堂华章”“生活百态”7个单元，全面展示北朝的宗教文化、石雕艺术、出行仪仗、墓志碑文、砖瓦建筑及日常生活。其中，乙弗氏俑阵、丹阳王墓砖、解兴石堂及各类北朝造像、瓦当、墓志等，具有极高历史价值和艺术价值，是研究北朝历史的重要资料。数量众多的出行俑阵、镇墓俑等文物，通过阵列式排布形成震撼视觉效果。在文物展示基础上，该博物馆对文物相关信息进行解读。例如，围绕墓志引申的连环画故事、书法演变历史，围绕石椁引申的房屋建筑等，增加展览的知识性和趣味性。（蕙　兰）

【重庆中国三峡博物馆藏玉石器展】 2021年3月31日，由大同市博物馆和重庆中国三峡博物馆共同主办的“百闻不如玉见——重庆中国三峡博物馆藏玉石器展”在市博物馆临展厅开展。该次展览以玉石器的分类、功能演变等为主线，辅以时间顺序进行陈列，分“玉石之灵——通灵、祭祀用玉”“玉石之德——礼仪、葬殓用玉”“玉石之耀——佩饰点缀用玉”“玉石之华——陈设雅玩用玉”4个单元，展出重庆中国三峡博物馆馆藏130余件玉石器，包含玉、松石、玛瑙、水晶、青金石、琉璃、翡翠等材质，向观众全方位展示中国古代玉石器的审美意趣和文化韵味。（蕙　兰）

【国际博物馆日活动】 2021年5月18日第45个国际博物馆日，大同市文物局、市博物馆在北朝博物馆广场举办“歌颂百年伟业 奏响时代旋律”歌会暨“5·18”国际博物馆日活动。活动现场，市博物馆职工表演领唱、合唱、朗诵等节目，大同师范学生用黏土捏制微型城池，制作“粉印版画”，练习“点翠”制作工艺，市特教学校学生练习魏碑拓片制作，大同大学志愿者进行壁画制作学习等。在北朝博物馆临展厅开展“遇见——一场特别的作品展”，该作品展分“遇见·家乡”“遇见·星光”“遇见·祖国”3部分，展出市特教学校学生作品70余件，包括剪纸、苏绣、烙画、水粉画、素描等，展览持续2个月。10月27日，该作品展入选2021年度“弘扬中华优秀传统文化、培育社会主义核心价值观”主题展览征集重点推介项目。（钮　晗　秦胜泽）

【市博物馆讲解员在全国博物馆讲解等比赛中获奖】 2021年5月24日，由国家文物局指导、中国博物馆协会和中国移动咪咕公司联合主办的“庆祝中国共产党成立100周年全国博物馆讲解大赛”决赛在浙江嘉兴落幕。讲解大赛于2月启动，来自全国30个省、自治区、直辖市和新疆生产建设兵团近2000名选手在经过选拔、推荐和半决赛线上展示、评选后，选出60位晋级决赛选手展开最终比赛。决赛中，市博物馆讲解员王茗暄通过讲述《烟霭流光处 清风过堂前——张霭堂书法的字里行间》获大赛三等奖。7月15日，由山西省文物局主办、山西省博物馆协会承办的“传承逐梦绽芳华 献礼建党一百年”——庆祝中国共产党成立100周年全省文

▲2021年5月24日，大同市博物馆讲解员王茗暄在浙江嘉兴参加全国博物馆讲解大赛决赛。图为比赛现场

（尚再秀　摄）

博讲解大赛在太原落幕。这次比赛中，大同市博物馆讲解员文慧和王茗暄入选“十佳讲解员”，张伟艺和张佳敏获“优秀讲解员”，其中文慧以97.66分进前5强。11月10日，在由中共山西省委宣传部、中共山西省委党史研究院、山西省文化和旅游厅主办的“永远跟党走——山西省第三届红色故事讲解员大赛”中，经过初赛、复赛、半决赛、决赛4轮比赛选拔，最终大同市博物馆讲解员王程森、张佳敏以第3名、第5名成绩获志愿组“金牌讲解员”称号，李志勤、刘亚莉分别获专业组、志愿组“优秀讲解员”称号。 （秦胜泽）

【博物馆之城建设】 2021年5月25日，在介绍《关于推进博物馆改革发展的指导意见》有关情况发布会上，国家文物局明确提出支持北京、西安、大同、南京建设“博物馆之城”。年内，大同市增加北朝博物馆、张钃堂故居纪念馆、大同陨石博物馆和大同服饰文化历史博物馆4座正式备案的博物馆。展陈提升张钃堂故居纪念馆，推进以融合为主题、反映城市特质的展览“融合之都——大同古代民族融合展”筹备工作，向市委、市政府专题汇报内容设计方案。扶持非国有博物馆发展，在9月省文物局举办的全省非国有博物馆推荐活动中，陨石博物馆、大同服饰文化历史博物馆、古城地质博物馆、广灵剪纸艺术博物馆4座非国有博物馆获推荐。大同文史资料数字馆开馆，广灵平舒民俗博物馆自筹资金建设2600平方米的百工民俗展厅，成为大同市打造“博物馆之城”重大举措。多渠道促进全市博物馆推广传播服务，与支付宝（杭州）有限公司合作搭建“天下大同——博物馆之城”支付宝小程序，形成统一管理后台的数字博物馆服务平台，建成后可面向全国用户通过小程序推广大同历史文化。 （钮 晗 秦胜泽）

【辽金元民族融合文化展入选国家文物局主题展览推介】 2021年7月，大同市博物馆独立策划的原创性专题展览“西京风华——辽金元民族融合文化展”入选国家文物局2021年度“弘扬中华优秀传统文化、培育社会主义核心价值观”主题展览征集推介项目。该展览撷取辽金元时期大同244年发展历史，以时间为轴线，通过宗教、艺术、生活和丧葬等不同角度，利用文物、模型、陶塑及多媒体等各种手段，勾勒出辽、金、元三代西京大同雄姿，突出民族融合和多元文化主题。整个展线从艺术到生活，把物质、精神和文化融为一体，从不同方面来诠释辽金元时期大同的历史地位、经济和文化成就，向观众打开了解大同历史、感知大同民族融合文化的一扇窗。 （秦胜泽）

【万木有灵——非洲雕塑艺术展】 2021年7月20日至9月19日，由山西省文物局、大同市文物局主办，大同市博物馆承办的“万木有灵——非洲雕塑艺术展”在大同市博物馆3层临展厅展出。该次展览展出馆藏非洲雕塑200余件，主要来自喀麦隆、尼日利亚、几内亚、刚果等中非国家，分“灵魂的幻化——人像雕塑”“生命的记忆——用品雕塑”“心灵的影像——面具雕塑”3部分展示，以展示非洲雕塑艺术独特魅力、解读非洲雕塑背后包含的社会文化信息为主题，带领观者领略热带非洲粗犷、豪放、古朴、奇异、原始异域风情。 （秦胜泽）

【土家姑娘织锦绣展览】 2021年9月10日至10月18日，由大同市博物馆、恩施州博物馆、宜昌博物馆联合主办的“土家姑娘织锦绣——中国土家族西兰卡普交流展”在大同市博物馆一层临展厅展出。在土家族习俗中，土家姑娘从十一二岁起就开始学习彩织，姑娘结婚时必须有自己织出的打花铺盖做嫁妆。“西兰卡普”又称“打花铺盖”，以其独特的工艺和构图被列为中国五大织锦之一，它是土家姑娘嫁妆，是土家族的民间艺术，是国家级非物质文化遗产，承载着悠久传统工艺和厚重文化内涵，成为世界了解土家族文化的重要窗口。展厅内，西兰卡普分组悬挂，图案新颖、种类丰富、色彩艳丽，其中有绚烂花朵、走兽生灵，还有生活用具、神话传说、民俗文化等。西兰卡普以深色锦线为经线，以各种色彩的粗丝、棉、毛绒线为纬线，在经纬的交织中呈现着五光十色，这些线条诉说着待嫁女儿的心意，传递着土家生活的斑斓。 （蕙 兰）

【交融·魅力——北魏鲜卑拓跋部的历史足迹展览】 2021年10月19日，由洛阳博物馆、大同市博物馆、呼伦贝尔博物院联合推出的“交融·魅力——北魏鲜卑拓跋部的历史足迹”展览在韩国国立扶余博物馆开展。该次展览是年内中国仅有的2个出国交流展览项目之一。展览分3个部分：第一部分“肇源兴安 南迁大泽”，第二部分“盛乐立国 平城霸业”，第三部分“迁都洛阳 走向融合”。此次在韩国巡展，是在韩国首次介绍“北魏拓跋鲜卑”在中国的迁徙历史，分享有关鲜卑拓跋部发展演变研究的成果、考古发现的资料，及鲜卑拓跋部历经中国内蒙古、山西、洛阳三地发展壮大的演变进程。 （秦胜泽）

【外展社教课程入选省中小学教育示范推介项目】 2021年12月，大同市博物馆“同展不同览，同心不同趣”外展社教课程入选山西省第一批中小学教育示范推介项目。“同展不同览，同心不同趣”——大同市博物馆外展地方性社教课程项目是大同市博物馆《西京印迹——大同辽金元文物展》全国巡回展览相配套的社教课程项目。该社教课程项目从2019年起至2021年，随《西京印迹》展览相继在湖南长沙，安徽马鞍山、黄山、铜陵4地举办数场社教活动，异地参与人数500人。课程内容是知识讲授和现场实践环节两部分组成，通过地域文化间碰撞，激发青少年兴趣和灵感，把从古至今的山西地域文化带到全国各地，在不同文化间寻求相同之处，共享中华民族融合文化大餐。 （秦胜泽）

大同大剧院

【概况】 大同大剧院位于山西省大同市御东新区文瀛北路，由日本建筑设计大师矶崎新与上海现代设计集团合作设计，用地面积51557平方米，建筑面积27403平方米，建筑最大高度37.1米，主体有大小2个剧场，大剧场可容纳1367个座位，小剧场可容纳713个座。2021年，大同大剧院接待演出服务118场，接待演职人员2.3万余人，服务接待观众6.2万余人。自媒体平台运营有474余项内容，获得91.8万人次阅读量，2000余粉丝互动留言，粉丝数增加2000以上。接待社会团体参观讲解50余场，接待人数3万余人。（王少峰）

【大同大剧院推出黄梅戏剧目助力中博会】 2021年5月23日、24日，大同大剧院推出黄梅戏经典剧目《天仙配》《梁山伯与祝英台》。第十二届中部博览会大同设有分会场，该次演出旨在丰富参展人员文化生活，让大家感受经典戏曲魅力，对大同之行感受更为深刻。黄梅戏《天仙配》《梁山伯与祝英台》由北京长乐黄梅戏剧团演出，并由黄梅戏领军人物林蜜蜜担纲主演。《天仙配》讲述七仙女爱上董永，并私自下凡与董永结为夫妻的爱情故事。《梁山伯与祝英台》是中国经典民间传说之一，不同剧种多有呈现，黄梅戏版本的《梁山伯与祝英台》无论唱腔设计还是演员演绎，都以唯美形式呈现。（蕙 兰）

【大同大剧院合唱艺术中心启动】 2021年11月11日，大同大剧院合唱艺术中心启动，约100名市民作为大剧院合唱团“准成员”开始接受培训。大剧院向社会公开招募合唱团成员，众多热爱歌唱市民报名，通过选拔，约100名音色较好、热爱音乐且有合唱表演基础的音乐爱好者入选。所有学员在专业老师指导下，接受为期3个月的合唱培训。培训课程主要通过音准训练、试唱音乐练习等，使学员音乐感悟能力、理解能力、创造能力、舞台表演能力得到提升，从而打造一支高水平的合唱团队。（蕙 兰）

大同美术馆

【概况】 大同市美术馆于2011年由市委、市政府投资开始兴建，2021年1月机构成立，2021年9月1日落成并向市民免费开放。大同市美术馆位于太和路508号，规划占地面积87314平方米，总建筑面积32238.5平方米，地面建筑高度36米。由英国福斯特建筑事务所及中国建筑设计院设计。设计有主展厅、1号~6号展厅，展区总面积1.6万余平方米；各个展厅面积由600平方米~6800平方米组成，高度8米~36米不等；藏品区面积2800余平方米；公共与后勤服务区面积13400余平方米，是大同市的标志性文化设施建筑之一。开馆至2021年底，馆藏艺术作品820件，其中书法作品馆藏438幅，国画作品36幅，摄影作品334幅，油画作品7幅，版画2幅，水彩2幅，拓片1幅；其中国家级书法藏品425幅，国家级绘画藏品5幅，国家级拓片1幅，省级绘画、书法藏品4幅。2021年9月1日开馆以来，举办展览28场次；开展公共教育活动12场次；接待团体485批次，11347人；受聘专家7人；举办国家级研讨交流活动2场；招募志愿者52人；接待参观者32万余人次。线上公众号关注人数3.7万余人，发送文章601篇，阅读量19.6万余人次，转载文章15419次；公众号视频发布40条，播放量10231次，分享量149次；在网易新闻、搜狐新闻、人民融媒体等网络媒体阅读量700万余人。（王少峰）

【“清凉古都 消夏大同”艺术作品展在市美术馆展出】 2021年9月1日至10月31日，由市委宣传部主办，市文化和旅游局、市文学艺术界联合会承办的“清凉古都 消夏大同”艺术作品展在大同市美术馆展出。“清凉古都 消夏大同”艺术作品展包含绘画摄影作品展和文创作品展。其中绘画摄影作品展主要展示在“清凉古都 消夏大同”全域旅游季期间，来自全国各地的70余名画家、摄影家，到全市各区县采风创作的作品300余幅，呈现全市转型发展、历史文化、生态文明、乡村振兴、人民幸福新变化；文创作品展主要展出“清凉古都 消夏大同”全域旅游宣传推广系列活动文创作品200余件，包括剪纸、铜器、火山石、煤雕等“非遗”传统工艺美术作品和文化创意产品，旨在依托大同文化资源，助推文旅产业发展。（蕙 兰）

【忻东旺艺术作品展在市美术馆展出】 2021年9月1日至11月3日，“时代肖像——忻东旺艺术作品展”在大同市美术馆展出。该次展览展出中国当代新写实主义油画的优秀代表人物、已故艺术家忻东旺的油画作品39幅。开展以来，该作品展引起社会各界热烈反响，系列探“旺”专题活动通过邀请贾方舟、冷军、彭锋等众多艺术家和评论家进行直播导览、讲座交流、写生示范，给人们搭建起欣赏高雅艺术的桥梁。展览期间，举办10余场文化活动，感悟大师艺术、对话大师心灵，让人们对忻东旺这位与大同有着特别情缘的艺术家的艺术追求和绘画理念有了更深认识。11月13日，大同市美术馆在其微信公众号推出《时代肖像》忻东旺艺术作品展VR实景展示，给未能亲临现场的艺术爱好者提供现场观展体验。（蕙 兰）

【田树苌书法展在市美术馆展出】 2021年9月30日至11月5日，由山西省政府新闻办公室、省文联、省书法教育研究会、省书法家协会、省书画院、市委宣传部主办的“大道魏风”田树苌书法展在大同市美术馆展出。田树苌是中国艺术研究院中国书法院研究员，中国书协培训中心教授，中国人民大学书法特聘指导教授，山西师范大学特聘教授，国家一级美术师，其作品曾参加150余项国内外重大展览，入选100余种专集与选集，曾在太原、衡阳、深圳、东莞等地举办个人书画展。该次展览展出田树苌近年来创作的书法作品100余幅，作品中有魏碑大字、行草条屏、巨幅长卷、清雅小品，有作者自撰诗词和古今文学名篇，及部分水墨画作。（蕙 兰）

【长城研学活动走进市美术馆】 2021年11月16日，国家级研学大同营地在大同市美术馆“沧桑长城 形胜大同”大同长城摄影展展厅开展长城研学活动，80余名学生通过参观摄影作品、聆听历史故事，在领略长城壮美风情同时加深对大同长城了解。活动现场，研学团队跟随长城志愿者的讲解，沿着大同长城走向，对天镇、阳高、新荣、左云、浑源、灵丘、广灵、云冈、云州各区县的长城遗址和历史知识进行了解，并对长城志愿者关于研究长城、保护长城、宣传长城等工作有了全面认识。活动分两批进行，第二批在11月17日开展。（蕙 兰）

云冈石窟博物馆

【概况】 云冈石窟博物馆位于大同市云冈石窟景区西端，集文物收藏、保护研究、展示宣传、教育服务功能于一体。占地面积1.5万平方米，建筑面积6640平方米，属半地下式建筑。2021年，该馆馆内收藏各类文物3000余件，其中有一级文物32件，二级文物190件，主要以云冈石窟窟前、山顶考古发掘的出土文物为主，还有一些北魏时期的文物，馆藏文物以石雕、建筑构件、寺院生活用品为主。博物馆内设前厅、中央厅和4个文物展厅。展览以讲述世界文化遗产云冈石窟的历史、文化为主旋律，弘扬各民族的古代文化与中外文化交流，增加公众对文物认知程度，让更多观众理解文物内涵。全年云冈石窟博物馆接待观众37万人次。其中，接待全国各地学术交流、博物馆考察团28批次；接待研学参观团6批次。组织馆内工作人员参加“全国文博网络学院”线上培训班、“文物基础概论”在线培训班等。年内，云冈研究院（云冈石窟博物馆）被评选为“山西省第一批省级文博研学基地”。（关晓磊）

【中国与世界——习近平总书记视察云冈石窟一周年系列特展】 2021年5月11日至10月11日，习近平总书记视察云冈石窟一周年，云冈研究院策划推出《中国与世界》系列展览，聚焦云冈石窟的历史文化及世界其他文化遗产意义，关注文化遗产保护研究与利用，促进不同国家与民族交流融合，推动云冈学发展。该次展览在云冈石窟博物馆展出，聚焦云冈石窟的历史文化意义、世界意义，推动文化遗产当代价值阐释与实现，以图片、文字、多媒体和实物相结合，分中国与世界2个部分，“凿石开山，因岩结构——云冈第3窟考古成果”“山堂水殿，烟寺相望——云冈窟顶建筑遗址考古成果”“真容巨壮，世法所希——昙曜与大像窟开凿”“隶楷之变，莫备于魏——平城与洛阳的魏碑”“重现高棉的微笑”“发现斯瓦特”“万里茶道——从朝贡到商贸，以茶为媒的千年对话”7个单元，展出100余幅图片。中国部分以云冈石窟1993年和2011年获两次全国十大考古新发现为重点，通过展览对考古研究工作成果实现转化，推动公众考古发展，发挥博物馆科普教育职能。世界部分以展示世界文化遗产为主题，围绕佛教传播和遗产保护展开，阐释全球视角下云冈石窟与世界文化遗产的联动发展。该次展览入选2021年度“弘扬中华优秀传统文化，培育社会主义核心价值观”主题展览征集重点推荐项目。（关晓磊）

【古希腊化的中亚和丝绸之路开辟讲座】 2021年9月7日，云冈石窟博物馆邀请复旦大学中国历史地理研究所教授侯杨方在该馆报告厅作题为《古希腊化的中亚和丝绸之路开辟》专题讲座。讲座由云冈研究院副院长何建国主持，该院研究人员和专家学者参加讲座。讲座中，侯杨方从历史源流、历史记录，侯教授团队的实地地理考察，精准复原等多维度讲述与大家想象不同的丝绸之路。把中国与古希腊、罗马、印度文化相融合，展现出各国间在音乐、美术、服饰、宗教等方面的相互交流与发展，呈现一幅亚欧大陆文明交流的画卷。把云冈石窟所体现出的中外文化交流历史呈现在世人面前。（关晓磊）

平型关大捷纪念馆

【概况】 平型关战役遗址位于大同市灵丘县白崖台乡与东河南镇，距县城30千米，遗址保护面积8.6平方千米。景区内有平型关大捷纪念馆、乔沟主战场、平型关关口、遗址广场、平型关大捷纪念碑、115师指挥所、115师685团指挥所、115师686团指挥所、115师687团指挥所、老爷庙争夺战遗址、胜利广场、将帅广场、林彪与聂荣臻临时住所历史遗存13处。是全国重点文物保护单位、全国爱国主义教育示范基地、国家国防教育示范基地、全国100个红色旅游经典景区和30条红色旅游精品线路之一。平型关大捷纪念馆由序厅、3个独立单元的主展厅和半景画馆组成，展厅内展示八路军115师平型关大捷的历史背景、战前形势、战斗过程和政治及军事影响，半景画馆运用现代科技和艺术手段，反映八路军平型关大捷历史。2021年，平型关大捷纪念馆接待省内外游客30万人次，各类机关团体、企事业单位1500余家。（翁先桃）

【宣传教育】 2021年，平型关大捷纪念馆以“我为群众办实事”活动为契机，组建“平型关红色研学宣讲团”，分批次到白崖台寄宿制学校、上寨九年制义务教育学校等学校开展以“讲好红色故事、传承红色基因”为主题的送教进校园活动；到武灵镇存孝社区、刘庄社区等社区开展以“不忘初心 牢记使命、学习中国共产党百年历史”为主题的送教进社区活动；到大同市武警支队、忻州地导23旅、原平武警支队、灵丘县雷达部队开展以“读党史，讲经典战例，传承红色基因，争做新时代强军尖兵”为主题的送教进军营活动。通过送教进校园、进社区、进军营活动，让社会各界人士做到学史明理、学史增信、学史崇德、学史力行。（翁先桃）

【景区基础设施建设】 2021年，平型关大捷纪念馆推进平型关大捷景区创建国家AAAA、AAAAA级旅游景区，委托规划院编制《灵丘县平型关大捷景区创建国家AAAA、AAAAA级景区提升方案》，指导景区按照提升方案整改补缺景区的软硬件设施及服务质量，指导景区做好景观建设，提高服务质量。从涉及“吃住行，游购娱”等方面提升平型关大捷景区基础设施建设，以完成对平型关大捷景区的整体提质升级。在原有基础上，投资2000余万元，优化建设基础设施，补齐短板弱项。2021年底，成功创建国家AAAA级景区。（翁先桃）

【《风华正青春》直播走进平型关大捷纪念馆】 2021年7月1日，由新华社、中国教育电视台联合推出的24小时大型融媒创新直播节目《风华正青春》走进灵丘县平型关大捷纪念馆，通过近7分钟的直播带领全国观众回顾平型关大捷历史。《风华正青春》包含“序幕”“百年盛典”“红色足迹”“精神谱系”“盛世华诞”“引领未来”6个篇章，贯延历史、当下、未来3条时间线，横跨国际、国内2条空间线，回顾中国共产党百年奋斗史，展现中国共产党领导中国人民创造的历史奇迹和取得的伟大成就，讲述百年自信大党的梦想与追求、情怀与担当。采取社台联合、全球联动、多屏联播形式，以连续24小时的跨时空直播展开报道。直播连线大同教育电视台记者冯伟，向观众介绍平型关大捷的重要意义、平型关大捷纪念馆的创建，及作为全国爱国主义教育示范基地的重要作用。并邀请讲解员袁晶通过一张张图片、一件件陈列，讲述平型关大捷历史，由此感悟共产党人不畏强敌、敢于担当、勇于牺牲的革命精神，激励人们不忘初心再出发。直播节目在中国教育电视台一频道、四频道，新华社、中国教育电视台融媒体矩阵及合作头部媒体播出。

（蕙　兰）

文化交流

【“不负韶华 绽放美丽”公益讲座】 2021年3月8日，由大同市图书馆主办，大同市心理咨询师协会，大同市传统文化促进会共同参与的主题为“不负韶华 绽放美丽”的公益讲座在市图书馆报告二厅举办。该次活动分两部分。第一部分，由大同市传统文化促进会的各位老师给参与该次活动的女性朋友带来禅舞表演，让大家感受到宁静祥和的身心体验，看到充满爱与和谐的新女性形象。第二部分，由国家二级心理咨询师、大同市心理咨询师协会常务理事李漫带来讲座《非暴力沟通》和国家二级心理咨询师、大同市心理咨询师协会常务理事东方带来讲座《爱自己是女人追逐一生的浪漫》。（赵新萍）

【游山西 读历史——平城讲坛主题活动】 2021年5月17日至24日，大同市图书馆开展主题为“加强爱国主义教育，提高公众科学素养”的哲学社会科学普及周活动期间，举办“游山西 读历史——平城讲坛主题活动”科普系列讲座。讲座邀请山西大同大学新闻学院副教授、新闻业务教研室主任、山西省精品课程负责人王海燕，主讲《“屏媒时代”如何提升公众媒介素养》。讲座以文字、图片、音频、视频等多种表达方式，直面身边问题，包括大家对谣言是否有免疫抗力，父母和子女之间的“数字鸿沟”如何消除，媒体报道是否具有真实性，互联网时代老年人如何能不被边缘化以及如何成为自己信息的把关人等。

（赵新萍）

【大同文史资料数字馆文化讲座】 2021年9月25日，大同文史资料数字馆开馆以来，在做好公共文化服务的同时，举办各类文化讲座。大同文史资料数字馆位于古城内青龙阁前街，总面积392平方米，馆内设有2个图书电子阅览室、2个激光数字影像室、1个多功能室，图书电子阅览室可供市民、游客查阅大同历史资料和2008年至2021年大同古城保护性修复过程的资料和图片，激光数字影像室利用高科技手法直观给市民、游客展示大同城市建设及五大场馆建设成果。

由大同古城保护和修复研究会会长安大钧主讲《大同十大名片与一种城市精神》，大同古城保护和修复研究会副会长马维平主讲《大同市十一、十二届人大常委会立法“三步走”保护大同古城》讲座，大同文旅主编宋志强作题为《五世纪平城丝绸之路》的文史讲座。10月29日开始，在每周五上午由大同大学美术学院副教授、画家杨俊芳开讲《大同寺观壁画》，该系列讲座10余讲。大同境内众多古代建筑内保存着历代珍贵壁画，是大同市宝贵文化艺术遗产。在首期讲座中，杨俊芳从华严寺壁画的题材、构图、布局、人物、色彩、线条、绘制方法等方面给每幅壁画进行年代分析与艺术讲解，来自全市各大景区景点的讲解员、部分文博爱好者现场聆听。（蕙　兰）

【《在北纬四十度上看见中国与世界》讲座】 2021年10月10日，由云冈研究院和大同市图书馆联合举办的《在北纬四十度上看见中国与世界》讲座在市图书馆举行。讲座邀请文学批评家、学者陈福民就怎样以文学笔法进入历史、希望树立怎样的历史观及怎样书写、研读历史等问题，与在座的专家学者、学生及读者进行交流与探讨。陈福民，供职于中国社会科学院文学研究所当代文学研究室，是中国当代文学研究会副会长，多届茅盾文学奖、鲁迅文学奖评委，著有文学评论集《阅读与批评的力量》、历史文化随笔集《北纬四十度》等，致力于边疆史的研读与写作。其《北纬四十度》以漫长的华夏历史为经，以北纬四十度地理带为纬，是第一部围绕北纬四十度进行探究的文化大散文。讲座上，陈福民与读者分享《北纬四十度》的核心主题和创作动机，指出该书主要呈现和探讨整个华夏文明上不同族群及其不同文明类型的冲突和融合，并以北魏平城时期民族的多元融合为例进行论证。希望通过历史阅读、文明史研究，建立一种由文学抵达历史深处的逻辑，从一个特殊而有效角度给予“北纬四十度”更多关注，从而去了解中国、看见世界；希望尝试以一种研究性写作，通过文学方式进入历史，让躺在典籍中的知识活跃起来以便于传播。（蕙　兰）

【游山西 读历史——文源讲坛主题活动】 2021年10月12日，由山西省文化和旅游厅主办，山西省图书馆、大同市图书馆承办的永远跟党走·2021年全省群众文化活动“游山西 读历史——文源讲坛主题活动”走进大同市图书馆。该次讲座邀请作家、历史学者、山西省三晋文化研究会民族史专家、民族融合研究领域权威老师李树梁，给大家主讲《北齐国母娄昭君——出生于大同的巾帼女杰》。李老师以评书形式再现出生于今大同地区的娄昭君及其家族在中华民族大融合的历史长卷中的故事。该次“游山西 读历史”文源讲坛主题活动惠及群众100余人，把优质公共文化服务品牌送到基层地区。（赵新萍）

【第二届云冈学论坛】 2021年11月14日，由山西大学云冈学研究院和云冈研究院联合举办的第二届云冈学论坛在山西大学召开。该次论坛邀请山西博物院、山西省考古研究院、山西省古建筑与彩塑壁画保护研究院、大同市考古研究所、大同大学等多家单位专家学者，围绕云冈石窟、平城考古及云冈学的建设与发展等主题进行交流。该次论坛包括主旨报告、学术研讨和圆桌会议。主旨报告就百年来北魏平城的考古发现与研究、云冈学与敦煌学的关系及其研究前景、云冈学文献知识库建设与数字人文方法的应用等进行探讨；学术研讨分别对最新的考古发现与调查成果、造像碑及石窟寺的研究成果、平城碑刻书法艺术和云冈石窟的相关研究作了研讨；圆桌会议上介绍山西大学云冈学研究院首批研究团队情况，与会专家学者对云冈学研究的内容、云冈学学科建设与发展，及如何深入有效开展多学科交叉研究进行讨论。（蒽 兰）

文化管理

【文化市场整治】 2021 年，大同市文化和旅游局坚持问题导向，加大市场执法力度，保持对违法违规问题“零容忍”高压态势。在元旦、春节、清明、“五一”、国庆等节假日和两会等重要时间节点加强巡查力度，确保文旅行业有序稳定，防止重大安全事故发生。针对网吧、KTV、图书馆等室内人员密集场所内用火、用电、用气情况开展检查。组织开展安全生产大排查大整治行动、“‘防风险除隐患保平安迎党庆’消防安全专项行动”和“安全生产月”活动。健全以“双随机、一公开”（在监管过程中随机抽取检查对象，随机选派执法检查人员，抽查情况及查处结果及时向社会公开）监管为基本手段、以信用监管为基础的监管机制，开展各类专项整治。加强文化娱乐市场整治，整治互联网上网服务、歌舞娱乐、营业性演出等场所违法违规问题，特别是加强校园周边文化环境治理；加强新兴文化市场整治，重点对网络文化市场、艺术品市场等新兴文化市场加强监管。（王少峰）

【文化行业监管】 2021 年，大同市文化和旅游局加大辖区内非法卫星设施整治力度，确保春节和全国两会、新冠肺炎疫情期间舆论安全。开展迎接中国共产党成立 100 周年全市广播电视行业安全检查工作，确保全省中国共产党成立 100 周年庆祝活动期间广播电视节目安全播出。全年出动检查人员 1902 人次，检查车辆 660 台次，检查娱乐场所 198 家，景区 10 家，发放宣传资料 10500 份，广播电视宣传报道 20 次。（王少峰）

【文化市场“扫黄打非”工作】 2021 年，大同市文化市场综合行政执法队加大对文化市场、出版物市场、印刷业市场的监管力度。以开展“扫黄打非”五大专项行动为抓手，围绕“清源、护苗、秋风、净网、固边”主线，组织开展元旦、春节、“五 ”期间文化市场大检查专项行动及“中国共产党成立 100 周年安全生产专项检查”“打击侵犯知识产权专项行动”“查处非法电视台（站）专项行动”“清理整治校园周边出版物市场行动”等专项行动；对校园周边出版物经营单位，对新华书店、东信图书广场等图书市场，城乡接合地区的印刷企业、互联网经营单位进行拉网式清查；对非法黑电台散播非法信息的行为进行打击，查处取缔非法黑电台 2 家。检查出版物经营单位 150 家次、印刷经营单位 50 家次、互联网上网经营单位 160 家次，打击违法违规行为。在加大执法检查同时，把案件查办作为工作重要抓手，立案查处多项违法违规案件。行政处罚违法单位 13 家，通过案件查办，对解决突出问题、震慑违法行为起到积极作用。（蒽 兰）

非物质文化遗产

【概况】 2021 年，大同市有市级以上非物质文化遗产保护项目 103 项。其中，国家级“非遗”保护项目 8 项，省级“非遗”保护项目 37 项，市级“非遗”保护项目 103 项。年内，大同市增加市级保护项目 24 项，具体是：民间文学（1 项）——大同万泉河流域传说；传统舞蹈（2 项）——解庄挠搁、云冈舞；传统技艺（12 项）——大同田园莜面制作技艺、广灵手工柳编传统制作技艺、广灵手工草编传统制作技艺、灵丘县草编技艺、广灵五香瓜子传统工艺、广灵县古陶瓷传统制作技艺、阳高县云冈酒酿造工艺、浑源大喜炝辣子制作技艺、大同布老虎、积德益糕点、大白登曹氏陈醋制作技艺、刘老醯老陈醋、北魏茶食、大同刀削面；传统体育、游艺与杂技（4 项）——大同大成拳、高氏罗汉拳、贾氏梅花拳、二郎拳；传统医药（2 项）——滋润堂中医药、广灵仝氏膏药制作工艺；民俗（1 项）——灵丘县打铁花。（王少峰）

【“非遗”保护管理】 2021 年，大同市文化和旅游局评审认定大同市第五批“非遗”代表性传承人，大同市北路梆子和耍孩儿剧种国家级“非遗”代表性传承人工作室挂牌成立。落实中央、省级“非遗”专项资金及补助金 135.8 万元。完成对大同市 6 名国家级传承人绩效评估，对国家级“非遗”项目上年度中央对地方转移支付“非遗”保护资金预算执行情况和上年度省级补助资金的 4 个项目进行绩效评估，确保资金使用合理。（王少峰）

【“非遗”文化传播】 2021 年 2 月 5 日至 28 日，大同市文化和旅游局开展“古都大同 过年有戏”“非遗”过大年文化进万家活动，32 部传统精品剧目在大同市图书馆、大同大剧院、今日头条、泽艺传媒、大同大剧院等网络平台展播，视频点击 20 余万次。组织广灵剪纸开展“非遗过大年 文化进万家——视频直播年”活动。组织大同铜器、广灵剪纸参加中国第十二届中部博览会山西馆展览展示；浑源凉粉、恒芪康、老道茶、正北芪、云冈酒、大同铜器 6 个“非遗”项目参加中国第十二届中部博览会晋中馆展览展示；刘老醯参加山西老字号展览展示；组织大同铜器、广灵剪纸参加“百年百艺 薪火相传”中国传统工艺邀请展。（王少峰）

【万里茶道申遗】 2021 年，大同市文物局配合牵头城市，成立大同市万里茶道申遗工作机构，协调指导辖区内文物遗产点的保护、研究工作，推进万里茶道申遗。委托中国建筑设

计研究院有限公司编制《万里茶道（山西）遗产价值体系与申遗策略研究》。（钮晗）

【国家级“非遗”传承人传承活动评估】 2021年11月，山西省文旅厅公示2019年至2020年度国家级非物质文化遗产代表性传承人传承活动评估结果，大同市有6位传承人接受评估，其中2位传承人获评“优秀”，4位传承人获评“合格”。“非遗”代表性传承人肩负延续传统文化的使命，彰显遗产实践能力最高水平，把个性创造融入传承实践活动中，对确保非物质文化遗产的持久传承发挥着不可替代作用。公示名单中，大同市上榜的6位传承人分别是，大同铜器传承人李安民，恒山道乐传承人李满山，北路梆子传承人张彩平，雁北耍孩儿传承人王斌祥、薛瑞红，灵丘罗罗腔传承人范增。其中，李安民与李满山评估结果为“优秀”。（蕙兰）

【大同项目入列省级“非遗”资金补助名单】 2021年11月10日，2022年度山西省级非物质文化遗产资金补助项目名单确定，大同市有5个项目上榜。2022年度省级非物质文化遗产资金补助旨在提升全省“非遗”保护传承水平，经各市文化和旅游局、财政局逐级申报初审，省文旅厅组织专家召开专家评审会形成补助名单。全省有64个项目入列，涵盖传统工艺美术类项目、传统戏剧类项目等5个类别。大同市上榜的5个项目是平城区贺老人羊杂馆的贺老人羊杂、灵丘县田师傅食品厂的灵丘黄烧饼制作技艺、市唐情结飞天创意商贸有限责任公司的大同结艺入选传统工艺美术类项目、广灵县文化馆的广灵秧歌入选传统戏剧类项目、灵丘县文化馆的红石塄秧歌入选长城黄河类项目。（蕙兰）

【市非物质文化遗产保护协会成立】 2021年11月12日，大同市非物质文化遗产保护协会在市图书馆成立。至此，大同市“非遗”保护机制更完善。大同市有“非遗”领导小组，市文旅局设有“非遗”科，各县（区）也成立“非遗”保护中心，有市级以上“非遗”代表性项目103项，市级以上“非遗”传承人154人。市非物质文化遗产保护协会担负全市“非遗”的调查研究、信息收集、专业培训等多方面工作，重点在传统民俗、“非遗”美食等方面挖掘，把大同的民间民俗、民间文学、传统技艺等传承并推广出去。大同市非物质文化遗产保护协会首批吸纳36个会员单位，协会会员有从事“非遗”保护工作的代表人物，有各级“非遗”项目代表性传承人，还有“非遗”保护和产品开发相关文化创意团队。（蕙兰）

【第五批市级“非遗”代表性传承人】 2021年11月15日，大同市第五批市级非物质文化遗产代表性传承人名单公示，全市有33名传承人通过评审。该次评审对传承人的要求是能承担市级非物质文化遗产名录项目传承保护责任，具有公认的代表性、权威性与影响力的传承人；被命名为县级非物质文化遗产项目代表性传承人；能熟练掌握其传承的非物质文化遗产并具有传承能力，能开展传承活动、培养后继人才；在特定领域内具有明晰传承谱系。该次入选的市级传承人包含传统技艺、传统戏曲、传统医药、传统音乐、民间文学、传统舞蹈等十大类，传承人年龄最大50多岁、最小26岁，多年来一直在一线从事“非遗”传承工作。还补充国家级“非遗”大同铜器制作技艺、北路梆子、广灵剪纸项目中的市级传承人，省级“非遗”广灵大秧歌（山西省濒危剧种项目）、浑源凉粉、浑源耍故事、红石塄秧歌项目中的市级传承人的评审认定。至此，大同市市级非物质文化遗产传承人有154名。（蕙兰）

文物

文物管理

【概况】 2021年，大同市文物局局属事业单位变更成6个，分别是大同市博物馆、大同市古建筑保护研究院、大同市考古研究所、大同市雕塑博物馆、大同市辽金文化艺术博物院（大同市彩塑壁画保护研究中心）、大同市文物安全监测中心（大同市城墙保护中心）（2021年2月，云冈石窟研究院更名云冈研究院，升格成省政府直属副厅级事业单位）。全年市文物局所辖文物景区（点）参观人数237万人次，门票收入715万余元。

年内，市文物局被中宣部、司法部、全国普法办评为“2016—2020年全国普法工作先进单位”，是全市唯一获该称号的党政机关；被国家机关事务管理局、中共中央直属机关事务管理局、国家发展和改革委员会、财政部授予“节约型机关”称号；被山西省人社厅、山西省文物局授予“山西省文物工作先进集体”称号；获全省文博讲解员大赛“优秀组织奖”。“法治引领保障文物保护”被山西省委全面依法治省委员会办公室命名为第一批省级法治政府建设示范项目。（钮晗）

【文物安全管理】 2021年，大同市文物局在全市开展文物安全生产专项检查活动、文物消防安全大检查行动等多项安全检查工作。研判革命文物消防安全形势，开展排查检查，动态建立“隐患问题清单”，逐条逐项督促整改。完善文物建筑和纪念馆应急预案，在重大活动前开展监督检查和人员培训、组织各县（区）及局属文博单位现场观摩消防应急演练等，通过多种方式强化从业人员消防能力。全年对各级文保单位进行安全检查400余处次，对重点文物保护区域巡查100余处次，发现并清除隐患50余处，整改率100%。把文物保护工程（古建筑修缮、考古勘探工地）、对外开放的文博单位、有防火任务的文物保护单位作为专项检查重点，加大专项检查和监管执法力度，排查文物安全生产风险隐患，抓实疫情防控期间各项安全生产工作，守住文物安全底线。把握技防、消防、防雷系统设计、施工、检验、验收全过程质量关，研究谋划一批重点项目，实施天镇慈云寺安防工程、阳高县署旧址消防工程、白求恩特种外科医院旧址消防工程等“三防”工程，提高文物安全防范水平。（钮晗）

【文物事业发展规划】 2021年，大同市文物局完成《大同市文物事业发展“十四五”规划》编制，起草《大同市关于贯彻落实习近平总书记视察云冈石窟重要指示加强云冈文化遗产保护和创建云冈学的实施方案》《大同市加强文物保护利用改革工作方案》由市委办公室、市政府办公室印发。聚焦世界文化遗产保护研究，谋划梳理“十四五”期间需国家文物局重点支持的云冈石窟保护研究利用项目20个、需资金7.8亿元，大同市文物局主要负责人随省、市领导多次到国家文物局会商。举办全市文物保护专题培训班，参训人员70人。与山西省文物局、省委编办等多部门沟通对接，参加云冈石窟机构升格工作座谈会、推进云冈研究院完善体制机制座谈会等多个会议，研究云冈研究院机构编制划转、完善内设机构、创新人才引进办法等工作，推进云冈研究院成立，给加强云冈文化遗产保护和云冈学研究搭建更大平台、创造更新起点。（钮　晗）

【文物景区（点）服务管理水平提升】 2021年，大同市文物局推进智慧景区建设，完成华严寺智慧景区机房、门票无纸化等建设，完善善化寺、九龙壁景区智慧平台。对华严寺、善化寺国家AAAA级旅游景区实施旅游厕所升级改造。结合文明城市创建，完善景区母婴室、学雷锋志愿者服务站点、景区景观小品等设施及管理制度。（钮　晗）

【文物保护单位巡查】 2021年，大同市文物安全监测中心（大同市城墙保护中心）加强文物保护单位巡查，对全市10个县（区）文物保护单位安全检查216次，印发文物保护巡查检查文书163份，发现各类问题105处，并发放整改通知书。在春节、清明、五一、端午、十一等法定节假日期间，检查古城内文保单位的疫情防控、安全制度落实等情况，确保文保单位各项安全措施落实到位。

（文物安全监测中心）

【长城安全巡查】 2021年，大同市文物安全监测中心（大同市城墙保护中心）安全巡查全市境内500余千米长城中的48处长城段落，对发现的问题反馈属地文物管理部门，并跟进整改落实，确保长城沿线文物安全。

（文物安全监测中心）

▲ 2021年6月22日，大同市文物安全监测中心（大同市城墙保护中心）巡查平型关战役林彪、聂荣臻临时住所旧址（文物安全监测中心 供图）

【红色遗址文物专项巡查】 2021年，大同市文物安全监测中心（大同市城墙保护中心）专项巡查全市24处红色遗址文物，对发现的问题反馈属地文物管理部门，并跟进整改落实，确保红色遗址文物安全。

（文物安全监测中心）

【文博单位消防系统维保】 2021年，大同市文物局打破原来局属单位消防系统维保“零散作战”模式，探索文博单位消防系统维保新模式，打包市属文博单位若干景区（点），集中公开招标委托有资质有实力的专业公司承担日常维护和保养。通过消防维保公司专业服务、局属单位与消防维保公司配合，确保故障及时预警、发现、清除，提升局属单位消防系统管理水平和应对突发事件、抵御火灾风险能力。（钮　晗）

文物保护修复

【文物重点项目建设】 2021年，大同市府衙修复项目主体工程完工，油饰彩画、铺装工程完成总量50%。东岳庙重点文物保护工程完成主体工程。古城南城墙与西城墙内部空间改造工程完成总工程量75%。大同古城西南隅传统民居修复保护（一期）建设工程完成原工程量（不含新增）。法华寺大讲堂、法华寺博物馆及附属工程立项、建设用地等前期手续办理完毕。探索文物保护利用模式，与大同市云冈宾馆有限责任公司签订不可移动文物认养协议、大同安麓酒店项目合作推进协议，引进首旅集团旗下顶级高端酒店品牌安麓酒店落户大同府衙，推动全市文物保护、文旅融合全方位高质量发展。（钮　晗）

【革命文物保护】 2021年，大同市文物局推进革命文物保护工作。开展红色文化遗址调查认定，报送省文物局省级红色文化遗址9处、市级红色文化转遗址3处、县级红色文化遗址66处，有9处列入省级红色文化遗址名录；24处不可移动文物、5件（套）可移动文物入选全省第一批革命文物名录。投入270万元实施天镇县闫秀峰故居，中共西大同县委、县政府旧址等6个革命文物保护修缮项目。革命文物展示利用水平提高，在党史学习教育中，推荐白求恩特种外科医院旧址等4处教育活动场所，大同市红色记忆馆全年接待团体参观750余批次，组织特色学习社教活动8次，接待散客6.1万人次，助力全市党史学习教育开展。出台《大同市文物局推进革命文物保护利用工作实施方案》，起草的《大同市革命文物保护利用工程行动方案》由市委、市政府印发，给工作开展提供政策保障。

（钮　晗）

【名城保护整改】 2021年，大同市文物局落实《大同历史文化名城保护整改工作方案》相关要求，启动华严寺、关帝庙大殿、善化寺、九龙壁4处全国重点文物保护单位保护规划的编制工作；《大同古城历史文化展示体系规划》上篇编制完成，下篇编制工作启动；实施府文庙、玄真观、法华寺、朝阳宫、清真寺文物标识展示提升工程，标识安装到位；实施师校街3号院、二府巷32号院两处不可移动文物保护性修缮工程。（钮 晗）

【文物数字化保护】 2021年，大同市文物局实施文物数字化保护创新工程，启动大同善化寺、华严寺古建筑及附属文物建筑、悬空寺、沙岭北魏壁画墓壁画、大同博物馆馆藏珍贵文物、关帝庙大殿等17个数字化保护项目立项申报工作。其中，华严寺古建筑及附属文物建筑、善化寺、关帝庙大殿、沙岭北魏壁画墓壁画，及大同博物馆馆藏珍贵文物数字化保护5个项目获批立项，完成方案编制工作；大同博物馆馆藏珍贵文物数字化保护项目发布采购公告；大同华严寺石质文物数字化项目完成验收。

（钮 晗）

【长城保护管理】 2021年，大同市文物局推进重要险情段落、长城重点段落的抢险加固，报送省文物局5处长城国家文化公园文物保护项目计划书，对许堡等9处长城进行保护修缮。召开长城保护管理工作会，起草《关于做好我市第一批国家级长城重要点段保护管理工作的意见》。启动《大同市长城保护条例（草案）》起草工作，《草案》经市政府常务会研究通过，报市人大常委会审议。

（钮 晗）

【文物保护“文明守望工程”】 2021年，大同市文物局深化社会力量参与文物保护的“文明守望工程”，推进古建筑认领认养工作，完成县楼南街甲18号民居、府衙署2处不可移动文物认养协议签订。（钮 晗）

【国宝级文物特殊保护机制】 2021年，大同市文物局建立国宝级文物特殊保护机制，制定云冈石窟、华严寺、平型关、悬空寺4处国宝级文物保护单位2021活化利用计划表，报送大同九龙壁、关帝庙大殿、觉山寺塔列入国宝级文物保护单位清单，强化国宝级文物的日常管理与保养维护、修缮、活化利用等。（钮 晗）

【文物保护单位保护修缮】 2021年，大同市文物局报送省文物局关于大同华严寺上寺过殿修缮及院落环境整治等6项国保计划书、云州区巨乐堡北堡墙保护修缮等14个立项报告、第一批国家级长城重要点段左云县明长城宁鲁堡—八台段（一期）抢险加固工程等11个设计方案。编制完成云冈区高山村伤员转运站旧址保护修缮等15项设计方案。实施天镇县李二口长城保护修缮工程等35项工程，18项完工。开展强降雨造成文物损毁险情排查工作，排查、报送宁静寺等18处各级文保单位和未定级不可移动文物险情。（钮 晗）

【大同学者文化沙龙谈长城保护发展】 2021年4月24日，由大同市图书馆长城文献资料研究中心、大同市长城文化旅游协会联合主办的第二期长城文化沙龙“大同明长城重点段与长城国家文化公园建设”在市图书馆举行，大同市长城专家与学者以国家公布的长城重点段落为切入点，就长城保护、文化研究及旅游开发等进行交流与探讨。沙龙上，专家认为要注重长城文化展示，让人们意识到长城价值和保护长城的重要性，依托长城文化与自然风光，通过有效途径加快文旅结合、盘活长城经济。参加过长城徒步活动的市民认为，要注重民族交流、民族融合的历史文化内涵，以点带面、突出重点，把长城及周边文化串联起来；要挖掘长城内在文化，突出文化价值、打造文化高地，把长城的保护利用和实地、学术、文物、资料等结合起来。一致认为，长城开发利用应以保护为前提。通过交流研讨，更好地保护长城、研究长城、宣传长城，对下一步全市长城保护与开发提供可操作性建议。（蕙 兰）

【“文化和自然遗产日”活动】 2021年6月12日“文化和自然遗产日”，大同市文物安全监测中心开展系列宣传活动，弘扬中华优秀传统文化，宣传文化遗产保护成就，营造保护文物、珍爱文物舆论氛围，提高全社会文化遗产保护意识和自主参与能力。该中心在大同城墙遗址陈列馆入口处张贴“文化和自然遗产日”主题标语，发放文物保护宣传资料、大同城墙遗址陈列馆宣传资料等，工作人员现场给群众介绍城墙发展演变历史、馆藏文物、文物保护等知识。6月11日，该中心工作人员到智泉幼儿园开展“文物知识进校园”活动。活动以“大同古城墙”为主题，结合幼儿特点及知识结构，介绍大同城墙知识，并观看大同城墙遗址陈列馆VR视频，让小朋友们了解城墙文化，激发他们对文化艺术和自然遗产的兴趣。（蕙 兰）

【大同16处文物入列“省保”名单】 2021年8月4日，山西省第六批省级文物保护单位名单公布，大同市16处文物入列其中。该次全省有371处不可移动文物成功“升级”，涵盖古遗址、古墓葬、古建筑、近现代重要史迹及代表性建筑、石窟寺及石刻等。在该次公布名单中，古遗址类，大同市有4处上榜，分别是，浑源县东坊城乡李峪村东南的东周时期李峪遗址、云州区瓜园乡李汪涧村南旧石器时代的李汪涧遗址、云州区许堡乡东水地村西部东周与汉代的东水地城址、灵丘县落水河乡新庄村北的汉代时期灵丘故城遗址；古墓葬类，是云州区瓜园乡陈庄村东的北魏时期陈庄墓群入选；古建筑类，大同市上榜的以明、清两个时期为主，明代的古建筑有浑源县的西留龙王庙戏台，清代古建筑有平城区的李怀角31号民居、云冈区口泉乡的胡氏宅院、云冈区西韩岭乡的高店关帝庙、新荣区的破鲁堡宁静寺、广灵县的涧西古民居，及明、清时期的广灵县城新城隍庙；在近现代重要史迹及代表性建筑类别中，大同市上榜的4处分别是平城区的大同和平解放谈判旧址、云冈区的晋华宫矿旧址、灵丘县的八路军359旅部石矾旧址、阳高县的阳高东风高灌站。（蕙 兰）

【大同8处遗址入列省级红色文化遗址名录】 2021年11月2日，根据《山西省红色文化遗址保护利用条例》有关规定，省人民政府核定并公布191处山西省第一批省级红色文化遗址名录，其中大同有8处遗址入列。分别是灵丘县白求恩特种外科医院旧址、灵丘县平型关大捷纪念馆、灵丘县平型关烈士陵园、灵丘县八路军359旅旅部石矾旧址、大同市革命烈士陵园、浑源县革命烈士陵园、广灵县烈士陵园、左云县烈士陵园。

（蕙 兰）

文物宣传与产品开发

【文物资源宣传】 2021年，大同市依托文物资源优势，举办各类宣传文化活动150余场。大同市辽金文化艺术博物院主办“游山西读历史系列活动之西京故事展”，组织开展“多彩华严·快乐童年”等活动，与携程网合作开展的华严寺专场直播活动观看人数80万人次、与网易梦幻西游合作开展的“跟着文物打卡山西”活动日均参与量100万人次。大同市古建筑保护研究院举办“筑首善之区 鉴书香平城”藏书票艺术展活动、“庆祝中国共产党成立100周年书画展”等活动。弘扬优秀传统文化，在府文庙景区举办成童礼、开笔礼、祭孔礼等国学教育活动。大同市博物馆推出“我看同博”创作大赛、“感悟红色经典 做时代好少年”等研学课程、“开学季 同博同乐”等线上直播社教课程，全年策划并实施社教活动50余场次，完成2500名学生的研学教育活动。大同市雕塑博物馆展出“古城门春联原作展”等6个临展，举办“童心向党，礼赞百年”等8场公共教育活动，组织开展各类研学活动50余场。灵丘县文物局推出“英雄平型关”一日游、“永走革命路”两日游、“体验红色灵丘”三日游等代表性红色研学路线，推荐具有代表性的革命文物遗址。

（钮 晗）

【文物对外交流合作】 2021年，大同市博物馆引进6个临展，与清华大学、洛阳博物馆合作完成2项展览。“西京印迹——大同辽金元文物展”在绵阳等5地市展出，中国青少年雕塑大展历届优秀作品在上海、杭州巡展。“交融·魅力——北魏鲜卑拓跋部的历史足迹”展览于10月19日在韩国国立扶余博物馆开幕，是市博物馆首次作为主创单位策划的展览在国外展出，传承弘扬中华优秀传统文化，增进中韩两国文化交流。大同市举办“第四届中国青少年雕塑大展”“2021年曾竹韶雕塑艺术奖学金优秀作品展”等展览活动。“西京风华——辽金元民族融合文化展”入选国家文物局年度百项主题展览推介项目；平型关大捷纪念馆“伟大征程——中流砥柱”、市博物馆“遇见—— 一场特殊的作品展”、市雕塑馆“百年大同摄影展”入选山西省首届“弘扬中华优秀传统文化、培育社会主义核心价值观”主题展览征集推介名单。市博物馆“同展不同览，同心不同趣”外展社教项目入列全省博物馆中小学教育示范项目第一批推介名单。（钮 晗）

【文创产品开发】 2021年，大同市文物局推进文创产品开发，完成梁思成纪念馆、平城记忆馆的文创区提升，设计打样“西京印迹”随展文创产品，市博物馆“北魏蓝”系列中大同蓝瓦当（摆件）入选2021年度全省文物单位文创推介活动重点推介产品。市雕塑博物馆推进文物雕塑创意盲盒等“中国青少年雕塑大展”系列文博文化创意产品开发。探索社会力量参与博物馆文创开发和公共服务，市博物馆通过向社会公开招募方式，择优选定给博物馆提供文创开发和公共服务提升的合作公司，该公司分3年对博物馆进行阶段性注资，升级馆内文创商店、餐厅、软饮休闲吧，促进博物馆文化产业发展。（钮 晗）

考古发掘

【概况】 2021年，大同市文物局配合城市基本建设，开展全市地下考古勘探，完成四医院新建项目等多个项目文物勘探及南海棠园古墓葬发掘等，确保地下文物安全。推进吉家庄新石器遗址发掘研究、方山永固陵考古调查等，“智家堡北魏吕续浮雕彩绘石椁墓”入选“2021年度山西重要考古发现”。落实200万元考古勘探专项经费，实施恒安街南侧、文瀛南路东侧地块的考古调查勘探，与市规划和自然资源局共同制定《收储土地“先考古、后出让”工作流程》，给考古前置工作开展提供保障。

（钮 晗）

【七里村北魏墓地入选“2020年山西考古新发现”】 2021年3月29日，由山西省考古学会和《山西晚报》联合举办的“首届山西考古新发现论坛”在太原召开。论坛上，入围的12个考古项目负责人现场汇报，最终6个项目入选“2020年山西考古新发现”，大同市平城区七里村北魏墓地位列其中。平城区七里村北魏墓地由市考古研究所发掘。墓地位于七里村西北处，墓葬分布密集、排列有序，墓地保存状况良好。上年8月至12月，市考古研究所发掘这批墓葬，清理北魏墓葬86座。墓葬形制多为斜坡墓道土洞墓，随葬器物多为陶罐、陶壶等，共计300余件。尤为重要的是29号墓的发掘，包括墓室壁画、完整漆木棺、丝纺织品、漆器在一座墓集中发现，且保存较好。29号墓位于墓地北部，坐北朝南，为长方形斜坡墓道砖砌单室墓，由墓道、甬道、墓室3部分组成。南北总长24.1米，墓底距地表深9.3米。墓葬未被盗扰，保留原有葬式。墓室内保存一座完整的漆木棺，四壁、顶部绘有精美壁画，棺前随葬品原样保留，棺内发现保存较好的丝纺织品、服饰以及多件保存完整的漆器。（蕙 兰）

【首次出土北魏木质武士俑与镇墓兽】 2021年8月26日，在大同发现一处北魏时期墓群，并在其中名为“贾宝”的墓葬中首次发现北魏时期的木质武士俑和镇墓兽。

该墓群位于大同市御东新区，西邻恒源路，北邻南环东路。该墓葬群在2017年5月至6月由大同市考古研究所在配合基本建设过程中发现。经考古工作人员发掘，清理出北魏墓葬44座，其中M13形制独特，内涵丰富，纪年明确，墓主名为“贾宝”，是该次发掘的重要收获之一。墓主贾宝是何人在《魏书》中并无记载，据考古工作者分析，在魏晋南北朝时期，武威贾氏作为凉州名门望族之一，各分支在政治舞台上均比较活跃，贾宝家族可能是在北魏定鼎平城的移民浪潮中迁徙至平城的。该墓葬具使用木堂，堂内设“凹”字形木榻，丰富对北魏平城时代丧葬制度和习俗的认识，是研究北魏时期建筑的珍贵实物资料，而此类葬具在北魏平城并非个例，应是当时多民族、多地区移民聚居、融合下丧葬制度衍变的产物。该墓葬最特别之处在于，出土2件木头质地的武士俑和1件镇墓兽，以往在北魏墓葬中多发现石质或陶质武士俑、镇墓兽，但木质尚属首次发现。（蕙 兰）

文学艺术

文 学

【房光长篇小说入列全省重点作品扶持项目】 2021年1月，山西省作家协会公布2020年山西省重点作品扶持项目，全省有长篇小说、纪实文学（报告文学）、散文等10部作品入选。大同市作家房光长篇小说《农家》入列。

省作家协会重点作品扶持工作从2013年启动，坚持以出精品、出人才为目标，以服务、扶持、鼓励作家创作为宗旨，对全省作家创作的重点优秀作品进行扶持。截至上年12月中旬，收到11个市文联、1个企业文联和9个省直机关单位推荐的52部文学作品，涵盖长篇小说、短篇小说、纪实文学（报告文学）、散文及诗歌等各类体裁。2021年1月，从通过初审的46部作品中评选出10部作品作为重点扶持项目。房光是灵丘县人，中国作协会员、山西省作协全委会委员，著有小说集《莜麦谣》等。其长篇小说《农家》取材于山西晋北山区，采用当地农民方言土语，简单、直白甚至笨拙地呈现他们的生存状态和内心世界。通过一个农民家庭五代人的故事，折射出农村发生的巨变。主人公是一个出生时父亲已死了半年多的“墓里愁”，当年爷爷奶奶一家人立身土窑，一年以2斗谷子活命，他以一己之力，撑起王、陈、支3个姓氏的三门人烟。作家表达一个愿望，那就是千万不要忘记农业、农村、农民。（蕙 兰）

【大同诗人诗作亮相华语诗歌春晚】 2021年3月6日，以北京师范大学中国当代新诗研究中心为学术指导，以山西省作协诗歌专业委员会大同分会、大同市诗歌研究会、大诗刊杂志社、《汉诗三百首》编委会、中国唯美诗歌原创联盟为主办单位的“2021第五届华语诗歌春晚”在线上举行。大同市诗歌研究会部分诗人诗作亮相该次春晚。该次诗歌春晚的主会场设在中国教育电视台《诗意中国》栏目演播厅。春晚以“仰望星空”为主题，采用线上诗会与诗电影相结合方式，多视角、多层次展示诗歌艺术魅力，把诗歌与音乐、绘画、舞蹈等艺术结合起来演绎。云舟烟波的《绿染塞上》歌颂“绿化将军”张连印植树造林、造福家乡、无私奉献的先进事迹。王占斌的《红船》、张二棍的《独坐书》、侯建臣的《雁门关》、边海云的《明长城之韵》等诗歌也在线上亮相，提高大同诗人的知名度和影响力。（蕙 兰）

【首届学生作文大赛】 2021年4月28日，由市文联、市教育局、市文学艺术创作研究中心主办的大同市首届学生作文大赛颁奖仪式在万城广场举行，来自全市各中小学指导老师、小作家及文化学者参加。该次大赛活动上年2月启动，收到全市中小学生作文1万余篇，经推荐评选，通过网络投票和评委会投票，最终评出一等奖3名、二等奖6名、三等奖10名、潜力奖10名，最佳指导老师奖及优秀指导老师10名，平城区十八校、大同五中等5所学校获优秀组织奖。（蕙 兰）

【全国残疾人文化周朗诵会】 2021年11月27日，大同市残联、大同市图书馆共同举办以“文化助残 共享书香”为主题的全国残疾人文化周朗诵会活动，以丰富残疾人精神文化生活，提升残疾人享有公共文化服务水平，展示残疾人文化艺术成果。会上，邀请国家二级心理咨询师、大同市咨询师协会常务理事、大同市心理学会专家讲师团专家东方主讲《疫情下的心理调节》。东方围绕如何在当前疫情背景下调节慌张和焦虑情绪，更好地照顾自己和家人，用积极心态掌握自我调节方法，给心理筑起一道温馨高墙。（赵新萍）

【“爱我中华 修我长城”朗诵会】 2021年12月22日，由大同市图书馆长城文献资料研究中心、市播音主持协会共同主办的“爱我中华 修我长城”迎新年长城诗歌朗诵会在大同市图书馆举行，来自全市的播音员、主持人及各界人士，以诗为言、以声传情，从不同角度歌颂长城、歌颂家乡、赞美大同。该次活动以“长城”为主题，展示13首诗歌作品，有《长城，请听我对你说》《长城赞》《大同古长城遐想》《烽火台：长城上的杯盏》《写给摩天岭的一封情书》等。朗诵者有普通市民，也有大同新闻、播音界的名家，通过朗诵，传递出新一年对美好生活的展望，及继续推进保护长城的决心。（蕙 兰）

美术（书法）

【小记者书写楹联活动】 2021年2月初，首届中国城墙全球征春联大同延伸活动小记者书写楹联活动评比揭晓，刘嘉明等10位学生的作品获得佳作奖。由于疫情防控需要，原计划在线下进行的小记者书写楹联活动改为线上进行。来自大同市平城区四十四校、四十六校、十四校、四十七校等多所小学的小记者们，选取自己喜爱的楹联挥毫书写，其中多为充满吉祥喜庆色彩的春联，如“天增岁月人增寿，春满乾坤福满门”“和顺一门添百福，平安二字值千金”；有自撰的行业联等，如“为人师表诲不倦，兴国树才教有方”；有2021年首届中国城墙全球征春联获奖作品，如“武以谋和，信江山永固；定勘致远，祈天下大同”。经过评委评选，刘嘉明、贾孟涵、尹建卿、刘轩秀、李雨霏、史锦铭、刘睿、张俊山、袁羽婵、刘博杨10位学生的作品获得佳作奖；韩易儒、孟丹清、付恒瑞、王嘉睿、刘师洁、姚欢倪、黄宇轩、刘昊、王家睿、刘珈、富俊豪、席耀

祥、李佳龙、李程、石京可、尹海洋、李燮标、李天翔等学生的作品获得纪念奖。（蕙 兰）

【牛年大同传统年画 古城门春联原作展】 2021年2月23日，由大同市平城区委、区政府主办的牛年大同传统年画、古城门春联原作展在市雕塑博物馆开展，展出12幅古城门春联真迹和约300幅年画作品。2021年新春中国城墙全球征春联活动由西安、大同、开封等城市共同举办，活动收到来自全球各地3.5万幅作品，最终选出63幅获奖作品，其中与大同城墙有关的获奖作品12幅。平城区委宣传部同市文联、市书协等把获奖作品分发全市有影响的12位书法家，由他们用不同书体书写，并展示在古城的4个主城门和8个副城门，12幅作品真迹在该次展览集中展出。该次展出的年画分吉祥娃娃、威武门神、古典人物故事、红色文化、节约粮食等专题。（蕙 兰）

【王祥烙画作品获山西传统工艺主题展金奖】 2021年6月12日，在2021山西省"文化和自然遗产日"主题活动中，大同市烙画艺人王祥的葫芦烙画作品《大同"三宝"》《穿越千年 游云冈石窟》获"华夏古文明，山西好手艺"山西传统工艺主题展金奖。葫芦烙画作品《大同"三宝"》总高80厘米，直径42厘米，一个葫芦上烙制"大同城""大同佛""大同煤"3个图像。该作品是王祥和他的烙画艺术工作室成员王俊、黄志坚、王彦集体创作而成。16米大型长卷木板烙画作品《穿越千年 游云冈石窟》是王祥和团队成员继承烙画传统，勇于创新，以云冈石窟为题材创作的作品。该次参加山西省传统工艺展双获金奖的这两件作品，集中展示大同元素，体现文化底蕴和大同手艺人的手艺。（蕙 兰）

【庆祝中国共产党成立100周年书画作品展】 2021年6月30日至7月30日，由大同市委宣传部主办，市文联、市书法家协会、市美术家协会承办的翰墨书香颂党恩——大同市庆祝中国共产党成立100周年书画作品展在和阳美术馆展出。该次书画展收到书法和绘画作品300余幅，经过专家评审，最终展出190幅。参展作品主题突出，有工笔画、山水写意画，书体有篆书、隶书、行书、草书，书画作品内容取材于中国共产党的历史，选题于新中国成立以来人民群众生活的巨大变化，反映大同市改革开放40多年来政治、经济、文化、社会各项事业取得的成就，表达大同市人民对建设美丽富裕幸福大同的期盼。（蕙 兰）

【百校千人大中小学师生书法展】 2021年7月10日至20日，由大同市委、市政府主办，市关工委、市教育局、市社科联、市书法教育研究会承办的"传承红色基因·书写爱党情怀"——大同市第二届"勤学杯"百校千人大中小学师生书法展在市雕塑博物馆举行。活动收到软笔书法作品1500余幅、硬笔书法作品近4000幅，覆盖全市4区6县和100余所中小学校。经过初评和复评，选出入展作品软笔520余幅、硬笔387幅。作品篆、隶、楷、行、草诸体皆备，主题鲜明，内容丰富，具有时代特征和爱党爱国情怀。集中展示近年来大同市书法进学校、进课堂、进家庭取得的成果，展现当代中小学生积极向上的精神风貌。（蕙 兰）

【市作协首届书法展】 2021年9月11日至19日，由大同市作协和大同市博物馆联合主办的"文字与文学同源"——大同市作家协会首届书法展暨北魏文化系列活动在北魏明堂遗址博物馆举行。该次活动展出作品出自大同市50余位作家及文学爱好者之手。作品有楷书、隶书、篆书等，是全市作家队伍艺术修养和综合素质的一次集中展示，是赓续传统文化、致敬北魏历史的具体实践。该次展览通过多样表现形式、内容表达，实现文学与书法艺术的结合，彰显大同作家的艺术造诣和创作水平。活动期间，作家与大同市读者进行面对面读书交流及游学、文化研讨等活动。（蕙 兰）

【大同地方文化暨北魏文化书画展】 2021年9月29日至10月10日，由市博物馆、市美术家协会、市平城区文联、市明堂遗址博物馆联合举办的"天下大同 首善平城"大同地方文化暨北魏文化书画展在北魏明堂遗址博物馆展出。该次展览展出大同市60余位书画家的300余幅作品，包括书法、美术、剪纸、刺绣、雕塑、铜錾刻、金属丝编等。展出作品内容多样、题材丰富，有的反映古都大同古迹景观、传说故事、街巷文化，有的以北魏王朝的历史事件、历史人物为题材，有的取材于云冈石窟，有的作品反映新时代大同人民积极向上的精神风貌。展览现场，有即兴书画创作等活动。（蕙 兰）

【"山水灵丘 艺术乡村"大同美术家作品展】 2021年11月10日至次年1月11日，由大同市文旅局、灵丘县政府、大同市文联主办的"山水灵丘 艺术乡村"大同美术家作品展暨文旅消费惠民活动在市美术馆举行。展览现场，80余位大同籍美术家的100余幅作品让观展者了解灵丘的千年古韵、红色历史和自然风光。展览期间，现场向观展者发放灵丘旅游消费代金券，举办抖音挑战赛、"千年古韵·共话灵丘"苏然探"展"大同美术馆、"山水灵丘·未来画卷"沉浸式体验、"融合变革 创新发展"文旅融合促进乡村振兴座谈会等多项活动。（蕙 兰）

【单建跃国画入选全国书画大展】 2021年3月，由中国大众文化学会、中国书画报社、北京燕京书画社主办的"百年百家全国书画大展"作品征集活动在北京揭晓，大同市画家单建跃的国画作品《初心》入选大展。入选作品于4月30日至5月4日在北京民族文化宫展览馆展出。"百年百家全国书画大展"从上年10月1日至12月31日是作品征集阶段，作品征集结束后，由主办单位组织权威专家进行评审，评审分初评、复评和终评3个阶段，在来稿中遴选出优秀书法作品100件和国画作品100件参加书画大展。单建跃是国家一级美术师，山西省美协会员，云冈书画院学术委员，擅长画写意花鸟画，尤擅画褐马鸡，他的作品画面清新、构图巧妙，线条流畅。（蕙 兰）

▲ 2021 年 7 月 1 日，“学党史 强信念 跟党走 红色基因代代传——大同市青少年庆祝中国共产党成立 100 周年主题书画展”在大同市图书馆一层大厅开展　（康一凡　摄）

【大同市青少年庆祝中国共产党成立 100 周年主题书画展】 2021 年 7 月 1 日，由共青团大同市委、大同市少工委主办，大同市青少年活动中心、大同市图书馆承办的“学党史 强信念 跟党走 红色基因代代传——大同市青少年庆祝中国共产党成立 100 周年主题书画展”在大同市图书馆一层大厅开展。该次活动全市有 58 所中小学校、培训机构参加，选送作品 1000 余幅，经过专家筛选与评定，最终评选出一、二、三等奖各 50 幅作品参加该次展览，以迎接中国共产党中国共产党成立 100 周年，教育引导广大青少年了解党的光辉历史、感悟党的初心使命、领会党的创新理论、传承党的红色基因。　（赵新萍）

【武大明油画艺术展】 2021 年 9 月 25 日至 10 月 31 日，由云冈研究院、山西大学美术学院、山西省美术家协会主办，云冈美术馆承办的“大境澄明”武大明油画艺术展在云冈美术馆展出。武大明，是山西大学美术学院教授，中国美术家协会会员，中国油画学会会员，省美协主席团委员，大同大学名誉教授。近年来，武大明多次举办个人油画作品展，每次展览的主题各不相同，该次展览主题“大境澄明”即是围绕云冈文化及北方的风土人情展开，展出作品 39 幅，内容包括反映太行山景象及古村落的写生作品、黄河风情作品、晋北长城边堡及云冈石窟现场写生作品。　（蕙　兰）

【隔江山色——金纬油画作品展】 2021 年 11 月 24 日至 12 月 20 日，由省美术家协会油画艺术委员会、省油画学会、市文学艺术创作研究中心联合主办的《隔江山色——金纬油画作品展》在大同市美术馆 3 号展厅展出。金纬，中国美术家协会会员，早年考入山西大学艺术系主攻油画，毕业后到鲁迅美术学院油画系研究生班深造，曾在大同多所学校任教，现任苏州科技大学艺术学院教授、硕士研究生导师。他的作品多以风景为主兼画人物，大多取材于他所熟悉的大同周边的塬峁沟梁、长城古堡、村舍旷野等，写实又充满蕴意、具体又不失浪漫。该次展览展出作品 30 余幅，《家在塞北》《乡间小路》《拒门堡的早晨》等作品再现塞上风土人情，尽显作者故乡情，《西口古道》《晚风掠过山岗》《昔日沙场秋点兵》等作品显现铁马秋风的雄强之美，《耦园》《冬至》《雪中园林》等作品通过描绘意境，体现出一种江南秀色的娇柔之美。（蕙　兰）

【梁力强云冈佛教美术作品展】 2021 年 11 月 30 日至次年 1 月 6 日，由山西省书画院、山西省美术家协会、大同市文旅局、大同市美术馆共同主办的“图之万形”——梁力强云冈佛教美术作品展在市美术馆展出。梁力强，出生于大同，毕业于山西大学美术系油画专业，是山西省画院专职画家。自 2013 年起，在云冈石窟开展为期 6 年的美术考察，整理大量石窟造像资料，创作许多作品。作品《须弥山》曾参加山西省画院建院 30 年美展，《云冈石窟五华洞窟檐复建素描》参加 2016 天津夏季达沃斯论坛“中国著名艺术家邀请展”。该次展览展出作品 90 余幅。素描作品或取材于立佛、坐禅佛像及犍陀罗弥勒菩萨等造像，或以飞天乐伎、国王抱太子骑象回城及十大弟子拈花一笑等局部造像为题材，通过极具故事性及结构性线条表达，更为立体展示石窟造像不同时期的演变特征。油画作品中，须弥山、音乐夜叉、山堂水殿、云冈堡及五华洞外窟檐施工等展现云冈之美，记录石窟历史。　（蕙　兰）

摄　影

【大同摄影家任彦龙作品获航空摄影大赛一等奖】 2021 年 5 月 10 日，“空中看山西”航空摄影大赛颁奖典礼暨巡展开幕式在省晋商博物院举行，大同市摄影家任彦龙拍摄的作品《空中看大同长城古堡》获该次大赛一等奖。该次航空摄影大赛以航空拍摄为呈现手段，“歌颂美好新时代，唱响美丽新山西”为主题，“红色 + 人文 + 风景”为主要内容，展现山西旅游资源、历史文化、自然风光。比赛历时数月，近 28 万名网友参与线上投票，最终经专业评审团评判，18 件作品获奖，这些作品通过高空俯拍，从不同视角展现山西的精神面貌、典型事件、典型人物、典型建筑，并利用摄影镜头和各类航拍技术，让大众以空中视角俯瞰三晋大地，感受山西的晋美晋韵、发展变化。大同市摄影家协会副主席任彦龙拍摄的《空中看大同长城古堡》作品获一等奖。任彦龙多年来拍摄大同长城，以表现长城的壮观、沧桑为“经”，以记录沿线世代与长城休戚与共的边塞村民为“纬”，全面呈现出大同长城独有的文化魅力与精神气质。　（蕙　兰）

【古代龟兹石窟壁画摄影艺术展】 2021 年 5 月 11 日至 8 月 31 日，由云冈研究院和新疆维吾尔自治区克孜尔石窟研究所共同主办的“丝路精魂——古代龟兹石窟壁画摄影艺术展”在云冈美术馆展出。公元前后，佛教沿着丝绸之路传入西域（新疆维吾尔自治区），在此生息繁衍，造就遗世瑰宝——石窟壁画艺术。龟兹石窟是古代西域36国之龟兹国境内的佛教石窟群的总称。龟兹石窟遗址10处，洞窟总计600余个。该次壁画展品总数约60幅，分人物篇、飞天篇、菱格篇三大板块，旨在以可视的石窟壁画遗存展示多元的龟兹历史文化，让更多人感受到加强壁画及一系列珍贵西域文化遗存研究保护的意义。把这批珍贵的西域文化遗存“搬”到云冈的，是上海市摄影家协会副主席、新疆维吾尔自治区克孜尔石窟研究所客座研究员丁和。从事摄影40年，丁和早在20世纪80年代中期就踏上主题文化摄影之路。他拍摄的《藏风》《流沙梦痕》《玄奘取经之路》《丝路精魂》等主题文献摄影系列作品，在北京首都博物馆、上海中华艺术宫等地展出。（蕙 兰）

【百年大同·影像展】 2021年6月30日至8月15日，由大同市政府指导，市文物局主办，市雕塑博物馆承办的“百年大同·影像展”在大同市雕塑博物馆西厅一层展出。该次展览以时间为主线，以大同的百年发展历程为主题，展出摄影作品800余幅、老物件100余件。展览分“往事回眸”“峥嵘岁月”“欣欣向荣”“改革新篇”“复兴之路”5个单元，内容涉及城市变迁、社会生产、百姓生活、自然风光、市井场景，向参观者展现百年来大同走过的难忘岁月，讲述古城大同的生动故事。展览现场还放映老电影《周总理》。该次展览以影像形式挖掘、梳理出能够彰显大同历史文化底蕴、地域特点、精神品格的城市发展脉络，展现在党的领导下，大同这座城市和百姓生活的变化，凝聚起“永远跟党走”的力量，向中国共产党成立100周年献礼。（蕙 兰）

【任彦龙作品入选第28届全国摄影艺术展览】 2021年10月，第28届全国摄影艺术展览评选结果揭晓，大同市摄影家任彦龙作品《以长城的“包浆”留住历史的云烟》入选，是大同市唯一上榜作品。任彦龙是中国铁路和山西省摄影家协会会员，大同市摄影家协会副主席。他的《长城遗韵》摄影作品亮相第十二届中国摄影艺术节，主题摄影作品《长城脚下是故乡·山西长城影像志》曾在湖南东江湖摄影艺术馆、加拿大多伦多等中外10个城市进行巡展，摄影作品《空中看大同长城古堡》获“空中看山西”航空摄影大赛一等奖。第28届全国摄影艺术展览由中国文联、中国摄影家协会主办，从29万余幅投稿作品中选优，最终有299件作品入选。作品分纪录类（含长期关注单元）、艺术类、创意和商业类、多媒体类。其中纪录类入选137件，艺术类入选116件，商业类入选26件，多媒体类入选20件。任彦龙摄影作品《以长城的“包浆”留住历史的云烟》入选纪录类长期关注单元，由28张长城题材摄影作品组成。（蕙 兰）

【印象世家康养小镇主题摄影展评选】 2021年11月4日，由大同日报传媒集团、大同市摄影家协会和世家康养小镇共同主办的“印象世家康养小镇”主题摄影展颁奖仪式举行。该次摄影展从10月1日至10日，收到80余位参赛者的投稿800余幅，参赛作品围绕“发现精彩·感受美好”这一主题，涵盖秋日小镇的自然环境、人文风情、建筑风格等方面，多角度展示世家康养小镇的蜕变，展示大同城市建设近年来的发展轨迹，体现当地文化底蕴和风土人情。经过匿名评选和多轮投票，评选出三等奖作品10幅，参赛选手分别获由世家康养小镇提供的奖杯和奖金1000元；二等奖作品5幅，参赛选手分别获奖杯和奖金2000元；一等奖作品2幅，参赛选手分别获奖杯和奖金3000元；特等奖作品是梁海涛的组照《华灯初上的小街》《秋色小桥》和《一方休闲时光》，除奖杯外，还获得8000元奖金。（蕙 兰）

【大同长城摄影展】 2021年11月11日至12月25日，由大同市文旅局、大同市长城文化旅游协会、大同市美术馆共同主办的“沧桑长城 形胜大同”大同长城摄影展在市美术馆展出。此次活动通过选择长城各点段及军堡的200幅摄影作品，集中展现大同长城的巨变和雄阔粗犷之美，吸引更多人关注长城、了解长城、保护长城，助推长城文化旅游事业发展。活动现场，展览作品根据大同境内的长城走向逐次排开，有天镇李二口段长城、阳高守口堡、新荣得胜堡、左云摩天岭长城等景点展示，有长城风土人情、长城旅游公路及长城文体活动的展示。（蕙 兰）

【全国媒体采风活动摄影作品精选展】 2021年11月底至12月25日，“京西福地 山水灵丘”全国媒体采风活动摄影作品精选展在大同市美术馆展出。2021年9月，灵丘摄影文化产业基地在灵丘县边台村灵丘县文化产业研学基地挂牌成立，同时，人民摄影报社与灵丘县委、县政府共同主办为期3天的“京西福地·山水灵丘”全国媒体采风活动。该次展出的作品，是从采风活动中所拍摄的400余幅作品中选择出来的，共40余幅。展出现场，《灵丘县花塔村全景》《灵丘觉山寺》《灵丘荞麦茬古长城》等作品通过独特视角把大美灵丘展现出来；以平型关大捷纪念馆和东河南镇“含水人家”为题材的作品记录灵丘红色旅游的发展；以龙渠沟有机社区实景剧《龙渠沟的老百姓》、北泉村村民的荷花节走秀、独峪乡玉米丰收等为题材的作品再现灵丘在脱贫攻坚、经济建设、生态保护、旅游发展等方面取得的成就。（蕙 兰）

【“影动大同 魅力冰雪”摄影展】 2021年12月20日至次年3月，由大同市云州区文化和旅游局等主办的“影动大同 魅力冰雪”首届冰雪文化摄影作品展展出，展出100件以滑雪群众为主角的摄影作品。2021年12月初，“影动大同 魅力冰雪”摄影大赛启动，来自全市200名摄影家走进滑雪场，聚焦“大众滑雪公开赛”与“第三届大同冰雪节”两项活动，拍摄3000余幅摄影作品。经大赛评委会多轮评选，最终100件作品入选展览。其中，樊丽勇拍摄的组图《古城大同的迎冬奥时刻》获一等奖，刘晓东的摄影组图《大众冰雪乐》、孙泉的摄影作品《雪虎》获二等奖，宁晓曼、陈雷拍摄的组图《冰清玉“杰”》、杨连禾的摄影作品《五星红旗迎风飘扬》、方海鹰的摄影作品《雪上飞》获三等奖，另有10名摄影家的作品获优秀奖。（蕙　兰）

戏曲

【大同数来宝亮相西安相声节】 2021年3月20日至26日，首届西安相声节暨全国相声小剧场展演，在“相声江湖”青曲社大雁塔店举行。柴氏兄弟表演的大同数来宝亮相该相声节。首届西安相声节暨全国相声小剧场展演秉持“曲艺传承，讲好中国故事”理念，集相声展演、研讨交流为一体，有14场演出。相声节会聚来自全国各地47家相声艺术团体，参演单位包括国家院团、文工团及民营曲艺团体，近100位相声曲艺演员亮相展艺。大同市云海曲艺社代表山西参加演出。柴氏兄弟表演的大同数来宝《隔辈亲》让观众尽享数来宝的魅力与精彩。（蕙　兰）

【新时代曲艺小剧场著作权保护会】 2021年4月24日，新时代曲艺小剧场著作权保护暨中国曲协深化改革基层试点工作研讨会在大同云海曲艺社召开。中国曲协分党组副书记、秘书长曲华江，省文联党组书记李斌，省曲协和大同本土曲艺名家就行业发展和著作权保护等话题进行交流研讨。4月26日是世界知识产权日，中国曲协和大同云海曲艺社联合，共同举办第三届曲艺版权宣传周系列活动，并结合世界知识产权日主题，确定该届宣传周的主题“曲艺小剧场与著作权保护——让创意转化为价值”。宣传著作权保护在繁荣曲艺事业发展中的作用，增强大家的著作权保护意识，鼓励曲艺创造性转化、创新性发展，让创意转化为价值，推动曲艺事业发展。会议围绕大同云海曲艺社的经营管理发展进行研讨。中国曲协确定14家曲协组织和曲艺团体作为试点单位，大同云海曲艺社位列其中。曲艺家柴京云介绍云海曲艺社发展的历程、积累的经验，受到中国曲协、省文联肯定。通过研讨交流，与会专家表示会共同推进中国曲协深化改革基层试点工作，推动中国曲艺事业发展。（蕙　兰）

【3部舞台剧参加庆祝中国共产党成立100周年舞台艺术作品展演】 2021年4月20日，由中宣部、文旅部、中国文联共同举办的庆祝中国共产党成立100周年优秀舞台艺术作品展演在北京启幕。该次展演，山西省有3部作品入选，分别是舞蹈诗剧《天下大同》、舞剧《刘胡兰》、话剧《右玉》，其中舞蹈诗剧《天下大同》于5月22日、23日在国家大剧院上演，另外两部作品于5月至7月在省内展演。

原创舞蹈诗剧《天下大同》挖掘各民族交往交流交融和“一带一路”建设的历史底蕴，讴歌中国共产党为世界谋大同的情怀和构建人类命运共同体的愿景。该剧由大同市歌舞剧院组织创排，山西大学音乐学院、山西华晋舞剧团、山西省歌舞剧院参与演出。舞剧《刘胡兰》讲述革命烈士刘胡兰的成长经历和革命事迹，聚焦“生的伟大、死的光荣”这一主题，挖掘刘胡兰精神作为中国共产党人精神谱系重要组成部分的时代价值，阐释中国共产党人视死如归、顽强拼搏、不懈奋斗的大无畏革命精神。该剧由吕梁市民间艺术团组织创排。话剧《右玉》阐释习近平总书记对右玉精神作出的6次指示批示，艺术再现70年来党领导右玉人民坚持不懈植树造林、把昔日“不毛之地”变成“塞上绿洲”的人间奇迹，弘扬全心全意为人民服务、迎难而上、艰苦奋斗、久久为功、利在长远的右玉精神，表达右玉人民听党话、跟党走的真挚情感。该剧由山西省话剧院组织创排。

（蕙　兰）

【原创新编现代戏《忘忧草》首次亮相】 2021年7月12日，大同黄花丰收活动月专场演出在大同大剧院小剧场举行，由市北路梆子和耍孩剧种保护传习中心创排的大型原创新编现代戏《忘忧草》上演，这是该剧首次公开与观众见面。大同黄花丰收活动月专场演出活动由市委宣传部、市文化和旅游局、市农业农村局联合主办。该剧由曾获文华奖、飞天奖等奖项的王元平任编剧，中国戏曲学院导演系副教授席凯任导演，国家一级演员、国家级非物质文化遗产北路梆子代表性传承人张彩平主演。《忘忧草》以大同市云州区唐家堡村有机黄花产业基地发展历程为蓝本，以振兴黄花产业为主线，从“黄花书记”张凤云视角出发，讲述村党支部书记张凤云克服千难万险、带领村民通过种黄花致富的故事。（蕙　兰）

【话剧《绕》演绎中国式父子关系】 2021年8月，由火车头少儿艺术团出品、高超亮导演的原创话剧《绕》在大同市开源街开源一号文化创意产业园区内的开心剧场上演。话剧《绕》分4幕，剧情围绕家长最关心的家庭教育话题，由纨绔子弟钱来来和超级学霸姚凌智及性格迥异的5位同学展开，给观众演绎中国式父子关系。因钱来来与父亲的不同教育观及姚凌智与父亲的不同人生观引发问题，后通过阅读父辈日记、感受父辈儿时经历，才得以相互理解、释怀。体现两代人因环境、家庭产生的看似不同又实则相同的人生感悟，所有错综复杂的矛盾终归因为爱而“绕”回终点。（蕙　兰）

【京剧《文明太后》入选第九届中国京剧艺术节】 2021年9月21日，由文化和旅游部、北京市人民政府主办的第九届中国京剧艺术节在国家大剧院启幕。由山西省剧作家景彦斌编剧、山西省京剧院排演的大型新编历史京剧《文明太后》入选。中国京剧艺术节是中国规模最大、水平最高的国家级京剧艺术盛会，旨在展示优秀京剧作品，会集尖子人才，交流艺术经验，促进京剧繁荣。第九届中国京剧艺术节经过遴选，有全国27个省区市、41个表演团体的23台大戏、4台折子戏专场及10台线上展演剧目入选。京剧《文明太后》是线下参演的23台大戏之一，于10月9日、10日在省城青年宫演艺中心上演，10月13日在文旅部“文艺中国”视频号上演播。《文明太后》讲述北魏政治家文明太后适应历史发展大势，以民为本，与其子献文帝拓跋弘为首的保守势力展开斗争，以致生死对决，教育引导其孙孝文帝团结鲜卑、汉族等各族大臣，推行“均田制”“俸禄制”

和“三长制”，使北魏富国强兵走向鼎盛的历程。（蕙 兰）

【歌舞剧《北魏长歌》获优秀剧目奖】 2021年9月24日，第六届全国少数民族文艺会演在北京民族剧院落幕。该届文艺会演设立“圆梦奖”，作为山西省唯一参演剧目，由大同市歌舞剧院创作演出的歌舞剧《北魏长歌》获优秀剧目奖。

该届文艺会演自9月1日在国家民委网站和央视网上线展播以来，42部剧目的总浏览量突破1300万人次。其中，《北魏长歌》9月2日至7日展播。该届会演设立的“圆梦奖”，寓意56个民族团结在以习近平同志为核心的党中央周围，共圆中华民族伟大复兴的中国梦。最终，评奖委员会评选出剧目奖25个、单项奖25个。《北魏长歌》取材自南北朝时期北魏在平城建都的历史，通过刻画北魏王朝两代君主形象，展现出中华民族传统文化的灿烂和强大向心力，揭示出历史发展进程中民族团结与融合的必然。全剧场面宏大、表演精湛，再现北魏民族融合、改革创新的重要历史，让观众了解云冈石窟这座人类文明瑰宝背后各民族交往交流交融的历史渊源，感悟厚重历史、汲取奋进力量。（蕙 兰）

【原创舞台情景剧《家园》上演】 2021年10月5日，由以社区居民为主体的翔龙艺术团担纲演出的大型原创舞台情景剧《家园》在大同大剧院上演。《家园》5个篇章采用情景回眸手法，以社区居民的生活感受为主线，讲述翔龙伴随城市发展不断成长走过的路，讲述发生在社区里的真实故事，放大家园亲情的温度，展现拥有幸福生活的社区居民与城市发展的和谐关系。演员从3岁儿童到年逾古稀老人，演职人员包括小区业主、物业优秀员工等，并邀请总政歌舞团女中音歌唱家钟丽燕、东方歌舞团青年歌唱家王相周友情出演。（蕙 兰）

音乐

【大同音乐曲艺作品获全省群众文艺作品奖】 2021年1月7日，上年度山西省群众文艺作品（文本类）获奖作品结果公布，大同市报送的《亲呀个呆》《樱花又开放》《西口口的女女儿好大的脚》《咱也是一棵忘忧草》《婆媳之间》5件作品上榜。上年4月至8月底，山西省文化和旅游厅进行全省群众文艺作品创作选拔工作，并按文本类、舞台类两种形式开展创作选拔。文本类作品不限艺术门类，鼓励多体裁、多形式创作，重在挖掘地方特色文化元素，以现代方式活化、呈现，评出曲艺、戏剧、音乐3个类别作品。由张枚同作词，柴京云、柴帅作曲的4首歌曲《亲呀个呆》《樱花又开放》《西口口的女女儿好大的脚》《咱也是一棵忘忧草》获音乐类山西省群众文艺作品创作选拔奖入围作品奖；由曹振、李骐宇表演的大同数来宝《婆媳之间》获曲艺类山西省群众文艺作品创作选拔奖入围作品奖。（蕙 兰）

【袁秀兰童谣作品获奖】 2021年7月初，“新时代创享新童谣”评选活动揭晓，大同市儿童文学作家袁秀兰创作的新童谣作品《金豆豆银豆豆》获成人组一等奖。该次评选由上海市儿童基金会、中国中福会出版社、上海市奉贤区教育局共同主办，旨在给少年儿童提供精神食粮，打造推出广为流传的当代新童谣。活动于上年启动，收到来自全国24个省市的作品数千件，经过评审委员会初评、复评、终评，最终评出成人组和少儿组获奖作者21名，入围奖40名。袁秀兰是左云县人，是中国作家协会会员，山西作家协会全委会委员。40年来，坚持儿童文学创作，其有童话集《温暖的小房子》《会走路的大鼓》《香香鼠和臭臭鼠》，儿歌集《袁秀兰儿歌》等。（蕙 兰）

【市琵琶学会第四届音乐会】 2021年7月30日，由大同市文旅局主办，市文化馆、市琵琶学会承办的“琵琶声声颂党恩”大同市琵琶学会第四届音乐会在大同大剧院举行。该届音乐会演出演员由市琵琶学会的老师和学生组成，是大同市庆祝中国共产党成立100周年群众文化系列活动之一，旨在通过齐奏、重奏、合奏、音舞组合等形式演奏经典乐曲，表达对党的热爱，给党的百年华诞送上祝福。音乐会节目有琵琶三重奏《爱我中华》，琵琶齐奏《金蛇狂舞》，重奏《远方的客人请你留下来》，及《唱支山歌给党听》《十送红军》《狼牙山五壮士》《天山之春》《茉莉花》《康定情歌》等经典乐曲。（蕙 兰）

【大同两首歌曲入围“亿万职工心向党”歌曲征集】 2021年8月30日，由中华全国总工会宣教部指导，中华全国总工会文工团举办的庆祝中国共产党成立100周年“亿万职工心向党”歌曲征集评选活动获奖名单揭晓。其中，由大同市词作家张枚同作词，艺术家柴京云及其女儿柴帅作曲的歌曲《脱贫致富的山里人》获优秀作品奖，由3位担纲词曲作者的歌曲《这一只船叫红船》获入围作品奖。“亿万职工心向党”歌曲征集活动4月发布，征集到原创歌曲作品近600首。经过专家评委评审，有60首作品获入围作品奖，40首作品获优秀作品奖。优秀作品奖《脱贫致富的山里人》歌词质朴，富有时代韵律，音乐中融入地方民歌与地方剧种元素，传递出浓郁地域特色；入围作品奖《这一只船叫红船》，用音乐诠释红船精神，兼具艺术性与时代性，有较强感染力。（蕙 兰）

【全省农民工歌手大赛大同选拔赛】 2021年9月16日，由大同市委宣传部指导，市文化和旅游局主办，市文化馆、市音乐家协会、省民歌协会共同承办的“永远跟党走”2021年山西省群众文化活动农民工歌手大赛大同市选拔赛在市图书馆举行，全市30位农民工参赛，唱出农民新风貌。该次选拔赛是全省群众文化活动系列之一，旨在通过比赛调动培养农民群众参与文化活动积极性，激发爱党、爱国、爱家乡豪情壮志，给建设社会主义新农村贡献更大力量。比赛现场，从全市各县（区）筛选出来的农民工参赛者依次登台，展示出当代农民工积极向上的精神面貌与风采。经过评选，来自浑源县的郭艳芳以《春天的芭蕾》获一等奖。大赛还评出二等奖2名、三等奖5名、优秀奖若干名。10位优秀农民工歌手代表大同参加全

省决赛。（蕙　兰）

舞蹈

【原创舞蹈诗剧《天下大同》首演】 2021年3月29日，由山西省委宣传部、大同市委宣传部指导，大同市歌舞剧院排演，山西大学音乐学院参演的原创舞蹈诗剧《天下大同》在山西大剧院内首演。《天下大同》邀请国内众多艺术家担纲主创，舞蹈表演艺术家、中国歌剧舞剧院国家一级演员、中国舞蹈家协会副主席山翀担任艺术总监，执导过多部舞剧的导演黎剑波担纲执行导演，舞美、灯光、视频、执行编导等都是在国内艺术舞台上有建树的艺术家。《天下大同》全剧90分钟，分《西阴之花》《追梦驼铃》《丝画平城》《协和万邦》《万里茶道》《汇通天下》《永恒丝路》七章，时间从远古，跨越东晋、北魏、隋唐、明清到现当代，以主人公“华”的视角串接山西历史上极具代表性的人物、事件，以叙述和写意并重方式，讲述东西方文明碰撞、交流、融合、共进的历史进程，阐释丝路精神的丰富内涵和共建“一带一路”的时代意义，讲好一个关于山西、关于中国、关于世界的美丽故事，让观众从唯美的艺术中感受晋商精神和多民族融合的发展历程。5月22日，该舞蹈诗剧《天下大同》作为山西省唯一进京参加庆祝中国共产党成立100周年优秀舞台艺术作品展演剧目，亮相国家大剧院。（蕙　兰）

【山西省广场舞大赛大同选拔赛】 2021年4月24日，由大同市委宣传部指导、市文化和旅游局主办，市文化馆、大同日报社、市舞蹈家协会和大同万城建设集团承办，市卫健委和市体育局协办的山西省广场舞大赛大同选拔赛收官。该次山西省广场舞大赛大同选拔赛是2021年全省群众文化活动的一项重要内容，是全面展现三晋风采的一次精会。大赛于4月10日开幕，有86支舞蹈团队（各县区选送的17支团队与市区的69支团队）、1500余人参与。经过初赛、复赛和决赛3轮对决，最终市文化馆公益舞蹈队和市健身球队获一等奖，广灵县秀韵舞蹈队、朝霞舞蹈队、市体育舞蹈代表队获二等奖，山橡社区艺术团舞蹈队、云州区文化馆凤凰飞舞队等5支团队获三等奖。舞动枫林队等22支团队获优胜奖，站东鸿飞凤舞队等17支队伍获优秀奖。（蕙　兰）

社科研究

发展研究

【概况】 2021年，大同市人民政府发展研究中心（大同市政府决策咨询中心）发挥决策咨询和建言献策职能，确定调研主题、调研内容、调研时间地点及配合科室等，走出机关，面对面问政、问需、问计于民。全年撰写省级规划课题5篇、各类调研报告27篇，并编辑与发行《大同经济研究》。结合党史学习教育发挥新型智库职能，给县（区）及相关企事业单位提出意见、建议40余条。举办大同市首届新型智库建设培训班，参训人数52人。（邢雅婷）

【发展课题研究】 2021年，大同市人民政府发展研究中心（大同市政府决策咨询中心）按照山西省社科院重大社科类课题研究方案，完成省级规划类课题任务《黄河流域生态保护和高质量发展研究》《山西数字政府建设路径研究》《巩固脱贫攻坚成果同乡村振兴有效衔接研究》《山西法治化营商环境建设研究》《地方新型智库服务决策路径研究》5个；承接中国社会科学院重大经济社会调查项目“中国经济形势与包容性绿色增长问题跟踪调查”课题组大同片区任务；完成省政府重大课题《构建健康城市的路径研究——以大同构建银发智创城为例》。（邢雅婷）

【智库建设】 2021年，大同市人民政府发展研究中心与昆明市社科院缔结智库联盟，促进双方在课题研究、智库交流、成果共享、业务往来等领域合作；组建智囊库，履行好政策咨询、决策建议职责，实现11个县（区）智库联络员全覆盖，给22个市级调查研究联系点授牌；举办全市首届创新生态新型智库建设培训班，并在乡村振兴、“3060”碳目标（二氧化碳排放力争2030年前达到峰值，力争2060年前实现碳中和）、市场主体培育方面进行探索和研讨。（邢雅婷）

【决策咨询】 2021年，大同市人民政府发展研究中心围绕市委、市政府中心工作，推动碳达峰碳中和、省域副中心城市建设、全面绿色转型、乡村振兴等课题研究，给市委、市政府提供政策咨询和决策建议10篇。参与完成山西省社科院（山西省政府发展研究中心）《山西能源革命》蓝皮书。完成国务院发展研究中心农村经济研究部《县域加工业的探索和建议》在大同有关课题调研工作。完成山西省社科院（山西省政府发展研究中心）重大课题“黄河、长城、太行三个人家”的大同地区调研报告。编发政策咨询和决策建议类刊物《决策参考》6期。完成《大同经济研究》的编辑与发行6期。（邢雅婷）

社科联

【社团管理】 2021年，大同市社会科学界联合会加强对社科学会组织的管理力度，激发社会组织活力。完成一年一度的学会年检工作；开展社科类社会组织整治工作，发展保留一批骨干社团，清理一批“僵尸”社团，成立社科类社会组织1家，注销社科类社会组织1家。通过强化制度机制建设，行使管理职能，管理指导学会、研究会的各项工作，促进全市社科类社团管理更加规范有序，各类活动开展更有规模、有影响、有实效。落实“两新”组织党建（新经济组织和新社会组织党建）责任，组织开展社科类社会组织行业党建工作规范化建设年活动，强化行业党委对基层学会党支部的指导作用，定期给学会党组织提供学习资料，推动社科类社会组织党组织党史学习教育走深走实；完善社科联系统社会组织党建制度，强化党建指导员联系、现场指导工作责任，开展社科联系统社会组织主题党日与支部书记讲党课活动；结合“我为群众办实事”活动，实施社会组织能力培育提升计划，主动为学会的科学发展做好服务工作，引导社会组织提升

文化

党建水平、科普影响、研究能力及参与社会公益活动能力。（李文剑）

【社科评审】 2021年，大同市社会科学界联合会组织完成上年度山西省社科联“百部篇”工程评奖活动在全市的申报与初评工作，向省社科联报送17篇（部）作品参加评审，其中1部作品获二等奖，4部作品获三等奖，市社科联获优秀组织奖。

（李文剑）

【课题研究】 2021年5月，大同市社会科学界联合会出台《大同市社科联2021年度研究课题指南》，组织2021年度山西省社科联重点课题申报与结题工作，大同市社科学者申报67项课题，有10项被省社科联确定为重点课题。把握课题开题、中期调研、检查与成果验收关，完成5项上年度社科课题结题工作。5月，组织全市社科理论工作者围绕“学党史 跟党走 蹚新路”主题，结合“习近平总书记视察山西重要讲话重要指示发表一周年”“习近平总书记‘5·17’重要讲话发表5周年”“大同市2021年哲学社会科学普及周活动”“学党史、悟思想、办实事、开新局”“庆祝中国共产党成立100周年活动”等内容，撰写一批理论阐释文章，旨在学习宣传贯彻习近平新时代中国特色社会主义思想和党的路线方针政策，普及哲学社会科学基础知识，并在《大同宣传》和6月5日的《大同日报》

2020年度“百部（篇）工程”获奖成果大同获奖名单二等奖（1个）统计表

表26-3

单　位	题　目	成果形式	作　者	出版单位
山西大同大学	宴飨礼乐与古代戏剧	著　作	宫文华	中国戏剧出版社

2020年度“百部（篇）工程”获奖成果大同获奖名单三等奖（4个）统计表

表26-4

单　位	题　目	成果形式	作　者	出版单位
山西大同大学	右玉精神融入高校思想政治教育研究	论文	张　莉	《思想教育研究》
山西大同大学	以核心素养培养为纽带的馆校合作学习活动研究	著作	张天云　崔玲玲	东北师范大学出版社
山西大同大学	波拉语的差比句	论文	王跟国	《民族语文》
大同市博物馆	大同北魏墓葬中的乐舞形象	论文	骆东峰	《文物天地》

2020—2021年度山西省社科联重点课题结项项目（大同）统计表

表26-5

序号	课题编号	课题名称	负责人	所在单位	成果等次
01	SSKLZDKT 2020163	“一带一路”倡议下雁北耍孩儿戏的产业化探索	杨彩霞	大同大学	合格
02	SSKLZDKT 2019137	山西省制造业职能化转型升级路径研究	王　婷	大同大学	合格
03	SSKLZDKT 2018116	衔接理论视角下英语政治演讲语篇的连贯性研究	陈　曦	大同大学	合格
04	SSKLZDKT 2020228	新时代非公有制企业党建工作现状调查——基于大同市国家级经济技术开发区非公企业的实证研究	宫增华	中共大同市委党校	合格
05	SSKLZDKT 2020229	乡村振兴战略视域中山西大同市农村基层党建经验与创新性工作研究	丁青云	中共大同市委党校	合格

2021—2022年度山西省社科联重点课题研究项目（大同）统计表

表26-6

序号	课题编号	课题名称	负责人	所在单位
01	SSKLZDKT2021127	“十四五”时期山西持续深化能源革命综合改革及高质量转型发展的大同路径研究	张　磊	大同大学
02	SSKLZDKT2021128	大同红色文化资源融入大中小学思政课一体化教学研究	李美荣	大同大学
03	SSKLZDKT2021129	跨文化交际视域下云冈石窟建筑文化的交流与融合	王金花	大同大学
04	SSKLZDKT2021130	北朝碑志墓志造像记反映民族融合佛教传播和文学演变研究	姚　玮	大同大学
05	SSKLZDKT2021131	萱草文化弘扬与大同黄花产业发展的契合研究	李润民	大同大学
06	SSKLZDKT2021132	云冈文学作品中的文化价值研究	张安娜	大同大学
07	SSKLZDKT2021133	北朝同朔地区墓葬壁画伎乐形象研究	李珍梅	大同大学
08	SSKLZDKT2021134	文化自信视域下云冈文化与旅游产业融合发展研究	赵　华	大同大学
09	SSKLZDKT2021135	“十四五”时期山西省经济双循环模式发展战略研究	李俊秀	大同大学
10	SSKLZDKT2021196	云冈学构建视野下的数字云冈建设研究	宁　波	大同大学

专版刊登部分理论文章。（李文剑）

【社科普及活动】 2021年5月16日至22日，大同市社会科学界联合会以庆祝中国共产党成立100周年为主线，以“学党史 跟党走 蹚新路”为主题，在市平城区华严寺广场组织承办“山西省2021年度哲学社会科学普及周”活动。5月16日至22日全市科普周期间，组织各县（区）、各科普基地、各学会围绕主题，结合当地和部门特点，挖掘整合社科普及资源，拓展社科普及内容，创新主题活动形式，开展进社区、进农村、进媒体、进学校、进机关、进企业“六进”活动，开展社科知识普及宣传活动，宣传习近平总书记视察山西重要讲话重要指示、党的十九届五中全会精神、习近平总书记关于哲学社会科学的重要论述、党史基本知识、乡村振兴政策等党和国家的方针政策，发放各类科普宣传资料45万份，市各新闻媒体采用多种形式对科普周活动进行宣传报道，在全市营造学习普及氛围。5月，与市文化产业研究会在大同一中举办“学党史、感党恩、争做有为少年”庆祝中国共产党成立100周年主题书画展。7月，与市关工委、市教育局、市书法教育研究会联合举办主题为“传承红色基因，书写爱党情怀”的“大同市第二届‘勤学杯’百校千人大中小学师生书法展”，成为市委、市政府庆祝中国共产党成立100周年系列重要活动之一。12月上旬，举办社团负责人、学会党支部负责人与社科普及基地有关负责人和各县（区）宣传部分管领导参加的“大同市社科骨干培训班”，重点解读习近平总书记在中国共产党成立100周年大会上的重要讲话精神、党的十九届六中全会精神、省第十二次党代会精神、市第十六次党代会精神、“两新”党组织党建工作、新时期如何传承与发展中华优秀传统文化等内容。（李文剑）

档案

【概况】 2021年，大同市档案馆面积2000平方米，其中库房面积900平方米，馆藏档案资料14万余卷1.6万余件，全年接收档案2923卷，10572件。对馆藏16个全宗约67万页档案开展数字化工作。征集社会资料书籍33本、照片503幅，并开展档案接收、管理、利用、宣传等工作。（纪海霞）

【档案接收】 2021年，大同市档案馆开展档案接收工作，接收大同市脱贫攻坚档案目录6本，大同市人民代表大会、大同市政府档案2923卷，10572件。征集社会资料书籍33本、照片503幅，丰富馆藏资源。（纪海霞）

【档案开放鉴定】 2021年，大同市档案馆鉴定划控馆藏1991—1993年度档案，完成63个全宗5874卷73488件373732页的档案鉴定工作，其中开放2499卷47717件，控制3375卷25771件。（纪海霞）

【档案编研开发】 2021年，大同市档案馆围绕红色档案资源，编纂《大同市馆藏晋察冀抗日根据地档案汇编（1）》，由中华书局出版；挖掘馆藏档案编辑刊印《叙旧记忆大同市档案馆馆藏珍贵档案选编》挖掘红色资源，“七一”前后一个半月时间在微信平台发布党史党情有关内容，重温党的伟大征程，展现党的辉煌成就。（纪海霞）

【档案利用服务】 2021年，大同市档案馆接待查档单位233家326人次，提供咨询服务单位20家20人次，调卷752卷，取证135次，复印3947页，给编史修志、工作查考、招工录用等提供证据。创新档案利用服务形式，突破档案利用属地限制，与黄河流域9省（自治区）60家地级市（州、盟）档案馆开展档案馆战略合作及民生档案跨馆服务多边合作，给群众提供便捷查档服务。与大同师范高等专科学校开展馆校合作，在服务校庆、人才培养、档案宣传等方面加深交流合作。拓展为民服务渠道，整合全市非档案馆藏范围民生档案信息资源，建立《大同市档案馆“一站式”服务便民手册》，收集大同市人才交流中心、知青档案、下岗职工档案管理中心、大同市市属关闭破产企业等地址、联系电话等信息，延伸民生档案服务路径，实现民生档案精准服务。（纪海霞）

【档案法治宣传】 2021年，大同市档案馆组织开展“6·9”国际档案日系列宣传活动。通过举办“档案知识学习周”活动、观看在线主题讲座、组织专题竞赛活动、新媒体宣传、档案画册、标语宣传等系列活动宣传档案法律法规及档案知识等内容，扩大档案法治影响力。4月22日，派出业务骨干给全市县处级干部进修班及中青年干部培训班学员进行《中华人民共和国档案法》培训解读。在10月13日举办的2021年度公务员任职培训班上，派出业务骨干给新任职公务员进行档案法治及档案知识培训。（纪海霞）

【档案安全管理】 2021年，大同市档案馆加强馆库安全建设，推进市档案新馆建设进度。完成市馆维修和原雁北档案库搬迁工作，消除两个库区漏电、漏水等安全隐患，改善档案安全保管条件。执行档案安全工作制度、安全提醒制度、月安全检查制度，整改安全隐患20余项。注重档案信息安全管理，开展2次档案馆网络安全检查、网络信息安全应急演练和全市“互网2021”攻防演练实战演习。开展网络安全等级保护测评工作，安装新一代安全感知系统，筑牢网络安全屏障。（纪海霞）

新闻出版　广电影视

新闻宣传

【概况】 2021年，中共大同市委大同市人民政府新闻中心（简称“市新闻中心”）开展对外新闻宣传、媒体对接、新闻发布、通联等各项工作。在省级及省级以上主流媒体发表稿件11822篇（条）。其中，在《人民日报》刊发稿件17篇，新华社客户端56篇（条）；中央广播电视总台播出电视新闻75条；单位自采稿件发表1528篇（条）。编纂《外媒看大同》资料汇编16期，通过把一阶段在各类主要媒体发表的重要稿件编纂成册，供有关单位和领导了解掌握对外宣传情况。编纂《大同市新闻宣传基本资料》13期，给到大同采访调研的新闻媒体提供新闻基本素材。（高　晔）

【宣传渠道拓宽】 2021年，市新闻中心开展与新华网合作业务，进行专题推广策划服务、新媒体服务（运营“大同政务”微信公众号，每年推送政务信息400余条）、视频制作服务等。开展与山西日报社合作业务，发出13个专版，统筹、编辑、采写文字稿7万余字，新闻图片70余幅。与中国日报网合作开办大同英文频道，进行大同英文网制作及宣传策划服务，全部用英文以图文和短视频方式开展对外宣传。（高　晔）

【媒体记者接待】 2021年，市新闻中心接待国家和省级主流媒体记者146批次857人次。对接《人民日报》、人民网《转型蹚新路、大同在行动》系列报道组一行20余人的采访活动，在《人民日报》、人民网、中国共产党新闻网、人民日报客户端、人民网＋客户端等，报道云冈文物修复保护、乡村振兴、项目建设、转型发展等内容。邀请中央、省级以上主流媒体260余家，分别参加大同市黄花产业发展成果新闻发布会、黄花丰收活动月开幕式及产业发展论坛、“清凉古都·消夏大同”首届全域旅游季、大同市美术馆开馆仪式、文物保护与科技创新论坛、第六届成龙国际动作电影周6项重大活动，通过对接和邀请省级以上主流媒体进行宣传，为推动全市转型发展、扩大大同影响力发挥重要作用。（高　晔）

【新闻发布会】 2021年，市新闻中心主动对接市委、市政府有关单位和部门，通过新闻发布会把市委、市政府的重大决策、工作部署、重要成果、重大活动向社会公布。组织实施新闻发布会、记者招待会30场，在各级媒体发稿500余件，如首场中共大同市委新闻发布会、大同市政法队伍教育整顿新闻发布会、大同市水污染防治条例新闻发布会、大同市纪念五四运动表彰大会及“五四”系列活动新闻发布会、大同机场2021夏航季启动新闻发布会、大同黄花产业发展成果新闻发布会、大同市美术馆开馆暨“清凉古都·消夏大同”艺术展开展仪式新闻发布会、“我为群众办实事”群众实践活动暨药品安全风险隐患排查“百日行动”新闻发布会、第六届乌大张网络春晚新闻发布会、大同市公安局系列新闻发布会等。（高　晔）

【宣传工作联络机制】 2021年，市新闻中心发挥职能作用，加强与中央、省级主流媒体的对上联系协调，传递大同市的新闻线索、报道题材和工作信息。加强与大同日报社、大同广播电视台等相关部门的横向联系协调，集智聚力，资源共享。建立各县（区）、市直各单位新闻发言人联络协调机制，加强全市新闻发言人和基层新闻通讯员培训工作。6月中旬，与市委宣传部、市委网信办共同举办全市新闻发布、舆论引导工作专题培训班；12月初，与市委宣传部共同举办全市增强“四力”教育、加强对外宣传培训班。加强与县（区）新闻中心的纵向联系协调，信息上加强沟通、业务上加强指导、工作上加强联系。坚持全市对外宣传报道通报制度，对10个县（区）在中央级10家、省级2家主流媒体上发表的稿件进行打分排名，编发《关于全市对外宣传主流媒体发稿情况的通报》12期。（高　晔）

【主流媒体集中聚焦大同】 2021年4月，《人民日报》、新华社、中央广电总台、人民网、山西广播电视台等中央和省市新闻媒体9批40余名记者，围绕大同市在云冈文化研究保护传承、乡村振兴、高质量转型发展等方面取得的成绩进行专题采访，并策划推出一系列报道，宣传大同市学习贯彻习近平总书记视察山西重要讲话重要指示精神，在落实新发展理念、构建新发展格局中砥砺前行。

4月7日，人民网“转型蹚新路 大同在行动”全媒体调研行在云冈研究院启动。该次活动由人民日报社山西分社、人民网总网，及山西频道、人民日报客户端山西频道、《大同日报》、大同广播电视台的记者组成采访团到基层，把镜头对准群众，创新报道形式和呈现方式，讲述大同故事，打造优质融媒体产品。《人民日报》、人民网策划推出“转型蹚新路 大同在行动”系列报道，以“牢记殷殷嘱托，大同在行动”“云冈文化传承与保护”“开启高质量发展新征程”作为报道重点，向世界讲述大同转型蹚新路的故事。《人民日报》、人民网在移动客户端开设“转型蹚新路 大同在行动”全媒体报道专题，以深度报道、图文、图表、VR、MG动画、H5应用、直播、视频、航拍、海报及漫画等多元创意表现形式，进行连续性、多频次宣传推广。通过人民日报海外传播平台及人民网海外频道，向世界介绍新时代的中国大同。新华社记者聚焦大同市转型发展相关情况，围绕“煤都”大同绿色求变主题，对大同市由“煤电独大”向“多业支撑”“煤都”向“新能源之都”、重新擦亮历史文化名城“招牌”等探索变化进行剖析。中央广电总台山西总站采访团队围绕云冈文物保护与修复、“小黄花 大产业”等主题进行采访。山西广播电视融媒体新闻评论节目《转型进行时》围绕大同市转型发展实例展开报道。（墨 竹）

【海外融媒到大同参观并宣传】 2021年5月30日，20余位在中国工作、生活、学习的外籍青年学者、视频博主、青年企业家到大同古城、云冈石窟，看大同转型发展，宣传大同。他们一行人到明堂公园，感受恢宏建筑艺术和群众文化活动，与经典诵读艺术团进行《木兰辞》朗诵录制并体验汉服文化；在永泰门广场，观看经典歌曲快闪活动、录制诗朗诵《你是人间四月天》；在代王府，观看古筝表演，欣赏古风古韵，感受古建风采；在世界文化遗产云冈石窟，参观宏伟石窟群，探寻石窟奥秘，在参观中感悟多元文化交融历史。参加“世界大同·天下一家”云会议与网络晚会录制活动。通过参观、拍摄、录制视频等看大同转型发展，宣传大同，让更多人走进大同，了解大同。（墨 竹）

【采风写生活动】 2021年10月10日至19日，由大同市文学艺术创作研究中心与晋城市群众文化发展中心共同举办的“尚长城博览 崇大美太行”采风写生活动在大同市举行，来自全市和晋城市的30余名画家到各县（区）用手中画笔描绘全市人文底蕴与秋日风光。活动中，两地画家到全市各县（区）游览长城遗址、人文古建、自然景观、古色村落，激发创作灵感、加强文化交流、提升创作水平。采风团在云州区观土林、火山群、桑干河等，并以国画、油画等形式记录瞬间；在天镇县李二口长城，了解长城历史，领略壮美风景。（墨 竹）

图书出版

【《大同火山》出版】 2021年1月，由山西省作协会员、大同市云州区新闻中心主任、区作协主席刘富宏与山西大学在读研究生刘浩泽合作编著的一本介绍大同火山群的著述《大同火山》由山西出版传媒集团山西人民出版社正式出版发行。《大同火山》一书，图文并茂，从大同火山群的来龙去脉、科学研究价值、开发与建设、风景名胜、传说故事、科学知识等方面，全面诠释大同火山的人文历史及自然风光，是观览大同火山的“先导”。（墨 竹）

【《持志斋旧藏北魏书法拓本选集》出版】 2021年4月，历时5年编纂的《持志斋旧藏北魏书法拓本选集》由上海书画出版社出版，该书对于读者了解魏碑书法产生和发展来龙去脉，进而了解大同魏碑与汉隶、洛阳魏碑及与唐代楷书的继承关系，了解它与南朝书法既并肩而立又相互影响、融合的关系等，都有重要意义。该书由山西大学外国语学院教授、硕士生导师的日本文学博士堀川英嗣与殷宪后人殷亦玄共同编纂，是持志斋殷宪旧藏北魏平城时期碑刻、造像题记等珍惜拓本的精选集。所收录拓本，以北魏平城时期（398—494）刊刻为主，其中碑刻13件、墓砖8件、陶文18件、瓦当20件，每件碑刻拓本除刊印整拓外，均放大局部以呈现其用笔、结构等细节。每张拓片均附释文、刊刻时间、尺寸、历史背景等信息，书后另附有针对每件拓片的解读和考辨文章，给读者进一步了解和研究提供文献参考。（墨 竹）

【刘富宏诗集《太阳总在路上》出版】 2021年5月，大同市作家刘富宏创作的诗集《太阳总在路上》由山西人民出版社出版。刘富宏是大同市云州区作家协会主席，参加工作以来一直在新闻宣传部门工作，曾任区广播电视台总编和新闻中心主任，1985年加入市作家协会（原雁北文联），2013年加入山西省作家协会，他热爱文学，工作之余进行诗歌和散文随笔创作，诗歌和散文多在各级报刊发表。《太阳总在路上》是刘富宏出版的第一本诗集。诗集辑录短诗120余首和1组长诗，展示他对诗歌创作的感悟和思考。诗集以“家乡风景”“情感驿站”“哲思小憩”“感事抒怀”“生命感叹”为分栏，从不同视角解读作者对人生、对生活、对故土的热爱和对社会、对世界、对自然的感想。（墨 竹）

【郭宏旺作品集《左云味道》出版】 2021年6月，大同市左云作家郭宏旺作品集《左云味道》由团结出版社出版。郭宏旺是左云县一名普通老师，也是一位勤奋写作的“高产”作家。在完成教学任务同时，热衷于钻研左云美食，撰写相关系列文章100余篇，有部分文章收入他的作品集《左云味道》之中。《左云味道》分《边塞杂粮》《家常便饭》《年节美食》《野菜野果》《百吃山药蛋》《粗粮细做》《干鲜果蔬》《特色肉食》《涉食场所》9辑，70篇文章约17万字。该书散发着浓郁乡土气息，蕴含着严谨学术成因，堪称“左云美食的小百科”。（墨 竹）

【刘富宏散文集《时光走过》出版】 2021年10月，大同市作家刘富宏创作的散文集《时光走过》由山西人民出版社出版发行。刘富宏是大同市云州区人，任区作家协会主席。30余年来，他的诗歌和散文多在各级报刊中发表。《时光走过》是刘富宏继出版旅游丛书《大同火山》和诗集《太阳总在路上》之后的又一部作品，辑录散文随笔 80 余篇 27 万字。以“岁月历程”“静夜沉思”“故土情深”“外面风景”“说他说我”和“言论人生”为分栏，或描写故乡景象，或再现记忆深处的人或物事，或写游历，或写人生感悟和文化现象，或写读书体会等，记述有关人生、生活、工作的经历和思想，以写实文本形式抒发真情实感。全书文字朴实，文风端正，感悟深刻，流动着温馨乡土气息，作品立足于现实生活，直面人生，展示作者追求散文创作的潜心向学及对生活的感悟。（墨　竹）

【《大同市地名志》出版】 2021 年 11 月，由大同市民政局、大同市地名志编纂委员会编撰的《大同市地名志》面世，这是继 1986 年刊印《大同市地名志》之后的全市第二部具有工具书性质的地名专志，是雁同地区合并后的首部地名专志，其内容、体例、表述、版式等都展示与时俱进的时代特征。《大同市地名志》全面系统记载大同市的地名资料，分综述、县区概况、自然地理实体、人工建筑、古迹遗址纪念地、公共事业、地名艺文、地名管理 8 编，近 35 万字，收录各类地名信息 987 条。内容涵盖地理、自然、社会、经济、政治、文化等各个方面的演变情况和历史进程。（墨　竹）

报　纸

【概况】 2021 年，大同日报社、大同日报传媒集团内设机构 42 个，集团下设广告、发行、印务等子公司、实体经营部 15 个。报社旗下拥有《大同日报》、《大同晚报》、大同新闻网，5 个官方微信、1 个官方微博、1 个头条号、1 个抖音号等媒体，网站、微信均开通数字报，报纸实现双向传播。全年《大同日报》发行量 4.6 万份，《大同晚报》发行量 3.1 万份，新媒体长期用户量 100 万以上，户外阅报栏覆盖全市各社区 300 余个，覆盖全市各大社区，在全地域形成网上网下全覆盖、纸媒新媒全联动的传播格局，是集采访、编辑、印刷、征订、发行发布全流程于一体的主流新闻媒体。

年内，大同日报社以学习贯彻习近平新时代中国特色社会主义思想为主线，宣传落实党的十九届五中、六中全会精神，习近平总书记视察山西重要讲话重要指示，围绕中央和省、市委中心大局工作，“两报一网”（《大同日报》、《大同晚报》、大同新闻网）、“两微两号”（官方微博、微信、头条号、抖音号）协同发力，把握主线，策划发起多组重大主题报道，围绕迎接庆祝中国共产党成立 100 周年，贯彻落实全省全方位推动高质量发展和全市打造省域副中心城市目标，宣传大同转型综改、能源革命、脱贫攻坚、乡村振兴、文旅振兴、生态文明、城市建设、民生保障、党的建设等领域的成就亮点，抓好新闻“头条”工程，传递国家战略大局中的大同实践、大同成就。10 月，大同日报社被山西省报业协会评为“2020 年度抗疫防疫宣传先进单位”“全省媒体融合发展先进单位”和“报业经营管理先进单位”。（高　洁）

【媒体转型】 2021 年，大同日报社建设融媒体中心和采编“中央厨房”系统，整合全媒体采编资源，实行“中央稿库池”供稿机制，打通日报晚报、纸媒新媒“壁垒”，增强中心调度指挥、一线采写和新闻原创能力，做强“两报一网”主题版面，做新微端媒体“文字报道 + 短视频 + 图片海报”宣传矩阵，制作发布海报、H5（HTML5）、短视频等融媒体作品，推动策、采、编、发等环节向移动端倾斜，培育“提笔能写、对筒能讲、举机能拍”的全员媒体队伍，构建以内容建设为根本、先进技术为支撑、创新管理为保障的全媒传播体系。大同新闻网及微博、微信等媒体，月生产 1200 余条，阅读量 500 余万次，粉丝 130 余万；大同新闻网在今日头条号的稿件阅读量 300 万次、热议超过 3000 条；抖音号发布作品 900 余个，视频点击量 1500 万次，点赞 38 万次。《大同日报》诸多融媒产品被该市各新媒体转载引用，被人民网、澎湃新闻、新浪、腾讯、今日头条等国内各大新媒体平台采用，实现从传统纸媒到“报、网、端、微、屏”全媒体传播的实际跨越。（高　洁）

【庆祝中国共产党成立 100 周年宣传】 2021 年，大同日报社围绕庆祝中国共产党成立 100 周年，“报网端微”（《大同日报》、《大同晚报》、大同新闻网、微端媒体）协同发力、联动宣传，做好习近平总书记一系列重要讲话重要指示、党中央治国理政新理念新思想新战略、省委市委重大决策部署的宣传、阐释和解读，普及“四史”（党史、新中国史、改革开放史、社会主义发展史），呈现全市各级各部门各行业开展党史学习教育的典型经验和成效。《大同日报》开设“在习近平新时代中国特色社会主义思想指引下——新时代新作为新篇章”“奋斗百年路 启航新征程”“学党史、悟思想、办实事、开新局”等 13 个专栏，策划“中国共产党 100 年大事记”“学习贯彻习近平总书记在中国共产党成立 100 周年的重要讲话精神”等专版报道，推出“时代楷模”公益广告专版，刊发相关报道 1500 余篇；《大同晚报》副刊开设“重温红色经典”“走访红色足迹”等专栏，大同新闻网开设“党课开讲啦”专题，大同新闻网、大同日报微信微博、头条号推送、刊发相关报道 1100 余篇；组织“我的入党故事”“党在我心中”等主题征文活动，择优刊发 62 篇。以“四史”宣教为引领，宣传党的政策、党的理论、党的精神、党的作为、党的成就。（高　洁）

【疫情防控常态化宣传】 2021 年，大同日报社制定疫情防控工作责任和监督“双清单”，把疫情防控常态化报道工作摆入意识形态工作突出位置，加强政策措施宣传解读，维护社会大局稳定。《大同日报》《大同晚报》时政版、综合新闻、国内新闻、国际新闻等版面的疫情防控报道常态化，大同新闻网和微端媒体推送相关稿件，通过图文、海报、音频视频等形式，关注追踪国内外疫情发展，宣传党中央和省、市委关于疫情防控工作的决策部署，转发《人民日报》、新华社消息和言论，把握新闻宣传的时间节点、工作节奏和总体平衡，以权威声音“激浊扬清”。针对秋冬季节疫情发生特点的防护措施，发挥“报网端微”传播优势，开展疫情风险提示和防护知识宣传，通过评论留言、在线解疑、转发推广等方式，回应群众关切，动员群众共防共治。挖掘抗疫中的先进典型、先进经验、感人故事，营造有利于全市各项生产生活平稳进行的舆论环境，引导提升公众自我防护意识和社会信心。（高 洁）

【大同日报社获山西新闻奖作品】 2021年6月初，第三十届（2020年度）“山西新闻奖”评选揭晓。大同日报社选送的作品有10件获奖，其中一等奖1件、二等奖4件、三等奖5件。“山西新闻奖”是经山西省委宣传部批准，山西省新闻工作者协会主办的全省性年度优秀新闻作品最高奖，每年评选一次。来自全省新闻媒体的356件新闻作品经初评、复评、公示等环节评出该届“山西新闻奖”。其中，特别奖5件、一等奖93件、二等奖117件、三等奖141件。大同日报社选送的通讯《浑源旅游“花开全域”》（卢勇杰 刘红霞）获一等奖；通讯《在云冈，读懂天下大同》（史涌涛）、通讯《好人二锁的“拾荒情”》（白雪松）、通讯《一位黄花采摘工的“诗和远方”》（邸东芳）、新闻论文《文本转型：媒介机构的转型与融合选项》（兰晓 杨刚）获二等奖；通讯《产业扶贫让农民过上了好日子》（纪元元）、通讯《身残志坚敢“折腾” 助残助困创新路》（李霞）、消息《大同援鄂医疗队员“家书”暖人心》（臧力卿）、评论《精心打造黄花美味》（孙喜文）、新闻论文《木刻版画：抗战时期新闻媒介革命视觉构建》（刘波 杨刚）获三等奖。（墨 竹）

影视

【《一亩三分地》获国际微电影艺术节“最佳作品”奖】 2021年1月1日至2日，由中国广播电影电视社会组织联合会和中国农业电影电视协会联合主办的第五届美丽乡村国际微电影艺术节在山东省青岛市举行，大同市司法局选送的法治微电影《一亩三分地》获法制单元“最佳作品”奖。《一亩三分地》是由市司法局组织拍摄的以法治乡村建设为主题的微电影。影片以同母异父兄弟俩关于土地纠纷为创作原型，反映基层社会治理中，把矛盾纠纷化解在源头、解决在基层的故事。通过乡村司法所李所长化解哥哥大宝和弟弟二宝土地纠纷的过程，展示乡镇司法所如何解决群众纠纷，揭示在基层培养“法律明白人”对于乡村法治建设的重要意义，通过微电影这种形式，取得宣传效果，营造人民群众尊法、学法、守法、用法氛围，形成办事依法、遇事找法、解决问题用法、化解矛盾靠法的法治环境。（墨 竹）

【“非遗”过大年文化进万家网络展播】 2021年2月5日至28日，“古都大同 过年有戏”“非遗”过大年文化进万家网络展播活动举行。该次展播通过网络播出形式，展出20余部大同市传统精品戏剧，其中晋剧传统戏6部、北路梆子传统戏6部、耍孩儿传统戏5部、罗罗腔传统戏3部、阳高二人台小戏6部。展播期间，网友们登录网络，在各大网络平台及市图书馆、大同大剧院等微信公众号观看节目，《空城计》《王宝钏》等传统经典戏剧最受戏迷们喜欢。以《平城赋》《云冈魂》等为主的新排剧目，以舞台效果、服装等因素吸引大批年轻观众，他们在戏曲音乐声中，感受植根大同的戏曲文化遗产。活动期间，公众号点击量6万多人次，今日头条和腾讯视频等播放量13.2万。（墨 竹）

【大同社火活动亮相央视新春特别节目】 2021年2月16日，央视CCTV-10《跟着书本去旅行》新春特别节目《书本里的年味儿》推出“欢悦社火”内容，学者葛剑雄和文化专家刘祯讲述全国各地社火的古今趣事，其中包括上年年末在大同拍摄的广灵大号和浑源耍故事等社火活动，体现出大同独特的地域文化与深厚底蕴。节目中，主持人与嘉宾以座谈方式讲述社火的由来与艺术风格，其中广灵大号和浑源耍故事让更多人关注大同、走进大同。节目介绍广灵大号是大同地区社火形式中一种独特乐器，低沉、悠长声音中尽显雄浑气势，并通过学生体验环节强调传承这项文化的重要性；大同社火表演耍故事通过表演，营造红火热闹、欢快喜庆的节日氛围。（墨 竹）

【纪录电影《爱我长城》上映】 2021年3月，历时5年拍摄完成的大型纪录电影《爱我长城》在大同市上映，众多热爱长城文化的观众观看。其中，大同市平型关段长城被收录在镜头中，对大同市长城资源起到宣传作用。纪录电影《爱我长城》讲述老红军王定国、学者罗哲文等身体力行修复长城、宣传长城文化的业绩，及在他们引领下，长城研究者董耀会、大学教授赵琛、长城保护者农民吕成贵、青年摄影师杨东等社会各界以长征信念弘扬长城精神、光大长城文化的故事。该片拍摄历时5年，摄制组从中国最东端的辽宁虎山长城一直拍到新疆边境的西部长城，行程4万千米，历经春夏秋冬，涉及长城沿线十几个省市，以4k高清标准拍摄到大量长城奇观镜头。（墨 竹）

【央视节目《跟着书本去旅行》大同篇章播出】 2021年3月16日至22日，央视节目《跟着书本去旅行》“游山西·读历史”特辑之大同篇章在央视科教频道、央视频、央视网等平台播出。《跟着书本去旅行》是央视打造的一档体验式文化教育节目。节目以中小学课本或经典名著为线索，在“读万卷书”同时“行万里路”，通过走近文化古迹、实地实景讲故事、身临其境受教育，触摸历史、感知文化。上年，栏目组到山西，拍摄制作大同、太原2个篇章，“大同寻珍”特辑分5集，分别是《北魏古都》《云冈石窟里的帝王相》《云冈石窟里的多元文明》《悬空寺》《社火年味》，古城墙、华严寺、北魏明堂遗址公园、云冈石窟、悬空寺等都被收录其中，通过博物馆中“有故事”文物、云冈石窟里“令人激动的雕刻艺术”、悬空寺“凌虚蜃楼”奇观，让观众跟着镜头游览大同，品读历史。（墨 竹）

【大同3部作品获评全省优秀网络视听作品奖】 2021年5月26日，山西省优秀网络视听作品评选结果揭晓，大同市《呼唤》《天职》《阳高红》3部作品分获一、二、三等奖。该次活动于2021年3月启动，活动期间征集作品476部，经专家初评和终评，选出20部网络视听优秀作品、50部网络视听展播作品。其中，大同市阳高县融媒体中心的《呼唤》获一等奖、晋能控股装备制造新闻中心的《天职》获二等奖、阳高县融媒体中心《阳高红》获三等奖。短视频《呼唤》讲述阳高县杨庄村退役军人李永强复员后主动回乡，通过一系列改善生产、生活条件及发展产业措施，使杨庄村发生变化的故事；微电影《天职》以身边人身边事为切入点，讲述人民警察辛苦的工作和警嫂在背后默默付出的故事；纪录片《阳高红》讲述阳高县在应急管理部扶贫干部、阳高县委相关领导带领下，发展西红柿产业，阳高县西红柿因此得了一个响当当名字——“阳高红”的故事。微电影《抉择》《天职》，纪录片《阳高红》，短视频《呼唤》《搬迁户的幸福生活》《春节我在岗》还获得展播奖。（墨　竹）

【央视舞台演绎大同大不同】 2021年7月5日，一档以宣传地方文艺、“非遗”项目等为主要内容的央视电视节目《了不起的地方》在星光影视园演播室录制完成，于8月在央视综艺频道播出。

中央广播电视总台综艺频道CCTV–3《艺览天下》栏目组打造的演播室综艺节目《了不起的地方》，以展示各地独具特色的地方文艺、“非遗”项目、绝技绝活等为主要内容，用两地组队人气比拼的节目形式，多维度展示各地方风采。《了不起的地方》呈现方式是运动会模式，每期2支队伍参与，与大同同期比拼的是张家界市。《云冈六臂神舞》由大同代表队演出，《织出多民族仗鼓情》由张家界代表队演出。云冈石窟石雕群中，有各种风格不同的舞蹈雕像，云冈系列舞蹈的元素出自这些壁画当中的舞蹈形象，用舞蹈形态反映云冈石窟的艺术形象，云冈舞蹈系列成为宣传大同、宣传云冈的品牌文艺作品。在团体赛和个人赛等环节，“丝绢烙画”“大同结艺表演”“面艺表演”“钳工绝技”“八法拳演示”及大同数来宝等全方位多角度演绎大同文化和“非遗”作品，并获得央视颁发的“了不起的地方”奖牌。（墨　竹）

【人物访谈节目《老兵永远心向党》开录】 2021年7月21日，《庆祝中国共产党成立一百周年——老兵永远心向党》大型人物访谈节目在大同广播电视台演播大厅录制。该节目由大同市退役军人事务局、大同军分区政治工作处、大同广播电视台联合主办，由大同广播电视台《人物周刊》栏目承办的，旨在庆祝中国共产党成立100周年，在第94个八一建军节到来之际，通过邀请先进退役军人代表讲述动人事迹，礼赞“退伍不褪色”风采，促进社会形成尊崇、关爱退役军人风尚。现场通过个人讲述、视频展播、主持人访谈、颁发“老兵永远心向党”纪念像等环节，展现张连印、王玉龙、张进宝等7位代表的新时代退役军人形象，激发广大退役军人的自豪感、荣誉感、责任感。节目于7月31日晚在大同广播电视台新闻综合频道黄金时间播出。（墨　竹）

【电影《锦衣卫之护国密探》开机】 2021年8月23日，经过一个多月的选景与前期准备，影片《锦衣卫之护国密探》在大同市开机。电影《锦衣卫之护国密探》在大同市代王府、云冈石窟、华严寺、善化寺、鼓楼东西街等地拍摄，在大同拍摄时间约40天，由李克龙监制，张建康担任导演，潘元甲、帕丽等人主演，讲述明朝明仁宗朱高炽这位在位时间最短却屡创传奇的千古一帝与庆王爷之间生死决战的故事。（墨　竹）

广电

【概况】 2021年，大同广播电视台有3个广播频率和3个电视频道。3套广播节目分别是新闻综合广播（播出频率FM103.8兆赫、AM900千赫），经济文艺广播（播出频率FM98.7兆赫），交通广播（播出频率为FM99.6兆赫）。3套电视节目分别是新闻综合频道、公共频道和煤都生活频道。有1个数字电视有限公司、1个广播电视传媒有限公司、1个由国家广电总局批准并颁发《信息网络传播视听节目许可证》的全市唯一具有音视频发布资质的网站——大同广播在线网。大同市融媒体中心通过“爆新闻”与“看大同”APP后台打通，整合大同新闻联播、民生大同、今日视点和电台记者编辑资源，重塑采编播审发生产传播流程，实现移动优先、移动首发。采取“走出去、请进来”方式，组织全台记者编辑进行全媒体采编、短视频摄制等业务培训，培育具有专业背景的复合型人才，打造“一专多能”全媒体人才队伍。（李　薇）

【广播专栏推出】 2021年，大同广播电视台根据宣传报道需要，适时开辟各类专题专栏，多层次、多方位、多角度报道主题活动。开设“奋斗百年路 启航新征程”“学党史、悟思想、办实事、开新局”“理论天天学”等专栏，由点及面、自上而下，展示全市开展党史学习教育的各项成果。开设“贯彻习近平法治思想 锻造新时代政法铁军”和“我为群众办实事 政法队伍在行动”等专栏，播出各县（区）和公检法司各个部门在政法队伍教育整顿中的成果。开设“环保督察 边督边改”专栏，对接环保部门，就中央生态环境保护督察组转办问题整改落实情况进行新闻调查、追踪报道。

（李　薇）

【广电对内宣传报道】 2021年，大同广播电视台始终围绕全市重点工作，发挥电视《大同新闻联播》《民生大同》《今日视点》，广播《大同新闻》《新闻时空》《大同晨光》等新闻栏目舆论引导作用，根据需要适时开辟各类专题专栏，宣传报道大同情况。把弘扬传承中华传统美德和社会主义核心价值观作为重要选题，宣传全市落实《新时代公民道德建设实施纲要》涌现的典型人物、典型事迹。加强爱国主义、集体主义、社会主义教育，传承红色基因。《大同新闻联

▲2021年4月26日，大同广播电视台庆祝中国共产党成立100周年“永远跟党走”系列宣传活动启动仪式在广播电视台演播大厅举行　　（夏敬华　摄）

播》围绕全市中心工作，对“十四五”开新局、乡村振兴、县乡换届、中博会、春耕备耕、疫情防控等进行报道，关注全市经济社会发展，为全市干部群众投身转型发展创造良好舆论氛围。组织开展“奋斗百年路 启航新征程”主题宣传活动；参与、策划开展“沿着高速看中国”之山西篇主题宣传活动，讲好大同故事；重视节目编排，形成全媒体宣传矩阵，举办“永远跟党走”庆祝中国共产党成立100周年系列宣传活动启动仪式、开展庆祝中国共产党成立100周年——“奋斗的幸福”演讲大赛；“理想照耀中国”2021大同市庆祝中国共产党成立100周年主题晚会；庆祝中国共产党成立100周年——“奋进大同”乡村振兴主题活动等。　　（李　薇）

【广电对外宣传】　2021年，大同广播电视台在上级主要媒体播发大同选送新闻303条。其中，央视《新闻联播》发稿8条，央视《新闻直播间》《共同关注》等栏目发稿39条；山西台《山西新闻联播》《山西晚间新闻》《新闻午报》等播发大同稿件256条。　　（李　薇）

【媒体融合发展】　2021年，大同广播电视台加快全媒体转型，构建新型融媒体传播体系，开创融媒体宣传格局，形成以“看大同”APP为核心的“两微一端一网一抖”（微博、微信、客户端、网页、抖音）多平台全媒体传播矩阵，粉丝量55万+。有由各频率频道、节目栏目微信公众号合力打造的“微信矩阵”（大同广播电视台公共频道微信公众号、大同交通广播微信公众平台、《法佑大同》微信号、大同数字电视、大同广播电视台《消费报道》、大同经济文艺广播微信平台、大同广播电视台融媒体中心《看大同》微信）。全年第一时间转发中央和省市最新消息，看大同各新媒体平台和大同广播在线网发布消息1.8万余条，总点击量3000万+。推出《奋斗百年路 启航新征程》《学党史 悟思想 办实事 开新局》《牢记习近平总书记殷殷嘱托 在转型发展蹚新路征程上砥砺奋进》《央媒关注大同》《红色影视剧展播》《百炼成钢》《红色记忆》《决战脱贫攻坚 决胜全面小康》《榜样》《共筑中国梦》《我和我的家乡》短视频大赛，《聚焦党代会》《十九届六中全会〈党课开讲了〉》《转型进行时》《百年大党正青春》等30余个专题，在全社会营造庆祝百年华诞氛围。“五一”小长假，融媒体中心联合市平城区委、区政府，中国移动大同分公司、西安曲江文旅、山西台黄河plus推出“春满古都 又见平城”——看大同5G慢直播，在华严寺广场、鼓楼西街、县楼南街三地设置4个直播点，观看人数10万余人。　　（李　薇）

第六届成龙国际动作电影周

【概况】　2021年10月14日至16日，由电影频道节目中心、大同市人民政府、成龙国际集团联合主办的第六届成龙国际动作电影周在大同市举行。该届成龙国际动作电影周以“国为我强，我为国强”为主题，主题曲是《中华力量》，采取线上线下相结合方式举行，内容主要包括：入城仪式、“中华功夫”与“科技与功夫”电影展映、“瑶淼电影实验室”主题论坛和展览、“剧本游戏·大挑战”活动、“华语十大经典动作电影”评选，及“我们携手共晋”公益直播和闭幕式等环节。通过观众网友推选、专家精选、评委会评选方式，最终选出“华语十大经典动作电影”，《侠女》《少林寺》《新龙门客栈》《黄飞鸿2》《卧虎藏龙》《英雄》《一代宗师》《师父》《英雄本色》《战狼2》被评为“华语十大经典动作电影”，《醉拳》《警察故事》获评委会特别推荐，《猛龙过江》《长津湖》获组委会特别推荐。电影周全网直播观看量超1亿次，微博相关话题阅读总量超12亿次，全平台热门话题超36个，短视频播放量超10亿次。　　（墨　竹）

【成龙国际动作电影周主视觉和海报设计】　2021年7月15日，第六届成龙国际动作电影周特别设计出的主视觉和海报公布，体现出浓郁中国传统文化元素与现代美术风格。电影周主视觉由中央美术学院设计学院副院长、北京冬奥会组委会文化活动部形象景观艺术总监林存真团队设计，他们也是2022年北京冬季奥运会标识的设计团队。主视觉海报由代表第六届的数字6与正被敲响的大铜锣构成，采用科技和光感的胶卷造型，传达着功夫与科技的融合，象征又一届动作盛会即将启幕，完美诠释电影周及举办地大同的特色，烘托出庆典般欢快的电影周活动气氛。除打造地主视觉，该届电影周特别推出2021纪念版海报，由资深成龙影迷、插画设计师谢驭飞创作，以七巧板为

▲ 2021 年 10 月 16 日，第六届成龙国际动作电影周在大同市举行　（张湛滨　摄）

设计创意，甄选《醉拳》《蛇形刁手》等成龙各个时期电影中的经典动作和形象，瞬间把大家带入那些电影场景之中。（墨　竹）

【成龙国际动作电影周影片单元展映】　2021 年 8 月 1 日至 8 日，第六届成龙国际动作电影周影片单元展映在大同市 8 家影院参展，展映影片 11 部 32 场次。大同市参加展映的 8 家影院是万达影城（万达广场店）、万达影城（凯德世家广场店）、中影时光国际影城（东信上悦城店）、华林商厦影城、耀莱成龙影城（西环路店）、光影传奇影城（铁牛里店）、大同恒大嘉凯影城、环球国际影城中国巨幕杜比全景声（大同店）。第六届成龙国际动作电影周“中华功夫”单元展映的影片有《神秘的大佛》《绣春刀》《绣春刀 2》《十二生肖》《刀马旦》《黄飞鸿》6 部，共 17 场次。参加“科技与功夫”单元展映影片有《刺杀小说家》《寻龙诀》《新神榜·哪吒重生》《狄仁杰之通天帝国》《奇门遁甲》5 部，共 15 场次。（墨　竹）

【成龙电影周“剧本游戏·大挑战”】　2021 年 10 月 14 日，在第六届成龙国际动作电影周上，主办方首次跨界推出“剧本游戏·大挑战”活动，从剧本内容、技术赋能、场景设计、设备服务 4 个方面对传统剧本游戏进行一次“VR+AI+MR”全新升级，探讨并推动剧本游戏与影视互动融合发展。“剧本游戏·大挑战”由 1905 电影网、大同广播电视台主办，以“正现在·大未来”剧本游戏高峰论坛为主体，邀请行业专家、编辑等围绕“剧本游戏跨界互融”“乱象之下如何规范发展”等议题展开对话，直击行业痛点，前瞻行业未来。活动现场，揭晓经过多轮线上投票及专业人士推选的“金剧场”推荐“十佳口碑作品”和“十佳新锐作品”。发布剧本游戏行业《倡议书》，向更多业界同仁发出号召，共同追随正向价值引导，助推剧本游戏行业发展升级。给《古堡情迷》《虎符传奇》《最好的时光》等原创剧本搭建实景主题馆和 VR 体验馆，借助现代科技，结合传统文化，丰富剧本游戏内容，全面提升剧本游戏体验，并特设“气味体验”互动区，丰富参与者的游戏临场感、沉浸感体验。现场体验环节通过电影频道融媒体中心“第六届成龙国际动作电影周融媒体直播”在全网平台播出。（墨　竹）

【成龙电影周“瑶淼电影实验室”主题论坛】　2021 年 10 月 15 日，第六届成龙国际动作电影周“瑶淼电影实验室”主题论坛在大同关帝庙广场举行。“瑶淼电影实验室”主题论坛，对成龙电影周中的两大主角“成龙”与“中国功夫电影”进行研究，旨在引发行业思考，增强民族自信，走出中国动作电影新的发展之路。电影频道主持人瑶淼担任该场论坛制作人、总导演及主持人，邀请电影人及行业专家，围绕“67 岁的成龙，‘老’了吗？”“中国动作电影，将如何碰撞出新的动作时代？”“海外观众喜欢怎样的中国动作片？”“除了李小龙、成龙，下一个影响世界的‘龙’将会是谁？”4 个议题展开灵感交锋，全方位多维度激发创新灵感与头脑风暴，前瞻性探讨影像发展未来。（墨　竹）

【成龙电影周“我们携手共晋”公益直播】　2021 年 10 月 15 日、16 日，由第六届成龙国际动作电影周与大同市农业农村局、淘宝直播联合发起“我们携手共晋”公益直播分两场展开。该次公益直播以第六届成龙国际动作电影周电影频道大同直播间为主，10 余位淘宝主播参与直播接力，演员张蓝心等作为该届电影周的电影人亮相直播间参与公益助力。此次直播专设寻找山西水灾救援中的英雄人物环节，给大同及受灾地区的农产品带货。带货产品包括“大同好粮”产品，陈醋、小米锅巴、黑小米、黄小米、大红袍红椒等山西系列农特产品。同时，开通捐款通道，把所得捐款向灾区捐赠。直播期间采访黄花脱贫受益者，大同助农代表分享大同改变，黄花文化学者解读黄花文化内涵，现场制作黄花菜品等。该次直播在电影频道、电影频道融媒体平台、“学习强国”学习平台、人民日报新媒体、人民网、微博、抖音、快手、腾讯视频、优酷视频、爱奇艺、哔哩哔哩等全网主要平台传播。（墨　竹）

卫生健康

综　述

【分级诊疗体系建设】 2021年，大同市加强县级医疗机构自身“造血”能力。依托对口支援团队梳理、修订、项目维护县（区）医院原有路径病种，由原来的80个临床路径病种增加到100个病种。依托城市医疗集团临床重点专科，在县级医院启动“名医工作站”实施战略，从3个城市医疗集团遴选出52个社会公认、同行认可的名医团队，重点在6个县（区）人民医院设立“名医工作站”，以名医效应带动县级医院专科能力建设。浑源县医疗集团自“名医工作站”启动以来，开展大病手术7例，填补疑难重症术空白。广灵县医疗集团在市三医院医疗集团神经内科名医团队帮扶下，建成脑卒中中心，半年时间溶栓20余例，突破建院以来“0”溶栓纪录。灵丘县人民医院开展胸痛和卒中溶栓病例23例，填补“0”溶栓空白。实施分级诊疗制度。确定225种常见病、多发病、慢性病种在二级及以下医疗机构治疗，在225种以外的疑难病种可转至三级医院救治，推进分级诊疗制度实施。利用分级诊疗信息平台，市、县、乡、村四级实现远程医疗、双向转诊、远程教育、远程手术指导、慢病管理、远程教学等多项服务的电子化、平台化，打破不同级医疗机构之间信息互不联通的“孤岛”现象，促进优质医疗资源下沉，提升基层医疗服务能力。上年至2021年，通过互联网+分级诊疗云平台住院转诊74915例，远程会诊1023例，远程门诊5258例，减轻患者负担。（潘　斌）

【市县医联体建设】 2021年，大同市三级医院实现城市核心区域全覆盖，按片区网格化深化市三医院、市五医院、同煤总医院为龙头的3个城市医疗集团，通过打造“互联网+”平台，做实家庭医生签约服务，形成全科与专科联动、医防有机融合的服务工作机制，推动区域内资源有效共享、区域间医疗服务质量均衡提升，促进分级诊疗就医格局形成。妇幼、传染病、肿瘤、精神病等专科优质资源向城郊辐射。全市三级医院全部开展日间手术，解决“住院难、开刀迟”医患供需矛盾。市级紧急医疗救治中心独立设置，拥有救护车辆48辆，提升紧急医疗救治能力。加强县级医疗集团综合服务能力，除市平城区医院在建外，其他县（区）均有1所二级综合性医院，县（区）医疗集团行政、人员、财务、业务、绩效、药械“六统一”管理全覆盖。阳高县作为全省首批县乡一体化改革示范县，得到省医改办、省卫生健康委肯定，“阳高模式”“大同模式”在全省推广。（潘　斌）

【医疗科技创新】 2021年，大同市加强“四个一批”（一批科技人才规模质量有提升，一批结构合理、素质优良的科研团队初步形成，一批科研平台搭建初步完成，一批重点领域科技攻关有突破）科技创新工作，推进医院重点学科建设，申报省级科研课题13项，立项8项。遴选优秀适宜技术下基层，组织开展“肿瘤规范化治疗暨影像引导下肿瘤微创治疗学习班”“适宜技术下基层——护理质量管理”“常态化新冠疫情防控围手术期患者管理培训班”，覆盖10个县（区），培训6400余人。全市公立医院创成省级临床重点专科7个，省级重点学科4个，重点打造15个领军临床专科，完善50个医疗专科质量控制部，质控体系建设逐步建立。建成20个专科联盟和3个远程医疗协作网，实现市县乡村四级远程医疗网络全覆盖。基本形成互联网+医疗的诊疗模式，三级公立医院平均预约挂号比例65%，给基层预留号源在20%以上，缓解新冠肺炎疫情期间群众就医难问题。全市三级医院全部开展日间手术，公立医院平均住院天数下降至9.5天，门诊及出院患者平均日费用均较上期统计有所下降。全市二级以上公立医院电子病历应用水平平均级别均在三级以上，三、四级手术占比、微创手术占比、出院患者手术占比逐年提升。优化预约诊疗便民措施，全市5个三级公立医院平均预约挂号比例65%，给基层预留号源在20%以上，均超额完成指标要求。（潘　斌）

【医疗人才引进】 2021年，大同市推动柔性引入的5名院士、52名博士、1名首席科学家，及1名名中医传承师开展医疗创新服务工作。中科院赫捷院士团队专家在二医院接诊298人，指导开展高难度大型胸科手术44台。陈星博士在二医院建立“全国消化道肿瘤早诊早治基地”，完成胃肠镜检查及镜下治疗3570例，发现胃肠早癌70例，给予内镜下切除。王辰院士团队推动协助三医院完成VA-ECMO和VV-ECMO各1例，是全省首次。施福东科学家团队引领三医院建成全省最高水准的脑血管病和神经免疫病诊疗、研发中心。丁卫民博士在四医院开展气管镜测检、活检、气管球囊扩张术、氩气刀热消融治疗术（APC）及冷冻治疗术，年手术量700余例。邱贵兴院士团队推动五医院与德国巴伐利亚州类风湿治疗中心Arbogast教授签订战略合作协议，开展1例复杂疑难膝关节疾病患者的手术治疗。（潘　斌）

【优质医疗资源扩容下沉】2021年，大同市推动市五医院创建省级区域医疗中心建设，建立流程优化、统一管理、区域协同的智慧医疗信息网络平台。市五医院在着力健全区域公共卫生应急管理体系方面提质，推进独立感染疾病楼建设，该项目占地面积7278平方米，建筑面积5287.4平方米，是3层框架结构；建成城市公共检测基地，投入2035万元配置PCR实验室设备，理论日检测能力3万管；推进内镜中心建设及医学装备配置，投资1000余万元完成方舱CT基本调试。确定灵丘县人民医院为市级区域医疗中心试点建设单位，该院新建医院项目门诊楼完工，卒中和胸痛中心溶栓病例增加，电子病例应用水平3级，并推进其他软件配套建设。（潘　斌）

疾控预防

【重大传染病防控】2021年，大同市卫生健康委员会落实艾滋病防治职责，加强干预措施，管理存活病人740例，发病仍呈缓慢上升趋势，特别是同性传播增长速度较快，男男同性传播占57.6%。采取干预措施，把艾滋病防治宣传教育进社区、进机关、进学校、进工地常态化，城乡居民、流动人口、青年学生、男性同性恋行为人群防治知识知晓率95%。艾滋病扩大检测完成38.1万人次，完成率91.7%，抗病毒治疗率94.6%（90%达标），高危人群干预措施覆盖率91%（90%达标）。（潘　斌）

【结核病防治】2021年，大同市登记管理结核病活动性病人471例，达到肺结核发病率控制在55/10万以下的考核指标。10个县（区）级结核病定点医院实验室全部开展分子生物学、痰培养工作，5个县（区）开展药敏试验。肺结核患者病原学阳性率46.5%，新病原学阳性患者耐药筛查率85.1%，高危人群耐药筛查率87.5%，耐药患者纳入治疗率100%。（潘　斌）

【鼠疫防控】2021年，大同市卫生健康委员会按照《山西省鼠疫监测工作方案》要求，在大同市6个鼠疫监测县开展鼠间鼠疫监测工作，目标任务整体完成率100.4%，捕获达乌尔黄鼠132只，逐日捕鼠1267只，观察黄鼠609只，其中妊娠鼠590只；野外夜行鼠调查布夹3602夹次，捕获鼠类7种54只；体外寄生蚤调查活体黄鼠1086只，洞干蚤调查探黄鼠洞干1101个，病原学及血清学监测检验达乌尔黄鼠血清1295份，未发现鼠疫间接血凝试验呈现“++”以上凝集现象，皆是阴性，给筑牢环北京及周边地区鼠疫防控安全屏障打下良好基础。（潘　斌）

【地方病防控】2021年，大同市卫生健康委员会开展全国水氟、水砷、尿砷盲样质控考核，完成全国盐碘、尿碘、水碘盲样质控考核，各县（区）开展各类地方病知识宣传，发放宣传品，开展碘缺乏病健康知识进校园活动。初步建立慢性病综合防控体系。开展全民健康生活方式“三减三健”（减盐、减油、减糖、健康口腔、健康体重、健康骨骼）专项行动，全市建设健康支持性环境6个，10个县（区）参加“万步有约”健走激励大赛，启动慢性病综合干预、心血管病高危人群早期筛查与综合干预、脑卒中高危人群筛查与干预、全人群死因监测、儿童口腔疾病综合干预、学生常见病监测、儿童青少年近似防控等项目并推进。（潘　斌）

【严重精神障碍患者管理】2021年，大同市卫生健康委员会加强对严重精神障碍患者进行规范管理、规范治疗。全市在册严重精神障碍患者人数14717人，严重精神障碍患者在册报告患病率4.3‰（4‰达标），规范管理率86.2%（80%达标），面访率88.4%（80%达标），服药率84.3%（70%达标），规律服药率71.8%（50%达标），精神分裂症服药率84.8%（80%达标）。（潘　斌）

【职业病防治】2021年，大同市卫生健康委员会以宣传《中华人民共和国职业病防治法》为主线，聚焦职业健康保护行动，开展为期100天的“百日健康检查行动”，主要以煤矿、非煤矿山、冶金、建材等行业为重点，核查全市可能产生职业病危害的新、改、扩建和技术改造、技术引进项目，检查10个县（区）疾控中心10家、存在职业病危害因素企业96家、有放射源的医疗机构82家，提高企业主体责任落实。按照康复站标准建设要求，探索基层尘肺病患者的康复治疗模式，加强尘肺病患者救治救助，提高尘肺病患者生活生存质量。大同市云冈区高山镇卫生院4家康复站基础设施改造完成，辖区内就近4473名尘肺病患者康复建档率100%，患者服务协议签订率100%。（潘　斌）

【肿瘤义诊科普宣传活动】2021年4月17日，由市卫健委、市科协主办的第27届全国肿瘤防治宣传周暨“学党史办实事”大型义诊科普宣传活动在大同市永泰门广场举行。为推动落实健康中国癌症防治行动，提高全社会癌症防控意识、普及科学防癌理念，山西省癌症中心大同分中心（市二医院肿瘤医院）承办该次活动，与全市各大医院肿瘤等专业的专家共同举办肿瘤宣传周大型义诊科普宣传活动。约50位专家现场给市民义诊，并宣传肿瘤防治知识。该中心现场给市民发放100张乳腺B超免费体检卡及钼靶优惠卡；市疾控中心针对肿瘤预防和疫苗接种发放科普宣传资料。4月19日起，山西省癌症中心大同分中心（市二医院肿瘤医院）组织约30名肿瘤专家到大同市各县（区）开展约20场“防癌大讲堂”科普讲座，并做现场义诊。（墨　竹）

【疟疾防治知识普及宣传】2021年4月26日是第14个“全国疟疾日”，大同市卫生健康委员会和市疾控中心在大同云冈机场开展健康教育宣传活动，提高公众对疟疾防控的认知水平和重视程度。疟疾是经按蚊叮咬或输入带疟原虫者的血液而感染疟原虫所引起的虫媒传染病，是世界上最主要的传染病致死病因之一。其主要症状是发冷、发热、出汗，非洲和东南亚是疟疾高度流行区。预防疟疾最好的办法是防蚊灭蚊，禁止疟疾患者献血。该次活动宣传主题是“防止输入再传播，巩固消除疟疾成果”。活动现场，市卫健委和市疾控中心工作人员通过悬挂横幅、发放宣传手册、设置咨询台等形式，对往来的市民及游客宣传解读疟疾的危害、感染方式、传播途径和有关政策，提高市民和游客的自我健康意识和保护能力。提醒市民，疟疾是可防可治的，出国前应当了解目的地的疟疾流行状况，谨防境外感染疟疾。去疟疾流行区务工、经商、旅游等人员如出现发热、发冷、出汗等不适症状要及时就医，一旦确诊后，应按照医嘱全程、足量服药，防止出现复发和耐药。（墨 竹）

【世界高血压日主题宣传活动】 2021年5月17日，大同市第四人民医院联合大同大学、市高血压防控协会、平城区向阳里社区卫生服务中心开展“世界高血压日”主题宣传活动，普及高血压防治知识，提高公众健康素养，营造全民参与社会氛围。该次活动宣传主题是“控住血压稳住幸福——准确测量，有效控制，健康长寿”。市四医院心脑血管一科主任徐丽英在大同大学给学生们作《关注青年高血压》科普讲座。市四医院联合市高血压防控协会、平城区向阳里社区卫生服务中心开展科普宣传及义诊活动，给100余名群众测量血压，发放各类宣传资料200余份。（墨 竹）

【全民健康生活方式宣传月活动】 2021年9月1日第15个“全民健康生活方式日”，大同市采取线上+线下形式开展主题宣传活动，引导群众养成良好卫生习惯和健康文明生活方式。该次活动主题是“三减+三健，健康新动力”。结合常态化疫情防控工作要求，以宣传月活动为契机，持续宣传“一米线”、勤洗手、戴口罩、公筷制等卫生习惯和健康生活方式，提升健康意识，增强公众自身免疫力；普及“减盐、减油、减糖、健康口腔、健康体重、健康骨骼”知识，在9月的第三周“9·15”减盐周，向公众传播“就要5克”减盐理念和生活技巧，倡导“人人行动 全民控盐”。（墨 竹）

【市肺结节研究会成立】 2021年10月24日，大同市肺结节研究会在大同友谊医院成立，旨在提高大同市肺结节医学科技水平和服务能力，维护人民群众的健康权益。肺结节是肺癌的早期表现，早期发现肺结节早期治疗可把肺癌消灭在萌芽状态。研究会成立后，大同友谊医院举行肺癌早期诊断治疗高峰论坛，邀请专家进行学术报告，内容涵盖肺结节的研究、预防早期肺癌，及早期肺癌的诊断和治疗等领域。（墨 竹）

【市未成年人心理健康辅导站成立】 2021年11月，大同市卫健委、市教育局、市文明办、市计划生育协会等相关部门联合向市心理咨询师协会、市心理保健协会授予未成年人心理健康辅导站牌匾，标志着这两家给未成年人提供心理辅导的专业协会成立。未成年人心理健康辅导站成立，给大同市未成年人的心理健康辅导工作搭建一个学习、交流平台，帮助未成年人疏导情绪、缓解心理压力，呵护未成年人健康成长，能用专家团队资源，发挥好心理健康领域的专业力量，多途径多维度在心理健康知识宣传、心理咨询、心理辅导、心理矫治等方面开展工作，发挥辅导站的辐射、指导作用。未成年人心理健康辅导站长期给未成年人提供与心理健康教育相关的咨询与治疗、宣教与培训等服务，指导协助全市中小学校、社区开展标准化、规范化的心理辅导室建设，利用一对一心理咨询方式，开展学校、社区、家庭三位一体的心理健康教育和心理辅导，助力“创城”工作有效开展。（墨 竹）

【慢阻肺高危人群早筛干预项目启动】 2021年12月21日，山西省慢阻肺高危人群早期筛查与综合干预项目在大同启动，并率先在大同市浑源县、阳高县、广灵县、灵丘县和云冈区5个县（区）开展。慢性阻塞性肺疾病简称慢阻肺，是中国最常见的慢性呼吸系统疾病。中国40岁及以上人群慢阻肺患病率13.6%，估算中国慢阻肺患病人数约1亿人。监测显示，中国40岁及以上居民慢阻肺知晓率0.9%，4.5%的人做过肺功能检查。吸烟、粉尘工作者等是慢阻肺高发群体，早防早治病情可得到控制和减缓进程。慢阻肺高危人群早期筛查与综合干预项目在全国31个省、自治区、直辖市和新疆生产建设兵团选取160个区县开展工作，对80万人进行慢阻肺高危人群筛查和综合干预，旨在提高慢阻肺高危人群的早期发现率，提高早诊早治率，提升基层医疗卫生机构慢性呼吸系统疾病筛查和干预能力、探索慢阻肺高危人群早期筛查和综合干预的适宜技术和管理模式，给更广范围内推广奠定基础。山西省项目由大同市三医院牵头，在大同市5个基层点开展。每个基层点分别通过问卷和肺功能检查等方式，对辖区5000例35岁至75岁成年人进行慢阻肺高危人群筛查，并根据结果对人群进行分层分类，开展各有侧重的健康教育、戒烟宣教、生活方式指导等干预措施，延缓疾病的发生发展，降低患者疾病负担。对筛查出的高危个体开展肺功能检查，根据检查结果进行针对性干预管理和长期随访。（墨 竹）

公共卫生

【爱国卫生运动】 2021年，大同市卫生健康委员会开展多形式爱国卫生宣传活动，号召全市广大干部群众参与爱国卫生运动，引导市民养成文明卫生习惯，形成爱国卫生运动助力常态化疫情防控氛围。在《大同日报》《大同晚报》等媒体上开辟专栏、设置专题记者，发表新闻稿件1600余篇，跟踪报道卫生创建、文明创建、环境集中整治等爱国卫生典型事件。阳高县通过“今日头条”《焦点新闻》等多种媒体宣传开展农村人居环境“六乱”整治。通过运用微信公众平台《阳高发布》和内宣报纸《阳高周讯》宣传第33个爱国卫生月海报，公众号发布3天，浏览量4100次。通过遍布城乡的35块气象预报显示屏日滚动播放宣传标语102条，利用阳高电视台黄金时段每日播放宣传口号50次，广播电台每日播标语口号12次，并通过“和阳高”微信公众号逐日播放爱卫标语。市平城区在新华网手机报报道多条爱国卫生内容，通过网络微博、微信户外电子屏幕等新媒介，发送公益广告，强化舆论引导，营造宣传声势。（潘　斌）

【基层公共卫生服务能力】 2021年，大同市推进基层医疗卫生机构发热诊室规范化建设，全市有乡镇卫生院99所、社区卫生服务中心36所，建成发热诊室61所，建成率45%。推进市平城区、云冈区等8个县（区）完成8所发热诊室规范化建设。在全市所有乡镇卫生院和社区卫生服务中心开展“优质服务基层行”基本标准自评工作，确定灵丘武灵镇卫生院、浑源西坊城镇卫生院2所机构是大同市社区医院重点创建单位，并接受省级复核。夯实基本医疗有保障能力建设，在全市6个贫困县（区）巩固山西省基本医疗有保障服务能力建设，扩大到全市所有乡镇卫生院和村卫生室，开展“星级村卫生室”创建活动，增加三星级及以上卫生室323个。落实基本公共卫生服务和基层卫生相关补助经费。基本公共卫生服务项目经费人均补助标准提高到70元，市级配套补助1904万元全额拨付到位。申请在岗乡村医生补助1107万元、村卫生室运行经费补助63.6万元、乡村医生参加城乡居民养老保险补助17.7万元，老年乡村医生退养补助309.1万元，市级预算配套资金1497.4万元全部拨付至相关县（区）。推进居民健康档案电子化建档和线上签约服务全覆盖。全市所有基层医疗卫生机构均实现居民健康档案电子化，实现居民家庭医生签约服务全覆盖。截至2021年底，全市常住人口签约数200.6万人，签约率64.6%；重点人群数83.2万人，签约服务数67.6万人，签约率81.2%；计划生育家庭特扶人口数1024人，签约服务率84.9%；脱贫人口数25.6万人，签约服务率96.7%，实现应签尽签。（潘　斌）

【卫生城镇创建】 2021年，大同市连续12年被授予省级卫生城市称号，并巩固卫生城镇创建成果，保持1个省级卫生城市，5个省级卫生县城（浑源县、灵丘县、广灵县、阳高县、左云县），2个卫生区（云冈区、云州区），10个卫生乡镇（平城区新旺乡、浑源县沙圪坨镇、广灵县作疃乡、灵丘县红石塄乡、阳高县古城镇、新荣区堡子湾乡、云州区周士庄镇、左云县马道头乡、云冈区口泉乡、天镇县新平堡镇），512个卫生村和部分卫生单位。市委、市政府上年印发《大同市全面创建国家卫生县城工作规划（2020—2023年）》和实施方案，全市各县（区）展开国家卫生城市、国家卫生县城、国家卫生乡镇的创建工作。2020—2021年在云冈区选取山西省民爆集团大同有限公司、灵丘县选取山西宏伟矿业有限责任公司、左云县选取大同鹊山高家窑煤业有限责任公司3家企业作为健康企业示范企业。（潘　斌）

【无烟党政机关创建】 2021年，大同市卫生健康委员会加强创建无烟党政机关的宣传教育，在机关办公室、会议室、楼道、卫生间等地张贴戒烟标识，利用电子屏幕等宣传有关吸烟危害健康知识，张贴宣传海报，营造控烟氛围。10月15日，广灵县召开全县打造无烟党政机关工作部署视频会议。各机关、各单位、各乡镇负责人参加会议，讨论交流无烟党政机关创建工作。市云冈区各级党政机关按照《无烟党政机关建设指南》落实各项工作要求，结合卫生城镇创建、健康城市健康细胞建设、文明城市创建和文明单位、模范机关评比等活动，采取措施，探索创新，带动无烟党政机关建设工作开展。市爱卫办会同各成员单位，检查指导各县（区）无烟党政机关创建工作，到县（区）主要领导办公室、街道社区办公场所落实创建情况。（潘　斌）

【两项卫生监督科技项目通过验收评审】 2021年4月，由大同市卫生健康综合行政执法队二级主任医师张雁宏承担的两项卫生监督科技项目通过市科技局验收评审。这两项卫生监督科技项目分别是“公共场所卫生量化分级管理‘7+28-3’大同模式研究”和“新冠肺炎公共场所防控卫生监督法制研究”。评审中，专家组通过听取汇报、审阅有关资料、质疑讨论，最终一致认为项目提供的验收资料齐全，两项卫生监督科技项目在执行期内按照计划完成约定任务指标，且产生良好社会效益，符合验收要求，同意通过项目验收。这两项卫生监督科技项目，有利于完善中国公共场所卫生监督量化分级管理制度和公共场所传染病疫情预防控制法律制度，明确公共场所经营者防控新冠疫情的法律义务和法律责任，“公共场所卫生量化分级管理‘7+28-3’大同模式研究”项目填补中国没有专门研究公共场所卫生监督量化分级管理论著的空白。（墨　竹）

【公共场所集中空调通风系统监督抽检】 2021年9月，大同市卫生健康综合行政执法队在全市范围内开展公共场所集中空调通风系统随机监督抽检工作。检查结果显示，全部符合国家标准，大同市公共场所集中空调通风系统卫生状况良好。该次监督抽检正常使用集中空调通风系统的公共场所经营单位26户，检测指标有空调系统风管内表面积尘量、细菌总数、真菌总数，冷却塔冷却水中嗜肺军团菌。采集样品98份，其中空调系统风管内表面积尘量25份、细菌总数25份、真菌总数25份、冷却塔冷却水中嗜肺军团菌23份。经第三方检测机构实验室检测，检测结果全部符合国家标准，合格率100%。（墨　竹）

【公共卫生监督抽检】 2021年中秋、国庆两节期间，大同市卫生健康综合行政执法队结合国家随机监督抽查计划，开展以公共场所卫生、生活饮用水卫生、学校卫生为重点的公共卫生监督抽检工作。该次监督抽检公共场所卫生10户，主要抽查游泳、住宿、沐浴、美容美发等场所卫生管理情况和公共场所新冠疫情防控措施落实情况，抽检顾客用品用具、水质、空气，及集中空调通风系统卫生质量；生活饮用水卫生抽检6户，主要抽查集中式供水的卫生管理情况，抽检供水水质；学校卫生抽检16户，主要抽查学校教学和生活环境、传染病防控、学校饮用水、校内游泳场所的卫生管理情况，及学校新冠疫情常态化防控措施落实情况，抽检教室采光照明、人均面积和水质情况。监督抽检结果表明，大同市公共场所、生活饮用水、学校卫生整体状况良好。（墨　竹）

卫生应急

【卫生应急物资储备】 2021年，大同市级医药物资储备物资库收储化学药品138种，防护消杀用品25种，新冠肺炎、流感大流行等中成药18种，烧伤器材4种，中药饮片42种。其中，N95医用防护口罩3万个，医用外科口罩20万只，医用防护服1.4万套，一次性隔离衣1.4万套。核酸检测试剂7万份，基本满足全市各级医疗机构卫生应急使用。上年底，大同市建立市级医药储备库，以保障灾情、疫情等突发事件发生时医药用品的及时有效供应。储备资金来源于中央财政拨款，规模2400万元，储备医药用品全部是实物储备，由国药控股山西有限公司大同分公司负责日常管理存放流转。（潘　斌）

【卫生应急预案修订】 2021年，大同市印发《大同市突发公共事件紧急医学救援应急预案》《大同市突发公共卫生事件应急预案》。制定《大同市新冠肺炎疫情不同情景下防控应急处置预案》，以精准做好新冠肺炎疫情应对处置工作。在该基础上，制定《大同市医疗机构新冠肺炎疫情医疗救治工作方案》《大同市新冠肺炎疫情全员核酸检测方案》《大同市新冠肺炎疫情流行病学调查工作方案》《大同市重点人群排查及防控工作方案》《大同市新冠肺炎疫情防控物资保障工作方案》《大同市定点医院院区病区腾空转运方案》6项小预案，明确预案“总—分—小”层级层次，实现整体统筹、精准对接、精细管理，构建起自上而下预案应急体系。（潘　斌）

【紧急医疗救援】 2021年，大同市推进院前急救工作，“120”调度指挥中心接听呼救及咨询电话191840次，派车22923趟，有效出车20412趟，日均派车69趟，日均有效出车61趟，同比上年的呼救量和出车量提升。完成紧急医学救援工作，处理各类事故68起，出车86次，出警258人，抢救伤员150余人。快速反应能力和协同作战能力提高，参加3次实战演习，包括“大同市反恐演练”“大同站反恐演练”“大同市卫生应急疫情防控和地震应急综合演练”，派出急救车12辆，医务人员35余人。（潘　斌）

医政管理

【城乡居民“两病”门诊用药保障起付标准降半】 2021年3月1日起，大同市城乡居民“两病”（高血压、糖尿病）门诊用药保障机制起付标准由每年60元降低至每年30元。大同市在降低高血压、糖尿病报销门槛基础上，把卫健部门规范化管理但未享受门诊慢性病待遇的“两病”参保居民整体纳入；参保居民的“两病”认定工作由指定二级以上（含二级）定点医疗机构负责；指定医疗机构把申请门诊慢性病但不符合门诊慢性病准入条件的“两病”参保居民纳入“两病”门诊用药保障范围。为确保该项政策衔接，市医保局对大同市医保信息系统和“村医通”手持终端设备进行技术升级，实现“两病”门诊用药费用在乡镇卫生院、社区卫生服务中心（站）、村卫生室等定点基层医疗机构直接结算，分批分期组织各县（区）村级卫生室医师开展业务升级改造培训工作，方便“两病”患者就医，确保实现“两病”患者在家门口就能享受到医保待遇。对病情稳定的“两病”患者开具4周至12周长期药品处方。家庭医生给签约“两病”患者提供综合性的医防服务，通过推进“两病”“医防融合”，促进“两病”患者的健康水平提高。（墨　竹）

【药品带量采购】 2021年5月1日起，国家组织药品集中带量采购（第四批）中选结果在大同市落地，面向有采购需求的公立医院和民营医院供货。该轮集中采购是国家医保局组织的四批药品集中采购中采购金额最大的一次。中选产品平均降幅52%（最高降幅超90%），包含45个品种，药品品种涉及高血压、糖尿病、消化道疾病、精神类疾病、恶性肿瘤等多种治疗领域，其中包括氨溴索注射液、丙泊酚中/长链脂肪乳注射液、布洛芬注射液等多个一线注射剂品牌。通过国家集中带量采购、企业自主申报价格的市场竞争采购规则，药品以量换价的降价效果明显，以胃溃疡治疗药物艾司奥美拉唑肠溶片（20毫克/片）为例，集采后每片价格从9元下降到2元，一个疗程（4周~8周）可节约用药费用390元~780元；抗癌药索拉非尼单片价格从95元下降到23元，按每天2片的服用量计算，每个月可给患者节约药费4320元。

10月20日起，大同市公立医疗机构落地执行国家第五批61种药品和“八省二区”联盟10种药品集中带量采购中选结果。带量采购就是“以量换价”，通过“打包”医疗机构零散采购量，以政府“团购”方式向药品供应商购买约定数量药品，以减少流通环节、降低采购成本。该次大同市执行的国家第五批药品集中采购有61种药品251个产品中选，平均降价56%。集采品种覆盖高血压、冠心病、糖尿病、过敏、感染、消化道疾病等常见病、慢性病用药，以及肺癌、乳腺癌、结直肠癌等重大疾病用药，相关患者治疗费用明显降低。其中，临床治疗消化道溃疡的常用注射用艾司奥美拉唑降幅96.2%，改善脑组织微循环的盐酸法舒地尔注射液降幅95.9%，抗肿瘤药注射用盐酸吉西他滨降幅92%，抗凝药利伐沙班片降幅98.3%。山西省参加的黑龙江等“八省二区”省际联盟药品集中采购有10种药品12个品规中选，平均降幅66.7%。其中，骨病用药玻璃酸钠注射液每支价格从123.4元降到44.5元，降幅63.9%；抗生素药物比阿培南的价格从113元降至30元，降幅73.5%。（墨　竹）

【医疗机构依法执业督导检查】 2021年7月，大同市卫生健康委员会在全市范围内开展医疗机构依法执业督导检查工作，加强医疗行业监管，整顿和规范医疗机构执业行为，维护人民群众健康权益。该次市卫健委检查医疗机构60家，其中公立医院14家、民营医院46家，发现疫情防控措施落实不严格、病历书写不规范、超范围执业、手术消毒措施不规范、人员配备不符合标准等问题597项，处罚54家、警告128项，涉及行政处罚问题162项，预罚款140余万元，暂停科室科目7项，暂停医院执业活动3家，并把问题按属地管理原则移交各县（区）卫体局。要求各县（区）对照问题清单、结合整改情况，依法处罚相关医疗机构，对存在问题比较多、整改不及时不彻底的医疗机构要加大处罚力度，并公示处罚结果。

（墨 竹）

【组团带量采购低值医用耗材】 2021年10月1日，大同市与阳泉、朔州“组团”集中带量采购的11种低值医用耗材落地执行，全采购周期可节约医保基金2285.5万元。大同市与阳泉、朔州组建市际低值医用耗材联合集中带量采购联盟，“组团”集中带量采购低值医用耗材，以发挥区域联盟联合集中带量采购优势。该次分别由大同市和朔州牵头集中带量采购的低值医用耗材中选结果公布。其中，大同市医保局指导市药械集中招标采购中心，按照国家集中带量采购政策法规，采取集中带量、议价竞价谈判方式进行跨地市联合线上采购。此次招标工作大同市首次采用全流程线上电子招标方式进行，生产企业线上开标，再进行二次报价谈判，降低采购价格。采购采取网签协议办法，生产、配送、医疗机构及医保经办机构共同在大同采购平台线上签订，经大同、朔州、阳泉三市确认后于2021年10月1日落地执行。大同市牵头采购的6种低值医用耗材包括高压造影注射器、静脉留置针、输液器、一次性导尿包、镇痛装置（电子型）、镇痛装置（机械型），大同市的总采购量1044256（支、只、包），中选产品平均降幅68.8%，最高降幅96.1%，全采购周期可节约医保基金1145.7万元。朔州市牵头采购的5种低值医用耗材是血液透析器（中低通）、血液透析器（高通）、血液透析滤过器、血液净化装置的体外循环血路、血液透析浓缩液，大同市总采购量1140766（支、只、包），中选产品平均降幅35.7%，最高降幅90.3%，全采购周期可节约医保基金1139.8万元。

（墨 竹）

【8个品种常用药被注销】 2021年11月15日起，小儿酚氨咖敏颗粒等8个品种药品被国家药品监督管理局注销。根据《中华人民共和国药品管理法》第八十三条等有关规定，国家药品监督管理局组织对小儿酚氨咖敏颗粒、氨非咖片、复方氨基比林茶碱片、氨林酚咖胶囊、氨咖敏片、丁苯羟酸乳膏、小儿复方阿司匹林片、氨非咖敏片8个品种药品开展上市后评价。经评价，国家药品监督管理局决定自11月15日起停止这8个品种药品在中国生产、销售、使用，注销药品注册证书。上市销售的产品，由药品上市许可持有人负责召回，召回产品由所在地省级药品监督管理部门监督销毁或依法采取其他无害化处理等措施。

（墨 竹）

中医药事业

【基层中医药服务能力】 2021年，大同市在全市136所基层卫生服务机构集中独立设置中医药临床科室，营造中医药文化氛围。打造基层中医药工作先进单位，灵丘县被确定为2019—2021年周期全国基层中医药工作先进单位候选地区，左云县建成县级中医师承教育基地，完善10名省级名中医传承工作室建设，启动二级以上公立中医医院康复服务能力提升工程。

（潘 斌）

【中医传承工作】 2021年，北京中医药大学东直门医院郭强名医传承工作室大同市中医院分站成立，10个省级名中医传承工作室在建设推进，灵丘县、浑源县、阳高县3个全国基层名中医工作室建成，大同市门氏杂病流派被确定为首批国家级中医流派，在全国多地设立传承工作室，大同泉派中医、滋润堂获批市级非物质文化遗产，设立三级传承体制。

（潘 斌）

【中医药健康文化】 2021年，大同市卫生健康委员会开展“方便看中医，放心用中药”活动，组织中医服务32次，受益人数4300余人；发挥中医药在疫情防控中的干预优势，对密接、次密接、高风险到大同人员干预人数1100余人，发放中药1.1万人份。以道地药材黄芪为代表的中草药遍及3区6个县，全市中药材规范化种植规模2.7万公顷，野生面积4公顷，年产中药材3000余吨。有恒宗集团、北岳神耆、国药集团、本纯农业、恒山茶叶等一批中药材生产加工企业，及雏形阶段的黄经世家康养小镇、北方贵细中药材、广盛原中医药文化博物馆。

（墨 竹）

【省针灸学会学术年会暨三晋针灸论坛】 2021年10月23至24日，由山西省针灸学会主办，大同市针灸学会联合大同大学中医药健康服务学院承办的2021年山西省针灸学会学术年会暨三晋针灸论坛在大同市召开，全国针灸领军人物、省高校、科研院所、基层医院及针灸爱好人士，中医药健康服务学院党委书记石珍虎、院长王自润、副院长白振军、针灸教研室全体老师及部分学生参加会议。该次学术会议的主题是传承中医针灸文化，挖掘三晋针灸精髓。主要学术报告有针灸基础研究（国家自然基金项目）、针灸科学前沿追踪、临床案例报道、医院专科专病经验总结、基层常见疾病的针灸治疗等。会议有针灸界内专家汇报，有青年学者汇报，及基层针灸医师的经验交流，对提升山西省的针灸实力和影响力有着重要意义。

（墨 竹）

【中医药文化宣传活动】 2021年11月17日，大同市卫生健康委员会组织开展中医药文化宣传活动，以推动中医药健康文化传播，提升群众中医药健康文化素养。中医药文化宣传活动以“依法发展、传承精华、守正创新”为主题，活动内容包括中医药普法及中医药文化知识宣传、中药饮片识别、省市名中医义诊、中药制作技术体验（板搓蜜丸、包香囊）等。宣传活动现场大家在志愿者引导下候诊。该次参加义诊的有门军章、王自润、

陈宝明、龚长根等10余位名老中医，涵盖内科、儿科、妇科、肿瘤、呼吸、肝胆、针灸等各临床学科。（墨 竹）

妇幼健康

【“两癌”检查】 2021年，大同市给脱贫县农村妇女提供免费宫颈癌和乳腺癌检查服务，提高农村妇女“两癌”的早诊早治率，降低“两癌”死亡率，提高广大农村妇女的健康水平。检查范围包括阳高县、天镇县、广灵县、灵丘县、浑源县和云州区6个脱贫县农村户籍的37300名妇女，接受检查年龄在35岁至64岁之间；2019年、2020年接受“两癌”检查的适龄妇女不再免费检查。大同市完成37330例农村户籍的妇女“两癌”免费检查，完成率100%。宫颈癌检查内容包括妇科检查和宫颈细胞学检查，根据需要进行阴道镜检查和组织病理学检查。乳腺癌检查内容包括临床乳腺检查和乳腺彩色超声检查，根据需要进行乳腺X线检查和组织病理学检查。在检查过程中，医务人员向接受检查的妇女宣传“两癌”防治核心信息，普及健康知识，给有需求的妇女提供咨询服务。（潘 斌）

【免费婚前医学检查】 2021年，大同市细化、完善免费婚检工作，给准备结婚的男女双方提供免费婚前医学检查。为方便新人进行婚检，免费婚前医学检查定点医疗机构增至12家，覆盖所有县（区）。年内，大同市免费婚前医学检查人数16711对。（潘 斌）

【免费产前筛查与诊断服务】 2021年，大同市给15260名孕产妇提供免费产前筛查与诊断服务，全市产前筛查目标任务完成率100%，高风险孕妇接受产前诊断率75%。免费产前筛查机构有市一医院、三医院、五医院、国药同煤总医院、市妇幼健康服务中心和大同康复医院，市一医院产前诊断中心是免费产前诊断机构。免费产前筛查与诊断服务对象是女方是山西省户籍；男方是山西省户籍、女方是外省户籍的；居住在山西省6个月以上的流动人口。凡符合以上条件的孕妇在孕15周至20+6周可在全市任意1家助产机构，在知情同意基础上进行21-三体综合征、18-三体综合征和神经管缺陷血清生化免疫筛查。对筛查结果是高风险的孕妇通过产科系统超声检查或羊水细胞培养的染色体分析等方式，进行产前先天性缺陷和遗传性疾病诊断。（潘 斌）

【母婴安全保障】 2021年，大同市各级医疗助产机构执行母婴安全五项制度，守住母婴安全底线，降低孕产妇死亡率、婴儿死亡率，保障母婴安全。初次筛查孕产妇18262人，评估孕产妇16864人，门诊高危孕产妇3134人，专案管理危重孕产妇955人；救治危重孕产妇195人，转诊危重孕产妇23人。救治危重新生儿1061人，转诊危重新生儿58人。（潘 斌）

人口发展

【人口计生工作制度】 2021年，大同市婴儿活产数18035人，较上年有所下降。在国家“三孩”政策实施后，同步推进计划生育服务管理改革，完善家庭发展支持体系，提升计划生育优质服务水平和社会治理能力，确保政策实施平稳有序。协调市财政局把市直单位人员政策内生育的3岁以下婴幼儿发放的每月200元育儿津贴列入单位财政预算。（潘 斌）

【计划生育奖励扶助】 2021年，大同市卫生健康委员会确认奖励领证独生子女父母63644人，退二孩指标奖励190户，农村部分计生家庭奖励扶助5039人，特别扶助1024人（其中独生子女伤残404人，独生子女死亡620人），双女绝育3户，增加计划生育特殊家庭一次性关怀扶助88人，市级配套奖扶金1521.2万元。全部按照“国库统管、分账核算、直接补助、到户到人”原则管理，各项政策落实率100%。（潘 斌）

【生育养育环境优化】 2021年，大同市在21家托育机构开展托育服务试点活动。市平城区和云冈区3所托育机构进入省级托育服务试点。平城区哈罗呦呦托育公学被省卫健委评为山西省托育服务示范机构。截至2021年底，完成计划托位数6211个，实现全市每千人口拥有2个托位数的年度目标值。做好指导家庭科学照护婴幼儿试点活动。市平城区、云冈区、云州区是省级开展指导家庭科学照护婴幼儿试点县（区），以省级试点带动全市其他县（区）利用“互联网+”等信息化手段，开设母婴课堂、家庭课堂等栏目，传播科学育儿知识，给家长提供婴幼儿照料、看护和早期发展指导等服务，增强家庭科学育儿能力。（潘 斌）

【计生协会会员活动日宣传活动】 2021年5月28日（5月29日是中国计划生育协会成立41周年，是第23个全国会员活动日），大同市计划生育协会和市平城区计划生育协会在迎宾广场联合开展“健康知识进万家”宣传、义诊活动。该次活动以“永远跟党走，奋进新征程——庆祝建党100周年”为主题，工作人员在现场设立咨询台、服务台，通过发放宣传品、悬挂条幅、搭建彩虹门等多种形式开展宣传。并向过往群众宣传惠民政策、党史知识、卫生健康知识，及健康的生活方式与行为、健康基本技能及疫情防控等相关知识。现场开展保险咨询活动，提高计划生育保险知晓率。市三医院、平城区妇幼保健服务中心、平城区永泰街道办事处和迎宾街道办事处共同开展免费义诊活动。活动期间，主办方发放宣传资料1600余份，纸抽、湿纸巾、杯子、手提袋350余份。400余名群众进行现场咨询并接受免费义诊服务。（墨 竹）

献血供血

【无偿献血】 2021年，大同市22952人次自愿参加无偿献血（其中参加机采血小板772人），采集血液40711单位，采集血小板830治疗量，一次献血400毫升人数18531人次，占献血总人数83.5%。制备悬浮红细胞40585单位、制备洗涤红细胞877单位、制备冷沉淀5089单位、制备冰冻血浆45458.5单位，成分血分离

比例 99.7%。（潘　斌）

【临床供血】 2021 年，大同市向临床供血 39219 单位，其中供悬浮红细胞 38338 单位、供洗涤红细胞 877 单位、供冷沉淀 4770 单位、供冰冻血浆 21005.5 单位、供机采血小板 904 治疗量（人份）、供全血 4 单位。在满足全市用血基础上，向北京、太原、忻州、朔州等地伸出援助之手，调取悬浮红细胞 1506 单位、洗涤红细胞 6 单位、冰冻血浆 3000 单位。（潘　斌）

【开发血源】 2021 年，大同市开展团体献血招募 9 次，有 4 家单位组织无偿献血活动，协调新的应急血源系统单位 2 家。招募 65 名稀有血型献血者，其中 21 人参加无偿献血。开展“6・14”世界献血者日等主题活动 5 次。发展学雷锋无偿献血志愿者服务站工作，发展 220 余名志愿者注册成为服务站志工。（潘　斌）

【献血队伍稳定发展】 2021 年，大同市对无偿献血者及其直系亲属，给予省内用血直报待遇，接待献血者用血报销 228 人次，报销血量 174760 毫升，报销金额 19.3 万元。常年给献血者发放人身意外保险，发放保险 2.4 万人份，确保每一位献血者都能够及时领取到保险单，并保证保险单有效性。给获得国家无偿献血金奖的无偿献血者免费订阅《大同晚报》247 份。申报全国无偿献血先进城市奖，并给全市 2700 余名无偿献血奉献奖获奖者领取证书。年内，大同市 9 号车组获 2019—2020 年度全国血站系统表现突出采血班组。（潘　斌）

新冠病毒疫情防控

【概况】 2021 年，大同市卫生健康委员会坚持“外防输入、内防反弹、人物同防”，严格中高风险地区到大同人员的排查，强化“第一落点”管控。落实进口冷链食品和非冷链集装箱货物、邮件等“凡进必检、人物同检”，开展预防性消毒。对其他省份入境隔离期满到大同人员，实施居家健康监测。抓医疗机构、监所、校园、民政服务机构和农贸市场、商场超市等重点场所防控。机场、车站、农贸市场、商场超市等重点场所加强工作人员每日健康监测，落实测温、查码等查验措施。医疗机构执行发热病人闭环管理，确保患者经预检分诊后再就诊，落实院感防控措施基础上有序开放陪护和探视。养老机构、福利机构、监管场所建立预约探视制度。市县两级成立由疾控、公安、工信和交通等部门组成的流调专班，第一时间对密接、次密接、国内中高风险地区到大同等人员展开流调，并按要求采取相应管控措施。排查国内中高风险地区到大同人员 25248 人，管控 14077 人。其中，1056 人是高风险地区到大同人员，全部集中隔离，中风险地区到大同人员 876 人，全部居家隔离，中高风险地区所在地市其他低风险地区到大同人员 12415 人，全部进行健康监测，以上人员核酸检测结果均是阴性。（潘　斌）

【新冠突发事件处理】 2021 年，大同市应急处置北京新冠病毒阳性检测者陈某某等 5 人在大同市浑源县旅游事件，从事件发生至 10 月 25 日，浑源县排查密接 179 人，密接的密接 266 人，高风险人群 4 人，密接的密接在排查中。完成专家组划定区域全员核酸采样 86731 人，其中市级医院完成检测 67318 人份，县级医院完成检测 19413 人份，86731 份全部是阴性。市疾控中心对部分人员和环境现场抽样复检 150 份，全部呈阴性。在环市公路卡口设立检查站期间，对全市 79 个环市公路卡口设立检查站，对所有进入大同市方向的航班、列车、车辆及人员进行体温检测，查验健康码、行程卡，全市 79 个站点出动警力 24296 人次，交通医护人员 11131 人次，出动车辆 5961 台次，核查人员 802377 人，劝返人员 23194 人，核查车辆 527241 辆，劝返车辆 14790 辆。（潘　斌）

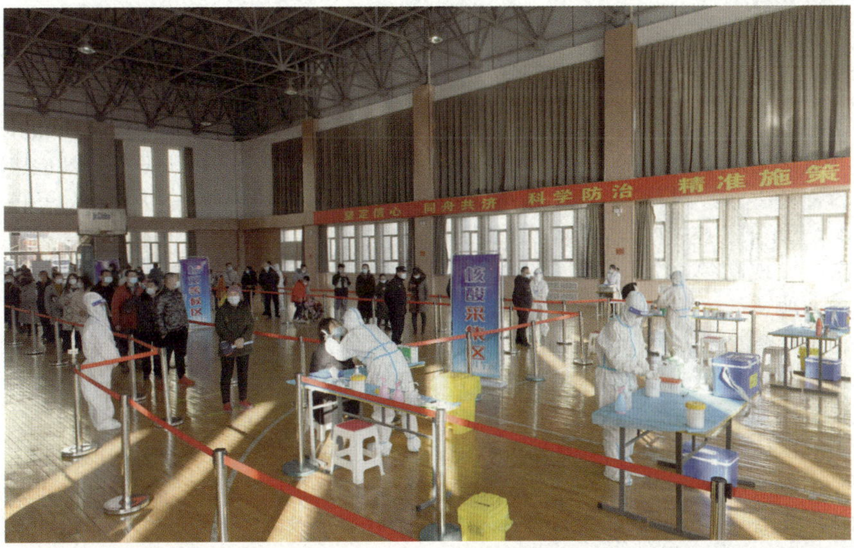

▲ 2021 年 2 月 6 日，大同市开展新冠肺炎疫情防控应急演练。图为演练现场（韩　堃　摄）

【核酸检测能力】 2021 年，大同市有 37 家机构具备核酸检测能力，日单检能力 12 万管，并与太原金域、凯普等 4 个第三方检测机构签订合作协议，确保提供日单检 10 万管以上支援检测能力，可满足全市 2 日内完成全员核酸检测任务。与朔州、忻州建立晋北片区核酸检测协作机制，可提供至少日单检 6 万管以上支援检测能力。（潘　斌）

【应急物资储备】 2021 年，大同市建立市级医药实物储备库，收储化学药品 138 种，防护消杀用品 25 种，新冠肺炎、流感大流行等中成药 18 种，烧伤器材 4 种，中药饮片 42 种。其中，N95 医用防护口罩 3 万个，医用外科口罩 20 万只，医用防护服 1.4 万套，一次性隔离衣 1.4 万套，核酸检测试剂 7 万份。举办“逆战 2021”大同市卫生应急演练，举办新冠肺炎等突发急性传染病疫情监测及应急处置能力建设提升培训班和全市卫生健康系统汛期及灾后防疫工作培训会，培训人

员 320 人。（潘 斌）

【疫情防控卫生监督】 2021 年，大同市卫生健康委员会在全市范围内开展医疗机构依法执业督导检查工作，检查医疗机构 60 家，其中公立医院 14 家，民营医院 46 家，处罚 54 家，发现问题 597 项，其中警告 128 项，涉及行政处罚问题 162 项，预罚款 140 余万元，暂停科室科目 7 项，暂停医院执业活动 3 家。常态化疫情督导检查，抽调监督执法人员 370 余人次，督导检查全市公共场所疫情防控、疫苗接种、进口冷链物流、交通站点、商场、景区景点、酒店民宿等重点场所，各级医疗机构、药店、核酸检测机构、邮件快递管控等防疫防控落实情况，落实防控措施，确保全市疫情防控督导措施落实到位，各防控环节形成闭环管理。（潘 斌）

市直医院选介

【大同市第一人民医院】 2021 年，大同市第一人民医院（大同市妇幼保健院）门急诊患者 58.9 万人次，出院患者人数 3 万人次，总分娩婴儿数 9648 名，分娩量占全市 41.7%，其中实施镇痛分娩 957 人次，手术例数 11115 台，其中微创手术 4393 例，门诊患者和出院患者人均费用分别是 277.3 元和 6300.3 元，床位使用率和周转次数分别是 85.5% 和 45.3，平均住院日 6.8 天，开展聚焦超声手术 210 台。6 月 18 日，该医院与山西大同大学合作成立性激素研究所和肿瘤研究所。年内，原大同市妇幼健康服务中心并入该院组建大同市妇幼保健院。该院被国家事务管理局、国家发改委、水利部联合授予全国“公共机构水效领跑者”称号，被山西省精神文明指导委员会办公室评为“山西省文明单位标兵”，被山西省卫健委授予“山西省老年友善医疗机构”等称号。获批全省唯一一所中国妇幼保健协会和中国妇幼保健协会助产士分会联合授予的专科助产士临床培训基地，助产士专科、儿科专科和新生儿专科被山西省卫健委评为山西省专科护士临床培训基地。

医疗质量 2021 年，大同市第一人民医院通过对病历的同质化质控，及质控点评等方式，使全院病历书写更加规范、合理，书写质量和依存性提升。全院归档病历 30372 份，甲级病历合格率超过 96%。接受重病报告 2461 份，其中病重 2151 份，病危 310 份，抢救成功率 95.5%。组织科内病例讨论、科间讨论及全院多学科会诊 118 次。该院有 9 个专业 44 个病种进入临床路径管理，入径例数 20811 例，完成 19350 例，入组率 93.4%，入组完成率 92.9%，入径例数占出院病例数比例 74.7%，平均住院日 6.6 天，平均住院费用 6300 元。报送 14730 例单病种病历。开展项目单孔腹腔镜技术、经脐三孔腹腔镜技术、先天性耳廓畸形无创矫正、背阔肌肌皮瓣乳房重建、裸脐、适度保护会阴接生技术、新生儿爬乳、自由体位待产、晚断脐等技术项目。

合理用药 2021 年，大同市第一人民医院药占比 17.6%，国家基本药物采购品种占比 39%、临床基本药物使用金额占比 32%。全院抗菌药物使用金额占比 13.4%；住院患者抗菌药物使用率 68.3%，住院患者抗菌药物使用强度 32.56DDDs；Ⅰ类切口抗菌药物预防使用率 8.7%，接受限制级抗菌药物治疗前患者微生物检验样本送检率 81.2%，接受特殊级抗菌药物治疗前患者微生物检验样本送检率 95.6%；重点监控药品使用金额占比 0.2%，远低于国家三级医院＜6% 水平；加大处方点评力度，对超过 500 元以上贵重药品执行审批制度，门（急）诊开具大处方现象得到遏制，门诊患者次均药费 58.3 元，住院患者次均药费 1049.8 元，门（急）诊处方合格率 95% 以上。

护理管理 2021 年，大同市第一人民医院护理工作按照《三级妇儿医院评审标准》《优质护理服务评价细则》要求，落实新冠肺炎疫情防控工作。加强护理质量安全管理，对全院护理人员进行安全警示教育、法律法规教育、《2021 年患者安全十大目标》进行 3 次培训和考试，参加培训率 90% 以上，考试合格率 100%。落实质量安全标准，开展定期检查和不定期抽查、每周的护理质控、护士长夜查房、每季度的质量讲评和不良事件分析等工作。全年全院主动报告护理不良事件 45 件，进行 14 项公共应急预案和 12 项专科应急预案的培训、演练及考核，护士应急能力提高。开展疫情防控专项培训，包括 681 人次核酸采集培训、158 人次疫苗接种理论知识和技能培训。新入职的 11 名护士接受岗前培训。修订、完善产科、儿科、NICU、助产院内专科护士培训手册等工作。完成助产专业 7 名院内专科护士的资质认证工作。全年举行护理专业理论知识及技能培训 13 次。提升妇和产科系列无陪护服务水平，儿科试行推拿进病房等服务。开展母

▲ 2021 年 6 月 18 日，大同市第一人民医院与山西大同大学合作成立性激素研究所和肿瘤研究所签约揭牌仪式在该医院学术报告厅举行（任峰君 摄）

乳喂养周主题活动，母乳喂养知识宣教率100%，纯母乳喂养率80 %。全年患者对护理工作满意度97.7%。

院感防控　2021年，大同市第一人民医院召开院感委员会会议6次。召开医院感染管理小组会议189科次，医院感染管理质量控制会议47次。接受省、市行政执法部门各种检查、参加外出开会及院内各种培训73次。线上培训1次，培训人员180人次，线下培训50次计2127人次。举行院感知识考试2次，2117人次参加。78个科室院感管理小组能按时完成每月1次自行组织培训。全年该院开展26个病例指标的院感病例监测工作，均未见超标。检查3064科次，合格率91.3%，科室依从性强；检查医务人员5021人。编辑发行内部刊物《医院感染管理通讯》2期。

医技工作　2021年，大同市第一人民医院开展检验项目202项，所有项目均参加国家卫生健康委临检中心室间质评，合格率99.4%。完成新冠核酸检测301800人次，新冠抗体检测量22432人次。超声医学科检查人次18.4万余人次，完成产前筛查15828人次，产前诊断5827人次，超声造影229人次，超声介入治疗47人次，四维盆底肌彩超1044人次，胎儿心脏彩超477人次。放射科完成CT诊断9324人次，DR诊断40750人次、乳腺钼靶诊断1613人次、子宫输卵管、消化道等造影诊断2022人次。病理科完成活检10667例，蜡块总数48763块，冰冻639例，免疫组化1983例，病例疑难会诊142例。全年细胞室完成液基细胞尖刺2.1万例、脱落细胞学检测768例，DNA倍体检测1500例，免疫组化60例。

科研教学和人才培养　2021年，大同市第一人民医院妇产科和儿科通过省卫生健康委省重点学科年度考核，省重点专科微创肿瘤妇科通过省卫健委考核。以科研实验室为依托，该院与山西省大同大学联合成立肿瘤研究所、性激素研究所并开展项目研究。全年引进研究生12名，本科生9名。召开第二届科研大会，申报省部级科研项目1项，市级科研立项10项，专利5项，国家级论文11篇，省级46篇。招收大同大学检验专业本科学生90名。招收23名实习生，3名进修生。举办5次省级学术会议；完成政府指定培训5次，培训学员3833人；完成业务培训34次，其中“新冠”内容培训11次，培训人次3000余人次。14人外出进修，17人外出参加短期学习。

妇幼卫生服务　2021年，大同市第一人民医院完成免疫规划类疫苗的基础免疫及加强免疫接种14126人次，非免疫规划疫苗接种10661人次。儿童建卡率100%。报告传染病2234例，网络直报食源性疾病1161例，死亡报告网络直报65例，报告率均100%，无漏报和迟报。接受妇女梅毒、乙肝、艾滋病检测6879例，“削峰工程”工程登记卡482张。下层到病房完成足月新生儿神经心理行为评价体检8848人次。免费给189名大同市0岁至6岁听力残疾儿童进行听力、智力、肢体、孤独症等儿童诊断。享受国家补贴儿童12人。完成出生42天婴儿保健3980人次，母乳分析的人数有1631人次，生长发育测评13172人次，智力测试6613人次，20项神经心理行为测定8949人次，骨密度检测5508人次。完成产前筛查任务。免费羊水穿刺59例，无创DNA 586例，B超105例，产前筛查5241例。

近视防控科普宣讲　2021年5月15日，大同市第一人民医院联合山西省儿童青少年近视防控组专家一起到大同市实验中学、北岳中学，给学生宣讲青少年近视的科学防控知识。该次宣讲团由全国综合防控儿童青少年近视专家宣讲团成员，山西省眼科医院及大同市一医院近视防控眼科专家组成。宣讲现场，一医院院长闫莉宣讲青少年近视防控的重要意义，来自全国综合防控儿童青少年近视专家宣讲团成员张立华，以“科学防控儿童青少年近视”为主题进行科普知识讲座，重点围绕“近视问题的严峻性”“近视形成原因”“如何科学用眼”等方面科普眼健康知识，并现场教同学们进行近视的自我识别，呼吁同学们要养成良好用眼习惯，控制近距离用眼时间，写字阅读时要保持良好姿势，多增加户外活动和锻炼，缓解视疲劳，保证用眼健康。宣讲后，宣讲团专家还向学生发放儿童青少年近视的科学防控海报和宣传册。

疫情防控　2021年，大同市第一人民医院落实“外防输入、内防反弹”防控总策略，加强疫情防控。执行各项院感防控要求，保证院感安全。加强首诊负责制，对3个预检分诊处、发热门诊、核酸标本采集处、疫苗接种门诊等重点区域实行重点管理，严格预检分诊“三码”联查和体温检测、做好流调排查工作。加强门急诊及病房管理，执行“一人一诊室”及“一人一陪护”制度。组建新冠疫苗接种管理领导小组，统筹协调落实新冠疫苗接种工作。抽调538名护理人员参

▲2021年5月15日，大同市第一人民医院组织的全国综合防控宣讲团成员及省眼科医院眼科专家到大同北岳中学开展近视防控科普宣讲活动　（任峰君　摄）

加上级部门组织的新冠疫苗接种培训并取得疫苗接种证，组建起一支专业疫苗接种队伍，确保能完成大规模疫苗接种工作。在院内接种点设置接种台9个，高铁站设置接种点3个。2个接种点严格操作流程、规范分区，预检、候诊、登记、接种、观察、疑似异常反应处置抢救等区域设置齐全。全年该院接种疫苗137128人次，被市平城区卫体局授予“疫苗接种工作先进集体”称号。（任峰君）

【大同市第二人民医院】 2021年，大同市第二人民医院（肿瘤医院）实现二级医院晋升三级医院的突破；癌症中心一体化建设走在全市前列，构建唯一的国家、省、市癌症防治体系；推动与北京和省城“一专科一综合”医院战略布局；肿瘤外科申报省市共建重点学科，形成医教研协同发展“三位一体”的教学科研体系；获得中国医院竞争力排行榜全国肿瘤医院50强第35位排名。全年门诊人数增长23.9%，床位周转次数加快，平均住院日缩短，人均住院费用由13126元降至12084元。21个科室开展临床路径管理病种数143个，应入径3816例，实际入径2874例，入径率75.3%，变异退出194例，变异率6.8%，完成2680例，完成率93.3%，临床路径覆盖率58.7%，入径率、完成率、覆盖率均达到山西省及大同市卫健委“推进临床路径工作实施方案”要求指标。年内，该院肿瘤科成为大同市领军临床重点专科。

医疗质量管控　2021年，大同市第二人民医院围绕“医疗核心制度”和“患者安全十大目标”，在核心制度落实、医疗技术管理、病历内涵质量等方面加大培训考核力度，强化质量管理。为提高病案书写质量，成立病案首页质控专家组，并规范肿瘤放疗、化疗病历书写模板。通过对各种诊疗常规执行、临床路径重点病种管理、临床输血管理，完善管理制度和工作流程，规范医疗行为。通过加强各科室常见病多发病急救训练，对科室抢救设备操作、抢救药物使用、专业技术操作流程掌握程度进行实践考核，提升危重患者抢救能力。通过强化医疗安全教育和医疗质量管理培训，防范医疗纠纷，保障医疗安全。年内，完成老年友善医疗机构创建工作。

护理质量　2021年，大同市第二人民医院强化药品储存、使用，床头交接班，输血、应急处理等专项护理管理，加强危重症、围手术期及老年患者管理，创新服务模式，确保患者安全。围绕三基理论、护理常规、技能操作，通过计划、培训、学习、考核，提升护士专业内涵和工作能力。全年开展护理科研项目7项。围绕护理质量与护理安全考核指标，运用管理工具，把低血小板患者的日间卧床依从性、糖尿病患者饮食知晓率、检验标本合格率、文书书写合格率、供应室消毒物品清洗质量、手卫生依从性等12项突出问题纳入PDCA目标管理项目进行持续考核整改，各项护理指标均达到等级医院标准要求。

院感防控　2021年，大同市第二人民医院调整院感专业委员会，把院感工作作为院党委会、院长办公会专题研究工作议题，加强医院感染病例和手术部位感染监测、环境卫生学和消毒灭菌效果监测，及多重耐药菌和传染病患者隔离措施落实，保障医疗安全。监测在院患者19037人，上报医院感染262人，感染率1.4%。开展重点部位“三管一切口”感染监测，开展多科协作多重耐药菌、手卫生、院感文书、治疗室处置室感染预防控制制度落实及医疗废物、输液瓶（袋）、暂存间、污物间管理专项督导，加强手术室、血液净化科、支气管镜、口腔科、针灸理疗科、病理科、PCR实验室等重点部门、重点环节感染防控工作，严格消毒剂使用管理，保证消毒效果，强化安全意识，加强个人防护，避免职业暴露发生。年内，无医院感染不良事件发生。

中科院医联体建设　大同市第二人民医院与国家癌症中心、中国医学科学院肿瘤医院胸外科建立医联体合作关系后，推动优质医疗资源和专业技术融合，发挥中科院专家团队医疗人才和技术资源效能，提升医院外科专业的医疗服务能力，把医疗技术输出、交流和联合做到实处。2021年，该医院派出胸外科副主任刘振宇、牛启银到中科院肿瘤医院胸外科进修学习，提升医务人员专业技术水平，强化与中科院肿瘤医院在医、教、研等方面的合作，形成实际意义上的医改上下联动、资源共享运行机制。全年医院胸外科三、四级手术占比70%。开展的新技术、项目及重大疑难手术有：单孔胸腔镜下肺段切除术、肺叶切除术，单孔胸腔镜下胸膜固定术，胸腔镜肺癌根治术，胸腔镜纵隔肿瘤切除术，胸腹腔镜联合食管癌根治术、食管胃颈部吻合术，腹腔镜胃癌根治术等。

消化内镜专科合作平台　2021年，大同市第二人民医院依托“国家癌症中心——省癌症中心大同分中心”地位，在打造“陈星博士工作站”消化道肿瘤早诊早治平台基础上，拓宽消化内镜专科合作平台，与卫生部北京医院消化内科及消化镜中心主任罗庆锋、副主任史济华团队达成合作意向，对提升医院消化内科技术领域综合实力和核心竞争力，推动大同地区消化内科事业发展，解决“看北京名专家难、预约等待时间长”就医难题有着积极意义。全年开展胃肠镜检查5385人次，发现胃早期肿瘤7例，结肠早期肿瘤23例。开展消化道恶性梗阻肠内营养管植入、消化道梗阻支架介入治疗、食管异物内镜取出等常规急诊内镜诊疗，肿瘤患者生活质量改善、病人痛苦减轻、住院周期缩短，医疗费用降低，临床治疗效率和满意度提高。

气管镜诊疗新技术　2021年，大同市第二人民医院（肿瘤医院）聘请国内呼吸学科权威医院——北京朝阳医院支气管镜专家王峰操作带教，开展气管镜诊治技术。该项目主要用于感染性疾病明确病原体、病理学检查明确良恶性病变、区分感染性与非感染性疾病；可应用冷冻、热消融、支架植入技术治疗气道肿瘤，创伤小、风险低；并可对肿瘤、间质性肺病、气道疾病等呼吸系统疾病及胸外科术前肺部评估、外科手术方式等给予精准指导治疗。气管镜室3月20日开诊，4月18日开展无痛支气管镜。全年实施纤维支气管镜检查151例，给患者明确诊断及指导后期治疗提供病理学、细胞学、免疫组化依据。新技术开展给患者免除到北京的舟车劳顿，就医成本降低，解决“看知名专家难、看知名专家贵”难题，提升医院 PCCM 规范化建设水平，给大同地区呼吸系统肿瘤、间质性肺疾病患者提供服务。

肿瘤微创介入治疗技术　2021 年，大同市第二人民医院开展微创治疗技术，包括通过肿瘤靶血管进行动脉灌注化疗和栓塞治疗的血管介入技术、CT 结合数字减影血管造影机治疗梗阻性黄疸经皮肝穿胆道引流术和可以明确肿瘤病理类型的穿刺活检技术。引进北大肿瘤医院博士高嵩，开展多方位介入治疗，完成出血性疾病介入栓塞治疗 12 例，胆道梗阻介入穿刺引流治疗 31 例，原发及继发性肝癌介入动脉灌注化疗及栓塞治疗 72 例，梗阻性疾病支架植入 3 例。其中，“肝动脉置管化疗并栓塞”及“局部晚期宫颈癌灌注化疗联合放疗”填补大同市空白。

山西省癌症中心大同分中心创建　2021 年，大同市第二人民医院在肿瘤疾病健康教育、早期筛查、规范化诊疗、防治研究、新技术推广等综合防治方面，给大同市及晋冀蒙周边地区做大量工作。依托与国家癌症中心专科医联体的合作建设，3 月省卫健委批准山西省癌症中心大同分中心在该院成立，并在 6 月举办的“山西省医院大会上”完成揭牌仪式。8 月，市卫健委成立大同市肿瘤防治工作领导组，市二医院作为大同市一级肿瘤登记处启动肿瘤登记工作。11 月 10 日，全市肿瘤登记工作推进会在该院召开。12 月 8 日开始，组织 11 支 300 余人的肿瘤防治专家团队，到全市“六县四区”进行癌症早筛早诊及健康宣教活动。活动以 5G 移动健康筛查车为实现载体，针对高危人群开展“五癌”“五病”早筛早诊早治，把优质便捷诊疗服务带到基层群众身边。

医疗科研教学　2021 年，大同市第二人民医院继续医学教育参与率 100%，达标率 99.8%，均达到三级肿瘤专科医院 A 级标准。154 人次参加 38 个线上、线下项目培训，费用 31 万元。21 名专业技术人员分别被派往中国医学科学院肿瘤医院、中国人民解放军总医院、北京大学肿瘤医院、山西省肿瘤医院、山西医科大学口腔医院外出进修。医院承担的大同大学医学院 2018 级临床医学专升本学生 44 人参加全国高校研究生考试，39 人达线，30 人被录取，成绩居医学院第一名，创造医学院及大同大学考研率最高纪录。2021 年，申报市级科研项目 29 项，成功立项 14 项；申报省级科研课题并成功立项 3 项，首次位列卫生系统排名第一。申报山西省“四个一批”科研课题 4 项，申报山西省科技厅项目 1 项。

药品采购及管理　2021 年，大同市第二人民医院通过执行国家集采第 1、第 2、第 3、第 4、第 5 批，及山西省省级集采第 1 批、“六省二区”、陕西省等 10 省份联盟、京津冀“3+N”联盟带量采购品种 142 种，集采品种覆盖高血压、糖尿病、冠心病、抗过敏、抗感染、消化道疾病等常见病、慢性病用药，及肺癌、乳腺癌、结直肠癌等重大疾病用药，药价平均降幅 50% 以上。全年全院药占比 27.7%，较上年下降 1.2%，国家重点监控药品采购金额 0 元。

医用耗材管理　2021 年，大同市第二人民医院与国家医保备案医用耗材对接，完成大同医保贯标耗材 27 位编码对应工作，确保系统切换后医疗费用正常上传和结算。推进市医保第一批、第二批、第三批医用低值耗材带量工作落到实处。在耗材管理方面，尽量采购价位低的国产产品，限制高价产品数量。联合纪检室、护理部检查二级库物资是否合规领取、合规使用，储备是否合理、是否存在积压，使用数量和领用数量是否持衡，账物是否相符。确保耗材规范管理使用。

智慧医疗　2021 年，大同市第二人民医院信息化建设重点在完成现有系统升级改造，满足临床医技科室业务工作需求上改进系统，优化流程。上线病案数字管理系统，电子发票系统，完成 PACS 系统的安装调试硬件设备，并进行系统接口对接，完善体检中心及相关信息系统。完成药剂科冷链温湿度及环境要素物联网监测试运行并通过验收。实现临床应用、质量控制、相关检查结果资源共享，提高工作效率，提升管理水平。

疫情防控　2021 年，大同市第二人民医院围绕医疗工作、疫情防控、院感控制、综合协调、后勤保障、宣传引导、资金保障、监督问责等方面重新调整疫情防控领导小组，把工作职责明确到组、明确到人，确保疫情防控工作开展。充实 90 名党员及入党积极分子参与疫情防控工作；储备 300 人的核酸采样队伍和 33 人的核酸检测队伍，日检测能力 4000 人份。针对不同岗位、不同人群采取多种形式集中培训、分组培训和现场指导，组织开展 11300 人次疫情防控相关线上线下培训，应急演练 15 次，提高应对突发事件的应急处置能力，保证医疗安全。年内，参与大同南站为期

▲2021 年 12 月 8 日起，大同市第二人民医院组织肿瘤防治专家团队到全市“六县四区”开展癌症早筛早诊及健康宣教活动。图为出发现场　（左秀桃　摄）

6个月的疫情保障工作，并参与大同云冈机场、大同南站、邮政快递、太阳宫核酸采集保障任务20余次。完成核酸采集检测62625人次，完成新冠疫苗接种97168剂次。

肿瘤防治宣传 4月17日，大同市第二人民医院牵头承办的“第27届全国肿瘤防治宣传周”活动在大同市永泰南门广场启动，500余名医务工作者参加。活动以“健康中国健康家、关爱生命科学防癌”为主题，倡导家庭在防癌抗癌中的重要作用，推动以家庭为单位，关爱陪伴患癌家人，定期防癌体检，共同践行健康文明生活方式，降低癌症带来的家庭负担和社会危害。现场活动结束后，组织各学科专家分别到大同市六县四区进行为期1个月的防癌知识大讲堂，并通过专家义诊、社区公益讲座、电台《健康大讲堂》等多种活动，普及科学防癌理念，加强群众对肿瘤疾病的理解和认识，提高全社会防癌意识。

（左秀桃）

【大同市第三人民医院】 2021年，大同市第三人民医院门（急）诊量（含晋柴医院、含核酸检测）1180835人次，不含核酸检测的门（急）诊量（含晋柴医院）923523人次。出院人数为37252人次。平均住院日9.3天。床位使用率80.7%，床位周转次数31.8次/年。出院患者总手术人次13716例，其中Ⅲ级、Ⅳ级手术占比61.7%。疑难危重占比45%，全院抗菌药物使用率38.8%（规定值≤60%），使用强度36.47DDD，药占比21.4%，输血指征符合率99.8%。年内，该医院被评为“全国普法工作先进单位”；医院作为王辰院士工作站合作单位在“幸福呼吸”总结会上获“慢阻肺筛查贡献奖”及“慢阻肺患者规范管理贡献奖”两项奖励；宁光院士工作站在宁光院士主持的“BPROAD国家重大专项研究年度会”上获“优秀中心奖、特殊贡献奖”两项奖励；被评为远程居家心脏康复示范中心；加入全国“甲状腺疾病联盟”及“国家代谢病联盟”；被授予“国家医疗健康信息互联互通标准化成熟度四级甲等”称号；在健康中国行动示范Ⅴ创新挑战赛中获优秀创新挑战奖；进入2021届艾力彼智慧医院HIC地级城市医院50强；被授予脑卒中筛查与防治基地（2021年5月至2024年5月）、中国医学科学院血液病医院淋巴瘤诊疗中心协作建设单位；被评为2019—2020年度公共机构能源资源节约优秀示范案例；在第十届中国大学生医学技术技能大赛华北分区赛中获三等奖；加入山西白求恩医院国家区域医疗中心皮肤专科联盟；取得“山西省医疗美容机构依法执业信用评价A级单位”；成为“山西省重症医学科专科联盟”成员单位，全省区域医疗中心肾病专科联盟成员单位，山西省医院后勤建设管理先进单位等。

心脏中心发展 2021年，大同市第三人民医院开展急诊PCI术683台，经皮冠状动脉造影术1740台，经皮冠状动脉支架成形术及植入术1836台，急诊冠状动脉内血栓抽吸术79台，主动脉内球囊反搏术34台，永久起搏器植入术77台，临时起搏器植入术50台，三维射频消融术90台，IVUS3台，FFR1台，OCT2台，ICD1台，旋磨术1台。开展冠状动脉旁路移植术26台，其中小切口微创冠状动脉旁路移植术11例，开展分站式冠状动脉杂交手术3例（小切口微创搭桥+冠状支架植入），完成全市首例小切口多支冠状动脉旁路移植术。连续5年参加“长城心脏病学大会”手术直播。2021年在第32届长城心脏病学大会上，中心介入团队参与3例“冠脉造影+PCI支架置入术”，其中1例是医院开展的新技术“冠脉内光学相干断层成像（OCT）术指导下介入治疗”。

神经疾病中心发展 2021年，大同市第三人民医院通过山西省卫健委对高级卒中中心的年度验收工作，神经外科被省卫健委评为省市共建重点学科，脑卒中筛查和干预项目全省排名第一。门诊量35504人次，同比增长10.7%；出院人数3479人次，同比增长2.3%。在北京宣武医院、天坛医院首席专家帮助下，培养许多专业技术人才，使各亚专业能力得到提升，特别是脑血管专业、功能神经专业、脊髓脊柱专业发展迅速。年手术量804台，三四级手术占比57.3%，其中脑血管病手术488台，占总手术量60.7%，介入手术245台，占总手术量30.5％。全年各种复杂动脉瘤手术45台，实现动脉瘤各种手术技术的完全独立，完成视交叉上及视交叉后破裂前交通动脉瘤患者手术，填补地区技术空白。独立开展显微镜下复杂脊髓脊柱手术，立体定向脑深部手术，神经内窥镜小骨窗脑出血及颅底手术。中心优化院内绿色通道流程，缩短DNT时间，全年开展急性脑超早期静脉溶栓339例，急性脑梗死超早期桥接治疗17例。提升危急重症患者救治效率与质量，收治危急重症患者623例，中大型抢救198人次，呼吸机使用203人次，计1253天。开展7项新技术，开展疑难重症疾病诊治，全年收治癫痫持续状态29例，多发性硬化13例，格林巴利综合征5例，帕金森病7例，视神经脊髓炎7例。全年科研立项：参与国家自然科学基金面上项目1项，其他国家级科研项目5项；独立省级立项1项，市级2项；参与发表SCI论文4篇，省级论文3篇。

呼吸疾病中心发展 2021年，大同市第三人民医院加强呼吸系统疑难重症诊疗水平，开展呼吸内镜1115例，肺功能1648例，FeNO237例，睡眠监测618例，痰细胞学检查25例。作为大同地区“幸福呼吸”中国慢阻肺分级诊疗项目牵头单位，开展工作近3年，年内给10466名基层百姓进行慢阻肺问卷调查，给1428名慢阻肺高危人群提供肺功能检查，并通过慢阻肺分级诊疗数据管理系统，使883名慢阻肺患者进行规范化管理。启动“慢阻肺高危人群早期筛查与综合干预项目”。

内分泌代谢性疾病中心发展 大同市第三人民医院宁光院士工作站项目BPROAD—Study（中国成人2型糖尿病降压治疗目标研究），历时5年，筛选500余名患者，2021年项目完成情况位列全国第一。IDEATE—study（强化饮食和运动干预对新诊断2型糖尿病患者血糖控制的影响），入组300余名糖尿病患者，受试者均取得阶段性疗效，次年结题。MMC（国家标准化代谢性疾病管理中心），管理慢性代谢性疾病患者4200余人，综合排名位居全省第一。糖尿病视网膜病变防控，完成3900余人的糖网筛查，检出2000余例不同程度的视网膜病

变患者。依托院士工作站的科研项目发表SCI文章5篇、专利1例、软件著作权5例。中心开展多学科协作模式，经内分泌科确诊的包括甲状腺恶性肿瘤、甲状旁腺腺瘤、肾上腺瘤、有功能垂体瘤等疾病，全年穿刺患者179人，其中恶性肿瘤24人。

普通外科中心发展　2021年，大同市第三人民医院年门诊量40147人次，手术例数4903例，出院人数6395人次，关键技术1824例，Ⅲ、Ⅳ级手术例数2897例，微创手术例数1692例。中心以甲状腺疾病为专攻，以胃肠道肿瘤及胆道腹腔镜（胆道镜）微创手术为特色，以腹壁疝外科诊疗中心为创新，开展经腹腔镜下全直肠系膜切除术和经肛门内镜微创手术，双镜联合下早期结直肠癌根治术。乳腺癌手术形成微创、精细化趋势，并引领大同地区乳腺疾病的诊治水平。全年开展多例腹腔镜腹股沟疝修补术、精准肝切除、腔镜胰腺及脾脏手术、腔镜胆囊日间切除术、腹腔镜结直肠癌根治术、超声引导乳腺肿物金属导丝定位、静脉输液港置入术等技术。开展甲状腺癌相关性贫血分析及临床应用、基于多组学的结直肠癌5-FU耐药的免疫逃逸机制、黄芪桂枝五物汤防治深静脉血栓的代谢组学研究、中低剂量溶栓联合抗凝治疗中危急性肺血栓栓塞症的疗效评价4项市级科研项目。

妇产儿生殖中心发展　2021年，大同市第三人民医院妇科以微创手术治疗为诊疗特色，能够独立完成腹腔镜下恶性肿瘤手术（如子宫内膜癌分期手术、卵巢恶性肿瘤减灭术等），盆底障碍性疾病修复（如腹腔镜下子宫下段阴道前壁髂耻韧带固定术+网片置入术等），及瘢痕妊娠及不全流产后子宫动静脉瘘形成等（如腹腔镜下子宫动脉结扎术+瘢痕妊娠组织清除术等）。产科在凶险性前置胎盘（前置胎盘合并胎盘植入）救治中，给多名患者成功保留子宫。经阴道紧急宫颈环扎术与预防性宫颈环扎术是科室优势技术。全年开展早产保留胎膜的剖宫产手术5例。经全院多学科诊治，成功救治疑难危重病例156例。儿科2021年独立完成新生儿PICC置管16例，成功率100%。新生儿有创呼吸机应用3例，儿童有创呼吸机应用3例。成功救治3例胎龄29周早产儿。生殖医学科试管周期取卵数及移植数增长，新鲜周期妊娠率57.1%；解冻周期妊娠率67.1%，连续2年妊娠率明显高于全国平均水平（全国平均水平约40%~50%）。人工授精周期妊娠率15.9%，高于国内平均水平（全国平均水平约8%~12%）。

骨科、创伤救治中心发展　2021年，大同市第三人民医院在关节外科、脊柱外科、创伤外科、手足外科各专科领域有发展，并在ERAS（快速康复）积累经验。在关节外科方面，构建完善治疗体系。人工关节置换年手术增长量在15%左右。脊柱外科方面，开展脊柱椎间孔镜技术，把脊柱微创工作带上一个台阶。创伤外科方面，骨科一直承担着大同市急救创伤应急任务，在创伤急救方面积累经验，尤其对于高龄骨折患者随着ERAS理论的引进和应用，使患者得到快速康复。Mipo技术和微创等新型固定方式的应用，提高对严重复杂骨折病人，特别是骨盆骨折、髋臼骨折、复杂膝关节及肘关节周围骨折及老年骨质疏松骨折的治疗水平。骨科手术机器人导航定位系统手术量逐年增加，对于复杂的骨盆骨折、脊柱畸形矫正有优势，提升骨科精准微创手术技术。年内，该医院由急诊科牵头，整合普通外科、骨科、胸外科、麻醉科、输血科等16个科室成立创伤救治中心。建设院前急救—院内急救—创伤ICU—心理干预与机体康复等多科室一体化救治模式，提高创伤救治能力，降低创伤致残率、死亡率。

医疗质量与服务　2021年，大同市第三人民医院加强医疗质量管理，质控病案首页10319份，合格率92.8%。质控在院病历11347份，甲级病案率98%。3日平均归档率98.5%，2日归档率91.7%。临床路径入径总人数33811例，完成人数27287，覆盖率90.8%，完成率80.7%，变异率38.5%，退出率3.3%；单病种例数10822例，上报8563例，上报率79.1%。全年开展日间手术例数1313，病种数98种。申请并准入新技术新项目19项，转常项目5项，申请国家级限制类医疗技术2项。全院住院病案覆盖26个MDC专业，DRG病组覆盖率80.6%。各临床科室的医疗服务能力与水平提高，疑难重症和关键技术占比持续增高，全年收治疑难重症11149人次，占比45%，收治危重患者4443人次，占比11.9%，收治关键技术16651人次，占比44.7%。手术及操作28172人次，手术及操作占比75.6%。全院有12个科室开展主诊医师负责制，34个主诊组，组织多学科联合会诊98例，给各科病情复杂、疑难重症等涉及多个学科、多个领域的病患提供最佳诊疗方案。抓院内感染防控工作，加强对发热门诊、预检分诊、核酸采样点、呼吸门诊等重点关口的日常巡查，通过院感软件实时查看上报和疑似病例筛查，运用数据发现风险环节，消除医院感染隐患。全年上报医院感染病例489例，实际感染515例，医院感染率1.4%。微生物监测采样1413份，合格率99.1%。院感染横断面调查住院患者694人，实查率100%，发生医院感染23例，医院感染现患率3.3%。检出多重耐药菌641株，登记处理职业暴露10例。各项感染监测指标都控制在标准范围内，无感染暴发流行。加强临床合理用药专项整治工作，对不合理用药及时干预，全年点评门、急诊处方39966张，点评特殊诊疗操作和手术病历5859份，住院病历8492份，总计医嘱8713条，涉及药物71种。完成特殊使用级抗菌药物会诊51次，完成碳青霉烯类抗菌药物和替加环素专档管理审核工作195份，参加3次临床药学互动沙龙，参与多学科会诊3次。收集上报药品不良反应报告932份。全年进行6批药品集采，增加集采品种90余种。在医院召开大同市临床药事质控评价会，对全市150张门急诊处方和115份出院病历进行现场点评、交流和讨论。

医联体建设　2021年，大同市第三人民医院与全国50余家大型三甲医院签订医联体协议，展开项目合作，并给各基层医疗机构提供相应帮扶。与4家城区公立医院、14家县级医疗机构、19家社区卫生服务机构、37家民营医院签订医联体协议。全年派遣80余人对阳高县、天镇县、浑源县、

卫生健康

怀仁县、新荣区、城区医疗集团进行为期3个月的对口支援帮扶工作，并派5名副高职称以上护师进行为期1年的帮扶工作。全年向上会诊15例，向下会诊17例，向上远程教育远程学术交流50次，向下远程教育48次（远程培训1400余人次），远程云影像170例。与医联体内各成员单位建立结对带教的人才培养机制，全年有20名基层医院医师、护师到医院进修学习。定期举办各类学术讲座，帮助基层医疗机构提高医疗服务能力和技术水平。全年有5768例基层患者转入医院，医院向下级医疗机构转送156例患者，逐步形成分级诊疗、有序就医格局。

医疗科研和学术　2021年，大同市第三人民医院获批省级科研项目7项；申报省级科研项目3项，市级科研项目49项；科研项目结题验收8项，获批实用新型专利14项。全院发表论文79篇，其中SCI论文9篇；中华系列杂志1篇；统计源期刊4篇；著作1本。全年继续教育投资851586.4元。派出各级各类医务人员外出学习进修及专项培训512人次（其中线上培训87人）。申报国家级继续教育项目4项、市级继续医学教育项目7项。全年举办7项继续教育项目，其中国家级1项，市级6项。本年度医院1532名医务人员参加继续教育考核，合格人数1335人，达标率87.2%。三医院被确定为肺功能操作实践基地医院，医学影像科升级为山西省医学重点建设学科，神经外科被评为省市共建重点学科。定期召开住培领导小组工作会议，完善制度，明确职责，推进住培工作落实。参照住培相关文件，结合医院住培工作实际，修订医院《住院医师规范化培训基地管理办法》等7项制度。医院多部门协调推进住院医师“顶岗”制度及两个“同等待遇”落实。派出160人次参加线上及线下国家级、省级师资培训及考官培训均获得师资培训证书。举办多次临床思维能力提升院级师资培训班，师资培训率100%。进行教学小讲课竞赛，评选优秀带教师资。严格招录考核，2021年招生完成率133%，超额完成麻醉科、妇产科、全科等紧缺专业招生任务。2月，在上年度山西省住院医师规范化培训优秀人员评选活动中，该医院7人获得表彰，院长张宝成被评为优秀住培基地负责人。全科专业基地被认定为山西省重点建设专业基地。医院住院医师首次理论考核通过率87.5%，执业医师首次通过率62.1%。

医院信息化建设　2021年，大同市第三人民医院对信息平台、数据、共享文档、接口等进行标准化改造，并通过国家医疗健康信息互联互通标准化成熟度测评。执行医保信息业务编码标准，确保医保接口迁移，并完成异地医保结算工作。加强信息安全建设，对医院重要信息系统申请三级等保定级和备案，医院信息平台和PACS系统通过三级等保测评。该年度医院获准开展互联网医院服务工作，申请银行资金投入与第三方共同建设互联网医院项目。完善信息平台，给医疗服务提供技术支撑，根据电子病历评审要求、三甲复审、互联互通四级甲等三级医院的信息化建设要求，逐步落实符合评审要求的应用系统建设，加强应用数据质量管理。借助信息技术加强多重耐药菌和临床信息闭环管理，完成合理用药监测软件集成，及管理决策支持系统（BI）的集成、院长日报、CDR、单点登录系统建设，助力医院医教研数据挖掘；完善信息系统建设，优化流程，提高系统使用效率，改善医护人员操作体验。优化临床路径管理系统、单病种管理系统、DRG管理系统、高值耗材管理系统功能。优化门诊诊疗流程，用电子就诊卡代替传统诊疗卡，建立全院自助打印系统、数字化病案系统，网上办公OA系统，收费系统电子化等。依托信息化手段建立医院二级库管理体系，加强物资管理力度，节约成本。

疫情防控　2021年，大同市第三人民医院强化疫情防控工作，坚持“外防输入、内防反弹”总策略不动摇，对医院疫情防控工作进行梳理，找不足、补漏洞，抓实疫情防控各项工作。完善组织机构，多次召开新冠肺炎疫情防控领导组工作会议，安排部署疫情防控工作。强调首诊负责制，强化首诊责任。制定疫情防控工作方案、制度、工作流程、应急预案等，并开展相关培训工作，贯彻落实各项措施流程。疫情防控期间，执行昼夜值班和领导带班制，掌握情况，发现问题及时处置。所有行政、后勤人员均作为疫情防控志愿者并进行相关培训。要求任何患者不能因为疫情防控而耽误救治，即使阳性也不能拖延救治、治疗。全年编写新冠肺炎应急预案6版约40万字，其中专项应急预案6版（院内发现疑似新冠肺炎患者的应急预案；两节期间院内发现疑似新冠肺炎患者的应急预案；新冠肺炎期间封院停诊的应急预案）全院性应急预案3版。定期开展疫情防控自查与督导，执行各项疫情防控和院感防控制

▲2021年11月8日，大同市第三人民医院组织专家召开新冠肺炎疫情防控领导组工作会议

（三医院　供图）

卫生健康

度，特别是加强门诊预检分诊、发热门诊，及病房管理，实行病人封闭管理，减少陪护，确保不出现院感事件。全年病区和发热门诊、各预检点、核酸采集点，及医院7次全员核酸检测中，开展普通核酸检测14余万人，快速核酸检测32552人次。完成市内核酸采集任务，包括中博会、党代会、成龙国际电影周等大型活动核酸采集检测，采样1193人次。2次支援浑源县核酸采集和检测工作，完成近3万人次的核酸采集任务。医院全年检测新冠核酸标本数量221844，新冠抗体标本数量40577。医院在内科楼一楼、百盛方舱、新南站方舱开设3个新冠疫苗接种点，并在6个社区（老平旺、大庆路、新建北路、大齿、西街、创新骨科医院）开展疫苗接种工作。全年接种新冠疫苗169603剂次，其中第一剂82079，第二剂78357，第三剂9176；18岁以下34597，其中第一剂20631，第二剂13966。（三医院）

【大同市第四人民医院】2021年，大同市第四人民医院门诊量164163人次，出院病人数7748人次，手术量359台，药占比44.5%，耗占比8.7%，检占比6.8%。病床使用率81.6%，病床周转次18次，平均住院日16.6天，病案七日归档率100%，入院病人三日确诊率98.4%，甲级病案率99.9%（无丙级病案），入出院诊断符合率99.3%，临床主要诊断、病理诊断符合率97.8%，手术前后诊断符合率100%，急危重症抢救成功率89.9%，清洁手术切口甲级愈合率83.8%，法定传染病报告率100%，完成政府指令性任务比例100%。年内，该医院被评为山西省社会主义核心价值观示范点单位。

医疗质量管理　2021年，大同市第四人民医院围绕各临床科室核心制度落实，病历书写及病案首页填写质量控制，医疗运行指标达标情况等方面开展质量控制工作。为防范和管控内部运营风险，建立健全各项规章制度和工作流程，制定印发该院《内部控制工作方案》，修订完善增加《大同市第四人民医院绩效考核管理办法（试行）》《院长业务查房制度》《院长行政查房制度》《工作质量考核标准》并组织实施，全年进行院长业务查房16次，行政查房3次，召开医疗质量考核现场点评会11次，各考核部门在实际考核中，根据工作需要和上级部门政策要求，对考核内容、扣分标准进行调整和细化，提升医疗质量，各项考核指标向好发展。加强护理质量与安全监管，保障患者安全，每季度召开护理质量管理委员、护理不良事件警示教育会、抽查科室应急演练，修订、补充质量考核标准、岗位职责及护理常规。全年平均住院日较上年同比减少0.2天，药占比较上年同比下降1.9个百分点，基药占比较上年同比增加4.4个百分点，抗菌药物使用强度达标，抗菌药物使用率较上年同比下降3.7个百分点。全年无重大医疗过失行为和医疗事故。6月，该院提交《等级医院复审申报书》和《自查报告》，7月，通过二甲医院现场复审。

医疗学科专科建设　2021年，大同市第四人民医院加强学科建设，申报肝病科、结核科、皮肤性病科、综合传染科及医学检验科5个市级重点学科，并通过评审。科研立项14项，其中重点研发（社会发展）项目13项，平台基地计划项目1项；发表论文14篇。拓展气管镜工作，支气管镜下气囊扩张术66例，支气管镜下APC热消融术56例，支气管镜下冷冻消融及切除76例，支气管镜下给药治疗140例，支气管镜下活检53例，提升该院结核病诊疗水平。防保科扩大免疫接种范围，业务收入增长。

医疗人才培养　2021年，大同市第四人民医院外出进修学习12人，其中北京佑安医院7人，北京医院3人，北京胸科医院1人，山西白求恩医院1人。参加全国介入超声新技术新进展学习培养班2人。参加HIV感染全程管理MOD诊疗技术培训暨中艾协艾滋病与机会性感染专业委员会学术研讨会1人。举办肝病诊疗规范化培训班1次。结核科举办“协群策，和之道”多学科病例在线讨论会议。开展超声引导下肝穿刺活检术105例。院内举办肝病科业务学习座谈会2次。采用华医网线上培训学习和现场讲座相结合，继续教育学分100%达标。

疫情防控　2021年，大同市第四人民医院接种疫苗101587人次，采集核酸检测45283人次。全年召开新冠肺炎疫情防控领导小组会30次，传达各级各类会议精神，组织安排布置协调疫情防控工作。根据疫情实时情况，制定《关于进一步加强疫情防控工作方案》《新冠疫情防控联合督导机制》《常态化疫情防控期间医疗管理规定》《疫情防控健康管理员制度》《2022年元旦春节期间新冠肺炎疫情防控工作方案》《医院疫情防控工作包保责任制》等8个文件，印发《关于进一步加强疫情防控措施的通知》《关于加强邮件、药品、耗材等外来物资管控的通知》等11个通知。参加三医院8.3和浑源县10.16疫情处置、保障、服务、核酸采集检测和救治工作。制定《2022年新冠肺炎疫情防控应急实战演练》脚本，划分院疫情防控领导组下设10个工作组的人员和工作职责，细化预案流程，并对修订后的预案进行多次桌面推演和实战演练。修订四医院新冠院感制度48条、流程38条，修订全院16个部门预防医院感染考核标准。接受省级督导检查3次，市级督导检查6次。成立新冠疫情感染防控巡察整改督导组，建立问题台账，销项落实整改措施，9月1日起进行联合督导检查17次。每月采取理论加实战操作模式对全院人员进行一次集中培训。全年防疫设备投资2037.4万元，为应对疫情完成工程投资481万元。（孙建友）

【大同市第五人民医院】2021年，大同市第五人民医院门诊量661426人次，与上年同期464616人次相比增长42.4%；急诊量71709人次，与上年同期56736人次相比增长26.4%，出院人数37334人次，与上年同期43065人次相比减少13.3%；手术操作人数24723人次，与上年同期20185人次相比增长22.5%。年内，大同市第五人民医院被授予“中国医院竞争力地级市300强”“中国医院竞争力智慧医院500强”“山西省文明单位”等称号，大同市第五人民医院经心衰中心认证工作委员会投票，通过国家标准版心衰中心认证，被中国医疗保健国际交流促进会营养与代谢管理分会授予“医学营养减重教学基地”称号。

医疗技术服务　2021年，大同市第五人民医院妇科团队完成妇科首例达·芬奇机器人双侧卵巢畸胎瘤剥除术；普外科完成大同市首例腹腔镜下完全腹膜外腹股沟疝修补（TEP），弥补大同市疝和腹壁外科手术的空白；骨科四病区完成晋北地区首台PFBN仿生髓内钉内固定术；心内科完成1例高难度急诊PCI手术救治80岁高龄患者；医院心内二科完成首例预防房颤卒中的“左心耳封堵术”，该例的开展标志着五医院跻身左心耳封堵全国先进之列，降低房颤病人卒中发生率；引进PET-CT并与首都医科大学附属北京友谊医院建立“手把手”共建医疗学科，让大同市民在家门口享受优质医疗服务。

医疗科教　2021年，大同市第五人民医院获上年度省卫健委科研项目3项、2021年度省卫健委科研项目1项、上年省“四个一批”科技兴医创新计划项目1项，与山西大同大学合作立项2021年山西省“四个一批”项目1项；大同市科技项目拟立项目公示24项，发表中文学术论文130余篇，其中SCI收录论文7篇，其中3篇是壁报交流。派出中青年专业技术人员到北京、天津、上海、太原等国内三级甲等医院进修学习49人次，派出职工外出参加各级各类学术会议及短期培训291人次。组织申请并获批山西省继续医学教育项目2项、大同市继续医学教育项目1项、国家级继续医学教育项目1项。获国家知识产权局批准实用型专利4项，7人被授予优秀科技工作者称号，医院科协被评为大同市科协先进集体。年内，参加继续医学教育1425人，合格人数1334人。合格率93.6%。完成各大院校315人实习任务，对实习生28人进行毕业考核，组织教学秘书至大同大学医学院实训中心学习OSCE（客观结构化临床考试）考试管理系统，并安排内、外、妇、儿教研室监考2021届毕业生技能操作考试151人。

“医联体”帮扶　2021年4月2日，大同市第五人民医院与内蒙古丰镇市人民医院签订城市紧密型医联体合作协议，帮扶丰镇市人民医院建设，在远程医疗、分级诊疗、危重症患者转诊和医院综合管理、临床学科建设、关键医疗技术帮扶等领域全面协作。对广灵县医疗集团、灵丘县医疗集团、大同县医疗集团、左云县医疗集团进行对口帮扶。大同市第五人民医院南丁格尔志愿护理服务支队、红十字护理志愿者分队成员与医院护理人员，到县（区）、单位、学校、社区、养老院及家庭等，开展心肺复苏急救知识、急救技能、慢病指导、康复指导等一系列科普宣传、培训活动。全年开展活动100余次，服务对象100余人，服务时长100余小时。

健康宣传公益活动　2021年，大同市第五人民医院多渠道宣传医院先进技术惠及广大百姓。依托新闻媒体、院内网站、院报和微信，宣传医院医疗特色和文明形象，与电视台、广播电台《山西日报》《山西经济日报》《大同日报》《大同晚报》《名医堂》《医周刊》《今日视点》栏目等主流媒体合作开展各类医疗健康专题栏目。大同市第五人民医院骨科与中国残疾人联合会合作，开展“集善扶贫健康行”公益活动，于4月9日开展第二次免费手术活动，给17名关节疾病患者进行全膝、全髋关节置换手术。上年3月以来，大同市第五人民医院开始承担大同市平城区范围内残疾人视力、言语、听力、肢体类别等级的残疾评定工作，给市平城区156位听力残疾、257位肢体残疾、63位听力残疾及41位言语残障人士进行残疾评定。开展疫苗接种、核酸检测党员志愿服务活动140次，在门诊、急诊等一线窗口设置党员志愿先锋岗43个；在疫苗接种万达方舱设立党员志愿先锋岗2个，参与志愿服务的党员共140余人；参与医务志愿者70余人，行政科室人员志愿者112人，护理人员260人。承担大同市指令性核酸采集任务，派出护理人员592人次，给公安监管支队和在押人员进行鼻、咽核酸标本采集10824人次；给火车站旅客、飞机场工作人员鼻、咽核酸标本采集868人次、邮政工作人员进行鼻、咽核酸标本采集234人次、党代会鼻、咽核酸标本采集244人次、成龙国际电影节鼻、咽核酸标本采集1389人次，运动会鼻、咽核酸标本采集1333人次。

智慧医院建设　2021年，大同市第五人民医院完成试点病区的智慧病区建设，完成门诊智慧导视系统项目建设，对区域医疗信息化发展进行招标和规划设计，梳理和整改现有信息化系统，完善病案首页和各个业务系统功能和集成度，接入区域云影像系统，推进互联网医院建设及全院无线网络覆盖。11月，经省卫健委批准，大同市第五人民医院成为大同市首个取得“互联网医院”执业许可的医疗机构。并于11月底首次开展大规模线上义诊会诊服务，利用全院医生资源在线上免费给居民提供咨询、问诊服务，方便居民足不出户享受优质诊疗，提高专家看病效率，解决大同市及周边地区行动不便和路途偏远群众的就医问题。

疫情防控　2021年，大同市第五人民医院参加疫情防控视频电话会议、院内疫情防控专题会议及省市级督导检查30余次，8月4日开始，每周组织筹备全员核酸检测工作，推进免疫屏障建立，组织做好全员新冠疫苗及第三针疫苗接种工作，严格职工外出审批工作。全院有56个临床科室及病区完成核酸采样系列培训，428名医生参加培训，且经考核全部合格，并由疫情防控办公室为其颁发新型冠状病毒核酸检测样本采集培训合格证。启动大同市新型冠状病毒城市核酸检测基地建设工作。该实验室配备的设备可完成每日最大检测能力3万管/24小时，10合1混检日均30万人次，应急状态下可昼夜运转。2月20日在大同市卫健委备案并启用。全年完成核酸检测45余万份，并培训来自四县、两区、一集团（国药集团）的10家医疗机构合格后备检测人员31人。10月24日、11月4日派出51名护理人员，组成核酸采集队伍到浑源县完成浑源县城区第一轮、第二轮全员核酸采集工作。完成火车站疫情防控和核酸采集任务，大同市高速东出口疫情防控任务，长期派出护理人员给大同市纪检基地进行疫情防控和医疗保障。承担大同监狱、大同市戒毒所及大同市落阵营戒毒所3家单位的核酸检测任务，分别给其完成核酸检测49轮、58轮和68轮。5月，大同市第五人民医院方舱接种工作开启。医院接种点接种855442人次，万达广场方舱接种点接种28419人次、汽车东站方舱接种点接种21092人次。为满足新冠肺炎后疫情时代需求，大同市第五人民医院4月中旬建成方舱CT并投入使用，专为发热患者做CT检查。11月30日，大同市第五人民医院感染疾病楼竣工验收完成。在完善感染疾病楼医学装备方面，在山西政府采购网完成氩气冷冻一体机，电子上、下消化道内窥镜，全自动化学发光免疫分析仪，移动式C形臂，生物刺激反馈仪及下半年医用卫生材料（含体外诊断试剂）的公示采购意向。医院配置集洗地、尘推、加湿、环境消毒4大功能于一身的智能清洁消毒机器人，清洁效率2000平方米/时。（杨　帆）

【大同市第六人民医院】　大同市第六人民医院是大同市唯一一所公立精神卫生二甲专科医院，挂大同市荣复军人医院、大同市福利精神病医院、大同市精神卫生中心牌子，是大同市领军重点专科（精神科）建设单位，是山西省精神病专科联盟理事单位，河北省精神卫生专科联盟成员单位，是大同市精神病专科联盟理事长单位。2021年，大同市第六人民医院与北京大学第六医院、河北省精神卫生中心、山西省精神卫生中心等单位建立合作关系，成为北大六院的协作单位，并邀请国内专家在该医院定期坐诊。成立市医学会精神病学专业委员会、市医学会心理学专业委员会、市医师协会心身医学专业委员会，发挥精神病专科联盟和各专业委员会等作用，提高医疗服务能力水平。通过开展心率变异性分析、眼动检测、套瓦注意力检测、经颅磁刺激等物理诊疗和进行康复训练、团反、作业疗法等康复治疗，解决患者常年住在病区、社会功能衰退状况。9月，市卫健委《关于大同市第四和第六人民医院等级确认的通知》确认该医院为二级甲等精神病专科医院。全年该院门诊202184人次，入院患者3201人次，出院患者3198人次，病床使用率96.4%，临床治愈率51.4%，好转率48.6%。

医疗质量管理　2021年，大同市第六人民医院改进医疗质量和医疗安全，落实执业人员资质、新技术的开展等准入管理制度，规范医疗行为。推进叙事护理、品管圈活动，提升精神科护理质量，引进陪护中心延伸护理服务。门诊由8个精神科诊室增加到14个诊室，诊疗服务更加专业，方便群众就医。实施预算管理，落实药品集中带量采购，加强药事管理，推进临床合理用药，医疗设备、后勤保障物资采购实行招投标采购或电子卖场购置询价。执行医保政策，合理检查、合理诊疗、合理收费，提供“一站式”服务，严格目录外用药管理，强化医保政策考核，加大控费力度，加强药占比、耗材占比、辅助检查占比监管。完善奖励性绩效考核制度、建立健全各类突发事件和公共卫生事件应急预案，落实安全生产责任，推动医院安全稳定发展。

临床领军重点专科建设　2021年，大同市第六人民医院按照市卫健委《2020年度全市15个领军临床重点专科建设实施方案》要求，制定《精神科三年发展规划和年度行动计划》并推进，开展血药浓度检测，儿童青少年心理科、心身医学科病房开诊，在RTMS、眼动检测诊断、套瓦注意力检测治疗技术方面加强人才队伍建设等，满足就医群众多样化、差异化、个性化临床需求。给各临床科室、门诊、救护车等配齐急救设备，并进行全员培训，提升全院应急救治能力。化验检验结果在全市二甲医院范围内互认，优化就医流程、增加导医服务、完善便民措施、提升服务内涵。

医院信息化建设　2021年，大同市第六人民医院完善医院信息系统管理，使其操作性更强、更符合医院运行实际。建设电子票据系统，完成门诊收费系统、出入院系统和电子票据管理系统对接工作，完成互联互通平台、分级诊疗平台建设工作，做到数据及时报送。完成医保系统升级接口工作，把“医生证件号码”与“医师资格证编码”进行正确对应，并把医保医师相关信息传送至市医保中心。完成放射科新增数字化医用X射线摄影系统（DR）、化验室血液浓度剂化的数据接口对接，实现医生工作站共享。

便民医疗服务　2021年，大同市第六人民医院组成评定专家组到各县（区）给380名行动不便的精神障碍患者上门进行免费残疾评定，到4区6县给418名严重精神障碍信息管理系统登记在网的精神障碍患者开展送

▲2021年4月21日，大同市第六人民医院在阳高县开展严重精神障碍患者家属护理教育活动
（杨　剑　摄）

医送药送服务，共20余万元。抓严重精神障碍管理工作，在册患者规范管理率87%，面访率89.4%，规律服药率71.2%，服药率86.3%，体检率32%。抓抑郁症、老年痴呆、儿童青少年心理疾病等常见精神障碍防治的社会动员、科普宣传、摸底调查等工作。参加健康义诊扶贫和开展儿童青少年心理行为发育问题预警健康宣传义诊活动，在《大同日报》《大同晚报》、山西黄河网等媒体普及精神卫生知识69次，在《医疗视讯》《名医堂》《大同交通》等栏目宣讲心理健康知识53期。收治易肇事肇祸等严重精神障碍患者303人次，收治流浪精神障碍患者16人。

大同市未成年人心理健康辅导中心成立　2021年4月12日，大同市未成年人心理健康辅导中心在大同市第六人民医院揭牌。大同市未成年人心理健康辅导中心由大同市卫健委、大同市教育局、大同市文明办、大同市计划生育协会等部门共同打造，依托大同市六医院专科特色优势建立。该中心主要负责提供未成年人心理健康培训和心理咨询，提升未成年人积极素养；协调全市各县（区）心理辅导站工作及人员培训；提供对全市中小学教师及社区工作人员心理健康培训等。开设心理健康辅导服务，包括心理健康的宣传及培训、心理测查、心理咨询、心理科研等工作。

世界精神卫生日活动　2021年10月10日第30个世界精神卫生日，由大同市卫生健康委员会、山西大同大学主办，大同市第六人民医院、大同市精神卫生防治办公室、大同市心理咨询师协会、大同市心理学会协办的“2021年世界精神卫生日现场宣传”活动在大同大学南校区体育馆举行。活动现场，大同市精神卫生防治办主任王祥带领全体参会者宣誓，该次活动主题聚焦为“青春之心灵 青春之少年”，包含心理健康测评、心理咨询和心理沙盘体验3项内容。大同市第六人民医院在现场开展心理咨询活动，大同大学国家二级心理咨询师杨继全带领各学院到场师生及嘉宾集体体验心理互动游戏：“心有千千结”“无敌风火轮”“兔子舞”“爱的抱抱”等。（杨　剑）

【大同市中医医院】　2021年，大同市中医医院主要开设的临床科室有急诊科、内科、妇科、儿科、康复科、肛肠科、皮肤科、疼痛科、中医肿瘤科、针灸科、推拿科等临床科室及放射科、检验科、超声科等医技科室，有移动CT、1.5T核磁、64排螺旋CT、彩超、高清电子肠镜、胃镜、全自动生化分析仪、DR、CR、体检车等医疗设备。全年业务收入4304万元，门诊74308人次，出院1586人次，比上年同期分别增长26.1%、13%、23.3%。

医疗建设　2021年，大同市中医医院在重点专科方面加大工作力度。引进高端人才，引进先进技术，打造中医医疗品牌。逐步推进急诊科、外科、感染性疾病科等科室建设，整合现有资源，培养人才，完成医院基础学科构建工作。开展中医特色专科专病门诊建设，出台专科专病诊疗方案，方便患者就医，开设5~6个专病门诊。强化3个省级名中医传承工作室建设，开展师带徒工作。加大康复科发展力度，与省、市残联沟通对接，落实康复科建设资金支持，完善康复治疗及预防体系，建立心脏康复团队，拓展运动康复项目，提升康复科的服务能力和水平。推动皮肤科发展，优化诊疗方案，设计临床路径，研发专科制剂，开设医学美容中心和药浴中心。加强针灸科发展，招聘专业人才，完善梯队建设，配合辅助治疗手段，提高疑难杂症治疗效果，扩展科室规模，成立针灸治疗中心，发挥中医非药物诊疗技术优势，给患者提供中医服务。

院企合作　2021年，大同市中医医院开展院企合作，培育新项目。探索运用区块链等技术加强中医药临床效果搜集和客观评价。经过考察、遴选，研究决定与华润三九医药有限公司展开合作，引进资金，加快推进制剂室的验收认证工作，实现制剂室的试生产，扩大服务范围，提高服务能力；引进与北京广安门医院林洪生专家团队打造全国中医肿瘤规范化基地，开展肿瘤康复工作；引进北京西苑医院徐浩专家团队，开展心脏康复工作；引进团队推动治未病中心工作，针对家族性和代谢性慢性疾病，成立中西医综合治疗慢病管理中心，提升医院的中西医服务能力。软硬件方面，建设完成医院门诊分诊叫号系统及病案首页质控系统，完成电子病历升级服务项目。配合市卫健委开展大同市市级互联网医院项目的建设工作、大同市市级家庭医生在线签约服务系统建设项目、大同市市级电子健康卡系统建设项目。

疫情防控　2021年，大同市中医医院重视疫情防控，落实国家、省、市疫情防控要求，落实院内病区、门诊及重点区域的院感防控工作，根据医院实际制定疫情防控各项应急预案，确保各项措施落实到位，结合医院实际情况多次向省外疫情发生地派遣医疗队伍，完成各项医疗保障任务。大同市中医医院全年疫苗接种85718人次，核酸采集人数32124人次，检测人数8万余人次。组织培训疫苗接种人员400余人次，考核11次。组织培训核酸采集操作技术101人次，333名医护人员持证上岗。对全员进行线上培训，培训人员2600人；组织开展《新冠病毒个人防护用品使用异常的防范和职业暴露的应急处理流程》及新冠疫苗接种异常反应医疗救治应急演练2次。按院感要求完成新冠疫苗接种区及核酸采集区布置，搭建50米遮阳雨棚。完善核酸实验室及负压病房设施，完成方舱实验室安放及配套工作。（赵晓清）

体 育

综 述

【概况】 2021年，大同市体育局所属辖区有4个体育行政部门，处级体育行政部门1个，科级体育行政部门3个，处级体育运动学校1所，科级少年儿童体育运动学校1所，科级大同市体育项目训练中心1所，科级大同市体育产业发展中心1所。市体育局与两所体育运动学校、两所体育中心培育壮大竞技体育力量，促进全民健身与全民健康融合，推动体育产业发展。

体育成绩成就 东京奥运会上大同市输送的运动员董栋获蹦床项目银牌，唐皓获跆拳道项目团体男女混合表演赛冠军；全运会上大同市地掷球队获地掷球项目金牌，王迪获全运会中国式摔跤金牌；大同市体育局等6家体育部门和5名个人被国家体育总局评为“十三五”全国群众体育先进单位和先进个人，其中1人作为先进个人代表受到习近平总书记接见和中央电视台专访；大同市体育局在2021年全省群众文化活动中被中共山西省委宣传部、山西省体育局等单位授予优秀组织单位奖；大同长城1号旅游公路户外运动线路被中国体育文化博览会、中国体育旅游博览会评为“2021中国体育旅游十佳精品线路”。

市体育总会应急救援志愿者服务队 3月21日，大同市体育总会应急救援志愿者服务队成立。该次成立的志愿者服务队，有志愿者103名，旨在给次年第十六届省运会在大同市举行储备应急救援人才，满足体育赛事活动应急救援需求，其服务理念是“体育山西·文明大同·志愿同行”，通过多项志愿服务，营造“我参与、我奉献、我快乐”社会氛围。市体育总会通过“志愿云”信息管理系统，对志愿者分类管理，志愿者参与的志愿服务项目和时长可通过“志愿云”系统进行查询。12月5日，市体育总会应急救援志愿者服务队的60余名体育志愿者到大同万龙白登山滑雪场，参加“国际志愿者日”志愿服务活动，主要负责大同市青少年滑雪推广普及活动的活动签到、秩序维护、队伍引领、医疗救助、后勤保障等工作。截至2021年底，该志愿者服务队招募志愿者近200名，多次参与保障文明城市创建、扶贫助困、疫情防控、应急救援、体育赛事保障等工作，被大同市志愿服务典型表彰组委会、市文明办评为“最佳志愿服务组织”，3名志愿者被授予“最美志愿者”称号。

市体育局与正德文体中心签订战略合作框架协议 4月18日，市体育局与正德文体中心签订战略合作框架协议，共同打造智慧社区全民健身中心。该次签订战略合作旨在推动社区全民健身运动发展，为体育专业队伍培养后备人才，建立高水平体育后备人才基地，打通优秀竞技体育人才培养上升通道，并给大同市体育专业队提供短期集训的场地及器材服务保障等。市体育局授予正德文体中心为“大同市社区全民健身中心”“大同市高水平体育后备人才基地”和“大同市体育产业孵化基地”，选派专业运动队教练员、社会体育指导员、体育社会组织配合做好该文体中心“一中心两基地”服务指导工作。

市综合格斗运动协会成立 4月21日，大同市综合格斗运动协会成立，这是大同市第32个市级单项体育运动协会。大同市体育社会组织围绕全市体育工作安排和部署，以各单项体育协会为舞台、以竞赛为杠杆，推动各项体育活动更好发展。上年大同市体育社会组织举办各类体育健身活动233项次，参与人数20万余人次，其中各协会以自身特点推出多项活动，吸引众多有意愿市民加入其中。大同市搏击运动多以青少年为主，也有一部分成年人。该协会成立给小众体育爱好者提供展示平台，助推综合格斗运动快速发展，培养优秀体育后备人才。

（康凯蒂）

【体育产业】 2021年，大同市体育局以赛事带旅游，推动大同“体育+”发展，依托大同市自然和人文环境优势，借力体育品牌赛事，把“体育+”作为全民赛事活动主线，实现“体育+旅游”“体育+文化”“体育+体验”融合，打造“运动大同”，创建“国家全民运动健身模范市”。“体育+旅游”，通过嫁接单一景区或一次性把多景区串联起来方式开展体育活动，举办越野跑、骑游活动、徒步大会、电子竞技等一系列与景区景点结合的全民健身赛事，让原本只是观光的文化旅游活动加入运动体验元素，体育赛事成为景区“流量担当”，实现“文化+旅游+体育”相融合。“体育+文化”，八法拳、大成拳等5个项目成为大同市非物质文化遗产，新华社全球连线以《边塞军旅育八法》《技养结合大成拳》两个中英文双语专题片向全世界宣传大同八法拳、大同大成拳，网络点击率约300万，增加大同体育文化对国际游客吸引力。“体育＋体验”，利用优势，整合资源，因地制宜开展体育休闲项目，举办大同市全民健身运动会、青少年阳光体育大会、环古城健步走、大同古长城公路自行车公开赛、中国大同轮滑节、中国大同冰雪节等，融合打造精品体育旅游项目，把“一次性”游客变为“忠实粉丝”，推动大同体育和旅游互动融合，让旅游项目升级。（康凯蒂）

【公共体育设施建设】 2021年，大同市体育局完成市平城区23个、云冈区27个社区（居住区）全民健身惠民工程建设任务，建设10块灯光篮球场、3块灯光笼式足球场、2块2000平方米健身广场和1块带膜结构顶棚门球场、配置体育健身器材516件，并完成验收，交付使用。

（康凯蒂）

群众体育

【概况】 2021年，大同市体育局坚持以品牌赛事引领和推动全民健身活动开展。9月，联合市教育局、共青团大同市委组织第四届“未来之星”青少年阳光体育大会，设置篮球、足球等12个比赛项目，参加青少年约1万人。开展武术、轮滑等10类体育项目“进校园”活动，推进体育特色学校、体育强校建设，引导青少年参加体育运动，促进青少年身心全面发展。选派18人参加国家级社会体育指导员培训、20人参加省级社会体育指导员培训、35人参加山西省社会体育与健康生活方式指导员培训。参加山西省第三届最美社会体育指导员电视大赛，通过培训和交流展示，拓宽全市社会体育指导员覆盖人群，增强社会体育指导员科学健身指导理念和带领、指导群众科学健身能力素质。坚持“一县一品、一行一品、一项一品”战略，鼓励支持县（区）、行业、体育协会挖掘资源，打造具有地域特色、行业特点且各具特色的品牌赛事。市县联合组织第二届古长城公路自行车大赛，浑源县、灵丘县等县（区）相继组织开展各具特色体育赛事，带动当地体育事业发展。举办山西省全民健身日系列活动、中国大同首届徒步节暨第九届鸿途马拉松赛等活动，满足群众健身健康需要。（康凯蒂）

【大同市健身者“新春网络健身大联欢”获奖】 2021年2月4日至26日，由国家体育总局群众体育司主办的“新春网络健身大联欢”活动在网络上举行，来自全国各地19626人报名参与，大同市有7名健身爱好者参加该次活动。该次活动以春节长假为契机，动员和引导广大群众开展体育健身活动，设置健身气功、太极拳、龙狮、广场舞、跆拳道、广播体操6个项目，覆盖老、中、青三代，团体、个人兼顾。各活动项目不限制类别和套路。大同市健身爱好者高改梅、白玉英、宫占芬、张怀清、刘润平、刘树贵、李存寿7人报名参加健身气功和太极拳比赛。最终，李存寿获健身气功项目二等奖和太极拳项目二等奖；高改梅、白玉英、宫占芬、刘树贵分别获健身气功项目二等奖；张怀清、刘润平分获健身气功项目三等奖。

（墨竹）

【全市群众文化活动农民八段锦大赛】 2021年4月23日，由大同市委宣传部指导，市体育局、市体育总会主办的大同市群众文化活动农民八段锦大赛在市云州区西坪镇唐家堡村开赛，来自新荣区、阳高县、云州区、云冈区等10支代表队的100余名农民体育爱好者参加。该次比赛是全省群众文化活动大同市体育赛事系列之一，旨在给喜爱体育群众提供更多学习交流平台，并通过活动选拔出代表大同市参加第十四届全运会群体项目健身气功（农民组）运动员。经过比赛，云冈区一队、新荣区新荣镇代表队、阳高县龙泉镇代表队获比赛一等奖，云冈区二队等3支代表队获二等奖，云州区西坪镇一队等4支代表队获三等奖。比赛结束后，市体育局、市体育总会给云州区西坪镇唐家堡村、上榆涧村、中高庄村健身气功活动站点捐赠健身音响3套、健身气功表演服60套。

（墨竹）

【全市乒乓球公开赛】 2021年7月9日至11日，由大同市委宣传部、市全民健身工作委员会指导，市体育局、市直属机关工委、大同广播电视台、市体育总会、市乒乓球协会、市赛欧企业管理有限责任公司主办的大同市群众文化活动“山西银行杯”古都大同乒乓球公开赛暨市直机关乒乓球比赛在市体育中心举行，来自全市120支代表队的500名乒乓球爱好者参加。该次比赛设混合团体赛、男子个人赛、女子个人赛，并按年龄分50岁以上和50岁以下组，参赛者年龄最小10岁。经过比赛，最终大同国际同商总会一队获混合团体赛冠军，博千俱乐部一队获亚军，光旭乒乓球俱乐部、东关乒乓球俱乐部一队并列第三名；博千俱乐部祁晨获男

▲2021年7月9日，大同市群众文化活动“山西银行杯”古都大同乒乓球公开赛暨市直机关乒乓球比赛在市体育中心开赛。图为比赛现场（戎禹仁 摄）

子单打冠军，大同国际同商总会柳贡余获亚军，起点幼儿园赵家栋、高晓强并列第三名；东关俱乐部高娜获女子单打冠军，光旭俱乐部樊京杰获亚军，政务大厅赵英和东关俱乐部孙凤琴并列第三名；云冈研究院王雁翔获领导组单打冠军，市发改委韩炜获亚军，大同大学孙涛和阳高县马斌并列第三名。（墨 竹）

【全国千村健身气功交流展示活动】 2021年7月15日，全国健身气功“助力乡村振兴”志愿服务活动暨全国千村健身气功交流展示系列活动（山西大同云州站）在大同市云州区举行，大同市1000余名健身气功爱好者在唐家堡有机黄花标准化种植基地练习健身气功·八段锦。该次活动由国家体育总局健身气功管理中心主办，山西省全民健身中心、大同市体育局、云州区人民政府、省健身气功协会、市体育总会承办，通过健身气功项目助力乡村文旅振兴，推动美丽乡村建设。现场，参加活动的健身气功爱好者伴随音乐开始展示健身气功·八段锦。大同市组建市健身气功协会社会体育指导员志愿服务队，并在民政部全国志愿信息网进行登记备案，招募全市参加过全国健身气功比赛的骨干队员作为志愿者参与志愿服务，免费给乡村健身气功爱好者培训。（墨 竹）

【全市职工篮球赛】 2021年9月28日至10月8日，由大同市总工会、市体育局、市直机关工委主办的“中国梦·劳动美”第二届职工篮球赛暨全省群众文化活动大同市篮球赛在市体育中心体育馆举行，来自全市的32支代表队参赛。此次比赛是大同市第二届全民健身运动会的赛事之一，设机关事业单位职工组、县（区）职工组和公开组3个组别，经过68场比拼，最终塔山矿代表队获公开组冠军，市消防救援支队获市直机关组的冠军，云冈区总工会代表队获县（区）组冠军。比赛还颁出优秀组织、最佳教练员、突出贡献等奖项。（墨 竹）

【大同长城一号旅游公路户外运动线路获奖】 2021年11月27日，在中国体育文化博览会、中国体育旅游博览会精品项目推介会上，大同长城一号旅游公路户外运动线路被授予“2021中国体育旅游十佳精品线路”称号。2021年两个博览会以“新使命、新征程、同圆梦”为主题，设5大特色展区，10余场聚焦全球体育产业发展风向的论坛及配套活动，旨在共同构建体育文化、体育旅游融合发展的展示交易平台。该次大同市有多个项目走进两个博览会，在“体育产业基地项目”展示上，大同市展出大同万龙白登山滑雪场与大同土林，让游览者了解大同“体育＋旅游”融合发展现状；在“体育精品赛事”展示上，有大同环古城全民健步走大赛、大同国际马拉松、中国大同冰雪节、大同古长城公路自行车公开赛；在“体育传统文化精品项目”展示上，有大同八法拳与大同大成拳。在“户外运动精品线路”展示中，大同长城一号旅游公路户外运动线路以其自然环境、连接多个名胜、赛道设计优良等特点受户外运动爱好者青睐。推介会上，该线路获高评分，并在上榜的14条精品线路中位居榜首。大同长城一号旅游公路户外运动线路融合边塞文化、军旅文化、塞上风情，可以进行骑游、徒步、定向、房车、露营等多个主题活动，是一条吸引户外运动爱好者的户外精品运动线路。（康凯蒂）

【老年健身项目培训】 2021年11月29日至12月1日，由大同市体育局、大同市体育总会、大同市老年体协主办的全市广场舞、健身花戏教练员培训开班，70余名老年健身爱好者参加学习。该次培训旨在增强老年人健身意识和健康水平，引导更多人喜爱、参与健身活动，营造全民健身氛围，提升全市广场舞、健身花戏教练员技能水平，给老年健身者提供更多专业指导。培训现场，参训者先进行两个项目的竞赛规则、参赛指南等理论学习，随后，培训导师讲授《第一套健身花戏》《健身花戏打酸枣套路》等实践课程。培训结束后，参训者作为骨干力量走进基层，对健身花戏项目进行推广普及。（康凯蒂）

【中国·大同冰雪节】 2021年12月13日至16日，由省冰雪运动中心、市体育局、市教育局、市体育总会承办的山西省全民健身大众冰雪季——第三届中国·大同冰雪节在万龙白登山滑雪场举行。中国·大同冰雪节是省体育局和大同市政府共同打造的精品体育活动，该届冰雪节主题是“推动大众冰雪、助力北京冬奥、喜迎省运盛会”，内容有“滑向2022冬奥”青少年雪上、冰上项目推广普及活动，滑雪、滑冰公开赛，大同市“全国青少年校园冰雪运动特色校”滑冰联赛等5大项，旨在把“冷资源”变成“热经济”，把“冰天雪

▲ 2021年12月13日，第三届中国·大同冰雪节在万龙白登山滑雪场举行。图为第三届中国·大同冰雪节选手合影（康凯蒂 摄）

地”变成“金山银山”，促进省市冰雪旅游、冰雪文化、冰雪体育、冰雪教育与旅游产业融合发展。16日，第三届中国·大同冰雪节“白登山杯”大众滑雪公开赛在万龙白登山滑雪场举行，全市200名滑雪爱好者在冰雪上比赛，向大众展示滑雪技术水平。最终，李炳宜获单板女子少儿组冠军、苑航获单板男子少儿组冠军、石乐涵获单板女子青少年组冠军、王钧浩获单板男子青少年组冠军、耿逸筠获单板女子成年组冠军、郃大鹏获单板男子成年组冠军。啬昱辰获双板女子少儿组冠军、南林伸获双板男子少儿组冠军、代星宇获双板女子青少年组冠军、宋昊锴获双板男子青少年组冠军、薛玉娟获双板女子成年组冠军、杨昊获双板男子成年组冠军。雪动力四季滑雪队、大同市滑雪队、滑响未来滑雪队、飞雪极限滑雪队、零滑雪队获体育道德风尚奖。（康凯蒂）

【体育志愿者服务省运会专项能力提升培训】 2021年12月19日，大同市体育局、大同市体育总会主办的大同市二级社会体育指导员培训班暨体育志愿者服务省运会专项能力提升培训班开班，200名体育志愿者接受培训，进行相关知识的学习与实践。根据常态化疫情防控要求，该次培训分两期进行，首期培训现场，来自全市各行业的体育志愿者们学习《社会体育指导员基础知识》《应急救援医疗保障实务操作》《脊椎平衡方实践培训》《田径项目竞赛规程、裁判法》等课程，并进行包扎、救治等实操练习，提升全市体育志愿者的组织、管理、协调、专业技术等能力，为次年山西省第十六届运动会举办奠定基础。（康凯蒂）

竞技体育

【筹办备战山西省第十六届运动会】 2021年，大同市体育局按照省体育局《山西省运动会申办办法（试行）》规定的承办城市职责，参照二青会和第十五届省运会工作方案，结合承办山西省第十六届运动会具体实际，研究出台《山西省第十六届运动会大同市筹备工作总体方案》。组织领导和工作部门是综合协调、竞赛、大型活动、接待工作、新闻宣传、安全保卫、赛风赛纪和反兴奋剂、志愿者、资源开发、疫情防控及医疗卫生保障、食品药品安全保障、配套服务保障、财务13个工作部门；承办项目是田径、举重、游泳（游泳、跳水）、柔道、体操（体操、蹦床、艺术体操）、射击、射箭、自行车（山地自行车、公路自行车）、武术（武术套路、武术散打）、乒乓球、篮球、足球（男、女甲组）、排球、空手道、滑雪（高山滑雪、单板滑雪、滑轮）15个大项、22个小项的决赛；项目布局是市体育中心田径场、市体育中心游泳馆、市体育中心体育馆、市体育中心训练馆、市体育运动学校体操馆、市体育运动学校射击馆、市体育运动学校体育场、新荣区亮马台骑行主题公园、左云县摩天岭长城赛段、灵丘县文体活动中心、天镇县长城一号公路、大同市万龙滑雪场12个场馆；该次省运会首次启动“省运村”模式，把大同市转型汇智创新城确定为“省运村”，建设运动员之家，接待来自全省各地市的代表团、参赛队和技术官员。省运会决赛期间，能同时满足7个项目（田径、游泳、体操、艺术体操、柔道、射击、乒乓球）人员住宿，给4000余名运动员及各地市代表团提供保障服务；发布《山西省第十六届运动会主题口号和宣传口号征集方案》，收到全国各地有效投稿邮件844封、主题口号和宣传口号3万余条，经3轮筛选从中确定主题口号40条、宣传口号200条报送省体育局。

大同市承办射箭、武术散打、公路自行车、山地自行车、乒乓球、蹦床、足球（男、女甲组）、空手道、举重、射击10项省级锦标赛及资格赛，所有资格赛参赛项目均取得参赛资格，其中公路自行车队、散打队、摔跤队等位居团体总分第一，足球队获足球资格赛甲组冠军。举办全市羽毛球、滑雪等多项青少年锦标赛，实地检验场馆功能、提升办赛水平，给办好省运会决赛奠定基础。（康凯蒂）

【大同市乒乓球海选比赛】 2021年3月27日至28日，山西省群众文化活动大同市乒乓球海选比赛（第一站）暨“名仕杯”“魅力国球”大同市乒乓球联赛（第三站）在大同市平城区少体校举行。该次活动由大同市体育局、大同广播电视台、市体育总会主办，是2021年全省群众文化活动大同市体育赛事系列之一，活动以“全民健身·健康中国·幸福大同”为主题，贯穿2021年全年。内容有中医养生棒、健身气功、广场舞、太极拳、市非物质文化遗产项目推广5项惠民公益培训，及踢毽子、健身气功、自行车、广播体操、足球、乒乓球、跳绳、篮球、围棋、象棋、太极拳、羽毛球大赛12项全民健身竞赛项目。该次大同市乒乓球海选比赛（第一站）设立单打项目，有来自全市百名乒乓球爱好者参赛，执行国家体育总局最新审定的《乒乓球竞赛规则》，第一阶段分组循环；第二阶段交叉淘汰，参赛选手以积分划分组别进行参赛。最终，樊京杰、郭善富、李仙帅、李建忠分获本站甲、乙、丙、公开组第一名。（墨竹）

【首届MAX户外跑步机马拉松接力赛大同站】 2021年4月，由大同市体育局、市体育总会指导，MAX户外、你往哪里跑科技有限公司、市田径协会主办的首届MAX户外跑步机马拉松接力赛大同站比赛在大同大学举行，大同市大同跑团、云冈跑团、黎明脚步3支代表队的12名运动员参赛。MAX户外跑步机马拉松接力赛是全国第一个跑步机上的跑团接力赛，该赛事全国设东西南北中5个赛区，12月全国5个赛区的跑步高手在北京、上海、广州、西安、武汉争夺分赛区冠军。大同站比赛现场，参赛者以接力形式进行，每一棒选手跑完10.5千米后，按下暂停键，待跑步机完全停止后，下一棒选手在前一棒选手离开跑步机后，复位清零后重新按下开始键继续比赛。经过比赛，最终大同跑团以3小时19分28秒获冠军，大同黎明脚步以3小时56分36秒获亚军，云冈跑团以3小时59分15秒获季军。（墨竹）

【大同警官参加马拉松赛】 2021年4月11日，“我要上全运”百场马拉松赛·2021美畅杨凌农科城马拉松赛在西安市杨凌农展广场举行，来自全国各地1.8万余名跑友参加，大同警察马拉松俱乐部4名警官参赛。该次马拉松赛分男女马拉松赛、半程马拉松及全民全运健康跑3个组别。同时，设置警察马拉松及大学生半程马拉松2个赛中赛项目，是2021年西北地区首场万人规模以上的大型马拉松赛事。大同市参赛的4名警官来自大同警察马拉松俱乐部，他们跑完全程42千米。其中，尹慧悠以3小时43分26秒，韩晶伦以4小时45分25秒实现个人最好成绩。（墨 竹）

【大同毽球运动员在省毽球选拔赛获佳绩】 2021年6月11日至13日，由山西省体育局主办的“我要上全运”第十四届全运会群众赛事活动山西省毽球选拔赛暨2021年山西省毽球锦标赛在晋城市凤凰山体育馆举行。该次比赛设甲、乙、丙3个组别，其中甲组是“我要上全运”毽球选拔赛；乙组和丙组是省毽球锦标赛，设平踢毽和花毽项目。大同市代表队分别参加甲组男子三人赛中年组、乙组女子三人赛、乙组混合双人赛等项目。经过比赛，最终大同市获甲组男子三人赛中年组亚军，乙组女子平踢冠、亚军，混合双人赛冠军及男子平踢亚军。该次大赛选调4名大同籍裁判员执裁，大同代表队被组委会授予道德风尚奖。（墨 竹）

【第四届魔方智力运动公开赛】 2021年7月25日至26日，由大同市体育总会主办的全市第四届魔域文化“积智杯”魔方智力运动公开赛举行，全市245名选手进行18个项目的比赛。该次比赛设三阶魔方、二阶魔方、四阶魔方、枫叶魔方、恐龙魔方、三阶镜面、金字塔魔方、数字华容道、盲拧二阶镜面、七连环赛、盲拧枫叶等多个项目，并按年龄分U6、U8、U10和公开组。参赛者有幼童，有老者。比赛中，选手聚精会神、手指飞舞，原本杂乱的魔方色块瞬间被复原成同一色彩。魔方运动同时锻炼大脑和手指，是很有意义的一项益智型比赛。（墨 竹）

【大同运动员获全运会地掷球赛冠军】 2021年9月21日，在第十四届全运会群众赛事地掷球比赛中，大同市广灵县的运动员代表山西以9比0胜广东队，获地掷球比赛塑质球团体赛冠军，这是山西军团在该届全运会上获得的第二枚群众赛事金牌。该次比赛是地掷球运动在全运会群众赛事的首次亮相，分塑质地掷球、大金属地掷球、小金属地掷球及草地掷球4个大项7个小项，产生7枚金牌。赛事分两个阶段，第一阶段从9月15日至17日，举行大金属地掷球、小金属地掷球、草地掷球比赛；第二阶段从9月19日至21日，举行塑质地掷球比赛。在9月17日的地掷球比赛大金属地掷球男子准确抛击项目决赛中，山西体育代表团获第一枚群众赛事金牌。9月21日，第十四届全运会群众赛事活动地掷球比赛塑质球团体赛冠亚军决赛在西安体院举行。山西队由来自广灵县的郑肖飞、任晓波、黄长清及省冰雪中心苏辰4人组成，在半决赛中，以9比0战胜陕西队。在决赛中，以9比0战胜广东队，获得第十四届全运会群众赛事地掷球比赛塑质球团体赛冠军。（墨 竹）

【大同运动员获全运会中国式摔跤赛冠军】 2021年9月22日，在第十四届全运会群众赛事中国式摔跤项目比赛中，大同市参赛运动员王迪赛场逆袭对手，以5比1的成绩获女子56公斤级冠军，给山西队获得中国式摔跤首枚金牌，是山西代表团在该届全运会群众赛事获得第三枚金牌。中国式摔跤是中华民族传统体育瑰宝，源远流长。1959年，第一届全运会中国式摔跤被列为正式比赛项目。1993年第七届全运会后，取消该项目。第十四届全运会，中国式摔跤被列为群众赛事活动比赛项目之一，山西20余名跤手拿到决赛资格。王迪练习中国式摔跤数年，该次比赛她与内蒙古、天津、河北、天津选手对战。在半决赛中，王迪以3比4落后天津队，在最后4秒，逆袭对手并杀进决赛，最终给山西队获得中国式摔跤首金。（墨 竹）

【友好城市足球友谊赛】 2021年10月1日，由太原与大同两市体育局、体育总会、足球协会联合主办的“并同杯”大同—太原友好城市足球友谊赛在大同市举行，10月10日移师太原进行第二回合比拼。10月1日，两地球员在大同市进行第一回合比赛。第二回合比赛在省体育中心的红灯笼体育场进行，比赛分50岁以上组和20岁以上组。大同队在50岁以上组的比赛中以1比1比分与太原队持平，最终以3比1总比分获冠军；在20岁以上组的比拼中，太原队以2比0战胜大同队，双方两回合总比分战成4比4，根据规则，两回合客场进球多为胜，大同青年队获亚军。（康凯蒂）

【第二届大同古长城公路自行车公开赛】 2021年10月9日至10日，

▲2021年10月9日，第二届大同古长城公路自行车公开赛举行 （康凯蒂 摄）

由大同市政府主办，大同市体育局、大同市文化和旅游局、左云县政府、新荣区政府、阳高县政府、天镇县政府承办的第二届大同古长城公路自行车公开赛举行，旨在打造以长城、古堡、古村落为主题的体育旅游、国际骑游经典线路，发掘长城历史文化遗产底蕴，提升大同国际影响力。比赛以古长城为主题，大同市100名自行车运动员以现场骑行方式展示车技，参赛者在长城一号公路上展开比赛，全程120千米，线路贯穿长城古堡遗址，参赛者途经左云县、新荣区、阳高县、天镇县，通过比赛探索千年戍边文化，感受大同开放包容文化魅力和宜游宜赛生态魅力。最终，15岁的侯群以2小时34分总成绩获男子组冠军，姜雨彤以2小时45分总成绩获女子组冠军。（康凯蒂）

【丁浩在中国职业围棋锦标赛获冠军】 2021年10月16日，由中国围棋协会、上海市应昌期围棋教育基金会共同主办的第17届“倡棋杯”中国职业围棋锦标赛在上海落幕。大同籍棋手丁浩九段以总分2比0成绩获冠军。该赛事创立于2004年，是国内竞技水平较高的职业围棋大赛之一。该届大赛预选赛于2021年4月在无锡启幕，178名职业棋手报名参赛。比赛采用由应昌期独创的应氏计点制围棋规则。经过多轮淘汰比赛，大同籍棋手丁浩九段，以2比0总分战胜世界冠军杨鼎新九段，获冠军。大同市加大力度推动围棋的普及和发展，学棋人数4万余人，大同籍棋手曹宏宇、丁浩，分别在1999年和2013年冲段成功，成为职业棋手。2019年大同被中国围棋协会遴选为全国77座《围棋与名城》之一，2021年被中国围棋协会授予“全国围棋之乡”称号。（墨竹）

【山西省第十六届运动会单板高山滑雪测试赛】 2021年12月4日，由大同市体育局主办的大同市滑雪锦标赛暨省运会单板滑雪、高山滑雪测试赛在万龙白登山滑雪场举办，来自大同市及周边市约100名运动员展开比赛，提前感受省运会冰雪竞赛的紧张与激情。该次比赛旨在给省第十六届运动会的举行营造氛围，全面检验省运会大同赛区冬季项目场馆设施及服务保障工作，并发现和培养青少年体育后备人才。比赛按照次年省运会冬季项目的赛制进行，重点对雪场的竞赛设施、造雪质量、计时计分、电视转播等涉及的赛事组织、服务保障、场馆运行3个方面进行测试。（康凯蒂）

青少年体育

【体教融合发展】 2021年，大同市体育局按照体育总局、教育部《关于印发深化体教融合 促进青少年健康发展意见的通知》要求，联合大同市教育局举办大同市中学生田径运动会和“奔跑吧·少年”儿童青少年主题健身活动“百校千课”体育进校园——足球、篮球培训活动，以深化大同市体教融合发展，推动青少年文化学习和体育锻炼协调发展。大同市中学生田径运动会有1400名运动员参赛，打破市田径运动会纪录3项；“奔跑吧·少年”儿童青少年主题健身活动“百校千课”体育进校园足球培训活动选定30所小学进行足球培训，选定4所小学进行篮球培训，完成300左右课时，并给每所学校捐赠一批足球及足球训练器材。通过活动激发学生们参与体育锻炼热情，提高青少年身心健康水平，促进青少年足球运动和体育事业发展，给大同市承办第十六届省运会和之后体育赛事提供后备人才。（康凯蒂）

【大同特殊教育学校在省特奥会获奖】 2021年4月19日至30日，由省残联、省体育局、省教育厅联合主办的山西省第六届特殊奥林匹克运动会举行，来自全省11个市的400余名运动员，在太原赛区和晋中市介休赛区参加田径、羽毛球、旱地冰壶等9个项目的比赛。赛前两个月，各市残联组织参赛运动员统一进行集训。大同市两所特殊教育学校的孩子们按照训练计划进行体能训练、技能提升、模拟实战演练。通过赛前选拔、集训等方式，市特殊教育学校选拔出14名运动员参加举重、地滚球、田径、轮滑、篮球5个项目，市平城区特殊教育中心学校派出12名运动员参加旱地冰壶、田径、足球、轮滑4个项目的比赛。最终，大同市特殊教育学校获2金5银12铜，大同市平城区特殊教育中心学校获3金9银14铜。（墨竹）

【中学生田径运动会】 2021年5月14日至16日，大同市中学生田径运动会在大同市示范性综合实践基地举行。该届运动会分县（区）组、市直组、中职组3个组别，设置12个比赛项目，参赛队伍42支，运动员1400余人，是历届参赛单位和参赛人数最多一年，打破3项市运会纪录。大同市外国语学校以总分317分获该

▲2021年5月14日，大同市中学生田径运动会在大同市示范性综合实践基地举行。图为开幕式现场文体节目展演《红旗颂》（张燕伟 摄）

次运动会团体第一名，阳高县代表队、天镇县代表队分获团体第二名（310.5分）和第三名（301.5分）。（孔庆珍）

【女子青少年足球邀请赛】 2021年5月2日至6日，由大同市少年儿童体育运动学校主办的“赛诺杯”女子青少年足球邀请赛在大同市外国语学校足球场举行，来自张家口市、大同大学、大同市少体校、大同外国语学校、山西体育职业学院的5支女子足球队参赛。该次比赛以赛代练，积累比赛经验，以此提高球队整体竞赛水平，备战次年省运会。经过比赛，最终大同大学代表队获冠军，山西体育职业学院代表队、大同市外国语学校代表队分获二、三名。（墨 竹）

【“奔跑吧·少年”主题健身活动】 2021年6月5日，“奔跑吧·少年”儿童青少年主题健身活动山西省大同分会场启动仪式在大同市体育中心举行，来自全市20支代表队的300名小运动员，以篮球比赛拉开主题活动帷幕。“奔跑吧·少年”主题健身活动贯穿全年，在中小学及幼儿园以常态化、系统化、科学化方式开展，活动以提高少年儿童身体健康水平为出发点与落脚点，通过符合少年儿童特点和发展规律的体育项目、活动形式和服务内容，引导少年儿童参与体育锻炼，促进身心健康、体魄强健。全年举办100余场活动，参与者超过80万人次。（墨 竹）

【青少年阳光体育大会跳绳比赛】 2021年7月17日至18日，由大同市政府主办，市体育局、市教育局、团市委承办的大同市第四届“未来之星”青少年阳光体育大会跳绳比赛暨全市群众文化活动跳绳大赛在市体育馆举行，来自全市14支代表队的300余人参加。该次比赛是大同市打造的阳光体育运动品牌。跳绳运动因趣味性高、不受场地限制等特点广受全市群众喜爱，尤其是在青少年群体中，普及率、参与人数逐年增加。该次比赛给参赛者设置竞赛项目，有30秒单摇跳、30秒间隔交叉单摇跳、30秒双摇跳、60秒单摇跳、3分钟强心跳、计数赛等。还设置亲子挑战趣味赛、30秒一带一单摇跳、亲子挑战趣味赛等，按组别分学生组与成人组。通过举办体育赛事，带动更多人参与到体育运动中，从而推动全市群众对体育运动的热爱，促进全民运动发展。（墨 竹）

【第四届“中跆联杯”跆拳道超级联赛】 2021年7月30日至31日，由大同市政府主办，大同市体育局、大同市体育总会、大同市赛欧企业管理有限公司承办的第四届“中跆联杯”跆拳道超级联赛在大同市体育中心举行，来自全市56支代表队的800余名青少年参加。该次比赛设品势、竞技、功力3大项，以男女组别进行个人、混双、团体等类别的比拼，是大同市第二届全民健身运动会系列活动之一，旨在通过竞赛更好地锻炼孩子们的意志和品质，增强青少年体质，激发青少年热爱体育、参与体育兴趣，从而促进跆拳道运动在全市广泛开展。（康凯蒂）

▲2021年11月24日，“百校千课”体育进校园足球培训中大同市体育局向平城区三十五校捐赠足球器材（康凯蒂 摄）

【青少年阳光体育大会围棋比赛】 2021年10月17日，由大同市政府主办，市体育局、市教育局、共青团大同市委承办的第四届“未来之星”青少年阳光体育大会围棋比赛在大同市体育中心开赛，来自全市37所学校、幼儿园、棋院、俱乐部的218名棋手参赛。该次比赛设个人赛与团体赛，按年龄分幼儿园、小学校、初中高中、社会ABC四大组别。经过多轮比拼，由段景斌、党驰、姚宝奎3名市冠组成的老牌劲旅市永和队获甲级组冠军；隋昱博、杨清舒、武君昊3名少年棋手组成的博弈围棋队获乙级队冠军。（墨 竹）

【全市“百校千课”体育进校园——足球培训启动】 2021年11月24日，大同市“奔跑吧·少年”儿童青少年主题健身活动“百校千课”体育进校园——足球培训启动仪式在平城区御河小学举行。该次活动由市体育局、市教育局主办，旨在推动大同市青少年足球运动普及，给学生上好足球课提供帮助，让更多孩子参与进来，享受足球运动带来的乐趣，提升青少年健康水平。活动现场，市体育局向学校捐赠足球及标志杆、绳梯等足球训练器材，足球教练指导学生热身，并教学生踢足球方法。孩子们在教练的示范和指导下，参与传球、带球等足球训练。（康凯蒂）

【中小学生体质健康管理实施细则出台】 2021年11月，大同市出台《大同市中小学校学生体质健康管理实施细则》，对中小学生体质健康管理作出规定。《大同市中小学校学生体质健康管理实施细则》注重体育教学质量提高，强调体育教师要聚焦“教会、勤练、常赛”，逐步完善“健康知识+基本运动技能+专项运动技能”体育课教学模式，每学期让每位学生掌握1~2项运动技能。细则明确要完善体质健康管理评价考核体系。学校要把体质健康管理工作纳入绩效考核管理体系，建立日常参与、体育锻炼和竞赛、健康知识、体质监测和专项运动技能测试相结合的考查机制，对因病或其他不可抗因素不能参加体育竞赛的，从实际出发，分类指导进行评价。要健全家校沟通机制，及时把学生体质健康测试结果和健康体检结果反馈给家长，形成家校协同育人合力。要做好体质健康监测，建立完善以体质健康水平为重点的“监测—评估—反馈—干预—保障”闭环体系。落实面向全体学生的体质健康测试制度和抽测复核制度，建立学生体质健康档案。（墨 竹）

【青少年滑雪项目推广普及公益培训】 2021年12月4日至8日，“滑向2022冬奥”大同市青少年滑雪项目推广普及活动在大同万龙白登山滑雪场举行，200名中小学生参加滑雪公益培训。该次培训有20名专业教练、35名志愿者参与，来自市体育训练中心滑雪队的后备人才、全市冰雪项目特色学校的学生在教练指导下进行培训学习，年纪最小6岁、最大12岁，滑雪水平多数是零基础。众人在专业教练指导下，在初级雪道上学习双板平地行走、转向、控速、刹车，及直滑降，犁式直滑降，犁式转弯等基础滑雪技巧。（墨 竹）

【“奔跑吧·少年”2021年山西省空手道锦标赛】 2021年12月6日至10日，由山西省体育局主办，山西省重竞技运动中心、山西省全民健身中心、大同市体育局、灵丘县人民政府承办，灵丘县卫生健康和体育局、灵丘县体育发展中心协办的“奔跑吧·少年”2021年山西省空手道锦标赛暨山西省第十六届运动会空手道资格赛举行，来自全省各地9支代表队的207人参加比赛。比赛设有个人赛和团体赛，分男女个人型、组和团体型、团体组手比赛。经过比赛，最终大同代表队获1金、3银、4铜，奖牌排名第三；大赛授予大同代表队道德风尚奖，授予大同代表队贾春、李怀川个人道德风尚奖。（康凯蒂）

【“奔跑吧·少年”2021年山西省射击锦标赛】 2021年12月9日至16日，由省体育局主办，省射击射箭水上运动中心、省全民健身中心、大同市体育局承办的“奔跑吧·少年”2021年山西省射击锦标赛在大同市体育运动学校射击馆举办，旨在提前检验省运会大同赛区对赛事组织、比赛场地、安全保障、疫情防控等相关工作准备情况，来自太原、临汾、晋中、运城、阳泉等8支代表队的175名运动员参赛。比赛设男子10米气手枪、男子10米气步枪、女子10米气手枪、女子10米气步枪4个竞赛项目，采用国际射联最新规则，以甲、乙组别决出名次。最终，大同代表队获男子甲组10米气步枪、男子乙组10米气步枪、女子乙组10米气步枪3项冠军。（康凯蒂）

▲2021年12月15日，“奔跑吧·少年”2021年山西省射击锦标赛在大同市体育运动学校射击馆举行。图为男子10米气手枪比赛现场（戎禹仁 摄）

大同市体育运动学校

【概况】 大同市体育运动学校是一所全日制中等职业学校，位于文瀛湖畔，校园占地面积11.1公顷，建筑面积4.5万平方米。2021年，该校设有办公室、学生科、训练科、教务科、总务科、党办、团委、工会、科研科、场馆科、保卫科、膳食科12个科室和田径、自行车、摔跤柔道、射击击剑、举重体操、散打跆拳道、篮球7个教研室。学校在岗专任教师70人，本科学历61人，占专任教师比例87.1%；硕士研究生学历9人，占专任教师的比例12.9%。初级职称7人，占专任教师比例10%。中级职称29人，占专任教师比例41.4%。副高级职称29人，占专任教师比例41.4%。专业课教师37人，“双师型”教师41人，“双师型”教师比例58.6%。兼职教师24人，兼职专业课教师24人。设有大专班、中专班、初中预科班、小学班。2021年入学新生人数233人，在校学生708人。开设公共基础文化课有语文、数学、物理、化学、英语、计算机基础、职业生涯规划、职业道德与法律、政治经济与社会、哲学与人生、心理健康；开设专业基础理论课有人体解剖学、心理学、人体生理学、体育保健学、教育学、学校体育学；开设专业技术课有田径、体操、篮球、足球、武术、乒乓球、排球；开设运动训练项目有田径、举重、柔道、国际跤（含自由跤）、乒乓球、艺术体操、蹦床、羽毛球、手球、体操、射击、篮球、足球、拳击、空手道、跆拳道、橄榄球、排球18个。

年内，该校成为山西省唯一达到“国家重点高水平体育后备人才基地”申报标准的体育运动学校，根据申报要求，开展“国家重点高水平体育后备人才基地”申报工作。被国家体育总局评为“2017—2020年度全国群众体育先进单位”，被国家体育总局青少司命名为山西省唯一一家国家“青

少年体育训练中心”。（温 涛）

【教育教学】 2021年，大同市体育运动学校参与体育中等职业教育专业简介修订工作，优化中职学生培养目标定位、课程设置等内容，强化青少年体育训练体系，探索体育人才培养模式。人才培养模式的改革重点从为上级专业队输送高水平体育人才，培养优秀运动员报考各大专院校继续深造，从事专项训练和体育俱乐部健身指导的教练员这三个方面着手。年内，该校毕业生157人，其中当年升入高等教育学校48人，占毕业生比例30.6%；进入省专业队12人，占毕业生比例7.6%；入伍5人，占毕业生比例3.2%；从事体育健身行业及自主创业81人，占毕业生比例51.6%，总人数146人，当年就业率93%。加强新理念指导教学改革实践，围绕教研组、教师、教练三个层面开展结构化预习、自主学习、合作探究、展示评价等诸多环节，使课改深入课堂。为培养“一专多能”合格人才，深化体教融合，实行4+X教学模式，加强体育单招教学，发挥体育特长生通过体育单招上大学的优势。市体校的实训基地分校内校外两部分，校内基地方面学校有运动实训场馆20个，实训运动场地12个，供部分应届中专毕业生下队实习。校外基地一是与市平城区教育局联合协商放在15所小学内；二是与企业合作，主要用于部分应届中专毕业生实习实训。学校与大同万龙运动旅游有限公司、大同广瑞翔文化传媒有限公司、大同大学、中北大学及太原理工大学体育学院、大同轻型飞机制造有限公司、京能大同热力有限公司签订合作协议。年内，该校与中超联赛广州城足球俱乐部签订协议，合作共建北方青少年培训基地。（温 涛）

【德育教育】 2021年，大同市体育运动学校以德育课教师为主、政治辅导员和班主任为辅，设置专门的德育教育课程和学生文明礼仪课程，并制定学生思想品德教育考核制度和办法。定期开展法律、文明礼仪、心理健康等知识讲座，对学生进行法制教育、职业道德和日常行为规范教育、创业教育、心理健康教育等。利用主题班会、黑板报、宣传栏和各项比赛活动等形式，对学生进行德育渗透。组织全校师生员工开展“3·5”学雷锋活动、妇女节趣味竞赛、“红色记忆”大同红色记忆馆参观活动、“党史学习教育”进课堂活动、“童心向党”党的故事我来讲主题竞赛、迎“五一”校园清洁行动、“党的光辉照我心”校园朗诵比赛、“童心向党”喜迎中国共产党成立100周年“六一”文艺会演、“永远跟党走”教职工健步走活动、“喜迎中国共产党成立100周年”校园文艺晚会、组织观看庆祝中国共产党成立100周年大会、新生入学军训、校园排球比赛、班级长跑接力赛、迎新年系列活动等文体教育活动。组织师生参加省体育局举办的“永远跟党走 奋斗铸青春”运动员文化教育系列活动，在朗诵比赛中该校2位老师获教师组一等奖，4位老师获三等奖；2名同学获学生组一等奖，6位同学获优秀奖；硬笔书法比赛获二等奖1名、优秀奖1名；摄影比赛三等奖2名、优秀奖3名，征文获三等奖1名。通过一系列活动，增强师生的爱国主义观念，提高自身文化修养，从小养成听党话，跟党走，不屈不挠、拼搏奋斗的精神信仰。（温 涛）

【校园安全】 2021年，大同市体育运动学校建立健全校园安全工作“一把手”负责制，成立“平安校园”组织机构，并制定相应工作职责，落实安全责任制度，开展“平安校园”建设。抓广大师生的消防安全教育、网络安全教育、禁毒教育、法治教育，利用开学安全第一课、主题班会、校园专题讲座、印发宣传资料等多种形式开展安全教育。邀请政安消防教官对全体师生进行“清明节前”消防知识培训，邀请直属分局治安大队警官到学校开展“法治宣传日”活动，举行“法治教育”安全讲座，对全校师生进行消防知识培训和禁毒法治宣传教育。在全校范围内开展防溺水宣传教育，提醒学生不要盲目下水施救、手拉手施救，与大同市游泳协会联系开设游泳课程，帮助学生掌握游泳技能和自救自护方法，强化学生在发生危险时的自救能力。配合市公安局危管处、平城区公安局危管中队对学校运动枪弹库的检查工作，做好学校日常训练和比赛期间的枪弹保管、出入库登记和管理工作，营造安全教学、训练、育人环境。（温 涛）

【竞技体育比赛】 2021年7月23日至8月8日，第32届夏季奥林匹克运动会在日本东京举行，大同市体育运动学校培养输送的蹦床运动员董栋第4次代表国家参加奥运会。7月31日，在男子蹦床赛场上，董栋以61.235分的成绩获亚军，成为继王义夫之后，第2位连续在四届奥运会上获奖牌的中国运动员；7月27日，大同市体育运动学校跆拳道运动员唐皓和队友组成的中国队以45∶25大比分战胜伊朗队，获东京奥运会跆拳道混合团体表演赛冠军。2021年9月15日至27日，全国第十四届运动会在陕西西安举行。市体校蹦床运动员董栋在开幕式上担任旗手，并在男子蹦床网上个人项目中获一枚银牌；9月22日，在中国式摔跤比赛项目中，市体校运动员王迪获女子56公斤级冠军；9月25日，在跆拳道男子80公斤级比赛中，市体校运动员唐皓获亚军；9月17日，在柔道项目男子81公斤级比赛中，市体校运动员孟根苍获铜牌；9月19日，在空手道女子＋61公斤级比赛中，市体校运动员张晓玲获铜牌。在2021年全省各类竞技体育锦标赛、冠军赛上，大同市体育运动学校参加14个项目比赛，获金牌53枚、银牌60枚、铜牌57枚，总分1633分，为次年十六届省运会的比赛奠定基础。（温 涛）

乡村振兴

综　述

【概况】 2021年，大同市面对“三农”工作重心的转移，市委、市政府推动部署。3月中旬，召开市委农村工作会议，对“三农”工作和巩固拓展脱贫攻坚成果有效衔接乡村振兴作出全面部署。6月11日，召开全市乡村振兴推进大会，对实施乡村振兴战略进行再动员、再部署、再落实。9月6日，在全省率先召开巩固拓展脱贫攻坚成果排查整改提升专项行动动员会。11月22日，召开全市巩固脱贫成果衔接乡村振兴推进会。市委常委会、市政府常务会多次研究部署巩固拓展脱贫攻坚成果有效衔接乡村振兴工作，强化推进乡村振兴的责任体系、工作体系和政策体系，完成各项重点工作任务。全年全市脱贫人口人均纯收入10245.5元，比上年8974元增加1271.5元，增长14.2%。

大同市乡村振兴局挂牌成立　5月28日，大同市乡村振兴局在御东行政中心主楼挂牌成立。大同市扶贫开发办公室重组为大同市乡村振兴局。市委副书记、政法委书记艾凌宇，市委常委、副市长龚孟建共同给该局揭牌。成立市乡村振兴局，是大同市“三农”工作发展进程中的一件大事，标志着大同市在全面打赢脱贫攻坚战后又开启全面推进乡村振兴新征程。

大同乡村振兴研究院成立　7月12日，大同市人民政府与山西大同大学共建的大同乡村振兴研究院成立揭牌，标志着大同大学服务大同市乡村振兴工作的智库和“产学研”合作平台正式建立。省委常委、市委书记张吉福，大同大学党委书记弓永华给大同乡村振兴研究院揭牌。市委副书记、市长张强给大同乡村振兴研究院首席专家，北京农学院原院长、教授、博导，北京市都市农业研究院院长王有年颁发聘书。揭牌仪式上，王有年围绕研究院的建设、发展和肩负使命、任务及如何在助力大同乡村振兴中发挥研究院平台和智库作用作发言。乡村振兴研究院作为大同市农业农村发展和乡村振兴战略实施的智库，立足于人才振兴、产业振兴、文化振兴、生态振兴、组织振兴，探索建立高校专门服务国家乡村振兴战略的“政产学研”合作平台和机制，并组建乡村政策创新研究及评估中心、产业发展和规划咨询中心、乡村建设规划及设计咨询中心、乡村振兴科技创新与转化服务中心、乡土人才培育及乡村治理研究中心、民俗文化与乡村旅游研究中心、电子商务及数字乡村研究中心、乡村生态研究中心8个研究咨询机构，为大同市乡村振兴战略的实施提供政策依据，为助力乡村振兴提供山西样板和大同模式。　（杨　磊）

【组织领导】 2021年，大同市委书记、市长多次到县（区）调研巩固拓展脱贫攻坚成果有效衔接乡村振兴工作，并对重点工作作出批示指示。市政府与大同大学合作，组建全省第1家市级乡村振兴研究院，设立“一院三办八中心”专项研究机构，给全市乡村振兴提供智力和技术支撑。5月28日，市扶贫开发办公室重组为市乡村振兴局，6月10日前，县（区）扶贫工作机构全部重组为县（区）乡村振兴局。组建5个市委、市政府乡村振兴督导组，划片包县（区）督导。压实县（区）和部门责任，建立县（区）委书记每年向市委述职巩固拓展脱贫攻坚成果有效衔接乡村振兴工作机制，相关行业部门负责制定配套政策并组织实施，每年向市委报告工作情况。成立大同市巩固拓展脱贫攻坚成果同乡村振兴有效衔接领导小组，下设14个专项工作组，推动巩固脱贫攻坚成果和乡村振兴各项工作开展。专项工作组与成员单位共同研究制定年度行动计划、工作举措和督导考核方案，推进工作落实。各牵头单位和责任部门发挥职能作用，加强协同配合，履行各自职责，形成工作合力。　（杨　磊）

【政策体系强化】 2021年，大同市乡村振兴局出台《关于巩固拓展脱贫攻坚成果有效衔接乡村振兴的实施方案》，巩固拓展脱贫攻坚成果，推进乡村振兴。对照责任、政策、帮扶、监管4个方面105项政策，出台《大同市强化“四个不摘”政策落实实施方案》，对现有帮扶政策该延续的延续、该优化的优化、该调整的调整，确保政策连续性。　（杨　磊）

【省法院驻村帮扶经验做法】 2021年，山西省法院派驻大同市浑源县大仁庄乡包村工作队帮扶岔口、清水沟、石咀3个脱贫建制村，其中岔口村是5个自然村新合并组成，省法院派驻10名工作队员在村工作，在巩固拓展脱贫攻坚成果有效衔接乡村振兴工作上取得成效。

党建队建　以党建带队建，通过

驻村工作队临时党支部抓党建，提素质，强作风，把政治理论学习和业务学习相结合，强化队伍管理。制定和修改完善各类驻村工作制度20余项，整理装订80余份乡村振兴期间的政策文件资料，做到熟练掌握政策、运用政策、宣传政策。10月，驻村工作队协助各村开展换届选举工作，建强村“两委”班子，增强政治功能，建立健全村级民主监督管理制度，发挥农村基层党组织的领导作用。

动态监测 9月初，市、县两级同步展开“巩固拓展脱贫攻坚成果，排查整改提升专项行动”动员部署，驻村工作队调集熟悉工作的老队员等20人，回村一起集中开展拉网式排查，发现问题，解决问题。入户调查220户490人，电话调查556户1596人，针对筛查出的重点户进行细化归类分析，向县乡汇报，制定整改计划，通过安排公益岗位、就业培训、发放小额贷款、困难救济等方式逐户逐人整改，对符合条件的纳入监测户，并落实整改完毕。

人居环境 落实省、市、县三级同步开展的“六乱”整治活动，利用光伏资金和爱心超市资金激励，通过调集大型机械集中清理河道垃圾，整理残垣断壁，组织清扫房前屋后和户内卫生，使人居环境卫生得到改善。疫情防控方面，驻村工作队落实县里防疫工作要求，通过印制条幅、发放防疫传单，利用大喇叭宣传防疫知识，提高村民防疫意识，利用爱心超市资金为每户村民发放口罩、消毒液、洗手液等防疫物资，确保人民生命健康安全。推进移风易俗，工作队通过完善村规民约，宣传勤俭节约意识，弘扬文明新风，防止因子女不履行赡养义务和高额彩礼、大操大办等致贫返贫。关注孤困失能老人或残疾人基本生活状况，组织村民互助小组照顾其生活，岔口村驻村工作队员常年给行动不便，住处偏远的老人上门理发，取得良好社会效果。

爱心超市 省法院在爱心超市中注入资金25万元，通过规范运营爱心超市，激发群众内生动力；雨季汛期，排查各村漏雨房屋，统一修缮28户；入冬以来，对一些突发严重困难户，利用超市资金救助冬季保暖物资。宣传组织社会团体和个人给山区献爱心活动，8月接纳爱心人士捐赠新棉服89件，被子100条，10月联系杭州市紫园社区给山区捐赠140条棉被，并向困难群众发放。在大仁庄乡中心校多次开展送法进校园活动；6月开展孩子“小小心愿”携手成长活动，现场进行专题捐赠4万元；8月通过爱心人士给全校师生更换新床上用品；9月，开展机关干警爱心助学活动，给住校生捐助伙食费11700元；10月驻村工作队员们给全体在校生捐助每人1套新校服。

特色产业 产业方面，净石村由省法院捐助22万元形成的养殖肉牛产业，每年户均增收超过1万元，成为脱贫群众稳定增收的保障。黄十坡村由省法院援助的35头肉驴，受驴肉市场和阿胶产业影响，经过市场调查后，于2021年9月转产辽宁绒山羊。岔口村的中药材和小杂粮加工产业项目，资金45万元拨付到位，建设基础设施，用于服务周边各村，增加当地农产品附加值。种养方面，经过市场调查和试种，次年投资发展3项：利用高寒气候和富硒土质，在石咀村帮扶发展试种成功的有机花青素黑土豆产业，通过提高农产品品种、品质和品牌，扩大农民收入；帮扶原岔口村脱贫户种植市场经济效益较高的大榛子；帮扶清水沟村发展山羊规模化养殖。发挥和利用好帮扶单位的产业投资，给脱贫群众增收提供保障。发展旅游产业方面，利用国家以工代赈政策，申报落实因地制宜开发旅游资源。依托恒山旅游品牌，以大仁庄乡清水沟村至黄土坡村绵延12千米的山水景观为资源，拟着重开发黄土坡村的红色旅游项目，打造浑源县的党史学习教育基地，形成清水沟生态农业自然景观区、五峰山佛教旅游景区、净石村教育研学基地和民宿群、黄土坡党史学习教育基地，打造大仁庄乡全域旅游名片。 （杨 磊）

【大同市云州区“三早一宝”防返贫经验做法】 2021年，大同市云州区探索建立防返贫机制，健全完善1个方案——《云州区防止返贫动态监测和帮扶机制实施方案》，建立2项制度——联户长制度和联席会议制度，搭建1个平台——云州区防返贫监测预警和帮扶管理系统，创新1个救助基金——云州防贫宝，对易返贫致贫人口早发现、早干预、早帮扶，“三早一宝”做法机制构建起全区防返贫工作的“铜墙铁壁”，经验做法在全省全市推广。

干部联户制度 云州区在健全工作机制基础上，采取“4+1”方式预警风险。防返贫监测范围覆盖全区所有农户，重点监测脱贫不稳定户、边缘易致贫户和突发严重困难户。在自下而上“农户申报、干部排查”和自上而下“部门比对、信访舆情”基础上，采取联户长干部结对摸排采集户情信息，上至区委书记，下至村级干部，全区选拔1089名联户长，包联全区4.3万户农户，由联户长对所包联农户入户进行基础信息采集，动态监测跟踪，帮扶政策落地，调动起联户长的工作积极性和责任感，提高监测识别精准度，做到及早发现不漏一户。

智慧数据平台 委托大同市数智创盈科技有限公司，开发电脑和手机APP兼用的“云州区防止返贫监测预警和帮扶信息系统”，该系统设计八大模块，具有数据汇总、数据联通、部门协同、双端办公和全程留痕的特点。通过6大类14项监测指标，与医保、民政等14个联席会议制度成员单位的数据共享和对接，系统对所有农户信息进行分析，自动触发生成红、黄、蓝三级预警。运用大数据信息化手段进行系统性、及时性、智能化、精准化监测，通过对监测对象的跟踪监测、实时更新、科学分析，实现精准帮扶，清除返贫风险，稳定脱贫目标。把突发基本生活严重困难、“两不愁三保障”及饮水安全不达标或人均纯收入在4000元以下的农户列为红色预警重点监测对象，通过紧急救助和健康、金融（保险基金）、社会、兜底、就业等措施，立即进行一级干预；人均纯收入在4000元至6000元的农户为黄色预警监测对象，无劳动能力的，通过综合性社会保障措施，采取兜底、社会帮扶、保险等措施，进行二级干预；有劳动能力的通过产业、就业、金融（小额信贷）等开发式措施，进行三级干预；为提

前化解风险，云州区把人均纯收入在6000元至8000元的农户列为蓝色预警观测对象，通过就业、产业、志智等措施进行事前预防。与医保、民政等联席会议成员单位进行2次信息共享和比对，触发36次预警，提高预警干预速度。

帮扶措施方式　云州区按照一户一策分类帮扶原则，根据防返贫监测对象不同风险点，统筹整合各职能部门现行帮扶政策措施，确立以健康帮扶、教育帮扶、安居帮扶、就业帮扶、产业帮扶、兜底帮扶、金融帮扶、志智帮扶、社会帮扶为主要帮扶手段的九策帮扶。系统把预警的红色和黄色监测对象名单自动推送至联席会议成员单位及乡、村两级，成员单位根据致贫返贫风险针对性地制定和落实帮扶措施，乡、村两级具体落实帮扶责任，全程监督。对蓝色预警对象，系统把名单自动推送到乡、村进行重点关注。当帮扶结束后，由村级管理员对已结束帮扶的风险户进行帮扶效果评议公示，并提交公示结果。系统把公示结果推送至区级管理员浏览风险处理全过程，选择是否消除风险并提交风险消除说明。如若该户未在监测名单中则由村级进行民主评议，乡镇审核并公告公示，按照云州区“3639”方案走流程，并把名单信息推送至14个联席会议成员单位进行信息比对，同步录入印证资料，通过的纳入监测范围，未通过的排除风险预警。通过分类帮扶体系和风险预警纳入和排除，做到精准施策强化帮扶效果，增强监测保障力度。

“云州防贫宝”　“云州防贫宝”是云州区防止返贫致贫工作的一大亮点。云州区整合优化“十三五”期间给建档立卡贫困户投保的意外险、返贫险2个险种，救助对象更加广泛。以脱贫户和防返贫监测户为主，把全区农业人口全部纳入投保范围，救助对象不事前确定，不事先识别。资金是在政府投入与过去基本保持不变前提下，由财政、企业和社会三方筹集，投入资金206万元，采用基金模式管理，购买保险公司服务。当年结余资金自动滚动到下年使用，发生亏损由政府和保险公司各承担一半。对因大病住院的，提前介入干预帮扶进行“事前”救助2000元，“事中”按比例最高救助3万元，“事后”因病身故，救助2000元。对考入二本C类的定额救助3000元，对因灾和因突发意外事件的采取定损关怀救助。年底全区所有农户测算收入低于监测线6000元以下，由云州防贫宝补齐。保险公司以受理救助保险金为基数计取服务费，达到政府、保险公司和受救助户三方共赢目的。“云州防贫宝保”救助500余户，救助资金150余万元。为发挥救助基金在助力防止返贫动态监测和帮扶方面的保障作用，提供长久可持续方式和渠道，筑起最后一道“防火墙”。

健全完善长效机制　云州区上下结合基层干部日常走访排查，联户长定期摸排，问题排查整改提升专项行动等，通过发现短板弱项和共性问题，树立问题导向，过程导向和结果导向，结合全区的工作实际，探索建立长效保障机制，采取小切口立规立制的办法，通过先试验后推广办法，针对农村老龄化严重等共性问题，在西坪镇瓜园新村进行“两无”（无生活自理且无人照料）人员关爱服务示范，在峰峪乡小王村进行分散居家关爱服务示范，全区利用村集体的闲置场所进行改造，推广建设5个“两无”人员集中供养关爱服务中心，针对农村供水改革问题，在吉家庄乡南栋庄村引进第三方公司，推进智能化水表管理和计量收费改革示范；针对农村户容户貌清理参差不齐问题，在杜庄乡千千村进行户容户貌提升示范；针对其他共性问题，分别制定“整治不安全住房和容貌较差房屋的暂行办法”“防止易地扶贫搬迁农民‘两头跑’的五项措施”“关于整治农村废弃房屋、残垣断壁拆除的意见”等13个办法意见和通知。并通过典型示范引导，在全区推广，通过建章立制，形成常态化保障机制，确保巩固拓展脱贫攻坚有效衔接乡村振兴，守牢防止规模性返贫底线。（杨　磊）

措施保障

【驻村帮扶政策调整完善】　2021年，大同市乡村振兴局实行市级领导包村帮扶工作机制，35位市级领导各包3个村。调整完善驻村帮扶政策，对巩固拓展脱贫攻坚成果任务重的村、基层组织力量弱的村、易地扶贫搬迁安置点选派驻村工作队。5月24日，召开全市乡村振兴驻村第一书记和工作队出征动员大会，全市582支驻村工作队、1955名驻村第一书记和驻村干部到村工作。9月14日，市委常委、组织部部长崔巍代表大同市在全省抓党建促乡村振兴暨干部驻村帮扶工作电视电话会议上作典型发言。9月13日至18日，在大同市农村干部实训基地云冈区杨家窑培训中心举办全市驻村干部示范培训，并分批培训实现全覆盖。（杨　磊）

【防止返贫动态监测帮扶机制】　2021年，大同市县乡村面对面，集体研究推敲，建立“三类对象、四方预警、四步认定、三级干预、八策帮扶、三步消除”的“344383”大同市防止返贫致贫动态监测和帮扶机制。实行防止返贫动态监测和帮扶部门联席会议制度，加强数据共享和对接，完善部门筛查和预警，形成“对象发现、风险预警、交办核查、动态帮扶、问题消除”管理闭环，确保全市不发生规模性返贫。大同市云州区探索建立防返贫机制，健全完善1个方案——云州区防止返贫动态监测和帮扶机制实施方案，建立2项制度——联户长制度和联席会议制度，搭建1个平台——云州区防返贫监测预警和帮扶管理系统，创新1个救助基金——云州防贫宝，对易返贫致贫人口早发现、早干预、早帮扶，经验做法在全省全市推广。9月26日，全省防止返贫动态监测帮扶暨巩固脱贫成果问题排查整改现场推进会在大同市召开，肯定大同市做法，观摩考察云州区防返贫和问题排查经验做法。（杨　磊）

【乡村振兴资金项目管理】　2021年，大同市乡村振兴局落实国家、省级资金6.5亿元并全部分配给各县（区）。市级分配3.5亿元乡村振兴衔接补助资金，总量在全省各市位居第一。5月27日，全市小额信贷工作推进会召开，压实责任，明确任务，提高防范逾期风险意识，市、县两级加大小额信贷工作力度，满足脱贫户和边缘户贷款需求，做到应贷尽贷。全市发放贷款4.1亿元，完成率110.6%，发放贷款额度全省第一。逾期55万元，逾期率0.1%，逾期风险可控。全面摸清扶贫资产底数和运行状况，完善动态监管台账，落实分类监管措施，防止资产流失。全市3406个扶贫项目资产全部确权，确权率100%，位居全省第一。（杨　磊）

振兴行动

【巩固脱贫成果排查整改提升】 2021年4月，大同市政府召开专题会议安排部署全市“两不愁三保障”（不愁吃、不愁穿；基本医疗保障、义务教育保障和住房安全保障）摸排整改工作，制定“两不愁三保障”摸排整改工作方案，各县（区）对照方案要求，逐村逐户开展自查，对发现的问题及时整改。9月6日，在全省率先召开巩固拓展脱贫攻坚成果排查整改提升专项行动动员会，聚焦10个方面、25项工作重点，在全市部署开展大排查、大起底、大整改、大提升专项行动。10月18日，山西省委书记林武在左权主持召开全省巩固脱贫成果推进乡村振兴座谈会，市委副书记艾凌宇做典型交流发言。10月26日，市委常委、副市长龚孟建组织召开全市问题排查整改专项推进会，对该项工作进行再部署、再落实。全市排查出1410条问题，整改完成1394条，整改完成率98.9%，整体情况位于全省前列。剩余的16条需要长期整改的问题，明确时间表、路线图、任务书。（杨　磊）

【产业就业扶持】 2021年，大同市乡村振兴局夯实产业基础，打造有机旱作农业高质量发展示范区，培育壮大农产品精深加工产业集群，加快推进省级“北肉”和“东药材”出口（商贸）平台建设，实施雁门关农牧交错带示范区建设，发展乡村旅游，推进一二三产融合发展，构建现代乡村产业体系。增强就业能力，全市脱贫劳动力返岗复工9.4万人，占上年104%，其中省外务工1.7万人，占上年112%。乡村振兴致富带头人培训完成813人，乡村振兴带头人技能培训完成1219人。（杨　磊）

【易地搬迁后续扶持】 2021年，大同市乡村振兴局抓实易地搬迁后续扶持，聚焦全市197个集中安置点，9.5万搬迁群众，建立有制度、有标准、有队伍、有经费、有督查的“五有”工作机制。压实帮扶责任，市级领导每人帮扶1个安置区，400名第一书记、驻村工作队员覆盖全市100人以上安置区。统筹抓好产业就业帮扶，夯实稳定脱贫根本支撑。在200人左右的安置区设立扶贫车间，500人以上的设立扶贫产业园，市级财政资金优先保障16个1000人以上安置区建设配套产业园区。完善安置区基础设施配套，保障群众就医、就学、养老、入园需求。加强基层党建、基层社区治理，探索建立“党建＋社区治理”的“新市民”培育机制，形成上下联动、横向互动、覆盖广泛的社区治理体系。（杨　磊）

【大同各县区乡镇开展《中华人民共和国乡村振兴促进法》宣传活动】 2021年10月17日第八个国家扶贫日，第29个国际消除贫困日，大同市乡村振兴局组织全市各县（区）乡（镇）同步开展“10·17”《中华人民共和国乡村振兴促进法》（简称《乡村振兴促进法》）宣传活动。《乡村振兴促进法》作为中国第一部以“乡村振兴”命名的法律，是“三农”领域一部固根本、稳预期、利长远的基础性、综合性法律，对于促进乡村产业振兴、人才振兴、文化振兴、生态振兴、组织振兴和推进城乡融合发展具有重要意义。活动期间，各县（区）乡村振兴局结合地方实际，根据不同年龄人群的特点和需求，开展针对性法治宣传教育活动，使《乡村振兴促进法》宣传更加贴近基层、贴近群众，增强普法实效。通过宣传《乡村振兴促进法》，形成全方位、渗透式普法宣传格局，引导全社会关心、支持、参与乡村振兴工作，给建设现代化农村营造良好法治环境。（杨　磊）

【农村“颐养工程”实施方案】 2021年，大同市在山西省率先出台《农村“颐养工程”实施方案》（简称《实施方案》），以实现巩固脱贫攻坚成果同乡村振兴有效衔接，让广大农村老年人共享改革发展成果，解决农村“养老难”这一社会问题。《实施方案》针对农村老年人这一极易返贫致贫的特殊群体，明确6种筹资方式，采取6种服务模式，开展“六助”（助救、助餐、助医、助洁、助购、助娱）服务，探索构建县、乡、村三级农村养老保障体系，实现农村困难老人“老有所养”。

服务对象　服务对象是具有县（区）户籍或县（区）常住5年以上，60周岁及以上的分散供养的特困人员、低保及低保边缘户、防返贫监测户、无生活自理能力且子女无法照料或无赡养能力的老年人和70周岁以上“空巢”、失独、独居老人，特别是明确子女有赡养能力的以子女赡养为主。

六种筹资方式　（1）财政补贴。落实农村养老机构省、市、县三级财政建设补助和运营补贴政策。（2）衔接资金。过渡期内，从省市县衔接乡村振兴资金中列支一定比例一次性支持农村“颐养工程”。（3）专项彩票公益金。落实中央和省级专项彩票公益金用于农村养老工作，市级彩票公益金对农村养老事业重点倾斜。（4）光伏收益。村级可利用光伏收益设置养老服务公益岗和补贴颐养服务站运营费用。（5）“孝养基金”。鼓励支持通过“村级出资一部分、社会捐助一部分、家庭支付一部分”设立“孝养基金”，重点补贴村级颐养服务站。（6）社会帮扶。引导社会力量、慈善资金和志愿服务投入农村养老服务事业，依法为其落实各种税收优惠政策。

六种服务模式　（1）集中供养。特困人员可安排入住集中供养机构。探索建立吸纳低保或低保边缘老年人入住集中供养机构的补贴制度。（2）日间照料。对行动方便、子女日间不便于照顾的老年人，可安排到日间照料中心或村颐养服务站进行日间照料。（3）定期巡访。村“两委”干部、驻村干部、第一书记定期电话问候、上门探访空巢、独居老年人，开展助医、送餐、保洁、救治、陪护等服务。（4）结对帮扶。探索建立市县规模较大、条件较好的养老服务机构和医疗卫生机构对农村颐养服务站进行结对帮扶机制，定期开展业务培训和专业服务支持，对老年人开展体检、理发、照相、娱乐、心理咨询等关爱服务。（5）邻里照护。发挥村级党员、先进模范、星级文明户示范作用，通过志愿服务、结对照护等方式对孤寡老人开展养老服务。（6）社会养老服务模式。对年龄较大、有入住意愿的非特困人员，可帮其联系社会养老机构吸纳入住。各县（区）要探索通过政府购买服务方式托管运行村级颐养服务站。

“六助”服务　（1）助救。与“110”“120”等救助机构建立救助机制，提供突发大病或意外伤害救助服务。（2）助餐。有日间照料中心的村可给老年人提供收费合理午餐；对因病因残等出行不便的老人，村颐养服务站可安排临时送餐。（3）助医。村级卫生室定期为老年人提供健康检查等服务；给身体不适、行动不便的老年人提供上门诊疗服务。基层医疗卫生机构要与养老服务机构签约，提供医疗服务。（4）助洁。对因病因残等生活不便的老年人，提供临时或定期居家打扫、衣物清洁、个人卫生等助洁服务。（5）助购。提供代买生活物品、代领物品、代缴费用等服务。（6）助娱。提供娱乐活动场所和必要的设备，开展送戏下乡等符合乡风文明的各类文娱文体活动，丰富老年人精神文化生活。

《实施方案》以大同市云州区为县域试点，其余各县（区）甄选3～5个建制村（重点帮扶县须有1个易地搬迁集中点的村）为试点先行先试，提供服务多样化、运行可持续、费用可承受的养老服务，用1年时间探索建立起功能完善、规模适度、运转有序的农村养老模式，在此基础上全市逐步推开。（杨　磊）

【大同市“十个一”夯实驻村帮扶工作】 2021年，大同市坚持“十个一”工作机制，夯实驻村帮扶工作，巩固脱贫成果、提高驻村水平、压实帮扶责任，巩固提升驻村帮扶成效。

开展“一轮培训”　9月14日至17日、10月25日至11月17日，大同市干部驻村工作领导小组联席办公室在云冈区、云州区、灵丘县、浑源县分2次，通过现场授课和视频授课方式对全市1955名驻村干部进行培训，学习由省乡村振兴局法规处、监测站、驻村处、考核处、计财处、移民处负责人及中共大同市委党校教授讲授的乡村振兴政策法规、防返贫动态监测、干部驻村工作、巩固拓展脱贫攻坚成果后评估和第三方评估、资金使用和项目管理及乡村建设与乡村治理等方面的课程。经过培训，在全省率先完成驻村干部培训全覆盖。

记录“一本日志”　建立“一本台账”　大同市干部驻村工作领导小组联席办公室给全市每名驻村干部印发一本工作日志，给每个派驻村印发一本工作台账，如实记录驻村第一书记和工作队员在建强村级班子、巩固脱贫成果、推进乡村振兴、提升治理水平、为民办事服务过程。日志记录驻村干部日常工作情况，台账反映村情民意，有利推动工作开展。

制定“一个学习制度”　大同市干部驻村工作领导小组联席办公室按照中央、省市有关要求，制定培训计划，坚持常态化培训，市、县、乡三级和工作队队长定期组织开展培训，做到培训常态化、全覆盖，在此基础上做好全面化、精细化、多样化培训，从根本上解决驻村干部政策不清、任务不明、经验不足问题。

印发“一个通报”　大同市干部驻村工作领导小组联席办公室多次对驻村工作进行抽查暗访，对抽查发现的“五天四夜”执行不到位、工作作风不扎实等问题全市通报批评，对省法院派驻浑源县大仁庄乡包村工作队长岳琳媛、大同市经济建设投资集团有限责任公司派驻广灵县探堡村第一书记兼工作队队长陈磊、大同大学派驻阳高县罗文皂镇七墩村第一书记兼工作队队长葛振斌等先进事迹和优秀干部全市通报表扬。

建立“一个微信群”　大同市干部驻村工作领导小组联席办公室建立“大同市驻村帮扶工作群”“乡村振兴第一书记工作队长联络群”“市派帮扶单位工作群”等微信群，便于和各县（区）驻村工作负责人及驻村干部联系沟通，第一时间传达工作要求、听取基层情况、掌握工作动态，提升工作效率。

组织“一次征文”　大同市干部驻村工作领导小组联席办公室组织“弘扬脱贫攻坚精神，奋力推动乡村振兴”征文活动，以贯彻习近平总书记关于建设乡村振兴干部队伍的重要指示，树立典型人物、引导舆论宣传、激发干事热情。收到来稿120余件。经过市驻村工作联席办初审，大同大学专家复审，评出一等奖13名，二等奖20名，三等奖26名，同时颁发荣誉证书，印制《优秀作品汇编》。

组织“一次体检”　大同市干部驻村工作领导小组联席办公室联合市总工会、市慈善总会拨款80余万元，从6月份开始，分期分批给全市1888名驻村干部进行免费体检，建立健康档案，开展健康跟踪服务，在全省属首家。对后续不断增派的驻村干部也开展体检，确保全市驻村干部“人人都体检、各个有档案”。

树立“一批典型”　大同市干部驻村工作领导小组联席办公室通过举办驻村成果展，日常检查工作等途径，发现一批爱岗敬业、为民办事、热爱乡村振兴事业的优秀驻村干部和先进事迹，树立一批先进典型，突出“重基层、重一线、重实绩”导向，激发驻村干部主动投身一线建功立业。

组织“一次考核”　大同市干部驻村工作领导小组联席办公室突出考核的针对性、时效性，坚持“有为有位”用人导向，加大考核结果运用，组织考核，开展述职，确保驻村干部身到、心到、工作到、问效到。（杨　磊）

参与合作

【社工组织和志愿组织参与乡村振兴】 2021年3月17日至18日，大同市民政局依托省民政厅“三区计划”阳高项目组，在大同市阳高县东小村镇新东村开展“汇聚社工力量，助力乡村振兴”社工日主题宣传活动，项目组立足新东村服务特点，从领导—骨干—村民三个层面逐层渗透宣传，引导不同层次群体去了解社会工作、支持社会工作发展。4月14日，组织“三区计划”阳高项目社工与大同朝聚安康眼科医院医生志愿者给阳高县新东村村民开展“小社工、传大爱”社工牵手志愿者义诊关爱活动。5月27日，“三区计划”阳高项目组在新东村开展“拥党聚民心，邻里一家亲”主题活动，表彰家风示范家庭和村民自治优秀个人，起到示范引领作用，给助力乡风文明建设赋能。

（秦　超）

【医疗保障衔接乡村振兴】 2021年，大同市结合实际，制定出台《关于巩固拓展医疗保障脱贫攻坚成果有效衔接乡村振兴战略的实施方案》（简称《实施方案》），在脱贫攻坚目标任务完成后，对摆脱贫困的县（区）在规定5年过渡期内，通过优化调整医疗保障帮扶政策，健全防范化解因病返贫致贫长效机制，逐步实现由集中资源支持脱贫攻坚向统筹基本医保、大病保险、医疗救助三重制度常态化保障平稳过渡。

《实施方案》优化完善脱贫攻坚期大同市阶段性医疗保障帮扶政策。原农村建档立卡贫困人口医疗保障帮扶政策执行到2021年底。从次年1月1日起，对特困人员、低保对象和乡村振兴部门认定的返贫致贫人口等执行参保分类资助、基本医保普惠、大病保险倾斜、医疗救助托底保障政策。稳定脱贫人口不再享受资助参保政策。2022年至2025年，易返贫致贫人口，参加城乡居民基本医疗保险个人缴费部分按每人每年280元的标准定额资助；返贫致贫人口按个人缴费标准90%的比例给予定额资助。次年起，特困人员给予全额资助，低保对象、丧失劳动能力残疾人按个人缴费标准80%的比例给予定额资助。资助参保所需资金由医疗救助基金负担。次年1月1日起，停止执行原农村建档立卡贫困人口在县域内、市级、省级住院医保目录内费用年度0.1万元、0.3万元、0.6万元自付封顶政策，执行大同市统一的城乡居民基本医疗保险政策。城乡居民大病保险继续对特困人员、低保对象、返贫致贫人口实施倾斜支付，起付线降低50%，报销比例提高5个百分点，次年1月1日起取消封顶线。夯实医疗救助托底保障政策，执行全市统一的医疗救助待遇政策。特困人员目录内个人自付住院医疗费用由医疗救助给予保障。返贫致贫人口目录内个人自付住院医疗费用，按70%比例给予医疗救助，省内住院单次目录内费用综合支付比例达不到90%的，救助到90%。低保对象、重点优抚对象目录内个人自付住院医疗费用，按70%比例给予医疗救助，年度最高救助限额6万元。完善门诊医疗保障政策，加大门诊医疗救助力度，门诊和住院救助共用年度救助限额，纳入门诊慢性病和门诊特药保障范围的特困人员、低保对象和返贫致贫人口，门诊政策范围内费用经基本医保、大病保险报销后，剩余部分给予一定比例的医疗救助。次年1月1日起，停止执行原建档立卡贫困人口补充医疗保险制度。继续执行定点医疗机构目录外控费比例的规定，特困人员、低保对象、返贫致贫人口在省内一类、省市级二类、县级二类及三类收费标准定点医疗机构住院目录外费用分别不得超过总费用的30%、20%、15%，凡超过控制比例的费用均由医疗机构承担。过渡期内，返贫致贫人口省内住院目录外控制比例范围内的住院医疗费用，由医疗救助基金按85%比例救助。

《实施方案》建立健全防范化解因病返贫致贫长效机制，确保农村低收入人口应保尽保，严禁超越发展阶段、超出承受能力设定待遇保障标准，杜绝增加待遇加码政策。民政、乡村振兴部门要依托农村低收入人口监测平台、防返贫监测信息系统，做好因病返贫致贫风险监测。建立依申请救助机制，把发生高额医疗费用的易返贫致贫人口和纳入乡村振兴部门监测范围的严重困难对象、因高额医疗费用支出导致家庭基本生活出现严重困难的大病患者，纳入医疗救助范围，防止因病返贫致贫。大同市提升经办服务能力，合力降低看病就医成本，引导实施合理诊疗促进有序就医，以推进医疗保障和医疗服务高质量协同发展。

（墨　竹）

【规划和自然资源局推动乡村振兴】 2021年，大同市规划和自然资源局推进易地扶贫搬迁复垦绿化、林业生态帮扶、不动产权证登记发放等方面工作，巩固提升脱贫成果，衔接乡村振兴。全市应复垦复绿359个自然村、28957户，拆除359个自然村、28957户，拆除率均是100%；复垦复绿359个自然村、28957户，复垦复绿率均是100%。易地扶贫搬迁不动产权证登记发放方面，易地扶贫搬迁不动产权证全部发放到户或安置点。拓展林业资产收益模式，在上年4个试点县先行开展林业资产收益工作基础上，向全市各县（区）推广。推动林下示范基地和特色林业产业示范基地建设，委托市防治检疫监测中心组织技术人员对浑源县2021年林下经济示范基地100公顷柴胡任务进行验收，完成对天镇县、浑源县和云州区3个次年林下经济示范基地项目的初审及申报工作，委托市防治检疫监测中心组织技术人员对浑源县2021年特色林业产业示范基地40公顷山桃项目进行验收，完成浑源县、云州区2个次年特色产业示范基地项目申报工作。推进“企业＋基地＋农户”发展模式，对接全市涉林企业组建全国名特优林产品线上展示、销售和配套服务的林特产品山西馆，组织大同市5家涉林企业参加成都第104届全国糖酒交易博览会，完成对大同市左云县云中紫塞食品有限责任公司国家林业重点龙头企业的申报工作。“龙头企业＋示范基地＋农户”发展模式，带动第一产业发展，使第一产业、第二产业相互促进，协调发展。（夏　捷）

【科技局推动乡村振兴】 2021年，大同市科技局对口扶贫村天镇县赵家沟乡柳子堡村距离县城25千米，距离乡政府5千米，有146户348人。全村有土地213.9公顷，其中耕地132.5公顷，退耕还林81.4公顷，全部是旱地。市科技局驻村工作队对全村住户入户走访，掌握了解村民的健康状况、劳动技能、务工情况和参保情况等信息，到田间地头，访查了解农时农情，帮助村民秋收，参与农活，减轻村民负担。黄花采摘季，工作队发挥模范带头作用，带领村民3点进入产业园抢收黄花，全村采摘黄花1万余斤，历时40余天，给村民增收2万余元，完成抢收任务。邀请大同市第五人民医院医疗团队到柳子堡村给村民开展义诊活动，针对当地村民常见病症，现场给村民进行血糖、血压、类风湿性关节炎、骨病、心电图检测等诊断活动，并根据现场诊断结果，给70余位村民提供服务。免费给村民发放药品300余盒，联系爱心人士向柳子堡村卫生室捐赠村民亟须常用药200余盒。组织3次“衣旧深情”衣物募集活动，给村民募集到各类衣物1000余件。看望村里生活困难的残障人士，给其捐赠衣物和牛奶等慰问品。向县、乡两级政府申报柳子堡村主河道泄洪坝项目，利用市乡村振兴专项帮扶资金12万元开工建设防洪主坝200米、配套水泥路面150米工程，改善村子防洪能力。（杨麒玉）

【邮储银行助力乡村振兴】 2021年，邮储银行大同市分行扛起金融精准扶贫责任，衔接乡村振兴决策部署，布局安排自身工作，满足脱贫人口小额信贷需求，支持脱贫人口发展生产稳定脱贫。落实包干责任制，认领5870万元投放任务，对接云州区、新荣区、阳高县、天镇县、浑源县、广灵县、灵丘县18个乡镇，了解掌握责任区域实际情况，收集建档立卡脱贫户和边缘易致贫户需求，按照应贷尽贷原则，对能贷且有还款意愿的农户进行放款，对不符合条件、或没有意愿的农户造册登记，逐步完善名单制管理体系，全年投放脱贫人口小额贷款5886万元，占年计划100.3%。

（罗红艳）

【人寿保险助力乡村振兴】 2021年，中国人寿保险股份有限公司大同分公司落实助推乡村振兴主体责任，成立助推乡村振兴工作领导小组，“大病保险+扶贫补充+受托管理”全方位、多层次保险扶贫模式。执行向贫困人口倾斜政策，减轻贫困人口医疗负担，并做好定点帮扶工作。全年针对建档立卡贫困人口的大病医疗保险赔付1567人次，赔付金额537.8万元；承办扶贫补充保险，协议保费75.9万元，赔付2296人次，赔付金额57.4万元；国寿“扶贫保”综合意外保险业务承保超过15.6万人，保费607.6万元；全市承保第一书记和驻村工作队员678人，保费70.1万元；在全市2个重新确认的乡村振兴帮扶点派驻驻村干部5人。（尹俊杰）

【大同师范助力乡村振兴】 2021年，大同师范高等专科学校发挥职业教育在巩固拓展脱贫攻坚成果同乡村振兴有效衔接的作用，开创阳高县下神峪村巩固拓展脱贫攻坚同乡村振兴有效衔接模式。该校领导班子成员经常到村，加强村级党组织建设指导，加大村党支部标准化建设，给下神峪村的党建工作做指导性意见，该村被授予阳高县基层先进党组织称号。给下神峪村投资17.4万元维护“百亩杏林基地”和“南沟湾经济林基地”，协助完成两基地的林下套种，投入32余万元用于下神峪村的帮扶工作和爱心超市运营。村级经济效益13余万元，初步实现集体经济稳定增长。（李志宇）

【机场助力乡村振兴】 2021年5月26日，大同云冈机场乡村振兴驻村工作队进驻广灵县壶泉镇赵庄村开展乡村振兴驻村帮扶工作。机场公司党委实地走访了解赵庄村农业生产基础设施、村容村貌及标准化种植大棚、养猪场等产业发展情况，召开4次专题会议，研究驻村帮扶工作。帮助申报赵庄村农业社会化服务体系项目，项目投资估算总额150万元，获批准并投入实施。9月23日，在第四个中国农民丰收节与深圳航空公司、昆明航空公司共同举办“丰秋深昆会，游购话灵丘”直播活动，直播以推荐灵丘文化旅游资源为依托，宣传大美灵丘，帮助带货当地特色品牌农产品，助推康养乡村游，把直播与航线航班营销融合，推介航线航班、发布航班时刻及优惠政策、介绍通航目的城市旅游信息等，该次直播在线观看人数峰值2万余人，点赞5万余次；以机场公司投资、职工捐赠筹集物品方式，成立“乡村振兴爱心超市”，激励村民通过积分在“爱心超市”换取相应生活、生产用品。帮助村民销售农副产品，白菜、圣女果、豆角、小米等价值7.3万元，联系市级医院给39名65岁以上老人免费进行健康体检。

（韩向荣）

【市桦林背林场助力乡村振兴】 2021年，大同市桦林背林场从天镇县新平堡乡新平尔村村情实际出发，从农户所需、所盼、所想出发，学习乡村振兴政策，通过入户走访调研，了解农户生产生活情况。围绕农户“两不愁三保障”问题，做好村防止返贫动态监测和帮扶机制工作。制定《大同市桦林背林场关于扎实开“我为群众办实事”实践活动的行动方案》，完成“为群众办实事”事项8项。组建大同市桦林背林场“乡村振兴”工作队，到新平尔村开展帮扶工作，给村委会购置过冬取暖用煤，给爱心超市捐赠物品，购买当地农副产品，开展“元旦”送温暖慰问活动，参加2021年度“博爱一日捐”募捐救助活动，改造场部绿化及环境等助力乡村振兴。落实省、市、县、镇召开的农村人居环境“六乱”整治百日攻坚专项行动动员部署会议精神，深化村庄清洁行动成效，集中对村容村貌、垃圾污水、田间庭院、交通沿线等重点区域进行整治，清理整治乱堆乱放、乱贴乱画等3处，消除破旧裸露墙体1处，清理河岸垃圾500吨，清理村内垃圾300吨，复垦农田面积2公顷，出动清理人数151人次。

（市桦林背林场）

乡村建设

【农村人居环境“六乱”专项整治】 2021年，大同市成立由市委副书记、政法委书记艾凌宇，市委常委、副市长龚孟建任组长的市农村人居环境“六乱”整治百日攻坚专项行动领导小组，制定印发《大同市农村人居环境“六乱”整治百日攻坚专项行动方案》。5月16日，召开全市农村人居环境“六乱”整治百日攻坚专项行动动员部署会；7月20日，召开全市农村人居环境“六乱”整治百日攻坚专项行动推进会。市、县两级投入“六乱”整治资金1.1亿元，群众筹劳28.93万人次。“六乱”整治百日攻坚期间，全市96个乡1321个村，宣传发动农民参与42.8万户，清理整治路面污水2723处，消除交通安全隐患1928处，清理各类垃圾66万吨，取缔违法占地426处，整治提升交通沿线加油站站内厕所达到星级标准94个。大同市“六乱”整治专项行动工作在全省“六乱”整治专项行动通报表扬中排名第二。（杨　磊）

【乡村建设评价】 2021年，大同市灵丘县被确定为乡村建设评价样本县，评价范围涉及灵丘县11个乡镇、186个建制村，重点评价对象3个乡镇。9月底，大同市完成灵丘县乡村建设评价试点村级数据、县级数据、市级数据录入工作。（乔晨曦）

【农村社区试点】 2021年，大同市天镇县李二口村、广灵县易和村是大同市完整农村社区试点村。天镇县、广灵县住建局通过宣传美好环境与幸福生活共同缔造理念，发挥村民主体作用，调动广大农民群众参与村庄人居环境建设和整治，降低后期维护费用，帮助部分贫困户增收，实现“一举多得”。（乔晨曦）

【传统村落保护】 2021年，大同市住房和城乡建设局为用好用活国家专项保护资金，监控各传统村落专项资金，主要用于农村基础设施和环境整治、防灾灭灾设施建设、传统建筑修复、历史环境要素保护等内容，改善人居环境和基础设施。7个传统村落保护项目完成5个，投资2108万元。剩余2个传统村落保护项目完成投资630万元。5个传统村落数字博物完成数据资料收集，并把数据上传网络，待省、住建部审查。传统村落保护中存在资金少，城市建筑模式向农村蔓延建设性破坏问题，使得传统村落的保护和发展面临考验和压力。（乔晨曦）

【农村生活垃圾收运体系建设】 2021年，大同市农村生活垃圾采用中转站转运、车辆直运、地埋桶直运3种方式收运。配置固定式中转站94座、移动式转运站29座、机动电动三轮运输车780辆、大型机动及压缩转运车261辆、村内清扫车3274辆。收运体系覆盖大同市1426个建制村、621个自然村，覆盖率均是100%。（刘继超）

【农村生活垃圾分类试点】 2021年，大同市灵丘县（灵丘县是省级农村生活垃圾分类试点县）农村垃圾分类采取“四分法”，在22个示范村先行先试，在148个重点村和公路沿线的生活垃圾开展分类治理。对可回收垃圾由村民自行处理，或由废品收购人员上门收集；对渣土垃圾采取不出村就地铺路填沟；对有害垃圾由居民分类存放，保洁人员上门收集，定期由第三方运营机构进行转运；其他垃圾进入生活垃圾卫生填埋场，截至2021年底，配置分类垃圾桶300组。（刘继超）

【村级电站管护持证上岗培训】 2021年，大同市乡村振兴局与山西省乡村振兴局、国家电网光伏学院对接，与各项目县（区）上下联动、合力推进村级电站管护持证上岗培训。村级电站管护持证上岗培训对象是所有农户，重点以脱贫劳动力为主，优先保障脱贫不稳定户、边缘易致贫户和突发变故困难户。培训采取理论学习和岗位实操两种方式集中授课，主要内容涉及基本理论、业务能力、安全防范知识3个方面。培训完成后，学员通过“全国光伏监测”APP完成线上考试，成绩合格者才能获得培训合格上岗证书。大同市191名农民通过专业培训，获得村级电站管护上岗证。（墨竹）

乡风文明

【“大同好人”推荐活动】 2021年3月，由市委宣传部、市文明办组织开展的2020年度“大同好人”推荐活动结果出炉，推出助人为乐、诚实守信、见义勇为、敬业奉献、孝老爱亲5个类别的10位好人。获得上年度“大同好人”称号的分别是：云州区广播电视台赵树官、新荣区花园屯中学李欣获助人为乐“大同好人”称号；云冈区政协管民涛、阳高县公安局韩承霖获见义勇为“大同好人”称号；广灵县双江草业公司赵官、阳高县兴喜配送中心郑英获诚实守信“大同好人”称号；平城区税务局王小峰、市消防救援支队特勤大队一站力创才获敬业奉献“大同好人”称号；左云县店湾镇刁落寺村李宝、灵丘县东河南镇下野窝村王隆菊获孝老爱亲“大同好人”称号。（墨竹）

【科创中国·“劳模九村+”合作会议】 2021年6月27日，以弘扬“三牛”（为民服务孺子牛、创新发展拓荒牛、艰苦奋斗老黄牛）精神、促进乡村振兴为主旨的2021科创中国·“劳模九村+”合作会议在全国文明村大同市云冈区口泉乡杨家窑村举办。“劳模九村+”是2019年由山东莒县陵阳街村、重庆海龙村、山西杨家窑村、湖北谷城县堰河村、河北黄儿营西村、湖南麻阳楠木桥村等9个全国劳模所在村庄自愿发起组织的。该届合作会议是第三届合作交流，参与合作成员村庄27家，全部是全国和省劳动模范、五一劳动奖章获得者、全国或省人大代表、全国或省级基层党组织、全国或省级文明村镇等所在村庄。科创中国·乡村振兴联合体主席团副主席、中国国土经济学会首席顾问周建代表国土气候旅游经济研究课题组提交杨家窑村名列“今日国土夏养之乡”评价证书，中国国土经济学会秘书处党支部与杨家窑村党总支签订基层党组织共建协议。会议宣布“劳模九村+”合作会议成员整体加入科创中国·乡村振兴联合体。（墨竹）

【全省学雷锋志愿服务先进典型】 2021年8月，山西省委宣传部、省文明办、省民政厅等14个部门在全省组织开展宣传推选学雷锋志愿服务先进典型活动，经过全省各市各有关部门择优推荐、专家评审、媒体公示等环节，次年初名单公布，58名志愿者被推选为“最美志愿者”，23个志愿服务组织被推选为“最佳志愿服务组织”，24个志愿服务项目被推选为“最佳志愿服务项目”，15个社区被推选“最美志愿服务社区”，24名志愿服务工作者被推选为“志愿服务先进工作者”，24名志愿者被推选为“新冠肺炎疫情防控最美志愿者”。大同市入选的有：市劳模志愿服务队的孙秀兰、市博物馆文化志愿服务队的王艳荣、市摄影家协会的安晋华入选“最美志愿者”；国家税务总局大同市税务局志愿服务队入选“最佳志愿服务组织”；中国·大同“净水鸟”环保公益活动项目入选“最佳志愿服务项目”；平城区新旺街道御锦源社区入选“最美志愿服务社区”；市博物馆的殷燕入选“志愿服务先进工作者”；广灵县心连心公益协会的郭永凤入选“新冠肺炎疫情防控最美志愿者”。（墨竹）

【李萍入围“中国好人榜”】 2021年8月，中央文明办发布2021年7月“中国好人榜”，全国102位助人为乐、见义勇为、诚实守信、敬业奉献、孝老爱亲的身边好人上榜。大同市阳高县狮子屯乡燕窝村农民李萍上榜“助人为乐好人”。

李萍一生探索科学种田，大爱守护乡里乡亲。1979年，16岁的李萍高中毕业后外出务工谋生，却一直惦记着养育自己的农村。1987年8月，李萍放弃转正式工机会，选择回村务农。从24岁返乡至2021年，34年间，李萍在承包地里试种各种农作物和果树，试用露地杏树与温室樱桃、葡萄、大杏的反季节栽培，应用温室远程智能温控系统和滴灌系统，反光膜、高效叶面肥喷打，间、混、套等48项实用新技术，其中9种农作物、3种果树的37个新品种和12项实用技术在当地得到推广。他一直追求共同富裕，领着干、破难题、传技术、搞促销，引领广大农民增收致富；他一辈子情系乡里乡亲，哪里有需要就到哪里，帮资金、帮干活，从不提任何报酬，用实际行动诠释着助人为乐的高尚情操。作为一名党员，李萍在依靠科技带富乡亲的同时，还热衷于扶持贫困户，献出爱心一片。先后获评全国劳动模范、全国青年星火带头人，省特等劳动模范和“申纪兰式”的模范农民、农村拔尖乡土人才等。（墨竹）

【王亮儿入围“中国好人榜”】 2021年10月，中央文明办发布2021年8月“中国好人榜”，大同市晋能控股装备制造集团金鼎公司员工王亮儿以“无惧烟熏火烤、勇敢男子救火场”事迹入围8月见义勇为类“中国好人榜”。

4月21日，王亮儿下班回家，刚停稳车听到有人大喊“着火了！快来人啊！”顺着声音望去，正对着他家的四层楼上，冒着滚滚浓烟，王亮儿凭借单位日常消防应急演练积累的专业知识，意识到这是一场初起火情，如果行动迅速，控制火势的希望很大。王亮儿迅速转身，穿过围观群众，向附近车主借来一瓶车载灭火器，便向火场跑去。进到屋内，面对被浓烟吞噬、热油飞溅、噼啪作响的厨房，他拉开灭火器安全栓冲进火场，不顾自身安危，对准起火点开始喷射，直至火情得到控制，王亮儿又无声地消失在人群里。王亮儿的见义勇为壮举，源于他认真、踏实做人做事的态度，他先后获山西省省属国有企业第三届道德模范、金鼎公司先进工作者等称号。（墨竹）

【温军获全国道德模范提名奖】 2021年11月5日，第八届全国道德模范颁奖仪式在北京举行，68人被授予第八届全国道德模范称号，254人被授予第八届全国道德模范提名奖。其中，大同市天镇县博诚蔬菜有限责任公司总经理温军获第八届全国道德模范提名奖。温军，1989年出生于天镇县，2016年返乡创业，坚守“公道凭心、诚信为金”信条，以过硬产品质量、良好经营信誉，做大做强企业。他的农产品加工出口企业在当地很有名气，产品获得业界认可并远销海外，还解决农民增收问题，给当地农产品加工业转型增效闯出一条新路子。多年来，他带领团队搭建质量追溯平台，并负责科技部“农产品追溯平台”课题，让食品加工全流程可视、可信。2016年，温军给天镇县许家窑村大学生和残疾人捐款4.5万元；2018年资助退休老干部15万元；2019年出资10万元给三十里铺乡修桥；2020年捐助天镇县红十字会和山西青年发展基金1.5万余元等。曾先后被授予山西省劳动模范、山西省脱贫攻坚先进个人等称号，入围“中国好人榜”。（墨竹）

【见义勇为先进个人受表彰慰问】 2021年11月16日，大同市召开全市见义勇为表彰会暨新闻发布会，表彰慰问全市各条战线涌现出来的见义勇为人员。根据《山西省见义勇为人员保护和奖励条例》和《大同市见义勇为人员表彰奖励细则》，大同市见义勇为协会决定表彰奖励白二小、刘玉、李永飞、贺向文、石晓伟、张云儒、包波、潘军、刘大为、侯捷10名见义勇为人员。其中，1人获一等奖，6人获二等奖，3人获三等奖，分别奖励每人5万元、2万元、1万元。该次受到表彰的先进个人，有的不顾个人安危，协助民警抓获犯罪嫌疑人；有的耐心劝导，勇救轻生女子；有的快速反应，及时救助受伤路人等，他们在人民群众生命财产受到威胁的危急关头挺身而出，表现出强烈的社会责任感和正义感。大同市见义勇为协会还给3名生活困难的见义勇为人员发放慰问金。（墨竹）

【刘云飞家庭入选全国“最美家庭”】 2021年11月28日，中央宣传部、中央文明办、全国妇联召开加强家庭家教家风建设工作推进会，揭晓999户2021年全国“最美家庭”，其中大同市天镇县南高崖乡水冲口村播绿护绿的刘云飞家庭上榜。

刘云飞家庭祖孙三代坚守荒山40年，凭着吃苦耐劳精神，一棵树一棵树地栽，一亩林一亩林地成，一辈子一辈子地守，让灵官庙山九沟十八岔的坡梁都披上绿装。刘云飞的爷爷刘瑞成老人是老党员，1978年主动向乡镇请缨要到村子东北杜家沟尽头的灵官庙山植树造林。傍着山根搭窝棚，开始大山造林生活。这一住就是20个年头。刘瑞成活88岁一直没有离开过大山，他走后，儿子刘圣子承父业，继续用心血和汗水绿化荒山。1998年春节，刘圣说服在外打工的4个儿子们都回来，上山种树。作为长子的刘云飞主动放弃到城市打工机会，选择上山继承祖辈的绿色梦。就这样，一老四少一边在大山里植树护林，一边利用这里环境种植药材、养殖家畜。几年下来，荒山越来越绿，成林规模越来越大。2015年，农场成林面积达到4000余亩，他们又和乡政府签订合同，承包荒山8000余亩。2016年刘家兄弟注册成立“福祥生态家庭农场”，存栏羊400余只、猪20余头、驴20余头、鸡100余只。刘家祖孙三代40年坚守让一座荒山变成金山。光秃变成绿林，青丝变成白发。唯一不变的是祖孙三代那份播绿护绿的情怀。他们的坚守和传承，为捍卫“大同蓝”、建设绿色生态宜居大同做出积极贡献。（刘云飞）

【吴学军家庭入选全国“最美家庭”】 2021年11月28日，中央宣传部、中央文明办、全国妇联召开加强家庭家教家风建设工作推进会，揭晓999户2021年全国“最美家庭”，其中大同市云州区热心公益的吴学军家庭上榜。

吴学军夫妇结婚10多年以来相敬如宾，在工作上爱岗敬业，事业有成；在生活中孝敬父母，善待邻里。他们有3个孩子，是一个和睦的5口之家。吴学军爷爷是一位残疾军人，他从小受家庭熏陶，传承红色基因、发扬革命精神、弘扬家国情怀。家庭的耳濡目染让他无怨无悔传递着社会正能量，吴学军从2006年走上公益路，曾给烈士寻找遗骸，帮助贫困大学生返回校园，帮助困难家庭、孤寡老人，使许多在绝境中的人看到希望，公益15年累计捐款40余万元。在新冠肺炎疫情期间，他组织当地世纪华联超市给辖区6个高速口和各乡镇的防控工作者们送去价值1万元的方便面和矿泉水；自己从消毒液加工厂购买200公斤消毒液捐赠瓜园村、黎峪村、西册田村，同时给这些村和马连庄高速一线工作者赠送200个口罩。通过自媒体平台——“学军的农村生活”，用今日头条、百家号、网易号、一点号、企鹅号等记录当地各乡镇的战疫工作宣传，用网络武器宣传新型冠状病毒的正确防护措施，用视频传递人间真情，鼓舞士气，30余个视频记录20余个村子的“战疫”事迹，每个视频播放量基本在50万左右，最高的1个（口罩的正确使用和消毒丢弃措施）播放量123万。（吴学军）

【大同4户家庭入选三晋“最美家庭”】 2021年11月29日，山西省文明办、山西省妇联揭晓44户2021年上半年三晋“最美家庭”。其中，大同市帮助群众解决实际困难的古海军家庭，“火焰蓝”与“天使白”完美组合的力创才家庭，善良感恩的王海霞家庭，及牺牲小我、顾全大局的侯建权家庭上榜。（墨竹）

【大同2教师入选“山西好人”榜】 2021年12月，2021年下半年“山西好人”榜揭晓，大同市小学教师张辉、史丽云上榜，分别当选山西敬业奉献好人、山西孝老爱亲好人。该次评选是经各市、省直各工委文明办推荐，省文明办研究，评选出山西助人为乐好人、山西见义勇为好人、山西诚实守信好人、山西敬业奉献好人、山西孝老爱亲好人共25人。山西敬业奉献好人张辉是大同市平城区文兴小学教师，扎根乡村学校20余年，她立德树人、教书育人、以文化人、守望成长，努力提升学生思想道德、科学文化素质，教育科研双丰收。她主持的《小学语文教学中阅读理解的创新策略探究》课题获中国管理科学研究院基础教育科研成果一等奖。山西孝老爱亲好人史丽云是大同市平城区第42小学校教师，她以孝道为荣，以奉献为荣，在平凡中用实际行动展示共产党员的先锋模范作用和孝老爱亲的高尚品德。（墨竹）

美丽乡村

【5村入选“山西美丽休闲乡村”】 2021年9月，“山西美丽休闲乡村”入选名单公布。“山西美丽休闲乡村”评选活动由省农业农村厅、省文化和旅游厅联合开展，经村级申请、县级审核、市级推介、省级专家评选，评选出2021年“山西美丽休闲乡村”100个，大同市入选的村分别是：灵丘县红石塄乡下车河村、独峪乡花塔村、红石塄乡边台村、红石塄乡下沿河村，左云县管家堡乡黑土口村。大同市上榜的5个“山西美丽休闲乡村”，依托种养业、田园风光、绿水青山、村落建筑、乡土文化、民俗风情和人居环境等优势，发掘新功能新价值，培育新产业新业态。（墨竹）

【金家湾村】 金家湾村隶属于大同市平城区白登山街道，位于平城区最北端，属城市近郊，地处御河东岸，东临花园屯乡，北临古店镇。金家湾村辖区内有大包运煤专线1条，长度约900米，得大高速公路（绕城高速）1条，长度约900米。距离208国道1000米。距离25路公交站点1000米，村内无公交车。该村土地总面积212.1公顷，农用地总面积122.1公顷。其中，耕地面积61.8公顷。2021年，金家湾村户籍户数349户、763人，暂住户约65户、238人。其中，劳动力人口416人、男206人、女212人，60岁以上老年人157人，16岁以下人口152人。残疾人25人，低保户11户12人。村内主导产业是农业，种植玉米。2021年，该村农民人均纯收入约8500元。

产业发展　2021年，金家湾村把发展农业创新创收作为加快现代农业发展、促进农民持续增收、加快脱贫攻坚步伐的重点工作抓，以农民专业合作社为带动，通过发展精品农业种植，增加农民收入，发展壮大农村集体经济。截至2021年底，金家湾村农民专业合作社吸收合作社会员50名，其中“两委”成员6名，党员8名，村民代表5人，群众31人。年内，该村增种特色果树3000株，种植贝贝南瓜3.3公顷，种植黑小米3.3公顷，

▲2021年，金家湾村农民人均纯收入约8500元。图为金家湾村文化长廊

（金家湾村 供图）

带动农户种植黑小米3.3公顷，56户农民土地年收益增加8万元，解决长久劳动力10名，解决临时就业人员50余人，增加农民收入约2500元。借助党的组织优势推动农业产业一体化发展，发展壮大村集体经济。通过对集体所有非农闲置用地资源进行招商引资，依靠收取租金，把原本零散的、闲散的闲置土地盘活，增加村集体经济收入，2021年该村集体经济收入34.3万元，其中经营收入16.6万元。

群团组织和社会组织　2021年，金家湾村有群团组织6个，社会组织1个，共青团组织、妇联、残联、民兵连、工会、人民调解、卫生委员会等群团组织。社会组织有金太阳舞蹈队。

基础设施　2021年，金家湾村投入资金734万元开展农村污水管网建设，铺设主管道690米，支管道7444米，污水检查井452座，日处理13立方米污水处理站1座，日处理50立方米污水处理站1座，拆除、恢复混凝土路面9500平方米。开展厕所改造项目实施，改造农村厕所318个，其中农户自改水冲厕所11座，双翁漏斗式195座，通风改良式112座，改厕率90.3%。推进农村文化建设，利用村内滩地（垃圾堆）建设文化活动广场，占地面积2133.3平方米，老年活动中心（农民工驿站），占地面积80平方米（房屋属于租赁）、农家书屋，占地面积35平方米。推进乡村振兴示范村建设，开展巷道硬化及基础设施项目建设，巷道硬化20898平方米，开展墙体粉刷项目建设，墙体戴仿古帽1005米，完善污水设施开展入户项目建设，给405户每户安装污水收集井1座。

公共服务　2021年，金家湾村注重抓困难群体。年内，该村有低保户数11户12人，各类残疾人数25人，其中视力残疾2人（二级），智力残疾2人（三级）精神残疾6人（二级2人四级1人）肢体残疾15人，（一级1人二级4人三级2人，四级8人）。"两节"期间，慰问困难群众30人每人200元，给村内60周岁以上老年人及残疾人160人发放米面福利和每人150元至180元帮扶。抓民生实事，发挥便民服务中心作用。加强网格化管理，夯实村桩安全基础，加大外来人员管控，坚持抓早、抓小、抓苗头，预防各种矛盾隐患发生。抓群众矛盾化解工作，维护群众利益，保护群众合法权益。（金家湾村）

【杨家窑村】　杨家窑村位于大同市云冈区口泉乡，在大同市西南端，南与朔州怀仁接壤，距大同市区约40千米，村附近公路有口毛线、鸦西路、208国道，另有205路公交车由大同公交二公司通往杨家窑村，交通便利。2021年，该村占地总面积9平方千米，耕地面积200.7公顷，林地面积14.2公顷。常住人口431户1241人。村集体收入1亿元，村民人均年收入5万元。村境内探明地下矿藏有煤、白云岩、石灰岩、高岭岩等，地下水资源丰富。2021年7月，该村被大同市精神文明建设指导委员会授予"2019—2020文明村"称号（市厅级），9月被中央农村工作领导小组办公室、农业农村部、中央宣传部、民政部、司法部、国家乡村振兴局联合授予"全国乡村治理示范村"称号（国家级）。

工矿服务业　2021年，杨家窑村按照"服务煤矿起步发展集体经济，逐步甩掉'拐杖'实施四业并举"的"两步走"发展战略推进。承揽塔山煤矿排矸业务的村办企业卧龙广服务有限责任公司，年产值1.2亿元，给村集体增收约800万元。混凝土搅拌站大同市云冈区卧龙商砼有限公司年产值5900万元，给村集体增收570万元。围绕服务煤矿职工生活、后勤保障等，采取独资、合资、入股等形式城里的多家村办企业，通过与塔山煤矿开展租赁业，服务煤矿生活生产，成立塔山职工公寓、大型材料储备场、项目综合服务部、塔山加油站等企业给集体增收约8000万元，实现支部领办、人人入股、集体增收、村民致富的年度经济目标。

现代农业　2021年，在杨家窑村投资2.3亿元成立的四方高科农牧公司，纯种荷斯坦奶牛存栏量1万头，日产鲜奶增加到120吨，成为全省规模最大、科技含量最高、管理最先进的奶牛养殖园区，年产值1.1亿元。投资2.4亿元成立的牧同乳业，在2021年成为全省本土自动化程度最高的液态奶生产基地、参观工厂，并于10月30日完成主板上市，成为全省第一家乳制品上市企业，全年总产值2.96亿元，给村集体增收500余万元。

旅游培训业　2021年，杨家窑村结合自身实际，实施农村农林文旅康养产业融合发展建设项目，给村集体增收约100万元。其中，杨家窑村与台商合作组建的占地1.6万平方米的蝴蝶兰连体温室和种苗科研中心及占地4000平方米的木瓜大棚发展成为杨家窑乡村旅游最具亮点的产业，全年吸引游客1.5万人次。杨家窑村会务中心成为乡村旅游的游客接待中心，年接待游客3万余人。依托会务中心建成的杨家窑村教育培训中心，按照山西省乡村振兴局《关于加强乡村振兴致富带头人培训工作的通知》要求，组织开展全省第三期、第五期乡村振兴致富带头人示范培训班，天镇县、广灵县、灵丘县、浑源县、云州区村"两委"成员、驻村干部、村级后备干部、小微企业主和农民专业合作社负责人等170余人参加培训。杨家窑培训中心旨在培养一批能在山西省创业发展、带领农民群众共同致富的骨干力量，补齐致富带头人技能短板，给农民增收致富提供人才支撑和技术支持。年内，杨家窑村为持续打造省AAA级乡村旅游示范村，实施老村复兴工程，最大程度保留和修复老村肌理，修复旧村15套院落民宿，兴建老村牌楼、村史博物馆、书院、讲堂等历史文化教育类建构筑物，提升乡村旅游文化游内涵。

乡村治理　2021年，杨家窑村通过加强宣传教育，做好村民思想工作，宣传中国共产党的路线方针和强农、惠农、富农政策，引导村民听党话、感党恩、跟党走。其中，强化30余项农村事务管理、监督、民主决策制度，细化村民入股分红、福利分配等11项具体办法。村党总支执行"四议一审两公开"制度，村"两委"执行干部廉政制度和党员监督制度，密切联系群众，与村民联户结对，全体党员承诺践诺，给村民解难题、办实事。全村党员发展到77名，党组织的政治引领和战斗堡垒作用得以发挥。

生态宜居　2021年，杨家窑村为打造"花园家园、绿色村庄"，实施土地开发，完成土地整理156.7公顷，水浇地66.7公顷；栽植云杉、松柏、丁香、黄花槐、杏等景观树和经济林20万株；休闲公园人工湖观赏鱼3万余尾；居民小区栽植有松柏、云杉、银杏、樱花和各类果树，绿化覆盖率43%，成为“花园式家园”。杨家窑村舒心园小区安装夜间景观灯实施亮化工程；硬化道路12.4千米；全村卫生所、宽带网络、数字电视、视频监控一应俱全；有机井21眼，自来水全部入户，新居覆盖率100%。

乡风文明　2021年，杨家窑村以党总支为核心，以团支部、精神文明办、村妇联、关工委为主体，通过提升公共服务水平、提高惠民服务能力，传播乡村文化，传承乡村文明。完善党群服务中心和铭心活动广场，定期维护篮球、门球、羽毛球、网球等场所，党群服务中心内集图书阅览、宣传教育、科普培训等功能为一体。组织编写村史、创作村歌。村党总支每月举办1次“文化大讲堂”活动，并借助“村民大讲堂”讲述党史故事，宣传党的历史、传递党的声音，通过掀起党史学习教育热潮，使红色文化深入人心。村“两委”干部坚持结对帮扶“五保”户、老党员、困难户，给困难群众、困难老党员解决居住、就业等难题。村委会连续3年给每个村民办理医疗保险和养老保险，实现医疗、养老保险全覆盖；给全村60岁以上老人每月发放养老金，不定期组织外出旅游，确保他们老有所养；健全村民综合服务体系，加强便民服务室建设，村民可享受免费理发，每天每人领取250克巴氏鲜奶，提升农村教育、医疗卫生、社会保障、养老、文化体育等公共服务水平。年内，村集体表彰环卫一线职工和卫生先进家庭，促进环境整治工作，提高村民参与热情；举行十佳文明家庭、好媳妇、好公婆等评比活动，让注重家庭、注重家教、注重家风，恪守美德、孝敬老人、关爱弱困成为风气。（贠　洁）

【西村乡】　西村乡隶属于大同市新荣区，位于大同市区北15千米，区址南10千米处。109国道、大呼高速横跨东西，得大高速、204省道、新同公路纵贯南北。海拔高度1100米~2100米，降雨量350毫升，无霜期110天。全乡总面积162平方千米，其中耕地3387.4公顷，林地7054.1公顷，森林覆盖率41%。煤炭保有储量8000万吨。石墨储量5000万吨，是优质大鳞片状石墨资源。2021年，该乡有15个建制村，20个自然村，有人口5348户、11358人，常住人口3347户、7605人。辖区有敬老院1所，卫生院2所，金融机构网点2家。2021年6月28日，中共中央表彰大同市新荣区西村乡党委为“全国先进基层党组织”。

农业发展　2021年，西村乡主要作物有玉米、豆子、黍子、莜麦，其他的还有胡麻、马铃薯、谷子、大葱等，粮食作物种植面积2770.3公顷，粮食总产量900余万公斤。其中，在大窑山周边种植以莜麦为主的小杂粮，每年种植面积不低于400公顷，扩大“大窑山莜面”品牌影响力。以畅家岭为轴心扩大“畅家岭旱地大葱”种植面积，年种植大葱133.3公顷。探索特色种植产业，种植西梅29公顷（开始零星挂果）。全乡肉羊饲养量1.5万只，牛饲养1860头，猪饲养10500头，能繁殖的母猪702头；狮村上年采煤沉陷区养殖产业园项目和2021年采煤沉陷区养殖产业园项目收益64000元，用于脱贫户、监测户增收。全乡有10家农业企业（快康宝、薪源种羊场、四家村种养加农民专业合作社、新荣区新胜蔬菜杂粮种植养殖合作社、新荣区牧邦种植养殖专业合作社、新荣区恒发种养农民专业合作社、新荣区锦浩农机农民专业合作社、新荣区隆胜养殖农民专业合作社、新荣区华祥养殖场），其中农业专业合作社7家。

工业发展　2021年，西村乡境内有21家工业企业，包括煤矿3座（中新小梁沟煤业、中新甘庄煤业有限公司、山西晋能集团新旺煤业有限公司）、洗煤厂6个、碳素加工企业2个、石墨企业1个、煤机修造企业2个、新型清洁能源企业1家、检车企业1个、建材1个、加油站2个。

乡村建设　2021年，西村乡围绕乡村环境提升、垃圾清理、道路硬化、村庄绿化美化、环境卫生治理、厕所改造等重点民生实事项目，解决群众急难愁盼问题。落实“一事一议”工程。投资109万元，完成财政分配的两批“一事一议”工程，分别对户部村、鸡窝涧村、李花庄村人畜吃水维修，碓臼沟村建设磨面坊，谢家场村、镇河堡村安装路灯，大小窑山建设澡堂，畅家岭村修缮文化广场。推进采沉区搬迁工作。德安家园安置小区的水、电、暖气、道路硬化等相关配套设施全部完工，8月下旬开始采煤沉陷区搬迁各村开始交剩余部分房款，房款补齐即可领取钥匙，继续推进该项工作。对于拆除复垦，西村乡于5月成立由乡党委书记任组长、乡长任副组长的采煤沉陷区治理拆迁领导组，出台《西村乡人民政府关于采煤沉陷区搬迁安置项目整村拆除实施方案》。从拆除新站村（335户）搬迁安置户原住房开始，截至2021年底拆除103户。

乡风文明　2021年，西村乡以新时代文明实践（站）所为抓手，以创建全国文明城市为契机，丰富创建活动载体，围绕“讲、树、帮、庆、评、倡”营造崇德向善氛围，开展“文明村镇”“文明家庭”“星级文明户”等各类文明创建活动，评出十星级文明户153户，“好婆婆 好媳妇”52人，道德模范17人，发挥身边“乡贤”“文明家庭”“优秀村民”等榜样示范带动作用，建设充满活力、和谐有序、文明进步的现代乡村；建立健全志愿者队伍和阵地，组建10支志愿服务队，开展学雷锋志愿服务活动15次，服务群众1500余人次；推进移风易俗、弘扬文明新风、抵制天价彩礼、破除陋习移风易俗的宣传教育。组织志愿者发放文明祭祀倡议书300余份，号召群众响应文明祭祀工作，以实际行动抵制不良风俗、倡导社会文明新风尚。

农村改造　2021年，西村乡开展“六乱”整治农村改造工程，组织动员干部群众对全乡范围内的乱搭乱建、乱堆乱放、生活垃圾、残垣断壁、危旧土坯房等进行清理整治。全乡15个村（包含5个自然村）清理交通沿线积存建筑垃圾、农业生产垃圾和生活垃圾2268吨；拆除遗留、废弃的广告牌和无实际用途、有碍观瞻的视觉污染设施70处；开展交通沿线绿化美化2000平方米；清理整治乱堆乱放、乱搭乱建、乱圈乱占、乱贴乱画 198 处，村容村貌得到改善。

文化旅游　2021 年，西村乡推进文化旅游，打造四家山生态旅游、星荣农牧公司体验式旅游和以碓臼沟秧歌为代表的乡村文化旅游等品牌，把绿水青山变成农民致富增收的钱袋子，形成以康养为主题、农文旅融合发展的格局，推动旅游业高质量发展。加大招引力度，建设生态绿色体验式休闲庄园，推动乡村民宿区建设，提升服务业管理经营水平。　（夏　鹏）

【芦家窑村】 芦家窑村是大同市新荣区郭家窑乡的下辖村，位于新荣区址西北 8 千米，距市区 40 千米，海拔 1200 米以上，空气、水源没有污染。2021 年，该村耕地面积 371.2 公顷，退耕还林面积 135.3 公顷。主要农作物机械化率 100%。全村人口 383 户 865 人，其中建档立卡贫困户 91 户 189 人，2018 年实现全部脱贫。全村经济以种植业、小杂粮、养殖业为支柱产业，兼并发展有机旱作农业、药材种植业和经济林。2021 年，全村农民人均可支配收入 13280 元，村集体收入 23 万元。年内，该村被市、区委评为基层先进党支部；被大同市精神文明建设委员会命名为“市级文明村”。

特色产业发展　2021 年，芦家窑村调整优化种植结构，发展特色种植和有机旱作物农业，种植中药材 53.3 公顷，实施有机旱作农业 100 公顷，亩产量 350 公斤 ~500 公斤，亩均增产增效 20%。种植经济林 20 公顷，走出一条特色种植发展之路，全村农民人均可支配收入由 2016 年的 4900 元提高到 2021 年的 13280 元，年均增幅 12.2%。上年，通过招商引资，引进山西大辰农业科技公司，建成集黄芪、小杂粮及药茶加工为一体的农业龙头企业，给推进本村土地集约化规模化经营和解决就地就近就业注入动力，2020 年至 2021 年吸纳贫困劳动力 90 余人，兑现务工收入 30 余万元，流转农户土地 49.1 公顷，订单收购该村乃至全乡全区小杂粮。通过深加工提高农产品附加值，开拓市场，与日本、韩国签订药材销售协议，与湖南、黑龙江等 4 个自驾游协会签订订单 8 万公斤小米。乡村龙头企业带动作用显现，走出一条村企融合发展之路。截至 2021 年底，该村种植槟果 1.2 万余株，种植油松、海棠、丁香等树木 2 万余株。全村农机作业实现全覆盖，通过市场化运作和村里鼓励奖补，以低于市场价给该村提供农耕种植服务，年均实现集体经济收入 10 万元左右。为给发展产业提供人才保障，该村每年都组织技术培训 5 批，农业、林业、畜牧业、手工业各方面培训人次 77 人，实现有劳动能力人数培训全覆盖，提高农民生产劳动技能。

村庄美丽生态　截至 2021 年底，芦家窑村硬化大街小巷 70%，整修部分村内残墙断壁，整治改善农村人居环境；修缮古戏台，建设健身广场和文化活动场所；绿化进村通道，整治“两沟一湾”荒坡，种植油松、海棠和山杏等景观苗木 2 万余株；全村拆除长期无人居住的土窑洞 96 户 257 间 40200 平方米，硬化巷道 13 条 2400 米，主街道砌花栏墙（设置围栏）2500 米，发展经济林及村庄绿化 3.3 公顷，增设卫生清运车辆 1 台，垃圾箱 47 个，提升和改善该村人居条件，实现危房清零和改厕全覆盖。在全区实现棚圈出村，人畜分离，减少养殖污染，实现规模化集中化养殖。安装节能路灯 140 盏，实现全村亮化无死角。建立垃圾清运和打扫卫生长效机制，成立 15 人的清洁队伍，实现农村垃圾定时定点集中处理，保持村容村貌干净整洁。

党建引领治理　2021 年，芦家窑村党支部以党建为引领，开展一系列学习教育实践活动，提升“两委”干部干事创业的内在动力、执行力。落实“三会一课”制度，开展“争旗提档”“四评四诺”“党员日常教育”等活动；组织开展“不忘初心、牢记使命”主题教育、党史学习教育、党员警示教育等一系列教育活动，提高“两委”班子的凝聚力、执行力、战斗力；实施平安芦家窑建设工程，利用网络技术加强农村治安防控和社会治理。安装监控 32 个，实现网络监控全村覆盖；运用推广实践“枫桥经验”。开展“四议两公开”，建立党建微信群及时公开村务信息，提高村务透明度，保障群众知情权，提前防范化解矛盾，实现农民群众安居乐业，社会和谐稳定。2021 年，该村被市、区委评为基层先进党支部。

弘扬乡风美德　2021 年，芦家窑村开展精神文明建设活动。全村经集体讨论，制定完善村规民约。以大同市创城活动为契机，开展“争做文明人、争当文明户、争创文明村”精神文明创建活动，评选出一批“五好家庭”“敬老孝亲家庭”“光荣脱贫户”，村风民风得到改善。乡村振兴展板墙分布主要街道，提升干群凝聚力。成立以“两委”成员带头的秧歌队、舞蹈队，经常性开展干群互动文艺活动，增进干部群众的情谊，丰富全村精神文化生活。召开“中秋话丰收、聚力谋发展”乡亲座谈会，一系列活动的开展改观村风民风。2019—2021 年连续 3 年被大同市精神文明建设委员会命名为“市级文明村”。芦家窑村由过去的全区出名的上访村转变为干群团结精神文明的示范村。

居民收入稳定　2021 年，芦家窑村建档立卡贫困户（所有建档立卡贫困户 2018 年全部脱贫）人均可支配收入 12230 元，增幅高于全村人均可支配收入。实施危房清零，全部改造修缮完毕，全村住房安全达标，全村吃水全部达标。落实好健康扶贫、教育扶贫、金融扶贫、兜底保障等政策。全村符合农村低保标准的贫困人口实现应保尽保，年人均领取低保金 5000 余元；60 岁以上贫困人口养老保险参保率 100%，全村人均领取基础养老金 1200 元。2021 年全村经济总收入 1171.7 万元，全村外出务工 270 人，务工总收入 877 万元。全村耕种农作物 371.2 公顷，实现种植收入 180 万元。全村养殖牲畜牛 50 头、羊 629 只、猪 40 头，实现养殖收入 100 万元。流转土地 49.1 公顷，实现财产性收入 14.7 万元。小额信贷政策实施以来累计给脱贫户办理小额贷款 164 万元，户均增收 1.3 万元。　（王桃桃）

【坊城新村】 坊城新村位于大同市云州区区址西南 5 千米，属云州区西坪镇，始建于 2016 年，是由大坊城村和西咀村 2 个贫困村于 2018 年整体搬迁合并的易地搬迁新村。全村户籍人口 208 户 435 人，常住人口 98 户 202 人，其中脱贫户 75 户 148 人，

2017年底脱贫，2021年摸排出重点监测户1户1人，观测户16户，低保户43户67人，残疾29人，特困供养户6人，领取养老金111人。全村有耕地106.7公顷，黄花52.6公顷，经济林24.7公顷。2021年人均可支配收入13000元，村集体经济收入51万元。2021年2月，坊城新村党支部被国家表彰为脱贫攻坚先进集体；6月，坊城新村支部委员会被授予山西省“全省先进基层党组织”称号；9月，坊城新村被中央农村工作领导小组办公室、农业农村部、中央宣传部、民政部、司法部、国家乡村振兴局表彰为“第二批全国乡村治理示范村”。

整村搬迁　2021年，坊城新村搬迁全部住上安全住房，2个旧村均拆除，其中西咀村完成复垦，大坊城旧村纳入招商项目选址。全村地域面积392公顷，新村占地8公顷，每户71.5平方米，村民搬离危房住上安全房，居住环境改善，室内上下水、卫生间、天然气，基础及服务设施配套完善，绿化率40%。村庄实施网格化管理，治理有序干净整洁，民风淳朴。

发展特色产业　2021年，坊城新村种植主导产业黄花52.6公顷，由该村股份经济联合社集中经营管理，2个村的搬迁户都有固定土地租金收益，还吸纳70名农户在合作社务工，光伏收益按月分配。加强技能就业培训务工，有劳动力246人，其中脱贫劳动力90余人全部有稳定工资性收入，全村在外务工176人。退耕还林80公顷，种植经济林24.7公顷，种植小杂粮19.3公顷。

黄花产业园　坊城新村建设的黄花产业园，占地面积40.3公顷，总建筑面积8650平方米，主要以黄花菜为主、各类特色小杂粮为辅，集生产加工、仓储物流、质量检测、产地集散、展示销售、品牌塑造、旅游服务等功能于一体的产业链延伸综合性产业园。总投资9000余万元，实现销售收入5000万元，增加就业岗位150余个。成立坊城新村股份经济联合社，带动158名贫困人口脱贫。

基础服务设施　2021年，坊城新村易地搬迁配套建设水、路、电、网、天然气，完善党建活动室、卫生室、新时代文明实践站、金融服务网点、图书室、爱心超市、老年关爱中心、便民服务室等设施，方便服务群众。

基本医疗保障　2021年，坊城新村建有标准卫生室，配有村医1名，全天坐诊，落实“双签约”41户78人，签约率100%。慢性病证办理8户。村里常住人员全部建立居民健康档案。通过远程专家门诊示范联网，实现“大病不出区、行走的医院”。

党建促振兴　2021年，坊城新村执行“三会一课”制度，提升为民办事服务能力，完善村规民约，加强村民理事会、道德评议会、村务监督委员会等组织建设，在防止返贫、产业发展、乡村治理、乡风文明中发挥战斗堡垒作用。建立村域范围视频监控网点52个，创建平安乡村。（坊城新村）

【黑土口村】　黑土口村位于左云县管家堡乡西北部，南距大呼高速2.5千米，距长城旅游一号旅游公路500米，西靠长城，毗邻内蒙古。2021年，全村有151户、351人，党员16名。村域面积4.2平方千米，耕地179.6公顷，主要以种养业为主。全村养牛441头，养羊4000余只，农民人均年纯收入1.2万元，村集体年收入50万元。2021年9月，该村被农业农村部认定为第二批全国乡村治理示范村，同时入选2021年“山西美丽休闲乡村”。

规模化种植业　2021年，黑土口村利用当地生态、土地优势，发挥山西根源牧业有限责任公司这一龙头企业带动作用，通过流转土地等方式实施小杂粮规模化种植，解放生产力，让出让土地户放心外出打工，增加村民收入。提升农业机械化水平，降低生产成本，让更多村民看到规模化种植好处，提高小杂粮种植面积、增加村民收入。

特色养殖业　2021年，黑土口村利用山西根源牧业有限责任公司养殖优势，按照“企业＋基地＋农户”产业化模式，走现代化种羊繁育之路。企业以“举一个龙头、活一个产业、富一方百姓”为经营理念，立足品种领先、科技领先、生产领先、服务领先，聘请澳大利亚专家进行胚胎移植，带领村民养殖胡羊、杜波羊、澳洲白羊、雁云白羊，黑土口村成为全县养羊大村。在企业带领下，全村发展30只以上养羊大户26户，羊饲养量突破4000只，并给全县提供种羊1500只，成为全县种养繁育基地。总投资700万元，引进300余头母产地是英国，肉用性能良好，具有早熟易肥、饲料转化率高等特点，被认为是世界上各种专门化肉用品种中肉质优秀的安格斯肉牛，一期工程存栏牛250头。

休闲旅游业　2021年，黑土口村依托毗邻摩天岭省级风景名胜区优势，省、市、县、乡发展文化旅游业契机，以长城边塞文化为主题，打造集生态养殖、观光休闲、采摘娱乐于一体的农牧业综合体，通过发展特色民俗酒店、土特产品、观光采摘、休闲垂钓等，引导游客前来观光旅游、休闲娱乐，培育全村新经济增长点。总投资2000余万元的村西“花间归元”民宿开工，年内村中心活动广场开始兴建，包括传统文化展馆、村民活动中心、超市、理发店、爱心餐厅、牛牌啤酒屋、新型党建中心。

杂粮加工业　2021年，黑土口村建设粮食加工厂，以“粮头食尾”“农头工尾”为抓手，实施农产品精深加工，通过统一价格收购，实现项目化发展，使村集体经济得到提高，带动该村及周边村30余人就业，实现村集体、企业、村民互利共赢。

特色服务业　2021年，黑土口村鼓励村民创收创业，通过开设家庭式饭店，制作富有本地特色的羊肉馅饺子、盐煎羊肉、莜面、油炸糕、抿豆面、焖鱼子、荞面圪坨等独具特色的地方风味饭食，让观光游客吃上农家饭，提高村民自身收入，推动全村旅游业发展。

基础设施　2021年，黑土口村制定《黑土口村美丽乡村建设整体规划》。以保护村庄生态环境、塑造地域文化、提升产业特色为纲领，投资500万元，建饮水工程，解决全村吃水问题；建成500平方米街心公园、篮球场，并配齐健身器材；建设村卫生室，使全体村民实现小病不出村；投资24万元，安装太阳能路灯120盏，实现全村主干道夜间照明全覆盖，改善村民生产生活条件。

环境提质　2021年，黑土口村投资305万元，实施整村提质重点建设，在保留现有村庄肌理基础上，整治村内建筑、道路、环境、村容村貌。铺设道牙1万平方米，铺设面包砖、红砖2万平方米，砌景观墙1400平方米，绘制文化墙1000余平方米，大街小巷干净整洁；栽植樟子松、云杉、海棠、丁香等1200余株；安装入户下水25户，旱厕改造46户，铺污水管网1290延米，实现改厕与生活污水一体化处理。

文明乡风　2021年，黑土口村筹措资金配套村级组织活动中心，在农家书屋配置涉及农业、法律、医学等各类图书1500余册，村民对精神文化需求得到满足。培育乡风文明，弘扬社会主义核心价值观和传承乡村优秀传统美德，破除陈规陋习，摒弃封建迷信，引导村民树立诚实守信、勤劳节俭、崇尚科学的文明理念。推进新时代文明乡村建设，通过红白理事会、家庭联谊会、新乡贤参事会和道德评议会四会平台，树新风、传家风、优村风、育民风，做到“以德育人、以德治村”。

乡村治理　2021年，黑土口村在乡村治理中，坚持党建引领，注重发挥党组织领导核心作用，对全村实行网格化管理，制定党员干部包片联户制度，把全村划分10个党建网格，每个网格由1名干部包片，1名~2名党员联系，明确每名党员联系的农户，要求每个月必须走访1次以上，做好政策宣讲、垃圾处理、扶贫帮困、矛盾调解、移风易俗5方面工作。村“两委”班子把美丽庭院整治作为重点，推出“庭院六则”，即“垃圾入桶类分好，家禽散养集中搞，房前三包记得牢，衣服晾晒要挂好，花草树木爱护好，邻里互帮关系好”，倡导家庭做好庭院整治工作，形成“点上出彩、连片成景”乡村美景。

“老有所养”　黑土口村为提高全村村民获得感，根源牧业股份有限公司出资，从2014年开始连续8年给在村村民每人每日免费发放0.5公斤鲜牛奶，每逢节日给村中老人送去米、面、油等节日慰问品，增强群众幸福感。

新型经营主体　2021年，黑土口村发挥农民主体作用，加强制度建设、政策激励和宣传引导，把发动群众、组织群众、服务群众贯穿于美丽乡村建设全过程。在做大做强以种植、养殖、文旅为主的支柱产业同时，培育新型农业经营主体，加大对种植大户、家庭农场、新型经营主体、农民合作社、农业企业等扶持力度，完善利益联结机制，让农户更多分享产业发展增值收益。以产业发展为目标，加快农业结构调整，发展民宿和休闲旅游观光等产业，拓宽增收渠道，增加农民收入，提高农民生活水平。（常　鸿）

【李二口村】　李二口村是大同市天镇县逯家湾镇下辖村，位于大同市天镇县城东北12千米处，地处阴山支脉，二郎山南麓，明长城脚下（明长城李二口段被文旅部列为全国首批重要点段）。2021年，该村有141户343人，其中脱贫户29户88人，三类户3户8人，低保户33户56人。全村耕地118.8公顷，退耕还林地133.3公顷，主要以种植业、养殖业、旅游业以主。年内，李二口村被评为全省旅游扶贫示范村、易地扶贫搬迁特色风貌样板村、全省先进基层党组织。12月，天镇李二口长城景区被批准为国家AAAA级旅游景区。

产业振兴　2021年，李二口村借李二口长城推进文旅产业，在长城旅游公路沿线种植兼具经济和观赏价值的油菜花，形成“一路一花”特色旅游长廊，其中李二口种植油菜花53.3公顷。在长城沿线种植向日葵，把过去撂荒的2公顷山坡地都种上向日葵。村民在景区就业33人，经营农家乐、民宿5户。2021年全村人均可支配收入16654元。在壮大村集体经济方面，举办长城文化节、农民丰收节、长城公路自行车公开赛等活动，通过资产租赁、场地租赁、商业摊位等，2021年村集体经济收入150万元。通过减免房租等办法，对冲疫情影响，虽然收入减少，但保住市场主体就保住生产力。

人才振兴　2021年，李二口村引导当地外出人才回流，鼓励农村大学毕业生、外出创业成功人士等青年力量回乡创业，李思阳、罗志超、雷素清等许多年轻人回乡创业，办起文创、手工刺绣、黑陶加工、玉石加工、农家乐。在推进市场主体倍增工程中，李二口增加市场主体10个。

文化振兴　2021年，李二口村挖掘李二口“错长城”文化特色，敢容错、会纠错，引导干部少犯错不犯错。特别是开发长城文化创意商品，设计一系列长城文化特色旅游纪念品、手工艺品、创意美食等产品，比如李思阳挖掘长城和唐杏文化，设计吉祥物，取名“城城”“杏杏”，寓意诚信。在黑陶加工、“大同玉”等方面，都有李二口长城文化元素，李二口农家乐还设计长城创意美食。

生态振兴　2021年，李二口村以李二口为中心，辐射长城沿线村发展仁用杏666.7公顷，有杏果收入，拉动旅游经济发展。结合易地搬迁工作，修缮旧房187间，建设新房325间，建筑布局采用“多户连建、移位错列、高低搭配、长短结合”模式，与明长城景观相应景，保持传统厚重古朴特色，体现美丽、舒适、宜居与创意。建成休闲娱乐广场、边贸商业街、山

▲2021年，天镇县逯家湾镇李二口村人均可支配收入16654元。图为李二口村村貌

（李二口村　供图）

乡村振兴

溪亲水带、民俗窑洞客栈、榆柳杏果园、环村车行道等景观设施，李二口村被评为全省旅游扶贫示范村、易地扶贫搬迁特色风貌样板村。

组织振兴　2021年，李二口村选派事业单位科级干部任村党支部书记，人社部副处级干部挂职第一书记兼工作队队长。党支部从《习近平七年知青岁月》中寻找方法，学习习近平总书记当年在梁家河做法，带领群众创办豆腐坊、磨面坊、农家乐，壮大村集体经济，增加群众收入。结合抓党建促基层治理能力提升，开展全科网格、村民说事等活动。2021年6月，李二口党支部被评为全省先进基层党组织。（李二口村）

【花苑村】　花苑村是大同市阳高县龙泉镇2018年易地扶贫安置点，位于阳高县城西北方向3千米处，紧靠512国道，规划占地20.7公顷，其中建房占地5.7公顷，后续产业占地15.1公顷。全村安置花窑、胡窑、张小村、鹿角沟、龙泉寺等16个村的建档立卡户133户269人，实现当年建设，当年入住。2020年6月，在全省撤村并村中，花窑村并入花苑村。2021年，花苑村人口295户596人，耕地95.5公顷，其中水浇地82公顷，林地24.5公顷，吃水井3眼，水塔2座。设施大棚152栋，覆盖全部145户建档立卡户。2021年，花苑村党支部被评为全市先进基层党组织。

公共配套　2021年，花苑村公共设施实现“五化十四配套”，同步改革农村卫生厕所，推动水冲式厕所入室。“五化”即：硬化、亮化、绿化、净化、美化；“十四配套”即自来水、卫生间、煤改电供热——三入户，公共厕所、排污管网、污水处理——污水设施三配套，文化广场、休闲公园、日间照料中心——活动场所三配套，党群服务中心、村卫生室、爱心超市、互联网、无死角监控探头全覆盖——生活服务五到位。

产业支撑　2021年，花苑村围绕阳高县“4+N”产业发展思路，谋划产业发展，提供产业支撑，达到“户户一栋棚、家家挂果树、庭院有收入、销售有保障、农民变工人”后续产业发展目标。坚持生态与经济“双赢”原则，发展“有为生态”，栽种玉露香梨、寒富苹果、唐杏、西莓李、秋果等林果树1200余棵并分树到户，实现“责任管护，收益自有”。利用村内搬迁户房前屋后、集体空地种植黄花32万株，户均2000株，到盛产期户均增收2000余元。上年5月，花苑村村委会与阳高县迎春蔬菜种植专业合作社合作创办花苑村果蔬服务中心。2021年，阳高县迎春蔬菜种植专业合作社与北京、上海、山东等外地客商有稳定供销关系，与北京物美超市和“农九洲”等几家大型超市连锁公司签约水果西红柿种植订单53.3公顷。实现花苑村设施农业从种苗订购、农资服务、蔬菜种植、新品种新技术推广、蔬菜成品营销三产融合式服务，覆盖带动龙泉镇6000余栋大棚，并给该村村民带来300余万元的务工收入。截至2021年底，花苑村有塑料大棚456栋，覆盖全部搬迁户和周边村建档立卡贫困户，每栋棚年均收入约1.8万元。

乡村管理　2021年，花苑村开展“1+6”党建工作法，“1”是以党群服务中心为阵地，以党支部为龙头，建设1个基层战斗堡垒。“6”涵盖6个活动中心，党群活动中心、产业发展中心、技能培训中心、便民服务中心、矛盾调解中心、村务监督中心。党群活动中心，开展党员教育学习活动，开展党员素质提升活动，开展群众议政活动，组织群众参与到乡村振兴中；产业发展中心，服务于全村的产业发展规划、壮大，给村民提供产前、产中、产后全链条服务；技能培训中心，由专家理论讲解，现场教学，选什么种，施什么肥，苗怎么育，水怎么浇，花期咋管理，农机咋使用，帮助农民提升种植、劳务等技能；便民服务中心，把花苑村及周边6个村全部纳入，低保、医保、养老、残疾、特困等，所有民生事项都在办理范围；矛盾调解中心，对全村各类田间矛盾、家庭纠纷进行说法讲理论情，及时疏通调解，化解矛盾，来自16个村的扶贫移民搬迁户通过矛盾调解中心从不熟悉不了解甚至有隔阂到邻里相助一家亲，一切矛盾都能就地化解消化；村务监督中心，涉及全村各项事务每个角落，村务是否规范，工作安排是否合理，每一项工程是否硬实，每一分钱的去向，及环境卫生怎么样，路灯坏了是否有人管等，村民代表行使监督权力，让村务更阳光，更公正、公平。（花苑村）

【东葫芦头村】　东葫芦头村位于大同市浑源县青磁窑乡南山区，东邻明长城与千佛岭乡桦岭村，南依赵长城与千佛岭乡宽坪、官儿乡黑石村接壤，西、北与该乡破兑臼村相连。全村地形东、南高而北低，南部以龙山余脉和长城分水岭为界，山高坡陡，沟壑纵横，平均海拔高度2200米左右；北部属龙蓬峪上游河谷地，区域面积11.6平方千米，耕地面积129.6公顷，林地面积278.2公顷。2021年，该村有户籍人口193户475人，常住农村居民82户195人，脱贫人口65户167人，监测对象2户5人，特困供养5户6人，低保家庭52户75人，残疾人口15人。村民人均收入8400元。东葫芦头村集体经济组织健全，有光伏、中药材、食用菌等产业。年内，实现集体经济收入21.3万元。

居民收入构成　2021年，东葫芦头村农村居民人均纯收入8400元，其中工资性收入占比54%，生产经营性纯收入27%，转移性收入19%；该村脱贫人口人均纯收入7700元，其中工资性收入占比52%，生产经营性纯收入28%，转移性收入20%。工资性收入主要来源是县外务工，受疫情影响务工延迟，直接影响收入水平；生产经营性收入主要来源是黄花、小杂粮种植，农村居民占比7%，脱贫人口占比8%，对收入稳定性影响较小；财产性收入和转移性收入受市场影响不大。

产业发展　2021年，东葫芦头村主导产业有黄芪、蘑菇、油菜籽种植，养殖业等。有900平方米的养殖场1个，吸纳养牛户11户120头，养羊户1户200只，采用“公司带农户”运行机制，实施以农户为主体，实现政府推动给予农贷贴息补贴扶持。围绕完善旅游基础和配套设施，发展乡村旅游产业，培育旅游市场主体，强化旅游宣传推广等，打造全县“探岳之旅”旅游线的中转驿站。建设旅游步行栈道、休闲场所、公厕、停车场地标性建筑，民宿农家乐及休息场所，构建乡村特色旅游产业发展，打造省级旅游产业示范村，给村集体增收20万元，可提供就业岗位30个。种植菜花 26.7 公顷，年产菜花 2.6 万公斤以上，全村农民通过土地流转，在合作社务工、合作社分红，年收入 2000 余元。

群团社会组织和村级治理 2021 年，东葫芦头村有妇女联合会、村民道德评议会、红白理事会、民间传统文艺演出队、广场舞队，股份经济合作社。村级管理制度按照“四议两公开”（“四议”，即党支部会提议“两委”会商议、党员大会审议、村民代表会议或村民会议决议；“两公开”，即决议公开、实施结果公开）制度开展工作，设有村务监督委员会。基础设施方面，村内街巷全部硬化，安装太阳能路灯，街道墙面全部彩绘，自来水达标，通讯网络全覆盖，有健身广场、文化室等。（东葫芦头村）

【破兑臼村】 破兑臼村是大同市浑源县青磁窑乡的建制村，位于县域西南山区，距县城 30 千米，辖乱窝铺、桥沟、大川岭、小东沟 4 个自然村，行政区域面积 28 平方千米，耕地面积 81.5 公顷，林地面积 1093.3 公顷，主要农作物包括莜麦、大豆、胡麻，畜牧主要包括牛、羊、鸡等。2021 年，破兑臼村户籍人口 438 户 1045 人，常住人口 78 户 164 人，建档立卡脱贫户 103 户 235 人，边缘户 8 户 13 人，“五保”户 11 人，低保户 112 户 129 人，残疾 41 人。年内，破兑臼村被中共浑源县委授予“先进基层党组织”称号，被中共浑源县委农村工作领导小组授予“乡村振兴先行示范村”称号。

居民收入构成 2021 年，破兑臼村农村居民人均纯收入 8327 元，其中工资性收入占比 47%，生产经营性纯收入 34%，转移性收入 19%。脱贫人口人均纯收入 7300 元，其中工资性收入占比 51%，生产经营性收入 27%，转移性收入 22%。村民工资性收入主要来源是县内外务工、村内公益岗和本村农家乐经营及农副产品加工；生产经营性收入主要来源是黄芪种植、小杂粮种植、牛羊养殖、蘑菇采摘和中草药采挖；转移性收入主要来源是低保、“五保”、养老、杂粮种植补贴和生态补贴。

生态优势 破兑臼村位于浑源县西南山区，属高寒山区，地势偏僻，自然资源丰富，野生动植物丰富，生态环境保护良好。春季干旱多风，夏季温热多雨，秋季天清气爽，冬季寒冷干燥，年平均气温 6.2℃，年平均降雨量 424.6 毫米。无霜期平均 110 天 ~140 天。土石山区山峰林立，沟壑纵横，土壤以栗钙土为主，气候相对凉爽，降雨相对较多，土壤水分蒸发较少，森林植被覆盖较好，森林覆盖率 35.3%，是中药材种植的最佳产地。土壤富硒含量 106 毫克 / 千克，世界卫生组织标准 40 毫克 / 千克，是稀有宝贵土地。

产业发展 2021 年，破兑臼村围绕浑源县“探岳之旅”旅游契机，挖掘村地理位置，自然风光、民俗客居、高森林覆盖率纯天然的森林氧吧，发展旅游产业。从东坊城乡龙山过境青磁窑乡千佛岭乡去往王庄堡镇的旅游公路“探岳之旅”绵延几十千米途经英沟、破兑臼、桥沟、乱窝铺、董庄、西葫芦、东葫芦。“探岳之旅”把恒山山脉的自然之美、人文之美、社会之美、生态之美连通起来，使广大游客纵情山水，享受沿途的美景美食和故事。伴山还建农家乐，以旅游带动消费，以消费促进扶贫。以“探岳之旅”乡村旅游为主，辅以农特产品加工，增加村集体和村民收入。截至 2021 年底，该村引进森通达农产品加工有限公司，主要以黄芪加工、蘑菇加工和土豆淀粉为主，并改建黄芪精制厂 1 家，以群众投工投劳等方式，带动 30 余户，户均增收 2600 元，并吸收周边 13 个村的黄芪资源，实现黄芪户均增 3000 元。引进建筑企业 1 家，具有二级资质，吸纳该村及周边村劳动力 60 余人。

乡村振兴 截至 2021 年底，破兑臼村围绕该村“探岳之旅”乡村旅游中枢地位，发展旅游经济，加快乡村旅游配套设施建设，做大做强农家乐旅游经济。投资 9 万元，安装路灯 30 盏。规划投资 300 万元建设民宿客栈 30 余间，改造家庭旅馆饭店 10 户。规划投资 180 万元，建设小型观赏动物园，开发林间旅游栈道 500 米及休闲木屋 1 处，种植观赏树木 1000 株。盘活非农建设土地，实施土地流转，对村集体符合规划要求且权属来源合法的闲散用地，办理土地使用证，寻求与企业合作，实现互利共赢，使集体土地得到利用。开展土地治理和村庄整治，村集体通过土地治理、村庄整治增加的土地，管理使用权归村集体所有，实施还林还草工程，取得更好生态效益。支持以集体资金、建设用地等入股方式，兴办专业合作社等农业产业化组织。（破兑臼村）

【涧西村】 涧西村位于大同市广灵县城西北方向 7 千米，东与王洼、王洼西庄村交界，南与白家坟村相连，西与南岳庄村接壤，北与北岳庄村毗邻，是脱贫村。2021 年，该村总面积 1.6 平方千米，有耕地 100 公顷，其中水浇地 66.7 公顷，农作物以杂粮为主，养殖业以家禽、牛、羊居多。保存较完整的古建筑均是清代所建，有古院落 5 处、观音殿 1 座、堡门 1 座、堡墙 3 处、地窖 4 个、水井 1 眼。有户籍人口 163 户 421 人，常住 63 户 117 人，脱贫人口 34 户 59 人，低保户 60 户 82 人，“五保”1 户 1 人，监测户 1 户 2 人，残疾 20 人。村内有便民设施有卫生室 1 所、便民浴室 1 间、爱心超市 1 家。2021 年 7 月，该村被大同市精神文明建设指导委员会授予“文明村”称号。

特色产业发展 2021 年，涧西村按照旅游 + 发展模式，培强特色产业。截至 2021 年底，修缮清代古院落 5 处，打造晋北古堡名片；投资 120 万元修复古窑厂，打造黑瓷“非遗”体验游名片；引进“旭龙古灯”“广灵内画”“广灵剪纸”“广灵泥塑”“巧娘编织”“根雕加工”等，打造传统工艺复兴名片；引进荞缘公司，规模化种植百合、菊花等药用花卉，打造生态旅游观光名片；开发农家乐、节日社火、风味小吃等，打造特色民俗民宿民食名品，构建出文旅互融，农旅互动的产业发展格局。通过旅游带动，年均可实现营业收入 50 余万元，带动 65 人年均增收 4500 元。注入资金 260 余万元，发展循环高效种养殖、豆制品加工、菇菜大棚项目 3 个，群众年均增收 1700 元；发展村级光伏电站，带动户均增收 6386 元，村集体经济收入 31.4 万元。

促就业稳收入 2021 年，涧西村开展劳动技能培训，以党建引领，推行技能就业，利用各种信息渠道，加强就业服务，实现有劳动力家庭人人就业，确保稳定收入。全村外出

▲ 2021 年，广灵县涧西村人均纯收入 11256 元。图为涧西村村貌 （涧西村 供图）

务工 228 人，务工范围涉及省、市、县和乡村，就业种类分服务行业，个体经营、打零工、公益岗位等。该村农村居民 2021 年人均纯收入 11256 元，其中工资性收入占 20%，生产经营性纯收入 16%，财产性收入 24%，转移性收入 40%。转移性收入中养老保险金占比 20%，低保金占比 55%，计划生育金占比 1%，生态补偿金占比 10%，其他转移性收入 14%。涧西村脱贫人口 2021 年度人均纯收入 15533 元，其中工资性收入占比 30.8%，生产经营性纯收入 5.6%，财产性收入 29.8%，转移性收入 33.8%。转移性收入中养老保险金占比 20%，低保金占比 53%，计划生育金占比 1%，生态补偿金占比 11%，其他转移性收入 15%。（涧西村）

【白崖台村】 白崖台村地处大同市灵丘县西南山区，距县城 35 千米，是白崖台乡政府所在地，位于平型关脚下。该村自然生态环境良好，群山林立、沟壑纵横，气候温和、水源充足。全村版图面积 1276.9 公顷，其中耕地面积 151.6 公顷。2021 年，该村有户籍人口 440 户 968 人，其中常住 315 户 824 人。主要种植谷、黍、豆、马铃薯、玉米等农作物，牲畜禽养殖主要有羊、牛、鸡等。推进“红色美丽村庄”项目建设，产业方面主要有扶贫车间：红色箱包厂和 345 千瓦容量的光伏电站、食用菌基地、黄牛养殖 3 个资产收益类项目。2021 年该村人均年收入超 1 万元。白崖台村被灵丘县委、县政府评为“新农村建设先进村”“基层平安创建先进单位” “农业战线先进集体” “先进基层党组织”等。

红色美丽村庄项目建设 2021 年，白崖台村作为中组部、财政部首批红色美丽村庄建设试点村，通过挖掘平型关大捷红色资源，建强红色党组织，以红色精神激发奋进力量，以红色文化带动红色经济，打造以红色组织、红色文化、红色经济、红色治理、红色氛围“五红体系”为主题的美丽村庄建设项目。4 月，白崖台村开启红色美丽村庄试点创建工作，中央财政 1 次性投入 300 万元，重点打造 1 个核心、2 条主线，3 处亮点。1 个核心是“胜利之火”文化广场，包括党群服务中心、村务管理中心、红色记忆展馆和文化娱乐中心等；2 条主线指“奋斗之路”和“幸福之路”，这是 2 条主要交通干道，沿线以平型关大捷历史脉络为主线，通过长城、红五星、窑洞、雕塑、剪纸等设计元素，还原场景，展现革命老区人民建设成果；3 处亮点分别是建设“幸福小街”商业广场、“胜利之门”迎宾广场和“胜利之光”窑洞广场，吸引游客，增加村集体经济收入，实现党组织领导下的村庄可持续发展。截至 2021 年底，一期建设完工，并落实二期建设相关资源。

资产收益类项目 2021 年，白崖台村光伏项目（系省级扶贫项目）收益 30 万元，10% 用于村集体公益事业，其余用于村内公益岗劳务报酬发放。食用菌基地项目由财政帮扶资金累计投资 370 万元，建设大棚 18 栋，形成资产由白崖台村和东长城村各占一半，每年按照实际收益情况按比例分红，2021 年因受大水影响，菌株受灾，分红困难。2021 年，白崖台村黄牛养殖项目按照投资额的 6% 收取资产收益。食用菌及黄牛养殖的资产收益主要用于村内建档立卡户分红、村内参加公益劳务报酬及村内公益事业开销。引进灵丘上景物业公司承包全乡卫生清洁工作，白崖台村把价值 5 万元的 16 个自卸式垃圾箱出租给物业公司，村集体每年获得租金 3600 元。

红色箱包厂项目 2021 年，白崖台村继续发展红色箱包厂项目。该项目投入资金 45 万元（30 万元是向上级申请划拨的党费，15 万元是财政帮扶资金），按照村集体 + 经营主体 + 贫困户运营模式，由村委会承包给村里有经营能力的致富带头人，带动 10 余人就业，每月工资 1500 左右，近 3 年每年给村集体经济创收 5000 元，因受疫情影响，订单量下降，箱包厂经营困难，承包人申请次年降低承包费用至 4000 元。

平型关驿站商业广场建设项目 2021 年，白崖台村投资 180 万元把以前零时售卖摊位改造成“平型关驿站”商业广场，创建增加村集体经济收入的商业街，实现党组织领导下的村庄可持续发展。因地制宜修整场地，原地建起移动售卖亭 19 间，引进“灵秀灵丘超市”等经营项目，吸纳就业。村集体每年可收入 3 万元售卖亭租金，实现把国家划拨的财政资金转化成白崖台村可持续经营的集体资产。

乡村治理 2021 年，白崖台村健全红色治理，提升村庄治理能力和水平。建立“一网一队一团”工作模式，创新完善“村党支部—党小组—党员联系户”的村党组织网络体系；建立由老党员、老干部、老民兵的“三老调解队”，调节群众身边矛盾，做到小事不出村，大事不出乡；成立由“穆桂英班老民兵”和党龄 50 年的老党员组成“家门口的宣讲团”，在田间地头、巷尾炕头讲述奋斗故事，完善村规民约，推进移风易俗、抵制陈规陋习，反对亵渎先烈、英雄和歪曲历史。

（白崖台村）

社会生活

劳动就业

【概况】 2021年，大同市人力资源和社会保障局在做好疫情防控前提下，开展就业服务。全年接待用人单位378家，提供岗位数量23022个，开现场招聘会13场，线上招聘会7场，接待求职登记人员11485人次，达成就业意向数10346人次，办理就业创业证9290人。 （张利俊）

【稳岗就业】 2021年，大同市人力资源和社会保障局通过政府门户网站、就业创业公众号、微信群等多种渠道，宣传稳就业各项政策。依托“就业援助月”“春风行动”“技能圆梦想，就业有‘位’来”“民营企业招聘月”“大中城市联合招聘高校毕业生专场活动”“百日千万网络招聘行动”等专场行动，安排线上、线下招聘服务活动，给用人单位和重点群体搭建好对接平台，促进就业。全年举办招聘会169场，线上线下发布岗位信息数16.2万个。城镇增加就业5.2万人，占目标任务115.3%；失业人员实现再就业2.5万人，占目标任务105.1%；就业困难人员实现就业7425人，占目标任务123.8%；农村劳动力转移就业2.5万人，占目标任务112%；完成就业见习岗位1290个，完成全年任务107.5%；城镇登记失业率2.3%，低于4.5%控制目标。 （张利俊）

【从业人员持证率提升】 2021年，大同市136万名从业人员中，72.3万人持有各类从业资格证书，占从业人员53.2%，高于全省要求持证率40%的13.2个百分点。其中，企业经营管理人才7.3万人、专业技术人才15.8万人、技能人才42.2万人、农村实用人才6.3万人、社会工作人才7200人。持有各级各类职业资格证书42.2万人，职业资格技术等级证书占从业人员31.1%，高于全省26%的5.1个百分点。其中，高技能人才12.7万人，占技能人才总量30%。 （张利俊）

【“人人持证 技能社会”建设】 2021年，大同市人力资源和社会保障局以市委、市政府两办名义出台《大同市新发展阶段“人人持证、技能社会”建设助力转型发展提质增效工作方案》，成立由市长张强任组长的全市领导小组，在局内部成立“人人持证、技能社会”工作专班。全年“人人持证、技能社会”培训任务8万人，3.4万人（含新增高级工4000人）取证任务。对各县（区）、各部门进行任务分解，开展培训取证工作。全年培训12.4万人，占年度任务155.2%；8万人报名参加专项职业能力、国家职业资格鉴定、职业技能等级评价考核、特种作业操作考核，占年度目标任务234%；增加高技能人才（高级工以上）7562人，占年度目标任务189.1%。 （张利俊）

【劳动关系“和谐同行”能力提升三年行动计划】 2021年，大同市人力资源和社会保障局以防范和化解劳动关系领域矛盾风险为主线，推进劳动关系工作方式方法创新和企业工资收入分配制度改革。改进完善对企业劳动用工、工资分配的指导服务，提升劳动关系公共服务能力和基层调解仲裁工作效能，实现“三个打造”（打造金牌劳动关系协调员、打造金牌协调劳动关系社会组织、打造金牌劳动人事争议调解组织）。打造金牌劳动关系协调员，培养和壮大劳动关系协调员队伍，扩大劳动关系协调员覆盖。打造金牌协调劳动关系社会组织，培育专业性协调劳动关系社会组织，引导社会组织参与构建和谐劳动关系，给中小企业和劳动者提供劳动关系公共服务，推进劳动关系治理能力提升。 （张利俊）

【“和谐同行”千户企业培育共同行动】 2021年，大同市人力资源和社会保障局分类对定点培育企业和未参与“和谐同行”培育行动的企业，推送优质培育资源、开展实地调研、组织宣讲培训、专家驻企服务、宣传培育工作示范影响等情况；对培育企业制定验收标准，开展验收工作，及对验收达标企业给予优先优惠等激励政策的落实情况；培育工作的亮点及对国家三方办千户企业培育工作的建议。 （张利俊）

【国家级创业孵化基地打造】 2021年，大同市人力资源和社会保障局与市云冈区人力资源和社会保障局依托阳光成利职教集团联合打造国家级创业孵化基地，重点扶持高校毕业生、退役军人、残疾人、下岗失业人员、城市零就业家庭、农村失地人员等群体创业就业。创业孵化基地按照“孵化＋产业”“创意＋车间”模式，助力全市求职人员创业就业。对入驻创业孵化基地的初创项目（含个人、团队及企业），予以1年免租，并提供创业培训、经营管理指导、创业项目推介和创业信息咨询等专业化服务，提供较完善创业政策咨询，协调相关部门落实各项税费减免、资金补贴、小额担保贷款等扶持政策；给孵化企业提供开放式工位、会议中心、路演厅、生活休闲空间、创客公寓等。符合条件的创业实体可申请最高 30 万元无息创业担保贷款。（墨　竹）

【大同 24 个创业项目纳入省级创业项目库】 2021 年，大同市有 24 个创业项目纳入山西省省级创业项目库，帮助更多创业者实现梦想。山西省省级创业项目库由省创业扶持小额贷款有限责任公司建设，是全省唯一的省级创业项目库，通过开展创业项目征集、入库及推广工作，遴选出一批具有示范性、带动性和易复制项目，供广大创业者选择，从而实现创业带动就业，并从创业指导、融资服务、跟踪扶持等方面给入库项目和创业者提供服务。大同市纳入省级创业项目库的 24 个创业项目，都是在 2021 年山西省星火项目创业大赛大同市初赛暨大同首届“创翼·古都”创业大赛上获奖的项目。（墨　竹）

【三年五万青年就业见习计划】 2021 年，大同市实施全省“三年五万青年就业见习计划”，设立高校毕业生就业见习岗位，给离校未就业大学生提供就业“缓冲期”，以实际岗位提升大学生综合素质和职业能力，增强就业竞争力。就业见习对象是离校 2 年内未就业的在晋全日制普通高等学校的毕业生和省外山西籍生源全日制普通高校毕业生（含技工院校高级技工班、预备技师班和特殊教育院校职业教育类毕业生）和中职毕业生；16 周岁至 24 周岁城乡失业青年（含未就业的被征地青年农民、城镇登记失业青年等）。把就业见习补贴标准从见习单位所在地最低工资标准的 50% 提高到 60%，即由财政负担 60%，就业见习单位负担 40%，给予参与就业见习人员不低于当地最低工资标准 1880 元的基本生活费，且见习单位需按照规定为见习人员购买保险金额不低于 85 万元的人身意外伤害保险。对见习期未满与高校毕业生签订劳动合同的，给予见习单位剩余期限见习补贴，并按规定给予提高留用率奖励。全市完成就业见习岗位 1210 个。（墨　竹）

【就业供需平台搭建】 2021 年，大同市就业和人才服务中心以推进信息化建设和管理，提高公共就业服务质量和效率为要求，以“大同就业创业”公众号为重点，完善和提高线上就业服务功能，并进行推广宣传。“大同就业创业”公众号用户关注数量 34815 人，全年推送推文 344 条，阅读总数 1.6 万次。其中，通过公众号会话点击阅读 58163 次，朋友圈转发 30135 次，给广大高校毕业生、农民工、退役军人等重点群体搭建就业平台。（张利俊）

【直播带岗】 2021 年，大同市人力资源和社会保障局为扩展就业服务渠道，以新视角和方式搭建就业服务平台，特别策划推出线上求职招聘类栏目“云中揽才”，采取线上“直播带岗”模式，每周三、五进行，应聘不见面、送岗零距离，这是大同市服务民生、促进就业的重要举措。栏目举办 36 期“直播带岗”招聘活动，累计直播 18 小时，23 家企业提供 3000 余个岗位，给 2100 人提供求职就业服务并达成就业意向，800 余人实现就业，并邀请全国劳动模范孙秀兰参加就业指导。（张利俊）

【人才交流服务平台打造】 2021 年，大同市转型汇智创新城人才服务中心落实市政府《大同转型汇智创新城大学毕业生就业创业优惠政策（试行）》6 条政策，打造人才交流服务平台。汇智城累计入住当年毕业高校毕业生 1073 人，实现就业创业 943 人，现住城大学毕业生 499 人。为缓解汇智城大学毕业生生活压力，面向全市招募公益就业创业指导专家、导师、专员，充实就业创业服务队伍，给入住青年人才提供专业化就业创业服务。1 月 26 日职前培训课程上线，培训 5 期，首次课程观看人数 1585 人次（包括观看直播人数和回放人数），培训效果良好，第二轮培训课程 8 月 25 日展开，培训 22 场，到场 884 人次，帮助入住高校毕业生完成职业规划，提高就业能力。（张利俊）

【信息化人事代理建设】 2021 年，大同市就业和人才服务中心库存档案 56571 份，办理档案寄存、转移、查阅、商调函、提档函、存档证明、代评审职称等各类档案相关服务 5812 人次，提供医疗报销、医保核定、退休手续代办等服务 6849 人次，给 292 人开具知青上山下乡插队证明。（张利俊）

【高校毕业生就业服务】 2021 年，大同市人力资源和社会保障局开展 2021 年度大学生就业见习工作，市直有 32 家单位报名参加，对接 18 家单位，征集就业见习岗位 182 个，签订就业见习协议人员 126 人；加强离校未就业高校毕业生实名制登记和就业服务工作，督导全市各县（区）把教育部门移交和部端印发的 2021 年离校未就业高校毕业生数据信息和日常工作登记办理业务的数据信息全部录入山西省公共服务就业平台的应届高校毕业生实名制系统，并把其全部纳入实名就业服务范围内。截至 2021 年底，大同市 2021 年离校未就业高校毕业生 6655 人，就业 5541 人；开通未就业高校毕业生求职登记小程序，督导各县（区）在 5 个工作日内与登记大学生取得联系，了解求职需求，并在后台反馈更新。大同市户籍地登记大学生人数 307 人，提供就业服务人数 167 人；常住地登记人数 957 人，提供就业服务人数 789 人。（张利俊）

【鼓励支持高校毕业生回乡就业】 2021 年，大同市人力资源和社会保障局按照《大同市引导和鼓励高校毕业生回乡就业八项措施》文件精神，与市工信局、市教育局、市国资委等 17 家单位进行对接，拓宽就业渠道。截至 2021 年底，全市各相关责任单位落实 1425 名大同籍高校毕业生就业，促进大同籍高校毕业生回乡就业。（张利俊）

【公益性岗位人员代理服务】 2021 年 4 月前，大同市人力资源和社会保障局给 2173 名公益性岗位提供代理服务工作，4 月后，对超期退出公益性岗位 1805 名人员做好有关后续衔接和服务工作。面向社会公开招

聘18名高校毕业生公益性岗位人员，截至2021年底，有大学生公益性岗位人员79人。（张利俊）

【劳动用工备案规范】 2021年，大同市人力资源和社会保障局落实《中华人民共和国劳动合同法》，维护劳动者利益，保护劳动者合法权益，做好劳动用工合同备案。按照《山西省劳动用工备案办法》要求，做好劳动用工备案工作。全年办理劳动用工备案2884次，其中录用人数11057人，续签6863人，解除4228人，终止444人。通过劳动用工备案动态掌握用人单位劳动合同签订情况，督促用人单位与职工签订劳动合同，维护职工与用人单位双方合法权益。

（张利俊）

【企业薪酬调查】 2021年，大同市人力资源和社会保障局召集各县（区）人社局负责薪酬调查人员、样本库中的省属企业和央企负责薪酬调查人员进行线上培训。协同市平城区人社局分两批次对平城区范围内的308个单位进行培训。在规定时间内对人社部下发的603个单位、省里下发的546个单位进行报送，替换不符合调查单位17个。在调查中针对企业薪酬调查网上直报出现的情况和问题，通过改革调查方法、健全调查机制、加强督促指导，把握样本确定关、数据审核关、上报时间关，建立薪酬调查工作机制和调查样本体系。把企业劳动用工备案、劳动力市场工资指导价位发布、最低工资落实等多要素有机结合起来，给全面构建工资宏观监控体系奠定基础。（张利俊）

【农民工工资支付保障】 2021年，大同市人力资源和社会保障局检查用人单位4820户，涉及劳动者8.9万人，补签劳动合同1.7万人，给1374名劳动者追发工资等待遇1980万元；向社会公布欠薪严重违法单位11户，把8个单位和个人列入欠薪“黑名单”实施联合惩戒。社会保险督促缴费检查102户，涉及劳动者3099人，涉及金额120.2万元；社会保险督促登记检查64户，涉及人数931人。检查审查用人单位规章数1242件，纠正38件。检查诚信等级评价A级117家、诚信等级B级245家、诚信等级C级1家。查处劳务派遣机构2户。大同市劳动保障监察综合行政执法队接待群众来信来访468批次，受理“12345”政府服务热线工单424件，全部处理完毕。处办“互联网＋督查”平台反映案件10件，省转投诉线索18条，全部办结。（张利俊）

【劳务派遣企业清理整顿】 2021年，大同市人力资源和社会保障局针对全市企业劳务派遣用工存在的突出问题，开展劳务派遣企业清理整顿工作。组织实施劳务派遣年报工作，核验全市95家劳务派遣机构的依法经营情况，并进行通报。调查、摸底全市劳务派遣用工的基本情况和劳动合同签订情况，发现、纠正违法违规问题，维护法规严肃性和劳动者合法权益。

（张利俊）

【就业援助月线上招聘活动】 2021年1月1日至2月上旬，大同市就业和人才服务中心举办主题为“就业帮扶·真情相助”的就业援助月线上招聘活动。该次活动的服务对象，企业是以民营企业、中小微企业为重点，同时面向各类用人单位；求职人员以就业困难人员、零就业家庭成员、失业人员、离校未就业高校毕业生、退役军人、农民工为重点，同时服务于各类求职群体。参与活动的用工单位24家，岗位数量515个，达成就业意向5人次。（张利俊）

【春风行动线上招聘活动】 2021年2月22日至3月底，大同市就业和人才服务中心开展主题为“春风送岗位，就业暖民心”的“春风行动”线上招聘活动，给劳动者求职就业和用人单位招聘搭建供需平台。该次招聘活动参与用工单位153家，岗位数量4926个，最终达成就业意向1899人次。（张利俊）

【大中城市联合招聘高校毕业生春季专场活动】 2021年3月15日至5月21日，由大同市人力资源和社会保障局、大同市就业和人才服务中心组织开展2021年大中城市联合招聘高校毕业生春季专场活动。该次活动以2021届高校毕业生、往届未就业毕业生，及有招聘需求的各类用人单位为主，采取网络招聘和现场招聘形式，给高校毕业生、就业困难人员等各类求职者和用工企业提供交流平台。活动期间，网络招聘会参与用人单位240家，提供岗位数6100个，注册简历数1766人；举办现场招聘8场，参会用人单位363家，提供岗位数3320个，入场学生数1125人次，达成就业意向人数2644人次。

（张利俊）

【“技能圆梦想，就业有‘位’来”专项招聘活动】 2021年3月30日至4月30日，由大同市政府主办，市人力资源和社会保障局、市就业和人才服务中心承办，市人力资源协会协办的主题为“技能圆梦想，就业有‘位’来”的专项招聘活动举行。该次招聘活动采取线上招聘会和现场招聘会相结合方式进行。线上（网络）招聘参与的用工单位168家，岗位数量3320个，求职人数总计2929人次，达成就业意向1033人次。线下（现场）招聘参与用工单位225家次，达成就业意向833人次。（张利俊）

【民营企业招聘月活动】 2021年4月29日至5月31日，大同市就业和人才服务中心等5部门在全市范围内举办主题为“职”在民企，“就”有未来的民营企业招聘月活动。活动期间，参加招聘月的企业135家，提供岗位2536个，举办招聘活动次数7场，入场求职1684人次。其中，5月14日退役军人专场招聘会，现场参与的企业数46家，提供岗位信息1178个，达成就业意向125人次。（张利俊）

【百日千万网络招聘专项行动】 2021年5月6日至8月15日，大同市人力资源和社会保障局开展2021年“百日千万网络招聘专项行动”，以加强高校毕业生、农民工等重点群体就业服务，搭建劳动者求职和用人单位招聘对接通道。活动期间，依托省分会场设立市级分会场，各县（区）设立县级分会场，发布当地岗位信息。举办现场招聘会8场，用人单位数378家，发布岗位数7758个，达成就业意向人数1602人次。（张利俊）

【首届“创翼·古都”创业大赛】 2021年7月29日至30日，由大同市人社局主办、市科技创业中心有限公司承办的大同首届“创翼·古都”创业大赛在上海漕河泾大同国际创新创业园举行。该次大赛以“点燃创新梦想 打造创业服务品牌”为主题，通过创业项目路演、政策宣传等方式推介创业优秀项目，激励越来越多创业者勇于创业、善于创新，把“创翼·古都”创业大赛打造成大同市独具特色的创业服务品牌。参赛人员是高校毕业生、新型职业农民、退役军人、返乡创业青年等群体。大赛收到91个报名项目，最终筛选出47个参赛项目，涵盖康养、农产品种植业、创意设计、电商平台、餐饮服务等多个行业。经过比赛，12个项目分别获创业组和创新组一、二、三等奖，8个项目被授予“创业之星”称号，4个项目被授予“创意之星”称号。（墨 竹）

【大同市青年“创客”项目获省级奖项】 2021年9月7日，由团省委、省委网信办、省人社厅、省农业农村厅、省乡村振兴局、省转型综改示范区管委会共同主办的第八届“创青春”山西青年创新创业大赛落幕，大同市青年“创客”聂云鹏、洪鑫、王志强分别带来的3个项目获3个省级奖项。该次大赛采用线上线下相结合方式进行，设立科技创新、乡村振兴、互联网+、社会企业4个专项赛，每个专项赛分创新组、初创组、成长组，其中初创组和成长组一等奖补助资金10万元，二等奖补助资金8万元，三等奖补助资金6万元。经过县级选拔、团市委选送、全省决赛，大同市有3个项目从149个决赛入围项目中脱颖而出。其中，聂云鹏的“星光星嫂母婴工作室”获社会企业初创组三等奖，洪鑫的“氢能和燃料电池产业项目”获科技创新成长组二等奖，王志强的“桑干河畔——吉家小镇”获乡村振兴初创组三等奖。团市委获第八届“创青春”山西青年创新创业大赛优秀组织奖。（墨 竹）

【大同项目在省星火项目创业大赛上获奖】 2021年10月20日，山西省星火项目创业大赛颁奖活动在太原市举行，大同市5个创新创业项目上榜，获2个二等奖，3个三等奖。山西省星火项目创业大赛以“凝聚星火力量，共助创业梦想”为主题，面向各类创业群体，根据创业者创业的不同阶段，分创新组、创业组和创意组3个组别，涉及农业、科技、制造业、互联网、人工智能、节能环保等多个行业。8月初，大同市举办山西省星火项目创业大赛初赛，从91个报名参赛的项目中选拔推荐出10个创新组项目、10个创业组项目、4个创意组项目参加在太原市举办的复赛和决赛。9月25日至26日，决赛在太原清控创新基地举行，有1483个项目参赛。大赛评委根据项目陈述和现场答辩从创新性、引领性、社会价值、发展前景等多维度进行综合评判。经过比赛，大同市参赛的创新组2个项目获奖，其中“大同黄花，香飘海外”项目获二等奖，“十里沿河休闲小镇”项目获三等奖。创业组3个项目获奖，其中“多维感智能防控”项目获二等奖，“守口堡杏酒”项目和“新能源换电生态网”项目获三等奖。（墨 竹）

【金秋招聘月活动】 2021年10月20日至11月20日，大同市就业和人才服务中心开展“2021年金秋招聘月”线上招聘活动。该次招聘活动以离校未就业高校毕业生、农民工、退役军人、城镇就业困难人员、登记失业人员，及招聘需求较大的民营企业、中小企业为重点服务对象，采取线上招聘和企业直播带岗的形式。参与活动的用工单位15家，岗位数量473个，求职人数1010人，达成就业意向1515人次。（张利俊）

【第三届全省职业技能大赛大同赛区】 2021年12月22日，第三届山西省职业技能大赛大同赛区赛事启动。来自全省各市、各行业的14支代表队215名选手参赛，在管道与制暖、瓷砖贴面、砌筑、餐厅服务、酒店接待5个项目展开比赛。以“技能筑梦 精彩人生”为主题的第三届全省职业技能大赛，由山西省政府主办，省人社厅、省教育厅、省财政厅、省总工会共同承办。决赛组织11市和15个部门（行业）的2393人参加6大类47个竞赛项目的比赛，包含34项世赛选拔项目、6项国赛精选项目，设7个赛点，分别在太原、大同、长治、晋城、运城5市进行。大同赛区由市人社局和大同泰瑞集团协办。12月23日至25日进行砌筑、瓷砖贴面、管道与制暖项目的比赛，12月27日至29日进行酒店接待、餐厅服务项目的比赛。大赛裁判组由各院校教师、行业企业技术专家组成，有70名裁判负责执裁工作。大同赛区来自大同泰瑞集团的选手石保林在瓷砖与贴面项目中获个人奖第二名。（墨 竹）

消费与收入

【概况】 2021年，大同市城镇居民人均可支配收入36685元，同比增长8.1%，人均生活消费支出17786元，同比增长13%；农村居民人均可支配收入12909元，同比增长11.2%，人均生活消费支出10799元，同比增长21%。居民消费价格上涨1.1%，其中食品烟酒类价格上涨0.7%，非食品烟酒类价格上涨1.3%；消费品价格上涨1.4%，服务价格上涨0.8%。（贾 煜）

【居民消费价格】 2021年，大同市居民消费价格指数（CPI）比上年同期上涨1.1%，涨幅较上年同期收窄1.6个百分点，八大类商品和服务价格呈“四涨四降”态势。其中，交通通信价格上涨4.8%，教育文化娱乐价格上涨2.3%，居住价格上涨0.8%，食品烟酒价格上涨0.7%；其他用品及服务价格下降1.9%，生活用品及服务价格下降0.5%，医疗保健价格下降0.4%，衣着价格下降0.2%。从同比看，2021年大同市CPI同比涨幅整体呈“M”形波动上涨。1月至2月，受春节错月导致上年同期对比基数较高影响，低位开局，同比涨幅均是0.5%；3月，水产品、蛋及衣着价格上涨，同比指数涨幅扩大，上涨至1%；4月，猪肉价格下降，CPI同比涨幅收窄，涨幅0.9%；5月，受水产品价格上涨及服装换季影响，同比指数上涨至1.8%，是前3季度最高值；

6月至8月，主要食品价格下降拉低CPI涨幅，涨幅分别是1.1%、1.3%、1.3%；9月，食品烟酒类同比降幅的扩大继续拉低CPI同比涨幅，涨幅回落至0.5%，同比涨幅在下半年最低；10月至11月，受鲜菜价格大幅上涨拉动，CPI同比涨幅逐步扩大，分别上涨1.7%、2.2%，11月CPI同比涨幅达到全年最高点；12月，受鲜菜、鸡蛋、汽油等环比价格下降拉动影响，同比涨幅收窄至0.8%。从环比看，环比指数季节性变动明显。1月至2月，受元旦、春节等节日因素和多点散发疫情影响，食品价格上涨带动环比指数分别上涨0.8%和0.1%；3月至4月，节日因素消退，需求减弱，食品价格回落带动CPI环比下降，环比指数分别下降0.3%和0.8%；5月，受节日效应影响，出行旅游人数增加，在外住宿和旅行社收费价格上涨，环比指数回升，上涨至0.3%；6月至8月，受猪肉、鲜菜等主要食品价格不同程度下降影响，环比指数由涨转降，降幅分别是0.7%、0.1%、0.1%；9月，受服装换季上新、汽油降幅收窄等因素影响环比由降转升，上涨0.2%；10月至11月，受华北地区多地发生洪涝灾害、持续低温与雨雪等恶劣天气影响，鲜菜价格处于高位，伴随着猪肉、鲜果等主要食品价格上涨，CPI环比分别上涨1.1%、0.7%；12月，受鲜菜和鸡蛋价格回落、汽油价格下调等因素影响，CPI环比由涨转降，降幅0.4%。

2020—2021年大同市居民消费价格指数统计表

表31-1　（以上年价格指数为100）

指标	2021年	2020年
居民消费价格总指数	101.1	102.7
食品烟酒	100.7	107.5
衣着	99.8	102.3
居住	100.8	99.9
生活用品及服务	99.5	98.9
交通和通信	104.8	96.9
教育文化和娱乐	102.3	99.2
医疗保健	99.6	106.2
其他用品和服务	98.1	101.6

2021年大同市城镇居民人均可支配收入统计表

表31-2　单位：元

县（区）	2021年	2021年比2020年增长幅度（%）
大同市	36685	8.1
平城区	40147	7.2
云冈区	39102	7.6
新荣区	30901	8.6
云州区	25543	8.0
阳高县	27383	8.8
天镇县	27454	8.1
广灵县	27339	8.3
灵丘县	33282	8.0
浑源县	28453	9.0
左云县	33760	7.4

年内，大同市交通通信类价格上涨4.8%，拉动CPI上涨0.6个百分点，对CPI累计上涨影响程度57%，是影响CPI上涨的主要因素。受全球经济复苏等因素影响，国际原油价格上涨，汽油价格上涨17.5%，柴油价格上涨19.4%，合计影响CPI上涨0.5个百分点。通信工具中的电话机受技术成本和人工成本增加影响，价格上涨6.4%，影响CPI上涨0.1个百分点，价格上涨主要集中在手机更新迭代期间。食品烟酒类价格影响CPI上涨0.2个百分点，是推动CPI上涨重要因素。其中，鲜菜价格上涨对食品类价格上涨的推动作用显著。鲜菜价格上涨6.6%，拉动CPI上涨0.1个百分点。全年鲜菜价格上涨主要集中在1月至2月、8月至11月。猪肉价格下降35.6%，拉动CPI下行0.6个百分点，成为缓解食品价格上行压力的主要因素。全年猪肉价格下降主要集中在2月至6月、8月至9月和12月三个阶段。

（张　钦）

【城镇居民收支】 2021年，大同市城镇常住居民可支配收入中，工资性收入、经营净收入、财产净收入和转移净收入均增长。大同市城镇居民人均工资性收入18854元，同比增长5.5%，占可支配收入51.4%，对可支配收入增长的贡献率35.7%，工资性收入是收入主体。城镇居民人均经营净收入6053元，同比增长13.5%，对可支配收入增长贡献率26.2%。居民达到领取发放养老金标准年龄人数逐年增多，养老金标准调高，养老金发放呈现人数和基数双增长趋势，居民最低生活保障标准提高，加大对特困家庭补助力度，城镇居民人均转移净收入9665元，同比增长9.1%，对可支配收入增长贡献率29.4%。城镇居民人均财产净收入2113元，同比增长 12.7%，对可支配收入增长贡献率 8.7%。城镇居民人均生活消费支出 17786 元，同比增长 13%。城镇居民食品烟酒消费支出 4937 元，同比增长 4.2%，占生活消费支出 27.7%。衣着消费档次提升，人均衣着消费支出 1651 元，同比增长 2.9%，占生活消费支出 9.3%。城镇老旧小区改造，居民居住条件改善，人均居住消费 3394 元，同比增长 18.2%，占生活消费支出 19.1%。信息产品更新换代周期缩短，频率加快，交通和通信消费成为家庭消费热点，人均交通通信支出 2404 元，同比增长 4.2%，占生活消费支出 13.5%。后疫情时代到来，生产经营活动基本恢复，生活用品及服务、教育文化娱乐、其他用品及服务支出均有回升，人均生活用品及服务支出 1148 元，同比增长 12.7%，占生活消费支出 6.5%；教育文化娱乐消费 2261 元，同比增长 41.8%，占生活消费支出 12.7%。居民防病治病意识增强，日常购买口罩、消毒液等医疗卫生器具较多，推动医疗保健消费增长，人均医疗保健支出 1407 元，同比增长 22.9%，占生活消费支出 7.9%。（王少雅）

【农村居民收支】 2021 年，大同市农村常住居民人均工资性收入 5486 元，同比增长 9.6%，工资性收入占可支配收入 42.5%，对可支配收入增长贡献率 37.1%，拉动可支配收入增长 4.1 个百分点。农村居民人均经营净收入 3747 元，同比增加 346 元，增长 10.2%，占可支配收入 29%，经营净收入对可支配收入贡献率 26.6%，拉动可支配收入增长 3 个百分点，成为农村居民可支配收入重要组成部分。农村居民人均转移净收入 3449 元，同比增加 452 元，增长 15.1%，占可支配收入 26.7%，对可支配收入贡献率 34.8%，拉动可支配收入增长 3.9 个百分点。农村居民人均财产净收入 227 元，同比增长 9.1%，对可支配收入增长贡献率 1.5%，拉动可支配收入增长 0.2 个百分点。年内，大同农村居民人均消费性支出 10799 元，同比增长 21%。人均食品烟酒消费支出 3131 元，同比增长 9.8%；人均衣着支出 672 元，同比增长 12.2%；人均交通通信消费支出 1166 元，同比增长 1.1%；人均生活用品及服务支出 942 元，同比增长 33.6%；人均居住支出 2405 元，同比增长 27%；人均教育文化娱乐支出 1335 元，同比增长 53.6%；人均医疗保健支出 909 元，同比增长 28.4%。（王少雅）

【营利性服务业工资总额增速】 2021 年 5 月，大同市政府把营利性服务业工资总额增速指标划转至市人社局为牵头责任部门后，市人社局建立专门工作联络人制度和沟通机制并督促政策落实，督促调度相关企业，做到应统尽统，全市全年报送增速 15.2%，完成目标任务。（张利俊）

【非营利性服务业工资总额增速】 2021 年初，大同市人力资源和社会保障局建立非营利性服务业工资总额增速联络人制度和实时联动机制，与各样本单位做好沟通协调工作。非营利性服务业工资总额增速指标是占 GDP 增速权重 15.6% 的重要指标。年初，大同市分配目标任务 16%，力争实现 17%，第一季度省反馈结果 16.6%；二季度开网前市政府把指标调整成 20%，实际完成 22.6%；三季度开网前把该指标调整成 25%，各样本单位报送增速 25.5%，统计局核算后是 24.3%，增加值完成情况与太原市全省排名并列第二。全年实际完成 22.8%，进入全省第一方阵。（张利俊）

【最低工资标准提高】 2021 年 10 月 1 日起，大同市提高最低工资标准，且最低工资标准档次由现行的 4 档调整为 3 档。

山西省最低工资标准执行的是 2017 年的工资规定，分四个类别，即现行月最低工资标准是一类 1700 元、二类 1600 元、三类 1500 元、四类 1400 元。全日制小时最低工资标准依次是一类 9.8 元、二类 9.2 元、三类 8.6 元、四类 8 元；非全日制用工小时最低工资标准依次是一类 18.5 元、二类 17.4 元、三类 16.3 元、四类 15.2 元。根据相关规定精神，山西省结合经济发展、城镇居民消费水平提高实际，并考虑社会保障和住房公积金等因素，调整现行最低工资标准。其中，把最低工资标准档次由现行的 4 档调整为 3 档。并根据全省各地经济发展、城镇单位在岗职工平均工资和城镇居民人均可支配收入情况，对县（市、区）最低工资类别进行重新划分。大同市平城区、云冈区被划分成一类，新荣区、云州区、左云县成二类，浑源县、阳高县、广灵县、天镇县、灵丘县成三类。提高月最低工资标准，把全日制用工调整成一类 1880 元、二

2021 年大同市农村居民人均可支配收入统计表

表 31-3 单位：元

县（区）	2021 年	2021 年比 2020 年增长幅度（%）
大同市	12909	11.2
平城区	20343	10.9
云冈区	20204	10.3
新荣区	12564	11.2
云州区	13212	11.9
阳高县	10997	12.8
天镇县	10610	12.3
广灵县	11078	10.7
灵丘县	10721	12.5
浑源县	10907	10.5
左云县	16684	12.6

类 1760 元、三类 1630 元。并相应提高小时最低工资标准，即全日制小时最低工资标准依次是一类 10.8 元、二类 10.1 元、三类 9.4 元；非全日制用工小时最低工资标准依次是一类 19.8 元、二类 18.5 元、三类 17.2 元。调整后最低工资标准自 10 月 1 日起施行。山西省的最低工资标准，是剔除加班加点工资；中班、夜班、高温、低温、井下、有毒有害、行车等特殊工作环境、条件下的津贴；法律、法规和国家规定的劳动者福利待遇等，用人单位支付给劳动者的货币性工资。（墨 竹）

社会保险

医疗保险

【概况】 2021 年，大同市医疗保险参保 279.1 万人，其中城镇职工参保 84.3 万人，城乡居民参保 194.8 万人，参保率 95% 以上。全市医疗保险基金总收入 46.5 亿元，总支出 38.1 亿元，当期结余 8.3 亿元，累计结余 41.5 亿元，基金整体运行在安全线以上。（傅开宇）

【医保待遇保障清单落实】 2021 年，大同市医疗保障局提高城乡居民基本医保筹资标准及财政补助标准，保障医保可持续发展。城乡居民人均财政补助标准提高到 580 元，大病保险筹资标准提高到 100 元。落实重点救助对象救助政策。全额资助城乡低保、特困供养、孤儿和事实无人抚养儿童参加城乡居民医疗保险，确保应保尽保。开展“两病”（高血压和糖尿病）用药保障和健康管理专项行动计划。把门诊用药保障起付标准由每年 60 元降低到 30 元，鉴定流程实行“一站式”受理。注重统筹衔接，推动全省统一的城乡居民普通门诊统筹管理办法在大同市落地施行，城乡居民门诊统筹、“两病”门诊用药、门诊慢性病保障待遇有序衔接。晋控煤业集团职工医保纳入全市统筹后，管理实现“六统一”（统一医保缴费标准、统一待遇水平、统一基金管理、统一就医管理、统一经办模式、统一信息系统），保障市民同城同待遇。（傅开宇）

【医保基金运行预警】 2021 年，大同市医疗保障局执行医保基金总额预控管理，建立“总额管理、结余留用、合理超支分担”激励约束机制。实施医保基金预算绩效管理，按月开展医保基金运行分析，建立医保基金收支风险预警机制，基金运行风险防范能力提升。开展医保基金监督检查行动，确保基金支付合理、合规、合法。全市医疗保险参保率保持在 95% 以上，医保基金可支付月数保持在安全线以上，基金整体运行平稳。（傅开宇）

【医保支付方式改革】 2021 年，大同市医疗保障局推进 DRG（按照疾病诊断进行分组）试点工作，7 家试点医院实现 DRG 实际付费，11 家二级甲等医院启动 DRG 模拟付费。实际付费医院例均费用较上年下降 11.8%，按月度结算医保基金比按项目付费下降 5.6%。推进多元复合式医保支付方式改革。医保基金使用效率提高。日间治疗按病种付费比按项目付费少支付基金 50%；按床日付费减少基金支出 8.9%。推进县乡一体化医保打包付费工作，采取按月预拨、年终结算方式，把核定的医保基金统一打包拨付给县医疗集团。实行医保差异化支付促进分级诊疗体系建设，医保基金支付比未实行差异化支付前下降 20%。（傅开宇）

【药品耗材集中带量采购】 2021 年，大同市医疗保障局完善集采制度，畅通沟通反馈协调渠道，建立奖励约束机制，建立和完善集采评审专家工作制度。落地执行国家、省际联盟组织 10 批次 272 种药品和 8 批次 177 个品种（规）医用耗材中选产品采购和使用工作，节省药品费用 6843 万元。牵头组织阳泉、朔州开展三地市联合开展低值医用耗材集中带量采购工作，完成 4 个批次 19 种 65 个品规低值耗材集中采购，中选产品平均下降 63%，节约耗材费用 4810 万元。动态调整医疗服务项目价格，全年调整大同市公立医疗服务项目及价格 7 个批次 241 个项目。扩围市级药品耗材集中采购平台，通过平台采购节约费用 6690 万元，节约医保资金 5595 万元，缓解患者就医负担。（傅开宇）

【打击欺诈骗保】 2021 年，大同市医疗保障局加强部门联动，健全“一案多查”“一案多处”制度，形成联合惩戒长效工作格局，完善问题线索移送机制。加强警示教育，开展集中宣传月活动，落实举报奖励政策，曝光典型案例 57 个，聘请 20 名医保基金社会监督员，构建起全社会广泛参与的社会氛围。突出打击震慑，在开展日常监督检查基础上，开展“回头看”专项治理、“清零行动”专项检查、聚焦“三假”问题专项检查等 6 次专项整治，对欺诈骗保行为保持高压态势。全年全市检查定点医药机构 3301 家，检查率 100%，处理违规医药机构 1964 家，追回违规费用 4798 万元。（傅开宇）

【医保信息化建设】 2021 年，大同市医疗保障局建设医保骨干网，实现省、市、县三级医保骨干网络纵向上互联互通。落实 15 项业务编码贯标工作，全市“两定”机构信息编码与国家医保信息平台贯标对接，实现业务信息编码全国互认。上线国家医疗保障信息平台，实现全市医保业务办理标准化、监督管理智能化、公共服务便捷化跨越式提升。提升医保电子支付凭证激活率，全市医保电子支付凭证激活人数 139.8 万人。（傅开宇）

【医保管理服务水平提升】 2021 年，大同市医疗保障局落实普通门诊跨省直接结算，全市 30 家医疗机构开展门诊费用跨省直接结算，覆盖所有县（区）；异地就医备案实现“网上办”“掌上办”，一系列便民服务措施“三个一”（一站式服务、一窗口办理、一单制结算）服务、“互联网 + 医保”等落地见效。开展标准化服务建设，推行“好差评”制度，优化公共服务，减少办事环节。建立“12345”热线快处机制，成立工作专班，回应和解决群众反映诉求，全年处理各类工单 3800 余件，响应率、解决率、满意率提升。（傅开宇）

【第三代社保卡制发】 2021 年，大同市推进第三代社保卡发卡工作，制发 42.1 万张第三代社保卡。第三代社会保障卡可与现在通用的第二代社保卡同时应用在就医结算等人社服务领域，增加非接触读卡用卡和小额快速支付功能。第三代社会保障卡在第二代社会保障卡身份凭证、信息记录、自助查询、就医结算、缴费和领取待遇、金融支付六大功能基础上，加载“交通一卡通”功能，即交通出行功能，可在大同市乘坐公交等公共交通工具，还可享受在全国 303 个城市乘坐公交、地铁、轮渡等公共交通工具的便捷交通服务，真正实现“一卡在手、走遍全国”。大同市有 169 个银行网点开通即时制卡服务，第三代社保卡的换领实现“就近办”“一次办”。市民还可通过“民生山西”在线上换领。截至 2021 年底，大同市累计制发 358.2 万张社会保障卡，申领电子社保卡人数 214.1 万人，实现实体社保卡与电子社保卡协同并用，形成线上线下一卡通用、一网通办的多元化一体化社保卡服务生态圈。（墨 竹）

【城镇职工大额医疗保险筹资标准调整】 2021 年 1 月 1 日起，大同市调整城镇职工大额医疗保险（大病保险）筹资标准，每人每年由 120 元调整为 156 元。该次调整范围是参加大同市城镇职工基本医疗保险的用人单位和职工（含退休人员，但享受公务员医疗补助的单位及其职工和退休人员除外）。城镇职工大额医疗保险（大病保险）费用补助由单位和个人共同负担，筹资标准由原来的每人每年 120 元调整为每人每年 156 元，其中单位 36 元 / 年，个人 120 元 / 年。调整后，城镇职工大额医疗费用（公务员医疗费用补助）年度起付标准 8 万元，封顶线 50 万元，即年度最高支付限额 42 万元。该次调整城镇职工大额医疗保险筹资标准后，单位缴纳部分由参保单位在缴纳基本医疗保险费时按参保人数每人每月 3 元标准一并缴纳；个人缴纳部分按每人每月 10 元标准，由医疗保险经办机构从职工基本医疗保险个人账户中划扣。享受大同市 2008 年以来因城市拆迁改造关闭破产企业政策且医疗保险单位缴费部分由市国有资产监督管理委员会报市政府挂账的参保单位，其职工的大额医疗保险单位缴纳部分由市财政兜底保障。退休并办理医疗保险脱钩的人员（含灵活就业人员）由医疗保险经办机构按每人每月 13 元标准，从其基本医疗保险个人账户中划扣。未享受大同市 2008 年以来因城市拆迁改造关闭破产企业政策的“关停并转”企业已退休职工的大额医疗费用缴纳，按照已退休并办理医疗保险脱钩的人员的规定执行。领取失业保险金的失业人员，由医疗保险经办机构按每人每月 13 元的标准，从其基本医疗保险个人账户中划扣。（墨 竹）

【城乡居民医保门诊慢病病种优化规范】 2021 年 4 月 1 日起，大同市与山西省统一城乡居民基本医疗保险门诊慢性病病种及准入（退出）标准，同时把城乡居民医保门诊慢病病种规范为 45 个。按照“老人老办法、新人新办法”原则，大同市原有的、不在 45 个病种范围内的门诊慢性病病种已纳入人员可继续按规定享受待遇，但这些病种今后不再纳入新人员。该次优化规范的城乡居民医保门诊慢性病病种包括恶性肿瘤门诊治疗、器官移植抗排异治疗、血友病、尿毒症透析、重性精神疾病、肺源性心脏病、真性红细胞增多症等 45 个。根据全市城乡居民医疗保险基金承受能力，门诊慢性病实行按限额支付结算方式结算的病种，不设起付标准，报销比例等按照住院待遇相关医保政策规定执行，限额支付病种同时鉴定为一种或两种门诊慢性病，只能享受其中最高一种疾病限额，门诊慢性病医保基金年度支付限额纳入居民医保统筹基金年度最高支付限额计算；恶性肿瘤、尿毒症透析、器官移植后使用抗排斥免疫调节剂、血友病、重性精神病五类重大慢性病患者，门诊慢性病起付标准、报销比例等按照住院待遇相关医保政策规定执行，一个自然年度内门诊医疗费用最高支付限额不超过本年度城乡居民医疗保险规定的最高支付限额（含住院医疗费用）。（墨 竹）

【异地就医医保政策调整】 2021 年 8 月 1 日起，大同市调整和完善异地就医有关规定，不办理异地转诊手续也可进行医保报销，但报销比例相比备案人员会下降。该次调整和完善异地就医的适用范围是参加大同市城镇职工基本医疗保险和城乡居民基本医疗保险的全体参保人员。异地就医人员包括异地长期居住人员和市域外临时外出就医人员。其中，异地长期居住人员是指在市域外长期生活、居住、工作的异地安置退休、异地长期居住和常驻异地工作的参保人员。市域外临时外出就医人员涉及市域外异地转诊人员，因所在统筹地区（含异地长期居住地）医疗技术和设施设备条件不能满足病情救治需要转到市域外定点医疗机构住院的参保人员；市域外急诊就医人员是在市域外因突发急、危、重病在当地医疗机构就近急诊抢救住院的参保人员；市域外非急未转就医人员，不属于市域外急诊就医且未按规定办理异地转诊手续到市域外定点医疗机构住院的参保人员。该次调整和完善异地就医有关规定明确，异地转诊就医人员按规定应办理转诊、备案手续。除急诊外，未按规定办理异地转诊、登记备案手续在市域外就医的可进行医保报销，但报销比例相比备案人员会下降。其中，市域外非急未转就医人员在省内其他统筹区或省外就医发生的符合规定的住院医疗费用，统筹基金按照省内（外）备案转诊的支付比例再下调 15%，进入大病医疗保险范围的，大病保险支付比例下调 15%。市域内转诊未按照分级诊疗转诊程序规定转诊的，就医发生的符合规定的住院医疗费用，统筹基金支付比例会下调 15%。（墨 竹）

养老保险

【概况】 2021 年，大同市企业养老保险在职参保 43.7 万人，任务完成率 99.9%（任务 43.7 万人）；机关事业养老保险参保 9 万人，任务完成率 100.6%（任务 8.9 万人）；城乡居民养老保险参保 111.5 万人，任务完成率 101.9%（任务 109.4 万人）。企业养老保险征缴收入 53576 万元，预算完成 13.4%（征缴预算 40 余亿元）；机关养老保险征缴收入 26082 万元，预算完成 17.5%（征缴预算 148765 万元）；城乡居民养老保险征缴收入 3812 万元，预算完成 23.3%（征缴预

算 16338 万元）。（张利俊）

【城乡居民养老保险】 2021 年，大同市给 18.5 万余名困难群体代缴基本险，代缴金额 1851 万元；给 9.8 万名困难群体代缴补充险，代缴金额 1967.2 万元。按照《山西省社会保险局关于在全省范围内开展城乡居民养老保险暂停领取待遇人员专项清理工作的通知》文件精神，采取多样化方式开展核实清理工作，核实清理数据 6.2 万条，清理 5.7 万条，清理比例 91.3%。（张利俊）

【社保经办服务模式转型】 2021 年，大同市人力资源和社会保障局优化涉企服务，推动社保经办服务模式转型升级，倡导全市参保单位养老保险业务通过网上业务经办系统办理，企业职工养老保险网上经办开通包括人员参保登记、人员暂停缴费、个人年度工资申报、参保证明打印等 23 项功能。全市参保单位完成网上注册 3687 户。把与市民社会保险相关的政务服务事项"掌上化""零距离"。山西省上线民生山西 APP，实现自由职业者养老保险"掌上核定"及"参保证明"自助下载打印、退休人员生存认证等多项功能，惠及全市 136550 名灵活就业人员。给特殊退休人群提供上门认证服务，保障退休金按时足额发放。在推进手机 APP 开展认证工作同时，给一些行动不便离退休人员提供上门认证，通过瞄准老年人办事可能遇到的难点堵点，推出"上门办""代理办"等人性化服务，解决老年人因岁数大、走动不方便，且不擅长使用智能手机开展养老待遇资格认证等问题。（张利俊）

【企业养老保险全国统筹推进】 2021 年，山西省企业养老保险率先纳入全国统筹信息系统，大同市社保中心成立社会保险信息系统建设工作领导小组，加快经办业务查漏补缺和历史数据整改，筛选疑似异常数据报送并处理，以推进信息系统与全国统筹信息系统连接。在数据迁移前协调运维给各科室解决数据整理中遇到的困难，并对全国企业养老保险信息系统（测试版）全模块进行测试反馈。指导各县（区）开展全国统筹新系统测试，根据基层经办情况提出合理化业务需求，做好企业职工基本养老保险全国统筹上线准备工作。根据《关于对 2020 年度企业养老保险省级统筹考评结果进行奖励的通知》文件，上年度企业养老保险省级统筹考评大同市综合得分排名第三，从省企业职工基本养老保险基金结余中奖励大同市 1000 万元。（张利俊）

【企业职工养老保险遗属待遇出新规】 2021 年 9 月 1 日起，大同市企业职工基本养老保险参保人员因病或非因工死亡的，给其遗属一次性发放丧葬补助金和抚恤金，不再发放供养直系亲属生活困难补助费。山西省社会保险局印发《关于做好企业职工基本养老保险遗属待遇计发工作的通知》。根据通知精神，为保障参保人员及其遗属的合法权益，从 2021 年 9 月 1 日起，大同市全面执行人社部、财政部印发的《企业职工基本养老保险遗属待遇暂行办法》。明确丧葬补助金按照参保人员（包括在职人员、退休人员及退职人员）死亡时，山西省上一年度城镇居民月人均可支配收入的 2 倍计算。一次性抚恤金标准分两种不同情况：在职人员（含灵活就业等以个人身份参保人员）以死亡时山西省上一年度城镇居民月人均可支配收入为基数，根据本人的缴费年限（包括实际缴费年限和视同缴费年限）确定发放月数。其中，缴费年限不满 5 年的，发放月数 3 个月；缴费年限满 5 年不满 10 年的，发放月数 6 个月；缴费年限满 10 年不超过 15 年（含 15 年）的，发放月数 9 个月；缴费 15 年以上的，每多缴 1 年，发放月数增加 1 个月；缴费年限 30 年以上的，按照 30 年计算，发放月数最高 24 个月。退休人员（含退职人员）以死亡时山西省上一年度城镇居民月人均可支配收入为基数，根据本人在职时的缴费年限确定最高发放月数（计算方法与在职人员相同），每领取 1 年基本养老金减少 1 个月，发放月数最低 9 个月。参保人员因病或非因工死亡，累计缴费年限不足 5 年的，其遗属待遇标准不得超过其个人缴费之和。（墨竹）

工伤保险

【概况】 2021 年，大同市工伤保险参保 46.3 万人，任务完成率 107.7%（任务 43 万人）；工伤保险征缴收入 5533 万元，预算完成 30.2%（征缴预算 18334 万元）。（张利俊）

【工伤保险省级统筹推进】 2021 年，大同市人力资源和社会保障局推进工伤保险省级统筹，成立工伤保险省级统筹工作领导小组，建立工作协调配合机制，在工伤系统上线前通过整理系统数据，上线后培训和指导各业务科室和各县（区），保证各项业务办理整体顺畅。省集中工伤保险信息系统建成上线，集工伤认定、劳动能力鉴定、工伤保险业务经办为一体，实现省、市、县三级人社部门纵向互联，与财政、税务、银行等机构横向互通，做到信息共享、实时监管和决策分析，给用人单位和工伤职工提供便利服务。年内，大同市业务经办子系统上线运行，工伤认定子系统开始线上试运行，劳动能力鉴定子系统待省厅统一部署按时上线。（张利俊）

【工伤认定鉴定】 2021 年，大同市统一工伤认定办法、业务规程及文书格式等，市、县工伤保险行政部门能够按照程序规定办理工伤认定案件，对于事实清楚、权利义务明确的工伤认定申请，能依法快速作出决定，98% 的案件能够做到当日办结，依法维护用人单位和受伤害职工的合法权益。对于复杂疑难案件，依法履行调查核实程序，杜绝违规骗保行为。全年全市认定工伤 2110 件，不予认定工伤 3 件；组织医院及医疗专家进行劳动能力鉴定 2024 人次，从认定和鉴定数量来看，相较往年总体稳定。（张利俊）

【工伤保险参保扩面】 2021 年，随着工伤保险制度完善，大同市工伤保险保障范围扩大，参保对象覆盖企事业单位、社会团体、社会服务机构、民办非企业单位、有雇工的个体工商户等各类单位。推进建筑业和铁路、公路、水运、水利、能源、机场等行业工程建设项目参加工伤保险。随着工伤保险宣传力度加大，及对企业参保义务监管完善，大同市参保扩面工作成效明显，在特殊时期体现出社会保险的政策扶持和社会担当。

（张利俊）

【工伤保险待遇提高】 2021年1月1日起，大同市按照《关于2021年调整全省工伤保险待遇的通知》相关规定，提高全市工伤职工伤残津贴、生活护理费和因工死亡职工供养亲属抚恤金标准，月人均分别增加161元、114元、66.2元。这是山西省、大同市连续17年提高工伤保险待遇。

涉及该次调整工伤保险待遇的人员范围是上年12月31日前按月领取伤残津贴、生活护理费和供养亲属抚恤金的工伤职工和因工死亡职工供养亲属。其中，伤残津贴采取定额调整和倾斜调整相结合：一级至六级伤残每人每月分别增加185元、175元、165元、155元、145元、135元。1996年10月1日前因工致残职工，完全丧失劳动能力、大部分丧失劳动能力的每人每月分别增加170元、140元。在此基础上，对伤残津贴和养老金偏低的1级至4级和完全丧失劳动能力工伤人员给予适当倾斜，即按上述标准增加伤残津贴或按2021年退休人员基本养老金增加标准增加基本养老金后，每人每月低于2790元的予以补齐。生活护理费同样采取定额调整加倾斜调整办法：生活完全不能自理、生活大部分不能自理、生活部分不能自理的工伤职工，每人每月分别增加168元、134元、101元。按上述标准增加后，以上三类工伤职工月生活护理费低于2696元、2157元、1618元的，予以补齐。因工死亡职工供养亲属抚恤金，配偶每人每月增加70元，其他供养亲属每人每月增加60元。该次调整工伤保险待遇所需资金，凡纳入工伤保险统筹支付的，由工伤保险基金承担；未纳入工伤保险统筹支付的，按原渠道解决。

（墨　竹）

失业保险

【概况】 2021年，大同市人力资源和社会保障局推进失业保险基金省级统筹，完善失业保险业务系统的数据质量，抓失业保险省级统筹衔接准备，提高基金互助共济能力。全年全市失业保险参保49.1万人，任务完成率97.7%（任务50.2万人）。失业保险征缴收入2616万元，预算完成13.7%（征缴预算19119万元）。

（张利俊）

【失业保险稳岗返还】 2021年，大同市人力资源和社会保障局实施失业保险稳岗返还政策，参保企业上年度未裁员或裁员率不高于全国调查失业率6%控制目标，30人（含）以下参保企业裁员率不高于参保职工总数20%，对符合条件的大型企业按上年度实际缴费60%实施返还。通过采取后台数据比对方式“免申即享”直接向符合条件企业精准发放稳岗返还。利用信息化手段，通过后台大数据比对，核实用人单位享受政策条件，精准向符合条件企业发放稳岗返还，用人单位无须提供任何证明材料，足不出户，坐等资金到账。经数据比对，有中国能源建设集团山西电力建设第一有限公司等955家企业符合条件，补贴人数12.6万人，补贴金额2908.1万元。

（张利俊）

【失业保险技能提升补贴】 2021年，大同市人力资源和社会保障局放宽失业保险技能提升补贴申领条件，参保职工取得职业资格证书或职业技能等级证书的，按规定申请失业保险技能提升补贴。技能提升补贴申领条件，放宽至企业在职职工参加失业保险累计缴费不少于12个月。全年补贴人数4343人，发放技能提升补贴金731.4万元。

（张利俊）

【失业保险保障扩围】 2021年，大同市人力资源和社会保障局为发挥失业保险保障功能，对领取失业保险金期满仍未就业的失业人员、不符合领取失业保险金条件的参保失业人员发放6个月失业补助金，标准不高于当地失业保险金80%，具体标准由各统筹地区根据当地就业形势和失业保险基金结余情况确定。对领取失业保险金期满仍未就业且距离法定退休年龄不足1年人员，继续发放失业保险金直至法定退休年龄。全年发放失业保险金11603.9万元。对领取失业保险金期满仍未就业的失业人员、不符合领取失业保险金条件的参保失业人员，发放失业补助。全年补贴人数9197人，发放补助金4822.4万元。

（张利俊）

【失业保险金标准上调】 2021年10月1日起，大同市失业保险金由原来的每月1360元上调至每月1598元，增加238元。根据山西省人社厅、省财政厅印发的《关于调整我省失业保险金标准的通知》，自2021年10月1日起，失业保险金标准计发比例调整成当地最低工资标准的85%。今后，失业保险金标准按此比例随最低工资标准自行调整。失业保险基金实行市级统筹统一调剂使用的市，统筹区域内参保人员失业保险金标准低于市政府所在地标准的，按市政府所在地标准执行。根据省政府办公厅印发的有关通知要求，大同市从10月1日起上调最低工资标准。大同市失业保险金由原来的每月1360元上调至每月1598元。失业人员领取失业保险金需满足失业前用人单位和本人缴纳失业保险费满1年；非本人意愿中断就业；进行失业登记，并有求职要求等条件。失业人员领取失业保险金期限，主要根据失业人员失业前所在单位和本人累计缴纳失业保险费的时间来确定，最短可领取3个月，最长可领取24个月。失业保险金待遇可通过“民生山西”APP直接进行线上申领。

（墨　竹）

社会救助

【城乡低保标准调整】 2021年1月1日起，大同市提高全市城乡居民最低生活保障标准。提标后大同市城乡低保标准是：平城区、云冈区、新荣区、开发区、云州区每人每月610元，左云县、灵丘县每人每月555元，浑源县、广灵县、天镇县、阳高县每人每月525元。农村低保标准是：平城区、云冈区、开发区、新荣区、左云县每人每月455元，云州区、阳高县、灵丘县每人每月445元，天镇县、浑源县、广灵县每人每月435元。2021年全市特困集中供养标准提高到每人每年9600元，分散供养标准不低于当地最低生活保障标准的1.3倍。分

散供养人员全部签订委托照料服务协议，做到平时有人照料、生病有人看护。（秦　超）

【农村低保专项整治】　2021年，大同市有城乡低保对象153712户215553人，发放救助资金87353.1万元。制定《农村低保专项治理巩固提升行动方案》和《整治低保等社会救助资金发放管理不规范问题的工作方案》，在三年专项治理农村低保工作中腐败和作风问题基础上，全市范围内开展农村低保专项治理巩固提升行动。截至2021年底，全市新纳入低保对象16286人，退出不再符合条件的低保对象21297人，安排有集中供养需求特困人员入住机构1146人，签订委托照料服务协议的分散供养特困人员12796人。（秦　超）

【临时救助】　2021年，大同市民政局为帮助困难群众化解临时性、应急性困难，兜牢民生底线，逐步取消户籍地、居住地申请限制，探索由急难发生地实施临时救助。建立乡镇（街道）临时救助备用金制度，实现乡镇（街道）备用金全覆盖。截至2021年底，全市对25029人次实施临时救助，共计1983.8万元。（秦　超）

【春霖助学】　2021年，大同市民政局为推动全市城乡教育救助均衡发展，减轻农村低保家庭子女就学压力，按照《大同市农村居民最低生活保障家庭子女"春霖助学行动"实施办法》，开展"春霖助学行动"。全年"春霖助学行动"资助农村贫困大学生714人，发放资助金142.8万元。（秦　超）

【春雨助学】　2021年，由大同市总工会开展"春雨助学行动"，设立的"春雨助学金"递送到全市22名考入大学的困难职工家庭子女手中，以帮助困难职工子女完成大学学业。2006年开始，大同市总工会实施以"爱心助学、成就梦想"为主题的"春雨助学行动"。助学行动开启前，市总工会分两次注入750万元作为保障资金。160余家单位和个人通过捐款或签协议结对帮扶方式，捐助款项455万余元，保证"春雨助学行动"延续。资助对象是进入工会帮扶管理系统，并正在享受城市最低生活保障的考入大学一本、二本（B类以上）统招生的困难职工子女。从2006年至2019年，资助标准每人每年2000元，助学金通过银行卡形式发放，资助期4年共8000元。从上年起，根据帮扶家庭实际情况，把资助标准调整成一次性发放助学金5000元。把在档困难职工家庭中从未申领过"春雨助学金"且仍在二本B类以上院校就读的子女也列入春雨助学范围，可一次性获得5000元助学金。2006年至2021年，市总工会"春雨助学行动"资助14299人次，发放助学金2884.3万元。（墨　竹）

【生源地助学贷款】　2021年9月起，大同市教育局提高生源地信用助学贷款额度，为给在政策出台前已签订助学贷款借款合同、仍有提额要求的学生提供便利，把贷款受理时间延长至10月底。全年集中受理39682名学生的贷款申请，贷款金额27817万元。集中办理期间，市教育局落实国家生源地助学贷款政策，按照家庭经济困难学生"应贷尽贷"原则，做好受理服务，不让1名大学生因家庭经济困难而失学。全市各县（区）教育局向学生及家长宣讲生源地信用助学贷款的条件要求、申请办法及流程。各县（区）学生资助管理中心对助学贷款的受理进行升级，续贷学生可选择网上远程办理，通过网上申请、手机身份验证、在线签订合同等步骤完成续贷，无须再到现场申请确认。（墨　竹）

【"解忧暖心传党恩"行动】　2021年，大同市民政系统开展"解忧暖心传党恩"行动，动员全市民政系统党员、干部对民政服务对象开展走访慰问。市民政局划拨50万元用于"解忧暖心传党恩"走访慰问活动，给服务对象中因残、因病、因灾等生活特别困难的群众发放慰问金；在社会救助对象家中张贴"救助明白卡"，让困难群众直观地掌握党的惠民政策底数，传递党和政府的温暖和关怀，引导困难群众知党恩感党恩，坚定不移听党话、跟党走。全年全市走访慰问低保、特困人员等特殊困难群众237838人，发放慰问金158万元。（秦　超）

【临时价格补贴】　2021年，大同市因季节性因素叠加部分地区疫情反弹，蔬菜、肉类等民生商品价格出现上涨，对群众基本生活造成一定影响。为做好困难群众基本生活保障工作，大同市按照市发改委《关于发放一次性价格补贴的通知》要求，向保障对象发放一次性价格临时补贴541.6万元。（秦　超）

【流浪乞讨人员救助】　2021年，大同市健全救助服务体系，建立大同市流浪乞讨人员救助管理工作联席会议制度和"乌大张长城金三角合作区"民政救助管理工作联席会议制度。坚持"主动救助、全方位救助、亲情救助"服务举措，开创爱心救助网、社区救助点、爱心志愿者、流动救助"四位一体"救助方式，开展"夏季送清凉"和"寒冬送温暖"活动，给61名流浪乞讨人员集中落户。全年全市救助流浪乞讨人员7462人次，其中市救助服务中心救助5342人次，县（区）救助2120人次。（秦　超）

【春节专项救助】　2021年2月8日开始，大同市救助服务中心（市未成年人保护中心）组织开展"情暖春节·与爱同行"为主题的春节专项救助行动，分党员组和爱心行动组，工作人员到御东、华林商厦、建筑工棚等人流密集点，给生活无着流浪乞讨人员等弱势群体发放爱心食品，传温暖送爱心。救助行动出动车辆24台次，工作人员48人次，发放爱心食品780份。（秦　超）

【救助引导标志设置】　2021年2月，大同市救助服务中心在市平城区环卫处支持下，依托110所城市公共空间建筑设置救助引导牌，给陷入临时困境的弱势群体打通及时快速求助通道。发动市民群众主动关心和参与流浪乞讨人员的劝导和救助工作。（秦　超）

【无人机街面救助巡查】　2021年，大同市创新巡查模式，着眼科技引领，引入无人机智能巡查系统，以做好对生活无着的流浪乞讨人员救助工作，密织救助保护网，助力常态化街面救助巡查工作。构建“地空立体化”街面救助巡查构架体系，密织多频次、多力量、纵横交错的救助巡查网，360° 全广角搜寻流浪乞讨人员，确保街头流浪乞讨人员得到及时救助。

（秦　超）

【“送温暖、献爱心”社会捐助活动】 2021年12月1日，“送温暖、献爱心”社会捐助活动启动，大同市民政局动员全市各级党政机关、社会团体、企事业单位、中央和省驻同单位等单位或组织及社会各界群众，按照自觉自愿原则参加捐助活动，用于困境群众临时性生活救助。截至12月24日，收到106家单位爱心捐款77.5万元。市社会捐助和低收入家庭认定中心根据全市困境群众生产生活实际情况，对救助对象进行审核，确定救助对象。对基层组织和单位提出的申请审查、安排，按照临时性社会救助制度相关规定，确保把有限捐款发放到最需要人手中。（秦　超）

慈善救助

【概况】 2021年，大同市慈善总会制定《会费收支管理办法》《监事会工作暂行办法》《信息公布暂行办法》《费用报销及审批制度》《法人登记证书管理》等工作制度。围绕“助学、助医、济困、安老”等内容，结合实际、注重实效，开展慈善救助工作。全年发放621.3万元善款和价值45.9万元物品。市慈善总会有驻会工作人员5人，监事会主席1人。（秦　超）

【慈善情暖万家济困项目】 2021年，大同市慈善总会参与“慈善情暖万家”项目。“慈善情暖万家”活动是由中华慈善总会发起，各级慈善组织共同参与的济困项目。春节前夕，市慈善总会慰问市平城区、灵丘县、浑源县、左云县、阳高县、云州区1700名困难群众，发放成人棉衣460件、儿童棉衣200件、棉被150条、价值24.3万元米面油和7500元现金。慰问平城区环卫工人1000名，发放物品价值8.5万元。（秦　超）

【药品援助项目】 “格列卫、达希纳”药品援助项目是中华慈善总会为帮助贫困慢性粒细胞白血病患者、急性淋巴细胞白血病患者、恶性胃肠道间质瘤患者及隆突性皮肤纤维肉瘤患者，通过瑞士诺华制药公司支持而设立的药品援助项目。2021年，援助格列卫患者640人次，免费发放价值约768万元药品；援助达希纳患者218人次，免费发放价值约239.3余万元药品。“易瑞沙、泰瑞沙”药品援助项目是中华慈善总会接受英国阿斯利康公司捐赠的易瑞沙、泰瑞沙药品，对贫困的晚期非小细胞肺癌患者开展的医疗救助项目。2021年援助易瑞沙患者122人次，免费发放价值约24.4万元药品；援助泰瑞沙患者27人次，免费发放价值约48.6万元药品。

（秦　超）

【山西省贫困先心病儿童救助计划】 2021年，山西省贫困先心病儿童救助计划项目给大同市12名心脏病儿童进行免费手术并发放手术后补贴计2.4万元。“中国移动爱心行动——山西省贫困先心病儿童救助计划”项目是中国移动慈善基金会、山西省民政厅、天津泰达心血管病医院、山西省慈善总会共同在山西省实施的贫困先心病儿童救助项目，给山西省贫困家庭中患有先心病且年龄在0周岁至14周岁的未成年人提供免费的手术治疗，帮助他们解除疾患，重获新生。（秦　超）

【驰援河南抗洪救灾公开募捐】 2021年7月，河南发生特大洪灾。7月23日，大同市慈善总会发出关于《驰援河南抗洪救灾的募捐倡议书》，26日在慈善中国网上发起驰援河南抗洪救灾公开募捐项目。从7月24日收到第一笔捐款至11月17日项目停止，接收驰援河南抗洪救灾捐款29笔，计353485.8元。向河南、郑州、山西慈善总会汇款353485.8元。11月17日，市慈善总会在微信公众号发布感谢信，公布捐赠收入公示名单、捐赠支出公告。（秦　超）

【驰援山西抗洪救灾公开募捐】 2021年10月山西发生特大洪灾，市慈善总会于10月9日发出关于《驰援山西抗洪救灾的募捐倡议书》，10月12日在慈善中国网上发起驰援山西抗洪救灾公开募捐项目。10月9日收到第一笔捐款至12月14日项目停止，共接收驰援山西抗洪救灾捐款2407笔，计514194.6元，累计向山西省慈善总会汇款514194.6元。市慈善总会11月26日在微信公众号发布感谢信、公布捐赠收入公示名单、捐赠支出公告。（秦　超）

【中慈爱心图书室落户平城区18校】 2021年10月22日，中华慈善总会“中慈爱心图书室”落户平城区18校，并给该校捐赠3700册图书，价值10万余元。中华慈善总会发起的“中慈爱心图书室”援助项目旨在汇聚社会力量，向广大缺乏图书的学校配发学生课外读物，给学生们营造良好读书环境，帮助他们丰富知识、开拓视野、启迪思想、健康成长。该项目向全国4000余所中小学校无偿捐赠课外读物1500余万册，惠及学生400余万人。该次捐赠活动，是在大同市企业文化交流协会推动下促成的，捐赠图书涵盖文学、历史、哲学、科学等多个门类，可满足学生多样化阅读需求，助推书香校园建设。

（墨　竹）

应急管理

综　述

【概况】 2021年，大同市发生生产安全事故16起（含道路交通生产经营性事故8起），死亡20人（含道路交通生产经营性事故死亡11人），安全生产形势在山西省排名第一，煤矿百万吨死亡率首次“归零”，全市连续三年未发生较大以上生产安全事故，死亡人数、事故起数实现“稳中有降”。（王晓飞）

【安全生产专项整治“三年行动”】 2021年，大同市应急管理局把“三年行动”作为安全生产领域总任务、总要求、总目标，每季度至少召开一次会议，研究部署安全生产和三年行动进展情况。印发《大同市安全生产专项整治三年行动集中攻坚年工作方案》，对煤矿、非煤、危化等13个领域工作进行任务分工，形成13项65个具体攻坚任务，各级各部门按照职责分工，采取拉网式、地毯式、过筛子式方法，排查治理安全隐患。集中曝光5起11家企业的违法违规行为，约谈58天内连续发生3起工矿商贸一般事故的云冈区政府主要负责人，并在全市通报，促使各级各部门抓好三年行动，守住安全底线。

（王晓飞）

【应急管理“十四五”规划】 2021年，大同市应急管理局深化应急管理体制机制改革，加强应急管理法治、灾害事故预防、应急救援力量、应急综合保障、共建共治共享五大体系建设，加强本质安全、应急科技创新等八个方面细化任务清单，经市委、市政府审议通过，印发《大同市“十四五”应急管理体系与安全能力建设规划》，谋划好未来5年大同市应急管理、安全生产、防灾减灾工作发展蓝图，开创应急管理事业发展局面。（王晓飞）

【应急隐患排查治理】 2021年，大同市应急管理局把煤矿、危险化学品、非煤矿山等作为风险隐患排查重点，排险治患。煤矿方面，推进矿山外包工程、安全评价机构执业行为专项整治，加大对煤与瓦斯突出、汛期淹井等环节的风险隐患排查化解。检查煤矿企业1603座次，排查一般隐患14684条，重大隐患1条，全部整改完毕。危险化学品方面，突出“两重点一重大”（重点监管的危险化工工艺、重点监管的危险化学品和重大危险源）企业，重点排查重大危险源安全包保责任落实情况，建立“一企一档、一库一档、一站一档”监管台账，实现动态监管，组成市级检查组13个，检查企业82家次，排查整改一般隐患182条、重大隐患2条，关停企业1家。非煤矿山方面，打击实际控制人不履职、违反设计要求组织生产、“一证多采”、违法分包转包等突出问题，检查非煤矿山企业417家次，发现一般隐患531条，整改完毕。冶金工贸方面，开展配套危化装置集中整治和粉尘涉爆企业重大事故隐患排查，开展双重预防机制建设，检查冶金工贸企业585家（次），排查整改一般隐患1756条，行政处罚企业4家。（王晓飞）

【应急安全监管执法】 2021年，大同市应急管理局在检查上采取“四不两直”（不发通知、不打招呼、不听汇报、不用陪同接待、直奔基层、直插现场）方式，到一线、点位发现隐患问题，对于责任不落实、监管不到位、失职渎职的依法依规严肃问责追责，防止流于形式走过场、敷衍了事回避问题。在惩处上，坚持“对待隐患要像对待事故一样处理”，以零容忍态度查处违反安全生产法律法规的企业，督促企业落实安全生产主体责任。全年查办28起行政处罚案件，对涉案的21家企业、14名责任人实施行政处罚，10家企业被处以停产停业整顿，行政罚款1090.6万元。

（王晓飞）

【风险监测和综合减灾体制建设】 2021年，大同市应急管理局建立自然灾害综合会商防治工作机制，推进全市2020—2022年9项自然灾害防治重点工程项目。开展综合减灾示范社区创建，落实乡（镇、街道）自然灾害防治责任，推进防灾减灾工作常态化。开展防灾减灾科普宣传教育，开展“5·12”防灾减灾日活动，设立6个应急物资储备点，提升“社区灾害应急能力”。推进自然灾害综合风险普查工程，组建风险普查办公室专班，开展业务培训，开展自然灾害风险普查，完成行政区划更新确认、普查任务量清查、普查调查阶段质检核查等工作。（王晓飞）

【救灾和物资保障体系建设】 2021年，大同市应急管理局救灾物资储备库救灾物资1000余万元，落实上级救灾资金5209万元，向各县（区）调拨棉被13212床、棉大衣5100件、棉帐篷150顶，确保受灾群众基本生活。加强灾情报送工作，扩充覆盖至市、县（区）、乡（街道）、村（社区）四级的灾害信息员3381人，定期组织业务培训，使灾情报送更加及时，数据更加精准。（王晓飞）

【防汛抗旱】 2021年，大同市应急管理局落实防汛抗旱行政首长负责制、分级责任制、部门分工责任制等各项责任制，在《大同日报》上公示全市防汛责任人、重点河道、水库责任人名单，接受社会监督，强化责任意识。修订《大同市防汛抗旱应急预案》，绘制《大同市洪涝灾害应急救援响应流程图》，提高防汛工作效率。组成督查组205个，检查单位1485个，发现整改一般隐患883处。加强防汛物资储备，落实防汛砂石料17.4万立方米，储备1104万元防汛物资，提升应急处置能力。（王晓飞）

【地质灾害防范】 2021年，大同市应急管理局印发《地质灾害协调联动机制》，延长地质灾害“工作链”，制定《2021年地震和地质灾害应急管理工作要点》《大同市地震重点地区防范应对准备工作方案》，明确地震灾害监测预报、灾害防御、应急救援三个方面的工作目标、责任部门和相关要求，保障全市人民群众的生命财产安全。对大型地质灾害点展开应急准备工作调查，修订应急响应手册、应急处置工作手册、应急处置工作流程卡等，给快速救援提供技术支撑。开发“应急救助犬”应急避难场所信息化管理平台（微信小程序），并向社会发布，实现灾情速报、应急避难场所一键导航和应急救助等功能，提高全市应急救灾工作水平。（王晓飞）

【森林草原防灭火】 2021年，大同市应急管理局完善森防指挥机构职责和部门联动机制，出台《大同市人民政府关于森林草原防火特险期野外用火责任追究的若干规定（试行）》，发布《大同市人民政府禁火令》，编印《大同市森林草原防灭火工作手册》《大同市森林草原防灭火法律法规汇编》，绘制《大同市森林草原防灭火应急救援响应流程图》，组织市、县、乡层层签订责任状。组成督查组116个，督查检查人员580余人，发现整改隐患428条。全市森林公安查处野外违法用火案件16起，行政拘留野外违法用火人员13人，行政拘留拘9人，警告4人。（王晓飞）

【应急管理体系】 2021年，大同市应急管理局完善应急指挥体系，按照新时代“大应急、全灾种”救援处置要求，细化1个总指挥部和6个专项指挥部组成单位职责，加强指挥部对自然灾害、事故灾难预防处置的领导和指挥。修订“1+55+16”预案体系，即1部总体应急预案，55部市级专项应急预案，16部部门应急预案，形成衔接联动的预案体系。年内，印发颁布1部总体应急预案、48部市级专项应急预案、9部部门应急预案，其余应急预案在修订和审批中。9月17日和26日，分别组织危险化学品事故应急演练、抗震救灾综合演练，以提高预案实效性。组织防汛抢险，两次派市应急救援支队到河南郑州、山西新绛开展防汛抢险救援任务，保护人民群众生命财产安全，受到河南、山西两省省委、省政府和国家应急救援指挥部办公室肯定。聘任全行业各领域专家19类605名，充实应急管理专家库，给应急处置决策提供技术支撑；加强协调指挥，构建起以综合性应急救援队伍为主、专业应急救援队伍为辅、社会志愿者救援队伍为补充，通用航空领域保障、高铁快速输送等“立体式”救援模式，提升应急救援能力。（王晓飞）

消防救援

【概况】 2021年，大同市消防救援支队推进全员岗位大练兵，落实等级达标考核和“集中训练日”制度，选拔“灭火救援尖兵”，激发练兵动能；针对储能电站等新业态、新领域、新风险，开展桌面推演、实战拉动18次；围绕辖区事故灾害特点，优化重组地震、航空、水域等8个类型专业队，队伍战斗力实现换代升级。融入全市“全灾种、大应急”体系，提请市政府印发《大同市火灾事故应急预案》，与应急、公安、医疗等27家单位建立联调联战机制，提升作战指挥效能，全年接处警5120起，抢救和疏散被困人员1018人，保护财产价值7000余万元。推动党委政府、行业单位、基层组织落实消防安全责任，市政府、市安委会8次召开会议，发文部署17次，并与6个行业部门建立联合治理机制，8个行业部门开展消防安全标准化管理。该支队连续五年被授予“全国文明单位”称号，被部局评为“全国调查研究工作先进单位”，24个单位、69名个人受到省市以上表彰，12人立个人三等功，3人登“中国好人榜”。（何鹏南）

【消防救援精准治理】 2021年，大同市消防救援支队以三年行动集中攻坚为抓手，系统攻坚大型综合体、高层建筑、革命文物消防安全等重点领域治理行动17次，确立24家重大隐患单位，4家大型商业综合体完成达标创建。“智慧消防”搭车融入“智慧城市”整体规划，试点建立社区、农村消防工作室，依托全市4404个“全科网格”开展消防巡查，打通消防监管“最后一公里”，全市全年无火日13天，各县（区）全年无火日平均238天，火灾伤亡人数同比上年下降60%；推行营房改造工程政府“代建”模式，平城区政府投入1850万元装修云中路站、特勤大队二站营房，特勤大队一站、开发区二站装修列入当地“交钥匙”工程。论证装备发展规划，执勤车辆、装备器材配备率100%，遴选2家装备厂家巡检维修全市车辆器材，设立20万元专项资金，用于装备技术革新，3项革新项目在全省推广。拓宽社会联勤联动辐射面，与12家企业签订联动共建协议，战勤保障大队实体化运行；推行餐饮、物业等社会化服务，最大限度解放基层战斗力。（何鹏南）

【真火模拟训练设施列装大同消防救援支队】 2021年，大同市消防救援支队根据消防救援人员在灭火救援与日常训练中实际需求，在支队训练基地建成真火模拟训练设施并投入使用。该设施配有中央控制室，实现自动化集成控制。可模拟厨房火灾、卧床火灾、楼梯火灾、轰燃火灾、沙发火灾、电视机火灾、窗户火灾7种火灾场景，配有发烟装置、噪声模拟装置、模拟喷淋装置等，通过模拟燃烧、高温、浓烟等各类复杂环境让消防救援人员更加直观感受到火灾现场呈现的突发性、多样性、复杂性和残酷性特点，与传统真火训练设施相比，具有更加真实、环保、安全等优点，解决消防救援人员实战能力不足问题。（何鹏南）

【消防救援支队构筑应急救援联动体系】 2021年3月9日，大同市消防救援支队与市交警支队、高速交警二支队、市急救中心、云冈机场、大同南站、电力，及联通、移动、电信9家单位联合签订战略合作框架协议，以提高重特大灾害事故应对处置能力，建立健全综合应急救援联动体系，创建优势互补、左右联动、全局发力联合作战模式。签约仪式上，与会单位分别对各自职能作用和处置突发灾害工作经验进行交流，并就联动事宜和合作前景开展会商。各方会加强交流合作，发挥优势领域和专业特长，建立健全监测预警、联合会商、信息通报、联勤联动等各项机制，构建多维度综合应急救援力量体系。（何鹏南）

【全省地震救援实战演练】 2021年3月15日至17日，山西省消防救援总队在大同市天镇县举行“蓝色之光—2021”地震救援综合实战拉动演练暨比武竞赛，调集消防救援人员800余名、各类救援车辆25台、直升机2架、搜救犬22头、救援装备5万余件（套），全面检验全省11支地震救援专业队伍的建设成效。该次演练聚焦地震救援“断、乱、慢”3个突出问题，围绕“0352”演练原则，即坚守安全“0”底线，紧扣真训、实演、严考“3”个环节，检验快速前突、区域协同、兵力投送、预案执行、综合应急“5”种能力，推动航空消防救援体系、地震救援专业队伍“2”项工作，以震后72小时救援为主线，搭建2.1万余平方米废墟场地，划分4个作业区、80个作业点，细化68项不间断作业科目、89条评判标准，引入INSARAG救援理念和建设体系，邀请国家矿山救援队24名队员全程跟队评判，最大限度还原震后场景，在近似实战环境中摔打锤炼队伍。（何鹏南）

【安全生产月宣传咨询】 2021年6月17日，大同市“安全生产月宣传咨询日”活动在大同市万达广场举行，市消防救援支队、市应急管理局、市教育局、市公安局交警支队等22个

▲ 2021 年 6 月 17 日，大同市"安全生产月宣传咨询日"活动在平城区万达广场举行

（王晓飞　摄）

单位 500 余人参加该次活动。活动现场，大同市消防救援支队开展多样宣传活动，设立消防咨询区、安全知识展板区、装备器材展示区、典型火灾案例展示区、综合演练区五大活动区域，引导广大群众关注消防、参与消防，发放消防安全常识手册、宣传海报等资料 2000 余份，现场受教育群众 500 余人。各大队到辖区重点单位、社区开展宣传活动，通过培训演练、知识宣讲等方式，对消防常识进行讲解，增强全民安全意识和自防自救能力，筑牢消防安全屏障，营造良好消防安全环境。（墨　竹）

【消防救援支队援豫行动】 2021 年 7 月 21 日至 8 月 4 日，大同市消防救援支队调集 8 辆车、40 名消防救援人员、8 艘舟艇、10 台机动泵组及 828 件套装备器，随总队跨区域救援队到河南开展抗洪抢险救援工作。援豫期间，转战洛阳、郑州、鹤壁 3 个受灾严重地区，参加抗洪抢险行动 10 次，出动人员 177 人次，出动车辆 33 台次，排水排涝 49020 立方米，搬运沙袋 1860 袋，清理垃圾淤泥 600 平方米，给河南抗洪抢险工作贡献大同力量。（何鹏南）

防震减灾

【概况】 2021 年，大同市防震减灾中心围绕防震减灾工作目标，推进震情监测、震害防御、风险评估、科普宣传重点任务，创新防震减灾工作措施，为全市防震减灾基础能力、抗震救灾综合能力、地震应急响应能力提升提供技术支撑和服务保障。推进地震预警与烈度速报网络建设，配合省地震局完成全市预警网络台站建设相关工程及市级地震预警信息平台建设工作，完成市级地震烈度速报与预警信息发布平台的设备安装和入网调试。搬迁重建同车公司地震观测站，解决原站点房屋旧、环境差问题，通过更新改造升级提升对地裂缝的监测能力。山西省唯一的地裂缝观测项目得以保留。年内，该中心在省地震局组织的地震业务综合考核中被评为优秀，监测预报、应急响应专项工作被评为第一名。（王　星）

【震情跟踪落实和震情会商】 2021 年，大同市防震减灾中心制定《大同市 2021 年度震情监视跟踪和应急准备工作方案》部署全市震情跟踪各项工作。印发《大同市防震减灾中心关于进一步加强我市地震监测预报工作的意见》和《中国共产党成立 100 周年庆祝活动地震安全保障服务实施方案》，健全地震监测预报工作机制，强化监测预报、应急值守、舆情监控等工作，制定具体工作措施和办法，推进全市监测预报工作。监视区域地震活动，加强震情监视跟踪，按时进行周、月震情会商，重要时段加密会商频次，全年召开各类会商 55 次，其中年中震情趋势会商会 2 次，月会商 10 次，周会商 42 次，加密会商 4 次。编写《震情简报》10 期。提升震情会商研判能力，编制《大同市地震灾害综合风险形势会商意见》，参加"大同市自然灾害综合风险形势会商会"，对两个季度的地震灾害风险形势进行会商研判，给全市地震灾害风险决策提供依据；编写《山西北部及晋冀蒙三省交界区 2021 年下半年地震趋势研究报告》并参加省局召开的《山西省暨晋冀蒙交界协作区 2021 年年中震情趋势会商会》；编制《大同市防震减灾中心震情会商意见》并参加晋冀蒙三省交界季度震情会商会 3 次，给晋冀蒙三省震情趋势分析提供相关资料及判定依据。加强宏微观异常排查，发挥"三网一员"（地震宏观测报网、地震灾情速报网、地震知识宣传网、防震减灾助理员）作用，处置宏微观异常 2 次，宏观异常 1 次（阳高县王官屯镇西常安堡村水井水温异常），微观异常 1 次（广灵县南土岭断裂带气氡）。对发现的异常均进行响应、核实跟踪和上报。（王　星）

【"一县一台"工作】 2021 年，大同市防震减灾中心优化入网的浑源、灵丘、广灵 3 个县断层气观测设备，根据断层气体总体趋势变化对观测设备参数进行调整设定，保证设备与观测环境适配，对多个站点设备进行信息化改造，提升台站运行效率和观测能力。完成云州区新建完成四分量钻孔应变监测台站，增强对六棱山山前断裂带基岩应力变化情况的全天候不间断监测，丰富全市地震前兆观测手段和监测能力，提升对晋冀蒙交界区地震重点危险区的短临跟踪研究。

（王　星）

【地震应急快速评估与辅助决策系统平台】 2021 年，大同市防震减灾中心推进市级地震应急指挥系统建设，优化完善地震应急指挥技术系统、应急快速评估与辅助决策系统，给政府应急指挥决策提供科学依据和技术支撑。地震应急快速评估与辅助决策系统平台由地震自动触发影响、灾情快速评估、应急辅助决策、专题图块速成、灾情可视化展示、应急数据库管理等子系统构成，是一套基于地震

应急基础数据，集灾情汇总、决策支持、指挥调度、实时展示、态势分析、快速产出等于一体的地震应急指挥决策辅助系统，可生成各类信息报告14个、专题图37张，在大同市多次不同规模、不同等级的地震响应和地震应急演练中应用并发挥作用，对提升全市地震应急决策的及时性、科学性和准确性起到支撑作用。（王　星）

【第一次全国自然灾害综合风险普查】 2021年，大同市防震减灾中心成立地震灾害风险普查专班，协助编制《大同市第一次全国自然灾害综合风险普查实施方案》和《经费预算报告》。组织人员参加省第一次全国自然灾害综合风险普查领导小组举办的二次培训和山西省地震局举办的地震灾害风险普查技术培训。向各县（区）印发《大同市防震减灾中心关于开展第一次全国自然灾害综合风险普查的函》；指导各县（区）开展地震灾害风险普查经费预算；召集县（区）防震减灾工作人员进行专项工作培训，解读《实施方案》；指导各县（区）编制县（区）地震灾害风险普查工作实施方案，确保保障到位，执行到位，责任到人。全市剩余8个县（区）68个钻孔，均通过省地震局质检和审核并完成资料汇交；配合省地震局完成本地区地震构造图资料收集与补充调查，利用综合原始地形资料解译、空间对地观测、地面地质地貌调查、地理物理勘探、钻探和槽探等技术，开展活动断层地震构造图资料收集与补充调查。第二阶段房屋建筑抽样详查进入指导各县（区）开展专项资金申请、编制实施方案及工作组织实施阶段。（王　星）

【地震应急管理】 2021年，大同市防震减灾中心按照《大同市突发事件应急预案管理办法》要求，重新编制《大同市防震减灾中心地震应急预案》（试行），对全市防震减灾系统在应对一般以上地震灾害事件时，履行职责、规范高效应对和处置地震事件提供指导。协助完成全市防震减灾应急救援能力评估，针对全市近年来地震风险形势、发生情况和地震应急救援指挥体系、预案体系、队伍装备、物资储备、演练培训提升等方面进行调查评估，通过调查摸清家底、发现弱项、补足短板、解决问题、提升能力。响应新荣区2.1级塌陷地震、云州区2.7级地震和左云县2.3级地震、云冈区2.2级地震，协同应急局、县（区）防震减灾部门共同核实震情状况、监控涉震舆情、跟踪震情发展，并把震情信息向省局，市委、市政府作出报告，杜绝不良社会影响和信息倒流等情况发生。（王　星）

【地震应急演练】 2021年，大同市防震减灾中心协同市、县两级开展地震应急演练。以强震为演练背景，以实战为演练要求，参加“5·28”全省地震系统应急桌面推演、“9·25”全市抗震救灾综合演练、“10·21”大同市民爆行业地震应急救援演练等多次演练活动，提升市县各级地震系统及地震应急救援相关单位的抗震救灾处置能力，提高大同市对地震等突发事件的处置能力。（王　星）

【防震减灾科普示范创建】 2021年，大同市防震减灾中心开展防震减灾科普示范创建工作，联合市教育局等部门完成2所国家级防震减灾科普示范学校、4所省级防震减灾示范学校的创建工作。2所国家级防震减灾科普示范学校是大同市第一中学校和大同市同煤一中，4所省级防震减灾示范学校是大同市平城区第十小学校、天镇县第三小学校、天镇县迎宾小学校、浑源县穆岳小学。（王　星）

【防震减灾科普宣传】 2021年5月12日，大同市防灾减灾宣传周启动仪式在大同市党群服务中心广场召开，山西省地震局副局长郭君杰，大同市委常委、常务副市长任希杰，及减灾委10余个成员单位参与该次活动。活动现场展示应急救援装备展和减震隔震新技术产品、邀请市民参与互动教学，并发放各类手册、漫画、文具、环保袋等各类宣传资料10000余份。山西（大同）防震减灾宣传周书法美术摄影展同时开幕，集中展出全省防震减灾主题绘画、书法、摄影作品270幅，及记录山西志愿者驰援汶川地震的和大同市1989年大阳地震的新闻作品。7月28日“唐山地震45周年纪念日”，10月13日第32个“国际减灾日”，10月18日“大阳地震32周年纪念日”，大同市防震减灾中心均开展防震减灾科普宣传活动。发挥各类“新媒体”影响力和宣传作用，在大同市融媒体中心“看大同”APP（官推下载量20万余人次，粉丝人数持续稳定上涨）首页轮播图位置开设“大同科普云展馆”和“2021防灾减灾”专栏；首页置顶位置开设防灾减灾知识问答专栏。在“看大同”APP发布视频22条、图文稿29条；在抖音号发布视频11条；在快手号发布视频11条；在微博发布图文稿件15篇；在头条号发布图文稿12篇。发稿量100篇，总点击量81035次；参与防震减灾知识问答人数2000余人；大同科普云展馆浏览人数2000余人。市防震减灾中心微信公众号发布科普和宣传信息10余条。（王　星）

社会福利

养老服务

【概况】 2021年，大同市养老服务设施总数535个，其中养老服务机构总数95个；养老服务设施床位总数14777张，其中养老服务机构床位总数12430张；养老服务机构入住老人总数4345人，养老服务机构护理员总数730人；城市社区日间照料中心46个，运营床位数134张；农村日间照料中心394个，运营床位数2213张。（秦　超）

【老年人福利】 2021年，大同市农村特困人员救助供养老年人9641人。城乡低保老人中，80周岁至99周岁高龄老人28220人，享受每人每月50元高龄补贴，发放资金1532.6万元；60周岁至99周岁失能老人2028人，享受每人每月100元高龄补贴，发放资金233.7万元。（秦　超）

【居家养老服务扶持政策】 2021年1月20日，大同市印发《关于加快推进社区居家养老服务发展的实施意见》，明确推进社区居家养老服务体系建设相关政策。5月14日，市民政局、财政局印发《关于进一步落实社区居家养老服务扶持政策的通知》，从基本要求、补助标准、资金保障及用途等方面明确社会力量参与社区居家养老的具体支持办法。8月13日，大同市人民政府印发《全市推进社区居家养老服务三年行动计划（2021—2023）》。明确要把补齐社区居家养老服务设施、建立基本养老服务制度、增强家庭照护能力、全面建立居家探访制度、推广和完善“大同助老”服务模式、实施多层次城镇社区养老示范工程、探索“物业服务＋养老服务”模式、提升社区医养和康养结合服务能力、促进机构养老服务提质增效、拓展农村居家社区养老服务、强化社区居家养老服务政策措施落实等作为重点任务，落细、落实、落到位，让更多老年人过上有品质、有尊严的晚年生活。（秦　超）

【城镇社区养老和农村颐养工程】 2021年3月8日，大同市民政局、财政局印发《支持开展城镇社区养老幸福工程试点实施方案》，探索“政府免费提供场所、财政给予适当补贴、社会力量参与运营”做法，给全市推进社区养老服务机构建设发挥示范作用。年内，申报并建成平城区马军营街道十里店村社区和清远街道惠达社区两个省级城镇养老幸福工程项目。6月26日，市平城区社区助老服务站在迎宾街道和泰社区启动，该助老服务站以社区助老服务站为依托，构建15分钟便捷生活圈，平城区老年人会享受到“大同助老”提供的助救、助医、助购、助餐、助行、助洁“六助”服务。12月14日，中共大同市委办公室、大同市人民政府办公室印发《大同市农村“颐养工程”实施方案》，通过试点先行、典型引领、逐步覆盖，在探索农村养老服务网络方面走出一条新路。年内，大同市在浑源县永安镇卫生院实施社区医养结合能力提升行动试点工作，提升基层医养结合服务能力和服务质量，评估65岁以上老年人10002人。（秦　超　潘　斌）

【老年人能力评估制度建立】 2021年3月8日，大同市民政局、财政局、卫健委联合建立健全养老服务评估制度，满足老年人多样化、多层次养老服务需求，实现基本养老服务均等化，印发《关于开展老年人能力评估工作的实施意见》，在全市统一开展老年人综合能力评估。6月24日至25日，对全市各县（区）推荐参与的140名医护人员进行业务培训，合格率85%，经各县（区）推荐备案的第一批8家评估机构展开工作。（秦　超）

【智慧养老服务】 2021年9月24日，“大同助老”做法被国家发改委确定为全国首批14个运用智能技术服务老年人典型案例之一，指出“大同助老”蹚出智慧居家养老新路。全年发放助老服务卡14950张，持卡老年人占比95.7%；配用“398贴心保”老年人有9807位，达到持卡老年人占比62.8%；大同助老“六助”（助救、助医、助购、助餐、助行、助洁）服务建单量77127份，其中救助类323件。（秦　超）

【老年友善医疗机构和友好社区建设】 2021年，大同市在全市开展山西省老年友善医疗机构创建工作，落实老年人医疗服务优待政策，优化老年人就医流程，提供老年友善服务，推动老年友好社会建设。申报85家各类医疗机构开展创建，占各类医疗机构总数48%，通过省卫生健康委交叉抽查评审确定。选择市平城区开源街道民和社区、新华街道卫星里社区、灵丘县存孝社区3个社区创建2021年全国示范性老年友好型社区，给老年人提供日间照料、上门巡诊、健康管理等健康养老服务，并经过省卫生健康委评审验收。10月19日，由国家卫生健康委、全国老龄办公布全国首批“2021年全国示范性老年友好型社区”名单，大同市3个创建社区获得命名。（潘　斌）

【养老机构运营补助及登记备案】 2021年10月20日，大同市民政局、财政局印发《关于提高养老机构床位补贴标准的通知》，按照收住失能、半失能身体状况，把床位补贴标准由每人每月150元、200元标准提高到每人每月200元、300元标准，支持养老机构聚焦失能照护需求。11月18日，市民政局、行政审批服务管理局印发《关于做好养老机构登记备案工作的通知》，规范养老机构主营项目类别归类，细化经营业务范围；简化登记程序，提出社会力量设立公益性养老机构实行直接登记，无须再提供业务主管部门审查意见。（秦　超）

【老年健康宣传及敬老活动】 2021年，大同市开展“智慧助老”活动，帮助老年人跨越“数字鸿沟”。各医疗机构实现二级以上医疗机构提供多渠道挂号服务，畅通“无码”就医绿色通道，满足老年群体就医需求，解决老年人在智能技术运用方面困难。举行大同市2021年老年健康宣传周活动，突出“关注口腔健康，品味老年幸福”活动主题，宣传老年健康政策、健康知识和人口老龄化国情教育，全市发放宣传资料7000余份，设置宣传展板50余块；发放牙膏牙刷等健康保健品1800余份，给1000余名老年人进行义诊，实现“送政策、送知识、送服务”三统一。全市开展“敬老月”活动，各级各部门、社会各界在全市范围内开展敬老爱老助老活动，增强老年人获得感、安全感和幸福感。“敬老月”活动期间，全市发放《中华人民共和国老年人权益保障法》《山西省实施〈中华人民共和国老年人权益保障法〉办法》和老年健康知识等宣传资料1万余份。（潘　斌）

儿童福利

【孤儿福利】 2021年，大同市落实孤儿基本生活补助提标政策，按照孤儿基本生活费的保障标准、发放方式给事实无人抚养儿童发放基本生活补贴。截至2021年底，全市有孤儿459名，事实无人抚养儿童884名，各县（区）按时、按标准发放孤儿和事实无人抚养儿童基本生活补助费。规范办理收养登记，全年全市办理收养登记6件。（秦　超）

【“福彩圆梦·孤儿助学工程”项目】 2021年，大同市民政局按照民政部《“福彩圆梦·孤儿助学工程”项目实施暂行办法》，把被认定为孤儿身份、年满18周岁后仍在普通全日制本科学校、普通全日制专科学校、高等职业学校等高等院校及中等职业学校就读的中专、大专、本科学生和硕士研究生纳入资助范围，资助标准是每人每学年1万元。全年全市给70名符合条件的孤儿发放福彩圆梦孤儿助学金。 （秦 超）

【事实无人抚养儿童助学】 2021年，大同市开展“我为群众办实事——事实无人抚养儿童助学活动”。结合高考录取工作进程，统计录取情况，按照每人5000元的助学标准给第一批录取为本科生的9名受助学生发放助学资金，8月底全部转入受助学生个人银行账号；9月中旬按照每人5000元的助学标准给第二批录取为专科生的12名受助学生发放助学资金，并全部转入受助学生个人银行账号。 （秦 超）

【温暖包发放活动】 2021年1月15日，天龙救援队大同支队组织的大同地区2020壹基金温暖包发放活动结束，全市225名孤儿与事实孤儿受益。温暖包项目主要用于解决贫困地区孤儿和事实孤儿因缺乏御寒物资过冬困难问题。每个温暖包价值365元，每个包内都有棉衣、雪地靴、棉帽、围巾、护耳、手套、棉袜、护手霜、书包等过冬和学习用品。上年，天龙救援队大同支队和大同市青年志愿者协会经过前期宣传、筹备，大同地区获得225个温暖包，通过众多志愿者摸底登记，最终确定孤儿和事实孤儿225名。志愿者们到天镇县、云州区和云冈区进行温暖包发放，2020壹基金温暖包全部发放完毕。 （墨 竹）

【未成年人保护工作协调机制建立】 2021年5月28日，大同市人民政府办公室为加强对全市未成年人保护工作的统筹协调和督促指导，根据《山西省人民政府办公厅关于调整省级未成年人保护工作协调机制的通知》，及时调整市级未成年人保护工作委员会。调整后委员会主任由市委副书记、市长担任，副主任由分管民政工作、教育工作、公安工作的副市长和市民政局主要负责人担任。截至6月1日，全市11县（区）全部成立未成年人保护工作协调机制。（秦 超）

【农村留守儿童和困境儿童关爱保护政策宣讲进村（居）】 2020年6月上旬至2021年6月，大同市开展农村留守儿童和困境儿童关爱保护“政策宣讲进村（居）”活动。截至2021年6月底，全市开展宣讲活动487场次，其中市级层面5场次，县级层面20场次，乡镇（街道）层面160场次，村（居）层面302场次。宣讲内容围绕农村留守儿童和困境儿童关爱保护，涵盖国家及地方各级政府相关政策，重点突出家庭监护、儿童安全自护、事实无人抚养儿童保障、亲情沟通、工作履职5个专题。（秦 超）

【福彩公益金】 2021年，大同市有271个福彩投注站参加销售，全市销售各类福利彩票2亿元。电脑票销售1.7亿元，其中“双色球”销售6718万元，“3D”销售4996万元，“七乐彩”销售74万元，“快乐8”销售3331万元，“快乐十分”销售2030万元；即开票中“刮刮乐”销售3013万元。全年分配全市中央彩票公益金预算额度1022万元，分配省级福利彩票公益金预算额度1207万元，分配市级分配彩票公益金预算额度2975万元，专项资金用于民政社会福利及相关公益事业。按照彩票公益金“扶老、助残、救孤、济困”发行宗旨，资金主要用于老年人、残疾人、儿童福利和社会公益事业方面。 （秦 超）

残疾人福利

【残疾人补贴】 2021年，大同市民政局按时发放残疾人“两项补贴”，并动态调整补贴标准。困难残疾人生活补贴标准由每人每月50元调整为每人每月66元；重度残疾人护理补贴标准由每人每月50元调整为每人每月89元。全年全市享受困难残疾人生活补贴35545人，享受重度残疾人护理补贴34449人，发放生活补贴资金2789.9万元，发放护理补贴资金3595.7万元。 （秦 超）

【残疾人补贴资格认定申请“跨省通办”】 2021年4月22日起，山西省全面实现残疾人两项补贴资格认定申请“跨省通办”。残疾人两项补贴资格认定申请“跨省通办”是由申请人向当地乡镇（街道）提出申请，经户籍地乡镇（街道）、残联、民政按程序进行初核、复核、审定及发放资金。“跨省通办”包括省内跨市通办、跨县通办、跨乡镇（街道）通办。 （秦 超）

住房保障

【概况】 2021年，大同市城镇棚户区住房改造计划开工2262套（老城区内脏乱差的棚户区住房改造开工200套），开工2333套，完成率103%。城镇保障性安居工程计划投资6.2亿元，投资14.1亿元，完成率227.9%。城镇住房保障家庭租赁补贴计划发放16555户，发放16724户，占年度任务101%。为化解征收安置房源不足矛盾，推进重点项目征收工作，市住房和城乡建设局购买商品住房用于棚户区改造安置1.6万套，182.4万平方米。交付使用8598套，剩余7218套，其中6142套年底交付使用，1076套计划次年7月底交付使用。开工改造老旧小区87个小区，196栋楼，7621套，73.9万平方米。既有住宅加装电梯10部（其中，平城区7部；左云县3部），全部进场实施。 （乔晨曦）

【农村危房改造】 2021年，山西省分配大同市农村危房改造任务953户，其中四类重点户148户（建档立卡贫困户28户、低保户103户、分散供养特困户12户、贫困残疾人家庭5户），贫困边缘户805户全部竣工。 （乔晨曦）

【农村房屋安全隐患排查整治】 2021年，大同市住房和城乡建设局开展农村房屋安全隐患排查工作，排查涉及大同市11个县（区），93个乡镇，1468个村庄，村庄排查覆盖率

100%。经过排查统计，大同市有农村房屋392987户，其中用作经营自建房11799户，非自建房43291户，自建居住房337897户。大同市农村房屋排查初判存在安全隐患4419户，鉴定为CD级3943户，占比89.2%，整治2546户，占比64.6%。其中用作经营性自建房鉴定为CD级37户，100%整治完毕；非自建房鉴定为CD级338户，100%整治完毕。未用作经营性自建房鉴定为CD级3568户，整治2168户，占比60.8%，1400户在整治中。（乔晨曦）

【住房公积金管理】 2021年，大同市住房公积金管理中心新开户单位323家，净增单位108家；新开户职工1.8万人，净增职工1.2万人；实缴单位3592家，同比增长3.1%；实缴职工33.3万人，同比增长3.8%；缴存额42.8亿元，同比增长11.6%。截至2021年底，缴存总额392.4亿元，比上年增加12.2%；缴存余额134.7亿元，同比增长18.8%。2021年，9.1万名缴存职工提取住房公积金；提取额21.5亿元，同比下降8.5%；提取额占当年缴存额50.2%，比上年减少11个百分点。截至2021年底，提取总额257.7亿元，比上年增加9.1%。单缴存职工个人住房贷款最高额度60万元，双缴存职工个人住房贷款最高额度80万元。发放个人住房贷款0.7万笔27.1亿元，同比分别增长11.7%、–2.3%。回收个人住房贷款10.3亿元。截至2021年底，发放个人住房贷款5.3万笔172.8亿元，分别比上年增加14.4%、18.6%；贷款余额127.5亿元，比上年增加15.2%。个人住房贷款余额占缴存余额94.7%，比上年减少3个百分点。2021年，发放异地贷款1094笔3.9亿元。截至2021年底，发放异地贷款总额30.3亿元，异地贷款余额27.3亿元。受委托办理住房公积金个人住房贷款业务的银行5家。截至2021年底，住房公积金存款7.4亿元。其中，活期50万元，1年（含）以下定期2.3亿元，其他（协定、通知存款等）5.11亿元。住房公积金个人住房贷款余额占缴存余额94.7%，比上年减少3个百分点。

个人住房贷款逾期额117.3万元，逾期率0.1，个人贷款风险准备金余额12749.8万元。未使用个人贷款风险准备金核销呆坏账。

年内，市住房公积金管理中心被大同市精神文明建设指导委员会表彰为“2019—2020年度大同市精神文明单位”。（王　超）

【住房公积金社会经济效益】 2021年，大同市住房公积金管理中心缴存职工中，国家机关和事业单位占37.4%，国有企业占51.8%，城镇集体企业占0.3%，外商投资企业占0.6%，城镇私营企业及其他城镇企业占9.2%，民办非企业单位和社会团体占0.5%，其他占0.2%；中、低收入占99.3%，高收入占0.7%。新开户职工中，国家机关和事业单位占23.2%，国有企业占28.6%，城镇集体企业占0.02%，外商投资企业占0.8%，城镇私营企业及其他城镇企业占40.7%，民办非企业单位和社会团体占3.5%，灵活就业人员占0.02%，其他占3.2%；中、低收入占99.7%，高收入占0.3%。全年提取金额中，购买、建造、翻建、大修自住住房占13.3%，偿还购房贷款本息占38%，租赁住房占22%，离休和退休提取占22.8%，与单位终止劳动关系提取占1%，其他占2.9%。提取职工中，中、低收入占99.2%，高收入占0.8%。支持职工购建房79.3万平方米，个人住房贷款市场占有率36.9%，比上年减少0.7个百分点。通过申请住房公积金个人住房贷款，可节约职工购房利息支出43623.9万元。职工贷款笔数中，购房建筑面积90（含）平方米以下占7.7%，90~144（含）平方米占85.5%，144平方米以上占6.8%。购买新房占89.1%，购买二手房占10.2%，其他占0.7%。单缴存职工申请贷款占68.5%，双缴存职工申请贷款占31.5%，三人及以上缴存职工共同申请贷款占0.04%。贷款职工中，30岁（含）以下占19.7%，30岁~40岁（含）占40.6%，40岁~50岁（含）占27.8%，50岁以上占12%；首次申请贷款占70.4%，二次申请贷款占29.6%；中、低收入占99.3%，高收入占0.7%。个人住房贷款发放额、住房消费提取额的和与当年缴存额的比率100.1%，比上年减少18.8百分点。（王　超）

【住房公积金政策调整执行】 2021年，大同市住房公积金管理中心核定年度缴存基数。市住房公积金缴存基数上限18233元；根据省政府现行最低工资标准，据此核定2021年大同市住房公积金缴存基数下限平城区、云冈区1700元；新荣区1600元；左云县、浑源县、云州区1500元；阳高县、广灵县、天镇县、灵丘县1400元。同煤分中心各缴存单位缴存基数比照云冈区标准执行；开发区管理部各缴存单位缴存基数比照云州区标准执行。出台《关于支持缴存职工提取住房公积金支付既有住宅加装电梯个人分摊费用有关事项实施细则（试行）》。住房公积金贷款利率执行方面，首套房贷款利率5年期以内（含5年）执行利率2.75%，5年期以上执行利率3.25%。二套房贷款利率上浮1.1倍，即5年期以内（含5年）执行利率3.025%，5年期以上执行利率3.575%。公积金贷款政策调整方面，在核定个人住房公积金贷款额度时，把现行贷款额度作为基数，参考全市住房公积金个贷率实时情况，引入资金流动性调节系数，以满足更多缴存职工住房公积金贷款需求，体现住房公积金的普惠互助、公平共享。《个人信用报告》近3年内逾期次数连续未超过3次，累计未超过6次可申请办理个人住房公积金贷款。（王　超）

【住房公积金“放管服”改革】 2021年8月20日，大同市不动产抵押登记窗口入驻市住房公积金中心业务大厅，开启住房公积金和不动产登记“联合办理”模式，在全省率先实现住房公积金贷款、不动产抵押登记“一站式”办理，结束群众办理公积金贷款抵押登记业务在公积金中心和不动产登记中心之间来回跑历史，个人住房贷款业务从受理到审批时间缩短至5个工作日，群众“只进一扇门、只跑一趟路”成为常态，“放管服效”改革向前迈出一步。截至2021年底，办理业务795笔。市住房公积金中心通过与市市场监督管理局共享信息系统数据，实现企业注册和住房公积金开户“一网通办”；推进住房公积金综合服务平台建设，增加单位网上自助开户、单位自助网厅签约、微信端解除劳动关系提取、微信端购房提取、单位网厅修改单位信息、职工微信端修改个人信息功能，及异地缴存贷款人员登录微信端查询和还款业务 7 项功能。截至 2021 年底，网办业务占比 86.1%，网办业务总量 12.9 万笔，较上年同期增长 19.9%。（王 超）

【住房公积金“跨省通办”】 2021 年，大同市住房公积金管理中心把住房公积金服务“跨省通办”作为“我为群众办实事”的重要事项，在上年完成 3 项、提前完成 2021 年 2 项“跨省通办”事项基础上，开通 3 项“跨省通办”事项，包括开具住房公积金个人住房贷款全部还清证明、住房公积金单位及个人缴存信息变更和购房提取住房公积金。截至 2021 年底，通过“跨省通办”平台办理单位登记开户 23 家、单位及个人缴存信息变更 8484 笔、购房提取公积金 613 笔、退休提取 1750 笔、出具贷款职工住房公积金缴存使用证明 162 次、提前还清住房公积金贷款 537 笔、开具个人贷款还清证明和提前还清住房公积金贷款 77 笔、个人住房公积金缴存贷款等信息查询 278 万次。（王 超）

【住房公积金资金风险防控】 2021 年初，大同市住房公积金管理中心印发《关于认真开展住房公积金支取、贷款及归集业务工作大排查大整治的通知》，开展业务大排查和骗提骗贷专项整治，梳理住房公积金各项业务数据近 20 万笔，梳理中心业务流程和权限设置，完善网厅业务、贷款还款、财务记账等方面的系统不足。推进全国住房公积金监管服务平台问题整改，实行常态化管理，通过加大风险隐患疑点排查，梳理制定整改措施，进行分类处置，加大整改力度，增强中心风险隐患排查能力。完成问题整改 2088 条，规定时间内整改率 90.2%。落实省住建厅印发《关于常态化开展扫黑除恶专项斗争实施方案》要求，制定常态化扫黑除恶专项斗争方案，常态化防治住房公积金骗提、骗贷、非法中介，维护缴存职工合法权益。查处 8 起证件造假的骗提案例，追回全部骗提资金 47.8 万元。开展逾期贷款清收专项行动，多措并举、分类施策，推进逾期贷款催收工作，达到“清收一案、震慑一片、教育一方”社会效应，经验和做法受到省住建厅的肯定并在全省推广。个贷逾期率由 2020 年底的 0.4‰降至 0.1‰，同比下降 79.1%，位于全省第二，资金安全更有保障。（王 超）

【住房公积金管理信息化建设】 2021 年，大同市住房公积金管理中心坚持网络安全与信息化发展并重，着眼于给公积金管理服务工作提供支撑和保障作用，维护信息系统软硬件及网络运行，完成系统功能优化升级 144 项。接入不动产接口，并通过不动产信息对提取和贷款相关业务进行改造。通过接口获取房产信息和抵押物信息，提升提取业务和贷款业务信息的准确性和完整性。实现省数据互联共享平台中信息数据的落地应用。接入住建部住房公积金小程序，实现全国住房公积金小程序上线运行，职工通过住房公积金小程序即可办理公积金异地转移接续业务。完成住房公积金综合管理业务系统 2021 年度的三级等保测评，确保系统和数据安全。（王 超）

退役军人事务管理

【概况】 2021 年，大同市有 1 个市级退役军人服务中心，10 个县（区）级退役军人服务中心，127 个乡镇（街道）退役军人服务站，1042 个村（社区）退役军人服务站实体运行，10 个标杆型示范服务中心（站）建设基本完成。大同市退役军人法律援助工作站挂牌成立并投入运行。大同市退役军人事务局承办“全国优抚对象年度确认培训班”“全国退役军人信访工作培训班”和“全省英烈讲解员大赛”等全国全省系统会议与赛事。年内，大同市退役军人事务局被国家机关事务管理局、中共中央直属机关事务管理局、国家发展和改革委员会、财政部授予“节约型机关”称号。在全省退役军人事务工作年度综合考核中排名第一。（甄 过）

【退役军人接收安置】 2021 年，大同市接收军队转业干部，其中部分为计划分配军队转业干部，部分逐月领取退役金，并为部分军队转业干部提供公务员和参公事业岗位，岗位配套率 1：1.53。大同市接收退役士兵，其中分为自主就业退役士兵和由政府安排工作退役士兵，并为部分士兵提供事业单位和国有企业岗位，岗位配套率 1：2.04。（甄 过）

【退役军人就业创业】 2021 年，大同市退役军人事务局组织自主就业退役士兵，分 6 个专业，参加职业技能培训。开展退役军人就业招聘，组织退役军人线上、线下两场专场招聘会，提供岗位 3500 余个。结合疫情防控要求，开展“送政策送服务进军营”活动，邀请 2 名政策专家，为驻大同部队代表进行政策辅导，发放退役士兵办事明白卡等政策宣传页 3000 余份。组织退役军人创业大赛，按照赛前辅导、现场路演、评委评选方法评出一、二、三等奖，并推举大赛一等奖项目“现代农业”参加省退役军人创业大赛。联合《大同日报》社开设退役军人创业专刊，讲好大同退役军人就业创业故事，推出专栏故事 30 期。（甄 过）

【退役军人优待抚恤】 2021 年，大同市退役军人事务局落实退役军人及其他优抚对象优待抚恤政策，发放优抚对象生活补助资金 9702 万元，发放老党员生活补贴 188.8 万元，发放优抚对象医疗保障经费 336 万元，发放优抚事业补助资金 250 万元，发放义务兵家庭优待金 9433.1 万元。营造尊崇尊重氛围，给全市退役军人及其他优抚对象悬挂光荣牌 1527 块，组织给立功受奖军人家庭送喜报活动 119 人次。帮扶救助困难退役军人，对因重大疾病、自然灾害、家庭重大变故等临时性、突发性原因，造成家庭生活、住房、医疗困难的优抚对象进行救助，临时救助 150 人，发放帮扶援助款 150 余万元。推进新式残疾军人证换发工作，核查退役军人事务（民政）部门评定残疾等级的残疾军人 1892 名，给 1813 人换发新式残疾军人证。依法依规审批办理农村籍退役士兵老年生活补助待遇，审核材料

1477人份，审批通过1270人。（甄　过）

【烈士褒扬纪念】 2021年，大同市退役军人事务局联合大同市文物局、中共大同市委党史研究室分阶段调查认定红色文化遗址。申报山西省红色主题教育基地、纪念场所退役报废武器装备。开展“守护·2021清明祭英烈”主题宣传教育活动，大同市各级烈士陵园接待祭奠群众2.6万余人。大同市党政军领导及社会各界群众1800余人参加“9·30”向人民英雄敬献花篮仪式。推进烈士寻亲工作，在媒体发布寻亲线索和信息，调查核实并登记比对，给2名烈士寻到亲人。（甄　过）

【双拥共建】 2021年，大同市、县两级调整充实双拥工作领导小组组成人员及联络员，党政军主要领导带头参加双拥活动，各成员单位发挥职能作用，合力共管，为开展“双拥”工作奠定基础。大同市投入4000余万元支持部队建设，市县两级党委、政府慰问驻地部队发放价值300余万元的慰问品。落实驻大同部队随军家属未就业地方生活补贴政策，给214名随军未就业家属发放生活补贴152.5万元，协调教育部门为81名现役军人解决子女入学入托问题，为14名军人子女落实中高考加分优待政策。大同市双拥办到武警大同支队，以“旗帜引领、同心铸梦”为主题开展“书画进军营”活动。驻大同部队开展拥政爱民活动。大同军分区机关投入30万元，帮助天镇县安家皂乡修建乡村公厕，为灵丘县王成庄村开办养猪场。某部队在阳高驻训地开展消费扶贫活动，建成扶贫夜市一条街。2支部队邀请市双拥办开展捐资助学活动，给受援助学生发放助学资金18万元。某部队组织“学雷锋精神·献水兵爱心”活动，给附近村庄村民提供理发、体检和家电维修等服务。由大同市双拥办选送的歌曲《中国军民》，获全国双拥主题文艺作品征集评选一等奖。（甄　过）

【退役军人联系慰问】 2021年，大同市退役军人事务局建立市、县、乡、村四级立体化、网格化、常态化联系退役军人机制。坚持春节、两会、“七一”、“八一”等重大时间节点对联系对象进行全员走访慰问，全年走访慰问“最美退役军人”、困难退役军人、老党员、军烈属等退役军人及其他优抚对象3530余人次，发放慰问金（慰问品）107余万元。（甄　过）

【《中华人民共和国退役军人保障法》宣传】 2021年10月22日，大同市退役军人事务局、灵丘县退役军人事务局共同举办纪念《中华人民共和国退役军人保障法》颁布实施一周年系列普法宣传暨主题签名活动，退役军人集体宣誓，并把名字签在“若有战，召必回”的主题横幅上。《中华人民共和国退役军人保障法》是1949年后的第一部专门规范退役军人保障工作的基础性法律，给新时代退役军人保障工作提供法律依据。大同市重视退役军人保障工作，落实《中华人民共和国退役军人保障法》，依法履行法定职责义务，营造遵法、学法、守法、用法社会氛围，推进全市退役军人工作在法治轨道上发展。（甄　过）

▲2021年10月22日，市退役军人事务局举办纪念《中华人民共和国退役军人保障法》颁布实施一周年系列普法宣传暨主题签名活动。图为活动现场（甄　过　摄）

【“老兵永远心向党”人物访谈】 2021年，大同市退役军人事务局联合大同军分区政治工作处、大同电视台举办“老兵永远心向党”优秀退役军人访谈节目，7位优秀退役军人讲述他们退役后开拓人生另一战场的故事。退役军人王玉龙参加过解放战争、抗美援朝战争，讲述几十年来找战友、进课堂，把革命历史讲给青少年的故事。全国十大拥军人物提名者张进宝讲述退休后从北京返回大同，关爱退伍军人，给退役军人提供义务服务的故事。情系故乡振兴乡村的退役军人李永强在转业时放弃安置，回到家乡，带领村民发展特色产业，让村庄变美，让村民富裕。全国模范退役军人、云冈区公安分局民警惠建武讲述脱下军装，穿上警服，护百姓安全的故事。获中国好人称号的老兵韩忠讲述他的创业历程，他热心公益事业，十几年来资助近1000名贫困大学生。获山西省最美退役军人称号的杨河芬作为驻村第一书记，讲述他在脱贫攻坚和乡村振兴过程中，抓农业、拉项目、扶民生的故事。山西省优秀共产党员张连印讲述退役后脱下军装，扛起铁锹，回家乡左云义务植树造林18年，成为家乡绿色卫士的故事。（甄　过）

社会事务

殡葬管理

【概况】 2021年，大同市火化遗体3204具，接待服务治丧群众10万余人次，执行全市城乡困难群众基本殡葬服务费免除政策，减免殡仪服务费用96万余元。（秦　超）

【清明祭扫】 2021年，大同市统筹抓清明期间疫情防控和群众祭扫工作，采取提前预约、错峰出行、限制流量等措施，减少人员聚集，落实祭扫场所查验行程码、实名登记、清洁消毒、体温监测、口罩佩戴、员工健康监测等防护防控措施。市殡葬管理中心在祭祀高峰期，通过加发车次解决群众交通不便问题。祭祀高峰期接待祭祀群众5万余人，车辆9000余辆，免费发放鲜花8800余支。（秦 超）

【殡葬基础设施建设】 截至2021年底，大同市浑源县、灵丘县、阳高县、广灵县、左云县、天镇县6个县级殡仪馆项目全部开工建设，广灵县、浑源县、阳高县3个县手续办理齐全。广灵县殡仪馆主体框架建成，浑源县殡仪馆进入室内装修阶段，阳高县殡仪馆工程实现正负零，灵丘县、左云县、天镇县3个殡仪馆项目均完成三通一平。完成公益性公墓（骨灰堂）建设规划并报送省厅，其中县级公墓（骨灰堂）9个，乡级85个，村级138个，合计232个，开工14个。全市2个殡仪服务站建设项目，云州区完成主体地基浇筑，工程实现正负零，新荣区完成选址。（秦 超）

【殡葬领域专项整治】 2021年，大同市开展"三沿六区"（"三沿"即公路、铁路、河道沿线，"六区"即水源保护区、文物保护区、风景旅游区、住宅区和开发区、坝区）散埋乱葬专项治理，摸排沿线坟头41956个，立式墓碑9722个，治理坟头2193个，拆除墓碑1座。开展殡葬业价格秩序和安葬（放）设施建设经营专项整治，整治价格公示不规范问题4条，摸排违法违规从事殡葬中介服务线索10条，联合公安部门依法查处取缔黑殡葬服务点3家。10月28日，关停国药同煤总院太平间。（秦 超）

【殡葬改革市长办公会和全市推进会】 2021年8月2日，大同市分别召开市长办公会和全市殡葬改革推进会，就推进殡葬综合改革工作细化措施、压实责任、明确要求。市长办公会审议研究《关于加快推进全市殡葬综合改革促进殡葬事业发展的实施方案（征求意见稿）》，安排部署近期工作。全市殡葬改革推进会以视频会议的形式组织召开，会议通报全市殡葬改革工作情况，部署下步重点工作，动员全市上下推进殡葬改革工作，打赢殡葬改革这场硬仗。（秦 超）

婚姻登记

【概况】 2021年，大同市办理婚姻事宜33062件，其中结婚登记17740件、离婚登记3975件、补发结婚证10681件、补发离婚证661件，涉外婚姻事宜5件。（秦 超）

【婚前医学检查】 2021年，大同市民政局联合市卫健委、市妇儿工委等6个部门印发《关于印发〈2021年大同市免费婚前医学检查工作实施方案〉的通知》，要求各县（区）民政部门发挥婚姻登记窗口作用，配合卫生健康部门（婚检机构）对拟结婚登记人群进行现场动员、政策宣传等工作。（秦 超）

【特殊日期婚姻登记】 2021年5月20日至21日，大同市民政局为做好婚姻登记处新冠肺炎疫情防控工作，避免领证准新人扎堆登记，在各县（区）婚姻登记处推行现场预约、错峰登记、延时服务、调整办事流程等措施，控制办理婚姻登记人员滞留婚姻登记处时间，科学调控数量，分批分时段登记，减少登记场所人员往来和聚集。引导群众自觉在等候区排队，尽量减少室内等候人数，缩短在婚姻登记机关逗留时间，最大限度满足登记人员需求。5月20日至21日，全市有1727对新人登记结婚。（秦 超）

【新版婚姻登记管理信息系统】 2021年11月29日，大同市启用新版婚姻登记管理信息系统。该系统增加登记预约、人证比对、电子签名、指纹录入、电子档案、系统日志等功能，并按照离婚冷静期有关要求，适时调整离婚登记程序，把涉外婚姻登记和国内婚姻登记系统进行整合，基本实现无纸化操作，更加符合现行政策和登记工作要求。（秦 超）

社区治理

【概况】 2021年，大同市设乡镇（街道）126个（其中乡50个、镇37个、街道39个），建制村1426个，社区395个。全市社区工作人员3750人，主要由乡镇（街道）下派工作人员、纯居民、大学生村干部、公益岗等构成，889人获得社会工作职业资格证书（社会工作师213人，社会工作者676人），推动社区工作专业化、本土化、精准化发展。（秦 超）

【善治示范村建设】 2021年，大同市民政局围绕加强农村群众性自治组织建设、规范村"两委"换届选举、探索建立履职承诺制度、创新民主决策管理制度、建立村级协商机制、确保村级组织运行规范、实行干部管理"一定五有"（定职责、干有待遇、考有办法、好有褒奖、进有希望、退有所养）7个方面，开展48个建制村开展善治示范村建设工作。（秦 超）

【社会组织参与社区治理】 2021年，大同市民政局通过建立社会组织孵化培育基地，壮大社会组织力量，推进社会组织专业化、规范化发展。截至2021年底，成功孵化两批服务性、公益性社会组织48家，举办两届公益鹊桥会，实施惠民项目210个，满足居民多样化、个性化、专业化的服务需求，社会效益良好。（秦 超）

【社工人才培养】 2021年，全国社会工作者职业水平考试报名人数1444人（助理社会工作师1036人，社会工作402人，高级6人），比上年增加53人。社会工作职业资格考试通过人数136人，审核通过134人。截至10月19日，在中国社会工作网上注册的持证社会工作者人数687人，社工站16个。（秦 超）

【乡镇（街道）社会工作服务站项目（试点）建设】 2021年，大同市实施大同市平城区社工总站和4

个乡镇（街道）社工站试点项目，天镇县实施11个乡镇（街道）市级社工站试点项目。平城区建成平城区社工总站1个，乡镇（街道）社工站4个，12名社会工作者全部上岗，天镇县11个乡镇完成社工站试点建设工作，围绕社会救助、儿童福利、养老服务、社区治理、社会事务及其他领域展开服务。（秦 超）

【全国社会工作信息系统启用】 2021年3月1日起，根据民政部统一部署，大同市正式启用全国社会工作信息系统，以适应社会工作信息化发展需求，优化办事流程，提高管理效率，降低管理成本，加快推进社会工作专业化、规范化、标准化、信息化发展。全国社会工作信息系统功能主要包括：社会工作者职业水平证书登记管理、高级社会工作师评审、社会工作者继续教育、社会工作服务机构内部管理、社会工作服务项目过程管理等。（秦 超）

区划与地名管理

【乡镇（街道）行政区划优化调整】 2021年2月18日，山西省政府印发《关于同意大同市乡级行政区划调整的批复》，大同市由原33个镇、66个乡、40个街道计139个乡级政区调整为37个镇、50个乡、39个街道计126个乡级政区，乡级行政区划调整各县（区）交接挂牌工作全部完成。（秦 超）

【地名管理】 2021年，大同市推进规范地名工作，以提升大同旅游城市品位，方便群众生产生活。落实资金200余万元，安装1000余块地名标志牌，出版《大同市地名志》2000册，便于群众了解地名知识，提高地名文化品位，推动地名文化发展。新《大同市市区标准地名图》出版。全年新建小区命名54个。（秦 超）

【县界联检】 2021年，大同市完成冀晋线第四轮联检及市、县两级界线联检相关工作。完成县界阳高—浑源、灵丘—广灵、浑源—云州3条县界联检工作。（秦 超）

社会组织管理

【概况】 2021年，大同市有456家社会组织，新成立23家，注销6家，撤销11家。有192家社会团体、203家民办非企业单位接受年报。现场抽查和专项抽查社会组织25家，抽查比例5.4%。（秦 超）

【社会组织年报工作】 2021年3月，大同市印发《大同市民政局关于做好全市性社会组织2020年度年报工作的通知》，有192家社会团体，203家民办非企业单位接受年报，分别占社会团体和民办非企业单位总数83%和91%。市民政局会同市公安局、市教育局、市人力资源和社会保障局、市市场监督管理局、市文化局等业务主管单位，建立日常信息和工作情况通报制度，形成多部门共同参与年检的联合执法工作机制。（秦 超）

【社区社会组织培育】 2021年，大同市民政局会同大同市政法委、大同市文化和旅游局、大同市妇女联合会、大同市残疾人联合会出台《大同市培育发展社区社会组织专项行动实施方案（2021—2023）》，方案明确时间安排、工作目标、具体要求，要求各县（区）民政局加强社区社会组织建设力度，到2021年末完成每万人拥有社会组织数不少于6.5个目标，到2023年实现城市社区平均拥有不少于10个社区社会组织、农村社区拥有不少于5个社区社会组织的工作目标。（秦 超）

【行业协会商会管理】 2021年，大同市根据《山西省人民政府办公厅关于进一步规范行业协会商会收费的通知》文件精神，开展排查收费统计。全年有40家行业协会商会不收会费，有28家行业协会商会给会员企业减免会费367.5万元，68家行业协会商会均没有行政事业性收费。（秦 超）

【打击非法社会组织】 2021年，大同市民政局根据省民政厅开展打击非法社会组织专项行动会议要求，成立专项行动领导组及办公室，制定专项整治行动方案。方案明确工作思路、协调机制、主要措施、工作步骤、具体要求，重点明确打击整治的6类非法社会组织。全年取缔非法社会组织6个，引导登记13个、劝散3个。（秦 超）

【社会组织党建制度完善】 2021年，大同市规范全市社会组织党组织筹建办法和换届选举文书范例，起草新登记社会组织党建工作告知书，从市民政局系统干部中聘请党建指导员6名，每人指导5个党支部。建立社会组织党建“三个同步”工作机制，结合社会组织成立登记同步做好党建工作，结合社会组织年检年审同步做好党建检查工作，结合社会组织等级评估同步做好党建评价工作。（秦 超）

【社会组织法人治理结构规范】 2021年，大同市制定《大同市社会团体法人治理结构与治理规则》，给全市社会组织管理工作人员和相关部门在规范社会团体建立健全法人治理机制时提供参考依据。落实社会组织换届工作，督促并指导23家社会团体开展换届工作，健全组织机构，更换法人，帮助社会团体重新开展工作。（秦 超）

【社会组织服务平台数据库完善】 2021年，大同市民政局根据《山西省民政厅 山西省行政审批服务局关于进一步推进山西省社会组织法人库应用工作的通知》要求，负责补录2019年以前成立的社会组织档案工作，把500余份档案材料扫描成PDF文件上传平台。指导各县（区）民政局社会组织管理人员熟悉服务平台并开展补录工作。对已撤销或不开展活动的“僵尸型”社会组织从平台清理（列入异常活动名录、严重失信名单）。（秦 超）

民族宗教事务管理

民族事务管理

【概况】 2021年，大同市有少数民族36个，约1.6万人。有4个回族聚居村：平城区田村、云州区三条涧村、云州区马家会村、天镇县袁家皂村，有清真食品经营单位21家。11月17日，平城区御河街道田村少数民族活动中心，民族团结活动室揭牌。

（赵　冬）

【少数民族村经济社会发展】2021年，大同市委统战部落实少数民族发展资金110万元。云州区（75万元）：用于三条涧村槟果经济林地管护项目。天镇县（35万元）：用于天镇县马家皂乡袁家皂村基础设施提质工程。该工程的实施，改善村容村貌，改变宜居环境，激发乡村发展活力，为巩固脱贫攻坚成果、实施乡村振兴战略提供保障。（赵　冬）

【少数民族事务】 2021年，大同市委统战部按照山西省扶持民族贸易和民族特需商品生产相关政策，抓“十四五”少数民族特需品定点生产企业培育、筛选、摸底工作，使相关企业能够享受国家政策扶持。元旦、春节、中秋、国庆等节假日期间组织平城区、市伊协和清真食品义务监督员检查全市较大规模的清真饭店、清真牛羊肉专卖店和清真食品店2次，全年未发生“清真不清”问题和案件。9月，大同市歌舞剧院出品的原创歌舞剧《北魏长歌》，代表山西省参演第六届全国少数民族文艺会演。该剧再现北魏民族融合改革创新的重要历史，让观众了解云冈石窟背后各民族交往交流交融的历史渊源，感悟厚重历史，最终该剧获优秀剧目奖，且在15台优秀剧目中名列第一。（赵　冬）

【少数民族优惠政策落实】 2021年，大同市委统战部落实少数民族考生中、高考优惠政策，全年接受少数民族考生中、高考加分政策咨询100余次，接受公民民族成份更改咨询30余次，变更公民民族成份4人次，确保党的各项民族优惠政策落到实处。

（赵　冬）

宗教事务管理

【概况】 2021年，大同市有佛教协会、道教协会、伊斯兰教协会、天主教爱国会、基督教三自爱国运动委员会五大市级宗教团体。全市有信教群众12.9万人，有正式登记、依法开放的宗教活动场所339处，其中佛教场所154处、道教场所29处、伊斯兰教场所3处、天主教场所11处、基督教场所142处。全市有宗教教职人员813人，其中佛教321人、道教56人、伊斯兰教9人、天主教19人、基督教长老以上72人（牧师6人，副牧师5人，长老61人），传道员336人。（张立权）

【宗教基础数据更新】 2021年，大同市委统战部更新宗教工作基础数据，针对其摸排难度大、时间周期长问题，采取宗教活动场所和乡镇（街道）、村（社区）同时进行方法。通过县（区）统战部门汇总比对和宗教团体反复核查，确保底数摸清、数据真实可靠。（张立权）

【宗教领域安全管理】 2021年，大同市委统战部把宗教活动场所安全作为常态化工作，提高宗教界安全意识。组织人员力量到宗教活动场所对场所安全工作、疫情防控工作进行“明察暗访”40余次。制定印发关于做好宗教活动场所安全工作的有关通知4个。对市五大宗教团体和市统战服务中心安保人员分别开展消防安全应急演练1次。（张立权）

【宗教事务管理法治化】2021年，大同市委统战部梳理部机关关于宗教方面的权责清单、审批流程图及廉政风险防控图，结合具体审批事项压缩相关行政审批内容办理时限，简化办理流程。研究制定宗教方面《行政处罚裁量权控制办法》《行政处罚裁量权适用规则》《行政处罚自由裁量权基准》，为宗教方面行政执法人员在行使行政处罚自由裁量权提供保障和监督，规范宗教方面行政执法中的处罚行为，维护宗教教职人员、宗教活动场所合法权益。联合民政部门推进宗教活动场所法人登记有关工作，完成14处宗教活动场所的法人登记。

（张立权）

【涉文物宗教场所管理】2021年，大同市委统战部实地监督检查涉及文物保护单位的宗教场所，出台《关于进一步加强涉及文物宗教场所安全管理的意见》，明确涉及文物宗教场所安全监督管理的责任主体，健全完善宗教场所各项文物安全管理制度，调整管理人员结构，扭转年龄较大教职人员担任涉文物宗教场所负责人现象，提升宗教场所管理人员文物保护意识和专业水平。（张立权）

【宗教团体建设】 2021年，大同市委完成市伊斯兰教协会、市道教协会换届工作。3月25日，大同市伊斯兰教协会召开第二次代表会议，选举产生新一届市伊斯兰教协会领导班子。5月25日，大同市道教协会召开第二次代表会议，选举产生新一届道教协会领导班子。调研评估天主教大同教区主教选圣、基督教三自爱国运动委员会换届工作，引导对换届工作存在分歧意见的教职人员，围绕中心、服务大局，增进团结、化解矛盾。全年召开5次宗教团体联席会议，学习、宣传中国共产党的宗教政策和《宗教事务条例》《宗教团体管理办法》《宗教教职人员管理办法》等相关法律法规。加强宗教团体组织建设，优化协会领导班子结构，为发挥宗教团体作用奠定基础。（张立权）

【宗教界中国化方向引领】 2021年，大同市委统战部以庆祝中国共产党成立100周年为契机，以“四进”宗教活动场所活动（国旗、宪法和法律法规、社会主义核心价值观、中华优秀传统文化进宗教活动场所）为抓手，指导宗教团体、宗教活动场所、宗教教职人员开展“爱党爱国爱社会主义”主题教育活动，开展“宗教政策法规”专题学习活动，通过送法规、讲政策、明要求等系列行动，深化全市宗教界对涉及宗教事务政策法规的理解和掌握，增强全市宗教教职人员遵纪守法意识，维护全市宗教领域和谐稳定。（张立权）

社会生活

人　物

新任市级领导

卢东亮　1973年12月出生，辽宁康平人，大学学历，经济学学士，1993年5月加入中国共产党，1995年7月参加工作。

1991年9月至1995年7月，北方工业大学经济管理学院会计学专业学习；1995年7月至1998年5月，中国有色金属工业总公司审计部干部；1998年5月至1999年7月，中国铜铅锌集团公司筹备组财务部干部；1999年7月至2000年10月，中国铜铅锌集团公司财务部资金处负责人；2000年10月至2001年5月，中国铝业公司财务部会计处业务主管；2001年5月至2002年3月，中国铝业公司财务部资金处业务主管；2002年3月至2003年11月，中国铝业股份有限公司财务部资金管理处副经理（其间：2000年9月至2002年8月，中国社会科学院财贸经济系金融学专业在职研究生课程进修班学习）；2003年11月至2006年7月，中国铝业股份有限公司财务部资金管理处经理；2006年7月至2009年12月，中国铝业股份有限公司财务部综合管理处经理；2009年12月至2013年3月，中国铝业股份有限公司财务部副总经理；2013年3月至2015年2月，中国铝业股份有限公司财务部总经理；2015年2月至2016年4月，中国铝业股份有限公司总裁助理兼兰州分公司党委书记、总经理、工会主席；2016年4月至11月，中国铝业公司党组成员、副总经理，中国铝业股份有限公司高级副总裁；2016年11月至2018年2月，中国铝业公司（2017年12月更名为中国铝业集团有限公司）党组成员、副总经理，中国铝业股份有限公司党委副书记、纪委书记、高级副总裁；2018年2月至2019年2月，中国铝业集团有限公司党组成员、副总经理，中国铝业股份有限公司党委书记、总裁；2019年2月至2020年5月，中国铝业集团有限公司党组成员、副总经理，中国铝业股份有限公司党委书记、董事长；2020年5月至2021年10月，省政府党组成员、副省长；2021年10月至11月，省委常委，省政府党组成员、副省长，大同市委书记；2021年11月，省委常委、大同市委书记。

谷　明　1965年5月出生，山西阳高人，中央党校大学学历，1986年6月加入中国共产党，1986年8月参加工作。

1984年10月，山西省人民警察学校公安专业学习；1986年8月，大同矿区公安局刑警队侦察员、科员（其间：1990年9月至1991年7月，借调省政府办公厅工作）；1991年7月，山西省政法管理干部学院人事处科员、主任科员；1992年12月，省监察厅监察三处主任科员；1993年3月，省纪委监委一室主任科员；2001年12月，省纪委监委执法室助理调研员；2006年3月，省纪委监委执法室正处级检查员、监察员；2008年1月，省纪委监察厅执法室正处级检查员；2010年6月，省纪委机关党委专职副书记（正处级）（其间：2009年9月，挂职任忻州市纪委副书记）；2012年9月，省纪委监察厅案件管理室主任；2014年6月，省纪委监察厅案件监督管理室主任；2015年6月，省纪委驻省安监局纪检组组长、省安监局党组成员；2017年7月，省纪委驻省环保厅纪检组组长、省环保厅党组成员；2018年5月，长治市委常委、市纪委书记；2019年2月，长治市委常委、市纪委书记、市监察委员会主任；2021年2月，大同市人大常委会党组书记；2021年2月24日在大同市第十五届人民代表大会第六次会议上当选为大同市人大常委会主任。

张　强　1966年4月出生，山西孝义人，大学学历，工商管理学硕士，1987年6月加入中国共产党，1987年7月参加工作。

1983年9月，北京航空航天学院自动控制系仪表与测试专业学习；1987年7月，太行仪器厂研究所技术员；1991年4月，太原市政府办公厅科员；1992年12月，太原市政府办公厅副主任科员；1993年11月，太原市政府办公厅副处级秘书；1994年4月，太原市劳动保险公司经理；2002年3月，太原市社会保险中心主任；2003年9月，太原市政府副秘书长、市政府办公厅党组成员、市政务大厅主任；2008年5月，清徐县委副书记、县长；2012年11月，灵丘县委书记；2018年3月，大同市人大常委会副主任，灵丘县委书记；2018年4月，大同市人大常委会党组成员、副主任，灵丘县委书记；2020年9月，大同市委副书记，市人大常委会党组成员、副主任，灵丘县委书记；2020年10月，大同市委副书记，灵丘县委书记；2021年1月，大同市委副书记；2021年2月，大同市委副书记，市政府党组书记、副市长、代市长；2021年2月24日在大同市第十五届人民代表大会第六次会议上当选为大同市人民政府市长。

艾凌宇　女，1972年12月出生，河南南乐人，研究生学历，管理学博士，1992年6月加入中国共产党，1994年7月参加工作。

1990年9月至1994年7月，山西经济管理学院计划专业学习；1994年7月至1996年11月，山西国际经济技术合作公司外销员；1996年11月至1998年8月，省计委工作；1998年8月至2000年9月，省计委外经处科员；2000年9月至2002年5月，省发展计划委员会国外资金利用处副主任科员；2002年5月至2005年12月，省发展计划委员会外经处主任科员；2005年12月至2010年3月，省发改委国外资金利用处助理调研员；2010年3月至2013年3月，省发改委外资处副处长兼山西省国外贷款项目管理中心主任（其间：2004年9月至2010年7月，山西大学管理科学与工程专业学习，获管理学博士学位；2009年6月至2011年7月，挂职吕梁市临县碛口镇党委副书记）；2013年3月至2014年4月，省发改委省重大项目稽察特派员办公室正处长级稽察特派员助理；2014年4月至2017年9月，省发改委利用外资和境外投资处处长；2017年9月至2018年10月，省发改委办公室主任；2018年10月至11月，省投资促进局党组书记；2018年11月至2020年2月，省投资促进局党组书记、局长；2020年2月至2021年1月，山西综改示范区党工委委员、管委会副主任；2021年1月至3月，大同市委副书记；2021年3月，大同市委副书记、市政法委书记。

周　鹏　1980年5月出生，山东东营人，研究生学历，工学博士，2001年6月加入中国共产党，2001年7月参加工作。

1997年9月至2001年7月，华北工学院安全工程系安全工程专业学习；2001年7月至2002年12月，华北工学院研究生部科员；2002年12月至2004年4月，华北工学院研究生院分团委副书记；2004年4月至2006年9月，中北大学研究生院分团委书记（其间：2003年9月至2006年5月，中北大学化工与环境学院化学工艺专业在职研究生学习，获工学硕士学位）；2006年9月至2010年10月，中北大学研究生院综合办公室主任、讲师；2010年10月至2013年7月，中北大学研究生院党总支副书记、副院长（其间：2006年9月至2011年7月，中北大学化工与环境学院武器系统防护工程专业在职研究生学习，获工学博士学位）；2013年7月至2017年6月，中北大学保密办公室主任；2017年6月至11月，中北大学仪器与电子学院党委书记；2017年11月至2021年3月，团省委副书记；2021年3月，大同市委常委、秘书长、办公室主任。

龚孟建　1975年4月出生，山西稷山人，研究生学历，法学硕士，1996年12月加入中国共产党，1997年9月参加工作。

1997年9月至2004年1月，临汾市水资源管理办公室工作（其间：1999年10月至2001年12月，借调水利部农村水利司锻炼工作）；2004年1月至2016年5月，历任山西水利发展研究中心副科长、科长、副主任，山西省水利厅办公室副主任、主任，山西省水利厅规划计划处处长；2016年5月至2017年5月，任山西省人民政府防汛抗旱指挥部办公室主任（副厅长级）；2017年5月至2021年2月，任山西省扶贫开发办公室党组成员、副主任；2021年2月至4月，任大同市委常委、市政府党组成员；2021年4月，任大同市委常委、副市长。

王明厚　1973年10月出生，山西盂县人，研究生学历，工商管理硕士，1995年5月加入中国共产党，1995年7月参加工作。

1991年9月至1995年7月，太原重型机械学院工业经济专业学习；1995年7月至1997年4月，阳泉市协作办物资科科员；1997年4月至2001年10月，阳泉市经济委员会技改科科员（其间：1998年5月至1999年5月，挂职任山西春泉化工有限公司副总经理；1999年5月至2001年10月，挂职任阳泉市自来水公司副经理）；2001年10月至2002年9月，阳泉市经济贸易委员会企业监督科副科长；2002年9月至2004年7月，阳泉市经济贸易委员会企业监督科科长（其间：2001年3月至2003年12月，西安交通大学工商管理专业在职研究生学习，获工商管理硕士学位）；2004年7月至10月，阳泉市国资委企业领导人员管理科科长；2004年10月至2006年6月，阳泉经济技术开发区管委会规划建设部部长；2006年6月至2011年5月，阳泉市城区区委常委、副区长；2011年5月至2012年7月，阳泉市城区区委副书记；2012年7月至2016年7月，阳泉市政府秘书长；2016年7月至2019年12月，阳泉市郊区区委书记；2019年12月至2020年1月，阳泉市副市长人选；2020年1月至2021年11月，阳泉市副市长；2021年11月，大同市委常委、统战部部长，市政协党组副书记。

王建江　1968年1月出生，山西浑源人，省委党校研究生学历，1988年4月加入中国共产党，1992年8月参加工作。

1985年9月至1988年9月，山西浑源师范学习；1988年9月至1992年7月，山西师范大学汉语言文学专业学习；1992年7月至1992年8月，待分配；1992年8月至1998年12月，山西师大语文报社助理编辑、编辑（其间：1995年9月至1997年7月，上海理工大学高教管理系系统工程专业在职大学学习）；1998年12月至2000年6月，山西师大语文报社总编室主任（正科级）；2000年6月至8月，山西省委政法委《综治园地》编辑部编辑；2000年8月至2005年12月，山西省委政法委《综治园地》采编部主任（其间：2001年9月至2004年7月，山西省委党校法律专业在职研究生学习）；2005年12月至2008年4月，山西省委政法委《综治园地》杂志社副总编；2008年4月至11月，山西省委政法委《山西政法》杂志社总编；2008年11月至2009年2月，大同市城区区委常委（挂职）；2009年2月至2010年8月，大同市城区区委副书记（挂职）；2010年8月至2011年4月，山西政法宣传中心主任、大同市城区区委副书记（挂职）；2011年4月至2012年5月，山西政法宣传中心主任；2012年5月至2013年1月，山西政法宣传中心主任、省委政法委宣传教育处调研员；2013年1月至2014年7月，山西政法宣传中心主任（其间：2012年3月至2013年3月，晋中市榆社县北寨乡、箕城镇扶贫工作队队长）；2014年7月至2016年7月，大同市委政策研究室主任；2016年7月至2019年9月，天镇县委书记；2019年9月至11月，天镇县委书记、一级调研员；2019年11月至2021年9月，天镇县委书记、二级巡视员；2021年9月至11月，大同市委常委、天镇县委书记；2021年11月至12月，大同市委常委、宣传部部长，天镇县委书记；2021年12月，大同市委常委、宣传部部长。

王凤瑞 1964年7月出生，山西应县人，中央党校大学学历，1985年12月加入中国共产党，1983年12月参加工作。

1981年9月，山西纺织工业学校日用机械专业学习；1983年7月，待分配；1983年12月，雁北地委打击严重经济犯罪办公室科员；1987年5月，省委党校学习；1989年7月，雁北纪检委科员；1992年5月，雁北纪检委副科级检查员；1992年9月，雁北行署办公室工作；1992年11月，雁北行署办公室正科级秘书；1993年9月，大同市政府办公厅计划办公室副主任（正科）；1996年9月，晋城市委办公厅副主任；1998年1月，晋城市委副秘书长；1998年5月，晋城市委副秘书长（正处）；2000年7月，大同市委副秘书长（正处）；2001年10月，灵丘县委副书记（正处）；2006年7月，左云县委副书记、县长；2011年4月，大同县委书记；2018年5月，大同市云州区委书记；2021年2月，大同市人大常委会党组成员；2021年2月24日在大同市第十五届人民代表大会第六次会议上当选为大同市人大常委会副主任。

王明生 1964年8月出生，山西岚县人，研究生学历，1995年11月加入中国共产党，1987年7月参加工作。

1983年9月，中国矿业大学通风安全专业学习；1987年7月，中国矿业学院北京研究生部采矿研究室助教；1989年9月，中国矿业大学北京研究生部安全工程专业硕士研究生学习；1992年4月，大同市计划委员会设计科科员；1993年5月，大同市计划委员会设计科副科长；1998年9月，大同市计划委员会工交科副科长；2001年1月，大同市计划委员会外经科科长；2002年2月，大同市发展计划委员会国外资金利用科科长；2004年7月，大同市发展和改革委员会国外资金利用科科长；2011年8月，大同市发展和改革委员会固定资产投资科科长；2012年2月，大同市发展和改革委员会党组成员、副主任；2017年6月，大同市发展和改革委员会党组书记、主任，大同市转型综改办主任；2017年12月，大同市发展和改革委员会党组书记、主任，大同市新能源产业局（筹）局长；2019年2月，大同市发展和改革委员会（市粮食和物资储备局）党组书记、主任（局长）；2020年6月，大同市发展和改革委员会（市粮食和物资储备局）党组书记、主任（局长）、一级调研员；2021年2月，大同市人大常委会党组成员，市发展和改革委员会（市粮食和物资储备局）党组书记、主任（局长）、一级调研员；2021年2月24日在大同市第十五届人民代表大会第六次会议上当选为大同市人大常委会副主任。

赵学斌 1975年11月出生，山西高平人，研究生学历，高级工程师，2008年9月加入中国共产党，1998年8月参加工作。

1998年8月至2008年11月，历任晋城蓝焰煤业股份有限公司凤凰山矿技术员、队长、部长、矿长助理；2008年11月至2010年5月，任晋城蓝焰煤业股份有限公司凤凰山矿副矿长；2010年5月至2013年4月，任晋城蓝焰煤业股份有限公司凤凰山矿矿长，沁秀公司董事长、总经理；2013年4月至2018年5月，任晋城蓝焰煤业股份有限公司副总经理，凤凰山矿矿长，沁秀公司董事长、总经理；2018年5月至7月，任晋城蓝焰煤业股份有限公司副总经理，凤凰山矿党委书记、矿长，沁秀公司党委书记、董事长、总经理；2018年7月至8月，任晋煤集团副总经理，晋城蓝焰煤业股份有限公司副总经理，凤凰山矿党委书记、矿长，沁秀公司党委书记、董事长、总经理；2018年8月至2019年11月，任晋煤集团副总经理；2019年11月至2020年9月，任晋煤集团党委常委、副总经理；2020年10月至2021年3月，任晋能控股集团副总经理，2021年3月至4月，任大同市人民政府党组成员；2021年4月，任大同市人民政府党组成员、副市长；2021年7月，任大同市人民政府党组成员、副市长，大同经济技术开发区党工委书记、管委会主任。

李继忠 1965年11月出生，山西灵丘人，研究生学历，法学博士，1985年12月加入中国共产党，1985年7月参加工作。

1982年9月，雁北师范专科学校政史专业学习；1985年7月，大同市委宣传部干事；1990年3月，大同市委宣传部编辑部副主任；1992年7月，大同市委宣传部正科级研究员（其间：1990年7月至1993年4月在大同市南郊区峰子涧乡挂职副乡长）；1993年4月，大同市南郊区古店镇党委副书记；1996年1月，大同市南郊区城关乡党委副书记；1999年6月，大同市南郊区西韩岭乡党委副书记、乡长；2002年1月，大同市南郊区新旺乡党委副书记、乡长；2003年12月，大同市南郊区平旺乡党委书记；2011年4月，浑源县委常委、政法委书记、统战部部长；2013年10月，大同市委统战部常务副部长；2016年7月，大同市新荣区委副书记；2016年8月，大同市新荣区委副书记、区长；2017年9月，大同市城区区委副书记；2017年10月，大同市城区区委副书记、代区长；2018年5月，大同市平城区委副书记，政府筹备组组长；2018年7月，大同市平城区委副书记、区长；2019年5月，大同市平城区委书记、区长；2019年7月，大同市平城区委书记；2020年6月，大同市平城区委书记、一级调研员；2021年2月，大同市政协党组成员，大同市平城区委书记、一级调研员。2021年2月23日在政协第十四届山西省大同市委员会第五次会议上当选为大同市政协副主席。

董建中　1965年3月出生，山西左云人，中央党校研究生学历，1987年3月加入中国共产党，1989年8月参加工作。

1985年9月，山西大学哲学系哲学专业学习；1989年8月，大同市城区区委宣传部理论科科员；1995年8月，大同市城区区委宣传部副部长；1997年11月，大同市城区区委宣传部副部长、新闻办主任（正科）；1999年3月，大同市城区区委组织部副部长；2001年12月，大同市城区区委党校常务副校长；2006年6月，大同市城区区委常委、办公室主任；2011年6月，大同市城区区委常委、副区长；2016年6月，大同市城区区委副书记、副区长；2016年8月，大同市城区区委副书记、区长；2017年5月，大同市城区区委副书记、区长，大同市政府党组成员、秘书长，大同市政府机关党组书记、办公厅主任；2017年9月，大同市政府党组成员、秘书长，大同市政府机关党组书记、办公厅主任；2019年1月，大同市政府党组成员、秘书长，大同市政府机关党组书记、办公室主任；2021年2月，大同市政府党组成员、秘书长，大同市政协党组成员，大同市政府机关党组书记、办公室主任、一级调研员。2021年2月23日在政协第十四届山西省大同市委员会第五次会议上当选为大同市政协副主席。

方　旭　1964年3月出生，山西阳高人，山西省委党校大学学历，农业推广硕士，1986年10月加入中国共产党，1982年9月参加工作。

1980年9月，山西省地方煤矿学校机电专业学习；1982年8月，待分配；1982年9月，雁北矿山救护队干部；1986年2月，雁北矿山救护队副队长；1990年3月，天镇县委组织部干事；1993年10月，天镇县委组织部副科级组织员、秘书科科长；1996年1月，天镇县大营盘乡党委副书记、乡长；1998年7月，天镇县大营盘乡党委书记；2001年3月，天镇县新平镇党委书记；2001年12月，天镇县人民政府副县长；2009年12月，天镇县委常委、副县长；2011年4月，灵丘县委常委、副县长；2014年2月，灵丘县委副书记；2016年4月，待安排；2016年9月，大同市纪律检查委员会副书记；2016年10月，大同市纪律检查委员会常务副书记；2017年3月，大同市纪律检查委员会常务副书记、监察委员会副主任；2020年6月，大同市纪律检查委员会常务副书记、监察委员会副主任、一级调研员；2021年2月，大同市政协党组成员，大同市监察委员会副主任。2021年2月23日在政协第十四届山西省大同市委员会第五次会议上当选为大同市政协副主席。

郑黎明　1966年2月出生，山西晋中榆次区人，省委党校研究生学历，1991年12月加入中国共产党，1985年7月参加工作。

1982年7月，太谷师范学校中师专业学习；1985年7月，晋中市榆次二中团委书记、总务副主任；1995年5月，晋中市榆次区教委政教科副科长；1996年10月，晋中市榆次区东阳镇纪检书记；1997年8月，晋中市榆次区教委纪检书记；2001年1月，晋中市榆次区乌金山镇党委副书记、镇长；2002年6月，晋中市榆次区乌金山镇党委书记；2003年7月，晋中市榆次区郭家堡乡党委书记；2006年6月，晋中市榆次区副区长；2008年9月，晋中市爱卫会办公室专职副主任；2009年11月，晋中市爱卫会常务副主任（正处级）；2010年1月，晋中市爱卫会常务副主任兼市卫生局党组成员；2012年5月，晋中市委政法委常务副书记；2012年8月，晋中市委政法委常务副书记、综治办主任；2016年10月，晋中市检察院党组成员、副检察长；2017年7月，晋中市检察院党组副书记、常务副检察长（其间：2018年5月至9月，主持晋中市榆次区检察院工作）；2021年2月，大同市人民检察院党组书记、副检察长、代检察长；2021年2月24日在大同市第十五届人民代表大会第六次会议上当选为大同市人民检察院检察长。（冯建华）

先进人物

“时代楷模”获得者

张连印　1945年1月出生，山西左云人，中共党员，河北省军区原副司令员。

他1964年入伍，在党的培养下，经过部队的淬炼，从吃百家饭、穿百家衣的放牛娃，成长为军队高级干部。在40年的军旅生涯中，他跟党走，把全部青春献给国防和军队现代化事业。2003年退休后，他回到家乡，绿化荒山、防风治沙，改善生态、造福村民，18年来，身患癌症的他依然坚持植树造林，带领团队植树1200余公顷、200余万株，为左云县环境改善和京津风沙源治理工作出突出贡献。他不图名不图利，为造林倾尽积蓄，把生态建设成果全部无偿交给集体；他建设党性教育基地，面向干部群众和青少年开展党史学习教育，身体力行弘扬党的优良作风，宣讲党的光辉历史，被誉为“新时代的甘祖昌”“穿军装的杨善洲”。

张连印曾被评为“全国离退休干部先进个人”“全军先进退休干部”；2021年，被中宣部授予“时代楷模”称号。（邵明仁）

全国优秀县委书记

王建江　1968年1月生，山西浑源人，省委党校研究生学历，1988年4月加入中国共产党，1992年8月参加工作，中共天镇县委书记。2021年6月，被中共中央组织部授予全国优秀县委书记称号。

2016年，王建江担任天镇县委书记时，正是天镇在深度贫困状态下决战决胜脱贫攻坚的关键时期，任务艰巨，困难重重。王建江敢于担当，超前谋划，组织和领导人民群众摆脱贫困，战胜挑战，4.7万贫困人口全部脱贫，126个贫困村全部摘帽，如期完成脱贫攻坚目标任务，消除绝对贫困和区域性整体贫困，让天镇打了个漂亮的翻身仗，一跃成为全省深度贫困县的“领头羊”。探索出的“万家乐”后续扶持、李二口旅游扶贫、光伏扶贫等9大工作典型，得到中宣部、国家发改委、国扶办等7个中央和国家部委的高度肯定，典型经验在全国交流推广。2019年10月，天镇县易地扶贫搬迁后续扶持典型经验，入选国务院扶贫开发领导小组举办的国家扶贫日系列论坛，作为山西省唯一的县区代表进京参加圆桌讨论。脱贫攻坚期间形成的“六阶十八步”工作法、“三打六十攻”大决战、“七纵三横十清零”收官战等经验和做法，为乡村振兴积累宝贵经验。王建江在坚持以脱贫攻坚统揽经济社会发展全局的同时，统筹推进各项事业全面发展。发展工业，优化农业，兴办第三产业，开发旅游，引进东瑞集团、山地阳光等重大项目，实现工业、农业、旅游三大产业齐头并进，呈现出生机蓬勃兴旺发达的景象。党的建设、精神文明建设、民主法治建设和社会各项事业取得明显进步。抓住人民最关心最直接最现实的利益问题，新建1万余平方米的一中教学楼、2.5万余平方米的县医院综合办公大楼，实施国道512线改线工程，打开全县交通格局，让民生福祉更加“看得见摸得着”。大力实施“文化兴县”战略，谋划推进长城国家文化公园重大文化工程，新建1万余平方米的工人文化宫、8000余平方米的长城博物馆等文化项目，实施县城4条大街立面改造、慈云寺商业街项目等，文化建设取得重大成就。

前瞻性思考，“二里畔”变成“万家乐”。易地搬迁是天镇脱贫攻坚最难啃的“硬骨头”，遭遇群众故土难离搬不出、没有产业稳不住、产业资金花不出的困局，王建江“走一步定十步”，突破“遇事等依据”的惯性思维，从习近平总书记重要讲话精髓中把握政策导向，带头反复学习领悟习近平总书记在不同场合的重要讲话，超前谋划、大胆决策，开工建设位于县城东郊二里畔的“万家乐”扶贫产业城，集中安置28个整村、58个插花村，共10232人。与乡村就近安置相比，这里的房屋市值能翻3倍，水电路网集中配套，节省资金2.5亿元；节约土地151.2公顷，两项共盘活资金4.83亿元，土地指标流转交易弥补建设资金缺口后，仍结余2.3亿元。同时，引进24家企业组成的轻纺陶艺园、食品加工园、恒宗养生茶产业园，形成15万平方米扶贫“一城三园”的后续扶持大格局。由于谋划早、动手快，“万家乐”最早进入国家发改委专项支持的政策范围，累计承接国家层面的扶持资金10500万元。为解决搬迁群众普遍技能不足的难题，又争取人社部支持，建成全国首家人社扶贫技能培训基地。2020年，天镇县被评为“全国搬迁工作成效明显县”，“万家乐”被评为“全国美丽搬迁安置区”。

系统性谋划，“烂河滩”变成“鸟天堂”。南洋河是天镇人民的母亲河，位于永定河上游，由西向东横穿天镇县境，境内长度62千米，流域面积1148平方千米。但在5年前，南洋河也曾是行洪不畅、垃圾遍地的“烂河滩”。作为南洋河的县级河长，王建江决心把“烂河滩”变成水光潋滟的好地方。他三赴北京，找企业家们反复恳谈，一起算长远账，算绿水青山账，争取多方面的支持。在万家寨水务控股集团挂牌的第一天，他抱着图纸、方案，汗流浃背上门争取项目。董事长陈耳东握着他的手动情地说：“我们一开张你就上门了，这样的县委书记不支持不行。”南洋河项目用3年时间完成核心区生态治理，绿化岸堤22千米，恢复湿地933.3公顷，完成河道清淤及土堤回填6千米，安装橡胶坝带1条140米、实施南洋河县城段核心区生态修复工程4.9千米、新建3座蓄水液压升降坝、两岸生态绿化面积188公顷。硬生生让一个“烂河滩”变身为“鸟天堂”，成为市民休闲锻炼的好去处。

战略性布局，“空心村”变成“AAAA景区”。2018年前的李二口，破破烂烂，冷冷清清，年轻人外出务工，村集体经济薄弱，党支部说话没人听，办事没人跟。王建江看到长城蕴含的巨大潜力和机遇，挖掘长城历史文化，实施李二口长城民俗文化村建设，建成历史文化陈列馆、红色文化记忆馆、“石头记”大观园等，把李二口打造成国家长城文化公园“首都接山西”的第一地标。特别是谋划建设的李二口长城博物馆，升级为市级博物馆。李二口长城成功入选国家首批83个长城重要点段。2019年9月，李二口农民丰收节被农业农村部确定为全国70地全媒体直播点，国庆期间日客流高峰达到2万人，带动长城文旅开发，叫响天镇名气。2021年12月，天镇李二口长城景区成功通过国家AAAA级景区评估验收，李二口逐渐成为热门旅游目的地。2021年，李二口村集体经济收入达到150万元，李二口村党支部被评为全省先进基层党组织。内蒙古自治区乌兰察布市乡村振兴局多次带队到李二口学习考察，把李二口作为脱贫样本学习推广。

长远性布阵，“无煤县”变成“排头兵”。2020年，在天镇县高温干热岩勘查取得重大突破后，王建江很敏锐地捕获到这一重要信息，认为这是天镇县转型发展的重大契机。中科院院士、中国地质大学（武汉）校长王焰新和省地勘局领导到天镇考察时，他多次拜会交洽，与科学家和企业家一起商讨干热岩利用问题，干热岩试验电站项目定下来后，王建江亲自协调解决征地问题，带领党政班子全过程、全方位保障服务，50天时间试验电站建成发电。王焰新感叹：“这真是个干事创业的好班长。”随后，王建江又派团队到陕西、雄安新区考察，学习先进地区干热岩供暖经验，天镇干热岩项目受到省委、省政府，市委、市政府的高度重视，成为“能源革命排头兵”的重点项目。

示范性带动，“头狼”精神带出劲锐团队。王建江要求各乡镇书记和各局局长要当好“头狼”，不仅要有奉献牺牲的精神、蹚水探路的勇气，更要树立全局观、总体观，带领群体团结协作，形成力量共同体。他自己也以上率下发扬“头狼”精神，2016年黑石梁百村光伏扶贫电站建设攻坚时为深秋十月，为让群众尽早受惠，他身披黄大衣，口嚼方便面，带领大家力克艰难，在全省第一家并网发电。2020年9月，天镇县成为全国光伏扶贫现场会唯一观摩点。他提出一线选

人物

兵、练兵、带兵、用兵，五年来195名年轻干部脱颖而出。在全省大力发现培养选拔优秀年轻干部推进会上，天镇作为唯一县区作经验交流。

2019年度、2020年度公务员考核中，王建江被省委组织部评为优秀等次。王建江撰写的《交一份优秀的脱贫答卷》，被农业农村部《农村工作通讯》（2020年第四期）刊发。2021年6月29日，经党中央同意，王建江被中共中央组织部授予全国优秀县委书记称号，并出席全国优秀县委书记表彰会议。（贺占军）

全国“五一”劳动奖获得者

郑　江　女，1976年4月出生，山西大同人，中共党员，大学专科，政工师职称，大同赛诚轨道交通设备有限责任公司机械加工车间销售专员。

她1993年从铁道部火车头健美操队退役后，致力于职工文化建设。1997年在全国健美操锦标赛中获六人操冠军；2005年在大同市普及和培训大众广播体操，并组织近800人的比赛；2012年，组织并策划大同市首届排舞比赛，编排、训练的两支代表队分别获特等奖和一等奖。工作期间，郑江发挥党员的先锋模范作用，引领职工文化建设，带领大家组织基层健美操队，参加全国职工万人健美操大赛，多次组织参加省市举办的文体活动，并多次获奖，在大同市第六届职工文化博览会中获“五一文化奖”，并授予“工人艺术家”等称号。2018年11月，大同市总工会承办全国全健排舞大赛，郑江作为大赛总策划人，负责组织活动和市总工会代表队参赛项目的编排。大赛有20余个省、直辖市和18个行业，45个参赛队，1500余人参赛。郑江台前幕后精心组织，大赛网络直播点击量422.4万次，点赞数破百万，评论数10827条，网络投票数170万余票。郑江指导的大同市总工会代表队参赛曲目编排获得金奖。

2002年，郑江被国家体育总局命名“健美操国家一级裁判员”；2004年，被国家体育总局命名“国家一级体育社会指导员”；2014年，被职工文体协会、全国全健排舞委员会命名“全国全健排舞高级裁判员”；2017年，晋升为“全国全健排舞高级导师”；2017年，被授予“大同市劳动模范”；2018年，获“山西省五一劳动奖章”；2021年，获“全国五一劳动奖”。

（王　琨）

中国红十字会会员之星

赵丽娟　女，1983年5月出生，山西浑源人，本科学历，中国共产党，灵丘县红十字会四级主任科员。

2014年，赵丽娟由一名大学生村干部考录灵丘县红十字会从事红十字工作，自2015年入会以来，她热爱红十字事业，长期以弘扬“人道、博爱、奉献”的红十字精神为己任。每年5月8日，她坚持带头捐款，并协助会领导动员人道资源筹集捐款。2020年，接受捐款460余万元。近年来，累计接待到会来访困难群众300余人，遇到因残疾不方便上楼的困难群众，她亲自下楼了解情况，登记信息，给予救助。她坚持以防御与救助相结合为指导，每年按时修订《自然灾害救助应急预案》，遇到灾情及时查看、核实、上报。累计协助组织开展应急救护培训30余期，培训初级救护员1300余人，普及应急救护知识3000余人次，完成遗体器官捐献志愿者登记12例。新冠肺炎疫情期间她收集编写县域内爱心企业、人士的感人事迹10余篇，公示捐赠信息36期。自2020年开通微信公众号以来，发布各类宣传信息137条，为讲好红十字故事，传播好红十字声音，树立红十字良好社会形象。她不仅自己无怨无悔地履职尽责、敬业奉献，还坚持按照成熟一个，发展一个的原则吸纳有红十字情怀的人士入会。她从身边熟悉的人、救助过的困难群众、学生、参加应急救护培训的学员等人群中挖掘挑选、动员引导，2019年起共发展成人会员32人，团体会员2个，带动组织他们参与红十字活动20余次。

2020年，被评为山西省红十字系统先进工作者；2021年，被中国红十字会总会推选为中国红十字会“会员之星”。（聂志英）

全国最美牧技员

杜兴权　1967年11月出生，山西灵丘人，中共党员，本科学历，灵丘县落水河乡农业综合便民服务中心高级兽医师。

他参加工作以来，累计为群众配种母牛1.9万余头，受胎率平均达96%以上，向社会提供优质肉牛1.8万余头，群众增收6000余万元。推广波尔山羊冻精人工授精技术500余只。免费为贫困养殖户解答技术难题、黄牛品种改良、治疗动物疾病，使许多贫困户尽早脱贫致富。2016年，获大同市农业委员会《羊人工授精专业技术》资格证书，2014年至2020年指导某奶牛场和某种养专业合作社实施秸秆微贮，将农作物玉米秸秆切碎，按照一定比例加入微生物活性菌株，压入贮草池内，碾压踏实，使其发酵，加工成适口性好、营养价值高、家畜喜欢食用的粗饲料。两家分别压贮玉米秸秆8000立方米、6000立方米。组织实施和管理全乡的重大动物疫病防控、免疫、消毒、疫情巡排查、扑灭控制、病死畜禽无害化处理、畜禽疾病诊断治疗、村级防疫员的技能培训、养殖场户档案建立指导、法律法规的宣传执行、工作计划及有关文件的起草制定、各项统计报表、协助上级部门完成各项业务工作。起草重大动物疫病防控相关文件40余份，预案25份，工作计划35余份，完成各类报表等2100余套，指导养殖场户建立档案550余套，培训养殖、防疫等技术人员2100余人次；发放疫病防控宣传资料2500余份；接受群众各种咨询1.9万余次，累计为群众免疫猪26.8万头，牛22.5万头，羊165.6万只，鸡198.2万羽，免疫密度均100%。畜禽采血样送检6150头份，抗体合格率90%以上。巡排查动物疫情424次。排查畜禽2300万头次。畜禽圈舍及场地消毒2546.9万平方米。治疗各种畜禽6723头次。为群众降低和减少损失5710余万元。几年来，他指导养殖生产者建立养殖档案、免疫档案、饲料购销台账等500余次。开展动物产地检疫牛4581头，猪5145头，鸡19.6万只，驴2516头，羊5.7万只。总计为群众减少经济损失5568万元。他在国家和省级期刊上发表的学术论文有《提高牛人工授精受胎率的体会》《奶牛子宫内膜炎的治疗》《羊传染性脓包疮综合防治措施》《灵丘县生态畜牧业建设的调研报告》，其中《奶牛子宫内膜炎的治疗》一文获《当代畜牧》2015年11期中旬刊优秀论文评比二等奖。

2018年，获"全国农业行业职业技能大赛（家畜繁殖员）山西赛区第一名"，被评为"山西省畜禽繁育工作优秀个人"；2020年，被评为全省畜牧行业先进工作者；2021年，被全国畜牧总站授予"最美牧技员"称号。

（张迎春）

全国优秀共青团干部

鲁二峰 1982年4月出生，山西垣曲人，中共党员，大学文学学士，灵丘县委统战部常务副部长、宗教局局长。

鲁二峰带领一批有志青年，有序投身经济社会事业发展，从创新创业到志愿服务，从脱贫攻坚到乡村振兴，从社会治理到县域经济，到处都留下他们的身影，用实际行动探索出一条灵丘共青团的发展之路。2020年11月，鲁二峰作为全国唯一县区团委书记受邀录制中央团校授课内容，编入教学课程，面向新任团委书记开展培训；团中央把灵丘县引导青年投身脱贫攻坚优秀做法收入《共青团扶贫实践20例》中，受邀参加2020年度第4期中央团校青年论坛并作典型发言。

2020年5月，被省人社厅、团省委授予"全省优秀共青团干部"称号；2021年5月，被共青团中央授予"全国优秀共青团干部"称号。（张迎春）

全国文化和旅游系统先进工作者

王和平 1962年12月出生，山西原平人，中共党员，大学学历，国家一级导演，"云冈舞"非遗传承人，大同市文化艺术学校校长、市文联副主席、云冈舞创作研究中心主任，中国舞蹈家协会会员、山西省舞蹈家协会副主席、大同市舞蹈家协会主席。

1980年起，他从事群众文化组织工作。40多年来，为省、市组织策划大型文艺活动200余次。《古城之春艺术节》《柴氏兄弟家庭音乐会》、云冈文化旅游节开幕式等在全省、全国产生影响。曾任省六运会开幕式团体操总指挥、第四届大同国际蒸汽机车节开幕式演出总导演、2016年"乌大张"三地春晚总导演、2016年山西省文化旅游招商系列活动启动仪式总导演、2017年《人说山西好风光》第二季狂欢夜嘉年华上星晚会总导演，获"第十届中国旅游电视周旅游特别节目优秀作品奖"等。任主编的《中华民族民间舞蹈集成·大同资料本》获文化和旅游部科研成果奖。策划创作的《共筑职教梦》《放歌职教情》《大美职教魂》晚会，连续三年获"全国城市教育电视综艺类一等奖"。2016年创作的舞蹈《花儿红了》获全国第四届回族舞蹈展演优秀作品编导奖。2021年策划组织中国共产党成立100周年"百团万人"系列歌咏活动、中博会"游山西，读历史"大同分会场核心活动。20年来，他推动建立"云冈舞学科"，创编云冈系列舞蹈，成为这一新舞种的倡导者、推动者和实践者，创作云冈系列舞蹈《云冈莲珠纹舞》《云冈六臂神舞》《云冈凤箫神舞》《云冈束腰鼓舞》等，推进"云冈舞"学科建设；2021年"云冈舞"获批市级非物质文化遗产、他带着"云冈系列舞蹈"三上央视；主编《云冈舞基础教程》，填补中国云冈舞规范教材空白。创作的舞蹈《云冈长袖飞天舞》获以色列第19届国际民间舞蹈艺术节最高奖"舞蹈节日杯"、获中国第六届民间艺术节金奖；两次受外交部和国家旅游局选派，率团到日本参加国际旅游交流年和中国驻日使馆国庆招待会演出；2016年率云冈乐舞艺术团到韩国参加国际生命艺术节演出，受到外交部、国家旅游局通电表彰，云冈系列舞蹈代表山西参加北京、长沙、上海、厦门、呼和浩特、大连等旅游交流活动。

1993年，被评为"全国文化市场管理先进工作者"；1998年，被授予"山西省第三届跨世纪文艺新星"称号；1999年，被命名"山西省跨世纪杰出青年人才"；2017年，获"山西省五一劳动奖章"；2021年，被评为"全国文化和旅游系统先进工作者"。

（李世成）

全国妇女儿童发展纲要先进个人

刘佩秀 女，1965年1月出生，山西大同人，中共党员，大学本科，大同市第一人民医院妇三科主任。

30余年来，她在妇科医学领域取得一些成就。2003年，她完成大同市第一例宫腔镜手术，填补大同市宫腔镜领域的空白；2010年，在开展万名医生下乡城市医疗对口支援农村志愿活动之初，她第一时间向院领导主动请缨，要求到最艰苦的地方去、到最需要她的地方去，为群众排忧解难，在下乡驻村期间，她发挥自己专业特长，参与各类义诊活动，为农村妇女儿童送健康、送医疗、送咨询、送温暖，特别是针对一些农村妇女所患的妇科疾病，制定出系统有效的治疗方案；2013年，她探索尝试多种妇科疾病在腹腔镜下的手术治疗，完成大同市首例腹腔镜下腹膜代阴道成形术，再次填补大同市腹腔镜技术的空白。同时，刘佩秀潜心钻研，研究各种妇科疾病，尤其是宫颈癌、卵巢癌、子宫内膜癌、外阴癌等妇科恶性肿瘤，子宫脱垂等盆底功能障碍疾病，女性生殖道畸形矫治等方面，对月经失调、不孕症的治疗有独到见解，对妇科肿瘤的诊治和各种妇科微创手术颇有心得，先后在国家级、省级主要刊物发表论文10余篇，如在《中国妇幼保健》上发表的《大子宫阴式切除术的临床观察分析》，在《实用医技》杂志上发表的《宫腔镜诊治妊娠物残留的30例临床分析》及在《临床合理用药》杂志上发表的《绝经后阴道出血276例临床分析》等。

2004年，被评为山西省"五一劳动模范"；2018年，被评为山西省卫生健康领域"三晋英才"支持计划拔尖骨干人才；2021年，被评为全国妇女儿童发展纲要先进个人。（翟 晖）

全国妇联系统劳动模范

王美珍 女，1977年3月出生，山西大同人，中共党员，大学专科，云州区西坪镇东坪村党支部书记、村委会主任、妇联主席，云州区美珍黄花种植专业合作社理事长。

2008年12月，她担任村妇联主席以来，凭着一股对事业的执着，一腔对乡土的热爱，把东坪村发展成为市级示范村之一，所在党支部多次被上级政府评为先进文明党组织、乡村

人物

振兴旗帜、党组织先锋旗帜、产业发展标杆旗帜，所在东坪村妇联被省妇联评为“三晋巾帼农业脱贫示范基地”。

她担任妇联主席以来，一直致力于妇联组织建设，发展年轻女党员，为全村党组织注入新的活力。不断促进党组织的发展和壮大，利用党课，党员远程教育，党员大会，新农民夜校等加强党员教育和培训，增强党员党性修养。东坪村以前是一个人少地多，土地贫瘠，靠天吃饭，人均收入低的小山村。2016 年夏天争取到县农业开发办高标准农田水利综合项目，打吃水机井 1 眼，灌溉机井 15 眼，安装变压器 9 个，配套喷灌 1500 亩，滴灌 1000 亩，管灌 1000 亩，硬化田间道路 23 千米；2016 年 12 月 8 日成立美珍黄花种植专业合作社，流转土地 1062.8 亩，种植黄花 1051.6 亩，把全村所有的贫困户都纳入进来，达到人头一亩黄花；2021 年，合作社建成占地 2000 平方米的晾晒场地和 200 平方米的储存库各 1 处；为解决阴雨天黄花不能晾晒及储藏问题，合作社又新建 200 立方米冷库 1 座，并配套专用变压器。向对口帮扶单位省招商银行争取到每个贫困人口入股合作社 650 元股金，带动贫困户打工 47 户 92 人。菲尼克斯葡萄酒庄在东坪村流转土地 1000 亩，打造葡萄庄园，带动的贫困户打工 20 人。

她动员妇女，拆除违建、旧房屋，在村里大范围清理垃圾，为 81 户危房户落实易地搬迁项目，拆窑洞、盖新房，让村民们住上安全宽敞的房子。在乡村提质工程中，全村街道巷道全部硬化，配套地下排污管道，更换自来水管道，安装路灯，粉刷房屋，贴新时代标语，制定村规民约，成立卫生保洁队，定时清理街道卫生。党员村民代表带头包片，划分责任片区，打造新活动广场，老年日间照料中心，配套图书室、文化室、医疗室、电商平台。2016 年以来，她始终情系群众冷暖，心为百姓解忧，申请免费农业技术培训；排解矛盾纠纷，保持邻里和谐；做好村里的养老保险医疗保险收缴工作；响应党的方针政策，给予困难群众救助；组建妇女文艺队，丰富群众业余文化生活；组织妇女成立扫黑除恶宣传队，脱贫攻坚政策宣传队，让每一个村民都了解政策。组织妇女开展各类技能，让妇女们掌握各种技能，尤其是农业种植技术，黄花采摘培训。

2019 年，被评为“山西省劳动模范”；2021 年，被评为“全国妇联系统劳动模范”。（翟　晖）

全国“最美拥军人物”

张进宝　1961 年 9 月出生，山西原平人，中共党员，研究生学历，大同市退役军人关爱协会理事长。

从军 31 年从部队退休后，他凭着老军人的革命情怀，义无反顾地返回曾经工作过的第二故乡——大同，于 2017 年初组建并担任市退役军人关爱协会理事长。协会成立之初，张进宝从掌握退役军人的基本情况入手，带领 9 名工作人员，用 2 个月的时间创建完善 5 万余名退役军人及其家庭、需求等 8 个方面的数据库。他还创办“退役军人之家”，亲自接待到访的人员，传递着“家”的温暖与关爱，让退役军人有归属感。多年累计接待 3 万余人次，写下 5 大本笔记，成为大同市退役军人政策释疑的“活字典”。担任理事长期间，他带领退役军人关爱协会参与精准扶贫，筹措 6 万元为云州区瓜园乡道西湾村购买农用收割机 1 台；逢年过节走访慰问退役军人；多方筹集资金，组织救助 100 余名身患重病的退役军人；开发就业岗位 800 余个，下岗失业的退役士兵就近就便安排到中、小学校园保安岗位。为提供“只跑一次”的服务，他主推“131 服务平台”，依托退役军人关爱协会，为退役军人提供便捷服务，退役军人提出的需求，由“131 服务平台”集中办结。这种“一站式办理”“一条龙服务”模式，在 2018 年全省信访规范化建设现场会上得到总结推广。

2021 年，获全国“最美拥军人物”提名人选。（甄　过）

全国优秀党务工作者

时　静　女，满族，1975 年 9 月出生，山西大同人，中共党员，大学本科学历，大同市第三人民医院党办主任。

1994 年，护理专业毕业的时静进入市三医院，先后任普外科护士、护理部干事、护理部副主任。2017 年，医院任命她为党委办公室主任。她创新探索“线上 + 线下”党建工作法，把办公用房走廊打造成党建文化长廊，在“美篇”APP 开设“大同市三医院党委办公室”专栏，实时推送党建理论、政策法规、前沿动态、党务知识等内容，打造集新闻发布、党员教育、风采展示等功能于一体的新阵地，为各支部推进任务落实、展示工作成果和广大党员干部相互交流学习、发挥模范作用搭建起全新平台，克服组织生活人难齐、工作时间难挤占、活动场所难固定的困难。新冠肺炎疫情发生后，有着抗击“非典”经验和亲自参加汶川地震医疗救援经验的时静，第一个主动递交支援湖北自愿请战书，并号召全院党员干部开展疫情请战接力，短短两天，544 名医护人员主动报名请战。虽未能亲自出征，但作为医院疫情防控共产党员突击队队长，她连续两个月冲在第一线，协调解决全院 26 名支援湖北医务人员及其家属的实际困难，让他们时刻都能感受到组织就在身边。对干部职工工作、生活中遇到的困难问题，经常利用工作之余协调帮助解决，每年组织党员职工到农村社区、工厂车间开展大型义诊、知识讲座、健康咨询等志愿服务活动 10 余次，受益群众 1000 余人次。

2021 年，被评为全国优秀党务工作者。（冯建华）

全国脱贫攻坚先进个人

王　春　1963 年 9 月出生，山西灵丘人，中共党员，高中文化，灵丘县红石塄乡下车河村党支部书记兼村委会主任，灵丘县道自然有机农业专业合作社理事长。

他作为村子里的“领头人”，注重学习教育，始终保持共产党员的先进性，带领全村党员探索把工商资本引进农村建设的新路径，他组织相邻的上、下车河两个建制村 78 户 182 个村民，联合起来成立“灵丘县道自然有机农业专业合作社”与“灵丘县有机农业综合开发有限公司”合作，并成立车河有机社区联合支部，首开“农户＋合作社＋公司”三位一体共同参与建设新农村的先河，大力发展有机农业和生态旅游业。全村建成两层结构130平方米的新型农居93套；新建4000平方米的红石塄乡敬老院；新建1500平方米有机观光餐厅；建民俗博物馆1座、700平方米展示中心1座、1500平方米的接待中心；建污水和垃圾处理厂各1座；铺设天然气管道13千米；新建和整修田间道路13千米，新修水利设施，新架桥10座；总投资额1000万元的“梦幽谷”景区项目建成运营；新建“清水鱼庄”鱼塘11处；新建窑洞餐吧19间350平方米；建成动物园1处。车河的典型经验先后带动觉山村2015年实施城头会有机农业文旅综合开发项目，2016年带动红石塄全乡推广有机农业种养项目，向全域有机农业转化，2017年带动红石塄村实施月亮湾有机农业千亩产业园项目，套种有机黑豆800亩，栽种有机苹果树400亩。2020年，车河村年人均纯收入2.2万元，比9年前的年人均纯收入2300元翻9倍多，引领群众走上小康之路。“车河村级有机农业扶贫模式”作为全国三个典型案例之一，登上“2018中国扶贫国际论坛”，并入选“中外减贫案例库及在线分享平台”。

2016年，获“山西省最美村干部”提名奖；2017年，获“山西省五一劳动奖章”；2020年，获“山西省脱贫攻坚奖奋进奖”；2021年，被评为“全省优秀共产党员”“全国脱贫攻坚先进个人”。

牛　雁　1973年5月出生，山西云州区人，中共党员，研究生学历，山西东方物华农业科技有限责任公司董事长。

牛雁创业的初心就是想带着农民一起通过科技、市场致富。广灵县素有“塞北小江南”之称，是典型的农业县。由于独特的地理环境，当地盛产高品质的杂粮和小米，由于县里的杂粮企业多为小而散，杂粮产业没有形成产业规模和优势，而且农民普遍存在卖粮难问题。牛雁作为当地最大的农业企业家，通过“公司＋基地＋合作社＋农户”等形式，为贫困户搭建市场平台，创造就业机会，使贫困户和贫困村由被动“扶”贫变为主动“脱”贫，逐渐探索出农户、企业、市场一体化的产业生态系统，形成特色产业扶贫的长效机制，带领乡亲们逐步走出贫困。易地搬迁让老百姓住进新的家园，也腾退出大量的撂荒坡地。牛雁带领公司，组织合作社，把耕地重新组织农业生产，引进高端农作物藜麦。经过3年的反复改良试种，终于在恒山区域种植成功，使原本贫瘠的土地收获可观，农户也获得实惠。在扶贫工作中牛雁深感当地因贫失学问题的严重性，于是他发起“东方亮点燃希望工程”，通过各种途径寻找爱学习、家庭经济条件差的学生，连续资助其到大学毕业。十几年来，公司累计资助贫困学生800余人。牛雁在发展企业的同时，还投身慈善公益事业，资助贫困农村，投建公共浴室，改善农民生活条件。每年中秋节、春节、六一儿童节、重阳节等，公司都会给乡亲们捐助物品。15年来公司业务从育种、种植、加工、销售围绕杂粮的全产业链运营，成为集约化、现代化的科技型农业企业，山西最大的农业产业公司，中国杂粮十强企业。该公司是中粮、中储粮、益海嘉里、华润等企业的合作企业，直接辐射带动周边农户9300余户，其中建档立卡贫困户1640余人。

2021年，被评为“全国脱贫攻坚先进个人”。

李　成　1982年8月出生，山西云州区人，中共党员，大专学历，云州区瓜园村党支部书记兼云州区园沃黄花专业合作社理事长。

2017年1月，瓜园村在李成的带领下成立园沃黄花专业合作社，合作社是以“支部＋基地＋贫困户”为模式。全村流转土地100公顷，其中涉及贫困户103户土地73.3公顷，全部种植黄花，吸收入社贫困户181户463人，同时还吸引在外创业青年回村入股加入合作社，共吸收股份资金45.5万元。随着脱贫攻坚战的深入开展，山西省武警总队成为瓜园村的脱贫帮扶点，为全村181户贫困户每户出资2000元作为入股资金，合计36.2万元。山西省武警总队又投资127.2万元，为合作社村建设9000余平方米的黄花晾晒场和900余平方米的多功能储物库，为全村群众发展黄花产业解除后顾之忧。2018年，合作社投资27万元，新建720立方米冷库，区政府给配备10台烘干设备，保证阴雨天合作社的黄花晾晒加工。在田间管理上，合作社把所有黄花地分片，每片由党员担任片长，各负其责，组织专业机械旋耕组、水电浇灌组、田间锄地组的贫困户开展除草、施肥、浇水、采摘等田间作业。2018年，全村贫困户181户463人脱贫，合作社实现销售收入80万元。为适应市场，满足大众需求，2020年实施黄花精加工和深加工，研制出黄花酱，并申请黄花菜、黄花酱专利认证，产品统一包装进行销售。为发展壮大村集体经济，弥补黄花管理、采摘、加工周期较短，销售后贫困户又无其他务工收入，李成考察市场后，挂牌新建瓜园村巧娘手工编织室，组织培训巧娘手工编织，发展手工编织产业；2018年底巧娘手工编织出产品1000余件，销售收入10万元。为把巧娘手工编织产品做得更好，2019年2月20日，合作社组织巧娘编织室管理人员及编织能手到山东考察学习，联系柳条苗木、掌握柳条栽培、蒸、碾、分、泡、染等技术，并从山东省聘请回柳编师傅，手把手教巧娘编织，通过学习培训，巧娘再传承全村妇女，使全村妇女形成炕头产业，实现不出村就业。2019年10月，合作社又瞄准大同市及周边地区蓬勃发展的文化旅游产业，引进红灯笼编织项目，让全村妇女冬闲时节人不闲，在家门口务工挣钱。在销售上合作社开展“农企对接”“农超对接”经营模式和组织参加会展、网络贸易、电商服务平台等渠道开拓市场销售方式，把原生态黄花、环保手工编织品、灯笼产品远销晋、冀、内蒙古及全国各地。2020年，合作社黄花实现销售收入320余万元，巧娘手工编织、灯笼产品销售收入60万元，带动全村300余人在合作社务工，使全村每人年增收3600元。

2020年，被农业农村部办公厅评为农民教育培训“百名优秀学员”扶贫先锋；2021年，被评为“全国脱贫攻坚先进个人”。

俞贺楠　1984年7月出生，辽宁省瓦房店人，中共党员，研究生学历，博士学位，人社部驻天镇县薛牛坊村第一书记。

2018年9月，俞贺楠主动请缨，到国家级贫困县、山西深度贫困县天镇县薛牛坊村担任第一书记。为融入农村生活，俞贺楠主动帮村里老人挑水、买药送药、申请低保，与村民同吃、同住、同劳动。几个月下来，乡亲们都亲切地称他“博士书记”。他结合基层工作实际，发挥党建引领，加强阵地建设，提出村党支部“四驱联动”工作模式：村“两委”带动，第一书记、工作队拉动，在村党员推动，全体村民联动。他借助“三会一课”强化基层党组织阵地，并争取培训调研机会，鼓励12位乡村基层党员干部先后到四川、重庆、北京、广东、安徽等地学习考察，为基层培育“领头雁”。为帮助村民树立劳动增收致富信心，他多次到北京、河北、山东、陕西等地调研考察，对接服装、毛绒玩具等加工业务。他为人社部天镇扶贫工作队争取到15万元资金，建成薛牛坊村“人社扶贫车间”，推动“培训一人，就业一人，全家脱贫”，通过培训，20位妇女掌握缝纫机操作技能，实现就近就地就业，也实现扶贫由“输血式”向“造血式”的转变。2019年“人社定点扶贫驿站”在薛牛坊村挂牌，工作队为村里配备真空包装机、肉类切割机、玉米粉碎机、榨油机等设备。在人社部“实名农户”电子商务平台上为薛牛坊村开设2个网店，引导村民成立“紫玉山庄小杂粮合作社”，注册“薛牛坊紫玉山庄”商标。他为薛牛坊村农产品“代言”，通过电商培训、直播带货等方式，拉动当地土特产品快速销售。为激发村民传统种植养殖积极性，他创新种养补贴方式，通过人社部第一书记工作经费补贴的形式，带动村民发展种植业、养殖业。两年来，补贴优质土豆种子7500公斤、鸡苗1860只、鹅苗100只。2019年11月实现整村脱贫。2020年，在扶贫车间克服疫情影响、复工复产的基础上，他组织成立天镇县紫玉山庄服装厂，对接服装加工业务，带动村民增收。结合村里的大同紫玉资源，打造紫玉山庄特色小镇，建成紫玉山庄窑洞文化博物馆暨村史馆，在宣传脱贫攻坚成果的同时增强文化自信，助力乡村振兴。

2021年，被评为“全国脱贫攻坚先进个人”。

郭占君　1965年3月出生，山西云冈区人，中共党员，大专学历，云冈区口泉乡杨家窑村党总支书记兼村委会主任。

2004年起，一直外出经商、村民信任的党员致富能手郭占君回村担任党支部书记，他带领一班人访民情、解民事，化解村里矛盾纠纷，稳定人心。他发挥党组织的引领作用，把发展集体经济、带领村民致富作为重中之重。利用塔山循环经济园区征用村土地的补偿款，办起卧龙广服务有限责任公司、加油站、混凝土搅拌站等企业，并与台商合作投资建成华北地区最大的蝴蝶兰连体温室和种苗科研中心，以及占地4000平方米的高标准木瓜大棚。2011年，投资2.3亿元成立四方高科奶牛养殖园区，饲养纯种荷斯坦奶牛8000头，日产鲜奶109吨。投资2.4亿元成立牧同乳业公司。经过10余年的奋斗，全村经济总产值达8亿元，集体经济收入8000万元，农民人均纯收入4.5万元。杨家窑村实现集体经济和农民收入的同步跨越增长，并实施道路硬化、医疗卫生、标准教育、生态绿化等“十个全覆盖”工程，投资1.6亿元建成欧式别墅和住宅楼435套，连续多年为全村村民缴纳农村医疗保险、养老保险等。村民洗澡理发、卫生物业、有线电视、住房供暖全部免费，每天每人半斤巴氏鲜奶，春节、中秋每家每户分发米面鱼油。郭占君不仅带领杨家窑村村民实现脱贫，还带动杨家窑村探索出一条“村帮村”的扶贫模式。几年来，累计投入资金735.7万元，先后帮扶云冈区小营村、广灵县马山村、湖南省怀化市麻阳苗族自治县楠木桥村、贵州省鱼良溪村等省内外10余个贫困村实现脱贫。

2008年，获“山西省五一劳动奖章”；2010年，被评为“全国劳动模范”“全省农村党风廉政建设工作先进个人”；2011年，被评为“山西省优秀党务工作者”；2017年，被评为“全省优秀村党组织书记”；2021年，被评为“全国脱贫攻坚先进个人”。

（杨　磊）

山西省“新时代政法英模”

魏官元　1971年出生，汉族，中共党员，山西省新荣区人，大学学历，三级肢体残疾，新荣区司法局党组成员、西村司法所长、西村乡人民调解委员会主任、山西省人民调解专家库成员，山西省一级人民调解员。

1996年，他从事人民调解工作以来，累计调解成功2200余件纠纷，参与并成功调解几乎所有影响全区稳定的重大疑难可调性信访纠纷，他推广的“党建＋法治＋自治”的源头防治模式，使辖区纠纷大为减少；他创办“老魏法治＋民情夜校”和“流动法律服务所”巡回排查模式，把法律送到田间地头、群众炕头，把矛盾化解在萌芽状态；他创立“老魏网上调解室”和“老魏党员调解车”相结合的“网下＋网上”服务模式，随时随地服务群众；他践行的“调解＋服务”的民心调解模式，赢得群众信赖，架起党同群众的“连心桥”；他总结并推广的“三四”调解法（“三看”，即：看人、看事、看因；“四字”，即：“法、理、情、巧”），提升调解员调解技能，有效提高调解成功率。《法治日报》《司法所工作》《山西日报》《政府法制》《山西法治报》《大同日报》等报纸杂志报道他的先进事迹。山西卫视《社会与法治》频道进行专题报道。

2010年5月，被司法部评为“全国模范人民调解员”；2016年12月，被司法部、人力和资源保障部评为“全国司法行政系统先进工作者”；2018年5月，被司法部评为“全国人民调解工作先进个人”；2019年1月，被司法部评为“全国模范司法所所长”、被中华全国人民调解员协会评为“2018年度最受欢迎人民调解员”，11月，入选中央文明办“中国好人榜（敬业奉献类）”；4月，被山西省委、省政府授予“山西省劳动模范”称号；2021年11月，被山西省政法教育领导小组办公室选树为“山西省新时代政法英模”。

（新荣区）

首届“山西省优秀人才突出贡献奖”

孙秀兰 女，1965年2月出生，山西大同人，高中文化，中共党员，环卫工技师，大同市平城区环境卫生服务中心清洁一公司分队长。

1984年参加工作以来，一直在平城区环境卫生服务中心清洁一公司任清洁工。37年来，她对工作尽职尽责，无论是酷暑盛夏，还是三九严冬，常年忘我工作，她清扫过的街道长度累计6万千米。她担任清扫组大组长，清扫面积15万平方米。她在工作中坚持提袋分段保洁，每天至少来回保洁20遍以上，每片废纸、果皮都要捡干净，就连每个烟头都不放过，对乱扔乱倒的垃圾杂物做到路面上停留时间不超过15分钟。孙秀兰弘扬“宁愿一人脏，换来万家净”的环卫精神，吃苦不言苦，甘于寂寞，乐于奉献。

2010年3月，被省总工会授予“山西省五一巾帼奖”称号；2013年12月，被山西省妇女联合会授予“山西省三八红旗手”称号；2016年，被省委宣传部评为“感动山西十大人物”；2010年5月，被国务院授予“全国劳动模范”称号；同月获全国“五一劳动奖”；2014年5月，被中华全国妇女联合会推选为全国“最美家庭”；2016年12月，被中宣部评为“第一届全国文明家庭”、被中央精神文明建设指导委员会授评为“全国文明家庭”；2017年11月，被评为全国环卫系统“优秀一线工作者”和“十大最美环卫工人提名奖”；2018年3月，被中华全国妇女联合会授予“全国三八红旗手”称号；2021年12月，获首届“山西省优秀人才突出贡献奖”。（平城区）

全省脱贫攻坚先进个人（大同）名单

于智勇 山西裕隆祥农业发展有限公司董事长。

王　江 天镇县逯家湾镇李二口村支部书记，天镇县道路运输管理所党支部书记、所长。

王　品 广灵县易兴乡聂家沟村驻村工作队队长兼第一书记，大同市纪律检查委员会第六监督检查室副主任。

王晓震 广灵县副县长。

邓　剑 云冈区鸦儿崖乡高屯社区第一书记，云冈区文化和林业局党办主任。

邓清贵 天镇县新平堡镇新平尔村第一书记，大同市动物疫病预防控制中心副主任。

艾文举 浑源县西坊城镇大峪口村帮扶责任人，浑源县财政局农业股股长。

田保来 灵丘县白崖台乡跑池村第一书记，大同市第一人民医院门诊部副主任。

白雪峰 大同市扶贫开发办公室党组书记、主任。

朱　剑 云州区聚乐乡西阁老山村第一书记兼工作队队长，大同市审计局二级主任科员。

刘世勇 大同市教育局副局长。

刘立君 广灵县扶贫开发办公室副主任。

刘尚文 大同市脱贫攻坚指挥部副总指挥，大同市委副秘书长。

米小飞 阳高县罗文皂镇平山村第一书记，大同市企业职工劳动事务服务中心支部书记，副主任。

孙　亮 天镇县玉泉镇党委书记。

孙　盛 浑源县西留村乡宝峰寨村第一书记，大同市委组织部举报中心原主任。

孙英浩 阳高县狮子屯乡后营村驻村原第一书记，应急管理部信息研究院新闻处副处长。

李卫国 灵丘县车河有机农业综合开发有限公司董事长。

李怀东 大同市东方盛达建设有限公司董事长。

李继武 灵丘县东河南镇清泥涧村驻村工作队队长，灵丘县政府办科员。

李源泉 灵丘县扶贫开发办公室副科级干部。

杨文华 新荣区郭家窑乡芦家窑村特聘党建指导员。

杨兴兵 阳高县王官屯镇党委书记。

吴苏俊 浑源县东坊城乡荆庄村驻村第一书记兼工作队队长，大同市财政局煤炭基金管理科科长。

吴海军 阳高县下深井乡党委书记。

张　涛 广灵县梁庄镇吕家洼村驻村工作队队员，中国东方航空股份有限公司山西分公司飞行部四分部原党支部书记。

张进明 云州区委常委、副区长。

张丽霞 女，云州区西坪镇党委书记。

张春雪 云州区许堡乡西册田村支部书记、村委会主任。

张雁宏 灵丘县石家田乡牛角坝村驻村第一书记兼工作队队长，大同市卫生健康综合行政执法队副队长。

陈巨文 云州区西坪镇坊城新村驻村第一书记兼工作队队长，大同市规划和自然资源局二级主任科员。

郝日跃 云州区扶贫办副主任（挂职），云州区西坪镇二级主任科员。

胡学忠 浑源县驼峰乡高窑村驻村第一书记兼工作队队长，大同市辽金文化艺术博物院正科级干部。

姚世锋 天镇县张西河乡许家窑村驻村第一书记兼工作队队长，大同市就业和人才中心副主任。

姚宏文 左云县小京庄乡小堡子村驻村第一书记兼工作队队长，左云县市场监督管理局副科级干部。

耿建举 大同市应急管理局党委书记、局长。

曹乐乐 新荣区堡子湾乡李佩沟村第一书记，大同市公安局新荣区分局协警。

梁志宇 浑源县东坊城乡荆庄村驻村工作队队员，大同金融控股集团有限公司职员。

尉武华 阳高县罗文皂镇党委书记。

韩　霄 广灵县南村镇北土岭村原第一书记，广灵县教育科技局副局长。

鲁丽芳 女，浑源县南榆林乡北紫峰村驻村第一书记兼工作队队长，大同市市场监管综合行政执法队二大队队长。

温　军 天镇县博诚蔬菜有限责任公司总经理。

靳海龙 新荣区农业农村局党组成员、副局长，新荣区扶贫办副主任。

雷迎春 浑源县副县长。

黎　魏 土家族，阳高县狮子屯乡潘家屯驻村工作队队长，大同市直属机关事务管理局财务科科长。（杨　磊）

全省优秀共产党员（大同）名单

于智勇　山西裕隆祥农业发展有限公司董事长。
王　春　灵丘县红石塄乡下车河村党支部书记、村委会主任。
师利成　国家税务总局大同市税务局稽查局党总支书记、局长。
刘　基　浑源县下韩村乡藏经庄村驻村第一书记，市委组织部公务员二科副科长。
米小飞　大同市企业职工劳动事务服务中心支部书记、副主任。
李　广　大同市教育局办公室主任。
李　磊　云冈经济技术开发区经济和建设部部长。
李腊平　女，市气象局气象台台长。
吴苏俊　大同市财政局煤炭基金管理科科长。
余　良　晋能控股煤业集团煤峪口矿机掘一队党支部书记。
张连印　左云县张家场村植树造林，退休干部（河北省军区原副司令员）。
张洪文　新荣区西村乡纪委书记。
俞贺楠　人社部驻天镇县赵家沟乡薛牛坊村第一书记。
曹化东　大同市第四人民医院心脑血管科主任。
崔守武　云州区党留庄乡邢庄村党支部书记、村委会主任。
崔晓霞　女，大同市云冈石窟研究院副院长。
温庭儒　平城区老温调解工作室负责人。　（冯建华）

全省优秀党务工作者（大同）名单

王玉荣　女，大同市实验小学党支部书记、校长。
王永红　国家税务总局大同市云冈区税务局党委书记、局长。
池恒广　左云县委组织部副部长兼老干部局局长。
李　圣　满族，中车大同电力机车有限公司党委宣传部部长兼党支部书记。
李梅芳　女，天镇县城镇集体工业联合社党总支书记，天镇县农田建设综合开发中心主持工作。
岑海鑫　女，左云县公安局政工室负责人。
孟利成　晋能控股煤业集团四台矿驻天镇县南河堡乡下窑村驻村工作队队长兼第一书记。
封　喜　云冈区平旺乡王家园村党总支书记、村委会主任。
赵晋祥　灵丘县党群服务中心主任、灵丘县委组织部组织科科长。
赵得宝　新荣区破鲁堡乡黄土口村党支部书记。
胡月琴　女，大同市行政事业单位档案中心主任。
彭志茹　女，阳高县医疗集团副院长，阳高县人民医院党总支书记。
董建党　大同市公安局党建办公室主任。
熊建英　大同市卫生健康委员会党组办公室（机关党办）主任。
樊建明　大同市经济建设投资集团有限责任公司党群工作部主任。
（冯建华）

大同市“最美退役军人”名单

马建军　大同市殡葬服务中心党支部书记、主任。
王　英　女，大同北高速公路管理有限公司党工部部长。
王海龙　晋能控股煤业集团有限公司塔山煤矿职工。
任占旺　大同市灵丘县红石塄乡边台村党支部书记。
孙学良　大同市广灵县泓源农业科技有限公司总经理。
南利军　中车大同电力机车有限公司职工。
郭　涛　大同市公安局恒安分局平盛街派出所所长。
韩　忠　山西润洋翔宇科技有限公司董事长。
黎　魏　土家族，大同市直属机关事务管理局财务科科长。
魏明杰　山西柴油机工业有限责任公司油泵油嘴厂工段长。　（甄　过）

逝世人物

王　善　（1931.2—2021.1）山西广灵人，1945年11月参加工作，1952年10月加入中国共产党。1965年5月起，历任阳高县委常委、办公室主任，雁北地区革委秘书办主任，水利局局长，浑源县委书记；1983年5月起，历任山西省政府外事办公室主任，朔州市建市筹备组副组长；1989年1月，任雁北行政公署专员；1991年7月，任雁北地区人大联络组组长；1993年3月，任山西省人大常委会农工委副主任；1999年3月离休。

马春芳　（1921.12—2021.2）山西繁峙人，1940年3月参加工作，1943年6月加入中国共产党。1949年7月起，历任繁峙县委宣传部部长、县长、县委书记、第一书记，雁北地委副秘书长、地委委员；1972年2月起，历任雁北地区革委业务组综合办主任、雁北地委秘书长；1977年12月起，历任雁北地委常委、雁北地区革委会副主任、雁北行政公署副专员；1980年5月，任雁北地委常委、宣传部部长；1982年12月离休。

高树华　（1933.9—2021.4）山西阳高人，1953年7月参加工作，1953年5月加入中国共产党。曾任雁北地委政研室副主任、主任，雁北地委办公室主任；1983年8月，任雁北地委委员、地委秘书长；1988年8月，任大同市人民政府副市长；1991年8月，任大同市人大常委会副主任；1994年3月退休。

于学敏　（1946.8—2021.5）山西大同人，1970年8月参加工作，1977年12月加入中国共产党。曾任陕西省榆林制药厂工程师、车间主任、生产科科长、技术科科长、实验室主任；1980年3月，任大同医专化学教研室副主任；1987年8月，任大同市新技术开发研究所所长、大同市药物研究所所长；1991年5月，任大同市科委副主任兼两所所长；1996年5月，任大同市经济技术协作办公室主任兼药物研究所所长；1998年7月，任大同市政协副主席；2007年7月退休。　（市委老干局）

县区概览

平城区

【概况】 平城区位于大同市区中部，总面积238平方千米。2021年，全区下辖18个街道、155个社区、48个建制村。常住人口110.7万人，比上年增长3.7%。全年全区地区生产总值483.6亿元，同比增长6.7%，总量占全市1/3，其中第三产业增加值376.6亿元，同比增长6.7%。一、二、三产占比为0.4：21.8：77.8。一般公共预算收入9.8亿元，同比增长6.1%。全年招商引资签约项目17个，投资108亿元；建设项目投资156.6亿元。全年全区城镇常住居民人均可支配收入40147元，同比增长7.2%。农村常住居民人均可支配收入20343元，同比增长10.9%。

农业　2021年，平城区粮食播种面积38983.5亩，其中玉米22680.8亩；粮食总产量1548万公斤，其中玉米1317万公斤；蔬菜播种面积3795亩；蔬菜及食用菌产量1282万公斤。全区农牧业总产值2.9亿元，增长12.4%。其中，农业产值7426.7万元，增长3.8%；牧业产值1.8亿元，增长18.8%。第一产业增加值1.9亿元，增长10.7%；第一产业固定投资2.8亿元，增长18.9%。

工业 建筑业　2021年，平城区规模以上工业增加值同比下降2.5%。净增高新技术企业5家、省市重点实验室12家。中车大同公司研制出首台国产氢燃料电池混合动力机车成功下线。全年全区具有建筑业资质等级的总承包和专业承包建筑业企业完成建筑业总产值121.7亿元，比上年增长11.9%。

固定资产投资　2021年，平城区固定资产投资额累计260.8亿元，同比增长20.5%。其中，一产投资2.8亿元，增长18.9%；二产投资3.7亿元，下降18.5%；三产投资254.3亿元，增长21.4%。房地产开发投资199.7亿元，增长40.1%；基础设施投资17.3亿元，下降20%；民间投资208.3亿元，增长43%；平城区现代农业产业示范区投资5.8亿元，增长19.8%；产业类投资22.2亿元，占固定资产投资总额8.5%。房屋销售面积241.3万平方米，同比增长40.1%。

商贸业　2021年，平城区社会消费品零售总额395.5亿元，同比增长16%。其中，限额以上社会消费品零售额107.6亿元，同比增长25.9%；限额以下社会消费品零售额成287.9亿元，同比增长15.4%。

城市建设　2021年，平城区城镇保障性安居工程投资2.2亿元，开工建设1044套住房，房屋征收4000余户、安置3625户，改造老旧小区104个。古城内配套道路建设27条，引进高端品牌酒店2家。开展全民创城行动，规范居民文明举止，强化管理小区、主次干道、集贸市场、社区居委会、校园周边环境和建筑工地周边动态环境卫生和停车秩序等。

项目建设　2021年，平城区洽谈对接项目52个，投资188.2亿元。签约玖街时光里、凤台晓月等地产项目25个，投资129.1亿元；新招商项目中开工建设1个，到位资金2.7亿元。实施在建项目170个，投资726.5亿元。其中，新建项目74个，投资128.4亿元；续建项目96个，投资598.1亿元。竣工项目53个，投资156.6亿元。认定省级重点项目15个，投资158.9亿元；申请市级重点项目16个，投资57.2亿元。

乡村振兴　2021年，平城区城镇化改造21个村，城市污水管网全部接入，改造农村户厕1948座；实施农村饮水计量收费改革，25个村加装智能水表；开展“六乱”整治百日攻坚专项行动，建设马家小村、艾庄村等8个村污水治理工程；建设5个村垃圾中转站。

农村人居环境整治　2021年，平城区在健全完善“村收集、环卫运、市处理”垃圾收运处理模式，探索农村人居环境整治新思路、新举措、新机制，推动城乡面貌持续改善。平城区以“道路沿线两侧、村中街巷、田间地头、房前屋后、庭院内外”为整治重点，贯彻落实“一拆三清一改”策略，治理农村环境。全年全区各街、村累计投入资金381万元，发动干部群众1000余人次，出动大小机械、车辆800余台次，清理道路沿线积存建筑、生活垃圾约29.5万吨，村内垃圾约4.3万吨，农业生产废弃物约1.9吨；拆除遗留、废弃的广告牌和无实际用途、有碍观瞻的视觉污染设施510处；消除交通安全隐患19处；整修坑洼路面、隔离带和绿化带84处；整治提升国道、省道、县道沿线加油站内厕所达到星级标准22处；取缔违法占道占地30处；清理整治乱堆乱放、乱搭乱建、乱圈乱占、乱贴乱画2455处，清理路面污水400处。截至2021年底，全区有2个建制村达到先行示范县（区）整治达标村标准，2个建制村开展星级文明户、美丽庭院评选工作，宣传发动农民约1.18万人次参与专项行动。

城市基层治理　2021年，平城区加强城市基层党建、提升基层治理效能。平城区依托"党建联盟"和社区"大党委"平台，立足服务于民，在具体人、具体事、具体活动上体现党组织"主心骨"作用。以社区内辖区为平台、社会组织为载体、社会工作者为支撑，共同提升社区在区域文化、群众娱乐、养老助残等方面的服务水平，变"单方服务"为"共建互助服务"。整合社区闲置空间，建成"日间照料中心""幼儿托管""四点半学校"等，开展社区特色服务。针对社区党建不规范等问题，建立"机关联社区、党建促和谐"机制，并以村（社区）"两委"换届为契机，融入基层社会治理体系，建立党建引领下的业主委员会、物业企业协调运行机制。建立健全街道社区权力和责任清单，厘清职能部门与街道的职责关系，落实社区工作事项准入制度，社区工作事项目录清单由协助部门共同制定，整合执法力量和资源，组建街道综合行政执法队，建立权责明晰执法清单。

科学技术 教育　2021年，平城区申请专利697件，其中实用新型专利584件。

平城区有职业中学1所，在校学生0人，教职工18人。小学学校36所，在校学生59230人，教职工3883人。平城区有学前适龄儿童23340人，在园幼儿21534人，毛入园率92.2%。有各类幼儿园179所，其中公办幼儿园67所（包括市直公办园8所，区属公办园3所，联校附属幼儿园12所，学前教育集团园所12所，共同体园所32所），在园幼儿11835人，在园幼儿占比55%；普惠性民办幼儿园59所，在园幼儿7410人，普惠性幼儿园覆盖率89.5%；民办幼儿园53所（含市直2所），在园幼儿5571人。平城区公办幼儿园教职工272人。其中，在编51名，政府购买社会服务人员54人（教师48人，保安6人）。

特殊教育学校1所，在校学生104人，教职工21人。普通中学学校2所，在校初中生1227人，高中生243人。教职工在编335人。其中，平城中学在编160人，分流35人；平城二中在编82人，分流18人。

文旅振兴　2021年，平城区创建国家全域旅游示范区通过省级验收。建设永泰门南广场商业体旅游集散中心，助力大同入选全国"五一"黄金周热门排名增长最快10个目的地城市之一。推进街村社文化站（中心）建设，实现18个街道文化站全覆盖，村社文化综合服务中心覆盖80%。加大资金投入力度，为华北星、景祥等村社配备群众文化活动设施，新建6个街村社图书馆分馆，全区图书馆分馆达25个。全年开展送戏下乡村100场，文化惠民演出520场，举办广场舞大赛、民歌会演、庆祝中国共产党成立100周年歌咏比赛、庆"六一"红领巾心向党文艺展演。成立10个红领巾艺术团学校培训基地，月培训学生1500人次。评选35支文艺小分队、38位文化带头人和18位能人艺人。平城区政府与市作家协会合作编写"北魏历史文化名人传记丛书"发行；开展"春满古都 又见平城"群众文化系列活动，活动持续2个月；国庆期间，大同古城内《大明·锦绣宏图》《太后巡游》等历史情景剧上演。

生态保护　2021年，平城区二级以上优良天数315天，优良天数率86.3%。全年"煤改电"6000户。开展爱国卫生运动、"两高"沿线环境综合整治、文明城市创建等专项行动。推进小南头断面、十里河入御河生态湿地水处理工程等，建设红卫桥国控断面水质自动监测站。开展废品收购站、垃圾乱倒、建筑违建等专项整治行动，加大绿化面积，保护土壤环境。管护绿地300余万平方米，补植行道树5000余株。

疫情防控　2021年，平城区按照"外防输入、内防反弹"防控原则，设置隔离酒店25个、房间2150个。截至2021年底，启用晨悦酒店、时光酒店、方唐酒店等集中隔离酒店7家，累计集中隔离1950人。强化"人物同防"，严防"冷链输入"关口，妥善处置涉疫奶枣、车厘子等食品。平城区疾控中心PCR实验室通过验收，单日最大检测量400份。开展新型冠状病毒疫苗接种工作，设立固定接种点38个、方舱接种点7个，设置接种台225张，日接种能力3万剂次，全年累计接种185.9万针剂。

民生事务　2021年，平城区城镇新增就业9366人，失业人员再就业4502人；就业困难人员实现就业2064人；农村劳动力转移就业1408人。失业率控制在4.5%以内。全年发放低保金325.9万元、4653户。举办6场招聘会，提供用工单位313家，达成就业意向2062人次；"零就业家庭"公益性岗位安置86人，招聘专项公益性岗位18人；职业技能培训5152人。认定普惠性民办幼儿园6所，新建续建公办幼儿园6所，招聘中小学教师120名。养老、失业、工伤参保人数22.4万余人，实现应保尽保。新改扩建便民市场4个。建设数字化门诊4个，产前筛查6771例、免费婚检4503对。10件民生实事全部完成。

（韩一荣）

【平城区入选"2021中国特色美食百佳县市"】　2021年3月5日，《小康》杂志社联合多个国家权威部门和专业机构，发布"2021中国特色美食百佳县市"排行榜，大同市平城区以总评分94.78分位列第6。此次评比榜单由网络大数据、县域专题调研、社会公众态度和专家评审4项加权，经综合测评得出。其中，全网数据设立自上年1月1日至12月31日的信源区间，设定用料、口味、口感、食品安全等8个维度，设立特产、风味小吃、美食节、民族特色等120个关键词标签。平城区特色美食有腊八粥、黄糕、大头麻叶、百花烧麦、刀削面、涮羊肉、小米粥、老大同八大件、下寺坡开锅豆腐、老大同什锦火锅等。

（韩一荣）

【平城区十四校足球队在山西赛区夺冠】　2021年3月20日，大同市平城区十四校集团校U12足球队在太原举行的全国"2034杯"首届小学生足球大赛山西赛区决赛中夺冠。此次比赛，有来自全国的12支小学生足球队参加比赛，平城区十四校足球队首场比赛以2比0胜晋中晋之虎队，第二场比赛以4比0胜山西斯巴达俱乐部队，半决赛同运城队点球决胜，以4比3胜运城队，决赛中，平城区十四校队3比0胜太原大友体育俱乐部队，按赛制规则，取得代表山西参加5月上旬在苏州举行的全国小学生足球赛32强总决赛的资格。（韩一荣）

【平城区人民法院设立首个社区便民服务室】 2021年3月，平城区人民法院以政法队伍教育整顿为契机，把学习教育成果转化为司法为民的具体实践，联合司法服务、社区服务，在平城区文瀛湖街道春和园小区设立第一个社区便民服务室。社区便民服务室主要提供法治宣传、法律解读、网上立案和诉讼应用流程指引等服务，妥善化解各种民事纠纷和社会矛盾。（韩一荣）

【社区（村）调整】 2021年6月9日，平城区人民政府根据山西省人民政府《关于同意大同市乡级行政区划调整的批复》精神，平城区乡级行政区划调整为18个街道，做出同意优化调整各街道所属社区（村）的批复。优化调整后，平城区设社区155个、建制村48个。区民政局按照优化调整方案制作平城区和各街道行政区划图，指导各社区（村）挂牌、刻章；各街道按道路界线、小区界线、村界等明确社区（村）管理服务区域。完成村（社区）支部“两委”换届选举，设置职数1187个。（韩一荣）

【助老服务工程启动】 2021年6月26日，平城区助老服务工程在迎宾街道和泰社区启动。大同市副市长荆虎出席启动仪式并宣布平城区社区助老服务工程启动，市政协副主席、平城区委书记李继忠等人出席启动仪式并共同为平城区社区助老服务站揭牌。截至2021年底，平城区建设社区助老站有40个，引进第三方大同市智慧居家和社区养老服务中心（398康养）运营，发放助老卡、贴心宝，推进互联网+社区养老服务，实现助救、助医、助购、助餐、助行、助洁“六助”服务。落实省市社区养老服务设施建设补助资金，在育才社区、迎宾路社区、柳航里社区等社区服务场所配套建设养老服务设施。申报马军营街道十里店社区、清远街道惠达社区为幸福养老工程项目。（韩一荣）

【街道社工站挂牌成立】 2021年，省民政厅在全省15个县（市、区）开展乡镇（街道）社工站项目试点工作，大同市平城区作为省试点县（区），7月，在开源街道民和社区、迎宾街道迎宾路社区、清远街道大齿社区、振华街道永宁社区设立社工站并挂牌。社工站以专业社会工作服务为支撑，采用政府购买方式，搭建基层公共服务平台，并通过招标遴选街道社工站项目第三方承接主体，回应居民需求、服务社区群众，开展社会救助、养老服务、未成年人保护、公益慈善、社区治理及志愿服务等社会服务。（韩一荣）

【平城区成立全市首家社区经济组织】 2021年8月6日，平城区在开源街道民和社区成立全区第一家社区经济组织——民和社区服务有限公司，这也是全市首家社区经济组织。该公司以“居民点菜，社区买单”的为民服务经济发展模式，助力社区经济服务项目。截至2021年底，社区菜篮子直营店、社区餐厅、手工创意坊等项目投入运营，累计为社区45名失业人员提供就业岗位。（韩一荣）

【平城区被评为全国节水型社会建设达标县（区）】 2021年9月，水利部公布全国第四批节水型社会建设达标县（区）名单，大同市平城区位列478个达标县（区）榜中。针对城市居民用水量大的特点，平城区利用“3·22”世界水日、“中国水周”等节点，宣传节约用水和创建节水型社会的重要意义。节水入企、入校、入社区，在公交车、酒店、停车场、电梯等各类公共场所设置节水标语、标识牌，加强全社会节水知识和意识的普及教育。发挥节水载体节水示范引领作用，创建2家重点用水行业企业、40个公共机构、8个居民小区，改造平城区第十八小学校和农业嘉年华园区的节水器具，建设金家湾村的西梅节水滴灌和马家小村学校的雨水积蓄利用系统。挖掘利用现有河道资源，统筹水资源节约、水环境治理、水生态修复，打造生态景观。御河河道治理9.9千米，十里河河道治理9.58千米。发展节水农业，全区农业灌溉面积2100公顷，节水灌溉面积1150公顷。科学管理用水，推广利用非常规水，东郊污水处理厂、西郊污水处理厂处理后的中水分别按不同水质要求用于工业、农业和生态补水，提升再生水利用率。推广使用节水型水嘴、节水型坐便器、节水型淋浴花洒等生活节水器具，提高全区节水器具普及率，新建居民小区和公共场所节水器具普及率100%。（韩一荣）

【教育工作会议暨庆祝第37个教师节表彰大会】 2021年9月10日，平城区举行教育工作会议暨庆祝第37个教师节表彰大会。市政协副主席、区委书记李继忠等出席会议。大会宣读表彰决定，表彰优秀个人572名、先进集体38个。其中，“区师德标兵”94名、“区优秀班主任”143名、“区优秀教师”162名、“区先进教育工作者”67名、“区教育系统新时代双先锋”48名、“区教科研先进个人”10名、“护校安园先进个人”48名；“先进集体”学校10所、“区争优进位先进集体特色发展优质学校”9所、“十佳幼儿园”10所。发放奖金435.1万元。（韩一荣）

【综合执法力量下沉启动】 2021年11月1日，平城区举行综合执法力量下沉启动仪式，市政协副主席、区委书记李继忠出席仪式并讲话，为综合执法大队授旗，与会其他领导为街道执法队授旗。按照中央省市要求，平城区执法权限和力量向基层延伸和下沉，以解决平城区综合执法存在的突出矛盾和问题，提升基层治理现代化能力和水平。截至2021年底，平城区城市管理系统下沉街道人员705名。（韩一荣）

【“现代服务业”专题招商引资推介会暨项目签约】 2021年12月23日，平城区举行2021年“现代服务业”专题招商引资推介会暨项目签约仪式。会上，签约源茂街万达广场、清远小院、大同古城钓鱼台文化酒店和大数据智慧服务基地4个项目，签

▲ 2021 年 12 月 23 日，平城区举行 2021 年“现代服务业”专题招商引资推介会暨项目签约仪式
（韩一荣 摄）

约总额 2.6 亿元。推介会上，与会嘉宾观看平城区招商引资宣传片；总结 2021 年平城区经济发展成果，介绍下年现代服务业招商引资发展规划；万达集团、东方瑞信房地产开发有限公司、山西美川大唐新型建材有限公司、上海润迅公司 4 家企业代表先后推介项目。（韩一荣）

【婚姻家庭矛盾纠纷调解中心成立】 2021 年 12 月，平城区婚姻登记处设立婚姻家庭矛盾纠纷调解中心。此中心由平城区妇联、平城区民政局和平城区司法局共同组建。该中心为当事人提供针对性、个性化调解服务，定制化调解婚姻家庭生活中涉及赡养、抚养、继承等各类矛盾纠纷，参与排查化解婚姻家庭矛盾纠纷，开展婚姻家庭、妇女儿童权益保护等政策法律的宣传，提供婚姻家庭方面的法律咨询和心理疏导，面对面解决家庭矛盾。（韩一荣）

【“韵满古都·首善平城”迎春书画摄影展】 2021 年 12 月 31 日，“韵满古都·首善平城”迎春书画摄影艺术展在市雕塑博物馆开展。此次展览由平城区委、区政府主办，平城区委宣传部、区文旅局、区文联、市雕塑博物馆承办。此次展览为平城区首次以楹联为主题开展的书画摄影展，展厅内有兼具篆、隶、行、楷、草等多种表现形式的书法楹联作品；绘画作品有以山水花鸟为主的国画、古城民居系列的油画、年节系列的民俗画等；摄影作品通过光影聚焦都市街巷、古城里坊、自然及人文景观。展出绘画、书法、摄影作品各 100 幅。（韩一荣）

云冈区

【概况】 云冈区位于大同市西南部，总面积 737.8 平方千米。2021 年，全区下辖 2 个镇、4 个乡、21 个街道，152 个社区，94 个建制村。常住人口 68.5 万人。全年全区地区生产总值 513.3 亿元，同比增长 7.1%，总量占全市的 30.4%，全市排名第一，全省排名第六。固定资产投资累计 106.4 亿元，同比增长 20.1%；第三产业增加值 211.7 亿元；规模以上工业总产值 659.1 亿元，同比增长 50.3%；规模以上工业增加值 278.5 亿元，同比增长 8.7%；一般公共预算收入 16.1 亿元，同比增长 30.8%；社会零售品消费总额 151.9 亿元；城镇居民人均可支配收入 39102 元；农村常住居民人均可支配收入 20204 元。

农业农村　2021 年，云冈区农作物播种面积 18.7 万亩。其中，粮食 15.3 万亩（玉米 11.1 万亩、杂粮 4.2 万亩）；经济作物 3.4 万亩（蔬菜 2.5 万亩、油料 0.5 万亩、其他 0.4 万亩）。粮食产量 5500 万公斤。其中，玉米 4800 万公斤，杂粮 700 万公斤。西韩岭乡北村建设高标准农田 4000 亩，在全区推广膜下滴灌 3 万亩；云冈镇、高山镇、口泉乡建设有机旱作农业 1.7 万亩；口泉乡小营村、张留庄村和西韩岭乡肥村、要庄村种植高粱 1 万亩；西韩岭乡、口泉乡、平旺乡种植玉米 10 万亩。建设全家湾绿色蔬菜园区，要庄、大路辛庄香菇种植产业园区，口泉、落里湾、魏辛庄、王家园葡萄种植园区，南村、辛寨、晋龙、浩宇草莓种植园区等 10 个示范园区。投资 1000 万元，完成全家湾、北村省级设施园艺建设项目，新扩建温室 30 亩、改造温室 400 亩，新建蔬菜批发交易市场 1 个。全年累计向各乡（镇）兽医站及养殖场户发放禽流感疫苗 54.3 万毫升、新城疫疫苗 295 万羽份、猪口蹄疫疫苗 21.6 万毫升、猪瘟疫苗 23.3 万头份、牛羊口蹄疫疫苗 20.4 万毫升、羊小反刍疫苗 16.9 万头份、布病疫苗 9.2 万头份。投资 20 万元新建高山镇宏泰兔业养殖项目，建成兔舍 360 平方米，养殖肉兔 300 只，年出栏 3 万余只，实现收入 30 万元；投资 90 万元，实施高山村太阳能光伏项目，项目规模为 200 千瓦。

工业　2021 年，全区负责监管地方煤矿 12 座（其中晋能控股大同公司 7 座，分别为张家湾煤业、新旺煤业、和尚嘴煤业、高山煤业、炭窑峪煤业、口泉煤业和小窑头煤业；晋能控股地煤公司 3 座，分别为大同市青磁窑煤矿、大同市姜家湾煤矿和大同煤矿集团同生精通兴旺煤业有限公司；云冈区 1 座，即山西大同矿区大北沟煤业有限公司；大同市吴官屯煤业有限公司 1 座）。总核定生产能力 900 万吨/年。有非煤矿山企业 13 家，冶金工贸行业规模以上企业 52 家，冶金工贸行业规下企业 99 家，危化企业 59 家。

项目建设　2021 年，云冈区升规裕祥机电、沁达煤机等 5 家装备制造企业；建成投资 5.2 亿元的兴华联合配焦项目、富乔垃圾发电扩容项目、年产 4000 万平方米纸面石膏板项目；实施总投资 2.9 亿元的中兵铸造和总投资 2.1 亿元的贝利精密铸造项目；推进总投资 6 亿元的国网时代华电大同热电储能工程项目、晋能控股集团智慧能源一体化（大同）基地项目。

财政 税收　2021年，云冈区公共财政预算收入16.1亿元，占年度预算124.5%，比上年增长30.8%。税收收入126992万元，比上年增长35.7%。其中，增值税收入32441万元，比上年增长34.6%；企业所得税收入14466万元，比上年增长29.8%；个人所得税收入1581万元，比上年增长211.2%；资源税收入59860万元，比上年增长47%；城市维护建设税收入5692万元，比上年增长52.5%；房产税收入1943万元，比上年下降0.9%；印花税收入2009万元，比上年增长58.6%；城镇土地使用税收入1994万元，比上年增长1.9%；土地增值税收入1199万元，比上年增长191.7%；车船税收入376万元，比上年下降12.8%；耕地占用税收入4523万元，比上年下降25.3%；契税收入447万元，比上年下降23.2%；环境保护税收入449万元，比上年下降5.7%；其他税收入12万元，比上年下降95.1%。

非税收入33936万元，比上年增长15.2%。其中，专项收入21882万元，比上年下降3.9%；行政性收费收入2495万元，比上年增长576.2%；罚没收入2456万元，比上年增长32.3%；国有资本经营收入1000万元，比上年下降50%；国有资源有偿使用收入5695万元，比上年增长207.7%；捐赠收入53万元，比上年增长80.5%，其他收入355万元，比上年增长1.7%。公共财政支出321510万元，占年度调整预算325680万元的98.7%，比上年增长3.2%。按政府收支分类科目分为：一般公共服务支出40976万元，比上年增长10.5%；公共安全支出1841万元，比上年增长14.9%；教育支出99259万元，比上年增长0.2%；科学技术支出1576万元，比上年增长1.4%；文化体育与传媒支出2205万元，比上年下降14.7%；社会保障就业支出42774万元，比上年下降38.1%；卫生健康支出18331万元，比上年增长3.2%；节能环保支出9528万元，比上年增长23%；城乡社区事务支出21157万元，比上年下降16.9%；农林水支出20236万元，比上年增长16.9%；交通运输支出11320万元，比上年增长112%；资源勘探信息等支出2144万元，比上年下降55.5%；商业服务业等支出540万元，比上年增长168.7%；自然资源海洋气象等支出3315万元，比上年下降11.2%；住房保障支出27010万元，比上年增长614.7%；粮油物资储备支出329万元，比上年下降19.2%；灾害防治及应急管理支出2949万元，比上年下降4.2%；其他支出15425万元，比上年增长51.7%。

教育　2021年，云冈区有各级各类学校73所。其中，公办学校69所，民办学校4所。全区有幼儿园101所。其中，公办幼儿园57所，民办幼儿园44所。有在岗教职工5079人，区批民办代课教师66人。全年在校学生49744人。其中，高中生5092人，初中生9702人，小学生32698人，职业高中学生2153人，特殊教育学生99人。在园幼儿13129人。2021年高考一本达线39人，比上年增加20人，二本以上达线450人，比上年增加18人。全年发放教育资助金2421万元，惠及家庭贫困学生27123人次；投资1700万元推进义务教育阶段学生饮用奶实施，惠及约3.9万名学生，义务教育阶段学生饮用奶全覆盖。安置18名适龄残疾儿童少年。其中，10人在特教学校就读、3人普通学校随班就读、4人在幼儿园就读，1人在康复中心康复治疗。

污染防治　2021年，云冈区淘汰燃煤锅炉63台、国三及以下柴油货车2363辆；集中供热改造9938户147.9万平方米，“煤改电”6827户，兜底发放清洁采暖型煤10589吨、生物质燃料13078吨；全区空气质量二级以上优良天数高于全市平均水平；启动实施农村生活污水系统治理，常态化管控17个入河排污口，2个县级水源地和1个乡（镇）水源地全部达Ⅲ类水质，3个省考断面达到地表水Ⅳ类标准。

商贸业　2021年，云冈区限额以上入库企业64家。其中，批发业3家，住宿业1家，餐饮业25家，汽车销售业20家，零售业14家，加油站1家。产生进出口外贸企业6家：山西北方安特优发动机有限责任公司、大同煤业金宇高岭土化工有限公司、大同市光华活性炭有限责任公司、大同市禾能活性炭有限公司、山西明兴活性炭有限公司、大同市金盛豪达炭业有限责任公司。

城乡建设　2021年，云冈区建成马营棚改项目1500套保障房；完成惠及6171户居民的18个老旧小区改造项目；加强大路辛庄至“万人坑”旅游专线、五一桥至同忻煤矿等道路环境综合整治；完成西黄线、文创园连接线等道路改造工程；建成便民市场5座，设置环卫工人休息室20处，规划停车位2433个，启用水冲式公厕36座，推行市容环卫管理力量下沉乡街；启动实施智慧环卫一体化和口泉植物园社会化管理项目。完成五一街、恒安新区及泉新路3个区域的建筑工地围挡修缮、新建。其中，新建围挡1543.8平方米、修缮围挡623平方米；围挡覆盖绿网9741.5平方米、绿化补植绿篱702平方米、补植金叶榆180棵；建筑物喷涂约2.3万平方米及人行道补铺面色砖800平方米。

文化旅游　2021年，云冈区开展红色记忆工程，打造中共西大同县委旧址红色记忆馆；弘扬传统文化，推动文化记忆工程，打造王家园传统电影院。围绕全面建成小康社会、中国共产党成立100周年重点题材创作《云冈儿女笑声多》等文艺作品。开展“弘扬革命传统 传承红色基因”云冈区红色文化记忆展、云冈第三届非物质文化遗产网络展。培育文艺小分队27个，挖掘乡土文化能人8人，培养乡村文化带头人30人。推动晋绥五分区司令部旧址保护修缮工程。为高山遗址划定保护范围及建设控制地带，完成高山遗址标志性界碑设立。截至2021年底，云冈区有不可移动文物151处。其中，全国重点文物保护单位3处（云冈石窟、禅房寺砖塔、“万人坑”遗址纪念馆），山西省省级文物保护单位30处（23处烽火台），市级文物保护单位12处，区级文物保护单位14处，一般和未定级文物保护单位92处。

乡村振兴　2021年，云冈区聚焦特优产业、生态宜居、乡风文明、基层治理、生活富裕，大力实施“六乡提质”行动，推动乡村振兴。聚焦特

县区概览

优产业，推动规模发展。该区着眼建设都市农业引领区，发展绿色蔬菜、红色草莓、紫色葡萄、褐色香菇、蝴蝶兰花卉等特色农业产业；着眼建设雁门关农牧交错带示范区，发挥四方高科、永成良种等畜牧龙头企业的带动作用，建成奶牛、生猪等畜牧养殖基地49个；发展农产品精深加工，以口泉醋业、牧同乳业、华建油脂为代表的酿品、乳品、功能食品产业集群发展，产业集群企业产值总量达6.7亿元。聚焦生态宜居，助力“六乡提质”。该区依托美丽乡村建设、“六乱”整治、厕所革命“三大行动”，规划6个乡（镇）的目标蓝图，累计投资1.5亿元打造9个省级、13个市级美丽宜居示范村。以西韩岭乡为先行示范，把北村、南村等8个村连线，打造集休闲旅游、观光采摘、摄影娱乐为一体的乡村旅游示范区；围绕交通沿线、村庄街巷、田间地头、农户庭院4个重点，推进农村人居环境整治工作，清理垃圾48.2万吨、复垦农田116亩；开展厕所革命行动，在口泉乡落里湾村、辛寨村、墙框堡村改造农村厕所1029座。聚焦乡风文明，改善村风村貌。该区发挥新时代文明实践中心、所、站作用，开展“移风易俗树新风”活动，引导群众讲文明、树新风、弃陋习，培育良好民风、家风、乡风，全区评选10星级文明家庭2050户、市级乡风文明户和文明庭院200个。开展文化、法律、服务“三进”村活动，化解社会矛盾，建成全国扫黄打非示范村1个、国家级乡村治理示范村1个。聚焦基层治理，激发组织活力。该区健全“一场所六中心”，搭建党群“连心桥”，实现“15分钟服务圈”，建设乡、村两级党群服务中心64个；完成乡（镇）及农村“两委”换届，选拔培养一批懂经营、有责任、年富力强的乡村“三农”干部队伍；开展农村集体产权制度改革“回头看”，加强集体资产监管，排查合同969份，整改问题合同138份，挽回农村集体损失111.1万元。聚焦生活富裕，拓宽增收渠道。该区发展集体经济，全区农村集体经济50万元以上的村75个；加大技能培训力度，完成高素质农民培训2229人，依托晋能集团和区属规模以上企业提供就近就业岗位8846个，全区农村劳动力务工人数达5万人以上。全年全区农村居民人均可支配收入20204元，同比增长10.3%。

社会保障　2021年，云冈区城镇职工医保参保56137人（其中在职参保35868人，退休参保20269人），城乡居民医保参保302950人（其中普通人群参保277333人，困难人群参保24233人、建档立卡贫困人口参保1384人）。全区定点医疗机构208家。其中，公立医疗机构158家，民营医疗机构50家。

民生事务　2021年，云冈区有城市低保对象5282户8538人，全年累计发放低保金4013.5万元；农村低保对象7983户10879人，累计发放低保金4306.51万元；农村特困对象183户185人，累计发放救助金182.3万元；城市特困对象43户45人，累计发放救助金51.4万元。高龄老人1378人，累计发放救助金60.7万元；失能老人132人，累计发放救助金12.3万元。临时救助2000人次，发放救助金168万元。云冈区排查建档立卡贫困户600户1372人，脱贫不稳定户27户56人，边缘易致贫户24户40人。截至2021年底，建档立卡贫困户纳入低保190户305人，纳入特困2户2人；脱贫不稳定户纳入低保18户28人；边缘易致贫户纳入低保21户30人。累计救助建档立卡低保户38人次2.1万元，累计救助边缘户4人次2000元，累计救助脱贫不稳定户3人次2200元。（郭　荔）

【云冈区获批国家级独立工矿区】 2021年，云冈区通过国家发改委关于“十四五”期间采煤沉陷区综合治理和独立工矿区改造提升工程实施方案的评审论证，云冈独立工矿区被纳入“十四五”期间资源型地区转型发展中央预算内投资支持范围。云冈独立工矿区位于云冈区东北部，距大同市中心区直线距离约22千米，西起云冈镇和高山镇交界处，东至西韩岭乡全家湾，北至云冈镇红墙，南至口泉乡落里湾，涵盖11个煤矿生产和生活区，晋能控股集团煤业公司位于此区域内。

2021—2023年，云冈独立工矿区改造提升工程计划实施项目21个，总投资约26亿元，包括居民避险搬迁、基础设施和公共服务设施、生态修复和环境整治、接续替代产业平台4类项目。（郭　荔）

【“书香云冈”建设系列活动启动】 2021年5月15日，云冈区“牢记使命嘱托 献礼建党百年”暨“书香云冈”建设系列活动启动仪式在该区教育基地报告厅举行。“书香云冈”大讲堂第一讲由云冈区委书记李东升主讲。李东升以专题讲座的形式，围绕书香云冈建设向与会人员分享关于读书的感想和体会。启动仪式上，来自该区学校、社区、机关、企事业单位的学生、职工、群众分别表演诗朗诵、童声合唱、舞台剧等节目。向“书香机关、书香校园、书香企业、书香农村、书香社区”创建工作代表赠书。该区依托各级新时代文明实践中心、所、站，组织开展大讲堂、诵读、征文、演讲、好书推荐、送书下乡等阅读活动，推动“书香机关、书香校园、书香企业、书香农村、书香社区”建设。（郭　荔）

【中国共产党成立100周年系列群众文化活动启动】 2021年5月，由云冈区委、区政府主办，区委宣传部、区文旅局、区卫体局承办的“永远跟党走 奋进新征程”云冈区庆祝中国共产党成立100周年群众文化活动启动仪式暨“万步有约”健走激励活动在十里河生态森林公园举行。启动仪式节目有：舞蹈《灯火里的中国》，歌曲《唱支山歌给党听》《幸福中国一起走》《山丹丹开花红艳艳》等。活动还特别邀请表演艺术家、特型演员梁春书。活动现场摆放“乘风破浪”模型。启动仪式后，由全区各单位组成的健步走队伍在十里河生态森林公园举行健步活动。此次群众文化活动还举办朗诵分享会、云冈区书画摄影展等27项活动。（郭　荔）

【云冈区与省校合作】 2021年7月20日至21日，山西财经大学文化旅游学院党委书记马景伟、院长弓志刚率队到云冈区北村影视基地、杨家窑村、云冈石窟、高山古镇开展研学交流。其间，云冈区与该院签订合作协议，共建大学生实习实训基地、大学生就业创业基地、高校科研平台延伸基地等。截至6月底，云冈区获批省级双创示范基地1个、省级小微企业创业创新基地4个，入驻企业335家，带动各类人才就业2825人；省级科技孵化器1个、省级众创空间3个，有创客1162人，获国家级创业创新大赛奖28项、省级32项。（郭 荔）

【山西万鼎无人机实训基地揭牌】 2021年8月4日，山西万鼎无人机实训基地在云冈区举行揭牌仪式，同时中国民航无人机培训基地、大同市高素质农民植保无人机技能培训机构揭牌。山西万鼎把无人机培训面向社会，在云冈区打造全市首个“无人机驾驶员培训基地”，该基地旨在为社会培养专业、合法的无人机飞行员，为各行业储备专业、可靠的无人机飞行员人才。（郭 荔）

【“政银企村”对接会】 2021年8月12日，云冈区举办“政银企村”对接会，该区工商联、金融办、税务局、口泉乡负责人与各金融机构负责人参加会议，围绕各企业、乡村提出的融资问题，各金融机构代表现场解答，现场释疑各自支持中小企业融资业务品种、准入条件和乡村振兴集体经济融资等问题。（郭 荔）

【乡村振兴主题讲座】 2021年10月，云冈区在口泉乡杨家窑学校举办乡村振兴主题讲座。讲座中，中国农业大学农民问题研究所所长、农业文化研究中心主任、教授、博士生导师朱启臻，围绕乡村生产价值与产业兴旺、乡村生态价值与生态宜居、乡村文化价值与乡风文明、乡村有效治理与教化价值、乡村振兴的路径与方法等内容与大家开展专题分享。其间，朱启臻结合自身经历，通过实例，为大家讲解乡村振兴的症结问题和破解方法，并为当地发挥和挖掘乡村资源优势，补齐乡村发展短板，构建产业兴旺、生态宜居、乡风文明、治理有效、生活富裕的乡村提供理论依据。（郭 荔）

新荣区

【概况】 新荣区位于大同市北部，总面积1090.9平方千米。2021年，全区下辖3个镇、4个乡、5个社区、112个建制村。全区总人口8.7万人，其中城镇人口3.6万人，乡村人口5.1万人。全年全区地区生产总值78.4亿元，同比增长3.3%。其中，第一产业7.5亿元，比上年增长7.7%；第二产业47.3亿元，比上年增长0.5%；第三产业23.7亿元，比上年增长6.4%；一、二、三产占地区生产总值比重9.5%、60.3%、30.2%。人均地区生产总值9万元/人。规模以上工业总产值20亿元；固定资产投资49.9亿元，同比增长34.3%；社会消费品零售总额15.8亿元，同比增长17.4%；一般公共预算收入2.5亿元，同比增长31.7%；城镇居民人均可支配收入3.1万元，同比增长8.6%；农村居民人均可支配收入1.3万元，同比增长11.2%。

农业　2021年，新荣区粮食总产量77305.5吨，比上年增长2.4%。

全区粮食种植面积380048.9亩，比上年减少6450.9亩；油料种植面积21320.8亩，比上年减少1052亩；蔬菜种植面积7073亩，比上年增加2858亩；青饲料种植面积16078亩，比上年增长222.5亩；中药材种植面积450亩。全年生产油料1868.6吨，比上年增长14%；生产蔬菜9314.5吨，比上年增长3.5%；生产瓜类5365吨，比上年增长18%。农林牧渔业总产值115362.3万元，农林牧渔业增加值78735万元。全区大牲畜存栏23774头，出栏15918头，比上年增长14.7%。其中，牛存栏20671头，出栏12241头，比上年增长44.2%；猪存栏21395头，出栏42431头，比上年增长72.1%；羊存栏86794只，出栏63700只，比上年增长3.5%；家禽存栏18万只，出栏6.6万只，比上年减少66.8%；全年肉类总量6658吨。全年造林面积666.6公顷。全区拥有农业机械化总动力78555千瓦，拥有大、中、小型拖拉机3219台。

工业　2021年，新荣区工业增加值469249万元，同比增长0.4%。其中，规模以上工业产值976025.6万元，规模以上工业增加值199820万元，同比下降5.4%，规模以上工业实现利税113260.1万元。生产原煤245.2万吨，比上年同期298.9万吨下降17.9%；生产洗精煤103.6万吨，比上年同期101.3万吨增长2.2%；生产生铁107.2万吨，比上年同期105.6万吨增长1.5%；生产粗钢134.9万吨，比上年同期135.2万吨下降0.2%；生产石墨及碳素制品86869吨，比上年同期54549吨增长59.2%；生产活性炭2321吨，上年同期3930吨下降40.9%；生产焙烧松脆食品4吨，比上年同期3.6吨增长11.1%；发电量

▲2021年11月11日，新荣区郭家窑乡芦家窑村黄芪种植基地140亩黄芪喜获丰收。图为挖药机在采挖黄芪　（于 宏 摄）

县区概览

30028 万千瓦时，比上年同期 26503 万千瓦时增长 13%；生产工商用空调设备 884 台（套），比上年同期 946 台（套）下降 6.6%；生产沥青和改性沥青防水卷材 284 万平方米，比上年同期 257 万平方米增长 10.5%。隆基乐叶 2.0 吉瓦高效率单晶组件自动生产线项目建成投产，锡纯半导体芯片材料项目一期项目投产。中水投蔡家窑 2 万千瓦时风电、晋电国恒麻口村 2.8 万千瓦时分散式风电等项目并网发电，全区风电、光伏等新能源发电装机容量 111.5 万千瓦时。

现代服务业　2021 年，新荣区实施得胜堡长城文化旅游区项目；建成布展长城民俗馆；推进“素心谷”康养文旅现代农业项目建设；现代物流仓储产业迈入快车道，恒宗电商智能生态物流园项目、佰律商贸智能仓储物流配送中心项目落地建设。

固定资产投资　2021 年，新荣区固定资产投资（不含农户）498805 万元，比上年增长 34.3%，其中民间投资 282037 万元，比上年增长 30.3%。分产业看：第一产业投资 26579 万元，比上年下降 29%；第二产业投资 441102 万元，比上年增长 75.9%；第三产业投资 31124 万元，比上年下降 62.6%。工业行业投资 441102 万元，比上年增长 75.9%；工业技改投资 9851 万元，比上年下降 72.7%；高技术产业投资 226 万元，比上年下降 95%；基础设施投资 9089 万元，比上年下降 84.1%；产业投资 468367 万元，比上年增长 59.9%。

城乡发展　2021 年，新荣区实施城市基础设施建设行动。府西街道路提质工程整体完工，府东街道路提质工程进入扫尾阶段。实施区址平房区集中供热改造，新建育人里、开元北路西片区 2 座集中供热换热站，完成 744 户 11 万平方米集中供暖工程。采煤沉陷区二期小区内道路硬化、强电工程完工。三期 19 栋住宅楼、10 栋公建主体完工。外配套 6 条道路完工。“一河两区”框架初步形成。利用长城 1 号旅游公路主线贯通和沿线 0.08 万公顷油菜花和荞麦色彩农业景观带建设的契机，在长城 1 号旅游公路沿线布局特色小镇和特色村，展示当地风土人情，带火带旺乡村旅游，打造助马堡村、得胜堡村 2 个旅游特色村。古店镇亮马台“文旅体”复合型小镇完工并投入运营。

生态环境　2021 年，新荣区坚持治山、治水、治气、治城一体推进，山水林田湖草沙系统治理，巩固提升“大同蓝”“大同清”“大同绿”。完成“煤改电”工程 11364 户。淘汰 35 蒸吨以下燃煤锅炉 5 台和国三及以下排放标准柴油货车 491 辆，取缔“散乱污”企业 5 家，全区二级以上优良天气 318 天，优良率 87.1%。实施并完成堡子湾村、得胜堡村、东村新村 3 个村的农村生活污水治理工程。完成五台化工厂污染地块风险评估和花园屯村、西寺村、马站村 3 个村的农村环境治理。完成京津风沙源治理二期 700 平方米造林任务。推行林长制，构建区、乡、村三级森林资源保护发展管理机制。

社会生活　2021 年，新荣区加强普惠性、基础性、兜底性民生建设，推进“人人持证、技能社会”。开展美容美发、手工艺品制作等专业培训 2026 人，新增技能人才 565 人。落实“双减”政策，优化学校布局，全年撤并 5 所学校；提供课后托管服务，服务非寄宿制学生 1800 余名。减轻学生、家长作业负担。校车服务惠及 5 所学校 630 余名学生。完成 86 个村卫生室标准化建设，配齐 31 种常规医疗器械，增强基层医疗服务功能。

（贺雨顺）

【乡村人才振兴】 2021 年，新荣区在乡村人才培育中，该区坚持“农民需要什么就培训什么”的原则，利用基层人才工作站、乡村科普 e 站和水产科普教育基地等平台，采取集中培训与现场指导相结合方式，举办实用种植技术、病虫害防治等培训班 3 期，培育高素质农民、科技示范户 200 余人次。该区重视农村后备人才、优秀企业家等乡土人才，提升服务人才水平，掌握其发展动态，给予鼓励、帮助和服务。新荣区利用春节期间在外人才返乡时机，通过行动抢先机、走访送乡情、机制纳人才、线上线下相结合的“四步工作法”，招引返乡人才，增强在外人才对家乡的归属感和认同感，鼓励他们回村任职、创业发展。针对种植大户提出的苗木管理、育苗、品种等问题，特邀省区市农林专家到古店镇开展“三级专家服务基层行”活动，并现场指导 3 个乡（镇）的新型经营主体、养殖合作社播种检查、苗期管理和技术服务等。在线上利用“新荣区专家人才工作站交流群”，专家发送气象信息，应季发送播种、施肥、防治等农业知识，并根据种养大户的提问，为农业大户和合作社答疑解惑。（贺雨顺）

【金土地电商联盟挂牌运营】 2021 年 5 月，新荣区金土地电商联盟挂牌运营。电商、直播团队、农民企业家及部分农民云集该联盟，通过短视频、现场直播等形式销售农产品。新荣区金土地电商联盟是由“新荣金土地”APP、新荣区消费扶贫专馆、新荣区睿诺农业科技有限责任公司等 10 家新荣本土企业、11 家农业合作社及多家种植养殖大户联合组成，以“互联网 + 企业 + 农户”的形式，开拓互联网销售渠道，突破农产品销售难的“瓶颈”。新荣区金土地电商联盟运营当日，农民大姐现场炸油糕，企业负责人现场制作小米，直播团队现场直播，线上围观人数 15 万人次，线上交易超 700 笔，线上线下销售胡麻油 1250 公斤、糕面和莜面 950 公斤、豌豆粉 270 袋，总销售额 15 万元。抖音、快手等网络媒体转发新荣区金土地电商联盟农产品销售视频，累计浏览量近 24 万人次。（贺雨顺）

【拒门堡红色革命纪念馆被授予省关心下一代党史国史教育基地】 2021 年 5 月 25 日，新荣区拒门堡红色革命纪念馆被授予山西省关心下一代党史国史教育基地。拒门堡红色革命纪念馆设党建、烈士、军人荣誉、民俗文化等展厅，展出拒门堡村走出的 157 位海陆空将士的照片和遗物，其中有老红军、抗日战士、烈士、伤残军人、抗美援朝战士等。（贺雨顺）

【假酒销毁】 2021 年 6 月 4 日，为维护消费者权益，震慑和打击破坏市场经济秩序的违法行为，营造健康的消费环境，市公安局新荣分局、新荣区人民检察院、新荣区人民法院、新荣区市场监督管理局 4 个部门联合行动，定点集中销毁执法办案中收缴的假酒。此次销毁的假酒系新荣区人民检察院办理的焦某某销售假冒注册商标商品案涉案赃物，涉及4个品牌13个品类的390余箱假酒，总标值38万余元。上年以来，焦某某以销售为目的，多次购进假冒注册商标的山西汾酒、贵州茅台酒、五粮液酒、泸州老窖酒获利。市公安局新荣分局经过立案侦查，查获假冒系列名酒及高中低端白酒390余箱，犯罪嫌疑人焦某某被判处有期徒刑1年零6个月，缓刑2年，并被处以罚金4万元。

（贺雨顺）

【新荣区推动省校合作】 2021年6月起，新荣区聚焦基地建设，开发“硬件+软件”，为省校合作牵线搭桥。山东大学、西南大学、西北工业大学等9所高校选派12名大学生，到新荣经济技术开发区、区妇联等部门及部分乡（镇）开展为期1个月的实习实训；依托拒门堡红色革命教育基地，利用古长城、得胜堡、红石崖等历史文化景区，邀请湖南大学等高校师生开展红色教育和国情教育；遴选“精德粉丝”“快康宝”“啤斯”等新荣小杂粮、畜禽“特”“优”农产品，打造“新荣粮食·新荣良心”品牌，为高校农产品供应基地建设蓄能。该区发挥中北大学校友资源，新成新材料、宇林德、锡纯等新材料企业特色项目资源，无人机试飞场地资源等优势，经过调研洽谈，与中北大学签署省校合作共建“12大基地”框架协议，举行“教学实践创新教育联合基地”和“无人机创新实践基地”揭牌仪式，开启双方战略合作之路；发挥宇林德石墨电极项目优势，大同宇林德石墨新材料股份有限公司与湖南大学材料科学与工程学院对接并签署合作协议，举行智库合作基地揭牌仪式，实现高校科技成果转化、决策咨询等方面的合作共赢。（贺雨顺）

【首个长城旅游巡回法庭成立】 2021年7月15日，新荣区人民法院长城旅游巡回法庭在得胜堡揭牌成立，这是新荣区首个长城旅游巡回法庭。新荣区长城旅游巡回法庭发挥保障职能，把握旅游纠纷的规律与特点，以巡回审判为主要方式，以快立案、快审判、快执行和灵活调解为主要手段，以法律宣讲进景区为载体，拓展诉讼服务渠道，打造解决旅游纠纷快速通道、游客维权阵地。（贺雨顺）

【新荣区被评为省级平安县（区）】 2021年8月12日，新荣区被评为“2020年度省级平安县（区）”，这是该区连续五年被评为“省级平安县（区）”。上年，新荣区组建由区、乡、村三级党政主要负责人任组长、第一副组长的“平安县区”创建工作领导组。协调统筹，推动政法、信访、应急、公安等部门力量聚焦中心工作大局，层层压实责任，实现全区各项工作有序推进。工作中，区信访部门学习推广新时代“枫桥经验”，坚持信访联治、矛盾联调、工作联动，坚持“四定”（定领导、定责任、定措施、定时间）、“五包”（包掌握情况、包解决问题、包教育转化、包稳定管理、包依法处置）责任制，“减存量”“控增量”“防变量”，实现“信访积案清零”。区应急部门实施事前预防和源头治理，开展安全生产排查和管控工作，严防事故发生，实现生产安全、道路交通安全、消防安全、食品药品安全。公安部门坚持严打严防、管控与整治一体推进，整治群众反映强烈的社会治安问题，摸排全区各类重点人员和突出治安问题，做到不落死角，心里有数。新荣区把平安创建纳入区级领导包联机制，区委常委分别联系指导所包联乡（镇），协调破解社会保障、卫生健康、公共安全等基层问题。从政法机关和信访、应急管理部门抽调科级领导干部组成8个专项督导组，常态化督导检查平安创建工作。

（贺雨顺）

云州区

【概况】 云州区位于大同市中东部，总面积1478.3平方千米。2021年，全区下辖3个镇、6个乡、12个社区、128个建制村。常住总人口14.9万人。全年全区地区生产总值1679877万元（含大同经济技术开发区），增长10.7%。第一产业增加值117547万元，增长10.8%；第二产业增加值926592万元（含大同经济技术开发区），增长12%，其中工业增加值819953万元，增长15.6%；第三产业（服务业）增加值635738万元（含大同经济技术开发区），增长9.2%。第一、第二、第三产业在全区生产总值增长的贡献率为8.4%、54.5%、-37.1%。三次产业结构比为7∶55.2∶37.8。第一、第二、第三产业拉动经济增长点为0.9%、6.5%、3.4%。一般公共预算收入30297万元，增长18.6%；固定资产投资（不含经济技术开发区）20.4亿元，增长36.1%；社会消费品零售总额50.6亿元，增长11.9%；城镇居民人均可支配收入25543元，增长8%；农村居民人均可支配收入13212元，增长11.9%。

农业　2021年，全区农作物播种面积580724亩（粮食作物播种面积441462亩）。其中，谷物播种面积391474亩，豆类面积37767亩，薯类面积12221亩，油料面积1372亩，蔬菜面积127213亩，瓜类面积10677亩。全区粮食总产量107291吨。其中，谷物总产量100369.5吨。全年全区大牲畜存栏21953头，比上年增长23.5%，出栏9553头，比上年增长13%。牛存栏21150头，比上年增长26.9%，出栏9222头，比上年增长15.2%。驴存栏740头，比上年下降30.7%。猪存栏73875头，比上年增长25.5%，出栏103573头，比上年增长89%。羊存栏142548只，比上年增长6%，出栏78988只，比上年增长25.7%。家禽存栏2991454只，比上年增长13.1%，出栏2231355只，比上年增长45.4%。全区奶类产量233660吨，比上年增加15吨，增长0.1%；禽蛋产量29808吨，比上年增加388吨，增长1.3%；肉类产量13904吨，比上年增加3771吨，增长37.2%。全年全区人工造林面积1.5万亩，其中人工造林10005亩，比上年减少10005亩，下降40%。全年全区实现农林牧渔业总产值17.1亿元，比上年增长9.6%。农村用电量4699万千瓦时，比上年增长0.3%。

工业　建筑业　2021年，云州区有规模以上工业企业17家（不含大同经济技术开发区），实现总产值84974万元。有资质以上建筑业企业

8家（不含大同经济技术开发区），建筑业产值34559万元。

固定资产投资　2021年，云州区固定资产投资816782万元（含大同经济技术开发区扩区后投资），比上年下降20.2%。从三次产业结构看：第一产业投资43391万元，占全部投资5.3%，比上年增长106.9%。第二产业投资367751万元，占全部投资45%，比上年下降44.7%，全部为工业投资。在工业投资中，电力热力生产与供应业投资2914万元，占工业投资0.8%；制造业投资364837万元，占工业投资99.2%。第三产业投资405640万元，占全部投资49.7%，比上年增长20.2%，在第三产业投资中，房地产业投资270983万元，比上年增长140.5%。

服务业　截至2021年底，云州区服务业增加值635738万元，比上年增长9.2%。其中，批发零售业150800万元，比上年增长3%；交通、运输、仓储及邮政业143665万元，比上年增长8.4%；住宿和餐饮业完成9949万元，比上年增长26.8%；金融业23779万元，比上年增长5.0%；房地产业129044万元，比上年增长13.8%；营利性服务业47440万元，增长18.2%；非营利性服务业123924万元，比上年增长12.2%。

贸易　2021年，云州区社会消费品零售额50.6亿元，比上年增长11.9%。其中，7家外贸企业出口额3885万元，比上年增长13.4%。

交通　截至2021年底，云州区境内公路通车里程1648千米（不含高速路）。其中，国道3条64千米，省道5条144千米，总里程208千米。县、乡、村公路里程1441千米。其中，县道12条320千米，乡道105条739千米，村道251条382全面。公路密度111.5千米/百平方千米。货运车辆9215辆，吨位190125吨。全区有二级汽车站1座，四级汽车站10座。有城市公交线路2条，城市公交车20辆（全部为纯电动公交车），城乡农村客运车辆14辆（全部为纯电动大巴车），出租汽车250辆，605城际电动公交车46辆。

通信　截至2021年底，云州区拥有移动电话用户15.6万户，比上年增长8.3%；拥有互联网宽带用户4.5万户，比上年增长30.1%。

财政 金融　截至2021年底，云州区一般公共预算收入30297万元，比上年增加4743万元，增长15.6%。其中，税务部门16762万元，比上年减少2185万元，下降11.5%；财政部门13535万元，比上年增加6928万元，增长51%。全区财政总收入56118万元（税收收入42583万元，非税收入15353万元），比上年增加10061万元，增长17.9%。全区一般公共预算支出199360万元，比上年增支4341万元，增长2.2%。

全年全区金融机构存款余额1056261万元，比年初增加76948万元，增长7.9%，其中住户存款784416万元，比年初增加83067万元，增长11.8%。各项贷款余额472321万元，比年初增加79737万元，增长20.3%。其中，住户贷款112270万元，比年初增加19931万元，增长21.6%；中长期贷款59819万元，比年初增加12028万元，增长54.2%，非金融企业及机关团体贷款360051万元，比年初增加59806万元，增长19.9%。

教育　2021年，云州区有幼儿园41所（不含无证园，含民办园），小学18所（其中城区小学4所，镇区小学2所，乡村小学12所），乡村教学点3个，初级中学4所（其中城区中学2所，镇区中学2所），九年一贯制学校2所，完全中学1所，职业中学1所。全年全区幼儿园招生1086人，在校生3331人，毕业生974人；小学招生840人，在校生5497人，毕业生980人；初中招生903人，在校生2741人，毕业生1098人；高中招生689人，在校生1974人，毕业生677人；职中招生125人，在校生278人，毕业生97人；特殊教育在校学生40人。幼儿园教师226人，小学教师763人，初中教师475人，高中教师222人，职业中学教师60人，特殊教育学校28人。

卫生　2021年，云州区有区级医疗卫生机构5个，乡（镇）卫生院9个，卫生院分院7个，农村村级卫生机构138个，个体诊所29个。全区注册全科医生41人。其中，乡（镇）卫生院37人，村卫生室4人。注册执业医师288人。其中，区级133人，乡（镇）卫生院134人，民办21人。执业助理医师99人。其中，区级26人，乡镇卫生院61人，民办12人。执业护师106人。其中，区级75人，乡镇卫生院21人，民办10人。执业护士92人。其中，区级19人，乡镇卫生院30人，民办43人。药师10人。其中，区级6人，乡（镇）卫生院1人，民办3人。注册乡村医生147人，村医中具有中级职称3人，初级职称63人。床位644张。其中，区级医院160张，乡（镇）卫生院204张，民营医院280张。

文化　2021年，云州区有数字影院1座，区级文化馆、图书馆各1个，乡（镇）综合文化服务50个，村级文化（图书）站128个，各类图书42万册（含电子书）。送戏下乡等惠民文艺演出600余场，送电影下乡村2654场。

体育　2021年，云州区有篮球场81个，门球场1个，足球场15个，标准体育馆1个，全民健身路径341套，乒乓球台146个，网球场1个，排球场1个，登山步道2条，健身步道1条（公园内1.2千米），滑雪场1个。

环境保护　2021年，云州区空气综合质量指数（AQI）4.06，比上年下降0.47。全年一级天气（优）70天，二级天气（良）239天，三级天气（轻度污染）42天，四级天气（中度污染）6天，五级及以上天气（重度污染）3天，六级天气（严重污染）5天，空气质量优良率84.7%。有污水处理厂2座，农村环保污水处理设施8个。

社会保障　2021年，云州区有农村敬老院4所，床位134张，集中供养特困人口93人，分散供养特困人口1159人。全区为敬老院、光荣院及全部特困人口支付养老费、生活费1178万元。为优抚对象950人支付抚恤金680万元。为476户903人城镇低保对象支付低保金501万元，为8972户13145人农村低保对象支付低保金5600万元。截至2021年底，全区有农村老年人日间照料中心46个，有床位587张。全区企业职工养老保险参保人数12499人，累计收缴保费7738万元，领取养老保险人数7104

人，累计发放养老金 21863.8 万元。机关事业单位养老保险参保人数 4213 人（在职），征缴保费 4175 万元，职业年金 1571 万元，领取养老保险人数 3069 人，发放养老金 17136 万元；城乡居民养老保险参保人数 65458 人，收缴保费 1433.6 万元，为 29165 人发放养老金 4498.3 万元。参加失业保险人数 6949 人。其中，企业（含个体户及其他）2682 人，机关事业单位 4084 人。征缴失业保险费 381 万元。全年全区参加基本医疗保险人数 150038 人，征缴保费额 8247 万元，其中城镇职工基本医疗保险参保人数 11976 人，征缴保费金额 3304 万元。全区城乡居民参加基本医疗保险人数 138062 人，征缴保费额 4943 万元。（吉广仁）

2021 年大同市云州区主要经济指标统计表

表 33–1

指标	2021 年
总人口（万人）	14.8
城镇单位从业人员（万人）	—
乡村劳动力（万人）	5.4
土地面积（平方千米）	1478
地区生产总值（万元）	1679877
第一产业（万元）	117547
第二产业（万元）	926592
工业（万元）	819953
第三产业（万元）	635738
人均生产总值（元）	113199
农林牧渔业总产值（亿元）	17.1
粮食总产量（吨）	107291
肉类总产量（吨）	13904
工业企业数（个）	17（不含大同经济技术开发区）
工业总产值（万元）	107068（不含大同经济技术开发区）
固定资产投资总额（亿元）	20.4（不含大同经济技术开发区）
社会消费品零售总额（亿元）	50.6
一般公共预算收入（万元）	30297
一般公共预算支出（万元）	199360
城镇居民人均可支配收入（元）	25543
农村居民人均可支配收入（元）	13212

【周士庄镇黄花联合社给脱贫户分红】 2021年底，云州区周士庄镇黄花专业合作社联合社举行2021年黄花收益分红集中发放仪式，给1178名脱贫户发放分红117.8万元。2021年，周士庄镇加强黄花产业发展，调整优化黄花丰收指挥部，周士庄镇黄花联社通过加强田间管理，按时除草、施肥、浇水，提高管理效益，应对虫灾、旱灾，加强采摘、加工、对外联络、综合保障、宣传推介、监督保障等方面工作，实现黄花大丰收。全年该镇联合社采摘黄花380372公斤，收购黄花63304.5公斤，加工黄花357196公斤。（吉广仁）

【农村党建加强】 2021年，云州区落实“软弱涣散一村一档、整顿进度一村一表”推进机制，确保软弱涣散村基础信息明了、整顿工作全程跟踪。全年10个整顿对象全部完成转化提升。该区开展农村“带头人”队伍优化提升行动，36名村“两委”主干主动退职让贤，并建立330人的本土在外人才库和417人的后备干部人才库。向26个村下派机关事业单位干部担任村党支部书记，并公开招聘20名本科及以上学历毕业生到村工作。截至2021年底，该区128个村集体经济收入均达10万元以上，经营性收入达5万元的有78个。2021年，云州区被市委组织部推荐成为示范县（区），党留庄乡被推荐成为示范乡（镇），对照区33项、乡（镇）27项工作任务，各乡（镇）逐项对标落实、推动创建。（吉广仁）

【全科网格建设】 2021年，云州区构筑区、乡、村三级共建共治共享的“全科网格”管理格局，增强群众的获得感、幸福感和安全感。截至2021年底，全区整合为城市网格61个、农村网格206个、专属网格130个，实现人、地、物、事全部纳入网格管理。该区突出党建引领，推动“党员进网格、网格员进组织”，全年有17名网格员加入党组织。乡（镇）、村（社区）两级书记抓综治中心阵地建设，建立矛盾调解、隐患排查、治安防控等网格工作台账。精选网格事项，以社会治安、应急管理等涉及20余个职能部门的17项社会治理事项工作内容为基础，拓展增加反邪教、环境治理宣传等事项，实现从“资源分散”转变为“多网合一、一网统筹”。2021年，村（社区）“两委”换届中，有10名专职网格员进入社区“两委”班子。选任的206名村级网格员，女性占66%，党员占61%。网格长全部是党支部书记，网格辅助员大部分选用的是自身素质高、社会经验丰富的网格内的党员、老干部和退休工作人员等。全年网格员收集社情民意1300余条，派发宣传品16万余张，化解重大矛盾纠纷8起，整治重大安全隐患24处，为民办实事1600余件。创新全民参与的网格治理工作模式，建立“网格”微信群800余个，把全区15.1万人全部纳入网格微信群管理中。网格工作者每日排查走访辖区两次，发现问题按时处理并做好记录。截至2021年底，全区网格员上报各类信息17317件，办结17068件，办结率98.6%。（吉广仁）

【周士庄镇黄花产业发展】 2021年，云州区抢抓发展机遇，以转变经济发展方式为主线，以黄花菜产业发展为导向，推进周士庄镇创建黄花菜育苗、种植、销售、深加工、休闲旅游等多功能农村产业强镇基地。该镇是云州区农业转型升级的排头兵、示范镇，重点以发展黄花菜生态种植产业为主，辅以种植玉米、蔬菜、中药材、葡萄、小杂粮等农作物。2021年，周士庄镇农业产值5.1亿元，农产品加工业产值10.7亿元，农产品加工业与农业产值比2.1∶1。其中，黄花菜农业产值2.5亿元，加工业产值5.3亿元。（吉广仁）

【电商直播“年货节”促消费活动】 2021年1月30日至31日，云州区举办电商直播“年货节”促消费活动。此次“年货节”以“防疫情、促消费、助增收”为目标，通过直播带货、选品展示、优惠促销、趣味互动等形式，为全国消费者带来安全、多样的年货采购体验。活动期间，每天晚7点直播带货，消费者在“今日头条”APP，以优惠价格购买大同黄花、紫琴黄花酱、土豆、小米等质优年货商品。活动销售产品310单，成交金额2万余元。（吉广仁）

【黄花产业发展入选农业农村部推出乡村产业高质量发展“十大典型”】 2021年3月1日，农业农村部推出乡村产业高质量发展“十大典型”，云州区的黄花产业发展入选。农业农村部以“补齐产业短板打造‘小黄花大产业’”为标题，介绍云州区黄花产业发展。黄花又名萱草、忘忧草，是多年生草本植物，具有健脑安神、降脂养血、清热解毒、通气催乳等功能。云州区种植黄花有600余年历史，被授予“中国黄花之乡”称号，所产黄花角长肉厚，12次获农产品博览会金奖。全区黄花种植面积26万亩，黄花产品有黄花干、黄花酱、黄花饼及黄花制作的化妆品等相关系列产品，年产值9亿元，是地方经济发展、农民增收致富的支柱产业。（吉广仁）

【标准化黄花肉鸡现代产业园项目论证会】 2021年4月23日，云州区举行标准化黄花肉鸡现代产业园项目论证会，来自中国农业大学、山西农业大学的专家教授和相关项目建设的企业界专家代表参加论证。论证会上，区委副书记、区长郭普跃介绍云州区基本情况、黄花产业布局和黄花肉鸡产业园的设计规划、标准化黄花肉鸡现代产业园项目可研编制情况。与会专家和企业界代表就可行性研究细节提出优化建议。（吉广仁）

【云州区重点项目集中开工投产】 2021年5月28日，云州区农业产业化重点项目集中开工投产仪式在云州现代农业产业示范区举行，此次集中开工和投产项目10个，总投资36.6亿元。此次集中开工的华兴农博园、投产的坊城新村产业园等重点项目，涉及农业产业、旅游开发、生态建设、民生工程、基础设施等方面。（吉广仁）

【公益直播直推黄花产品】 2021年5月31日，快手网红助力“大同黄花”公益直播活动在云州区电子商务公共服务中心举行，来自晋冀蒙三省（自治区）的网红团队140余人为“大同黄花”助力加油，区委常委、副区长安小峰为优秀团队颁发证书。此次直播以“公益助农”为主题，旨在利用线上新业态、新模式，激发消费市场生机和活力。直播中，主播们向线上消费者推介黄花菜、黄花饼、黄花酱、小米、玉米糁等产品，销售产品2.08万单，销售金额38万余元。（吉广仁）

【农机购置补贴发放到户】 2021年，云州区农机购置补贴按照“自主购机、定额补贴、先购后补、县级结算”政策，直补到卡方式实施。农机购置补贴资金实行定额补贴，依据同档产品上年市场销售均价测算确定各档次补贴额上限，测算比例一般不超过30%。为推动农机购置补贴政策落地见效，云州区农机部门公开农机补贴实施信息，并运用广播电视、互联网及村务公开栏等渠道，开展农机强农惠农政策宣传，保障农民群众的知补贴、申报补贴、领取补贴的权利。通过电话询问、到田间地头、走村入户了解农机购置补贴资金发放情况，确保农民群众在农机补贴方面“应享尽享”。截至8月20日，该区发放农机购置补贴资金352.4万元，受益农户230户。（吉广仁）

【云州区与清华大学开展校地合作】 2021年10月，云州区与清华大学围绕推进校地合作开展洽谈，并达成在云州区建立清华大学乡村振兴工作站共识。云州区政府和清华大学签订《云州区西册田村综合整治规划设计合同》，围绕西册田村域内的空间格局和产业布局，规划基础设施、公共服务设施、景观系统、乡村旅游发展等内容，推进农村人居环境整治，建设生态宜居美丽乡村。（吉广仁）

【水系连通及水美乡村建设项目开工】 2021年10月15日，云州区水系连通及水美乡村建设项目开工。6月，云州区入列全国2021年水系连通及水美乡村建设试点县，成为全省唯一试点县。项目内容包括实施桑干河与坊城河与西坪河水系连通，坊城河、西坪河生态治理，唐家堡、李汪涧、坊城新村、西阁老山、茹庄5个水美乡村建设。（吉广仁）

【云州区创建山西省科普示范区】 2021年10月25日，《2021—2025年度省级科普示范县（市、区）创建名单》公布，全省31个县（市、区）入选，大同市云州区位列其中。全省科普示范县（市、区）创建由山西省科学技术协会组织开展，旨在推进“科普中国”山西行动，提升基层科普工作能力，促进县域经济社会协调可持续发展。云州区经常性开展送教、校园e站科普、农技推广、健康医疗、科普知识宣传等科技志愿活动，全区创建有科普e站3个、科普惠农中心服务站2个、省级科普教育基地3家、市级科普教育基地1家、市级农村科普基地7家。（吉广仁）

【“双十二”电商直播带货活动】 2021年12月12日，云州区举行“双十二”农特产品直播特卖活动。活动由区电子商务进农村领导小组办公室主办，区电子商务公共服务中心协办。此次农特产品特卖活动邀请4名本土主播（团队）在抖音、快手、今日头条等平台直播带货，宣传推广“大同黄花”系列产品。活动向网友推介黄花菜、黄花酱、火山木耳、杏脯、木耳、糕面等农特产品。直播期间，销售黄花系列产品2600余单，销售额10.4万余元。（吉广仁）

左云县

【概况】 左云县位于大同市西部，总面积1314.4平方千米。2021年，全县下辖3个镇、5个乡、7个社区、145个建制村。常住人口11.5万人。全年全县地区生产总值1432948万元，同比增长9.9%。其中，第一产业增加值41823万元，增长8.8%，占生产总值的比重2.9%；第二产业增加值939106万元，增长11.6%，占生产总值的比重65.5%；第三产业增加值452019万元，增长7.5%，占生产总值的比重31.6%。全年全县城镇新增就业4201人。转移农村劳动力1548人。城镇登记失业率1%。全年城镇常住居民人均可支配收入33760元，增长7.4%；农村常住居民人均可支配收入16684元，增长12.6%。

农业　2021年，左云县农作物种植面积28570.2公顷。其中，粮食种植面积23028公顷，增加24.6公顷；油料种植面积4676.5公顷，减少930.9公顷。全年粮食产量48816吨，增长2.5%；油料产量5331.3吨，减少4.6%。全年造林面积3667公顷，四旁植树116万株，育苗200公顷。全年猪牛羊肉总产量4938吨，增长30.8%。其中，猪肉产量2219吨，增长35.9%；牛肉产量956吨，增长46.7%；羊肉产量1763吨，增长18.1%。截至2021年底，生猪存栏21022头，出栏29368头；羊存栏130753只，出栏116425只。牛奶产量3035吨，增长0.1%。禽蛋产量807吨，增长0.4%。截至2021年底，全县农业机械总动力8.2万千瓦，增长3.8%；使用化肥4923.9吨，下降1.3%；地膜212.7吨，增长32.6%。

工业　建筑业　2021年，左云县规模以上工业企业36家，全年规模以上工业增加值比上年增长4.3%。全县规模以上煤矿共产原煤5346.8万吨；规模以上企业发电量124871.6万千瓦时。规模以上工业企业实现主营业务收入2312867万元，增长74.2%。其中，煤炭工业实现主营业务收入2218582.8万元，增长79.2%；电力工业实现主营业务收入72875万元，增长11.5%。全年规模以上工业实现利润441562万元，增长127.3%。全县资质以上建筑业企业总产值1919.1万元，同比下降10.8%。

固定资产投资　2021年，左云县固定资产投资额31亿元，同比增长9.7%。分产业看，一产投资额1.6亿元，同比增长139.2%；二产投资额19亿元，同比下降1.6%；三产投资额10.5亿元，同比增长25.7%。全县固定资产投资施工项目106个，其中全部建成投产项目55个（不含房地产）。

国内贸易　2021年，左云县社会消费品零售总额297074.5万元，同比增长16.5%。按经营地统计，城镇消费品零售额176559.5万元，同比增长17.4%；乡村消费品零售额120515万元，同比增长15.2%。按消费形态统计，餐饮收入17329.6万元，同比增长 27.2%；商品零售 279744.9 万元，同比增长 15.9%。全年全县限额以上单位消费品零售额 27857 万元，比上年增长 40.2%。在限额以上批发零售业中，粮油食品类增长 25.9%；汽车类增长 59.8%；饮料类增长 52.4%；烟酒类增长 56.6%；通信器材类增长 72%。

交通 邮电　截至 2021 年底，左云县公路通车里程 1233.6 千米，其中高速公路 30.1 千米，全县公路网密度 95.3 千米 / 百平方千米。全县有二级汽车站 1 座，四级乡（镇）客运站 3 座，客运企业 3 家。有省际线路 3 条，车辆 3 辆；市际线路 3 条，车辆 4 辆；县级线路 4 条，车辆 25 辆，共有线路 10 条，车辆 32 辆，座位数 818 座。村村通线路 9 条，车辆 23 辆，座位数 432 座。通车建制村数 145 个，全年客运量 12 万人次，旅客周转量 756 万人千米；全县货运大型企业 1 家，登记在册货车 151 辆，牵引车 49 辆，挂车 102 辆，货运量 13635 万吨，货物周转量 1745280 万吨千米。

全年全县邮电业务总量 7087 万元，增长 3.5%。其中，邮政业务总量 818 万元，增长 14.8%；电信业务总量 6520 万元，增长 2.3%。移动电话用户 114567 户，计算机互联网络用户 27594 户。全县邮政局所 10 个，邮路总长度 1113 千米。订销报纸 235.6 万份；订销杂志 6.8 万份；国内函件 1795 件。快递业务量 67.2 万件，同比增长 59.6%。

财政 金融　2021 年，左云县一般公共预算收入 175333 万元，同比增长 77.5%。一般公共预算支出 238119 万元，同比增长 41.4%。

全县金融机构本外币各项存款余额 1304362 万元，比年初增加 152506 万元，比年初增长 13.2%；金融机构本外币各项贷款余额 516688 万元，比年初增加 95557 万元，比年初增长 22.7%。全县有注册保险机构 12 家，保费收入 7700.5 万元，全年累计支付各类赔款及给付 2805.5 万元。

科教文化 卫生　截至 2021 年底，左云县有普通中小学校 21 所，专任教师 1472 人，在校学生数 9051 人。其中，小学生 4342 人，初中生 2765 人，普通高中生 1944 人。幼儿园（不包括附属幼儿园）7 所，在园幼儿 2028 人。

截至 2021 年底，左云县有文化馆 1 个，综合公共体育场 1 处，公共图书馆 1 个，分馆 91 个，藏书 14.8 万册，农村阅览室 145 个。全县有报社 1 家，出版报纸 55 万份。“送戏下乡”演出 100 场。

全年全县有卫生机构（含诊所、村卫生室）232 个，床位 566 张。其中，医院 5 个；卫生院 11 个；疾病预防控制中心 1 个；妇幼保健院 1 个。全县卫生机构有卫生技术人员 770 人。其中，执业医师和执业助理医师 417 人；注册护士 327 人。

社会保障　截至 2021 年底，左云县基本养老保险参保人数 84236 人。其中，职工基本养老保险参保人数 21955 人；城乡居民基本养老保险参保人数 62281 人。基本医疗保险参保人数 112210 人。其中，职工基本医疗保险参保人数 17735 人；城乡居民基本医疗保险参保人数 94475 人。失业保险参保人数 9403 人；工伤保险参保人数 13460 人。全县纳入城市最低生活保障居民 10 人，发放城市低保资金 267.8 万元；纳入农村最低生活保障居民 177 人，发放农村低保资金 3553.1 万元。截至 2021 年底，左云县提供住宿社会服务机构 6 个，床位 465 张，收养救助 188 人。全县建立各种社区服务设施 31 个。（邵明仁）

【乡村振兴“带头人”培育】 2021 年，左云县通过农村“带头人”队伍优化提升集中行动，选优配强乡村振兴“带头人”队伍。左云县推进村“两委”主干“一肩挑”，“带头人”队伍的年龄结构、学历结构、带富能力均得到提升。选派机关事业干部到村任职，优化农村“两委”结构，实现村干部队伍梯次储备、有序更替。精选村干部参加农村干部学历提升工程，提升村干部学历水平。该县开展“领头雁”集中轮训，提升村级“带头人”队伍引领发展、服务群众的能力和水平。结合“左云党员 e 家”、左云人民政府网、左云党建网、微信学习群等平台，开展常态化教育培训，打造“掌上党课”在线学习平台，增强致富带富能力和担当意识。该县推行村党支部书记“双述双评”、岗位目标责任制、党建日常考核等制度，量化考核农村“两委”班子和主干年度目标任务完成情况，督促履职尽责。落实村党支部书记“四诺四评”制度，接受群众监督。推行“四议两公开”工作法，全年确定农村重大事项 523 项，为群众代办各类服务事项 1281 项。该县加大村级组织运转经费投入保障力度，提高干部报酬待遇。（邵明仁）

【农村人居环境改善】 2021 年，左云县加强农村人居环境整治力度，以农村垃圾清理、“厕所革命”、村容村貌提升等为主，改善农村人居环境。左云县把全县 145 个建制村划分为典型示范村、重点整治村、一般整治村、整洁村 4 个档次，限期拆除交通沿线、村庄街巷、田间地头的违章建筑、破房乱院等设施。清理村内村外、大街小巷、房前屋后、河渠道路两侧等区域的荒草秸秆、建筑垃圾、畜禽粪污、废弃杂物等。在村内外、道路两侧、街心广场栽植金叶榆、松树、乔灌木等各类树木。全县清理交通沿线以及村内各类垃圾 5289.2 吨，拆除遗留、废弃的广告牌和有碍观瞻的设施 140 余处，整修坑洼路面、隔离带和绿化带 130 余处，开展交通沿线绿化美化约 2.6 万平方米。（邵明仁）

【民生实事落实】 2021 年，左云县以 10 件民生实事为切入点，按照“切口小、发力准、效果好”的标准，回应和解决一批群众急难愁盼问题。全年全县推进农村饮水安全巩固提升工程，解决后八里、旧高山等 16 个村 4800 口人的饮水安全问题。截至 2021 年底，左云县改造完成云盛市场、云川路市场两座便民市场；改造县城旧城小街小巷 7 条，包括铺装人行道，新建供水、排水、供气管道，路灯照明等；按照整村推进原则，在 7 个乡（镇）14 个村完成 1182 座双坑交替式无害化旱厕，在县城新建 2 座水冲式公厕，均投入使用；对梓涵小区、云和园小区等 46 个完成节能改造的居民小区改造供排水管线、存车棚、充电桩等基础设施，惠及 5125 户 15373 人；在东山公园道路上铺设彩色沥青路面，新建健身步道。左云县推进美丽宜居示范新农村提升工程、精神残疾人托养康复项目、慢性病管理内涵建设项目，精神残疾人托养康复项目，为就业年龄段（16 ~ 59 周岁）100 名精神残疾人提供托养康复服务。（邵明仁）

【传统及新兴产业发展】 2021 年，左云县 12 座生产矿井煤炭产量突破 5400 万吨，地区生产总值突破 130 亿元，一般公共预算收入 17.5 亿元，同比增长 77.5%。左云经济技术开发区有 10 个入驻项目开工建设或投产，涵盖化工、煤电、制造、科技、食品加工、仓储物流等新兴产业领域。2021 年，左云县提早谋划，加大力度创优发展软环境，提供服务，确保项目落地即开工。启动 3600 万立方米的引黄入左工程，推动潘家窑、大西庄两座现代化矿井开工建设。（邵明仁）

【左云县出台 10 条优惠政策推进招商引资】 2021 年 6 月 23 日，左云县委、县政府邀请全国各地左云籍企业家、大同各大商会代表、左云境内企业及项目方代表等 200 余人，举行招商引资推进大会并出台 10 条招商引资优惠政策，聘请 57 位优秀企业家为首批招商引资顾问。10 条优惠政策从项目用地、标准化厂房租赁、水电气暖等生产要素补贴、引进项目奖励等方面扶持企业发展。并公开承诺，在政策上兑现电价 0.3 元/千瓦时、天然气 2~3 元/立方米、工业用水 3 元/吨，土地出让金补贴一半、引进项目大额奖励等优惠政策。制定《左云县损害营商环境责任追究办法》《招商引资和项目建设考核及激励办法》。（邵明仁）

【全省公路自行车冠军赛】 2021 年 7 月 15 日至 17 日，“奔跑吧·少年”2021 山西省公路自行车冠军赛暨山西省第十六届运动会公路自行车资格赛在左云举行。由省体育局主办，省自行车击剑球类运动中心、省全民健身中心、市体育局、左云县人民政府承办。比赛分男子甲、乙组，女子甲、乙组，设个人计时赛、个人赛、团体计时赛，采用中国自行车运动协会审定的最新《自行车竞赛规则》。来自全省 6 支代表队近 200 名运动员参加比赛。大同市代表队男子团体总分和女子团体总分均排名第一，女子奖牌榜上位居第一，获 3 金 1 银 2 铜。（邵明仁）

【左云县省校合作】 2021 年 8 月，“山西农业大学高寒区作物研究所科研平台延伸基地”“山西农业大学高寒区作物研究所科技成果转化基地”揭牌仪式分别在左云县鑫瑞农牧有限责任公司和山西京奥农业科技有限公司举行。左云县深化省校合作工作，发挥小杂粮和马铃薯方面优势，与山西农业大学对接共建基地，实现校地资源共享、互利共赢。揭牌仪式后，该县与山西农业大学高寒区作物研究所就基地建设、技术合作、科技成果转化等省校合作事宜对接洽谈，双方探讨交流项目合作对接、新产品新品种新技术新机械推广应用、建立实训基地、项目落地、成果转化、中间技术服务、农技培训等事宜。（邵明仁）

【左云县引进医药类化工项目】 2021 年 9 月 9 日，左云县引进江苏省盐城市宇峰药品开发有限公司生物医药及生物医用材料产业化项目并签约，总投资额 3 亿元。该项目是左云县引进的第一家医药类化工企业。此次签约项目总建筑面积约 5 万平方米，主要建设生产车间、化验室、实验室、办公区、宿舍区及配套库房、环保等相关设备设施。（邵明仁）

阳高县

【概况】 阳高县位于大同市东北部，阳高县总面积 1598.3 平方千米。2021 年，全县下辖 7 个镇、4 个乡、15 个社区、197 个建制村。全县常住人口 19.2 万人。全年全县地区生产总值 73.2 亿元，同比增长 10.5%。第三产业增加值 30 亿元，同比增长 9%；规模以上工业增加值 6.9 亿元，同比增长 14.8%；固定资产投资 45.6 亿元，同比增长 14.7%；社会消费品零售总额 13.8 亿元，同比增长 16.8%；一般公共预算收入 1.7 亿元，同比增长 9.7%；城镇常住居民人均可支配收入 27383 元，同比增长 8.8%；农村常住居民人均可支配收入 10997 元，同比增长 12.8%。

农业　2021 年，阳高县加快国家农村产业融合示范园建设。建设高标准农田 6.6 万亩，发展有机旱作农业 20 万亩，粮食产量 2.7 亿公斤；推进雁门关农牧交错带建设，发展饲草 8.1 万亩，出栏生猪 69 万头、肉牛 1.7 万头、羊 30 万只、禽类 50 万羽，累计建成规模养殖场 87 个，实现畜牧业产值 23 亿元；发展设施蔬菜 1220 亩，总面积 4.4 万亩，产值 1.8 亿元；改造中低产果园 1 万亩，杏果产值突破 4 亿元；发展油菜花 8000 亩、黄芪 1500 亩；认证“三品一标”17 个、

▲ 2021 年 7 月 17 日，“奔跑吧·少年”2021 山西省公路自行车冠军赛暨山西省第十六届运动会公路自行车资格赛在左云举行（邵明仁 摄）

县区概览

▲ 2021 年，阳高县扩建古城镇农光互补项目产业园区。该园区由 146 栋日光温室大棚和一座 5.4 兆瓦光伏电站组成 （丁 宏 摄）

面积 7100 亩，水果番茄“阳高红”种植 5300 亩，扩大“颐品阳高”公共品牌、“阳高红”特色品牌效益。实施种业振兴行动，农作物、畜禽良种覆盖率分别达 98%、90%。培育龙头企业、合作社、家庭农场等新型经营主体 75 家。

工业 2021 年，阳高县加快工业企业转型升级。签约招商引资项目 18 个、总金额 91 亿元。加快“六新”项目建设，超高速低真空磁悬浮试验线项目奠基开工；中联大数据一期项目 1 号 2 号机房建成投运。好医生药业、晋能阳高热电、山纳化工完成技改升级；国润制药上榜全省专精特新“小巨人”企业名单。加快龙泉工业园区“一园四区”布局，申报省级化工园区通过初审，入园企业 51 家，低碳工业在线监测云平台上线运行。培育市场主体，新增规模以上企业 6 家，全县规模以上企业总数达 29 家。

康养旅游 2021 年，阳高县累计接待游客 216 余万人次，同比增长 36%，实现旅游收入 19.7 亿元，同比增长 18.7%。文旅产业深度融合，加大镇边堡、守口堡、大泉山等景区景点建设，实施长城旅游路沿线 8000 亩格桑花景观带建设，镇边堡、守口堡、镇门堡、乳头山等长城沿线景点呈现连点成线之势，举办杏花节暨长城文化旅游季、大同农民丰收节暨阳高农产品展销会等活动。

改革发展 2021 年，阳高县承接中央和省市重大改革，全年聚焦高质量发展推进改革任务 40 项。优化营商环境，推开“标准地 + 承诺制 + 全代办”改革，深化“放管服”改革，压减审批要件 14 项，精简审批环节 5 个，压缩审批时限 14 个百分点。事业单位改革全部完成，全县事业单位由 149 家合并调整成 72 家，精简 50.6%。编制完成县城新区概念规划和云林寺片区、县衙片区修建性详规等。地校企合作深度开展，与中北大学、大同大学签订战略合作框架协议，与晋能控股集团签订地热资源开发利用战略合作框架协议。推进信用社改制农商行、医保按人头打包付费试点、“五水综改”、环卫市场化改革。房屋产权登记颁证“清零行动”走在全省前列。

城市建设 2021 年，阳高县建成停车场 5 个、环卫工人休息室 10 处、标准化便民市场 2 处，完成高柳街、长青街东段、义和路北段、全民健身广场提质改造，建成洋墩河大桥，改造提质老旧小区 30 个面积 12 万平方米；完成一级消防站、公共实训基地、党校培训楼主体框架，开工建设县城公园一号、翰林府、博景雅园等精品住宅小区。

乡村振兴 2021 年，阳高县排查整改“两不愁三保障”和饮水安全问题 117 个。落实防返贫动态监测和帮扶机制，1171 户 2696 名监测对象解除返贫风险。推进乡村建设，完成 65 个村环境提质改造、29 个村饮水安全提升和 4096 座户厕改造，沥青灌浇处置农村公路病害路面裂缝 52.2 千米；开展农村人居环境“六乱”整治百日攻坚专项行动，清理村庄垃圾 3 万吨。加强搬迁村后续扶持管理，扶贫产业园、扶贫车间平稳运行，力促 6445 名搬迁人口就业；开展搬迁人口迁户、搬迁房不动产权证书颁发、扶贫资产评估登记等工作，实现脱贫攻坚与乡村振兴有序衔接。

生态建设 2021 年，阳高县综合施策打好蓝天、碧水、净土保卫战。“铁腕”整治散乱污企业，完成煤改电 42930 户，淘汰国三以下柴油车 434 辆，空气质量综合指数、$PM_{2.5}$ 平均浓度、优良天气比例三项指标全市领先。兰玉堡、小辛庄 2 个出境断面水质稳定达 Ⅳ 类标准，“河长制”工作连续三年获市级优秀，成功创建节水型社会达标县，被评为国家水土保持示范县。新增绿化 3.6 万亩，森林覆盖率 28.9%。

教育 文化 2021 年，阳高县续建保障房小区配套九年一贯制学校，整体搬迁阳高二中、阳高四中、阳高五中，义务教育初中阶段寄宿率 95%；高考二本 B 类以上达线人数突破 600 人；3 所公办普惠性幼儿园改扩建投入使用；义务教育“双减”政策全部实施；县职业中学与 3 所省级高职院校合作培养当地学生 90 名。培育文艺骨干 100 余名，举办各类文化活动 42 项，开展群众性文体活动 150 余场次，微视频《呼唤》《阳高红》《搬迁户的幸福生活》等获省级表彰。完成阳和外城墙抢险加固、县署旧址附属消防设施、神泉堡文物修缮和守口堡艺术小镇建设。开展省级文明县城创建活动，建立县乡村“文明实践中心—文明实践所—文明实践站”三级体系，成立新时代文明实践中心志愿服务队 16 支，推动志愿服务队伍乡村全覆盖。参与“大同好人”“大同好少年”评选活动，3 人获市级殊荣。

社会治理 2021 年，阳高县加强法治宣传工作，举办《中华人民共和国民法典》培训班，开展“法律八进”活动，“七五”普法验收考核获优秀等次。学习推广“枫桥经验”，新聘

县区概览

全科网格长42名，构建一站式矛盾纠纷协调化解平台，全年排查调处各类矛盾纠纷272件，办理法律援助案件112件，办理公证业务509件，接受法律咨询2322件。治理信访突出问题源头，开展信访问题“大排查、大起底”、集中治理重复信访、矛盾纠纷百日攻坚等专项行动，全县信访总量295批次1839人，同比下降25.2%、30.6%。坚持“打防管控”并举，常态化开展扫黑除恶专项斗争，刑事案件立案162起，同比下降51.9%，破获130起，同比增长53.8%；累计破获电信网络诈骗犯罪案件57起，抓获犯罪嫌疑人44人，为群众挽回损失1700万元。开展“两客一微”专项治理，常态化开展矿山尾矿、河道及物流商超执法检查。落实“企业自查、行业排查、领导督查”三查机制，开展安全生产专项整治三年行动。完成全国第一批自然灾害风险普查试点工作。连续五年被授予省级平安县城称号。

疫情防控　2021年，阳高县建立信息处置、交通管制、转运隔离等工作专班，按照“平战结合、党群结对、联防联控、网格管理”要求，坚持“人、物、场”同防，实现“零输入、零疑似、零病例”。建立核酸采样点102个、隔离点8个，组织完成全民核酸采样工作。推进疫苗接种工作，上门服务、办理保险等举措，完成18岁以上人群疫苗接种28万剂次，3～17岁人群疫苗接种5万剂次，接种率位居全市前列。

民生事务　2021年，阳高县开展“人人持证，技能社会”培训5542人，新增城镇就业4551人、转移农村劳动力就业3364人，优先培训脱贫人口的做法在全省推广。完成县、乡、村三级远程医疗体系建设，邀请北京应急总医院、市第三人民医院专家到阳高坐诊，接诊群众1700人次；建成中医院美沙酮门诊、中医妇幼医院、疾控中心PCR实验室、疫苗专用冷库。推进殡葬综合改革，开工建设县级殡仪馆。扩大社会保障覆盖面，城乡居民养老保险和基本医疗保险参保率分别为98.6%和99.2%；发放各类生活保障金1.5亿元，惠及困难群众26239户32656人。　（徐镜锴）

【阳高杏花节暨长城文化旅游季系列活动】　2021年4月16日，阳高杏花节暨长城文化旅游季系列活动在龙泉镇守口堡村举行。系列活动以“幸福守望、杏韵花开”为主题，挖掘守口堡“杏花、古长城、长城人家”文旅资源，打造文化旅游活动特色项目，宣传阳高特色农产品品牌，促进旅游消费，助力乡村振兴。此次推出15项全新多元化活动、4大主题活动，力推守口堡和乳头山景区，成为大同周边旅游“打卡地”。活动期间累计接待北京、内蒙古、张家口、大同等地区及阳高县游客3万余人次，带动周边群众1万余人通过乡村旅游增收。　（徐镜锴）

【庆祝中国共产党成立100周年“晋冀蒙三省三县”职工书画展】　2021年4月20日至5月20日，庆祝中国共产党成立100周年“晋冀蒙三省三县”职工书画展在阳高县云林书院举行，展出蛋雕、烙画、国画和书法等500余件作品，内蒙古兴和县、河北省尚义县及阳高县的书画爱好者参加并开展艺术交流。三县合办书画展，旨在丰富职工业余文化生活和内涵，弘扬社会主义核心价值观，繁荣中国特色社会主义文化。　（徐镜锴）

【高速飞车山西省实验室揭牌暨大同（阳高）试验线工程开工】　2021年5月24日，高速飞车山西省实验室揭牌暨大同（阳高）试验线工程开工在阳高县举行。省委书记楼阳生，中国航天科工集团党组书记、董事长袁洁为实验室揭牌，并为试验线工程培土奠基。超高速低真空管道磁浮交通系统（高速飞车）项目总规划预留线路条件60千米，按近、中、远目标段分步实施。项目由中北大学和中国航天科工集团第三研究院联合共建，先期规划试验线建设15932米，占地103.7公顷，项目总投资80亿元，为未来超高速飞车提供低真空管道磁悬浮关键技术试验平台。其中一期“样板仓”工程线路长度2000米，占地26公顷。　（徐镜锴）

【庆祝中国共产党成立100周年合唱大赛】　2021年6月28日至29日，“颂歌献给党启航新征程”阳高县庆祝中国共产党成立100周年合唱大赛在大泉山展览馆前举行，县四套班子领导观看比赛并分别参加各自所在代表队合唱。来自全县各机关单位的8支合唱队和11支乡（镇）代表队参加比赛。县宣教系统代表队获此次合唱大赛机关组一等奖，下深井乡代表队获乡（镇）组一等奖。（徐镜锴）

【颐品阳高区域公共品牌推广月大吉杏专场活动】　2021年7月9日，以“阳和福地有杏相遇”为主题的阳高县颐品阳高区域公共品牌推广月大吉杏专场活动在阳高县东小村镇新东村党群活动中心举行。“阳高大吉杏”是阳高县鲜食杏的区域公共品牌，大吉杏果大个匀，肉厚味甜，核小仁甜，颜色黄里透红。为促进阳高特色农产品上行，活动现场，阳高县电商公共服务中心与惠农网、有赞签订战略合作协议，多方合力发挥电商优势，帮助阳高特色农产品走出阳高，助力乡村振兴。　（徐镜锴）

【阳高县被授予“省级平安县城”称号】　2021年7月11日，2020年度省级平安县（市、区）名单公布，阳高县连续五年被授予“省级平安县城”称号。阳高县从三方面推进平安县城建设，构建良好社会秩序。“管、控、查、宣、稳”多措并举，开展重点人员排查管控活动，推进反恐怖、反邪教、反间谍活动，加强信访工作，维护政治安全和制度安全；“打、防、管、控、挖”多管齐下，推动扫黑除恶常态化制度化，加大打击非法犯罪力度，开展法治宣传教育，维护社会平安稳定；“立、学、选、访、治”并驾齐驱，打造信息化社会治安防控平台，学习推广“枫桥经验”，推进县、乡、村三级调解中心高效运行，加强网格化管理工作。　（徐镜锴）

【阳高县被评为“节水型社会建设达标县”】　2021年7月15日，水利部公布“全国第四批节水型社会建设达标县（区）”名单，阳高县位列其中。阳高县县域内主要河流有桑干河、白登河、黄水河、黑水河、张官屯河、吾其河等，均属海河流域永定河水系。阳高县践行“节水优先、空间均衡、系统治理、两手发力”的治水方针，创建3家节水型企业、30家节水型公共机构和3家节水型居民小区，建设处理能力为日处理污水2.5万立方米污水的处理厂，提高水资源利用效率和效益。（徐镜锴）

【阳高县长城学会成立】 2021年8月28日，阳高县长城学会举行成立大会，并召开第一届会员大会。县委宣传部、县文化和旅游局、县文联负责人应邀参加会议。会议汇报筹备工作情况，并通过《阳高县长城学会章程》。选举产生阳高县长城学会第一届领导机构，产生7位常务理事。景万明当选会长，张向云、刘东红当选副会长，孙安世为秘书长。郭海被聘为阳高县长城学会名誉会长。张进才、贺瑞华、余跃海、李世春为学会顾问。阳高县长城学会旨在开展长城研究、宣传、保护、开发等工作，学会机构由该县文化、旅游、文联、文物、长城沿线乡（镇）、社区、企业、学校等热心于长城保护事业和研究长城文化人士自愿组成，具有专业性、学术性、地方性的非营利性民间社会团体组织。（徐镜锴）

【大同农民丰收节暨阳高农品展销会】 2021年9月23日至10月8日，大同农民丰收节暨阳高农品展销会在阳高县长城乡镇边堡村举行。活动以“庆丰收、感党恩、促振兴”为主题，依托中国农民丰收节，在边关集市展示阳高县“阳高红”西红柿、杏果、长城羊肉和大同市其他县（区）特色农产品，组织二人台艺术表演、秧歌表演等文艺演出，吸引周边地区4万余人观看。活动中，给阳高县“主导产业致富带头人”“农业领域专业能手”“农业领域产业大王”获得者颁奖。（徐镜锴）

【阳高县摄制微视频获奖】 2021年11月11日，山西省优秀网络视听作品评选结果发布及颁奖仪式在太原举行。全省有50部优秀作品从1303部参评作品中选出并获奖。阳高县融媒体中心摄制的五部作品获奖项9个。微视频《呼唤》、纪录片《阳高红》分获2021年山西省优秀网络视听作品评选活动一等奖和三等奖；微视频《搬迁户的幸福生活》《听见》分获“百年潮看中国——我身边的变化”短视频征集活动一等奖和三等奖；微视频《心里话》《呼唤》分获“我的微党课”短视频征集活动一等奖和三等奖。《呼唤》《搬迁户的幸福生活》《阳高红》还获展播奖。（徐镜锴）

【“守口杏韵”入选大同“长城八景”】 2021年11月12日，“华联农业杯”大同长城八景评选颁奖仪式在大同市博物馆举行。阳高“守口杏韵”入选大同“长城八景”。守口杏韵，指长城守口堡段，位于阳高县境，因据守狭小陡立的山口而得名，古称“雁门口”，明代官办马市之一。守口堡长城依山势而走，古道两侧猴儿山、虎儿山墩台巍峨，雄踞关口。春天，守口堡如一幅迷人画卷，山下果木成林，杏花像是报春仙子，薄粉轻红，含情浅笑，似在邀人共赏春色。杏花、山川、原野、长城，呈现出一派边塞大美风光。（徐镜锴）

【洋墩河大桥建成通车】 2021年11月22日，阳高县洋墩河大桥建成通车，该桥位于长城1号农村旅游公路天镇至左云段项目（阳高段）龙泉寺支线二东距国道512线2000米/600米处，桥梁全长109.1米，桥梁净宽11米，处于龙泉镇设施蔬菜园区枢纽地带，是连接国道G512（万全至达拉特旗线）重要通道。（徐镜锴）

【全民健身广场升级改造】 2021年11月28日，升级改造后的阳高县全民健身广场重新对民众免费开放。全民健身广场总占地面积3.3万平方米，场地铺上全新彩色沥青跑道，增加出入口、健身步道及停车场，更新篮球架、球网、乒乓球台等户外体育设施，重新美观涂画场地有关标识。（徐镜锴）

【“八小”项目助力乡村振兴】 2021年12月22日，山西省退役军人事务厅在阳高县东小村镇新东村举行退役军人助力乡村振兴启动仪式。省退役军人事务厅立足对口帮扶村实际，从实处着力，经过多次讨论研究和征询民意，拿出近20万元专项资金，在阳高县东小村镇新东村和神泉堡村筹建小磨坊、小理发室、小洗衣房、小修理部、小广播站、小聊天室、小超市、小宣传栏“八小”项目，作为退役军人助力乡村振兴试点。截至2021年底，“八小”项目服务群众100余人次。（徐镜锴）

【阳高县被评为国家水土保持示范县】 2021年12月24日，水利部公布2021年度国家水土保持示范名单，阳高县成为山西省唯一上榜县区。阳高县加强水土保持综合治理，把水土保持工作与发展畜牧业、经济林、旅游业，建设美丽乡村结合起来，多元化、多渠道开创水土保持工作新思路，带领群众治山治水，实现增绿增收。截至上年底，阳高全县累计水土流失治理面积819.2平方千米，治理度70.3%。

推动阳高县杏泉峪生态园有限公司投资1.2亿元，治理荒坡、荒沟3000亩，并建成多功能生态旅游区，带动周边村民增收。推进生态产业化，选择大接杏、仁用杏、文冠果、寒富苹果等适应性强、经济价值高的林果品种作为主栽品种，建成东小村、古城、王官屯3个5万亩以上杏果经济林基地，建成50余家杏产品深加工企业，与多家电商建起网上销售合作关系。（徐镜锴）

天镇县

【概况】 天镇县位于大同市东北部，总面积1709.3平方千米。2021年，全县下辖5个镇、6个乡、16个社区、172个建制村。常住人口15.9万人。全年全县地区生产总值502179万元，比上年同期增长7.2%。其中，第一产业增加值127314万元，增长10.3%，占生产总值的比重25.4%；第二产业增加值128649万元，增长1.6%，占生产总值的比重25.6%；第三产业增加值246216万元，增长8%，占生产总值的比重49%，人均地区生产总值31609元。规模以上工业增加值73276万元，增长8.1%；规模以上工业实现利税55096万元，增长39.1%。固定资产投资26.2亿元，增长 1.8%。社会消费品零售总额 13.5 亿元，增长 17.6%。一般公共财政预算收入 1.8 亿元，同比减少 6.3%；公共财政预算支出 243807 万元，同比减少 17.5%。城镇居民常住人口人均可支配收入 27454 元，同比增长 8.1%；农村居民常住人口人均可支配收入 10610 元，同比增长 12.3%。全年全县城镇新增就业 4004 人，转移农村劳动力 3921 人，城镇登记失业率 2.1%。

农业　2021 年，全县农作物种植面积 759273 亩，同比增长 7.3%。其中，粮食作物种植面积 646727.6 亩，同比增长 1.7%；玉米面积 366610.9 亩，同比增长 0.3%；谷子 66471.2 亩，同比增长 9.7%；薯类面积 74883.8 亩，同比增长 13.1%；豆类面积 42070.2 亩，同比减少 20.5%；蔬菜种植面积 43553 亩，同比增长 69%；油料作物种植面积 40838.4 亩，同比增长 127%；药材种植面积 21366 亩，同比增长 11.1%。全年粮食产量 207180.8 吨，同比增长 1.1%，谷物产量 189067.5 吨，同比增长 0.9%，其中玉米产量 168719.1 吨，同比增长 1.1%；薯类产量（折粮）72056.9 吨，同比增长 14.2%；豆类产量 3701.9 吨，同比减少 23.2%；蔬菜产量 79192.9 吨，同比增长 71.8%；油料产量 4198.5 吨，同比增长 107.2%；瓜类产量 1608 吨，同比减少 35.6%；水果产量 340.1 吨，同比减少 25.1%。统筹整合涉农资金 2.5 亿元，用于产业发展 1.3 亿元，占比 50%。培育特色农产品种植原料基地 2.8 万亩，采摘黄花 116.9 万公斤，新发展药材种植 1500 亩，发放小额信贷 1461 户 7262 万元。发展有机旱作农业基地 6 万亩、设施蔬菜基地 1.8 万亩，长城沿线景观农业 1 万亩，红芸豆、糯玉米、脱水蔬菜等农产品深加工带动出口创汇 4000 万元。新认证有机品种 6 个 2800 亩。制止耕地“非农化”“非粮化”，建设高标准农田 2.5 万亩、集约化育苗场 1.1 万平方米。截至 2021 年底，全县存栏猪、牛、羊、鸡分别为 25.5 万头、4.2 万头、53 万只、36 万羽，肉、蛋、奶产量分别为 2.1 万吨、0.5 万吨、8 万吨。大伟嘉 50 万头金猪生态扶贫项目落地，一期 5000 头种猪场投入运行，建成 63 个千头家庭牧场，带动 840 户贫困户稳定增收。全年造林面积 9000 亩。其中，人工造林 4500 亩，封山育林 4500 亩。育种育苗 3500 亩，零星植树 148 万株。全县农业机械总动力 16.5 万千瓦。其中，柴油发动机动力 13.5 万千瓦，汽油发动机动力 0.2 万千瓦，电动机动力 2.8 万千瓦，机械耕地面积 53.3 万亩，机播种面积 45.5 万亩，机电灌溉 27 万亩，机械植保面积 12.8 万亩，机收面积 19.2 万亩。农、林、牧、渔业用电量 4657.6 万千瓦时，其中排灌用电 1913.2 万千瓦时，化肥施用量 46331.4 吨，地膜覆盖面积 16.8 万亩，农田有效灌溉面积 40.2 万亩。

工业　2021 年，全县规模以上工业企业 14 家，总产值 215927 万元，增长 11%。其中，新能源光电风电企业 5 家，总产值 65655 万元，同比减少 2.5%，占全部规模以上工业总产值 30.4%，正方利民建筑工业化有限公司总产值 120968 万元，同比增长 23.9%，占全部工业规模以上总产值 56%。规模以上工业产值达亿元以上企业 4 家，分别为：正方利民（天镇）建筑工业化有限公司 120968 万元，华润新能源（大同）风能有限公司 24085 万元，华能天镇风力发电有限公司 19161 万元，晋能清洁能源光伏发电有限责任公司天镇光伏电站 17471 万元。按照登记类型分，国有企业 4 个，产值 41570 万元，同比减少 4.4%，占总产值 19.3%；港澳台企业 1 个，产值 24085 万元，同比增长 0.9%，占总产值 11.2%；私营企业 9 个，产值 150272 万元，同比增长 18.1%，占总产值 69.6%。规模以上工业增加值 73276 万元，增长 8.1%；规模以上工业实现利税 55096 万元，增长 39.1%。全年实施重点项目 55 个，总投资 89.3 亿元，完成投资 20.5 亿元。正方利民建筑产业园智能化及内装部生产项目和山地阳光年产 3 万吨罐装茶饮料项目建成投产。山西国际能源、国华等 5 个风光项目并网总量 93.5 万千瓦，推进凯迪 3 万千瓦生物质发电项目，地热资源干热岩勘查开发利用省级重点实验室挂牌。

建筑业　2021 年，全县建筑业增加值 12345 万元，同比下降 25.2%，具有资质等级的建筑企业 5 个，总产值 32266.7 万元，同比下降 49.2%。按登记类型分，集体企业 1 个，产值 3169.9 万元，同比增长 12.1%；私营企业 4 个，产值 29096.8 万元，同比减少 52%。全社会固定资产投资 262395 万元，比上年增长 1.8%，按三次产业投资分，第一产业 35081 万元，同比增长 108.5%；第二产业 161802 万元，同比增长 3.3%；第三产业 65512 万元，同比减少 22.2%。按登记注册类型投资分，国有企业 64682 万元，国有独资企业 145023 万元，私营企业 52076 万元，港澳台商企业 614 万元。全年全县房地产开发投资 6619 万元，同比减少 48.7%，其中住宅投资 5049 万元。全年全县在建固定资产投资项目（不含房地产开发项目）亿元以上项目 20 个，亿元以上项目投资额 195514 万元，同比减少 2.5%。

招商引资　2021 年，全县围绕“一带两城、产城融合”的发展思路，开展以商招商、亲情招商。引进中国电建、中物集团、永定河流域公司、山西水控、神农集团、山西大地生态修复公司、东瑞集团、恒宗集团、山地阳光等大型企业。签约阳光生态康养旅游、特色加工园区等 8 个项目 23.6 亿元，到位资金 3.2 亿元。

能源建设　2021 年，全县坚持风光储、地热能一体化推进，华能集团投资 3.3 亿元，实施 5 万千瓦风电扩容项目；山西国际集团投资 3.3 亿元，实施 10 万千瓦光伏项目；中船盛风集团投资 6 亿元，实施 7000 万千瓦风电项目；国华集团投资 4.7 亿元，实施 8000 万千瓦风电项目；福皓集团投资 1.6 亿元，实施 20 万千瓦风电项目。全县新能源装机容量 135.5 万千瓦。发现地热井，对接中国科学院专家团队，推进高温发电、地热供暖、地热养殖、设施农业等开发利用。全县全社会用电总量 31005.3 万千瓦时，比上年增长 3.8%。其中，第一产业用电 2655 万千瓦时，第二产业用电 12725.3 万千瓦时，第三产业用电量 7245.5 万千瓦时，城镇居民生活用电 4697 万千瓦时，乡村居民生活用电 3682.5 万千瓦时。

贸易　2021 年，全县社会消费品零售总额 135052.7 万元，增长17.6%。按区域分，城镇消费品零售总额82937.4万元，同比增长18.5%，占社会消费品零售总额比61.4%；乡村消费品零售额52115.3万元，增长16.2%。按消费形态分，商品零售额127267.9万元，增长16.2%，占社会消费品零售总额94.2%。餐饮收入7784.8万元，增长46.9%，占社会消费品零售总额5.8%。全县限额以上社会消费品零售总额25714万元，增长49%，占社会消费品零售总额19%。

服务业　2021年，全县服务业增加值246216万元，增长8%。其中，批发和零售业增加值34524万元，增长5%，占服务业增加值14%；交通运输、仓储和邮政业增加值47368万元，增长4.8%，占服务业增加值19.2%；住宿和餐饮业增加值1165万元，增长20.1%，占服务业增加值0.5%；金融业增加值12887万元，增长4.1%，占服务业增加值5.2%；房地产业增加值9096万元，增长35.7%，占服务业增加值3.7%；其他营利性服务业19581万元，增长13.3%，占服务业增加值8%，非营利性服务业115300万元，增长7.7%，占服务业增加值46.8%。

城乡建设　2021年，天镇县完成府东街道路管网、第六小学道路路面改造，学府街街景立面整治完工；化肥厂家属区及周边棚户区完成征收；1.1万平方米地下停车场主体建成，建设公共停车场8处、停车位672个；推进洋河国际商业及住宅、天汇时代商业综合体、湿地公园、慈云寺学府东街公共区域改造等项目。改善人居环境，加快县城净化、绿化、亮化、美化建设，改造老旧小区11个；投资8400万元，环境集中整治9个示范村、20个提升村、33个整治村，农村改厕2000座。长城板块旅游公路唐八里至高家店段、县道南张线左所沟至张辛窑段竣工通车；实施建制村通双车道7.6千米、街巷硬化4.3千米，国道512线县城段改线工程堵点打通，5月通车。实施高铁小镇项目，规划占地74.8公顷，建设特色农产品展示区、物流中心、高档商住区。投资2074万元，实施1.1千米的学府街立面仿古改造工程。工人文化宫项目建设恐龙玉石科普体验园。县城建城区绿化率、绿化覆盖率分别达33.1%、39.7%。

文旅开发　2021年，天镇县推进李二口长城博物馆、阎秀峰故居保护修复、摄影书画家驿站等文旅工程建设，在长城一号旅游沿线薛三墩、白羊口、水磨口等8个村实施风貌管控和产业布局，打造长城文旅经济带，长城旅游精品线路初具规模。李二口长城景区入选国家AAAA级旅游景区。举办“李二口长城文化旅游节”“五一乡村游”“校园公益星文化之旅”“乡约天镇·礼赞丰收”等系列文旅活动，日客流高峰达3.5万人次。全年接待游客50万人次，旅游收入2亿元。

生态建设　2021年，天镇县实施京津风沙源、洪塘河河道治理工程，新建石佛寺水库年供水能力600万立方米。推进“禁煤区”清洁能源替代工作，完成“煤改电”2.6万户，4家重点污染企业秋冬季错峰生产，降低污染物排放；取缔散乱污企业4家，排查整改高速沿线环境问题27处，全县$PM_{2.5}$浓度28微克/立方米，空气质量综合指数3.6微克/立方米，同比下降7.5%。永嘉堡国考断面水质达地表水Ⅲ类，宣家塔国考断面达地表Ⅲ类标准，进入全国优质水体行列。投资8900万元，实施日处理能力1万吨的新城污水处理场项目建成投产，县城污水处理场应急处理工程、管网工程建成运行；首都永定河流域公司规划投资2.1亿元，开工建设南洋河二期生态治理工程，对上下游各延伸治理5千米，工程进入国家重点项目库。农业面源污染治理，实施节水配套改造项目，土壤改良2.8万亩；引入第三方运维公司，规范管理、集中处理27个村的生活污水，加大固体废弃物综合利用。围绕“造好林、补好林、营好林、管好林”，完成国土绿化、人工造林、封山育林9万亩，退耕还林1.3万亩，经济林提质1万亩，退化林修复2000亩。

教育事业　2021年，天镇县教育系统有各级各类学校84所。其中，普通高中2所、职业技术学校1所、初中10所、小学25所、幼儿园45所（公办园29所、民办园16所）、教师进修校1所。有在校生22321人。其中，普通高中3386人、职业高中536人、初中5264人、小学8985人、幼儿4150人。有专任教师1987人。其中，高中393人、职高45人、初中710人、小学787人、幼儿52人。全年教育各类投入3.1亿元，投资3900万元实施天镇县一中等40所中小学新建改造工程。完成唐八里、孙家店等6所中小学撤并工作。落实“双减”政策，关停无证培训机构11家。招聘教师78人。其中，特岗教师60人，高中教师18人。与中国政法大学等5所高校签订校地合作协议，高考二本以上达线人数651人，达线率51%，600分以上19人，20余人被浙江大学、武汉大学等知名院校录取。中考600分以上107人，1名考生以700分成绩取得全市第一名。

医疗卫生　2021年，天镇县医疗机构225个，医疗卫生床位数1036床，医疗卫生机构技术人员686人，其中执业医师443人。投资1.5亿元，实施新城医疗集团医院项目，门诊楼、住院楼主体完工。加强11个乡（镇）卫生院和172个村卫生所管理，提升基层医疗服务水平。电子健康档案建档17.3万份、建档率75%，65岁以上老年人免费健康体检2.4万人、健康管理率97.3%。全年医疗投入1.7亿元。

财政　金融　2021年，全县一般公共财政预算收入18190万元，同比下降6.3%。其中，税收收入9545万元，同比增长4.2%，非税收入8645万元，同比下降15.6%。全县公共财政预算支出243807万元，同比下降17.5%。其中，一般公共服务支出17994万元，同比增长9.7%；公共安全支出5767万元，同比增长6.1%；教育支出31127万元，同比增长3.6%；科学技术支出825万元，同比增长2.6%；文化旅游体育与传媒支出2486万元，同比增长13.7%；社会保障和就业支出45653万元，同比下降33.2%；卫生健康支出16545万元，同比下降30.1%；节能环保支出9990万元，同比增长77.6%；城乡社区支出8260万元，同比下降52.5%；农林水支出75239万元、同比下降19.6%；交通运输支出7209万元，同比下降38.8%；资源勘探工业信息等支出206万元，同比下降84.7%；商业服务业等支出313万元，同比下降60.4%；金融支出132万元，同比增长50%；自然资源海洋气象等支出2873万元，同比下降21.6%；住房保障支出9040万元，同比增长11.2%；粮油物资储备支出291万元，同比增长23.8%；灾害防治及应急管理支出1970万元，同比增长63.6%；其他支出3344万元，同比增长44.1%；债务付息支出2717万元，同比增长8.4%；债务发行费用支出5万元，同比下降73.7%。截至2021年底，金融机构各项存款余额1127288.2万元，比上年增加69005.2万元，其中城乡居民储蓄存款余额925480.8万元，比上年增加80765.8万元。金融机构各项贷款余额451965.8万元，比上年增加79755.3万元，涉农贷款余额315784.8万元，比上年增加37072.3万元。

交通　2021年，全县公路通车总里程1512.5千米，公路密度88千米/百平方千米，每万人拥有公路94.1千米，按行政等级分：高速43.6千米，国道34.9千米，省道68.8千米，县道232.3千米，乡道699.7千米，村道443.2千米。按技术等级分：高速43.6千米，一级路7.1千米，二级路98.3千米，三级路288.5千米，四级路1071.1千米，等外路4千米。按路面结构类型分：沥青混凝土路面307.7千米，水泥路1068.5千米，简易铺装1.5千米，砂砾路134.9千米。营运汽车保有量3927辆，货运汽车总量3662辆，客运汽车总量265辆。

乡村振兴　2021年，天镇县锁定“三类户”（脱贫不稳定户、边缘易致贫户、突发严重困难户）856户1998人，中央和省市县下派1支驻乡工作队、91支驻村工作队、313名驻村干部，制定帮扶措施2600余条，落实“一户一策”帮扶政策，累计享受产业帮扶378户、就业帮扶129户、兜底帮扶547户、健康帮扶561户、教育帮扶45户、社会帮扶56户，消除风险527户1427人，消除准确率100%。发展特色种植，打造红芸豆、黄花、中药材、设施蔬菜、高效饲草、马铃薯等7大种植板块，带动1.3万户脱贫群众稳定增收。投资1885万元，实施薛三墩智慧温室大棚项目；创建有机旱作农业整体推进示范乡、示范村、核心区各1个，新建高标准农田5000亩，梯田改造1.9万亩。发展规模养殖，建成猪、牛、羊、鸡等各类养殖园区235个，引进大伟嘉50万头生态循环金猪扶贫项目，5000头种猪场基地投产运营，带动建成63个千头规模家庭猪场，带动脱贫户1260户稳定增收。提升全省单体最大奶牛养殖园区中地生态牧场，存栏荷斯坦奶牛1.3万头，日产鲜奶210吨，通过流转土地、订单收购发展4万亩青储饲料，带动3000户群众稳定增收。开展政府购买动物防疫服务试点工作，引入第三方公司，秋季免疫9个乡（镇）138个建制村散养家禽。引深“企业+基地+合作社+农户”模式，投入扶持发展资金460万元，推进神山任启、博诚蔬菜等6家省级名牌企业，发展粮油、黄芪饮料等加工产业。“农业认养”模式与京东、“832”扶贫电商平台对接，网销农副产品3400万元，电商交易额1.5亿元。依托全县6.4万千瓦光伏扶贫电站，拨付到村光伏收益2737.1万元，发放各类报酬及奖补资金1229万元，人均增收1173元。

疫情防控　2021年，天镇县接种新冠疫苗12.3万人，接种率100.6%，累计接种新冠疫苗28.3万剂次，国省道、县域边界检查站累计检查出入境车辆人员19.5万辆次、45.8万人次，投入疫情防控资金1428.3万元。

社会保障　2021年，天镇县依托全国首家人社扶贫技能培训基地，开展技能提升培训工程，累计培训5241人；举办乡村振兴专项招聘会7场，提供就业岗位5400个，现场达成就业意向728人。全年新增就业4004人，失业人员再就业2051人，困难人员就业464人，登记城镇失业率2.1%。打造“天镇保姆”劳务品牌，培训1306人、就业720人。认定扶贫车间11家，吸纳劳动力782人，全年农村劳动力转移就业3921人。全县城乡居民参加养老保险12.1万人，参加补充养老保险10.1万人，参加城镇职工基本养老保险12471人，参加工伤保险13474人，参加失业保险8350人；城乡居民医疗保险参保17.6万人次，城镇职工参加基本医疗保险10145人，支出医保基金8800万元，惠及14.6万人次。构建社会救助体系，全县农村低保1.9万户3.2万人、城市低保2862户6097人；孤儿、困境儿童、留守儿童、残疾人累计发放救助金826万元，惠及4511人。县财政划拨专款5590.8万元，解决退役军人、改制企业职工养老保险单位部分等历史欠账。投资3351万元，重建修复灾后受损房屋58户177间。从节水灌溉、棚膜补贴、小额信贷等渠道支持设施农业重建。投资100万元购买洁净煤780吨，保障边远农村困难群众温暖过冬。完成78个4G基站建设，全县172个建制村实现光纤宽带、4G网络信号全覆盖，开通5G基站92个，通讯网络覆盖升级换代。

法治建设　2021年，天镇县开展政法队伍教育整顿，组织法律“五进”活动，强化乡村法治体制机制建设，11个乡（镇）、27个县级部门、172个村全部健全法治建设委员会、依法治乡（村）委员会。全年立破刑事案件89起，抓获犯罪嫌疑人102人；办理行政案件169起，处置违法人员308人。全年接待上访群众7318人次，受理网络信访424件次，化解上级交办信访案件50件。司法调解、社会调解、化解矛盾纠纷479件。道路交通安全治理，检查各类车辆2万辆（次），处罚各类交通违法3.9万起。

（闫　芳）

【高温地热资源项目勘查】　2021年1月，在天镇县就地建设的高温地热能科研示范试验电站的2台机组试发电成功。试验电站一期占地约3.3公顷，设计有勘查井场区、发电机组场区、水处理区等。其中，1号试验机组装机容量300千瓦，2号试验机组装机容量280千瓦。为摸清大同盆地深部高温地热资源“家底”，省委、省政府安排2.4亿元专项资金，4月启动实施大同盆地重点地区深部高温地热资源详查项目。该详查项目勘查区面积1733平方千米，重点区域面积823平方千米，各组野外工作全部完成，固井实验室开展工作，根据钻探实际情况对泥浆配比等开展试验，地质、物探工作通过省自然资源厅专项验收。在天镇重点区域钻探孔深

县区概览

300 米左右的测温孔 21 眼全部完成，按序钻进项目布设的 4 眼深部地热勘探孔，勘探孔钻进至 1585.3 米处，孔内测温最高 167.9℃，钻进至 1624 米处，探获高温高压地热流体，测得井口温度高 160.2℃，井口压力 1.12 兆帕，最大流量 231.2 立方米 / 小时，单井年可利用热能量 11.5×108 兆焦耳，折合标准煤 3.9 万吨 / 年。9 月，由省自然资源厅、省地质勘查局共创共建的“省校合作智库示范基地——山西地学智库”揭牌，探索“政产学研用”合作新模式，在试验电站基础上，逐步建设集发电、供暖、制冷、温室种植、养殖、教学、科研、科普、文旅等于一体的地热资源梯级开发利用示范基地。省地勘局实施天镇县高温地热试验基地 2500 平方米无干扰取热供暖试验项目，取得阶段可行性成果：经过试验测试，单井循环流量为每小时 16.9 立方米，可满足基地供暖要求，并建设县城 300 万平方米地热供暖项目积累经验、探索路子。

（闫　芳）

【天镇李二口长城文化节】 2021 年 4 月 20 日至 26 日，大同长城文化旅游季·天镇李二口长城文化节在天镇县李二口长城民俗文化村“丰收节”广场举行，活动由市文化和旅游局、天镇县委、县政府，北京大同企业商会主办，以“游长城·赏杏花·看天下大同”为主题。活动依托长城资源和边塞文化，展现天镇历史文化底蕴，展现长城脚下李二口村脱贫前后的巨大变迁。活动期间举办红色记忆追寻、文旅资源推荐、招商引资签约、房车露营、徒步游长城、“杏花仙子”摄影、民俗文化展演、艺术长廊展等主题活动。“李二口长城文化旅游节”活动，日客流高峰达 3.5 万人次，人民网、新华网、《山西日报》等 54 家媒体直播和新闻报道。

（闫　芳）

【天镇县成立特色农产品加工行业人大代表联络站】 2021 年 7 月 26 日，天镇县特色农产品加工行业人大代表联络站成立。该联络站围绕全县农业发展大局和特色农产品标准化种植、科学化加工、规范化存储、产品质量安全保障、产业链延伸、提高附加值，以及新技术的研究试验和推广建言献策。该联络站依托国家级出口小杂粮质量安全示范区、全国无公害农产品基地县、绿色食品原料标准化生产基地县、农业标准化示范县和农产品外贸转型省级基地等认证农业资源，联络各级人大代表共商农产品加工行业发展大计，有针对性地向政府提出意见和建议。

（闫　芳）

【天镇旭升光伏电站“阳光大道”建成】 2021 年 9 月，晋能控股电力集团清洁能源公司天镇旭升光伏电站“阳光大道”工程建成投用。“阳光大道”所在的天镇旭升光伏电站总装机 245 兆瓦，位于天镇县谷前堡镇榆林口村南，占地面积约 451.7 公顷。“阳光大道”集光伏发电与参观示范于一体，总长 140 米，安装有 312 块单晶 325 瓦组件，观礼台四周安装 144 块单晶 305 瓦组件，顶部安装 35 块单晶 310 瓦组件，总装机 316 千瓦，年发电量 50 万千瓦时，年收入约 48 万元。同时还设有政策宣传区、技术展示区和观光台，宣传区和展示区通过文字、图片和实物相结合的形式，集中展示清洁能源发展的政策措施、光伏发电制造技术、9 种电池组件、6 种支架的最新成果；观光台顶部和四周铺满光伏组件，站在平台可尽览一排排光伏阵列，体验光伏电站景象。

（闫　芳）

▲ 2021 年 4 月 20 日，大同长城文化旅游季·天镇李二口长城文化节举行　（闫　芳　摄）

【网格员素质提升培训】 2021 年 9 月，为提升专职网格员业务素质，补齐兼职网格员工作短板，天镇县委政法委综治中心邀请专业人士，素质提升培训全县 94 名专职网格员、261 名兼职网格员。培训中，受邀的县综治中心、消防救援、派出所、“老孟”调解室等部门和单位专业人士分别作《强素质提能力上水平打造一支拉得出、冲得上、打得赢的过硬网格员队伍》《用好平安山西 APP 提高综治信息上报质量》《搞好火灾隐患排查提高网格员消防安全知识水平》《增强公共安全意识建设更高水平平安天镇》《发扬“爱心、耐心、细心”精神做好矛盾纠纷调解工作》等专题辅导。

（闫　芳）

【天镇县第四届“中国农民丰收节”庆祝活动】 2021 年 9 月 26 日至 29 日，“乡约天镇·礼赞丰收”天镇县第四届“中国农民丰收节”庆祝活动在长城古村落李二口村举行。活动由大同市农业农村局，天镇县委、县政府主办，北京市恒宗传媒有限公司、中国农业电影电视中心《乡约》栏目承办，北京大同企业商会、恒宗大健康产业集团、大同好粮协会、大同市旅游集散中心协办举办。活动依托中国农民丰收节，推荐天镇独特美味“莜面栲栳栳”“天镇炸油糕”“天镇豆腐干”“天镇凉粉”，展示天镇县各行各业取得的成果，共享丰收喜悦。通过农民广场舞大赛、文艺会演等系列庆祝活动，集中展现全县农村新面貌和农民新风采。活动通过央视新闻、新华社现场云、中国“三农”发布矩阵、百度好看视频、今日头条

等30家媒体平台同步直播。（闫　芳）

【天镇县省校合作】 2021年，天镇县依托高校人才资源、科技成果富集等优势，推动县校在人才培养、引进、使用等方面开展战略合作，加快地热发电、温泉康养、县城供热、设施农业等技术攻关，采取技术承接、科研示范、成果转化等形式开展智库合作；围绕李二口村红色记忆馆、阎秀峰优秀家风馆等红色资源，邀请各单位、社区、学校到红色场馆开展主题研学。12月，天镇县同北京开放大学、中国传媒大学动画与数字艺术学院签订战略合作框架协议，依托首都高校优势资源和“天镇保姆”劳务品牌优势开展战略合作。双方利用“天镇保姆”品牌优势和北京开放大学教育资源，共同推出针对家政管理者的“千人培养计划”，提升家政服务管理人员和从业者的职业化水平。天镇县与中国传媒大学动画与数字艺术学院围绕合作共建大学生实习实训创作、就业创业、高校艺术创作延伸平台、高校优质生源、红色和国情教育、高校参与社会服务实践等基地，在长城沿线动画设计、大学生写生实践、动画游戏创作、党支部共建等方面开展合作。（闫　芳）

【李二口长城景区入选国家AAAA旅游景区】 2021年，山西省文旅厅根据国家标准《旅游景区质量等级的划分与评定》与《旅游景区质量等级管理办法》，经市文旅局推荐，省文旅厅按程序组织评定，于12月22日完成公示后确定，李二口长城景区入选国家AAAA级旅游景区。李二口长城修筑于明嘉靖年间，是明代大同镇长城的一部分，该段长城东西因山势蜿蜒，南北沿山脊攀升，是全省保存最完整、建造最奇伟、最具观赏价值的一段土长城。（闫　芳）

浑源县

【概况】 浑源县位于大同市东南部，总面积1968.5平方千米。2021年，全县下辖6个镇、10个乡、11个社区、213个建制村。户籍人口34.3万人，常住人口23.8万人。全年全县地区生产总值55.4亿元，同比增长4.8%。其中，第一产业增加值12.9亿元，占生产总值比重23.3%；第二产业增加值10.5亿元，占生产总值比重19%；第三产业增加值32亿元，占生产总值比重57.7%。一般公共预算收入2亿元，比上年增长23.9%。城镇常住居民人均可支配收入28453元，同比增长9%；农村常住居民人均可支配收入10907元，同比增长10.5%。

农业农村　2021年，浑源县固守68.4万亩耕地红线，全县粮食种植面积51.3万亩，粮食产量17.9万吨。建设高标准农田3.8万亩，发展有机旱作农业5万亩，完成粮食储备500万公斤；投资14761万元，培育扶持文化旅游、特色种植、规模养殖等八大产业发展，实现建制村产业发展全覆盖。打造二岭、破兑臼、东葫芦头、净石等一批乡村旅游示范点，完成农村改厕2650座，推进建设10个美丽乡村示范村、20个人居环境提升村和33个人居环境整治村。

工业　商贸业　2021年，浑源县规模以上工业企业工业总产值7.6亿元，工业增加值2亿元，实现利税1.4亿元，实现利润1.1亿元，实现主营业务收入8.9亿元。全县实现社会消费品零售总额38.2亿元，同比增长15.8%。

文旅康养　2021年，浑源县总投资5亿余元的全域旅游服务中心项目开工建设；总投资3.7亿元的神溪湿地公园PPP项目完成投资8000余万元；总投资2.3亿元的柳河生态修复治理工程破土动工；总投资1.6亿元的汤头温泉疗养院改造一期工程按序完善设计；总投资1.8亿元的长城板块旅游公路建设完成39.5千米，完成投资1.1亿元；实施恒山南北路立面整治和环境综合提升工程；省级文物保护利用示范区创建工作通过两轮专家评审；“一码游浑源”全域通上线。

城市建设　2021年，浑源县投资0.8亿元实施6项市政道路建设工程，总长5.7千米。实施永安西街街巷立面、环境整治提升和雨水下游工程，完成恒利源片区风貌整治，修复鼓楼、永安寺牌楼等古建筑160余座，改造1.1千米的古城区5条街巷，建成州署、沙河桥、文庙3个群众休闲广场，建成停车场3处，实施永安寺牌楼周边环境绿化工程，完善古城休闲街区功能。打通天峰北路北延、恒山南路南延两条“断头路”，畅通连接新区和恒山悬空寺景区交通动脉。推进雨污分流、道路照明、城市绿化、电网改造工程，拆除县城内不协调建筑和消极空间3万余平方米；新区5.4万平方米休闲公园投入使用；污水处理厂扩容至每天处理4万吨；投资847万元改造老旧小区9个。

乡村振兴　2021年，浑源县落实“四个不摘”政策要求，分配光伏收益2931万元，惠及全县213个建制村脱贫人口；全年输出农村劳动力19035名，安置脱贫户劳动力就业8112人；全年电子商务交易额超4亿元，其中农产品网络零售额4500万元；统筹整合各类涉农资金1.7亿元，拓展脱贫攻坚成果与乡村振兴衔接；统筹整合财政涉农资金3614万元，开展农村基础设施提质工程。

项目建设　2021年，浑源县推进总投资89.2亿元的150万千瓦抽水蓄能电站项目建设；合肥阳光20万千瓦、西安隆基10万千瓦光伏项目和大唐1万千瓦分散式风电项目并网发电，推进2个在建风电项目；投资3.5亿元的小分子肽项目实施设备安装；投资0.8亿元，建成集展销、康养、旅游为一体的黄芪文化园，国内首家以黄芪为主题的博物馆落成并对外开放；推进百草园5万头生猪养殖项目和多利公司5200头母猪繁育场项目建设。

生态建设　2021年，浑源县推进环境污染防治专项行动和空气质量巩固提升行动，实施完成煤改电44580户，取缔散乱污12处，淘汰不达规燃煤锅炉60台，查封10蒸吨以下燃煤锅炉15台，完成2座供暖锅炉超低排放改造，全县二级以上优良天数达267天，较上年增加11天；投资1200万元，新建占地83.3亩的人工湿地，寺庄、王庄堡断面地表水监测水质优良比例达100%；造林7.4万亩，建成1500亩林下经济示范基地和600亩特色林业产业示范基地。

深化改革　2021年，浑源县深化国企改革，完成23家国企改革任务；政务大厅公共服务实现全覆盖，梳理“马上办”事项242项，“就近办”事项627项，“网上办”事项640项，“一次不用跑”事项636项，“最多跑一次”事项1项；推进政务服务标准化、规范化、便民化，取消审批7项，审批改为备案2项，实行告知承诺17项，优化审批服务39项，全程网办率99.7%，全年新增各类市场主体1437户。

民生事务　2021年，浑源县各项民生事业和社会保障累计投入24.9亿元，占一般公共预算支出的88.2%。投资1212.4万元用于教育基础设施建设，恢复浑源二中，迁址重建穆岳小学，投资54.6万元实施数字化校园建设试点项目，累计为7355名家庭经济困难学生发放补助资金492.4万元。全年高考达二本线以上566人，其中达一本线110人。新建的1.3万平方米县人民医院住院楼投入使用，建成全市县区第一家高压氧舱；农村建档立卡户医保参保率100%，城乡居民基本养老保险参保率99.7%；新增城镇就业8513人，城镇登记失业率2.9%；持续纾困解难，全年减税降费1539万元；建设5G基站82座；殡仪馆改扩建项目点火调试，全民健身活动中心对外开放，年初确定的10件民生实事全部落实；成功经受住“10·22”疫情防控“大考”，建成PCR实验室3个，全部具备新冠病毒核酸检测能力，日检测3.5万人。

（姚振华）

【浑源县省校合作】　2021年，浑源县凉粉协会工作人员到中国农业大学开展合作对接，交流洽谈研发无明矾系列凉粉及产品市场接受度等相关事宜，并邀请中国农业大学教授程永强到规划的浑源凉粉系列产品生产线实地考察。在打造高校科技成果转化基地工作中，该县裕隆祥农业发展有限公司、北岳神耆生物科技有限公司与山西农业大学农业经济管理学院就食用菌菌包及菌种改良、黄芪单株良种繁育项目达成培育种植战略合作。西北工业大学、西安交通大学、西安科技大学3所高校与浑源中学建立“优质生源基地”。（姚振华）

【浑源古城建设】　2021年，浑源古城以创建集文脉、气息、生态于一体的国家AAAA级旅游景区为目标，全年投资1.1亿元，实施历史街区保护利用和周边环境整治工程。街立面整治10.3万平方米，建设砖木结构延廊1万平方米，沿街立面亮化3.8千米，恢复21座复古建筑和构筑物，修复古建筑160余座。集民俗、旅游、展示、展览一体的浑源州署对外开放，成为新的旅游打卡地。（姚振华）

【道地药材恒山黄芪产业化项目完工】　2021年，道地药材恒山黄芪产业化项目完工。该项目总投资17593万元，由山西北岳神耆生物科技有限公司实施，建设高标准黄芪深加工、仓储基地1座，扩建黄芪种植基地0.2万公顷，年加工鲜芪300万公斤。（姚振华）

【央视《地理·中国》栏目组到浑源采风】　2021年3月10日起，中央广播电视台10套《地理·中国》栏目摄制组到浑源县，专题拍摄该县自然景观。此次拍摄时间10天左右，其间，摄制组重点到北岳恒山、悬空寺、浑源古城等地，围绕该县历史、人文、美食、“非遗”传承等独具特色的旅游资源、特色物产及经济社会发展亮点聚焦拍摄，挖掘浑源独特的地理风貌和人文特色。此次摄制制作成上下两集总时长60分钟的浑源专题片，8月在中央广播电视台10套播出。

（姚振华）

【黄芪文化园投入运营】　2021年5月，投资8000万元的全国首家黄芪文化园在浑源县投入运营。黄芪文化园占地面积2.1公顷，总投资8000万元，总建筑面积1.1万余平方米。园区分上下两层，一层为黄芪博物馆和黄芪加工互动展销区，以图文并茂、历史记录与实物相映、视频和解说互补等形式，依次呈现“初识黄芪”“国药芪珍”“芪诗医案”“恒山黄芪”“北岳芪农”“药食同源”六大单元，展示恒山黄芪的前世今生、发展沿革、药食价值、涉芪古方等恒山黄芪的丰厚文化，游客在这里可以参与黄芪生产、加工技艺体验，享受劳动成果和精神获得感。二层是经济活动平台，分“芪遇时代”“芪迹时代”“好芪时代”和“芪创时代”四个板块，展销黄芪原品、黄芪饮片、黄芪茶、北芪菇等黄芪系列产品，并以电商平台为载体，通过线上线下、直播销售。

（姚振华）

【山西神溪国家湿地公园项目开工】　2021年6月5日，总投资3.7亿元的浑源县生态环境综合治理PPP项目——神溪国家湿地公园项目开工建设。山西神溪国家湿地公园项目位于北岳恒山脚下，湿地总面积316公顷，湿地率为78.1%，该项目拓展升级湿地水系水面，恢复重建凤山书院、凤鸣楼、神溪月夜、神祠广场等景观。

（姚振华）

【浑源县政通农业示范区基地成立】　2021年，为拓展教育资源，为中小学生学习劳动知识、掌握劳动技能提供广阔实践平台，7月5日，大同市中小学生研学劳动实践基地浑源县政通农业示范区基地成立。当日，浑源县西坊城学校的学生们在基地参加劳动教育主题实践活动，在亲身学习体验中感受制作豆腐、凉粉乐趣，享受劳动带来的成就感。该基地成立拓展劳动技能学习内容，邀请专业学科老师及有劳作经验的家长指导，开展针对性、适应性、实效性的实践活动，打造独具特色的劳动教育课程。

（姚振华）

【浑源风物节浑源好物专场直播活动】　2021年11月10日，由浑源县文旅局与同程集团联合打造的“恒久北岳·厚道浑源”2021浑源风物节浑源好物专场直播活动举行，通过直播展示和好物推介等方式，带领观众领略浑源古城风光、品鉴浑源地道风物。直播中，宣传片展示浑源古城夜景、北岳恒山、悬空寺、律吕神祠等自然风光与人文景观。好物推介浑源正北芪、浑源凉粉、莲花豆、辣椒油等。100余分钟的直播吸引66.5万网友观看。（姚振华）

【浑源县人民医院新住院楼投入使用】　2021年12月，建筑面积1.3万平方米的浑源县人民医院新住院楼投入使用，县人民医院开放病床由

200 张增至 420 张，并新增设心血管内科、消化内科、神经内科，建立起 6 个“名医工作站”。（姚振华）

【浑源县全民健身活动中心启用】2021 年 12 月 22 日，投资 800 万元的浑源县全民健身活动中心启用。该中心位于永安镇恒山北路与会府街交会处东南，是集健身、娱乐、休闲于一体的大型综合型健身场地，场地东面还按照相关标准新建 1 个足球场，可满足县城十几名万群众的健身需求。

（姚振华）

广灵县

【概况】广灵县位于大同市东部，总面积 1283 平方千米。2021 年，全县下辖 5 个镇、3 个乡、9 个社区、132 个建制村。常住人口 18.1 万人。全年全县地区生产总值 52.6 亿元，比上年增长 8.3%。其中，第一产业增加值 10.6 亿元，比上年增长 8.4%，占生产总值比重 20.2%；第二产业增加值 18.3 亿元，比上年增长 6.4%，占生产总值比重 34.8%；第三产业增加值 23.7 亿元，比上年增长 9.4%，占生产总值比重 45.1%。人均地区生产总值 29055 元，比上年增长 24.5%。第一、二、三产业对生产总值的贡献率分别为 22.8%、22.6% 和 54.6%，第一、二、三产业分别拉动经济增长 1.9、1.9、4.5 个百分点。城镇居民人均可支配收入 27339 元，同比增长 8.3%；农村居民人均可支配收入 11078 元，同比增长 10.7%。2021 年被确定为全省乡村振兴“重点帮扶县”。

农业　2021 年，广灵县粮食总产量 185903 吨，增长 1.2%；豆类总产量 2796 吨，下降 7.4%；油料总产量 2866.8 吨，增长 505%；蔬菜总产量 70775.7 吨，增长 23%。全年造林面积 4328 公顷，其中人工造林 2661 公顷。全年肉类总产量 9654.5 吨，增长 28.5%；奶类产量 29525.7 吨，增长 38.2%；禽蛋产量 4632 吨，增长 1.6%；绵羊毛产量 78.3 吨，下降 39%。全年全县农林牧渔业总产 178613.9 万元，比上年增长 21.7%。其中，农业产值 93528.5 万元、林业产值 10122.4 万元、牧业产值 67564.5 万元、渔业产值 153.5 万元、服务业产值 7245 万元，分别比上年增长 12.4%、增长 151%、增长 28.6%、下降 0.2%、下降 6.2%。全年全县耕地面积 34322.5 公顷，其中水浇地面积 18780 公顷；农用化肥施用量（折纯）9201 吨，增长 4.8%；农村用电量 3573 万千瓦时，增长 11.1%；农用地膜使用量 498 吨，增长 6.4%；农用柴油使用量 1544 吨，增长 43.3%；农药使用量 83.1 吨，增长 13.1%。全年全县农业机械总动力 115765 千瓦，同比增长 13.6%。

中小企业　2021 年，广灵县中小企业营业收入 200648 万元，增长 4.5%，实现增加值 75015 万元，增长 4.5%，其中工业增加值 37920 万元，增长 3%。中小企业实现利润 12820 万元，增长 2.3%；上缴税金 9958 万元，增长 1.2%。

工业　2021 年，广灵县规模以上工业企业总产值 312047 万元，增长 21.3%；销售产值 297270 万元，增长 17.8%；实现增加值 116410 万元，增长 14.3%；销售收入 301102 万元，增长 15.3%；工业产品销售率 95.3%，比上年同期下降 2.8 个百分点；实现利税 55446 万元，增长 16.9%；实现利润 44318 万元，增长 7.5%。规模以上工业企业上缴税金 21088.8 万元，增长 8.6%。工业主要产品产量：水泥产量 1215415.3 吨，下降 15.8%；发电量 165645.2 万千瓦时，增长 11.2%，其中风电 146538.9 万千瓦时，增长 19.6%；再生铅产量 65017 吨，增长 14.1%；炸药产量 17276 吨，下降 11%；富锰渣 28280 吨，下降 19.2%；混凝土 177402 吨，下降 34.7%；生铁 49043 吨，增长 16.9%；菌棒 13449 吨，增长 15.7%；钢结构 12319 吨，增长 175.7%；膨润土 38240 吨，下降 1.2%。

能源　2021 年，广灵县规模以上工业企业能源消费 242411.2 吨标准煤，下降 23.8%。其中，原煤消费 106951.9 吨，占能源消费总量 37.2%，下降 26.4%；焦炭消费 28297.8 吨，占能源消费总量 11.3%，增长 69.2%；石蜡消费 195.4 吨，占能源消费总量 0.1%，下降 22.1%；电力消费 13988.4 万千瓦时，占能源消费总量 7.1%，下降 12.9%；生物质燃料消费 93836.6 吨标准煤，占能源消费 38.7%，下降 33.4%。余热余压利用 326082.9 百万千焦，占能源消费总量 4.6%，下降 25.7%；新增天然气消费 141.7 万立方米，占能源消费 0.7%，汽油消费 8 吨，占能源消费 0.005%，柴油消费 468 吨，占能源消费 0.3%。规模以上工业企业综合能源消费量 178999.8 吨标准煤，下降 28.7%。

固定资产投资　2021 年，广灵县固定资产投资额 189296 万元，下降 49.4%。分产业看：第一产业投资额 37242 万元，占全部投资额 19.7%，增长 3.2%；第二产业投资额 81143 万元，占全部投资额 42.9%，下降 47.3%；第三产业投资额 70911 万元，占全部投资额 37.5%，下降 61.5%。民间投资额 98442 万元，占全部投资额 52%，下降 63.4%。全年施工项目 59 个，新开工项目 24 个，新增固定资产 135276 万元。

建筑业　房地产业　2021 年，广灵县建筑业总产值 38068.6 万元，房屋竣工面积 42714 平方米，其中住宅完成 41866 平方米。房地产企业投资 24425 万元。房屋施工面积 489693 平方米，其中住宅 400434 平方米。商品房销售面积 99827 平方米，其中住宅 93906 平方米。

交通　通信　2021 年，广灵县公路通车总里程 927.8 千米。其中，高速公路 46.3 千米，干线公路 75.5 千米，县级公路 159.5 千米，乡级公路 442.7 千米，村级公路 203.7 千米。全县公路网密度 0.7 千米 / 平方千米。全年全县公路客运量 6.9 万人，客运周转量 118.5 万人・千米，公路货运量 197.5 万吨，货运周转量 21330 万吨・千米。营运汽车（有营运手续）拥有量 1124 辆。其中，货车 1117 辆，客车 7 辆。

全年全县固定电话户数 4262 户，移动电话年末户数 154343 户，其中 4G/5G 移动电话户数 125383 户。互联网宽带接入户 42254 户。

贸易　2021 年，广灵县社会消费品零售总额 128906 万元，增长 17.8%。其中，限额以上单位 12459.5 万元，增长 53%，限额以下单位 116446.5 万元，增长 16.2%。分城乡看：城镇零售额 68973.7 万元，增长 13.1%；农村零售额

59932.3万元，增长23.6%。分行业看：批发零售业零售额116274.2万元，增长16.6%；住宿和餐饮业零售额12631.8万元，增长29.8%。

财政 金融 2021年，广灵县财政总收入54736万元，下降6.7%。一般公共预算收入31621万元，增长18.3%；全年一般公共预算支出236267万元，下降18.6%。

2021年，广灵县金融机构各项存款余额969067万元，比上年增加60298万元，增长6.6%；各项贷款余额331850万元，比上年增加44015万元，增长15.3%。城乡居民储蓄存款余额813665万元，比上年增加69757万元，增长9.4%。

教育 卫生 2021年，广灵县学校总数39所。其中，普通高中1所，完全中学2所，初级中学2所，九年一贯制8所，小学25所，职业高中1所。在校学生数19162人。其中，高中在校生3314人，初中在校生5432人，小学在校生9061人，职中在校生1355人。全县公办教职工人数2032人，专任教师1995人。其中，高中专任教师407人，初中专任教师611人，小学专任教师977人。全县民办学校教师154人。全县幼儿园64所。其中，公办幼儿园33所，学校附设班13所，民办幼儿园18所。全县幼儿园教职工437人，幼儿专任教师437人（自聘418人，在编19人），全县在园幼儿数4144人。全县高考录取提档人数1295人。其中，一本录取270人，二本录取484人，二本C类137人，高本贯通4人，专科400人。

截至2021年底，广灵县医疗机构总数169个。其中，县级医院6家（包括民营医院3家），妇幼保健计划生育中心1家，乡（镇）卫生院10家；门诊部1个，个体诊所13个，村卫生室137个，医务室1个。卫生技术人员791名。其中，主任医师12名，副主任医师41名，主治医师70名，医师99名，医士101名，护师34名，护士67名，副主任护师23名，主管护师50名，5名主管药师，11名药师，5名药士，3名主管检验师，3名检验师，4名检验士，12名技师，251名其他卫技人员（村医），非卫生技术人员338名。全县拥有病床位659张。其中，县级公立医院310张，民营医院92张，乡镇卫生院257张。

项目建设 2021年，广灵县促进工业经济转型，实施工业项目13个，累计投资12.5亿元；开展“企业成长培育行动”，股改企业4户，2户企业在“晋兴板”挂牌，2户企业被认定为“专精特新”企业，规模以上企业22户，工业总产值31.2亿元，同比增长21.3%。以创建国家全域旅游示范区为契机，开工建设“长城1号旅游公路”等文旅项目，“塞上江南颐养广灵”宣传片登陆央视“中国推介”，被评为“中国最佳康养度假旅游名县”。

乡村振兴 2021年，广灵县出台《广灵县防止返贫动态监测和帮扶机制实施方案》，运用“四种监测法”巩固拓展脱贫攻坚成果，全县无一例返贫致贫人口。衔接乡村振兴项目有序实施，黄芪加工、优种驴场改扩建、食用菌扶贫产业园等项目竣工投产；实施“特”“优”战略，新建高标准农田2.2万亩，新增蔬菜大棚502栋，粮食产量1.9亿公斤；打造“广琨珍品”“广域灵工”区域公共品牌，完成“三品一标”认证换证13个；创建国家级示范社2个、省级示范社1个，6家农业企业被认定为农业产业化省级重点龙头企业。中国农大教授工作站、广灵智库专家工作站落户大同国家农业科技园区，引进“云中声谷”大数据智慧服务基地项目。开发区入选“科创中国”山西试点园区，入园企业达45家。发展电商新业态、新模式，孵化电商企业9家，作疃镇被认定为全省农村电商强镇，全县网络零售额突破5000万元，同比增长25.1%。

城乡面貌 2021年，广灵县坚持以全域统筹加快城乡建设，城市发展走上“品质路”。福馨园、翰林苑等5个商住小区全部竣工，规划一路、二路、三路建成通行；按序推进国土空间规划编制工作，编制村庄规划24个，铺设供热管网9.5千米，规划临时停车位503个，开通5G基站28个。以“六乱”整治百日攻坚为牵引，统筹推进农村生活垃圾处理、污水治理和厕所革命，清理垃圾1.8万吨，改厕2027座，污水治理村4个，打造涧西、周图寺、易和3个“乡村振兴示范村”，连续两年被评为全省农村生活垃圾治理优秀县。

生态建设 2021年，广灵县坚持以绿色发展厚植生态优势，改善大气环境质量，取缔散乱污企业1家，淘汰燃煤锅炉2台、国三及以下重型柴油货车197辆，“煤改电”32001户，全年二级以上天数320天，比上年增加18天。县域节水型社会达标建设通过省级验收，推进污水扩容工程、下河湾水库除险加固工程，水神堂泉考核断面水质达标治理工程完工，水神堂泉国考断面达III类标准，全县集中式饮用水水源水质达标率100%。统筹实施千福山森林公园绿化、京津风沙源等五大林草工程，人工造林3.2万亩，封山育林5000亩，新建林道5000米，栽植苗木27.5万株。

民生事务 2021年，广灵县“双减”政策落地见效，扩大免费校车服务范围，撤并乡村小规模学校9所，改造寄宿制学校3所，高考二本B类达线率59.4%，8名学子被清华、北大录取，清华、北大专项生录取率连续四年蝉联全市第一。深化“医疗集团+”一体化改革，县中医院建成使用，创建三星级以上村卫生室53个，医改信息化建设走在全市各县（区）前列。县宜康老年公寓、南村中心敬老院改扩建项目全部竣工。推进“人人持证、技能社会”，城镇新增就业6956人，转移农村劳动力2866人，城镇登记失业率2.9%。广灵县地掷球队代表山西出征第十四届全运会，在群众赛事活动项目——塑质地掷球男子三人赛中获大同首金。推广新时代“枫桥经验”，调解各类矛盾纠纷667件，创建市级以上民主法治示范村庄8个。

社会保障 截至2021年底，广灵县有城镇低保对象2765户6044人；农村低保对象15055户18857人；“五保”对象2034人（其中分散供养1904人，集中供养130人）。全县参加基本养老保险116669人。其中，城乡居民养老保险101547人，城镇职工养老保险15122人。参加城镇职工基本医疗保险14482人；参加城乡

居民基本医疗保险141903人；参加失业保险7134人。（姜成晋）

【广灵县招才引智】 2021年，广灵县依托全省“省校合作共建12大基地”部署，实施创新驱动、科教兴县、人才强县战略，推动全县与全国高校合作。该县成立由县委书记任组长，县委组织部、县教科局、县财政局等29家相关单位“一把手”为成员的“12大基地”建设工作领导组，明确分工，纳入全县年度目标责任考核，压实成员单位责任。各级党政机关、企事业单位、开发区提供130个岗位，接收高校大学生开展实习实训。高校大学生到广灵县直机关事业单位实习实训的，生活补贴和相关费用由县级财政承担；依托县委党校、人才公寓建立生活保障设施，大学生免费拎包入住，实习实训的大学生给予不低于每人每月1000元生活补贴，并购买意外伤害保险。鼓励高校及其人才团队参与广灵县科技重大项目揭榜招标，为高校干部人才提供处级、科级等挂职锻炼岗位，表现优秀的根据个人意愿和工作需要留任。依托“广灵小米”“广灵巧娘”等品牌，遴选一批杂粮、手工编织、果蔬等“特”“优”农产品，为高校师生提供订单式、承包式、体验式、定制式服务，促进校县合作共赢。（姜成晋）

【全科网格化建设】 2021年，广灵县推进全科网格化建设，细化网格员职能任务，健全协同共治机制，做到“人在网中服务 事在格中办好”，解决群众急难愁盼问题。全县8个乡（镇）划分全科网格255个。该县发挥网格员作用，通过进村入户、走街串巷、访企进校等形式，开展防范非法集资、电信网络诈骗宣传活动，入户72571户、发放宣传资料13万套，引导全县居民群众、企业职工和师生家长增强防范意识，加强对非法集资和电信网络诈骗的甄别能力。结合基层网格员贴近群众实际，落实网格化管理，推行“小事不出网格，大事不出社区”的矛盾纠纷调处机制，形成多部门协调配合的联动机制。网格员累计化解矛盾纠纷1760条。（姜成晋）

【广灵县“六乱”整治】 2021年，广灵县围绕重点领域、重点问题，推进“六乱”整治。推进交通沿线专项整治。该县巡查全县144条村道、47条乡道、8条县道和201、303省道以及239国道，累计清理交通沿线建筑垃圾、生活垃圾1.8万吨，拆除废弃广告牌和其他视觉污染设施1199处，消除交通安全隐患444处，交通沿线绿化美化7.4万平方米。推进村庄街巷专项整治。全县累计整治乱堆乱放、乱搭乱建、乱圈乱占、乱贴乱画3605处，清理路面污水513处，整治黑臭水体151处，拆除违章建筑、废弃建筑57处。专列资金1224万元，推行农村垃圾治理市场化，把85个村纳入治理范围，初步实现城乡生活垃圾统一清扫、统一收集、统一转运和统一处理，并打造涧西、周图寺、易和3个乡村振兴示范村，形成“一村一景”“一村一韵”的现代化治理格局。推进田间地头专项整治。该县重点瞄准田园环境净化、生产设施改造和美丽田园示范区建设三大方向集中发力，累计清理整治废弃大棚、闲置生产设施138处，清除农业生产废弃物1853.8吨，复垦农田20.5亩，在宜兴乡打造“千亩有机谷子”美丽田园示范区。推进农户庭院专项整治。该县以“五净一整齐”（庭院净、卧室净、厨房净、厕所净、个人卫生净和物品摆放整齐）为标准，发动群众集中整治户容户貌。在129个村落实片区管理和门前“三包”责任制，在115个村建立村庄清洁监督机制，在88个村设立“清洁积分制”和户容户貌“红黑榜”。全县参与庭院整治“六乱”的农户约3万户，各乡（镇）累计评选“最美庭院”103户。推进陈规陋习专项整治。该县重点把环境整治内容纳入《村规民约》，注重发挥各类文明创建载体作用，县财政专列100万元资金，用于支持127家“爱心扶贫超市”有序运营，投资490万元打造以“雁北星火”党史教育展览馆为代表的新时代“红色阵地”。在各乡（镇）常态化开展“文明家庭”“星级文明户”系列评比活动，累计评选各类先进模范户350户。（姜成晋）

【广灵县节水型社会建设】 2021年，广灵县被列为山西省县域节水达标建设试点县。为贯彻节水优先方针，推进节水型社会建设，实现水资源可持续利用，该县推进节水型载体创建，提升节水型社会建设水平。在推进节水型载体创建中，以企业、公共机构、居民小区为载体，以增强节水意识倡导科学用水和节约用水的生产、生活为核心，通过对标达标、加大宣传，发挥节水载体的引导作用，调动企业、公共机构和居民家庭节水积极性，营造全民节水良好氛围。按照节水型社会达标建设要求，全年全县节水型企业建成率提高到50%以上，公共机构节水型单位建成率提高至50%以上，节水型居民小区建成率提高至20%以上，在全县范围内创建节水型企业4家、节水型单位60家、节水型居民小区5个。（姜成晋）

【劳动者爱心驿站建设】 2021年，广灵县在县城各主要街道和公共区域设立10座户外劳动者爱心驿站，让环卫工人、园林养护人员、快递小哥等户外劳动者在工作之余能够有一处休息场所。每个劳动者爱心驿站约15平方米，摆放有桌椅，配备冰箱、电磁炉、饮水机等生活设备。（姜成晋）

【村集体经济帮扶发展】 2021年，广灵县针对资源条件差、增收难度大、收入不稳定的11个村，通过“一包联两结对”帮扶机制破解发展难题。针对11个集体经济经营性收入不足5万元的村，该县建立县级领导包联机制，构建“一个薄弱村，一名县级领导，一个工作专班，一个项目计划”的“四个一”工作体系，确保每一个集体经济薄弱村发展有人管、工作有人抓、项目有人干。该县按照产业相近、资源互补的原则，从全县精选11个“富裕村”，与11个集体经济薄弱村开展“结对帮扶”，构建富村带动发展体系，通过完善考核机制、强化“共同发展”的理念，共享各类优势资源，帮助建强集体经济组织。该县建立企业资源库、农村需求库、村企结对项目库，动员和组织当地企业家到农村一线考察，立足发展需要，开展项目对接工作。（姜成晋）

【广灵县上榜“全国优秀旅游目的地”】 2021年1月，2021中国国际生态文化旅游品牌推介与旅居地融资大会在昆明举行，大同市广灵县上榜“全国优秀旅游目的地”，被授予“中国最佳康养度假旅游名县”称号。此次大会由国际休闲经济促进会、中国林业与环境促进会林业生态旅游工作委员会、中国国际生态文化旅游品牌推介与旅居地融资大会组委会联合举办，通过各地网民对新型旅游发展认知度、网上投票及与会专家对全国旅游发展的对照，评选出14个全国优秀旅游目的地。广灵历史悠久、文旅资源丰富，被誉为“中国民间文化艺术之乡”，其秧歌、大号、皮影、背阁等独具地方特色，最具代表性的广灵剪纸是中国民间剪纸三大流派之一，被誉为“中华民间艺术一绝”，广灵县被授予“国际剪纸艺术之乡”称号。全县有壶流河湿地、白羊峪、甸顶山空中草原等自然景观25处，水神堂、汉白玉石林、圣泉寺等景点景区，农作物小米、瓜子、豆腐干，以及“画眉驴”“大尾羊”等农副产品驰名省内外，“广灵小米”“广灵苦荞”被认定为国家地理标志保护产品；“东方亮”小米多次获中国国际农产品交易会金奖，被授予“中国驰名商标”称号。（姜成晋）

【广灵县党史教育展览馆开馆】 2021年6月11日，坐落于广灵县南山镇南山区的雁北地区第一个农村党小组成立地榆沟村的雁北星火——党史教育展览馆开馆。1936年，河北省阜平县共产党员罗慎德（化名刘向清）以卖土布为掩护，到广灵县榆沟村宣传革命思想，传播革命火种。当年11月，罗慎德秘密发展贫苦农民王培信、郑权、郑善3人加入中国共产党，成立中共榆沟党小组，王培信任组长。从此，雁北地区第一个农村党组织——榆沟党小组诞生。

党史教育展览馆占地3931平方米，主体建筑面积492平方米，整体设计围绕雁北（大同）党组织的创建和发展壮大这一主题，反映中国共产党在雁北（大同）地区各个时期从创建到发展的历程。展馆包括三部分，第一篇为开天辟地（1921年），讲述中国共产党第一次代表大会在上海、浙江嘉兴南湖召开的过程。第二篇为三晋春雷（1924年），讲述1921年和1924年，山西团组织和党组织建立后，三晋党组织从建立到壮大的历史。第三篇为星火燎原（1936年秋—1949年10月），讲述从1936年11月广灵县榆沟村第一个党小组的创建，随着山西牺盟会的进入和八路军抗日根据地的创建，党组织的建设在艰难困苦中发展壮大，到1949年10月雁北地区党支部2000余个、党员38956名。该篇分五个章节：第一章漫山遍野，第二章雄关漫道，第三章走向胜利，第四章黎明曙光，第五章翻身解放。展馆还介绍罗慎德、王培信、郑权、郑善的生平事迹。（姜成晋）

【广灵秧歌情景剧《剪纸情》首演】 2021年7月，广灵县文推出秧歌情景剧《剪纸情》在广灵剪纸艺术博物馆首演。这是首次把广灵剪纸和广灵秧歌这两项非物质文化遗产同时搬上戏剧舞台。广灵剪纸有上千年历史，以其艳丽的色彩、生动的造型、纤细的线条、传神的表现力和细腻的刀法独树一帜、自成一派，被誉为“中华民间艺术一绝”，并入选“非遗”名录。《剪纸情》由广灵县文旅局和广灵剪纸文化产业园区共同出品，全剧以广灵剪纸创始家族传人张氏为原型，讲述主人公追求剪纸事业的故事。（姜成晋）

【农村广场舞会演】 2021年7月，广灵县举办“红心向党 舞动青春”第七届农村广场舞会演。此次活动有全县各乡（镇）16支参赛队的600余名广场舞爱好者参加。会演节目有《南湖的船党的摇篮》《永远跟党走》《歌唱祖国》《五星红旗》《我们的小康路》《我奋斗我幸福》《中国范》等，展现新时代农民对美好生活的热情讴歌和美好期待。（姜成晋）

【畜禽遗传资源普查】 2021年8月起，大同市开展第三次全国畜禽遗传资源普查工作。普查期间，广灵县农业农村局选优配强人员力量，并设立农作物、畜禽、食用菌和水产种质资源普查工作办公室，分别负责组织实施各自领域的普查工作。在普查过程中，普查队伍通过村级防疫员了解养殖情况，科学分析研判辖区内畜禽品种分布情况，合理制定普查指导和计划，明确普查重点任务。细化普查辖区内部分乡（镇）的广灵驴和广灵大尾羊，并上传相关数据。11月底，广灵县畜禽遗传资源普查工作组到加斗乡、南村镇等地，开展畜禽遗传资源普查，并向养殖户宣讲普查相关知识，印发普查宣传资料500余份。（姜成晋）

【广灵县亮相央视《了不起的地方》】 2021年9月7日，中央广播电视总台综艺频道节目《了不起的地方》推荐广灵县参加节目展演，与云南省剑川县同场亮相。《了不起的地方》以运动会的模式，由各地方组队参加，每次两支队伍参与。每队由当地的明星领队、行业能手及民间高手组成。现场两队共同完成三轮团体项目、三轮个人项目的展示。广灵篇由广灵大号队伍、威风锣鼓队伍、木偶戏队伍组成开场特色表演；团体赛中广灵八大碗传承人、黑瓷传承人、柳编、工行业务能手、援鄂护士等在领队的带领下开展团体项目游戏竞技。在个人赛绝活绝技展示环节，广灵剪纸传承人高清红母女现场展示蒙眼撕纸成图和刻制剪纸作品；泥塑传承人宋英合父子组合，现场展示泥塑和标语书写等技艺，以及少儿快板《广灵赞》。（姜成晋）

【广灵县地掷球项目后备人才基地成立】 2021年11月，广灵县地掷球项目后备人才基地在县职业技术学校揭牌成立。广灵县是山西省较早开展地掷球运动的地区，有30余年群众基础和实战经验，曾多次在全国体育大会、全国锦标赛上代表山西参赛并取得优异成绩。9月，地掷球项目首次在第十四届全运会上亮相，广灵县运动员郑肖飞、任晓波、黄长清与省冰雪中心的苏辰四人组队，代表山西以9比0战胜广东队，获得地掷球比赛塑质球团体赛冠军。此次成立后备人才基地，旨在通过“体教融合”，培养优秀人才，提高地掷球运动水平，打造高水平运动员队伍。（姜成晋）

【区域公共品牌发布】 2021年12

月，广灵县发布“广琭珍品”“广域灵工”区域公共品牌。“广琭珍品”是广灵农业品牌；“广域灵工”是区域特色文化与产业发展相结合的创新尝试，剪纸、柳编等手工艺品成为广灵县名片。在“广琭珍品”“广域灵工”区域公共品牌发布会上，首批使用“广琭珍品”“广域灵工”区域公共品牌的山西东方亮生命科技股份有限公司、山西立景农业科技有限公司、广灵县北野食用菌业开发有限责任公司、广灵县小灵蜂网络科技有限公司、山西鸿棉制衣股份有限公司、广灵县旭隆工艺品制作有限公司等15家企业被授牌。（姜成晋）

【法治惠民书屋揭牌】 2021年12月，为提升县域法治建设水平，推进法治文化惠民行动，增强全民法治观念，广灵县首个“法治惠民书屋”揭牌运行。法治惠民书屋依托法治宣传广场周边6个小区人口密度大、流动人员多的优势，择其优而建。其中，书籍种类涉及党政、法律、科技、文学、生活、综合6大类5000余册，并设置法治书籍专栏，内容涵盖宪法、婚姻家庭、继承纠纷、物业房产、合同侵权等与群众生活密切相关的法律知识书籍。（姜成晋）

灵丘县

【概况】 灵丘县位于大同市东南部，总面积2732平方千米。2021年，全县下辖3个镇、8个乡、13个社区、186个建制村。户籍人口24.6万人。全年全县地区生产总值67.9亿元；一般公共预算收入2.6亿元，同比增长29%；固定资产投资82.5亿元，同比增长40.9%；城乡居民人均可支配收入分别达33282元、10721元，同比分别增长8%、12.5%。灵丘县农文旅产业融合发展模式入选2021年度中国旅游赋能乡村振兴发展案例。花塔、边台、下车河、下沿河4个村入选省级美丽休闲乡村。

农业农村　2021年，全县农作物总播种面积51.8万亩，粮食总产量15.8万吨，比上年增加3.3万吨。全年投入资金1.4亿元，实施农业产业项目80个，总产值实现15.5亿元，同比增长24.5%。全县规模化畜牧养殖场有135家，畜牧业产值5.3亿元；蔬菜、水果种植面积分别为7300亩、4400亩，月亮湾有机苹果园成为群众休闲度假“打卡地”；入选全国农民专业合作社质量提升整县推进试点，全县农业企业专业合作社1040家。实施75个村环境提升工程，硬化乡村街巷4.1万平方米，改造农村户厕400座；小流域治理2.6万亩，坡耕地水土流失综合治理1.3万亩，32个村饮水安全工程全面完工，惠及群众3.6万人。健全防返贫动态监测帮扶机制，跟踪监测、重点帮扶1060户2369名“三类户”；15814名脱贫劳动力稳定就业，脱贫人口人均收入9463元，同比增长17.2%。全县新增认证有机农产品12个，中药材种植面积3.8万亩，建成中药材产业园、食用菌产业园两大园区；省市级重点农业龙头企业14家，农业产值10亿余元。农文旅产业融合发展，平型关大捷国家AAAA级旅游景区、唐河大峡谷省级旅游度假区成功创建，觉山寺、花塔、车河申报创建国家AAA级旅游景区；龙玉池摄影文化产业基地、云朵驿站、含水小寨等一批文旅项目投入运营，花塔、边台、下车河、下沿河4个村入选省级美丽休闲乡村。

工业　2021年，全县规模以上工业总产值24亿元。灵丘县坚持传统产业转型发展，推进17家富锰渣企业集群整治，完成2家高炉企业改造，23家矿山企业完成安全标准化验收；强化企业运行监测，9家企业实现小升规。新能源发电装机容量72万千瓦，秦淮数据14万台服务器上线运行，京东集团华北智能算力数据中心成功签约；12家规模以上战新企业产值突破16.7亿元，占规模以上工业总产值69.5%。全年73个建设项目中，40个项目竣工投产，9个省市级重点项目投资35.5亿元，完成率134%。东方能源风电供暖、力昂钢构、新北海金属构件等一批产业项目建成投产。参加中博会、农博会等会展，对接京东集团、秦淮数据、三峡能源、国家能源集团等开展项目招商合作，全年签约重大项目37个，总投资417亿元，20个大项目落地建设。

城乡建设　2021年，灵丘县加快县城建设，全县国土空间规划初步形成，13个商住楼盘主体封顶，22个老旧小区改造完工。44辆新能源公交车和100辆新能源出租车投入运营；新开工建设县城公共卫生间6个，建成公共停车场2座，增加车位1600个。推进三河治理项目，新华西街道路管网改造、唐河公园提升改造、城头会泉域保护、南水芦湿地保护等一批基础设施类项目开工建设；推进城镇四小、城镇幼儿园、城镇小学教辅用房等一批民生类项目建设。规范市政管理，实现环卫保洁市场化运营，整治路边市场、占道经营；加强重点路段管控，整治乱停乱放。

环境保护　2021年，灵丘县实施“煤改电”24760户；集中供热面积增加至150万平方米；推进国土绿化，完成人工造林5.7万亩，县城新增绿化面积1.6万平方米，绿化覆盖率、绿地率分别为42.4%、37.6%。全年空气质量优良天数293天，$PM_{2.5}$同比下降6.7%。

社会事业　2021年，灵丘县完成50所学校建设改造工程，出台《中小学校长管理》等4个办法，实施“三名两优”工程，启动校车工程，全县高考二本以上达线1018人、达线率47.8%，3名学子考入清华北大，111名学生考入国家985、211高校。提升医疗服务水平，县医院门诊综合楼、感染性疾病科主体工程完工，“两癌”筛查、婚前检查任务全部完成。举办第十四届平型关文化旅游节、第四届农民运动会、庆祝中国共产党成立100周年、“京西福地 山水灵丘”主题摄影暨短视频大赛、廉政书画展等系列活动，承办第十六届省运会武术套路和空手道资格赛，举办各类大型文体活动39场，开展“送戏下乡”“送文艺下乡”528场。全年完成全民技能提升工程劳动力培训10687人，新增技能人才3942人，新增就业5269人。全年发放各类救助金和生活补贴1.3亿元，全民参保计划实现全覆盖。城乡低保标准每月分别提高25元、20元，城乡特困人员保障标准每月分别提高30元、25元。

平安建设　2021年，灵丘县加强疫情防控工作，常态化落实“外防输入、内防反弹”策略，全县未出现新冠疫情确诊病例和疑似病例。加强安全生产，出台《灵丘县安全生产责任体系实施细则》等5项制度，修订县级应急预案48部；开展安全生产专项整治三年行动集中攻坚，386家企业实行安全生产挂牌责任制，整改重点行业隐患1723条，完成23家非煤矿山标准化建设。常态化开展扫黑除恶专项斗争，化解信访矛盾，刑事案件同比下降44.5%。举办抗震救灾和疫情防控应急演练，组建30支900余人各类应急救援队伍，完成承灾体调查233家、减灾能力调查1268条、农村房屋调查5241户。5个社区被评为全国综合减灾示范社区。（马秀梅）

【灵丘县省校合作】 2021年，灵丘县加强省校合作力度，为改善营商环境，该县投资600余万元把180套公租房改建成人才公寓，让到灵丘的高校人才免费拎包入住。投资3000余万元加快建设创客中心和人才活动中心，为人才提供创业生活环境。每年提供100万元经费，用于运转教授工作站和筹建中国农业大学研究院（所）相关费用。灵丘县与中国农业大学农学院合作共建的生物资源农用转化科研平台延伸基地揭牌，与中北大学机械工程学院合作，中北大学机械工程学院“大学生社会实践基地”在灵丘挂牌。（马秀梅）

【乡村建设】 2021年，灵丘县完成县级国土空间规划编制和村庄分类布局，完成村庄规划编制21个。在分类规划中，该县坚持“一村一策”，科学划分功能定位，形成“一核两翼多点”（“一核”：红石塄乡村振兴示范样板。“两翼”：唐河生态走廊景观翼、平型关红色长城景观翼。“多点”：40个乡村振兴示范点）布局，培育一批乡村旅游打卡地。加大基础设施建设力度，完善水、电、路、气等基础设施建设，开工建设“四好农村路”5.6千米，重点实施柳科至庄头通道工程、国道108线至花塔村道路改造工程、县道木佛台至铁岭村公路提质改造工程，完成7个村饮水巩固提升和25个村饮水安全维护工程。开工建设3个农村生活污水处理设施，实施京津风沙源、环京津冀生态安全屏障等人工造林6.1万亩，实施龙渠沟等5个村庄绿化工程，完成巍山草原生态保护修复治理1万亩，改造低产林1万亩，推进“煤改气”“煤改电”、生物质能清洁取暖、农村厕所革命等工程，完成煤改电1556户、生物质燃料清洁取暖3000户、农村户厕改造400座。（马秀梅）

【教育资助体系建设】 2021年，灵丘县为保证建档立卡、孤残学生、农村低保、特困供养四类家庭经济困难学生优先得到资助，建起从学前教育到高等教育全覆盖的资助体系，全年资助21073人次，发放金额1409.2万元；为128名高校新生发放路费9.2万元。完善监督投诉渠道，建立家庭经济困难学生资助的互动监督机制，确保学生投诉有途径，并公开资助任务、资金使用、名额分配、监督方式等信息。通过问卷、调查、座谈等方式，建立制度化的调查跟踪机制，根据调查结果改进完善有关政策，实现对家庭经济困难学生资助的动态、实时调整。该县动员企事业单位、社会组织等社会力量，鼓励社会爱心人士、企业家等参与针对家庭经济困难学生的资助项目、资助活动。公开表彰奖励教育先进集体、优秀个人，全年发放激励资金1363万元。（马秀梅）

【助力中小企业上市】 2021年，灵丘县邀请山西证券、山西股权交易中心专家团队手把手服务企业，按照讲透、讲清、讲实原则，让企业了解感受挂牌后能够享受到的诸多扶持奖励政策，并通过股权、债权等融资手段获得金融支持；强化培训指导企业“会上市”，该县围绕企业上市重点，多次召开帮扶培训会，为14家符合进入后备企业资源库条件的新型产业企业提供法律及财务方面的服务，帮助企业找准自身定位、明晰上市步骤要点；加强帮扶推进企业“快上市”，该县强化政府职能，帮助企业解决在发展和上市过程中的难题，主动与信誉良好、实力强、业务突出的证券和股权机构对接联络，引导中介机构为企业上市提供服务，推动企业上市步伐。截至2021年底，推荐山西润生大业生物材料有限公司、山西春阳生物科技有限公司、豪洋建材、山西库邦生物医药科技有限公司4家企业为后备入库企业。（马秀梅）

【灵丘新道自然有机农业专业合作社联合社挂牌运营】 2021年4月，由灵丘县道自然有机农业、帝丽瑟斯农产品贸易、昇鑫种养三家专业合作社联合成立的“灵丘新道自然有机农业专业合作社联合社”挂牌运营。此次3家专业合作社联合成立灵丘新道自然有机农业专业合作社联合社，其业务范围涉及有机农产品种植、养殖、农副产品初加工及销售等，打破传统单一生产经营模式，形成种植、加工及销售优势互补的良好发展机制。（马秀梅）

【新能源项目集中签约】 2021年4月9日，灵丘县举行新能源项目集中签约仪式，分别与大同秦能新能源有限公司、北京京能清洁能源电力股份有限公司内蒙古分公司、灵丘开疆新能源有限公司、内蒙古霍林河露天煤业股份有限公司山西分公司、华电福新能源山西分公司、中核汇能有限公司、国电电力大同发电有限责任公司7家新能源企业签约，签约金额141.8亿元，涉及光伏发电、风光储一体化养殖、风光互补电站、光伏农业等项目。（马秀梅）

【“京西福地 山水灵丘”文化旅游推介会】 2021年5月20日，为挖掘灵丘旅游市场潜力，开拓京津冀雄客源市场，打造“京西福地 山水灵丘”品牌形象，由灵丘县委、县政府主办，县文化和旅游局、大同市旅游集散中心、平型关文化旅游发展有限公司承办的“京西福地 山水灵丘”文化旅游北京推介会在北京举行。会上，县委副书记、县长张磊代表县人民政府与北京旅游行业协会旅行社分会签订区域战略合作协议，县文化和旅游局、大同市旅游集散中心与同程文化旅游发展有限公司、北京中远国际旅行社等旅游企业签订灵丘旅游业务合作协议。（马秀梅）

【“从胜利走向胜利”主题节目展演】 2021年6月29日，由大同市委宣传部、大同市委组织部、共青团大同市委主办，灵丘县委、县政府承办的“回望平型关丰碑 再创新时代业绩”大同市庆祝中国共产党成立100周年系列活动——“从胜利走向胜利”主题节目展演在灵丘县平型关乔沟广场举行。展演分《初心之路》《奋进之路》《改革之路》《走向复兴》四个篇章。市四套班子领导，市直有关部门主要负责人，各县（区）四套班子领导，社会各界代表500余人参加展演纪念活动。（马秀梅）

【灵丘生物资源农用科研转化项目启动】 2021年8月3日，中国农业大学农学院与灵丘县合作共建的生物资源农用转化科研平台延伸基地揭牌。揭牌仪式后，双方座谈交流垃圾、污水及污泥处理转化为农用物质的合作思路及途径。生物资源农用转化是把生活垃圾、厨余垃圾等废弃的生物资源通过微生物发酵技术转化成肥料和饲料，用于种植和养殖，实现生物资源在农业上的应用。（马秀梅）

【灵丘县入选全省首批县城绿色低碳建设试点县】 2021年10月，为落实国家和省《关于加强县城绿色低碳建设的意见》《县城绿色低碳建设试点工作方案》要求，山西省首批选择5个县开展县城绿色低碳建设试点工作，大同市灵丘县入选首批试点名单。

灵丘县启动县城绿色低碳建设试点工作后，按照试点工作方案要求，实施市政基础设施、公共服务体系、绿色建筑和建筑节能、绿色低碳交通体系、历史文化保护等方面建设项目，这些项目主要围绕培育绿色低碳产业，加快大数据、光伏产业、能源产业、农业产业等低碳产业布局，推动该县经济绿色发展；提高基础设施体系化水平，实施公共服务设施提标扩面、市政公用设施提档升级等重点工程，打造尺度适宜、配套完善、邻里和谐的生活街区；严格县城建设管控，明确县城建设安全底线要求，控制县城建设密度和强度，限制县城民用建筑高度等；提升县城特色风貌，突出县城建设与自然环境相协调，形成高品质县城生态空间；发展绿色建筑和建筑节能，提高新建建筑中绿色建筑的比例，推行绿色建造，加大可再生能源应用和传统能源替代等；培育绿色生活方式，推行绿色办公，开展绿色学校、绿色社区创建行动，优先发展公共交通等；保护传承历史文化，完善历史文化保护体系，加强“非遗”保护传承等领域。（马秀梅）

【桃花溶洞景区云朵驿栈运营】 2021年10月1日，灵丘县桃花溶洞景区云朵驿栈运营。桃花溶洞景区云朵驿栈位于灵丘县红石塄乡桃花溶洞景区，四周大山环绕、风景优美，是旅游休闲，净化身心的好地方。驿栈投资5000余万元，占地5000平方米，建筑总面积3500平方米，建成客房、亲子房46套，餐厅1000平方米，可同时为300余人提供就餐、住宿，可带动当地542户1271人增收，农民人均可支配收入5.3万元。（马秀梅）

▲ 2021年10月1日，灵丘县桃花溶洞景区云朵驿栈启动运营　（马秀梅 摄）

【罗罗腔《小二姐做梦》亮相进博会】 2021年11月5日至10日，第四届中国国际进口博览会在上海举行。灵丘县罗罗腔剧团携罗罗腔剧目《小二姐做梦》应邀参加山西展厅的文艺演出。山西展厅展位面积495平方米，设置展览展示、文艺演出、网络直播、对接洽谈4个板块，参展企业39家。此次参演的罗罗腔《小二姐做梦》选段改编于罗罗腔同名传统折子戏，由4名青年演员表演，寄寓古代青年女子对美好爱情的憧憬与向往。（马秀梅）

【京东集团灵丘智能算力数据中心基地项目签约】 2021年11月11日，京东集团灵丘智能算力数据中心基地项目举行签约仪式。县委副书记、县长张磊和京东智能产发集团投资总经理张斌代表双方签约。京东集团灵丘智能算力数据中心基地项目以数据为生产要素，算力中心为基础设施，并基于京东智能供应链能力，打造数字经济基地，使灵丘县形成新的智能产业、数据产业聚集地。（马秀梅）

【乡土文化能人艺人培训班】 2021年12月11日至18日，灵丘县分两期组织全县各乡（镇）基层文化工作者、文化志愿者、乡村文艺工作者、乡土文化能人艺人50余人开展培训。此次培训旨在搭建乡土人才互动交流学习平台，打造乡土人才梯次培养阵地，增强自身综合素质和业务能力。第一期是特色舞蹈培训，由来自市歌舞剧院的3位专业舞蹈教师带领学员们学习古典舞基训组合训练、古典舞身韵组合训练、地方特色民间舞动律训练等课程；第二期邀请大同广播电视台导演、山水北泉等实景演出导演开展专题教学，主要从提升乡土文化能人技艺、推动民间文化传承发展、民间技艺传承与乡村振兴、基层群众文化活动的策划与组织等方面授课。（马秀梅）

附　录

机构设置和负责人名录

中国共产党大同市第十五届委员会

书　记　张吉福＊卢东亮

副书记　武宏文＊张　强　艾凌宇(女)

常　委　张吉福＊卢东亮　武宏文＊张　强　艾凌宇(女)
姚鸿波＊王铁梅(女)＊崔　巍　尉连生＊梁晓旭
周　鹏　任希杰　冯晓雷＊龚孟建　王明厚
刘孟斌　王建江

秘书长　尉连生＊周　鹏

委　员（以姓氏笔画为序）

丁国华　丁振雄＊于雅丽(女)＊马安全＊王　伟
王一明　王凤瑞＊王东升＊　王丽萍(女)王宏栓
王明厚　王建江　王铁梅(女)＊王继武＊王崇虎
王德成＊文晓东　方　旭　尹海斌＊邓志蓉(女)＊
艾凌宇(女)卢东亮　史水鸿　白永旺＊白金义
白雪峰＊冯晓雷＊宁文鑫　任希杰　任建刚＊
刘　敬　刘川楠＊刘中文　刘利新　刘孟斌
闫伟国　苏　智＊李　纬　李东升　李有清＊
李春平＊李润军　李继忠　杨亚丁＊谷　明
宋　涛＊张　强　张　磊　张吉福＊张丽珍(女)
张学梅(女)武宏文＊尚建军＊　罗士彬　罗永山＊
周　鹏　周聚德＊庞　君　郑黎明　赵　宇＊
赵向东＊赵学斌　赵昱清　郝献民＊荆　虎＊
郜向华＊段运生＊姚　锦　姚鸿波　高淑霞(女)＊
高　莹　高　晶　郭　政　郭普跃　唐　胜＊
龚孟建　崔　巍　梁晓旭　尉连生＊董建中＊
董雄伟　谢　云　靳文军　雷雪峰＊翟永清

候补委员（以姓氏笔画为序）

卫　君　王　宏　王东升　乔正南＊刘如岩
刘国庆＊李　霞(女)＊沈　媛(女)张　军　张海凤＊
孟德昌　高　莹＊　唐　胜　曹　旭　谢志海
魏丽雯(女)＊

大同市第十五届人大常务委员会

主　任　赵向东＊谷　明

副主任　赵志坚＊赵　宇　刘　美　张忠义　王淑琴(女)＊
苏　智　王凤瑞　王明生

秘书长　薛利云

委　员（以姓氏笔画为序）

马洪山　王日春　王　伟＊王自润　王丽萍(女)
王晓东　王瑞霞(女)孔维盛　刘文飞　刘志忠
刘　敬　杜　福＊李　彬　杨　琳　张丽珍(女)
张明元　张建华　张　艳(女)张海兵　陈丽琼(女)
武正河　周　灏　赵　军　赵建军　赵富义
候　文　高中元　郭占君　薄锦花(女)穆福喜

大同市人民政府

市　长　武宏文＊张　强

副市长　任希杰　龚孟建　郭　蕾(女)马安全　荆　虎
赵学斌　郝献民＊翟永清

秘书长　董建中＊庞　君

政协第十四届大同市委员会

主　席　郜向华

副主席　任建刚　杨硕平＊王剑辉＊王德成＊杨素卿(女)
刘若亮　李继忠　董建中　方　旭

秘书长　李安云

政协常委（以姓氏笔画为序）

丁永胜　王月香(女)王玉娥(女)王肖倞　王迎宾
王国华　王宝林　王俊仁　王海玲(女)王雅丽(女)
卢海军　任志强　刘　东　刘汉军　齐俊斌
孙　中　杜鹊华(女)李有清　李　建　李志红(女)
李怀东　李林文(女)李海鸣　李润新　杨　峰
杨法珍(回族)　杨彩霞(女)吴　云　何文平
辛永强　张　团　张　炜　张有苒　张宝成
张润田　张瑞林　张慧勇　陈广明　范振凯

郑祝伟　赵建国　段贵宏　侯　泽　洪维英(女)
高　起　高　谦　郭　彪　曹　进　韩云平
释妙真　睢建伟　解　谦　蔡志荣　薄玉林

中国共产党大同市第十五届纪律检查委员会

书　记　梁晓旭
副书记　方　旭＊白玉玲(女)＊姚　锦　李文清　刘生斌
常　委　梁晓旭　方　旭＊　白玉玲(女)＊姚　锦　赵存斌＊
项鹏飞＊许　慧　陈建明＊　李文清＊刘生斌
曹　辉　续亚楠　李　永　耿　然　庞　玲(女)
委　员（以姓氏笔画为序）
于　君　王　实　王利军＊　王建平＊牛志刚
方　旭＊白玉玲(女)＊白永刚　刘文德　刘生斌
刘怀民＊刘鹏飞　许　慧　孙一青＊纪　青
杜红梅(女)李　永　李　霞(女)＊李义明＊李文清
李江涛＊李红官　李春雨＊　杨志文＊杨建中
余　儒　宋书平　张　军＊　张　炜＊张有茀＊
张建恒＊张保华　陈建明　武志勇　庞　玲(女)
孟建春　项鹏飞＊　赵存斌＊　赵建军＊姚　锦
袁润德＊袁腾虎　耿　然　徐文俊　高　飞＊
高　伟　曹　辉　梁晓旭　续亚楠　景　珍＊
薛建华(女)魏元桂　魏宝成＊

大同市监察委员会

主　任　梁晓旭
副主任　方　旭＊白玉玲(女)＊姚　锦
李文清　刘生斌
委　员　赵存斌＊项鹏飞＊曹　辉＊佘　儒＊刘生斌＊
续亚楠　李　永　白永刚　袁腾虎　耿　然

大同市中级人民法院

院　长　白永旺
常务副院长　刘文德
副院长　苑春光＊王永生(女)＊韩　毅　刘润玺　张怡红(女)
邵晋栋
纪检监察组组长　杨宝元＊胡德顺
政治部主任　李长春＊张　琨
执行局局长　张怡红(女)＊

大同市人民检察院

检察长　段运生＊郑黎明
常务副检察长　常向前＊魏元桂
副检察长　李　勇＊王文萍(女)陈景杰　侯学辉　苑曙光
纪检监察组组长　孙一青＊王建国
政治部主任　曹志勇＊常学青(女)

大同市委工作部门

市委办公室

秘书长、办公室主任　尉连生＊周　鹏
常务副秘书长　王　伟＊刘利新
副秘书长　来　彦　刘利新＊刘尚文　尹海斌　苏　坡
郭立东　安洪涛
纪检监察组组长　李　鹏＊张　波

市委组织部

部　长　崔　巍
常务副部长　周　灏
副部长　赵世亮　曹　锋　郭云峰＊梁　彪　张保华
纪检监察组组长　练志强＊徐东红

市委宣传部

部　长　王铁梅(女)＊王建江
常务副部长　郭尚元
副部长　赵建军　徐海滨　殷雪年　牛志刚
纪检监察组组长　王　坤＊刘　日

市委统一战线工作部

部　长　王铁梅(女)＊王明厚
常务副部长　杜　福＊张学梅(女)＊
副部长　张　团　陈晓琳(女)段　军　刘茂萍(女)王继武
纪检监察组组长　何永宏＊杜　旺

市委政法委员会

书　记　姚鸿波＊艾凌宇(女)
常务副书记　刘中文
副书记　刘晋生　王福明＊张力平(女)乔来福
政治部主任　郝清玉＊于振东
纪检监察组组长　赵建军＊高　翔

市委政策研究室

主　任　刘利新＊安洪涛
副主任　高　泽　常占库

市委网络安全和信息化委员会办公室

主　任　刘广军
副主任　黄姝琦(女)王　瑶(女)

市委机构编制委员会办公室

主　任　姚志强＊梁　彪
副主任　李海亮＊高鹏飞　林雁红(女)肖寅生

市委直属机关工作委员会

书　记　赵耀国＊白金义
副书记　张育新　钟建军
市直纪检监察工委书记　王　实

市委巡察工作办公室

主　任　李春雨＊曹　辉
副主任　周碧宇　闫海东

市委直属机关事务管理局

局　长　王建新
副局长　侯振春　韩建强

市委老干部局

局　长　曹　锋

副局长　和武杰　项丽芳(女)

群众团体

市总工会
主　席　雷雪峰＊苏　智
常务副主席　姚夏冬
副主席　王俊仁　张燕琴(女)苗晓勇(挂职)贾　鹏
共青团大同市委
书　记　徐殿海＊高　晶
副书记　高　晶＊许晓婧(女)＊何　伟　晋荔娜(女)刘　波
王新华(挂职)王文婕(女,挂职)
市妇女联合会
主　席　张丽珍(女)
副主席　王建平(女)张　丽(女)杨昕荣(女)
市科学技术协会
书　记　任志强
主　席　王正忠
副主席　王金成＊雷雪松(女)李成斌　马青青
市文学艺术界联合会
书　记　樊　菁
主　席　张海波(女)
副主席　程文栋　侯建臣
市社会科学界联合会
主　席　赵建军
副主席　张海东
中国国际贸易促进委员会大同市支会（中国国际商会大同商会）
会　长　刘红斌
副会长　张杰明＊陈庆奎
市残疾人联合会
理事长　幸学武
副理事长　张　博
市归国华侨联合会
书　记　陈晓琳(女)
主　席　张玉蓉(女)
市红十字会
副秘书长　吕翠英(女)
市计划生育协会
专职副会长（正处）　白志勇

大同市人大及其常委会工作机构

市人大常委会办公室
秘书长、主任　薛利云
副秘书长　马淑玲(女)任雪峰＊马　俊　赵　军　梁宝怀
纪检监察组组长　薛　坤(女)
市人大法制委员会（市人大常委会法制工作委员会）
主任委员（主任）　王日春
副主任委员（副主任）　任国鹰(女)
市人大监察和司法委员会
主任委员　赵　军
副主任委员　刘金锁
市人大财政经济委员会
主任委员　刘文飞
副主任委员　李宏伟＊吴生江
市人大社会建设委员会
主任委员　杨　琳
副主任委员　李莹山＊
市人大常委会研究室
主　任　孔维盛
副主任　陈　力(女)
市人大常委会教育科学文化卫生工作委员会
主　任　王晓东
副主任　李　强
市人大常委会农村工作委员会
主　任　李　彬＊白雪峰
副主任　杨增武
市人大常委会城乡建设环保工作委员会
副主任　支荣金
市人大常委会人事代表工作委员会
主　任　穆福喜
副主任　陈　杰
市人大常委会民族宗教侨务外事工作委员会
主　任　杨　琳
市人大常委会机关党委
专职副书记　吴生江＊
市人大常委会信访办公室
主　任　任小春

大同市政府工作部门

市政府办公室
秘书长、办公室主任　董建中＊庞　君
副秘书长　刘明君　曹　晖(女)张建军　韩　杰　王志清
曹进升　高旭彬
纪检监察组组长　马丽萍(女)＊张常军
市发展和改革委员会
主　任　王明生＊王宏栓
副主任　王治军　李秉坤　刘少忠　陈　瑛　高　波
张锦峰＊
纪检监察组组长　张　恒
市教育局
局　长　范振凯
教育工委专职副书记　白金义＊
副局长　王希术＊刘世勇＊孙　朝　王润峰
纪检监察组组长　张建同＊杨晓峰
市科学技术局
局　长　王成舜
副局长　连满仓　魏向军　焦超群(挂职)

市工业和信息化局
局　长　王宏栓＊曹　旭
副局长　苗泽峰　李元俊　刘洪文＊　王彦哲
纪检监察组组长　赵雁平＊何永宏
市公安局
局　长　史水鸿
副局长　张文学　昝　斌　纪　青　李　宏
纪检监察组组长　魏宝成
政治部主任　李永胜
市民政局
局　长　王东升
副局长　高　山　宿　权
纪检监察组组长　孙　团＊杜凤珍
市司法局
局　长　魏兴平＊唐　胜
副局长　王　磊(女)张晨光　张培文＊赵培荣＊
政治部主任　邓庆芳(女)
市财政局
局　长　刘义深
副局长　姚　军　邓　敏　陆　洋　林彦(女,挂职)
纪检监察组组长　李金凉＊张　峰
市人力资源和社会保障局
局　长　张　炜＊张　军
副局长　王国明　张兴平　戴文霞(女)
纪检监察组组长　胡向东＊王利军
市规划和自然资源局
局　长　王学军
副局长　刘明君　赵全义　韩东新　张卫星　武俊胜
李生祥　魏永兴　秦　贵　张吉林＊柴　柱
曹　晖
市生态环境局
局　长　赫　瑞
副局长　郭建生　王玉明(挂职)＊
市住房和城乡建设局
局　长　田培山
副局长　靳春光　刘　顺＊闫东斌　温子焕(挂职)＊
纪检监察组组长　王利军＊刘　闯
市城市管理局
局　长　王　玺
副局长　徐世平　石晨东
纪检监察组组长　谢宏福＊蔡耀岐
市交通运输局
局　长　卫　君
副局长　王　伟＊赵志刚　孙　俊(女)李宝权　牛玺荣(挂职)
纪检监察组组长　张日斌＊杨文广
市水务局
局　长　文晓东
副局长　宋卫东　李　春＊阎熙福　陈　旺(挂职)＊
纪检监察组组长　张　涛

市农业农村局
局　长　张颖龙
副局长　马　忠　何长青　周妙英(女)席志俊　王金明(挂职)
纪检监察组组长　李　军
市商务局
局　长　高淑霞(女)＊秦尚松
副局长　王　彦＊张　君　刘清湖　张　嘉(女,挂职)＊
纪检监察组组长　李　叔＊练志强
市文化和旅游局
局　长　戴　陶＊孟德昌
副局长　常增宝　姜　文＊郑建新＊马雪峰　王小春
郑　元(挂职)＊
纪检监察组组长　李　强＊孙一青
市卫生健康委员会
主　任　张宏东＊张学梅(女)
副主任　白志勇＊王　荣＊郭志清　张晓琼(女)王海东
纪检监察组组长　杜凤珍(女)＊胡向东
市退役军人事务局
局　长　张海风
副局长　曹葆春　吴　平　何新军
市应急管理局
局　长　耿建举
副局长　池忠慧　刘松湃　郭恒勇　康松涛(挂职)＊
政治部主任　武培忠
纪检监察组组长　王立中＊赵雁平
市审计局
局　长　于雅丽(女)
副局长　徐利民＊孟建春　杨文泉　蒙继伟(挂职)＊
总审计师　孟建春＊王朝晖
市政府外事办公室
主　任　刘　锋
副主任　张平生　刘瑞星　张文涛＊
市政府国有资产监督管理委员会
主　任　王一明
党委专职副书记　贾俊萍(女)
副主任　张生平＊明吉尔　孟建喜(挂职)＊
纪检监察组组长　王兴洲
市场监督管理局
局　长　曹　旭＊杜　福
副局长　于喜云　王立坚　冯志伟
纪检监察组组长　卢永仁
市体育局
局　长　张　军＊李春雨
副局长　任　瑞　晋子顺
市统计局
局　长　靳文军＊
副局长　蔺林安　吴　钧(女)薛希奇(挂职)＊
市医疗保障局
局　长　郝军生
副局长　戎力戒　王军文　赵根奎(挂职)＊

市行政审批服务管理局
局　长　魏智力
副局长　陈忠英(女)霍建光
市信访局
局　长　郭立东
副局长　段军山　李真香　宋京来＊　李文杰(女)＊
　　　　齐　炜(挂职)＊
市政府金融工作办公室
主　任　王一明＊　李志刚
副主任　任利军　李文生
市能源局
局　长　苏春枝
副局长　宋　洋　秦靖成　吴启云(挂职)＊
市文物局
局　长　刘建勇
副局长　许新红　王　伟
市人民防空办公室（民防局）
主　任（局　长）　赵晓周
副主任（副局长）　黄晓林　段凯瑞
市扶贫开发办公室（乡村振兴局）
主　任　白雪峰＊　谢志海
副主任　余天东　李胜利　张进明＊
市促进外来投资局
局　长　邹嘉荟
副局长　王振威　吴国文

大同市政协工作机构

市政协办公室
秘书长、主任　李安云＊
副秘书长　高彦东　李　烽　张　莉(女)边文斌
纪检监察组组长　石国梁
市政协提案委员会
主　任　卢海军
副主任　郭文军＊师鹏文
市政协经济和人口资源环境委员会
主　任　李有清
副主任　张宝元　丰若虚(女)
市政协农业和农村委员会
主　任　李润新
副主任　弓静义
市政协科学教育卫生体育委员会
主　任　王海玲(女)
副主任　康存锦(女)
市政协社会法制委员会
主　任　丁永胜
副主任　郑　敏(女)
市政协文化文史和学习委员会
主　任　胡日红
副主任　杜　平(女)＊时　毅
市政协研究室
主　任　高　起

民主党派 工商联

中国国民党革命委员会大同市委员会
主　委　杨素卿(女)
专职副主委　杜慧娥(女)
中国民主同盟大同市委员会
主　委　张海兵
专职副主委　张理华
中国民主建国会大同市委员会
主　委　候　文
专职副主委　张瑞林
中国民主促进会大同市委员会
主　委　王正忠
专职副主委　王肖倞
中国农工民主党大同市委员会
主　委　张宝成
专职副主委　贾文骐
九三学社大同市委员会
主　委　杨硕平
专职副主委　刘志忠
市工商业联合会
主　席　刘若亮
党组书记、常务副主席（副会长）　张　团
党组成员、副主席　苏莲英　孟　伟　张　英　王建平

大同市参公事业单位

市委党校（市行政学院、市社会主义学院、共青团大同市委团校）
校长（院长）　崔　巍（市委常委、组织部部长）
市社会主义学院院长　刘　美（市人大常委会副主任）
常务副校长（常务副院长）　雷忠厚＊靳文军
副校长（副院长）　王志军＊胡日红＊王周林
　　　　　　　　　王一渊　赵廷俊
市委党史研究室（市地方志研究室）
主　任　李　吉
副主任　贾保权　王荣国　金丽娟(女)＊王　林＊
市档案馆
馆　长　曹　彬(女)＊刘尚文
副馆长　王　悦(女)魏向东　白锦文
市委和市政府新闻中心
主　任　刘月平
副主任　任　军＊马静波(女)张　志
市住房公积金管理中心
主　任　李忠革
副主任　李锦忠　杨　霁
市政府发展研究中心（市政府决策咨询中心）
主　任　王爱民

副主任　刘建军＊彭富强　李子君

市园林绿化中心

主　任　任　帅

副主任　杜雪松　刘德日　张建宾　宋振中　杨　军

市防震减灾中心

主　任　殷宝才

副主任　任建国　杨飞翔

市城镇集体工业联合社

党组书记　袁存杰

主　　任　董　军

副 主 任　郑　平＊韩忠义　祝日杰

市供销合作社联合社

理事会主任　刘立新

监事会主任　秦永霄

理事会副主任　郑建华　孙占慧＊赵文杰

监事会副主任　张东旺

省政府直属事业单位

云冈研究院（副厅）

党委书记　张　焯

院　　长　杭　侃

党委委员、副院长　何建国　闫　丁

党委委员　王雁翔　卢继文　崔晓霞(女)

高职高专院校

大同师范高等专科学校（比照副厅级）

党委书记　岳艺斌

党委副书记、校长　裴忠泽

党委副书记　许晓婧(女)

党委委员、纪委书记　李红官

党委委员、副校长　李　文　于桂林(女)

副校长　卢　君

山西通用航空职业技术学院（比照副厅级）

党委书记　王一明

院　长　雷晓锋

党委委员、纪委书记　练志强

党委委员、副院长　孙占慧　张　锋

市委和市政府直属正处级事业单位

大同日报社

党委书记、社长　牛志刚

党委副书记、总编辑　程晓天

党委委员、副社长　江学仁

党委委员、副总编辑　刘双英(女)杨　刚

大同广播电视台

党组书记、台长　张　瑜

党组副书记、总编辑　韩生利

党组成员、副台长　常　将　王　瑶(女)＊孟爱峰(女)

党组成员、副总编辑　柳海燕(女)赵世恒

市数字政府服务中心

党组书记、主任　韩　杰

党组成员、副主任　王子明　杨远翔

大同市综合检验检测中心

党组书记、主任　管立江

党组成员、副主任　刘建敏　王新平＊朱小文　赵晋蓉(女)
武开智

市政府驻北京联络处

主　任　史　波

副主任　刘清湖＊

部门所属正处级事业单位

市公安局人民警察教育中心

书　记　王　莉(女)＊

主　任　郭立东＊高晋峰

副主任　杨红军　马立斌＊

市就业和人才服务中心

主　任　孟玉香(女)

副主任　石文斌＊吴建国　杨河芬　牛鹏飞　姚世锋

市册田水库管理中心

党委书记、主任　任　宇

党委委员、副主任　马文平　孟希平　任继宏　田生有

市现代农业发展中心

主　任　李灵生

副主任　李　情　贾兴峰　穆成岗　魏炳琦

市疾病预防控制中心

党支部书记　徐占有

主　任　温义涛

副主任　白建军　李卫华　董志敏(女)高　芳

市直学校

市幼儿师范学校

党委书记　姚　军

党委副书记、校长　张乙界

党委委员、纪委书记　段永恒

党委委员、副校长　徐文保　谢西川(女)

副校长　樊振国＊

山西大同大学浑源师范分校

党委书记　王聪生＊　王洪运

党委副书记、校长　王聪生

党委委员、纪委书记　徐志生

党委委员、副校长　徐文保＊

副校长　李　福　李志祥

大同开放大学

党委书记　马　良

党委副书记、校长　张志刚

党委委员、副校长　陈继宾　李毓坤(女)

市财会学校

党委书记　李志权

党委副书记、校长　张世发
党委委员、纪委书记　吕春梅
党委委员、副校长　郭文一　白永琦

市高级技工学校

党委书记　苑存良
党委副书记、校长　韩力军
党委委员、副校长　张润田 * 郭书勇　李爱民

市文化艺术学校

党总支书记　李立芬(女)
党总支副书记、校长　王和平
副校长　罗学琨(女)张继云 * 刘东悦

市体育运动学校

党总支书记　刘建忠 * 甄泽斌
党总支副书记、校长　甄泽斌 * 兰　雷
副校长　魏继雄 * 兰　雷 * 范会洋　江　炜　王福喜

市农业机械化学校

党支部副书记、校长　纪宇峰 *

市卫生学校

党委书记　范文有 *
党委副书记、校长　吴　昊
党委委员、纪委书记　张　宏
副校长　杨　民

大同一中集团校

党总支书记　张晋平
校　长　张晋平(兼)
党总支委员、副校长　刘国锋　合玉文　曹晓春

大同二中

党总支书记　杨永灏
党总支委员、副校长　王　丽(女)贺永义　马　祥　赵子忠

大同三中集团校

党总支书记　安振邦
党总支副书记、校长　贾建国
副校长　郭宏伟　王宏德
北校党支部书记　张国春(女)
北校校长　松继元

大同四中

党总支书记　仝小平
党总支副书记、校长　田晟宇(女)
党总支委员、副校长　靳　栓 * 鲁建强　王　辉(女)
副校长　贾俊彦

大同五中

党总支书记　陈建平
党总支副书记、校长　马　良 * 靳　栓
党总支委员、副校长　曹建明 * 赵丽萍(女)* 侯军宏

市实验中学

党总支书记　王有才
党总支副书记、校长　温月冬
党总支委员、副校长　郭红英(女)李建基

市北岳中学

党委书记　杨占森 *
党委副书记、校长　徐心一
党委委员、纪委书记　张　伟
党委委员、副校长　王洪运 * 睢步成
副校长　冯美玲(女)

市外国语学校

党总支书记　黄振宇
党总支副书记、校长　常健民
党总支委员、副校长　张　瑜 * 王建军　胡少东

北师大大同附中

党总支书记　姚建华(女)
党总支副书记、校长　刘建国
党总支委员、副校长　姚建华(女)*　田晟宇(女)* 刘文宏
　王春明
副校长　孙义平

同煤一中集团校

党总支书记　落生贵
党总支副书记、校长　张建国
党总支委员、副校长　任小明　陈　刚　赵润峰
北校党支部书记　张宝锁

同煤二中集团校

党总支书记　刘晋峰
党总支副书记、校长　马昌兴
党总支委员、副校长　康建英　马翠兵　于静宜

阳高中学

党支部书记　白志友
校　长　白志友(兼)
副校长　季培富　孙玉河

浑源中学

副校长　陈修文

市属医院

市第一人民医院

党委书记　贺永春 * 闫　莉(女)
党委副书记、院长　闫　莉(女)(兼)
党委副书记　韩　柱
党委委员、纪委书记　叶小英(女)
党委委员、副院长　沈树军　高艳萍(女)

市第二人民医院（市肿瘤医院）

党委书记　张强世 * 董义敏
党委副书记、院　长　董义敏 * 范文有
党委副书记　赵忠东
党委委员、纪委书记　陈世明
党委委员、副院长　贾鸿飞　彭泰松　王宏晋(女)

市第三人民医院

党委书记　郭　平
院　长　张宝成
党委副书记　王海英(女)
党委委员、纪委书记　王　耀
党委委员、副院长　孙兰池　卢　杉
副院长　王雅丽(女)

市第四人民医院

党委书记　杨　波＊徐占有

党委副书记、院长　冯金铭＊尉杰忠

党委委员、副院长　崔模林

副院长　姚贵明

市第五人民医院

党委书记　马轶明

党委副书记、院　长　郭　平＊张强世

党委副书记　臧天春

党委委员、纪委书记　王崇丽(女)

党委委员、副院长　尉杰忠＊张　萍(女)郭　胜　张晋华

市第六人民医院（市荣复军人医院、市社会福利精神病医院、市精神卫生中心）

党委书记　曹　德

党委副书记、院　长　刘海云

党委委员、副院长　代卫红(女)闫立新　吴树鸣

市中医院（市康复中心）

党总支书记　姜世瑞

院　长　姜世瑞(兼)

党总支委员、副院长　刘春力　昝忠成

副院长　张瑞丽(女)

县　区

平城区

中共区委书记　李继忠

副书记　唐　胜＊郭　政　郭雁明

常　委　李继忠　唐　胜＊郭　政　郭雁明　李志刚＊李文清＊王义萍(女)高　宁　张文娟(女)李文瑞　徐文俊＊王　兴　佘　儒　陈月祥　欧阳宏海＊崔　峰(挂职)＊李之光　王晓峰　侯晓楠(女)

区人大常委会主任　王丽萍(女)

副主任　张　晓＊　李培荣＊刘鹏飞　李鹏飞　张瑞林　欧阳宏海

区　长　唐　胜＊郭　政

副区长　李志刚＊王义萍(女)闫慧芬(女)＊高　宁　侯晓楠(女)　赵　波　赵永富　范尚锋　李　春　欧阳宏海＊李　徽　明吉尔(挂职)＊

区政协主席　赵世彪

副主席　吴芳芳(女)＊郝连志　魏毓思＊宋丽君(女,满)高　剑

云冈区

中共区委书记　苏　智＊李东升

副书记　李东升＊董雄伟　张学梅(女)＊于海滨

常　委　苏　智＊李东升　董雄伟　张学梅(女)＊于海滨　杨志文＊赵　雄＊石　忠＊马晓峰(女)＊韩朝炜＊陈建明　李雁侠　王富祥　范尚锋＊　郝明利　李森林　翟建利(女)张俊杰　李培荣　郝　源　郭玉贞(女)

区人大常委会主任　刘巨平

副主任　裴启义＊王永兴　余天彪＊董占成　王丽娟(女)　康宏安

区　长　李东升＊董雄伟

副区长　韩朝炜＊李森林　李培荣　郝　源　王玉娥(女)　崔志全　董雄伟＊靳文祥(挂职)＊张智文　王纵驰　韩光华

区政协主席　睢占文

副主席　管民涛＊李翠兰(女)＊许世明＊张理华　韩志杰　李松吾　张利强

新荣区

中共区委书记　邓志蓉(女)＊刘中文

副书记　李　纬　杨亚丁＊梁　军

常　委　邓志蓉(女)＊刘中文　李　纬　杨亚丁＊梁　军　于　君　孙为军　张建国　乔正南　秦尚松＊袁润德＊王晓琳(女)＊王利军＊王晓媛(女)陈建华　李向东　刘玉巍(女)张　虎

区人大常委会主任　乔　成

副主任　梁日山　田永明　张志军　魏守宇＊冯立功

区　长　李　纬

副区长　秦尚松＊何文平＊乔正南　王晓媛(女)刘玉巍(女)　张建国＊孙利生　张娟娟(女)安绍阳＊崔永东　赵　斌　赵瑞冬　胡桂森＊

区政协主席　胡永祥＊李灵瑞

副主席　袁　晏＊张　斌　张桃枝(女)张娟娟(女)＊周　品　王文廷

云州区

中共区委书记　王凤瑞＊宁文鑫

副书记　郭普跃　谢　云＊郝　炜

常　委　王凤瑞＊宁文鑫　郭普跃　谢　云＊郝　炜　范晓强＊乔来福＊高　伟　徐彦君　佘　儒＊张进明　徐　军　赵奇楠　李　喜　安小峰　王　斌　赵欣丽(女)

区人大常委会主任　王成武＊闫　军

副主任　乔　焕(女)＊薛彦斌　张　军　李一忠　郝雅楠(女)

区　长　郭普跃

副区长　范晓强＊张进明　徐　军　安小峰　金俊华　李文杰(女)王爱党(女)＊郝明利＊王翔宇(挂职)＊　高晋峰＊刘喜斌　杜有权　张伟莉(女)

区政协主席　闫　军＊马晓峰(女)

副主席　刘德舜　张　翠(女)＊孙海生　赵子昌

左云县

中共县委书记　尹海斌＊方　旭

副书记　罗士彬　李　霞(女)

常　委　尹海斌＊方　旭　罗士彬　李　霞(女)王俊云　景　珍＊李国魁　靳富军　耿力韫(女)宋书平　曹永涛　贺　睿　史海军　张　健

县人大常委会主任　刘志强

副主任　高　丽(女)韩月儒　赵忠和　乔永忠

县　长　罗士彬

副县长　王俊云　耿力韫(女)曹永涛　冀昌海＊胡世玲(女)＊　马　杰　李宇宙　王守业　张德良(挂职)＊　张志宏　张晓梅(女)

县政协主席 张 俊
副主席 张生贵＊宋 海 王 瑞 武建伟 马香梅(女)

阳高县

中共县委书记 冯晓雷＊ 丁国华
副书记 庞 君＊谢 云 申海军 孙 彦(女,挂职)＊
常 委 冯晓雷＊ 丁国华 庞 君＊谢 云 申海军 孙 彦(女,挂职)＊张进才 徐碧洋 兰学欣 宋桂珍(女)李雁侠＊武志勇 谢留强(挂职)＊冀雪俊 韩 翔 赵 杰 陈中亮
县人大常委会主任 姜 荣
副主任 张文忠 刘兴明 贾 杰 何昌利
县 长 丁国华＊谢 云
副县长 兰学欣 申海军＊宋桂珍(女)谢留强(挂职)＊冀雪俊 钟志刚 马 斌 杨占英(女)孟永泉 任雪峰 杨 凯(挂职)张进才＊
县政协主席 项征武
副主席 解秀成 韩 栋 景瑞平(女)＊张 宁＊王德军 张国梅(女)

天镇县

中共县委书记 王建江＊ 文晓东
副书记 刘川楠＊闫伟国 梁 军＊徐殿海 李克亮(挂职)＊韩智力(挂职)
常 委 王建江＊文晓东 刘川楠＊闫伟国 梁 军＊徐殿海 李克亮(挂职)＊韩智力(挂职)高 伟＊谢日升 宋桂珍(女)＊王 兴＊安洪涛＊赵良斌＊何长青 杨景利(女)周希泉 刘鹏飞 张金海 闫伟国＊王永平 贺荟锦(女)宋守升
县人大常委会主任 张建明
副主任 王 耀＊杨 智 张 凡(女)郝 君＊张海燕 宋 奕
县 长 刘川楠＊闫伟国
副县长 安洪涛＊闫伟国＊杨景利(女)＊何长青 周希泉 贺荟锦(女)张世盛 张 策 韩凤英(女)高学东 张永宏 王晓莉(女,挂职)李清文(挂职)＊李宇宙＊
县政协主席 吕广权＊赵良斌
副主席 李玢瑛(女)杨 智＊夏俊英(女)安玉坤 王雁峰(女)

浑源县

中共县委书记 赵 宇＊高 莹
副书记 高 莹＊赵昱清 杨 霄＊
常 委 赵 宇＊高 莹 赵昱清 杨 霄＊于海滨＊杨琼圣 杨建中 乔正南＊李启忠＊王小军 张文陆 曹启龙 胡 鹏 王璐琰(女)金晓飞 贾永兴 赵 祥
县人大常委会主任 谢志海＊李跃新
副主任 韩玉明 杨 庆 王兴中 翟宝龙
县 长 高 莹＊赵昱清
副县长 于海滨＊杨琼圣 曹启龙 胡 鹏 贾雪花(女) 姜宝举 雷迎春 张树军 王武明 赵开成(挂职)＊王天浩(挂职)赵永富＊
县政协主席 李跃新＊李启忠
副主席 李锦平(女)武建文 李雪飞(女)

灵丘县

中共县委书记 张 强
副书记 罗永山＊张 磊 郝 炜＊杨亚丁
常 委 张 强 罗永山＊张 磊 郝 炜＊杨亚丁 李大军＊于 君＊白 洁(女)徐文俊 王利军 王怀忠 孙为军＊李青春＊郝宝玉 崔 峰 严 石(挂职)＊杜宏辉 郭云伟 张洪玉(女)
县人大常委会主任 索根生＊李大军
副主任 郝建锋(女)张 文＊王爱民＊刘文杰 吕海明 刘向阳
县 长 罗永山＊张 磊
副县长 张 磊＊李大军＊王怀忠 崔 峰 张洪玉(女) 张秀丽(女)严 石(挂职)＊张 禄＊张智文＊安绍阳 钟灵臣 李灵杰 乔 普 张维熙(挂职)
县政协主席 王瑞春
副主席 张永俊＊刘文杰＊胡生伟＊王肖倞 田 方(女) 杜兴梅(女)勾海德

广灵县

中共县委书记 李润军＊王丽萍(女)
副书记 王丽萍(女)＊王崇虎 梁 介 胡建军(挂职)＊ 陈宏刚(挂职)
常 委 李润军＊王丽萍(女)王崇虎 梁 介 胡建军(挂职)＊陈宏刚(挂职)于永军 杨培宁 李贵峰＊刘玉清(女)＊杜红梅(女)王 军 王永峰 曹利强 任永亮 何宏文 杨立新
县人大常委会主任 孟德昌＊刘玉清(女)
副主任 周业贵＊ 李兴平 苑在银 许翠叶(女)王立荣(女)
县 长 王丽萍(女)＊王崇虎
副县长 梁 介＊于永军 杨培宁 曹利强 金俊华＊常家宁(挂职)＊张 劲(女)阎熙福＊王晓震 赵 铸 宋加飞 郭 然
县政协主席 李灵瑞＊李青春
副主席 许翠叶(女)＊郭 元 刘一川 姜树德 李党生(女)

注：2021 年 1 月 1 日至 2021 年 12 月 31 日凡调离岗位人员在其姓名后右上角标注＊ 。

（市委组织部 市委统战部）

文献选登

牢记嘱托担使命 转型发展蹚新路 奋力开启全方位推动高质量发展大同新征程

——在中国共产党大同市第十六次代表大会上的报告（节选）

省委常委、大同市委书记 张吉福

一、过去五年工作回顾

过去的五年，是大同发展进程中极不平凡的五年。五年来，市委把学习贯彻习近平新时代中国特色社会主义思想和习近平总书记视察山西重要讲话重要指示作为首要政治任务，在以习近平同志为核心的党中央坚强领导下，坚定不移把党中央和省委重大决策部署落地生根、开花结果，坚定不移按照十五届市委确定的“136”发展战略，砥砺前行、勇蹚新路，在全市人民和广大党员干部的不懈努力下，圆满完成市第十五次党代会提出的目标任务，奋力谱写出全面建成小康社会的大同篇章！

（一）“两个维护”见行动的政治自觉更加坚定。党的十八大以来，习近平总书记以巨大的政治勇气和强烈的政治担当，带领党和国家步入新的伟大实践，开启新的伟大征程。习近平总书记两次视察山西，特别是 2020 年 5 月 11 日，习近平总书记亲临大同，围绕产业扶贫、就业扶贫、巩固脱贫攻坚成果和历史文化遗产保护进行调研，这是党的领袖对大同工作的关心关怀和激励鞭策，是对 320 万大同人民的无限关爱，如春风化雨般滋润我们的心田，振奋我们的精神，为全市上下奋进新时代提供了精神动力和力量源泉。我们坚持以习近平新时代中国特色社会主义思想和习近平总书记视察山西重要讲话重要指示统一思想、统揽全局、统领发展，并结合大同实际提出了打造区域中心城市、建设美丽大同、富裕大同、幸福大同的发展思路，不断深化形成“136”发展战略。我们把学习贯彻习近平新时代中国特色社会主义思想和习近平总书记重要讲话重要指示作为自觉行动，通过认真组织开展“两学一做”学习教育、“不忘初心、牢记使命”主题教育和党史学习教育，建立市委常委会“第一议题”制度，每年举办政治建设培训班和学用交流会，在学懂、弄通、做实上下功夫，持续推动走深走实、入脑入心，形成“知信行统一、学思用贯通”的高度自觉，用以武装头脑、指导实践、推动工作。我们始终把习近平总书记重要指示重要批示作为党内政治要件和根本政治要求，对习近平总书记两次视察山西重要讲话重要指示，及时抓学习、抓部署、抓落实，持续跟踪问效；对习近平总书记关于大同的三件重要批示，认真办理完毕，并建立常态化跟踪落实办理机制，每年组织“回头看”，扩大战果、形成长效；对习近平总书记视察大同嘱托的三件大事，用心用情用力高质量贯彻落实，高起点创立云冈学，全面加强云冈石窟保护和研究，小黄花做成了产值 30 亿的大产业，“脱贫宝”一步步打造成“致富花”。全市上下感恩习近平总书记、拥戴习近平总书记、紧跟习近平总书记的态度更加鲜明、立场更加坚定、行动更加自觉，全市党员干部增强“四个意识”、坚定“四个自信”、做到“两个维护”的政治自觉更加坚定。

五年来，正是在习近平总书记的亲切关怀、英明领导下，我们才战胜了许多过去从未遇到过的困难挑战，办成了许多过去想办而没有办成的事。在学习践行、开拓奋进的实践中，我们深刻领悟到了习近平新时代中国特色社会主义思想的科学真理伟力，真切感受到了以习近平同志为核心的党中央的坚强有力！实践证明，只要我们有习近平总书记领航掌舵，只要我们沿着习近平总书记指引的方向勇毅前行，就没有过不去的坎，就没有战胜不了的困难！

（二）高质量转型发展呈现强劲态势。我们坚决把新发展理念融入经济工作的方方面面，实现从断崖式下滑到走出困境、稳中向好，再到转型发展呈现良好态势的重大历史性转折。2016 年，面对经济陷入低谷的严峻局面和错综复杂的经济形势，我们按照“近期稳增长、长期促转型”的思路，统筹煤与非煤两篇文章，全力稳定经济基本盘，到 2017 年，全市经济企稳向好、走出低谷，到 2019 年，全市生产总值增速达到 6.7%，排在全省第一位。我们以转型综改为总牵引，统筹推进“产业重塑、功能重塑、空间重塑”，系统实施“转思想、转产业、转动能、转环境”“四大工程”，初步形成以煤电传统产业为基础，以装备制造、现代医药、文化旅游、新能源四大战略产业为支柱，以大数据、新材料、电子信息、通用航空、现代纺织、农产品精深加工六大新兴产业为新的增长点的“1+4+6”产业格局，实现产业结构“一煤独大”向“多业支撑”转变。到 2020 年，全市地区生产总值增长到近 1400 亿元，规上工业增加值、固定资产投资、一般公共预算收入等主要指标增速近年连续位居全省前列，全市新增市场主体 15.6 万户，规上工业企业从 182 家增长到 367 家，实现了经济总量、效益和动力的同步提升。我们狠抓传统产业优化提升，坚定走煤炭“减优绿”之路，累计退出煤炭过剩产能 2200 万吨，先进产能占比达到 90.7%，全市新能源装机容量达

附录

到653万千瓦，占到全省的1/3，基本形成风、光、储、氢、地、水等多龙头引领、全领域布局的发展格局。我们聚焦“六新”突破，立足新能源、大数据、先进装备制造三大板块，大力推进工业振兴战略，五年间累计实施719个亿元转型项目，非煤工业占比达到48.9%，战略性新兴产业占比从9.7%提升到18.3%，高于全省平均水平9.1个百分点。我们树牢结果导向，连续开展以“马上就办、真抓实干”为主题的“冬季行动”，广大党员干部争先进位、实干担当，年度目标考核连续四年优秀，2020年高质量发展综合绩效考核排名全省第一，高质量转型发展迈出坚实步伐。

五年来，我们始终把转型作为统揽经济工作的总纲，推动从“干什么问大家、怎么干靠大家”的思路破题到“改革创新、奋发有为”的思想革命；从“转思想、转产业、转动力、转环境”的系统工程到“忠实践行领袖嘱托、率先蹚出转型新路”的发展实践，打牢了主动转型的基础，创造了深度转型的条件。实践证明，新发展理念是破解发展不平衡、不充分、不协调的根本指针，只要我们完整准确全面贯彻新发展理念，把握好这场关系全局的深刻变革，在补考中同步赶考，在赶超中力争领跑，大同经济就一定能行稳致远，就一定能蹚出一条高质量转型发展的新路来！

（三）脱贫攻坚取得全面胜利。我们坚持以脱贫攻坚统揽经济社会发展全局，全面实施精准扶贫、精准脱贫基本方略，聚焦“组织、人员、机制”三个关键要素，四级书记抓脱贫、全市动员促攻坚，推动责任落实、政策落实、工作落实。制定脱贫攻坚总体规划，八大工程重点布局、二十项行动专项推进，财政、土地、金融等六大政策机制全力保障，构建起专项扶贫、行业扶贫、社会扶贫互为补充的大扶贫格局。我们把产业扶贫作为根本之策，围绕“种、养、加、园、商、旅、研”七字方针，创新“三三三”产业扶贫模式，建设“一村一品”扶贫产业特色基地900个，形成了大小产业相联、长短产业互补、多重产业叠加的产业扶贫格局，有效带动贫困群众稳定增收。“四个三”光伏扶贫、“三黄”增收等产业扶贫模式受到国家乡村振兴局通报表扬，全国光伏扶贫现场会在我市召开。我们把就业扶贫作为脱贫之基，实施高素质农民技能提升行动，全国第一批职业农民证书在我市颁发，首届全国扶贫职业技能大赛在我市举行，“一技在身、一证在手、一条富路”“三个一”就业扶贫模式受到国家乡村振兴局通报表扬。我们把兜底保障作为重中之重，实施住房保障、饮水安全、义务教育、基本医疗“四大提质工程”，全面实现“两不愁三保障”，完成农村危改9.96万户，实施易地搬迁9.5万人，饮水安全工程惠及30万人，搬迁房发证和饮水安全工作走在全国前列，受到自然资源部和水利部表彰。整合各级各类资金实施产业就业、基础设施、公共服务和综合保障等扶贫项目719个，现行标准下31.14万贫困群众全部脱贫，745个贫困村全部出列，6个贫困县区全部摘帽，全市建档立卡贫困人口人均纯收入从2681元提高到8974元，历史性解决绝对贫困和区域性整体贫困问题。我们把习近平总书记对我市产业扶贫、就业扶贫和巩固脱贫成效给予的充分肯定转化为强劲动力，加快推进脱贫攻坚与乡村振兴有效衔接，“大同好粮”“大同黄花”品牌影响力全面提升，特色优势产业不断壮大，北肉平台建设迈出大步，雁门关农牧交错带示范区建设取得实效，农村居民人均可支配收入从7708元增长到11610元，增幅稳居全省前列，全市“三农”工作迈上新的台阶。

五年来，全市上下呕心沥血、合力攻坚，以热血赴使命，以行动践诺言，实现了彻底消除绝对贫困的历史性跨越，书写了中国“减贫奇迹”的大同篇章。从基本温饱到吃穿不愁，从交通闭塞到内联外畅，从缺医少学到全面保障，从产业匮乏到百业竞兴，农业增效、农民增收，农村发展和农村治理发生翻天覆地的变化。实践证明，中国共产党具有无比坚强的领导力、组织力、执行力，是团结带领人民攻坚克难、开拓前进最可靠的领导力量。只要我们矢志不渝听党话、跟党走，坚持党的领导，一以贯之、久久为功，就一定能走好中国特色社会主义乡村振兴之路，就一定能从胜利走向新的胜利。

（四）改革创新实现重大突破。我们坚持以创新增活力，大力实施科技创新突破提升行动，打造（能源革命科创园、氢都新能源产业城、转型汇智创新城）“一园双城”，创建7个院士工作站，落地中科院热物理所等20个科技创新平台，在全省率先实施百名博士引进工程和凤凰人才计划，引进28名院士和百名行业领军人才组建转型智库，引进人才1300余人，规上工业企业研发活动实现全覆盖。我们坚持以改革聚动能，统筹推进放管服效、监察体制、供给侧结构性改革等一批重大引领性、标志性改革举措，形成制度性成果150余项，基本搭建起“四梁八柱”的改革主体框架。把开发区作为转型的主阵地、主引擎，持续推进“三化三制”改革，有序推进调规扩容升级，深入推进“承诺制＋标准地＋全代办”改革，全市新增5个省级开发区，大同经开区规上工业产值五年翻了两番，成功获批国家级绿色产业示范基地。紧紧扭住影响大同三十多年的“城矿郊”矛盾，圆满完成行政区划调整和后续乡镇街道改革，提升了资源配置效率和行政效能，优化了空间布局。深化国企国资、财税金融改革，推进“双降”行动，综合采取减债、换债、延债、顶债、控债“五招”，化解政府债务137亿元，现已化解政府债务风险。顺利完成党政机构改革和事业单位改革，实现精简整合、整体重塑、功能再造。我们坚持以开放求发展，按照“东融西拓、南贯北通”的思路，以京津冀为主攻方向，统筹规划、产业、交通、平台“四个对接”，全面深化京同合作，与北京海淀、丰台、中关村、经开区等建立战略合作伙伴关系，引进京东、秦淮、京能、首农、国药等一大批龙头企业，落地京东“6+1”、秦淮“1+4”等167个重点项目，总投资1800亿元。国家跨境电商综合试验区获批，航空国际口岸通过审批，国际陆港、“北肉”平台、B型保税物流中心建成运行，大同经开区医药基地获批全省唯一国家级外贸转型升级基地，丝绸之路经济带海关区域实现一体化通关，大张高铁建成通车，大西高铁全线贯通，集大原高铁开工建设，形成了海陆空立体式交通网络和经济廊道。

五年来，我们把改革创新、对外开放作为推动转型的关键之举，聚力改革创新，拓宽开放路径，加速动能转换，形成全面发力、多点突破、纵深推进的整体格局，推动经济从资源依赖型向效率提升型，再向创新驱动型转变。实践证明，只要我们牢固树立改革创新的鲜明导向，聚焦痛点堵点，先行先试、敢行敢试，就一定能在新发展阶段把握主动、抢占先机，就一定能在新征程上厚积薄发、再创辉煌！

（五）城市品质和形象极大提升。我们紧紧围绕区域中心城市建设目标，锚定“一城五地”发展定位，按照“一核三区六城八组团”整体布局，立足宜居宜业宜游，大力推进以人为核心的新型城镇化建设。围绕“活起来、火起来”目标，全面推进古城复兴和新区提质，以五大场馆为代表的125项续建工程全部完工，古城墙全面合龙，护城河全线贯通，永泰广场、代王府、大同府衙、明堂博物馆等建设完工，古城历史文化魅力进一步彰显，新区人口集聚效应和活力初步显现。积极推进城市扩规提质，大力开展垃圾治理、污水治理、厕所革命等专项行动，城乡公共设施水平有效提升。完善内通外联的运输通道网络，新建城市干线280千米，北环桥、开源桥、同煤快线建成通车，大同客运东站、南环西延公交枢纽站投入使用，“一横一纵一环”的城市快速交通系统基本形成；新建农村公路7300千米，广蔚高速建成通车。启动智慧城市创建，深入开展“两下两进两拆”，城市集中供热、污水处理、燃气普及基本实现全覆盖，机扫覆盖率85%，京能集中供热长输管线年内即可完工，建成区面积增加50%，城镇化率由61.0%提高到72.7%，是增幅最快的五年，城市承载力、聚合力、辐射力明显提升。

五年来，我们一张蓝图绘到底，在财力十分困难的情况下，在政府负债没有增加的情况下，团结带领干部群众勒紧裤带、顶住压力、量力而行、尽力而为，一步一个脚印，一年一点变化，城市面貌焕然一新，一座古城与新区交相辉映，生态与产业比翼齐飞的大气大美的现代化城市呈现在世人面前。实践证明，只要我们牢固树立正确的政绩观、权力观、利益观，立足现实、着眼长远，就一定能做出无愧于时代、无愧于人民、无愧于历史的业绩。

（六）生态文明建设成效显著。我们牢记习近平总书记“全方位、全地域、全过程开展生态环境保护”的嘱托，统筹“山水林田湖草沙”系统治理，一体推进治山治水治气治城，坚决打好蓝天、碧水、净土三大攻坚战，全市生态环境质量持续改善。我们坚持“转型、治企、减煤、控车、降尘”五管齐下，实施“散乱污”企业动态清零，淘汰燃煤锅炉532台，完成13万户清洁取暖改造，$PM_{2.5}$浓度五年稳步下降9个单位，空气质量连续保持全省第一，二级以上优良天数近四年保持在310天以上，成为全省环境空气质量唯一达到国家二级标准的城市，“大同蓝”大气治理模式受到国务院通报表扬。大力实施桑干河、御河、十里河流域综合治理，全力推进联合治水、生态补水、优化净水、面源控水、湿地滤水“五大工程”，引黄入同工程取得较大进展，累计为桑干河补水4亿立方米，新建改造提标11座污水处理厂，城市黑臭水体全部消除，国省考断面全部退出劣V类，我市“水短板”问题有效破解。深入开展国土“三化”行动，大力实施采煤沉陷区治理工程，完成矿山生态修复6.78万亩，全市森林覆盖率每年增加一个百分点，建成区绿化覆盖率、绿地率、人均公园绿地面积显著提高，近年获评“全国美丽山水城市”“全国十佳生态文明城市”和“中国美丽城市”。

五年来，我们把美丽大同作为城市发展的主体色调，坚定不移走“生态优先、绿色发展”道路，铁腕做减法、绿色做加法，产业、能源、交通、用地结构深度调整，全市上下生态环保意识明显提升，生态治理取得显著成效，生态环境质量明显改善，绿色发展水平明显提高。实践证明，只要我们坚定不移贯彻习近平生态文明思想，“天更蓝”“山更绿”“水更清”就一定会成为美丽大同的生动写照。

（七）人民群众生活水平明显改善。我们以人民为中心，把群众需要作为第一追求，从最基本的民生抓起，强化普惠性基础性兜底性民生建设，全市八成以上财政支出投向民生领域，幸福大同“十有”体系初步建立。坚持就业为本，实施技能促就业、就业促增收“双促”行动，全面推进“人人持证、技能社会”，5.6万人取得技能证书，城镇新增就业25.7万人，“零就业”家庭动态清零，两居收入增速连续五年位居全省前列。大力发展适合年轻人就业创业的数据呼叫、标注等数据服务产业，解决了3万多个就业岗位。全力办好人民满意教育，实施教育领域十大改革，学前教育发展指标位于全省前列，县域中小学布局改革试点经验在全省推广，普通高中教学质量跨越式提升，职教城启动建设，新增两所高等专科学校，大同大学增设15个新兴专业和10个硕士学位点，全市教育质量不断攀升。医疗卫生体制改革扎实推进，三级医院城市核心区域和四级远程医疗网络实现全覆盖，覆盖全民的基本医疗保障体系更加完善。全面落实“四早”“五严五防”等疫情防控措施，疫情防控实现“零死亡、零感染、零输出”目标，传染病医院开工建设。我市成功入选全国第三批社区和居家养老服务试点城市，智慧居家社区养老服务平台建成投运。优化“12345”市民热线“接诉即办”快速响应和“一快三直”工作机制，一大批群众关心的“急难愁盼”有效解决。推行民生实事人大代表票决制，每年承诺的民生实事全部兑现。新增15条公交线路，500米站点覆盖率达到100%。城乡安居工程持续推进，8.3万户居民告别城市棚户区，综合治理老旧小区135个，惠及居民4.34万户。创新性解决国有土地房屋权属登记历史遗留问题，20万市民拿到了期盼多年的房产证。

五年来，我们坚持人民至上，把创造高品质生活作为出发点和落脚点，从百姓烦的事、盼的事、看的事做起，再多不怕多、再小不嫌小、再难不畏难，交出了一份既有温度、更有厚度的民生答卷。实践证明，只要我们紧扣民心这个最大的政治，把为民办事、为民造福作为最大的政绩，与人民想在一起、干在一起，才能无往而不胜，我们的辛苦就一定能换来群众越来越多的笑脸，人民的幸福感就一定会越来越强！

（八）文化竞争力和城市影响力不断增强。我们以文化强市为引领，充分挖掘悠久历史文化、优秀传统文化、红色革命文化资源，加强系统化保护、科学化传承、数字化展示，推进文旅、文艺、文创高质量融合发展。积极培育和弘扬社会主义核心价值观，推动理想信念教育制度化常态化，大力弘扬伟大建党精神、伟大抗疫精神、脱贫攻坚精神和平型关精神等宝贵精神财富，激发出全市人民爱党爱国爱社会主义的巨大热情。市县两级融媒体中心从无到有、持续加强，新时代文明实践中心遍地开花、全面覆盖，成功创建省级文明城市和一批全国文明村镇、文明单位、文明家庭，全面启动全国文明城市创建。从严落实意识形态责任制，深化“清源”“护苗”“秋风”“净网”“固边”五大专项行动，筑牢各领域意识形态安全防线。大力推动文化事业繁荣发展，完善公共文化服务体系，常态化开展文化惠民活动，乡镇、农村公共文化设施基本实现全覆盖，广电、报业、文旅等重点领域改革取得实质性进展，《河清海晏》《党的女儿》《热泉》《北魏长歌》《热土》《天下大同》等文艺精品不断涌现，古都灯会、云冈旅游节、成龙国际动作电影节、长城摄影展等一批文化活动成为独特的城市标签，文化影响力和辐射力日益扩大。加快文旅融合步伐，以承办全省首届旅发大会为契机，以国家级全域旅游示范区创建为抓手，全力打造国际一流全域旅游目的地，深入推进“五环联动”，倾力打造云冈、古城、恒山、长城四大核心板块，实施火山群、古长城等百项文旅项目，云州区、灵丘县、浑源县、平城区通过国家全域旅游示范区创建省级验收，长城一号旅游公路全线贯通，得胜堡、守口堡、镇边堡等 14 家长城驿站基本建成，天镇李二口长城文化博览苑入选国家重点项目，方特欢乐世界入选国家 4A 级景区，“游山西、读历史”文旅体验活动从云冈石窟走向全省，第六届全国民宿大会落户大同，全市旅游人数、旅游收入年均保持 30% 左右的增速，文旅产业正逐渐成为我市的支柱产业。

五年来，我们坚定文化自信，按照“大保护、大融合、大产业”的发展路径，深挖文化“富矿”，以文塑旅、以旅彰文，打造了一批具有大同特色的文化品牌和文化名片。实践证明，文化是城市的根与魂。只要我们打好文化牌，谋准文创路，下好文旅棋，就一定能建成覆盖全域、带动全省乃至影响全国的文化强市！

（九）民主法治建设实现新的进步。市委充分发挥总揽全局、协调各方的领导核心作用，把党的领导贯穿到工作全领域全过程，四套班子思想同频、工作同向、行动同步，凝聚起“市委决策、政府执行、人大政协参与”的强大工作合力。大力支持人大、政协依法履职，每年举办人大、政协议政论坛，召开市委人大工作会议、市委政协工作会议，画好最大同心圆，为全方位高质量发展凝聚人心、汇聚力量。大统战工作格局加快构建，多党合作事业蓬勃发展，民主党派工作走在全省前列，宗教、外事、侨务工作取得新成绩，工会、共青团、妇联等群团组织的动员力、号召力、影响力进一步提升。依法治市全面推进，“七五”普法圆满完成。党管武装和双拥共建工作扎实推进，“智慧国防动员”在全省率先推开，民兵调整改革任务圆满完成，全国双拥模范城实现“九连冠”。全面落实总体国家安全观，坚决打好风险防范攻坚战，政治、经济、科技、社会、意识形态、外部环境等领域风险有效化解，被确定为全国市域社会治理现代化试点城市和全省全科网格工作试点城市，扫黑除恶战果位列全省第一方阵，平安建设考核、安全生产考核连续三年排名全省前列，人民群众满意度评价持续提升，社会大局和谐稳定，全民共建共治共享的社会治理格局初步形成。

五年来，全市上下同频共振、团结协作，形成“大合唱”工作机制，每一份成绩的取得，无不体现着四大班子的团结协作，无不凝聚着广大干部群众的配合支持。全体党员及全市人民以高度的主人翁精神勇敢追梦、苦干实干，共同交出了一份份担当作为的新答卷。实践证明，团结就是力量，实干成就梦想。只要我们把大同儿女更好地团结起来，心往一处想、劲往一处使、力往一处聚，就没有闯不过去的难关、克服不了的困难，就一定能绘就全方位高质量发展的大同华章！

（十）风清气正的政治生态持续巩固。市委坚决扛起管党治党政治责任，创新运用“两级三责法”，通过抓本级、督下级，推动明责、查责、追责一体落实。坚持以好干部标准锻造过硬队伍，鲜明树立“重政治、重实绩、重民意”的用人导向，大力度培养选拔年轻干部，高质量完成县乡换届，一大批在脱贫攻坚、转型综改、疫情防控、扫黑除恶等实战一线实绩突出、表现优秀的干部得到提拔重用，全市干部队伍结构更优、功能更强、干劲更足，忠诚干净担当的高素质干部队伍建设迈出坚实步伐。始终保持高压态势，从减存量、控增量、提质量三个维度着手，大力正风肃纪反腐，一体推进不敢腐、不能腐、不想腐，在全省率先开展“不作为、慢作为、乱作为”专项整治，十五届市委实现市县巡察全覆盖。五年来，全市共处分 8289 人、移送司法机关 185 人，分别是上一届总数的 1.69 倍、2.03 倍，释放了一严到底的强烈信号。坚持把抓基层打基础作为长远之计和固本之策，大力实施“强腰行动”和“三力”提升工程，分领域分层次推进基层党组织标准化规范化建设，党建与业务深度融入，党建引领基层治理成效明显，全国城市党建示范市建设走在前列，市县党校改革成效明显，市委党校新址落成，县区党校规范提质，三级党群服务中心网络基本形成，“四诺四评”做法获评全国基层党建创新典型“最佳案例”，农村集体经济全部突破 10 万元，各级党组织的政治领导力、思想引领力、群众组织力、社会号召力明显增强。

五年来，市委把真管真严、敢管敢严、长管长严的要求贯穿管党治党全过程、落实到党的建设各方面，系统净化并重构政治生态，凝聚了党心民心，夯实了党的执政根基。实践证明，建设一支忠诚干净担当的干部队伍，比建成什么工程都重要；营造出风清气正的政治生态环境，比留下什么政绩都重要。只要我们坚定不移把严的要求贯穿管党治党全过程，为担当的干部撑腰，为实干的干部作主，就一定能汇聚起排山倒海的磅礴力量，就一定能实现美丽、富裕、幸福大同的美好愿景。

成绩来之不易，奋斗充满艰辛。这些成绩的取得，是习近平总书记领航掌舵的结果，是习近平新时代中国特色社会主义思想科学指引的结果，是以习近平同志为核心的党中央坚强领导的结果，是省委关心支持和有力领导的结果，是历届市委接续奋斗的结果，是全市各级党组织和广大党员干部群众顽强拼搏、真抓实干的结果。回顾五年历程，饱含奋斗的艰辛和成功的喜悦，也给我们留下许许多多的美好记忆和感动感怀。这五年，市委充分发挥“把方向、管大局、做决策、保落实”的领导核心作用，坚决当好“五个表率”，同心同德、同律同力，推动党中央和省委重大决策部署落地生根、开花结果；四套班子握指成拳，示范带头，心往一处想、劲往一处使、拧成一股绳，汇聚起干事创业的强大合力；广大党员干部冲锋在前，无私奉献，啃下了一个又一个硬骨头，打赢了一场又一场攻坚战，充分发挥了先锋模范作用；扶贫干部倾力奉献、任劳任怨，同困难群众想在一起、过在一起、干在一起，甚至牺牲在脱贫攻坚的第一线，交出了脱贫攻坚的圆满答卷；企业家们聚力转型、聚焦发展，坚定不移谋创新拓市场，克服困难保工资保就业，与党委政府同心同力、同舟共济；广大人民群众识大体顾大局，舍小家为大家，热情参与经济社会各项建设，为大同发展做出了巨大贡献；白衣天使执甲逆行，不顾风险，不讲条件，勇毅投身抗疫第一线，用血肉之躯筑起钢铁长城，用实际行动诠释大爱大义；老领导、老同志们积极发挥余热，倾注心血汗水，主动建言献策，不遗余力关心支持大同发展。总之，全市上下、社会各界各显其能、各尽其力，把对党的感情、对大同的热爱转化为推动发展的强大正能量，汇聚起了同心同力发展大同的磅礴力量，用激情和汗水书写了大同转型崛起的最美诗篇。

二、今后五年的主要工作

站在新的历史起点展望未来，大同有机遇、有挑战，更有潜力。

——机遇千载难逢，必须应时而动。习近平总书记三年两次视察山西，去年首站来到大同，嘱咐我们“在转型发展上率先蹚出一条新路来”，为我们高质量转型发展提供了根本遵循、指明了前进方向；国家支持山西进一步深化改革促进资源型城市转型发展，在山西开展能源革命综合改革试点，为大同打造能源革命示范区提供了重大政策机遇；“碳达峰、碳中和”战略的实施，为我们加快调整优化能源结构、加快摆脱煤炭依赖指明了路径；《中共中央 国务院关于新时代推动中部地区高质量发展的意见》明确提出“促进大同等区域重点城市经济发展和人口集聚”，为大同强化区域龙头地位、高起点建设区域中心城市提供了难得的发展机遇；明年北京—张家口冬奥会的举办，也为我们借力乌大张区域合作机制，全面融入京津冀协同发展国家战略提供了重要机遇。可以说，未来五年，是大同各种政策机遇叠加、各种利好不断呈现的关键时期，我们必须抓住机遇、乘势而上，坚决搭上发展的快车。

——挑战依然严峻，必须迎难而上。国家双循环战略的实施、对刺激国内消费增长带来长期利好，但对消费品供给能力相对较弱的我市，在新一轮新增消费市场的竞争中还是处于劣势；另外，随着国家“双控”约束从严、“双碳”压力趋紧，对我市煤电和部分工业项目包括制造业等支柱产业的发展形成极大冲击；国内外新冠疫情的不稳定性和不确定性，也给我市经济占比较大的文旅、餐饮等行业带来较大影响；另外，进入全面推进乡村振兴新征程，巩固拓展脱贫攻坚成果任务依然繁重，还有返贫的风险。从我们内部看，经济总量偏小、产业结构不优、增长动力不足，特别是县域经济、民营经济体量偏小、活力不强等问题依旧存在。

——未来潜力无限，必须顺势而为。我市煤炭、石墨等资源得天独厚，文游资源丰富，生态环境良好，区位优势明显。经过几年的转型发展，新能源、新材料、现代医药、装备制造、大数据、文化旅游等形成很好的产业基础。特别是营商环境越来越好，干部干事创业的精气神越来越足，人民群众热爱大同、建设大同的热情越来越高，这一切必将汇聚成建设美丽富裕幸福大同的磅礴力量，这也是我们最大的底气！

今后五年，全市工作的指导思想是：高举中国特色社会主义伟大旗帜，以习近平新时代中国特色社会主义思想为指导，全面贯彻党的十九大和十九届二中、三中、四中、五中全会精神，深入贯彻落实习近平总书记视察山西重要讲话重要指示精神，统筹推进“五位一体”总体布局，协调推进“四个全面”战略布局，立足新发展阶段，完整准确全面贯彻新发展理念，抢抓构建新发展格局的历史机遇，按照省委全方位推动高质量发展的要求，深入实施和拓展“136”发展战略，着力推进经济转型，着力推进改革创新，着力推进民生福祉，着力推进生态改善，着力推进社会治理，着力推进从严治党，在转型发展上率先蹚出一条新路来，努力把大同打造成为中部地区具有较强影响力和竞争力的现代化区域中心城市，奋力谱写建设更高标准美丽大同、更高质量富裕大同、更高品质幸福大同新篇章。

今后五年的奋斗目标：

——打造中部地区具有较强影响力和竞争力的现代化区域中心城市。紧扣“产业集聚、人口聚集”两大目标，立足宜居宜业宜游，全面提升经济牵引力、产业创新力、能源贡献力、集聚辐射力，推动城乡统筹发展格局基本形成，国家能源革命综合改革、资源型城市转型发展、京同合作、晋北及晋冀蒙长城金三角（乌大张）协同发展形成示范，把大同建成立足山西、辐射冀蒙、面向全国的先进制造聚集地、能源革命综改示范地、内陆地区对外开放新高地、晋北和环首都生态涵养地、国际文化旅游目的地。

——建设更高标准美丽大同。深入推进生态城市、文明城市、智慧城市建设，实施城市更新行动，不断完善城市功能，全力打造环境更优美、交通更顺畅、服务更便捷的现代公园城市。坚持以绿荫城、以水润城、以气养城，统筹“山水林田湖草沙”系统治理，全域建设美丽城市、美丽城镇、美丽乡村，打造看得见山、望得见水、留得住乡愁的魅力家园。到2025年，全市空气质量优良天数比例力争达到88%，优良水体比例力争达到40%，森林覆盖率达到22%，全市地区生产总值能耗降低15%。

——建设更高质量富裕大同。实现经济强、企业壮、百姓富。经济强，就是经济实力大幅跃升，地区生产总值增速高于全省平均水平，总量升级进位，人均生产总值力争进入全省第一方阵。企业壮，就是打造主体多、体量大、质量优、效益高、动力新的经济体，培育一批竞争力强的龙头企业和企业集群。百姓富，就是城乡居民人均可支配收入增速继续保持全省前列前三名，绝对值达到全省上游水平，共同富裕取得新进展。到 2025 年，全市地区生产总值达到 2400 亿元，一般公共预算收入突破 230 亿元，非煤工业占比达到 60% 以上，社会消费品零售总额超过 1200 亿，规上工业企业突破 1000 家。

——建设更高品质幸福大同。以共享发展成果为导向，民生事业城乡融合共享、全域推进，基本公共服务均等化、优质化，民生保障更具普惠性、基础性、兜底性，幼有所育、学有所教、劳有所得、病有所医、老有所养、住有所居、弱有所扶的保障体系更加完备。办好人民满意教育，全面提升医疗服务水平。创建全国文明城市，高标准打造全国市域社会治理现代化试点城市，构建更加平安、文明、民主、法治、公平的和谐社会环境，全民共建共享社会治理格局初步形成，人民群众获得感、幸福感、安全感和满意度大幅提升。到 2025 年，人民群众充分就业，“零就业”家庭动态清零，城镇人口失业率控制在 4% 以内，基本养老保险、基本医疗保险参保率稳定在 95% 以上，人均预期寿命超过 80 岁。

为实现上述目标，重点做好九个方面工作。

（一）坚持把政治建设摆在首位，牢牢把握正确政治方向

坚定不移听党话、跟党走，不断增强“四个意识”、坚定“四个自信”、做到“两个维护”，自觉在思想上政治上行动上同以习近平同志为核心的党中央保持高度一致，全面提高政治判断力、政治领悟力、政治执行力。一要牢记领袖嘱托。深刻感悟习近平总书记的深情厚爱，以最炽热的情感把习近平总书记的关心关怀转化为绝对忠诚的政治信仰，以最坚决的行动把习近平总书记的嘱托期望转化为推动发展的强劲动能，坚决贯彻落实习近平总书记两次视察山西重要讲话重要指示精神，高质量完成习近平总书记视察大同嘱托的三大任务，持续抓好习近平总书记针对大同三件重要批示落实情况“回头看”，以实际行动和优异成绩回报习近平总书记的关怀与厚望。二要强化理论武装。把习近平新时代中国特色社会主义思想作为根本遵循，在学懂弄通做实上下更大功夫，继续办好政治建设培训班，继续推行和严格执行市委常委会“第一议题”制度，不断巩固不忘初心、牢记使命制度，持续深化党史学习教育，以各类学用交流会和思想读书班引导广大党员干部锤炼坚强党性、坚定理想信念。抓好各级党组织意识形态工作责任制落实，不断强化党员干部的思想淬炼、政治历练、实践锻炼、专业训练。三要加强党的全面领导。充分发挥党委把方向、管大局、作决策、保落实的领导核心作用，严格落实民主集中制，严肃党内政治生活，全心全意为党执政、为民服务，持续开展中央巡视和中央各类督察反馈问题整改“回头看”，扎实推动党中央和省委重大决策部署在大同不折不扣贯彻落实。

（二）坚定不移贯彻新发展理念，全力推动高质量转型发展实现新跨越

围绕资金聚集、人才聚集、产业聚集，做大经济总量，优化经济结构，坚定不移推进转型发展。实施产业振兴战略，统筹推进工业振兴、服务业振兴、乡村振兴，聚焦战略重点，提升传统产业，做强优势产业，布局新兴产业，推动服务业提质增效，构建多元支撑的现代产业体系。实施创新驱动战略，全力打造一流创新生态，积极争取国家和省级重点实验室、产业创新中心在大同布局落户，推动一批科技成果在大同转化落地，积极支持企业创新研发活动，实现规上企业创新中心、技术中心全覆盖，高新技术企业数量翻番，争创国家级高新区与国家双创示范基地。实施人才强市战略，启动引人才、聚人气“双人”计划，开展“创优环境引才、深化改革育才、建设平台聚才、创新机制用才”四大行动，让大同人越来越多、年轻人越来越多、各类人才特别是企业家越来越多。实施主体培育战略，支持民营经济发展壮大，让企业变多、变大、变强，加快推进企业倍增计划，推动“个转企”“小升规”“规改股”“股上市”，聚力培育一批“单项冠军”企业和“专精特新”小巨人，力争五年内全市规上工业企业突破 1000 家。实施项目支撑战略，滚动实施“三个一批”，落地一批引领高质量发展的大项目、好项目，重点在十亿级、百亿级项目上取得突破。加大招商引资力度，创新招商方式，拓宽招商渠道，努力形成“大项目顶天立地、小项目铺天盖地”的喜人态势。实施改革赋能战略，向改革要动力、要活力。深化“放管服效”改革，全面打造“三无三可”营商环境；深化开发区改革，打好“承诺制 + 标准地 + 全代办”组合拳；深化国资国企、要素市场化配置等改革，让改革成效充分显现。实施开放合作战略，吸引更多的人流、物流、资金流、信息流在大同竞相集聚。深度参与“一带一路”、京津冀协同发展等国家战略，全面深化京同合作，大力推进乌大张战略合作，积极对接“中蒙俄经济走廊”，把大同建设成为山西对外开放的新高地、融入京津冀的桥头堡。

（三）推动城市建设全面提质升级，努力打造宜居宜业宜游的美丽家园

锚定建设现代化区域中心城市目标，统筹城乡融合发展，做精主城、做活古城、做大县城，让城市功能更完善、生活更舒适、魅力更彰显。一要优化城市空间格局，围绕“一城五地”城市定位，按照城市空间“东连接、南拓展、西优化、北控制、中提升”的建设思路，形成“一核三区”融合发展的新局面，促进融合发展和人口集聚，全面提升城市综合承载力和辐射带动力。二要加快中心城市品质升级，实施城市更新行动，完善城市基础设施，全面提升城市服务功能和居民便利化水平，打造一批新时代城市品牌地标，完善“两横两纵两环”城市快速交通系统，深入推进省级新型智慧城市试点市建设，构建生产生活生态空间相宜、自然经济社会人文相融的城市生态系统，建设美丽宜居公园城市。三要全面提升古城价值。坚持“保护为主、抢救第一、合理利用、加强管理”，以“留建筑、留乡愁、提品质、惠民生”为目标，能留则留、能保则保，有序推进历史文化街区“两抢救、两整治、四织补、一提升”，推进古城串点成线、连线成片，基本恢复古城整体风貌，传承古城文脉，留住市井气息，丰富古城业态，叫响“天下大同”古都品牌。四要加快建设大县城，坚持规划引领、文脉传承，实施县城建设提质升级行动，有序推动人口、

产业向县城聚集，塑造特色风貌，提升内涵品质，大力推进县城更新改造、公共服务配套、基础设施完善、宜居环境打造、城市管理提升，建设文明县城，全面提升县城建设水平。

（四）全面实施乡村振兴战略，加快推进农业农村现代化

加强党对农村工作的全面领导，坚持农业农村优先发展，突出五大振兴统筹、五大目标共进、五大要素激活，促进农业高质高效、乡村宜居宜业、农民富裕富足，争当全省乡村振兴排头兵。一要巩固拓展脱贫成果。严格落实“四个不摘”，保持帮扶政策总体稳定，守牢不发生规模性返贫底线。持续推进易地搬迁后续扶持，强化产业就业支撑，确保脱贫基础更加稳固。二要突出乡村产业振兴。以农业增效、农民增收为目标，以农业“十大工程”为引领，实施“特”“优”战略，重点围绕种植、养殖、加工，构建现代乡村产业体系和现代农业经营体系，做强黄花、黄芪、黄小米“三黄”产业，做大蔬菜、杂粮、中药材、食用菌等特色产业，加快有机旱作和雁门关农牧交错带示范区建设；打造以“北肉”进出口平台为骨干的国家冷链物流基地，实现畜牧大市向畜牧强市转变；培育壮大龙头企业，打造肉制品、乳品等农产品精深加工产业集群。力争到2025年，第一产业增加值和农产品加工业产值年均增长15%以上，农民人均收入年均增长10%以上。三要推进乡村建设行动。有序开展“多规合一”规划编制，强化城镇联接城乡的纽带作用，突出古长城沿线整体规划布局，结合晋北原生态村庄肌理、乡土文化基因，将自然景观与人文景观相互融合，打造美丽乡村。实施农村人居环境整治提升五年行动，统筹推进农村厕所、污水、垃圾、道路、水源工程建设，推动农村人居环境发生翻天覆地变化。四要持续深化农村改革。稳步推进农村土地制度改革，培育壮大农民合作社、家庭农场等新型农业经营主体，落实农村承包地“三权分置”制度，深化农村集体产权制度改革，稳妥推进农村宅基地改革，深化资源变资产、资金变股金、农民变股东“三变”改革，强化自治、法治、德治“三治”融合，推动形成文明乡风、良好家风、淳朴民风，走好乡村善治之路。

（五）实施文化强市战略，全面彰显历史文化名城魅力

按照“大产业、大融合、大发展”的思路，坚持以文塑旅、以旅彰文，提升文化供给力、影响力、创新力，推动文保、文旅、文创高质量融合发展。一要加强文物保护利用。必须把保护放在第一位，正确处理好文物保护与城乡建设、旅游开发、经济发展的关系，有重点开展系统考古挖掘，保护好文物本体和周边环境及文化生态，筑牢文物安全底线。加强“云冈学”建设，做成全国乃至全世界有影响力的学科。高起点实施长城整体保护，建设长城国家文化公园。运用先进技术加强文物保护研究，实施“文物+”工程，推动文物、遗产有效活化。健全社会力量参与文物保护机制，吸引更多人加入文物保护利用行列中。二要推动文化产业发展。坚持大企业引领、大平台承载，大力发展文化创意、文博会展、数字服务、影视制作、大型演出、线上演播等新兴文化业态，培育一批在全国、全省有影响力的骨干文化企业，打造一批有价值、有口碑的区域文创品牌，建设一批特色鲜明、优势突出的文化产业基地，打造具有重要影响力的大型实景精品演出剧目，推动文化产业向高端化、品牌化、专业化、特色化发展。三要开展文明城市创建。以社会主义核心价值观为引领，持续开展理想信念教育、爱国主义教育、荣辱观教育，在全社会形成知荣辱、讲道德、作奉献的良好风尚。深化新时代文明实践中心建设，高标准建设“诚信大同”，统筹推进城乡群众文明创建活动，按照“一年补短夯基、两年重点攻坚，三年冲刺夺牌”思路，力争入列全国文明城市。四要促进文旅深度融合。围绕增加游客、增加收入、增加美誉度三大目标，全力推进国家全域旅游示范区建设，大力实施“1+4+3”文旅产业提升工程，重点打造云冈、恒山、长城、古城四大核心板块，实施一批重点文旅项目，开发一批精品旅游产品，布局一批特色文创园区，串联景区、景点、景色，贯通文化、文明、文脉，融合民食、民宿、民俗，构建以“中国古都·天下大同”“塞上长城”“清凉古都·消夏大同”为主的全域旅游品牌矩阵。点燃文旅夜经济，打造古都“不夜城”。全面启动景区倍增计划，完善恒山景区基础设施建设，力争成功创建AAAAA级景区，到2025年新增10家A级景区。五要大力实施文化惠民工程。高质量实施“五个一批”文化项目，打造文化精品力作，推动文化人才本土化、普遍化。通过赛事牵引，推动群众文化活动常态化、规范化、品牌化。充分利用好公共文化场馆，建设集全民阅读、文旅融合、艺术生活于一体的多功能城市文化会客厅。

（六）认真践行“两山”理论，让绿色成为高质量发展的厚重底色

实行最严格的生态环境保护制度，全方位、全地域、全过程抓好生态环境保护，走出一条生产发展、生活富裕、生态良好的高质量发展新路子。一要坚持绿色低碳发展。实施碳达峰、碳中和大同行动，全面完成能耗“双控”约束指标，坚决遏制“两高”项目盲目发展，淘汰20万千瓦以下火电小机组，推进煤电、钢铁等传统行业节能降碳技术改造，着力提高能效水平。壮大节能环保、清洁能源产业，构建清洁低碳安全高效的能源体系。二要持续改善环境质量。统筹推进“山水林田湖草沙”系统治理，持续实施“蓝天、碧水、增绿、净土”行动，绘就大同“天蓝、水清、岸绿、景美”的美丽画卷。坚持转型、治企、减煤、控车、降尘“五管齐下”治气，力争到2025年，主要大气污染物排放得到有效协同控制。实施治“五河”、连“五库”、延“两线”工程，全面提升水系水质，努力构建多元互补、丰枯调剂、集约节约、清水长流的水网体系。推动“三线一单”精准落地，开展国土绿化彩化财化行动，加强采煤沉陷区、工矿废弃地等矿山生态修复治理，实施荒漠化治理等重大生态建设工程，着力打造晋北和环首都生态涵养地。三要健全环境治理机制。准确把握生产与生态的关系，建立生态产品“资源+资产+资本”运用转化机制，打通“绿水青山”与“金山银山”双向转化通道，

以更高层次推进生态产品价值实现。完善生态文明绩效考核、终身责任追究制度，严格落实河湖长制、林长制，以刚性制度保障责任落实。大力倡导绿色低碳生活方式，深入实施生活垃圾分类和固废减量化、资源化、无害化综合利用，推动形成全社会崇尚、践行绿色新发展理念的良好风尚，打造文明和谐的美丽家园。

（七）持续改善民生，让人民群众有更多获得感幸福感安全感

从解决群众最关心最直接最现实的利益问题入手，坚持量力而行、尽力而为，突出抓好“一老一小一青壮”保障提质，不断增加民生福祉，让人民群众共享发展成果。一要构建就业服务体系。把就业作为最大民生，统筹好产业和就业的关系，加强技能培训，提高就业组织化程度，积极创造就业岗位，稳定提升就业率。二要办好人民满意教育。提高普惠性幼儿园比例。严格落实“双减”政策，推进基础教育高质量发展。深化产教融合试点建设，高标准建设大同职教城。提升高等教育发展水平，力争新增2–3所高等专科学校。三要深化健康大同建设。推进公立医院高质量发展，高标准建设省级区域医疗中心、省级肿瘤医疗中心、省级妇儿中心和传染病医院。进一步完善分级诊疗体系建设，巩固提升卫生城镇创建工作，促进基本医疗服务均衡发展。完善重大疫情防控救治和预防控制体系建设。支持中医药传承创新发展。四要构建完善的社会保障体系。深入实施全民参保登记计划，稳步提高各项社会保险待遇水平，加快建成广覆盖可持续的社会保障体系、分层分类的社会救助体系和健康养老体系。加大保障性住房建设力度，全面提升和改善城乡居民基本居住条件。健全农村留守儿童和妇女、老人、残疾人关爱服务体系，切实解决好老百姓的后顾之忧。五要构建共建共享的社会治理体系。全面贯彻总体国家安全观，统筹发展和安全，着力防范化解重大安全风险，坚决筑牢首都“护城河”的安全稳定屏障。以全国市域社会治理现代化试点建设为抓手，坚持和发展新时代“枫桥经验”，推进服务下移、资源下沉，深化网格化服务管理。办好“12345”热线，解决好群众关心关注的难事实事。加强社会治安防控体系建设，严厉打击各类违法犯罪活动，推进扫黑除恶常态化。严格落实安全生产责任制，加强源头管理，完善应急体系，坚决遏制重特大事故，努力减少一般性事故，确保全市安全生产形势持续稳定。

（八）大力发展民主政治，全面推进依法治市

坚持党的领导、人民当家作主、依法治国有机统一，充分发挥党总揽全局、协调各方的领导核心作用，广泛凝聚全方位推动高质量发展的强大力量。一要加强民主政治建设。支持和保证人大及其常委会依法行使职权，深入开展立法、监督和对“一府一委两院”工作的监督支持，扩大人民有序政治参与。坚持和完善中国共产党领导的多党合作和政治协商制度，提高政治协商、民主监督、参政议政水平，更好凝聚共识。发展基层民主，坚持和完善基层党组织领导的基层群众自治制度，健全企事业单位民主管理制度，不断提高基层群众自我管理、自我服务、自我教育、自我监督水平。二要凝聚团结奋斗力量。牢牢把握大团结大联合主题，巩固和发展最广泛的爱国统一战线，重视发挥民主党派、工商联和无党派人士积极作用，加强党外代表人士队伍建设。全面贯彻党的民族、宗教工作基本方针，依法管理宗教事务，促进各民族交流交往交融。积极发挥工会、共青团、妇联、文联、残联、科协等群团组织作用，把广大人民群众更紧密地团结在党的周围。落实党管武装责任，做好国防动员、国防教育、后备力量建设、军民融合发展、退役军人保障和优抚安置等工作，巩固全国双拥模范城创建成果。三要深化法治大同建设。深入贯彻习近平法治思想，健全党领导全面依法治市的制度机制，完善地方性法规体系，加强重点领域立法，推进法治政府、法治社会一体建设。深入开展法治宣传教育，建设高素质法治工作队伍。全面深化政法领域改革，支持法院、检察院依法履职，健全执法司法制约监督体系，让法治成为全社会的共同信仰，更好激发市场活力和社会创造力。

（九）弘扬伟大建党精神，纵深推进全面从严治党

坚决落实新时代党的建设总要求，以党的政治建设为统领，全面推进党的政治建设、思想建设、组织建设、作风建设、纪律建设，把制度建设贯穿其中，深入推进反腐败斗争，不断提高党的建设质量，为全方位推动高质量发展提供坚强保证。一要锻造高素质干部队伍。坚定践行新时代好干部标准，把政治标准放在首位，重实绩、重民意，以正确用人导向引领干事创业导向，注重在急难险重一线锻炼识别干部，科学合理使用各年龄段的优秀干部，统筹做好党外干部的培养使用，大力选拔德才兼备、可堪大用、能担重任的领导干部，建设忠诚干净担当的高素质干部队伍。用伟大建党精神教育培养干部，健全评价考核办法，用心用情做好离退休干部和老干部工作，坚持党管人才原则，大力培养引进用好各类人才。二要持续推动基层党建提质增效。坚持大抓基层的鲜明导向，聚焦解决“人、治、物、效”突出问题，以提升组织力为重点，突出政治功能，持续加强各领域基层党组织标准化规范化建设，切实巩固好、发展好、发挥好党的组织优势，把基层党组织建设成为宣传党的主张、贯彻党的决定、领导基层治理、团结动员群众、推动改革发展的坚强战斗堡垒。强化党员教育服务，高质量发展党员，加强党内激励关怀，引导广大党员发挥模范作用、争做干事先锋。三要持续推进正风肃纪反腐。严格落实“两级三责法”，推动“三个责任”贯通融合、同向发力。坚持行贿受贿一起查，始终保持惩治腐败高压态势，一体推进不敢腐、不能腐、不想腐，完善制度体系，狠抓制度执行。精准落实“三个区分开来”，完善容错纠错机制，促进各级干部担当作为、干净干事。坚决落实中央八项规定精神，持续整治“四风”，为基层松绑减负，反对形式主义和官僚主义，建立作风建设长效机制。发挥巡察利剑作用，推进巡察无死角、全覆盖。正确把握运用监督执纪“四种形态”，严肃查处侵害群众利益不正之风和腐败问题。

政府工作报告（节选）

——2022 年 2 月 11 日在大同市第十六届人民代表大会第一次会议上

大同市人民政府市长 张 强

一、过去五年工作回顾

过去五年，是“两个五年规划”的实施衔接期，是“两个一百年”奋斗目标的历史交汇期，是大同发展史上具有里程碑意义的五年。习近平总书记三次亲临山西视察，2020 年 5 月首站来到大同，擘画脱贫攻坚，指导文物保护，嘱托转型发展，极大地鼓舞了勤劳智慧的大同人民，凝聚起了奋勇前行的磅礴力量。五年来，我们坚持以习近平新时代中国特色社会主义思想为指导，认真贯彻落实习近平总书记视察山西重要讲话重要指示精神，在省委、省政府和市委的坚强领导下，牢记初心使命，奋力开拓创新，推动全市经济社会发展取得了显著成效。

——经济实力显著增强。全市地区生产总值由 950.1 亿元增加到 1686 亿元，年均增长 6.3%；规上工业增加值由 254.6 亿元增加到 520.7 亿元，年均增长 6.8%；固定资产投资由 489.3 亿元增加到 732 亿元，年均增长 10.6%；一般公共预算收入由 88.9 亿元增加到 166.7 亿元，年均增长 13.4%；社会消费品零售总额由 553.5 亿元增加到 760.9 亿元，年均增长 6.6%；城镇居民人均可支配收入由 26273 元增加到 36685 元，年均增长 6.9%；农村居民人均可支配收入由 8217 元增加到 12909 元，年均增长 9.5%。

——转型发展突破前行。煤炭先进产能占比达到 90.7%，新能源电力装机达到 662 万千瓦、占到全省的 1/5，秦淮、中联等一批大数据产业项目建成投产，装备制造、现代医药、新材料、通用航空等战略性新兴产业占比大幅提升；农产品精深加工产业集群加快布局，北肉进出口平台初具规模，“大同好粮”品牌叫响全国；文化旅游、现代物流、数据服务等生产生活性服务业蓬勃发展，第三产业在经济总量中占比达到 51.5%，新旧动能加快转换。

——脱贫攻坚全面胜利。全面落实精准扶贫、精准脱贫基本方略，举全市之力向绝对贫困发起总攻，31.1 万名贫困人口全部脱贫，745 个贫困村全部出列，6 个贫困县全部摘帽；产业扶贫、就业扶贫受到习近平总书记充分肯定，小黄花变成了产值达 30 亿元的大产业；光伏扶贫、就业扶贫受到国家乡村振兴局通报表扬，成功举办全国扶贫职业技能大赛、全国光伏扶贫现场会；实施易地扶贫搬迁 9.5 万人，改造农村危房 7.8 万户，饮水安全巩固提升惠及 116 万人，搬迁房发证和饮水安全工作受到自然资源部和水利部表彰。全市建档立卡贫困人口人均纯收入从 2015 年的 2681 元提高到 2021 年的 10246 元，历史性解决了绝对贫困和区域性整体贫困。

——城乡面貌深刻变化。代王府、九龙壁、明堂遗址公园、历史文化街区等古城保护修复成效斐然，北朝艺术、红色记忆等一批博物馆建成投用，曾竹韶雕塑展、古都灯会等系列活动声名远播，正在修复中的古城展现出新的气象；完成御东五大场馆后续工程并对外开放，永泰门广场、高铁站前广场建成投用，北环桥、开源桥、同煤快线（主城区段）建成通车，京隆长输管线等一批城市基础设施配套工程竣工投用，整个城市焕发出新的生机和活力；新建改造城市道路 143 千米、农村公路 7225 千米，建成长城一号旅游公路 644 千米，投入 22.7 亿元改善农村人居环境，城乡面貌实现质的提升。

——改革开放纵深推进。能源革命综合改革、国资国企改革、开发区改革、“放管服”改革取得重大进展，形成制度性成果 150 余项，基本搭建起“四梁八柱”的改革主体框架。全国首个光伏领跑者基地建成投产，中科院工程热物理所大同分所建成投用；开发区“三化三制”改革持续深化，“承诺制 + 标准地 + 全代办”改革全面铺开；党政机关机构改革和行政区划调整圆满完成，影响大同 30 余年的“城矿郊”矛盾得到有力缓解；6 家农信社成功改制化险，防范化解重大风险成效明显；大同经开区获批国家绿色产业基地，医药园区获批国家外贸转型升级基地，大张客专和大西动车贯通运行，广蔚高速建成通车，云冈机场航空口岸获批开放，大同国际陆港、保税物流中心（B 型）、国家跨境电商综合试验区建成投用，海陆空立体交通网络和经济廊道正在加速形成。

——环境质量持续领先。坚持打好污染防治攻坚战，空气质量始终保持全省第一，“大同蓝”经验做法受到国务院通报表扬；新建改造提标 11 座污水处理厂，国省考断面水质稳定提升，重点流域黑臭水体全部消除，桑干河、御河、十里河流域综合治理成效显著，“大同清”成为又一亮丽名片；国土绿化行动持续推进，累计植树造林 221.3 万亩，矿山生态修复 8.8 万亩，新增城市绿化面积 476.8 万平方米；净土保卫战成果丰硕，国家大宗固体废弃物综合利用基地获批建设，“大同绿”筑牢了京津冀生态安全屏障。

——民生保障更加牢固。民生支出占财政支出始终保持在八成以上，两居收入增速始终保持全省前列；普惠性幼儿园覆盖率位居全省第一，高中教育质量实现新跨越，新增山西通航职业技术学院、大同师范两所高等专科学校，国家产教融合型城市试点工作全面提速；医疗卫生体制改革深入推进，社会保障体系更加健全；入选推进全国第三批居家和社区养老服务改革试点，“大同助老”智慧居家养老模式入列全国首批示范案例；新建棚户区住房3.2万套，改造老旧小区267个、4.8万户；成功创建省级文明城市，《天下大同》《热泉》等文艺精品不断涌现；疫情防控取得重大阶段性成果，平安大同建设深入推进；创新性解决国有土地房屋权属登记历史遗留问题、惠及市民43万户，一大批群众急难愁盼问题得到有效解决。

——政府效能大幅提升。坚持用习近平新时代中国特色社会主义思想武装头脑、指导实践、推动工作，认真开展“两学一做”学习教育、“不忘初心、牢记使命”主题教育、党史学习教育，坚决捍卫“两个确立”、做到“两个维护”；自觉接受人大监督和政协民主监督，办理人大代表议案建议1038件、政协委员提案1223件；政府法律顾问制度不断完善，法治政府建设有力推进；认真落实全面从严治党主体责任，严格执行中央八项规定及其实施细则精神，坚持用好“12345”政务服务便民热线和“13710”督查督办系统，政府执行力和公信力显著增强。

与此同时，国防动员、民族宗教、外事侨务、妇女儿童、青少年、残疾人、红十字、双拥等各项事业都取得了新进步。

刚刚过去的2021年，我们与全国一道，隆重庆祝党的百年华诞，深入学习贯彻习近平总书记在中国共产党成立100周年大会上的重要讲话精神，从党的百年奋斗重大成就和历史经验中汲取奋进力量，统筹疫情防控和经济社会发展，扎实做好“六稳”工作，全面落实“六保”任务，实现了“十四五”良好开局。

这一年，我们坚持稳中求进，经济实力跃上新台阶。全年地区生产总值完成1686亿元，净增305亿元，比近三年净增量之和多26.1亿元，同比增长7.5%、比上年提高3.2个百分点，净增量和增速均达到近五年最高水平；规上工业增加值增长9%；固定资产投资增长9.2%；社会消费品零售总额增长16.1%；一般公共预算收入增长23.5%；城乡居民人均可支配收入分别增长8.1%、11.2%。

这一年，我们加快培育新动能，产业转型迈出新步伐。主动担当能源保供重任，煤炭产量再创历史新高；上海中能生物基新材料产业园、新国大现代医药产业园等一批项目成功签约，秦淮数据“零碳数基·桃花源”、中联大数据、京东华北（灵丘）智能算力数据中心基地、国网时代华电大同储能、高速飞车等项目开工建设，中车首台国产氢燃料电池混合动力机车成功下线，大同锡纯半导体芯片材料、太重高端起重机等项目竣工投产，以煤电为基础，以大数据、新材料、装备制造、现代医药等为支撑的现代产业体系加快构建；实施服务业提质增效十大行动，服务业增加值完成867.7亿元，同比增长7.1%，拉动GDP增长4.1个百分点；粮食产量达到12.6亿公斤，农产品加工销售收入完成154亿元，同比增长24%。

这一年，我们深化京同合作，对外开放取得新成果。与央企和在京知名企业合作共建项目11个、总投资372.8亿元；大同航空口岸通过省级验收，与天津港的陆海联运物流通道已经打开，跨境电商入驻企业57家，现代物流体系加快构建；成功举办中博会·大同云冈数字碳中和峰会、中国医药战略大会、第八届中国·大同车河国际有机农业论坛、第二十八届全国绒毛会议、晋北肉类平台境内外集采集供大会等重大活动；全年进出口总额完成69.7亿元，同比增长74.9%，增速排名全省第一，开放型经济激发出新的活力。

这一年，我们推进产城融合，城乡协调发展取得新成效。大力实施城市更新行动，坚持一周一调度，聚力推进古城保护修复工程，历史文化街区修缮取得重大进展，东马市角、太平街等27条配套道路加快建设，引进落地安麓和凯悦2家高端品牌酒店，古城整体风貌和各种业态正在加快恢复；持续推进新型智慧城市、平城街西跨桥、高铁站综合客运枢纽等重点工程建设，城市品质进一步提升；乡村建设行动扎实推进，完成500个村环境提质升级，改造农村户厕1.8万座，建设“四好农村路”和“长城一号”旅游公路469千米，城乡面貌焕然一新。

这一年，我们践行“两山”理论，生态环境实现新提升。认真贯彻“双碳”目标，严格落实“双控”要求，坚决遏制“两高”项目盲目发展；完成“煤改电”清洁取暖改造24万户，深入开展秋冬季大气污染综合治理攻坚行动，二级以上优良天数达到315天，空气质量继续保持全省领先；落实黄河流域生态保护和高质量发展国家战略，统筹实施治“五河”、连“五库”、延“两线”工程，重点流域综合治理成效明显，为首都北京实施生态补水2亿余立方米；高质量开展国土绿化，爱绿、植绿、护绿成为一种文明风尚和自觉行动。

这一年，我们大力发展社会事业，民生保障得到新加强。严格落实“四个不摘”要求，巩固拓展脱贫攻坚成果成效明显，全面推进乡村振兴有效衔接；坚持把就业作为最大民生，引进落地京东物流、上海润迅等一批实力企业，数据采集、清洗、标注等服务产业形成集聚规模，有效带动就业6000余人，吸引了一大批青年人集聚大同；严格落实义务教育“双减”政策，建设普惠性幼儿园32所、乡村寄宿制学校22所，规划启动云冈职教城建设，引进传智教育互联网职业技术学院，成功申报大同职业学院、影视艺术学院等3所职业高校；继续推进安居工程建设，改造老旧小区73.9万平方米，开工新建城镇棚户区住房2342套；社会保障体系进一步完善，困难群体基本生活得到有力保障；坚持“外防输入、内防反弹”，有效应对多轮疫情输入冲击，守住了“大同阵地”；加强安全生产和社会维稳工作，确保了社会大局和谐稳定；主动回应群众关切，停车场建设、老旧街巷改造等10件民生实事全部兑现，交出了一份满意的民生答卷。

在肯定成绩的同时，我们也清醒地看到，全市经济社会发展还面临诸多问题和挑战：经济总量不大，人均GDP水平不高；新旧动能转换任务艰巨，经济发展的结构性、体制性、素质性矛盾依然比较突出；县域经济和民营经济发展不够充分，市场主体的数量、质量、效益亟待提升；民生和社会事业领域还存在不少短板，市本级用于保发展、促转型的财力十分有限，防风险、化债务、过紧日子将成为今后几年的常态；政府部门的执行力落实力还有待进一步提升。对此，我们必须高度重视，勇敢面对，以越是艰险越向前的勇气和担当加以解决，决不辜负全市人民的期望与重托。

二、新一届政府工作的总体要求和目标任务

省第十二次党代会明确提出，要在中部地区争先崛起，到2030年基本完成资源型经济转型任务，到2035年基本实现现代化。市委十六届二次全会确定了"奋斗两个五年、跨入第一方阵"宏伟目标。今后五年，将是大同加快建设国家区域重点城市、深化资源型经济转型、在全国全省发展大局中提升战略地位的重要时期，我们必须按照中央、省委和市委的决策部署，走好新时代的赶考路，向全市人民交出一份满意答卷。

今后五年，政府工作的总体要求是：坚持以习近平新时代中国特色社会主义思想为指导，全面贯彻党的十九大和十九届历次全会精神，深入学习贯彻习近平总书记视察山西重要讲话重要指示，弘扬伟大建党精神，坚持稳中求进工作总基调，立足新发展阶段，完整准确全面贯彻新发展理念，抢抓构建新发展格局战略机遇，深入贯彻落实省第十二次党代会精神，围绕省委全方位推动高质量发展的目标要求，按照市委十六届二次全会确定的"奋斗两个五年、跨入第一方阵"目标，以供给侧结构性改革为主线，统筹发展和安全，突出"经济转型、乡村振兴、生态文明、对外开放、城市更新、民生保障"六大任务，苦干实干，砥砺前行，在率先蹚出转型发展新路上进行不懈探索，努力谱写大同全方位推动高质量发展新篇章。

新目标孕育新希望，新任务需要新作为。今后五年，我们将始终牢记习近平总书记"在转型发展上率先蹚出一条新路来"的殷殷嘱托，立足当前，着眼未来，从大同的光辉历史变迁中重拾发展信心，主动回应全市人民期盼发展、渴望富裕的迫切愿望，广泛汇聚各行各业、各条战线、各个领域的智慧力量，奋发有为，全力赶超，推动经济总量在全省排名前移3位，主要经济指标和人均指标超过全省平均水平，努力蹚出全方位高质量发展的新路径。

（一）蹚出传统与战新双轮驱动的经济转型之路。加快产业转型是大同高质量发展的关键所在。按照"传统产业内涵集约、战略性新兴产业集群规模"的发展方向，坚持"建链、延链、补链、强链"的"链"式思维，坚定不移推进煤炭绿色智能开采和清洁高效利用，集中力量培育壮大战略性新兴产业，着力建设煤炭、电力产业1个千亿级，装备制造、现代医药2个300亿级到500亿级，新能源、大数据、文化旅游3个百亿级，新材料、通用航空、节能环保、现代物流4个准百亿级产业集群，基本形成"1+9"千百亿级产业集群格局，成为全市经济发展的骨干支撑，资源型经济转型实现重大突破，经济增长方式由"输煤炭"向"输算力""一煤独大"向"多业鼎立"加快转变，基本形成具有大同特色的现代产业体系。

（二）蹚出稳农与强农相辅相成的乡村振兴之路。乡村振兴是大同高质量发展的重要基础。我们将拿出更多投入倾斜"三农"领域，坚守耕地红线不动摇，确保土地承包经营权长期有效；巩固来之不易的脱贫攻坚成果，坚决守住不发生规模性返贫的底线；全面实施农业"特""优"战略，坚持以绿色、有机、低碳理念引领农业，用市场化、工业化、标准化思路发展农业，用好农牧交错带示范区、有机旱作农业示范区和北肉平台"三块金字招牌"，推动黄花、畜牧、设施蔬菜、有机旱作（杂粮）、中药材（黄芪）、食用菌、杏果、农文旅融合"八大特色主导产业"形成规模，全产业链产值达到350亿元；坚持规划作先导、文化铸灵魂，统筹抓好传统文化村落保护、新时代农村人居环境改善、美丽乡村建设工作，让我们大同到处看得见山、望得见水、记得住乡愁。

（三）蹚出生态与生产相融共生的绿色发展之路。生态环境是大同的最大优势，必须坚定不移走生态优先、绿色发展之路。积极探索"双碳"目标实现路径，推进生态产业化和产业生态化，风电、光伏、氢能、储能和地热能等绿电绿能开发利用达到一定规模；深度构建"生态+"经济发展模式，实现"生态可为"到"生态有为"的历史跨越；坚持山水林田湖草沙系统治理，全面落实"河长制""林长制"，强化采煤沉陷区矿山生态治理，努力建设"一带两屏六区多廊"生态安全格局，全市森林覆盖率每年至少提升0.5个百分点。让蓝天白云、青山绿水、鸟语花香成为大同人的骄傲。

（四）蹚出产业与人口竞相汇聚的开放共赢之路。对外开放是提升经济发展能级的现实选择，是全方位推动高质量发展的必由之路。我们将紧紧盯住北京产业转移，持续深化京同合作，以更加务实举措推进乌大张合作、对接京津冀、融入环渤海，更加精准对接"双循环"市场需求，持续拓展对内对外开放合作成果；高标准建设晋北城镇圈，强力抓好国土空间规划、交通枢纽建设、开放通道延伸、跨境产业合作工程，把大同建设成文化交流活跃、先进要素聚集、各类人才向往、企业竞相入驻的"开放城""枢纽城""中心城""人口集聚城"，努力建设内陆地区对外开放的桥头堡和新高地。

（五）蹚出古城与新区交相辉映的城市更新之路。古城是大同人民的精神家园，新区是大同未来发展的活力之源。按照"规划先行、政府引导、市场运作、社会参与"的思路，坚持古城与新区各有侧重、协调发展，让古城更有韵味、新区更有品位。聚焦"传承历史文脉、留住市井气息、丰富古城业态"的目标，古城保护修复三年基本完成、五年全面完善，让古都大同再现恢宏历史风貌；高起点规划古城产业布局，让大同地域文化深深熔铸于每个产业链条当中，加快建设博物馆之城、美食之城、数字之城、影视之城；树牢"以产兴城、以城促产、产城融合"的理念，高品位加快御东新区建设，持续提升公共服务水平，依托文瀛湖、高铁南站、五大场馆等，建设更多的"城市客厅""会展中心""中央商务区"，大力发展楼宇经济、总部经济、研发经济等新业态，努力建设集商务、科创、会展、休闲等功能为一体的现代活力新区。

（六）蹚出共建与共享相互促进的共同富裕之路。共同富裕是高质量发展的最终目标。我们将把改革发展的成果更多地惠及群众，深入践行以人民为中心的发展思想，以共享引领共建，以共建促进共享，在不断做大"蛋糕"的同时，更加注重分好"蛋糕"。就业是最大的民生，以产业结构调整引领就业结构优化，持续发展壮大数据服务

产业，力争通过五年努力增加3万个就业岗位，以此引导社会力量不断创优增收致富的环境和平台，以“人人奋斗”实现“人人享有”，在高质量发展中促进共同富裕；持续加大教育、医疗、社保等民生投入，织密扎牢民生兜底保障网络，推动优质均衡的公共服务体系基本构建，全覆盖可持续的社会保障体系更加完善；切实抓好全国市域社会治理现代化试点城市建设，着力构建全民共建共治共享的社会治理格局，让全市人民生活得更加富足、更加安康、更有尊严。

三、2022年工作安排

2022年是党的二十大胜利召开之年，是贯彻落实省市党代会精神、全方位推动高质量发展的关键之年，也是新一届政府履职奋进的开局之年。政府工作必须紧紧围绕“奋斗两个五年、跨入第一方阵”的总目标，坚持稳字当头、稳中求进、难中求成，突出抓好稳运行、稳能源、稳粮食、稳就业、稳市场主体、稳金融、稳安全、稳防疫、稳生态等工作，以稳促进，以进固稳，奋力开创大同全方位高质量发展新局面，以优异成绩迎接党的二十大胜利召开。

今年全市经济社会发展的主要预期目标是：地区生产总值增长7%以上，规上工业增加值增长7%以上，固定资产投资增长8.5%，社会消费品零售总额增长8.5%，一般公共预算收入增长6.5%，城乡居民人均可支配收入高于GDP增速，制造业增加值占规上工业增加值比重较2021年提高1个百分点，居民消费价格涨幅控制在3%左右，城镇新增就业4.2万人，城镇调查失业率控制在5.5%以内。约束性指标不折不扣完成省委、省政府下达的目标任务。

在统筹做好各项工作的基础上，重点抓好十个方面工作。

（一）做大工业经济，增强高质量发展实力。牢牢把握产业转型的“两个方面”，以项目建设为抓手，建立健全“链长制”，配齐配强“链长”，选好用好“链主”，着力培育建强七大产业链，不断提升工业经济的含金量、含新量、含绿量。

煤炭电力产业链。围绕采掘、洗选、发电、输送链条，开工建设潘家窑、大西庄等现代化矿井，积极推进10座生产煤矿核增产能900万吨，5座建设矿井调增规模净增产能1310万吨，着力增强稳产保供能力；推动煤炭绿色智能开采和清洁高效利用，加快市属煤矿6处智能化工作面建设，推动云冈矿、马道头、东周窑等矸石充填开采试点工作取得实质性进展，继续提升煤炭先进产能占比。发展大容量、高参数、低能耗先进煤电机组，开工建设湖东2×100万千瓦和大唐中煤、晋能同热两个2×100万千瓦等容量替代项目；加快推进增量配电业务试点改革项目建设；优化电力通道布局，扩大对京津冀地区送电规模，推进大同—北京1000千伏特高压和新荣500千伏变电站项目。

装备制造产业链。围绕电力机车、煤机设备、零部件、整车制造等链条，加强与中车、大齿、陕汽、晋能等龙头企业的“地企共同体”建设，扩大高端煤化工、城轨车辆、煤矿综采设备和煤机配套产业在同投资布局；加快中绿科技碳监测仪器、巴什卡智能联轴器、贝利科技增压器生产等项目建设，引进更多零部件、系统总成等制造项目落地大同；整合机械加工能力，建立共享服务平台，提升系统集成和技术创新能力。

现代医药和大健康产业链。围绕原料药、成品药等链条，以国药威奇达、同药集团、普德药业等龙头企业为引领，加快国药威奇达原料药及青霉素发酵车间升级改造等项目建设，开工建设新国大现代医药产业园、临床实验基地和生物医药等项目，再引进一批健康产品、特色原料药、成品药等医药项目，同时积极申报“原料药生产基地”落户大同。

新能源产业链。围绕风、光、水、储、氢、地热等链条，推动169.5万千瓦风光电项目全部建成并网，积极争取国家大型风电和光伏基地项目落地；采取超常举措推进浑源抽水蓄能电站建设进度，在广灵、灵丘等水资源丰富的县区，引进建设新的抽水蓄能电站项目；加快晋能广发甲醇弛放气制氢、天镇地热能开发利用等项目建设；推动华电大同300兆瓦储能项目建成并网；积极申报源网荷储全国试点城市建设，谋划建设源网荷储一体化和多能互补发展试点项目，以新能源绿电优势引进一批新项目、新产业，力争新能源电力装机占比达到50%以上。

大数据产业链。围绕服务器制造、数据储存、数据清洗、数据标注、数据运算、数据应用、数据服务等链条，推进秦淮高性能服务器制造、秦淮灵丘和中联阳高数据中心、上海润迅大数据智慧服务基地、京东物流客服中心、传智学院等项目建设，推动新荣国富数据中心开工建设，积极申报“东数西算”国家算力枢纽节点城市，依托IDC的集聚效应再引进一批服务器制造等上下游产业项目；谋划启动数据服务产业园新载体，加强与国家工业信息安全发展研究中心、莫比嗨客、鸿联九五等合作，建设数据采标基地、人才培训基地、人工智能服务中心等项目，推动大同建设数据高地和信息高地。

新材料产业链。围绕生物基、晶体硅、半导体、锂电池、煤矸石等链条，推动上海中能生物基新材料产业园尽快开工，建设全国装置最全、单线规模最大、原材料单耗最低的生物基长碳链聚酰胺产业基地；加快推进西安隆基2GW光伏组件和3GW电池项目达产达效，带动形成硅片、电池、组件、应用的全产业链条；加快大同锡纯半导体芯片材料二期项目和氢都驰拓锂电池负极材料项目建设，推动投资30亿元的凯金锂电池负极材料项目落地建设；加快以粉煤灰、煤矸石、脱硫石膏等为原料的固废利用项目建设，支持华瑞建材等一批企业做大做强。

通用航空产业链。通航产业是未来产业、潜力产业。围绕通航制造、货运物流、低空旅游等链条，继续完善大同通航产业园基础设施配套，抓好灵丘通用机场建设，加快长鹰蜜蜂、山西维顶等落地项目建设进度，推动太昊集团“大型客机改货机”项目落地，积极与全国知名通用飞机设计制造公司对接，着力引进相关飞机制造项目。

（二）发展第三产业，提升高质量发展效益。深入实施服务业提质增效十大行动，推动服务业锻造长板、补齐短板。

加快文旅康养产业发展。继续打好“云冈、恒山、古城、长城”四张王牌，持续叫响“文化古都、清凉夏都、美食之都”三大品牌，实施A级景区倍增计划，推动云冈峪历史文化长廊和长城国家文化公园（大同段）建设，加快恒山—悬空寺AAAAA级景区，广灵剪纸博物馆AAAA级景区，浑源黄芪文化产业园、灵丘花塔民俗村、阳高守口堡等6个AAA级景区创建工程，全面优化景区空间布局，增加“二次消费”产品业态，推动景区扩容提质增效；整合全市“吃住行游购娱”各类资源，启动建设大型综合性文旅集散中心。

建设北方最大的影视基地。进一步提升北村影视基地影响力，合作拍摄更多的影视作品；抓住北京影视文化资源外溢的重大机遇，引进北京八仙影视基地落地建设；研究制定招商优惠政策，吸引更多的影视文化关联产业项目，形成上下游一体贯通、高度市场化的影视产业链，努力建设“南有横店、北有大同”的特色影视基地。

加快综合康养产业区建设。推动世家生态康养小镇、黄经世家中医康养小镇、398康养中心、伟光汇通文旅康养综合体等项目建设，举办“康养山西·夏养大同”高峰论坛大同峰会，引进实力康养企业，大力发展“康养+”新业态；推动万龙滑雪场提标升级，大力发展冰雪运动和冰雪产业。

建设陆港型国家物流枢纽。积极参与“一带一路”合作，推动中欧班列常态化运行，努力建设丝绸之路主要节点城市；深化与华远国际陆港集团战略合作，创建扩大产业联盟，开工建设晋北物流园、京东“亚洲一号”等重点项目，提升物流园区智能化水平，形成网络货运、冷链物流、航空物流多式联运体系；加快推进农村三级寄递物流体系建设，形成遍布城乡的物流网络。

大力促进消费升级。推动批、零、住、餐等传统商贸消费升级，培育壮大新型消费，发展直播经济、流量经济等新零售业态；用足用好数字消费券、家电下乡等政策，改造提升一批高品质特色商业街、美食街、商业综合体，策划推出一批夜游大同、打卡古城等消费品牌，建设夜间经济集聚区和示范点；支持消费品牌首店落户，鼓励“老字号”创新发展，叫响“大同美食”品牌。

（三）推进乡村振兴，夯实高质量发展基础。推动脱贫攻坚成果巩固与乡村振兴有效衔接，大力实施“特”“优”战略，加快农业农村现代化步伐。

大力发展特色种养业。以云州国家级现代农业园、5个省级产业园和2个示范区为依托，以黄花、畜牧、设施蔬菜、有机旱作（杂粮）、中药材（黄芪）、食用菌、杏果、农文旅融合等八大特色产业振兴为主线，发展有机旱作50万亩，新建高标准农田21.5万亩，确保全市粮食播种面积稳定在420万亩以上、粮食产量达到12.5亿公斤以上；积极扶持设施蔬菜，总面积稳定在9万亩，产量达到50万吨，产值达到13亿元；稳步实施种植业提升工程；强力推进规模化养殖，加大对畜牧标杆企业的扶持力度，改造提升标准化养殖场100个，努力建设畜牧强市。

大力发展农产品加工业。提高“大同好粮”产品附加值，年内农产品加工业产值增长15%以上。按照“标准制定、产地认证和品牌创建”的思路，推动大同黄花、浑源黄芪向中高端品质发展，支持壮大云州冰华、恒宗等龙头企业发展特色农产品精深加工产业，实现标准化生产、产业化开发和品牌化营销，推动黄花黄芪等更多的特色农产品做成富民产业、支柱产业；依托“北肉”平台，建设国家骨干冷链物流基地，推动北肉冷链进出口加工产业园达产达效，年产肉制品达到20万吨，产值超百亿元；积极引进1至2个标准化、规模化屠宰加工企业，提高畜产品就地加工转化率。

大力开展乡村建设行动。紧盯先行示范、整体推进、重点帮扶“三类县”，强化分类指导，突出产业扶持，加大高素质农民和新型经营主体培训力度，确保“三类户”有就业、稳增收、不返贫。大力推进农村厕所革命、污水治理、垃圾治理等环境整治工程，集中连片创建100个美丽宜居乡村。推进长城旅游公路沿线美丽乡村建设，培育长城人家、恒山人家、桑干人家等乡村旅游新业态。加快推进“长城一号”公路和“四好”农村公路建设。

大力推进农业农村改革。落实农村承包地“三权分置”制度，深化农村集体产权制度改革，稳妥推进农村宅基地改革；加快推进以生产托管为重点的农业社会化服务，构建托管主体与农户的利益联结机制，新建农村综合服务社24个，新增托管服务面积100万亩；激活农村资源要素，畅通市场主体进入渠道，引导社会资本投资乡村产业振兴项目；扎实推进“三变”改革，深化“三治”融合，推动形成文明乡风、良好家风、淳朴民风，走好乡村善治之路。

（四）培育市场主体，集聚高质量发展后劲。落实促进民营经济发展的各项政策措施，实施市场主体倍增工程，推动市场主体上规模、增实力、提效益，全力完成市场主体数量增长15%的目标。

分类培育强主体。按照育“小”、培“中”、壮“大”的基本思路，梯次推进“个转企、小升规、规改股、股上市”。扶持个体工商户和小微企业强筋壮骨、逐步成长；支持引导中小企业深耕细分领域，加快培育更多的“专精特新”企业；扶持本地龙头企业做大做强，力争净增110家规上工业企业，1至2家企业跻身全省民营企业百强行列，新成新材料、牧同科技等6家企业争创山西省重点上市后备企业。

政策支持保主体。不折不扣落实减税降费政策，加强对重点企业落户、科技创新、首次创业等财税支持。常态化开展政银企对接，发挥创业担保贷款贴息政策激励作用，用好企业应急周转资金，促进中小微企业融资增量、扩面、降成本。完善重点项目建设用地服务保障机制，全力保障项目用地需求。放宽市场准入，坚持“非禁即入”“法无禁止皆可为”，消除政府采购和招（投）标领域隐性壁垒，鼓励民营企业进入基础设施、公共服务、公用事业、生态保护修复等领域。

搭建平台增主体。深入推动“双创”活动，支持开发区配套建设一批中小企业园区，高水平建设提升一批“双创”平台。加快建设网络流量平台，布局建设一批乡村e镇，培养出越来越多的“农创客”。规划布局城市公共空间、商业区，大力发展楼宇经济，摸清存量资产底数，制定出台支持政策，集聚一批新经济市场主体。

（五）加快城乡融合，拓展高质量发展空间。统筹推进城乡区域高质量发展，增强产业和人口集聚力。

提速城市更新。全面落实交通强国大同方案，推进综合交通体系、市政基础设施等重大规划实施，推进二广高速公路大同绕城陈庄至肥村段工程，同步实施御河西路高速口南移项目，扩展大同城市发展空间；推进天黎高速云州街互通工程项目、国道109、208线大同市过境改线工程；加快大同综合客运枢纽建设，谋划启动京同合作创新城建设，建设配套完善的高品质中央商务区；加快城市低效用地的盘活利用，优化城市土地利用结构，建设更多的"口袋公园"；继续实施停车场建设、雨污分流改造工程，实施文瀛湖南侧东侧绿廊建设、口泉河和十里河两岸环境整治等工程。

推进古城保护发展。把今年作为接续推进古城保护修复的突破年，启动三年恢复古城整体风貌规划，健全古城建设管理运营机制，实施推进鼓楼西街和李怀角西侧院落修复，善化寺东侧、东岳庙西侧、九龙壁南侧风貌提质等20项重点工程，进一步加快古城保护修复步伐；系统布局古城业态，活化利用代王府、古城墙、护城河等资源，加快华严安麓和凯悦臻选两个高端酒店建设，吸纳全国文化艺术界知名人士和青年才俊入驻大同古城，设立街头艺术创作平台，逐步形成布局合理、业态集中的戏曲曲艺、电影艺术、美术音乐、特色餐饮、大同老字号文化遗产等特色街区，充分彰显古都大同的文化魅力。

精细城市管理。加快智慧城市建设，实现城市数据一网共享、城市治理一网统管、民生服务一网通享；提高公共资源使用效率，特别是挖掘盘活停车场资源，缓解群众停车难问题；推进垃圾分类工作，提高城市文明程度；强化城市管理和公共服务，让城市服务群众更用心、更贴心、更暖心。

加快大县城建设。坚持"一县一策"，强化规划引领，引导各县区因地制宜建设园区，推动错位发展、融合发展、特色发展；加快县城城镇化建设步伐，配齐产业发展要素，推动现代产业、交通能源设施、公共服务设施向县城和中心集镇延伸布局，建设一批郊区新城、特色小镇，全面提升县域经济发展活力和综合承载能力。

（六）优化营商环境，强化高质量发展支撑。坚持"16+1"目标导向，持续优化营商环境，充分激发市场主体活力和社会创造力。

构建高效便捷政务环境。纵深推进"放管服"改革，持续深化"一枚印章管审批"改革，探索推行"一业一证"、项目审批"一事一方案"；优化登记注册流程，推行企业开办"零成本"，让群众办事实现"一窗受理、限时办结、最多跑一次"；完善一体化在线政务服务平台功能，实现更多事项"一键快办""一次全办""全程网办"。

深入推进信用体系建设。扎实推进政务诚信，坚持可承受、可持续的原则，兑现政府承诺事项；引导企业讲诚信，积极兑现投资承诺；加快推进信用立法，深入推进司法公信建设，完善守信激励和失信惩戒机制，在全社会形成遵诺践诺、诚实守信的良好风气。

常态化开展入企服务。实行重大项目"三专"工作机制，组建专班、专人负责、专项推进，强化资金、土地、人才等支持，确保项目快落地、早建设；积极构建亲清新型政商关系，实施为企业减负纾困行动，帮助企业解决生产经营中的各类难题，和他们并肩克服困难，一同抢抓机遇，实现共同发展。

（七）深化改革开放，激发高质量发展活力。围绕"两枢纽、一中心、两门户"定位，高标准建设晋北城镇圈，以更高水平对外开放推进更深层次改革，全力破除一切影响市场主体发展的障碍。

深化国企改革。认真贯彻全省国有企业深化改革提质增效推进会议精神，精准落实"32字"要求，加快国有企业战略性重组和专业化整合，整合重组一批主业明、功能强、效率高的集团公司，积极稳妥推进历史债务化解、富余人员分流。对全市所有国有资产进行梳理排查，加快资产处置盘活，激发企业发展活力。健全风险防控体系，建立健全现代企业制度，强化经营管理，规范投资行为，逐步提质增效、减少亏损。

推进开发区建设。开展好"三个一批"活动，切实推动"三率"提升，力争全市产业投资增速达到20%以上。持续深化"三化三制"改革，打好"承诺制+标准地+全代办"组合拳，组建专业团队，落细落实"全代办"，构建高质高效运转的管理服务机制；发挥链长制作用，积极开展会展招商、小分队招商、产业链招商等，推动更多大项目好项目签约落地、开工建设、投产达效。

完善开放平台。围绕建设全国性综合交通枢纽、陆港型国家物流枢纽的目标，加快集大原高铁建设步伐，实施云冈机场改扩建工程，做实大雄、大鄂高铁前期。谋划推进大张高铁增列提速，推动大同航空口岸开放通过国家验收，完善大同国际陆港运营功能，推动保税物流中心（B型）升级为综合保税区，做大做强跨境电商综合试验区，提升开放平台的吸引力和承载力。发展航空物流等临港经济，培育口岸体系，建设对外"空中走廊"。深入开展山西品牌丝路行和山西品牌中华行活动。加强与友城的务实合作，不断巩固扩大国际"朋友圈"。

激发创新活力。深化与知名企业、高等院校、科研院所、研发机构的对接合作，高质量推进国家重点实验室建设，推动企业与各类创新主体融通创新。推进知识产权强市和质量强市建设。加快大同国家级绿色金融改革创新试验区建设，增强科技成果承接转化的金融支撑能力，以创新链提升价值链。充分发挥中科院热物理研究所大同分所等平台作用，加快高速飞车项目建设，推动规上企业研发活动"从有到强""从强到专"。

（八）聚力生态文明，擦亮高质量发展底色。绿水青山就是金山银山。必须持续加强生态环境保护，确保生态惠民、生态利民、生态为民。

实施双碳行动。紧跟国家和省碳达峰行动步伐，推进高耗能行业工业企业节能技术改造，谋划实施煤矸石固废利用项目，有效实现降能耗、提能效；探索开展规模化林场碳汇造林项目和森林碳汇核算交易，推动森林生态产品价值转化，让优良生态环境真正变成生产力。

加大污染治理。加快重点行业深度治理，完成 3 家水泥企业超低排放改造，新增集中供热面积 629 万平方米，实施煤改电 2.3 万户、建筑节能 102 万平方米、农村节能近 1 万户，持续改善环境空气质量；加快实施污水处理厂搬迁扩容和主要河流水质提升工程，城市配套管网建设和雨污分流改造工程，确保工业企业污水达标排放。

建设生态长廊。全面实施治水兴水战略，用足黄河水、严控地下水、保障水安全、改善水生态。加快推进引黄入左前期工作，申报实施永定河流域（山西）山水林田湖草沙一体化保护和修复工程，持续推进重点河流河道综合治理，提速御河十里河交汇处湿地修复工程，启动开源桥两岸生态修复工程，实施工矿区、尾矿库生态环境综合治理工程，持续开展国土绿化，让全市人民拥有绿色、呵护绿色、享受绿色。

（九）办好民生实事，共享高质量发展成果。践行以人民为中心的发展思想，尽力而为，量力而行，努力把群众关心的事情办好。

持续做好就业技能增收。坚定落实好就业优先政策，推动高校毕业生、农民工、退役军人、城镇就业困难人员等群体就业，实现零就业家庭动态清零；积极引进劳动密集型行业企业落户大同，继续扶持数据呼叫、标注、清洗等服务产业发展，加快推进京东声谷、上海润讯云中声谷等项目建设，吸纳更多的年轻人就地就近就业，年内力争净增 1 万人；扎实推进“人人持证、技能社会”全民技能提升工程，做大“天镇保姆”“广灵巧娘”等特色劳务品牌；多渠道增加城乡居民特别是低收入群体收入。

建设高质量教育体系。落实立德树人根本任务，提升学校体育、美育、劳育水平，建设 20 个劳动教育实践基地，建成 30 所冰雪运动特色学校。推进学前教育普惠优质安全，再建设 20 所普惠性幼儿园；推动义务教育优质均衡发展、民办义务教育规范发展，推进“双减”落地落实，切实减轻学生学业负担；坚持“一县一重点、县县有龙头”，持续提升普通高中教育质量；大力发展现代职业教育，整合职业教育资源，推进职教城建设；支持大同大学加快“双一流”建设，积极争取更多高校落户大同。

深化健康大同建设。深入推进“三医联动”改革，认真开展“降费用、提服务”医疗惠民行动，启动建设大同医疗集团大宗器械和药物统一采购平台，大幅降低各级各类医院医疗费用成本；加快“5G+ 远程医疗”建设步伐，推进市五医院优质医疗资源扩容下沉，加快建设市三医院医技急诊楼，谋划市二医院省级区域肿瘤医疗中心建设；积极开展全民健身活动，全力办好第十六届省运会。

健全社会保障体系。落实好基本医疗保险、大病保险、失业工伤保险、最低生活保障制度；持续推动“大同助老”服务品牌建设，积极创建全省养老服务模范市；以云州区为试点，稳妥推进农村颐养工程，努力构建城镇有助老、农村有颐养的格局；建立健全租购并举的住房制度，加快发展保障性住房，改造老旧小区 43 个 36 万平方米，新开工棚户区住房 818 套；继续加快殡葬基础设施建设，开工建设市救助服务中心；促进人口长期均衡发展，有效推动“三孩”生育政策落地见效。

大力繁荣文化事业。加大文物保护力度，全面加强“云冈学”体系建设，不断提升云冈学国际影响力；以社会主义核心价值观引领，推进公民道德建设；完善公共服务体系，出台促进五大场馆、基层文化馆（站）“建管用”具体标准和运营机制，建设 5 个多功能“城市文化会客厅”；实施文化精品演艺工程，讲好大同文化故事；擦亮“微笑大同”品牌，推进全国文明城市创建工作。

（十）建设平安大同，坚守高质量发展底线。坚持总体国家安全观，统筹发展和安全，着力防范化解重大风险，建设更高水平的平安大同。

从严抓好常态化疫情防控。夯实“四方责任”，落实“外防输入、内防反弹”各项举措，切实筑牢人、物、环境同防安全防线；完善多点触发预警体系，做实做细各项应急预案；实施公共卫生体系改革，全面提升核酸检测、流调溯源、转运隔离、物资保障等方面的能力；持续推进疫苗接种工作，构建更加牢固的全民免疫屏障。

牢牢守住安全生产底线。严格落实安全生产责任制，压实企业主体责任、部门监管责任，全面落实分级分类监管责任；深入扎实开展安全生产专项整治三年行动，聚焦煤矿、非煤矿山、危险化学品、城镇燃气等高危行业领域，开展安全隐患排查整治；不断完善应急救援机制，强化应急物资储备，全面提升应对各类事故和灾害的应急处置能力。

全力提升社会治理水平。深入推进市域社会治理现代化试点，持续完善“党委领导、政府负责、群团组织助推、社会组织协同、人民群众参与”的共建共治共享工作格局。坚持和发展新时代“枫桥经验”，深化网格化服务管理，构建矛盾纠纷多元化解体系；强化食品药品安全监管，严防各类食品药品安全风险；扎实推进“雪亮工程”，加快创建立体化、信息化社会治安防控体系；常态化开展扫黑除恶专项斗争，依法严厉打击各类违法犯罪行为，有效防范和处置非法集资，努力营造良好的社会环境，不断提升人民群众的安全感和满意度。

四、全面加强政府自身建设

新一届政府将牢记初心使命，忠诚履职尽责，主动适应时代发展，积极倾听群众呼声，不断提升市场化思维、法治化意识、专业化能力，努力建设人民满意的服务型政府。

加强政治建设。持续巩固拓展党史学习教育成果，坚决捍卫“两个确立”、做到“两个维护”，切实增强政治判断力、政治领悟力、政治执行力，始终同以习近平同志为核心的党中央保持高度一致，推动中央和省委市委各项决策部署不折不扣落实到位，以实际行动践行“国之大者”，用担当实干诠释绝对忠诚。

坚持依法行政。深入贯彻习近平法治思想，全面加强法治政府建设，自觉接受人大法律监督、政协民主监督和各方面监督，强化审计监督、统计监督，让权力在阳光下运行；坚持敬畏历史、敬畏文化、敬畏生态，规范重大行政决策程序，完善政府议事规则，严格落实政府法律顾问制度，确保政府决策规范化、科学化；扎实开展“八五”普法，自觉将法治思维和法治方式贯穿政府工作全过程各领域；实施政府系统干部专业化能力提升行动，加强政府智库建设，为全方位推动高质量发展提供战略咨询和智力支持。

改进工作作风。真抓才能攻坚克难，实干才能争先进位。新一届政府将始终坚持“大道至简、实干为要”的工作导向，牢牢抓住事关发展的大事要事，始终盯紧群众关心的实事难事，以抓铁有痕、踏石留印的勇气和担当，以咬定青山不放松的执着和毅力，久久为功，善作善成，以政府的担当作为换来经济的赶超跨越、换来百姓的幸福安康；要把抓落实作为政府工作的“生命线”，认真贯彻省政府抓落实提高执行力“六项机制”，以实干为荣、以空谈为耻，以解决问题为荣、以推卸责任为耻，锚定目标不懈怠，脚踏实地务实干，积少成多，聚沙成塔，交出无愧于人民和历史的时代答卷。

恪守清正廉洁。落实全面从严治党主体责任，严格履行“一岗双责”，推动政府系统党风廉政建设向纵深发展，不断巩固风清气正的政治生态；严格执行中央八项规定及其实施细则精神，持之以恒纠治“四风”；加强制度约束，守好廉政底线，让干净干事成为干部的自觉追求；推行零基预算改革，严控“三公经费”和一般性支出，把有限财力用到经济社会发展最需要的地方。

地方性法规选登

大同市城市市容和环境卫生管理办法

（2020 年 10 月 30 日大同市第十五届人民代表大会常务委员会第三十四次会议通过
2021 年 1 月 15 日山西省第十三届人民代表大会常务委员会第二十二次会议批准）

第一章 总 则

第一条 为了加强城市市容和环境卫生管理，创造整洁、优美、文明、宜居的城市环境，根据相关法律、法规，结合本市实际，制定本办法。

第二条 本市城市规划区和其他实行城市化管理的区域的市容和环境卫生管理活动，适用本办法。

第三条 城市市容和环境卫生管理工作实行统一领导、分级负责、属地管理、公众参与、社会监督的原则，实行科学化、精细化、智能化、市场化管理。

第四条 市人民政府城市市容和环境卫生主管部门负责本市行政区域内的城市市容和环境卫生管理工作。其主要职责是：

（一）组织实施有关城市市容和环境卫生工作的法律、法规和政策；

（二）对市容和环境卫生进行指导、监督、考核；

（三）对城市环境卫生设施建设统一规划。

县（区）人民政府城市市容和环境卫生主管部门负责本行政区域的城市市容和环境卫生管理工作。

规划和自然资源、住房和城乡建设、生态环境、公安、交通运输、文化旅游、文物、商务、市场监管等部门按照各自职责，配合做好城市市容和环境卫生管理工作。

第五条 城市市容和环境卫生管理所需经费由市、县（区）人民政府予以保障。

第六条 市、县（区）人民政府及其城市市容和环境卫生主管部门、学校、新闻媒体等应当加强城市市容和环境卫生法律法规和科学知识的宣传教育，提高公众的环境卫生意识，养成良好的卫生习惯。

第七条 任何单位和个人依法享有整洁优美的市容环境，对损害市容和环境卫生的行为有权劝阻和举报。

任何单位和个人都应当尊重城市市容和环境卫生工作人员的劳动，不得妨碍、阻挠其工作。

第二章 市容市貌

第八条 建筑物、构筑物的容貌应当符合以下规定：

（一）建筑物、构筑物外立面及其附属设施应当保持整洁、完好、美观。主要街道两侧和重点区域的建筑物、构筑物出现结构损坏、墙面剥离或者外立面污染的，应当及时修缮、维护和清洗，危险建筑物、构筑物应当及时拆除或者整修。主要道路两侧和重点地区的建筑物、构筑物外部和玻璃幕墙，应当定期清洗、粉刷；

（二）主要道路两侧和重点地区的临街建筑物、构筑物的窗外，不得吊挂、晾晒或者堆放影响市容市貌的物品；

（三）城市道路两侧建筑物门店的装修、装饰，应当符合市人民政府有关规定，并与周边环境相协调；安装防盗窗的，不得超出建筑物的设计外沿。

文物保护单位和历史文化街区的建筑物、构筑物，应当保持原有的风格特色和传统风貌；周边控制地带的建筑物、构筑物，应当按照规划和自然资源、文物部门的设计规范进行严格控制。

第九条 城市道路两旁或者公共场所设置的公共服务设施，应当统一规划、有序设置，符合城市容貌标准。出现破旧、污损、残缺的，设置单位应当及时清洗、修复或者更换。

城市夜景灯饰应当由所有权人或者管理人负责日常维护管理。

第十条 无障碍通行设施应当规范建设，其所有权人和管理人应当对无障碍设施进行管理和维护，保证无障碍设施的正常使用。

第十一条 公安机关交通管理部门应当会同城市市容和环境卫生主管部门、住房和城乡建设、交通运输部门，在城市道路两侧和其他公共区域合理划定机动车、非机动车停放泊位。

在满足业主、本单位职工需要的前提下，鼓励单位、小区、个人停车泊位以多种形式对外开放。

机动车、非机动车应当按照划定的位置、方向有序停放。

第十二条 任何单位和个人不得擅自占用城市道路、人行过街天桥、人行地下过街通道以及其他公共场所设摊经营、搭建临时设施（展台、棚、伞、架等）；不得擅自超出门窗、外墙进行店外经营、店外作业或者展示、堆放物品。

确需临时占用城市道路作为集贸市场、摊点群、特色经营街区、早市、夜市以及农产品、日用小商品等经营场所的，应当经市、县（区）人民政府批准，按照规定的地点和时段有序经营；临时建筑、临时设施应当符合街景规划要求，并按照规定时限拆除。

流动售货车应当在指定的地点设置经营，保持场地清洁。

第十三条 任何单位和个人不得擅自设置地桩、地锁等障碍物圈占道路和公共场地，不得占压城市道路私接道路斜坡等构筑物。

第十四条 不得在城市道路、桥梁、护栏、路名牌、电线杆、路灯杆、树木、绿篱等设施上晾晒、吊挂衣物和其他物品。

第十五条 不得占用城市道路两侧的公共区域从事车辆清洗、维修、装饰等，作业过程中所产生的污水、污泥、油污等，应当按照相关规定处理，保持场所及周边环境整洁。

第十六条 在城市道路、广场等公共场所举办文化、展览、宣传、体育、节庆及商业等活动的，举办单位应当保持周围环境卫生整洁，及时清除当日产生的废弃物。

大型会议、会展或者重要庆典活动确需在公共场所临时张贴、悬挂、设置标语等宣传品的，应当保持整洁美观；活动结束后，及时清除临时设置的各类设施。

第十七条 在城市道路上运输施工物料、渣土、建筑垃圾、生活垃圾、餐厨垃圾等散体、液体物质的车辆，应当按照规定的时间、路线行驶，采取密封、包扎、覆盖等措施，不得泄漏抛洒和混合倾倒。

第十八条 市、县（区）人民政府应当加强对共享交通工具的准入和经营服务管理。

共享交通工具经营者应当规范运营和服务，及时清理妨碍市容和公共交通秩序的共享交通工具。

共享交通工具承租者应当文明使用、规范停放共享交通工具。

第十九条 临街施工场地应当依法设置围挡、覆盖散装物料，硬化道路，洒水保洁。施工场地完工后，应当及时清理现场、平整场地、拆除各种临时设施。损坏地面和设施的，应当及时修补。

建筑工地出口处应当设置车辆冲洗设备。施工车辆应当密闭运输，不得带泥进入城市道路。

第二十条 城市管线应当规范建设，定期维护。在空中架设电力、电信、有线电视、通信等线缆，或者依附于城市道路建设各种管线、杆线等设施，应当符合城市容貌标准。新建线缆设施应当入地敷设，各种架空线缆应当按照规划入地敷设。

主要街道和重点区域上空，不得新建架空管线设施。现有架空线缆和杆架，应当按照规划逐步改造入地埋设或者采取隐蔽措施；暂不能入地的，应当采取套管、捆扎等措施进行规范，不得凌乱悬挂。废弃的管线，由产权单位负责拆除。

第二十一条 城市水域的容貌应当符合下列要求：

（一）保持水域清洁，水面无漂浮垃圾、杂物；

（二）坡岸、护栏、涵闸、泵站、亲水平台、码头等设施外观与周围环境相协调，无违规悬挂物品，无存积污物、垃圾；

（三）各类船舶保持外观容貌整洁。

第三章 环境卫生

第二十二条 城市环境卫生的清扫保洁，按照下列规定进行：

（一）城市主、次街道、桥梁、人行天桥、公共广场、城市水域等城市公共区域，由辖区环境卫生清扫保洁专业单位负责；

（二）街巷、住宅小区、乡（镇）、街道等居住区，由街道办事处负责；实行物业管理的区域，由物业服务企业负责；

（三）在建工地由施工单位负责，待建工地由产权单位负责，征收拆迁工地、政府收储地由属地政府负责；新建住宅区，未交付使用前由开发企业负责；

（四）机关、团体、部队、企业、事业等单位庭院，由本单位负责；

（五）风景名胜区、旅游景区、机场、车站、铁路、公路、停车场、加油（气）站、文化体育场所等公共场所，由经营单位或者管理单位负责；

（六）集市街、临时摊点区和早市、夜市，由组织者或者管理者负责。

第二十三条 临街单位应当认真落实责任区域门前五包责任制，实行“包净化、包绿化、包亮化、包美化、包秩序”。

第二十四条 禁止下列影响公共场所环境卫生的行为：

（一）随地吐痰、便溺；

（二）乱扔果皮、纸屑、烟蒂、饮料瓶、口香糖、包装袋等废弃物；

（三）将责任区内的垃圾等废弃物清扫或者堆放至公共场所；

（四）乱丢电池、荧光管、显示屏等有毒有害物品；

（五）其他影响环境卫生的行为。

对宠物在户外排泄的粪便，饲养者应当立即清除。

第二十五条 加快实行生活垃圾分类投放、收集、运输。

产生城市生活垃圾的单位和个人，应当按照分类标准，在规定的时间、地点倾倒垃圾、粪便，并按照规定缴纳城市生活垃圾处理费。

市人民政府城市市容和环境卫生主管部门应当做好生活垃圾分类投放宣传指导，并制定和公告垃圾分类投放、收集、运输的标准和方法。

第二十六条 任何单位和个人不得擅自运输、倾倒和处理生活垃圾、建筑垃圾。

城市生活垃圾由环境卫生专业单位负责统一收集、倾倒，并在夜间清运，做到日产日清，桶洁地净。

建筑垃圾由单位或者个人及时自行收集，并委托环境卫生专业单位清运、倾倒在市、县（区）人民政府城市市容和环境卫生主管部门指定的地点，不得与居民生活垃圾混倒、混运。

第二十七条 城市工程建设单位应当在开工前，向城市市容和环境卫生主管部门申报建筑垃圾处置计划，交纳建筑垃圾处置费，在指定地点倾倒建筑垃圾。

第二十八条 医疗废物以及有毒、有害垃圾，应当按照国家有关规定进行单独收集、运输、处置或者无害化处理。

第二十九条 再生资源回收站（点）、中转站应当与环境卫生设施统一规划布局，不得影响城市市容和环境卫生。

第三十条 市政、园林、电力、燃气、邮电、供热、供水等单位工程建筑与养护产生的污泥、残土等废弃物，应当及时清除，不得积存。造成路面和设施损坏的，应当及时修补。

第三十一条 单位和个人有清除冰雪的责任和义务，降雪后，按照划分的卫生责任区段，在雪停后二十四小时内清除路面冰雪。

第三十二条 城市公共厕所的设置，应当由县（区）人民政府城市市容和环境卫生主管部门根据城市居住人口密度和流动人口数量以及公共场所等特定区域的需要提出建议，并按照国家规定的标准由规划和自然资源、住房和城乡建设部门规划、设计，由城市建设单位建设，移交环境卫生单位管理。

对年久失修或者不符合规定标准的公共厕所，县（区）人民政府城市市容和环境卫生主管部门应当责令产权单位限期改造、修缮。

第三十三条 城市公共厕所应当设置明显标识，配置防蝇、照明等设施，定期喷洒消杀药物，建立管理制度，确定专人负责。

集贸市场和经批准设置的临时摊点区的公共厕所及其他卫生设施，由主办单位负责管理。

公共厕所、垃圾点的通道周边，不得搭建建筑物、构筑物或者堆放杂物等。

城市粪便由环境卫生专业单位负责包掏包运，遵守粪车出入市区时间，做到密闭运输、定时清运、消毒，保持厕所内外清洁。

第三十四条 新建、改建、扩建建设项目，应当按照国家规定配套建设垃圾收集站等环境卫生设施，并保持设施完好。

未经批准，不得擅自关闭、拆除、迁移或者改变公共厕所及其他环境卫生设施的使用性质和内部结构。

环境卫生设施确因建设需要拆迁的，由建设单位提出拆迁方案，报县（区）人民政府城市市容和环境卫生主管部门批准。

第四章 法律责任

第三十五条 违反本办法规定，法律、行政法规以及本省人民代表大会及其常务委员会制定的地方性法规已有法律责任规定的，从其规定。

第三十六条 违反本办法规定，临街施工场地完工后不及时清理现场和平整场地，影响市容和环境卫生的，由城市市容和环境卫生主管部门责令其纠正违法行为、采取补救措施，并对单位按照建造围挡成本的一点五倍罚款；对个人处一千元以上二千元以下罚款。

第三十七条 违反本办法规定，共享交通工具经营者未及时清理妨碍市容和公共交通秩序的共享交通工具，由城市市容和环境卫生主管部门责令限时清理，逾期未清理的，每辆处二十元罚款；共享交通工具承租者未按规定使用或者规范停放的，由城市市容和环境卫生主管部门责令改正；拒不改正的，处二十元罚款。

第三十八条 违反本办法规定，个人将建筑垃圾混入生活垃圾中的，由城市市容和环境卫生主管部门责令限期改正；逾期未改正的，处五百元以上一千元以下罚款。

违反本办法规定，单位随意倾倒建筑垃圾等废弃物的，由城市市容和环境卫生主管部门责令改正，处十万元以上一百万元以下罚款。

第三十九条 违反本办法规定，在公共厕所、垃圾点等周边私搭乱建的，由城市市容和环境卫生主管部门责令改正或者限期清理；拒不改正或者清理的，对单位处五百元以上二千元以下罚款；对个人处一百元以上二百元以下罚款。

第四十条 有关国家机关工作人员在城市市容和环境卫生管理工作中玩忽职守、滥用职权、徇私舞弊的，依法给予处分；构成犯罪的，依法追究刑事责任。

第五章 附 则

第四十一条 市政设施、户外广告和餐厨废弃物的管理，依照《大同市市政设施管理办法》《大同市户外广告管理规定》和《大同市餐厨废弃物管理条例》的有关规定执行。

第四十二条 本办法自 2021 年 5 月 1 日起施行。

大同市水污染防治条例

（2020 年 10 月 30 日大同市第十五届人民代表大会常务委员会第三十四次会议通过
2021 年 1 月 15 日山西省第十三届人民代表大会常务委员会第二十二次会议批准）

第一条　为了加强大同火山群保护和管理，合理利用自然资源，根据有关法律、法规的规定，结合本市实际，制定本条例。

第二条　在大同火山群保护范围进行保护管理等活动，适用本条例。

第三条　大同火山群保护应当以保护地质遗迹为重点，坚持积极保护、科学规划、合理利用的原则。

第四条　市人民政府和云州区、阳高县人民政府应当完善保护和管理机制，强化保护措施，将火山群保护纳入本级国民经济和社会发展规划，所需经费纳入财政预算。

第五条　市人民政府规划和自然资源主管部门负责对大同火山群保护、利用的监督管理。

云州区、阳高县人民政府火山群保护主管部门负责对本行政区域大同火山群的保护、利用和监督管理。

生态环境、住房和城乡建设、农业农村、水务、文化旅游、交通运输、财政等有关部门，在各自的职责范围内，协同做好大同火山群的保护和利用。

第六条　大同火山群管理机构负责大同火山群保护和管理的具体工作，主要职责是：

（一）宣传贯彻执行国家、省、市有关地质遗迹景观管理的法律法规、方针政策；

（二）拟定并组织编制、申报地质遗迹保护规划，并依照规划进行保护管理和开发建设；

（三）组织或者协助有关部门开展大同火山群的科学研究、科普考察、生态教育和对外交流等活动；

（四）负责大同火山群旅游资源的普查、宣传、开发利用，对大同火山群内的旅游经营活动进行监督处理。

第七条　大同火山群内的地质遗迹属国家所有，任何单位和个人不得破坏、挖掘、买卖和移动。

第八条　任何单位和个人都有保护火山群地质遗迹和生态环境的义务，对破坏资源、污染环境的行为有劝阻、举报的权利。

第九条　大同火山群地质遗迹按照资源特点、综合价值和分布特征，分别实施一级、二级、三级保护。

（一）火山群园区，一级保护范围：金山、黑山、狼窝山和小山、牌楼山、老虎山、阁老山、昊天山、东坪山、双山火山口及附近的火山渣锥、熔岩锥的范围；二级保护范围：金山周边熔岩构造，磨儿山、昊天山周边火山喷发堆积物，不高山、甘庄火山、山自造山、阁老山周边火山喷发堆积物，东坪山周边火山构造的范围；三级保护范围：分布于狼窝山、金山、昊天山、牛头山、老虎山、牌楼山、东坪山附近的熔岩构造和烘烤土范围。

（二）桑干河园区，一级保护范围：以河道砂与枕状玄武岩互层剖面和峡谷中的玄武岩离锥山为主的范围；二级保护范围：乌龙峡至小龙门玄武岩河道内熔岩构造、鹅毛疙瘩熔岩锥的范围；三级保护范围：册田水库北岸玄武岩地貌、桑干河河道及两岸熔岩构造。

（三）秋林峪园区，一级保护范围：秋林山麓半锥混合火山、东窑熔岩锥、龙堡熔岩锥的范围；二级保护范围：大峪口山麓半锥混合火山的范围；三级保护范围：分布于秋林火山东窑熔岩锥、龙堡熔岩锥的范围、大峪口火山、东团堡熔岩锥附近的小型火山喷发产物及秋林峪园区内的其他地质遗迹范围。

第十条　大同火山群的范围和界限由火山群保护规划确定，由市人民政府埋设固定界标并发布公告。

任何单位和个人不得擅自移动、变更、损毁界标。

第十一条　大同火山群内，禁止进行爆破、采石、采砂、开矿、取土、放牧、狩猎、采药、开垦、砍伐、烧荒以及其他对保护对象有损害的活动。法律、法规另有规定的除外。

第十二条　禁止任何单位和个人收购、加工、销售大同火山群内的浮石、火山渣等地质遗迹物品、产品，或者将上述物品、产品运出保护区。

第十三条　大同火山群内的开发建设和生产经营活动，应当符合大同火山群保护规划，依照有关法律、法规规定办理审批手续。

第十四条　大同火山群内从事建设、施工作业的，应当遵守地质遗迹保护管理的法律、法规，采取措施保护大同火山群内的山体、水体、植被、地貌、地质遗迹，不得造成污染和破坏。

施工结束后，应当及时清理场地，恢复环境原貌，并提交工程竣工档案。

第十五条　大同火山群内从事科学研究、教学实习、标本化石采集等活动的，应当向管理机构提出申请，经批准后方可进行。其取得的活动成果副本应当提交管理机构存档。

第十六条　违反本条例规定，法律、行政法规以及本省人民代表大会及其常务委员会制定的地方性法规已有法律责任规定的，从其规定。

第十七条　有关国家机关工作人员在大同火山群保护工作中玩忽职守、滥用职权、徇私舞弊的，依法给予处分；构成犯罪的，依法追究刑事责任。

第十八条　本条例自 2021 年 6 月 1 日起施行。

大同市禁牧休牧条例

（2021 年 4 月 28 日大同市第十五届人民代表大会常务委员会第三十八次会议通过
2021 年 7 月 29 日山西省第十三届人民代表大会常务委员会第三十次会议批准）

第一条　为了保护和培育林草植被，改善生态环境，根据相关法律、法规的规定，结合本市实际，制定本条例。

第二条　本条例所称禁牧是指在划定的区域内实行一年以上全面禁止放养羊、马、牛等草食性牲畜的生态管护措施；休牧是指在划定的区域内实行季节性禁止放养羊、马、牛等草食性牲畜的生态管护措施。

第三条　禁牧休牧应当坚持统筹规划、保护发展原则，同时兼顾农民的利益。

第四条　市、县（区）人民政府林业和草原主管部门负责本行政区域内禁牧休牧的监督管理工作。

市、县（区）人民政府农业农村主管部门负责草食性牲畜舍饲圈养的技术指导和监督管理工作。

市、县（区）人民政府发展和改革、财政、水务、规划和自然资源等部门按照各自的职责，负责禁牧休牧的有关工作。

第五条　任何单位和个人对违反本条例规定的行为都有权投诉和举报。

县（区）人民政府林业和草原主管部门、农业农村主管部门、乡（镇）人民政府应当公布投诉和举报方式，对接到的投诉和举报及时处理，并对投诉和举报人的相关信息予以保密。

第六条　本市在下列区域实行禁牧：

（一）新造林地、未成林地、幼林地、特种用途林地和封山育林区；

（二）严重退化、沙化、盐碱化、石漠化以及生态脆弱区的森林和草原；

（三）严重退化的天然草原、高山草甸等区域；

（四）自然保护区；

（五）法律、法规规定禁牧的其他区域。

第七条　本市在下列种植五至七年以上，已经成林的工程和保护区域实行休牧：

（一）国家天然林保护、退耕还林、京津风沙源治理、三北防护林和太行山绿化等林业重点工程区域；

（二）通道绿化、交通沿线荒山绿化、村镇绿化、厂矿区绿化、环城绿化等造林绿化工程区域；

（三）法律、法规规定休牧的其他区域。

第八条　县（区）人民政府应当组织林业和草原、农业农村等有关部门，按照以草定畜、草畜平衡的原则，根据林木、草原的生长状况，科学确定禁牧休牧区域和时限，并及时向社会公布。

休牧期限一般为四至七月份。

第九条　禁牧休牧工作应当实行市、县（区）、乡（镇）、村林长责任制度。

县（区）人民政府林业和草原主管部门应当按照“谁所有（经营），谁管护”的原则，确定禁牧休牧区域管护单位，制定管护制度，落实管护责任。

市、县（区）所属国有林管理机构设立林长和副林长，组织开展禁牧休牧等工作。

第十条　县（区）人民政府林业和草原主管部门应当组织有关单位在禁牧休牧区域的主要路口、山口等地设立标志、标牌、界桩和围栏、围网等设施。

任何单位和个人不得擅自移动或者损毁禁牧休牧标志、标牌、界桩和围栏、围网等设施。

第十一条　市、县（区）人民政府应当对实行舍饲圈养的养殖户给予粮食和资金补助，将家畜圈舍设施建设、饲草料等补助的资金列入同级财政预算。具体补贴办法由市人民政府制定。

乡（镇）人民政府应当配合有关部门具体组织实施本行政区域内的草食性牲畜舍饲圈养工作。

第十二条　禁牧休牧区域内的畜牧从业人员可以优先聘用为森林、草原管护人员。

第十三条　违反本条例规定，在实行禁牧休牧的区域和期限内放牧的，由市、县（区）人民政府林业和草原主管部门责令停止放牧，给予警告，并对牲畜所有者处以每个羊单位十元罚款。

第十四条　违反本条例规定，擅自移动或者损毁禁牧休牧标志的，由市、县（区）人民政府林业和草原主管部门恢复禁牧休牧标志，所需费用由违法者承担。

第十五条　有关国家机关工作人员在禁牧休牧工作中，玩忽职守、滥用职权、徇私舞弊的，依法给予处分；构成犯罪的，依法追究刑事责任。

第十六条　本条例自 2021 年 10 月 1 日起施行。

附录

统计资料

◎ 统计表中符号使用说明：“—”表示该项统计指标数据不详或无该项指标数据；“#”表示其中项。

综　合

2020—2021 年大同市国民经济主要比例关系统计表

表 34-1　　　　　　　　　　　　　　　　　　　　　　　　单位：%

指　标	2021 年	2020 年
一、地区生产总值中三次产业比例		
第一产业	6.1	5.1
第二产业	42.5	37.0
第三产业	51.4	57.9
二、工业总产值中轻重工业比例		
轻工业	12.1	12.2
重工业	87.9	87.8
三、农林牧渔业总产值内部比例		
农业产值	43.5	42.2
林业产值	7.9	5.7
牧业产值	43.6	46.8
渔业产值	0.1	0.1
服务业产值	4.9	5.2
四、固定资产投资中三次产业投资比例		
第一产业	6.2	4.6
第二产业	30.1	36.2
第三产业	63.7	59.2

附
录

2021 年大同市国民经济和社会发展主要指标统计表

表 34-2

指　标	单位	2021 年	2021 年比 2020 年 ±%
一、年末总人口	万人	309.87	–0.1
二、地区生产总值	亿元	1686.05	7.5
第一产业	亿元	102.18	9.7
第二产业	亿元	716.22	7.6
第三产业	亿元	867.65	7.1
人均地区生产总值	元	54391	18.9
三、财政			
一般公共预算收入	亿元	166.73	23.5
一般公共预算支出	亿元	374.18	–3.6
四、固定资产投资	亿元	732.05	9.2
# 第一产业	亿元	45.39	48.6
第二产业	亿元	220.30	–9.2
第三产业	亿元	466.35	17.5
五、农林牧渔业总产值	亿元	161.35	11.8
六、工业总产值	亿元	1546.50	34.2
工业增加值	亿元	520.74	9.0
工业企业利税总额	亿元	184.75	—
七、主要工农业产品产量			
原煤	万吨	14992	12.8
发电量	亿千瓦时	527.40	9.1
粗钢	万吨	135	–0.1
粮食	万吨	125.50	1.4
八、社会消费品零售总额	亿元	760.95	16.1
九、海关进出口总额	亿元	69.69	74.9
十、金融机构各项存款余额	亿元	3865..66	10.7
# 住户存款	亿元	2756.51	10.6
金融机构各项贷款余额	亿元	1988.25	8.6
十一、就业人员年平均工资	元	79522	11.5
城镇常住居民人均可支配收入	元	36685	8.1
农村常住居民人均可支配收入	元	12909	11.2
十二、居民消费价格指数	上年 =100	101.1	—

2020—2021 年大同市社会经济主要指标人均水平统计表

表 34–3

指　标	单　位	2021 年	2020 年
一、地区生产总值	元	54391	43982
二、农林牧渔业总产值	元	5207	4654
三、主要产品产量			
原煤	吨	48.4	42.6
发电量	千瓦小时	17018	15502
钢	公斤	436	435
粮食	公斤	405	399
肉类总产量	公斤	43.4	29.5
四、社会消费品零售额	元	24557	21134
五、人民生活			
从业人员年平均工资	元	79522	72934
城镇常住居民人均可支配收入	元	36685	33945
农村常住居民人均可支配收入	元	12909	11610
城乡居民储蓄存款	元	88957	80388

2005—2021 年大同市地区生产总值统计表

（按当年价格计算）

表 34–4

年　份	地区生产总值（万元）					人均地区生产总值（元 / 人）
		第一产业	# 农林牧渔业	第二产业	第三产业	
2005	3620947	210959	219073	1966093	1443895	11649
2006	4008837	209236	215398	2116835	1682766	12808
2007	5047932	188303	194974	2658767	2200862	16024
2008	5819358	287751	297891	3037159	2494448	18363
2009	5667051	306069	315293	2644252	2716730	17783
2010	6908180	345446	354324	3274345	3288389	21204
2011	8281521	436377	447685	4091019	3754125	25049
2012	8742661	465276	478451	4295639	3981746	26687
2013	9192988	512396	527266	4199715	4480877	28305
2014	9411394	539863	557765	4212537	4658994	29151
2015	9849804	522733	544875	4148401	5178670	30669
2016	9500724	544738	569106	3581524	5374462	29760
2017	11020584	558504	585452	4151724	6310356	34742
2018	12251695	574316	604470	4533035	7144344	38886
2019	13041038	619112	652881	4862994	7558932	41607
2020	13810464	913909	958466	5060554	7836001	44340
2021	16860488	1021795	1069301	7162175	8676518	54391

注：根据第四次全国经济普查结果，GDP 历年总量数据有调整；根据第七次人口普查数据，历年人均 GDP 数据有调整

附录

2005—2021 年大同市地区生产总值指数统计表

表 34-5 （上年为 100）

年 份	地区生产总值	第一产业	# 农林牧渔业	第二产业	第三产业
2005	114.4	121.4	126.2	116.0	111.8
2006	106.8	94.9	94.0	104.3	111.9
2007	114.3	71.5	72.3	115.3	118.4
2008	108.3	152.8	152.4	102.7	111.9
2009	102.3	104.2	103.6	94.0	111.6
2010	110.8	105.5	105.1	115.2	107.1
2011	109.2	109.0	109.2	111.7	106.6
2012	108.6	106.3	106.4	109.0	108.5
2013	108.3	105.4	105.5	109.0	108.0
2014	107.8	103.7	104.0	111.5	104.3
2015	109.1	101.2	101.7	108.0	111.1
2016	101.0	103.1	103.3	93.1	107.0
2017	106.4	103.3	103.4	103.3	108.8
2018	106.6	103.3	103.4	106.6	106.8
2019	106.7	103.0	103.1	106.9	106.9
2020	104.3	101.4	101.6	107.0	102.8
2021	107.5	109.7	109.5	107.6	107.1

2020—2021 年大同市地区生产总值统计表（一）

表 34-6 单位：亿元

指 标	2021 年	2020 年	2021 年比 2020 年 ±%
地区生产总值	1686.0	1381.0	7.5
第一产业	102.2	91.4	9.7
第二产业	716.2	506.1	7.6
# 工业	631.8	433.7	7.5
建筑业	84.5	72.3	7.8
第三产业	867.7	783.6	7.1
# 交通运输、仓储邮政业	141.6	127.9	4.8
批发和零售业	125.8	110.6	1.7
住宿和餐饮业	26.3	21.6	20.3
金融保险业	94.4	87.4	4.1
房地产业	115.6	103.8	9.8
其他服务业	359.2	327.8	9.0
人均地区生产总值（元 / 人）	54391	44340	18.9

2020—2021 年大同市地区生产总值统计表（二）

表 34–7 单位：万元

县　区	2021 年	2020 年	2021 年比 2020 年 ±%
总　计	16860488	13810464	7.5
平城区	4836449	4242357	6.7
云冈区	5132872	4036416	7.1
新荣区	784150	634092	3.3
云州区	1679877	1296202	10.7
阳高县	732040	595974	10.5
天镇县	502179	434278	7.2
广灵县	525813	438642	8.3
灵丘县	678851	567745	7.5
浑源县	554101	495524	4.8
左云县	1432948	1065036	9.9
开发区	1375379	1062562	6.8

2020—2021 年大同市分县（区）第三产业增加值统计表

表 34–8 单位：万元

县　区	2021 年	2020 年	2021 年比 2020 年 ±%
总　计	8676518	7836001	7.1
平城区	3765608	3416807	6.7
云冈区	2116987	1922735	6.6
新荣区	236930	214763	6.4
云州区	635738	558255	9.2
阳高县	299524	269407	9.0
天镇县	246216	220890	8.0
广灵县	237037	211640	9.4
灵丘县	366656	321729	9.9
浑源县	319803	296806	4.2
左云县	452019	402969	7.5
开发区	327887	297875	5.7

2021 年大同市国民经济主要指标占全省比重统计表

表 34–9

指　标	单位	全省	全市	占全省 %
年末总人口	万人	3480.5	309.9	8.9
城镇人口	万人	2207.5	227.4	10.3
地区生产总值	亿元	22590.2	1686.0	7.5
第一产业	亿元	1286.9	102.2	7.9
第二产业	亿元	11213.1	716.2	6.4
第三产业	亿元	10090.2	867.7	8.6
农林牧渔业增加值	亿元	1356.9	106.9	7.9
粮食总产量	万吨	1421.2	125.5	8.8
蔬菜总产量	万吨	976.3	70.6	7.2
肉类总产量	万吨		13.5	—
原煤产量	万吨	119316	14992	12.6
发电量	亿千瓦时	3734.0	527.4	14.1
粗钢产量	万吨	6740.7	135.0	2.0
水泥产量	万吨	5537.3	447.9	8.1
全社会固定资产投资	亿元	7952.6	732.0	9.2
社会消费品零售总额	亿元	7747.3	760.9	9.8
海关进出口总额	亿元	2230.3	46.2	2.1
旅游外汇收入	万美元	—	—	—
一般公共预算收入	亿元	2834.6	166.7	5.9
住户存款	亿元	28552.1	2756.5	9.7

2021 年大同市分县（区）总人口统计表

表 34–10

县　区	总人口（人）			性别比（女为 100）
	合计	男	女	
总　计	3098716	1571790	1526926	102.94
平城区	1121168	559168	562000	99.50
云冈区	683348	341680	341668	100.00
新荣区	87436	46662	40774	114.44
云州区	148481	77999	70482	110.67
阳高县	186628	94574	92054	102.74
天镇县	158870	80460	78410	102.61
广灵县	153597	80283	73314	109.51
灵丘县	210188	108904	101284	107.52
浑源县	233718	119451	114267	104.54
左云县	115282	62609	52673	118.86

2021年大同市分县（区）城乡人口统计表

表34-11

县　区	总人口（人）			城镇人口比重（%）
	合计	城镇	乡村	
总　计	3098716	2273684	825032	73.38
平城区	1121168	1121168	—	100.00
云冈区	683348	594206	89142	86.96
新荣区	87436	35906	51530	41.07
云州区	148481	72721	75760	48.98
阳高县	186628	86101	100527	46.14
天镇县	158870	67957	90913	42.78
广灵县	153597	56105	97492	36.53
灵丘县	210188	79070	131118	37.62
浑源县	233718	101475	132243	43.42
左云县	115282	58975	56307	51.16

注：全市总户数万户（公安户籍）

2011—2021年大同市人口统计表

表34-12　　单位：人

年份	合计	男	女	城镇	乡村
2011	3291348	1678138	1613210	1870802	1420546
2012	3260673	1667118	1593555	1907693	1352980
2013	3235087	1649211	1585876	1952698	1282389
2014	3221852	1645311	1576541	2003062	1218790
2015	3201546	1628773	1572773	2052190	1149356
2016	3183275	1622348	1560927	2094649	1088626
2017	3161054	1607044	1554010	2134659	1026395
2018	3140291	1596681	1543610	2171668	968623
2019	3128332	1582054	1546278	2222578	905754
2020	3101042	1569535	1531507	2253995	847047
2021	3098716	1571790	1526926	2273684	825032

注：根据第七次全国人口普查结果，修订全市2011-2019年非普查年度人口历史数据

核 算

2021 年大同市分县（区）地区生产总值统计表（一）

表 34–13

县 区	地区生产总值	2021 年比 2020 年 ±%	第一产业	2021 年比 2020 年 ±%
总 计	16860488	7.5	1021795	9.7
平城区	4836449	6.7	18777	10.7
云冈区	5132872	7.1	75240	10.4
新荣区	784150	3.3	74476	7.7
云州区	1679877	10.7	117547	10.8
阳高县	732040	10.5	235553	11.4
天镇县	502179	7.2	127314	10.3
广灵县	525813	8.3	105935	8.4
灵丘县	678851	7.5	94922	11.4
浑源县	554101	4.8	129000	9.0
左云县	1432948	9.9	41823	8.8
开发区	1375379	6.8	149	76.9

2021 年大同市分县（区）地区生产总值统计表（二）

表 34–14

县 区	第二产业	2021 年比 2020 年 ±%	第三产业	2021 年比 2020 年 ±%
总 计	7162175	7.6	8676518	7.1
平城区	1052064	6.6	3765608	6.7
云冈区	2940645	7.5	2116987	6.6
新荣区	472744	0.5	236930	6.4
云州区	926592	12.0	635738	9.2
阳高县	196963	12.3	299524	9.0
天镇县	128649	1.6	246216	8.0
广灵县	182841	6.4	237037	9.4
灵丘县	217273	0.7	366656	9.9
浑源县	105298	0.6	319803	4.2
左云县	939106	11.6	452019	7.5
开发区	1047343	7.2	327887	5.7

2020—2021 年大同市地区生产总值构成项目统计表

表 34-15　　单位：万元

指　标	增加值		2021 年比 2020 年增长 ±%
	2021 年	2020 年	
地区生产总值	16860488	13810464	7.5
农、林、牧、渔业	1069301	958466	9.5
#农、林、牧、渔服务业	47506	44557	5.1
工业	6317516	4337321	7.5
建筑业	844659	723233	7.8
批发和零售业	1258150	1106001	1.7
批发业	804244	706140	-3.2
零售业	453906	399861	10.5
交通运输、仓储和邮政业	1416091	1278868	4.8
住宿和餐饮业	263421	215613	20.3
住宿业	83347	66879	25.5
餐饮业	180074	148734	17.9
金融业	943655	874341	4.1
房地产业	1155547	1038229	9.8
房地产（K 门类）	545917	466234	15.7
自有房地产经营活动	609630	571995	5.0
其他服务业	3592148	3278392	9.0
营利性服务业	1285614	1201437	6.9
非营利性服务业	2306534	2076955	10.2
第一产业	1021795	913909	9.7
第二产业	7162175	5060554	7.6
第三产业	8676518	7836001	7.1

附录

农 业

2021 年大同市农村基层组织统计表

表 34-16　　　　单位：个、户、人

县 区	常住户数	劳动力资源	从业人员	
				# 从事农业人员
总 计	483565	663133	553753	323607
平城区	46926	68392	55003	9155
云冈区	57359	73094	59454	23796
新荣区	23789	32131	29629	22329
云州区	41835	54333	45148	30218
阳高县	56859	71730	59458	42873
天镇县	40590	52429	43288	33834
广灵县	47953	62670	49830	35519
灵丘县	83563	124103	104590	57012
浑源县	61336	91602	79657	49765
左云县	18480	26052	22090	17702
开发区	4875	6597	5515	1404

2020—2021 年大同市农林牧渔业总产值统计表

表 34-17　　　　单位：万元

指 标	2021 年	2020 年
农林牧渔业总产值	1659202	1443138
农业产值	724767	609431
林业产值	126864	81857
牧业产值	725484	675012
渔业产值	1637	1310
服务业产值	80448.3	75527.8
农林牧渔业总产值（内部比例）		
农业产值	43.7	42.2
林业产值	7.6	5.7
牧业产值	43.7	46.8
渔业产值	0.1	0.1
服务业产值	4.8	5.2

2020—2021 年大同市农林牧渔业增加值统计表

表 34–18　　单位：万元

县　区	2021 年	2020 年	2021 年比 2020 年 ±%
大同市	1069301	958466	9.5
平城区	19829.6	17421	10.0
云冈区	79806.7	67910	10.1
新荣区	78734.7	75041	7.6
云州区	124684	114593	10.2
阳高县	245169.2	203536	11.2
天镇县	133608.3	123010	10.3
广灵县	109619.1	101721	8.2
灵丘县	97804.6	85499	11.1
浑源县	135031.9	126303.3	8.9
左云县	43808.1	39234	8.5

2021 年大同市农作物生产统计表（一）

表 34–19　　单位：公顷

县　区	农作物总播面积	粮食作物播种面积	经济作物播种面积
总　计	328720	280340	48380
平城区	2950	2600	350
云冈区	12270	9300	2970
新荣区	28550	25350	3200
云州区	39180	29450	9730
阳高县	57850	51000	6850
天镇县	49300	43140	6160
广灵县	36770	29690	7080
灵丘县	35490	32580	2910
浑源县	37780	34190	3590
左云县	28580	23040	5540

附录

2021 年大同市农作物生产统计表（二）

表 34-20 单位：公顷

县 区	# 秋粮面积	谷物面积	豆类面积	薯类面积	玉米面积	油料面积	蔬菜面积
总 计	280340	238080	17240	25030	140590	15410	23360
平城区	2600	2310	90	200	1510	—	230
云冈区	9300	9010	180	110	5650	260	1640
新荣区	25350	19430	1400	4520	4830	1420	470
云州区	29450	26110	2520	820	13230	90	8480
阳高县	51000	46360	2020	2620	27950	1330	4500
天镇县	43140	35340	2810	4990	24450	6160	2900
广灵县	29690	26110	1860	1720	18910	7080	2610
灵丘县	32580	26610	2130	3840	19590	900	1050
浑源县	34190	28320	2990	2880	19700	1340	1230
左云县	23040	18480	1240	3320	4770	4680	240

2021 年大同市农作物生产统计表（三）

表 34-21 单位：吨

县 区	粮食总产量		谷物产量	豆类产量	薯类（鲜薯）产量	玉米产量	油料产量	蔬菜产量
		# 秋粮产量						
总 计	1255009	1255009	1139067	27852	440447	940494	20492	706496
平城区	15480	15480	14637	120	3614	13170	3	12820
云冈区	54520	54520	53965	225	1647	47351	138	90856
新荣区	77306	77306	58956	2446	79519	27206	1869	9315
云州区	107291	107291	100370	4554	11837	73263	274	84742
阳高县	268029	268029	253989	4204	49180	209274	2401	270736
天镇县	207181	207181	189068	3702	72057	168719	4199	78193
广灵县	185904	185904	176262	2796	34226	161827	2867	70776
灵丘县	111945	111945	95979	3982	59919	82772	1512	24078
浑源县	178537	178537	160094	4104	71697	141545	1899	54866
左云县	48816	48816	35747	1718	56752	15367	5331	10115

2021 年大同市林业生产和水果产量统计表

表 34–22

县　区	当年造林面积（公顷）	水果产量（吨）
总　计	35005	118436
平城区	120	1371
云冈区	1866	5365
新荣区	667	7761
云州区	1000	36916
阳高县	5990	53174
天镇县	6000	4027
广灵县	4328	1508
灵丘县	6440	4475
浑源县	4927	3620
左云县	3667	220

2021 年大同市畜牧业生产统计表（一）

表 34–23　　单位：头、只

县　区	牲畜年末头数	# 大牲畜（牛马驴骡）+ 骆驼	# 猪	# 牛	# 羊
总　计	3017311	255207	696740	223119	1842245
平城区	40512	5301	14211	5247	15753
云冈区	145294	31184	40233	31042	42835
新荣区	152634	23774	21395	20671	86794
云州区	259512	21939	73875	21150	142548
阳高县	621328	31001	266014	25154	299159
天镇县	342781	35311	77841	24256	205373
广灵县	305865	31027	36800	27864	210174
灵丘县	516581	34229	74975	29791	377586
浑源县	460624	31697	69795	28674	330458
左云县	170175	9437	21022	8963	130753
开发区	2005	307	579	307	812

2021 年大同市畜牧业生产统计表（二）

表 34-24　　　　单位：吨

县　区	肉类总产量	#猪肉	奶类产量	禽蛋产量
总　计	134511	94606	331740	62957
平城区	2160	1643	19071	3274
云冈区	6476	4238	76560	6421
新荣区	6658	3222	30540	1920
云州区	13903	7936	23661	29808
阳高县	46581	40238	60068	4121
天镇县	13978	9994	75152	3303
广灵县	9654	5889	29566	4633
灵丘县	12545	7854	2896	4359
浑源县	17490	11338	10933	4284
左云县	5008	2219	3035	807
开发区	56	36	261	28

2021 年大同市畜牧业生产统计表（三）

表 34-25　　　　单位：头、只

县　区	当年出栏肉猪	当年出栏牛	当年出栏羊	家禽
总　计	1205845	93404	1190756	4217509
平城区	21344	2200	6664	77344
云冈区	56133	7120	26930	427358
新荣区	42431	12241	63700	65501
云州区	103573	9222	78988	2231355
阳高县	486777	13992	229751	272044
天镇县	133351	7888	133610	270740
广灵县	79285	6963	144718	193630
灵丘县	103493	11429	182536	253546
浑源县	149601	16228	207174	375761
左云县	29368	6074	116425	45441
开发区	489	47	260	4789

2005—2021年大同市主要年份农林牧渔业总产值统计表（一）

表34-26　　单位：万元

年　份	总产值	农业	林业
2005	421187	221707	19572
2006	377095	223753	20549
2007	377505	160709	27630
2008	528967	225821	18023
2009	555390	201432	31051
2010	639061	314054	36546
2011	801534	375942	46807
2012	871494	416961	64096
2013	957931	485827	70383
2014	1010635	500453	77700
2015	985564	461776	70852
2016	1017683	475856	65426
2017	1052057	485290	71862
2018	1085941	511843	66592
2019	1181366	526841	76915
2020	1443138	609431	81857
2021	1659202	724767	126864

2005—2021年大同市主要年份农林牧渔业总产值统计表（二）

表34-27　　单位：万元

年　份	牧业	渔业	服务业
2005	163927	853	15128
2006	120471	1015	11307
2007	175062	805	13298
2008	264598	692	19833
2009	301662	735	20511
2010	265885	556	22020
2011	350880	620	27286
2012	356068	1024	33346
2013	363384	1200	37136
2014	389928	1233	41321
2015	404396	1284	47256
2016	422946	1311	52144
2017	438610	1047	55249
2018	444818	987	61702
2019	509895	1111	66604
2020	675012	1310	755278
2021	725484	1637	80448

附录

2007—2021 年大同市主要年份农作物生产统计表（一）

表 34-28　　单位：公顷

年 份	农作物总播种面积	粮食作物播种面积	经济作物面积
2007 年	304240	256490	47750
2008 年	312430	261660	50770
2009 年	300540	251740	48800
2010 年	309390	265850	43540
2011 年	307680	264980	42700
2012 年	312260	269460	42800
2013 年	310260	267490	42770
2014 年	313910	272450	41460
2015 年	312170	276360	35810
2016 年	312130	276530	35600
2017 年	318360	273470	44890
2018 年	328430	273260	55170
2019 年	330110	283530	46580
2020 年	319480	278440	41040
2021 年	328720	280340	48380

2007—2021 年大同市主要年份农作物生产统计表（二）

表 34-29　　单位：吨

年 份	粮食总产量		谷物产量
		# 秋粮产量	
2007 年	435586	432212	384181
2008 年	600734	597397	535866
2009 年	429872	424855	401670
2010 年	653778	649823	614380
2011 年	766438	749075	706026
2012 年	852177	835074	789039
2013 年	899272	890629	828298
2014 年	910120	909693	855123
2015 年	947806	936525	869400
2016 年	970407	967139	887989
2017 年	985919	985919	902120
2018 年	1066310	1066310	965268
2019 年	1231902	1231902	1114394
2020 年	1236635	1236635	1128634
2021 年	1255009	1255009	1139067

2007—2021 年大同市主要年份农作物生产统计表（三）

表 34-30　　单位：吨

年　份	豆类产量	薯类产量	玉米产量	油料产量	蔬菜产量
2007 年	13455	37949	342493	10285	612036
2008 年	18356	46511	520617	14963	609719
2009 年	10726	17476	381660	7304	627263
2010 年	15626	23773	567981	10663	575265
2011 年	29061	31351	648053	13572	631057
2012 年	32849	30289	725213	15077	740136
2013 年	27362	43612	757280	16076	809831
2014 年	17876	37121	788693	14219	807296
2015 年	28779	49628	780642	17268	659107
2016 年	26898	55521	788688	20173	607801
2017 年	27457	56341	790234	20185	591179
2018 年	38968	62074	823142	16685	610034
2019 年	48631	68877	927905	17955	582311
2020 年	36997	71004	924503	16505	576850
2021 年	27852	440447	940494	20192	706496

2013—2021 年大同市主要年份畜牧业生产统计表（一）

表 34-31　　单位：万头、万只

年　份	当年存栏肉猪	当年存栏牛	当年存栏羊	家禽
2013 年	50.6	14.63	122.73	418.73
2014 年	51.11	13.94	129.01	406.83
2015 年	51.34	16.32	165.46	425.97
2016 年	49.07	13.27	154.02	529.10
2017 年	42.71	16.75	163.20	431.83
2018 年	42.02	20.22	151.33	414.07
2019 年	40.00	21.23	154.76	503.58
2020 年	50.52	18.05	170.13	541.83
2021 年	69.67	22.31	184.22	620.92

附录

2013—2021年大同市主要年份畜牧业生产统计表（二）

表 34–32　　　　单位：万头、万只

年 份	当年出栏肉猪	当年出栏牛	当年出栏羊	家禽
2013 年	83.22	5.60	75.74	229.96
2014 年	84.94	6.01	61.17	186.02
2015 年	80.33	6.51	68.29	265.22
2016 年	83.48	6.13	85.66	275.75
2017 年	74.59	6.22	103.44	270.71
2018 年	76.40	6.48	89.49	241.11
2019 年	73.21	6.54	93.34	259.30
2020 年	76.98	7.10	93.51	352.73
2021 年	120.58	9.34	119.08	421.75

2013—2021年大同市主要年份畜牧业生产统计表（三）

表 34–33　　　　单位：万吨

年 份	猪肉产量	牛肉产量	羊肉产量	禽蛋产量
2013 年	7.17	0.76	0.97	4.06
2014 年	6.77	0.83	0.91	4.60
2015 年	6.51	0.97	0.97	5.45
2016 年	6.53	0.85	1.14	5.81
2017 年	6.20	0.86	1.33	5.11
2018 年	5.86	0.91	1.26	6.42
2019 年	5.61	0.89	1.32	6.84
2020 年	6.06	1.02	1.34	6.23
2021 年	9.46	1.48	1.73	6.30

工 业

2020—2021 年大同市工业企业单位数统计表

表 34-34　　　　单位：个

指 标	2021 年	2020 年
总 计	451	364
#国有控股	121	103
按登记注册类型		
国有企业	6	5
集体企业	2	2
股份制合作企业	1	1
联营企业	—	—
有限责任公司	165	138
股份有限公司	7	4
私营企业	246	192
港澳台投资企业	11	11
外商投资企业	13	11
其他企业	—	—
按轻重工业		
轻工业	57	50
重工业	394	314
按企业规模分		
大型企业	20	16
中型企业	57	63
小型企业	275	226
微型企业	99	59
按隶属关系分		
中央企业	29	26
地方企业	70	59
其他企业	352	279

2020—2021 年大同市工业总产值统计表

表 34–35 （按当年价格计算） 单位：万元

指 标	2021 年	2020 年
总 计	15464982	11100112
#国有控股	11213801	7833622
按登记注册类型		
国有企业	274752	60177
集体企业	2023	22622
股份制合作企业	2196	3229
联营企业	—	—
有限责任公司	12339738	8688140
股份有限公司	72173	35836
私营企业	2312489	1811348
港澳台投资企业	145855	170235
外商投资企业	315755	308525
其他企业	—	—
按隶属关系分		
中央企业	1285712	1052015
地方企业	7990875	4877209
其他企业	6188396	5170888
按轻重工业分		
轻工业	1870450	1350488
重工业	13594532	9749623
按企业规模分		
大中型企业	11993352	8681369
小微企业	3471630	2418742

2020—2021 年大同市工业增加值统计表

（按当年价格计算）

表 34-36　　单位：万元

指　标	2021 年	2020 年
总　计	5207421	3359028
在总计中：轻工业	296598	264284
重工业	4910822	3094744
在总计中：国有企业	50727	18421
集体企业	0	5475
股份合作企业	230	374
股份制企业	5020988	3214784
外商及港澳台投资	113119	116999
其他	22357	2976
在总计中：国有控股企业	4108801	2580618
在总计中：非公有制经济	1094989	771512
在总计中：大中型工业	4305289	2706872
在总计中：中央企业	376053	300840
地方企业	4831368	3058188.1
其他企业	—	1365071

附录

2020—2021 年大同市工业企业利税总额统计表

表 34-37　　单位：万元

指 标	2021 年	2020 年
总 计	600451.5	1048461
#国有控股	449552.7	869627
按经济类型分		
国有企业	–52919.2	13761
集体企业	37.5	1747
股份合作企业	–552.1	199
联营企业	—	—
有限责任公司	494511.7	925855
股份有限公司	100630.4	–36573
私营企业	956.5	58688
港澳台投资企业	66080.7	55980
外商投资企业	–8294	28803
其他企业	—	—
按隶属关系分		
中央企业	184207	183371
地方企业	1365913	329533
其他企业	297377	535556
按轻重工业分		
轻工业	17335	58591
重工业	583116.7	989870
按企业规模分		
大中型企业	596952	875400
小微企业	3499	173061

2021 年大同市分行业工业增加值统计表（一）

表 34–38　　单位：万元

指　标	2021 年	2021 年比 2020 年 ±%
总　计	5207420	9.0
采掘业	3430068	11.7
煤炭开采和洗选业	3344241	12.4
石油和天然气开采业	—	—
黑色金属矿采选业	40058	–34.6
有色金属矿采选业	4396	42.8
非金属矿采选业	540	–4.2
开采专业及辅助性活动	40833	26.2
其他采矿业	—	—
制造业	1154381	9.2
农副食品加工业	9069	3.4
食品制造业	6311	38.7
酒、饮料和精制茶制造业	606	–89.8
烟草制品业	—	—
纺织业	34606	545.9
纺织服装、服饰业	—	—
皮革、毛皮、羽毛及其制品和制鞋业	—	—
木材加工和木、竹、藤、棕、草制品业	—	—
家具制造业	—	—
造纸和纸制品业	3388	102.9
印刷和记录媒介复制业	—	—
文教、工美、体育和娱乐用品制造业	—	—
石油、煤炭及其他燃料加工业	10110	–4.9
化学原料和化学制品制造业	97721	–18.4
医药制造业	233288	29.2
化学纤维制造业	—	—
橡胶和塑料制品业	4446	–32.2
非金属矿物制品业	175686	–4.8
黑色金属冶炼和压延加工业	69669	0.8
有色金属冶炼和压延加工业	8646	0.9
金属制品业	22655	64.4
通用设备制造业	16148	71.2
专用设备制造业	134001	32.1
汽车制造业	72445	–34.1
铁路、船舶、航空航天和其他运输设备制	121032	32.1
电气机械和器材制造业	25379	–38.1
计算机、通信和其他电子设备制造业	677	355.8
仪器仪表制造业	—	—
其他制造业	434	–21.5
废弃资源综合利用业	66227	37.5
金属制品、机械和设备修理业	41838	5.8
电力、燃气和水	622971	0.4
电力、热力生产和供应业	559667	0.5
燃气生产和供应业	18462	8.8
水的生产和供应业	44842	–3.5

2021年大同市分行业工业增加值统计表（二）

表34–39　　　　单位：万元

指　标	2021年	2021年比2020年 ±%
总　计	5207420	9.0
一、能源工业	3922370	9.7
# 煤炭工业	3344241	12.4
电力工业	466654	–0.4
新能源发电	107840	–20.0
二、材料与化学工业	401161	–10.7
# 钢铁工业	109727	–14.9
有色金属工业	13042	13.2
建材工业	176226	–4.8
化学工业	102166	–19.2
三、消费品工业	287267	38.7
# 食品工业	15986	–17.3
医药工业	233288	29.2
四、装备制造业	392337	7.0
# 汽车制造业	72445	–34.1
重型装备制造业	236137	34.6
新能源装备制造业	13515	–45.6
其他装备制造业	70240	23.9
五、其他工业	204285	13.6
在总计中：		
制造业	1154381	9.2
非煤工业	1863180	5.3
高技术产业	234139	28.8
# 医药制造业	233288	29.2
战略新兴产业	677983	4.8
# 生物产业	233954	29.3
高端装备制造业	143209	37.0
新能源产业	108914	–28.0
新材料产业	9074	–1.2

2021 年大同市主要工业产品产量统计表

表 34–40

指 标	2021 年	2021 年比 2020 年增长 ±%
原煤（万吨）	14992	12.8
# 同煤集团（万吨）	12363	9.6
地方煤矿（万吨）	2629	30.2
发电量（万千瓦小时）	527.4	9.1
# 风电（万千瓦小时）	62.6	47.0
太阳能（万千瓦小时）	37.4	2.1
改装汽车（辆）	11894	–42.7
烧碱（吨）	16492	1.8
活性炭（吨）	141544	–4.3
精甲醇（吨）	338316	–30.7
合成橡胶（吨）	23784	4.2
水泥（吨）	4478980	–5.5
石墨及碳素制品（吨）	116531	30.4
变压器（千伏安）	4926317	140.1
煤气（万立方米）	—	—
机车（台）	58	5.5
化学原料药（吨）	35060	14.8
洗煤（万吨）	8972	5.2
粗钢（万吨）	135	–0.1
矿山专用设备（万吨）	16	50.5

附录

2021 年大同市工业企业主要经济指标统计表（一）

表 34–41　　　　单位：万元

指　标	资产合计	固定资产原价	负债合计	所有者权益
总　计	66220073	20424487	59533513	6688595
#国有控股	60091248	17412462	55493855	4597392
一、按登记注册类型				
国有企业	673500	679438	644242	29258
集体企业	643	547	562	81
股份制合作企业	5331	1569	3966	1365
联营企业	—	—	—	—
有限责任公司	57613389	16996204	52702385	4911002
股份有限公司	3305451	207081	3056240	249211
私营企业	3005533	1241426	2028383	979188
港澳台投资企业	968130	737081	523929	444200
外商投资企业	648096	561141	573807	74289
其他企业	—	—	—	—
二、中央企业	2783035	3108106	1949389	833646
地方企业	53734885	10534596	50959586	2775298
其他企业	9702153	6781785	6624538	3079651
三、轻工业	1910239	1121432	1054996	855244
重工业	64309834	19303055	58478517	5833351
四、大型企业	50200100	8755681	45875471	4324628
中型企业	7541783	5876050	6301046	1240737
小型企业	6123801	4081443	4131334	1994504
微型企业	2354390	1711313	3225662	–871274

2021年大同市工业企业主要经济指标统计表（二）

表34-42 单位：万元

指标	营业收入	管理费用	利润总额	亏损企业亏损额
总计	25909026	1172246	600451	1883763
#国有控股	21874955	985196	449553	1789526
一、按登记注册类型				
国有企业	273043	28521	-52919	60009
集体企业	2210	31	38	—
股份制合作企业	1557	77	-552	552
联营企业	—	—	—	—
有限责任公司	22818015	983408	494512	1725395
股份有限公司	116965	18294	100630	—
私营企业	2172920	109629	957	61112
港澳台投资企业	210293	8828	66081	105
外商投资企业	314025	23458	-8294	36591
其他企业	—	—	—	—
二、中央企业	1280281	72052	89188	138739
地方企业	18900069	845895	408378	1469171
其他企业	5728676	254299	102885	275853
三、轻工业	1318489	64293	17335	16016
重工业	24590537	1107953	583117	1867748
四、大型企业	18662299	775566	405917	1162676
中型企业	3780945	229514	191035	417187
小型企业	2923644	126314	131565	110630
微型企业	542138	40853	-128066	193270

附录

2021年大同市工业企业主要经济指标统计表（三）

表34-43　　单位：万元

指 标	利税总额	年应付职工薪酬	年应交增值税	从业人员年平均人数（人）
总 计	1847497	2051704	699940	156846
#国有控股	1589559	1790889	615108	123489
一、按登记注册类型				
国有企业	-29147	80304	12321	8709
集体企业	115	508	63	72
股份制合作企业	-538	129	—	46
联营企业	—	—	—	—
有限责任公司	1631670	1755103	623667	121112
股份有限公司	110659	62845	4750	4308
私营企业	60062	107977	45143	18984
港澳台投资企业	73791	11033	6659	1080
外商投资企业	886	33806	7337	2535
其他企业	—	—	—	—
二、中央企业	184207	157943	60248	10760
地方企业	1365913	1489626	508747	101525
其他企业	297377	404134	130945	44561
三、轻工业	49961	87144	23985	11660
重工业	1797536	1964560	675955	145186
四、大型企业	1222630	1336588	435305	87107
中型企业	530184	430072	197193	40196
小型企业	214834	184545	61561	21051
微型企业	-120151	100499	5880	8492

2021 年大同市分县（区）工业主要指标统计表（一）

表 34-44　　　　单位：万元

县　区	企业数（个）	工业总产值	工业增加值
总　计	451	15464982.4	5207421
平城区	43	1535161.3	452319
云冈区	108	6835113	2785013
新荣区	38	1053512.5	199820
云州区	95	2500488.2	425177
阳高县	29	382388	68899
天镇县	18	227903.8	73276
广灵县	28	332137	116410
灵丘县	33	273976.9	69126
浑源县	14	75832.8	20236
左云县	45	2248468.9	997143

2021 年大同市分县（区）工业主要指标统计表（二）

表 34-45　　　　单位：万元

县　区	资产总计	利税总额	利润总额	全部从业人员年平均人数
总　计	66220073.3	1847497	600451.5	156846
平城区	2798728.8	-67670.7	-116773.6	17457
云冈区	48731060.4	798528.1	41296.8	94947
新荣区	939051.7	115993.3	75126.9	8316
云州区	2858962.7	60776.4	17204.7	15089
阳高县	1231269	-14724.2	-20881.2	3168
天镇县	757411.3	53526.1	46261.4	824
广灵县	766132.2	60101.1	45141.7	2037
灵丘县	1196109.2	42763.1	34862.8	3424
浑源县	622778.6	13366	10863.5	323
左云县	6318569.4	784837.8	467348.5	11261

能 源

2021 年大同市分产业地区能源消耗统计表

表 34–46 单位：%

指 标	用电量 2021 年比 2020 年 ±%	地区能耗 2021 年比 2020 年 ±%
全市	8.3	2.1
农林牧渔业	13.2	5.0
工业和建筑业	3.6	–0.8
工业	3.7	–0.8
建筑业	–1.3	1.0
服务业	30.3	13.1
居民生活	9.7	4.5

2021 年大同市规上工业重点行业能耗统计表

表 34–47 单位：%

重点行业	煤炭（万吨）	焦炭（万吨）	天然气（万立方米）	汽油（吨）	柴油（吨）	热力（万百万千焦）	电力（亿千瓦时）
规上工业	2941.24	62.55	4926	653	27525	689.41	109.04
煤炭工业	21.64	—	1653	418	13764	211.49	30.43
化学工业	96.23	—	—	3	605	239.15	3.62
医药工业	12.01	—	169	8	9	137.11	6.34
建材工业	50.34	0.65	1561	24	6040	47.19	6.05
钢铁工业	20.84	58.19	—	—	3780	1.04	8.21
电力工业	2663.51	—	—	17	2205	15.52	47.27

2018—2021 年大同市分县（区）GDP 能耗统计表

表 34–48 单位：%

县 区	2018 年	2019 年	2020 年	2021 年
大同市	−0.01	−4.64	−5.45	−5.0
平城区	−3.37	−4.83	−4.11	−4.00
云冈区	−3.59	−5.17	−7.80	−5.99
新荣区	3.31	−4.06	−5.25	−2.74
云州区	−3.33	−3.63	−3.54	−7.80
阳高县	−3.22	−5.56	5.29	−2.49
天镇县	−4.01	−3.72	−5.72	−3.86
广灵县	−3.27	−5.31	−1.93	−6.88
灵丘县	1.68	−3.82	−4.83	−3.71
浑源县	−4.19	−4.46	−0.22	−3.73
左云县	−3.44	−4.68	−6.76	−3.81
开发区	−4.25	−3.67	−7.88	−5.50

交通运输 邮电

2020—2021 年大同市交通运输、邮电统计表

表 34-49

指　标	2021 年	2020 年
公路通车里程（千米）	12715	12749
高速路通车里程（千米）	560	589
邮电业务总量（亿元）	—	301.5
电信业务总量（亿元）	—	288.9
邮政业务总量（亿元）	12.6	12.6
邮路总长（千米）	4388	6893
邮政局所（个）	147	147
电话用户数（万户）	432.4	341.2
# 移动电话（万户）	416.2	325.5

注：电信业务总量按 2015 年不变价计算，邮政业务总量按 2010 年不变价计算

2021 年大同市民用车辆拥有量统计表

表 34-50　　单位：辆

指 标	总计	营运	非营运	# 个人
合计	853046	134855	717911	779324
汽车	783344	90420	692644	723940
载客汽车	684524	10142	674102	649605
其中：大型	4014	2554	1259	—
中型	1280	183	1056	—
小型	671963	7395	664530	—
微型	7267	10	7257	—
载货汽车	95383	79901	15482	72900
其中：重型	47087	45679	1408	—
中型	711	432	279	—
轻型	28028	15279	12749	—
微型	18	6	12	—
三轮汽车	12351	11725	626	12343
低速货车	7188	6780	408	7136
专项作业车	3437	377	3060	1435
摩托车	25173	11	25162	23630
普通	24959	11	24948	23416
轻便	214	—	214	214
挂车	44528	44424	104	31754

固定资产投资

2020—2021 年大同市全社会固定资产投资统计表

表 34-51　　单位：万元、%

指　标	2021 年	2020 年	2021 年比 2020 年 ±%
固定资产投资完成额	7320492	6701906	9.2
其中：房地产投资	2662053	1842823	44.5
民间投资	4802659	4065462	18.1
国有经济控股	2494239	2640286	−5.5
住宅	2260041	1556894	45.2
按产业分			
第一产业	453929	305451	48.6
第二产业	2203038	2427148	−9.2
第三产业	4663525	3969307	17.5
在固定资产投资中			
工业行业	2203038	2427183	−9.2
基础设施	828073	943559	−12.2
高技术产业	642546	827780	−23.1
工业技改	258263	362730	−28.8
施工项目个数（个）	1002	856	17.1
本年新开工个数（个）	583	525	11.0
本年投产个数（个）	483	469	3.0
本年施工房屋面积（平方米）	24465680	22527578	8.6
其中：住宅	18081515	16626603	8.8
本年竣工房屋面积（平方米）	4500961	1773172	153.8
其中：住宅	3635506	1137943	219.5
商品房销售面积（平方米）	3073573	2447060	25.6

2020—2021 年大同市固定资产投资分行业统计表

表 34-52　　单位：万元

指　标	2021 年	2020 年
合 计	7320492	6701906
农、林、牧、渔业	459800	311266
采矿业	227376	245805
制造业	933402	1022758
电力、热力、燃气及水的生产和供应业	1042260	1158620
建筑业	—	—
批发和零售业	134447	48432
交通运输、仓储和邮政业	153378	131424
住宿和餐饮业	65847	40016
信息传输、软件和信息技术服务业	440786	314710
金融业	423	5135
房地产业	2877718	2014106
租赁和商务服务业	72857	92935
科学研究和技术服务业	53027	188426
水利、环境和公共设施管理业	572341	739842
居民服务和其他服务业	1661	870
教育	92180	237563
卫生和社会工作	79069	42525
文化、体育和娱乐业	92263	76502
公共管理、社会保障和社会组织	21657	30971

2021 年大同市分县（区）投资完成统计表

表 34-53　　单位：万元

县　区	2021 年	
	总　计	# 房地产开发
合　计	7320492	2662053
平城区	2608172	1996960
云冈区	1063531	198174
新荣区	498805	—
云州区	816782	69032
阳高县	456147	42989
天镇县	262395	5049
广灵县	189296	24425
灵丘县	825442	108247
浑源县	289585	20792
左云县	310337	—
开发区	634787	196385

财政　金融

2021 年大同市分县（区）一般公共预算收入统计表

表 34–54　　单位：万元

县（区）	2021 年	2021 年比 2020 年 ±%
全　市	1667256	23.5
# 平城区	97631	6.1
云冈区	160928	30.8
新荣区	25374	31.7
云州区	30297	18.6
阳高县	16607	9.7
天镇县	18190	–6.2
广灵县	31621	18.3
灵丘县	26067	29.0
浑源县	20050	23.9
左云县	175333	77.5
开发区	90242	6.8

2021 年大同市分县（区）一般公共预算支出统计表

表 34–55　　单位：万元

县（区）	2021 年	2021 年比 2020 年 ±%
全　市	3741810	–3.6
# 平城区	33729	–88.4
云冈区	321510	1.9
新荣区	141821	7.4
云州区	199360	2.3
阳高县	213856	–12.2
天镇县	243807	–14.6
广灵县	236267	–18.6
灵丘县	221009	–13.8
浑源县	281292	–5.6
左云县	238119	41.1
开发区	110621	–23.1

2021年大同市金融机构信贷收支统计表

表34-56　　　　单位：万元

指 标	2021年	比年初增减
各项存款余额（人民币）	38656606	3750717
#境内存款	38652128	3750836
#住户存款	27565149	2636457
非金融企业存款	8287733	1000200
广义政府存款	2574096	95622
各项贷款余额（人民币）	19882512	1566480
#境内贷款	19882512	1566480
#住户贷款	4145688	428343
短期贷款	1079528	–31923
中长期贷款	3066160	460266
非金融企业及机关团体贷款	15736824	1138137
#短期贷款	7312627	1525124
中长期贷款	6757627	476251
票据融资	1665875	–863358

内外贸易

2021 年大同市限额以上住宿和餐饮业经营状况统计表

表 34–57　　　　单位：万元

指　标	法人企业（人）	从业人数（人）	营业额				
				客房收入	餐费收入	商品销售	其他收入
总　计	133	12864	272623	28697	235848	2798	5281
一、住宿业	31	3276	72245	16339	53288	865	1753
#国有及国有控股	1	21	292	287	1	—	4
1. 按登记注册类型分组	—	—	72245	16339	53288	865	1753
内资企业	31	3276	72245	16339	53288	865	1753
国有企业	—	—	—	—	—	—	—
集体企业	—	—	—	—	—	—	—
股份合作企业	—	—	—	—	—	—	—
联营企业	2	183	—	—		—	—
有限责任公司	—	—	2567	1071	1416	—	80
股份有限公司	2	183	—	—	—	—	—
私营企业	—	—	69678	15268	51872	865	1673
其他	29	3093	3619	1083	2522	—	13
港澳台商投资企业	—	—	—	—	—	—	—
外商投资企业	—	—	—	—	—	—	—
2. 按国民经济行业分组							
旅游饭店	17	2952	66937	12691	51957	769	1520
一般旅馆	13	298	4574	2914	1332	96	233
经济型连锁酒店	5	104	1484	1471	7	2	4
其他住宿服务	8	194	3091	1443	1324	94	229
二、餐饮业	102	9588	200378	12358	182560	1933	3528
#国有及国有控股	3	157	2210	435	1756	19	—
1. 按登记注册类型分组							
内资企业	102	9588	200378	12358	182560	1933	3528
国有企业	2	116	1564	255	1290	19	—
集体企业	—	—	—	—	—	—	—
股份合作企业	—	—	—	—	—	—	—
联营企业	—	—	—	—	—	—	—
有限责任公司	10	857	14559	1157	12431	25	946
股份有限公司	—	—	—	—	—	—	—
私营企业	90	8615	184255	10946	168839	1888	2582
其他	3	249	4063	529	3238	34	263
港澳台商投资企业	—	—	—	—	—	—	—
外商投资企业	—	—	—	—	—	—	—
2. 按国民经济行业分组							
正餐服务业	100	9537	199161	12358	181354	1933	3517
快餐服务业	1	27	456	—	446	—	11
饮料及冷饮服务业	—	—	—	—	—	—	—
其他餐饮服务业	1	24	760	—	760	—	—

2021年大同市限额以上批发零售贸易业商品销售统计表

表 34-58　　单位：万元

指　标	法人企业（个）	从业人员数（个）	销售总额	批发	零售
总　计	232	10804	11027005	9606333	1416585
一、批发业	60	2656	9598047	9526184	69007
#国有及国有控股	13	1405	—	—	—
1. 按登记注册类型分组					
内资企业	60	2656	9598047	9526184	69007
国有企业	5	727	447368	439839	4673
集体企业	2	69	1654	1654	—
股份合作企业	—	—	—	—	—
联营企业	—	—	—	—	—
有限责任公司	15	1120	8808667	8792851	15816
股份有限公司	—	—	—	—	—
私营企业	38	740	340358	291841	48518
其他企业	5	668	458010	458010	—
港澳台商投资企业	—	—	—	—	—
外商投资企业	—	—	—	—	—
2. 按国民经济行业分组					
# 农、林、牧、渔产品批发	3	16	12576	2376	7345
食品、饮料及烟草制品	8	1024	466769	461918	4851
医药及医疗器材	6	399	131681	129798	1883
矿产品、建材及化工产品	28	1038	8867007	8863356	3651
机械设备、五金交电及电子产品	13	164	111108	59831	51277
其他	1	4	3260	3260	—
二、零售业	172	8148	1428958	80149	1347579
#国有及国有控股	7	1071	—	—	—
1. 按登记注册类型分组					
内资企业	171	7922	1399887	80149	1318508
国有企业	2	500	235811	—	235811
集体企业	2	16	2390	—	2390
股份合作企业	—	—	—	—	—
联营企业	—	—	—	—	—
有限责任公司	30	1622	278075	17198	260876
股份有限公司	1	224	66928	—	66928
私营企业	135	5545	815693	62950	751512
其他企业	1	15	991	—	991
港澳台商投资企业	1	226	29071	—	29071
外商投资企业	—	—	—	—	—
2. 按国民经济行业分组					
综合零售业	13	991	91310	—	91310
#百货	9	844	82935	—	82935
超级市场	3	141	4115	—	4115
其他综合	—	—	—	—	—
食品、饮料及烟草制品	15	201	33741	8406	25336
纺织、服装及日用品	5	345	19093	—	19093
文化、体育用品及器材	8	526	58283	802	57481
医药及医疗器材	13	1814	68743	29138	39606
汽车、摩托车、燃料及零配件	93	3579	1021974	9649	1012325
家用电器及电子产品	13	365	84432	8510	75922
五金、家具及室内装修材料	1	13	2658	2658	—
无店铺及其他	11	314	48725	20987	26507

附录

2021 年大同市限额以上批发和零售业企业财务状况统计表（一）

表 34-59　　　　单位：万元

指　标	流动资产小计	固定资产原价	资产总计	负债合计	主营业务收入
总　计	1602344	348082	2003621	1676955	10411198
一、批发业	1165732	142718	1340653	1085568	9223668
#国有及国有控股	911147	108501	1055785	819230	8589091
1. 按登记注册类型分组					
内资企业	1165732	142718	1340653	1085568	9223668
国有企业	152151	34666	169301	45307	388937
集体企业	6810	1554	9220	7232	1512
股份合作企业	—	—	—	—	—
联营企业	—	—	—	—	—
有限责任公司	843538	83651	981725	849399	8534982
股份有限公司	—	—	—	—	—
私营企业	163234	22848	180407	183631	298237
其他企业	135246	32417	152688	29077	389217
港澳台商投资企业	—	—	—	—	—
外商投资企业	—	—	—	—	—
2. 按国民经济行业分组					
#农、林、牧、渔产品批发	4540	1827	5978	2395	4483
食品、饮料及烟草制品	148438	33989	163797	40828	420437
医药及医疗器材	56532	4570	59645	40999	113895
矿产品、建材及化工产品	917736	97581	1071570	965741	8575531
机械设备、五金交电及电子产品	28493	1542	29653	26889	101401
其他	5839	10	5845	4745	2925
二、零售业	436612	205364	662968	591387	1187530
#国有及国有控股	29672	103703	123770	198160	261472
1. 按登记注册类型分组					
内资企业	434022	199511	658473	588867	1168109
国有企业	9330	61434	65711	170559	199018
集体企业	385	343	584	539	2265
股份合作企业	—	—	—	—	—
联营企业	—	—	—	—	—
有限责任公司	123891	42896	175408	141971	246439
股份有限公司	1611	19100	14018	929	34853
私营企业	297305	75695	401209	274382	684544
其他企业	1500	43	1543	487	991
港澳台商投资企业	2590	5853	4495	2520	19421
外商投资企业	—	—	—	—	—
2. 按国民经济行业分组					
#综合	20104	13906	29248	23740	60853
百货	16045	11358	22757	18634	52698
超级市场	3799	2541	6231	4982	3913
食品、饮料及烟草制品	12699	2801	15030	8679	32018
纺织、服装及日用品	3666	318	5877	3233	17038
文化、体育用品及器材	66555	15655	101355	38725	51707
医药及医疗器材	39096	1630	49547	42336	62714
汽车、摩托车、燃料及零配件	216215	146167	356466	394366	836903
家用电器及电子产品	46924	1010	51396	43268	80016
五金、家具及室内装修材料	7853	94	7919	7341	2628
无店铺及其他	23500	23783	46132	29700	43653

2021 年大同市限额以上批发和零售业企业财务状况统计表（二）

表 34–60　　单位：万元

指　标	营业成本	利润总额	应付职工薪酬	本年应交增值税总额
总　计	10155682	45950	49691	41889
一、批发业	9039246	74351	19509	28934
# 国有及国有控股	8422750	73796	13312	25988
1. 按登记注册类型分组				
内资企业	9039246	74351	19509	28934
国有企业	288832	39837	11160	13786
集体企业	925	–36	399	10
股份合作企业	—	—	—	—
联营企业	—	—	—	—
有限责任公司	8458493	32680	4406	13731
股份有限公司	—	—	—	—
私营企业	290997	1871	3545	1407
其他企业	294656	42089	10914	13630
港澳台商投资企业	—	—	—	—
外商投资企业	—	—	—	—
2. 按国民经济行业分组				
# 农、林、牧、渔产品批发	11589	–216	42	–4
食品、饮料及烟草制品	309770	42145	12327	13611
医药及医疗器材	107444	1523	1999	991
矿产品、建材及化工产品	8504194	31447	3853	13954
机械设备、五金交电及电子产品	98985	–751	1262	353
其他	2701	71	18	16
二、零售业	1116436	–28401	30182	12955
# 国有及国有控股	255370	–24733	5356	2113
1. 按登记注册类型分组				
内资企业	1099887	–28953	30079	12637
国有企业	204173	–19154	2492	38
集体企业	2138	26	46	7
股份合作企业	—	—	—	—
联营企业	—	—	—	—
有限责任公司	230942	–5807	8612	3611
股份有限公司	27101	–5177	1347	2004
私营企业	634540	1198	17581	6977
其他企业	994	–40	2	—
港、澳、台商投资企业	16549	552	103	318
外商投资企业	—	—	—	—
2. 按国民经济行业分组				
# 综合零售业	53472	319	2281	1711
百货	46041	286	2069	1683
超级市场	3324	–61	197	9
食品、饮料及烟草制品	30143	821	508	477
纺织、服装及日用品	15262	392	759	204
文化、体育用品及器材	44670	–2529	496	1566
医药及医疗器材	52977	–58	4459	392
汽车、摩托车、燃料及零配件	806044	–22581	18678	7504
家用电器及电子产品	74881	–4652	1742	787
五金、家具及室内装修材料	2314	14	88	29
无店铺及其他	36672	–126	1172	286

2020—2021 年大同市社会消费品零售额统计表

表 34-61　　单位：万元

县　区	2021 年	2020 年
总　计	7609495	6553610
平城区	3954764	3410020
云冈区	1518963	1308628
新荣区	158434	134966
云州区	505759	436969
阳高县	138218	118319
天镇县	135053	114854
广灵县	128906	109441
灵丘县	390160	335348
浑源县	382163	330015
左云县	297075	255051
开发区	326865	283989

劳动工资

2020—2021 年大同市分行业城镇单位数统计表

表 34-62　　单位：个

指　标	2021 年	2020 年
总计	3537	4068
按国民经济行业分		
农林牧渔业	47	58
采矿业	74	78
制造业	179	214
电力燃气及水的生产和供应业	91	109
建筑业	88	84
批发和零售业	169	240
交通运输、仓储和邮政业	100	117
住宿和餐饮业	40	50
信息传输、软件和信息技术服务业	43	44
金融业	69	71
房地产业	146	118
租赁和商务服务业	237	270
科学研究、技术服务和地质勘查	144	210
水利、环境和公共设施管理业	110	126
居民服务和其他服务业	9	17
教育	670	653
卫生和社会工作	259	294
文化、体育和娱乐业	95	122
公共管理、社会保障和社会组织	967	1194

2020—2021 年大同市分行业城镇非私营单位就业人员统计表

表 34–63　　　　单位：人

指　标	2021 年	2020 年
总计	375162	378037
按国民经济行业分		
农林牧渔业	1183	1425
采矿业	97476	100508
制造业	37552	43169
电力燃气及水的生产和供应业	16397	12757
建筑业	23767	20810
批发和零售业	7346	7931
交通运输、仓储和邮政业	12103	11420
住宿和餐饮业	3575	3654
信息传输、软件和信息技术服务业	3703	3656
金融业	19682	23193
房地产业	6499	4544
租赁和商务服务业	10314	10778
科学研究、技术服务和地质勘查	4188	5167
水利、环境和公共设施管理业	12287	10147
居民服务和其他服务业	355	282
教育	49069	47138
卫生和社会工作	22299	23313
文化、体育和娱乐业	3839	3971
公共管理、社会保障和社会组织	43527	44173

2020—2021年大同市分行业城镇非私营单位就业人员工资总额统计表

表34-64　　　　单位：万元

指　标	2021年	2020年
总　计	2989704.3	2755903.0
按国民经济行业分		
农林牧渔业	8005.8	9290.0
采矿业	951865.4	870727.9
制造业	246353.3	249293.4
电力燃气及水的生产和供应业	178587.7	130469.6
建筑业	159728.8	121889.9
批发和零售业	43226.9	36518.0
交通运输、仓储和邮政业	80193.2	64590.4
住宿和餐饮业	14243.9	13003.9
信息传输、软件和信息技术服务业	32574.8	29968.5
金融业	180847.3	183811.5
房地产业	33322.7	19492.2
租赁和商务服务业	44984.1	43702.4
科学研究、技术服务和地质勘查	30841.1	32716.7
水利、环境和公共设施管理业	40711.2	32839.7
居民服务和其他服务业	851.3	1131.4
教育	372880.4	364066.2
卫生和社会工作	196833.1	179274.7
文化、体育和娱乐业	20304.1	20154.1
公共管理、社会保障和社会组织	353349.2	352962.5

2020—2021 年大同市分行业城镇非私营单位就业人员平均工资统计表

表 34–65　　单位：元

指　标	2021 年	2020 年
总计	79522	72934
按国民经济行业分		
农林牧渔业	67711	63739
采矿业	98591	85860
制造业	64548	57278
电力燃气及水的生产和供应业	108400	102325
建筑业	67763	60153
批发和零售业	58582	45497
交通运输、仓储和邮政业	65766	56522
住宿和餐饮业	38972	35328
信息传输、软件和信息技术服务业	88385	81799
金融业	82174	76894
房地产业	48939	42415
租赁和商务服务业	44737	40949
科学研究、技术服务和地质勘查	73927	66968
水利、环境和公共设施管理业	33255	33423
居民服务和其他服务业	28337	39395
教育	77095	78894
卫生和社会工作	89537	77626
文化、体育和娱乐业	54431	50421
公共管理、社会保障和社会组织	81348	79771

2021 年大同市城镇私营单位就业人员及工资统计表

表 34-66

指 标	就业人员（人）	工资总额（万元）	平均工资（元）
总计	9024	736090.6	44812
按国民经济行业分			
农林牧渔业	452	12137.2	36570
采矿业	92	16450.9	50731
制造业	965	112923.6	47352
电力燃气及水的生产和供应业	62	5995.1	43618
建筑业	896	202559.1	52588
批发和零售业	2917	112706.8	41765
交通运输、仓储和邮政业	389	33303.9	50476
住宿和餐饮业	316	45599.7	39993
信息传输、软件和信息技术服务业	204	7976.0	40142
金融业	57	7260.3	87169
房地产业	730	76047.4	38859
租赁和商务服务业	580	28331.0	42132
科学研究、技术服务和地质勘查	389	15060.4	48199
水利、环境和公共设施管理业	97	6216.7	31506
居民服务和其他服务业	254	8635.4	37351
教育	284	15899.8	28026
卫生和社会工作	138	23854.1	45067
文化、体育和娱乐业	201	5133.3	34598
公共管理、社会保障和社会组织	—	—	—

2021 年大同市分县（区）城镇非私营单位就业人员及工资统计表

表 34-67

县 区	单位数（个）	就业人员（人）	工资总额（万元）	平均工资（元）
全 市	3537	375162	2989704.3	79522
平城区	1156	142296	1098872.8	76247
云冈区	732	135821	1157373.5	85220
新荣区	216	9685	72509.7	75121
云州区	232	10015	68015.5	70445
阳高县	124	10498	81427.7	78159
天镇县	147	6592	53396.9	79600
广灵县	154	7789	61352.5	79265
灵丘县	309	11348	77541.2	70542
浑源县	207	11125	91150.5	80167
左云县	145	20388	157502.3	80120
开发区	115	9605	70561.7	71763

卫生 科技

2021 年大同市卫生事业统计表（一）

表 34–68

卫生机构名称	机构数（个）	床位数（张）
总 计	3092	21598
医 院	120	17886
综合医院	57	11467
中医医院	15	1436
基层医疗卫生机构	2931	3416
社区卫生服务中心（站）	141	1023
卫生院	137	2379
街道卫生院	33	392
乡镇卫生院	104	1987
门诊部	38	7
诊所、卫生所、医务室	892	7
专业公共卫生机构	35	176
疾病预防控制中心	12	—
专科疾病防治院（所、站）	1	150
妇幼保健机构	10	26
急救中心（站）	1	—
采供血机构	2	—
卫生监督所（中心）	8	—
其他卫生机构	6	120
康复医疗机构	1	120
临床检验中心（所、站）	1	—

2019 年大同市卫生事业统计表（二）

表 34–69

卫生机构名称	合 计	卫生技术人员数（个）	
		执业（助理）医师	# 执业医师
总 计	29812	10302	8975
医院	21313	6466	6096
综合医院	14182	4366	4145
中医医院	1677	633	573
基层医疗卫生机构	7001	3448	2526
社区卫生服务中心（站）	2361	953	825
卫生院	1822	846	508
街道卫生院	187	92	54
乡镇卫生院	1635	754	454
门诊部	343	163	128
诊所、卫生所、医务室	1034	918	899
专业公共卫生机构	1391	361	327
疾病预防控制中心	482	162	144
专科疾病防治院（所、站）	205	70	70
妇幼保健机构	328	114	100
急救中心（站）	28	4	3
采供血机构	102	11	10
卫生监督所（中心）	240	—	—
其他卫生机构	107	27	26
康复医疗机构	7	2	2
临床检验中心（所、站）	20	5	5

2020—2021 年大同市分县（区）规模以上工业企业研发统计表（一）

表 34-70

县　区	有 R&D 活动单位数（个）		R&D 人员（人）	
	2021 年	2020 年	2021 年	2020 年
总　计	66	72	4188	2982
平城区	9	6	301	941
云冈区	12	18	2811	1118
新荣区	4	6	77	81
云州区	3	2	45	26
阳高县	—	3	—	26
天镇县	2	1	21	16
广灵县	6	3	150	42
灵丘县	—	4	—	69
浑源县	1	1	6	16
左云县	7	5	139	196
开发区	22	23	638	451

2020—2021 年大同市分县（区）规模以上工业企业研发统计表（二）

表 34-71

县　区	R&D 经费内部支出合计（万元）		R&D 经费外部支出合计（万元）	
	2021 年	2020 年	2021 年	2020 年
总　计	57910.1	65165.5	6555.1	37856.4
平城区	4956.7	10936.6	1548.7	4745.1
云冈区	33345.9	34037.3	2752.9	31815.9
新荣区	1557.6	2710.1	—	—
云州区	713.3	353.4	—	—
阳高县	—	774.7	—	—
天镇县	168.1	73.0	—	—
广灵县	2010.6	275.8	—	0.1
灵丘县	—	373.5	—	22.3
浑源县	60.5	80.0	—	—
左云县	2873.5	5367.5	524.4	96.6
开发区	12223.9	10183.6	1729.1	1176.4

2020—2021 年大同市分县（区）规模以上工业企业研发统计表（三）

表 34–72

县 区	专利申请数（件）		有效发明专利数（件）	
	2021 年	2020 年	2021 年	2020 年
总 计	617	710	944	904
平城区	99	111	153	128
云冈区	257	193	314	196
新荣区	64	238	273	195
云州区	18	14	4	11
阳高县	4	3	18	50
天镇县	20	—	1	13
广灵县	6	1	9	1
灵丘县	—	—	—	—
浑源县	—	—	—	—
左云县	5	18	17	—
开发区	144	132	155	310

2020—2021 年大同市规模以上工业企业研发统计表（一）

表 34–73

指 标	有 R&D 活动单位数（个）		R&D 人员（人）	
	2021 年	2020 年	2021 年	2020 年
总计	66	72	4188	2982
按企业规模分				
大型	8	7	3299	1965
中型	19	21	411	461
小型	37	43	456	534
按行业分				
采矿业	8	11	2621	1138
煤炭开采和洗选业	8	10	2621	1122
黑色金属矿采选业	—	1	—	16
非金属矿采选业	—	—	—	—
制造业	51	56	1414	1752
酒、饮料和精制茶制造业	—	1	—	3
化学原料和化学制品制造业	2	4	32	45
医药制造业	7	8	320	390
非金属矿物制品业	9	11	208	179
有色金属冶炼和压延加工业	—	1	—	3
通用设备制造业	7	4	260	48
专用设备制造业	9	9	104	74
汽车制造业	2	—	182	—
铁路、船舶、航空航天和其他运输设备制造业	2	4	160	824
电气机械和器材制造业	2	—	12	—

2020—2021 年大同市规模以上工业企业研发统计表（二）

表 34-74

指　　标	R&D 经费内部支出合计（万元）		R&D 经费外部支出合计（万元）	
	2021 年	2020 年	2021 年	2020 年
总计	57910.1	65165.5	6555.1	37856.4
按企业规模分				
大型	44192.7	48910.2	5149.3	37153.3
中型	6573.1	8286.9	1384.6	634.4
小型	7068.2	7424.0	21.2	68.7
按行业分				
采矿业	14289.6	32890.1	524.4	30566.2
煤炭开采和洗选业	14289.6	32633.8	524.4	30543.9
黑色金属矿采选业	—	256.3	—	22.3
非金属矿采选业	—	—	—	—
制造业	42900.0	30669.9	5891.0	7281.9
酒、饮料和精制茶制造业	—	12.7	—	—
化学原料和化学制品制造业	299.4	306.1	—	—
医药制造业	7096.8	8185.9	1711.9	1171.0
非金属矿物制品业	3433.3	4889.7	0.1	0.1
有色金属冶炼和压延加工业	—	106.0	—	—
通用设备制造业	22408.9	4136.1	2617.2	1358.7
专用设备制造业	1527.4	1371.4	11.1	—
汽车制造业	2919.4	—	—	—
铁路、船舶、航空航天和其他运输设备制造业	3902.6	9573.0	1544.7	4738.5
电气机械和器材制造业	548.8	—	—	—

附录

2020—2021 年大同市规模以上工业企业研发统计表（三）

表 34–75

指 标	专利申请数（件）		有效发明专利数（件）	
	2021 年	2020 年	2021 年	2020 年
总计	617	710	944	904
按企业规模分				
大型	287	232	364	396
中型	132	251	352	367
小型	195	227	222	141
按行业分				
采矿业	107	157	111	97
煤炭开采和洗选业	107	157	111	97
黑色金属矿采选业	—	—	—	—
非金属矿采选业	—	—	—	—
制造业	468	546	829	807
酒、饮料和精制茶制造业	—	—	—	—
化学原料和化学制品制造业	5	3	24	54
医药制造业	24	37	59	93
非金属矿物制品业	131	240	303	265
通用设备制造业	84	20	100	8
专用设备制造业	43	65	104	72
汽车制造业	30	29	55	174
铁路、船舶、航空航天和 其他运输设备制造业	79	87	137	116

索　引

说　明 ●索引采用主题分析方法，标目按汉语拼音音序排列，汉字打头的标目按首字的音序音调依次排列，首字相同时，则以第二字排序，依此类推；以阿拉伯数字打头的标目，排在最前面；以英文字母打头的标目，列于推后。

●索引标目之后的阿拉伯数字表示该标目所在正文中的页码，其后的小写英文字母（a、b、c）表示正文中的栏别（即版面的 1、2、3 栏），标目后未标小写英文字母（a、b、c）的为文中类目。

●文中的类目、分目、次分目用棕色标明，其余用书宋字排印。

●针对一些标目在多个页码出现或标目本身专指性较差的情况，为避免读者盲目检索，该索引特在部分标目后面设置限定词，表示该标目所在语义环境或所指对象，利于读者有针对性的检索。如“参政议政（民革）”则表示该标目是属于民革方面的资料。

●特载、大事记、附录、图表不在索引范围内。

D

E

F

索引

G

H

J

K

索引

R

S

T

W

X

索引

Y

索引